唐寰澄 文集

唐寰澄 著

上海市金山区档案局（馆） 编

学林出版社

图书在版编目（CIP）数据

唐寰澄文集：全三册/上海市金山区档案局（馆）
编．—上海：学林出版社，2018.11
ISBN 978-7-5486-1391-6

Ⅰ．①唐… Ⅱ．①上… Ⅲ．①桥梁工程-文集 Ⅳ.
①U44-53

中国版本图书馆CIP数据核字（2018）第097180号

责任编辑　李晓梅
封面设计　周剑峰

唐寰澄文集

唐寰澄　著
上海市金山区档案局（馆）　编
出　　版　学林出版社
　　　　　（200235　上海钦州南路81号）
发　　行　上海人民出版社发行中心
　　　　　（200001　上海福建中路193号）
印　　刷　上海叶大印务发展有限公司
开　　本　787×1092　1/16
印　　张　70.75
字　　数　174万
版　　次　2018年11月第1版
印　　次　2018年11月第1次印刷
ISBN 978-7-5486-1391-6/Z·94
定　　价　300.00元

编委会名单

主　　任

徐建昌　秦　骞

副　主　任

沈希忠　王后法　唐　浩

委　　员

陆国琴　孙立君　关力峰　蔡佳嗣

文稿整理

唐　浩

序　　一

　　上海金山区档案馆将唐寰澄先生列为该区20世纪当地知名人士,有意收藏其所有日记、手稿、照片、底片、信件、设计底稿等所有亲笔记录的文献原件,并在经费有限的情况下,将其长子唐浩整理的《唐寰澄文集》结集正式出版发行,知晓后我甚是欣慰。特撰此小文以示怀念。

　　我与唐寰澄先生乃亲姑表兄妹,称其为寰澄哥哥。因为年龄悬殊较大,且居住不在一地,所以儿时交往比较少。只记得我小时候,抗战胜利回金山朱泾外婆家时他不在,20世纪50年代初到上海徐家汇看望外婆时,寰澄哥哥已经在上海交通大学念书了。他回到家里根本不跟我们这些小孩子一起玩,不是看书就是摆弄乐器,我们只能仰视这位多才多艺的大哥哥。

　　1955年,我在清华大学建筑系学建筑,当年寰澄哥哥设计的武汉长江大桥桥头建筑获奖并被周恩来总理钦点实施,在我们建筑界引起了不小的震动,因为他是学土木结构的,而不是建筑设计师。正如梁先生所说:"这次方案,建筑界败于年轻的结构工程师之手,在建筑思想上值得进行检讨。"而我当时却很为有寰澄这样的哥哥感到骄傲自豪,这是他对中国古建筑执着热爱和深入研究的结果。

　　我毕业后为支援大西北,去到西安在西北建筑设计院工作,致力于探讨传统与现代相结合的中国建筑创作之路,后被选为中国工程院院士。寰澄哥哥却不幸"年少得志",在1957年被打成"右派",命运多舛,三番五次被贬于大桥工地劳动。寰澄哥哥没有被"命运"压垮,他仍坚持他的专业学习、研究古代桥史、探讨桥梁美学,直到改革开放,他迎来了又一个春天。

　　20世纪80年代,寰澄哥哥为茅以升老先生主编的《中国古代桥梁技术史》来陕西考察黄河风陵渡古桥遗址,我们再次见面。因为我要出差,即委托我的先生韩骥陪同前往。自此他又多次来陕考察,均由我介绍文物部门朋友和领导接待。寰澄哥哥学贯中西、通古博今,技术和艺术功底深厚,见解超人。为此陕西文物界对他的学问和知识也有了深入的了解并深感敬佩。他有一次去山西蒲津浮桥铁人、铁牛考古发掘现场,因劳累突发病,是坐担架上火车抬回西安的,可见他对事业的孜孜不倦和忘我精神。

　　寰澄哥哥退休后乃受聘于广东虎门咨询公司,为琼州海峡跨海工程项目可行性研究的负责人,历时8年,五次参加"台湾海峡跨海工程研讨会",并做《琼州海峡跨海工程QSC发展和台湾海峡跨海工程TSC论证意见》的专题报告。针对台湾海峡,建议跨台湾海峡至少修建两条通道,即南北两线。南线自福建厦门岛连金门岛（约 15 千米），金门岛连澎湖列岛（约 50 千米）；北线自福建平潭到台湾新竹（约 140 千米），南北两线之间还可修若干比较线。至今这南北方案仍为海峡两岸桥梁界研究的焦点。

现在我亦步入耄耋之年，回忆起人生的一段段经历，颇多感慨。能将一生的研究进行整理，付之一梓交与后人评说是一件十分有意义的事情。为此衷心感谢金山区档案馆及整编者。《唐寰澄文集》的出版，其内涵之丰富、涉及门类之广，希望能给桥梁专业的内外读者带来启迪和念想。

张锦秋

（中国工程院院士）

2015 年 8 月 18 日

序　二

　　我与唐寰澄先生同是上海交通大学毕业生，我晚两届，在中铁大桥局集团公司（原为铁道部大桥工程局）我们同事几十年，相互比较了解。

　　唐寰澄先生勤奋好学，博学多才，对桥梁技术造诣至深。记得当年唐山大地震，他作为第一批到达现场的桥梁抢修技术人员，为了京山铁路大动脉早日贯通，在生活、工作条件艰苦的环境下，夜以继日地做了大量工作。我是后续到达，任务是永久性恢复被地震破坏的桥梁。在汉沽区蓟运河大桥工地，看到桥台往河里位移了近一米，钢桁梁临时添加了几根杆件。根据了解是唐先生的方案，我分析验算了一下，非常合理，确是最佳、最经济的方案，可见其功底之深。

　　作为一名土木工程师，他具有此类从业人员少有的艺术天赋，他的诗、词、书、画均有一定造诣。他设计的武汉长江大桥总体布置与桥头堡，绝非一朝一夕之功，是他多年研究中国古代桥梁和建筑的心得再现，是有着深厚创作基础的。他善于素描，一座桥梁，可以用铅笔几笔勾出它的轮廓，桥梁特点即刻表达出来了。他著作等身，书上很多插图，都是他亲手绘制的。

　　唐寰澄先生有一段时间处于逆境，虽然大桥局领导对他刻意保护，但迫于形势，难免受到一些冲击。他却能始终不改初衷，孜孜不倦地热爱桥梁事业，在建桥技术、桥梁美学、桥梁史研究等很多领域，做出了卓越的贡献，深受桥梁界同辈人的钦佩。

　　他有一个发现给我印象特别深刻，事情是这样的：

　　《清明上河图》是北宋张择端作品，中国十大传世名画之一。此画宽0.25米，长5.25米，记录了当年汴京（开封）清明时节的繁荣景象。图中绘出了814位人物，且城堡、楼阁、车桥、船舶，无不一一逼真。其中最精彩的一段是展现汴河一座大拱桥，桥上行人熙熙攘攘，还有几辆满载货物的畜力车，桥下一艘大船正在奋力驾驶准备过桥。桥梁跨度约有三四十米，桥姿优美，结构轻巧。建筑高度（拱顶处桥梁厚度）很小，起拱不大，桥下却净空很高，显出造桥者的高超技术。拱桥是木结构，是怎样搭建的呢？有人说它是大木材并列卯合榫接，其实不然。唐寰澄先生第一个深入研究了它，探究出其中奥妙，给出科学论证，解开了这一千年谜团。它原来是中国古代的一种独特的木拱桥建造方法，举世罕见。

　　它是由多根长约八至十米的木料，每两根搭接，在搭接处夹上一根横木，成为一纵向排架。几片排架并放，横木贯联，成为一座木拱桥。在桥上荷载作用下，排架内各木料紧密挤压，基本上可以不用铁件连接,做到坚固稳定。

一般拱桥,拱肋普遍受压,我国古代不少拱桥,由石料砌筑成拱肋,石料耐压性强,但抗拉及弯性差。木材则具有一定的抗拉抗弯力量。《清明上河图》中的拱桥,拱肋纵向木主要承受弯曲,利用了木料的优点。木材质轻,便于安装,汴京地处中原,木料容易取得,石料却需远处运来。木拱桥自重轻,对桥台的水平推力小,桥台可以做小些。而石拱桥自重大,对桥台水平推力大,需要桥台自重大,而且埋深(因为汴京地下基岩埋藏很深)。所以此类木拱桥是当时很适宜于汴京的一种桥式。

1953年,唐寰澄同志仔细研究了《清明上河图》,发现了这一木拱桥的特殊构造。他利用现代力学原理,将每根木材,按图示尺寸,进行了计算,证明均在允许应力范围之内。我曾目睹过他的计算稿,并用计算尺复核了几处,计算是很准确全面的。他还用火柴棍仿搭了这一桥式。他将这一发现和计算资料公开发表,国内外业内人士均予肯定。此桥经过唐寰澄同志的发掘,被称为"贯木拱桥",使我们得以惊叹我国古代建桥技术的精湛以及张择端忠实详尽的绘图技巧。历史翻过了近千年后,他第一位发现并用现代科技论证了它,确是一件极富意义的事。(这一桥式可能由于桥梁荷载加大,木拱桥承载力较低和木材不防火、耐久性较差,后世少有应用)。

20世纪50年代后期,唐先生在汉阳桥头大桥局旁莲花湖南侧修建了一座与《清明上河图》拱桥一样的桥梁,跨越莲花湖东西两湖的连通河道。此桥跨度虽小,形式结构却独特,吸引了不少游客赞赏。可惜"文革"时期莲花湖公园重修,将它拆毁了。

汉阳桥头莲花湖原有的贯木拱桥

1999年，为了向世界作介绍，由美国WGBH电视台NOVA科教片出资，由唐寰澄先生任顾问，在上海金泽，用北宋当年施工方法，忠实于原结构，又重现了一座汴河拱桥，引起轰动。相比于汉阳桥头莲花湖拱桥的命运，此次重建发人深思。我们应该重视古文物的研究与宣传。

2014年9月4日，唐寰澄先生因病逝世，这是我国桥梁事业的一大损失。今得知学长的老家上海市金山区档案馆将出版《唐寰澄文集》，甚感欣慰，作为他的学弟谨撰此文，以表示对他的敬意。

赵煜澄

（大桥局教授级高级工程师、原副总工程师）

2014年9月24日于武汉

唐寰澄小传

　　唐寰澄(1926—2014),著名的桥梁设计专家、桥梁美学家和桥梁史学家。1926年9月29日出生在金山县(今上海市金山区)。1948年,毕业于上海国立交通大学土木工程专业。中铁大桥局教授级高级工程师。历任中国桥梁公司武汉分公司技术员、大桥局技术员、工程师、高级工程师、教授级高级工程师、中铁大桥设计院情报室主任、大桥局技术处总工程师、专家顾问组专家。土木工程师学会会员、1956—1957年中国建筑师学会武汉分会理事。1955年获武汉长江大桥桥头建筑和引桥设计首奖。2008年获"茅以升科学技术奖"最高奖——桥梁大奖。

　　独立编著《中国科学技术史——桥梁卷》《中国古代桥梁》《桥梁美的哲学》《世界跨海交通工程》《中国木拱桥研究》等著作,参加编著《中国古桥技术史》《中国石拱桥研究》《中国桥梁技术史》《桥梁工程》《中国大百科全书(第二版)》《中国桥梁》《中国桥梁技术史·古代篇》(二卷)等著作,并多次获得中国国家级图书奖和美国图书奖。

一、家世与成长

　　1926年9月29日,唐寰澄出生在上海市金山区(原江苏省金山县)朱泾古镇(原为县政府所在地),一幢四开间二进二层的老宅子里。其祖父唐思齐是妇科名中医,为唐朝御医唐羲之后裔。其祖父在行医同时还热心于社会公益事业,时任金山县救火会会长、救济院院长、县教育委委员、县戒烟委委员、中医协会监委、朱泾一小校董。1937年,唐思齐因拒绝担当日伪县维持会长,躲避到乡下而遭汉奸杀害,以朴实的正义感维护了中华民族的尊严。

　　在祖辈科学救国的思想指导下,唐寰澄的父辈没有继承祖传的中医事业而全部改学工科,其父唐杰就读上海同济大学机械科,伯父唐英留学德国学建筑。其父亲大学毕业后曾在上海办秉联铁工厂,抗战胜利后回乡下办了一新型小农场叫"东园",自己亲自下田畜养了白种猪、毛用兔、肉用兔、来克亨鸡、火鸡等,种植了蟠桃、水晶梨、各色番茄、葡萄、时令蔬菜、薄荷等等。新中国成立后曾任1949、1950两届金山县人大代表。父辈们的选择为唐寰澄的人生道路指出了方向,树立了榜样。其外公黄芳墅是晚清秀才,民国江苏省议员,也是金山县名人,古文、诗词、书法甚好。因住在同一古镇,在这些方面唐寰澄受其影响颇大,从小耳闻目染打下的童子功,使其一生受益匪浅。

　　唐寰澄在良好的家庭环境熏陶和教育下,加之自己聪慧好学、攻读勤奋,冠于侪辈。1944年,他以优异成绩考入上海国立交通大学,学土木工程。虽说是工科生,可他性情活跃,在学好本专业的同时,他博览群书,琴棋书画均不离手,亦擅金石。他年轻时弹的一手好琵琶,偶尔也参加比赛和演出,还和其他同学一起创办了"交大国乐社"(该社团现在学校还保留着),提倡"雅乐"。1948年,他大学毕业,此时行将解放,他没有去台湾工作,而是投奔了茅以升先生创办的中国桥梁公司武汉分公司,梦想在长江上修建中国第一座长江大桥(民国时期,政府也曾先后四次计划修建长江大桥,以打通京汉和粤汉铁路,已经做过二次勘探、测量和桥址选定工作,为此还发行了建桥债券。)。

1949年新中国成立,桥梁公司并入铁道部,唐寰澄也赴北京,在铁道部设计总局工作,在桥梁大师梅旸春和王序森的领导下,参加和独立完成了华中钢铁公司大冶工厂厂房、萍乡煤矿架空缆道、三桥机车厂、成都机车厂厂房、北京中南海怀仁堂大礼堂钢屋架、湘江桥钢梁、成绵段桥梁设计工作;参加武汉长江大桥前期勘探、测量,武汉火车轮渡码头设计等工作。

1953年,唐寰澄正式调入铁道部武汉大桥工程局,分在总体设计组,参加大桥桥头和引桥建筑设计、大桥美术方案设计、桥台结构设计、江汉桥(公路)安装设计工作。

唐寰澄为人作风正派,实事求是,敢于直言,为此在1957年"反右"运动中,受到不公正的批评和冲击,下放重庆白沙沱大桥工地劳动,后在处理结果分歧很大的情况下,时任局长的彭敏正确、灵活地运用了党的政策,让他回到设计岗位上戴"罪"立功,使之免遭更多舛运。"文革"期间,唐寰澄又被下放工班劳动"锻炼",但他从不气馁、不自卑。为了学习先进的桥梁技术,业余时间他自学德语、日语;为了继续他的古桥研究事业,他通过各种渠道搜集资料,全面地关注《文物》杂志和考古报告并研读《论语》及老子、孟子著作和中国历史有关著作、文献,为后来著书打下了深厚的基础。

1958年,唐寰澄身处逆境,身心颇受折磨,有感得诗一首《少年》:

少年浑不识风波,版筑于今正炼磨。秦岭云横思退之,巴山雨落困相如。
曾经颠扑知沧海,更有技能缚大河。题柱中流且记取,他年回首意如何。

二、世纪之桥　总理钦点

武汉长江大桥作为20世纪中国最伟大的工程之一,于1949年9月20日,由桥梁专家梅旸春正式提交的《武汉大桥计划草案》拉开序幕。1950年初,铁道部开始筹备工作,同年2月,成立了《武汉大桥测量钻探队》,由铁道部设计总局副局长梅旸春兼任队长。此后,从1950年6月到1953年3月,铁道部先后召开了5次武汉大桥会议,对大桥的桥址、桥式、材料、载重、净高等问题一一进行了论证。

在那个中苏友好的年代,前后有28位苏联桥梁专家在中国工作,大桥的正桥部分由苏联提供钢料和按苏联提供配方自己冶炼结合,按照苏联桥梁专家指导的方式设计、施工,大批的来自全国的老中青中国桥梁专家、学者、工程师共同参与设计、组织和施工。为了贯彻政务院(现国务院)"武汉长江大桥之美术设计,要配合大桥本身雄伟建筑及武汉都市建筑,以表现我们伟大祖国的新时代,责成铁道部设置奖金,广泛征求国内美术建筑专家个人的和集体的优秀作品,送呈中央核定"的精神,铁道部决定将桥台(桥头堡)和引桥,向全国各建筑设计院和知名院校的建筑系征集方案,要求方案要表现"社会主义内容和民族形式"。

为此,1954年夏天,时任大桥局第一任局长的彭敏(原铁道兵副司令员)邀请了全国知名的桥梁和建筑专家:茅以升、杨廷宝、梁思成(因病未出席)、赵深、张溥、张开齐、戴念慈、俞玉渝、莫宗江、鲍鼎、梅旸春、顾懋勋等开了预备会,唐寰澄也列席,随后大桥局发出方案征集邀请函。当时唐寰澄28岁,参加工作才6年,因为在总体设计组工作,又负责方案的征集、联系工作。在彭敏局长和梅旸春、汪菊潜、王序森等领导和专家及苏联专家的鼓励和支持下,唐寰澄也独立参加了方案的设计,排序在全部方案的最后一名,即第二十五号方案。

为了体现中国建筑的特色,唐寰澄开始接触和研究中国古代桥梁,从中汲取古人的哲学思想、设计理念、工艺技巧,希望能在现代化的桥梁设计中注入几千年中国桥梁的灵魂,达到推陈出新的目的。为了满足功能和美学原理(实用、经济、美观)最经济和最民族风格。唐寰澄在两岸引桥上层借用中国古桥如北京颐和园十七孔桥、赵州桥等的艺术手法,这样可以使屹立的引桥高巍连拱与刚劲轻巧的菱形正桥相映成趣,不显得线条单调。而为了凸显中国桥梁的独特韵味,正桥与引桥之间桥头堡建筑的设计也借鉴了清代黄鹤楼"攒尖顶亭式"的建筑风格,弘扬了中国民族传统建筑的朴素之美,颇具远见地与20世纪80年代才复建的"黄鹤楼"建筑达到了和谐相处、相映生辉。在细节处理上他也是颇费心思,独具匠心。如桥头堡两边的铜质小格大窗(在步行楼梯登桥的过程中,每一步都能领略到窗外的江河山川)、莲花须弥座阳台、巨型宫廷吊灯、庄严的大理石贴面以及和中央美院年轻雕塑家史超雄(男)、杭观华(女)配合,由唐寰澄命题的"上部施工""下部施工"(以纪念为建设武汉大桥而付出心血的建设者们)的两组雕塑(分别坐落在南北桥头堡一楼大厅)等等。

1955年2月,武汉大桥技术顾问委员会主持评选会,主任委员茅以升,委员杨廷宝、王度、蔡学海、李温平、李国豪、赵深、愈忽、罗英、陶述曾、高步昆、鲍鼎、蔡方荫、钱令希、陈植等,地点在汉口滨江饭店。大桥局和省市有关单位出席旁听。会间讨论热烈、评比反复。评比结果设一、二、三等奖。一等奖奖金10 000元、二等奖8 000元、三等奖3 000元。唐寰澄的25号方案被评为三等奖,作为一个30岁不到的结构工程师,能在全国的建筑方案的征集中入围并获奖是对年轻的唐寰澄的肯定和褒奖。他对当时追求高耸、古典、大体量的建筑思想不予苟同。正如梁思成先生事后在清华大学建筑系对学生所说:"这次方案,建筑界败于年轻的结构工程师之手,在建筑思想上值得进行检讨。"

随后评选结果连同方案报铁道部,再由铁道部报政务院审批。这时政务院正在召开全国政务会议。所有方案陈列在中南海怀仁堂大礼堂,由周恩来总理率领副总理、各部部长、各大区党政领导参阅方案并进行评选。最后由周总理批示,"采用第25号方案",其理由就是实用、经济、美观。

因为25号方案中标实施,在苏联专家的提议下,唐寰澄从武汉大桥正桥3号桥墩的施工设计工作中抽调出,专门负责桥头建筑的建筑设计和整体的美术设计。之前苏联专家提供的正桥装饰方案没有用,是因为没有突出我们中国的民族特色和中国古建筑艺术的装饰栏板造型。毕竟这是一座建在中国的,由中国人承建的中国现代化大桥,而不是苏联的大桥。设计组确定了设计风格、原则,在当时中央"百花齐放、百家争鸣"方针的启发下,唐寰澄也提出了"百花齐放、百鸟争鸣"的设计思想,以中国剪纸的艺术表现形式,以花、鸟为主题,设计制作镂空栏板。本想全桥公路面上下游栏杆的花板均不重复,后由于时间紧,自己稿件又不足,虽发动全局职工和社会力量广泛征集稿件,最后仍因为稿件有限,不得已而在桥上重复使用(大约每边二套半)。稿件征集后先由专

门组织的木模工几十人刻成1：1木模，再交武昌船厂翻铸成形。这目前已成武汉长江大桥一道亮丽的风景线，现在很多桥梁亦在模仿采用这一思路。

2013年5月，武汉长江大桥已列入第七批全国重点文物保护单位，也是目前国家最"年轻"的国家级重点文物。武汉长江大桥雄伟的建筑与高耸入云的龟山电视塔、金碧辉煌的黄鹤楼已成为武汉市一个亮丽的坐标轴。

在武汉长江大桥建设期间，唐寰澄还设计了很多建筑，其中有2006年8月12日被列为武汉市"优秀历史建筑"的大桥局办公大楼，该楼设计、建设均早于北京的人民大会堂，但其建筑风格和造型却是北京人民大会堂的缩影，朴素典雅的民族风格和现代化建筑的非凡气派，加上堆塑雕刻的赵州桥门楣，在弘扬了中国桥梁的历史的同时也表明了建筑使用者的工作性质。此外，在汉阳桥头的烂泥塘上建起了桥头公园——莲花湖公园，并在大湖上设计、修建了九曲梁桥和亭、榭，在大小湖的连接湖汉上，实验性地再现了《清明上河图》中的古贯木拱桥（因木料腐朽已拆除），巧妙地将大桥和桥头景观有机地结合在一起，为后来的现代桥梁建设树立了一个成功的典范。

在几十年的建桥生涯中，唐寰澄不仅在桥梁结构的设计上造诣很深，而且在施工组织方面也具有丰富的经验。其中包括：南京长江大桥的方案比选，提出250米跨度的刚性梁柔性拱公铁两用桥方案（后用在九江长江大桥）；锁口管柱桥墩方案（后日本吸取他的方案精髓改用为钢矢板井筒桥墩方案）；1958年提出了关于预应力钢筋混凝土桁架铁路桥系列方案；1966年提出了300米三孔连续全焊钢桁拱，无碴无枕正交异形板铁路、公路桥面方案；双壁圆形钢沉井方案；唐山地震的桥梁抢修。20世纪80年代设计的跨漓江的桂林雉山公路桥，巧妙地将现代桥梁与古雅、秀丽的山水和谐结合，获得了方案大奖。

三、世纪之梦　跨海大桥

1989年，欣逢我国改革开放取得了丰硕成果，唐寰澄在1974年研究深水桥梁基础和多年深思熟虑的基础上，高瞻远瞩地向时任国家主席的江泽民主席大胆递交书面报告，向中央提出了建设沿海高速公路、铁路以及研究中国渤海、琼州、台湾三大海峡跨海交通工程的建议。

1994年，国家文物局邀请唐寰澄参加广东虎门大桥的地下文物论证会议。他基于多年对古桥和文物的研究，在会上作了极具说服力的发言，引起了广东省交通厅领导的重视，加之其对跨海交通工程的远瞻性的建议而受聘于广东虎门技术咨询公司任专家，作为琼州海峡跨海交通工程前期工作项目负责人直至2002年8月完成报告。8年时间，七十多岁的高龄，唐寰澄踏遍了琼州海峡的山山水水。在此期间，他主导完成琼州海峡跨海交通工程的规划方案、预可行性研究和工程可行性第二阶段报告。

唐寰澄还五次参加"台湾海峡跨海工程研讨会"，并作"琼州海峡跨海工程QSC发展和台湾海峡跨海工程TSC论证意见"的专题报告。针对台湾海峡，唐寰澄建议跨台湾海峡至少修建二条通道，即南北两线。南线自福建厦门岛连金门岛（约15千米），金门岛连澎湖列岛（约50千米）；北线自福建平潭到台湾新竹(约140千米),南北两线之间还可修若干比较线。至今此南北方案仍为海峡两岸桥梁界研究的焦点。

通过十年的搜集、研究,唐寰澄将世界上不同时代、不同国家、不同风格的跨海交通工程实例,汇集在一起进行比较、阐述,撰写了《世界跨海交通工程》一书,2004年由中国铁道出版社出版。该书记录了世界上六大洲及洲际的44个著名海峡已建、筹建和设计中的公、铁、桥、隧跨海工程规划、设计、施工各项关键问题的研讨、解决历程和具体方法。无疑该著作会对海内外工程界跨海交通工程研究、实施产生深远的影响。

在唐寰澄论述海峡跨海工程的文章中,作者自己写道:"从我为琼州海峡跨海工程尽力至今,自知限于年龄和经历,不可能始终其事。假如最快的打算,25年后建成通车,如人尚健在而主持者不忘有个为开端出了力的老头儿,让坐飞机在云头一看,大足快慰。若或已自归尽,当逍遥自在,驾彩云观蛟龙以越沧海,去欣赏这造福人间壮观的图景吧。"并填词《金缕曲》一阕:

> 才别虹桥去,又匆匆飞临闽越,沧海岛浒。
>
> 指点天蓬石外路,一苇片帆可鼓。
>
> 今假言,龙宫可隧,不必波涛舟行苦。
>
> 十年矣,向北阙上书,制长蛟,役猛虎。
>
> 而今伫立隔层雾,望不见新竹旧游,明潭蝶舞。
>
> 世纪工程英雄梦,振臂渐增数!
>
> 方经过,断脉起震。
>
> 地裂楼崩添怆楚。
>
> 何畏惧。
>
> 凭科技兴邦,作愚公,传斤斧。

四、世纪之叹　古桥历史

关于中国古桥,历史上很多到过中国的外国商人、教师、学者、牧师、画家、游客、记者,都有过精彩的记录。英国剑桥大学的李约瑟博士,在他的《中国科技史》中叙述:"和虽然有名但没有实用价值的金字塔比较一下……中国文化的特点在不小的程度上是一个合理与浪漫的巧妙结合……中国桥梁没有不美观的,而且不少是非常美观的。"他认为中国在技术和文化上"往往远远超过同时代的欧洲,15世纪以前更是如此"。他在给唐寰澄先生的信中写道:"中国科技史还是中国人写好,因为外国人缺乏查阅大量中国典籍和实地考察的条件。"

从1953年起,唐寰澄就开始关注、搜集、研究中国古桥。1957年,他出版了第一本书——《中国古代桥梁》(第一版),几十年的业余时间全花在此研究上,集腋成裘,古桥著作没膝,发展地继承了茅以升、梁思成、罗英等老一辈桥梁、建筑大家的未竟事业。他在总结中国古桥研究时说:"近代人对中国古桥的研究首推'中国营造学社'的梁思成、单士元、王璧文等。不过,他们研究的是个别的、具体的桥梁。高屋建瓴、研究全面的还是修造钱塘江桥的茅以升和罗英二位先生。"

1978年,经过茅以升、梁思成老先生14年的努力,在中国科学院自然科学史研究所和交通部科技委员会的支持下,《中国古桥技术史》的编著工作得以启动,茅以升以83岁高龄担任编委会主任

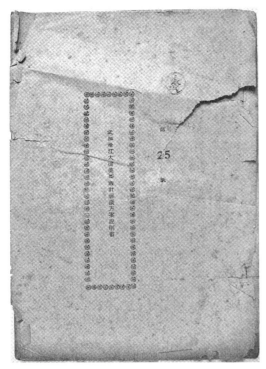

武汉长江大桥第25号方案说明封面

和主编,在参加编写的22位老中青三代桥梁工作者中,茅老提名唐寰澄任副主编并总撰全书,可见茅老对唐寰澄学识和能力的认可,他在全书中独立完成了一章,参与完成了其他二章和一节。该书历经4年,于1982年完成,1986年由北京出版社出版。全书约38万字,图片392幅。1987年7月17日,该书获中国图书评论委员会颁发的"1986年中国图书荣誉奖"。

《中国古桥技术史》出版后,唐寰澄先生总结:"历史是一面镜子,史者,鉴也。虽然技术史不比社会发展史,能在社会人事兴衰上起到殷鉴的作用,但技术上的成功和失败,都可借鉴,必须如实地反映。况且,了解古代中国劳动人民在这一专业技术领域内前仆后继、奋发有为的精神,也足以对后人有所启迪和激励。""一项专业技术,绝不是无本之木、无源之水,在历史的长河中,必然有其根源和流派。"编写专业技术史,需要考证的主要方面是:时间、地点、作者、构造、沿革。唐寰澄在编写过程中做到了行万里路,读万卷书,方才下笔有神,游刃有余。他常常是带着问题、资料,不带框框下去调查;看、问、听、记、拍并用,采访后及时分析、整理素材,累计现场笔记数万字。在总撰统稿过程中秉着"纷者整之、孤者辅之、板者活之、直者婉之、俗者雅之、枯者腴之"的原则,使全书成为统一的格局和风格,"运化"功夫了得。

1983年,唐寰澄受茅以升之托,续写罗英未完成《中国石拱桥研究》,原书稿四章。通过他对罗先生资料的通读、理解、分析、计算、手绘、增补,将罗先生精力所著的中国石拱桥研究,完整地奉献给了读者,全书完稿为七章,于1993年由人民交通出版社出版,茅以升作序。1995年,该书获全国优秀科技图书奖。

1991年,中国科学院自然科学史研究所决定由中国人自己来编写《中国科学技术史》,全书共30卷,其中"桥梁卷"交由唐寰澄独立完成。自接题到完稿、出版历时10年,唐寰澄是全部利用业余和休假、出差时间在做。他埋头于经史子集,沙里淘金,土中觅宝;奔波于天南地北,崎岖山区,江南水网,广泛接触桥梁、文物、建筑界同行、朋友;接触新发掘出土的桥梁文物、古籍画册、地方志、交通史书;以诗补史、以画补史、以地下古建补史,终将一部巨著呈现给世人。

2000年后,唐寰澄在续写完成了《中国石拱桥研究》后,又继续了他从未中断的研究——《中国木拱桥研究》,将两类拱桥研究透彻,形成"姊妹篇"是他的夙愿。1953年,唐寰澄有幸在故宫目睹了张择端的《清明上河图》真迹,画中中国独有的木拱桥形式——虹桥,深深地打动和吸引了年轻的他,从此研究中国古桥成了他毕生的事业。为使研究有科学依据,他对贯木拱桥的结构进行了应力分析计算,科学地证明了该类桥梁的合理性和古代能工巧匠的聪明才智。2003年,为使书稿完善、实例丰富,他远赴福建山区考察寻找现存的中国贯木拱桥和工匠,行程上千里,做笔记上万字,拍照片几百张。2005年,书稿已基本完成,可是2006年,他患脑血栓左半身瘫痪,直至2010

年,《中国木拱桥研究》在其长子唐浩的协助下,才由建筑工业出版社出版。该形式的拱桥,除20世纪50年代在武汉长江大桥的桥头公园由唐寰澄设计修建了一座(现已损坏、拆除)外,1999年,美国波士顿WGBH广播电视公司出资,仍由唐寰澄设计在上海金泽镇再建了一座,并将整个建设过程拍成电影在国外播放,成功地弘扬了中国古桥历史和文化。

如前所述外,唐寰澄的《中国古代桥梁》经过初版、再版、三版于世,其内容不断丰富、可读,深得业内外读者欢迎。1981年,铁道出版社出版的《桥》同年获首届全国优秀图书奖。1987年台湾再版繁体字版,同年出版唐寰澄的《桥梁建筑艺术》一书。1991年,美国国家研究会邀请16个国家的著名桥梁和美学家撰写《Bridge Aesthetics Around the World》(《世界桥梁美学》),唐寰澄代表中国参加撰写,获美国国家工程师学会特别奖。1995年,他与中国工程设计大师王序生共同编著的《桥梁工程》,1996年获全国优秀建筑科技图书奖,1997年获全国优秀科技图书奖,1998年获铁道部科技进步奖。2000年,铁道出版社出版《人间万古彩虹飞——世界桥梁趣谈》,获2001年全国优秀科普作品奖。他还先后参与了《中国大百科全书》(第二版)、《中国桥梁》(李国豪主编)的部分写作。

特别值得庆幸的是,唐寰澄至耄耋之年,在体力下降、精力不支、疾病缠身的情况下,2012年还接受了北京交通大学出版社的邀请,在其长子唐浩的协助下参加十二五规划中由秦顺全院士任全卷主编的《中国桥梁技术史·古代篇》(二卷)的编著工作,全书共9卷,唐寰澄任古代卷主编。目前古代桥梁卷已经完成并出版,形成文字过百万,图片1 560幅,介绍古桥850座。此套书的出版将弥补当年茅以升、梁思成、罗英之遗愿,使中国的古、近、现代桥梁技术史完整地呈现。

在《中国古桥技术史》出版后的1993年,茅以升先生终生的秘书徐宏儒老先生贺诗一首:

> 君子重然诺,书成告乃翁。
> 十年疑纸贵,百岁见遗风。
> 霜刃几曾试,长虹一线通。
> 前贤俱往矣,珍此黑头公。

唐寰澄和诗:

> 人生过隙耳,少壮已衰翁。
> 还喜无声雨,平遭起浪风。
> 帝乡非素愿,渠阁路长通。
> 汉史敢将续,书出祭西公。

五、世纪之赞　桥梁美学

桥梁,作为显著的公共建筑,历来尤其是近代十分讲究作为艺术作品出现在环境之中,于是研究什么是美的桥梁和如何创作美的桥梁引起各界充分的关注。唐寰澄就是中国近代最早关注它的人。

唐寰澄的《桥梁美的哲学》成书于1993年,1994年由台湾明文书局首次出版(繁体中文版),2000年由铁道出版社再次出版,而他关注和研究桥梁美学却起始于20世纪50年代。

他在著作中告诉我们:"美,就是人类对自然和社会事物现象从感情上判断的一种态度。从愉悦的快感演进为美感。""美学和其他技术相结合才称之为艺术……文学艺术、书画艺术、音乐艺术、雕刻艺术、建筑艺术等,而桥梁是属于建筑的,现今独立为桥梁艺术。"

他在谈到桥头建筑艺术时举例,武汉长江大桥之所以有那么多的著名建筑设计师的方案未能最终实施,是只"从'桥头堡'的思路出发,力求高大雄伟,不意脱离了客观经济条件只要求'照顾'的特点,且与正引桥结构不甚匹配而落了选"。

唐寰澄为研究桥梁美学,通读了中国的古典哲学著作和恩格斯的哲学著作,认为"桥梁美学就是桥梁美的哲学……不提高到哲学高度就不懂美学,不上升为理论,不能指导实践。"从哲学出发,深入浅出地由时空、运动到相对关系(相生、相成、相形、相倾、相随、相和、相争、相因)去解释美、美的属性及美和真、善、饰、情之间的关系。提出桥梁美学法则,提倡桥梁的和谐美,讲究比例、时尚、对称、韵律。

"桥梁造型创新是美学创新的主题,其他创新项乃是其必要的基础。"唐寰澄先生总结桥梁创新可遵循的四条原则:总结改进、推陈出新、旁搜博览、效法自然。他还提出:"概念设计是创新的理论基础,方案比选可为桥梁获得最佳设计。"也给年轻的工程师们指出,"创新可以从模仿开始",但"创新并不是标新立异"。

1982年,世界著名桥梁专家弗里茨·莱翁哈特出版的《桥梁建筑艺术和造型》引起全世界注意,译成十数国文字,其中文版的总校就是由唐寰澄完成。

唐寰澄一生爱桥、建桥、写桥。他不仅是位桥梁设计专家,同时也是一位难得的桥梁美学专家和桥梁史学家。他承上启下、继往开来,对中国的桥梁建设、桥梁美学、桥梁历史均做出了可称为伟大的贡献。唐寰澄送给前香港特别行政区路政署工程处处长刘正光先生的一副条幅,是他自己一生最好的写照:"半世功名一鸡肋,平生道路九羊肠。"

六、唐寰澄主要学术著作

唐寰澄著:《中国古代桥梁》,文物出版社,1957年

唐寰澄著:《中国古代桥梁》(补充版),文物出版社,1987年

唐寰澄著:《中国古代桥梁》(再补充版),建筑工业出版社,2011年

唐寰澄著:《桥》,铁道出版社出版,1981年

弗里茨·莱翁哈特著,唐寰澄总校:《桥梁建筑艺术和造型》(1982年),人民交通出版社,1988年

唐寰澄(参与编著):《中国古桥技术史》,北京出版社出版,1986年

唐寰澄著:《桥梁建筑艺术》(繁体字版),台湾明文书局,1987年

唐寰澄(参与编著):《Bridge Aesthetics Around the World》(《世界桥梁美学》),美国国家研究会,1991年

罗英、唐寰澄著：《中国石拱桥研究》，人民交通出版社，1993年

唐寰澄参与编著：《中国桥梁》（李国豪主编），同济大学出版社，1993年

唐寰澄著：《桥梁美的哲学》，台湾明文书局，1994年

唐寰澄著：《桥梁美的哲学》，铁道出版社，2000年

唐寰澄参与编著：《桥梁工程》，铁道出版社，1995年

唐寰澄著：《人间万古彩虹飞——世界桥梁趣谈》，铁道出版社，2000年

唐寰澄著：《中国科学技术史——桥梁卷》，科学出版社，2000年

唐寰澄著：《中国木拱桥》，建筑工业出版社，2010年

唐寰澄参与编著：《中国大百科全书（第二版）》，中国大百科全书出版社，2009年

唐寰澄、鞠金荬、唐浩著：《中华长江文化大系Ⅱ·江桥古今（长江流域的桥梁隧道）》，长江出版社，2013年

唐寰澄、唐浩著：《湖北古桥》，武汉出版社，2015年

唐寰澄、唐浩著：《中国桥梁技术史·古代篇》（上下），北京交通大学出版社，2018年

唐寰澄、唐浩著：《中西方石拱桥》，铁道出版社（编辑中），2018年

唐　浩

总 目 录

唐寰澄文集（Ⅰ）

目　录

卷三·桥梁研究

卷 一

武 汉 大 桥

历史上的武汉长江大桥建桥方案
——纪念李文骥先生

建设万里长江第一桥，是新中国在长江上实现的第一个宏图。无论从历史上看，还是从武汉三镇的战略地位看，这都不是偶然的。

在历史上，湖北境内出现过五座军用浮桥，1 500年前，公孙叔就在宜昌下游30里处派兵数万，"据险为浮桥"。140年前，太平军攻占武昌城，架起了一座规模最大的浮桥，位置恰好就在"龟蛇锁大江"处。

在古代，在烟波浩渺的长江上修永久性的大桥，在技术上几乎是不可能的。

飞越"天堑"的武汉长江大桥自1957年建成以来，已经度过了三十多个春秋。当人们乘坐京广旅客列车从桥上飞驰而过时，可曾想到在这座万里长江第一桥建之前，从1913年到1946年，中外工程师曾先后4次提出过建桥方案，其中有一人还亲身经历并参加过大桥的历次勘测和方案设计工作。他就是我国桥梁界先驱之一——李文骥先生（1886—1951）。李先生于1949年前在杂志上多次发表文章，详述各次规划情况，新中国成立后于1950年作为"铁道部桥梁委员会"委员之一，又参加武汉长江大桥测量钻探和设计工作，第五次为建桥作出努力。今天我们所知道的1949年前的主要资料，便因李先生得而传世。兹根据他的文章和其他材料，综述如下：

图1-1-1　1913年北大旧人汉口合影（后排右1李文骥，前排右2夏光宇）

詹天佑—格林方案

李文骥先生在《武汉大桥计划之历史》（1948）一文中写道："武汉跨江建之议始于民国元年，詹天佑任川粤汉路会办时，粤汉铁路湘鄂段总工程司英人格林曾作一草图，用悬臂式钢桁梁 3 孔全跨江面，江中桥墩只有 2 座……"李先生在文中指出了计划的时间和方案作者的姓名。

再看 1984 年《铁道知识》第四期刊出曲绪典同志所撰《詹公轶事》一文中写道："孙中山先生曾向詹天佑先生透露过他的修建 10 万英里铁道的规划，并希望得到他的帮助。詹天佑听了很受鼓舞……组织力量绘制了武汉长江大桥的蓝图……"此文还刊出了两张残缺的方案图。

查《詹天佑与中国铁路》一书，詹天佑任川粤汉铁路会办为民国元年（1912）11 月，翌年 6 月升为督办。由此可见李先生所记是可信的。詹天佑先生要格林作武汉长江大桥的方案是完全可能的。

图 1-1-2　詹天佑—格林方案

格林所作方案是什么式样？

根据《詹公轶事》一文中刊出的两张残缺方案图，对照李先生所述江中只三孔两墩，复原原方案（如图 1-1-2）。实际上是五跨四墩、江面上是三孔两墩。显然这是英国人的作品无疑。为什么？

英国于 1883—1890 年建成了离爱丁堡约 10 英里的福斯河口双线铁路伸臂梁桥。水中共两跨各长 519 米，总共为四跨三个大伸臂架，是由英国著名铁路和桥梁专家本杰明·贝克（Benjamin Baker）所设计建造。

光绪廿年（1896）七月初十下午，李鸿章在英国参观了这座号称"天下第一桥"的福斯桥。蔡尔康著《李鸿章历聘欧美记》记道："中堂旋升车直趋桥畔。其桥下有旧桥焉，车驱而先过之，以便中堂观桥底之形。既而绕登桥顶，纵观桥面之形。中堂叹曰：'似此工程，实属绝无而仅有。藉非神工鬼斧，何以能成？念我中国渤海之大，极目不能见彼岸，若亦能造一桥则突过此桥矣。'"所以这座桥，连官方都是熟悉的。

格林对武汉桥的建议，主跨自福斯桥的 519 米缩小到 380 米，载重则由双线火车增加到"人车路，电车路，马车路，人行路各二条。"桥址位于武昌蛇山到汉阳龟山之间。凡到过武汉的人都知道，此处两山对峙，江面最窄，江流最稳定，不是桥梁工程师也会选择在此。但下桥后如何走法，李先生称："当时未详细测量研究，仅系一种拟议而已。"

米娄方案

民国二年（1913），北京大学第一期土木系学生毕业，李文骥先生是其中之一，这也是由中国自己的大学培养出来的第一批土木专业人才。其教授，德国桥梁专家乔其·米娄（Prof. Georg Muller）提出为纪念辛亥革命成功，建设"武汉过江大桥"为纪念桥。他率领包括李文骥先生在内的毕业生十余人，到武汉进行这一计划的准备，并拜会了鄂督黎元洪和川粤汉铁路督办詹天佑，得到了他们的赞同和支持。工作了四五个月，将桥址测量、勘定联络线路和大桥设计大致完成。

在没有进行地质钻探的情况下,初步拟定三个桥式。因为现场条件十分明确,桥址(龟山到蛇山线)处主槽偏在武昌。设计若干62.00或83.50米的小孔,在靠武昌岸插入三个较大孔,其主孔为124.00,或200.00,或250.00米。作了造价估算比较,以第一式124米主跨,双层桥面为最经济。第三式吊桥式伸臂梁较为美观。实际上米娄教授是根据欧洲的经验,如1894—1896年修建的匈牙利约瑟夫桥画的第二式;根据1903—1904年德国司纹蒙台桥画的第三式(图1-1-3)。第二三式都是公铁并行的单层桥面。米娄方案的联络线走向如桥址图1-1-4。

图1-1-3 米娄方案

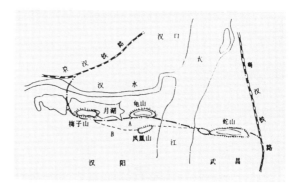

图1-1-4 米娄方案桥址图

李文骥先生认为:"北京大学的计划……式样自难免稍觉其旧。当时仅测量路线及河宽水深,并未钻验江底地质,作详尽的研究,故可不必深论。但当时已认为双层路面的建筑为最经济,不为无见。"方案提出之后,因军阀内战,根本不遑顾及,而成为纸上谈兵。

华特尔方案

1928年,南京国民政府成立铁道部,由孙科任部长,聘请美国著名桥梁专家华特尔博士(Dr. J. A. L. Waddell)为顾问。华氏建议作"武汉扬子江大铁桥"计划,并愿意介绍美商借款兴筑。当时铁道部命令李文骥先生担任测量钻探,并协助华氏作方案设计工作。

此次选线,汉阳岸不走龟山而走龟山之南的小山凤凰山(如桥址图1-1-4中虚线)。武昌岸则仍走蛇山北侧。1930年测量完成,但铁道部不续聘华氏,仅予以名誉顾问的头衔。华氏回国,留下其助手韦约翰(John Weir)与李文骥先生赴汉口从事主桥江底钻探。其钻探机具都是旧机拼凑而成。筹备完成,开钻汉阳岸浅滩仅两月,美国人韦氏亦离去,由李先生独立承当。5月至9月正是长江洪水季节,在江上完成8个钻孔,结束了初钻工作。华特尔根据资料提出了方案和概算,但国民政府无力完成这一工程。李先生以心血所在,弃之可惜,遂写论文《武汉跨江铁桥计划》,于1931年中国工程师学会年会上发表。

华氏所提方案(图1-1-5),从节约引桥出发,采用桥跨82.30米单层桥面的低桥方案。桥下通航净空在高水位时一般为18米,只在离武昌岸江边第四孔用一跨91.5米的升降式活动桥,升高后净空为33.50米。华氏是根据当年美国大量建议造活动桥的基础上所提的方案。李先生认为:"式样简单而设备宽裕(似指

图1-1-5 华特尔方案

活动部分）。但桥孔小而桥墩多，当年国内工料价贱，外洋材料（钢及机具）价贵之时，固属经济之办法。在今日则反是……所选线在汉阳方面经过城边的小山，对于减少引桥长度无多大效果，究不如经龟山之合适。"华氏以名家里手，而提出的方案与扬子江浩荡的气势不为相称，且水陆互碍，功能上也觉欠缺。这一方案以不建为幸。

钱塘江桥工处方案

1936年，粤汉铁路全线通车，武汉长江大桥的建设日见迫切。茅以升先生在《钱塘江桥回忆》一文中说："1935年秋，应湖北省政府之约前去接洽武汉造桥事。经过桥工处多人努力，于1936年8月作出建桥计划书。"当时熟悉此桥的李先生亦在钱塘江桥工处任职，为四大正工程师之一（梅旸春、李学海、李文骥、卜如默）。他们花了近一年时间，先根据以往资料作出方案和概算，然后再至汉口进行测量和钻探工作。这一次钻探的是蛇山和龟山的桥址，发现江底石层较凤凰山蛇山线为高。

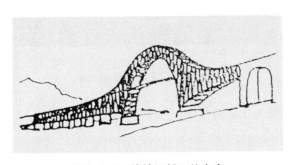

图1-1-6　钱塘江桥工处方案

钱塘江桥工处提出的方案（图1-1-6）比较特殊，共计八孔。七孔为128米。靠武昌岸一联三孔，第二孔为大孔238米的连续桁拱。此处桥面为公铁在一个平面，从武昌岸第四孔起，公路以3.5%降坡，并在一个平面一端宽一端窄的"斗式"桥孔，由单层转为双层，铁路在上，公路在下，到汉阳时几乎可不设公路引桥。

从1937年2月到1938年4月，在长江上共钻十个钻孔，所得石层，在汉阳岸较华特尔方案高二十多米，对基础而言，明显为优，且与大江基本正交。

李文骥先生参与了方案设计，对最后推荐方案的评语为："着眼于经济、适用、美观三点。主要桥孔采用悬吊桥面，俾腾出桥下最大净空以利航运。同时利用拱形可将桥墩高度减至最低限度。旁孔转成双层，以减少桥梁宽度与桥墩长度，且减少汉阳岸公路引桥之费，此种布置允为最经济的办法。"不过李先生认为斗式孔结构复杂，可改为公路在两侧伸臂梁上降坡。桥跨布置根据经济跨度计算，尚可省去一墩。

钱塘江桥工处满以为当钱塘江桥工程一完，便可转入武汉进行设计施工。准备向银行借款，还说要在1937年10月举行开工典礼，但抗战军兴，全部计划化之流水。

茅以升—梅旸春方案

抗战胜利，受尽苦难的人民都希望重建家园。茅以升先生早就筹设了中国桥梁公司，下设若干分公司。汉口先设办事处，以李文骥先生为主任。

1946年，由平汉、粤汉铁路局和湖北省政府等一起组织了武汉大桥筹建委员会，以当年湖北省政府主席万耀煌为主席，茅以升为总工程师，李文骥等为正工程师，正式测量了龟山蛇山线和凤凰山蛇山线，结论仍以前者为佳。同时规定了桥上车辆和桥下通航的技术标准，提出了五孔桁拱桥的方案（图1-1-7）。中间三孔为280米桥跨，边上两孔各为140米跨。拱桁内单层公铁并列桥面。

公路在内,铁路在两侧,式样壮伟美观。

　　桥式的产生,据当年梅旸春先生告笔者,乃是结合过去方案,予以综合改进,与茅以升先生在一次火车旅途之中所确定。这一设想实乃脱胎于格林方案。英国福斯桥建成之后,在其国内招致了攻击,认为这座桥没有建筑艺术,是达到所有丑陋的顶点的样品。其丑处之一是伸臂的造型和比例。茅、梅两先生引伸钱塘江桥工处方案的单孔桁拱,结合福斯桥的伸臂布局,并且避免了格林方案两岸上两孔不必要的大跨,得出这一造型美观、结构合理的设计,体现了中国工程师的智慧。然而国民党政府忙于内战,计划又予搁置。

　　1949年之后,李文骥先生由衷高兴,提笔作《筹建武汉纪念桥建议书》,向铁道部提出建筑武汉长江大桥"为建设新中国的开端,并作为新民主主义革命成功的纪念建筑……"。他毛遂自荐:"自认为老马识途,甚愿有机会将此项经验,贡献于人民。"1949年冬,李先生奉

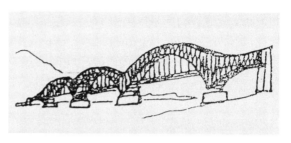

图1-1-7　茅以升—梅旸春方案

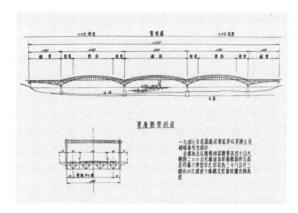

图1-1-8　茅以升—梅旸春方案立面、断面图

召赴京,作为"铁道部桥梁委员会"成员之一,次年3月成立"武汉长江大桥测量钻探队"。李先生赴汉口作第五次努力。8月,于北京成立武汉长江大桥设计组,李先生又北上。1951年李先生病逝,可惜没有看到武汉大桥的最后方案。

现建成方案

　　新中国成立后建设的武汉长江大桥是在当时学习苏联的政策下,由苏联派专家作技术援助。在桥址方面,由于中国准备已久并资料充分,仍用龟山蛇山一线。桥式方面,正桥系根据苏联国内经验和材料的供应(低碳钢),最后建议的方案为三联九孔各128米、平弦、双层桥面的连续菱格形桁梁。通航净空高在高水位以上26米。其外形和制造安装都比较简单。

　　引桥和桥头建筑是向全国征求方案,评选后报铁道部、政务院,由周恩来总理作最后批示决定。所有的设计、制造和施工都由中国技术人员和工人担任。

　　现在大桥已通车34年,李文骥、梅旸春、茅以升先生都已作古。回顾这几十年的筹建经过,从政治上看,李文骥先生曾写道:"武汉大桥曾经多次计划……实与国内政潮相表里。政局澄清之际,即有是项计划,应时而生,不旋踵而政局又呈纷乱之象,计划又成泡影……如寒暑表之于天气然,有心人于此,当不胜感慨系之矣。"而只有解放的新中国,才能予以实现。

　　从技术上看,大桥胜利地负担起两岸交通已历时三十多年而如新,然而大桥桥墩多次被船撞,钢梁下弦也曾被吊船撞弯。因事关大动脉的畅通,每次都惊动中央。参加过桥梁方案设计的英、德、美、苏诸专家,都愿为此桥贡献力量,但多半根据其本国经验作设计,回顾一下当年茅以升先生

和梅旸春先生等建议280米大跨和33米高的通航净空，不无见地。且跨小桥低，影响大吨位船只通过，即影响上游港口码头的吞吐量，使长江水运不能充分利用，这一影响，于南京长江大桥尤为突出。当然，不是改革开放的政策，也显不出这一问题的重要性。

但原本文在重温武汉长江大桥的方案设计中，能为桥梁建设者提供有益的历史经验。

发表于《铁路春秋》1992年第1期

武汉江汉桥（一桥）设计与施工

一、引言

江汉桥是武汉长江大桥联络线上跨越汉水的公路桥，原称汉水公路桥，与汉水铁路桥当时同为武汉长江大桥建设的先驱。1954年正式建成时命名为江汉桥。后武汉市区交通不断发展。汉口汉阳间及武汉三镇间道路交通量增加，汉水上增建桥梁，仍以江汉桥序列为名，故此桥为一桥。

江汉桥（一桥）建设于50年代初，由于"一边倒"政策，在苏联专家的帮助下，由中国技术队伍设计和施工。相对于当时国内上海、天津等沿海大城市的桥梁而言，其技术是比较先进的，造型是比较美观的。自然也受时代的限制和认识的不一致，今日的江汉桥（一桥）已非畴昔。今简单介绍其过程，可以作为借鉴。

二、总体布置

武汉长江大桥位于武汉三镇武昌和汉阳之间。早在1913年北京大学德籍教授米勒（G. Muller）率毕业生十余人，取汉阳龟山和武昌蛇山线做出桥梁设想布置。1928年，民国政府美国籍顾问华德（Wadell）亦作过小跨加一孔升降活动桥的武汉长江大桥方案。1936年，钱塘江桥桥工处建设钱塘江桥将成，由茅以升先生派李文骥工程师来武汉调查并最后提出主孔大跨237米的桥梁方案。1947年，抗战胜利后，中国桥梁公司应当年湖北省政府之请由茅以升总经理和梅旸春经理提出了3孔主跨为280米加左右各140米边孔的联拱形钢伸臂桁梁桥。此时均未对跨汉水桥梁做深入研究。

1949年，中华人民共和国成立，中国桥梁公司归于铁道部，茅以升、李文骥先生等向中央建议修建武汉长江大桥，获准。1950年起重新作测量钻探，由铁道部设计总局副局长梅旸春负责。1952年资料已相当充分，在北京铁道部设计总局下成立武汉长江大桥设计组，工作由胡世悌工程师为组长，铁道部苏联专家西林作指导。此时武汉长江大桥的桥址选择已扩大比较范围，在汉阳的龟山、凤凰山，武昌的蛇山、凤凰山之间共做了6根比较线。1953年正式成立武汉大桥工程局，以彭敏为局长兼总工，后以汪菊潜为总工，梅旸春为副总，调集全国知名桥梁专家并成立以西林为组长、吉赫诺夫为副组长一行共十余人的设计、施工顾问专家队伍云集武汉，实一时之盛。设计部门由胡世悌、王序森、刘曾达工程师负责。顾懋勋老工程师为顾问。武汉大桥桥址正式确定在汉阳龟山和武昌蛇山之间的第七比较线。成立总体设计组，作整个工程项目的总体布置。除了正引桥的上下部之外，还有全桥两岸公路铁路联络线和其上12座桥梁（图1-2-1武汉长江大桥及其联络线桥梁）。

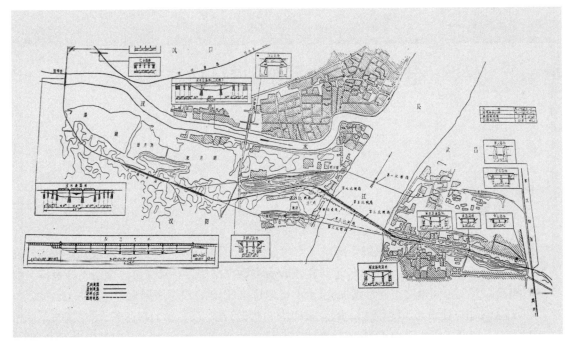

图1-2-1　武汉长江大桥及其联络线桥梁

（一）线位

江汉桥（一桥）线位的选择服从于主桥走向，设计原则应是道路通顺，联结城区较好，拆迁较少，工程简单，造价较低。武汉长江大桥自汉阳龟山南麓降坡往汉口走向可以有三处。一是在龟山头便作匝道转向，循东北降坡到晴川阁附近，沿原洗马长街，从集家嘴过汉水，即今江汉四桥（晴川桥）。此线弯道过小，拆迁民房甚多，造价较高，未予考虑。即在今日，晴川桥已建成，上武汉长江大桥的匝道仍未设计建造。另一处在龟山中部，开隧道至龟山北麓，设栈桥跨汉阳工业区（原汉阳兵工厂，现国棉一厂），建桥跨汉水接汉口利济路。此线工程浩大，拆迁工厂极多，虽经考虑而未采用。今线从龟山尾降坡至地面，左去汉阳市区，右循月胡堤到汉水边，建桥，接汉口武胜路。此线最符合设计原则，被纳入了武汉市城市规划之中。

（二）自然条件

江汉桥址的气象条件和武汉长江大桥同。

汉水于此流入长江。水文方面，因两水相通，虽然其上游来水洪枯涨落不同，但在本段内泄流顶托，水位一致。因都属季节性河流，水位变化缓慢而有规律。设计时调查所得最高洪水位为+28.28米，最低水位+10.96米，水位高差约17米。施工期间1954年发生洪水，最高水位达+29.30米。与设计最高水位相差约1米。水流最大流速为3米/秒以上，枯水位流速约1米/秒，一般约1.5米/秒，此处略同。

汉水在此段比较顺直，河面宽约200米。原有土堤，1954年大水后两岸修筑永久性混凝土堤，故河道不会变迁。河床深度，高水位时涨及堤侧，枯水位时水深处约5米，河水面宽约120米。

桥址处河床地质如图1-2-2。两岸表层为人工搬运土，厚1—12米，下为0—28米砂质粘土，再下为最厚约25米细砂,部分夹有10米左右砂质粘土,薄层中砂,粗砂夹卵石。最下约-25—27米处为下三叠纪泥灰岩。可见石层埋藏不深,因桥梁不大,桥址地质对桥梁下部结构设计不会发生困难。

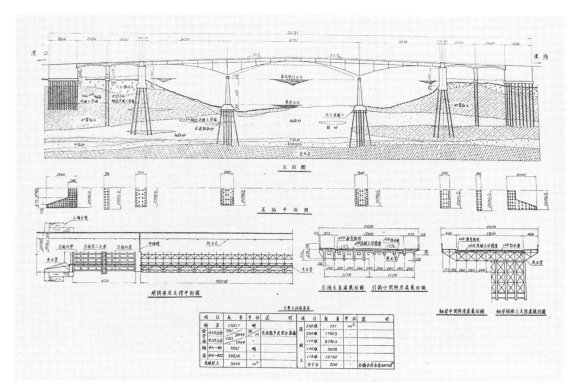

图1-2-2　江汉桥设计总图

（三）桥梁布置

根据通道、通航和结构需要,桥梁总布置如图1-2-2。

当时新中国还没有正式的公路、铁路和城市桥梁规程,所以参照苏联规程和取决于苏联专家。桥梁设计指导为吉赫诺夫专家,富有苏联的建设经验,熟悉欧洲的桥梁技术。

公路桥面设计与武汉长江大桥同为18米宽,当时认为可行6车道各3米。未有行车速度的规定,估计车速约在40—60千米。未考虑紧急停车带。如按现在规定,车速100千米/小时,车道宽3.75米,仅能行走4车道,尚余各1.50米宽可行非机动车辆。桥每侧人行道宽3.45米,较之武汉长江大桥2.25米为宽,因考虑了增加汉阳和汉口间的人行交通是比较合适的。桥面纵坡3.5%,根据现在城市桥梁规定不为陡峻。但当年落后的交通工具,如人力三轮车,便需靠额外的人力牵挽过桥(由此滋生了一个拉桥的行当,生存了几十年)。现在的交通工具坡度在允许之内。

主桥桥式为3孔连续并列8片钢板梁,梁在中间桥墩处用折线曲弦加劲。有称之为刚性梁柔性拱的上承连续拱桥是错误的。人行道以梁外钢托架支承。公路人行道都为钢筋混凝土桥面。

两岸引桥各设双孔跨越,那时还未完全建设的沿河大道,桥跨各20.50米。宽度内为10片R.C梁。引线降坡至城市地面。汉阳岸以路堤匝道就近和沿河大道相连;汉口岸则过汉正街跨线桥后降坡至中山大道,用地面转盘作为转向交通。

桥墩台均用低桩基础，混凝土结构。

建筑设计方面，由于结构在当年是比较新颖，比例亦较和顺，是一座美丽的桥梁。虽然如此，吉赫诺夫提出加劲弦杆在跨中仍予相连（应力分析时未计入）造成刚性梁柔性拱的外形。两岸各两孔跨线桥原为平弦梁，接受中国工程师的意见，改为下弦为曲弦和正桥相呼应，吉赫诺夫戏称之为"画双眉"。

当年习惯桥梁设计需请建筑师予以"美化"。由武汉市城市建筑设计院担任。由于建筑师对桥梁结构并不熟悉，无法提出意见，便在两岸引桥桥台处加建4个灯塔型民族形式高塔，美其名曰"灯塔照亮了社会主义道路"。又由于苏联正于此时批判学院式形式主义的美学理论，恢复结构本身所具备的"自然"美，所以这一方案未被采纳（图1-2-3）。

图1-2-3　江汉桥设计方案模型

三、上部结构设计

（一）主梁

20世纪50年代，电子计算机尚未出现，遑论普及，充其量为手摇和电动计算器。所以对桥梁形式一般都考虑静定结构，因此江汉桥初步设计方案是简支或伸臂下承钢桁梁，形式笨重苍老，桥面封闭。吉赫诺夫所建议的桥式是在欧洲初兴，在苏联专家中亦有不同意见，认为计算复杂和刚度不足，重车过桥时有轻微震动感觉。事实证明，并不严重。

江汉桥结构，不计其节点刚性，为内2次和外2次共计4次超静定（图1-2-4）。外2次为多2个支点反力，如 R_a，R_a' 梁一端为固定支座，其他三个均为活动支座，使伸缩缝集中在一端。2个内超静定假定为2墩上立柱杆力 S_A 和 S_B，称为赘余杆。求解若干次超静定便需解各种荷载条件下若干个联立方程式。方程式系数为超静定力或荷载分别作用于静定结构的变形值（略去剪切变形）、变数为超静定力。此结构超静定力共4个，所以为多组4个联立方程式。

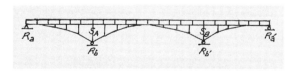

图1-2-4　江汉桥计算模型

多次超静定结构现在已毫不困难,并且可以计入材料非线性和几何非线性,当年所简化略去或称之为"二次应力"实则是同时发生的力和变形都可计入。当年手工计算视之如畏途,因数字繁多,极怕出错。江汉桥(一桥)和武汉长江大桥的设计计算是对中国桥梁界的一个锻炼。

江汉桥(一桥)的横断面布置中曾研究过4片6片主梁和8片主梁(梁距2.6米)的比较。最后因8片主梁梁较低,腹板较薄,不需横梁以支承桥面板,整个结构用钢梁较少,造型较轻巧等原因采用了8片梁方案。结构布置中采用了主梁间设垂直横断面中的断面联结系以增加整体刚度。竖杆间设断面联结系,加劲杆平面里不设断面联结系。梁上设R.C.桥面板铺路面。

主梁受活载时,于偏载情况下,主梁间荷载的分配采用分配系数。当年分配系数的求算方法是采用苏联伊利耶塞维奇的主梁群为刚全受偏心荷载的线性分配法。此乃简化计算法。今用电子计算机结构软件分析,可以得到更精确的结论。

超静定结构计算时先要预估构件各部分的尺寸和断面特性,这就凭经验和更加简化的计算进行。再通过超静定分析所求得的内力来设计断面特性,如与原假定差别在20%以内,可以不再改进重复计算。否则当迭代反复。主梁与加劲杆均为钢制工字形铆合断面。适合于当年焊接钢结构尚未能解决的局面。

主梁基本断面为竖立2□1 250×8毫米钢板,上下共4∠200+200×16毫米角钢构成工字形。中部为2∠200×120×12角钢拼接,同时又作为横向通长加劲肋。不同部位主梁内力不同,以上下盖板□450×16毫米的块数不同以适合之。主梁为等长者共19段和两端短段共21段。加劲杆基本断面为宽460毫米的横放工字杆,由1□400×10—14毫米,4∠100+100×10—4∠200+120×12—16所组成。最大截面再贴盖板2×600×20。加劲杆长均为10米。(图1-2-5主梁及加劲杆断面)

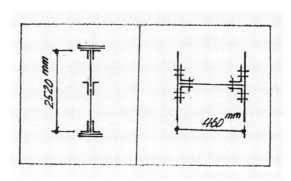

图1-2-5 主梁及加劲杆断面

(二)引桥梁

引桥跨沿河大道,为双孔各20.5米连续R.C.梁卜弦为圆弧曲线。在横断面内共分10片。梁高在跨中为1.3米,支点处为2.76米。梁间距和钢梁对齐,为2.6米,桥面版厚13厘米,梁厚50厘米。梁上铺防水层,保护层和路面。

梁的结构设计一般化,无突出之处。

四、下部结构设计

下部结构设计全桥共6个桥墩2个桥台(图1-2-2)。铁道部经部苏联专家介绍,引进离心旋制预制钢筋混凝土空心管桩,直径φ40和φ55厘米,每节长为20米,用焊于钢筋上的钢制法兰盘、螺栓联结。用R.C.管桩代替过去习惯使用的圆或方形木桩是一大进步。铁道部在国内设厂制造,供应各地。

根据墩台受力情况,地质条件,打桩机能打入深度采用了直桩、直桩与斜桩、摩擦桩或柱桩。

图1-2-6　管柱桩

桥墩编号自一岸于另一岸为1—6号。

参照图1-2-2，两岸（0,7号）台为U形实心混凝土桥台，20×26米，高11.13米（到桩顶），下为94根（汉阳岸）和139根（汉口岸）ϕ40管桩，直桩、摩擦桩。

两岸引桥中间墩（1,6号）均为实心桥墩，双排共32根ϕ40管桩。

正引桥相接处的桥墩（2,5号）为空心桥墩6.5×25米，高14.4米。下为外排共28根斜度1:8，内排共18根斜度为1:10 ϕ5管桩、摩擦桩。

主梁在汉水中两个主墩（3,4号）都是实心圆端形桥墩，总高连承台21.8米，承台尺寸为8.4×22.9×3.6米，下为外排共28根1:8斜度，内排共36根直桩ϕ55管桩直到泥灰岩层，管桩内填充140级混凝土。

诸墩台设计中考虑了自重、活载、土压、水流冲击力、车辆制动力、风力等主力和附加力。因当年船舶碰撞问题尚未引起国际重视和研究，故未计船舶冲击力。

3、4号主墩墩顶标高是按+28.28最高水位设计，设计完成正制作期间的1954年最高洪水位达+29.30。不得已在墩顶帽石周围加设挡水矮墙以保护桥梁支座。

3、4号主墩桩受力，主力103—108吨，主加附桩力80—129吨。ϕ55管桩不填充混凝土时允许受力107吨，填充后为118吨，故采用填充混凝土。

五、下部结构施工

下部结构的主要工程是桩基和墩台的钢筋混凝土。

（一）打桩工程

全桥管桩工程数量为：ϕ40厘米共591根，长9 440米

ϕ55厘米共283根，长7 904米

总计874根长17 344米

打桩用万能打桩机，该机能将管桩段拖拉到桩位，吊插打桩。但吊桩重量不超过12吨，桩长不超过23米。打桩架可以倾斜到1:3，本工程只需到1:8。打桩用蒸汽锤为半自动操作的CCCM—680型单打蒸汽锤（用于岸上打ϕ40管桩）或11—B—3复打压缩空气锤或10—B—3复打压缩空气锤（于水上打ϕ55管桩）。该三种锤的每分钟冲击数分别为30,90,105，每次冲击动能分别为8 200,2 648,1 811千克米。（图1-2-7万能打桩机）

（二）施工组织和施工机械

起重机械用以运送钢筋、模板、混凝土、水泥还有板桩等一切其他施工机具和材料。

图1-2-7　万能打桩机

塔式吊机现在已是最普遍使用的吊机，并且已发展为自升式可以使用于高达数百米的桥梁高塔施工。江汉桥为第一次应用于岸上桥梁吊装施工，当年吊最高为40.3米，最大起重量为7.5吨。

岸上还采用缆风式德立克起重机。吊机主杆高44.8米，顶端系6根四向缆风。底端置吊臂，臂顶部回拉于主杆顶。起吊能力在20米吊距内起重量15吨，20—37米吊距时起重量由15吨降至0吨。

江汉桥（一桥）所用塔吊和德立克吊机各有优缺点。塔吊可移动，起重范围大，但起重量小。德立克吊机起重量大，但只能在固定范围内使用。不过现在塔吊的起重量亦已提高，缆风式德立克吊机已不见使用。（图1-2-8吊机）

图1-2-8　吊机

水上桥墩施工采用30吨浮吊吊预制钢围令下沉于墩位，用管桩固定。以三块一组预拼捻缝的钢板桩吊插于围令四周成钢板桩围堰。钢板桩打入河床后，围令挂于板桩上。通过围令导向插打管桩。围堰内水力吸泥。灌筑水下封底混凝土。填充管桩内混凝土。抽水清基，拆除送桩，布置钢筋灌筑基础混凝土（图1-2-9、图1-2-10）。此法已成定典型的水中墩施工法。

图1-2-9、图1-2-10　江汉桥水上桥墩施工

在围堰内基础上立木模、打墩身。施工用30吨水上旋转吊机和70吨固定臂浮吊（图1-2-9）。30吨浮吊是接受原"联合国救济总署"物资，为美国制造，可转360度。其旋转中心离艏约10米，旁舷倾约8米。主钩离旋转中心处约20米以内，吊重30吨。

70吨固定臂吊机安全起重量只50吨，吊点完全固定。当年这二种浮吊在武汉长江大桥及附属工程中起很大作用。20世纪60年代国际已到3 500—4 500吨可在立面内转动的浮吊，90年代发展到近万吨起重量的双体船船中吊浮吊。创制者称"天鹅号"，又衍生出"长颈天鹅"等浮吊。

江汉桥（一桥）混凝土工程数量为17 200立方米。大桥局创始之初，仅有几部400立升的混凝土搅拌机。汉水铁路桥桥墩水下封底一条龙摆列着7、8台搅拌机，其供料、出混凝土及运送、灌注全部为人工，工地上人山人海，形成兵团作战。原铁道兵副司令员、当时武汉大桥工程局局长彭敏亲任总指挥。毕竟工人队伍非战士，当年热闹而凌乱的场面犹历历在目。

江汉桥（一桥）施工时，在苏联专家指导下，用一台1 200立升搅拌机加上皮带运输机、爬升料斗、储料仓、吊机等在31.72×8.84米的铁驳上拼制成一座水上混凝土工厂，实现半自动化的混凝土工作，改变了汉水铁路桥的劳动密集型施工方法。

工欲善其事，必先利其器。大桥局的施工队伍便是这样一步步走过来的。

六、上部结构施工

在既定的上部钢结构外形和尺寸下研究其施工方案。施工方案由苏联专家吉赫诺夫和万能杆件发明人杜尔斯基指导进行。工作未竟，杜尔斯基因其夫人在国内犯重病，奉调回国。

曾经研究过全部旧架法，因汉水通航频繁故不采用。研究过浮运法，因另需在岸边觅取拼装场地、转运大码头、浮运大船以及施工时时断航等问题，不予采用。研究过拖拉法，因桥下弦为曲弦，只能拖拉钢梁。但梁又需临时加劲（可利用下弦上翻）待到位后再拆加劲杆，装下弦。此法工作量大，未予采用。

杜尔斯基提出的方案是边孔设临时墩，吊装8片梁向河中成伸臂状态，一直伸臂到中间合龙。或中间三段梁浮运悬吊合龙。其缺点是8片梁同时合龙困难较大，起重量又超过现有浮吊能力。作者时在总体设计组，且兼负责此一安装设计工程，于是在杜尔斯基方案的基础上，提出先从中部两片梁采用两侧伸臂，在伸臂端用万能杆件拼制两提升吊架，用以起吊浮运来的中间悬孔。一端先与一边的伸臂梁联上。另一端的梁因都是活动支座，用布置在墩上的水平和垂直千斤顶调整梁对接位置，合龙。支座落至最后位置，此时中间两片梁已成完成后的状态。然后以此两片为基础，在上下游由中间的向两端扩展吊装其余6片梁。此一方法使多片超静定结构安装变得简单而容易。此法得吉赫诺夫的肯定和支持。事后遗憾地认为：没有在两片梁合龙之后做一系列的荷载、应力、应变试验，因为那时候做亦是比较容易和精确的。钢梁安装的布置和施工照片见图1-2-11—图1-2-14。

图1-2-11　江汉桥钢梁施工（一）　　　　图1-2-12　江汉桥钢梁施工（二）

图1-2-13　江汉桥钢梁施工（三）

图1-2-14　江汉桥钢梁施工（四）

安装时伸臂端梁和下弦杆成不闭合状态，加临时拉杆以闭合之。结构安装完成后，外超静定力调整靠端支座的升降，内超静定则以3、4号墩上竖杆顶特设的双钢楔块以调节之（图1-2-15）。调整的方法是先使之成为静定结构，再加上计算得出的最适宜的超静定力。但因实际刚度和设计假定刚度不符，应力调整不够理想，也是吉赫诺夫叹惜未于二片梁合龙时便予测试研究的理由。在整个武汉长江大桥及其附属工程的施工中，中苏两国技术专家之间讨论改进，其协作精神可嘉。

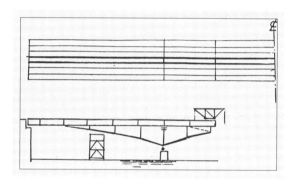

图1-2-15　双钢楔块调节示意图

本工程于1954年10月31日开工，1955年12月31日完工，共耗时13个月。

江汉桥（一桥）竣工后的全桥桥面，侧面及正面如图1-2-16、图1-2-17、图1-2-18。

图1-2-16　初建成的江汉桥

图1-2-17　初建成的江汉桥桥面

图1-2-18　20世纪80年代的江汉桥

七、桥梁加宽

　　桥建成后约34年（1987），城市交通发展要求加宽桥面。人事已大变迁，决策者放弃按原桥原样加宽的方案，而采用了以两侧贴加3孔P.C.箱梁的设计。最初只考虑加宽梁跨的比例，新旧桥墩也不对齐。后修改方案如图1-2-19，新旧桥梁桥面高低不齐，墩顶高低不齐，风格不齐，以瑕掩瑜，可见桥梁美学能得到实际应用是十分重要的。

图1-2-19　加宽后的江汉桥

1995年左右于武汉

武汉市火车轮渡设计

引言

武汉市新建火车轮渡,已于今年(1953)三月正式启用。该轮渡系应付在武汉大桥完成以前的越江运输。使用之下,较最初临时轮渡增加运输量三倍。预期再增加在建造中渡轮一艘后,运输量可以达到7.5倍。兹将设计经过和最后施工方案概述于下:

一、设计先决条件

(一) 水文

武汉扬子江水位,最低为吴淞零点以上11米,最高28.5米。每日最大水位涨落约0.8米。12月至2月为枯水时期,水位在14米以下。6月至10月之间为涨水时期,水位在22米以上。涨水时水流流速最大约3.02米/秒。

(二) 运输量

根据运输设计,粤汉为13对,京汉为10对,渡轮如能往返,6对便可应付。京汉南段每列车总重约合980吨。目前目标24小时应有300辆,将来扩充为600辆,每辆车指30吨货车,皮重13.5吨,长度11.3米钩至钩。

机车亦能过江。

(三) 轮渡之设计

要在最经济的原则下,达到最高运输量。增加运输量的方法,第一使码头使用便捷,上下车所占时间最少。第二增加渡轮,使码头不因候船而停空。

(四) 其他方面

1. 维持费用低,安全可靠。
2. 考虑破坏后容易修复。
3. 用临时渡轮(将江中木或铁驳拼扎而成)时码头亦能使用。
4. 动力和材料问题。

二、旧有临时轮渡情形

武汉旧有轮渡，位武昌徐家棚和汉口江岸之间，系临时式简陋结构。沿江分五个码头，都用枕木垛堆架在江滩上，因水的涨落拆迁，码头甚不稳当，车辆行走时晃动厉害，引线坡度有时到5%，下雨天气一次只能拖一至二辆。

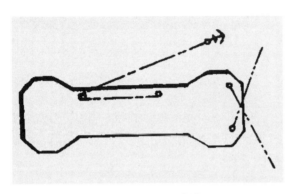

图1-3-1　交叉头缆

渡轮一艘，单轨，装五节货车，系抗战时遗留旧船，破烂不堪。傍岸并无靠桩设备，船用小火轮拖运，靠岸时光带交叉头缆。（图1-3-1）

尾缆早经抛锚在江边，船快靠岸时，用舢板将缆绳接上渡轮，渡轮尾部一面用小轮顶正，一面便绞尾缆。尾缆每隔三天或一周拔起重抛，免淤泥堆积不易拔起。

船和码头衔接处并无跳板，车辆上下船时，船头沉陷，只靠钢轨湾折来平衡。平常船头沉0.35米左右，钢轨湾折长20米。

根据一般情形，枯水时船行上水38分钟，下水28分钟，涨水时上水42分钟，下水23分钟，接轨及上下车15分钟。

这样一个码头，每年因水涨水落码头整个移动关系，维持费甚巨，加以安全方面绝对不可靠。钢轨在重车过江时，往往折断，运输量在正常情形下，发展无把握。

三、根据第一节条件，曾设计了四种轮渡码头式样，计为：

滑道式，升降式，滑坡式，活动码头式。

上项四式码头共同之点，乃在一岸只有一个码头调节17米的水位差。滑道和滑坡二式，机械方面使用太多，且造价均昂，后数次会议结果，以升降式及活动码头式为可用。

（一）升降式码头

结构如设计概图，兹将主要项目分述于下：

1. 运转步骤

a. 列车由机车沿栈桥（轨面高为吴淞零点以上31米）送进车篮。

b. 开动挽动机，将车篮直降至渡轮平面。（图1-3-2）

c. 渡轮将跳板放下，与车篮连接。

d. 由渡轮上附带之小机车将车篮内之车辆拖入渡轮。

e. 渡轮运送过江。

f. 进口列车反向运行。

2. 车篮

以建筑钢制造，长60米，宽13.5米，桥面系有纵横梁，两旁有加劲桁梁，铺有三条轨道。假定自

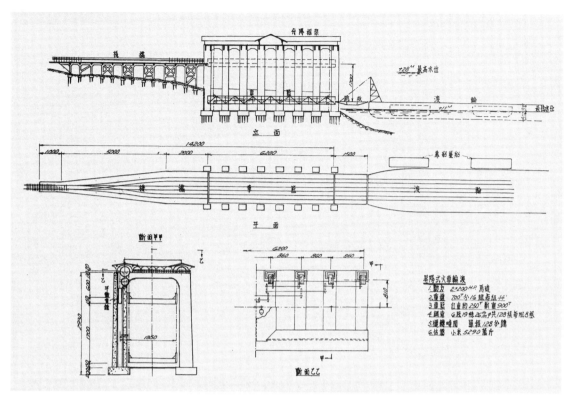

图1-3-2 升降式火车轮渡

重为250吨,载重为900吨,可容15米长之客车12辆,如机车过江,驶入车篮中股道,可容机车3辆。此项车篮,用钢索挂于挽动主轮上,再沿滑柱升降。

3. 平衡重锤

用生铁块制成,其总重为700吨,分吊16处,每处重44吨,沿避水锤坑内之滑柱升降。

4. 栈桥

用钢筋混凝土建筑,下打钢筋混凝土桩,长约80米,靠江岸一端为单股道,靠升降框架一端为三股道。轨面高+31米。

5. 升降框架

用钢筋混凝土建筑,下打钢筋混凝土桩,长62米,宽17.5米,高29.3米,有16根承载挽动主轮立柱,立柱中心为避水坑。框架顶部为机器与驾驶间。

6. 挽动钢索

每座挽动主轮,带动钢索四根,直径34厘米,一端系于加劲桁梁的上弦节点,绕过挽动主轮,其他一端系于平衡杠杆上,再与重锤连接。

7. 挽动主轮

采或铸钢或铸钢和建筑钢合成,直径2.7米。

每只挽动主轮开八个绳槽,带动钢索四根,外附减速齿轮。绳槽内嵌硬橡皮。(图1-3-3)

8. 动力设备

采用2座200匹马力的同期马达,五套减速齿轮,另备马达控制器等。

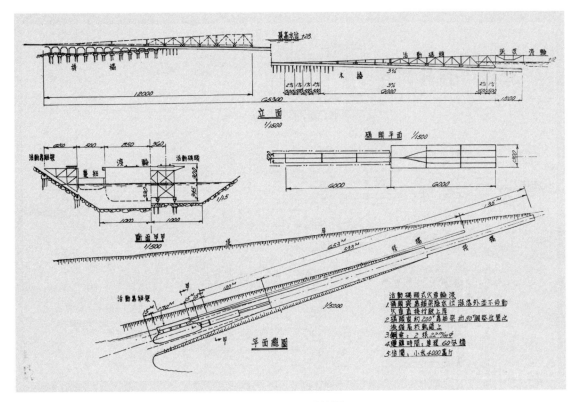

图1-3-3　平面总图

机器均设于框架顶部,机器间并备有五吨吊车一具。

9. 运转时间

a. 江岸调车进入车篮12分钟。

b. 车篮下降至渡轮水平10分钟。

c. 车篮调车进入渡轮12分钟。

d. 渡轮运送过江40分钟。(包括起跳板靠船及放下跳板在内)

e. 渡轮调车进入车篮12分钟。

f. 车篮上升至栈桥水平10分钟。

g. 车篮调车至江岸1分钟。

每列车过江共需97分钟。

10. 为升降时维持车篮水平起见,篮边加设滑轮,绕以纲索,其布置如图1-3-3总图立面。其他方面尚须有保险轨和车篮刹车等设备。

(二) 活动码头式

构造如设计概图(图1-3-4),其主要项目如下:

1. 线路

全线长约650米,以3%坡度下降,上铺轨四根,行走活动码头,中间二根为标准轨距,以便火车从码头行驶上岸。

线路构造, 半挖半填, 或一部分做栈桥。线路轨道做永久式的钢筋混凝土梁, 下打木桩, 滑坡面砌以片石, 以便利清洗。

2. 码头

以建筑钢构成, 主要坡度3%, 两端有缓和作用的2%和1%坡度。

码头共分两部分, 前端60米, 铺三股道, 后部单股道, 所以调车便可在码头上进行之, 码头头部附有跳板。

在水位有变动时, 移动码头以调节之, 一经就位, 锚着在道上, 所以在使用时, 码头可以不动。

码头连设备重约200吨。

3. 跳板

跳板长15米, 一端铰接在码头头部, 一端可用小趸船托住。小趸船上另有千斤顶以便靠船时顶起放下的跳板。火车上下时, 小趸船亦可借力浮沉, 以减少渡轮仆头。

4. 靠船架

渡轮靠码头一边, 另设活动靠船架, 和码头维持一定距离, 并随码头之调整而调整。靠船架亦用建筑钢制重约80吨。

5. 动力设备

因为码头每次移动很少, 并且只移动本身重量, 所需电力有限, 即人力亦可起动。钢索二根22毫米直径便可应付。

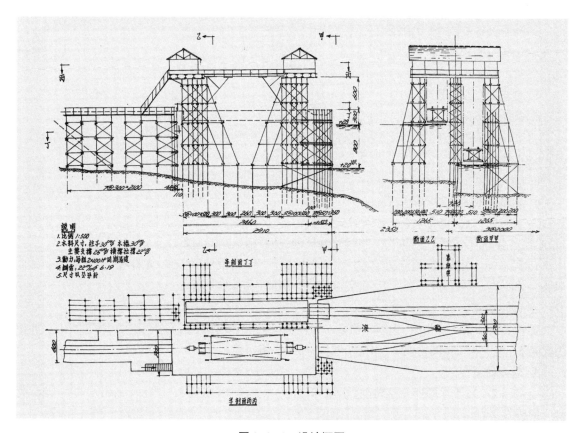

图 1-3-4 设计概图

6. 运转步骤

a. 靠船放跳板3分钟。

b. 调车20分钟。

c. 起跳板开船2分钟。

d. 渡轮过江35分钟。

共60分钟。每一个钟点可以渡车一列。

7. 滑道上在涨水之后,如有淀泥,可用挖泥机挖去。钢轨附近,用冲水机冲洗,以利码头移动。升降式和活动码头式优缺点的比较:

升降式之优点:

a. 引线较短

b. 靠船方式容易变更,以适应渡轮［见第一节第(四)4条］

活动码头式之优点:

a. 运转便捷。

b. 造价较低。

c. 维持费省。

d. 渡轮上不必有机车。

e. 破坏后容易修复。

升降式之缺点:

a. 动力设备复杂,电力消耗大。

b. 运转时间较长。

c. 造价较昂。

d. 渡轮上必须有机车。

e. 破坏后不易修复。

活动码头式之缺点:

a. 引线太长。

b. 码头坡度上调车不易。

c. 靠船因地形限制不能横靠。

(三)上述二式,都是永久式建筑,造价均昂。武汉大桥造成后,轮渡便为多余。经苏联专家建议,参照苏联临时轮渡式样,再作一临时轮渡计划,是谓第三式。主要部分分述于下:

1. 码头亦为升降式,但分两个,各调节一半水位。结构全部用木造,先打桩,再接架子。每个码头又分两半,一半各有车篮一股,每股可容货车两辆,或客车一辆。

2. 运转步骤

运转步骤和第一式相仿,但因车篮太小,船上车辆要分好几次上下,挂钩次数便较繁忙。如船上无机车,船上和车篮间之调车,用钢丝绳拉,而用挡溜器停车。

3. 动力设备

每组用2×75千瓦同期马达转动,由从轮传递,取其简捷,低码头机器间,高出水面约1米,免涨水时浸及。

在可能情形下考虑用两组动力,高码头低码头拆迁使用。

4. 运转时间

a. 渡轮靠岸3分钟。

b. 江岸调车15分钟。

c. 岸上至渡轮55分钟。共分五次。

d. 船离岸2分钟。

e. 渡轮运送过江35分钟。

共计110分钟。

此式运轮量,可用增加渡轮数量和充分利用码头的办法提高之。

第三式之优缺点:

优点:

a. 费用较省。

缺点:

a. 低码头在涨水时浸水,于木结构殊为不利。使用年限短。

b. 上下渡轮手续较繁,占时间太多。

c. 需较多人力。

四、最后设计和完成之码头工程

上述诸码头的式样,不失之于太贵,便失之于过分临时,不便担负大桥完成前的铁路运输任务。最后根据上级批准的预算限额,作旧有轮渡码头改善设计,尽量使其永久性。经过苏联专家在技术上多方面指示修正,得出如下计划,结构如图。(图1-3-5)

1. 每岸共分五个码头,正常调节坡度为 ±3%。引桥活动部门长51米,3%坡度可调节3.06米,其中0.36米系渡轮有一股道空载和重载的吃水差。所以正常每码头调节水位实数为2.7米。

a. 各码头的调节水位,视渡轮吃水情形而定,初步设计系用南京号大轮,该船尺寸如下:

长105.7米,宽17.2米。

满载平均吃水3.3米。

满载平均吃水时轨顶至水面3.5米,于是各码头调节水位计为:

第一号码头水位自 +12 至 +12.75 至 15.45。

第二号码头水位自 +15.45 至 +18.15。

第三号码头水位自 +18.15 至 +20.85。

第四号码头水位自 +20.85 至 +23.55。

第五号码头水位自 +23.55 至 +26.25 至 +27。

第一码头水位自 12 至 12.75 和第五码头 +26.25 至 +27 之水位时,码头使用4.5%坡度。

b. 现改用北京号渡轮,该轮长90米,宽10.67米。满载平均吃水1.45米,轨顶至船底3.1米。

满载平均吃水轨顶至水面1.65米,于是各码头调节水位计为:

第一号码头水位自 +12.5 至 +13.85 至 16.55。

第二号码头水位自 +16.55 至 +19.25。

第三号码头水位自 +19.25 至 +21.95。

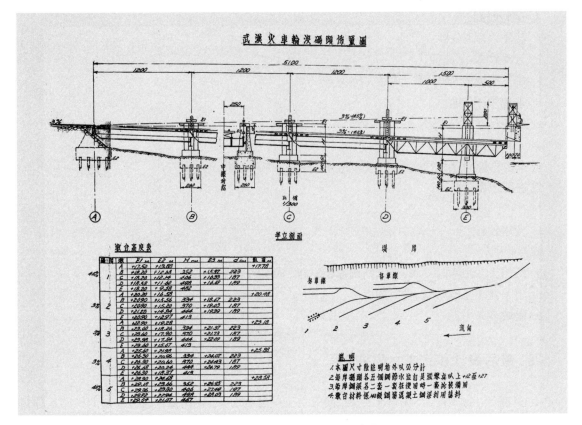

图1-3-5　武汉火车轮渡码头总布置图

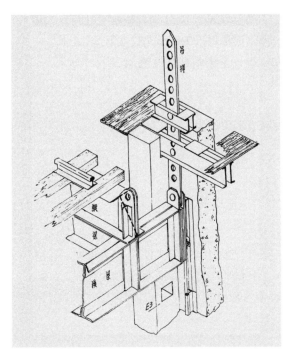

图1-3-6

第四号码头水位自+21.95至+24.65。

第五号码头水位自+24.65至27.35。

第一码头水位在+12.5水位时引桥得用6%，跳板有8%坡度。

2. 码头结构和调整办法

码头活动部门共分三孔十二米，引桥和一孔十五米跳板，结构如总图及透视图。（图1-3-6）

a. 引桥纵梁利用旧60厘米工字梁四根叠组而成。一端和他孔铰接，一端便搁在横梁上以铰接他孔。制动力经由诸孔传至桥台。

b. 横梁宽5米，高1米，两端铰接于吊杆。

c. 吊杆上设若干眼孔调节不同坡度。吊杆在墩内伸上至墩顶，由墩顶两槽钢铰接支住。

d. 跳板一端铰接在引桥纵梁。另三分之二地方，伸出两翅，用葫芦吊于E墩钢塔，渡轮靠码头时,松下跳板使吊索不受力。

e. 铰的中心,现设在轨底平面,以减少转折时钢轨间所需的间隙。

在每码头调节水位以内,水位变动在0.6米以上时,用起道机将墩上小横梁顶起,换插铰位,以调节之水位变动。在0.6米以内,由跳板调节,平均每三天校正引桥坡度一次。

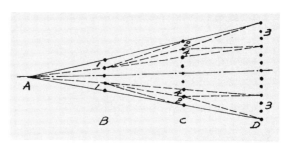

图1-3-7

为减少两纵梁间的转折角,引桥坡度的校正步骤如图所示:(图1-3-7)

调节从B墩开始,转移一个铰位,然后C墩亦转移一个铰位。再将D墩转移两个铰位,最后在C墩再转移一铰位。调节超过0.6米时,应分次举行。在调节D墩铰位期间,跳板必须随之行动。

3. 墩台靠桩

墩台用140级钢筋混凝土下打30厘米平均直径木桩。码头头部和渡轮尾部内侧岸均设有靠桩。

4. 联络线

岸上线路布置如总图,中间设有临时存车线两股,以缩短调度。即可缩短渡轮停靠时间,便利拆装码头。

5. 码头拆迁

钢梁每岸各两套,一套使用时,一套拆装备用。

水位变迁超过各码头调整水位时,码头便将拆迁。

每个墩上留有通孔(水准高E3离墩顶距离d)。

拆迁步骤如下:

a. 先将跳板起至通孔以上,孔内插入扣轨,托住跳板,拆E墩钢塔。

b. 再拆跳板。

c. 同样将引桥搁起,拆墩上横梁吊杆等。

d. 再拆纵梁连横梁。

e. 顺次进行。

装时反向进行。

拆装用架桥机进行之,每拆下一孔时,安放在平车上,送到存车线。安装时,仍按次拖装。因为每码头使用调节水位2.7米,每天最大涨水0.8米,所以拆一次至少有3天时间。

6. 运转时间

新码头使用,除了起落跳板之外,其他调节都可在渡轮行驶时为之。

a. 靠码头接人字缆接轨1分钟。(跳板和渡轮钢轨接轨如图)(图1-3-8)

b. 车辆调度15分钟。

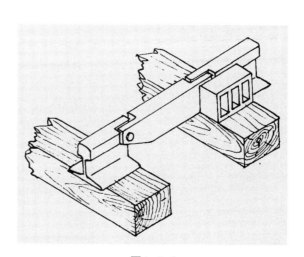

图1-3-8

　　c. 解缆起跳板1分钟。

　　d. 列车过江35分钟。

单程52分钟。

五、趸船改装北京号渡轮设计

北京号渡轮系由粤汉码头旧趸船改装而成。该趸船长90米，宽10.67米，深2.74米，空载吃水0.57米，改装后的渡轮能装标准货车13辆，每车毛重55吨，钩至钩10.3米。车分二股道，船头用4号双开道岔分岔，一股存车6辆，一股存车7辆，其中一辆便压在道岔上。

由于改装渡轮所需要的特种设计装备计为：

（一）水舱

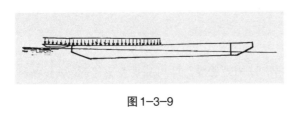

图1-3-9

1. 头尾水舱

当空船开始载车时，头部因重压而沉下0.6米，此时即以尾部水舱打水调节（图1-3-9），当船和跳板成最大凸角的时候，第一辆客车上船，因车身较长，轮距较大，中部电箱地位较低，易碰撞船顶，即以头部水舱打水调节。

以上两舱，每舱储水量50吨，在普通情形之下，不起作用，但设备仍为必需。

2. 两侧水舱

车辆经一次装载后，以后装载都为拖出一股，即时送进一股。在船只一股载重时，横向倾侧约4°。渡轮倾侧最大允许为2.5°，因为将影响跳板扭转和船的稳定。所以横向倾侧需用左右水舱打水平衡，打水步骤如下：

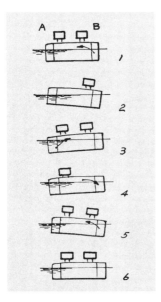

图1-3-10

　　a. 开始拖出A侧车辆时，即将B侧水压至A侧。

　　b. A侧车辆拖出后，船向B侧偏斜约2°。

　　c. 再送进A侧车辆时，可使船反向A侧偏2°，同时将A侧水压至B侧。

　　d. 继续压水，当B侧车辆拖出时，船仍只向A侧偏斜2°。

　　e. B侧上车时，船仍偏回B侧。

　　f. 最后压水调整。（图1-3-10）

两边水量差，最大约60吨，水箱容积每边100吨，平时储水半舱。除调节水外，空舱可余20吨水，淹没抽水管，以便利抽水。

3. 抽水机械

头尾水舱可用5匹马力离心抽水机。

左右水舱使用频繁，抽水需要计为出水量15^t/min=40 009^{al}/min。水头8英尺（2.44米），管径12英寸（0.30米），马力15—20匹。拟采用螺旋式抽水机。

抽水电力由岸上供给船上另备5 kx柴油引擎发电机一部，供照明之用。

(二) 稳定

船由于加载车辆和偏心载重复之稳定均无问题。

在倾侧状况下,水箱存水的自由水面因为影响船的重心,所以亦影响船的稳定。故左右水舱横向力求其窄,纵向分隔五舱,使在头尾倾侧下,两边水位差不致太大。

(三) 船的结构和加固

1. 原来构造

a. 该船系1916年由汉口扬子造船公司建造,共龙骨4条,肋骨150档,断面如图(图1-3-11)。船顶底侧板各为6厘米厚钢板,舱底铺混凝土50厘米。

b. 迄今使用三十多年,顶板曾经换过现为10厘米厚钢板。

c. 起坡检查后将舱里混凝土铲除,底板腐蚀甚剧,头尾舱严重,中舱较好,侧板在水线附近,多麻皮点。龙骨良好。头尾舱肋骨亦多腐蚀。

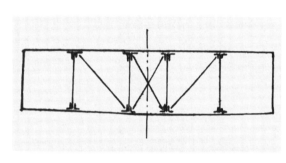

图 1-3-11

2. 修理方法(图1-3-12)

a. 水箱利用船板,新添水箱板伸过船中部全长高处,亦起龙骨作用。

b. 加龙骨两道肋骨抽换。

c. 钢板腐蚀在50%以上者抽换,即材料厚度小于3厘米者不能用。

d. 头尾约1/15船长处添置隔舱作碰撞保险。

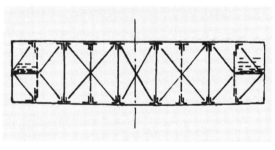

图 1-3-12

e. 船上添设照明设备和江船信号设备。

f. 头部有配电室和指挥室,船尾做钩架钩住车辆。

g. 船由660匹马力拖轮拖拽行驶,拖轮共两艘,一艘在船头拖,一艘傍船尾。

3. 墩台缺点

因为是凹形的关系,冬天结冰胀开产生裂缝,补救办法在墩内水面浮以木片结冰时可以不涨墩子。

设计于1952年
总结于1953年夏

武汉江汉桥建桥纪实

　　1955年里,工程最紧张的是汉水公路桥。武汉长江大桥是联结武昌和汉阳的纽带,而汉阳和汉口之间的联系靠一座汉水铁路桥和一座公路桥。公路桥由毛主席题名为"江汉桥"。之后,又建一座新公路桥称为"江汉二桥"。江汉桥现在又俗称江汉一桥。

　　武汉长江大桥上层公路面上龟山北麓之后,沿龟山南麓降坡,至龟山尾到了地面,右转沿月湖正街再升坡过汉水,接武圣路入汉口市区。直到现在,大家还可以看到在桥下游,汉水旁两岸有原武圣路接月湖正街的青石码头台阶。码头相当宽,是当年仅次于集家嘴的重要渡口。

　　公路桥的车道面宽度和长江大桥相同,武汉市提出人行道较长江大桥要宽,所以设计成2×3.45米。两岸除跨过沿江马路外,若都造引桥则造价较高,所以用填土作引道。桥设计坡度为3.5%。引道填土取土不易,赶工时压路不实,现在的坡道汉阳岸竟达到4.7%。当时估计不到会发展这么多的自行车。显然,坡道较陡,对汽车行驶亦不利。

　　桥墩基础,江心墩用ϕ55管桩打到石层,桥台因土厚,故为摩擦桩,这样就引起了日后桥台下沉的不利因素;尤其是汉阳桥头,因为上游侧原来是一个池塘,后来填土,土壤承受的压重会使引桥桥台产生了不均匀的横向沉陷。

　　汉口岸在汉正街处做了一座跨线桥。桥为整板式双铰框架结构,桥下看去甚为简洁。当年汉正街车流不大,所以为双车路面和单侧人行道,现在是很好的一个桥下摊贩的市场。

　　汉水公路桥在城市之中,设计时非常注意造型。查阅我当年的日记,早在1954年1月,在武汉市与苏联专家沙布里同志谈方案,大桥局专家提出系孔简支和平弦连续的方案,沙布里主张曲弦伸臂或连续三孔主跨的设想。1954年2月23日,武汉市政府召开中国专家会议。对汉水公路桥进行研究,出席会议的有武汉市计划委员会王克文主任和鲍鼎副主任、陶述曾先生、愈忽教授(武汉大学)、王度总工程师(中南设计院)、王康宇、蔡绂、陈正权、唐适宇等工程师及作者。愈教授、王度总工等都提出了很好的意见。王克文主任提出在送北京鉴定以前同时提出美术设计。

　　汉水公路桥的桥梁方案是以西林专家为首的专家组到中国之后决定的。当年中国只能建20米以下的钢筋混凝土梁,尚无预应力梁的出现。因需大跨,故采用三跨54.3+84.37+54.3米钢筋混凝土桥面板和钢板梁的连续结合梁,在中间墩上部分加上焊件系统的加劲。这一结构原理,之后不断地被大桥局钢梁设计者应用于其他桥梁。原设计的桥式,拱形杆件在桥中跨中部是不相连的。苏联专家鲁登科来中国后,从美观的角度,说服了吉赫诺夫,使拱杆联结起来,于是外形似为刚性梁和柔性拱的结合体系的折线曲弦加劲拱。

　　刚性梁和柔性拱的结合有上承、中承和下承一系列的布置,当年在苏联还是新吸收自西欧的桥式,这样的桥式,轻巧、美观、节约材料。不过,新的东西总会引起反对的意见。看惯了笨重的桁梁或圬工桥梁,总觉得桥式过于单薄。既然桥梁的材料能充分发挥其强度,其弹性变形就比圬工拱为大。所以,当中国的桥梁访苏代表团去苏时,苏联交通部门反对这种桥式者,驱车载客到已建成的类似桥处,让代表团感受车辆过桥时的震动。现在的汉水公路桥,当重车过桥,例如日本的大型载重汽车经过时,行人也会感觉桥的震动。不过近代轻巧的桥梁有震动感是允许的,只要它不引起行人不舒适和恐惧的感觉即可。

引桥的造型和正桥要协调配合。武汉市城市计划委员会鲍鼎先生请原中南设计院设计了一个方案,在正桥和引桥的交界之处,有四座中国式塔幢建筑,据俞蜀渝建筑师介绍,这是象征着灯塔,照耀着社会主义道路。江汉桥桥头塔的设计是在武汉长江大桥征求方案之前。这样的建设思想,亦贯彻到他们后来所设计的武汉长江大桥方案之中。(图1-4-1、图1-4-2)

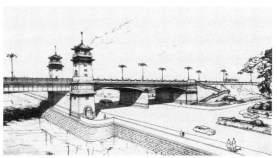

图1-4-1　江汉桥效果图(一)　　　　　　　图1-4-2　江汉桥效果图(二)

那时,适逢增产节约运动,为了经济,这四座塔的设计后来被取消了,同时也把栏杆做了很大的简化。在整体形象上桥梁甚能引人,但在建筑细节装饰上过于简单。

汉水公路桥施工队伍,由刘麟祥同志及孙忠恒同志带队,分别任段长与副段长。技术干部,则由王同熙、陈昌言、王团宇、殷万寿、邹义章等当年的中青年骨干所组成。

办公地点由武汉市拨给原普爱医院(现市四医院)前面沿汉水的一幢楼房作为基地。汉口岸因需将武圣路向汉水上游扩宽,也正好利用拟拆迁的民房作施工房屋。汉阳岸原都是竹木行的平房,拆迁后作为施工场地。与汉水铁路桥相比,工程机具比较齐全,施工队伍已比较正规化。下部基础工程顺利进行,解决了用送桩打水下桩,水下封底混凝土、钢板桩围堰插打、合龙、抽水、防渗漏等一系列问题,对长江大桥的基础施工取得了很多的经验。

汉水两座桥的梁架设正是锻炼长江大桥钢梁安装队伍的好机会。汉水铁路桥采用拖拉的办法。就是说,江中几个钢梁先在岸上连接起来,前面加上鼻梁,梁下垫上滚子,滑拖到对岸,再解体落梁。这是吉赫诺夫专家介绍到中国来的。新中国成立后首先使用于四川沱江桥,在汉水架桥更是驾轻就熟。但是这样的架梁方法不适宜长江大桥,因为梁重,拖拉不了。

汉水公路桥的架梁,苏联派了一位专家名杜尔斯基。他乃是今日中苏桥梁施工中主要的拼装脚手架、万能杆件发明者,并获得过斯大林奖金。他提出的方案是,边孔在脚手架上安装,中孔部分伸臂,中间部分吊装合龙,八片同时进行。这个方案合龙时十分困难。经我建议,中间二片采用这一方法合龙,其他改为由中间向两岸逐片扩展安装,使合龙工作简单化。杜尔斯基专家后因其夫人患精神分裂症,提前回国,由吉赫诺夫专家同意我的意见,付诸实施。安装工作就很顺利。事后,吉赫诺夫后悔没有在二片梁合龙之后,做一系列的实测和试验,因为那时加载是最轻的。

从苏联专家来中国，工作一开始便形成了中苏桥梁工作者合作无间的局面。钢梁架设取得了墩旁托架、伸臂安装、铆合结构、超静定合龙、调整应力等一系列经验。桥于1955年落成通车。

1985年元月在无锡召开的第一次全国城市造桥会议和1986年9月在沈阳召开的全国城市立交桥会议都认为，江汉桥是城市桥梁中造型较好的桥梁，其桥头与城市道路的联系是我国较早使用立交的构造。现在桥因城市交通的急速发展，已在进行加宽。在考虑加宽的方案时，还有一段插曲。当年参加桥梁设计和施工的主要技术骨干，现都为局或处一级总工程师，并大部分退居二线。年轻的工程师在考虑方案时，单纯从技术发展考虑，建议中孔改为超一百米的大跨，用预应力伸臂梁结构，于是在边孔之中，又有桥墩。新老桥相并而桥墩不齐，材料不同，结构形式相异。当方案送局审查时，遭到老总们几乎一致的反对，主张按老桥原样对齐加宽。设计部门将几个方案送到武汉市，也使市里领导分成两派不同意见，坚持不下，最后由计委折中仲裁。因航道和水利部门反对桥墩不齐而采用桥墩对齐方案，即原桥跨不改。桥采用预应力钢筋混凝土结构。现正进行施工之中（注：已经竣工）。

城市桥梁要注意美观，说来容易，可是遇到具体问题，有时会忽视这一点。在一座才建成三十余年而寿命可有120年的桥梁边上，扩建新桥，如何能取得协调等问题上都很难说得清楚，原因是缺乏对桥梁美学的探讨和修养。即使是学建筑出身的也会发生这样的问题。看来虚心学习、努力提高是完全必要的。

发表于《武汉文史资料》1987年第三辑

武汉长江大桥建设的准备阶段

早在一百年到五十年前，从武汉隔江分别通达火车的时候起，就有人设想和建议修建武汉长江大桥。为这座桥梁提过方案的有：詹天佑、米娄（德国人）、华德尔（美国人）、罗英、李文骥等早已作古的中外桥梁专家和现仍健在、年已九十的茅以升博士（按：已故）。一直等到解放，政府正式决定修桥，又有一批当年为这座桥梁出过力量的中外桥梁专家，吉赫诺夫（按：苏联专家）、普洛霍洛夫（按：苏联专家）、汪菊潜、顾懋勋、梅旸春、欧荫昌、肖传仁等相继作古。回忆当年建桥时的艰难岁月，历历如在眼前，拉杂写来，留作历史的见证。

选好桥址　开始钻探

武汉三镇鼎足而立，龟蛇二山夹江对峙，既不峻峭，而又和市区密切联系，江流河床稳定，是十分理想的造桥桥址。所以，不必是桥梁专家，都会选在这里修桥。历史上太平天国的浮桥就选在这里，上列各位专家们的桥址方案也都在这里。

1949年后，武汉接收了当年设在汉口胜利街交通银行四楼的中国桥梁公司汉口分公司。这家公司是抗战胜利后，为了修建武汉长江大桥，由茅以升博士创建的专业技术公司。那时汉口公司经理梅旸春先生随军南下，参加抢修衡阳铁路。铁路修通，大军直下广州，中华人民共和国成立，大局初定，就决定筹备武汉长江大桥的勘察和设计工作。这个筹备任务便落在抢修铁路在功的梅旸春先生肩上。当时他被任命为铁道部设计总局副局长，兼任武汉长江大桥测量钻探队队长；胡世悌为副队长，驻武汉作技术资料准备工作。

武汉既为三镇，测量钻探队便分别设在三个地方。总部在汉口，驻原德明饭店对面的汉口铁路分局办公楼内。武昌文明路十四号是测量队的基地。钻探队的基地则设在汉阳洗马长街。人员的组成，技术人员有原参加过钱塘江桥建设的老工程师李文骥、周昱、何武堪等。有过去参加过公路测量的青年工程师胡仁、蔡学彬、王庆璋、沈济身、蔡耀光等，以及桥梁公司汉口分公司的技术人员瞿懋宁、徐显棨、曾之明、王明德、朱荣名与笔者等人。工人则有参加过测量钻探工作的老测工和钻工，以及新招来的船老大、水手和一些只有十七八岁的青壮工人。整个队伍的年龄都不大。

那个时候，武汉三镇人口不多。新中国成立后刚接收来的城市，市容破旧，道路不整洁。市内交通只有人力车、马车和几辆公共汽车。汉阳则更荒凉，只有西大街一条横街以及沿江从集稼咀一直到鹦鹉洲的一条石板长街。除了走路，连个公共的交通工具都没有。

从集稼咀过汉水到汉阳，坐的小木划子，一船十几个人，在急流中趟过去。甚至从汉口或汉阳到武昌，亦须乘木划子过江。风平浪静的时候，扁舟一叶，倒也别有风味，有时大雾封江，如同诸葛

图1-5-1　江中木划子

孔明草船借箭的那种天气，机动轮停开，小划子却仍有胆大的愿走。在1955年大桥开工之后，笔者还坐过这样的划子从汉阳到武昌。艄公经验虽丰富，摇摇以为到了，靠岸一看，仍是汉阳，如此用了一个多小时才到武昌。简直没法区分这是什么时代。当风雨骤急时，江中行走小木船就比较危险。因此，俗语"黄鹤楼上看翻船"，实在不是从幸灾乐祸的角度，而是在当年的技术水平下，感到自然威力无法抗拒的一种无可奈何的心情。（图1-5-1江中木划子）

那时候武昌蛇山伸到江边矶头之下，作为武昌城墙的一部分（图1-5-2）。沿江只有七八米宽的一道狭马路，所以登上山头，有临江之势。最靠江边的是一座青石元塔，是元朝威顺太子的墓塔，俗称为孔明灯（图1-5-3）。

图1-5-2　武昌江边

图1-5-3　孔明灯

图1-5-4　民国期黄鹤楼

上面这一层台坪，稀疏的树木之中，立着一幢砖木建筑，三层楼高，不中不西，不像教堂，不像楼阁，不像亭观。不知道是什么人的"杰作"。这里就是举世闻名，于1885年被雷火焚毁的黄鹤楼旧址（图1-5-4）。

再上，两翼居中的楼阁是被人误认的黄鹤楼，即纪念张之洞的"奥略楼"（图1-5-5），倒还是民族形式。楼对外不开放。我曾经为修桥进去过，楼上放着一座清代黄鹤楼的模型。这是后来重建黄鹤楼的可贵的模型资料。

转过"奥略楼",是一座仿古的近代砖石钢筋混凝土建筑，30年代的中国建筑形式。虽然这是琉璃瓦顶，可惜生硬刻板，没有多大欣赏价值，这就是纪念张之洞的张公祠。

于奥略楼与张公祠之间，乃是黄兴的一座铜像。张公祠后，蛇山前段的最高点是一座封闭式的木亭，称为抱膝亭。别看它并不起眼，在建桥拆除时，发现此亭全部为楠木构造。我们利用这些楠木做了不少中国古桥的模型，可惜1957年后全部散失，在我这里还保存着一块用抱膝亭楠木做成的小图板，在这个图板上，曾绘过武汉和南京长江大桥桥头建筑的设计图。

图1-5-5 奥略楼

从抱膝亭到武昌民主路老的解放桥一段山顶，这是一个杂耍的市场，"步行者之天国"，武昌人民游玩的一个场所，真是热闹的所在。虽然那个时候还是贫穷落后，不过物价低下，生活比较容易对付。最落后的现象是布满蛇山两侧，高高下下，一些独座的测字算命小棚，大有费长房（祃）、壶道人在此，摆布不了别人的命运，但是可以摆布一下别人的钱袋。最有趣的是在解放之初，居然有人挂出用"马列主义辩证法"来推算你的命运的招牌。若这位算命先生今天还在，想必自己也觉得好笑。

汉阳龟山和凤凰山之间是一片坟场，龟山童山濯濯，在江边矶头，只有一座孤零零的禹稷行宫。

决定建桥 专家毕集

武汉长江大桥的测量钻探工作以非常高的效率进行着，全部钻探取样资料，按钻孔情况用木箱整齐排列保存。全部测量资料则用丝织的腊底图黑墨描绘保存。用这些资料，铁道部再组织了以测量钻探队部分工程技术人员为主，调入了王序森、王伟民、李家咸、周璞、华有恒、丁饶、潘际炎等技术人员组成的设计组，由胡世悌为组长在北京进行设计工作。

国家经济恢复速度较快，桥还没有修成前，铁路交通已不够应付。于是梅局长建议先修临时的火车轮渡。原来在汉口江岸到武昌徐家棚之间已有一只铁驳，但每次只能摆渡三节货车，岸边又没有正规的码头，临时用枕木垛搭架靠船，运量既小，又极不安全。临时轮渡则用半永久性的结构和经过改装的渡轮过江。轮渡的最初方案是请教了铁道部当年的苏联专家西林同志。至于渡轮的改装，则是在汉口车站复道上的专车里向苏联专家吉赫洛夫同志作了研讨式的请教，由衡阳铁路局桥梁课李芬、殷万寿、周翼青、梁伯琛、莫惠民等工程师负责施工的。这些中苏的桥梁人才，除了后二位外，在武汉大桥工程中都走到一起来了。

经过二年多的测量、钻探和方案设计等准备工作，到1953年，铁道部正式决定建造武汉长江大桥。组织措施上调铁道兵副司令员、从朝鲜战场上归来的彭敏同志任局长兼总工程师。当年彭敏同志年仅35岁，传说在延安时，杨家岭的大礼堂，就是他带领修起来的。毛主席亲切地呼他为小彭。另外从地方上调咸宁地委书记杜景云同志任书记。部里还派了材料局副局长杨在田以及不愿意当颐和园管理处主任而愿意在生产第一线打滚的崔文炳同志当副局长。后来以汪菊潜为总工程师,梅旸春和朱世源为副总工程师。这些领导干部,年龄都在四十岁以下,从来没有建造过这样的大桥。不过他们有指挥大部队作战的实战经验,加上中央支持,全国一心,队伍迅速地拉起来了。

国家对大桥建设非常重视,给予大力支持,1954年2月6日,《人民日报》发表过一篇题为《努力修好长江大桥》的社论,号召全国支援大桥建设。要求各地方做到要人给人,要物资就想法供应。不打埋伏,不要高价,不讲条件。在技术力量方面,可以任意点名调用国内的桥梁专家。在那个时候,凡是在桥梁建设上有一技之长的都以建大桥工作为荣。施工队伍是由衡阳路局为主,又从地方上招来一批年轻小伙子们。他们艰苦朴素,任劳任怨,一心想做好工作,学好技术,那股劲头是没话可说的。至于地方上的拆迁,更是乐从奉令,高高兴兴地随政府安排,为修建大桥开路。那时候汉水一带沿江都是竹木行和为船民服务的各个行业,搬家、改行,从没有听说过有什么“钉子户”之类的事发生。

武汉长江大桥工程局的机关临时设在汉水之长江口的四官殿,现在的江汉公园边上商业局盖的二幢家属宿舍之中。另外盖了一个食堂一个车库。因陋就简,开始指挥调度起来。记得1953年的除夕,想开个庆祝会,没有会场便在院子里开。没有舞台,用二辆卡车放下挡板,并列起来,居然是个很好的演出舞台。杜景云书记那时说:“看到同志们有这样的动脑筋精神,武汉大桥一定能建起来。”

调度工作从几个方面进行。除了调到大桥来的专家外,还有很多年事已高的桥梁专家,如茅以升、罗英、欧荫昌以及地方上和公路部门的一些高年桥梁专家都特聘为技术顾问委员会委员,以便咨询。国外则聘苏联专家组来华协助。在专家组还没派来之前,由已在中国的奥尼斯可夫专家负责。在大桥没有正式动工前,施工队伍先要练兵。首先不在衡阳修建湘江大桥,在汉水上修建汉水铁路桥和汉水公路桥。

汉水铁桥　　施工练兵

汉水铁路桥的施工,真是一场不太熟练的演习,出了不少插曲。首先是水中墩沉井。那时候钢铁产量极少,根据苏联经验,用的是木制沉井,花了不少珍贵的木材。木沉井做好后,还没有下水,请有经验的木船制造专家和师傅检查。一看认为嵌缝不太合格,于是再加处理。木沉井造在一只驳船上,另用两只驳船夹着。(图1-5-6、图1-5-7)在中间驳船中打水,使驳船下沉,沉井浮起,再拖到工地定位。不想一打水后,驳船倾斜而不沉,使木沉井搁住了,形成上不能上,下不能下的

图1-5-6　木沉井加工

图1-5-7　木沉井落位

局面。这时奥尼专家和中国工程师们在指挥的拖轮上开了大半天会，才找出解决的办法。就是再把这一组船拉到水浅的地方，使中间铁驳一头搁住，然后再打水，才使船沉下，沉井拨正浮起，再拖到墩位就算过了关。那时的沉井还有木底，必须用钢轨束冲撞去掉木底，变为无底沉井，继续沉到河床。不料钢轨束又掉了下去，把沉井再度压斜。最后排除了故障，沉井再正。

在沉井和另一个钢板桩围堰里要打大量的混凝土。那时没有水上混凝土工厂。是采取了人民战争的方法，用不少铁驳并列起来，上面放置了十多台400至800立升的拌和机，运送砂石和水泥的工人，拌和的工人以及推小车运送的工人，有好几百人，分班分片，共同协作。彭敏局长亲自指挥，号令一下，军威雄壮。可惜大部分是新兵，操练不够，于是此停彼起，穿梭插揽。只能以指挥长从中临时排解和调度，毕竟还是把桥墩打成了。从那次练兵的情况来看，工人的技巧不熟练，施工组织不紧凑，工地人多杂乱，同日后大桥施工队伍的有条不紊相比，幼稚得多。不过那时人人乐于本行，个个干劲冲天，那种精神状态比现在好得多。（图1-5-8）

图1-5-8　汉水铁路桥桥墩施工

1954年初，苏联专家组到中国，以西林专家为首，那时候他才40出头。较老的专家吉林诺夫，虽然留有一撮上翘的胡子，也刚接近50。施工专家卡尔宾斯基、机械专家普洛霍洛夫和柯西金、混凝土专家鲁登科、工地上的专家布略可夫等都陆续到达。还有二十多岁大学毕业不久的小专家伊万诺夫等，都挤在那二栋家属宿舍的小办公室里办公。中苏的桥梁工作者们，可以说是亲密无间，共同协商，进行施工设计的准备和汉水公路桥、若干跨线桥和大桥的施工准备工作。（图1-5-9、图

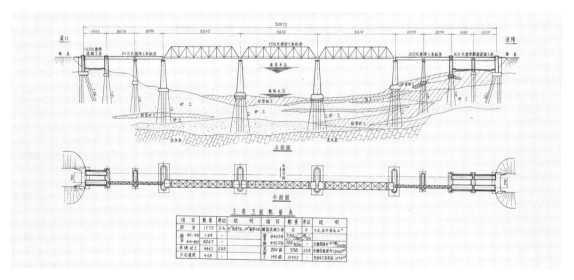

图1-5-9　汉水铁路桥设计图

图1-5-10　汉水铁路桥实景

1-5-10）

因为方案有了变化,江中的每个桥墩都得钻探。这时候人力都准备好了,时间是宝贵的。于是请了地质部协助,用数只四百吨铁驳横联起来。好像庞统替曹操出的连环计一样拼成几条大船,每船五六部钻机同时钻孔。与1950年木船只能装一部钻机不可同日而语。正是此时,毛主席登上了黄鹤楼故址,检阅了这一支水军战斗的场面。

汉阳选中作为武汉大桥工程局的基地,于是在汉阳布置了六大块施工和指挥的基地。现在沿汉水的国棉一厂过来一带为1、2、3号工地,主要是存放材料。现在的大桥设计处和晴川饭店一带为4号工地,是机械经租站,它是为日后大桥施工制造了很多机具。现在汉阳桥头是5号工地,是桥头施工现场。现在的大桥局办公大楼、建桥新村和汉阳公园是6号工地。

规划既定,土建工作开始。但又出现了百年一遇的新情况,武汉发了大水,战斗面临新的局势。

战洪水　斗高温

经过一系列资料的准备工作和中外专家关于武汉长江大桥的技术会议,其基本技术原则和某些技术问题的方向都已确定,因为洪水,却难以进行大兵团作战。当时的大桥局向三个方向分兵。主力部队留在武汉,进行基本建设和汉水上二座桥梁的准备工作,同时抽调大部分人力参与武汉三镇人民的防汛工作。一部分部队继续在武汉以外进行桥梁施工的练兵。主要的设计力量,在副总工程师梅旸春带领下和苏联专家吉赫诺夫一起,上江西庐山进行设计工作。

这三路兵力中最辛苦的是留汉部队,以局领导为首的行政和技术领导班子都在其内。可是好事多磨,刚解放了的武汉人民,在建设这第一个伟大工程的同时,就经受了严重的自然灾害的考验。汉口江汉关下层的基石上,刻有1931年达到28.28米标高的洪水位,使武汉人民遭受了陆地行舟、水淹百日之灾。时不过23年,却又遇上了29.73米标高的洪水位。可是时代变了,除了汉阳外,武昌、汉口保住了堤防,人民照常安居乐业。为了确保汉口的堤防,武汉大桥工程局副局长杨在田日夜守在电话机旁,听候防汛指挥部的命令,调动局内人力物力,以保障人民和平安定的生活。大桥局副总工程师李芬,当时不过40岁,参加防汛的技术工作。他在解放初荆江分洪工程承建闸门制造时,曾提出改进建议而获得赞扬。在1954年防汛时,亦积极献计,力主确保主堤,集中兵力,不作分兵修第二堤防的主张。只可惜周郎寿短,武汉长江大桥完成后,南京长江大桥刚开始,他便因患肌肉萎缩症而去世。除以上同志外,还有不少技术人员和工人因表现出色而被吸收入党。

武汉这一次大水也真惊人。最高峰时,局内不用的汽车都已扎在地上的木排上,以备万一。最后汉口被保住了,一切都免于没顶之灾。可是汉阳的命运不如汉口好。汉阳沿江虽然也修有石驳堤岸,但标高甚低。况且老百姓在堤顶造屋,屋脚木柱伸在堤外的台阶之上无法加高。所以低洼之处,如洗马长街、西大街靠江部分都被水淹。政府出动人力为老百姓搬家,亦有年老恋栈,不愿丢下那些搬不动的家具,政府派人用船接了出来。这情景实在动人。较高的地方,即汉阳龟山和凤凰山之间大桥的办公楼和宿舍区,照常施工,洪水挡不住建设的进行。(图1-5-11)

图1-5-11　大桥局办公楼设计方案之一

图1-5-12　大桥局办公楼实景

武汉是只火炉,这是全国闻名的。1954年大水时,更是热不可当。50年代刚解放,除医院里之外,基本上见不到冰箱。连电扇也是奢侈品,人手蒲扇一把。四官殿的房屋通风条件不佳,设计组的同志们和大家一样,热得不可开交。好在没有女同志,全体赤膊上阵。因要画图,不能一手用扇,可是又不能让汗水沾湿图纸,于是边上放一盆凉水(事实上冬天时可称之为温水,起码30℃)、一条毛巾,不时抹一大把,方能工作。一室不过10平方米,挤下七八个人。大家并不叫苦,只是叫热,说、笑,照样干工作。只不过效率要大为降低。

苏联专家来自北方,极不习惯武汉的酷暑,穿一件大孔二用汗衫汗出如雨。苏联人深目高鼻,汗滴竟停留在眼眶之上,几如荷上之珠。但为中国的建设,仍在热心地工作。

在庐山　想汉阳

设计是施工的先行。为了避免武汉的酷暑和洪水,设计部队上了庐山。半夜大船到九江,要用小划子荡到九江边被水淹了的旅馆二楼窗口,搭跳板进去。第二天清晨,再坐小划子驳到高处,坐汽车上山。设计部队住在地名为医生洼的二幢小洋楼里。气候凉爽宜人,日常又无"俗务"缠身,专心一致,除了吃睡就是工作。那个时候真是积极,就是吃睡时还想着工作。生活条件也很朴素简单,伙食不过四菜一汤,晨起有人拿着699号白俄开的面包店所做的热面包和牛奶来卖。我们有时也去白俄开的面包店,白俄女老板还拿出斯大林的"亲笔"让她回国的信来看。后来就不知道她的情况如何了。在山上,局里派去的和庐山的保卫工作做得十分出色,对我们这些国家重大项目的设计者,都不动声色地警惕保卫着。有一次假日,几个同志下山去五老峰游览、爬回山时,筋疲力尽,深夜还未到家,连民警都出动寻找了。

在山上,主要的设计工作是武汉长江大桥钢梁的技术设计,由现在为大桥局顾问,第三任总工程师王序森(按:已故)负责。那时他还没有结婚呢。汉水公路桥的设计,由现亦为大桥局顾问,前局副总刘曾达(按:已故)负责。各带一批多半还未结婚的年轻人,出色地完成了任务。工作效率之高,说了也难使相信。庐山山上和山下武汉有密切的电话电报联系。大桥钢梁料单开出,一次电报就长达一万之字,山下便进行订料和作工厂的筹备工作依据。回想那时一段生活,出尘拔俗。靠窗而坐，面对山间秀色，耳闻涧水鸟鸣之声。忽而山谷里出岫之去升起，夺窗而入，一片白雾，眼前东西一概失去影踪。等一会儿山雾退出，景象恢复。案上书籍图纸都不沾湿，思路清晰，继续工作；在出世的环境之中，做入世的伟大建设事业的准备工作。

闲时去花径，登汉阳峰，据说因为"能"见到汉阳的灯火，故名。唐诗说："云开远见汉阳城，犹是孤帆一日程。"九江离汉阳数日之程，汉阳是看不见的。不过我们的工作是想着汉阳，为着汉阳。工作差不多了，洪峰已退，酷暑已降，启程下山回汉阳。

征求正桥设计方案

进行一个大规模的建设工程，不亚于一次大规模的战役，必须分兵把口，调度有方，按部就班地进行工作。虽说那时候，我们是边设计、边施工，而实际上是分阶段地进行设计和施工。设计仍然必须走在施工之前。这样可以加快步伐，缩短工期。事实上十分复杂的工作尤其是一个创举，不可能一次完成施工详图而不做任何修改。有些问题，必得一定阶段才能暴露和思考成熟。

1954年的洪水，重新检查了设计。桥下通航水位提高了2米，相应引桥工程也有变化。汉水公路桥桥墩顶部，加了一圈挡水墙，以防支座被淹。

庐山设计，着重点在上部钢梁的技术设计，下山后便进行详图的绘制。接下来便是正桥的下部建筑：桥头建筑和引桥，一系列的引线和跨线桥，汉水公路桥和大桥的施工准备等。

根据政务院的决定，在正桥方案决定之后，联系着正桥和引桥的桥台，以及引桥的方案要向全国征求。在庐山时便做了一些征求方案的准备工作。为了发动全国力量，下山后，由彭敏局长邀请了国内部分桥梁和建筑专家教授，先在武汉开了一个预备会议。地点在胜利街武汉铁路局的高干招待所。出席会议的有茅以升博士，名建筑师赵深、张溥、张开济、戴念慈、俞蜀渝及清华大学莫宗江教授，武汉市城建委员会副主任，名建筑师鲍鼎。大桥局出席的除彭敏局长外还有梅旸春副总，顾懋勋专家及我。

预备会议就武汉长江大桥的规模、正桥的形式和可能采取的引桥方案作了介绍。会议上还展出了我所收集的一些武汉桥头及附近古建筑的照片以及我初步设想的方案的透视图。代表们研究了征求方案的范围、绘制图纸的内容、图纸规格和征求方案的说明。会议期间，坐船在江上参观并上两岸踏看现场，加深对现场的印象，并照相留念。（图1-5-13）

武汉市对这座桥的形象十分重视。因为桥正在黄鹤楼古址的边上，对于就地或移址恢复黄鹤楼问题，已经开过不少会议，讨论移与不移及移至何处的问题。最后仍以社会主义建设为重，决定将当时存在于蛇山上的所有建筑都拆去，黄鹤楼迁地重建。在大桥经费中拨出专款16万元存放备用。建筑师们，有的主张仍建在原处，虽贴近桥梁，但仍靠江边。这样的主张有的以后就反映在应征的桥头建筑方案之中。

预备会议之后，由大桥局根据这一会议商定的办法，发出征求方案的邀请信。邀请信分

图1-5-13　参加方案预备会代表（前排右1为作者）

发给全国著名的建筑设计院和各著名大学的建筑系。这时,曾经讨论过大桥局本身要否参加方案,经领导和吉赫诺夫专家的支持和鼓励,我也绘制了方案。即为我在预备会议上向名建筑师们展示的桥式,由我及当时刚从大学毕业的陈新、曹春元同志按要求绘制参加竞选。排于末尾的第25号。

应征方案的单位主要是中央建筑设计院、北京建筑设计院、东北建筑设计院、重庆建筑设计院、中南建筑设计院、清华大学、同济大学、东北工学院(今东北大学)、铁道部定型设计事务所和大桥工程局等。

1955年2月,武汉大桥技术顾问委员会主持评比会。成员为主任委员茅以升,委员王度、蔡学海、李温平、李国豪、赵深、愈忽、罗英、陶述曾、高步昆、鲍鼎、蔡方荫、钱令希等。再有中国建筑师学会杨廷宝、陈植等参加。地点在汉口滨江饭店。会上对25个方案一百余张图纸进行反复评比,情绪热烈。大桥局和市里有关单位出席旁听。

正在这个时候,苏联建筑界和中国建筑界在建筑思想上起了变化。苏联在十月革命之后,建筑界强调民族形式、形成一股复古主义学院派建筑的风气。

中华人民共和国成立之后,采取一边倒的政策,接受苏联的援助。将苏联建筑界的风气带入中国,当年所修建的几座苏联展览馆便是典型的作品。赫鲁晓夫上台,对建筑界形式主义和复古主义提出了尖锐的批评,这样,也就影响了中国的建筑界。在评论方案的过程中,不免就涉及了建筑理论。茅以升主席让我读了赫鲁晓夫的报告,以资参考。因为在应征方案中,极大部分的方案受苏联建筑思想的影响,追求高耸、大体量,或西方古典或东方古典的形式。虽然也有很好的创新作品,但在高耸和体量上都不落后。在艺术上,著名设计院和大学建筑系的作品,表现力强,渲染极佳,构图使人神往。

评论结果分一、二、三等奖。一等奖奖金10 000元、二等奖8 000元、三等奖3 000元。以一、二等为依据,杨廷宝先生当众挥笔,在整张打字纸上,勾勒出一个综合方案,备今后决定方案后设计参考。

25号方案被列为三等,奖金3 000元,其中局里扣了1 200元作为"大桥局科技奖"发给其他人了,我得了1 800元,大概相当于当年的年薪。这奖金我除了几百元结婚买家具(还是二手家具,从苏州买的)外,其余都响应政府号召买了国债。当年我初出茅庐,年末三十,在老一辈建筑师面前,虽然建筑思想未必尽能苟同,能入选已觉得很高兴了。

评论已定,全体苏联专家偕夫人于晚间到滨江饭店举办舞会。一时车水马龙,衣香鬓影,指点评说,热闹非凡。他们对中国桥梁和建筑界如此众多琳琅满目的作品和今后他们将为之努力实现的桥梁全貌,感觉高兴。

总理钦点　25号方案中选

会议后,将全部资料和评选结果报铁道部,部转送国务院,陈列在中南海怀仁堂。周恩来总理在政府会议之后,率各副总理、各部部长参阅方案进行评选。1955年3月11日,周总理批示,采用第25号方案。

采用方案的决定与鉴定结果的建议不同,各方为之震惊。事情有其必然性亦有偶然性。事后,梁思成先生在清华大学向建筑系同学们说:"这次方案,建筑界败于青年的结构工程师之手,在建筑思想上值得进行检讨。"建筑思想摆脱形式主义、复古主义,走实用、经济、美观、从功能出发、再讲求形式之美的道路,这个方向是必然的。25号方案是向这一方向走的,虽然还不够成熟,后果也就成了必然的。可是,假如晚这么一年,建筑界已摆脱了当年苏联建筑思想的影响,则他们的方案,一定更为精彩。结构工程师的方案,可能就不能望其项背。25号方案的中选,也就有了其偶然性。

武汉长江大桥现有的桥头建筑和引桥的形象是以25号方案为本,在著名建筑师赵深先生及中南建筑设计院周瑞棠、陈希贤、刘玉珂等建筑师协助下完成了设计图纸。(图1-5-14至图1-5-22)

图1-5-14　25号方案效果图之一　　　　图1-5-15　25号方案效果图之二

图1-5-16　25号方案引桥效果图之一　　　　图1-5-17　25号方案引桥效果图之二

25号方案的特点是,满足功能和美学原理(实用、经济、美观)最经济和最民族风格。两岸引桥上层借用中国古桥如颐和园、十七孔桥、赵州桥等的艺术手法,这样可以使屹立的引桥高巍连拱与刚劲轻巧的菱形正桥相映成趣,不显得线条单调。而为了凸显中国桥梁的独特韵味,正桥与引桥

图1-5-18 25号方案桥头奔马效果图

图1-5-19 25号方案大厅雕塑布置效果图

之间桥头堡建筑的设计也借鉴了清代黄鹤楼"攒尖顶亭式"的建筑风格,张扬了中国民族传统建筑的朴素之美。遗憾的是该亭式建筑略显小点。

因为我们的方案中标实施,在苏联专家的提议下,我从3号墩的施工设计工作中抽调出来,专门负责桥头堡的建筑设计和整体的美术设计。苏联专家提供的方案不能用了,而要突出我们中国的民族特色,借鉴古建筑艺术的装饰栏板造型,原因很简单,这是一座建在中国

图1-5-20 25号方案效果图之三

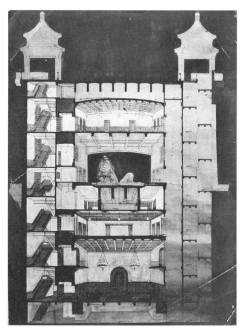

图1-5-21 25号方案桥头堡剖面效果图

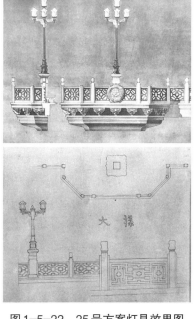

图1-5-22 25号方案灯具效果图

的，由中国人承建的中国现代化大桥，而不是苏联的大桥。我们设计组确定了设计风格、原则，在当时中央"百花齐放、百家争鸣"方针的启发下，提出"百花齐放、百鸟争鸣"的设计思想，发动全局职工和社会力量广泛征集稿件。全套主题（按：栏板主题词为编者根据资料所加）栏板48块，伸缩缝雕花板1块，祥云1块。本想全桥上下游栏杆的花板均不重复，后由于时间紧，稿件有限，不得不重复使用。每边使用主题栏板143次，伸缩缝雕花板3次。记得每件稿件的奖金约是50元（按：相当于当年高级工人的月工资）。稿件征集后，先由专门组织的木模工几十人刻成1∶1木模，再交武昌船厂翻铸成形。如今，这已是武汉长江大桥一道亮丽的风景线，很多桥梁后来亦在模仿采用。（图1-5-23至图1-5-73）

图1-5-23　福禄万代

图1-5-24　富贵枇杷

图1-5-25　多子多福

图1-5-26　空谷幽兰

图1-5-27　黄冠玉英

图1-5-28　秋风梧桐

图1-5-29 月月春风

图1-5-30 瓜瓞绵绵

图1-5-31 榴开百子

图1-5-32 必定长寿

图1-5-33 白头富贵

图1-5-34 华丽吉祥

图1-5-35 栀子众木

图1-5-36 孔雀开屏

图1-5-37　福兮祸兮

图1-5-38　一路连科

图1-5-39　喜报三元

图1-5-40　鸳鸯戏荷

图1-5-41　大吉大利

图1-5-42　和平爱情

图1-5-43　江城归雁

图1-5-44　高看一眼

图1-5-45 幸福绵绵

图1-5-46 龟鹤齐龄

图1-5-47 富甲美庭

图1-5-48 杏林春燕

图1-5-49 龟鹤延年

图1-5-50 白猿献桃

图1-5-51 大富大贵

图1-5-52 燕报春晓

图1-5-53　怀柔百姓

图1-5-54　蟹肥菊黄

图1-5-55　扬眉吐气

图1-5-56　公平正义

图1-5-57　大鸣大放

图1-5-58　雏凤展翅

图1-5-59　福禄美美

图1-5-60　喜上眉梢

图1-5-61　金蟾招宝

图1-5-62　五子登科

图1-5-63　丰兆立子

图1-5-64　蜂采兰花

图1-5-65　年年有余

图1-5-66　凤凰振羽

图1-5-67　花开似锦

图1-5-68　富荣长寿

图1-5-69　富贵长寿

图1-5-70　雀上枝头

图1-5-71　硕果累累

图1-5-72　伸缩缝铜雕：齿轮麦穗回字纹

图1-5-73　祥云

桥头堡里面的二座雕塑主题是我的设想，主体雕塑设计和雕塑是由刚从中央美术学院毕业的二位大学生，史超雄（男）、杭观华（女），现场选用工人做模特创作的，但整体构思是我们设计组的。他们在创作过程中结为了夫妻。两座雕塑的全题分别为"上部结构施工"和"下部结构施工"。大桥局办公楼立面，门楼上部原本为浮雕赵州桥，亦是他们的作品，后因增产节约改为简化了的堆塑雕刻（实在可惜了）。（图1-5-74、图1-5-75）

武汉长江大桥上部和下部的主要设计思想是苏联专家们的功绩。而桥头建筑及引桥则是中国技术人员的智慧。桥梁形式的好坏，留给大家去评论。至于作者个人，少年得志，有利有弊；个人得失，不在话下。倒是直到如今，对桥梁美学的钻研工作，成了我今后几十年的兴趣所在。

图1-5-74 下部结构施工

图1-5-75 上部结构施工

发表于《武汉文史资料》1987年第二辑

2014年11月重新整理编辑

武汉长江大桥桥头设计第25号方案说明

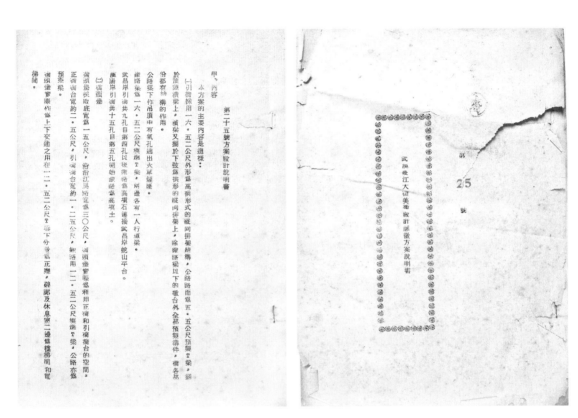

图1-6-1

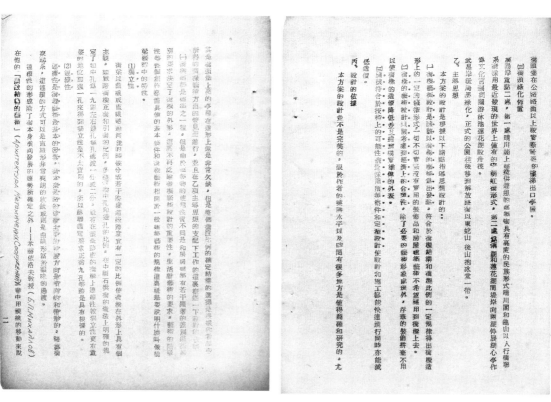

图 1-6-2

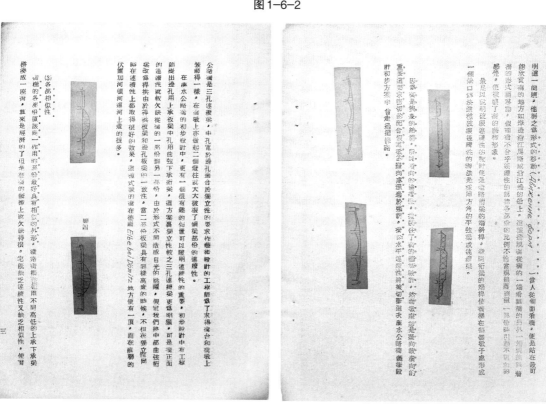

图 1-6-3

梁立面造成凌亂的現象，在靠水線上更為明顯，設計工程師使用了上承桁架上承板梁，上承混凝土梁等高梁不齊寬窄不一的梁弟結構破壞了橋樑構造的特性。

從結論上說「除了定出橋渡全貌的形象外，須大力對該糟粕物的全長調定一個富有表現力的整體風格，而由於結構特點所產生之必要的各種不同形象則須從屬於整個風格，進一步要求對整個橋樑來說是非常複雜的，但又是絕對必要的」

這一段的說明了我們在選擇橋樑的形式上要符合於選擇橋樑的式樣一定要從屬於並且和正橋分開。

（二）引橋式樣的選擇在選橋要求方面主要是根據以上這些特性。

橋樑本身對橋間隔八公尺而引橋比較起來具有頭等重要的意義同時一般橋水平寬度為一六公尺而引橋跨一六，五二公尺跨度的高拱在寬度上是合適的這種引橋的外形在和一般橋在權衡上有穩定的感覺在形象上高拱和公路間高拱的空腹和正橋具有類似的眼味是符合於適橋的。在任何情形之下不合希望中間再採入另外一種結構，譬如說彎拱小拱，或其他形式的結構，因為不同結構的組合根據橋樑建物的要求必須予以適當的「界分」可是由於大橋的使橋整個在權衡上已經沒有相同的，這一點，在結構上橋樑工業化和工廠化是具有頭等重要的。一區橋，道，一點，能求相同的。

橋樑分設橋在臨海亭引橋在路鐵馬路的部份，採用六，五二公尺餘度是完全合乎適橋的時候，一區橋，虛幻，也求同的……

图 1-6-4

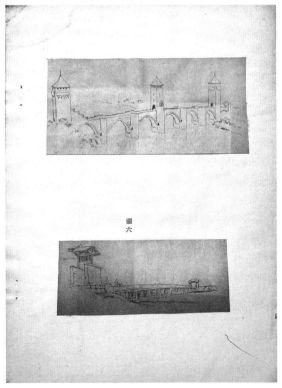

正橋的受度很多遷就使用引橋形式和「界分」的結果使橋梁分成五個連續性的橋樑移動在每一部不同結構的片段上感覺凌亂和不安定破壞了正橋和引橋的協調。

（三）橋頭樓的意義和作用

「橋頭堡」顧名思義，是橋頭的堡壘，那末它的作用是帶有防禦性的而橋頭堡的名稱應該是中古時代的產物因為在現代戰爭工具發達的情況下橋頭堡常帶偉性的堡壘不足以保護橋或橋頭後的部署陣地所以橋頭堡在近代的橋樑上已經不適用這個目的了，圖示是法蘭莎城的瓦倫情橋（插圖）是十四世紀般美好的橋，尤其是它的三個堡壘高塔，要通過這座橋必須要通過堡門，並且堡壘的尖頂人不能從河裏接搭上橋，於是橋頭堡由於它在橋上的作用顯得並不是贅飾，而是時代必然的產物。

中國橋頭的建造和橋基也是「運道要、政緣夷、故緣央、司察閱繁好究」作為防禦的敵應形式和內容是就一起來的。

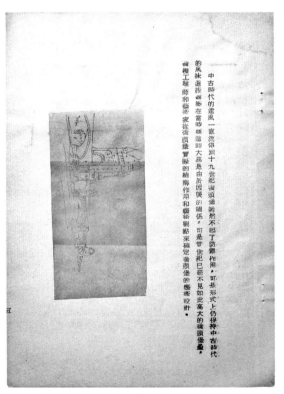

中古時代的遺風一直流傳到十九世紀橋頭堡雖然不起了防禦作用，可是廿世紀已經不見如此高大的橋頭堡，可是形式上仍保持中古時代的風味這座橋藝在當時頗盛時大都是由原因關係的橋頭堡，橋樑工程師和藝術家從橋頭樓實際的結構作用和藝術觀點來確定橋頭堡的藝術設計。

图六

图 1-6-5

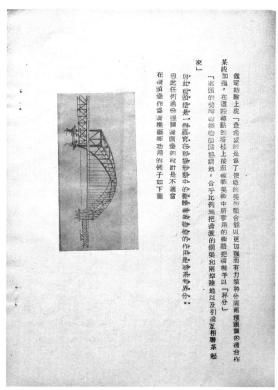

鑑定結論上說：「最希望的是爲了使總的美術配合能以更加強而有力須將分離兩積贐鬮的橋台作某些加強。在這些尊點的塔柱上按照藝術美術中所要用的徽幡把橋樓予以「界分」」

「橋頭的裝飾彫飾卻顯協調地。合乎比例地把橋渡的鋼梁和兩岸陸地以及引橋互相聯系和界分來

因此橋頭堡是一件很有在种協形戀中的整體鋪飾物他的作用是聯系和界分

在橋頭堡作爲諧機繼術功用的例子如下圖

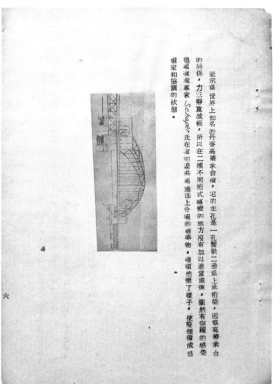

圖示這世界上知名的丹麥高橋承台橋。它的主孔是一孔繫拱二邊爲上承桁梁，因爲高橋承台的關係，力求靜重減輕，所以在二種不同桁式轉變的地方沒有加以適當處理，顯然有突兀的感覺，德或諧橋專家 Schaper 氏在諸的梁共兩端加上分離的彫裝物，使這個橋成爲穩定和協調的狀態。橋頭然變了樣子。使這個橋成爲

六

图 1-6-6

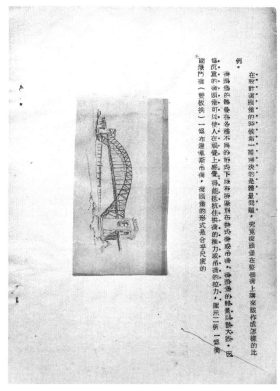

在設計橋頭堡的時候有一篇所決的是體量問題。究竟橋頭堡在整個橋上講來做作成怎樣的比例。橋頭堡的體量有各種不同的桁式下除有所嚴密在換式橋或吊橋，橋梁的縣景較大驗。因慢沉重的橋頭堡可以使人在視覺上感覺得能抵抗供橋的推力或吊橋的拉力，圖示二例一爲美國漢門橋（雙板拱）一爲布達佩斯市橋，橋頭堡的形式是合乎尺度的

例。

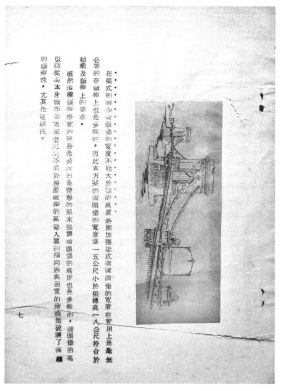

在梁式的橋涵橋頭堡的寬度不能大於梁的高度特別加強梁式橋頭堡的寬度在實用上是毫無必要的在藝術上也是多餘的。因此本方案的橋頭堡的寬度爲一五公尺小於梁總高一八公尺符合於結構及藝術上的要求。

既然橋樓從新形繁四邊履是彼回到是帶形的郭末強調橋頭堡的高度也是多餘的，橋頭堡的高似隱從高本身橋涵要求采賓風式不同於房屋彫戀的高梁入雲的傾向適高過寬的橋頭堡破壞了橋機的藝術性，尤其是遠視託。

七

图 1-6-7

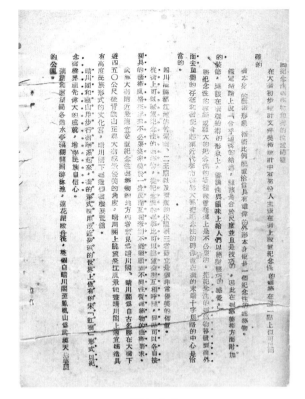

图1-6-8

中苏友谊的结晶

——话说武汉长江大桥的建筑

武汉长江大桥是在苏联专家的帮助下建成的。苏联专家究竟在整个工程中起了什么样的作用？这里，拟将所见所闻向读者作一些介绍。

一、管柱基础

管柱基础是武汉长江大桥的关键，它的试验成功，加速了大桥的施工进度，降低了成本，减轻工人的劳动强度和工作条件，是桥梁史上一大进步。武汉长江大桥修建完成后，大桥工程局彭敏局长写《武汉长江大桥》一书，详述了管柱基础的施工技术，作者曾在日本看到当时的日文译本，可见当今管柱基础在世界范围内已广泛地得到推广与应用。

管柱基础的提出和成功应用，应当归功于苏联专家。不过，中国政府的信任与支持，中国工程技术人员在技术上的贡献、合作，中国桥梁建筑工人的智慧和劳动，也是管柱基础成功的重要因素。

中国政府是如何信任和支持的呢？社会主义国家技术援外的准则是，不成熟的技术不准援外，以免受援国要承担新技术试验在经济上甚至试验失败后蒙受的损失，并损害支援国的声誉。当时，苏联专家西林说，他在苏联研究了不用沉箱法的设想，搜集了一些资料，认为，根据中国的实际情况，可以改用管柱基础。但是，设想毕竟是设想，还有很多技术问题没有解决。所以，当西林提出这一设想时，即奉召回国，听取苏联方面的意见。临行前，他对彭敏局长说，假如得不到支持，就不回来了。大有破釜沉舟、背水一战之势。因为，他知道中国政府支持，具体地说，铁道部支持他，已经是第三次合作、推心置腹的好朋友彭敏局长支持他，他有把握获得成功。

当西林这一方案最后获得各方的同意，中国政府批准了技术设计后，铁道部滕代远部长特向大桥局交代，西林是以他的代表身份来大桥局工作的。一个有进取心的桥梁工程技术人员，有这样好的机缘，有充足的财力、物力以及一大批优秀的技术合作者可以支配，应该是无憾的了。

什么叫管柱基础？简单地说就是：采用一根极大直径的钢筋混凝土空心管柱，打入深水下河床覆盖层之中，直达河床下的岩层，然后在管柱内钻岩。钻岩完成后，放入钢筋笼，填筑水下混凝土，在围堰之中，灌筑大面积水下混凝土，把管柱群包住、抽水、凿去管柱头，灌筑承台和墩身，拆去围堰，桥墩完成。这种基础类型，避免了水下作业，或在沉箱高压空气中作业，而且一年四季可以施工。

管柱是由管桩发展而来。中国丰台桥梁厂在1949年前就采用离心法旋制钢筋混凝土空心管桩，外径55厘米，前段长约8米，用钢质法兰盘联结，代替木桩作为打入桩。西林在参加建桥以前曾来过中国，在铁道部作专家，对这一项目极有兴趣，想扩展其利用面，曾在中国铁路线上用管桩段拼制成栈桥的塔架。用预制分段管柱扩大直径,以代替沉箱基础,亦是扩展的另外一个面。西林第一次来中国,还见识了一样东西,即美国送给旧中国的军用物资浮船坞。那是由一只只小浮船所拼装而成。回国后他应用其原理,改变联结细节,成为KC型浮箱。KC乃其名字康士坦丁·谢尔盖维奇的缩写。

管柱用木模制造,直径1.15米,因体积大,故不用离心法,节长8和12米。这一改进,仅为量变,没有什么困难。

粗大的管柱类似一个个小的开口沉井。沉井一般靠井内挖泥,自重下沉。现在是薄壁的管柱,自重不够。如何使之下沉到江底覆盖层之中?是一个较大的问题。下管桩一般用6至8吨的蒸汽锤,管桩太大,锤小不起作用,遂制造了26吨重的钢筋混凝土锤做试验,结果也打不下去。推其原因是开口管柱内部形成土塞,内外摩擦力都很大。因此,在管柱内部射水冲土,吸泥机排土,以减少摩擦力。外部亦加高压射水以破坏管壁外的土摩擦。这些措施,使管柱能靠自重下沉一段距离。但是仍需外加压力方能深入。正在一筹莫展之时,苏联创造了以震动原理下沉的震动打桩机。

西林来中国时带来一个技术班子,中有一位被他称之为"有一双金手"的机械工程师普罗霍洛夫。在他的指导下,由中国专家周秉礼、钱学新及工程师谭杰贤、柳景田等按原理设计,并且在现在晴川饭店处原简陋的机修厂内,制造出一系列由小到大的震动打桩机。第一台BJI-3型,震动力44吨,即解决了管柱下沉问题。第二台BJI-4,震动力93吨,最大的震动打桩机,震动力320吨。可以震更大更粗的管柱。于是确立了震动、射水、吸泥相结合时,大型管柱在覆盖层中下沉的方法。

另外一个老大难问题是用什么方法使管柱在基岩上生根,或者说,用什么方法可以在管柱里水下钻岩。西林提出用煤矿中冲击式钻机冲碎岩石的方法。这种方法在西欧早就应用过。为了证实其钻进的可能并确保在井壁以外的岩石不受冲击而损害,铁道部向鞍钢大孤山铁矿请调钻井工来局协助。他们派来了5人,在汉阳凤凰山麓、石层较浅的地方进行了一系列试验。

金手专家普罗霍洛夫有不同看法,他认为管柱钻孔法的成败在于钻机。他向我索取了必要的工具,关起门来,画了个把星期,提出一个用牙轮旋转钻钻头的方案,首先在专家组中讨论。四官殿的办公室里专家们的争论热烈非凡,民主空气十分浓厚,最后因为冲击机方法简单易行而否决了牙轮钻的方法。这并不是说金手专家所见不当。之后,我们还是在施工几乎快完成时做了牙轮钻试验,取得了一定的成功经验。而国内(包括苏联)之后的大直钻岩亦多数采用牙轮钻。

在具体实践中,冲击式钻头经过一系列的改造,从一字形到十字形,再到十字加短弧型。由铆制到整体浇制,找到了钻头重量和冲击钻深的关系,设计了简单而有效地使冲击钻头每次旋转一角度的方法和细节。这当中,中国工程师肖传仁及其指导下的钻工班起了很大的作用。

最后一个关口是管柱内放入钢筋笼后打水下混凝土。在汉水公路桥已取得了这方面的经验,现在需要确保水下混凝土和基岩密切地黏合,使桥梁的力量传到石层,避免桥墩的不均匀沉陷。这一问题终于用射水吸泥清基,射水一停即快速打水下混凝土的办法解决了。管柱内混凝土达到强度后,再用钻机取出岩芯,发现一半是混凝土,一半是岩石,界限分明但联结牢固,天衣无缝!1958年,铁道部在北京自然博物馆办三大展览,武汉大桥展览厅内以精致的木架,金丝绒衬垫,玻璃罩子,展出了这一"出土文物"。吕正操将军为之赞赏不已。之后,苏联专家卡尔宾斯基,将其中的一根带回苏联,作为中苏技术合作的可贵的传世纪念品。

中国的管柱钻孔法试验成功,得到苏方赞赏。1956年12月,苏联运输工程部部长果热仁尼可夫来武汉视察,说:"亲眼看了之后,知道你们做了一件极有意义的工作。"

1957年1月26日,苏联在乌克兰弟聂伯罗彼得夫斯克州红军村附近萨马河上建的一座长250米的公路桥,便是苏联第一座用管柱钻孔法基础建筑的桥梁。

二、人物别志

前后曾和大桥建设发生过关系,及之后直接参加建设的苏联专家不下百人。大桥勘测之初,铁道部专家金果宁科起了决定性作用。梅旸春同志之所以能任当时的职务,便是因为他和金果宁科共同参与抢修衡阳铁路时,以精湛技术获得了他的信任。原计划测量钻深队拟邀请苏联专家参加工作,后由中国自己独立出色地完成,未派专家。只有当时在铁道部的西林和吉赫诺夫二位参与和过问了一下工作的情况。

铁道部专家沙百里和另一位专家梁百合(同志们为了便于记忆,戏称为三不离、两不合),在中国工程师中有不同的影响,梁专家因滹沱河桥事,提前奉调回国。沙百里专家对大桥的初步设计和汉水公路桥的设想等都提过不少很好的意见。

鲁达专家性格较为急躁,但甚果断,在帮助大桥局修衡阳湘江桥梁工作时起了作用。大桥局成立之初,曾就大桥的工地规划问题,征询过他的意见。

奥尼斯柯夫沉着,有能力,善于发现人才,组织人才,汉水铁路桥的设计和施工,他都参与顾问,在汉水铁路桥木沉倾斜一事故中,是他指挥若定,转危为安。

初步设计文件送苏鉴定时,苏联集中了23位专家组成鉴定委员会,专门开了两个月的会议。后来中国又派了5位同志赴苏学习,苏联安排了相应的专家为之辅导。这两批对大桥有帮助的同志中,有些后来来到工地,大多数则是没有照过面的。

还有短期来过工地的,如万能脚手架的发明者以及震动打桩机的创始者,他们虽没有直接参与大桥建设工程,但他们智慧的成果,都对大桥和以后的基地桥梁起了很大的作用。

前后来到大桥工程局工作的共计27位。其中,1954年开工前夕来中国的:西林,工作组长、总工程师;吉赫诺夫,设计专家、副总;普罗霍洛夫,总机械师;鲁登科,设计专家;卡尔宾斯基,专家组副组长、二桥处处长;契利可夫,施工专家;波良可夫,钢梁制造专家;依万诺夫,施工组织专家;戈洛托夫,一桥处施工总工程师;戈斯金,一桥处机械钻探专家。

1955年后来的有,杜尔斯基,一处施工专家;格列佐夫,一桥处处长;杜钦科,一桥处施工科长;格里申,一桥处工区主任;塔玛诺夫,二桥处施工主任;西瓦乔夫,二桥处工区主任;沙玛林,二桥处机械科长;柯尼亚则夫,测量队长(施工);茹可夫,试验室主任;阿达舍夫,经租站电力专家。

1956年架梁时派来的钢梁施工专家,秋良也夫,一桥处;苏沃洛夫,一桥处;切尔科夫,一桥处;托克列夫,二桥处;肖敏,二桥处;巴耶夫,二桥处。

1957年通车后进行桥梁测试,苏方派来了测试专家瑟尔什约夫。

西林和彭敏同志是多次合作的好朋友,1949年在抢修松花江第二桥、修复洛河桥以及1950年在北京铁道部工作中结下了深厚的友谊。

卡尔宾斯基是1940年的大学毕业生。毕业后在国内参加修桥工作,有丰富的施工经验。在工地的几年里,他关心工地技术人员和工人们的工作与生活,要求大家注意安全;深入细致地观察、发现和解决技术问题;现身说法,鼓励建桥工作者的事业。

柯斯金初来汉阳，在局里工作。他到中国不两天，便学会了说"胡子、肚子、裤子"。他留了一口大胡子，像个慈祥的圣诞老人。我曾与他有一段非常愉快的合作。在他指导下，设计第一座水上混凝土工厂。在解决一些原则和细节问题时，完全是在互相商量、启发和补充的情况下进行的。他对我与他合作，十分满意。当他将从四官殿机关调往一处负责管柱钻孔法的实施时，便向西林和吉赫诺夫要求调我过去。那时因桥梁建筑方案已批准，我没有去成。

鲁登科文质彬彬，对混凝土结构和桥梁建设艺术有较深的造诣。大桥正引桥及联络线的诸跨线桥都通过他的审核并提出不少宝贵的意见。他极想学中文，平时总羡慕我们不大高明的俄语比他更不高明的华语好。有一次中苏专家讨论我设计的桥梁建筑方案时，他称之为"小唐斯基"方案，引起哄堂大笑。俄语"斯基"在中文意思为"的"。他这一说，倒替我取了一个俄文名字。鲁登科后来继续在北京大桥设计事务所工作。

吉赫诺夫专家是典型的苏联知识分子，学识渊博，头脑机灵，其特长在钢结构，但对其他的桥型，旁及施工机械都有独到之处。在建筑西南铁路时，他建议就地取材，多建石拱桥。他到大桥之后，带来了钢梁制造的模样板法。在建大桥以前，作为铁道部专家，吉赫诺夫经常由一等翻译赵光震同志陪同，来往于中国的各条铁路。我和他有好几次接触，在武汉火车轮渡码头设计方面，在火车轮渡的改装方面，在汉口铁路货运码头的计划方面都有交往，他来大桥局后接触更多。吉赫诺夫专家来前，我曾经向有关中国专家建议用对称与反对称法计算大桥超静定结构的意见，以及在汉水铁路桥设计方案中提出棱格、形桁式桥的意见，都未被采纳。而吉赫诺夫在大桥正桥钢梁上工程中却采用了这两点。我对他甚为钦佩。到他办公室里一去就坐得很久，天南地北，无话不说。

吉赫诺夫为人忠厚，专心事业。来武汉大桥时年49岁（我那时28岁），是专家组中的长者，却还是个未婚大男。西林曾对彭敏局长说："卫国战争时耽误了一次，上次来中国又耽误了一次，这次又耽误了。我们真过意不去，怎样能帮上忙才好。"当专家们初来不久，还在四官殿办公而住在胜利街德明饭店时，柯斯金夫妇曾介绍过一位武钢的年轻地质女专家和我跳舞，她刚大学毕业，别人告诉我，是预备介绍给吉赫诺夫的，估计年岁相差悬殊而没有成功。

1955年，他们都搬到东湖的住宅区去了。吉赫诺夫和武汉大学生物系俄语教授谢洛莫娃结成了伉俪。月老的一根红线牵了五十多年，在中国始收拢缩短而打上一个同心之结。他们在东湖专家招待所举行结婚典礼时，彭敏局长、杜景云书记等和我，各携夫人，前往祝贺。我们轮流向他们敬酒，用的是中国方式，未按苏联方式大叫"苦呀"。

1957年5月4日，大桥钢梁合龙，同日晚，工程局在东湖举行庆祝宴会，并欢送第一批回家的专家。当铁道部代表滕代远部长向吉赫诺夫妇致迟到的祝贺时，他俩羞得满脸通红。

有关专家回国，我们都互送礼品以资纪念，因我对吉公有不舍之情，曾作长诗，恭写送他。（见附）

杜钦科，是和我年事相仿的专家，专攻施工组织。他在局里待的时间很短，和我相处不过几个回合，但是很说得来。不久他调一桥处，桥快完成时，还请我们在他家聚宴。他俩有个小孩，请本地保姆带领，小孩居然能说几句黄陂土话。杜钦科回国后，还曾来信和寄过照片。后来，西林再次来中国时，我曾问起他，知道仍在工作。

1957年5月6日，滕代远部长说：当时苏联最高苏维埃主席团主席克·叶·伏罗希洛夫在天安门主席台上和毛泽东主席说："我在武汉看过长江大桥，桥是太好了，世界上没有这样的桥！"毛主席说："这是在苏联帮助下建设的。"伏老说："我们的人只有25个，而中国人有几万，真正的事情还是中国人民自己做的。"伏老的答话中称25人，估计因此时鲁登科和伊万诺夫两位已调北京工作。

伏老讲话的主要精神是表示谦逊。二十多位苏联专家,其能力和作用是很大的。

中国政府对西林、吉赫诺夫、卡尔宾斯基、普罗霍洛夫、戈斯金、格列佐夫、塔玛洛夫等给予了奖励。专家们回国之后,西林、吉赫诺夫、卡尔宾斯基、普罗霍洛夫、鲁登科等几位还获得了斯大林奖金。他们为中国建设事业所做的贡献,中国人民永远不会忘记。而中苏两国技术人员及中国工人,对世界桥梁事业所创造的业绩,亦将永远记和桥梁史册。

三、旧地重游

1983年10月,苏联科学院友好代表团来华访问,这是中苏关系缓和之后,第一次来访的代表团。团员之中,便有康士坦丁·谢尔盖维奇·西林院士。访问团的路线是商定的,没有作武汉之行的安排。到中国之后,西林通过团长,向中国政府提出在北京想会见吕正操将军(原铁道部副部长)和彭敏主任(已任国家计委副主任);同时,于访问桂林之前,拟单独来武汉,会见一下当年共同修建武汉长江大桥的老技术人员。这两件事,都得到了满足。

10月12日午后,西林与随行者一人抵汉,由当时上任不久、曾经去过苏联的梁淑芬副省长接待,住胜利饭店。晚间,省长设宴接风,亦邀大桥局负责人参加。

13日上午,西林访问大桥局,到汉阳大桥局办公楼。那是他所熟悉的地方,他过去的办公室就在二层楼上。我们在二楼过去和专家们多次开会的大会议室里见了面。在座的有大桥局书记方毅(1989年作古)、局长池涌波(按:已故),局长办公室主任邱长庚,原设计处处长瞿茂宁(按:已故),原设计处副处长王序森(按:已故),前机械经租站主任工程师,现为大桥局副总的钱学新(按:已退休),前一桥处副总、后为工程处总工程师、今已退休的胡仁(按:已故)和我,由曾经留学苏联、现为桥研所所长的李德寅(按:已退休)替大家翻译。(图1-7-1)

图1-7-1　前排左1作者左3西林先生

西林此时,年已70,但精神尚称健旺。

在会上,我们互相询问一些近况,诸如中苏双方曾经参加过大桥的技术人员,谁尚健在? 谁已作古? 等等,谈到作古之人,不免唏嘘叹息。凋谢诸人,都是在武汉长江大桥建设中出过大气力的。如苏方的吉赫诺夫、普罗霍洛夫,中方的汪菊潜、梅旸春、李芬等。

然后,由西林介绍苏联现在的建桥情况,放映幻灯片二十余张。

会议结束,我和部分同志陪同西林从汉阳驱车到武昌桥头下,看看他曾经不知多少次来过的工地,依凭栏杆,望着江水流过桥下,照相留念,再转到桥头建筑的下游一侧,那里原来是个码头,建桥上下班或上桥墩都是在这码头边上,现石阶仍在,码头铁驳早已撤去。在这里,我们又照相留念。

进桥台,看大厅,由电梯上到铁路面,从铁路面到纪念碑的平台。这是此行的重点。因为在"文化大革命"期间,在苏联谣传说建桥纪念碑被砸了。今天,西林亲眼看到丰碑尚在,字迹犹新,乃照相留念,省政府并将碑文逐张拍成彩照,赠送给他。

下午,西林院士将乘机赴南京参观。局领导驾车到南湖机场送行,不意飞机因故推迟飞行,又返回胜利饭店,西林余情未尽,又请我们到他住处谈谈。于是,邱长庚、王序森、胡仁、我及李德寅一行五人,同到胜利饭店去看他。这次重点放在技术问题。当然,问题谈不太深入,因为彼此自从分别之后对各自在技术上的进步和成就还不够了解,中国的技术人员也已非当年的吴下阿蒙;谈话偏于浅显。西林回国之后,曾出版过一本管柱基础的书,那本书我曾有机会见到过。他又说,还写了好几本呢! 答应回国后寄来,可惜始终没有能够收到。下午4时许,飞机可以起飞了,我们即此告别。

西林已于1996年去世,享年83岁。

附

赠吉赫诺夫

赫赫吉公,桥梁之雄。

千里礼聘,举国推崇。

踰关涉水,南北交通。

徒杠与梁,厥赖成功。

隋有李春,宋有蔡襄。

两涯四穴,千寻洛阳。

巨匠辈出,乃国之光。

何此百季,困踬难翔。

民固不幸,革命始昌。

四海腾欢,瑞惟解放。

复得吾公,符众所望。

通济利涉,孰惮细湛。

粤吾小子,受诲无间。

亲炙左右,继往开来。

公今归国，永念拳拳。

中苏友好，万万万年。

发表于《晴川往事》1990年第一辑

武汉市政协文史资料委员会

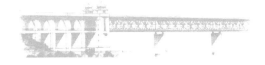

莲 花 湖

当年国家规划武汉长江大桥时，天造地设的，武昌过江处是蛇山，相对，汉阳有龟山，江面最窄，有"大语犹可闻"的夸张的诗句形容，是造桥最合适的地方。

1950年，我们的测量钻探队总部设在汉口，在汉阳设有站点。每次过汉阳，都是乘可容七八个人的小划子过集家嘴。常水位时，两岸石阶码头都很陡。上得汉阳岸，沿汉水有一条高公街，沿长江有洗马长街，街道窄狭，两边却十分热闹。老街老房子，多是为上下汉水、长江的贾船、木船服务的铺子。如卖船上用品的店子、铁匠铺、竹篾制造坊，当然也有其他商店、餐馆和住家。有个酱园很大，门面也较气派。还有已停业了的汉阳兵工厂、门庭冷落的"川主宫"——不起眼的晴川阁。一条洗马长街一直延伸到已经和岸相并的不成其为洲的"鹦鹉洲"。

为了看得远些，我们从龟山头的小径走上山。童山濯濯，树木全无，山又不高，汉阳几可一望无遗。

从龟山望凤凰山，看得清清楚楚，两山之间，沿江是洗马长街和民房，房子后面是二个湖泊，两湖之间一条阔堤梁。湖中种莲藕，开荷花，靠江较大者称为莲花湖，靠岸较小一个称为藕湖。一道高压电缆从堤梁上架过，堤上也是光秃秃的，没有树木。

龟山南侧没有路，但我们可以直接跑下来上堤，而藕湖西边，龟山、凤凰山之间是乱坟岗，不知道从哪一代起，汉阳或武汉三镇的一个坟场便在此。我们在坟堆里发现有辛亥革命中牺牲的兵士集葬墓，墓前有碑。

从凤凰山后北城横巷可进入山南原汉阳县的西大街。该街作为汉阳县治老街，与长江垂直，倒也热闹，但是也称不上繁华。

1953年成立武汉大桥工程局，局办公地点临时设在汉口四官殿。我当时的工作是总体布置，包括局大楼选址和施工场地布置。两岸需要六七个大场地，局办公楼和住宅区便选在莲花湖和藕湖后那片乱坟岗处。当年毫无顾忌，屋基底下是多少代楚国有主或荒芜的坟冢！刚解放的百姓也很开通，为了国家建设迁坟拆屋，毫无阻碍。汉阳区时任张区长建议填平两湖，建大桥局办公楼。我觉得住宅和办公区旁有天然的莲花湖、藕湖岂不更好。果然，现在开发房地产，没有湖还得挖湖，取名某某花园云云。

然而"衰草枯杨曾为歌舞场"。武汉三镇，汉口原是比较荒凉的，重点在武昌和汉阳。汉水称为沔水，汉阳古称沔州，西魏建州，北周废。唐武德四年（公元621年）又置。那时又是何等光景！

李白《泛沔州城南郎官湖（并序）》道："乾元（公元758年）岁秋八月，白迁于夜郎，遇故人尚书郎张谓出使夏口。沔州牧杜公、汉阳宰王公，觞于江城之南湖，乐天下之再平也（平安史之乱）。方夜，水月如练，清光可掇。张公殊有胜概，四望超然，乃顾白曰：此湖古来贤豪游者非一，而枉践佳景,寂寥无闻。夫子可为我标之嘉名,以传不朽。白因举杯酹水,号之曰郎官湖……乃命赋诗纪事,刻石湖侧,将与大别山共相磨灭焉。"

原来此湖唐前更早曾名南湖,1245年前,李白结好张谓,改名尚书郎官湖,还立过碑石,和龟山(即大别山)共传千古。至今龟山上北侧石壁还有"大别山"石刻,而李白郎官湖原碑早已不见。

当年湖周遭的山水风景想必很好,所谓"古来贤豪,游者非一",历史上如屈原、宋王、钟子期、俞伯牙,三国时期刘、关、张、诸葛亮、孙权、周瑜、曹操、祢衡,唐代诸贤,宋代岳飞等等,可能都来游过。湖没有填还是对的。

不久,武汉大桥工程局办公大楼和建桥新村住宅区建成,桥梁建设更是在积极进行中。1954年长江发了预计以外的大水,水位达28.28米,超过了历史最高水位27米约1米多。汉阳集家嘴、洗马长街、西大街的东段被淹。莲花湖、藕湖和长江联通了。原本长江中下游沿江大大小小的湖泊都是被洪水冲出来的,自然保留着泄洪的功能。因大桥局办公大楼和建桥新村地势较高,水未淹着,然而一切施工工作都被迫停下,大桥局的职工和武汉市民们一起投入防洪抢险中。武汉市政府用小船划上洗马长街,一户户抢救出物资和不肯撤离的恋屋老人。

1954年洪水过后,武汉市政府大修沿汉水和长江的永久性堤防。我们则继续红红火火地造桥。

1957年桥成,汉阳区和大桥局建设了汉阳桥头公园,并且以跃进的方式进行。相关部门批准了我提的方案。方案用透视草图画出。要点是利用两湖和其中长堤。堤上向莲花湖造左右两座九曲桥,连接湖上三座一大两小对称的湖心亭:中亭凸前,八角;两边亭各单檐方形。三亭之间亦用曲桥相连(图1-8-1)。

图1-8-1 汉阳莲花湖公园设计效果图

堤上顺势沿两湖各造曲廊。曲廊用方亭收头。沿藕湖一侧相对于湖心亭建水榭。所有亭、廊、榭都是木结构、树皮顶。曲桥是利用建建桥新村多下来的预制板和阳台伸臂预制梁搭建,以市政用的人行道栏杆作扶手,既经济又古朴。

莲花湖和藕湖本在堤的南端是相联通的。1953年,我发现宋朝张择端《清明上河图》上画了座世界上绝无仅有的木结构拱桥——汴水虹桥,于是我在沟上仿虹桥造了一座拱桥。建成之日,《长江日报》用大标题刊出《汉阳建成"唐亭宋桥"的风景公园》。

这本是座不设门卡的完全公园,只可惜,到"文革"之后,也还只是座未能更完整地作永久性

图1-8-2　建成后初期的莲花湖公园（20世纪50年代）

的建设的桥头公园（图1-8-2）。

武汉长江大桥建成，单位名称中拿去"武汉"二字称为"大桥工程局"。绝大部分技术人员辗转全国，以汉阳为总基地。莲花湖公园在自流的状态下存在着。

改革开放之后，公园的经营性质变了，经营者的思路亦不相同了，公园虽然总的格局没有大变，可是两湖完全隔断，"宋桥"拆了，沟填死了，建筑都改建为琉璃瓦顶。运来不少假山、假石，不是以"瘦、透、秀"的方式堆砌，而以象形为主题。

亭者"停"也，原应是开放性的吐纳云气、憩息的亭子，变为工作人员的封闭的住处；水榭改建成"清光舫"，造型还不错，只是成为堆杂物的仓库；藕湖的北侧不知怎么地成为烧香拜"佛"的一

图1-8-3　武汉长江大桥建设期间的莲花湖和藕湖

角;"乐园"里设有宾馆,成度假村,靠大桥侧莲花湖边建成封闭的一圈"水上乐园",靠汉阳大道一侧的藕湖边建成沿街店面,商业气息浓重,杂乱而不统一。

但,在清光舫和楼阁之间的堤上立了一座李白的汉白玉像,作"举杯邀明月"的姿势。在那里找到了一块宣统二年(1910)地方上立的"郎官湖"碑,使得李白题名过的莲花湖又恢复"旧游"时的名气。

山水还是好山水,树木花卉,朝阳水月,今古一样的光彩,莲花湖边多了一座长江大桥,大别山上多了一座高耸的电视塔,都倒映在湖中,是李白等名人所没见过的。

不知道所谓的莲花湖度假村能够得上几个旅游A字级位置。

这里还是游憩的好地方,若要真的能和旅游多个A字景点联系起来,还得从大别山、晴川阁、大桥、郎官湖联合起来整体规划考虑,整治和改造。

编后:这篇文字是唐寰澄先生10年前用铅笔写在活页纸上的,最近,其子唐浩先生帮父亲整理资料时无意中找到。景物虽是静态的,但总是会随着历史的变迁而不断改头换面,因为人类总是会越来越多地为发展而改造环境,但如何改造,诚如唐老所言,还是应该有个"整体规划"。

20世纪50年代武汉长江大桥建设期间工作日记（摘录）

日记 ┃ 1951年11月14日

讨论桥涵设计

一、小桥最好避免用钢梁（部定），所以决定在15米以下用钢筋混凝土T梁。

二、墩台下部打桩与不打桩问题

因为青白江濛阳河河床大部为卵石，如不打桩，桥下怕冲刷基础。要做得深，就要做开口沉箱，开口沉箱做在河卵石河床上时，凭以往经验，第一，抽水不易，第二，如遇大块石块时拙挖为难。怕沉不下去，并且在河卵石上做基础怕有滑动危险（河卵石基支承能力可达5—6千克/平方厘米）。打桩的困难，怕打不下，但并非不能打，因为过去亦有认为不能打桩的河卵石河床亦打了桩，不过桩必须粗、直、短，大约在八米左右，桩必有桩尖。

三、虽然打桩但仍须防冲刷。冲刷防护办法是在桥底做护底，根据苏联标准图，干砌片一层约厚20厘米，桥下流速可至2.5米/秒。干砌片石二层若厚40厘米，桥下流速可至3.5米/秒。如因片石不易取得或大河卵石亦可，不然用竹笼装小河卵石，此地产竹，竹笼当无问题。就算不耐久，以后通车后还可运砌片石护底。宽为桥上游伸出墩外的3米，下游伸出墩外约5米，但护底不能砌得太高影响桥下设计流水面积。

四、工作时在枯水位时期，麦白江等桥浅滩多，只需改移河道。如做临时坝等，浇注基脚围堰可用小木桩打成四周钉板，以泥封底。

五、桥墩以石砌，平常石砌桥台根据苏联标准U形石造桥台适用于跨度2—10米，填土1.5—6米。重型石造桥台适用于跨度8—15米，填土4—8米。

经济选线原则

在已经决定起终点站的线路中间各点的经济选线必须研究的事如下：

一、吸引范围之决定

吸引范围以站划分。

划分以货物由供应点到铁路站运输费用加铁路运输费用（到目的地）最经济为原则。

吸引范围必须考虑新兴交通之加多如公路、新路等。

二、吸引范围之货运

新线之货运可分二种：

甲，当地运输。

当地运输量可根据第一项吸引范围内之货运为准,分门别类以求明确。

乙,过境运输。

装出或卸入之地点不在本路范围者。

三、货运决定

先分列各站输出输入表,再列当地运输表,分开区间运务计算表。

四、客运决定

客运量尚无一定计算办法,既有者都以人口为因数如:

甲,法国(1886)。

平均每个居民每年在铁路上旅行6.5次,货运2.1吨;纯农业区减低为旅行4次,货运2.1吨;工业发达区为旅行9次(9.5次),货运3吨(7.25吨)。

乙,德国。

宗文公式

$$c=\left(1-\frac{x}{12}\right)^4$$

假定车站居民使用系数为1,其他距车站 X 千米居民使用系数如式:

简单办法三千米内居民全部使用3—7千米,一半使用7—20千米,人数更少20千米外不计。

另有使用数随人口而增加者。

丙,平均运程。

货运　120—240千米。

客运　23—53千米。

五、根据以上事实,经济调查在配合经济选线的原则下应包括:

1. 调查自然地理上特征,地蕴情形,原料,动力来源及一般经济情况。

2. 吸引范围之划分。

3. 范围内居住人口种别数额及面积大小。

4. 吸引范围内各种产品供求数量按地点品类分别估计。

尹工程司说技术选线经验

起终点站定后再定中途各站车站位置。由踏勘队负责选定然后根据地形情形先看好大河,过河桥址最好和河正交线路就在区间选最经验、最合理的路走,不要太怕弯道,一心取直。因为选线并非真的逢山开路、过水架桥,等于是先定好了点,再连起来,这样比较合理和有头绪,所以踏勘选线的人必须很有经验。这次天成的线路所患者,就是有些地方太求取直了。

武汉大桥地质问题

据地质专家研究认为,武昌蛇山和汉阳凤凰山和汉阳龟山是相连一气,贯通长江两岸的地质带,而且从两面向中间倾斜,所以从这两条山脉而言,中间是凹下的地层,整个像个槽子。石层的性质是石灰岩夹页岩和石英砂岩,在平行于江的方向时有断层,石层和垂直角倾斜余度几近于垂直江底。

拿桥的位置讲,若从蛇山和凤凰山相连则石层较高,但是石质为多页岩,承载力不太好;如为蛇龟山间则桥斜跨过上述的槽子,而地质却较优良。

在蛇龟山线的比较线上,第六号墩附近,却发现有空洞或断层,钻探的情形是这样:钻杆钻入石层之后,若干米突然往下,很松,透过若干米(约三五米不等,各钻不同)又顶于石层,再往下用力压时又下去一些,压几次之后钻杆断折。

地下钻探发生这样的情形有若干种可能:

一、假如遇到大块卵石浮在土层中,土层以下才是真的硬层,钻杆通过卵石突然松动,再从若干阻碍始达真的石层。

二、岩层为可溶性的岩石,如石灰石等,发生空洞,钻杆通过空洞又及岩石。

三、岩层有断层。

根据我们钻探的情形,不可能是第一类的事情,因为从钻探的样品里,可以看到空洞前和空洞后石质完全一样,并且石样显露的倾度亦一样。第一类情形中的卵石大都是从上游冲刷下来的,石质多半会有差异,走向当然更不会一样。

也不会是第二类,因为溶洞虽然已经被水淘空,但在洞四周一定存在着松的半风化的岩石,但我们的钻孔得到的是泥和碎石。

因此推断这是第三类断层。这个断层和石层走向同一倾斜的空隙中间有碎石和泥,钻杆所以会弯曲折断的原因已经很为明显。在这一种情形下,要知道空隙究竟有多深是不太明了,因为我们只能移动钻眼位置以求得其倾斜度。

这样的断层在龟山尾部月湖正街附近和龟山头部都有发现。

断层的造成可能是由于石层的相对移动,所以在这样地质上造基础跨越空隙是否安全? 地质专家以为假如证实石层是在移动,则必须避免把墩造在上面,然而真有这种情形时,虽然墩跳过了空隙,二墩仍有不同沉陷,因之梁部结构可以避免采用联续梁。

日记Ⅱ   汉水铁路桥下部结构技术总结

彭(敏)局长报告

一、汉水桥水下工程基本完成

汉水桥的基础是经济和合理的设计,高桩承台和射水冲桩。

砼管	43.8亿
砼实体	44.6亿
钢管	59.0亿
沉井	54.0亿
沉箱	66.0亿
钢管桩爆破	41.0亿

但设计本身存在着若干问题。

(一)深桩基础要对于地质情况有更深入的了解,目前地质资料不完整不细致,如河床下发现很黏的黏土,两岸的地质情况并不一致以至桩长有些加长改低,有些桩用干打。

（二）试桩太迟，并且只试汉阳桥台。以后的试桩都是在施工进行中做的，汉水公路桥要接受此教训。

（三）围堰的施工设计是在得不到材料的情况下设计的，没有18米的钢板桩。

二、冲桩

汉水桥共打612根，但设计601根，用冲水管直235根，不用冲78根。

打桩中存在着几个错误：

（一）在汉阳桥台做的试验，20米桩不够改用30米，试到120吨未到极限就算够了，假如能试到180吨，便可发现为何桩增长三分之一，而承压可以提高到一倍呢？或者用30米的桩以节约桩数，或用20米而加多桩数呢？浪费了是物质上的损失，而未得结论是学习上的损失。

打桩的记录上没有桩的长度，最后的最后沉下量也没有，作为研究工作和交接时缺乏资料。

（二）在四号墩说是离岩层只4米，于是说多加一截打到石层，结果发生很多困难。

（三）对每根桩的复打采取怀疑的态度，为什么要用水力冲桩呢？这是一个加速的打桩法，是辅助的打桩法。水力冲桩法必然破坏了土壤的结构，但它可以恢复一部分，并且要看土壤的组成，在沙质土壤中和黏土中不同沙质土壤很容易恢复，打时冲桩也容易，而黏质土壤冲坏了不易恢复，水会冲成小空洞和带形，复打是予桩四周土壤以振动。

因此复打是使桩在黏质砂土中能更多地恢复土的黏着力。

三号墩的桩的静载试验证明了这一点。

第一次60吨，第二次75吨，第三次是80吨。

虽然是增加了，但这不是理想的，因为时间隔得很长，这样采取等待办法而增加吸着力是不够的。

思想上没有考虑复打，因之在木笼和送桩上就发生了很多困难。

送桩头用左图型式。

三、结论

水力冲桩法是辅助打桩法，七、八、九、十打桩未冲桩，但效力却很高。水力冲桩法破坏了土壤结构，用复打以恢复一部分吸着现象。

汉水桥做了十一根试桩。

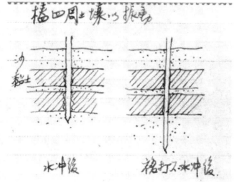

图1-9-1

0号	40 ϕ	12.5 m	30天	46 T
0号	40 ϕ	20 m	33天	40 T
0号	40 ϕ	30 m	16天	120 T
2号	40 ϕ	20 m（19.01）	2天	135 T
3号	55 ϕ	24 m		60 T

（续表）

6 号	55 ∮	28 m		180 T
5 号	55 ∮	24 m		160 T

说明了地质情况不似地质图的单纯。

四、打桩的速度

2 号墩直桩	40 ∮	6.0/ 小时一根（每班 1.33 根）
2 号墩斜桩		每班 1.33 根
2 号墩斜桩		每班 1.56 根
2 号墩斜桩		每班 0.47 根
2 号墩斜桩		每班 0.53 根
2 号墩斜桩		每班 1.63 根
6 号墩直桩		每班 2.58 根
7 号墩直桩		每班 4.49 根
7 号墩斜桩		每班 8.15 根
8 号墩直桩		每班 12.5 根
8 号墩斜桩		每班 9.86 根

打桩中工作效率增加很快。

五、围堰设计和施工

钢板桩围堰是最经济的。在打板桩围堰要研究地质，板桩围堰用木围堰接长不是好办法，尤其不能用混凝土。围堰围领用电焊打砼和拆掉时非常不方便。

木沉井质量不佳，严重性认识不够，施工中出了二个事故。浮运中沉井斜了，原因，舱内水能流动，木排架挤得太紧，指挥时发现太迟。下沉中舱板打通沉井又斜了，沉井重 618 吨。

成（都）绵（阳）段桥梁价格估计表

混 凝 土 梁		桥墩（石砌）	
15 M	205（百万）	7 M	103（百万）
12	145	5	73
10	101	3	50

（续表）

混 凝 土 梁		桥墩（石砌）	
8	71	石砌桥台	
5	33	7 M	295（百万）
3	16	6	245
上承板梁		5	187
32 M	1 207（百万）	4	156
28	957	3	103
24	729	下承板梁	
20	522	32 M	1 588
16	361	28 M	1 323
12	216	24	1 037
10	177	20	798
8	116	16	611

六、打桩的主要困难

（一）射水嘴塞死和堵死

下沉时，放水管开得太大。

（二）冲水高度不易掌握，干打最高有时到3米，最少有时到0.5米。

（三）木笼走动复打不能对准。

（四）射水管法兰不易接。

（五）吊桩有困难，改用二次吊时增接桩困难及增加射水嘴塞打、堵死的现象。

桩 别	停水冲击长度 M	复打长度	沉入度
19	1.13 M	27 m/m	0.12 m/m 锤
13	0	174 m/m	0.24 m/m 锤

复打

第一分钟	33厘米
第二分钟	23厘米
第三分钟	18厘米

七、机具使用的批判

汽锤重量不够,蒸汽管路太细,4号锤应为75厘米,锤击次数不够,现只50厘米,锅炉太小,应为50匹,冬季蒸汽管路保温不佳。

射水管当18千克/厘米²以上应用加强钢管,结果水管有时拔断。射水嘴太长,水量减少。打桩大龙门吊太笨重,射水管不合规程。送桩不应用管桩。

八、施工设计方面

不够注意小的问题,验收不健全。精密度不够,设计草率。

九、

二号墩试桩   40 ∮ 20 m   1.25   120 吨

三号墩试桩   55 ∮ 24 m   3.0   75—90 吨

载重反小,距离20米,不好解释补桩问题。

间距不够,补了能否起作用? 未得结论。

土壤回复问题,管柱内填沙或混凝土,填充和不填充的区别。未解决桩尖支承力和表皮摩擦力的划分数字。

十、工作上的改进

（一）保险灯笼箍（插射水管用）。

（二）送桩套。

（三）八英寸射水管。

（四）平行作业。

殷万寿发言

一、水下打桩。固定桩的方法

（一）固定于桩架

（二）木笼定位   2,3,4,5

二、沉桩方法

（一）射水冲桩   0—6

（二）干打

三、打桩机具

万能打桩机   6吨单汽缸

水上打桩机   4.3吨双汽缸

四、射水系统

射水头是梅花式:

射水头（直径: 毫米）	射水管（长度: 米）
50	100
44	88
38	75
25	63
19	50

13 38

辅助设备：

木笼重37吨,桩套,护桩套。

五、设计方面的问题

（一）管桩内钢筋太少

40 ∮ ×20 m应有12×24 w/m ∮　实有12×16 w/m ∮

55 ∮ ×20 m应有18×24 w/m ∮　实有16×16 w/m ∮

缺点：桩头易打破,不能打入土深及最后下沉量。吊装困难,必须吊二个及二个以上的支点。如用双支点或双支点以上吊桩,打桩机吊钩不够。

（二）桩头不够强

1. 水泥不够好。

2. 横钢筋太小。

3. 保护不强（如无箍）。

4. 法兰和混凝土连接不好。

5. 砼应为300级,但只用了250级。

6. 桩位排列原为梅花式后改为排桩。

7. 单桩和群桩的关系。

8. 钻探不够。

六、管桩制造方面

砼只及170级或177级,厚薄不匀。射水头太小,不是根据入土深浅而定,长短不一,使射水管不能适合。射水嘴伸出0.1米。两套模型接头做桩时砼不好灌,有漏水影响钢筋寿命。

桩长有登纹砼不好,插射水管不易射水,嘴长为3.5—4倍,射水管直径。

七、施工方面

（一）木笼不准有偏位

1. 安放不准。

2. 打时走动。

3. 水流冲动。

打时偏来偏去,约偏140至280厘米（最后打完24根定位桩）。

（二）全部桩没有全部复打,质量不佳。

（三）桩高低不平（由于停水干打的关系）。

（四）记录不全,表报不完善。

（五）射水嘴处水压不明,18千克/平方厘米,管路的水压阻力不明。

（六）打桩不按次序,使土壤挤出及冲水破坏不影响已打完的桩。

苏联专家问

一、吊桩时哪里发生裂缝,是吊全桩还是一节,20米? 28米吊三个点所以没有架,桩的裂缝是由于吊的方法不妥。或用钢性吊架则可以省桩内钢肋。

二、在你领导下共打坏多少桩头?

5号墩	53个	（共76桩）
4号墩	8个	
3号墩	29个	

三、管桩每一立方米多少钱?

55 ∮   1 600万

赵燧章工程师发言

木沉井

一、木沉井制造

25×11×16米   后加高206毫米

分为二层

第一层7.85米,在离170米标高平面排架立体拼装400平方米。

第二层5.05米安装钢框一道。

（一）制造劳动力：

第一层	木工	6 772工
	黏工	2 156工
	共	8 928工

（包括船上垫木,压舱及浮筒）

第二层	木工	2 328工
	黏工	1 146工
	共	3 474工

9 100木工+3 302黏工=12 302工

第二层因赶工

最多时	木工	600人
	黏工	130人
木料		603米^3
铁件（16 000螺栓及槽钢）		60吨
麻筋	第一层	2 300千克
	第二层	1 000千克
	共	3 300千克
油灰	第一层	3 338千克
	第二层	1 250千克
	共	4 588千克
桐油（外加）	第一层	200千克
	第二层	300千克
	共	500千克
安排架	86 M^3	
安排架	34 M^3	

钉墙板　　　　　　　　　2米³/工

钉墙板（5厘米）　　　　3米³/工

　　　最大　　　　　　　5米³/工

上螺栓（有夹板）　　　　4只/工

　　（无夹板）　　　　　12只/工

　　　最高　　　　　　　31只/工

黏缝　　　　　　　　　　0.95米³/工＝7米/工

　　　　　　　　　　　　1.25米³/工＝10米/工

　　　　　　　　　　　　2.3米³/工＝18.6米/工

（二）断折原因：

　　a. 尺寸不合受力不均。

　　b. 工作质量不好钻孔不对，重钻损伤太多。

　　c. 横梁支撑弯曲受偏心。

　　d. 螺栓集中。

　　e. 制造时多开槽口。

　　f. 木料质量不佳有些断于节疤之处。木工对于质量的严重性认识不够。

（三）角立柱地点漏水严重

　　a. 平面排架大小不同转角处不密贴。

　　b. 设计无立柱，墙壁支持不牢靠。

　　c. 抽水后发现钻了眼未用木榫榫住，漏水。

　　d. 方格太密，抽水机移动非常不便，拆支撑太啰唆。

二、木沉井准备

（一）封舱

隔舱未隔好，舱门未计算浮起时的内部气压。

（二）定位船

未做具体的布置设计，流速用1.5米。滑车不能沉入江里以免钢索绞住或泥沙填充。种锚是用冲泥下沉较好，流速急种锚不好做。

（三）测量河床

（四）复测管桩顶标高，测量导架

（五）挖泥

三、木沉井的下水和浮运

沉井倾侧已打入水200多吨。

浮运　358工

四、木沉井下沉

吃水5.7米，插了210根钢轨，143.5吨，10根一组。

汉口岸下游先到底，+6.0。

A角填麻袋，D角吸泥，但泥为黏土，不能吸得大。

人力抛麻袋易分散，集中抛下不易。分散共抛8 730个，上游2 000个，汉口3 200个，汉阳3 000

个,下游530个。

沉井内填片石　170米^3,碎石130米^3。

封底　635米^3。

封底后5天抽水3米,停止抽水五分钟水上升10厘米,0.25 M口径,6.69米^3/小时。抽水5天,片石方向不准塞住舱口,打封底砼时放砼导管困难。

封底混凝土有四处漏水,沉井因水没抽干,用减速漏斗将混凝土堆成堆再加料挤下。

五、缺点:

（一）质量差。

（二）安全设备不够。

（三）计划管理太差。

（四）考虑不周。

（五）绞车布置位置不恰当,有一部绞车在岸上,其他都在船上,控制不易。

（六）支撑太密。

彭问

一、坏的原因主要何在?

答:木工质量不佳损伤断面。

二、水下混凝土何以漏水?

答:灌时十大根管不是同时的,有先有后,接缝不佳,原设计一根管只管3米半径,但实际不仅此数。管埋入土一二米,也太小,应为二米。

奥尼专家发言

修建汉水桥是个很复杂的工作。

一、地质剖面图

根据地质图上层为黏质砂土,中间为砂土,标高也都差不多,但实际情况不是这样,河的两岸并不相同。

用同一资料做出的地质图完全不一样,如0,1,2,3,4号完全是沙,有假极限现象,在汉阳岸完全相反,有吸着现象,减少汉阳桩长为20米,共省2 000米,6号墩极限载重达180吨。

二、汉水桥打桩方法的经济性

此类打桩方法是合理的,而于其他地方也有广泛采用的可能。砼管桩并不需用贵重材料,所以是经济的。

管桩可以拼接使工厂化施工和广泛采用的可能。

汉水桥施工中达到了很高的施工记录。

桩长　21.4—27.75米。

D=630 mm钢管桩的灌砼,消耗钢料196千克/米。

610×622焊接钢板桩234千克/米。

550×550焊接钢板桩282千克/米。

承载试验得到极限承载力　180—370吨。

D550砼桩，8 M，282千克+法兰61/343得43千克/米。

承载试验得到极限承载力 140—180吨

（以180吨算） 1.0 kg/m

因此，钢管桩（以370吨算） 0.5千克/米

管桩（以140吨算） 0.3千克/米

丰台厂售管桩 500万/米^3

实际成本 100万/米^3

技术和经济脱节。

三、冲水打桩法

一定要在打桩很困难的情况下使用，射水冲桩法使工作复杂和施工困难。要总结是否一定需要射水冲桩，发挥合理化建议。

专家认为不能提高桩混凝土标号，以避免桩头打碎，为什么7，8，9，10打碎桩头很少？主要是桩头受力不均匀，所以桩头会打碎。向7，8，9，10号墩学习。

王团宇工程师发言

汉水桥封底混凝土。

一、封底混凝土管不能横向移动，只能上下移动，所以供应范围有限，规范规定为3至3.5米半径，但由于桩群阻碍流动，所以用2米。

24根管，每套3×400立升拌和机，结果用23部拌和机，每机21人，提升管子用绞车。如用振荡器可以不提升管子（无把握）埋50厘米，振动器3.7马力，实用1.3马力，所以结果仍然提升。

结果不用绞车用神仙葫芦（滑车组）。

劳动力共六百余人。

二、发生的问题

（一）淹死（水冒进管子）。

（二）堵死（管子堵住混凝土下不去）。原因是管子放在河底，管口塞死，混凝土压下使水挤上浆沙分离堵死，所以以后不准把管子放到河底，至少要离开20厘米。木球不能往下放，装满斗就剪绳，五号墩管深17米，三道弯证明不是主要原因。

（三）400号水泥 350千克（规定）

（现用）233—263千克/厘米^2。

400号水泥 450千克（现用）253 261千克/厘米^2

证明水泥对于应力无增加，但流动性增加。

400多方多用45吨水泥，多用2 880万元。

（四）进一步研究分区灌法

因为劳动力太集中。机具使用不合理，一部拌和机半月17 600万元，只用一天。

三、质量不佳

管内混凝土应高于水面未做到。导管入混凝土0.9至1.2米未做到，有的简直提出混凝土面。

插入40—50厘米时用振动器，恐是改了导管而振不动。规定两层混凝土坡相差1/15至1/20，书上说用提升管子的方法不能保证质量。

没有做汇水井,水抽不干,多用水泥450号180千克,多用六千多万元。

铁道兵团代表发言

干打管桩   40 m/m × 20 m

一、准备工作

万能打桩机吊高23米,先做接桩平台。打桩机能横向移动,桩位画于轨道上。

二、二个夹桩箍二个桩帽,以备用

（一）移桩机位。

（二）吊桩。

（三）落锤稳桩。两根桩4吨,锤8.8吨。

（四）能插入土,最多可插入8米。

（五）开汽打桩。

三、问题

（一）七号墩复打（+17.88）,水分多。

九号墩复打（+25.5）,水少,后慢。

（二）顶打桩机,二个50吨千斤顶1小时顶1米。

（三）移打桩机。拨道1米要8小时。

（四）速度提高方面

1. 政治工作的配合。

2. 分工明确,不会临时爬东西。

3. 技术熟练要防止事故,不要给下一班造成困难,造成事故的负责人必须等事故解决了才能走。

4. 布置方面

管材料一人,拉汽一人。

检查:汽锤每打两根桩加一次油,检查螺栓是否有松动。

四、工作方面的改进

（一）松前后螺丝松得快。

（二）对桩位快。

（三）套桩头快,转向滑车对准桩架。

（四）停锤后再解吊桩千斤绳。

（五）未打完第一根第二根已挂好。

移动打桩机   6分绳

打桩道程   12分绳

共   18分绳

9号墩共打桩34根42小时,拨道7小时加15小时,平均35分钟一根。

工率	一切在内	6号墩	51.6工/桩
		7号墩	29.2工/桩
		8号墩	24.5工/桩

9号墩　　　　　　11.9工/桩

桥台　　　13.4工/桩(有枕木架)。

日记 Ⅲ　1953年2月4日

奥尼斯可夫专家发言

一、为什么在这里需要修桥?

为了告诉上级最高机关和检定人员的讯问,当然更是为了实在的需要,第一要申述为什么要建桥。

胡世悌:

中南区在长江之南(武汉),有粤汉铁路、长江天险而阻断,虽然在徐家棚和江岸之间有轮渡码头联络,但这是不够的。

运输量汉口出发13对。

问武昌到发多少对?

二、有关南北铁路交通的联络

粤汉有支线通大冶(产铜料年600余吨),将来运铁,汉阳是工业中三分之二往北,北方焦炭往大冶。

奥问:根据发展若主要有大冶,是否曾考虑不一定修桥而修旁的东西,这问题应该有数字根据。

胡答:武昌和汉口、汉阳间日渡50 000人。

汉口和汉阳间日渡65 000人。

武汉三镇1957年和1963年发展到何许程度(10年之后300—500万人,现130万人)。

每季度10—15天风大不能过江,还有洪水季的影响。

枯水季码头会淤积。

国防需要。

三、修桥的根据

曾考虑过修隧道,但费用较修桥贵约三倍,维修困难,比较各种形式过江的优越、缺点和可能性。

隧道虽然在防空上比较安全,但柏林附近一个隧道也曾被炸坏。

轮渡和桥的比较。

四、设计问题

(一)桥位的比较

汉水桥先开工时单双线的问题,有待于大桥的先解决。

汉水桥对于汉阳有极大的作用,可以不必为武汉大桥的批准而延搁,可以先单独批准修汉水桥。

(二)汉水桥头转移公路问题

汉水桥头引线,以土方的铁路运输为控制。

先从土方数算出重量,计算每日需要或能供给的车皮数以决定时日。

五、施工计划

1953年施工工程:

(一)汉水铁路桥

基桩全部。

墩脚四分之一约140级混凝土2 100米^3。

预制梁全部。

（二）中桥

月湖正街桥。

（三）联络线

汉口岸联络线全部。

汉阳岸联络线K8—K9,先做50 000米^3。

1954年施工工程：

（一）正桥下部

7、8号沉箱连墩身。

4、5、6号沉箱浮运部门。

（二）引桥

汉阳岸引桥（除了铁路梁以上刚架以及公路预制梁外全部）。

武昌岸中小桥。

（三）汉水铁路桥全部于本年四月完工

（四）联络线全部本年完工

1955年施工工程：

（一）正桥下部

4、5、6号墩沉箱上部连墩身。

1、2、3号沉箱浮运部分。

（二）正桥上部

架设一联钢梁。

（三）引桥

汉阳岸全部完成,挡土墙完成五分之四。

1956年施工工程：

（一）正桥下部

1、2、3号墩全部完成。

（二）正桥上部

架设其他二联钢梁。

（三）引桥

武昌岸全部完成。

1957年全部完工。

日记Ⅳ　1953年3月11日

武汉大桥会议

吕（正操）副部长讲话

武汉大桥的建造是富有世界意义,集中地表现新中国成立以来的成就。

设计已初步完成,将转入施工阶段,有必要再与全国的专家教授们作一次磋商,以分析比较已成方案。

桥的结构建设十分的复杂,我们必须用正确的态度反映桥所在地的地质水文地理环境,经济情况,以求得桥的最经济方案。

必须反对"杰作思想"和把技术作为商品的态度。

这次会议要求大家尽量贡献意见。

一、批评三年多来工作中的缺点。

二、重新考虑各个方案。

三、提出新的方案,加以比较。

林诗伯总工程司报告

桥在国防上、政治上、经济上、交通上的重要性。交通上,南北隔开,公路铁路交通不便,三镇方面因江汉相隔不能联系。武汉三镇的运转将增加为30 000至50 000吨,过江人口50 000人每天。

轮渡:

1. 运输量不大。

2. 风浪影响。

3. 车辆运转浪费太大。

隧道:

1. 石层低,隧道长度达8千米,岸上单轨3 000万/米。

2. 造价约合20 000—30 000亿,比桥高2—3倍。

梅(旸春)副局长报告

介绍桥址的地理水文情形。

一、桥址

比较线除了地质以外,和净空也有关系。

二、净空问题

降低10米可省造价5%—10%,但可缩短武昌和汉阳站之间行车时间,目前计算为33分钟。

降低桥,因为线路双轨到桥头。

高桥坡线不易造号志(铁路专有名词)。

苏联的规定,内河为净空13.5米,我们现为26米。

三、单双线的问题

分期建筑梁中—中8米。

一次造完为4米,墩较宽,引桥亦然。

分期投资第二期为3 500亿。

一次造完比分期造第一次多2 500亿。

根据工业的上升曲线假定:

1. 货运中70%工业产品。

2. 客运1957年为6对,1962年为8对。

3. 武汉的小运转4对。

4. 列车牵引吨数,1957年比1952年增加20%,1962年增加40%。

1957年,大桥通过31对车。

1962年,大桥通过42对车。

通转能力,单轨可为25对(根据往返时间),加号志后可达36对,应付不了62年的运输量。

桥正引桥长约2千米,双轨至引桥头加信号,桥为单轨,可通过70对。

7‰和8‰时起动不易,要求在4‰以下的坡度设备号志。

四、美观问题

五、方案问题

胡世悌主任报告

1. 净空   +26加26。

2. 载重   中24=HK7.7。

检算   中33=HK10。

3. 公路

介绍桥式。

汪菊潜总工程师讲话

武汉大桥已要进入施工阶段,要求在决定方案时考虑施工问题,完善的设计一定要考虑施工。

考虑施工不能单计量,目前施工为局所有力量,希望专家们不断地在施工过程中加以技术上、机具上、材料上的援助。

钢梁制造,国内只能造90M以内的跨度。

混凝土拱600级水泥制造350级混凝土,需要更多的现场的帮助。

下部结构希望亦研究一番。

彭敏局长讲话

部长指示要通过这个桥培养很多的桥梁人才。

方璜讲话

沈阳和丰台桥梁厂设备简单,30米以下每月400—500吨,山海关厂史较久,1929年做过60米花梁。放样放节点。

铆钉用扩孔放。

平面拼装。

工地铆钉手风钻摇摆。

风7千克/厘米^2,水压140千克/厘米^2。

若用简支梁采用苏联料格式桁架(比K字桁架省直杆)。

互科林科专家报告

1. 在设计跨越大河的桥梁时必要考虑河床、地质、材料和改良土壤（使之干燥）。
2. 各方案的桥址和包括各方案的建筑物。
3. 土壤的承载力。
4. 确定工程基地的地质条件。
5. 确定非能影响，位址和施工方案等之地质条件。

鲁达讲话

单面伸臂安装法　385天。
平衡伸臂安装法　340天。

美术小组

一、五种桥式的选择。
二、对于桥头布置的意见。
三、技术设计时采取何种方式进行。

程工程师

1. 美术不是表现杰作，必须表现结构。
2. 桥采取样式不能完全以美术来决定，结构一定是美丽的。
3. 决定了桥式之后再决定加些什么装饰，在最经济的条件下加以美化。
4. 决定于地理情况对于将通过黄鹤楼的影响。

戴工程师

1. 美术不是桥的决定性的因素。
2. 拱桥的外观是比较美。
3. 桥头的布置采用分开的二个桥楼，公路从中间通过。
4. 联络线上立体交叉道一定要美化。
5. 拱桥上部亦用拱。
6. 同意征集图案。

张工程师

图案采取指定单位参加。

鲍鼎发言

地区周围不能配合，轻重不当，桥本身有它的伟大。

蔡方荫发言

桥式问题

用钢还是用钢筋混凝土,我相信在国外不受限制时一是钢桥,并且是特级钢,而绝不会是简式桥。钢在制造上容易控制,制造方面钢桥制造都在陆地,只有安装在水面上做,混凝土桥主要部分还是在水面上做。

钢桥的修复容易,所以赞成并主张做钢桥。钢桥的建造主要因素是国内的桥梁厂任务已满了。美观上不一定说是钢桥不好看,这是和材料没有关系。

反对活动桥。反对简支梁,除了防空之外,还有挡水,最后主张用伸臂桥。

支点不平衡时则须校正支座。主张先做伸臂,再改连续。正桥做1%坡度,桥断面尽可利用。

桥头的楼表示正桥和引桥的分界。

李学海

用型钢做拱内的钢筋。

长江运输量(1953年)

公营:30 000吨;私营:20 000吨(共计50 000吨)。

罗英发言

1. 学习苏联先进经验。

2. 用国内材料。

3. 沉箱做浮运部分应该在桥上游。

人民解放军代表发言

在战争威胁仍然存在时,桥的建造一定要考虑战争的破坏和修复。拱桥破坏后修复不易水陆交通都受阻碍。

鲍鼎发言

武汉市的石料是风化的石英砂岩,数量不够,京汉的武圣关,粤汉的咸宁和莆圻石质较好。

沙从黄陂、筏子装1—2米^3,枯水不易运,长江上游台州涨水就没有,沙含泥很多,颗粒太细。

蒲圻沙最好,含泥少,颗粒均匀,沙的供应一定要好好地考虑。

荆江分洪,110 000立方米混凝土75天完成。

工程材料试验,中南新设立材料试验室。

沙伯里专家报告

武汉大桥在国民经济上的意义。

1913年起设计武汉大桥。

关于设计的缺点:

一、要有根据地决定桥上铺几股道的问题。单双线的铺设应该决定于需要和不需要,不是单纯的国家经济问题。

二、高级钢和构造钢价格相同,应力增加30%,重量减轻,可以减少总造价25%,足以影响桥式的选择。

三、拱桥,中拱架的费用有时和拱圈造价相同,技术设计中应考虑如何减低拱架造价。

四、净空,每一米增加100亿,可以减低为16—18米。

五、清华的东西太庞大。

六、拱桥最少用国外材料,但净空若降低则拱圈可能伸出桥面,则较不经济。

简支梁安装方便,钢梁单价简支比连续要便宜。

柏司柯金专家发言

桥头联络线:

一、限制坡度不能大于9‰。

二、修双线该修于旧线的那一边。

三、铁路用地界限问题。

四、有关地质的问题。

五、运输量和双线修建的问题。

列车总重1 500吨,净重1 000吨。

机车限制坡度9‰。

1. 单线桥和单线路,路签制运行。

通过能力为26对。

运行4对旅行列车每对=1.5对货车

1对零担=2对货车。

结果只有14对货车4旅1零。

2. 单线桥,武昌站桥头用双线。

用半自动闭塞可行45对。

路签制　23 000 T/24小时

　　　　　8 000 000 T/年

半自动　29 000 T/24小时

　　　　　10 000 000 T/年

3. 单线桥两边都是双线桥头加信号,半自动闭塞可行60对。

4. 完全双线。通过能力:汉武60对,武汉57对。

奥尼石可夫专家报告

用苏联工程理论来评价这一次会议。

一、设计的多方案性。

二、设计的完整性,即是设计和施工的结合问题。桥梁的工程是由人们所支配的生产手段来支配。著名的桥梁专家修什柯夫的话:"……桥梁结构的本身常常是决定于由谁和用什么方法来修建这一顶桥。"

（一）在长江水流变位的条件下修建桥梁是十分困难。

（二）在中国没有这样修建工程的经验。

（三）长江上尚未有过桥梁。

不间断的联系

	连　续	钢　梁		活　动	拱　桥
		伸　臂	简　支		
1. 工程费第一次开支	2		1	3	
全部	2	2	2	2	1
2. 国外订货	4	5	2	3	2
3. 工程技术复杂程度	2	3	1	4	5
4. 工程期限	2	3	1	4	4
5. 修复可能性	3	4	1	2	4
6. 美观	3	3	2	1	1

打破狭隘的专业思想，考虑全面桥梁的正规化即是标准化。连续梁违反了标准化的原则。墩子做出水面，桥才算是完成。

吕副部长总结

可能和需要。

援助的无私。

帮助必须结合自己的努力。

日记Ⅴ　1953年10月26日

大桥的设计问题

彭　敏

大桥是初次的尝试，无论是敌友都注视着我们。造大桥成败之际影响国际声誉。

解决和讨论问题从基本的实际的科学的数字根据做出来。

鉴定的效率高。

第一阶段已经在混乱中结束。

第二阶段要有计划有步骤有效率地完成准备工作，包括思想、物质、技术的准备。

准备工作包括思想准备。思想准备要彻底认识它和国家计划的意义，它和社会主义工业化的意义。

参加桥的每一部分工作都是光荣的。要在自己的岗位上表现得更好。人比人气死人，不会长期埋没人才，工作考验能完成任务，国家就可以把你放到重要的岗位上去。

只有加强学习，能力不能是决定性的衡量条件。全部人都发挥能力力量，是充足而大的。就怕互相抵销,迫切需要学习。

技术上的准备。

1958年底大桥完成。

今年和明年的任务:

技术设计。

分配任务要让人用脑筋,要使他用脑筋才能完成湘江桥、汉水桥建筑段。

一、整理人事

二、清理财务

今天瞿工程师和我讲了关于大桥完成后的问题,当然以后的因素还多,主要是看自己的努力,他的话不为无因。

日记Ⅵ　1954年7月22日

一、桥头堡应为艺术作品,可以在四周欣赏。

二、桥头堡的宽,从美术上要求至少为现有之一倍(12米左右)。

三、桥头附近开辟广场(武昌)。

四、桥台靠边的码头拆得太多划不来,马路不顺。

五、汉阳马路为28.5米至29米,有无专家意见。

六、汉阳和武昌两边都是堤岸,江边应较宽广些。

月湖后街桥下路面标高决定为+29,因可利用铁路作为第二道堤防。

七、桥的美术方案

A)立面图	九张
B)平面图	一张
C)透视图	二张
D)桥墩大图	二张
E)全图	三张

八、公路桥

钻探资料	一份
线路纵断横面图	一份

九、月湖正街桥

A)美术图	二张
B)经济比较	一份
C)地质图	一张
D)地形图	二张

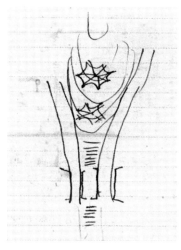

图1-9-2　武昌桥头公、铁分叉示意图

日记Ⅶ　1954年8月6日

西林专家

一、汉水公路桥航行水位也用28米。

二、大桥的线路宜服从于河床地质钻探情况，走第五线或第六线，岸上的引线引桥在目前是为次要问题。

三、江心石层的好坏和桥墩桩柱的应力有关，如石层不佳则不能达到桥桩柱的应力，则更改。

四、航行净空图

净空由原有的+26米上+26米改成了+18米，所以要求和航运单位订立正式协议。

铁路桥星期三下午交加高的方案。

航行水位是根据或然率先求得各洪水位的频率，如若干年一次，然后定其中如为300年一次则用该次洪水位中十五天持续时间，则如水位不论为任意形式的持续，可以求得航行水位。

吉赫诺夫专家

汉水公路桥问题

一、线路的平面布置。汉正街以后下桥的线路采用直线的，而做填土少用挡土墙。

二、不赞成桥头做塔，因为基础不好做。

1955年1月9日

五四年度总结会议。

今年是完成和超额完成了计划，但需戒骄戒躁，积极工作，向专家学习。不要起怀疑、抗拒态度，要学重要的，不要学表面的、枝节的，要学理论结合实际的精神。

苏联专家到中国是不是最好的，最好的是马列主义，如木沉井并不是修桥墩的最好办法，但在那时的具体情况是好的。学习的方法不是教条而是精神。集体领导，培养干部，培养技术力量。

一、组织机构方面，经验不足，干部不足。五五扩大，施工技术科和材料供应科改为施工技术处，下设技术、施工、预算和成本计算科。材料处购置，供应计划调配。

汉阳岸工程段（汉阳工程段、汉水铁路桥）；

水上工程段（汉水公路桥）；

武昌岸工程段，（施工最低纲领，二号墩；施工最高纲领，二、七号墩）四号地设立修配工厂，设立运输管理所（汽车、船舶等），装卸）。

桥梁工程不同于一般的线路，因为工作技术性高，问题复杂而任务量不大。施工机械化程度高，所需技工多，而工人总数并不多。有专家共同工作，培养干部的任务，成立永久的桥梁工作队。

二、贯彻计划管理方面

因技术多变，实行计划管理有一定程度的困难，但必须结合起来。

完成任务方面（经济指标）：

主要项目完成并超额完成，其他基建工作未完成任务。

季度计划：

第一季度完成	22%
第二季度完成	26%
第三季度完成	12%
第四季度完成	42%

第三季度因防汛,可以看出第四季度具体措施,一方面也可以看出第一第二季度抓得不紧,以后应该在第一第二季度就得抓紧,甚至完成的定额要超过四季度平均数,到第四季度可有富裕。

每人每月生产价值,一季32万;二季345万;三季136万;四季394万。(劳动生产率)

出勤率:一季98%;二季98%;三季91%;四季98%。

工日利用率,整日停工率:

一季6.6%;二季15.9%;三季0.6%;四季10.7%。

机械利用率:

线路50%,所以管理统计机械;

桥梁80%,使用率的人要多些。

汉水公路桥比较顺利,原因在于:

1. 积累了汉水铁路桥的经验。

2. 集中了机具。

3. 实行了调度。

4. 有较完整的施工组织设计。

5. 专家帮助。

大修计划是保证施工的重要步骤,要很好编制。

计划管理:

1. 基建计划。

2. 技术施工计划。

3. 月实施计划。

4. 作业计划。

5. 大修计划。

计划和统计工作应由各单位负责同志亲自掌握,设计部分应注意机具计划的掌握。

日记Ⅷ 1955年2月7日

大桥美术设计的报告。

发言提纲:

一、美术设计的重要性

a. 政务院的指示。

b. 人民对艺术的要求,群众对汉水铁路桥和汉水公路桥的意见。

二、初步设计文件的艺术设计,我们在艺术设计上所做的工作。沙伯里专家的意见。苏联鉴定结论的意见。

三、技术设计时的艺术设计。

苏联鉴定结论对艺术设计的要求，叙述如何进行大桥的艺术设计（美术方案中正桥钢梁和桥墩美术的决定）。

四、叙述应征方案的情况。

电话提纲：

1. 国务院关于美术方案问题。

2. 美术方案印刷问题。

3. 工程总局需要钢板桩的问题。

4. 赵树志去汉口。

注：文中凡所用人民币为旧币单位。

武汉长江大桥建设前、建设中和建设后照片集锦

一、武汉长江大桥桥头堡其他设计方案汇编

图 1-10-1　设计方案之一

图 1-10-2　设计方案之二

图 1-10-3　设计方案之三

图 1-10-4　设计方案之四鸟瞰

图1-10-5 设计方案之四侧立面

图1-10-6 设计方案之五

图1-10-7 设计方案之六

图1-10-8 设计方案之七

图1-10-9 设计方案之七桥面建筑透视图

图1-10-10 设计方案之八

图1-10-11 设计方案之八桥面建筑透视图

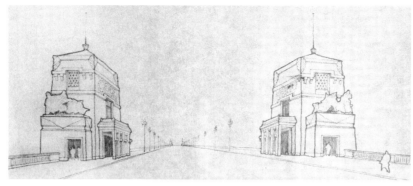

图1-10-12 设计方案之九桥面建筑透视图

图1-10-13 设计方案之十

二、武汉长江大桥模型

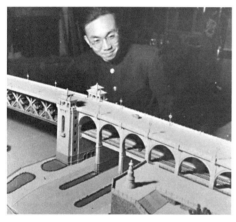

图1-10-14 唐寰澄与他设计制作的武汉长
江大桥模型

图1-10-15 武汉长江大桥模型（一）

图1-10-16 武汉长江大桥模型（二）

图1-10-17 武汉长江大桥模型（三）

图 1-10-18　唐寰澄和苏联专家在大桥局办公大楼顶看桥模

图 1-10-19　唐寰澄在设计武汉长江大桥建筑方案

图 1-10-20　唐寰澄在介绍武汉长江大桥建筑方案

三、武汉长江大桥建设中

图 1-10-21　武汉长江大桥水中桥墩施工

图 1-10-22　完工的武汉长江大桥桥墩

图1-10-23 武汉长江大桥架梁
临时墩(一)

图1-10-24 武汉长江大桥架梁
临时墩(二)

图1-10-25 武汉长江大桥架梁施工(一)

图1-10-26 武汉长江大桥架梁施工(二)

图1-10-27 施工中的武汉长江大桥汉阳岸

四、武汉长江大桥完工初期

图1-10-28　武汉长江大桥通车游行

图1-10-29　武汉长江大桥桥面（20世纪60年代）

图1-10-30　武汉长江大桥汉阳岸桥头堡
（20世纪50年代）

图1-10-31　武汉长江大桥武昌岸桥头堡
（20世纪50年代）

图1-10-32　武汉长江大桥桥头堡
立面（20世纪50年代）

图1-10-33　武汉长江大桥桥头堡入口
（20世纪50年代）

图1-10-34 武汉长江大桥桥头堡桥亭（20世纪50年代）

图1-10-35 武汉长江大桥铁路面

图1-10-36 唐寰澄在武汉长江大桥铁
路面人行道

图1-10-37 唐寰澄在新建的武汉长江大桥旁（武昌江边）

图1-10-38 唐寰澄在晴川阁石矶上晨读

卷 二

现 代 桥 梁

国内外桥梁基础工程现状和发展

近代桥梁基础技术概况

基础是任何土建工程所必需的组成部分。

基础的基本功能是将外部载荷和上部结构的重量传递到地基。不论是房屋、桥梁或诸如矿山、水工、水电、海洋等建筑工程的基础都有普遍的共性,可以相互借鉴。因此本文将涉及一部分非桥梁的基础。

桥梁基础是将车辆活载(或其他活载如水道桥等)及自然界的风、水、地震的动载荷和上部结构的重量,通过中介——桥墩和承台传到地基的建筑物。

基础使用的材料,迄今仍以木、砂、石、水泥、钢材为主。到目前为止,尚没有新的,起决定性变革的材料出现。

基础的结构形式,则由于施工方法的改进不断多样化。但是与上部结构的基本形式——梁、拱、吊索一样,基础基本结构仍不免是扩大基础、桩基(包括较大型的柱桩)、沉井或沉箱这几种主要类型。在选择最适合的基础形式或组合时,要从外载荷情况、施工环境、当地气象、水文、地形、地质条件、材料来源、机具配备、工作熟练程度、经济比较、施工期限等一系列因素出发,因地制宜,因利乘便,作比较选择,按多快好省的原则标准进行判断。每一种基础形式都有一定的局限性和优缺点。在现有的形式和施工方法的基础上,在工业和交通运输不断高涨的要求下,通过实践不断提高,不断创造,基础的建构将日新月异,各种形式都可以不断地向更新、更高的境界迈进。

桥梁基础形式的分类大致可为:

浅基础——直接基础　利用原地基
　　　　　　　　　　改良土壤

深基础——桩基　预制桩
　　　　　　　　就地灌注桩(钻挖灌注桩)

沉井　开口沉井
　　　气压沉井

下面将按以上分类分别作概略叙述。

一、直接基础

直接基础乃指桥墩台直接设置在表层或浅挖土层下坚实的持力层上的基础。土壤本身需要有足够的持力强度、稳定性和较小的变形量。满足这一要求便是利用原地基的直接基础,否则地基土壤必须予以处理。

对桥梁而言,直接基础一般都是独立的实体基础。其截面为阶梯形或削角的矩形。如减少基础圬工量,在使用少量钢筋的条件下,扩大基底面积,减少土壤压力,同时也防止基础沉陷。近年来在房屋建筑方面有几种新的基础形式。

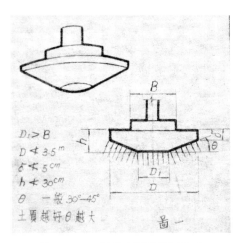

图2-1-1   倒截头圆锥斜面基础

1. 倒截头圆锥斜面基础[1]（图2-1-1）

基底做成斜面较之一般平底基础增加了压力,减少了弯曲应力,在不利的载荷下,混凝土的拉应力也可以不超过允许值,因而可以不配筋或少配筋。从1970年以来,已在北京、天津、上海、西安、成都、武汉、昆明、太原、广东等地的硬性粘土、一般粘土、黄土及沿海淤泥质土地基上约二十万平方米厂房独立基础上采用。

2. 薄壳基础

薄壳基础是从薄壳屋顶发展应用于基础。在周边受拉的情况下壳体受压的受剪。国外从1955年起墨西哥使用于工厂厂房基础[2]之后,应用较多。

薄壳基础大致为双曲抛物线形(Hyperbolic paraboloid)(图2-1-2)和锥形薄壳基础(图2-1-3)。施工方法均于柱地点原地面作土模,设钢筋网、薄铺混凝土而成。

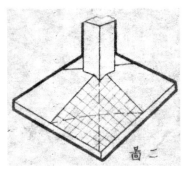

图2-1-2   双曲抛物线形基础

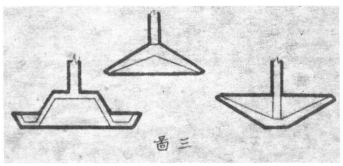

图2-1-3   锥形薄壳基础

土压力在壳体曲面下作空间分布,土体处于三向受力状态,地基变形小,能适应新回填土和软地基。国内也多已采用。如石化部××轮胎厂柱,轴向力最大280吨,地基压力15吨/米^2,作正圆锥形壳体基础[3]。

折板基础亦是壳体基础的一种(图2-1-4)。在折板里受有弯矩,但是壳体的模型较为简单,且为直线配筋,边梁预加应力也较方便。国外近年亦多应用[4]。国内则在冶金部所属企业中应用于如825轧机、1 300吨混铁炉、120吨氧气吹顶转炉的基础,而天津塘沽新河船厂轮机车间即以连续形

1   无筋倒圆台基础试验与设计计算.国家建委建研院地基基础研究所,1974
2   *Concrete*   6/1969
3   新回填土地基上的正圆锥壳体基础.湖北省建委第一工程局建筑研究所,1974
4   *ASCE Eng*. Mech. Div   6/1972

折边板基础代替摩擦桩[1]。

以上两种独立基础虽然在桥梁上尚未找到应用实例，但是其结构形式在桥梁基础上也是合适的。

3. 浮箱基础

浮箱基础也称为补偿式基础，是一种软土地基的新的基础理论和形式。在湖相或海相沉积土中，土壤的抗剪强度很小，下卧层软厚时，建筑物建立在这样的地基上会产生很大的沉陷，可采用浮箱基础。

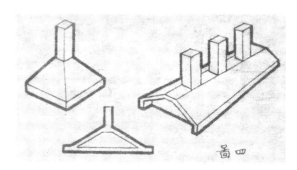

图2-1-4　折板基础

浮箱基础的设计按排土量计（相应于船舶的排水量）。基础底只承受原开挖前的土压或略有增加，使只有表土受到建筑物的影响，深层土不受影响。浮箱壁受侧向的土压和水压。即使建筑物的重量等于排土的重量，有时还有很大的沉陷，原因是在挖土的过程中土壤产生的回弹。如英国滑铁卢桥4#墩在35×8.2米的围堰中挖深8.2米，围堰中部回弹75毫米，堰边回弹25毫米。因此在挖土的时候要特别注意采取措施，如：分片开挖或条挖，降低地下水位，快速灌注底板或加固开挖层以下土壤等，以控制回弹量[2]。在墨西哥、苏格兰、美国等不少高层建筑采用浮箱基础[3][4]。

美国某开启桥的桥台由于土质很差，故设计了浮箱基础，为了适应潮位涨落，设计时考虑根据水位随时予以调节[5]。

对软弱地基浅基础的设计，其变形必须限制在上层建筑可能允许的范围之内，要考虑到可能的位移量、沉降依时间的变化规律、基础面积上力的分布情况、气候影响、侵蚀问题，等等。扩大基础基底应力的传布，到二倍基础深度处仍十分可观，所以对地层的土质分布情况要仔细探查。在选择桥位、布置桥孔、安排基础位置时尽可能地避免淤泥地带。对不可避免的软土地带，则除了在基础的形式上想办法外，尚可做地基的改良工作。

后期补充资料：

日本本四联络桥的初期进展

日本的本州和四国两岛间的濑户内海，海宽约10千米，水深100米，每小时海流速度10海里，还有风速高达70米/秒的突发飓风、地震等恶劣的自然条件，横跨这样的内海修建桥梁，问题很多。日本原计划在四年前动工兴建三条联络线、19座长大桥梁、总投资48亿英镑。

石油危机冲击着日本经济，在资金紧缩情况下，庞大的联络线建设计划不得不压缩，因而三条联络线只得部分延缓投资。直拖到1977年4月日本政府才正式决定只修一条完整的儿岛——坂出间即中间一条联络线。其余两条神户——鸣门间的北联络线和尾岛——今治间的南联络

1　应力分配法设计长折板基础的试验研究报告.冶金部建研院科学技术报告,1974

2　*Flooting Foundation for Control of Settelment*, ASEC Soil Mech. and Found. Div. June/1971

3　〔USA〕*A New Project for Mexico City*, C.E. June/1963

4　*Buoyant Box Foundations to carry New York Pier*, Eng. News Rec. 11 Jan/1952

5　*Semi Flooting Piers geared of Tides for Support Bascule Bridge of Seattle*, Eng. News Rec. 3/1953

线则延缓建设。但该两条线上早就动工的三座桥梁即：神户——鸣门间的大鸣门公铁两用悬索桥，尾岛——今治间的因岛公路悬索桥和279米单孔半穿式结构的大三岛公路桥，是为局部联系相邻小岛的工农业发展而修建的，仍继续施工。另外，最近完成一项投资6 300万英镑的实验项目，是验证墩台基础施工方法和上部结构设计问题，能正确解决大桥施工前很重要的实物实验项目。

为应付强大的海流，研究试制成大直径钻孔的多柱式桥墩基础。有的用直径4米的巨型金刚石特殊钻头，钻进海床20米深。以新设计的作为建桥基地的浮式工作平台或固定工作平台在钢导向沉箱的规定位置内向下钻进海床。污泥从中心管用空气吸泥机吸出。钻机由沉箱确保其位置的准确，以免海水的冲击。空心双管钢柱经沉箱下沉落进钻孔中。内管直径比外管小500毫米，伸出外套管以下，埋进钻孔底部的混凝土底脚内。内管和内外管间的孔隙均用导管灌注混凝土。在水面上灌注混凝土桩帽和墩基。该墩柱对水流具有极小的阻力，能防止水流的任何增加，并能防止桥墩所造成的冲槽，也能阻止涡流的形成。

多柱式基础的柱群可由多到12个各种不同直径的管柱所组成，在水面上灌注混凝土帽和墩基。其施工的挖土量和所需的混凝土与重型混凝土基础比能减少75%，是其优点。

桥梁沉箱的加载，试用预填骨料由浮式混凝土搅拌厂分批灌浆法灌注混凝土。通过附在沉箱上粗大网格的一系列钢导管，在沉箱内灌注低强度贫混凝土。灌注随混凝土的面的升高而提升。在整个40米沉箱深度内用单管连续灌注。濑户内海经常未经预告就遭到飓风的侵袭，因此灌注速度是施工方法的主要关键。

抗御73米/秒风速的长跨铁路悬索桥的设计是上部结构的主要课题。大风时悬索桥扰曲较大，铁路轨道必须适应这样的扰曲。因此应将滑动轨条与通过桥墩的连续加劲桁架结合使用。

神户——鸣门间的明石海峡桥，其中间跨度为1 780米，如能建成，将是世界上最长跨度的公铁两用悬索桥。把原来恒比尔河桥降至第二位。但由于石油危机的经济冲击，不能实现。该桥墩址水深46米，不能使用多柱式基础，要用沉箱基础。

经批准修建的儿岛——坂出联络线，其备赞浅海桥总长1 530米（中间跨度990米），南备赞浅海桥总长1 640米（中间跨度1 100米），都是公铁两用悬索桥，即将动工兴建。该线总投资14英镑，工期9年。9年后如经济条件好转，第二三联络线也许能相继动工。

周英三择译自NCE.23, June, 1977, pp.30—32。

二、地基改良

地基改良基本上分为三大类，即：换置土壤、紧密法和固结法。

1. 换置土壤

将浅层的软弱土壤换以比较密实的土壤，一般为砂或砂夹卵石。这是一个很老的方法，但现在仍不断在用。因为仅换置浅层土壤，故大部分使用于小桥台，比较大的墩台大量换土经济上并不合算，不及其他类型的基础。国内实例甚多，如1949年后上柏车站附近跨度5米的复线小桥桥基等[1]。

换置土壤也经常使用在桥梁基础施工过程中，如软土上围堰内制造沉井或沉箱下的换土。国

---

[1]   软土桥函基础.铁四院桥函技术设计总结设计部分八，1963

外比较大的基础如日本港大桥40×40米沉箱在围堰内制造时采取换海砂的办法,并用振捣器震密,增加土壤承载力[1]。

2. 紧密法

使软弱土壤自身紧密或靠加入其他土壤使之紧密的办法统归之于紧密法。

A. 震动紧密法

1938年起,德国开始用震动密实的方法紧密砂石。用震动浮子震实深层砂土,曾用于加密35米深的砂土,取得良好结果(图2-1-5)。经过震动压实的土壤相对密度一般能达到75%以上。当震动间距为2.7—1.8米时,允许承载能力提高到10—50吨/平方米。现在这种方法也能用于黏土和软泥土地基的加固,并在世界各地广泛采用[2]。现在世界上有各种类型的震动器处理各种不同的土壤。最大的震动器直径达1米,高约2.5米;电动机功率150千瓦;总重20吨[3]。

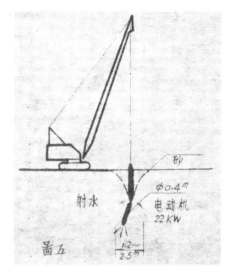

图2-1-5 震动紧密法

B. 爆炸紧密法

用爆炸法处理松散性砂土是以爆炸的震动力使砂土液化,继之排除孔隙水并压密。爆炸法在淤泥质土壤中也很有效。大面积的爆炸法加固土壤在桥梁建筑中不大应用,但近年国内大量使用爆扩桩,将于"桩基基础"中再述。

以上两种紧密的方法在紧密砂土方面除了提高承载力之外还有防止砂土在地震时液化的作用,因此更富有新的现实意义。

C. 挤密桩法

挤密桩的类型很多,其基本原理是在松软土壤中挤成一个个空洞,在空洞之内填进密实的其他材料(不包括混凝土),便造成整个挤密的加固后的地基。

成孔的方法可分为:爆扩法、打管法和冲击法。充填的材料可分为砂土和生石灰等。

爆扩法是先打小孔后埋炸药爆扩再填砂。

打管法则是打入带活底的钢管,填砂后再拔出。此即为砂桩基础,也是比较老的办法。但因为打桩拔桩机具的不断改进,现在世界各国仍多使用。

国内应用砂桩于加固路基[4]和大型建筑物的基础。如开山屯转车盘中心基础,其设计要求地基应力为196吨/平方米,采用砂桩后达到目的[5]。砂桩基础一般在小桥墩台中应用。砂桩加固的地基并能起排水的作用。

日本近年使用生石灰桩以改良淤泥质土壤,大致分为生石灰在土壤中的作用如下[6][7]:

---

1 〔日〕《港大桥工事志》

2 〔USA〕*Vibroflotation Piling*. C.E. sept/1971

3 深层震动加密地基.冶金建筑情报,1975年第7期

4 砂桩施工经验报道.铁道部基建总局宁波基点,1959

5 砂桩基础在大型建筑工程中的应用实例.吉林铁路局,1958

6 〔日〕土木技术,3/1973

7 挤密土桩处理湿陷性黄土地基设计与施工简介.陕西省建工局科研所,1975

CaO+H$_2$O（土中的水）

↓　　　　　　吸水——吸收加入石灰量的32%的水。

熟化　　　　膨胀——为加入石灰量体积的二倍。

　　　　　　发热——每克生石灰产生1.56大卡热量。

Ca（OH）$_2$　　吸水——熟石灰和土中负压达到平衡的吸水。

↓　　　　　　（以上为生石灰桩）

离子化

Ca^{+1}+2（OH）　阳离子交换——Ca^{+1}和土粒子表面的阳离子交换，使土的物理力学特性变化。

↓　　　　　　波卓兰反应——二氧化硅或氧化铝和石灰作用生成化合物，化学固结。

化学反应　　碳酸化——碳酸或碳酸气反应生成碳酸钙，化学固结。

　　　　　　（以上混合处理法）

生石灰加固土壤的效果可使原地基承载力由5吨/平方米改良到50—100吨/平方米。

冲击法是用特制的锥形锤冲击土壤以达到挤密的目的。对于湿陷性或其他类的软弱土壤甚为有效。处理深度从5到15米。承载力可提高到17—25吨/平方米[1]。

3. 固结法

固结法基本上分为水泥灌浆、化学灌浆、加热与冷冻。

A. 水泥灌浆或水泥压浆是最普遍使用的方法。

从1802年开始便有应用。在水工建筑中作防渗帷幕和隧道工程中加强并填充土体裂隙，桥梁工程中加固地基。这种方法适用于局部饱和黏性土、有机土体、淤泥质土、砂及含有孔隙囊的土。注入的浆液起径向液压千斤顶的作用，将四周土粒挤紧，且浆液与土粒胶结凝固形成较强土块。

B. 化学灌浆法[2 3]

1925年起使用水玻璃作为压浆材料。现在化学灌浆的材料极多，各国配方不一，基本上分为三大类：

i. 水玻璃系；

ii. 木质素系（Lignin）；

iii. 氨基丙烯系（acryl amidal）。

化学灌浆的作用是用压力或电渗使灌浆材料进入土中，在土中起化学反应成为固体或胶质体的物质，起到压实和固结土壤的作用。

化学灌浆法的优点是：浆内无粒料压浆比较容易；黏度低可以控制凝固时间。缺点是：费用高；压浆技术需要掌握其压力时间等因素，处理不当易失败。

各种配方适合于何种土壤及其比较可参阅上述参考资料。

在不骚动土壤之下压灌化学浆，由于土质不均匀可能产生不均匀的效果。现在发展为深层混合成桩，用特制的机械徐徐旋钻进入土壤，在拔出时拌和以水泥或化学浆液形成低标号的柱。英国伦敦某公司曾采用了这种方法。上节所述日本生石灰深层混合桩也是这种类型。这一方法既是化学

1　挤密土桩处理湿陷性黄土地基设计与施工简介.陕西省建工局科研所，1975

2　冶金建筑情报，1975年第7期

3　海外にずけろ地盘注入.《土ち基础》，May/1976

灌浆法又是钻孔灌注桩的一种,将在桩基部分再予叙述。

化学灌浆法由于费用太高,在桥梁施工中往往作为应急的措施。例如××桥(图2–1–6)施工中,桥墩位于黄河急流正中,钢板桩围堰筑岛下沉钢筋混凝土沉井。由于筑岛填料级配不当,施工方法控制不严,部分钢板桩悬空围堰漏水,造成2 000吨重的钢筋混凝土沉井骤然下沉,严重倾斜[1]。即用水玻璃系浆液灌浆加固堰内砂卵石。浆液配方为红星一型速凝剂占水泥重量的2%—3.5%,水灰比1∶1。纠正偏斜后,为了堵塞围堰漏水,又在沉井内四周设了33个灌浆孔,灌入50%水玻璃,1∶1水灰比的浆液。

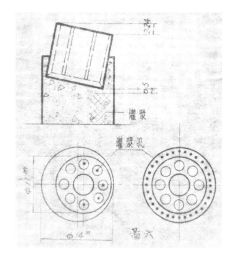

图2–1–6　化学灌浆法

C. 加热法

此法乃把细粒土加热到高温,例如600—1 000℃。土的性能显著提高。此法费用昂贵,技术比较复杂。在东欧和苏联使用于加固基础下的软黏土和黄土,施工前改进地基土壤和作滑坡处理之用。当温度高到900—1 000℃时,土被熔化成为陶土。追溯其应用甚为古老。我国在石器时代,土穴地面即用火烧成硬层;汉唐地下谷仓也都用火烧成坚实的不透水的陶质层。大体积的处理要看经济比较,考虑采用与否。

D. 冷冻法

冷冻法是使饱和软塑或流动性的土壤暂时冷冻,成冻土以利施工。

三、桩基

桩基以材料分为:木桩、钢筋混凝土桩、预应力钢筋混凝土桩、钢桩。

以制造方法分为:预制桩、就地灌注桩。

以施工方法分为:打入桩、钻挖桩、爆扩桩。

近年也有以桩的尺寸大小分为桩和柱桩。有人认为φ0.75米以内称为桩,φ0.75米以上称为柱或柱桩。事实上就地灌注桩国内往往不管直径大小通称为钻挖桩。国外则将较大直径的钻挖桩称为沉井。柱桩这一名称又和按桩的受力状态分的摩擦桩和柱桩相混。因此,桩和柱的划分尚存在概念上的混乱,还没有一个约定俗成的规定,现暂时通称为桩。

1. 预制桩[2][3]

A. 预制钢筋混凝土桩(RC桩)

RC桩在二次世界大战之前早就使用,之后各国对RC桩都大力发展并形成各种不同的规格。一般RC桩的截面为三角形、方形、八角形或圆形实体或空心的桩。尺寸在0.2米到0.5米左右;长度从3米到15米。制造方法是模型振捣或离心旋制的管桩。

桩直径在0.3米到0.5米;入土深度约10到20米时,允许支承力约20吨到50吨左右。

国内使用最多的是φ55厘米的钢筋混凝土管,所建的桥梁不胜枚举。

1　用化学灌浆法纠正沉井倾斜.兰州铁路局,1972
2　〔日〕《最新の基础工法》,1974
3　国外预应力混凝土桩概况.丰台桥梁厂

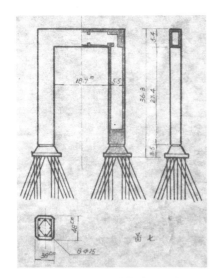

图2-1-7   丹麦小带海峡新公路吊桥
桥墩构造图

1970年丹麦修建小带海峡新公路吊桥时大量使用了RC八角形桩。该桥主跨为240+600+240米，桥址处水深约20米，地质为黏土[1]。其主要桥墩的构造如图2-1-7。

桩的截面为0.38×0.48米，长约31.5米，混凝土强度600级，纵筋用8φ25毫米，每根桩重约14吨，用12吨蒸汽打桩锤打桩。桩较细长，混凝土级数也较高。深水主墩为沉箱加桩的混合基础，桩头标高在水下16.5米。

B. 预制预应力钢筋混凝土桩（PC桩）

第二次世界大战之后，法国发明了预加应力钢筋混凝土，这一方法也应用到桩上。PC桩较之RC桩强度更高，在受到锤击时不似RC桩的容易开裂，在运送过程中也能承受更大的弯矩，有更大的水密性可防止钢筋锈蚀。

20世纪50年代开始世界各国都在制造PC桩。美国在1949年到1950年生产后张法PC桩。1953年生产先张法PC桩。到1968年时生产约200万米。日本从1962年开始有先张法PC桩。

从20世纪60年代开始，我国的航务部门生产先张法PC桩。1959年南京长江大桥始制φ3.6米先张法PC桩。丰台桥梁厂在1970年生产φ55厘米先张法离心PC管桩。

1968年在西班牙马德里召开了"预应力钢筋混凝土大量制品"会议，报道世界PC桩年产达5 700万米。

现在先张法离心PC管桩日本可制φ1.2米。

后张法拼接的PC管桩最大荷兰东些耳德（Oasterschelde）桥[2]（图2-1-8）直径φ4.25米，壁厚0.35米，长50米。

委内瑞拉石油工业采用PC桩作为固定式钻井平台支柱，年使用量甚为可观，故其马拉开波海湾桥[3]用φ1.35米后张法PC桩长达60米，入土深为37米。填充和压浆后，每桩允许承载力达1 000吨。

先张法PC桩采用预制分段制造时工地拼接须采用可靠的联结。中苏两国习惯采用法兰盘螺栓联结。日本喜用电焊。法兰盘的优点是联结方便，缺点是用钢太多，机械加工量也比较大。

图2-1-8   荷兰后张法拼接的PC管桩

后张法管节联结采用树脂。

1967年完工的美国圣路易海湾桥全桥均为预制PC结构，采用后张法PC桩[4]（图2-1-9）。

1   *Bygningsstatiske Meddelelser.* 40 (2) 1969, 41(2)1970

2   *Oasterschelde Bridge Over Eastern Scheldt.* J. of Presstressed concrete Vol. 11 No. 1 Feb/1966

3   *Die Brückn Über den Maracaibo See.* Beton und stahlbetonbau 8-9/1963

4   *Saint Louis Bay Bridge.* ASCE Const. Div oct/1970

其制造方法是：以干硬性混凝土用震动离心法制成φ1.37米，壁厚0.13米，每节长4.8米的管节。管壁用12φ24毫米钢筋外包橡皮留孔。旋制成后以145°F蒸汽养护3小时。使用时接长到37米。接长时对齐各预留孔，每孔中放12φ5毫米钢丝，管端用放有石棉的树脂胶结。予施应力。再在孔中压浆为7千克/厘米^2。养生七天后便可运送。工地施工用锤击下沉，入土12米左右，锤能量4.13吨米。

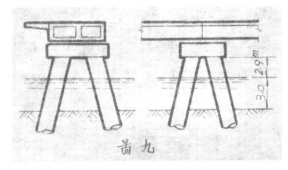

图2-1-9　美国后张法拼接的PC管桩

C. 钢桩

钢桩也有很多不同的形式，一般为钢管桩、H形桩、钢轨桩以及其他各种轧制型钢焊成的钢桩（图2-1-10）。

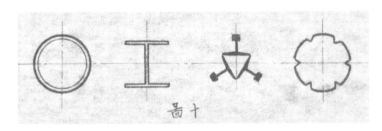

图2-1-10　不同形式的钢桩

国外较多使用的是钢管桩。美国很早使用H钢桩，即宽翼工字钢桩。西欧近年大量使用钢焊接。

i. 钢管桩

钢管桩的直径大者φ2.5米，壁厚25—50毫米，长可至百余米。

日本石卷大桥φ1.5米钢管桩，壁厚12.7毫米，打入深度65米。

钢管桩大量使用于海上石油钻井平台，石油码头栈桥和桥梁。

我国大港油田固定式平台使用φ0.9米钢管桩，壁厚12—22毫米，入土深22米。用M40型打桩锤打桩，爆扩桩尖到φ2.5—3.0米。

黄浦江大桥是国内桥梁首次使用钢管桩高桩承台[1]（图2-1-11）。每墩采用16根φ1.21米外径的钢管桩壁厚20毫米，桩长46米，入土深约20米粉砂。地质为约20米深的淤泥下面即是粉砂。每桩实际允许承载力达到500吨。

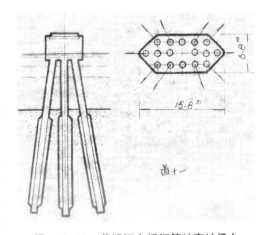

图2-1-11　黄浦江大桥钢管桩高桩承台

1　黄浦江大桥.《桥梁建设》，1976年第5期乍浦陈山头油轮码头用ϕ0.8米钢管桩达一万多吨。

英国北海福蒂斯油田井架钢桩外径ϕ1.37米，壁厚50.8毫米，桩长122米，打入海底76米。[1]

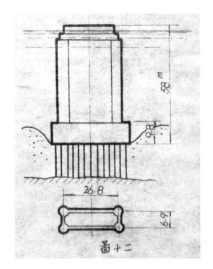

图2-1-12　美国大吊桥新港桥桥墩

ii. H形桩

H形桩美国很早就使用，近年来继续不断地应用于桥梁基础。如1970年完工的威廉泼利司东线纪念桥[2]新加的一座平行的公路桥，钟形基础，下打H形桩。采用水下打桩的方法，水深26.5米，桩长43米。四分之一的斜桩。每桩承载力118吨。

1968年建成的美国大吊桥新港桥（New port Bridge）[3]（图2-1-12）。桥跨径483.4+1012.9+483.4米。主墩在深水45米以下打326根14BP102H桩。用S-14 Mckiernon水中打桩机打桩，打桩机能量5.35吨米。

iii. 钢轨桩

钢轨桩组合紧凑，周边长度长，周边摩阻力较大。但用同样钢材重量所得的惯性矩较之钢管桩要小，因此用新钢轨作钢轨桩在经济上是不合算的。

大桥局曾在枝城长江大桥利用旧轨作为墩旁吊机的桩柱，是三根钢轨组成的钢轨桩。

南京轮渡码头靠船墩基础采用了四根钢轨加钢板组成的钢轨桩，打桩时便于穿过岸边已抛有的片石，并可利用钢轨桩的弹性吸收一部分靠船动能。

1958年郑州黄河老桥桥墩被洪水冲毁了一个后，抢修时因为时间紧迫，流速又急，河底亦抛有片石，也采用钢轨桩，即用南京轮渡靠船墩的图纸修改后施工。

iv. 型钢组合桩

任何型钢都可以单独或组合成桩。

西欧较多地采用型钢组合桩。西德为了便于型钢之间的焊接，轧制成特殊的型钢。例如西德不来梅港护岸工程采用数种不同组合的桩[4]（图2-1-13）。

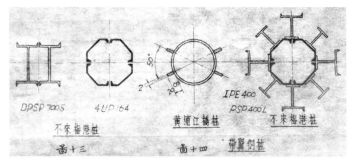

图2-1-13、图2-1-14　西德不来梅港护岸工程数种不同组合的桩

1　*Offshore*. Aug. Oct. Nov./1974

2　〔USA〕*Three Supportsystem used to Build Bridge Substructure*. C.E., Dec/1971

3　*Design and Construction of Newport Bridge*. ASEC Struct., Div

4　*Bau der Stronkaje für das Container Kreuz in Bremer Haven*. Bau Techink, 6-7/1975

钢桩较之PC桩强度大,重量轻,更能经受锤击。在生产钢多的国家使用甚为方便。对于产钢少的国家在选择上还须多加考虑。即使钢多的国家,亦在考虑更经济地利用钢桩,现在很多使用带翼的钢桩。

黄浦江桥钢桩下部加焊4块20厘米宽、2厘米厚、长28米的翼板,夹角成50°即为带翼钢桩。翼板利用制桩余料。

前述西德不来梅港护岸工程都带有二、四、六或八翼,翼长2.5—7.0米(图2-1-14、图2-1-15)。

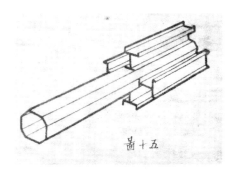

图2-1-15 端部带翼钢桩

钢桩端部带翼使桩头部份端面支承力和摩阻力都增加,同时也可以增加桩端抵抗弯矩的能力。因此可以使桩长减短,入土较浅。入土浅又带来打桩工作量减少、桩的自由长度减少,刚度增大,可以发挥桩本身的强度节约钢材。桩头加翼也增加了桩头钢板的局部稳定性。[1]

1974年建成的西德哥伯伦桥(Köhl brand Brücke)[2]桥主跨97.5+325+97.5米,其中部分桥墩乃桩端带翼钢桩(图2-1-16)。

钢管桩外径φ0.76米,壁厚12.7毫米、桩长12米,带有4至6翼。翼为半根PSP600L型钢、翼长2.5—3.5米。桩设计轴向力350吨。四翼桩试桩到610—645吨、六翼桩达720—760吨。入土极浅而承载力甚高,此即带翼桩的优点。

为了使钢管上部更好地传递力量到桩身,桩头管内焊有吊板。

苏联某铁路桥[3](图2-1-17)桥跨为23—33.6米,水深6米,河床地质为中砂。桥墩为桩排架墩。原计划为钢筋混凝土桩,后改为筒形端钢管桩。

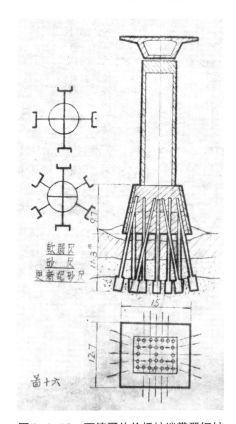

图2-1-16 西德哥伯伦桥桩端带翼钢桩

桩直径φ0.529米,下端筒形为φ1.02米,壁厚10毫米、桩长12米,筒长3米。桩入土仅4米。用YP1800、YP1250柴油打桩机打桩。

桩设计承载力114吨。试桩满足要求。

尚有一种带翼的钢桩,其翼不带于桩下端而带在桩上端,美国称之为火箭式桩,用作输电塔的基础[4](图2-1-18)。

上端带翼可增加桩横向抗阻力,也增加了桩的支承力。

---

1 *Bau der Bundesautobahn Humburg*. Bau Inginier, 4/1973

2 *Die Grün dungen und Pfeiler der Köhlbrand Brücke*. Bau Techink, 6/1975

3 *Bblcokuu pactBepk Ha* сВоЯх *Стаканное* Tuna. Тра н．С т р．, 5/1973

4 〔USA〕*Tocket ship Foundation Method*. C.E., Sep/1971

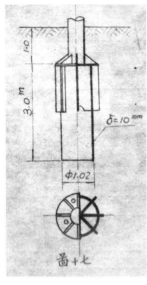
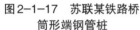

图2-1-17　苏联某铁路桥
筒形端钢管桩

图2-1-18　火箭式钢桩

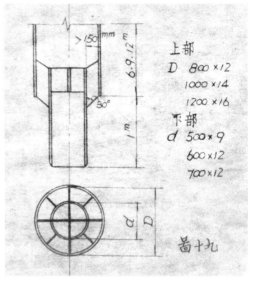

图2-1-19　头部扩大的钢管桩段

日本钢管株式会社已生产定型的头部扩大的钢管桩段[1]（图2-1-19）。认为桩上端扩大可使桩水平抵抗力增大、总打桩次数少、焊接长度少（指工地接头），施工简便，断面扩大部分强度大等优点。总的目的还是在发挥材料强度以节约钢料。带翼桩的钢桩发展是必然的趋向。

D. 打桩机具

最原始的打桩方法是自由落锤法，靠人力打桩。锤重在400到700千克左右，每小时打击次数约48次，仅能打承载力数十吨的直径约20厘米的木桩。

1843年，英国工程师詹姆斯·内史密斯（James Nasmyth）（1808—1890）发明了蒸气打桩机。之后有单打和复打的区别。1869年，发明了连续落锤打桩法，靠一根循环不绝的铁链和一个碰撞开关使锤连续打桩。由于效果可靠，沿用到现在仍不失为有力的打桩方法。

20世纪30年代发明了柴油打桩机。50年代发明了震动打桩机。60年代发明了液压打桩机与深水气爆打桩机。打桩的种类愈来愈多，打桩的能力愈来愈大，打桩速度愈来愈快。打桩机具正向大型、高效、多能及环境保护、无噪声的方向发展。

i. 蒸气打桩机（图2-1-20）

我国习惯使用的单打蒸汽锤锤重6吨，冲击高度1.37米，冲击动能6吨米，每分钟冲击次数20—25次。

国外使用情况：日本一般为锤重6吨的KB60型。西德用D55的5.4吨或H5000的5吨气锤。一般5—6吨锤重的蒸气打桩机可打承载能力为

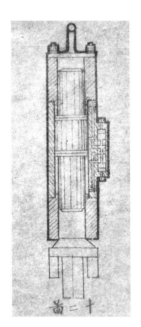

图2-1-20　蒸气打桩
机结构示意图

1　桥梁ハンゾブッフ，1976

300吨左右的桩。

目前蒸气打桩机的锤重和冲击能都在加大。西德DELMAG BB8000型锤重8吨,冲击动能10吨米[1]。

1973年英国北海福蒂斯油田井架钢桩用MRBS7000型蒸气打桩锤打桩。锤重达1.37吨冲击能量87.5吨米,冲击次数35次/分[2]。在水深128米的北海打ϕ1.37米的钢桩,每桩允许承载力达2 720吨。蒸气打桩机在量上已经发展到十分可观的程度。

ii. 柴油打桩机(图2-1-21、图2-1-22)

柴油打桩机较之蒸气打桩机设备简单、燃料消耗率低。开始设计的仅能单打,1969年后设计的可以复打。允许打倾斜在±30°左右的斜桩,倾角不能太大,以免柴油飞溅。冲击次数较蒸气打桩机多,但有一定限制,否则容易发热,起火过早。考虑到以上情况,往往柴油打桩机在倾斜时的冲击次数较之垂直打桩时为低。

大桥局桥梁机械厂生产的东风7135柴油打桩机[3]冲击锤重3.5吨,冲击次数40—60次/分,冲击动能8.75吨米。立柱倾斜前5°,后18.5°可打1:8,1:3.5的斜桩。全长(有导向缸时)5 300 mm,总重8 000千克。

世界各国较大的柴油打桩机如DELMAG D65型锤重6.2吨,冲击次数36/47次/分,冲击动能10—19吨米。Kcbe KB60锤重6吨,冲击次数35—60次/分冲击动能16吨米[4]。日本现已生产K150型锤重15吨,冲击次数50—60次/分,冲击动能36吨米[5],并有生产24吨锤,能量为21吨米的计划。

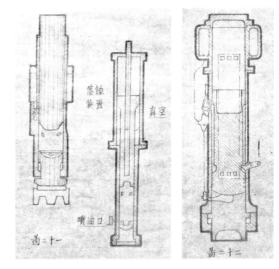

图2-1-21、图2-1-22 柴油打桩机结构示意图

用柴油打桩机打桩实例比较长大的桩如:

意大利于1969年在Immingham Oil Terminal用MRB-1500型柴油打桩机打ϕ1.8米长46米的钢管桩。

日本于1972年在爱知县IHI知多系留栈桥用MRB-2000型柴油打桩机打ϕ2.5米,长45米(入土23米)的钢管桩。

意大利的BSP复动柴油打桩机靠真空吸力的帮助可使冲击次数高达80—100次/分。锤重1.5—4.5吨。

---

1 *Baumaschinen einst und jefzf—100 jahre Baumaschinen im spiegel der Bauwirtsch of tsentwicklung.* Bau Maschine und Bau Technik 5, 7, 8/1975

2 Ocean Industry, Feb Dec/1974

3 《桥梁建设》,1975年第4期

4 *Progrés recents dans Léfficacide des mayens de mise en oeuvre des polplonches métalligues*, Travaux Janvier, 1975

5 〔日〕《施工技术》12/1975

iii. 震动打桩机[1][2][3]

震动打桩机自50年代发明之后，最初大规模使用是在我国。1959年后开始被东西方各国吸收采用。

图2-1-23　中250型震动打桩机

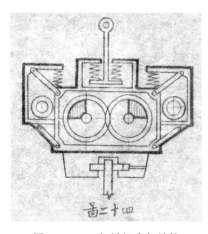

图2-1-24　打桩机内部结构

目前国内所有的震动打桩机仍停留在当年的水平。从 Bп-1，-1Y，-2Y，-3，-4，-5，-6，YA160 400Y6，250型共计十种。震动力从17.5吨到300吨（一般使用200吨），曾应用下沉过从ϕ0.55到ϕ5.0米的桩。南京长江大桥用2台中250型震动打桩机下沉ϕ3.6米管柱（图2-1-23、图2-1-24）。此后震动打桩机没有新的发展。

苏联所使用的震动打桩机基本上便是从我国带回的设计。型号从Bп3、30、80、160、225、250震动力从75到200吨[4]。

震动打桩机过去的设计中有几个问题是：

起动电流大，震动打桩机与桩的联结不便于排土，震动动力马达与打桩机刚性联结易于震坏。震动打桩机拆装困难。以及震动对下沉的作用究竟如何？摩阻力、桩尖阻力分别和震动的关系；桩壁厚与震动力的关系；震动频率、离心率、振幅、加速度对桩在各种土壤中下沉量的关系等都未深入，是需要试验研究的项目。

美、法、德、日、意等国自1959年以后设计制造了不少震动打桩机。初期容量比较小，使用于打拔钢板桩。如日本的Nosu-3打拔二用打桩机[5]，打桩力80—160吨，拔桩力63—130吨，电动机功率20—40马力（15—30千瓦）。

我国建筑部门亦已于74年制成DZ-8000型40吨震动打桩机，用于打拔I63，ϕ0.325米的钢桩，钢板桩等。其打桩力40吨，上拔力30吨，电动机功率90千瓦[6]。打拔力小而功率大，可见尚缺乏控制起动功率的措施。

震动打桩机和桩的联结要取其方便，又不碍桩内取土。苏联已改有电动机放于两边便于取土的设计（图2-1-25），但仍是法兰盘联结不便拆装。西方采用气抱或液压将震动打桩机"咬"于桩壁。震动部分布置分为二种：一种是布置于桩顶，利于打拔不需取土的桩；一种是抱于桩外利于桩内取土。例如西德在卡拉依斯Calais码头用DR-120 G震动打桩机下沉ϕ1.5米钢套管桩[7]（图2-

1　*Baumaschinen einst und jefzf—100 jahre Baumaschinen im spiegel der Bauwirtsch of tsentwicklung.* Bau Maschine und Bau Technik 5, 7, 8/1975

2　*Hat die Vibrofions rammung noch eine Zukunft.* Bau Maschine und Bau Techink, 9/1974

3　Тран. СТР., 11/1960

4　Тран. СТР., 11/1960

5　〔日〕《建设机械》，9/1974

6　《桥梁建设》，1975年第3期

7　*Einvibrieren Von Man talrohren für Größe Ortbetorr pfähle.* BauMaschine und Bau Technik, 1/1974

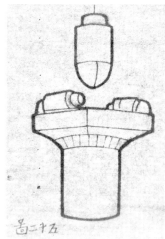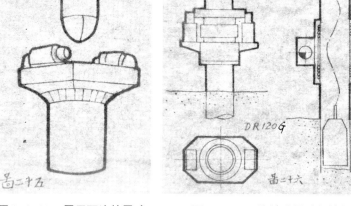

图2-1-25　置于两边的震动　　　图2-1-26　抱桩式震动打桩机
　　　　　打桩机

1–26）便是抱桩式震动打桩机。

　　震动打桩的动力现有电动和液压之分。液压动力震动打桩机的优点是：不需很大的起动电流，在打桩过程中及通过不同土壤时可以调整震动频率，这二点电动震动打桩机便很难做到。前述西德NS–26型便是液压震动打桩机。该型号机离心力约15吨，工作液压力150千克/厘米^2。

　　在德新产品液压震动打桩机PTC最大离心力76吨，最大震速1 750次/分。最大拉力30吨，最大压力350吨，其震入速度可达6米/分[1]。

　　震动打桩机与蒸气打桩机柴油打桩机的比较，其特点之一是震动频率较高，一般使用为10—15赫兹。美国另有一种高频高速打桩机（Sonic Pile driver）动力500马力，频率比一般又高一倍。

　　iv. 液压打桩机（图2-1-27）

　　液压打桩机以液压作为打桩的直接动力，它可以立即起动，能调整液压以调整冲击能。每次冲击动能不大，但冲击次数高、噪声小、操作方便。

　　西德的克劳台斯（Crodes）液压打桩机总重2.2吨，冲击锤重1吨，冲击能0.14吨米/次，冲击次数140次/分。油压170千克/厘米^2，油量100 d米^3/分，总长3.78米。外面有望远镜式的防噪声保护罩，并配以甚为便利的挂卡板桩设施，由桩锤直接吊桩。

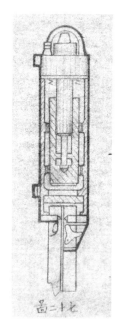

图2-1-27　液压打桩机示意图

　　英国的液压打桩机有锤重到10吨，油压150千克/厘米^2。

　　西德克虏伯（Krupp）HR400/600型液压打桩机锤重0.4—0.6吨，冲击能0.04—0.13吨米/次，冲击次数580—450次/分，液压160千克/厘米^2。[2]

1　*Hydraulische P. T. C. —Vibrotionsrammen.* Bau Maschine und Bau Technik, 7–8/1974

2　*Rammhamner mit Hydralischen Antrieb-Ein Rückstand des Technischen Fortschrifts.* Bau Maschine und Bau Technik, 9/1974

HBM 液压打桩机。

最近荷兰发明一种慢打液压锤,称为 HBM 液压打桩机[1][2]（图2-1-28）。这是一种液压以氮气作为缓冲的无噪声城市和深水建筑打桩机。

打桩机的型号如表。

规　　格		能　　量	冲　击　力
轻	HBM 500	10^{tm}	$100—500^{t}$
重	HBM 1000	20	200—1 000
近海	HBM 3000	60	300—3 000
近海重型	HBM 5000	100	1 000—5 000

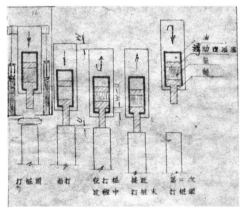

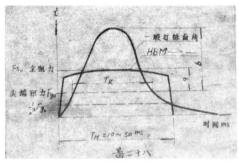

图2-1-28　HBM打桩机的工作原理亦见图

HBM 打桩机的工作原理亦见图2-1-28。和一般液压打桩机比较,因为有氮气缓冲,起到蓄能的作用。其冲击动能是在较长的时间内放出,所以每次打入深度较一般锤为大,但桩所受的压应力却减少约50%,拉应力减少约75%。

v. 气爆打桩机[3][4]（图2-1-29）

美国RU200型水下打桩机是适应深水下桩,海洋建筑需要新发明的打桩机。过去深水打桩一直采用送桩在水上锤击。锤击能量很受损失,当水深越深时损失在送桩上的能量越大。深水水下打桩的动力,蒸气液压和震动都不合适,压缩空气应是比较理想的。

RU200型水下打桩机,重38.25吨、锤重27吨,可打 ϕ1.07米长45—106米的长桩。最大工作水深100米,冲程101厘米。每分钟冲击40次,空气压力140千克/厘米^2。输气量56立方米/分。

vi. 扭摆打桩机[5][6]

上述五种打桩机除震动打桩机以外,都是靠锤的冲击动能使桩或套管打入土中。震动打桩机的作用

1　荷兰工业技术展览会报告.《桥梁建设》,1974年第4期
2　*Lärmarme Bauverfahren auf innerst dtischen Tiefbaustellen-Möglich keifen und Anwendungs bereiche*. Bau Maschine und Bau Technik, 3/1974
3　Highway and Rood Construction Vol. 43　No.1781, 1/1975
4　Const Method and Equip. Vol. 56　No. 8　8/1974
5　*Experiences with large diameter bored piling*. Indian Concrete Journal, march/1973
6　*Oscillating Head Drives Piles Faster*. Const. Method and Equip, July/1974

原理,除以震动的冲击力之外,尚以震动作用使桩在土中有上下移动可以减少桩壁的土壤摩阻力,再靠震动的冲击力下沉。在各种不同土壤中震动减阻的作用是不一样的。

现另外有一种打桩的方法是靠将桩左右扭摆以减少桩壁摩阻力,靠自重或静压下沉。扭摆之所以会减少阻力是由于扭摆使桩周产生土环或土壳,土壤自身能起平衡作用;二是土壁泌水起到润滑作用。

这一方法由法国贝诺托公司首先使用于钻孔桩钻机上。因为贝诺托钻机不是单纯的打桩机械,所以不列在本节之中。使桩或套管扭摆的方法,贝诺托是用液压。西德的HVM扭摆下管机也是用液压产生扭摆,原理一样,布置不同(图2-1-30)。

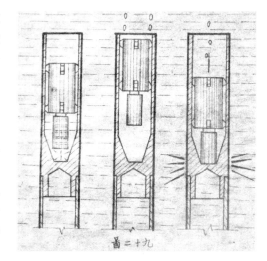

图2-1-29 气爆打桩机

西德格林Grun & Bifingen公司制造的气动扭摆打桩机以压缩空气作为动力,靠桩自重下沉,其打桩效果甚好(图2-1-31、图2-1-32)。

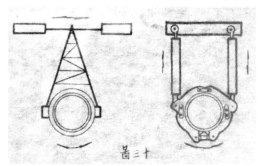

图2-1-30 扭摆打桩机

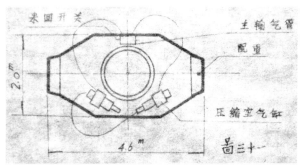

图2-1-31 空气动力扭摆打桩机

比较近的例子如西德门兹(Mainz Alzey)峡谷桥下ϕ2.0米,长24米,重18吨的钢套管,配用5吨抓斗管内抓土,在塑性粘土和不稳定砂层中以扭摆打桩法下沉。

扭摆打桩机重15吨,摆动角50°,摆动次数36—42转/分,产生35吨米水平冲击力矩,克服阻力靠自重下沉。压缩空气压力为8千克/厘米^2。因为扭摆,钢管也能嵌入岩层。

尚有一种震动和扭摆相结合的打桩机是法国罗兰(D. B. Loire)公司制造的自动下沉(Aufo fonceuse)打桩机[1](图2-1-33)。

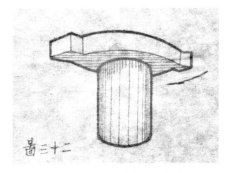

图2-1-32 空气动力扭摆打桩机外形

---

1 *Experiences with large diameter bored piling.* Indian Concrete Journal, march/1973

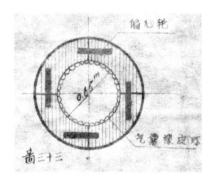

图2-1-33 自动下沉打桩机

该机用液压马达转动偏心轮，可以产生50吨的垂直震动力和35吨米的水平冲击力矩。打桩机靠气囊橡皮环锁紧管壁，环可承受150吨轴向力和60吨米水平冲击扭矩。其下沉速度据报道为：

每米较软的砂粘土＜1分钟。中等密实的粘土1—3分。密实的粘土3—15分。松软有裂隙的石灰石5—15分。净砂或砾石5—20分。砂夹卵石、粘土及石灰石的大圆石15—30分。

桩基础的施工中，打桩机械起决定性的作用。几千年来一直沿用人力打桩。从发明蒸气打桩机起这132年之间，已经发明了六种有力的打桩机具。尤其是这半个世纪里增添了四种之多。借助于机械利益克服土壤摩阻力。打桩的能力越来越大显示出工业化机械化的威力。

摩阻力在自然现象中是一个既讨厌又必需的力量。就打桩而言，在打桩过程中不希望有摩阻力，当桩打完后起承载作用时又希望有摩阻力。到目前为止，这些打桩机械是靠冲击、震动和扭摆来减少和克服摩阻力，效果是显著的。但其理论研究不够。如能进一步深入研究土壤摩阻力和克服摩阻力的理论和方法，可将现有的打桩机提高一步，并且必然能产生更新、更省力、更有效的打桩机具。

E. 预制桩的施工方法

预制桩的施工方法为打入桩、静压桩和埋入桩。

i. 打入桩

用上述各种类型打桩机或辅以射水设备打入土中的桩称为打入桩。

打入桩桩尖可以是封闭的或是开口的。一般直径较大的桩大部分都是开口桩。开口桩在下沉过程中，中部取土减少摩阻力或同时减少正面阻力。下沉完毕后中部填充或不填充混凝土。中间填充了混凝土实质上是预制与就地灌注桩的组合。

大桥局施工的管柱基础也是预制与就地灌注桩的组合（图2-1-34）。因为钢筋混凝土管柱亦为主要受力部分，目前且归类于预制打入桩。

经过几年的实践经验，其主要的施工步骤是：

冲水吸泥、震动下钢筋混凝土管，

冲击钻钻岩取渣筒取渣，

射水吸渣清基，放入钢筋笼，

导管法灌注水下混凝土。

在钻孔灌注桩一节里将各个施工细步再与国内外其他方法作比较。

ii. 静压桩

靠静压将桩压入土壤需要比较大的压力，故一般均应用于较小的桩。

英国在60年代采用了积木式桩架Toy

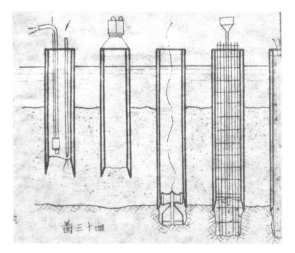

图2-1-34 预制与就地灌注桩的组合

wood-pilemaster，用液压静压桩。压力为127—228吨，拉拔力为91—168吨[1]。

国内用钢丝绳滑车组压桩。如1972年完工的宁波解放桥基础为0.45米方钢筋混凝土桩，桩长18米。压入3.4米淤泥及4.6米亚粘土到亚砂土中，入土共12.4米。桩设计承载力29.8吨。试桩极限承载力70吨[2]。

在港务码头工程方面很早就用了静压桩法，压钢筋混凝土矩形桩40×50厘米、长25—28米；钢筋混凝土波形板桩12×112厘米，长23米等，压桩的力量在70—80吨左右[3]（图2-1-35）。

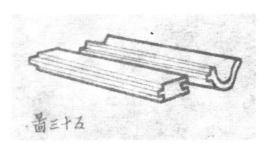

图2-1-35　静压桩

大桥工程局在修建南京长江大桥浦口岸引桥时用射水冲桩法下φ55厘米钢筋混凝土管桩，因承载力不够再加静压补压。采用浮箱灌水作为压力，每桩补压约200吨。（图2-1-36）

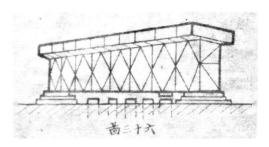

图2-1-36　水箱补压示意图

荷兰东些耳德桥φ4.25米的预应力钢筋混凝土桩用500吨浮吊起吊，射水吸泥法下沉，下沉靠自重和吊船舱内打水作为压力[4]。

静压桩的压力必须有个来源，大量使用压重使压桩设备过于笨重，这也是使用静压法的障碍。若在水上工程用自升式平台施工时，平台自重相当可观，且可灌水加压，能产生一二千吨的压力，便可用作较大桩的静压施工。此系设想，目前世界各国尚无先例。

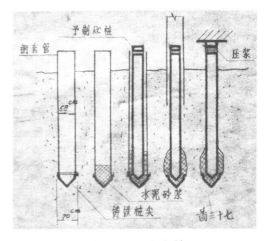

图2-1-37　埋入桩

iii. 埋入桩

先用其他方法造成孔洞然后将预制桩埋入称为埋入桩。选择这样的方法往往是施工设备上的理由较多，如有完整的预制桩工厂、不想用大量灌注混凝土的设备、缺乏大型打桩机械等。

荷兰鹿特丹隧道基础[5]（图2-1-37）先用φ58厘米的钢管带铸铁活桩头打入河床。在钢管内下端填水泥砂浆。放入φ50厘米的预制钢筋混凝土桩。拔去钢套管水泥砂浆挤入土层。最后在桩头压浆，调整桩顶标高使所有的桩顶都顶住预制吊放的隧道节底。

1　*Baumaschinen einst und jefzf—100 jahre Baumaschinen im spiegel der Bauwirtsch of tsentwicklung.* Bau Maschine und Bau Technik, 5, 7, 8/1975

2　空腹板式桥上部构造与压桩法桩基实例.浙江省宁波建设局

3　压桩法、无震动沉桩工艺研究报告.交通部三航局，1965

4　*Die Brückn Über den Maracaibo See.* Beton und stahlbetonbau, 8-9/1963

5　〔日〕沉埋トンネル见闻记.《桥梁》，Vol.7, No.5/1971

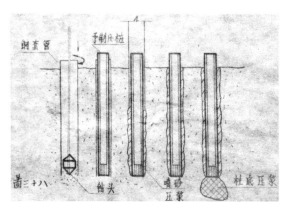

委内瑞拉马拉开波海湾如前所述石油公司有丰富的预制PC桩经验，且有美制PS150型旋转钻机与海上石油自升式平台，因此也采用了钻孔埋入桩。

先用PS150型钻机下ϕ1.5米钢套管。钻机是管内反循环吸泥钻进，扭摆法自重下管，到标高后插入ϕ1.35米壁厚18厘米长60米预应力钢筋混凝土桩。桩下端封死予埋桩头压浆设施。仍用钻机拔套管，一面拔一面在桩外与土层之间喷砂、压水泥浆以保证桩固边摩阻力。在杜内填混凝土，最后进行柱底压浆（图2-1-38）。

图2-1-38　埋入桩柱底压浆

1973年完工的阿根廷恰哥（Chaco-Corrientes）桥[1]形式和马拉开波相同。上部结构采用预制配件。下部结构桩直径ϕ1.8米长40米施工方法和马拉开波桥完全相同。

日本采用钻埋方法现已埋到ϕ3米的桩[2]。

在永冻土地带建筑桥梁基础用蒸气予融或钻孔的方法在永冻土上先钻一孔洞。钻孔大于桩径，在钻孔内灌满泥浆将桩埋入，自然冻实。或钻孔直径略小于桩径将桩打入[3]。

2. 钻挖桩（挖孔灌注桩）

钻挖桩是指在现场以钻进或挖进的方式排除土壤形成桩孔，就地灌注混凝土桩的方法，简称钻挖桩。钻挖桩又可分为有套管和无套管二类。有套管钻挖桩又有套管拔出和不拔出的区别。钻挖桩由于施工方法简单，深水施工时都是水上作业，施工无噪声，劳动强度轻以及可以用于大直径和很深的桩基础，并且现在的钻挖机具和方法，已经可以克服任意种类的土壤和岩层等原因，为世界各国所普遍乐用。

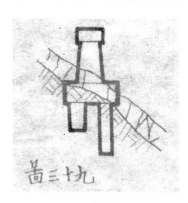

以明挖的方式成桩的挖孔桩国内最初在河南省公路部门应用民间挖井的方法制成桩基。在修建西南诸铁路：宝成、川黔、贵昆、成昆等线时，铁兵8815部队及铁二院二局等因地制宜，大量采用了挖孔桩[4][5]（图2-1-39）。挖孔桩是在无地下水或有少量地下水但可能抽干的情况下，在比较密实的地层应用。如较密实的粉砂土、粘砂土、碎石角砾土、砂夹卵石、龙街粉砂、中粗砂及砂页岩、泥岩、石灰岩等。若为夹有半流动淤泥或松散的卵砾石、细砂、流沙层则不宜采用。

图2-1-39　成昆等线明挖桩

1　〔USA〕*Large precast Conctete Boxgirder Bridge in Western Hemisphere*. C. E, march/1974
2　无骚音、无振动工法の概要——さのら现状.土木学会志61卷5号,1976
3　永冻土上桥梁墩台基础.铁科情1975.3
4　成昆铁路勘测设计总结——桥涵部分,挖孔桩桥梁基础.铁二院,1971
5　××线挖孔桩设计小结.铁二院,1973

挖孔的形状可为方形、矩形或圆形,桩径一般在1—4米,挖深3—30米。当边长1—12米时只能一人操作,1.2—1.5米时二人操作,2米以上时可以三人操作。挖土的方式是人工或机械的。西南诸桥都为人工操作挖土。

挖孔桩可以有护壁或没有护壁的。有护壁的施工比较安全。护壁用木、混凝土或钢筋混凝土。

英国用木护壁,称中心撑架心(Middle board)。

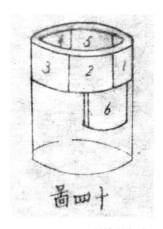

图2-1-40 预制的混凝土护壁安装次序

用混凝土或钢筋混凝土护壁厚度 ±0.15到0.25米。预制的混凝土护壁安装次序逐层向下添加[1](图2-1-40)。此法在美国和为芝加哥法(Chicago)。桩开挖下去到最后亦可用特制的护壁块逐圈扩大成扩大桩基。

部铁二局十处1973年在宜璜线、1975年在广罗线采用喷射混凝土作为护壁,直径ϕ6—12米[2]。虽然是作为桥墩的围堰,自然亦可作挖孔桩的护壁。

大直径的有预制混凝土护壁的空心挖孔桩和沉井难以区分了。

3. 钻挖桩(钻孔灌注桩)

钻挖桩的基本施工方法是:

下护筒或套管,钻进(取土或取土钻岩),放入钢筋笼,灌注混凝土同时拔套管(有时套管不拔出)。

各国在第一、二、四个步骤中所采有的方法不同,形成各形式的钻机。

A. 下护筒或套管方法

下护筒或套管的方法和打入桩的方法相同,采用前述各节的打桩机械进行。前已举了实例。

国外下套管的方法初起时采用贝诺托(Benofo)和HVM的扭摆下管法。

贝诺托钻机(图2-1-41)较之HVM钻机(图2-1-42)扭摆力矩为小。

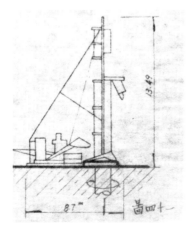

图2-1-41 贝诺托钻机

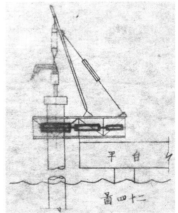

图2-1-42 HVM钻机

1 〔日〕《最新の基础工法》,1974。
2 喷射混凝土护壁法开挖桥梁基础.铁二局十处,1976

试再举例,如巴西里约热内卢桥用了HVM9s型产生扭矩22吨米,下沉ϕ2.2米钢管进入水深23米以下27米的覆盖层[1]。由于扭矩较大,钢套管为双壁,设计了拆装甚为方便的双壁套管接头。

气动扭摆打桩机下套管的实例除前述西德门兹峡谷桥之外,伊拉克的Verladekai Um Quass码头[2]水深7.5—10米,地质为2米淤泥4米砂,5米砾石粘土,下ϕ1.0米的钢套管长27米,共计下672根。

贝诺托和HVM都能自拔套管,气动扭摆打桩机则靠吊机的帮助拔出套管。

近年应用震动打桩机震动下沉和拔出钢套管的例子日益增多。

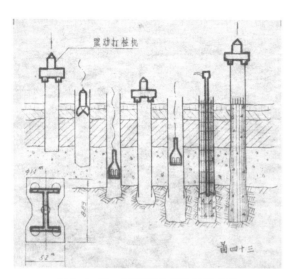

图2-1-43　下沉钢套管和钻岩方法

法国1975年报道的克勃查克（Cubzac）桥其基础的下沉钢套管和钻岩方法[3]（图2-1-43）和我国武汉长江大桥等管柱基础的施工方法为类似,但有所改进。

其特点是不用预制的钢筋混凝土管柱,而是采用钢套管,采用震拔打桩机震入拔出、重复使用应是比较经济的方法。但其震动打桩机仍未照顾到取土方便,冲击钻头亦未考虑到连续取土的改进。若采用液压动力震动打桩机、抱管式联结留出取土设备出入的空间以及使用连续取土的冲击式钻头,工效可提高不少。

B. 钻进方法

不同的钻进方法形成形形色色的钻机。

钻进方法基本上分为旋转钻进和冲击钻进二种。其细致的区别,又由于钻进动力种类、起落钻杆的设备、出土的方法等的不同而异。

i. 钻进动力

旋转钻进的钻进动力主要是液压和电动二种。以设置位置区别又分水上和水下二类。

a. 水上电动

国内水上电动的旋转钻进钻机分为正反循环二种。

正循环钻机如SPJ300型、KAM300型及红星300型等。以红星300型比较普遍。该机可钻ϕ1.5米的孔。钻深理论上为40米,实际已钻达百米左右。钻机扭矩0.488吨米,电动机功度40千瓦。

反循环钻机类型现亦不少。辽宁省交通局附属工厂制造的QZ-3钻机,可钻ϕ1.0米的孔,钻深50米,电动机功率37千瓦。长江流域规划办公室于76年试验了钻ϕ2.0米的钻机,其旋转动力装置系用520型石油钻机配件,钻深50米,扭矩4吨米,电动机功率75千瓦[4]。煤炭工业部竖井使用的钻机型号BZ-1可钻直径2.2米至6.4米（几次扩孔）,孔深250米,钻机扭矩12吨米,电动机功率150千瓦。

1　*Die Grundung dre Brücke Über die Guanabara Buch in Rio de Janeiro*. Bau Ingenieur, 1/1973

2　*Bohrpfahlgründung einer kaiplatte nach dem System Hochstraßer-Weise unter Verwendung des Sougbohr-Verfahren*. Bau Technik, 9/1964

3　*Le Pont Autoroufier de Cubzac*. Travaux, Jan/1975

4　2米钻机试验报告.长江流域规划办公室,1976

国外水上电动旋转钻进钻机型号繁多。桥梁基础施工用者钻孔直径到ϕ3.6米(一次成孔)钻机扭矩40吨米,电动机功率450千瓦[1]。

b. 水下电动

国内于1975年在国家建委建研院地基基础研究所等单位协作下首先制成了潜水式工程电钻[2][3](图2-1-44)。

钻机共分三种类型

型号	钻机外径	钻孔深	电动机	最大钻孔	转　速
1	ϕ0.3米	50米	20千瓦	ϕ0.8米	240转/分
2	ϕ0.4米	50米	30千瓦	ϕ0.8米	215转/分
3		50米	20千瓦	ϕ0.8米	240转/分

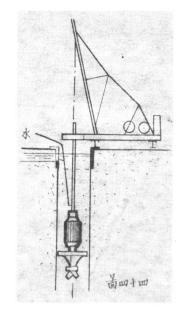

图2-1-44　潜水式工程电钻

钻机包括钻头长1.5—2.0米重0.5—0.7吨。以方钻杆在水上抵抗反扭矩。清水给水,与钻下泥土搅成泥浆在孔口排出(正循环)。在软土中钻进速度为1米/分,在新港试用时,钻进速度快,孔内填充混凝土的工作赶不上去。

国外水中电动比较新且大型的为日本本四联络线试验用的KSD-4型钻机(川崎重工)[4](图2-1-45)。该机可钻ϕ3.65米孔,钻机扭矩35吨米,电动机功率525千瓦,可钻地质500—1 000千克/厘米[2]的硬质岩石。钻机反扭矩靠撑于套管壁承受。

电动机功率决定于钻进时的扭矩,现有改用多轴旋转的钻机使一部分钻进扭矩自行平衡,因此钻进同样直径同样硬度的岩石电动机功率可以大量减少。这类钻机型号如复式钻头(Muhipe Drill)BWR400-500,特洛哥钻头(Trocho Drill)TR4-6等。

1972年日本的新钻机型号RRC-15,20,30(图2-1-46)由三个同向自转钻头组成,三个钻头除各自同向旋转外再一同绕中心轴公转。其反扭矩靠支撑支承于水下管壁。

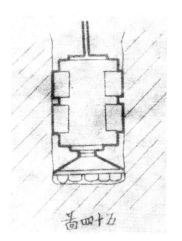

图2-1-45　KSD-4型钻机
(川崎重工)

该钻机的特点是因为分散带自转的钻头,其扭矩小,需要功率也小。三个钻头在自转公转的过程中,一面破碎土岩,一面将钻渣把扭到中间反转着的吸入口,出碴效率高。钻进时钻头摆动小,成孔整体,垂直精度高。

RRC30钻机钻孔直径3.0米,标准钻深50米,最深80米,扭矩3.4吨米,电动机功率2×30千瓦。钻进时间:在页岩、凝灰岩中3米/小时,泥岩中4米/小时,沙砾中5米/小时。

———————————

1　大岛大桥の多柱基础实验工事.桥梁と基础,1/1974
2　天津新港外贸冷藏库中潜水式工程电钻制作灌注桩.国家建委建研院地基基础研究所,1975
3　上海电丰修配厂潜水工程电钻钻孔灌注桩.上海基础公司等,1976
4　大岛大桥の多柱基础实验工事.桥梁と基础,1/1974

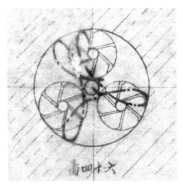

图2-1-46　自转钻头组成
复式钻头

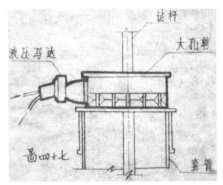

图2-1-47　液压动力钻机

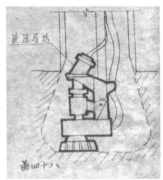

图2-1-48　水下涡轮挖掘机

c. 水上液压

国外液压动力的钻机十分普遍。由于地质、海上石油工业以及工程的需要，产品种类极多。用液压马达带动钻杆可以无级调速。

因为钻进部件可以单独存在，因此可安装在钻机架上、船上的导向架上或即安装在套管端部（图2-1-47）。西德威尔斯（Wirth）型便是此类。应用实例如马拉开波桥及日本东京ALweg桥等。现在日本仿制的可钻ϕ3.6米的孔，扭矩40吨米，型号为MD-360，L-10S等[1]。

d. 水下液压

法国贝诺托水下涡轮挖掘机便为此类型。该机尚可作扩孔之用（图2-1-48）。

e. 冲击钻机

国内冲击式钻机主要使用摇臂式的YKC30、31、34型等。YKC31型钻机卷扬能力8.8吨，钻具重8吨，冲程0.5到1米，冲击次数40次/分。

南京长江大桥利用6吨单打汽锤的汽缸，通过滑轮作气动冲击式钻机。起吊ϕ3.0米重10吨的钻头，冲程0.6米左右。

尚有用摩擦式卷扬机提升钻头，以气动离合器使自由落锤的冲击式钻机。

ii. 起落钻杆方法

大部分钻机起落钻杆方法都是用吊机滑车组进行，国产钻机都属此类。

国外亦以吊机的方式居多。

日本BM-1，MD-360；西德L10S为液压千斤顶升降，估计因其旋转动力亦为液压，取其设备绕一而已。

iii. 出土方式

钻机因为使用的钻具不同，出土的方式亦不同。分别为：提出弃土、正循环孔口排土、反循环吸土及空气吸泥等四类。

a. 提出弃土

冲抓钻、大锅钻、短螺旋钻等都是此类。提出弃土是属于间断性的弃土方式，施工时间上有些

1　大岛大桥の多柱基础实验工事. 桥梁と基础，1/1974

浪费。若在提出的过程中不需要拆装钻杆，工作效率降低有限。如每次弃土都需拆装钻杆，时间浪费更大。

大桥工程局历来使用的冲击钻头提取钻渣尚须换用特制的取碴筒，工作效率低。

铁兵89131部队在白河桥施工时作了改革，将钻头和取土筒混为一体[1]（图2-1-49）。

日本吸收我国冲击钻机的经验于1975年制成神钢KPC-1200型冲击钻机[2]。其初步设想取渣筒即带在钻头上（图2-1-50）。后未采用，改用空气吸泥机取土。

一个单位习惯了使用一种施工工艺操作，往往因循守旧，不思改革，或者认为无可改革，转而去采用另外一件机具。看来新的机具是需要的，然而推陈出新未始不是新机具的来源，因为不断地推陈出新，若干次后改革成的机具和原来的相比，已是面目全非，完全成为新的东西了。

b. 正循环孔口排土

正循环排土即在钻杆里供给清水或泥浆，从孔口排出夹有钻渣的泥浆。

c. 反循环吸土

反循环吸土是由孔口供应清水或泥浆，从钻头通过离心泵，借助于真空泵自孔底吸出夹有钻渣的泥浆。

此法1953年于西德初次采用。后美国改进成PS150型钻机[3]（图2-1-51）。其他若SW200、SI50H钻机均是同一类型。

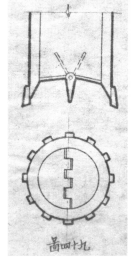

图2-1-49　钻头和取土筒混为一体

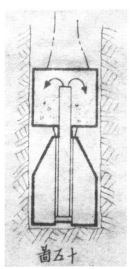

图2-1-50　钻头上带取渣筒的设想

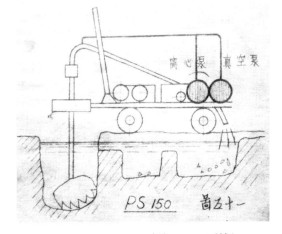

图2-1-51　美国改进的PS150型钻机

反循环吸土和正循环排土比较反循环的优点是：钻渣排除及时，避免多做虚功，钻进过程中反映实际的地质情况及时，便于根据不同地质调整钻进速度，钻进效率较高。

d. 空气吸泥

这是我国桥梁施工所熟悉的使用方法。现在应用的吸泥机能量很大。

西德威尔斯公司应用于钻孔桩机型号如RT2110等。现国外出售各种标准形式的提头（图2-1-52）。

1　技术革新成果汇编.铁道兵,1976

2　〔日〕重锤式岩盘掘削机（神钢KPC-120型）.《桥梁》,8/1976

3　*PS150, Eine Modern Sahzgitter Saugbohranlage.* Wasser und Boden, 5/1952

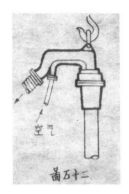

图2-1-52 标准形式的提头

煤矿设计院的BZ-1钻机提头亦属于此类。

e. 泥水处理

泥水夹带钻渣吸出后，为了节约，泥浆沉渣后循环使用。我国桥梁施工方面都是自然沉淀法，缺点是沉淀速度慢，这是必然的，因为在排出钻渣的目的来说就是需要泥浆的悬浮钻渣不便很快沉淀的作用。由于沉淀慢，泥浆池占地面积大，抽回的泥浆沉淀不干净，最后清基换浆消耗时间多。

现在石油钻井已采用泥浆净化装置，桥梁施工方面值得引进。

C. 各种钻头

钻头的形式五花八门种类极多，现根据钻进方式不同分别扼要叙述。

i. 射水吸泥钻进[1][2]

大桥局过去使用最多的是射水吸泥法。射水吸泥法仅适用于有套管的钻孔桩。射水冲刷的水压可达15个大气压。在砂质粘土或黏质砂土；砂土或砂夹小卵石土壤中，一般采用空气吸泥机便可。

砂夹大卵石时用水力吸石筒。

砂粘土胶结卵石时需用ϕ250毫米的空气吸泥机或水力吸石筒。若遇硬粘土时须布置多点射水。

实在遇到顽强黏结的粘土夹卵石时，可先冲击捣碎后再吸。

射水吸泥设施简单，在覆盖层中有套管下沉，仍不失为很好的方法。

ii. 旋转钻进钻头

国外对于砂土地基的旋转钻进较多，采用螺旋钻头。

螺旋钻头分为短螺旋和长螺旋两种。

短螺旋钻进如欧洲RH5钻机[3]（图2-1-53）和美国阿巴契钻机。阿巴契钻机的螺旋钻头[4]（图2-1-54）靠螺旋作用钻入土中，每次钻进约0.6米。拔出钻杆，旋转甩土。该机可钻ϕ0.65—1.524米的孔，深3—30米。钻杆的钻、拔都用液压。

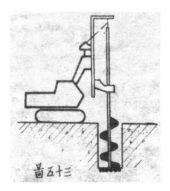

图2-1-53 欧洲RH5钻机短螺旋钻

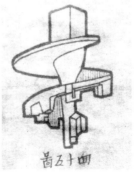

图2-1-54 美国阿巴契钻机的螺旋钻头

1 管柱基础，1957
2 铁路施工技术手册5—桥涵，第五章管柱基础，1974
3 〔USA〕*Machine-bored Caissons for Earth Retaining System in Europe*. C.E., July/1970
4 建筑技术科研情报，1974年第2期

阿巴契螺旋钻头下面带有刃口，可以钻硬质土、岩质土和冻土。

长螺旋钻进其螺旋通过整个孔深在旋转钻进时便可连续出口，如日本的ND式钻机[1]。

我国在砂夹卵石层中钻进时采用了用ϕ30毫米螺纹钢焊成螺旋钻头用以夹出ϕ50厘米左右的卵石[2]（图2-1-55）。

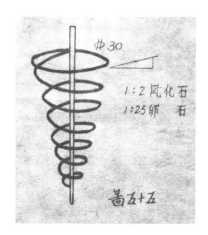

图2-1-55　ϕ30毫米螺纹钢焊成螺旋钻头

我国在一般土壤中旋转钻进使用过大锅钻、鱼尾钻、圆笼鱼尾钻、刺猬钻、三翼空心单尖钻、四翼钻、六方钻等[3]。其中最普遍使用的是圆笼鱼尾钻（图2-1-56）。该钻曾经用之于山东北镇黄河公路桥，钻ϕ1.5米的钻孔桩，入土107.64米；亦用于山东齐河黄河铁路桥引桥ϕ1.1米钻孔桩，钻孔深45—55米。经过的土层为：砂质黏土、黏砂土、中、粗、细、粉砂，细砂夹姜石和黏性土壤，效果良好。

在砂夹卵石土层中，国内总结出"钻""破""松""挤""夹""抓"六字经。

即在较疏松的砂夹卵石土层中，用大锅钻钻进提取。当较为密实和夹有大漂石的砂卵石层，先用爆破法爆破炸松或用螺旋钻钻松。某些探头卵石可用钻头将之挤入土壁。松散的卵石用螺旋钻夹取提出，或用冲抓钻抓取。这是很宝贵的实践经验[4]。

国外在覆盖层中旋转钻进的钻头形式与国内无甚差别，对翼形钻头有时加上犁片式的翼片以防止土砂复原[5]。

图2-1-57是我国潜水工程电钻用的钻头。

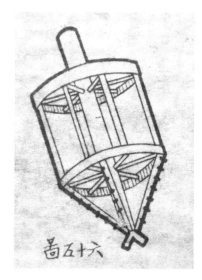

图2-1-56　圆笼鱼尾钻

旋转钻机在岩层中使用的钻头为：一般软岩钻进采用二、三或四翼银合金的钻头；对硬岩，超硬岩便使用牙轮钻。

牙轮钻分为圆盘形、齿轮形和乳头型[6]（图2-1-58）。配有牙齿钻头的L10S钻机对岩石单向压缩强度为1 400—1 500千克/厘米[2]时可钻ϕ3.6米的孔。软岩则可钻ϕ5.5米的孔。

乳头形钻头破岩力最大，可钻4 760千克/厘米[2]的超硬岩，该机最大钻深可达550米。

在旋转钻进岩质地基时值得一提的尚有地质钻探中习惯使用的几种方法，即钢粒钻进和金刚石钻进[7][8]。

1　〔日〕《最新の基础工法》，1974
2　湖北省公路局.《钻孔灌注桩施工》
3　公路桥梁钻孔桩编写组.《钻孔桩施工经验选编》，1975
4　公路桥梁钻孔桩编写组.《钻孔桩施工经验选编》，1975
5　〔日〕大口径ボ烊リングマシンについて.《桥梁》，3/1973
6　〔日〕海洋にずける大口径掘削机.《桥梁》，8/1971
7　岩芯钻探知识.北京地质局，1973
8　*Shot Drill Method*. Foundation Abutments and Footing, 1943

图2-1-57 我国潜水工程电钻
用的钻头

图2-1-58 圆盘形、齿轮形和乳头型牙轮钻头

地质钻探最大的特点是取样，即希望将地底的岩样或矿石原样不动地按层次提取上来，因此其破岩的方式是管状的而不是全面积的。因为一个钻孔中需破碎岩石的面积较小，所以需要动力的功率也较小。

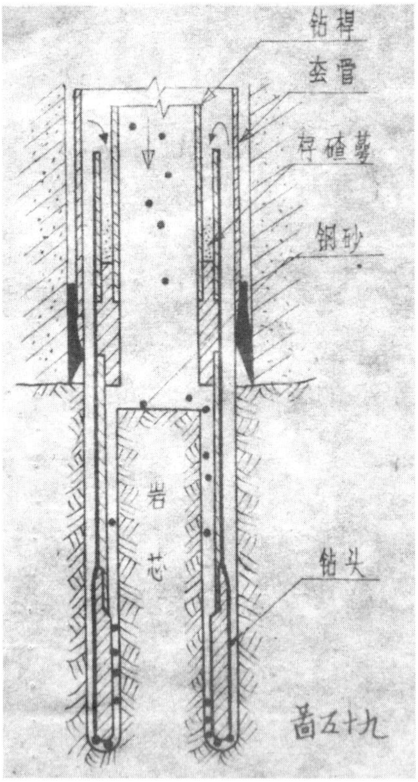

现在应用的钢粒钻的方法是在管状的钻头内按时投入钢粒。钢粒可以是用喷出融钢突然冷却而形成的钢粒，或用钢丝切成细粒经调质后达到一定硬度的钢粒。钢粒经钻头加压，旋转磨碎岩石，一方面通过水洗将钻渣和碎钢粒冲洗到管顶的沉渣槽。钻进的结果形成一个圆柱状岩芯，再靠取岩筒将之扭断后提出。这一钻进方法很早就应用于土木工程施工中。如美国田纳西州诺烈斯坝钢粒钻的钻孔直径为ϕ0.915米，并制造使用过ϕ1.83米直径的钻机[1]（图2-1-59、图2-1-60）。

钢粒钻的缺点是钻速较慢，对于疏松破裂的岩石不易形成岩芯，即便形成岩芯提取也困难。不能钻与垂直线偏斜大于70度的斜孔，因此时钢粒将偏聚于一边。钢料的消耗量大，辅助工作步骤较多等。因此这一方法虽然具有不全面破岩的合理性，由于施工步骤并不理想，又没有深入予以改进克服，近年来在大直径钻孔中不发展取芯钻而发展全面积破岩钻孔。全面积破岩虽然多花了些动力，但简化了操作步骤，提高了钻进速度。

还有一种较有前途的取芯钻是金刚石钻进。金刚石钻进亦为管状钻头。钻头表面镶有或内部孕有细粒人造

图2-1-59 美国田纳西州诺烈
斯坝钢粒钻

---

1 *Shot Drill Method*. Foundation Abutments and Footing, 1943

金刚石,靠高硬度的金刚石破碎岩石取得钻进。金刚石钻进的优点是比钢粒钻的旋转速度快;因此效率也高一倍以上,钻具轻,钻孔质量好,辅助工作少,可减轻体力劳动,可钻任意方向的孔。双管钻头的钻具钻进和取岩一次完成。缺点是冲洗循环要通畅、操作要细心,否则容易损坏钻头。

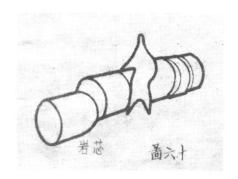

图2-1-60　巨大的岩芯

　　金刚石钻进尚没有大直径的钻具。由于大直径钻头需要金刚石的数量大,第一次投资昂贵,限制了它的发展。但在取芯方法、钻进速度等方面都有可喜的成绩出现。

　　因此,虽说近年来全面积破岩的钻机发展较快,呼声较高,但问题并不应该到此定案结束。对于取芯钻尚可做深入研究改进,使达到既节约动力又简化操作和加快钻进的目的。

　　iii. 冲抓及冲击钻进钻头

　　冲抓取土对一般土壤或砂卵石层均为有效。冲抓钻头靠冲击力量进入土层,提起时抓瓣合龙抓起土壤。

　　国产冲抓钻头有建字02部队单绳冲抓钻和建工部一局六公司的67-2型冲抓钻等[1](图2-1-61)。

　　冲抓钻有单索、双索,抓瓣可为2、4、6瓣。1974年10月铁路钻孔桩会议上报道,在湖南湘江公路大桥基础用单索冲抓钻施工。冲抓钻在水中使用时抓瓣愈多,提起时漏渣愈多是一缺点,因此冲抓钻点适宜于无地下水处使用。

　　国外尚有带液压开合抓瓣的冲抓钻头,法国为贝诺托型,西德为弗郎基型,二者都可以作扩大桩尖之用(图2-1-62)。

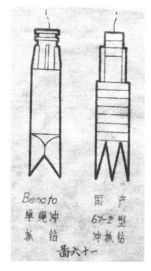

图2-1-61　单绳冲抓钻头

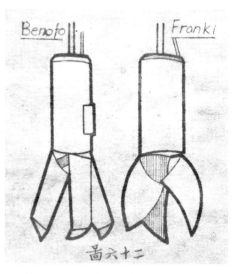

图2-1-62　液压开合抓瓣冲抓钻头

---

1 《1968年冶金工业部基础工程技术革命经验交流资料选编》

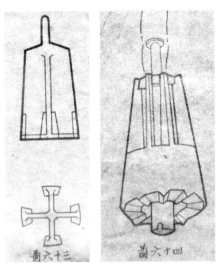

图2-1-63
变坡形3.8吨
重的钻头

图2-1-64　神钢
KPC-1200钻头

冲击钻头大桥使用较多。自武汉长江大桥、南京长江大桥及其他桥作为冲击岩基的工具起，到西南诸铁路桥基用于冲击覆盖层施工。总结认为冲击钻较好，因适应土壤范围广，从砂到岩石都可以用，设备简单、费用低，泥浆要求简单等。缺点是在砂土、粘土性土中钻进效率低，不如旋转式钻机，在岩层中可能使岩石破裂[1]。

大桥局认为变坡形3.8吨重的钻头较好（图2-1-63）。以后发展建议钻头做阶梯形及拼装式。冲击钻头的冲击效果见下表[2]。

国外最近使用冲击钻头施工的桥梁除前节报道的法国克勃查克桥外，日本本四联络桥大直径钻孔机的研制过程中也作了冲击式钻机的试验，型号为神钢KPC-1200[3]（图2-1-64、图2-1-65）。

地　　　质	孔　径	纯钻时间	平均进度	最大进度
中砂及粗砂	ϕ1.0米	75%	0.24米/小时	0.28米/小时
砂卵石层（石灰岩）	ϕ1.0米	75%	0.225米/小时	0.26米/小时
砂卵石及漂石层（石灰岩）	ϕ1.0米	75%	0.116米/小时	0.84米/小时
砂质石灰岩胶结层（玄武岩）	ϕ1.0米	75%	0.156米/小时	0.40米/小时
岩层（南京桥）	ϕ1.0米	45%	0.145米/小时	

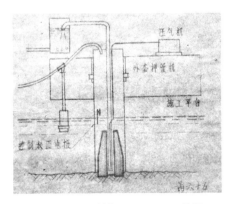

图2-1-65　神钢KPC-1200钻机

钻头为二重圆筒形，下部有十余个V形刃脚。锤重4—6吨。钻孔直径ϕ0.65—ϕ1.35米。用卷扬机吊起，以气动离合器使锤自由落下，冲程0.05—1.5米，冲程可以任意调整。每分钟冲击次数20—60次/分。钻渣用毁50毫米的空气吸泥机取出。冲击钻机的效果为：

一般土　　　　　　　　　　1.0米/小时
堆积层（夹卵石）　　　　　0.4—2.5米/小时
岩层（软硬岩的平均值）　　0.5—0.9米/小时

1975年2月到8月止，在鸣门、门崎海上做试验，总掘进长度138.14米，纯掘进速度0.57—1.83米/小时。

1　交通部铁路钻（挖）孔桩经验交流会议文件，1974
2　西南铁路建设工地指挥部钻孔桩战斗小组.《冲击式钻孔灌注桩施工总结》
3　〔日〕《桥梁》8/1976

与旋转钻作比较,钻强度500—1 000千克/厘米^{2}岩石。

BM-1	0.45米/小时
KSD-4	0.73米/小时
MD	0.52米/小时
L10S	0.65米/小时

钻进时间是指开钻到钻完,不计搭载、拆去、组立、分解钻机。

通过比较可以看出,我们目前使用的冲击钻机在施工工艺上尚有潜力可挖。

D. 灌注混凝土方法

在已完成的钻孔内放入钢筋笼后,灌注水下混凝土。我国习惯使用的是导管法。导管下部塞子的形式虽各不相同,如木球、钢板、篮球内胎,塑料袋包木屑等,材料不一,但原理相同。

国外灌注混凝土的方法有:

i. 导管法

例如意大利Contaria的波河公路桥钻孔桩φ2.0米深45米。

ii. 混凝土斗置放水下混凝土。

例如,荷兰鹿特应隧道基础[1]钢套管φ1.08米长60—90米,用混凝土斗置放第一斗后,以后第一斗当插入前一斗置放的混凝土中,始开启,边放混凝土边拔套管。

iii. 混凝土泵

用混凝土泵灌注需时较短。实例如法国克勃查克桥基础。

混凝土泵始于1932年,现在使用的混凝土泵以活塞式较好。还有用压缩空气输送的泵。泵管经自80—200毫米,运距现可达500米,运高到50米左右。

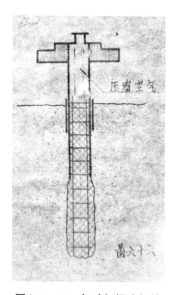

图2-1-66 气动扭摆式打桩拔钢套管

用气动扭摆式打桩拔钢套管,此时管内已填充了混凝土,筒内放入压缩空气,压力为1.5—3千克/厘米^2。一方面压实混凝土,一方面帮助拔管(图2-1-66)。

E. 桩底处理

在灌注混凝土之前,钻孔桩的孔底沉淀有不少钻渣。国内往往是停钻后继续换浆(指正循环),在不影响孔壁稳定的情况下尽量用泥浆带出钻渣,然后再灌混凝土。可是灌混凝土之前又沉淀了钻渣。很多单位试桩,结果桩尖端承载力极小,甚至为零。导致钻孔桩的设计计算时假定桩尖承载力不计。这样消极地处理问题,是甚为失算的事。

国外也发生相同问题,其处理方法有:

i. 桩尖压浆(图2-1-67)

此法使用钻孔埋入桩的马拉开波桥[2]及阿根廷恰哥桥[3],浆压力50千克/厘米^2,可得到柱端极大的承载力,最大值等于桩水中重加周边摩阻力,否则桩便会像瓶塞一样被冲击。

---

1 *Gründung und Ausführung des IJ Tunnels in Amsterdam*. Deutche Gesellschaft für Erd-und Grund bau, 1964

2 *Die Brückn Über den Maracaibo See*. Beton und stahlbetonbau, 8-9/1963

3 〔USA〕*Large precast Conctete Boxgirder Bridge in Western Hemisphere*. C. E, march/1974

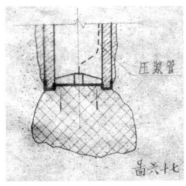

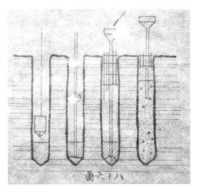

图2-1-67　桩尖压浆　　　　图2-1-68　砂浆悬浮施工法示意

ii. 砂浆悬浮施工法[1]（图2-1-68）

在钻孔清基沉淀后的孔中放一斗，由水泥、飞灰、铝粉分散剂的水泥砂浆用搅拌器与孔底未清完的渣浆拌合成为较稠的悬浮胶体，然后在孔内灌注水下混凝土，将此混合物托推上来。

iii. 导管外加喷水管喷射，空气吸泥机吸泥

灌混凝土前先喷水，冲起钻渣；或冲起后吸出钻渣，立即下混凝土。

F. 质量检查

钻孔桩在成孔之后和灌注混凝土完毕后需要做质量检查。

成孔后检查目的是了解桩孔断面形状。一般采用探孔器或超声方法。

灌注成桩后的质量检查目的探明桩混凝土是否完整。国内采用钻取岩芯的方法。法国CEBTP试验室做了十年研究试验了5 000根以上的钻孔桩检查，采用三种方法作无损检验[2]，其方法是：

i. 震动法　Mechanical impedance method(Vibrotion)

ii. 声波核心法　Sonic coring method

iii. 回声法　Echo metbod

详细情况从略。

4. 桩基的几种改进技术措施。

桩基础，尤其是摩擦桩往往由地基承载力控制，桩本身的材料强度不控制，不能发挥桩的力量。可以从中采取一些技术措施以节约投资，如：不填充的厚壁大直径管桩，填充震实砂土的承重隔板管桩，空心灌注桩，扩大桩桩尖桩和斜桩等。试分述于下：

A. 厚壁大直径管桩

有人通过计算，认为用震动打桩机下沉的管柱，要考虑最合适的壁厚，此时桩打入后，除了封底混凝土和桩顶承载混凝土外，内部不予填充（图2-1-69）。

若下部桩节内有承重隔板，也可以不封底，以节约材料（图2-1-70）。

1　〔日〕关于土层钻挖法的施工和稳定液的最清条件.《土木技术》8/1973;《桥梁建设增刊》,1/1976

2　*Controle non Destructif des Pieux en Béton*. ANNALES, Jan/1976

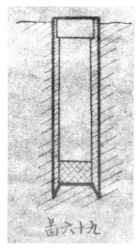
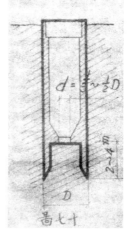
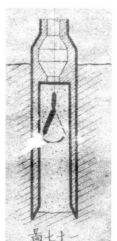

图2-1-69　内部　　　图2-1-70　内有承重　　图2-1-71　震动中
不予填充　　　　　隔板　　　　　部回填的砂

B. 震实砂土的承重隔板管桩[1]

大型管桩下沉后,中部回填砂再用震动浮子予以震实,增加其承载力,可以不填充混凝土(图2-1-71)。

C. 空心灌注桩

日本某桥基础钻孔桩直径ϕ3.2米深33米,填充混凝土时内部装进ϕ2.0米的可倒用的内模,剩下壁厚为0.6米,节约混凝土36%(图2-1-72)。

大桥工程局1958年施工的郑州黄河大桥和漳河大桥管柱基础亦均为空心填充混凝土。

1974年,钻孔挖桩会议时,交通部一航局介绍了他们试验用尼龙丝胶囊做内模作空心灌注桩,具体的施工步骤见图2-1-73。空心桩仍用一根导管灌注混凝土,灌法完结胶囊用翻肠的方法取出。

试桩直径ϕ07米,胶囊直径ϕ0.3米,混凝土导管直径ϕ13厘米,壁厚仅余0.2米。尚有另一方案可参阅[2]。试验是成功的,亦有些缺点待改进。ϕ0.7米空心桩节约混凝土18%。不能认为此数较小,其节约的意义是很大的。

D. 扩大桩尖桩

扩大桩尖桩可以提高桩的承载力。以一个桥墩为

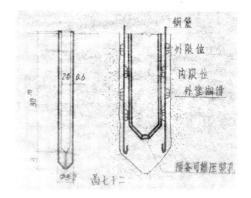

图2-1-72　空心灌注桩

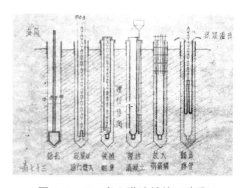

图2-1-73　空心灌注桩施工步骤

例,打桩后扩大桩尖与不扩大桩尖二者的差别曾作过计算比较,结果扩大桩法者较之不扩大桩尖:

1　*Struct*, Engr　11/1968
2　《钻孔空心灌注桩中间试验报告》.交通部一航局

入土总深度少约27%，预制桩混凝土总方数少约46%（指打套桩者），填充混凝土数量少约37%，造价节约约42%。

若以山东齐河黄河大桥引桥为例，改为扩大桩尖桩，可节约投资数百万元之巨。一个桥是如此，以后应用钻挖桩基础有条件扩大桩尖者，投资节约数量必然极为可观。而一套扩大桩尖机具的投资不过数万元，经济效益是十分明显的。

国外扩大桩尖桩的施工机具几乎各国都有，而国内则较少且较小。下面仅将收集到的资料予以介绍，以提起注意。

扩大桩尖的方法主要是机扩和爆扩二种，最近还试验成功液压扩桩。

i. 机扩

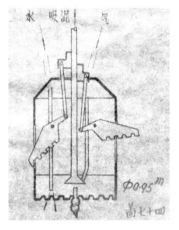

图2-1-74　1933年丹麦扩孔器

机扩的关键在扩孔的钻具。

比较早地应用扩孔钻具的是1933年丹麦小带海峡桥基础，其扩孔器的构造如图2-1-74。用机械的方法在φ0.95米的取土钻头四边伸出四个刮刀片，切削软页岩。附水搅动，空气吸泥机取土[1]。

现在机扩钻头种类极多，如英国的经济基础法（Economic Foundation）也是取土洞再张翼，可从φ1.3米扩到φ3.5米。钻渣存在筒内提出取土。此法只用于土壤。

国外T157扩孔钻头（图2-1-75）构造比较简单。取土洞壁二侧张开，便成扩孔刮刀，合成便是取土筒。钻头用液压马达转动扩孔，自φ0.45米扩至φ1.0米。提出取土。

我国冶金部冶工型钻机也带有扩孔钻头（图2-1-76）。盛土器打开同时打开扩孔刮刀。扩孔刮刀收拢之后再关闭盛土器，提出弃土。扩孔直径自φ0.34米扩到φ0.8。ABA-Lorenz式扩孔钻头（图2-1-77）是几片较软的簧片，压下后向外扩张，将孔底扩成蒜头形，其取土的方式不详。

美国阿巴契扩孔钻头（图2-1-78）张开便为刮刀，合起即成取土筒。提出弃土。

钻孔直径为φ0.76—1.52米可扩孔到孔径的一倍。

法国贝诺托钻机扩孔钻头有二种形式：一种是抓斗式。抓斗瓣合龙时通过钻孔，张开后抓斗瓣便为刮刀。钻头内有水下电动机带动液压泵，推动液压马达，先将夹紧器推开，再推开抓斗瓣。

钻渣由抓斗瓣抓住，提出弃土。扩孔自φ1.2米扩至2.5米（图2-1-79）。

另一种即涡轮挖掘机，靠液压推动弯转钻头，扩大桩尖。空气吸气连续取土。图见钻头一节（图2-1-48）。

欧洲使用较多的是西德弗朗基（Franki）式扩孔钻头，其抓斗形式和贝诺托类似，扩孔由φ1.3米扩至φ1.9米。

美国卡尔威（Kolvet）扩孔钻头[2]从两侧用液压推出刮刀，扩孔从φ2.4米扩至φ4.5米，取土方式不详（图2-1-80）。

1　*Der Grundbau*
2　*Symposium on the design of pIle foundation*　1960

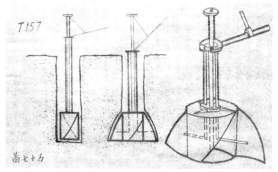

图 2-1-75 T157 扩孔钻头

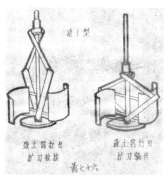

图 2-1-76 冶工型钻机扩孔钻头

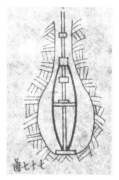

图 2-1-77 簧片扩孔钻头

图 2-1-78 美国阿巴契扩孔钻头

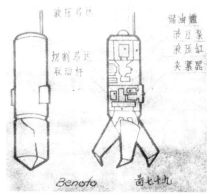

图 2-1-79 钻渣由抓斗瓣抓住

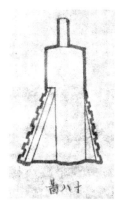

图 2-1-80 美国卡尔威 Kolvet 扩孔钻头

日本新造的 OJP 型扩孔钻头[1]（图 2-1-81）。其刮刀共四翼，收拢时刮刀下垂，打开时刮刀外张；仅有扩孔能力，无取土设备。

有套管的钻孔桩其扩孔的步骤是：

先将套管钻好孔 ϕ2.0 米后提起套管 6 米放入扩孔钻头，投入泥浆，扩成 ϕ4.25 米，取出扩孔钻头，放入 ϕ200 毫米空气吸泥机吸出泥浆钻渣。用超声波检查孔形。扩孔后承载力达到 2 000 吨。

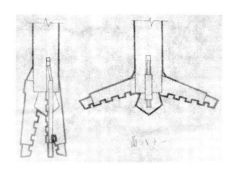

图 2-1-81 日本 OJP 型扩孔钻头

苏联在扩大桩尖方面做了不少工作[2][3]。

比较早的扩孔钻头为列宁桥梁设计院的 PY-4，5，6 型这一型式。据报道，1964 年，在萨拉托夫附近，伏尔加河桥为 ϕ4—5 米管柱基础，在粘土中扩孔，扩大到 ϕ8 米，但声称钻头容易损坏，不太成功[4]。

1　*Const*, Method and Equip., Vol. 54　No. 7, 1972
2　Фундаментбl Onop Moctob, 1966
3　Tpoh Ctpo, 11/1960
4　Tpoh Ctpo, 4/1964

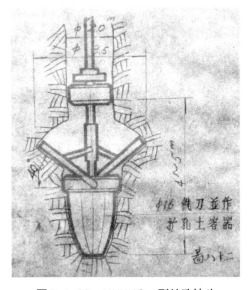

图2-1-82　ЦНИИСа型扩孔钻头

另一种型号为全苏运输工程科学研究院的ЦНИИСа型（图2-1-82）。扩孔从ϕ2.0米扩大到ϕ3.5米。

其施工步骤是：

先在套管以下钻直孔，每1米出土一次约12—15次。提出弃土。然后再扩大。刮刀用液压推出，扩孔到ϕ3.0米时铣刀容器已装满。收拢刮刀，提出弃土。放下再钻，如此重复到扩成。

类似这样的钻头则有斯维尔德罗夫斯克工业建筑公司的型式[1]（图2-1-83）。其扩孔弃土落在下面的螺旋上，提出弃土。

施工时再采取一些措施，即在没有地下水及不用泥浆护壁的条件下，扩大桩尖部分，填充混凝土之后，用锤夯实，再填桩身，承载力还可提高（图2-1-84）。

钻深4.8米的桩，不扩大桩尖，承载力20—22吨。扩大桩尖后，混凝土增加27%，承载力提高为80吨。扩大又夯实，承载力达125吨，造价降低30%—80%，工作量降低40%—60%。

最近苏联工业部门又采用了压缩空气扩孔[2][3]（图2-1-85）。所用气压约10千克/厘米^2。对湿度为6.02—7.47%、比重为1.58—1.85 g/厘米^3、孔隙离为44.98%—45.9%的土壤效果较好。扩孔由ϕ0.5至1.0米的孔扩大到ϕ2.0米。钻深29米。

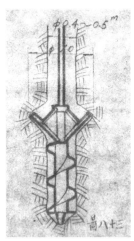

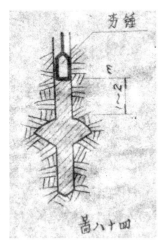

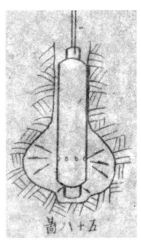

图2-1-83　斯维尔德罗夫斯克工业建筑公司的型式　　**图2-1-84　用锤夯实**　　**图2-1-85　压缩空气扩孔**

1　Фундаментбl Onop Moctob　1966

2　Механизацаа СтройтеАвстВа　6/1973

3　*Verbesserung der Technologie bie der Erweitung des Hohlraumes förder Fuß von Bohrpfählen.* Bau Maschine und Bau Technik, 3/1974

扩大桩尖的机扩机具以翼片形刮刀居多。翼片的构造如上所述,基本上分为两种,一是上铰式,一是下铰式。上铰式所形成的扩孔上部是锥体,下部是平或微斜的底,为欧美各国所乐用。苏联则大部为下铰式,下铰式形成的扩孔上部是穿顶。上部土体形状与扩大部分土壤的稳定有很大关系,究竟二者何者为优,没有作相同基础的比较,有待于国内自己的实践以验证。

扩大桩尖机具另一关键问题是取土方式。这和不扩孔钻孔桩本身的施工机具一样,都是必须好好解决的。在可能条件下,如土壤的稳定性有保证,无坍孔现象发生,理应以连续出土和不提钻头出土为较理想。无套管钻孔桩提钻头次数过多就造成更多的坍孔机会。连续出土,可提高施工速度。

以上所有的扩大桩尖方法均属取土造孔的方法。

1967年,我国哈尔滨市建筑公司试验成功液压胶囊扩大桩尖[1](图2-1-86)。在ϕ0.31米、厚30毫米圆柱体胶囊上半部套一钢箍,用泥浆泵压水膨胀胶囊扩大桩尖。泥浆泵压力30千克/厘米^2,并由水箱上刻度控制水量,且可推算出扩大的尺寸。在亚粘土中做试验,扩大桩尖到ϕ0.97米时间不到3分钟。这一方法是使桩尖部分土壤密实土空隙率较小者扩大桩尖较小;对疏松土扩大部分宜埋入土一定深度,否则地面会突起1厘米,无裂缝。埋入深2.8米时,地面突起10厘米,且有岩层裂缝。

图2-1-86 液压胶囊扩大桩尖

ii. 爆扩

1957年,大桥局试验过爆桩尖桩基础,并应用于101桥[2](图2-1-87)。桩用ϕ55厘米钢筋混凝土。管桩下端加一个由8—12毫米钢板焊成的桩头。桩入土深8—12米。因为管桩本身极限强度空心的为500—600吨、填充的为750—800吨,而设计承载力受地基土壤控制,一般在50—120吨左右。桩本身强度没有充分发挥。采用爆破桩尖可以解决问题。

根据试验,爆扩后,桩尖可得直径ϕ0.9—1.6米,承载力比不爆扩者提高36%—40%(图2-1-88)。

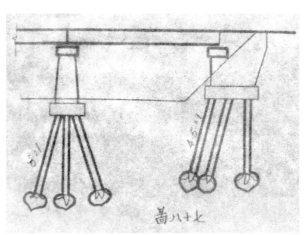

图2-1-87 爆桩尖桩

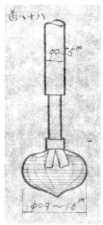

图2-1-88 爆扩
后桩尖示意图

---

1 《1968年冶金工业部基础工程技术革命经验交流资料选编》
2 101号桥采用爆扩桩基础施工经验.《大桥工程学习汇编》,1959年第8期

爆破桩尖后的桩，桩长可以减短，打桩也容易，所以扩大桩尖桩一般总是短桩。

国内建筑部门从东北到西北，从东南到西南，由冶金部、建工部、石化部等在饱和性粘土、砂土、夹石地层、喀斯特地区、湿陷性黄土地区等都采用了爆扩短桩[1]。

爆扩短桩的爆扩方法分为药眼法（图2-1-89）和药管法（图2-1-90）。

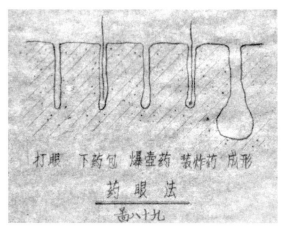 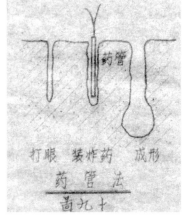

图2-1-89 爆扩短桩的爆扩药眼法   图2-1-90 爆扩短桩的爆扩药管法

施工步骤为打眼、放药、爆破成形、填充混凝土。步骤也很简单。

爆拖扩短桩长约3—6米（抗拔桩大于3.5米）。先钻孔眼ϕ0.25—0.35米，爆扩后桩径到ϕ0.55—1.5米，爆扩头约为桩径的2.5—4倍。

爆扩短桩构成的桩基可为图2-1-91所示的各种形式[2]。

扩大桩尖，提高桩基承载能力，发挥桩身材料强度，这是毫无疑义的，值得指出的是，这里的糖葫芦桩，就是一桩上有两个或两个以上的扩大部分其效果如何？

国外有人认为[3]二个下部扩大的桩其承载力更要增加。曾在粘土和砂土中都做了试验，增加一

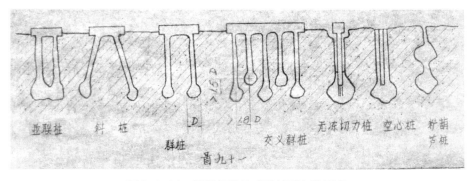

图2-1-91 爆扩短桩构成的桩基各种型式

1 《建筑通讯》.1972年第2期
2 《短桩基础》.黑龙江省建筑设计院,1973
3 101号桥采用爆扩桩基础施工经验.《大桥工程学习汇编》,1959年第8期

个扩大部分承载力可以增加50%，但国内有人认为[1]二个扩大头不一定比一个合算，因增加80%成本而承载力只增加16%。这些不同的意见可能是作比较的基础不一样，有待于在同一基础上进一步做试验比较。

E. 斜钻孔桩

从结构理论上说，受垂直力和水平力的桩基础有斜桩比全部垂直桩为有利而且经济。尤其在地震区域，有斜桩的基础可避免由于表土液化或边坡滑坡起动而引起的破坏。

小直径的打入桩普遍使用斜桩，如大桥局修建的二江桥，三门峡黄河便桥等。大直径的打入桩或钻挖桩，除钢桩以外修建斜桩便不容易。国外马拉开波桥曾试验1∶11的斜钻孔桩，下沉深度在10米左右时没有问题，再下去时困难显著增加，最后放弃斜桩。但是国外亦有成功地造成斜钻孔桩的加纳伏尔塔河桥[2]（图2-1-92）。

施工的方法是：先以φ1.1米的钢套管，用液压扭摆法下入砂和粘土层12米，嵌进风化岩0.5米，钻头以双重导向钻入岩层7.5米。可见困难不是最大的原因，是软土层仅12米深。再深的覆盖层又将如马拉开波桥一样发生困难。因此修建南美阿根廷恰哥桥时一开始就认为斜桩很贵，难做而放弃。大直径斜桩是否真是十分困难呢？

国内在1957年时已在漳河和滹沱河成功地下沉了φ1.55米斜管桩，入土35—36米。用震动打桩机辅以射水吸泥下沉（图2-1-93）。至于斜孔钻岩，在汉阳做了一些试验，因为旋转钻具的材料不过关而停止。

以上介绍的两种都是属于有套管的斜桩，至于无套管仅有地面套筒的钻孔桩国内公路部门很早就做过试验[3]。

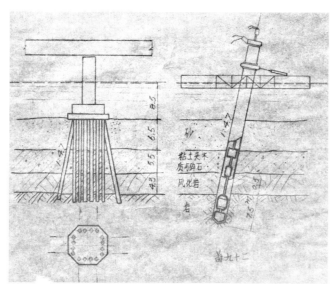

图2-1-92 加纳伏尔塔河桥斜桩

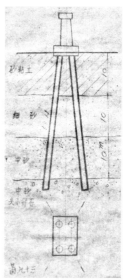

图2-1-93 1957年斜管桩入土

1 《建筑通讯》，1972年第2期
2 《建筑通讯》，1972年第2期
3 《钻孔灌注桩施工中的若干问题及其机具简介》.铁道部科情所，1966

在湖南省涟水桥工地试验斜度 1：5 斜桩，实际钻成为 1：5.3。

1967 年，湖北省亦做了 ϕ0.8 米的斜桩试验[1]。计划入土深 10 米，后遇障碍，只到了 6.24 米。设计斜度 1：6.45。保证倾斜的方法是：泥浆护壁；卡杆口、井口中下部、导向筒处三点导向。

1972 年，江苏省盐城通榆桥双曲拱桥台做斜钻孔桩基础[2]。地质为亚黏土，淤泥和黏土，斜度 1：10，钻深 18.2 米，斜度 1：4，钻深 14.7 米。得出的结论是斜桩比直桩容易坍土，但是只要护筒深些，水头高些，泥浆稠些是可以解决的。

1972 年，江苏省又在镇江做了试验[3]。桩孔径 ϕ1.0 米，深 15 米，斜度 1：5。用反循环钻机施工。后便在镇江一个 80 米跨度的双曲拱桥台上使用。桩径 ϕ1.2 米，深度 18.5 米，斜度 1：7。试验认为需要继续摸索，防止斜孔坍孔，研究控制斜度的方法、测量孔斜度的方法，保证混凝土质量、注意钢筋保护层厚度等问题。

1975 年，黑龙江省绥化县泥河桥[4]5 孔双曲拱基础采用了 ϕ1.25 米的斜钻孔桩。地质为 6—7 米的亚黏土、5 米砾砂、6 米砾砂含卵石。采用了 1.5 米长，用 1 毫米钢板焊成的螺旋钻头，钻头仅重 40 千克。钻头轻可以避免钻头卜垂。钢筋笼用导向小钢管卜放。

在其结论中有先钻小孔插粗钢筋、钢管或槽钢作为钻头导向，此点甚有启发。(图 2-1-94、图 2-1-95)。

公路部门如此千方百计地继续摸索钻斜孔方法，值得我们努力学习。

F. 复打桩（图 2-1-96）

我国建筑部门现在使用一种挤实土壤增加承载力的桩，一开始取名为"就地灌注扩大桩"。1966 年，建工部定名为"冲击振动灌注桩"。1969 年后正式定名为"复打桩"或复打套管灌注桩[5][6]。

其施工步骤是：

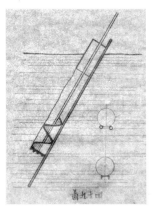
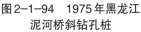
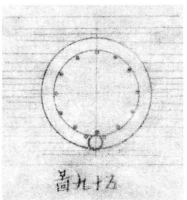
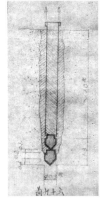

图 2-1-94　1975 年黑龙江　　图 2-1-95　断面图　　图 2-1-96　复打桩
泥河桥斜钻孔桩

1　*C.E. and Public Reviews* Vol. 50, 1955
2　斜钻孔桩试验情况.《公路科技情报》，1973 年第 1 期
3　《斜钻孔灌注桩》.江苏省交通大队
4　《斜钻孔桩的初步实践》.黑龙江绥化县泥河桥指挥部
5　《水运工程》，1972 年第 1 期
6　冲击振动灌注桩垂直载荷试验研究报告.《矿山设计》，1974 年第 1 期

```
┌── 打桩架就位──安放钢筋混凝土桩尖
│── 套管位于桩尖上──锤击套管到设计标高
│── 测量孔深──放钢筋笼──灌混凝土
│── 拔套管 （套管灌注桩）
├── 灌混凝土──拔套管──在原桩位第二次设钢筋混凝土桩尖
│── 加套管──锤击下沉──放钢筋笼──第二次灌混凝土
│── 拔套管 （复打套管灌注桩）
└── 重复上一步,打三次套管,灌三次混凝土。
```

（二次复打套管灌注桩）

复打桩套管直径 $\phi0.3$ 米,壁厚12毫米,管顶局部加强。在砂质粘土、粘擦砂土、粘土、粉砂的地基上试验的结果为:

	极限承载力(吨)	%	摩阻力(占)	桩尖阻力(占)
灌注桩	100	163	35%	65%
复打桩	261.6	426	30%	70%
钢管桩	61.4	100	18.6%	81.4%

5. 地下壁[1][2][3]

地下壁在国外文章中介绍一称"钻切墙""钻挖壁堰""钻挖隔墙""桩墙"等。"地下壁"乃日文译称,亦称"地下连续壁",这里沿用这一名称。

地下壁于1920年起源于欧洲。第二次世界大战结束,泥浆护壁法提出之后发展极快。其方法是用特制钻机自地面向下,以泥浆护壁钻或挖成不连续的孔或壁,再钻挖连通成一道连续的地下壁。

这一方法应用于城市土建工程,作为开挖基坑的围堰壁。可以靠近已成建筑物附近施工,施工占地面积小、无噪声、施工速度快,可钻包括岩盘在内的各种地基,可作承重的基础,断面形状不受限制,因此现在西欧、日本、英美各国,日多采用,并已应用于水工建筑物如码头、防渗墙及桥梁施工的用途中。

地下连续壁实乃是钻挖桩的另一种特殊形式。

图2-1-97列举几种地下壁平面形状,钻孔次序以及长条地下连续壁搭接的布置。

地下壁的可能厚度为0.3—1.2米,应用最多的是0.4—0.8米。每一单元可长2—10米,视地质的情况而定,一般为3—6米。最大挖深量80米左右,一般约30米。钻挖机械的设计挖深能力约为50米。

地下壁可以是灌注混凝土壁,单位体积水泥用量350至400千克/立方米。最大集料径35毫米,钢筋直径 $\phi5$ 毫米以上,钢筋间距10—15厘米。

1　*Die Schlitz wand bau weise für Große und Tiefe Baugruben.* Bau Ingenieur, 2/1976

2　*La Parai Pre fabriquie ses Application.* ANNALES, Jan./1974

3　〔日〕海外连续壁施工动向.《土と基础》,J/1973

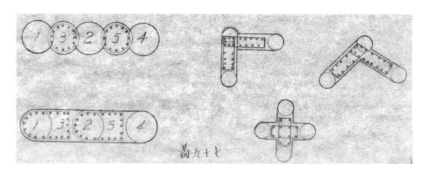

图2-1-97　多种地下壁平面形状

地下壁的钻孔壁中亦可放入带有企口的预制钢筋混凝土桩块或钢桩。预制件的形状繁多。在圆形栓联成的孔壁放入矩形预制块时,靠非开挖边的空隙中填以水泥砂浆。

地下壁完成后,开挖过程中在适当高度从壁前用特制钻机向壁后土中埋设水平或斜向锚桩,这样可使墙壁前不用支撑。

钻挖的方式大致如图2-1-98所示几种。前述钻孔桩的机具如Benoto、HW、RH5、Bade等都亦是地下壁的钻孔机具。

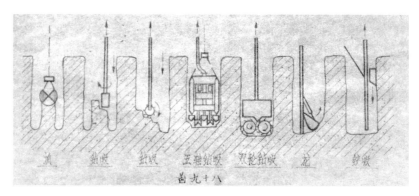

图2-1-98　地下壁钻挖的方式

地下壁的实例极多,这里只举几个和桥梁基础有关的例子。如:

西德圣克劳德桥桥墩[1]（图2-1-99）使用挖地下壁的挖沟机做成腰圆形的钻孔桩。

西德斯图加特市建筑新建筑时对老建筑物附近做地下壁挡土。为了锚固转角处挡土地下壁,又钻了一个ϕ5米的由21根ϕ0.88米钻孔桩组成的竖井、内设钢筋混凝土环梁作为锚桩的坑井[2]（图2-1-100）。

同样,长条形的地下壁单元亦可以搭拼组成矩形、长方形、多边形的封闭井筒作为桥圩台的基础（图2-1-101）。

地下壁直接作为桥梁的基础目前虽然尚无更好的实例,但国内外都在设想建造,未始不是新的方向之一。目前存在的问题是不能作水中墩,较之沉井水泥用量高等缺点,尚待进一步研究

1　*Die Brücke bei st.cloud-Freiverbau aus Fertig teiln*. Bau Ingenieur, 2/1976

2　*Bohrpfahlwand für die Allianz New bauten in stultgat*. Bau Technik, 3/1973

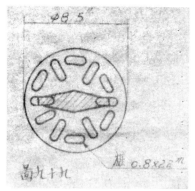

图2-1-99　西德圣克劳德桥桥墩

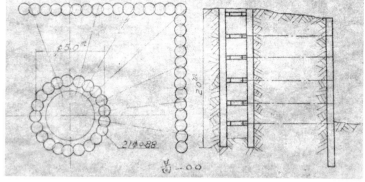

图2-1-100　西德斯图加特市地下壁

改进。

1974年始,我国引进了日本的搅拌桩法(CCP法 Chemicol Churming Pile)也称为旋转喷射成桩加固法[1]。其方法是用高压脉冲在地下自下而上的喷射浆液,并使土体和硬化剂在喷流的有效射程范围内强制搅拌,重新排列速凝成桩。

日本用来作为神崎川桥墩下沿后外部加固保护的保护井(图2-1-102)。

国内用以加固郑州黄河大桥的基础,以防止冲刷。

这一方法是地基改良的灌浆法和地下壁的混合,目前其成桩强度尚不够高,抗压约为5—80千克/厘米^2。作为承重的主体尚待发展。

6. 拉力桩(锚桩)

拉力桩或锚桩以往应用于钢板桩墙的拉锚、乾船坞底的锚着桩和水坝的加固等范围较广。在桥梁基础方面也可以用作陡坡边桥墩的防倾措施、桥墩的拉力桩及吊桥吊索锚墩基础的锚着桩(图2-1-103)。

只要有可靠的锚着地基,采用拉力桩设计的桥墩其基础平面尺寸小,可以减少挡水和受水压力的面积、减少围堰及开挖工作量。若基岩质地好时,拉力桩锚固基础较之嵌入基础更为经济。

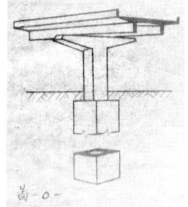

图2-1-101　矩形封闭井筒桥盯台基础

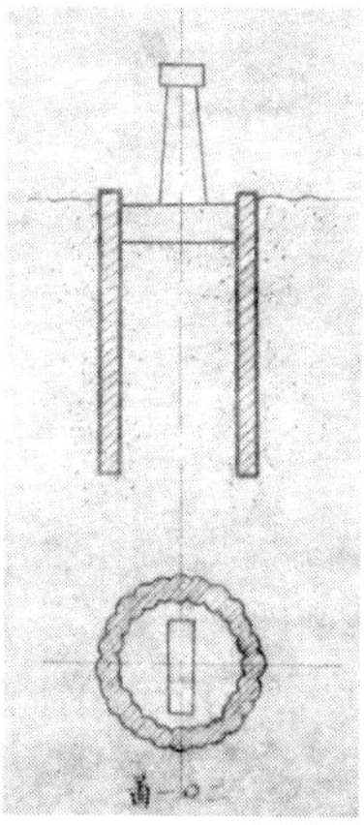

图2-1-102　搅拌桩保护井

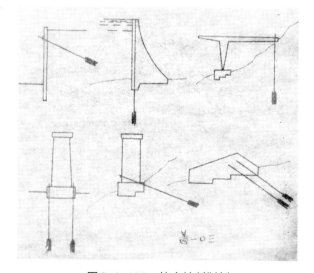

图2-1-103　拉力桩(锚桩)

1　旋转喷射成桩加固法.《桥梁建设》,1976年第4期

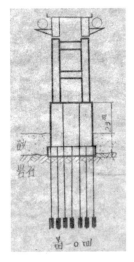

图2-1-104 委内瑞
拉卡罗尼河桥锚桩

1964年通车的委内瑞拉卡罗尼河桥[1]，桥跨为48+4×96+48米的预应力钢筋混凝土箱形梁。桥址处流速4—5米/秒。

基础施工步骤是先在墩位作围堰，堰内灌筑片石压浆混凝土。在片石内先预埋ϕ100毫米带螺纹的钢管76根。基岩上钻ϕ75毫米的孔。待承台混凝土灌注完毕达到强度后，锚孔内安辽巴SS6预应力钢丝以20千克/厘米[2]压力压浆得每个锚桩的拉力为66吨（图2-1-104）。

1975年完工的北美阿拉斯加育空河的第一座桥梁[2]，因位近北极，冰压力很大，流冰流量最大可到45 000立方米/秒，水深25米，流速也可观，且又位于7.5级地震区，但基岩比较好，因此设计了拉力桩以节约基础。

锚桩有直的锚桩，带扩大头的锚桩及预应力压浆的锚桩，实例及其性能参见文献[3]。

法国的IRR预应力锚桩其锚着力约100吨[4]（图2-1-105）。法国曾做到ϕ1.2米的预应力锚桩每根达1 750吨[5]。

7. 锁口管柱

大桥局在武汉长江大桥施工的后期研究试验了锁口管柱，当时并建议使用于水利工程，作为土坝防渗心墙及施工围堰之用。实际应用于湖北省明山水库作防渗心墙。惜作为防渗心墙较之习惯使用的粘土心墙造价过高，加以锁口设计并不十分恰当。下沉时阻力太大，在施工中加以改进，完成了任务。

1958年，长江三大桥上马时作者曾建议在南京及芜湖长江大桥桥墩基础采用锁口管柱，并为三峡水库南津关大坝设计——大坝与围堰结合方案提出管柱连拱支墩坝的围堰方案[6][7][8]。

锁口管柱的桥墩基础方案（图2-1-106、图2-1-107）。以南京长江大桥为例，以24根2米宽

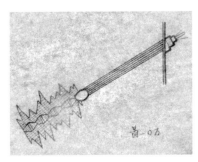

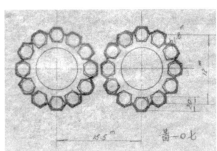

图2-1-105 法国IRR　　图2-1-106 南京长江大桥　　图2-1-107 断面图
预应力锚桩　　　　锁口管柱的桥墩基础方案

1 *Beton und stahlbeton bau* 2/1962
2 〔USA〕*First Bridge across the Yu kon River*. C. E Vol. 46 No. 8, Aug/1976
3 〔USA〕*On the Behaviour and Expediency of Grund Anchors*. C. E, Feb./1975
4 *Bauinginieur* 10/1971
5 *Druck und Zugpfahle aus Spannbeton*
6 《深水桥墩柱基形式与管柱和大坝结合问题的刍议》，1958
7 《南京长江大桥方案》，1958
8 《新型锁口管柱作深水桥墩基础》，1959

的六角形锁口管柱每12根组合成12米直径的井筒，一个桥墩共二个井筒，锁口管柱用钢围笼导向先全部插入覆盖层，再逐根震动直至岩层，钻岩嵌入。上部则伸在施工低水位以上。锁口管柱井里用水下混凝土封底。封底的标高当覆盖层较浅时可封到岩面，覆盖层较深时只需封到管柱作高桩承台计算能承受的高度。在井筒内抽水灌注内层混凝土，使锁口管柱井筒的整体刚度更好。因承台墩身均在施工水平以上，故不需防水围堰（图2-1-108）。

锁口管柱可作任意形状的平面组合布置。对深水、大型基础结构都能使用。

当河床岩层倾斜甚陡时，锁口管柱可比沉井更能适应。较之独立的管柱，锁口管柱则因有锁口锁住，刚度较大又具有沉井的特点。

锁口管柱施工法较之南京桥以后施工的钢沉井基础消耗钢料少，较之武汉桥基础节约大量水下混凝土，较之二者少很多防水工作。锁口管柱的锁口是比较关键的问题，方案曾对锁口形式提出几种不同设想。（图2-1-109）

方案因故未付实施，亦未能争取得在其他桥梁作试验性实践。但曾在局内刊物上发表。

迟至1964年，日本才开始研究锁口管柱，因是钢桩钢锁口，故称为"钢管矢板井筒"。用钢矢板井筒建成的桥墩第一座为1971年的石狩川桥[1]（图2-1-110）并应用于川崎制铁所的三号高炉、海洋建筑基础等。

日本的钢矢板井筒用直径ϕ05—1.5米，壁厚9.16毫米的大钢桩作为主桩，两侧焊以破了口的ϕ0.15米钢管作为锁口，尚有其他形式的锁口但使用以破口小钢管居多。锁口之间，待井筒完成后用射水管排土压入水泥砂浆的混合剂（图2-1-109）。

日本申述钢管矢板井筒施工方法，与沉井、沉箱、独立桩基础的比较认为有不少优点：如较之沉井有整体性而没有因为下沉而增加自重，挖掘不当而引起翻砂、倾斜、不能适应倾斜岩面等缺点。较之沉箱无沉箱病的缺点。较之柱桩而无桩基承受水平力，尤其是地震时抵抗力较弱的缺点。认为快速施工，降低造价，对海洋建筑基础是具有前途的施工方法。

日本钢矢板井筒桥墩的平面布置和施工步骤与上述锁口管柱方案几乎全同，井筒内抽水填内层混凝土的方法亦相同（图2-1-111）。

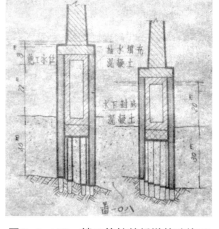

图2-1-108 锁口管柱的桥墩基础施工示意图

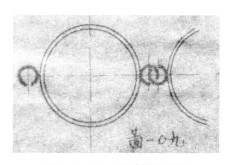

图2-1-109 钢管锁口方案

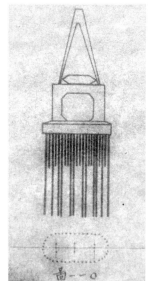

图2-1-110 1971年日本的石狩川桥

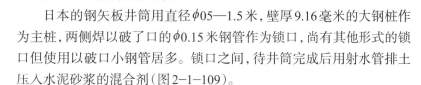

1 〔日〕新しっ桥梁基础工法——钢管矢板井筒工法.《桥梁》 6/1971

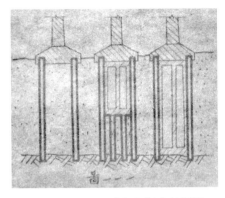

图2-1-111　日本钢矢板井筒桥墩

这一方法在日本国内已取得承认和发展。已在不下于百余座桥梁和海洋建筑物及冶金工业建筑中应用。比较近期的实例如1975年建成的末广大桥桥跨110+250+110米斜拉吊索桥[1]，其基础为钢管矢板井筒，直径为ϕ24.5米，入土深32.7米。

现在日本该方面的设计计算试验和施工资料随处可见。日本技术发展的特点是对新鲜事物吸收快，善于大胆地模仿，凡是世界上其他国家有的新的桥梁上下部结构形式，日本必模仿而修建，之后便图谋赶超其他国家。在锁口管柱桥墩基础问题上值得我们深思。

四、沉井沉箱基础

沉井沉箱是属于同一种类型的大体积整体基础。沉箱不过是沉井在下沉的过程中部分或全部时间用压气方法在高压气室中开挖井底。

沉井和沉箱的特点是整体性好、刚性大，故稳定性和抗震性都比较好。在地基支承力较弱的基础上，沉井沉箱可取得较大的支承面积。沉箱另一特点是对地基基础可以作直接观察，并能比较容易地开挖刃脚下的地基，但是缺点是在高压空气中工作，劳动条件差，工人易得沉箱病。

国内1949年后基本上不用沉箱，只在极个别的地方做处理困难基础之用。国外则在大桥的主墩上仍间或使用之。

沉井又可以分为两种类型，在下沉过程中上无盖下无底的称为开口沉井（Open Caisson）。下沉过程中上无盖下有底的称为匣式沉井（Box Caisson）。后面一种沉井将在第六节里海洋建筑中叙述，本节所说都为开口沉井。

下面将分几个方面概述近年的情况。

1. 沉井材料和制造方法

1949年后国内使用过制造沉井的材料为木、砖石、无筋混凝土、竹筋混凝土、钢筋混凝土和钢。

A. 木沉井

木沉井不是作为基础本身的主要永久性建筑，而是作为施工过程中的措施。如汉丹线枣阳滚河桥基础[2]（图2-1-112），以及大桥局施工的汉口汉水铁路桥基础，水中一个桥墩采用了浮运木沉井。从大桥局施工经验来看：木沉井消耗木料太多；下沉过程中出现过二次倾斜；在土中下沉速度慢；向井内灌注混凝土由于支撑复杂，不易拆除，被迫打入墩身混凝土之内等缺点。问题较多，今后以不用为宜。

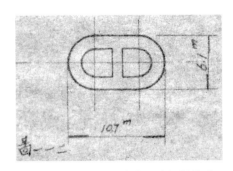

图2-1-112　汉丹线枣阳滚河桥基础

1 〔日〕末广大桥,《桥梁》,4/1975

2 《沉井施工资料选编》.东北铁路工程局,1964

B. 砖石及无筋混凝土沉井[1]（图2-1-113）

砖石及无筋混凝土沉井使用于中小桥岸上或浅水筑岛的基础，且材料来源方便，因地制宜，可以是比较经济的结构。

东北铁路局根据帝俄侵略中国时的1900年以前中东铁路大小桥梁的统计，砖石沉井约各占80%，其中的90%现在仍在使用。1949年后曾经有海城河大桥的砖砌双圆柱桥墩及拉林河大桥的石砌尖端形桥墩作了开挖验看，都甚良好，说明砖石沉井耐久性是可以的。

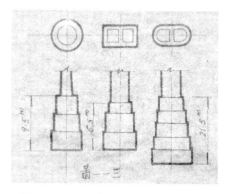

图2-1-113　砖石及无筋混凝土沉井

1958年，哈鹤复线工程仍采用砖石和无筋混凝土沉井，沉井平面形状是圆形、矩形和圆端形。

砖石及无筋混凝土沉井在下沉过程中要注意控制沉井中的开挖量，保持沉井基本上在受压状态，避免沉井下节悬空受拉开裂。

C. 竹筋混凝土沉井

新中国成立之初，使用过少量竹筋代替钢筋的沉井，近年来已较少采用。小桥趋向于无筋，中大桥则用钢筋混凝土沉井。

D. 钢筋混凝土沉井

1949年后我国建设的桥梁沉井基础使用最多的是钢筋混凝土沉井。

国内最大的钢筋混凝土沉井为南京长江大桥一号墩[2]（图2-1-114）。沉井底面尺寸为20.2×24.9米。在砂土中下沉54米，系筑岛法下沉，井筒内射水吸泥，井壁外预埋射水管射水，以减

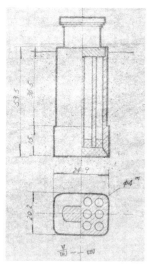

图2-1-114　南京长江大桥一号墩沉井

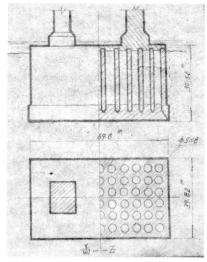

图2-1-115　纽约委拉查诺吊桥沉井

1　《砖石沉井工程探讨》.哈尔滨铁路局，1963
2　南京长江大桥总结资料

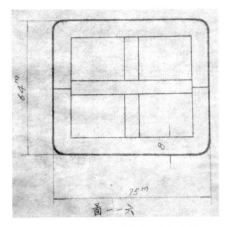

图2-1-116　日本备赞濑户大桥

少井壁摩阻力。

国外比较大的沉井如1964年美国建砀纽约委拉查诺吊桥,桥跨为370.3+1 298.45+370.3米[1]。主墩基础尺寸为39.32×69.8米,高30.56米。地质为砂和砂粘土(图2-1-115)。

目前世界上最大平面尺寸的沉井数1975年动工的日本本四联络桥的南北备赞濑户大桥[2](图2-1-116)。桥跨度为270+1 530+270米及270+1 100+270米。其中的7A号桥墩正处于断层破碎带,风化层很深,要求刚性基础,因此采用钢筋混凝土沉井,以浮运钢沉井法施工。桥墩处水深10—15米,沉井嵌入覆盖层35米,内有5—10米风化花岗石。沉井平面尺寸64×75米。

钢筋混凝土沉井的制造有两个值得一提的改革;一是土模制造刃脚,二是预制拼装式的井壁。

i. 土模制造刃脚

过去在岸上或水中筑岛制造沉井时先须在刃脚下部加上垫木,立木模,然后绑扎钢筋灌注混凝土。当下沉初期,尚须用砂垫抽换木垫,然后在井内挖土,沉井下沉。现在直接在夯实的地基上挖或垫砂做成土模,在土模表面薄薄抹一层水泥,在土模内制造刃脚。下沉时挖去土模,井内挖土便可。此法节约了木模板,简化了施工。如枝城长江大桥引桥桥墩与连地黄河铁路桥4号桥台等均用土模制造刃脚。

ii. 拼装式沉井井壁

为了减少工地工作量,节约模板往往采用预制拼装式钢筋混凝土结构。预制构件的单块大小,取决于运输和起重的能力。

国外实例如法国的克勃查克桥基础[3](图2-1-117)。沉井直径φ8.4米,在1.4米高截面预制钢筋混凝土环作为外壁,下沉后再填成壁厚0.7米的井筒。

英国于1972年施工的葛兰岛进水塔[4]亦用内径φ6米,壁厚0.3米、高1.3米、重19吨的预制钢筋混凝土环,先放于施工平台上,14个环叠成19.2米高。环接好后预加应力。14个环共重300 t。顶上在第十三环处放置气盖以增加浮力。用平台上吊机吊起,抽去支垫后放下。

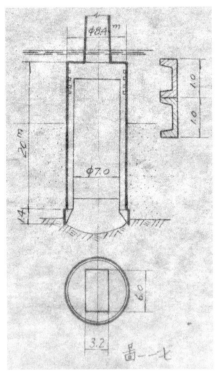

图2-1-117　法国克勃查克桥基础

1　*Verrazano-Narrows Bridge*
2　《沉井施工资料选编》.东北铁路工程局,1964
3　*Le Pont Autoroufier de Cubzac*. Travaux, Jan/1975
4　*Ocean Industry*, oct/1972

国内大桥局在南京长江大桥 7 号墩施工中方格的沉井内壁支撑亦采用预制拼装的方法。

E. 钢沉井

钢沉井与木沉井一样,不是作为永久的主要承重结构,乃施工过程中的措施,将于以下有关章节中叙述。

2. 沉井下沉减少摩阻力的方法

沉井基础在土中靠自重或压重下沉,主要克服的是周边摩阻力,此数约为 3—6 吨 / 米 ^{2}。沉井自重(包括压重)必须超过这一数值给以一定的安全系数称为沉降系数。沉降系数在 1.25 以上。沉井的尺寸和重量大多数情况下是由克服沉降阻力需要来控制。从另一方面说,沉井底面因自重而产生的基底应力占极大一部分,沉井材料的强度远远不能发挥。因此减少下沉过程中土壤摩阻力是很为必要的。

减少摩阻力的方法很多[1]。如:

A. 注水法

此法抬高沉井内水位,使水向外渗流以减少摩阻力。

B. 爆发法

沉井内贮水,水底爆炸震动后减少土壤摩阻力,一般只在不得已时使用此法。

C. 电气集水法

地中埋设一对电极,通以电流(直流)水向阴极移动以减少摩阻力。

以上三个方法日本新基础工法中都予列入,但未见有普遍采用的实例,现在普遍采用的是:

D. 射水法

在沉井下部井壁外面刃脚以上台阶转角处预埋射水嘴,在下沉过程中射水,以减少周边摩阻力。

南京长江大桥一号墩便采用此法。

E. 泥浆套法

国外从 1963 年开始应用触变泥浆下沉沉井[2]。1963 年在瑞士日内瓦下沉直径 60 米、高 30 米的高层建筑基础即用此法。

触变泥浆之所以能减少摩阻力是因为泥浆固住土壁,作用于井壁的压力是按泥浆压力计算,不和土层发生关系。触变泥浆本身的静剪切应力为 0.005—0.02 吨 / 米 ^{2},几等于零。从理论上说,沉井摩阻力应可为零。但由于泥浆不纯、局部坍塌、局部接触底节无泥浆套等原因,试验数值与规程规定都为 0.3 吨 / 米[3][4]。

国内自 1965 年开始使用泥浆套法。大桥局于 1968 年在枝城长江大桥使用泥浆套法下沉沉井,其沉井平面尺寸如图 2–1–118。1974 年又在九江长江大桥 1 号墩沉井用井外泥浆套,井内射水吸泥下沉,共下沉深度 51 米,平均下沉速度 0.27 米 /

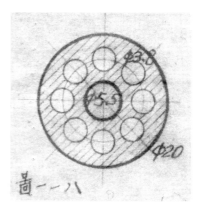

图 2–1–118　枝城长江大桥沉井

1　〔日〕最新の基础工法,1974。
2　南京长江大桥总结资料。
3　*Verrazano-Narrows Bridge*
4　〔日〕《桥梁》,1/1975

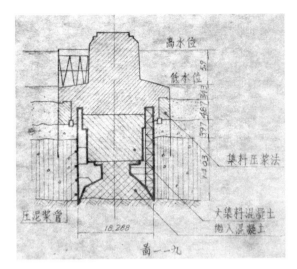

图2-1-119　英国的福斯吊桥基础

国内煤矿竖井下沉深约200米左右。

F. 空气幕[3]

用空气幕的方法减少井周边摩阻力又称为壁后压气法、气壁法、气囊法。此法是在沉井壁内预埋压气管道，水平方向间距约1.5米，垂直方向间距约2—3米。每处一个出气孔。下沉过程中通过喷射压缩空气，约为理论水压的2.5倍压力，在井壁外周产生一个空气帷幕，使井壁和土壤脱离接触（图2-1-120）。

空气幕首于日本应用。

为了避免泥沙由于停气时产生负压，管内而堵塞，分为竖管和沉凝槽并用的加藤法，或用橡胶开关的鹿岛法。

空气幕在日本除应用于桥梁基础施工外，还大量用于下沉煤矿竖井，下沉深度可达500米[4][5]。

国内首次应用于大桥局正在修建的九江长江大桥引桥桥墩基础，在岸上试验了一个墩子。试验认为空气幕的优点是当不通压缩空气时，摩阻力即能恢复（指砂质土壤），可以要停要沉随时控制。用空气幕后，沉井周边摩阻力可以降到0.5吨/米^2，较之触变泥浆法略微大些，但不失为一个较好的减阻方法。

G. 其他方法

日本神户浜手某桥的沉井基础在施工中采用了帷布法[6]（图2-1-

小时；南京桥1号墩用射水法下沉沉井，平均下沉速度为0.047米/小时。下沉完毕后，泥浆套未用水泥浆压浆破坏，致使清底封底一度发生困难。

国外用泥浆套下沉的较大的桥梁基础如英国的福斯吊桥[1]（图2-1-119）。

桥于1964年建成，跨径为408.4+1 005.8+408.4米。主墩是二个圆形沉井，直径φ18.28米。用钢板桩围堰筑岛法下沉。机械挖土，泥浆套减少摩阻力。下沉完毕后，压水泥浆破坏及代替泥浆套，以恢复井壁的摩阻力。

应用泥浆套下沉沉井深度最深的是煤矿竖井。南非萨德贝里城克雷顿矿0号竖井是圆形沉井，φ6.3米，壁厚0.3米，井深2 175米[2]。

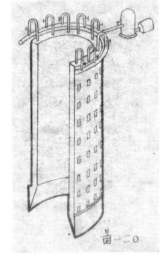

图2-1-120　空气帷幕使井壁和土壤脱离接触

1　*Ocean Industry*, oct/1972
2　*Mining Congress Journal*, 3/1971
3　〔日〕《土木技术》，1968年23卷第一期
4　日本开采海底煤田用壁后压气法凿井.《第六届国际采矿会议论文集》
5　〔日〕《矿业会志》，11/1971，87卷
6　施工旧口会.薄壁沉井泥浆润滑套.铁四院科技情报，1967年第1期

121）。在沉井外壁设有高分子的强化帷布，成卷地放在井壁槽内钢管之中，随沉井下沉而展开、拉起隔在壁与土壤之间。此法约可减少摩阻力的50%。虽然，这样的方案不是普遍实用的方法。

3. 下水浮运方法

沉井下水浮运和沉井水中下沉的方法直接影响到沉井的结构形式。总计沉井下水浮运的方法有下列几种，即围堰基坑法、滑道法、砂岛法、岸边吊落法、抽桩法、船运法及浮船坞法等。至于水中下沉的方法也略可分为放气、压水以及吊落等法。其中很多方法是过去使用过并仍在使用的。若干方法则只有在现在大型机具的出现才有可能。现试分述如下：

A. 围堰基坑法（图2-1-122）

这是一个最古老的方法，是造船工业过去使用的方法。现在在大体积的海洋建筑物施工中获得新生。

其法是在水边作围堰，在堰内制造沉井下节的浮体，完成后，破堰放水，沉井浮出。

B. 滑道法（图2-1-123）

利用造船的滑道，或铺设临时滑道在其旁制造沉井，沉井下节浮体制成后由滑道下滑下水。

滑道法下水，沉井的重量受滑道能力的控制，一般需做得轻些，如为钢、钢筋混凝土薄壁结构或钢丝网水泥薄壁沉井。国内实例如1971年四川宜宾岷江公路大桥的钢丝网水泥薄沉井，便利用老滑道下水，沉井重仅68吨[1]。

C. 砂岛法（图2-1-124）

其法是先在岸边筑成砂岛，在岛上制造沉井下节的浮体，即在岛上开挖下沉一定的深度，吹除砂岛，拖拉就位。

国内实例如广西柳州雒容大桥2×80米双曲拱的中间墩便使用此法施工[2]。沉井底节为双

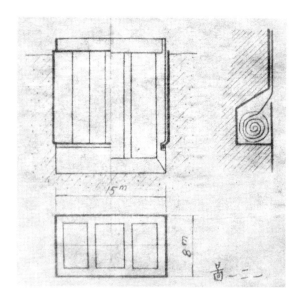

图2-1-121　帷布法

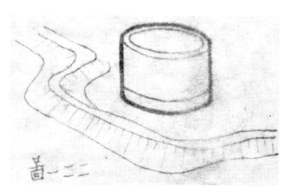

图2-1-122　围堰基坑法

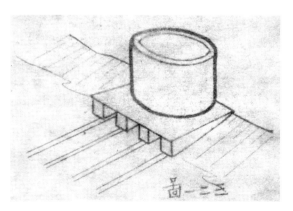

图2-1-123　滑道法

1　四川宜宾岷江大桥工程指挥部.钢丝网水泥薄壁沉井,1972

2　钢筋混凝土薄壁浮运沉井.《公路运输科学技术公路分册》,1975年5月

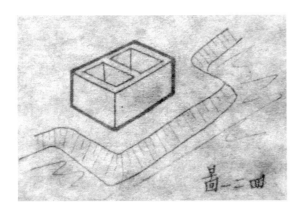

图2-1-124   砂岛法

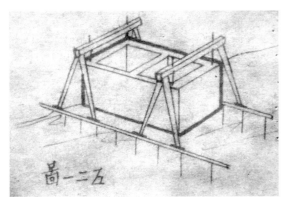

图2-1-125   岸边吊落法

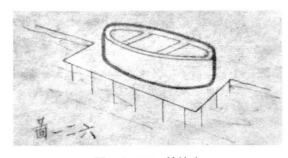

图2-1-126   抽桩法

壁钢筋混凝土薄壁沉井。使用结果认为此法不一定好，不如水涨墩浮的简单。

D. 岸边吊落法（图2-1-125）

沉井在岸边制造，通过起重设备吊起、移动到水边放下。这一方法也甚古老，我国钱塘江大桥沉箱便使用此法吊运砂[1]。

最近瑞士在码头工程中制造了5.25×15.3×11米的钢筋混凝土沉井，便是在岸边设一钢架结构，上用螺杆吊一钢制平台，平台提在潮水位以上，在平台上制造沉井。制造完毕后，用6个80吨VSL千斤顶，将平台连沉井放下水中，浮运拉往工地[2]。

E. 抽桩法（图2-1-126）

沉井在木桩架上制造，再逐根将一侧的木桩破坏、弄断，使桩架倾侧倒下，沉井下水。

此法国外在瑞典和阿拉斯加曾经用过，但甚为危险，不足为训。

F. 船运法（图2-1-127）

在驳船上制造沉井，拖轮运到工地后吊起抽船或沉船将沉井下水。

大桥局的水中墩浮运沉井都是采用这一方法。如汉水铁路桥的木沉井采用的是沉船浮起法。南京长江大桥的几个水中钢沉井都采用吊起抽船法。

G. 浮船坞法（图2-1-128）

利用浮船坞作为制造沉井的浮托体，只要有此设备，不失为简单的方法。

国产钢筋混凝土浮船坞可以浮托修理万吨轮，当亦可以浮托制造以及下沉沉井。且因设备的专用性，其机械化程度是很高的。

目前国内外所使用的方法大概就这几种，每个工地根据所具有的客观条件可选择使用之。

4. 水中下沉方法

A. 放气下沉

1936年，旧金山奥克兰海湾桥[3]桥墩基础施工中首先使用充气浮运、放气下沉的圆盖沉井

1   罗英.中国桥梁史资料
2   *Coasting Plattform Suspended over Water Solves Tight Site Problem.* Const. Method and Equip, July/1974
3   *SanFrancisco-OKland Bay Bridge*（总结）

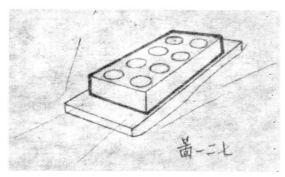

图2-1-127　船运法

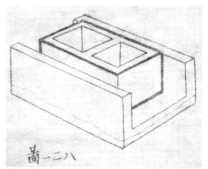

图2-1-128　浮船坞法

（Dome Caisson）。在特大桥上采用这一方法除海湾桥外屈指可数，举其著者：国内如南京长江大桥、枝城长江大桥；国外如葡萄牙里斯本德古斯河上的索拉查桥[1]等。

平面尺寸在海湾桥为60×28米共井筒55个。索拉查桥为18.1×40.7米，有ϕ4.7米的井筒21个。南京桥7号墩为18.26×22.42米，有ϕ3.2米的井筒20个。

浮运底节全部钢制。气筒顶部国外都是半球形顶盖，国内为了节约钢料，制造方便改为锥形顶盖，并将高度降低上接气管（图2-1-129）。

沉井定位、接高、下沉过程中，气筒内保持气压靠井筒间填充混凝土压沉。到河底正确位置之后，放气下沉落底。如沉井位置不准，可再充气浮起，予以调整。沉井稳定后，水下切割烧去气筒盖，在井筒中挖泥下沉。

海湾桥水深21米，切入土中33.5米。南京桥水深30米，切入土中36米。索拉查桥水深27米，切入土及岩石50米。

B. 灌水下沉

圆盖沉井或气筒沉井在结构上比较复杂，管道较多，压气设备因为保险关系一般需设两套。因此机具较多，沉井消耗的钢料多，国外现已逐步淘汰，采用双壁浮运沉井。

国外比较大的双壁浮运沉井是1954—57年的美国麦金纳桥[2]（图2-1-130、图2-1-131）基础。

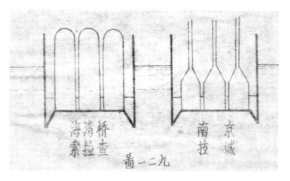

图2-1-129　充气浮运沉井

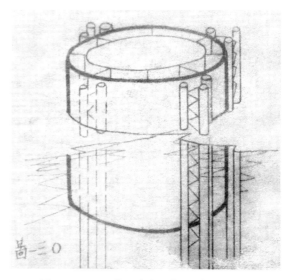

图2-1-130　美国麦金纳桥双壁浮运沉井

1　*Tagus River Bridge*. C.E., 2/1966
2　日本开采海底煤田用壁后压气法凿井.《第六届国际采矿会议论文集》

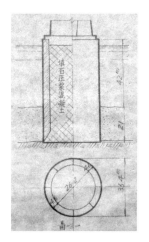

图2-1-131　美国麦金纳桥桥墩基础

其双壁沉井外径ϕ35.4米，内径ϕ26.2米，壁厚4.6米。双壁之间有八道隔舱，在沉井高度里且有水平桁架环的支撑。沉井在岸边制造自浮拖拉到墩位。在墩位用三组，每组三根ϕ50厘米的钢管内打101千克/米的H桩，填以混凝土作为定位及下沉导向设置，同时亦是工作平台的支架和墩旁吊机的支柱。沉井浮运靠入之后再补一组定位架。井壁里填混凝土和灌水下沉。因沉井已有固定的导向设备，所以其下沉位置应是能保持准确的。沉井落底后继续在双壁之间填混凝土，井筒内用挖泥机挖土最后填以片石灌浆混凝土。

1955—1958年的美国新奥尔良桥桥墩基础为长方形双壁钢沉井，其平面尺寸为26.8×46.1米，水深20米，入土35米。

日本计划中的明石海峡桥亦为长方形双壁沉井，其平面尺寸为34×68米，水深46米，入土20米（图2-1-132）。前节所述日本正在兴建的南北备赞濑户大桥双壁钢沉井，尺寸为64×75米，壁厚8米，水深10—50米，入土35米。

方或矩形的双壁沉井，虽然能适合桥墩的形状，缺点在沉井内封底抽水后，井壁承受较大弯矩，往往尚需支撑。圆形双壁沉井封底抽水后井壁受压，所以井内比较空畅，但承台板传力便较矩形者的力矩为大。二者各有利弊，但以圆形为简洁。

国内双壁沉井的实例如南京长江大桥2号墩沉井加管柱基础，沉井部分尺寸为16.19×25.01米，壁厚1.5米，沉井高42.15米（图2-1-133）。

九江长江大桥7号墩以双壁钢沉井作为围堰，在围堰中封底抽水修建基础和墩身。施工完毕后，部分围堰可以拆去回收。

国内还有用钢筋混凝土和钢丝网水泥制造的圆形双壁沉井。

钢筋混凝土薄壁沉井的实例是广西柳州雒容大桥水中桥墩[1]（图2-1-134）。桥主跨是2×80米

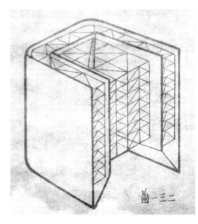

图2-1-132　日本明石海峡桥双壁沉井

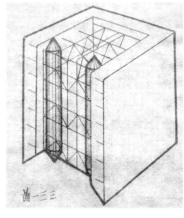

图2-1-133　南京长江大桥2号墩

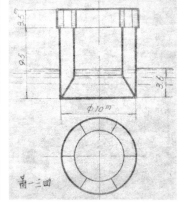

图2-1-134　广西柳州雒容大桥桥墩

1　《钢筋混凝土薄壁沉井总结报告》

双曲拱、水中坅水深10.5米。采用了双壁钢筋混凝土薄壁沉井。在岸边用砂岛制造,制成后下挖,吹砂除砂岛下水浮运。到墩位后,在双壁沉井的六个隔舱之间灌水下沉。

本沉井若采用钢丝网水泥薄壁沉井可以节约木模板,减轻重量,吃水可为2.6米,但用钢量便从19吨增加为45吨。

国内公路部门已采取了钢丝网水泥薄壁沉井,计为1972年的四川宜宾岷江大桥[1];1973年的湖南益阳大桥;1974年的四川南充嘉陵江大桥[2]。

四川宜宾岷江大桥桥主孔为2×100米钢筋混凝土箱形拱,其中间墩水深枯水时为6—8米,流速1米/秒,洪水时水深34—36米,流速5.6米/秒。中间墩用钢丝网水泥薄壁沉井,直径φ12米,双壁厚1.3米,网壁厚3厘米。沉井重60吨,浮运时加机具人员8吨,共68吨。用滑道下水,拉锚定位、灌水下沉(图2-1-135、图2-1-136)。

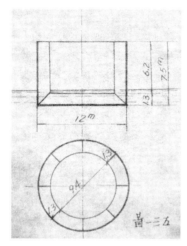

图2-1-135 四川宜宾岷江大桥沉井

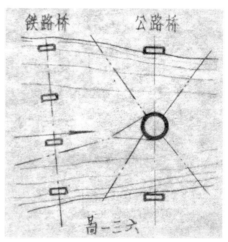

图2-1-136 拉锚定位图

这里需要说到一个问题,即浮运下沉沉井在水流中的横向摇摆问题。

南京长江大桥4号墩长方形沉井,在水中下沉过程未落底以前,横向产生摇摆,将边锚拉断。采取紧急措施之后停摆。

枝城长江大桥浮运圆形钢沉井在快要落底时也产生横向摇摆,幸未拉断锚绳。

自来认为产生浮运沉井横向摇摆的原因和形状有关,圆形比长方形要好些;与流速有关,流速大便会引起摇摆。当流速到一定程度时,沉井背水面产生卡门涡流,由于卡门涡流的不对称特性,使沉井承受强迫振动。方沉井卡门涡流离沉井角较近,圆沉井较远。

但岷江桥φ12米的圆沉井,水又浅,流速也低,在接近河床时,沉井产生摆动和转动。部分刃脚与河床接触发出摩擦声。沉井摆幅5米。将设在岸上的边锚绞车拉翻。立即采取措施灌水使之落底。但因位置偏差较大,安好绞车后再抽水浮起,又引起摇摆。纠正位置后立即下沉落底。可见沉井横向摇摆问题和沉井与河床面的距离也有关系。也还可能包含有别的因素。

---

1 《钢丝网水泥薄壁沉井的制造和浮运》
2 《科学技术重要成果汇编》,1975年10月

这样一个桥梁施工中的重要问题，有待从理论和试验中予以解决。

除了双壁沉井之外，还可用假底，即临时底的沉井。

前述大桥局汉水铁路桥木沉井使用临时灌水下沉。国外近似的实例如南美阿根廷乌拉圭河桥桥圢[1][2]（图2-1-137）。桥主孔145+200+145米箱形预应力钢筋混凝土梁。主墩基础原设计为四个ϕ10米的沉箱，沉箱在岸边制造时，先装上12厘米厚的锅形钢筋混凝土假底，用螺杆吊于井壁。浮出后装上沉箱钢顶盖和沉箱井筒，拆去钢筋混凝土上底，在工点靠灌水和起吊接高下沉。

因地质调查错误，河床下并非原认为的稳定砂岩，而是不稳定的砂岩，后改为用ϕ10米沉箱，外侧加10根ϕ2米的钻孔桩。桩嵌入石层约6米。

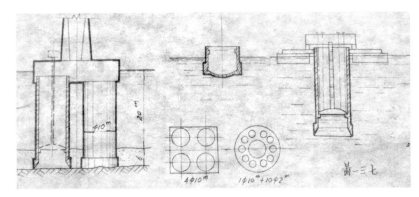

图2-1-137　南美阿根廷乌拉圭河桥桥圢

C. 直接吊放

由于海洋建筑工程的需要，现在水上吊船固定臂的浮吊起重量3 500吨。吊高在水面以上80米，舷边吊距30米。

旋转360°的浮吊，起重量到1 600吨，相应的吊距30米。

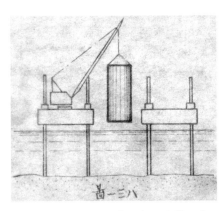

图2-1-138　英国葛兰岛进水塔沉井

除大型水上吊船之外，尚有承载力很大的水上施工，用自升式平台，基础结构可以大体积、大重量地直接起吊下沉。

有关沉井和沉箱部分如英国葛兰岛进水塔沉井是用安放在GEM126平台上的200吨吊机起吊下沉（图2-1-138）。

1963年施工的西德费曼恩海峡桥，沉箱基础尺寸为16.76×37×8.7米，桥址处水深9米，用自升式平台起吊下沉[3]（图2-1-139）。

1970年施工的日本广岛大桥[4]，沉井直径ϕ10米，总高45米。桥址处水深7—16米。沉井下部24米高，总重

1　*Die Brücke Fray Bentos-Puerto Unzue über den Rio Uruguay*. Bau Ingenieur　5/1976
2　*Three Designs are blended in south American Bridge Project*. Eng. News Rec. Vol. 196　No. 17, April　22/1976
3　《Fehmarnsund Brücken》
4　〔日〕広島大橋.《桥梁》　7/1971

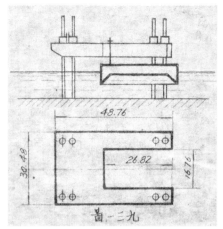

图2-1-139 西德费曼恩海峡桥沉箱

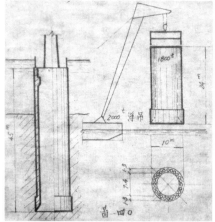

图2-1-140 日本广岛大桥沉井

1 800吨,用2 000吨浮吊一次装吊下放。自重入土8到10米(图2-1-140)。

5. 土中下沉方法

沉井在土中下沉的方法不外是用挖泥斗、高压射水和空气吸泥机吸泥。沉箱中开挖时亦是此类方法。近来的趋向是挖掘机械的能量加大,如3立方米的抓斗,机械化自动化的程度高,远距离水上操纵等应用新的电子技术。

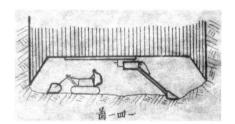

图2-1-141 日本港大桥沉箱内挖掘

例如:1973年日本港大桥沉箱尺寸40×40米,使用了0.2立方米的爬行挖掘机和0.15立方米的箱顶挖掘机[1](图2-1-141)。

1970年日本中部岐阜大桥下沉井用自动化扒抓式挖掘犁水下开挖、岸上操纵,由室内电视机观察操作情况。此设备可用于直径φ9米的沉井,水深50米之用(图2-1-142)。

1974年施工的法国阿维龙(Avignon)桥,沉箱基础用射水吸泥法开挖[2](图2-1-143)。

1970年日本的木曾川桥采用了遥控的无人沉箱。

6. 岩面不平的沉井结构

桥址的河底地形经常遇到岩面不平、倾斜,要求沉井结构布置和施工方法适合这一客观情况。目前使用的处理方法是:

A. 高低刃脚

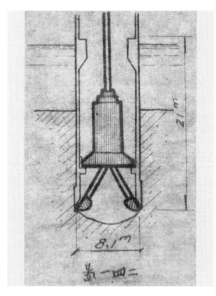

图2-1-142 日本中部岐阜大桥

1 〔日〕最近のこ工烯ムチックケ烯ソン工法.《土木施工》,May/1976
2 *Pont De Lé Urope En AVIGNON.* Travaux, Dec./1974

图2-1-143　法国阿维龙Avignon桥

经过详密的地质钻探资料研究，测得河底覆盖层以下，岩面沿沉井刃脚下各点的标高，沉井刃脚制成与岩面吻合的尺寸。

国外如葡萄牙索拉查桥北岸的沉井岩面在40米内相差7米。沉井尺寸为18.3×40.8米。短边做成平底，长边则按岩面标高形状制造。

国内如枝城长江大桥ϕ20米浮运钢沉井，沉井底节做成斜面，高差为3.7米。

连地黄河桥4号桥台ϕ17米沉井，岩面高差3米。沉井做成四个台阶以适合之（图2-1-144）。

B. 外设钻孔桩以适合之

国外如1933年的丹麦小带海峡桥沉井基础[1]（图2-1-145）是圆端形构造，平面尺寸为24.1×44.8米。因岩面倾斜，故在沉井四周预留钻孔位置，布置了98个孔位，沉井定位后，在井外水上钻孔。钻孔机具见钻孔桩一节。因为钻头是扩大钻，68个孔联成一个封闭的空间，可在沉井内清基封底。

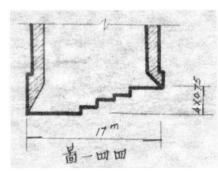

图2-1-144　连地黄河桥4号桥台沉井

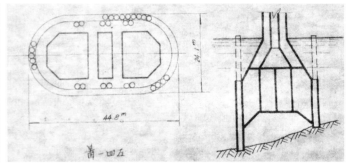

图2-1-145　丹麦小带海峡桥沉井基础

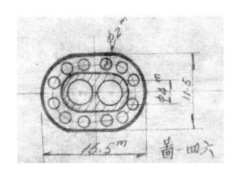

图2-1-146　沉井和管柱结合

国内如连地黄河桥7号、8号墩岩面标高相差过大，坡度近于1:1，采用了沉井和管柱结合的方案。先将沉井下到岩面，架梁通半之后再补做四周的管柱，争取了时间（图2-1-146）。

以上两种方法第一种高低刃脚法需要布置较密的地质钻孔，但又如遇到角砾岩犬牙式的岩面，连地质钻孔都不一定能反映全面，此时只有不用沉井而采用桩基了。

7. 沉井内水下混凝土施工方法[2][3]

水下混凝土的设置方法和钻孔桩灌注水下混凝土方

1　Tpah. Ctpo, 11/1960

2　*Placing Concrete under Water*. Const. Method and Equip., Sep/1974

3　*Handling Concrete Then and Now*. ASCE Struct.Div., Dec/1975

法基本相同,可为导管法、混凝土泵法、混凝土斗法。我国习惯使用导管法。但沉井内水下混凝土属于大体积的灌注,又和钻孔桩内灌注不同。这里再叙述几个国外使用的特殊方法,即:粗集料压浆法、液压阀法和袋装法。

A. 粗集料压浆法[1,2](图2-1-147)

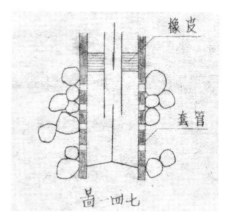

图2-1-147 粗集料压浆法

粗集料压浆法习惯称为片石压浆混凝土或填石混凝土。此法美国麦金纳桥首先使用,该桥共填石混凝土61 200立方米。

压浆用粗集料的粒径最小40毫米,最大120毫米,空隙率约为44%。水泥砂浆的配合要求有较好的流动性、离析少、有膨胀性和与集料的黏着性,适当的凝固时间和一定的强度。

日本本四公团的试验认为灰浆流下时间为16—22秒,一般17秒左右。膨胀率15%,泛浆率3%以下,砂结合料比在1.5以下。粗集料最小尺寸大于15毫米,大体积时大于40毫米。压浆管直径φ40毫米左右,间距2米以下。

日本荒川湾岸桥桥墩实灌12 145立方米,其配合比为:

W海水	C水泥	砂	减水剂	AI铝粉	W/C	AI/C
413千克	835千克	835千克	2.09千克	0.117千克	59.5%	0.014%

压浆管径φ40毫米,每管管面积6—8.5平方米,压浆量57.64立方米/小时,灰浆上升速度0.5米/小时,混凝土强度 $\sigma_{28}=328$ 千克/厘米^2。

B. 液压阀法[3]

荷兰首先使用液压阀法,其法是混凝土通过漏斗、软管,与特制的装甲迷宫压力阀Special Lebyrinth Shield Hydro Valve.灌注到底面。阀因受水压、管壁摩阻力和出口处已堆积的混凝土的阻力缓慢灌下,向前推进。下面的钢甲部分尚起到平整水下混凝土面的作用。用这一方法灌注水下混凝土可以灌得较薄,可以大面积平整,因管不插入混凝土内,可以灌敷设钢筋网的钢筋混凝土(图2-1-148)。

实例如:

荷兰鹿特丹华尔海文水电站冷水排除槽水下底板厚50厘米、高差小于15厘米。台耳夫特桥台支撑板等。

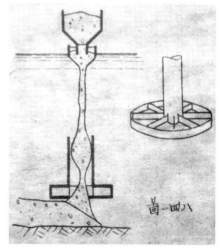

图2-1-148 液压阀法

1 水下灌浆混凝土工法.《コンクリ炼卜工学》,2/1976

2 Full Sized Bridge Peirs Constructed by a New Method.《川崎技报》No.58,8/1975

3 J. of Americon Concrete Institute No. 9 Vol. 69, 9/1972

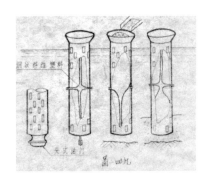

图2-1-149　双管法

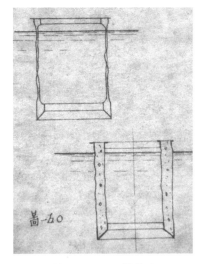

图2-1-150　袋装法

大面积板的灌注采用平行若干套设备在轨道上推进的方法进行。

日本于1973年亦采用了类似的方法[1]（图2-1-149）称为双管法。

灌注混凝土时采用了二根套管，内套管是网状纤维塑料软管，下端为夹式活门，外套管是透空钢管。混凝土用泵压入塑料套管，软管膨胀充实在整个钢外套管断面，挤开下端夹式活门注入基底。混凝土中止灌入时活门自动关闭。

日本用此法灌注干船坞底板，板厚9.1米，水深19.8米，底板面积40.2×60.5米范围内灌注了25 500立方米的水下混凝土。造价比粗集料压浆法便宜一半。

C. 袋装法（图2-1-150）

最简单的袋装法便是用粗棉布或麻布袋装半满的混凝土在水中堆砌，袋的空隙间可渗出水泥浆，将砌体结成整体。

塑料或尼龙袋亦成功地用于水下压入混凝土形成基础或修理水下结构。

塑料或尼龙袋先做成希望的形状，靠潜水工或从水上直接放下到水下施工的地方。为了限制成形，往往在袋外面再锚有钢丝或尼龙丝结成的网，再在袋中压入混凝土膨胀成需要的形状。

这一方法，英国成功地用于修理加固桥墩，包裹下水道等水下工程。也有人建议用尼龙袋吊入水中，灌入混凝土成为尼龙袋沉井。

8. 冰套箱[2][3]（图2-1-151）。

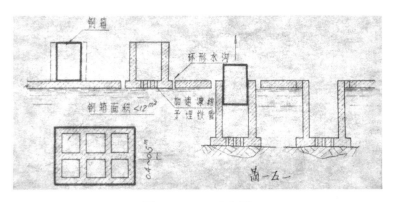

图2-1-151　冰套箱

1　*Double Tube tremie Pipe assures Quality of Under Water Concreting.* Eng. News Rec. Vol. 195, July3/1975

2　《桥梁基础天然冷气冻结法施工》.东北铁路工程局，1963

3　苏迦波叶夫.《天然冷气在桥梁工程上的应用》，1955

1960—1961年,东北铁路局在牛耳河桥、上乌力吉奇桥、嫩江桥上使用了冰套箱。严格说来这不是沉井的一种,不过是起围堰的作用。并且使用地区有限制,施工季节有限制。但因其设想别致,有因时因地制宜的精神,故介绍如下:

施工步骤是在冰上按要求放上钢箱,每一钢箱平面积不大于12平方米。留间隔冰墙厚0.4—0.5米。外侧立模,冰墙内先放木筋可加强墙身。在钢箱为内模木模为外模之间灌水冻结成冰套箱。冻成后冰面开环形水沟,套箱上加压重下沉接触河底。当冰套箱和河底土壤冻结联结成一定的冻结深度后,取去压重,加热钢筋外壁,提出钢箱。破除冰隔墙,开挖箱底冻土,在冰套箱内施工桥墩。其详细的要求参见参考资料。

五、桥梁基础用自升式平台施工

在海洋石油开发工程中,从固定式平台发展到自升式平台。自升式平台创建于1953年,西德称为浮岛(Hubinsel)。目前已有几百座平台在海上工作,并且由石油工业扩展到包括桥梁在内的海洋水工建筑物施工的有力工具。

自升式平台的原理是将带有柱脚的平台拖运到工地,放下柱脚,压入水下河床。将平台沿柱脚升出水面,利用平台上的施工机具进行施工。施工完毕后落下平台到水面,利用平台船体浮力拔出柱脚,转移工地。用平台施工的特点是工作不受洪水、潮水、波浪等的影响,不需要长期的锚碇。平台高,尚可作多种用途周转使用,比较灵活。

平台船体的构造目前较多的为三角形、矩形和空洞形三种。平台柱脚为三柱、四柱或多柱。柱脚是箱形、管形或桁架形的钢结构。靠气动Delong型、液压IHC型或机械传动(Le Tour Neou)型升降。适用范围水深可到120米左右,浪高可达30米,风速可到十二级(图2-1-152)。

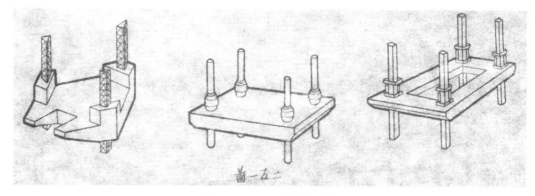

图2-1-152 自升式平台

在国外桥梁基础及海洋建筑物用自升式平台施工已很普遍,散见本文其他各章节中。本节集中介绍几个平台施工的工程。

1. 委内瑞拉马拉开波桥(1963)[1]。

桥址处水深4—18米,淤泥2—28米,28米到90米之间为夹有粘土的砂。90米以下为硬粘土。施工共用了三座自升式平台。平台上置PS150型钻机,下 ϕ 1.35米预应力钢筋混凝土桩。详见埋入

---

1 *Die Brückn Über den Maracaibo See.* Beton und stahlbetonbau, 8-9/1963

桩下节中。

2. 巴西里约热内卢桥（1972）[1]

桥主跨为200+300+200米的连续预应力箱形钢筋混凝土梁。桥址处水深20—25米，覆盖层厚约27米，下为片磨岩岩层。

桥钉结构为直桩高桩承台，施工采用了24.16×43.65×4.2米的四柱自升式平台。平台柱脚为1.8米方形。在平台一侧下ϕ2.3米的内套管，拔出ϕ2.2米的外套管做成钻孔灌注桩（图2-1-153）。

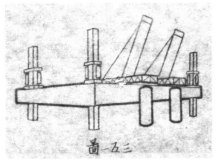

图2-1-153　四柱自升式平台

3. 西属撒哈拉磷矿栈桥[2]

栈桥跨度45米，桥址处水深17米。石层基本露头为砂岩和泥灰岩。采用自升式平台施工。

施工步骤是从岸边开始，在平台上以西德RT2110钻机下ϕ2.8米套管钻深约5米的孔；钻孔内插入ϕ2.5米、长22—28米、重约100—165吨的预应力钢筋混凝土桩，由设在平台上的200吨吊机下放；插入钻孔后用水下混凝土及压浆固定。

每个桥墩仅两根桩。平台与已完成的桥孔用钢梁搭架上走龙门吊机吊用预制的钢筋混凝土桩，待第二个桥墩完成后立即架梁，平台移到新的墩位连续施工（图2-1-154）。

图2-1-154　西属撒哈拉磷矿栈桥施工

4. 罗马尼亚与南斯拉夫间多瑙河铁门水坝[3]（图2-1-155）。

1967年施工的铁门水坝工程中共二处使用了自升式平台施工。

一处是施工船闸的辅助桥。该处水深5—10米，无覆盖层，石层外露。在平台上以S150H钻机下ϕ1.2米钢套管，作钻孔灌注桩。

另一处为施工大坝的格形钢板桩围堰。采用了特制的34×48×3.6米的U形平台。

平台凹头向上游到位置后，先在凹口内打一圈拉森钢板桩造成静水区，再放导向架施工钢板桩围堰。

5. 日本出光苫小牧靠船码头[4]

日本从1967年才开始制造和应用自升式平台，采取和先进的平台制造厂如荷兰的IHC、西德的Wirth、美国的

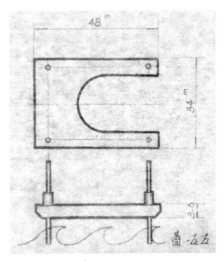

图2-1-155　多瑙河铁门水坝施工用平台

1　*Die Grundung dre Brücke Über die Guanabara Buch in Rio de Janeiro.* Bau Ingenieur, 1/1973

2　Förden und Heben, 16/1969

3　ANNALES octobre/1968

4　《中国古代桥梁》

公司进行技术合作,应用他们的专利。由于模仿制造,发展较快。现在用于海洋土木工程施工用的平台已有跃进号、海洋号、船石号、海峡号、钻石号、鹿岛号等。

日本出光苫小牧海中油轮靠船码头处水深55米,浪高6米,风速60米/秒。采用鹿岛号Kaijma平台施工。该平台尺寸为45×74×5米,是中洞式结构,上设100 t/50 t门式吊机及可打+5°−30°斜桩的打桩架。码头钢桩直径ϕ1.2米,桩长63.3米。

6. 铁道部大桥工程局拟建平台(图2−1−156)

大桥工程局为了桥梁施工,需要拟建自升式平台。其尺寸为36.4×65.0×5.4米,中洞尺寸16.4×31.2米。平台上设1 500千瓦柴油发电机组、高低压水泵、高低压空气压缩机、115 t起重量龙门吊机、35吨回转360°吊机DZ−1大型钻机以及其他桥梁施工设备。是综合性的大型施工工作平台。平台可在水深45米、最大风速40米/秒、流束宽5米/秒或水深35米、最大风速20米/秒、流速4米/秒的条件下工作。

平台可以施工大孔径打入桩,钻孔灌注桩等基础。

当移去龙门吊机,加上临时支撑之后,又可作大跨度钢梁伸臂安装过程中临时墩的作用(图2−1−157)。

施工平台尚有小型浅水拼装式的构造,及大型深海自行的构造发展。除桥梁施工之外其他用途极为广阔。如:平整海底、埋没隧道、作临时栈桥、临时码头等是有发展前途的有利施工工具之一。

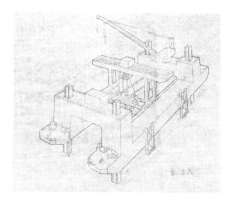

图2−1−156 铁道部大桥工程局
拟建平台

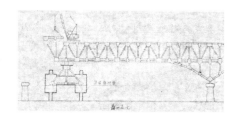

图2−1−157 做临时墩使用时的状态

六、深水大型基础的施工实例和设想

深水基础包括内河和海洋建筑物在内。

20世纪是向海洋发展的时代。近海大陆架和深海海底有丰富的石油、天然气资源以及其他矿床。现代科学技术已有条件进行经济的开发,导致各国争先向海洋进军,发展了海洋土木工程技术。

海洋工程的特点主要是水深(大陆架深可达200米)、浪高(可达10—30米)、风大(风速可达60米/秒)、海水的腐蚀性以及海域稳定时间短要求快速施工等。因此,海洋建筑物往往都是比较庞大的构造。

修建于海湾上的桥梁因基础工程比较复杂,跨度一般均较大。从30年代开始已经有千米以上跨度的公路桥,近年来的发展更为迅速。但海湾桥大部修建于沿海城市的河道入海处或近海浅水的海湾口,水深三四十米,浪高也在十米以下。至于海上石油工业和其他能源、资源的海湾建筑物已向深海发展。海上固定式钻井平台、海上储油库、海上天然气处理站、海上靠船码头等工程量堪称极大,技术上也很复杂。但海洋建筑的施工技术首先是从深水桥梁基础施工技术中吸取经验,反过来也将促进桥梁深水基础的发展。

我国深水大型基础除长江等较深的内河外,尚未修建过海湾桥梁。但如雷州半岛到海南岛的琼州海峡,两岸间距约三十千米、水深约六十米,如需修建桥梁,技术上完全是可行的。或更进一步的设想,自山东半岛直指辽东半岛、跳岛修建桥梁,联结烟台和大连的铁路、缩短关内外交通,在国民经济上也是可取的。桥全长约一百二十千米，水深则较琼州海峡为浅，约三四十米。当年秦始皇东临海隅、"驱石竖柱""跨海架梁"[1]的愿望是可以实现的。

我国的海洋石油事业正在萌芽状态，但又在蓬勃地发展之中。除了海洋石油建筑物的需要外，与陆上联系的公路、铁路、管道等交通亦当要求建筑深水大型桥梁。概述一下国内外深水基础情况。了解其发展方向是很必要的。

以上各章节均从施工步骤中各单项来说明桥梁基础的施工技术，本节将从总的施工步骤以实例来说明之。

1. 桩与套箱组合基础。

由于施工机具的进步，目前桥墩基础和墩身倾向于整体、大型的钢筋混凝土或预应力钢筋混凝土构件，用大起重量的水上起重设备吊装，坐落在已施工完毕的大型桩基上。这类基础称之为桩与套箱组合基础，包括以基础形状著称的钟形基础在内。从基础的受力条件不同，可区别为高桩承台和低桩承台二种。

A. 高桩承台套箱基础。

高桩承台的预制钢筋混凝土套箱均设在水位附近。因海湾水位只受潮水涨落的影响，变化不大。套箱周围下设裙子板伸入最低水位以下，而承台底板一般均在低水位以上。这样的布置有二个好处：在有船舶碰撞的可能情况下，不使单独的桩受冲击；施工过程中承台套箱中避免了水下混凝土。这类基础的施工步骤较为简明，不予详述。实际例子如荷兰东些耳德海湾桥[2]、委内瑞拉马拉开波海湾桥[3]以及我国的黄浦江桥[4]等。各该桥的施工方法见以上有关章节。

B. 钟形基础。

钟形基础一般为低桩承台基础。美国于1939年的波托玛（Potomae）河桥最早使用，之后修建过很多此类基础。近年在海洋建筑中也大量地采用[5]。其基本施工步骤是：

i. 平整海底：采用挖泥船、水力吸泥、抓斗等清理基底，再铺砂填平。

ii. 打桩：过去施工方法是在海底打入少量支承木桩，锯平桩头后吊放打正式桩的带孔导向底板，用打桩船在水面上插打桩。现在，已采用比较先进的方法。如1970年施工的钟形基础采用自升式平台施工、电子计算机控制打桩桩位，并用水下打桩机打桩。此时仍铺设底板，但仅作水下混凝土底模之用。

iii. 水下切割桩头：用特制的水下切割机具，以机械方法或电弧方法切割桩头。

iv. 吊放钟形空筒：筒内做成波形、各部分预制件接合处设置橡皮止水。接高各节出水面。

v. 灌注水下封底混凝土。

vi. 抽水、继续灌注混凝土。

钟形基础的承台和墩身外壳亦有采用钢制的，取其轻便和易于制造。如圣玛可吊桥[6]桥跨76.3+158.7+204+158.7+76.3+24.4米。水中墩为2φ9.79米的钢钟形，每钟下打68根钢管桩（图2-1-158）。

---

1 《中国古代桥梁》

2 *Oasterschelde Bridge Over Easterm Scheldt*. J. of Presstressed concrete Vol. 11 No. 1, Feb./1966

3 *Die Brückn Über den Maracaibo See*. Beton und stahlbetonbau, 8—9/1963

4 黄浦江大桥.《桥梁建设》，1976年第5期

5 *Construction of Large Concrete Ocean Structures*. ASCE Struc. Div. Vol. 97, Mar./1971

6 *Die San Marco Brücke eme Neuartige Seilträgerbrücke*. Bau Ingenieur, 12/1955

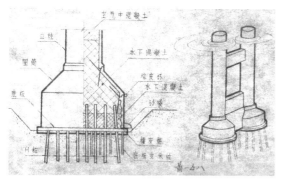

图2-1-158 钟形基础

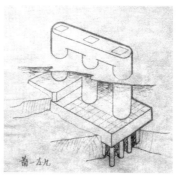

图2-1-159 荒川岸海湾桥基础

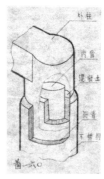

图2-1-160 三层管子中填沥青与混凝土保护

C. 日本荒川岸海湾桥基础。

钢承台和打身外壳也不一定做成钟形。日本于1975年施工的荒川岸海湾桥基础[1](图2-1-159),桥上部结构主跨为125+300+125米;基础尺寸为37.5×22.5×5米。其施工步骤是:挖泥清底、铺砂垫平、用自升式平台打导桩、放导向板、再打60根ϕ1.5米的钢管桩、水下切割桩头。其承台和桥墩柱联成一个整体,包括37.5×22.5×5米的一个钢承台外框,用钢结构焊成网格。上下无盖及底,下面即支承于四根切割准确的桩头上的导桩板为底。上部连三根钢桥柱与横梁。该整体用1 500吨浮吊一次吊装就位。安装完毕后,在承台空腔内用抓斗及漏斗填入粗集料,用压浆法灌注水下混凝土。

支柱构造为了防止海水腐蚀,采用三层管子中填沥青与混凝土保护(图2-1-160)。

D. 波斯湾海上储油库。

1969年,波斯湾杜贝(Dubai)油田修建的海上储油库[2](图2-1-161),形式为钢结构的钟形构造。该处水深约45米,油库储油50万桶(68 000立方米)。钟底直径约75米,钟形四周有填混凝土的钢环,环上开30个ϕ0.92米入土27.5米的钢管桩,桩与孔间间隙压浆填实。

2. 导向架桩基础。

A. 桥梁围笼。

在桥梁基础施工中,深水打桩以钢导向架或称围笼作导桩设备,导向架也同时作为钢板桩围堰的内支撑。基础施工完毕后,导向架便可拆去。大桥工程局在管柱基础施工中都采用此法。

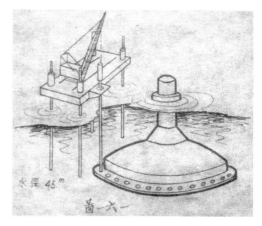

图2-1-161 波斯湾杜贝油田海上储油库

---

1 《桥梁と基础》,8/1974
2 〔USA〕*Undersea Oil Storage Tank*. C.E, Aug./1970

B. 海洋石油固定式钻井平台。

海洋石油固定式钻井平台也变化地采用这一施工方法[1]（图2-1-162）。

固定式钻井平台用钢或钢筋混凝土管形结构做成构架,在工厂中一次制成,浮运到海中工点。在工点用大起重量浮吊或运送船舶上的侧倾卸载设备将导向架立在海中海床面上。然后在导向架立柱的空洞中,或立柱四周各节点附近附着的短导向管中,插打钢或预应力钢筋混凝土桩。最后将桩与空洞之间的间隙填实。

平台采用管形结构的原因是要减少水流、波浪的作用力。导向架既是施工设备也是永久结构的一部分。较深海域的平台导向架做成锥台形。一方面增加结构的稳定性,同时桩为斜桩,可以减少桩内弯矩。因为在海洋中十分可观的水平力作用下,桩仍需按高桩承台计算,此时桩上计及土壤的弹塑性反力（图2-1-163）。

目前世界上最大的一组固式钢钻井平台是英国北海福蒂斯（Forhes）油田的四座高岛号平台[2][3]（图2-1-164）。

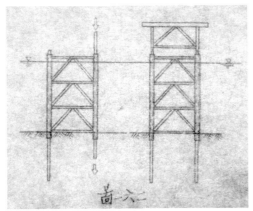

图2-1-162　海洋石油固定式钻井平台

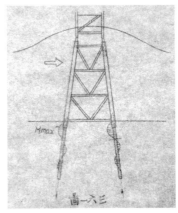

图2-1-163　管形结构加斜桩

图2-1-164　英国北海福蒂斯油田高岛号平台

福蒂斯油田于1970年动工建设,1974年完成,1975年开始正式采油。三年时间里完成20万吨钢结构的制造安装工作,耗资15亿美元。

油田附近水深128米,波高约29米、风速58米/秒。海底地质有深约15米的软泥,之下在150米范围内为硬粘土和密实细砂的互层。

平台顶面尺寸56.38×76.20米。平台构架自海底直伸出水面波峰以上,总高（不包括上面钻进平台构造）为144.78米。每座井架钢结构自重23 000吨。

这23 000吨重的井架在岸边筑坞制造。制造完毕后开坞浮起。此时井架一侧装有由ϕ9.4米钢圆筒制成的浮箱,重10 800吨,井架靠之浮于水面。另一侧装有ϕ15.545米的稳定钢球,重500吨。34 300吨重的井架和浮体用二艘9 000—12 500匹马力的主拖轮及其他辅助拖轮以2—3节航

1　OFF Shore Technology Conference

2　World Oil, Aug/1974

3　Offsbore, Aug. Oct. Nov./1974

速拖航到工点（图2-1-165）。

在工点注水使井架倾斜到45°，稳定球接触水面起稳定的作用。再注水倾斜到75°，到垂直，继续注水，使井架导管插入海底约1.2米。浮箱是以气动抱卡抱于井架，此时通过无线电信号、打开气动抱卡卸去浮箱，浮箱自浮后运走。

井架每根柱脚下部有12根导管，内中的9根打入ϕ1.37米、壁厚50.4米、长122米的钢管桩，入土76.2米。打桩用目前世界上最大的单打蒸气打桩锤MRBS7000进行。

上部生活及钻井平台用Thor号浮吊吊装。该浮吊能旋转360°。在吊距32米时可吊重1 600吨[1]。

每一平台自重及设备重共57 000吨。风、浪作用于平台的水平力约10 000吨。

C. 多柱式基础。

1971—1973年施工的日本大岛大桥多柱式基础，其施工方法即采用固定式平台进行[2]（图2-1-166）。

该桥上部结构主跨为200+325+200米。主墩基础每墩有二个25.5×26.65×9米的承台，每承台下有一根ϕ7.0米、8根ϕ4.4米的桩柱，高27.0米。其施工步骤是：

i. 用浮吊吊固定式平台就位。

ii. 固定式平台采用自升式平台升降柱脚的设备下柱脚。以柱脚支持平台。

iii. 在平台柱脚以外的其他预留导向管内下套管。

iv. 在套管内钻孔、灌注混凝土。将固定式平台外周柱孔包括柱脚在内全部换成钻孔桩。

v. 下大柱外钢套管。

vi. 旋转式钻机孔内钻岩。

vii. 下内钢套管，压入水泥、铝粉、减水剂的混合物到钻孔底灌成内管基础。

viii. 内外套管间填以水泥砂浆。

ix. 内管内抽乾灌注混凝土。

x. 灌筑承台混凝土。

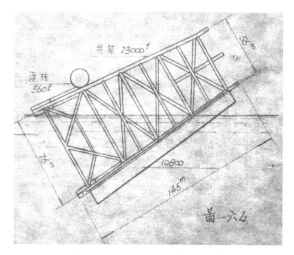

图2-1-165　平台浮运示意图

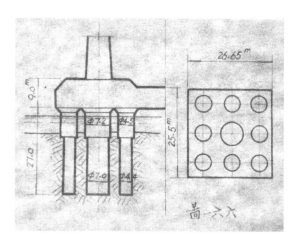

图2-1-166　日本大岛大桥多柱式基础

1　*Ports and Dredging and Oil Report IHC*

2　大岛大桥の多柱式基础实验工事.《桥梁と基础》Vol. 8. No.2, 1974

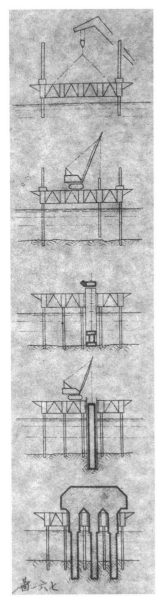

**图2-1-167　多柱式基础
施工**

固定式平台尺寸为30×42×12米，支于10根ϕ2米、长为18米的钢柱，中打ϕ1.83米的钢管。平台的工作面施工完毕后拆去，但构架和钢管桩（内填混凝土）留作保护桥墩防撞的措施（图2-1-167）。

柱用内外管的原因是防海水锈蚀。外管可保30年，锈去外管，内管仍有水泥砂浆可资保护。

D. 海洋环境对钢结构的腐蚀作用[1]

海水对于钢结构的腐蚀是海湾中建筑物比较突出的问题。腐蚀最厉害的地方是：浪花飞溅区、海水主浸润区和潮差区。由于氧的腐蚀，浓差电池的存在，与附着海生物的影响，局部点蚀和坑蚀严重。最厉害到5—8毫米/年。平均腐蚀为0.3毫米/年。

对于不同的环境，抗腐蚀措施可为：

i. 海湾大气：腐蚀较轻（均匀腐蚀）。采用涂料防腐。

ii. 浪花飞溅区：腐蚀最严重（均匀腐蚀）。采用涂料、外包保护层（混凝土、水泥砂浆、树脂焦煤油、蒙乃尔耐海水腐蚀网、玻璃钢等）防腐。

iii. 潮差区：均匀腐蚀严重，局部腐蚀不严重。采用涂料防腐、外包保护层（同上）防腐。

iv. 海水全浸区：均匀腐蚀及局部腐蚀均严重。采用涂料及阴极保护并用。

v. 海底泥中：腐蚀较轻。采用阴极保护。

一座桥梁使用年限较之海上石油固定式钻井平台为长，因此其抗腐蚀保护要求也较高。

3. 整体基础。

深水大型桥梁整体基础主要是沉井型基础。现在的施工设想趋向于沉井先在岸边制造成全高尺寸，大体积的自浮拖航到工点再灌水下沉落到河床。试举丹麦大带海峡桥基础方案为例。

A. 丹麦大带海峡桥基础方案[2]

丹麦与瑞典之间的大带海峡分为东峡、西峡两个部分。西峡水深20—25米；东峡水深最深处57米。覆盖层厚约10米。应征桥梁方案主跨约200+600+200米，以斜拉吊索桥方案居多。基础方面主要是沉井。

中选方案的沉井基础施工步骤是：

i. 水边乾船坞内制造沉井全高。

ii. 开坞、沉井以倾斜状态浮出，拖航到墩位，灌水立直。

iii. 在墩位以二艘自升式平台作导向、填筑混凝土、灌水下沉。

iv. 井内挖土、下覆盖层。

1　《某原油码头钢桩阴极保护》，1975
2　Bau Ingenieur，11/1967

v. 壁间填混凝土、井内填砂。

vi. 修建承台和吊塔。

另一方案为西峡桥基础 ϕ32.35 米的圆形双壁沉井（图 2-1-168）。其施工步预除因西峡水浅、沉井不高，不必倾斜浮出外其余基本相同。

东峡桥深水基础的方案之一是由 20 根 ϕ8.2 米钢筋混凝土圆管组成的六边形空格钢筋混凝土沉井，较之圆形的桥墩墩身（图 2-1-169）。这种桥墩基础的结构形式和下节的海洋油库康蒂普型结构实有异曲同工之妙。

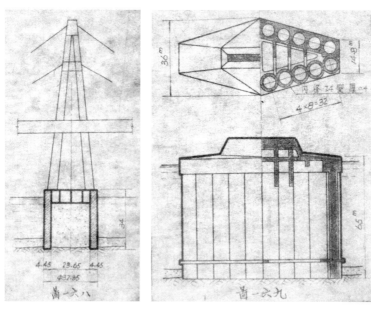

图 2-1-168　圆形双壁
　　　　　　　沉井　　　　　　图 2-1-169　东峡桥深水基础

B. 海洋石油钻井及储油建筑。

海洋石油建筑物采用钢筋混凝土和预应力钢筋混凝土是比较早的，但形式和规模的大幅度改进是近年来北海油田所特有。北海的几个油田水深自 70—150 米，海底地质除表面有不同程度的淤土外，以下均为较密实的砂土和粘土的互层，地基承压力自 8 至 22 吨／平方米。除了石油和天然气钻井需要外，储存和转运也需要。在这样的条件和要求下，产生了新的预应力钢筋混凝土的生产和储存海上建筑[1]。

自 1973 年挪威的埃科费斯克（Ekofisk）油田首先设置陶立斯（Doris）型储油库后，现在储油和生产的海上建筑主要有三种类型：它们是康蒂普（Condeep）型、海库（Sea Tank）型以及陶立斯（Doris）型。

第一种康蒂普（Condeep）型的生产油库平面是由 19 个圆筒组成的六角形库体。每个圆筒直径约 20 米，顶面为球面筒盖，底面则有做成球面或平板的两种区别。油库筒顶设在海洋波浪影响区以下。

1　*Gravity Concrete Structures in Petroleum Fields of The North Sea*

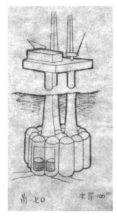

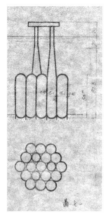

图2-1-170 康蒂
普型生产油库

图2-1-171 平面
立面图

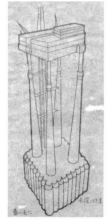

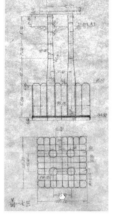

图2-1-172 海
库型生产油库

图2-1-173 平面
立面图

第二圈的六个筒体中有三个升起到水面以上20米左右，作为工作平台的支柱，上面承托钢或预制钢筋混凝土平台。[1]（图2-1-170、图2-1-171）

也有的设计是油库筒体为预应力钢筋混凝土结构而升起的立柱和平台均为钢制。

油库直接支承于海底。从结构类型分是属于重力型的扩大基础或箱形沉井（Box Caisson）。海底流速在无障碍物时可达2—3米/秒。暴风雨和有障碍物时可达5米/秒，因此需要考虑海床的被冲刷问题。在筒体下端四周设有钢或钢筋混凝土裙子板，当油库落底时靠自重嵌入海底2—5米。裙子板除防冲刷之外，尚有在水平力作用下防止滑走的作用。在库底外轮廓周围，为了防止海底更严重的局部冲刷，可在预设的导向中打入更深的防冲裙子板或抛大量片石保护。实例如拜尔（Beryl）油田A，白伦脱（Brent）油田B.D油库均是。水深120米，储油量100万桶油库，自重约20 000吨，受水平力约60 000吨，力矩1 600 000吨米。

第二种海库（Sea-Tank）型和康蒂普型的差别是油库的平面布置成方格形，仅在库的外周做成圆曲面（图2-1-172、图2-1-173）。因此库呈波形边正方形的外廓。库底是平板，并有切入海床的裙子板。库顶为平板或曲面。

例如英国费立格（Frigg）油田第一号天然气处理平台TPI[2]库底平面尺寸72×72米，中分格13米见方，连波形外周共25格。油库高43.75米。库顶有两根圆锥柱升出海面19米，柱高约80米。平台面到海底总高为132.5米。用混凝土49 100立方米、钢筋5 875吨，预应力钢丝420吨。总重包括设备176 000吨。

1976年完成的安独克（Andoc）钻井贮油建筑[3]（图2-1-172），水深152米，储量160万桶。油库基底面积104×104米，用混凝土90 000立方米、钢筋9 000吨、预应力钢丝2 200吨。

同年完成的柯茅伦脱（Cormorant）A油田钻井和贮油建筑[4]（图2-1-173）也是属于这一类型。该处水深155米，储油量110万桶。油库基底尺寸100×100米，用混凝土131 000立方米、钢筋和预应力钢丝13 900吨。

这两种钻井和油库建筑减少波浪力的方法是让少数很细的柱子位于波浪影响的区域。

————————

1   Eng. News Rec., Nov. 21/1974
2   *TPI*：*The construction of Gas Treatment Platform No. 1 for the Frigg Field for Elf-Norge AIS*, Struct. Engr. Vol. 55 No. 2, Feb./1977
3   *Les Ouvrages Péfroliers en mer*. Travaux, Fevrier/1975
4   Ocean Industry Vol. 9 No. 8, 1974

美国曾研究过水深300米的三柱式钢筋混凝土固定式钻井平台（Tripoid）300[1][2]（图2-1-174）。为了研究这一结构的施工方法，在陆上做试验。试验柱直径5米、壁厚0.3米、倾斜11°，研究倾斜、收分、空心柱用滑动模板施工的工艺。

第三种为陶立斯（Doris）型钻井平台或贮油库。

陶立斯型的海洋建筑是靠外周圆筒形开孔壁以减弱波浪的力量，因此也减少了结构所受的水平力和倾覆力矩。在开孔壁的保护之下，内部为钻井管道或储油库体。

用开孔壁减弱波浪力系1962年加拿大贝科莫（Baie Comeau）港首先使用。

1973年建成的挪威北海埃科费斯克油田一号贮油库便是此类型的结构[3][4]（图2-1-175）。

油库容量117万桶（159 000立方米）。该处水深70米、浪高24米、波压力60吨/平方米。油库平面尺寸92×92米、高90米，中部为九格贮油舱，外面即开孔壁。整个结构用混凝土计83 000立方米、钢筋9 500吨、预应力钢丝3 600吨。

费立格（Frigg）油田二号天然气钻井平台，结构本身即为开孔壁的圆筒，下为扩大的圆形平底，筒内布置钻井管道、筒直径62米。

目前最新的陶立斯型钻井贮油建筑是今年（1977）夏天完工的聂聂安（Ninian）油田的中心平台[5][6][7]（图2-1-176、图2-1-177）。

油田处水深139米、最大波高31.2米。中心平台基底直径φ140米，平面布置由七圈同心隔墙和八个放射形隔墙组成。最中心圆筒直径φ14米、高160米。第二圈直径φ45米、高152米，内中72米范围内开有孔洞，以削弱波浪力。第三、四、五圈分别高55、65、75米。最外二圈高15米，在这二圈内的放射

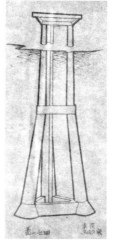
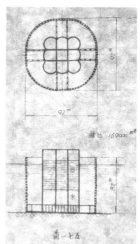

图2-1-174 三柱式钢筋混凝土固定式钻井平台

图2-1-175 陶立斯型钻井平台

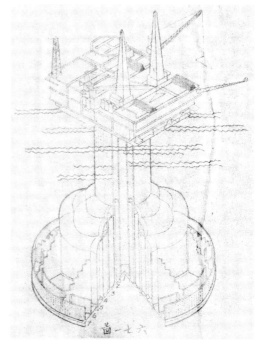

图2-1-176 聂聂安油田的中心平台

1 Eng. News Rec., May15/1975

2 Eng. News Rec., July31/1975

3 *Réalisation et remorquage dela Plate forme*. Travaux Juin-Juillet/1975

4 *Design and construction of EKofisk Artificial Island*. Proc. Inst. C.E. Part I, 1974 56 Nov.

5 *Les Ouvrages Péfroliers en mer*. Travaux Fevrier/1975

6 Civil Engineering, Dec./1974

7 *Platform rises in Stages*. Const. Method and Equip. Vol. 59 No. 2, Feb/1977

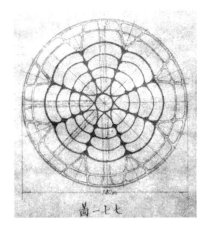

图2-1-177 平面图

形隔墙从单片改为V形。最外圈15米高范围内亦开圆孔，以减弱海底处流速和冲刷。

整个结构用混凝土140 000立方米、钢筋19 000吨、预应力钢丝4 000吨。结构总重440 000吨，最大波浪力102 900吨，倾覆力矩4.18×10^6吨米。

这三种类型的海洋建筑物除了防浪设施不同、平面布置中的分格方法不同外，基本上是同一型式的构造，其施工方法亦是一样的。具体的施工步骤是：

i. 在海边筑堤或挖土作乾船坞。前者是以海边表层土砂的承载能力达到支承的条件为前提，否则采用开挖的办法。一个干船坞需开挖一百多万吨的土石方。如TPI油库制造时用了24辆各20立方米的挖土机，每日开挖量约6 000立方米。

围堰的堤心还打入钢板桩防水墙，船坞内设井点，排除地下水。

ii. 在船坞内按照油库底裙子板的位置开挖沟槽，在构槽内设置预制的钢或钢筋混凝土裙子板分块，再用筛过的开挖土填好空隙。

在裙子板上灌注底板。底板厚约2—3米，下面密布钢筋，且常是预应力钢筋混凝土。底板也可分层灌注，此时为了避免二层间的收缩应力，各层都需放钢筋。

iii. 灌筑库身和隔墙

灌筑的方法是采用钢滑动模板和混凝土泵输送混凝土，以自升式塔吊机作为主要的起重工具。

因为同时灌筑提升的面积大，所需的钢模板和千斤顶的数量极为可观；并因钢筋较密，需设置管道固定器、锚锭系统设备等，滑动模板提升速度约在5—8厘米/小时。

库身和隔墙灌筑到一定高度，足以在自浮状态下继续施工为止。如埃科费斯克一号油库在船坞内灌筑高10米。聂聂安中心平台库身在船坞内灌筑高15至18米，放射隔墙灌高40米。

iv. 开堤放水，将完成部分浮出。

为了防止放水入坞时不使浮体受潮水和波浪的影响动荡不定，采用灌水的方法使之暂不浮起。直待坞内已放灌水，堤破好，牵引设施都已装好，在适当的高潮下抽水使之浮起。

有些油库利用裙子板和底板之间的空间，在上面装置了压缩空气设备，使之成为气室（空气垫厚度在50厘米左右），以帮助破坏底板和坞底面的黏着力。另一方面，这些管道于最后在井位落底后，也作海床面压浆加大土壤之用。

v. 拖航到较深水处在自浮状态下继续接高。

根据建筑物的高度，往往需要换几个地方，以便逐步提高。在浮起状态下接高所需考虑的问题是锚碇系统和混凝土的供应。因锚碇系统是直接联结在建筑物上的，所以当接高过程中发生吃水的变化要有紧锚绳的设备。

埃科费斯克一号分三次接高；一次接高到36米，二次接高到76米，最后一次在井位接到全高。聂聂安中心平台也分二次接高；一次接高到160米，二次到全高236.5米，并装上$80 \times 50 \times 10$米的高强钢制的工作平台和21 000吨重的设备。

vi. 拖航到工点压重灌水下沉就位。

因为形体大、吃水深，拖航的动力是非常可观的，因此需要在海象条件比较平静的时候进行。

埃科费斯克一号拖航时重490 000吨,用了四艘4 000 HP的拖轮以2节速度拖航。TPI油库拖航总马力为54 000 HP。聂聂安中心平台拖航时重440 000吨。

由于制造均在海边避风的港湾,拖航到工点速度不快,有时需要一星期左右。落底则争取在48小时内完成,以争取稳定的风平浪静的海域条件。

北海固定式平台和油库所以采用这种类型的结构,除了上面所述因为海床地质比较坚硬外,这种结构的优点还有:

制造时间短、要求熟练工种少、不需打桩、不稳定的时间短、抗蚀性能强、需要较少的钢料、能搭载更多的东西等。

其缺点则有:

自重较大、吊运比较困难、制造下沉时需要较为稳定的海域、不宜于做小型的结构等。

4. 潜水接力基础。

意大利本土到西西里岛的墨西拿海峡宽约3 500米,水深100至200米,浪高流急。且因峡两边海水质量不同,海流有旋涡和垂直运动。1908年,海峡处发生过地震,平素经常有颤动。海底岩石有南北向的断层。近百年来屡次谋建桥梁,因水文、地质等条件特殊,桥梁方案殊费斟酌。其应征方案中便有较为别致的设想如:1956年的潜水桥墩明桥方案和1972年的悬浮隧道方案。

A. 潜水桥墩明桥方案[1](图2-1-178)

潜水桥墩桥每孔为203米的下承钢桁梁,以撑架式墩身支承在潜于水中的钢墩上。钢墩为30米直径的中空圆环,环断面直径10米,体积7 400立方米。圆环没入水中,用四组、每组为三根防锈锚绳锚于海底。由于圆环的浮力使锚绳内产生拉力,总浮力每墩为5 400吨。梁重2 000吨,活载900吨,锚绳内最小拉力为每墩2 500吨。即桥墩在静活载作用下锚绳内始终维持拉力。桥墩的垂直变位即为锚绳的变形的分量。由于锚绳按各向斜向布置,因此也能承受桥上传来的水平力。

这一设想当时甚为新颖,现在仍不失为别开生面的设计。

B. 悬浮隧道方案[2](图2-1-179)

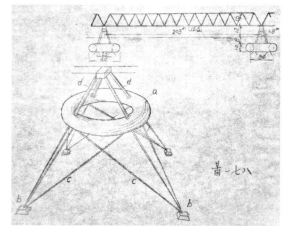

图2-1-178　潜水桥墩明桥方案

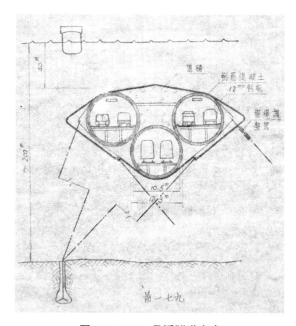

图2-1-179　悬浮隧道方案

1　Le Genie Civil　11/1956
2　Compressed Air Vol. 77　No.9, septü/1972

悬浮隧道方案亦可称为潜水桥梁方案,是介于桥梁和隧道之间的构造。主要结构是三根内衬钢板的钢筋混凝土圆管,内径ϕ10.5米,外径ϕ12.3米。一管通过双线铁路,二管各为双线公路。管节每节长约90—120米,用锚绳锚于海底使管节潜在海平面下约40米处。

施工步骤是:

先修建两端水下桥台,再用自升式平台在海底埋设固定式锚,设置锚绳,绳上端先系于浮标上。

在船坞中制造两端封闭的管节,浮运到工地,系于锚绳,加道渣下沉到桥位标高以下,收紧锚绳再卸载使锚绳受拉。第二节用同样方法定位。将第二节与第一节用水下电焊对接,打开封口联通二节。如此继续进行。

潜水拉力基础是利用水的浮力将一般受压受弯的重力式基础变为受拉基础,由于减少了大量的坞工量,对于百米以上水深的基础不失为较为经济的方案。

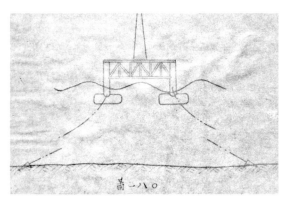

图2-1-180   半潜式石油井平台

C. 半潜式石油井平台[1]（图2-1-180）

在海洋石油勘探钻井工程中,当水深在150米以下时采用自升式平台。水深超过10米时用半潜式平台。半潜式平台将主要浮体用大抓力锚拉潜在水中波浪影响区以下。钻井的工作台则由立柱伸托到水面以上。这可以说是潜水拉力基础的具体应用。

至于有设计用高聚合物混凝土制成的空格结构用潜水拉力基础构成防波堤与陆地联系的海上栈桥等都是近年的设想。潜水拉力基础在发展之中。

七、结束语

桥梁基础的发展是随着工业的发展而前进的。对于以往望洋兴叹的长江大河以至海湾深港现在都有办法施工。

基础结构形式的关键问题是怎样在满足功能要求的前提下尽量发挥建筑材料的性能达到经济的效果。

基础施工的关键在于机械化。

为了能够合理地选择桥梁基础构造形式,看来不但需要在桥梁施工中不断实践、改进、创造外,要密切地注意房屋建筑、港工建筑、水利水电建筑、矿山工程和海湾工程等在基础实践上的成就。基础工程斗争的对象是土和水,所以其共性是很多的。这就要求能有及时的、广泛的情报交流工作。

合理地选择基础构造形式亦需要对基础的理论,如土壤力学、岩石力学、水力学、结构计算方法等的研究和改进。这方面国内大力、有组织的进行尚付缺如。本文亦暂只介绍了基础的构造和施工。

从基础发展的历史来看,所以能够达到今天的水平,施工机具的大力改进和发展是主要原因

---

1   OFF Shore Technology Conference

之一。

在基础的结构形式上要求避免肥大的基础与墩台，发挥材料的力量，但在施工过程中却要求向大型预制构件、大重量的吊装、大体积的浮运或大生产率的混凝土工厂就地灌注等方向发展，以加快施工速度。因此施工机具趋势是向大型化发展。当然，这个所谓大型化是有条件和相对的。即是说与一般中小桥梁和大桥特大桥的施工机具方面大型化的范畴是不同的。

在施工机械化的过程中会遇到利用原有旧的设备和添置创造新机具、新设备的矛盾。有人力、物力、投资、技术力量等的困难。一切需要从长远利益出发来考虑问题。新机具、新设备的引用可以减轻劳动强度、加快施工速度、保证工程质量、降低工程造价，充实提高和加强战胜自然的手段，缩小必然王国，扩大自由王国。因此努力去克服困难、解决矛盾、向机械化迈进是必要和有意义的。

社会主义制度下发展桥梁施工的机械化应是有领导、有组织、有计划地进行。集中使用技术力量，使之向专业化发展。在部的领导下，各院、局、厂成立专业化的，但不是各行唯一的设计、科研、制造班子，有利于比较、鉴别和展开竞赛。在集中统一领导下，有计划不断地改进和更新机械，以便更多、快、好、省地发展桥梁事业，为实现四个现代化的宏伟目标而努力。

由于作者水平低、时间匆促、资料不足，本文难免内容片面、论述简略且有很多不当之处，请予批评指正。

1978年手写晒图本，局内交流

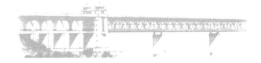

1963年为上海铁路局设计的备战火车轮渡码头的建议

一、引言

1962年备战时上海铁路局委托大桥工程局设计的火车轮渡码头为半永久性简易的结构,当时因为设计仓促,参照武汉、芜湖、周南等地轮渡码头做出设计,没有进一步多比较其他方案,这几个码头一脉相承都是永久性建筑。现有设计在没有更好的方案下,对抢修来说是比较简单的,但本人认为尚存在着若干缺点。

(一)如用管桩基础栈桥,变为永久性结构,破坏后抢修不易,施工复杂。

(二)如用片石枕木垛基础,由于跳板梁要传60吨拉力至栈桥,片石枕木垛的桥墩台变位大,会引起各支撑点的移动,以及桥面不平等现象,使用条件差。

(三)两个方案其抢修施工期均较长,按原设计如一个码头被破坏后,重建得23天。

基于上述原因,本人认为备战用的火车轮渡码头应有其战时军用的特性,因为关系到千百万人的生命,所以要求最大限度地减少现场施工量,以求最小限度的装用时间,不能作固定永久式或半临时性的一般情况来设计。下面提出个建议方案。

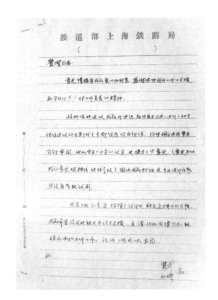

图2-2-1　上海铁路局武装部许贤武回函

二、建议方案

以两个码头调整水位为根据,其水位调整图见图2-2-1。

码头长45米,分为两孔22.5米钢梁板,钢梁板两端铰接,装于一只驳船上,现假定为用浮箱拼成,共用16只浮箱,其总尺寸为$1.8 \times 14.4 \times 28.8$米。铰点通过支撑横梁支撑于舱面的加劲梁上,船上的吊塔将梁的伸出部分吊起。船靠轮渡方向有两个三角形靠船撑。

驳船停在需要的位置,船边的特制导向中打入四根用钢板桩拼成的钢桩,每根桩根据地质及桩高不同,可吸收的动能亦不同,南京可吸收1.5 tm,码头使用时成为靠船墩。轮渡的冲击力由三角靠船撑传到浮码头上,靠船撑端部有弹簧靠船垫,可以吸收一部分动能。靠船撑端部有压重约3.5 t,以平衡冲击时产生的垂直上升力。

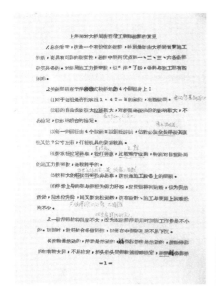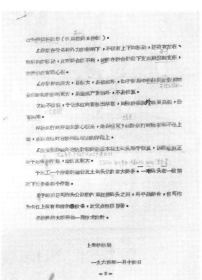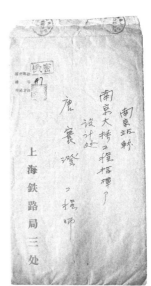

图 2-2-2　上海铁路局意见　　　　　图 2-2-3　来函信封

钢梁做成对称的,靠岸码头为枕木垛架成,因不受水平力,所以构造非常简单。梁搁上枕木垛后,吊索放刹。

另一侧的梁便是跳板梁,轮渡靠上后放至船首,吊索亦放松。浮码头重载和轻载吃水差最大为 0.42 m,因此在某一水位,渡轮轨底与码头线路轨底间坡度上下各分为 0.21 m,得没有上车时的栈桥最大坡度 5.7%。

在高低水位之间,栈桥梁铰点与驳船的位置相差几米,所以支撑栈桥梁铰点的支撑横梁可以用绞车提升和下降。升降时只计算净重,且有斜吊索帮助,甚为轻便。提升后,支撑横梁端部下面加入垫块,使载重时受力传主吊塔底,分布给船身。

拆卸和移动码头时,可以将桩拔出后拖走,或将桩的导向框拆去,从桩中抽走。

本方案的优点为:

• 因为全部为装配在驳船上的整套设备,便于先行制造。

• 便于备用,便于移动。

• 现场施工工作量最小,施工时间最短两三天,可预装好,适合于军用。

• 线路简单。

• 由于其他原因,码头不能用时,如线路站场被破坏、轮渡沉没等等原因,移动改建码头容易。

本设计的各项设备均为假定正规制造时的配置,如临时配置按可能取到的船只、梁孔、绞车,更可简陋配备投入使用。

1963 年冬

按:随建议附有计算书和绘制的正式图纸。

2014 年 6 月 19 日唐浩整理

跨海交通工程研究

——国家重点科技研究项目建议

中国不冻的海岸线长约 4 000 千米,深水港近百。对外开放的政策,对沿海城市的开放和开发,中央作了英明果断的决策。

沿海城市开发和交通布局有密切的关系,以增强城市的腹地和诸开放城市之间的横向联系。城市、公路、铁路要做统一长远的规划。

目前缺乏宏伟的设想。倒是国外和港澳企业家不时提出这个或那个主张,上书政府,提出建议。

国内城市、公路、铁路部门中,设计和建设单位在进行竞争。竞争是合乎经济规律的,必须在国家统一规划的基础上进行(国外私有化的交通制度,其规划和科研仍是国有化)。由于国家经济基础尚不够坚实,因此宏大的规划似乎尚不想进行。常言"人无远虑,必有近忧"。近日之忧是建设混乱,缺乏总体、远见、发展的指导和步骤。

交通规划中的跨越海峡问题是一个大问题。目前认识到需要建设海峡桥隧的有大连港、青岛港、上海港、宁波港、汕头港、厦门港、广州湾和海南省等处。但在沿海作了铁路和公路的长远规划,可能会发现还有更多的三角洲、海湾、海峡需要解决跨越交通问题。

为了子孙后代着想,中国的三大海峡最终必建跨海交通工程。

一、琼州海峡

琼州海峡是中国三大海峡中最窄的一个,最窄处 19 千米,水最深处一百米。海南省和大陆联系问题已摆在极重要的地位。

环岛需要建设环形公路和铁路网。这一路网和雷州半岛相连。

据悉,1996 年有完成火车轮渡的计划,但鉴于国内外经验,日益增长的交通量,轮渡是难以满足的。

经初步研究,琼州海峡建桥完全有可能,造价估计在 60 亿元人民币左右(当年估算)。

二、渤海海峡

连接山东半岛和辽东半岛之间的渤海海峡,是我国第二大海峡。总宽度约 120 千米,水深深处在百米左右。除老铁山水道 45 千米可以用隧道通过外,其他 80 千米海域正有一系列大小岛屿,可以跳岛架桥。

目前南方和关外交通需要绕道锦州和沈阳。此桥建成,可以缩短济南到旅顺火车运距880千米。与原来的铁路、公路线构成一个环形大网。便捷南北方的联系。

估计投资360亿左右。

三、台湾海峡

台湾最终会回归祖国。

台湾与大陆之间,可以用海底隧道相联通。

这里设想南北两条通道。

北通道自福建省福清,东出到海边草屿岛附近,下穿海峡到台湾新竹。峡宽约145千米。

南通道自厦门建桥通小金门岛、大金门岛,跨海以145千米隧道联至澎湖岛。再以50千米桥或隧道接至台湾,在嘉义联网。

这是一个遥远的理想,亦是可以实现的美好的理想,估计造价在600亿至800亿左右。

这些设想在现代科学发达的时代,不是空想,不过投资较高,技术较复杂,需要一定的时间作准备。

国外诸著名海峡,如意大利墨西拿海峡、英法海峡、美俄白令海峡、土耳其博斯普鲁斯海峡、西班牙直布罗陀海峡、丹麦大带海峡、日本对马海峡等,有的花费半个世纪,有的已花费一个世纪的准备,最近才得逐步实现。日本的濑户内海、本州四国联络线亦作了二十多年的准备。

为此建议超前动手,作为国家重点科研项目,并把长远计划和近期计划结合起来。

(一)设立专门机构。

(二)积累情报和自然条件资料。

(三)做出近远期规划。

(四)摸索其关键性问题。

(五)经总体布局、新材料、新技术研究,有意识、有计划地在国内海湾、港口和大江河上的桥隧试验推广,以带动国内桥隧事业的发展。

(六)发挥广大老年交通、桥梁专业知识分子(特别是退休人员和教授)的能力与经验。

(七)培养中青年(特别是青年)技术力量。

(八)横向联系,发挥各交通科研、设计等单位的合作。

建议确否,请批示。

唐寰澄

1989年12月15日

附件(图2-3-1、图2-3-2):

中华人民共和国国家计划委员会

唐寰澄高级工程师：

　　您好！

　　您的《跨海交通工程研究——国家重点科技研究项目建议》一文已收阅。

　　您对交通事业的关心和支持，值得我们学习。从文中可以看出，您对跨海交通工程颇有研究，对跨海交通问题，做了大量工作，提出了很好的建议，对此我们表示感谢。

　　正像您文中所说的，跨海交通工程问题，涉及面广、投资大，技术复杂，工程难度较大，是一项系统工程；是建桥，修隧道，还是轮渡，均应作翔实的方案比选，许多问题有待进一步讨论。

　　我们会把您的有益建议给有关部门研讨。争取在适当时期考虑。

　　就我国"八五"和九十年代的需要来讲，要办的事情很多，必须突出重点，先安排一些有工程依托的研究项目。鉴于目前国家的财力，物力有限，海峡架桥工程为期尚远。因此，跨海交通工程项目的研究暂不能列题。

　　望您以后经常联系。

　　　　此致

礼

国家计委工业综合一司

一九九〇年三月十五日

（章）

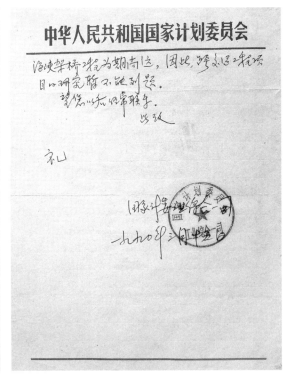

图2-3-1(1)　　　　　　　　　　　　图2-3-1(2)

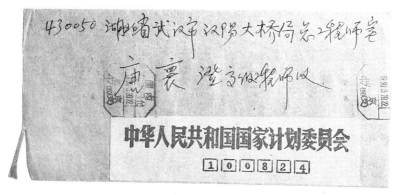

图 2-3-2

广东汕头海湾大桥[1]

中国国土辽阔,海岸线漫长,港湾密布,终年不冻。客观历史发展所决定的对外开放政策,需要大力发展沿海城市和沿海,故海湾桥梁将是方兴未艾的事业,今以汕头海湾桥的确定情况,试略论海湾桥建设所宜多方面考虑的问题。

一、汕头市的自然条件

1.1. 地理

汕头市位于广东省东部沿海,离广州市约360千米,离福建省厦门市约180千米,地处东经116°42′,北纬23°20′之处。现有土地245.5平方千米,人口69.2万人。市区(建成区)土地7.8平方千米,人口41.7万人。

汕头市区地处潮汕平原韩、榕、练三江出海口,全市地形被汕头港分割成南北两部分:北部大部分为平原,地势低平,一般为珠江标高的1—3米。地面覆盖层为第四纪海陆交互相三角洲泥沙沉积,厚度40—60米,地基承载力0.2—2.5千克/平方厘米。地下水埋深一般在0.5—1.2米。南部大部分为丘陵地区。

1.2. 地质

汕头地区地壳运动的结果较为明显。自中生代经历燕山各期构造运动,地壳不断上升,并使中生界地层发生褶断。在晚期沿断裂带有大规模的岩浆侵入和火山喷发,造成区内岩浆岩和火山岩广布(桥址方案东一线石层露头)。

根据历史记录,地震出现主要在汕头以东的南澳岛,桥址区域及广澳没有发生过大于5级以上的地震。

根据1976年9月国家地震局出版《中国地震烈度区划图》,汕头市划为地震烈度8度区。

1.3. 水文

汕头港海湾潮汐情况:

最高潮位约3米,最低潮位约0.1米;涨潮时流速0.72米/秒,落潮时流速1.40米/秒。

海湾海水水质对混凝土有分解性和结晶性侵蚀;对钢有腐蚀性。

韩江是汕头地区最大河流,也是广东省第二大清水河。潮安以下,分五处出口流入海中,将全部做坝或闸以控制倒灌。水质优良,宜于生活和生产之用。

1　第九届桥梁及结构工程学术会议论文,会期为1990年4月17—20日。

1.4. 气象

汕头市在北回归线附近,地处亚热带,冬无严寒,夏无酷暑,气候温和。

年平均温度21.3℃,绝对最高温度37.9℃,绝对最低温度0.4℃,温差37.5℃;年日照百分率49%;年平均降雨量1 514毫米。

汕头市常年吹东北风,夏季多吹偏南风,夏秋间常受台风暴潮侵袭(台风现称热带风暴)。

1922年8月2日,台风风力在12级以上;1969年7月28日,台风风力亦在12级以上,此时风速达55米/秒,暴潮3.4米。

二、汕头市现状和发展规划

2.1. 发展简况

1981年中央27号文件决定汕头设立经济特区,与珠海、深圳、厦门并列为四。汕头特区以加工出口为主,同时发展旅游等行业。因此,汕头市的性质于1981年时定为"以发展轻工业和经济特区出口加工业为主的海港城市"。

但规划制定后不久,由于南海大陆架石油的积极探查和开发的形势甚快,除原有的特区之外,汕头将向石油联合企业和石油开采后勤基地的方向发展。即向海湾南岸广澳地区发展。

为开发广澳地区,需大量用水,计划自韩江分支新津河的下浦桥,设闸泵水,通过净水、加压,由两条φ2.0米的管道通到汕头海湾北岸,设第二加压站,过海湾口北航道,到妈屿岛。在妈屿岛上留φ0.2米的抽头管,供妈屿生活用水;再跨海湾南航道,到广澳北端,设φ0.3米的抽头管,供岩石镇及海军部队生活用水,然后输入厂区。

2.2. 汕头市交通情况

汕头市现有对外交通情况分为内陆和海运两个方面。内陆交通以内河、海运和公路为主,内河航运和海运情况从略。

2.2.1. 公路

汕头市对外公路的联系,主干线为广汕公路(Ⅱ级)、汕汾公路(Ⅱ级)、官汕公路(Ⅲ级);支线有港汕公路(Ⅲ级)、汕凤公路(Ⅲ级)五路及其他一些三级公路。

汕头总站设在海湾之北,汕头市区,负担汕头地区及广汕沿线28条线路的客货运任务。宕石车站在海湾之南,负担海湾地区西部各县22条线路的短途运输。

公路的运输量年年在增长,其增长速度按1966—1976十年间的统计资料为:

		1966年	1976年	增长率
五路合计	客运量(人次)	779万	1 322万	6.97%
	货运量(万吨)	82.6	176	11.3%
	行车密度(车次/日)	2 141	5 101	13.8%
广汕公路	行车密度(车次/日)	492	1 215	14.7%

现有公路线路、车站、交通工具、从业人员等都已感觉不足。公路客站将予以扩建。货站则移于拟建的铁路货站、新海港、渔港、主要工业集中的地方，即在现汕头市旧市区之东。

在诸公路中，广汕公路自西而来，经潮阳县北到濠江北口的宕石。在宕石设轮渡过江，穿过市区，与汕头市东北诸公路相连。轮渡过江日2 000辆次，高峰达2 800辆次。运输能力低，遇恶劣气候又需停渡。平时和停渡时期都经常堵塞市内交通。

因此，一方面需要将过境公路引出市区，另一方面必须将临时性轮渡改为永久性的桥隧，计划中将有高速公路通过汕头。

2.2.2. 铁路

汕头市现在没有铁路。过去虽曾有过汕头到潮安的狭轨铁路，已经拆除，现路基被利用作为潮汕公路。

目前在汕头以北的梅县到龙川之间有狭轨铁路，其主要作用是将梅县产煤外运。汕头市无矿产，目前年需煤150万吨，每年自梅县水运65万吨。

从广东和福建两省铁路网情况来看，四个特区之中，厦门是鹰厦铁路的终点。珠海和深圳逼近港澳。深圳特区在四个特区中所以能够发展得最快的原因之一是交通。特区有64条长途汽车路东达福建，西通湛江。京广线终点广州有广深铁路通深圳，每日对开十几个班次，双轨电气化工程亦已动工。唯独汕头特区，孤立于中，腹地狭窄，发展受很大的限制。

广东省计划委员会曾委托铁道部第四设计院作汕头到梅县新建铁路的可行性研究，已于1981年11月提出报告。

汕梅铁路自汕头经由潮安、揭阳、丰顺、兴宁而达梅县。全长212.77千米，约需投资4.1亿元。其运输量的规划为1990年时货流上行80万吨，下行200万吨，旅客列车每个区间开行四对。此乃地方铁路，主要解决两地的物资交流问题。在拟定报告时，尚无石油联合开发企业的计划，故货运物资以下行为主（主要是运煤），并不平衡。

若在汕梅铁路的基础上，由兴宁东接广深线仙村，则汕头市便可和京广线联轨。此段铁路长280千米，约需投资4.2亿元。

再从梅县东联坎市、龙岩，和鹰厦铁路联轨。此段铁路长130千米，约需投资3.1亿元。

从广州经汕头到厦门的铁路连线总投资约15.4亿元。则四个特区连成一片，经济形势更为可观。

根据国家铁路网规划，在第八个五年计划中有向赣线的计划，即由浙赣线的向塘，南走抚州、南城、南丰、宁都、于都、江口到江西赣州。若南联梅县到汕头，北通九江到北京，则第四条南北干线将以汕头为出口港。汕头市铁路纵横联网，发展将不可限量。这是在新形势下，宜积极争取促成的规划。

三、桥隧规划

3.1. 联络桥或隧的必要性

从汕头市现状和发展情况看，交通情况急需改善和发展。现汕头市老区已不敷布置。根据《广东省汕头市总体规划说明书》拟将市区向东北方向发展："由近到远，由内到外，紧凑地适当扩展市区。同时，采取大分散小集中的布局方式，把大学、港口、铁路及部分工业等项目布置到郊区鮀浦、珠池、达濠等地,发展郊区小城镇,形成一市三镇的总布局。经济特区的加工区则布置在市区东部边缘,自成独立地段。"而石油发展基地和化工联合企业则设于达濠岛东南端的广澳港。

3.2. 桥隧位置

汕头市在建设桥隧的位置上曾选了四个比较线路,现编号为东1,东2,西1,西2。(图2-4-1)

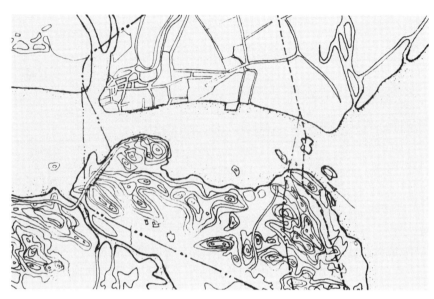

图2-4-1 四个比较线路

西部线在汕头老市区之西。从汕头市西港西岸,牛田洋围海堤处过海。西1线到海湾南岸现宕石码头西约600米处折接广汕公路。并设支路由磊口折向东南经达濠镇到广澳基地。

西2线到海湾南岸宕石码头西约1 800米处直接连接磊口的广汕公路,设支路通广澳同西1线。

东线在汕头市区之东。东1线从特区农场边跨海到妈屿岛再跨越主航道,抵海湾南岸雄鸡山进广澳。

东2线起点和东1线同,但不经妈屿,到南岸马山进广澳。

四线上共布置了西1、西2线钻孔各四个,东1、东2线钻孔各三个。

综合地形、位置和地质钻探情况,很可能的桥隧和引水管道长如下表:

各线管道、桥、隧长比较表

	海面宽(米)	引水管道长度(米)	可能隧道长(米)	可能桥长(米)
东1	1 300	19 000	不宜造	2 970
东2	1 900	21 500	3 040	4 260
西1	1 800	31 000	2 800	4 480
西2	2 500	30 000	2 950	4 680

东西线布局方面的区别如下表：

比 较 项 目	东 线	西 线
离老市区	较远	较近
联络新市区、港区、特区、广澳开发区联络	密切	迂回
计划中铁路终点	密切	迂回
引水管道	短	长而迂回
广汕公路和开发区联络	密切	迂回
对旅游点妈屿岛的联络	东1线有联系	无
地质情况	石层线	淤积厚,石层深
通航航道	固定	不固定需多孔通航

3.3. 桥隧比较

从建造桥梁和隧道的可行性和经济性分析,东1线主航道两侧均为花岗岩山峦,主航道下据地质分析有断层存在的可能,隧道需通过不同的性质的地层和断层,构造和施工都有困难,故不适宜于隧道。

其他三线,桥隧都有可能。隧道的构造以沉埋隧道埋置较浅,且大部分技术工作在水上进行;目前国际上在这方面技术比较成熟。而盾构法在汕头地区冲积软土层要求埋置更深,因此隧道更长。顶推法施工长隧道,埋置深度也深,技术尚不够成熟。

桥隧在汕头地区,桥梁和沉埋隧道的比较如下表：

比较项目	隧 道	桥 梁
对航道	无影响	有影响
外界气候对行车(人)条件	不受恶劣气候影响	受恶劣气候影响
使用条件	通风不良时空气污染较严重。长隧道行人和非机动车通过时间长,有压抑感	开敞
风景点缀	无	好
规模	最短方案2 800米	最短2 970米
造价	较高,约为桥梁的2—2.5倍	较低
工期	较长,约为桥梁的1.2—2.4倍	较短
施工中不可知因素	较多,克服较费力	较少

（续表）

比较项目	隧　道	桥　梁
保养维护	工作多、费用大、耗能多	较方便
受地震损害	海湾地质差,地震后沉埋隧道会产生变位,易开裂漏水	设计可考虑地震,可防止震害
修复	困难	容易
扩建	困难	容易
国防	隧道本身虽较隐蔽,但出入口和通风塔目标明显,容易被炸,炸后完全断交通,修复困难	容易被炸,炸后修复比较容易

具体工程数量从略。

总的说来,隧道在使用保养中要求较严,能源耗费较多。否则通风不良,长隧道空气污染严重。隧道施工中如结合不好,容易渗漏,修堵困难。汕头市要求地震八度设防,根据唐山地震经验,软土地基在震后河床土坡滑走沉陷,变形很大。采用沉埋隧道变形后易开裂漏水,极难修复。若采用深层盾构隧道可以避免这一问题,但造价较高,隧道在点缀汕头市旅游一景中不起作用。

东1线在汕头湾口,海湾宽度最窄,海轮和渔船航道分开,且航道固定不会游移。地基方面除北岸石层埋置较深外,其余部分地基均不做在石层,宜于建桥。建于石层的桥跨,根据国内外地震经验不易震害。引水工程和桥长都比较短,整个布局上对汕头市的发展十分有利。桥将为汕头市出入的门户,在技术上和艺术上做到一定的水平,可成为中国汕头极好的标志。与妈屿岛相结合,将成为旅游的非常雄伟壮丽的风景线。

故建议采用东1线桥梁方案为合宜。

四、桥梁设计技术要求

4.1. 载重等级
汽20,挂车120^{t}验算。
并附设二根ϕ1.5米直径输水管。
4.2. 车道
车流估计（1990）:

广汕线	8 800辆次/日
化工企业内销物资,估计200万吨/年	2 670
服务及配套物资运往广澳	500
工作人员来往	200
妈屿旅游（高峰）	1 000
其他	1 000
合计	14 170

双车道于通车时已饱和,故采用四车道汽车及 2×3.0 米非机动车道。

桥梁纵坡建议 2.5%,后地方要求 3%。

4.3. 桥下通航净空

根据汕头市意见,汕头港需出进万吨级客货轮。广澳开发公司 1984 年 2 月 20 日便函,建议以高潮水位以上 45 米和 40 米二种净空高作估算比较。即标高 +48.00 和 +43.00 米。

按一般设计规则,桥下通航净空高包括如下因素:

通航水位在潮汐河流以平均高潮水位计算。现定为 +3.00 米。

安全保证高度,保证潮高和船高测量误差以及船只颠簸产生的高度,现取 +2.00 米。

水线以上船舶高度。

根据进出汕头港 1 至 4 万吨级海轮调查统计,船舶空载水线以上高度并不与载重吨位成正比例。汕头港进出船只中有东南亚国家仍在使用的旧船,吨位很低,烟囱和桅杆特高,属于淘汰之列,显然不能以之作为桥下通航净空高的根据。调查表船只万吨轮有"育华号",较之三万吨轮中高船,"琼海号"犹高。也只能认为是例外。

汕头港之所以定为万吨轮进出则受港口水深的限制。海湾外口韩江流沙造成的拦江沙坝,每年都需要疏浚,使 4 米的船只能顺利通过。这一数字甚至连 5 000 吨级满载吃水都通不过。故所谓万吨级进港,指空载修船或半载卸货运货的船只而言。港湾内部水深,深处在 9—12 米。为了改变韩江下泄拦江沙洲的问题,汕头市请南京工学院研究措施,比较彻底地予以解决,使港湾内泊深能充分利用。

如桥下仍规定以通航万吨为准,水线以上空载船高可定为:

$$净空高 3.00+2.00+35.00=+40.00 米$$

事实上,这一数字若于 3 万吨左右的空载船只也能通过。

主航道航行宽度(斜交约 70°)。

净空宽度,据航运局告知为 200 米,实际使用宽度为百余米宽范围之内。因为进出汕头港都有引水员领航,所以是可以控制的。

海港桥梁下航道净宽由于近年撞船事故特多,故桥跨跨度宜大而不宜小。一般认为在船长的 1.5 至 2 倍。根据船型表尺寸,设船长为 180 米,则净空宽在 270 至 360 米左右。

桥墩仍需设防撞措施。

根据以上条件,作了全桥的方案比较,其关键在于妈屿岛与广澳之间的主跨。设计单位做了四个方案,即: 钢与 P.C.密索斜拉桥,主跨 300 米以下(后建议 400 米); P.C.连续钢构主跨 240 米; 悬索桥,主跨 500 米。各方面对斜拉桥有较大的兴趣。现工作停留在方案阶段。

五、讨论

5.1. 海湾通道通常都需要作不同方案的比较。基本上不外乎高出海面以上、水中、海底及海床以下四个不同层次建设桥梁或隧道的可能性、合理性和经济性。本桥址以桥梁方案为最佳。

5.2. 桥梁跨度,决策和设计者往往从初步投资出发,总是企图以最低限度地满足通航要求为主。然而这一通航要求,往往又缺乏发展的考虑。在本桥桥址,如拦江沙坝可以控制和排除、通航再加疏深之后,出入口船舶吨位可以提高。因此,现在虽为200米航道为已足,设计400米以上亦未为过。

5.3. 海湾桥桥墩的受船舶冲撞问题已引起国际桥梁界的重视。世界桥梁结构学会已刊发很多这方面的报道和理论计算分析的建议论文。在国内尚未引起足够重视。目前本桥方案比较中,对防撞设施较为乏力,则其估价便存在不足之处。

5.4. 中国南海诸海湾都有遭热带风暴(台风)袭击的可能性,故其结构形式和施工方案都要充分考虑到这一因素。

5.5. 目前超过300米桥跨桥梁可供采用的结构形式极为有限。大致为大跨拱桥、斜拉桥和悬索桥三种,尤以后两种为主。三种桥式各有优劣。然而就本桥桥址而言,悬索桥于安装时抗风有利。500米或以上桥跨主塔可放在低潮时部分岩石露头的平坦的浅滩上,筑岛施工,兼作防撞措施,甚为经济有利。

5.6. 从本桥桥址形势看,两山夹峙如门,以悬索桥为最雄伟壮丽。只要精心设计,不带倾向性的估价,造价区别不会太大。

5.7. 设计海湾桥时宜从长远和发展的利益出发。中国尚有不少长大的海湾海峡需要建设,桥跨都将在千米以上。目前为止,仅有悬索桥可以应付。而国内桥梁界对于近代大跨悬索桥的设计和施工尚无充足的准备、宜于修建大中型悬索桥,以便取得经验。

目前该桥尚未到实施地步,有厚望焉。(图2-4-2、图2-4-3)

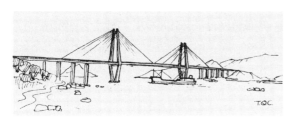

图2-4-2　斜拉桥设计方案

图2-4-3　悬索桥设计方案

1989年9月7日

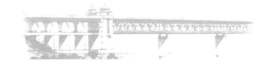

港珠澳大桥
——关于珠江口跨越交通工程的意见

一、引言

自1983年以来,很多家公司对珠江跨越交通提出过不少宝贵方案。作者自1995年开始,因负责琼州海峡跨海交通工程在广州工作8年。耳濡目染,其间亦曾参加过这一项目工作。之后风闻,计委于2001年组织了"港澳大桥关注小组",迄今已开过三次会议。2002年,政府组织了"内地与香港大型基础设施协作会议",委托计委作港澳大桥的预可行性或规划研究,将于6月30日完成报告(指2003年)。

从各方报道的点滴内容,谈到单丫和双丫方案。调查报告将重点关注三个问题:第一层面的必要性和可能性;初步建桥路线和落脚点的明朗化;提出资金筹措的具体方案。

作者因涉猎过以往各家方案,并提出过自己的设想。现拟再发表一下个人看法,负曝之言,提请参考。

二、项目建设原则

1. 影响区

珠江口交通跨越工程建设原则,除了考虑基础工程影响区域,即珠江三角洲经济片的经济条件,人流、物流、产业布局和发展前景外,似还应提高到影响广东西部、海南经济大特区、中国西部地区的发展以及珠江三角洲经济向东、北、西和南向海洋发射的作用。

2. 必要和可能

珠江口交通跨越工程已经谈了20年,随着经济形势的发展,必要性是没有疑义了。因这一超大型基础工程研究及建设周期长,故倍感其迫切性。通过研究琼州海峡跨海交通工程,其自然条件较之珠海口更为严酷,涉及国内外类似工程的技术和经验,深知本工程技术上是完全可能的。

3. 方案选择

正式的线位和建设方案比选为时尚早,但没有初步设想就难以进行决策。目前已经有的众多方案各有深思熟虑,也难免带有或显或隐的地方主义、集团利益的目的。完全希望计委以"公正、科学、客观、独立"的精神进行研究,站在国家整体利益的高度上,进行宏观判断调控。

三、线位设想

根据珠江口自然条件资料,曾经有过十几个线位和相应交通跨越结构的设想。

总的看法是：北部诸线，如中山深圳线；淇澳岛、内伶仃岛南北数线，东联深圳或香港，西联珠海，工作已做到预可行性研究完成、立项。可惜都未仔细考虑港澳利益，特别是澳门的直接利益，故先天不足。

南部诸线，兼顾了粤、港、澳三方，以在此范围内选择为宜。在单丫、双丫之外，作者于2001年1月提出具体的线位设想，现简介如下：

1. 线路

珠江口交通跨越工程港澳珠线方案，东自香港离岛（大屿岛）西南角芬流庙湾，跨大濠水道，经牛头岛北，跨赤滩门水道，经三角岛，跨清州水道到澳门路环岛的大担岛或黑沙角登岸。通过澳门路环岛和凼仔岛之间，横出过莲花桥至珠海横琴岛。或沿澳门纵向，从拱北到珠海（此道自通）线路海上拱长28千米。利用珠江口中间的岛屿接力。既可开发岛屿，又可降低造价。

跨越工程应是公铁两用桥。所以如此，是欲使珠江三角洲在珠江口形成铁路公路大环线。

2. 香港岸

香港的落脚点在离岛大屿山西南角留庙湾。该点离澳门最近。着陆后分为两支：一支为公路和铁路，沿离岛西海岸北上，接机场线的公路和铁路。或公路沿西海岸走，铁路则超抄近路穿大屿山作隧道接机场线。一支公路沿大屿山南海岸到迪士尼乐园。公路线绕离岛成为环线。由北面经将建设的青龙桥，及已成青马大桥转汀九大桥去新界入深圳东（罗湖）西（蛇口）口岸。公路在环道东南，通过计划中的直接到香港岛的桥梁去香港。

铁路在大屿山西北西侧成半环状。经由青马大桥接广九铁路。

离岛是风景保护区和游览区，所以铁路以隧道接机场线为宜。大屿山南侧公路是澳门、粤西和更远的西部地区到香港旅游的大通道，看来这样布置是有利的。

至于离岛西岸是否批准填海作大片集装箱码头要看整个珠江三角洲总的港口协调布局，避免重复建设，形成不良的竞争。

3. 海上

据介绍的较多的南线方案，海上线路偏在澳门之北，目的可以分叉连接珠海市区和澳门市区（单丫），或更如2002年香港利丰集团方案，车流东端分叉至香港和深圳（双叉）。

2001年1月，作者在广东虎门技术咨询公司所提方案更偏向南，自香港离岛经牛头岛、三角岛至澳门的路环岛。

一般跨海交通工程，如有可能尽量利用海中岛屿，跳岛建设可以充分发挥建设优势，降低工程造价。利用淇澳岛和内伶岛虽好，可惜远离澳门。粤、港、澳三者缺一。

大屿山至牛头岛之间的大濠水道是深水航道，为进出珠江口大船的通道，可以建设大跨高净空悬索桥。因离香港和澳门国际机场较远，不影响空港的飞机航行。

牛头岛桂山岛等一排岛屿海域，现为不能进入广州港的大船引航、检疫及装卸锚地。货物转驳后的小型船只可由赤滩门驶入，其通航净空要求较低。三角岛到澳门之间是通往澳门浅水船只的青州水道，通航净空要求亦低。

有设想在牛头、桂山等万山群岛的范围内建设万山深水港，作为珠江三角洲的总的港口。这一设想，类似于上海的大洋山小洋山深水港。至少在目前，其影响面极大，将牵涉香港港、广州南沙和高栏港、深圳盐田等一系列港口设备和联系交通的布局，且投资极大，一时甚难实现。为了留有余地、万一将来有需要建设万山港,本方案的海上线路可以增加岔道匝道达到运输通达。其他线位都做不到这一点。

4. 澳门岸

作者认为,在澳门东北侧填海做人工岛以扩展澳门土地不是良策。不适当地填海造地会造成环境影响。况且澳门属地、澳门半岛、氹仔岛和路环岛三处,其后两处尚未充分开发利用。氹仔岛和环路岛之间新填海相连、尚未充分填足。两岛与国际机场之间尚有拓地的可能和计划。

一般重要交通基础设施的落脚点不宜设在闹市附近。根据经验,落脚点处不久就会发展和被新市区所包围。

所以港珠澳大桥的澳门落脚点主要在路环岛的大担角或黑沙角。

方案建议在大担角起岸。此处段桥梁路面标高和机场标高相同,则不会影响机场飞机起落使用。

或在离机场较远的黑沙角落脚,穿隧道过山,纵贯澳门的大道。

在一国两制,港澳是特别行政区的情况下,港、澳、粤三地之间需设海关。可以从香港岸先设海关,或可在澳门岸与莲花桥头原有的粤澳间澳门口岸海关对称,设港澳间澳门口岸海关。公路下桥,若去珠海,则不必在澳门过关,直接从高架桥上过夹马口水道,过河到粤、港、澳珠海口岸过关。三地关口在邻近集中管理。

澳门没有铁路,亦根本不可能从澳门半岛拱北进入铁路。根据规划,珠澳铁经由珠海横琴岛来,跨夹马口水道到氹仔岛,山南设澳门火车站和关口。火车站和国际机场很近,离澳门闹市区较远,这是很好的布置。在填海区上设三角道,可由澳门和珠海分别直接去香港。去香港上港珠澳大桥,在澳门及大担角出海后,一段距离内公路铁路并行,在一个标高内。过了飞机场尾一段距离,公路在上,铁路在下,变为双层,以降低造价。

若桥梁落脚处在黑沙角,则分别穿山作公铁隧道,布置类似,未附图示。

路环岛、氹仔岛之间的莲花桥是1997年4月,澳门葡方代表团赴北京向中央政府提出建设港珠澳桥时,同时提出建设的4千米公路桥。经中央批准,亦按期于1999年建成。桥为双向各3车道,造价约9 500万元。

5. 珠海岸

澳门和珠海的经济合作是多方面的,其中最突出的并且正大力发展、规划的是建设珠海横琴岛经济开发区。横琴区正加强基础建设,吸引国内外投资以发展旅游、商贸、饮食、金融、房地产等事业,雄心勃勃,大有可为。

曾有建议港澳大桥在横琴岛落脚,我们曾于2000年底专门驱车横琴考察,会见其区长,看到他们的初步规划。区里认为横琴岛的土地已都做了有用的布置,可能上岸处乃名胜古迹,所以还是以澳门路环岛为宜。其布局见上节。

公路交通港澳两地都是靠左行驶,而内地珠海是靠右行驶,所以莲花路桥横琴岛珠海口岸进入以前先有转换车道,改左行为右行(或反之)。可见任何一个方案,或单丫或双叉,如何设关,如何车道转换都是需要仔细考虑的事情,本方案在各个方面都已想到。

自到横琴区后,公路由新建的横琴大桥进入珠海市区。并可西去接粤西高速公路、主干线。铁路则纳入广东铁路网,北上、东去、西行都可。特别是西去粤西、海南和中国西南地区,甚至更往西联通拟议合作进行中的新陆上丝绸之路。

四、小结

本方案自珠江三角洲而言,公路、铁路都成大环线。自香港和澳门各自可向东、西、北陆路联通,南则出海。粤东西公铁路交通可以通过广州,不从港澳越境。

桥梁布置如图2-5-1,是初步设想,线位方案确定再作比选设计。

估计造价136亿人民币。

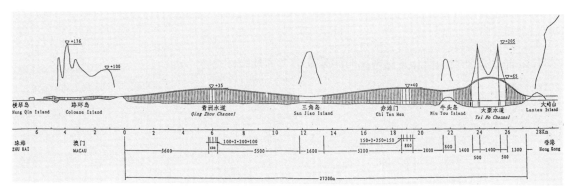

图2-5-1 桥梁布置图

本方案为作者于2000年在广东虎门技术咨询公司时所提出。当年限于公路,今扩充为公路、铁路两用。

2004年3月

附件:

珠海市

方旋书记

黄悦松交通局长

读2004年3月2日《广州日报》"珠海希望港珠澳大桥立横琴"一文,甚喜。

2000年底,我当时在广东虎门技术咨询公司为专家,曾为粤港澳桥事到珠海、横琴考察、会见区长。曾告以拟提意见在横琴落脚。横琴区长告以当地拟建游乐园,并其他种种原因,我们提了在澳门路环岛落脚转横琴岛的方案。

2002年我因虎门公司易主、牛厅长犯事,回武汉中铁大桥局集团有限公司为高级技术顾问。仍十分关心粤港澳大桥进展,并知道香港方面含和主张粤地在拱北落脚,总觉不十分合适,因此写文上报国家计委,未得回音。

现知三方会谈,正做可行性研究,又见报端文章,不揣冒昧,特将建议复印寄奉。

我专攻桥梁,且为琼州海峡跨海工程可行性项目负责人,本人及中铁大桥局集团公司当随时为您及该工程服务。大桥局集团公司集设计、科研、施工为一体。我们的力量强大，还正考虑向BT或BOT工程项目进军。

兹寄上名片两张。

我上半天班。上午可打电话到办公处。

下午3时到晚上可打电话到舍下。

即祝工程

完善地成功

唐寰澄

2004年3月9日

注：给国家计委的信和意见寄出时间是2003年4月12日

拱轴线研讨

一、概述

关于拱轴线做科学的研究,已有一百年以上的历史。中华人民共和国成立以后,长时期采用自苏联引进的德国公式。现在国内外的拱桥桥跨越来越大,而电子计算机的应用更为普遍。过去为了适应手算而确定的一些简化假定,现在可以比较精确地计算。可是拱轴线的选定,又要适合于施工和成桥的各个阶段受力状态。本文对无铰拱、对称拱轴线问题提出简略的想法,以供参考。

二、幂级数拱轴线公式

一根曲线可以用三角函数或幂级数公式来表达。常用幂级公式为:

$$y=a+bX+cX^2+dX^2+\cdots \tag{1}$$

当拱轴线的坐标原点通过拱顶,横轴为 X,竖轴为 Y,当 $X=0$ 时,$\dfrac{dy}{dx}=0$

$$\therefore a=0,b=0 \tag{2}$$

得公式 $y=cX^2+dX^3+eX^4+\cdots$

最简单的拱轴线是抛物线

$$y=cX^2 \tag{3}$$

不同的 C 值得出一组抛物线族。过去如美国的费特奈(Whitney)氏等便用抛物线公式。如拱跨为 L,拱矢为 f

当 $X=L/2$ 时 $y=f$ 代入公式(3)

得 $f=c \cdot L^2/4$,即 $c=4f/L^2$

已经确定了拱跨和拱矢,抛物线拱轴线只有一根。

再比较精确的拱轴线为

$$y=cx^2+dx^2 \tag{4}$$

是三次抛物线,亦称作悬链线。

将 $X=L/2, y=f$ 代入公式（4）

$$f=4f/L^2+dL^3/8$$

$$c=4f/L^2-dL/2$$

于是公式变成

$$y=(4f/L^2-dL/2)X^2+dX^3 \tag{5}$$

公式中 d 是未知和任意的系数，亦称为拱轴系数。这些系数，需要根据一定的条件予以确定。

抛物线拱，只有当荷载是均布时，才在拱轴内产生轴心压力。

三次抛物线或悬链线的拱轴系数 d 可以任意选择以达到一定的经济目的。

三、常用拱轴线的概念

拱是垂直荷载作用下产生水平推力的结构。拱轴线应尽量使荷载在结构中产生的压力线相等。

因为恒载固定，活载有变化，因此，不可能有一根完全相符的拱轴线。由于公路圬工拱桥恒载约占总荷载80%以上；铁路拱桥恒载约为60%—70%，因此，一般情况下，恒载比重大者，拱轴线要求符合于恒载压力线；比重小者，则符合恒载加一半均布活载的载重所产生的压力线。

在其他恒活载组合的条件下，各类无加筋圬工拱，其压力线不超过各该拱截面的核心范围。加筋圬工拱则按组合压力和弯矩设计。

可是在拱轴线没有确定以前，其恒载的分布情况不明，无法一次计算确定，只能反复迭代，最后求得符合于上述要求的拱轴线。

中华人民共和国成立之后，一直采用施、柴两氏公式。

四、施、柴两氏拱轴线

德国工程师施氏（Strapen）以假定荷载曲线的方法求拱轴线。

假定拱顶单位宽均布荷载为 g_d,

　　拱脚单位宽均布荷载为 g_z

　　拱段中任意点为 g_x

$$g_x=g_d+\gamma y_x \tag{6}$$

式中 γ 为拱上结构材料容重。所以，这一公式上个实腹拱的公式。

设 $m=g_z/g_d$ 称为拱轴系数。

推导后得拱轴线公式为

$$y=\frac{f}{m-1}(ch\xi k-1) \tag{7}$$

式中 $\xi = 2X/L$

$$K = ch^{-1}m = \ln(m + \sqrt{m^2 - 1})\qquad(8)$$

推导从略。所得公式(7)也称悬链线。

计算的具体步骤是：

a. 先得 g_d 值

b. 假定 m 值

c. 求得拱轴线尺寸反求 m 值

d. 重复计算。

其和公式(5)的求算过程没有多大差别。

过去的拱桥手册采用查表的方法进行手算。实际上编成程序，由计算机自己迭代进行会很快得出结果。

因为采用手算，希望只要一或二次就能比较正确地选定 m 值，出现了一些办法和窍门。

因为这一拱轴线公式是从实腹拱推导出来的，对于空腹拱就不能完全合适。除了反复迭代之外，一般还采用拱轴线的拱顶，两个拱脚，两个1/4拱跨处与压力线相复合的方法，来确定 m 值。

五、对施、柴两氏公式的研讨

施柴公式等称为悬链线和精确的悬链线公式定义不一样。

精确的悬链线公式是在索长自重下，无刚度索所悬挂成的曲线，索中只产生拉力。对于拱，则是倒过来的悬链线，线中只产生压力。

现在广义的悬链线定义的内涵是在恒载作用下，和拱内压力线相符合的拱轴线为悬链线。因为恒载可以是多种多样的，于是悬链线也是多种多样的，没有一定的形状。

倒过来说，一根任何形状的拱轴线，总有一个荷载分布图能使压力线和拱轴线相符，则圆弧曲线等都可以叫作悬链线。

于是便可问，为什么要费尽心机去求那根拱轴线？而不是根据通航净空、造型美学、施工方便等需要的角度，先确定一条拱轴线形状之后，反过来求其恒载分布曲线，以之来布置恒载？

作者曾将若干种拱轴线，包括半圆、圆弧、二点圆、蛋圆、椭圆等各种拱轴线，反求得恒载分布曲线，现象甚为有趣，以之来确定拱的起点和其他结构构造，也大有裨益。

采用这方法，拱之设计，将为之改观。

六、倒悬链线

拱桥的受力，根据不同的施工方法是分阶段进行的。

假如采用劲性拱架施工，则拱圈可以全部恒载上去之后再受力。除了收缩徐变对拱轴的影响外(可以预加拱度予以大部分消除)，拱圈内受恒载力完全符合假定的条件。但一般情况下，拱圈完成，便拆拱架。于是，裸拱圈受力以及拱上结构施工进行时，各个阶段拱内便不是无偏心受压，必须分阶段验算，使不超过允许值。有时还需加临时辅助设施以达到这一目的。

现在桥跨越来越大,且大部分是空腹拱,裸拱圈的恒载已极为可观,因此,最好拱架拆去后的裸拱圈,或旋转施工法的拱圈便能使压力线和拱轴线相合。

等面积(不一定是等刚度截面)的拱圈,在裸拱下的拱轴线便是倒悬链线,其公式为:

$$Y=\left[\frac{\left(n^2+\frac{sh^2\Phi}{\Phi2}\right)^{1/2}}{2sh\Phi}\cdot\{ch\Phi-ch(\Phi-cx)\}+\frac{n}{2sh\Phi}\{sh\Phi-sh(\Phi-cx)\}\right] \tag{9}$$

式中 $n=\dfrac{两拱脚高差}{拱跨}=\dfrac{h}{L}$

$\Phi=\dfrac{\omega L}{2H}$

ω——拱单位长(沿拱轴)重

L——拱跨

H——拱水平推力

$C=\omega/H$ (推导从略)

这一拱轴线公式的坐标原点在一个拱脚上。当拱脚相平,$h=0$ 时

$$y=L\left[\frac{1}{2\Phi}\cdot\{ch\Phi-ch(\Phi-cx)\}\right] \tag{10}$$

非常有趣的是,倒悬链线公式总的恒载分布曲线,在扣除拱肋,均布桥面系统的均布荷载,和拱上柱的高度成常数比例分配,即拱上柱是等截面的。

因此,倒悬链线拱在裸拱和全部活载上去时,到符合广义悬链线定义,只有在安装拱上柱阶段时,要考虑其安装偏心压力。至于拱的活载、温度、收缩徐变、稳定性的计算,都按一定超静定结构计算方法进行。

唐浩整理

2014年8月28日

沧海何曾断地脉　飞梁端合破天荒

——琼州海峡跨海工程之梦

前绪

　　"沧海何曾断地脉"，广东海南，一衣带水，本是一家。多少年来，两岸人民做着同一个梦，盼望海峡变通途。如今，美梦将要成真。1994年，国务院召集广东、海南两省共同研究，做出一个重大决定，揭开了建设琼州海峡跨海工程的序幕。这项令世人瞩目的跨世纪工程的预可行性研究报告已在最近通过专家评审。身为项目负责人之一的桥梁专家唐寰澄教授，多年来热心为本刊撰稿，这次又从积案盈尺、图帙满柜的资料中精挑细选，写下一篇详尽介绍这项工程来龙去脉的大文章，其间也记录了自己几十年来一往情深地"追梦"的心路历程。本刊将分上下两篇刊出。

　　"九五"计划和2010年远景目标纲要的实施，将使更多美梦成真。为满足读者及时了解这些方面最新情况的愿望，编辑部将着意组稿，希望各方有心人士提供线索，惠赐大作。

原载广东省政协刊物《同舟共进》1996年6、7期

　　〔编者按〕据《南方日报》1996年5月9日消息，举世瞩目的琼州海峡跨海工程前期工作目前已全面铺开，工程预可行性研究报告5月8日在海口市通过专家评审。工程计划2010年前完成前期工作并动工兴建，2020年建成，总投资约460亿元。

　　本刊特约请现正在广州参与该项工程前期论证的铁道部大桥工程局桥梁专家唐寰澄先生撰写系列报道，介绍这项跨世纪工程的总体构想。

上篇

　　话说"开天辟地"之初，地球核心一片赤热，外面结成硬壳。这硬壳裂成六大板块。大板块内又裂成小板块。在欧亚板块的东南角上，相邻于太平洋板块和印度洋板块交汇的地方就是广东省、海南省所在。

　　地球在转动、星际有吸力，造成板块之间的相对移动、张裂、碰撞、褶皱、隆起、造山、造海，一日不得安宁，虽然一次大变动要几百万年到几亿年。现在的地貌是45亿年以来，第11次大变动后留下的。最近没有要发生大变动的征兆，不过小变动不断。地震就是小变动的一种迹象。

　　广东省西南部的雷州半岛和海南省的海南岛在2 500万年以前原来是连接起来的陆地。自公元前2500万年到2000万年之间，从雷州半岛北面齐大陆边缘，到海南岛北部，产生了剧变，凹陷下

去约700米,南北宽约190千米,成为一个大盆地。海水涌了进来,海南岛和大陆便割裂开来。好在那时还没有人类,只有远古时代的动物。慢慢地在盆之中厚厚地淤积起泥沙,成为浅海。

地球在发展过程中,发寒、发热。发寒时就是冰河时期,海水下退,浅海都露了出来。于是海南又和大陆连了起来。也许就在那个时候已经开始有了人类。有一支"队伍"上了五指山,便成为今天的黎族。发寒之后,接着发热,海水又上涨,海南又变成了岛屿。地还是连着的,这就是"遐舆图之垂尽,绵地脉以潜通。"(明·邱濬)

可是在地壳裂缝里,火山或像放花炮一样喷发,或像煮沸汤一样喷溢。于是雷州半岛大部分覆盖了火山岩。海南岛的海口、琼山、澄迈一带亦有火山岩露头。雷琼海峡越来越窄,成为今天长80余千米、平均宽29千米的琼州海峡。海南成岛。这些动作都是在几十万年之间所完成。如今海水稳定了一万多年,再要大变,恐亦将在几万年之后了。

海南岛地处海中。志称:"广九百七十里,袤九百七十五里……内包黎峒,万山峻拔,外匝大海,远接外岛诸国。""琼郡别开绝岛、亘千里之神州,引百川之脉络。水面星辰,南极原通北极(地脉相通)。天边潮汐,东流又复西流(海峡潮水东西公流)。"(四库全书·史部·地理类)

秦始皇统一天下,平南越,置象郡。海南岛在象郡徼外。《史记·武帝本纪》记元鼎六年(公元前111年)平南越。从徐闻过海,得大洲。元封元年(公元112年),置珠崖、儋耳二郡。海南岛从此统一于中国。唐代时开始户口繁盛。宋朝起,北陆为雷州,南岛为琼州。雷州徐闻的海安港,从西汉起就与外洋以船舶商货往来。

海南岛地处亚热带,有暑无寒,四时常花,除了明朝正德元年(公元1506年)冬天,曾经非常特殊地下过一次雪外,"岩花开发四时春,葛衫穿过三冬月",是没有冬天的。一出太阳就热("红云带日秋偏热"),一刮风雨就寒("海雨随风夏却寒"),真是寒中有热,热中有寒。这个天气,宜于农业。然而一直到宋朝,海南还是个穷困的地方。虽然一年之中,蚕可以结8次茧、稻可以熟3季("八茧之蚕,数种之禾"),瓜果满野,水产盈海,山种芋薯,人织吉贝(布名),温饱无虑。海南岛的织布自有一套方法和机具,元朝时由黄道婆传到作者家乡(上海松江),民间大盛,据以为业。但是海南百姓仍富不起来。宋朝苏东坡说那时海南以薯、菜当粮食的60%,几乎像20世纪60年代初的"瓜菜代"的困难情况。那到底为什么? 原因有几个:

"安土重离,不事远贩"。当年"贩"也不过卖些土产,所值不多(现在可不一样,才会经营)。

"水土颇善,气候不正"。常年有风,多海溢、飓风。春天旱而夏天潦,水利事业不得其法(现在也不怕,科学种田,可保丰收)。

"东界地瘠,腴壤在西。"地肥瘦不一样(不过现在反过来东边富而西边穷)。

因此海南虽然资源丰富,却只是靠天吃饭的小农经济。甚至农业也不发达,靠一些海南的热带作物"怪珍是殖"为生。"魏、晋以后,中原多故,衣冠之族,或宦或商,或迁或戍,纷纷南来",带来了中原文化,生产生活逐渐提高。再经宋、元,苏东坡等"劝农""讲学",风气渐开,繁华日甚。到明朝时,明太祖朱元璋看中了海南,称之为"奇甸",就是一块奇异的国土。明朝邢宥有诗道:

南荒千里尽王疆,四顾天连海色苍。
二郡舆图兴自汉,五州编户盛于唐。
故家大半来中国,厚产偏多起外庄。
弦诵声繁民物阜,宦游都拟小苏杭。

竟然比之于"上有天堂,下有苏杭"一样。

在近代史上,海南岛隶属于两广。明属广西,后属广东,一直到1988年才独立成省。百多年来,整个国家在穷困之中,海南岛也自然仍较落后。不过,这块海外"奇甸",在改革开放的浪潮下表现出它特殊的天时、地利和人和的优势。

1984年邓小平说:"我们还要开发海南岛。如果能把海南岛的经济迅速发展起来,那是很大的胜利。"

于是海南岛自1984年起,便成为广东省的一个经济开发区,有较大的贸易主权。1987年邓小平又说:"我们建立经济特区的决定,不仅是正确的,而且是成功的……我们正在搞一个更大的特区,这就是海南岛经济特区。海南岛和台湾的面积差不多。那里有很多资源,有富铁矿,有石油、天然气,还有橡胶和别的热带亚热带作物。海南岛好好发展起来,是很了不起的。"

1988年海南建省,脱离广东,独自发展。这件事有好处,也带来一定的困难。好处是海南可以独立自主地专心一致地开发;但也就不能依托与利用广东的经济和技术优势。海南经济发展离不开中央支持,也离不开先走一步的"老大哥"广东的支持与帮助。

经过8年的努力,海南省摆脱落后的经济,赶上了时代的步伐,国民生产总值已经超过全国平均水平。海口、三亚等城市拔地而起。可是海南经济的发展也走了些弯路。譬如说,不是从生产着手,"汽车事件""房地产热"等,只是想依靠政策优势,短时期里立即致富。当中央政策倾斜,由沿海面向内地,特别是大力开发西北地区,以调整地区经济发展不平衡时,海南就失去了政策优势。它从"一枝独秀"的开发方式清醒过来,转而摆正了农、轻、重、旅的关系,重新创业,步入稳妥、长远、牢靠的发展道路。"背靠大陆,面向海洋",在这两大市场之间发挥地区优势、开拓市场经济。

问题也就来了,如何解决孤立于海外的陆岛交通问题? 邓小平1984年就说:"先把交通和通讯搞起来,这是经济发展的起点。"

言归正传。就来数一数过去曾经为跨越琼州海峡作过设想的历史记录。

即使不作为经济特区,如此接近大陆的一个宝岛,是怎样与大陆互相往来的?

历史上过琼州海峡只能靠船渡。重要的渡海线路有两条:一自雷州海安至琼海口;二自雷州徐闻至崖州澄迈。

琼州海峡,一望无际,深沉不测。不过渺而视之,一苇可航。"雷之海安,至琼之海口计程约八十千米"(《流水指掌图》);"舟之行也,朝斯往夕斯返"(《奇甸赋》)。

北宋元符三年(公元1100年),苏东坡在被贬的海南遇赦北还。6月20日从澄迈渡海,估计在今老城西通潮阁至东水港,北去雷州递角场。其《澄迈通潮阁》诗之二云:

余生欲老海南村,帝遣巫阳招我魂。
杳杳天低鹘没处,青山一发是中原。

清朝饶庆捷《渡海》诗之二为:

海口茫茫接海安,凌虚万顷破层澜。

平生自信襟怀阔，到此方知天地宽。

漭漾千寻云气黑，微濛一点塔峰寒。

直从鳌背扬帆过，更指西山作马鞍。

　　他便是由海口到海安。从琼州海峡一岸是望不到彼岸的，所以两诗末句，"青山一发"和"微濛一塔"，都是快到岸的情境。

　　一直到今天，过海还是靠轮渡。就只速度快些，从海安到海口，一日可有4个往返，也不需候风（顺风）、占水（顺潮），比起古人为有余，对于近代，特别是作为"经济大特区"，那就不但是不足，而且是极不相称了。

　　到了近代，随着科学和技术的进步，跨海交通工程有了极大的发展。浅海海峡，早在20世纪二三十年代已有建设，特别在二次世界大战之后，兴起建设深海海峡跨海工程的热潮。于是对跨越琼州海峡的设想，由不同的人、不同的时间，不约而同地都提出过一些建议。作为历史记录下来，倒也饶有趣味。

　　60年代，当陶铸主政广东时，便以7145工程代号，设想建设琼州海峡海底隧道。但只在海峡两岸进行了少量钻探工作，未见有具体计划。

　　70年代起，由于国际跨海桥梁建设大有进展，以及海洋石油钻井平台的建设成功，便自然而然地联系到海峡桥梁。1974年，铁道部在南京召开铁道科学技术研讨会，作者发表了《国内外桥梁基础工程现状和发展》一书（按：内部交流）。其中"深水大型基础的施工实例和设想"中提到，我国深水大型基础，除长江等较深的内河外，尚未修建过海湾桥梁。但如雷州半岛到海南岛的琼州海峡，两岸间距约30千米，水深约60米。如需修建桥梁，技术上完全是可行的。或更进一步的设想自山东半岛直指辽东半岛，跳岛修建桥梁，联结烟台和大连的铁路，缩短关内外交通，在国民经济上也是可取的。桥（应为全线）全长约120千米，水深则较琼州海峡为浅，约三四十米。当年秦始皇东临海隅，"驱石竖柱""跨海架梁"的愿望是可以实现的。

　　自从1984年起说要开发海南岛之后，这个课题更热门起来。当年7月，王震将军在陪同日中友好代表团访问海南时说，已故周恩来总理有在琼州海峡建造隧道的意见。

　　时为建国35周年。铁道部《铁道知识》杂志征文，作者在以往设想的基础上，收集海峡具体的地貌、地质、水文等资料，写成《南国绮想——琼州海峡跨海工程》一文，内中对琼州海峡作了简明的介绍，并列举国外桥梁、海洋平台的成就后说："在琼州海峡，至少有几处可以作为桥址选择。其中以从雷州半岛的徐闻接轨，到屺角，过海，利用海峡中垣的若干孤屿，接海南岛的澄迈角，联结岛上环岛铁路和公路，距离为最短。海峡全宽约19千米，以8至9孔大悬索桥，7至9个深水墩，就能飞跃而过……现在，海南岛正在大力开发，开创之初，百事待举，跨海工程不一定排得上议事表。相信随着经济起飞，国力增长，总有一天建桥（或隧道）计划会变为现实，使海峡变为通途。"

　　文章发表后，1985年得广州一名远洋船员报务员陈大海来信，知道他对此事蓄意已久，写过不少文章和建议。这位青年（当年26岁）虽不是工程技术人员，却以"天下兴亡，匹夫有责"的态度关心国家建设，有意识地收集世界已成的桥、隧资料。于1984年7月24日和12月21日，先以《可对琼州海峡海底隧道工程做可行性研究》为题，谈建隧道。后又以笔名陈峡父在《海南日报》发表了《在琼州海峡建桥比挖海底隧道投资少见效快》一文，从建桥的角度再论琼州海峡跨海工程。归根结底，是希望先有组织，再进行可行性研究。信中对其热情和冷遇之间的差距不胜感慨系之。

可惜地址不固定,之后未能再取得联系。我们知道,三峡工程中的"南水北调"也是出于民间的提议,今日工程在进行,而提议者几乎成了无名英雄。陈大海的热心当不至于此罢?

1984年3月,北方交通大学管理科学研究所张国伍在《数量经济技术经济研究》杂志上发表了题为《刍论海南岛交通系统发展和海港建设》一文,从经济发展的角度谈交通。文中说:"当今正处于新的技术革命时期,如何用现代化技术建设海南与大陆之间的运输问题应该及早研究。目前采取了航空线和海运线的交通联系。但是随着我国经济发展和海南岛建设,仅靠目前的这些方式已不能适应……采用跨海铁路轮渡或海底隧道的方式……值得我们进行研究……在20世纪末应该实现。"估计这是位经济学者。从经济角度关心琼州海峡跨海工程的建设。

1984年12月《热带地理》杂志第4卷第4期,刊登了广东省地震局张虎南《关于修建琼州海峡海底隧道可行性的探讨》。这是一位地质专家,从地质的角度,根据国外日本青函隧道、英法海峡隧道、瑞典海峡隧道的资料,结合琼州海峡地质、地震的具体情况,提出东、西二线可能建隧道的方案。其结论是:建议再作更深入的调查研究、分析比较、现场试验的情况下进行工作。而这一工作,"当前考虑开凿琼州海峡海底隧道的可能性,为时并不过早"。

其他想必还有不少"不在其位而谋其政"的热心公民、专家、学者,提出类似的想法,只是作者接触不广,不能备述。

作者于1990年任铁道部大桥局海南总公司技术顾问时亦曾受聘于"海南战略与规划研究会"(海南经济研究院前身),为特约研究员。主要也是为了琼州海峡建设为宜。当时的思路是先鼓吹建设铁路轮渡,然后建造桥或隧道。为了贯彻这一思想,曾几次去海南,拜会过前海南铁路公司总经理钟国宪,海口前市长李金云(现海口人大常委会主任),游说鼓吹。在席间专门为之介绍世界各国海峡桥隧的成就。并曾填词书轴以赠。调寄《望海潮》:

> 南国明珰,东方檀岛,琼崖故郡新葩。坡老投荒(苏东坡贬官投荒于儋县),刚峰出处(海瑞字刚峰),椰林渔火人家。碧浪接青霄,银涛洗白沙,海角天涯。市列珠玑,地藏金铁,富无加。

> 高山五指明霞,拟蓝图着锦,绿壤添花,港舶如鳞,厂机似介,引将贾旅弥遐。谈笑席间茶,数环球名峡,桥隧浮槎(桥梁、隧道、轮渡)。异日北连大陆,留与子孙夸。

建议未得什么确切的回答。

即在事后从海口返回武汉,坐船先至湛江,再搭火车。时为4月17日,坐的是"湛琼二号"。是日轻雾,海上风平浪静。正在休息室看电视之际,忽听一声巨响,人即往前冲跌,惊惶之中,见船上工作人员来通知,全体上甲板集合,每人都穿上救生衣,准备如沉船时跳海。原来和一艘大货船相撞。当时时间是10时20分,事后见报载,方知"湛琼二号"是湛琼联合船务公司所有,吨位重1 758吨。载车42辆,乘客120人。货船乃"橙风号",为日本东方小汽船有限公司所属,吨位重8 362吨的巴拿马籍轮,载80辆农机车。当时是湛琼二号船头横撞"橙风号"。两轮相撞后,"湛琼二号"轮船头水线以上严重撞坏,内陷约两三米。10辆汽车轻度受损,一辆汽车报废。橙风轮右舷破坏严重,船头撞开三四米长、2米宽的大口子。船右舷前部水线以下,划破了七八米的一条缝。因恰是油柜处,大量重柴油泄漏海上。右尾部被撞凹三四平方米。

海南海监局当日派两艘船,经5小时才找到橙风轮。第二日组织三十多人,清除海上油污三百多桶。有关部门调查，为当天海峡有雾，能见度低，船速过快所致。

两轮都能自行驶返海口港，一时松了一口气。在船上开箱取相机、摄得两帧照片。经过这一辈子难逢的一撞，笔者坚定了建设永久性跨海工程的决心。

1989年，第8个五年计划之初，经济形势有了很好的发展，我亦是以老百姓的身份，直接上书北阙，给中共中央总书记江泽民提出一个"负曝之言"。列举利弊，提出建设自沈阳起，经大连、旅顺，跨渤海海峡，至蓬莱、烟台、青岛、连云港，跨长江口至上海，跨钱塘江口至宁波经温州、福州、泉州、厦门、汕头、广州（折至香港）、湛江、徐闻，跨琼州海峡，至海口、三亚的沿海高速公路和铁路干线设想。此线旁跨台湾海峡以联台湾。

为此，建议将三大海峡——渤海海峡、琼州海峡和台湾海峡的跨海工程的前期工作，纳入"八五"重点计划。文中附有草图，认为："这些设想在现代科学发达的时代，不是空想。不过投资较高、技术较复杂，需要一定时间作准备。建议超前动手。作为国家重点科研项目，并把长远计划和近期目标结合起来。设立专门机构，积累情报和自然条件资料，做出近、远期规划，摸索其关键性问题，先在其他较小的海湾港口做试验工程，发挥老、中、青技术干部的能力，提高国内科研、设计水平等。"

建议被转给国家计划委员会。获得复文如下：

"您的《跨海交通工程研究——国家重点科技研究项目建议》一文已阅。您对交通事业的关心和支持，值得我们学习。从文中看出，您对跨海交流工程颇有研究，对跨海交通问题做了大量工作，提出了很好的建议。对此，我们表示感谢。

"正像您信中所说的跨海交通工程问题，涉及面广、投资大、技术复杂、工程难度较大，是一项系统工程；是建桥、修隧道，还是轮渡均应作翔实的方案比选，许多问题有待进一步探讨。（按：正是要求进一步探讨）

"我们会把您的有益的建议转给有关部门研讨，争取在适当时期考虑。

"就我国'八五'和90年代的需要来讲，要办的事情很多，必须突出重点，先安排一些有工程依托的研究项目。鉴于目前国家的财力、物力有限，海峡架桥工程为期尚远。因此，跨海交通工程项目的研究暂不能立题。"

"望您以后经常联系。"云云。

这一封1990年3月15日由国家计委工业综合司一司的复信，使人亦安心亦不安心。安心的是至少会转给"有关部门研讨"；不安心的是，没有认识到前期工作的长期性，把前期工作和工程建设混为一谈，要想"有工程依托"才动手。认为工程"为期尚远"。因为有"以后经常联系"这句话，便又去函申述前期工作应立即动手的必要性。可惜投石无波，音书渺绝。当然也就没有"经常之'联系'"了。

一晃数年，得见报载及交通部领导的讲话，1992年确定了沿海国道干线的规划，北延起点自黑龙江的同江，至南三亚，其他经过线路相同。又见渤海海峡跨江工程已开始作了可行性研究。长江口、钱塘江口的跨越工程亦正在进行研究之中。琼州海峡拟建"铁路通道"，即两岸铁路连线至海峡边，可以铁路轮渡过海。

苏东坡说琼州海峡"沧海何曾断地脉"。轮渡还是必需的，但难道就此靠这几叶扁舟来作海上的维系？

我生有几？"奋精卫以衔石兮，根津梁之无期。"（明朝海南鲁彭《问海赋》）好在后面还有文章。

下篇

设想建设跨海工程,过去只能是虚幻或美梦,不过也有有魄力和富于进取精神的,"粤有智虑,以全元造"(宋·欧阳詹《栈道铭》,意谓"于是有聪明人出来考虑,以工程补足天地造化的不足")。譬如秦始皇,东临碣石,南到会稽,都想跨海造石桥,时在公元前219年。两千多年之后,1802年,法国的拿破仑采纳工程师亚尔倍·麦西欧的意见,想修英法海峡海底隧道。一条用烛光照明行走马车的大隧,另一条底隧排除渗水。这些设想,都是以当时的技术为基础,超越可能的"梦"想。世界上很多多岛的国家,都曾经传诵着"梦"桥。真的有这一天建设成功,无不得意地宣告"梦的结束"(英·安得逊《英法海峡隧道故事》)。

科学技术发达的今天,这样的梦,逐渐变成可以实现的理想。第一次世界大战以前,已经建设成功若干跨海湾或宽度不大、水不甚深的海峡桥梁。第二次世界大战之后,经济发展和技术进步,使世界上很多国家有需要和可能提出计划和建设跨海工程。

中国自然也不例外,中国经济特区的分期分批发展,最后必然会导致由点到线,由线到面的全面经济腾飞;同江三亚沿海国道主干线的计划批准,就是开始腾飞中的一个环节。

1994年,国务院领导为建设这条通道,曾召开了广东、海南两省会议,做出了重大决定,揭开了琼州海峡跨海工程的序幕。这年年底,作者因会议来到广州,不意便被广东虎门技术咨询公司留下,聘为专家。因为公司接受了广东和海南两省交通部门的委托,进行琼州海峡跨海工程可行性研究。在领导班子坚强,专家如云的公司里,几十年的梦想开始一步步向现实迈进。于是垂暮之年,暂时落脚羊城。

这是一个转机,由梦幻转向现实可喜的转机。于是摆在眼前的便有很多事情要做和一大堆问题需要解决。对于一个有理想的工程技术人员来说,这正是最大的乐趣。

其间还有一些小的插曲。当我因通讯地址变更,通知国内外好友时,美国康奈尔大学波德斯教授来信说:"听了你的消息,令人羡慕!在我国,以这样的年纪,早已退休了,而你却能参加如此伟大的工程,真是令万分惊奇。"世界桥梁权威、年近九旬的德国桥梁专家的莱翁哈特博士说:"你说的三大海峡工程,都是了不起的,其中任何一个能实现,对我都有吸引力。一个创造性的工程师善于梦想,祝你的努力能够实现。"

然而从梦想到现实,其间的路程是艰苦和遥远的。需要英明的决策、坚强的组织、大批优秀的技术力量,群策群力,始能成功。同时,这又是一个耗资巨大,牵涉面广,跨越世纪,为全国人民所关心的工程。要经过政治协商,要让老百姓都能知道,参与意见,统一思想。要解决重要技术问题,明确资金来源,获得中央批准,才能真正地变为现实。

还有很多顾虑,存在于决策者与关心国家建设的老百姓思想之中。举其要者,如:

建设跨海工程有这个必要吗?

这当然是个首要前提。中国的经济建设是采用建设经济特区的方向,由计划经济转向市场经济。1979年首先开放的四个特区,深圳、珠海、汕头、厦门,以及之后陆续开发的32个经济技术开发区,无一不是根据经济发展规律,先建设交通、通讯和相应的软、硬环境。

就拿这四个特区比较,深圳发展最快,一靠逼近港澳,二靠海上以及与大陆内地公路铁路交通方便通畅，占了优势。相比之下，汕头当年不通铁路，公路等级也低，所以经济发展缓慢。只有当高速公路和广梅汕铁路建成，这几年汕头市才很快地取得了进展。交通工程是基础工程之一。没有交通又如何能够流通无碍？

这样说，还不足以说服抱有怀疑态度者，因为他们并不认为交通不重要。接下的问题是，经济特区是外向型经济，有对外的海、空交通，通道还不够吗？

这是对外向型经济的一种误解。不论是外向或内向型的经济，都是属于市场经济。前者不过是以吸收外国资本，打开国际市场为其主导方向而已。然而，外向型的经济，其资源、人才和一切软、硬条件的建设无不是以国内来源为主。外向型经济吸收国外的信息、生产技术、先进管理经验，作为"窗口"作用，目的是向内地"辐射"，内外是不能分割的。

海南岛虽是岛屿之省，而世界上也不乏岛屿之区，向外发展成为经济大区或地区。如英国、日本以及中国台湾省、香港等。然而他们无一不瞄准和热切向往，甚至依赖着中国大陆的现实和潜在市场。因此，海南在探索了一段之后，得出的结论是"背靠大陆，面向世界"和"依赖外来生产要素（包括外界和内地），开发本地资源的注入型经济"。加强陆岛交通联系，是决不可少的。

海南岛现在有多少货物需要运出运进？发展车、客和铁路轮不是已经可以了吗？

这是小部分决策者和经济学家的短期的观点。从眼前的状况以及近年的统计数据看去，海南省确实还没有多少客货运量通过琼州海峡。不过，发展需要看前景。要根据国家长期规划发展远景和各种跨海工程可以承受的交通运输能力进行科学的计算分析，才能得出最后的结论。

1995年9月28日，中共十四届五中全会通过了《关于制定国民经济和社会发展"九五"计划和2010年远景目标的建议》。1996年3月，八届全国人大四次会议，经认真讨论修改批准，通过《中华人民共和国国民经济和社会发展"九五"计划和2010年远景目标纲要》，目标是要在"2000年，人均国民生产总值比1980年翻两番"，"2010年比2000年翻一番"。海南省的经济已从房地产业低谷中走出来，作了新的调整，开始第二次创业，必然会赶在全国平均值的前面。

根据跨越琼州海峡交通运输量发展作科学预测，以1995年为基础，近期以平均年11%，远期为2.6%，55年内平均为6.5%的增长速度（世界其他海峡工程估计增长速度在5%左右），则到2017年，车、客和铁路轮渡都已达到运输量的饱和状态，必须建设永久性、现代化、全天候的跨海工程。

海南省到时发展成中国的"大温室"，有多少反季节的农产品需要运往全国各地；海南是中国石油、天然气资源极丰富的"大化工基地"，有多少化工产品需要外运；海南是"海洋大省"，有多少海产以及海陆矿产资源的轻、重工业产品需要外运。而建设这些基地所需要的岛内所缺乏的物资需要运入。市场活跃，物资交流，远期的客货运量和具体分类，只能分析估计大概，难以准确地定量。

琼州海峡靠轮渡来解决交通运输是过渡时期的措施，受海峡天时影响，每年当有一个月左右时间不能保证。再加上远期交通运输量发展要求，永久性的跨海工程不但是必需的，且因为如此巨大的工程，其前期工作动辄十数年至数十年，工作已经是十分紧迫，简直可以说是有燃眉之急了。

琼州海峡造永久性、现代化、全天候的跨海工程，在技术上可行吗？

广东省交通厅委托广东省虎门技术咨询公司主办，协同国内有权威性的海洋探测、科研及两岸的气象、水文、地貌、地质、地震、城市规划等自然、人文条件的历史和近况作了充分的调查，积案盈尺，图帙满柜。经过综合、分析、计算、研究，已经对可能的过海线路，根据不同的跨越地点特定的条件以及技术上的可能性做出初步选择。

琼州海峡在世界诸大海峡中条件虽并非最困难,然而在中国三大海峡中,却是最为复杂的。

海峡位于强烈的冷空气和俗称为台风的热气旋活动区域。

海峡是地震活动区,海南岛东北角琼山和海峡口北部湾内是两处历史上地震活动中心。北部湾的地震活动中心于这两年还发生6级以上的地震。

海峡两端,东通南海,西接北部湾,水深较浅,但亦在40米左右。海峡中部,水深50米边线范围之内是深水盆地。盆地东西长约70千米,南北宽约100千米,平均水深70米以上。盆地里有7—9个水深超过100米以上的篷陷,最深水达160米。

若用深埋隧道,则当于海平面百米以下。若用桥梁,深水墩在80米左右,是国内从未经历过的。

水深、流急、风大、浪高,设计的波高,几近7米。

根据海南港口规划,海峡可能通过10万吨左右的船舶,因此,桥下净空高达65米;桥跨双向航道约为2 000米,并需多孔连续的悬索桥。

探测了近3 000平方千米的海域,竟然在海床下300米深度范围之内没有发现工程上称为基岩的岩层。跨海工程,不论桥和隧道的基础,都需建造在海相沉积的基层之上。

桥梁必须是大型重力基础加大直径的桩基。从桩底到悬索桥塔顶全高约440米,且有近10个高塔。这样的建设规模在中国、亚洲是见所未见,即使在世界诸海峡跨越工程中,也是数一数二。技术上确实有不少问题,然而即用现有的成熟的经验,也是可以一一解决的。

琼州海峡跨海工程是隧道好还是桥梁好?

世界上建成和计划中的海峡跨越工程有隧道也有桥梁。而隧道桥梁之争简直在每个海峡工程工作初期都会产生,是包括老百姓在内上下都关心的问题。隧道和桥梁各有优缺点。

就全天候说,似乎隧道不受天气(大风、雷暴、浓雾)及海况(浪、流)的影响。可是难道进了隧道就不出来了吗? 台风天气,在海岸边上公路行车,一样也产生困难,不存在隧道能保证全天候的问题。

长隧道内,其日常维持需用的通风、照明、排水、安全监理措施等费用和电力能源供应较高,以琼州海峡而言,可能会达到一个50万人口城市所需要的供电量。维持费高,过隧收费也高,将增加运输的负担。

隧道内行车,确乎安静,然而据驾驶经验认为,长时期地在隧道中行驶、有产生压抑的感觉,不如在桥上,当风和日丽、景色清明的时候,正是观赏风景的绝好处所。

可是日本濑户内海,本州四国联络线进行可行性研究的初期,主隧派认为桥梁会破坏濑户内海的天然风景,不如隧道。当然,设计不协调的建筑物会破坏"景观"。然而设计精美的桥梁却为大自然添加了新的宏伟的景点。

桥隧之争,正是桥隧设计各自发扬自己的优点,克服缺点,改进设计,推进工作的动力。

英法海峡跨越工程在可行性研究报告的过程中,曾经有桥梁、桥隧结合,公路隧道、铁路隧道和铁路兼火车载汽车的隧道方案。实施的是最后的方案。这期间有政治家、财团之间的斗争和妥协的关系,有技术和非技术因素的平衡的关系。现在实施的方案,已产生了成本过高和经济效益不理想的后果。

琼州海峡采用什么结构,还要等工程可行性研究作进一步的探讨。也许一直到初步设计,将不会放弃比较。虽然主隧和主桥派各自都有自己的观点,最后的结论当用科学数据来说明问题。

跨海工程是铁路和公路分离或合用为好?

运输机制的不同,产生了分工,于是铁道和公路运输,既有合作互补的作用,也有竞争和牵制的场合。

不但国内如此,国外同样也存在。

日本的本四联络线采用的是公铁两用桥梁,据说至今仍存在着两者运营和管理之间不便和争执的问题。

丹麦大带海峡采用公路为桥梁,铁路为隧道的建造,也就是为了避免两者的干扰。

琼州海峡,采用分阶段建设,公、铁按各时期不同需求,综合运输的办法,可以更有效地发挥公、铁的特长和投资的效益。至于合建还是分建,需看经济比较。亦将留待进一步研究解决。

海南省的领导,有鉴于海南由公路运出的物资,受到目前交通系统不正常的到处设卡乱收费的困扰,对铁路寄予很大的期望。整治和完善高速公路,消灭车匪路霸,以达到道路安宁直至"路不拾遗、夜不闭户"的至治境地,公路和铁路才能发挥其充分作用。

琼州海峡跨海工程会不会带来不利的因素?

当长江修建三峡工程之初,很多人担心将会带来环境冲击、泥沙淤积和大坝损毁引起下游灾难性的事故等消极的因素。

就琼州海峡而言,跨海工程所引起的环境冲击亦需要引起重视。除施工过程中引起的暂时不利现象之外,建成后的巨大的建筑会引起海峡中流态、冲淤的改变,甚至会影响海产生态的重新分布,在方案的探讨过程中就要作模拟的研究。

至于战争引起的破坏,对于跨海工程来说只会是局部的、可以修复的,不会像大坝那样严重。居安思危,当然亦将考虑防患于未然的各种措施。

当原则和技术性的问题都解决了,关键性的问题便是经济上的合理性、效益和资金来源。

根据国际上不成文法,超过10亿美元投资的工程称之为"超级工程"。琼州海峡跨海工程,走可能最短路线,以桥梁方案匡算造价,也需约460亿人民币,(以1995年不变价计),即约55亿美元。如加上物价上涨和银行利息,则开工时实际需要费将成倍增长。这将是超超级工程。

这笔投资在工程建成后15—20年期间便可回收。这里只计算了直接的效益,未计入工程影响地区的经济发展所得的效益。

从古到今,也许谁都知道,有固定式的跨海联系要比没有好。汉朝薛广德所谓"乘船危,就桥安"。现琼州海峡跨海造桥,既是需要,又是可能,剩下便是这一大笔钱从哪里来?

这个工程真正动工,不在今天,不在明天,而在15年之后的2010年左右。正是纲要实施成功之时,中国将成为经济大国,支付不是一年,不是二年,而是在10年之内的支出,则每年所需数目并不太大,也许亦不在话下。何况工作伊始,已经引起了国际资本市场的兴趣。国际集资的办法很多,一待落实立项,也许国际投资者将接踵而来,应接不暇。

这是一座直接造福广东、海南两省,影响一大片经济区、经济圈和地带,牵涉整个国民经济宏观的布局,甚至影响到世界跨国经济的工程。在广东、海南两省,特别是广东省交通厅的大力促进下,已经完成了预可行性研究报告,并在今年5月在海南省海口市进行了有五十多个单位,近百名领导、专家、代表进行的评审会,得到很高的评价和支持。会议期间,曾到海口市长流的新海村天尾角海边预选桥址处实地观察。大家都非常兴奋,纷纷摄影留念。虽然,现时风景,仍只是"碧浪接青霄,银涛洗白沙"之外,一无所见,不过"飞梁"的形象,却浮现在大家的脑中。会议决定,下一步工作将按部就班地做下去。能够参与这一项目的进行,是此生的光荣和价值。

通过对自海峡东口到海峡西口,共80千米范围之内,先后选择的10条跨海路线,作多方面的综合比较,最后还是倾向于中部由雷州半岛的炮台角,到海南岛海口市长流的天尾角的线路。海峡全宽19.5千米。跨海线路,正合北宋苏东坡过海之处,亦即历次各方不约而同想到的那条路,不过由直观而达到有科学数字为依据。

公元1100年,即北宋元符三年三月二十一日,苏东坡在海南岛儋州(澄迈以南,今名那大),书一联赠送给海南人姜唐佐,勉励他到广州从学。联为:"沧海何曾断地脉,白袍端合破天荒。"后唐佐中举而东坡已北返且去世于常州。其弟苏辙,为唐佐终足成诗,曰:"生长茅间有异芳,风流稷下古诸姜。适从琼管鱼龙窟,秀出羊城翰墨场。沧海何曾断地脉,白袍端合破天荒。锦衣他日千人看,始信东坡眼力长。"一时传为佳话。

今天我能参与琼州海峡跨海工程,只是年已古稀。真是"工程跨世纪,事业叹来迟"(作者《七十述怀》句)。亦将两苏合璧的联、句,略易数字,以抒己意曰:

> 生小江南无异芳,沉浮书世老非姜。
> 亦寻琼岛鱼龙窟,托迹羊城咨询场。
> 沧海何曾断地脉,飞梁端合破天荒。
> 锦车他日风驰看,自在云头放眼长。

末两句自知这一世纪工程,限于年纪和精力,不可能始终其事,假如最快的打算,25年之后能建成通车,如人尚健在,而主持者不忘有个为开端出了力的老头儿,让坐飞机在云头看,大足快慰。若或已自归尽,逍遥自在,驾彩云观蛟龙以越沧海,去欣赏这造福人间壮观的图景罢。

关于深水沉井施工方法
——美国新塔科玛桥

图2-8-1　美国西华盛顿塔科玛并列新桥

美国西华盛顿塔科玛并列新桥正在新建，将于2007年完工。该桥为三孔悬索桥，1940年以低矮钢板架劲梁之最自眩。受涡流激震垮桥，闻名于世。为此发展了桥梁空气动力学。1950年在原有基础上重建。现桥每日通车量9万辆，超过原设计50%，需建新桥。造价8.49亿美元（图2-8-1）。

该桥桥塔处水深约39—45米，流速9节，潮高4.5米，桥址处风速为4.6米/秒。

上部结构从功能、造价和美学观点做多方案选择决定，并用风动试验验证架设新桥后的动力性能。

下部结构采用沉井基础。沉井平面尺寸为24×39.6米，埋入海床约24米。其施工总布置图见图2-8-2。

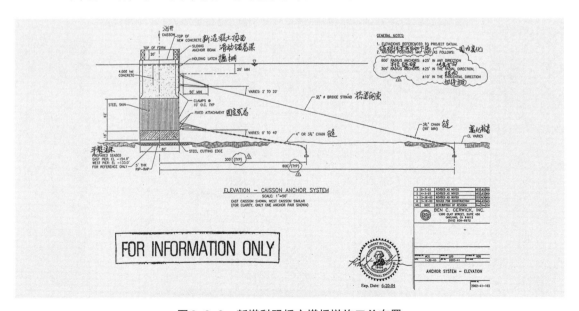

图2-8-2　新塔科玛桥主塔桥墩施工总布置

　　沉井施工不用导向船、定位船,靠下部16根91米长锚绳及下部16根183米长锚绳锚着下沉。下锚绳约100毫米直径铁链,上绳为89毫米直径桥梁钢索,下接至少27米约95毫米铁链。

　　在沉井上,每一锚绳有两个固定系着点,将4 500 KN的锚着力分于两点。

　　下锚绳的锚着点在沉井刃脚节段以上。上锚绳的锚着点锚于一根可以上附着于沉井壁的一系列短伸臂中滑走的钢梁上。当沉井下沉过程中,上锚点可以向上伸高,以使上锚点始终接近水面。

　　下端锚着是采用美国海军所开发和应用的打入海床的带链锚板(详后)。

　　桥塔基础的施工步骤见图2-8-3、图2-8-4。

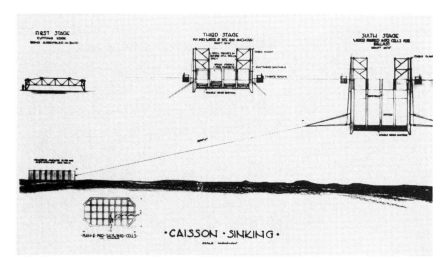

图2-8-3　桥塔基础的施工步骤(一)

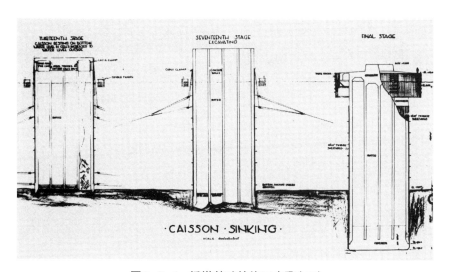

图2-8-4　桥塔基础的施工步骤(二)

　　第一步,在离桥址16千米处塔玛港制造约5.4米高的沉井底节,带有刃脚和假底。

　　第二步,用3艘大马力拖轮拖到桥位,同时已在适当位置打定位板锚。

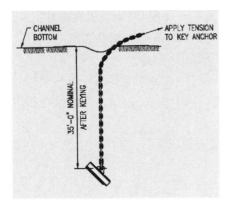

图2-8-5　沉井的锚锭

第三步,系上下锚、定位、接高、下沉。

第四、五步,继续接高、下沉。

第六步,继续接高下沉,并准备系上定位锚,在图三左下角所绘锚锭乃压重锚,实际使用乃板锚。

第七至十二步,重复以上过程。

第十三步,沉井落到海床,破除假底,沉井内外海水平,拆除下锚链。

第十四至第十七步,沉井内挖土下沉,以上锚锭挖至倾斜。

最后阶段,沉井到位。沉井内灌注封底混凝土。沉井顶部灌注承台及设置桥墩防撞设施。

沉井的锚锭系用打入式板锚Jetted-Driven Pfate Anchors(JDPA)图2-8-5至图2-8-8。

板锚面部为厚钢板联结锚链设备。背后用型钢焊接加固。板锚竖立,上联工字钢送桩(图六、图七)。用液压接头联结。全套设施用水下震动打桩机,结合射水,打入海床深约11米,拔出送桩。

图2-8-6　板锚下水前

图2-8-7　板锚送桩震动打入海床

然后作拉锚实验,锚链拉紧时板锚呈倾斜位置起锚锭作用。

板锚尺寸和埋入深度视土质而定,并由试验作最后确定。如本桥板锚埋入密实砂粘土10—15米,锚着力约370—450吨。

板锚与历来所用海军锚、动力锚的优点是:

• 尺寸小。

• 施工方便。

• 锚着力大,较高的锚着力与锚重比。

• 造价低。

在具体应用时,需研究采用适当的链长,埋入深度、链在土层中的长度、锚链与绳在水中的线形。锚上端锚锭滑车组调整定位措施等。

此法国内未用过,建议试验应用。

图2-8-8 板锚打入前

图2-8-9 沉井加高中

2003年9月3日

离岛联络线中间报告

1973年6月,香港公共工程局委托施伟拔公司研究建设离岛联络线的初步可能性工作。9月20日召开会议,向各方面专家提出详细报告书和重点报告书。

一、离岛概况

离岛称为香港之别岛,新界人口673 700人,面积36 450英亩(农田1 750英亩),位于维多利亚(Victoria)以西六英里,九龙以西九英里(集中在银矿湾,大澳),面积56平方英里,为香港地区总面积的14%,人口只15 600人,小于总人口的1%,岛在南中国海,和香港同一纬度,最远端和香港距离不超过二英里半。岛周海岸线大于85英里,经香港北端到离岛不足一英里,到青衣岛不过略远一些。

离岛最大的可贵之处为有可通航能避风的深水和海滩15处,现均未被利用。

二、开发离岛的目的和条件

离岛比香港大两倍,所以要造离岛联络线是出于香港用地的需要。

香港政府在"1973年的香港,1972年报告"书中称"香港多少年来有一个人口问题——人口太多。这也是空间问题——缺少空间。但典型地讲,香港又认为人口是宝贵的,人口是其财富,他们供给头脑(智慧)、企业心、工业的劳动力(mrsde for industry)。"香港想象着去解决缺少空间的问题。香港人口3 940 000(1971)—5 866 000(1991)。

香港曾挖山填海以开拓建筑的平地,面对着世界禁运,改变其从中央集散地变为世界贸易中心,它富于活力地奔走,充满着生命的搏动,但对于住在这里的人口而言,很多,太多了。对大多数老居民来说,离岛这是一块给他们第二次机会争得生存的地方,并在稳定的环境中建立一个家庭。对超过人口半数的年轻人而言,这是一个仍在增长汇集的膨胀的社会。在他们之中增长着"更争一些东西"的希望。

香港有首屈一指的都市发展成功的记录。在九龙的成就之外建立了荃湾新城,屯门正在进行建设而及沙汀已经做了规划。25年来在城市规划和建设方面的经验和技巧是应付新挑战的有力的才能的源泉。在离岛,香港政府有另一方面的机智——一个土地银行负有委托,在等待"缺乏空间"的那一天,并且"期待着更多一些东西",召唤着利用殖民地的其他的地方。技巧和土地都是现成的,但和主岛的联络线,以通过人流及物流的运输线却不存在。

三、离岛发展规划

离岛联络线可能性的初步研究已经完成。其中涉及离岛本身发展的可能及海上运输的要求。离岛有三个资源——海滩、住宅区、深水港,他们不能带进市场,只能将市场带到这里。荃湾、青衣和屯门便是先例。建设与主岛隔离的深广水域上的建筑物(指联络线上的桥隧),均在工程和建设企业的能力范围之内,当然造价也是和潜在的利益相适合的。

1. 自然环境

离岛有很多有利的地形可供发展,最重要的是其地形,56平方英里,16英里长,5.5英里宽,有大于85英里的海岸线,其地形的分布很有利于土地利用的发展。纵向有高出海平面3 060′的离岛峰,自然的山脊是南北岸天然的屏障;南岸是适合于热闹的和娱乐的场所,而离岛之东的北岸适合工业和住宅区,它们很有利地被遮蔽着,一个区一个区由大小山梁隔离开,岛屿是一个风景变化的,有小平面的实体。

岛上降雨量充沛,若停止向香港供水则可维持450 000人生活,目前仅有人口15 000人。

2. 港口优势

离岛东北的北岛,纵汲水门以西二英里半长的海岸特别有希望作东方海上工业之用。从在博寮海峡到此海岸水深最少是16英尺,此海岸边水更深,在海岸二平方英里半面积中水深达60英尺,十四平方英里半面积中水深达30英尺,这些水域可引伸到珠江口。已有某些私人投资者曾研究在此处开辟大船坞,或可能建造船厂。

3. 地理和时间的构架

离岛可从地理区域中分别设旅游区、休养(娱乐)区、住宅区、工业区,建成时间都将在1983年之后,当荃湾、沙汀和屯门三个区域达到它们的计划容量之后,此时离岛联络线上的桥隧建筑亦可完成了。

离岛的发展需逻辑地考虑何者与联络线有关,何者和联络线无关,何者能从联络线得利,其效果至少得到1983年才能看出。

(1)休养和旅游地

南岸的休养和旅游区,从大白湾以西。从1974年到1983年这十年里确定与联络线无关地建设起来,交通可通过快速轮渡,联络线建成再走陆路。有50个海滩可开发,东、南海滩有11个长过1 000′,11个在500—1 000′之间,现利用者不超过22个。

(2)住宅区第一期

香港本岛现已找不到好地方发展住宅区,第二代发展和老一代的休息住宅区对公共设施、运输、环境等要求日趋迫切。

所有对离岛的交叉研究都集中到汲水门岸边的处理、离岛从竹篙湾东北到桥头是一个半岛,面积1 300英亩,在海平面上800′。其中1 100英亩的坡度较平,可发展住宅区,边坡≤1/3,达到R-2(每英亩200人)和R-3(每英亩56—65人)密度,可容居人口45 000人,并有社交环境。地价将由造联络线和住宅区的决定高涨。当宣布决定造联络线后,可立即开始早期的招商。所有半岛上除去峰顶一部分外,在适当的计划控制下出售给开发商。

(3)工业发展第一期

工业是发展的基础,船坞不过是其中之一。现在九龙的船坞已不够用,且该处有隧道入口,尚有广九铁路计划的车站,故可以作别的用途。

从阴粤湾浅滩往东一英里,和上述半岛相联结,水深小于12′,可填高作为修船或造船企业,或其他海洋工业需要离岸有深水及避风者。填筑的实现可能性需要经钻探来决定。这又于1 100英亩外多了250英亩可以提前发展。可得2 000英亩低地,500英亩高地,超过了九龙以下面积。

（4）新镇可能的未来

1983年后的十年里这一新土地上人口可能增加到27万,不包括现在规划的三城。这一增长速度太大,但从赤鱲角岛、东涌湾到阴粤湾,这广大的三角地带水深小于9′,这早就计划填筑,钻深证明有三平方英里可以填筑,如需要进行时,可成立一新镇以安置居民。

表-1表示在1983—1993年期间预期的人口发展。

表-1　离岛发展——人口估计（单位:千人）

	1983	1993	
	可　能	最　　小	最　　大
基本人口	17.0	20.0	25.0
休养—每日旅游者 永久人口,雇员和依赖者	13.5	40.0	60.0
（高峰日参观者）	(30.0)	(90.0)	(135.0)
娱乐场所和旅馆			
休闲参观者和职员	15.0	20.0	28.0
居住区	15.0	15.0	35.0
船坞和工业	20.0	20.0	8.0
新镇（赤鱲角）			260.0—360.0
总　　和	80.5	115.0	456.0—556.0

估计:作为休养娱乐之地,车流以假日为多,工业、住宅和新镇车流终年不息,星期日旅游者60%仍可坐轮渡。

（5）车辆

车辆数字直接有赖于岛上将来人口的数据。也有赖于将来警方允许的私人汽车流通量。人口已见上表,车辆见表-2和表-3。

所谓相等旅客车,日要求容量从29 500到224 000,过客自152 100到631 200。

从赤鱲角新镇到荃湾18英里,联络线桥完成,缩短为16英里,行车时间28—25分钟,到九龙商业区48.6—43.2分钟,荃湾到长沙21.5英里,需时30分钟。

表-2 离岛发展——1993年可能通过车辆和私人登记车辆控制

	离 岛 人 口	
	最 少	最 多
控制水平	115 000	475 000
日车数	33 500	138 900
日容量 Daily Volumes（pcu）	54 000	224 000
周末旅游（pcu）	9 500	14 000
约束于15 000		
日容量（pcu）	295 000	122 000

表-3 日过车辆估计，私人车辆不控制登记

	1983	1993	
	70 000（人口）	115 000（人口）	475 000（人口）
预期日车流（每日）	16 400	54 000	224 000
小车车辆（每日数）（辆）	7 050	23 200	96 300
公共汽车车辆（每日数）（辆）	550	1 800	7 500
货车车辆（每日数）（辆）	2 560	8 500	35 100
各种车辆总计（辆）	10 160	33 500	138 900
过客（人）	46 400	152 100	631 200

旅游车来一辆车游客1.9，每一公共汽车计60游客，公共汽车和货车作为3个相应的旅客车（P.C.U）Passenger Car equivalent。

最低数值表示限制旅客车的登记，最高数值表示不限且在赤鱲角有一新镇。

此乃初步要求，引线道和桥即以此为根据。

四、联络线及引道

联络线怎么走和其接线引道及其车辆通过能力分不开。可以有2个引道——一是大陆沿青山路，联结屯门和荃湾新镇。第二是沿青衣岛北岸在蓝巴勒海峡跨海，联结荃湾汽车路。

大陆上的引道包括联结现在正在设计的六车道永久性汽车道桥。于是有理由问，现在设计的六车道有否能力吸收这未预见的车流，公路设计者希望能考虑这一问题，或是否可以双向各加一线。

经青衣岛的引道，便不必需要吞没现有的车和正在发展的车道。1973年5月《关于青衣岛的

进一步发展》报告中,青衣的道路不过是在计划阶段。详细地说要求再解决下面一些问题:

　　a）是否以有限的车道通过青衣;

　　b）或结合通过车道与岛边道路以解决地区服务问题;

　　c）排除公共汽车线和铁路;

　　d）利用现在计划的蓝巴勒桥或另造一座;

　　e）最重要的是铁路是否通到青衣和离岛。

　　1. 桥梁,一般性考虑

　　离岛和大陆道路的联结必须跨过深水,从中间岛屿与湾到大陆的海峡宽 $\frac{914.63\,M}{3\,000'}$,水深 $\frac{36.59\,M}{120'}$。马湾到青衣海峡宽 $\frac{1\,524.39\,M}{5\,000'}$,水深 $\frac{36.69\,M}{120'}$,这些记录对采用小跨,将阻碍海上运输早已乐于应用的这一水道,要通过现有船只,其通航净空为 $\frac{304.878\,M}{1\,000'}\times\frac{45.7\,M}{150'}$,120′ 水深便基础结构造价贵施工困难。根据并意识到离岛东北的深水港,所以所有的桥主跨要等于或大于 $\frac{457.32\,M}{1\,500'}$,最大为 $\frac{862.8\,M}{2\,830'}$,这一范围的桥跨可以有信心地设计为悬索桥。为了全面研究一下适合这一跨度的桥式,1 500′ 的钢梁斜拉桥比悬索桥更为坚劲,但可能在建造过程中易为大风所损害,最大跨桥选用悬索桥,引桥为预应力就地灌注箱形梁,或预应力钢筋混凝土梁,最后对桥式的选择、材料、安装方法,留于下一阶段进行。海底水下地质测量说明,桥墩不必放在软沉积层。

　　2. 联络线,形式和造价

　　研究了几种方案,其形式和造价比较。

　　全部用桥方案造价为 \$223.5 百万(二亿二千三百五十万美金)到 \$316.5 百万(三亿一千六百五十万美金)。

　　桥隧结合(公路)造价为 \$535 百万。

　　桥方案加二线轻便轨桥造价为 \$254.7—\$375.0。

　　比较从离岛桥头到大陆新青山路或到青衣岛北岸的着陆联结处。

　　3. 经济分析、地价与联络线造价

　　比较填海造地所需造价(根据青衣岛经验)联络线造价与地价售价,根据不同的售价标准计算出需出售土地以英亩计。

五、结论和建议

　　离岛联络线在技术上是可行的,通航要求增加的重价可允许。

　　联络线可从大陆或者青衣。

　　离岛面积很大,地形可自然分区。

　　第一阶段无铁路。

　　第二阶段有铁路,铁路梁和第一阶段相结合增加加劲梁刚度和断面。

　　不足之处:

　　风力荷载系数原用 1.4(BS5400),核校现用 1.9,因在台风区。

1973 年 9 月 20 日

桥、隧跨越工程（提纲）

目 录

前　言

世界科学技术的突飞猛进，使过去"望洋兴叹"的建设变为可能，并以惊人的速度进行规划、研究、施工和运营，发挥卓越的作用。每一地区和国家经济上的成就，无不和交通有密切关系。交通建设中，桥梁和甬道又是关键。自进入科学时代，教育分科，职业分行，交通分部，于是铁道、公路、桥梁、隧道分别分工进行，所有成就，写作成书，会议论文建设心得，汗牛充栋。并且随着时代的进步，还在不断地添砖加瓦，代有成就。过去的成为历史，现代的是在创作中的历史，将来的是期待中的历史。每一个时代都有时代的局限性，在前进中有所发现和发展，不断地发现、提出、解决问题和要求。这就体现着人类社会自强不息的精神。

写书的目的等于在写阶段总结。不可能全面和作最后的定论。只可能是暂时的休止符和新乐章的开始。写书在于传递间接经验，以有利来者吸收、消化、评价、取舍和推进。虽然现在是信息时代，可以容纳整个图书馆在一电脑之中，好像大千世界能容于芥子一样。不过很多直接的经验仍需要靠书传递。信息众多但取舍不一，组合各异，形成不同的个人特点，起到不同的作用。

因此，虽然作者在近半个世纪以来，也为桥梁、隧道等交通基础建设写过一些学习心得，进入耄耋之年，觉得还有些话没有说透。还不断有可以探讨的问题。于是在以下原则下，说说想法，写些心得。那些原则是：

• 桥隧并论

各自分别研建桥隧自然可以专业深入，但往往产生偏见。某方已解决或可以解决的问题，另一方面视为畏途。会议上聚讼不休。如有偏听将引起误导，所以本书将别创一格，桥隧并论。

• 通俗出之

本书对桥隧各类结构和细节将重点介绍其基本要点，不作详细的理论计算分析的讨论，但也不是一般的科普读物，需要一定的专业知识，以便掌握总体设计和决策的参考。详细理论分析将责成专业具体工作专家完成。

• 结合制度

目前国家实行社会主义制度下的市场经济。改革开放，由计划经济向市场经济转轨，由集团经济向世界经济接轨。很多制度条规、工作方法已不合适，在逐步详细修改制定之中。可是，无法可依、有法不依，和过去工作方法和制度发生抵牾的地方特多。国际市场经济中，亦有不完善的缺点存在，各国社会都存在着的不正和阴暗面，反映在执行建设的制度过程中，作为误区，尽可能据所见所知，予以适当点出。

• 工程事故

整个建设过程中，不可避免地会发生或大或小的事故。对待事故，从本身的利害关系出发产生不同的态度。撇开个人、地方和局部利益，从人类改造自然，不断进步的利益出发，事故是教训、是借鉴。成功的经验固然可贵，但往往有一些不确定因素。因成功而盲目乐观，可以导致失败事故的发生。桥隧建设史上这样的例子多得很。

失败的经验比成功的经验更为宝贵，所以在各类桥隧建筑中都附带有失败的经验。由于种种原因，某些失败的经验缺乏正确或详细的报道，只能按客观所见资料叙述，留给读者判断。

书成，亦将变成历史。能在一段历史时期里起到一定作用。之后，束之高阁就是了。

草于2005年

编者按：此书与铁道出版社于2005年8月1日已经签订了出版合同，因为突发脑血栓而搁置，一搁至今。在整理资料时发现有大量有关跨海桥、隧工程的论述、文稿，可惜是已无力将之汇集成书，仅录该书目录和前言。

唐浩整理

2014年6月13日

桥隧科学创新（未完成稿）

目 录

按：写作原则

1. 加强理论基础

2. 端正创新态度

3. 多举分类实例

4. 试探创新方向

一、创新的一般意义

自然界的创造，有神论者归之于神、造物主，无神论者归之于天地、自然、道，科学家归之于客观规律。这个问题迄今还多争议，允许共存。事实告诉我们，世界发展到今天，五光十色，形形色色，不是一开始就是如此，今后也不会就此定型。世间万物，彼此冲突、平衡、调节、适应、创造、败落、革故、鼎新，时刻在作戏剧的变化。如此周而复始，进进退退。自然界的每种飞潜动植，包括人类社会在内，当各有所创新的时候，世界便进了一步。

中国文化中追求创新是基本思想。

汤盘铭曰："苟日新、日日新、又日新。"是借铜盆每日洗脸洗手、面貌日新，推而至于人的一生在学业、德业、事业上都能日新月异、创立新的局面。《周易·系辞》称："日新之谓盛（大）德"生生之谓易。杂封："革去故也，鼎、取新也。"《易经》讲的是变易的道理。天地、社会、人生总是在"穷则变、变则通"地"通变"着。变总是希望往好的方面和新的方面。所以，"日新"是好的、兴旺的、伟大的德行。王夫之解释为："天地之德不易，而天地之化日新。今日之风雷非昨日之风雷，是以知今日之日月非昨日之日月。"故曰："日新之谓盛德。"西方亦有"不会每次站在同一水中"的哲理。

虽然，社会科学中社会制度的变化是在渐变之中，有改朝换代，以新换旧，且自然界的生物，年年吐故纳新，可是总的品种的变化在很长时期里看不出来，所以有"纲常伦理之道"不变的结论。不过"治道"还是在变化。最近这几个世纪，"道"的变化亦显著和快速起来，突变的事态常有发生，"道"亦在变、亦在创新。或者可以说"创新"的规律尚不变。

西方文化，特别是18世纪达尔文Charles, Robert Darwin（1809—1882）的进化论认为自然选择、生存竞争是生物进化的重要因素。新陈代谢、优胜劣败。一切事物经过内部的新旧斗争，导致新事物代替旧的事物。在整体环境中，各个事物优者胜，劣者败，所以社会所执行有规则和节制的竞争的原则。若不创新便不能取得进步，甚至生存的权利。

与时俱进、开拓创新，这便是今天中国社会发展的指导原则。

创新亦提高到哲学的高度。哲学有唯心唯物之分，科学是唯物的。哲学有形而上学和辩证之分，科学服从辩证逻辑。

于是进化便有两种观点：一种是"发展乃减少和增加，是重复"，其实仍是不进化。一种是"发展是对立面统一和变化"，螺旋式上升，这才是进化。进化的过程是由量变引起质变。当起了质变（变革）的时候，新的事物便诞生了。

从哲学的角度谈创新根源，唯物论者认为创新是外在客观条件的刺激和内在逻辑发展的要求。唯心论者认为创造是生命的冲动（法国、柏格森《创化论》）。可见哲学应是科学的总结，这样的哲学才能反过来指导科学。否则唯心主义的哲学指导思想会引起自然界的报复。恩格斯在《自然辩证法》一书中说得十分透彻。而中国在"大跃进"和"文化大革命"中这方面的经验教训是沉重的。

于是创新的新亦应辩证地对待。

新的不一定都是好的。创新需要的既是新的又是好的。

新的不一定尽善尽美的，于是需要不断地改革完善，并随社会需求变化而不断创新。所以创新是无止境的。

创新和保守是相对面。假如保守产生于习惯势力，因循守旧、安于现状、不思进取。保守势力在社会制度方面往往以数百年计。在工程技术方面有的数十年一贯制。这样的保守是不可取的难道不能百尺竿头更进一步，提高人类控制和改造自然的力量。假如保守是指力求稳妥可靠、安全经济，那么保守又是可取的。所以，总的原则是：

整体上创新，细节上保守。

以创新克服保守，以保守避免冒进，即盲目的创新。创新和保守相辅相成。

二、桥隧科学创新类别

桥隧科学的创新有其普遍性和特殊性。

普遍性的创新类别为：理论创新、制度创新和科技创新。

这里指的理论是普遍指导创新的理论。第一节阐述广义的创新理论的根据。社会发展规律不断被摸索和认识，因此，创新理论有待创新。

按照基本理论，制订出一系列组织形式和制度。这些制度亦宜改革更新。制度指引向创新的道路。可是制度总不完整，容易被曲解或误用。须予补充周密。再加上时移事易，制度常需更新。

桥、隧是专门科学技术，因此桥隧科学的创新重点在于科技。即其特殊性的创新领域，分别为：

2.1. 功能上创新

桥隧是交通跨越工具。社会经济和交流的需要、交通量在急剧增加，交通工具不断创新发展。速度越来越快（汽车约180 km/h，火车300 km/h），载重越来越重（汽车轴重t，火车轴重t，且轴数增多）、牵引种类亦愈趋复杂（蒸气、柴油、电力、磁悬浮、太阳能等），不断地在提出新的要求和保证使用安全、舒适和使用寿命的提高。

2.2. 材料上创新

桥、隧结构材料由木石等自然材料向铸铁、钢、合金钢、耐候钢、轻合金材料、混凝土、钢筋混凝土R.C.、预应力混凝土P.C.、纤维混凝土F.C.、玻璃钢、微晶玻璃等单位重量轻、单位强度高、耐久性好的材料迈进。

材料的不同产生了。

2.3. 结构理论上的创新

结构理论包括结构形式。

各种材料有其适宜的结构形式和相应的结构理论。借助于计算分析手段飞跃式的提高、结构理论更趋完整。凭着失败和成功的经验、特别是失败的经验中总结得出结构分析静动力学的论，高次超静定结构的掌握，非线性问题和局部应力等都可以摸索得更清楚。

特殊材料，特殊的制造方法，特殊的环境，产生了特殊的结构造型和结构理论。

2.4. 跨越能力上的创新

桥、隧结构原只能跨越溪流。当年的大江大河只能用渡。20世纪开始有跨大江大河或峡湾的桥梁。对于海峡已经开始涉猎。21世纪将走向大海峡，联结五大洲。各种结构的跨越能力的提高将详见有关各节的表格之中。

跨越能力的创新亦有赖于施工方法和施工机具的创新。

2.5. 经济上的创新

跨越能力越大，桥隧建设已有成为超级基础工程，其总造价当然越来越高。所谓造价上的创新并不是指造价或单价越来越低。乃是指可行的造价，合理的造价和生命造价（Life cost）。

可行的造价是说以往有钱也无法实现的桥、隧工程，现在成为可行和能够实现了。

在以往工程建设中曾经有过造价最低的方案是最好的方案。现在则认为各种条件都能满足，经过综合比较得出的最佳方案，造价并不一定最低，而是合理，这是一个进步。

现已开始放远眼光，看到今后维护、保养、部件更换所付的支出亦都包括在内的总支出作为方案比较的根据。不使求经济于一时,贻后患给建成之后。这样的造价是为生命造价。即桥隧在寿命期内的总支出。目前,这一比较反映在回报率的大小。还没有在制度中作明确的规定。

如今按照经济法则来促进创新的一整套措施亦在不断补充完善。

2.6. 造型上的创新

桥、隧建筑造型,特别是桥梁的造型应该是随时代、科技等发展所产生的必然的结果,面不是随意堆砌出来的事物。造型既服从科学又服从美学原理。广义地说艺术品是由人类通过思想、表达感情、服从规律,能引起欣赏者正面愉悦赞赏的作品。因此好的桥隧建筑也是艺术作品。然而必须是科学的作品,两者没有抵牾之处。

假如在桥、隧结构之外再加上若干积极意义的装饰和衬托建筑物环境的艺术处理,现在习惯引进日本称谓名之"景观"艺术。此乃"锦上添花",核心还是锦本身的美的创新,即桥、隧本身造型上的创新。

隧道结构外部造型,除了进出口和通风塔等暴露于地表的建筑物是看不到的,因此不必讲求其艺术性。但进出口、通风塔和隧道行车道的周围便有艺术创新的要求。

三、创新的源泉

既然创新是相对于过去的事物而言,那么创新一定要对所要创新的对象有关的整个历史沿革有深入的理解。然后发现问题、提出需求、提高视点、扩大眼界、运用智慧,在深广的知识基础上,或深思熟虑,或触机而发,得到新的方法和道,通向新的目标和结果。真正的创新并不容易,有时需付出相当的代价。没有耕耘就没有收获。

创新需有一定的来源。

关于桥、隧等工程,其实亦和其他创新事物一样,作者历来认为创作的源泉有四,即:

3.1. 总结改进

每一个工程结束时都有经验总结或写出总结报告。总结的内容是叙述缘起、条件、方法、过程和效果。对于成就来之不易,自然有得意之笔,但不必炫耀、夸张或故弄玄虚。这样的报告商业气息浓重但对创新帮助不大。

总结重点在于其失败和成功的经验。其实,最宝贵的经验是失败和由失败而取得成功的经验。即使是成功的经验,必然亦存在可以改进的地方。多个或多次的细小的改进,会积累地形成或飞跃形成崭新的面貌。这便是《老子》"天下大事必作于细"。辩证法中"量变引起质变"的规律。

3.2. 推陈出新

在桥梁建设的历史中产生了很多基本的结构形式,因为材料的限制,跨越能力不大。通过近代材料和相应技术的推进、跨越能力越来越大,这是推陈出新的一个方面。

在建设的过程中不乏曾经有过的及曾经设想过而因为种种原因没能实现的形式。时移事转,由于计算分析手段、技术力量和材料进步等原因使这些桥梁造型获得新生,变不可能为可能。同时,以上这些科技内容变化之后,过去的设想形式,会转化成新的形式。这就是推陈出新。

结构方面是如此,艺术造型方面亦是如此。必须注意的是推陈出新而不是复古。

3.3. 旁搜博览

所有土木建筑工程中的结构构造,甚至建筑形式很多是相通的。现在桥梁的大跨度结构技术都有被建筑工程,特别是公共集会场所如体育建筑等大跨结构所应用。同样,各类非桥梁的土木建筑中别出心裁的新颖结构,未始不能用之于桥梁,或在其思想的启发下,以适合功能内容为条件,触类旁通,予以引入。

桥梁的造型方面亦是如此,不过更需要慎重。要分析理解,融入桥梁的总体而不是形式主义。

3.4. 效法自然

自然界是创作不尽的源泉。

所有一切过去的桥梁建筑都是效法于自然界。自然界有无穷的奇巧构造,令人叹为观止。特别是在科学发达的今天能深入海底,飞上高空,并可细察微观世界、了解动静状态,每为之瞠目结舌。达到这一步就是效法自然的初步结果。当然,并不是所有一切都能信手拈来,随意用上,需要探究物理,加上很大的创造功夫。花上好几代的时间、人力和物力。

很多哲学理论,不同方式地认为人类只能发现自然界的客观规律,组合应用而不能创造新的客观规律。若是按此而论,岂非根本没有创造可言。事实上不同规律的组合引导出此组合系列的新的规律岂非即是创造!因为毕竟不是自然界所自然排列和程序。不但人能创造,凡是生物都有创造。如蜂窝、蚁穴、鸟巢是自然界发展过程中蜜蜂、蚂蚁、鸟类的创造。无神论者的结论应是此。

科学发达的今天,创新会更多、更快。

四、创新的方法

创新要靠思想和行动。提高到理论上,便是思维方法和运作方法。

4.1. 思维方法

人类认识世界靠演化过程中发展起来的耳、目、鼻、舌、身五种感官,接受声、色、香、味、触五种感觉。通过大脑(向以心为代表)得出了思想意识。不论哪一派的哲学或宗教,都无法脱离这一事实。外界的客观存在为"物(器)";人类的思想意识为"心"。只因为人类可以通过思想意识来摆弄物质,有主观能动性,于是亦产生出认为心是第一性的唯心主义思想和物为第一性的唯物主义思想相对立。

自称"彻底"的唯物主义者有时亦会犯唯心主义的错误,甚至后果十分严重。

科学创作的思维方法只能是唯物主义的。

直觉思维,直觉不同于直观。直观是感性认识,便是从实践中上述感觉器官在大脑中产生的感觉、知识和表象。虽然真实、生动但还不能把握住本质,需进行思维。直觉是直观和觉悟的组合。觉悟是透过直观的表象,觉察与悟出其本质和规律。

哲学的直觉思维是向认识本体宏观的基本规律迈进。

科学的直觉思维是把握和发现新的科学知识作创造性认知的思维。同时艺术方面亦应用直觉思维进行创作。

单靠思维来认识和创作还是不够的。王阳明懂得"寻象以观意","尽意莫若象",所以提倡"格物致和"这是正确的。但是若整日对一物体作静的观察,所知仍极有限。可见思想方法正确,还要循一定的路线和具备一定的手段才能得创新的效果。

4.2. 意象思维

物的表象(representation)在意识中存在,并且或粗或细理解了的称为意象(image)。

意象分为记忆意象,即客观地反映外界的意象,只会模糊,而深刻者不会消失;眼前意象,即鲜明的当前意象或执着于此不断加深的意象;创造意象,是对上述意象予以改造、重新组合,甚至想入非非地赋以表象所不存在的形象和内容,所以又称想象。

创新的思想不能没有创造力和想象力。

有了想象 "独照之匠,窥意象而运斤"(《文心雕龙》)便可凭之以创作,中外的民间艺人和有成就的艺术家和工匠,往往只有 "腹稿" 而不作刻意的模仿。

创造中运用意象思维,刻意想象新的创作,有时百度千番,求之不得,却于某一片刻,突然浮现。或有称之得于 "灵感"。

假如相信灵感会突如其来,坐以等待,那就大错特错。因为灵感是当 "积累之多,廓然贯通"(朱熹);"得之在俄顷,积之在平日"(袁守定)。顿悟得来的创作意象是靠渐进积累,脱然有悟,豁然贯通,这才是正确的思想方法。

包括桥梁在内的建筑艺术造型,因为针对的是外形,有些论点认为只是感性的艺术,只作形象思维,这也是不对的。因为形象反映着内容,内容表现为形象。不懂桥、隧的材料、结构、技术和整体和局部的功能,即不懂其理,便不能创作出合乎现实的作品。浮浅造作,称之为形式主义。

4.3. 逻辑思维

逻辑思维是研究概念、判断和推理的相互的关系和规律。逻辑思维亦有唯心、唯物之分。正确的思维自然应是唯物的。

逻辑思维又有形式逻辑和辩证逻辑。形式逻辑的思维方式是从静止的角度,辩证逻辑是从变动的角度来观察和思考问题。倒是形式逻辑认为是就是,非就是非。辩证逻辑却认为条件变化了,是的也可是非的,非的也可是是的。

辩证逻辑是历史地宏观地观察变化中的事物,形式逻辑是固定地、局部地观察事物。因为历史中亦有相对长的固定的时期,整体中必有局部的地方,所以形式逻辑亦有的可取正确之处。

辩证思维在古代中外都已比较成熟。特别是事物必然分为相对待(或对立)的两个方面。这两方面相辅相成,相生相克、相互转化,斗争、协调和统一。这在中国西周时期著作中,及此后的广大文献中表达得十分透彻和全面;西方关于辩证思维的思想,虽早在古希腊时期便已产生,中途被宗教思想压制了很多年,直至18世纪才又抬头,到马克思、恩格斯方始普及世界。

恩格斯提出:"辩证法归结为下面三个规律:量转化为质、质转化为量的规律;对立的互相渗透的规律;否定的否定的规律。" 实质上最根本的是任何事物都一分为二存在着相对面(质和量亦是相对面)。相对面之间不仅是渗透、转化、否定。中国辩证思维说明相对面之间:相生,相成,相形,相倾,相和,相随(《老子》);相推,相得(合),相攻,相济(《易》)等等。认识到这一点,观察和处理事物便能客观和掌握其方向。详见拙著《桥梁美的哲学》一书。

剖析创和守、新和旧以及所欲创新的桥、隧建筑整体和局部之间的各种相对面,据之以创新。

4.4. 运作方法

具体的运作方法是:资料收集、分析、提问、设想、质询、比较、评价、试验、改进、实施十大步骤。亦有归纳为5—8步的运作方法。

4.4.1. 资料收集

交通跨越工程的建设是针对某一具体地点,建设某一种认为合适的跨越方式。资料就包括现场具体的自然资料,计为气象、水文、地形、地质、地震等资料。人文资料,包括政治、经济、生产值、交通量等因素的科学数据。

桥梁隧道等跨越方式的种类繁多,需要专业人才平素积累充足的资料。物聚于所好,敬业专心随时收集重要的信息。

现在是信息发达的时代。信息的传递、储存在距离和储量上几乎达到没有止境的地步,可以促进科技的发展。信息的归类储存有一定的方法,便于检阅。可是资料是呆的,需要予以灵活和有效的利用。

在竞争的社会里,一方面大量地提供信息资料以吸引注意。但又对关键性资料加以保密,使不能全面了解问题。另一方面却可以使每个有心人培养独立思考的精神,避免依赖性。正因为资料有不足之处,促使自己动手予以补足,亦可促使采取与别人不同的思路,起多方向独创的作用。

4.4.2. 分析

对资料需要进行详细的分析研究。一般称分析,实际是分析和综合。

分析和综合,亦应是一组相对面。分析是分解,综合是合成。所采用的是逻辑学中的演绎和归纳的方法。两个方法相辅相成。

把所收集的资料分门别类地予以整理得出各自的规律,然后综合起来得出整体的规律。

分析研究不单是指对资料而言。以后各步骤中也都有所应用。

4.4.3. 提问

创新之初先要提出问题,故称提问。对过去已成功与不成功的建设提出为什么会成功,为什么不成功? 那些必需或可以保留,哪些需要改进? 用什么方法,如何却予以改进? 具体的环境条件下应作怎样的处理? 如何方始符合客观规律? 如何才能与众不同,出类拔萃? 等等。

因为外文中带问号的词句,字头不是 W(如 why, what, where, when which)……便是 H(how, howmuch, howcan 等)故又称 WH 法。

没有问题或提不出问题的事物简直可以说是没有的。

有了问题便可思考解决问题的方法。

对已有资料在分析过程中不断提问,便可对有问题的地方进行补充调查,以求解决问题的可靠性和全面性。

问题可以一个一个随时解决。一般情况下总是接着提出较多方方面面的问题。把问题排列次序,或用表格的方式,或用框图的方式,或用矩阵的方式,便于理顺关系,分清主次,先易后难,逐个击破。

从辩证观点来看,老问题解决了,新问题又产生了。或者原来不成问题的问题,通过时间的考验成为问题。

问题永远没完,创新也永远无止境。

4.4.4. 设想

设想便是提出创新方案。创新的设想宜具备下述诸观点:

• 效益观点

创新的目的自然为产生效益。从大题目讲,要有利于发展社会生产力,有利于综合国力,有利于人民生活水平的提高。从具体的工程讲,要增加工程功能上的安全、舒适、可靠、寿命和经济效果。

• 科学观点

强调科学观点无非是强调唯物主义,避免唯心主义。强调用科学的手段和方法,进行科学的设想。科学的设想有时看起来似乎是幻想。只要符合现实生活发展要求,能激发创造未来的新世界,不是不切实际的空想,幻想还是有可取之处。

有人认为已经成功的建设是最符合科学的。前面已经说过总结改进是使建设更科学化!

• 审美观点

从桥隧的造型以美学的观点予以创新看来亦十分重要。审美的观点告诉我们,重复得多了美的亦变不美。各个时代的审美观点不尽相同,原因是社会制度,科学发展所引起的思想感情的变化,审美的要求便不一样。审美有依赖于跨越工程构造本身内容的因素和独立于内容的外部装饰性的因素及在工程之外环境的因素。创新时综合这些因素加以考虑。

审美观点中时代的因素不同于社会上其他艺术的时尚。桥梁艺术中有随时代中某一创新成功的出现、风起云随、大量模仿或变法模仿。其他艺术,典型的如服装艺术变化总是在长短、宽狭、高低、藏露、多少、整破、色彩的冷暖、鲜暗、彩素等相对面之间颠倒更换,缺乏深刻的内容。有的时尚艺术,令人作呕。桥隧的艺术形象希望不要步入误区。

• 群众观点

方案的设想可以是个人的思维和创作,因为近代建设较为庞大和复杂,属丁系统工程,并非个人所能胜任。即使是杰出的人才,若再依靠众人的协助,能使设想更为完整。

方案的形成各个阶段,如规划、可行性研究、设计、施工组织等阶段;视工程规模可以在一个单位、一个地区、一国甚至国际范围内进行方案比选。

计划经济时代亦强调群众路线。初期执行得很好,如武汉、南京长江大桥都在国内征求方案,进行比选。后期强调一长制,方案比选的工作有所忽视,以层层交付任务,使方案贫乏化。

市场经济法则时期,立足于竞争。民营咨询公司和国有单位企业化了的公司都开始注意方案比选。然而后者沿袭过去做法为多,随性需慢慢克服。

咨询公司或设计单位知道要在社会立足需要提供新的、好的竞争方案,所以十分重视内部方案比选。各个公司各自建立起一套办法,在人数、方式、内容、步骤上各不相同。一般都是概念设计。和全部都有奖励制度。

社会上大范围的方案比选,发动的群众更多得到的效果更好。很多创新的方案在比选会上浮现。

竞争体制下的方案比选规则比较详细,并且在规定中特别注意知识产权和双方的利益。国际国内都有相关的立法。

群众观点除了在方案创作时是如此,到方案决定时亦是如此。

• 辩证观点

创新思想需用辩证思维,具体创作需用辩证方法。当然,辩证方法就是用辩证思维指导的方法。重点便是放在相对面的两面分别加以考虑。当一个面偏弱或偏强时,采用向另一个面转化的方法。中庸的观点是最后达到协调和谐,新的组合。

不要认为创新的过程中,自己的设想是完全正确的和唯一的。不要认为今日所创作的是完满的和观止的。这不排斥有一定的上进心和自信心。

• 实践观点

一切创新的设想需要通过实践予以验证,由局部到整体,由小规模到大规律。实践是检验真理的唯一标准。

4.4.5. 质询

通过一定的组织形式,发动一定范围的群众,得出一定数量的设想方案,便可举行质询会议。

质询有不同方式。或采用组织评审小组,进行质询,或由局外专家参加,各提出设想方案的小组或个人相互质询。目的是互相帮助、提高创新的水平。

单方面审问式的质询不如互相切磋琢磨的质询为好。目前大部分的方案比选会议,以业主组织的专家组为主,或从行政角度考虑,由领导层所组织的小组来质询。一切从居高临下的态度来说三道四,即使有些是正确的,或允许答辩,可是仍然缺乏技术民主。

若为方案比选、质询之后,允许接受及修改,亦允许解释不接受的理由,则更合理。

4.4.6. 比较

日常生活中经常在使用比较法。如采购用品,货比三家不吃亏。臧否人物,亦总是用比较以定优劣。一个人在创新过程中可以设想多种概念互相比较得出较满意的一个。众多参与者方案比选时,重点便是比较。这些方案限于时代的条件表达出的毕竟是代表这一时代的产品,亦从比较选出较好的答案。

创新中的类比可以用:

* 直接类比:如天空比海洋,飞鸟比游鱼,于是受启发创造出飞机和潜艇。
* 形式类比:只是从外观的形象,可以启发类比以创造另一用途的造型,如贝壳之于壳体建筑。
* 因果类比:亦称性质类比,较之形式类比更为深入。因为要探求形式(果)的成因。类比之下,以新因创新果。
* 综合类比:各个方面的因综合起来比较,权衡之下,选择其主导因为作比较,以定最好的成果。

4.4.7. 评价

评价或称评估,后一字突出经济因素。

评价有一定标准,创新方案的比选时评估的标准取决于实际功能的需要和业主方所提出的要求。两者都不能脱离科学的客观事实。

评价要求公正、公平,方式上要公开。

评估要有群众观点,即以专业的专家组为一个方面,接下来宜以图片、模型、说明的方式向群众展出,让大家发表意见。不要有选择地圈定群众,不要有意识地"导向"群众。换句话说,要真民主不要假民主。要真的民主基础上的集中不要假借民主实行集中。立党为公、执政为民,所有的工程都是人民群众的工程,即使是某级首长亲自抓的也不必冠以"首长工程"。

4.4.8. 试验、改进

一切设想方案都通过试验。

试验重点在于存在问题的地方,先从局部问题处开始,材料必须分批试验,这已明文规定。结构构造细节作局部的和整体的模型试验,模拟建成后的动静力作用情况。

实际上桥隧工程的试验工作一直在进行,即使一片很简单的R.C.T梁,其腹板的各向应力和裂缝产生的机制迄今尚未彻底了解,而新的构造方案又出来了。

诚信、敬业是做事的基本道德。可是偷工减料,以没有试验过或作假试验的材料用于建筑,后患无穷。为了急于求成,证明设想是好的,没有反复多次做试验,以一次非代表性的试验认为可行了。

......

按:此文因作者生病而搁置,成未完成之作。待有心之人在研究此问题时参考用之或续之。

卷 三

桥 梁 研 究

《中国桥话》电视片解说词[1]

第1集 序篇

　　现在我们已经很难弄清楚人类在何时何地有了第一座桥,就像弄不清第一条路的诞生一样。

　　道路,也许是伴随人类的第一声啼哭就诞生了。你蹒跚学步时,走的难道不是一条路吗? 道路的发展和演进是人类文明发展史的重要组成部分。

　　羊肠小径,曲折蜿蜒,当这条路需要跨越沟堑或河流时,人们就产生了对桥的需要。

　　公元前500年,波斯人为了军事目的修筑了便于车辆通行的公路;而中国人在更早的时候已经掌握了一套完整的筑路技术。在这些公路或驿道上,桥是必不可少的建筑物。

　　1830年,世界上有了第一条通行火车的铁路。从此,四通八达的铁路把我们这个分散的、阻隔的世界联结起来。大大小小的桥梁,是铁路的最光彩醒目的段落。

　　桥,其实就是一段填空补缺的路,

　　不过,它不是平地上的路,而是架起来的路,是架在空中的路。

　　桥架在山谷,从此山到彼山。它帮助人类跨越山谷,联结了此山和彼山;

　　桥架在江河,从此岸到彼岸,它帮助人类跨过江河,联结了此岸与彼岸;

　　桥,说到底是一种跨越和联结的路。

　　因为人类需要桥,所以就有了桥的诞生。

　　群山巍巍,江河滚滚.江山如此多娇!

　　然而,山是对人的封闭,水是对人的困阻。山山水水把世界分割成一个个狭小的村落,把人类闭锁在互相阻隔的乡土。

　　桥帮助你克服封闭和阻隔,帮助你把那一小块地方和广大的世界联系起来,帮助人类实现那个永无止境的跨越之梦。

　　对于我们这些生活在20世纪的人来说,桥常常是一种投入大量人力物力,凝聚着许多智慧和劳动的宏大建筑物;但是,在原始人类的眼里,桥却是一种非常简单的大自然的产物。

　　一棵树被风刮倒,如果它碰巧横在江河之上,两山之间,瞧,这就是一座桥了。民间一般称它为"独木桥",后来人类有了对桥的分类,它便被称为"梁桥"。

1　执笔: 田天,湖北省作协副主席
　　顾问、修改: 唐寰澄
　　照片为整理时补充。

图3-1-1-1　浙江天台山石梁桥

〖浙江天台山石梁桥〗

这也是一座梁桥，它是大自然的创造物。它具有天生的桥墩和桥身。横跨在两端的桥墩之上的桥身，就是梁桥的"梁"。梁对桥墩产生压力。

这些攀缠纠葛的藤葛，你可以设想原始人曾经凭借它的帮助跨过山谷或沟堑。若干年后，一种称为悬索桥的桥，或许从这里受到了直接的启发。

悬索桥的一根或多根绳索在两端固定，这些绳索承受拉力。

〖贵州黎平县高屯天生桥〗

这是神奇的大自然为我们提供的一座拱桥的最初形象。它的拱，实际上也可以看成一道弯曲

图3-1-1-2　贵州黎平县高屯天生桥

的梁；它对两端的桥墩产生推力。

这座形象逼真、鬼斧神工的天生拱桥，它的石拱最大跨度长达118.92米。据资料记载，它的跨度、长度、宽度和高度都是世界第一，超过了美国的雷恩博和兰茨开普两座天生石拱桥。

如果我们把水上的舟船组合、固定，它就成为一座浮桥。浮桥利用了水的浮力。

虽然人类在地球上和各个角落建造了千姿百态的桥梁，然而，它却只有四种基本类型或它们的组合。这就是——

梁桥。

拱桥。

悬索桥。

浮桥。

直到今天，我们能够建造的所有桥梁，都是这四种基本类型的延伸和发展.有的现代桥梁看上去可能很复杂，它也不过是一种或几种类型的结合和演变。

中国是一个有5 000年历史的文明国家，它在许多方面向人类贡献了无与伦比的文明成果；它也在世界桥梁史上写下最辉煌的篇章。

"亲迎于渭……造舟为梁……"《诗经》的记载说的是周文王娶亲时，为渡过渭水，他们用绳索把许多船联成一座浮桥。这件事发生在公元前12世纪，距今三千多年了。

《史记》上说，公元前1122年，周武王伐纣，曾在商都朝歌这个地方的钜桥头赈济贫民，这座被称为"钜"的大桥，便是有记载的最早的梁桥。

至于周穆王"架鼋鼍以为梁"，猜想也是一座浮桥。

这些文字记载表明，中国至晚在公元前11—12世纪就有了桥的建造和应用。

汉语中，在"桥"这个字出现之前，桥的概念常用"梁"字或其他汉字表示。

"碇、桛、綺、杠、梁、桥"这些汉字都是桥的意思。"碇"，指水中堆石的踏步桥或者独石桥；"桛、綺、杠"专指独木桥。

"梁"并不专指桥，所有横衡而中间突起的东西，都可以称为梁，比如鼻梁；它表达桥的意义时，是泛指各种类型的桥。梁、拱、索、浮都能称梁。

图3-1-1-3　云南佤族独木桥·独木桥示意图

今天，我们用"桥"或"桥梁"来表示所有的桥；如果说"梁桥"，则是专指梁式桥。

那么，从古至今，在中国的土地上究竟建造了多少座桥呢？

从桥的类型来看，梁桥、拱桥、悬索桥和浮桥这四种基本类型，我们都能找到记载和实物。

从建桥材料来看，中国有木桥、石桥、砖桥、竹桥、土桥、苇桥、盐桥、冰桥、铁桥，直到现在的钢桥、混凝土桥、预应力混凝土桥以及由各种材料混合建成的结合桥。

可以毫不夸张地说，在中国，哪里有人的痕迹，哪里就有桥的踪影。

中国人建造悬索桥，比西方提前10至13个世纪；建造弧形拱桥，比西方早7个世纪以上。

苏州作为著名的桥乡，在清代初有397座桥；绍兴在光绪年间才是7.4平方千米的水域，有桥229座，桥梁密度超出水城威尼斯45倍；泉州在宋代200年间，就建桥110座，有的桥直到今天还是赫赫有名的。

在13世纪之前，无论是桥的种类和规模，还是结构的科学性、桥坚固程度，中国一直处于世界桥梁的领先地位。

三国时期，有"天堑"之称的长江边曾发生过这样一件事：曹操的儿子曹丕，率大军东征到吴，正是长江阻断了他们的前进的路。眼见江阔水深，浊浪汹涌，这位诗人出生的曹丕摇首叹息道："固天所以限南北也！"

一个冰冷冷的"限"字，道出诗人多少惊惧和无奈！

然而，1957年10月，中国人终于跨越了长江"天堑"，雄伟壮丽的武汉长江大桥把几千年的梦想变成了现实。

一桥飞架，南北通畅。它凝聚着中国人几千年来在桥梁方面的智慧和创造、勇气和力量。它是中国桥梁史在当代翻开的灿烂的又一页。

曹丕曾为牛郎织女写过这样的诗句："牵牛织女遥相望，尔独何辜限河梁！"

一道银河阻隔着引颈翘望的痴男怨女。但是在中国，在这个桥的国度，神话的想象也带上桥的色彩；人们让喜鹊在银河上搭建了一座"鹊桥"。

不管是中国人在长江上建造的大桥，还是想象在天上建造的"鹊桥"，都是那个漫长的跨越之梦的一部分。

这些匆匆赶路的脚步。他们谁关心脚下是一座桥呢？显然，人们只关心目的地。

这些人流、车辆，这些挑担负重者。有谁设想一下：如果没有桥的话，这里将是一种什么情景？

这些粗大的汽车轮子。只有当桥堵塞之后，司机们才会抱怨地想到桥，他们抱怨为什么桥面不更宽阔、更畅通一些？

这些飞旋的火车轮子。它在转眼之间就越过大桥，几乎来不及感受到桥的作用。

桥帮助我们跨越过去了。

大桥大跨。

小桥小跨。

自从人类诞生了第一座桥，勤劳而智慧的中国人就不曾停止过他们不懈的跨越。

跨过了深谷，梦想跨过高峡；跨过了江河，梦想跨过大海。跨过了昨天和今天，梦想着跨过充满机遇和挑战的明天！

第2集　古代梁桥

人们最初能找到的造桥天然材料是木和石；而木桥的出现可能还在石桥之前。

木材具有良好的抗压、抗拉和抗弯强度。不过，由于它容易腐烂、燃烧、被虫蛀蚀，因而我们很难见到保存完整的年代特别久远的木桥了。

1986年1月，陕西省咸阳市台乡的几个农民，在古河道掏砂出售时，掏出了一个木桥遗址。

图3-1-2-1　陕西咸阳沙河古桥遗迹

考古人员从这里发掘出两座残缺的木桥。一号桥有16排，共112根木桩；二号桥有5排，41根木桩。经碳放射性测定，它建于西汉年代，距今2 100多年了。

也就是说。这是世界上最古老的木桥遗址。起初，有专家认为它是西汉时代著名的西渭桥；另外的专家却认为不是，因为桥的走向不对。这座2 100多年的木桥至少为中国木桥的悠久历史提供了最早的物证。

图3-1-2-2　山东武氏祠石刻画像

这是一幅公元前250年以前的石刻画，这座木桥上穿行着战国时代的甲马战车。

汉代的墓砖上，一座木梁柱桥栩栩如生。柱墩每排四柱，木梁上铺木桥面板。你能够清晰地看见它的梁和柱。

即使是参天大树的木料，它的长度也是有限的。为了建造更大跨度的木桥，人们便在桥墩左

图3-1-2-3　四川成都青杠坡汉墓砖

图3-1-2-4　甘肃文县阴平桥

右斜撑着木杆，这就成为"八字撑架桥"。

八字撑架桥能使木桥的跨度增加一倍以上，但如果需要继续增加跨度的话，就只能寻觅新的途径了。

跨度的大小是衡量一座桥技术水平的重要标志。实际上，它的跨越能力增大一步，就是中国桥梁技术上升一级，每一步的跨越都是对建桥综合能力的检验和挑战。

有一种伸臂式木桥把跨度大大增加了。它最早出现在2 000多年前。

这便是一座单孔伸臂式木桥。相传建于三国时代，现在的桥是110年前光绪八年（1874）修建的。它的跨度达到60米。

所谓伸臂，就是把垒叠的木梁由两岸向河心挑出，在中间搁上一道正梁；为了伸臂的平衡，便在它的另一端压上石块等重物。这就好比两岸伸出的手臂共同托起了中间的正梁。

这是桥吗？看上去它就像楼亭。亭檐参差，瓦片盖顶。恍惚间觉得，这是一座错误地落在青山绿水间的古城街市。

它的确是桥。它有5个石墩，4个桥孔，木头桥面全长64.4米，每孔净跨14.2米。

桥的正梁是杉木。分上下三层迭合向两边挑出，在桥中间相接。这些杉木直径1.6尺，8根连成一排。

看得出来，这是桥与楼的结合，楼下是桥，桥上是楼，

图3-1-2-5　四川木里自治州木伸臂梁桥

图3-1-2-6　广西三江侗族自治县程阳永济桥

两座桥楼之间还有桥廊。

让我们沿着桥头的石阶上桥去看看。

对于程阳这么一个偏僻山寨来说,这桥、这楼、这长廊,无疑是一幢宏大的综合建筑。

这些木板铺在正梁上,桥宽3.4米。

在桥廊两旁的长凳上坐一坐,欣赏欣赏那些雕花刻画、龙凤花草,真是一种难得的享受。

永济桥被侗族人称为"风雨桥",它可供下地干活的人们歇凉、避雨,也可以用来谈情说爱。

在侗族人的心目中,桥不但有许多实际的用途,而且把它看成一种"吉祥物"。

桥这个吉祥物,可以保住寨中的财富不随河水流走,它是村寨的保护神。

侗族人逢年过节还保留着敬"桥"的习俗。

可以说,永济桥是少数民族对中国文化的一个独特贡献。这种贡献既是技术上的,又是美学上的。

侗族人的住宅、凉亭、鼓楼等建筑,从来不用一颗钉、一把泥,全部使用杉木建成。

永济桥也没有使用一颗钉或一块铁件。它的木构体之间的连接,是一种巧妙的"榫梢接合"。

永济桥为什么采用伸臂式结构呢?

这也许与材料有关。任何创造性的想法离不开客观条件。

永济桥的大梁、桥面、栏杆、楼廊、屋顶,全是清一色的杉木。

如果把杉木的正梁直接搭在桥墩上,一般杉木的长度是不够的。如果在桥墩上伸出挑梁,把正梁架在伸出的挑梁上,正梁的长度不是就增加了吗?

但是,怎样使杠杆平衡呢?

人们想到了建桥亭,桥亭可以压住挑梁,使正梁稳固不动。五座桥亭,不仅可以用来遮风挡雨,实际上也是桥的一个不可或缺的组成部分。它用10万千克的重量把正梁压住。

伸臂式木梁桥在我国的广西、湖南、甘肃、西藏等地都有分布,许多国家如日本、印度等,晚于中国才掌握这种增加木梁跨度的技艺。

谈到南方广西永济桥的精巧,让我们回头到我国北方,北方也有一座桥上带楼的桥,这就是位于河北省石家庄以西30多千米的苍岩山桥楼殿。

仰首望去,其下半部是一横跨山涧的石拱桥,上半部则是一座九脊重檐、庄严凝重的楼殿,而楼殿则是福庆寺的主建筑之一。

图3-1-2-7   河北省石家庄以西30多千米的苍岩山桥楼殿

由于桥与楼殿在功能上已融为一体,所以称之为桥楼殿.据文物部门考察,此桥的建筑年代处于公元581—600年的隋朝,与大名鼎鼎的赵州桥属同一时期建造,我们从桥的外观也可发现,桥楼殿的拱桥部分和赵州桥基本相似。

经过1 400多年的风风雨雨,苍岩山桥楼殿下的石拱桥部分雄风依旧,托举着肩上的重负。

与木料相比,石料显然更适合建造千年不坠的桥梁。石料能够在石工们粗糙的巧手中变成任何一种形状,它强度更高、耐压、不易变形,它也经得起岁月的磨蚀。一种花岗岩,它的极限强度甚至比现在超高强度的1000号混凝土还高出一倍。

图3-1-2-8   杭州黄龙洞踏步桥

　　用石料建桥,或许是从这种有墩无梁的踏步桥开始的。如果需要把跨步增大,就在石墩上搁置石梁,于是,就有了一座简易的石梁桥。

　　真正的灞桥我们已经无法见到,这张图也许能使人遥想它当年的规模和气势。

　　"灞桥"之名在秦穆公时代(公元前659—621年)就有,永久性的灞桥却是汉代修造的。它最初也许是木桥,但在唐朝就已改为石柱石梁桥。

图3-1-2-9　西安灞桥遗址

　　灞桥盛名哄传于世,显然与"灞桥折柳"的典故有关。唐代王维写过一首关于灞桥的诗:

渭城朝雨浥轻尘,

客舍青青柳色新。

劝君更尽一杯酒,

西出阳关无故人。

　　"灞桥折柳"成为离别伤怀的同义语。

　　现存的灞桥是清代重修的。1955年,它改建为钢筋混凝土板桥,已经看不到秦汉的丝毫痕迹。

　　事实上,真正的灞桥已经消失。2 000年毕竟不是一段短暂的时间。消失就让它消失吧,没有什么好惋惜的,没有必要感怀无限甚至黯然销魂。

　　石梁桥的鼎盛期是在宋代,宋代建造石梁桥的中心地是福建的泉州一带,因此有"闽中桥梁甲天下""泉州桥梁甲闽中"之说。

　　在泉州百余座石梁桥的庞大家族中,最著名的是洛阳桥和安平桥。

　　这里是洛阳江入海口。

　　洛阳江不在古都洛阳。它是福建的晋江和惠安两县的夹界之江。据说唐懿宗当年曾说过"类吾洛阳"之语,于是,这条江就借"洛阳"之名闻名遐迩。

　　正如洛阳江吞纳两岸山溪细流,大海在这里吞纳了逶迤数百里的洛阳江。

图3-1-2-10　福建泉州洛阳桥

　　洛阳江入海口水宽5里,过去依靠吱吱呀呀的渡船横渡洛阳江。这风浪中的渡船,既要推御洛阳江奔腾下泄的冲力,又要承受海水掀起的狂潮恶浪,它处于这么一个喇叭口里,处于这么一个凶险的交叉地带,却要载人载物越过5里宽的江面,哪有不出事的道理?

　　也许溺死人数太多,所以这个渡口有一个祈祷的名字:万安渡。

　　要在江海交汇处的喇叭口上建桥,史无前例,产生这个设想无疑是一个大胆的思路。

　　中国历史上不缺少这种思路大胆、气魄宏大的人。中国人用36年零8个月的时间和500多名工匠,把一座长达837米,宽7米的多跨石梁桥,稳稳实实地安置到洛阳江上。

　　洛阳桥从北岸惠安县境起步,经过一个名为中洲的小岛,另一端落到了南岸的晋江县境。

　　洛阳桥初建于宋皇祐五年(1053),嘉祐四年(1059)建成。创建者是王实、卢锡以及义波、宗善等人。义波、宗善是和尚。

　　洛阳桥把石梁桥从山川河谷带到海湾,从而成为中国石梁桥的一个厚重的华章。

　　今人也许会问,一座桥怎么会用36年多时间才建成?

　　这很容易理解,它面临的障碍太多。

　　海潮汹涌,风厉浪急,桥墩怎么固定呢?

　　当你把石块抛入江河时,小石块很容易被急流冲走;即使是大石块,在潮汛涌卷时也会漂流入海。

　　也就是说,没有办法给洛阳桥建立一个稳定、坚固的桥墩基础。没有稳固的基础,桥就没有生命力。

　　在这个世界上,没有什么东西能比人的思想更重要。所有文明的成果,都是从人的脑子里诞生的。

　　中国古人创造了一种"筏形基础"技术。说起来很简单:是在江底沿桥的中心线,抛掷一些大石块,而且向两侧展开相当的宽度。桥墩就建在这一道横跨江底的矮石堤上。

　　洛阳桥的"筏形基础"宽25米,长500余米。

然而,这些江底石堤上松散的、互不黏结的石块,那时石灰浆又不能在水中凝结,因此需要一种崭新的"黏合剂"。

你见过它吗?

这种软体生物叫牡蛎。它是生长在浅海潮水涨落区的一种贝类。我们知道它是食物、药物,而且营养价值极高。它有极强的繁殖力,当大片牡蛎在礁石间丛生繁衍时,它能把附着物胶结一体,你没法将它分离。

有没有一种更大胆的设想:把牡蛎这种胶结作用运用于桥梁建设呢?

可以肯定,古人是在多方面探索、多次失败之后,才想到牡蛎这种活生生的黏合材料。

这种想法,新奇得使人不敢相信。

往江底抛满石块之后,再布满成片成丛的牡蛎,牡蛎日夜繁殖,石块与石块的胶合便日益牢固。

在洛阳桥的海滩上,这些用两块或三四块条石搭成的牡房,是不是当年建桥时遗留下来的呢?

史料记载,为了保护桥,洛阳桥附近的牡蛎是不准捕捉的,这个传统在明清之际就形成了。

把生物作建桥材料,这个创造性的思想是中国人别开生面的首创。

桥是死的,牡蛎却是活的;一代一代生长着的牡蛎,使洛阳桥成为人类一座真正有生命的桥。牡蛎生生不已,洛阳桥便千年不衰。

百年之后,南宋绍兴八年(1138),僧人祖派打算仿照洛阳桥建一座更大更长的石梁桥。

这座桥就是安平桥,全长2 500米,有"天下无桥长此桥"的美誉。

图3-1-2-11　福建晋江安平桥

安平桥从晋江县的安海镇起步,跨越安海港湾,直达南安县水关镇。长达五里,所以也称五里桥。现有桥墩331个,每根石梁重10至13吨。

眼前的安海湾,已没有了当年的如潮海水,这是泥沙淤积造成的。沧海桑田,在这里有了直观的写照。水中长桥成为陆地长桥，少数桥墩变为安平镇的街道。此情此景，怎不叫人涌出抚今追昔的苍凉！

安平桥是洛阳桥的仿造，但是它更长，规模更宏伟，可以想象它的建造难度也更高。

在晋江、在泉州、在漳州、在福建，洛阳桥催生出大批石梁桥。

在漳州东40里的柳营江上，宋嘉熙二年（1238），出现了一座长600余米的江东桥，又叫虎渡桥。

图3-1-2-12　福建漳州虎渡桥

这座桥采用了更巨大的石梁。石梁大到什么程度？当地形容道："一根扁担厚"。最大的一根石梁，重达200吨！是什么神奇的力量把它运到江边，架上桥墩的？

这个问题几百年来一直困扰着科学家们。古代没有任何起重设备，也缺乏大型运输工具，一个200吨的石梁，开采已属不易，又怎能把它运到江边、安上桥墩呢？当代桥梁专家认为，古人也许是先把石梁各面凿平，并用杂泥包成圆柱形，等晒硬后，滚上木排运；当海水涨潮时，把木排驶入桥墩之间；退潮时木排下降，石梁就落在桥墩上了。

江东桥还有一个问题也使科学家困惑不解。按现代力学的梁弯曲理论计算，它的自重在跨度上产生的弯曲应力，刚好与该桥石料的极限抗拉强度相近；也就是说，江东桥21米的最大跨度如果再增加一点，桥就会因自身的重量而断裂。

古人是如何做出如此准确的设计的？要知道，在江东桥成功地解决了梁的弯曲理论问题之后700多年的18世纪末，世界上才有吉拉德写出的第一本材料力学的著作。

福建的石梁桥，结构宏伟，气概非凡，也许是邻近大海的缘故，它缺乏细腻的雕琢，有的只是一种吐纳万象的雄奇气势。

座座石墩，庞大坚实，不惧怕海潮江浪，我自巍然挺立。

道道石梁，粗粗厚厚，十吨百吨，桥工们如同玩弄于股掌。

桥的长度更是无与伦比，"天下无桥长此桥"的安平桥，竟把它的长度记录保持了700年之久。

在过去的岁月里，桥把我们的祖先从此岸带往彼岸，从此山带向彼山；今天，许多桥早已消失，被淹没在历史的深层；侥幸存在的，也大多面目全非，可能只剩下文物的价值了。你或许不能继续使用古代桥梁，但是，我们仍然在享受着祖先创造的文明果实。这些果实不是几座古桥本身，而是中国古桥蕴藏的智慧之光。

第3集 古代拱桥

与浑然天成的自然界拱桥相比，人类建造石拱桥显然要困难得多，因为要把一些分散的石块砌筑成拱形并不是一件容易的事。

有的专家认为起拱源于"叠涩"。

所谓"叠涩"，是中国古人对一种石梁的称呼。也就是采用多层并列梁，由下向上逐层向外挑出，排列像倒置的台阶；然后在缩短的石孔上搁置石梁。它是石梁桥增加跨度的有效方法。

由叠涩出梁，发展成一种似拱非拱的假拱，然后真正的拱就跟着出现了。

图3-1-3-1 左图：叠涩雏形 右图：湖北秭归拱桥示意图

这是一座奇特的石桥。它的一半是不完整的拱形，另一半则是不完整的叠涩，是不是可以把它看作从梁向拱的过渡呢？

另外的专家认为，拱是由折边拱发展而来。

图3-1-3-2 浙江绍兴西城桥

这种简易的石板桥,在浙江省的山区乡间常可见到,当地人称为"三搭挤"。它是由左右两根斜撑的石梁(或石板),加上一根石梁(或石板)构成,是三折边的折边桥。

由三折边,逐渐发展为五折边、七折边和多折边,然后顺理成章地演化到半圆拱、圆弧拱了。

这种理论也能从墓葬的发掘中得到证明。中国在西汉年代开始有砖墓,首先是三折边大空心砖所砌,后来有了五折边和多折边砖拱;西汉后期,就有了只有拱券的裸拱的石刻。裸拱已是成熟的半圆拱。

对于拱的起源这样一个众说纷纭的问题,中外专家尚未达成共识,因为各种学说自有成立的理由。但有一点能够肯定,那就是中国的拱桥是土生土长的,而不是像有人认为的那样来自外国。

中国最早的石拱桥记载是旅人桥(公元280年),赵州桥之前还有河北满城县的方顺桥和河南临颍的小商桥,但是,我们却找不到比赵州桥更早的实物了。

图3-1-3-3　河北赵县安济桥　　　　　　图3-1-3-4　河南临颍的小商桥

它就是隋开皇四年(584)始建的小商桥,但眼前这座桥却是康熙十四年(1675)重修的。

这是举世闻名的赵州桥。你能认出它吗?

有人夸它"车马人千里,乾坤此一桥";有人赞它:"虹舒电施,虎步云构""如初月出云,长虹饮涧";更有诗人惊叹它的鬼斧神工,"半夜移来山鬼泣,一虹横绝海神惊,水从碧玉环中过,人在苍龙背上行"。

激情的文人为它写下许多诗文,把它升华为一件艺术品;但是,彩虹也罢,苍龙也罢,这些赞颂都未能触及它的本质:赵州桥是怎样修建的? 它对世界桥梁史的发展有什么贡献?

赵州桥位于河北省赵县城南五里的洨河上,始建于隋朝开皇十五年(595),建成于大业元年(606),距今1 300多年。它是我国现存最早,而且保存良好的石拱桥,也是世界上现存最早、跨径最大的敞肩圆弧拱桥。它是由一个名叫李春的石匠主持修建的。

桥下这条河称洨水,现名洨河。洨河是一条季节性河流,冬春干涸,夏秋泛滥。眼下只称得上涓涓细流,但也常有汇成巨川的时候,1954年发大水,洪峰距桥洞顶点仅1.77米。

赵州桥一步就跨过了洨河。

说"一步",是由于它是单孔大跨。它轻悄一步跨过了37.02米,创造了一个很长时期难以逾越的世界纪录。这个世界纪录在世界上保持了730多年;在中国保持了1 300多年,直到1959年才被湖南的黄虎港石拱桥打破。

桥址为什么选在洨河的中下游呢？原来，河水在这里比较稳定，河床顺直，上游的泥沙大多淤积于此。

这里不适宜建多跨梁桥。因为梁桥不便于航运，桥墩又阻挡洪水。建单孔桥的话，水中无桥墩，船舶舟舸畅通无阻，洪水来临也能直泄而去。

当时，石拱桥一般建成半圆形拱。然而，由于赵州桥跨度太大，建成半圆的话，桥高就会高达20米以上。桥高20米，车辆骡马怎么爬上桥呢？

这时，就必须有一个打破常规的想法。把半圆降低成弧形，成不成呢？

一个新想法诞生了一种新型拱。这种弧形拱一下将桥高降为7.23米，不但保证了河上的航运，也减轻了桥的自身重量，从而减轻了桥墩给地层的压力。

比之其他拱桥，赵州桥具有许多独特设计思想，有许多开创性的新想法。

最突出的，当然是它的"敞肩拱"。

大拱肩上四个小拱究竟有什么好处呢？

首先，它使赵州桥更美观，更好看，对不对？

但美观不是重要的。一座桥，我们可以把它视为艺术品，但它毕竟不仅仅是艺术品。桥是为了实用。

增加四个小拱，桥自身的重量减轻五分之一，大拱承载和重量减少了500多吨。

它增加了过水面积，减少了洪水对桥的危害。与"实肩拱"相比，敞肩的过水面积增加了16.5%。

对了，还有一个好处：节省了3 200多立方米石料。石料要从30至60里的外地运来，自然不便宜。

站在这屹立千载的赵州桥上，你看见的，是隋唐的骡马大车，元明清的匆匆行旅；这些南来北往的人和车，正在传递的难道不是古老文明的星星之火？

600年之后，也就是金代明昌年间（1190—1195），在赵州桥近旁，在赵县城西门外的清水河上，永通桥建成了。

看上去它与赵州桥好似一母所生，造型、结构、艺术风格十分相近，只有大小区别。

我们可以把它看成是对赵州桥的模仿。

赵州桥成为一个榜样，它领导了一个石拱桥的潮流。在赵县境内，陆续建成济美桥、沙河店桥

图3-1-3-5　河北赵县永通桥

图3-1-3-6   河北赵县沙河店桥

等；稍远一点，河北唐县出现升仙桥，井陉县出现天威军桥；再远一些，河北、山西接壤处有苍岩山中的桥楼殿；到达山西晋城，有景德桥；到原平有普济桥……

赵州桥代表的一种文明，就这样由近及远地、缓慢又顽强地传播开来。

时光慢慢，朝代更迭，赵州桥一步跨过一千多年，至今，它依然安然无恙。

我们知道，石拱桥可以有半圆拱、圆弧拱和椭圆拱几种形式，从技术难度来看，应该是先有半圆拱，然后圆弧拱和椭圆拱。

石拱桥的砌筑大多采用木制的拱架，后来也能用堆土作拱模施工。为了各块拱石之间牢固地粘联，古人便用石灰、牛血、糯米汁做灰浆；有时还把铁或铜钱嵌在石壁中，因为铁或铜生锈后产生氧化物，能使拱券更为坚固。

石拱桥在构造上还有厚拱和薄拱的区别。

显然，这种区别是由中国南北河道性以及陆上运输工具的不同造成的。

图3-1-3-7   北京宛平卢沟桥

北方多有季节性河流，洪水暴涨时对桥梁造成威胁；陆地运输又多用骡马大车，水运其实并不常用，因此，北方的石拱桥就造成实腹、厚墩、厚拱，而且多为平桥或平坡桥。

南方水网地区多为潮汐河流，又以水运为主。桥不能妨碍舟船行驶，因此常把石拱桥建成驼峰式；南方是软土地基，拱桥就需要减轻自重，因而就造成薄墩、薄拱。

卢沟桥位于北京西南的永定河上，距北京城10千米。

它是一座多跨联拱石桥。

卢沟桥大约建于金代。大定二十八年（1188），金世宗下诏建桥，桥没建成金世宗驾崩；金章宗接着又下诏书建桥，直到明昌三年（1192）建成。

你瞧这厚厚的石墩，坚固的石拱，平展的石桥面，石柱石狮子，满眼都是铁硬的石头。它是北方实腹厚墩拱的典型代表。

卢沟桥卧虹千尺，以坚固莫比著称。这座桥肯定不是为汽车修建的，但是，在近半个世纪里，却常常有汽车、坦克以及超载重车，从它石头的桥身上隆隆滚过。

1973年，北京市文物、交通等部门曾对卢沟桥进行载重试验。

一直加到429吨，这座800多年的石桥竟纹丝不动。难道这不是人间奇迹吗？

卢沟桥的狮子也是一个人间的奇迹。

北京有个谚语说："卢沟桥的狮子数不清。"

这些狮子形态各异,无一重复,仿佛有一个狮子博览会在这里隆重举行。

有的仰天昂首,如有响遏行云之吼;

有的俯首凝目,似有抚今追思之念。

有的把绣球玩得飞转,有的窃窃私语,有的躲躲闪闪,有的活泼可爱,有大小之分,有雌雄之别,真是淋漓尽致,栩栩如生;造型之妙,叹观止矣!

如果没有这些用于装饰打扮的狮子,那么,卢沟桥必然显得单调得多。

你能数清这些狮子吗?

1962年,有关单位登记编号,数出共有狮子485个;

1979年,又数出是502个;

1987年9月3日,电光闪过,一声雷响,桥中段北侧东数第68根石柱上的一个狮子不见了。真是咄咄怪事。也许上天也嫉妒中国古人的鬼斧神工?

南方的薄拱薄墩桥则以苏州宝带桥为代表。

卢沟桥雄浑、凝重,气势宏大,有阳刚之气;宝带桥则明显具有江南水乡特色:秀丽、精巧、玲珑剔透,同奇山翠湖浑然相融,有阴柔之美。

它是现存最长的薄拱薄墩石桥,也是中国桥拱最多的石桥。

它建成于唐代元和十四年(819),全长317米,有53个石拱。唐元和间的苏州刺史名叫王仲弘,为建这座桥,他带头卖掉他束在身上的一条宝带作为建桥经费,为纪念他,所以称宝带桥。

图3-1-3-8 苏州宝带桥

人民总是宽宏的。身在其位时,你哪怕只捐一条腰带,人们也会用他们的方式记住这位官员。

我们现在看见的宝带桥,已不是当年的原始面貌。第一座宝带桥管了400年,然后重建;又管了100年,又重建;又管了200年,再重建……它凝聚着几个朝代重建与修复的痕迹。最迟一次重修是1956年。

中国人在建造桥梁时,一般来说,都是很注重桥的外观形态的美丽。

石拱桥——曲线逶迤的柔和美。有诗为证:"弯弯飞桥出,敛敛半月毂"。

北方的多跨石拱桥,如雄健的骏马平驰旷野;

南方的多孔薄拱环桥,桥孔倒映水中,水上水下,一虚一实,组成一个个如梦似幻的满月。

苏州这个著名的水乡的美,离不开那些沟通河道、装扮城市的许许多多桥的贡献。

苏州河道纵横。大运河和里城河环城而流,十多条河流穿越布过,苏州被河流切割成一片片岛屿的陆地。

桥,把分割的陆地联成一体。人到苏州,你首先看到的是水,是桥。真是低头见水,举目皆桥。

桥是苏州人出门的路,也是苏州风光的一大景观。

宝带桥是苏州最有名的桥。它躺卧碧水之上,匀健秀美,平坦宽阔。但是,苏州的枫桥也鼎鼎有名。

你看不出它有什么特别之处吧？它只不过是一座常见的小小石拱桥。

〖枫桥诗碑〗

这首诗名叫《枫桥夜泊》，作者是唐代的张继。

月落乌啼霜满天，江枫渔火对愁眠。

姑苏城外寒山寺，夜半钟声到客船。

图3-1-3-9　苏州枫桥

图3-1-3-10　北京颐和园十七孔桥

有了这首诗，枫桥便名声远扬。一首诗而使一座桥有名，这是一个有趣的现象。

桥是人工的产物。一座桥落到青山绿水之中，如果它与环境不谐和，甚至破坏了自然美，岂不太煞风景！

中国园林有独特风格。园林艺术是中国文化的一个侧面。

不论皇帝的苑囿、温柔的私园，还是寺庙花园、邑郊风景园林，都有一些或直或曲、大大小小的桥点缀在山水之间。

北京西郊的颐和园，是一座闻名世界的大型古典园林。

颐和园是供皇帝游玩的，既然要游玩，那么桥就必不可少。

在昆明湖前湖，在这碧波浩瀚的226.7公顷的湖面上，如果没有桥，景色将是单调的。

湖中共有九座桥。

17孔长桥位于东堤和小岛之间，桥身全是汉白玉，17孔连续通透，桥头有一座八角双重檐的廊如亭。桥、亭、岛组成一道分割线，使南湖分成既隔又通的两个水域。

两堤隔开南湖和西湖，长堤上串有六座桥，它们是界湖桥、幽风桥、玉带桥、镜桥、练桥和柳桥。

玉带桥是六座桥中唯一的椭圆形高拱桥。石拱是蛋尖形状，特别高耸，桥面形成"双向反曲线"，全桥通体洁白、匀称，曲线流畅，小巧玲珑，恰似一条洁白的玉带飞架堤上。

乾隆皇帝有诗赞曰："卧波玉虹接长堤，舟过前川径向西。"

六座桥的造型各异。即使同为亭桥，亭的形式也各不相同。

漫步西堤，你可能想到了杭州西湖的苏堤。

是的，昆明湖西堤是对西湖苏堤的模仿。不过，它们各有妙处。

苏堤是笔直的,群山环抱,透露出磅礴的气势;

昆明湖西堤,蜿蜒三折,六座桥姿态更美,比之苏堤,又增加几分婉约。

从北到南,我们见到了一些石拱桥,然而,在中国历史上有木拱桥吗?回答是肯定的。

前人给我们留下一幅画。

这是北京宋末年的画家张择端创作的《清明上河图》。

这幅画长 525 厘米,宽 25.5 厘米,它是关于汴河两岸,皇城东南郊、汴梁市街的清明景象的风俗长卷。

占据画面中心的这座桥,如一道横跨天际的彩虹,所以称为"彩虹"。

这是一座木拱桥。

它用短小的木料,纵横拼接,交错配置,完成了一个较大的跨变,它没有使用一颗铁钉,而是用绳子绑扎而成。

繁华梦断两桥空,唯有悠悠汴水东。

随着金兵攻陷汴梁,虹桥也很快从汴河上消失。

1957 年,桥梁专家唐寰澄曾在武汉的莲花湖仿造过一座虹桥,可惜已在"文革"中破坏;如今,我们来到河南开封市,也就是古称汴梁的七个王朝的都城。宋时,它已是百万人口的大城市。

但是,我们再也看不到虹桥的一丝痕迹了。不过,开封有关部门,正准备恢复这座虹桥,这是令人高兴的事情。

其实,虹桥这种中国独创的木拱结构,并未在岁月的变迁中失传。

浙江泰顺县的泗溪溪东桥,桥长 41.7 米,跨度 25.7 米,其结构就与虹桥相似。

专家认为,随着北宋南迁,这种桥式便被带往浙江、福建一带;事实上,近年曾在这些地区发现了数十座与虹桥相似或有改进的古木拱桥。

图 3-1-3-11　北京颐和园玉带桥

图 3-1-3-12　张择端创作的《清明上河图》局部

图 3-1-3-13　武汉长江大桥莲花湖仿造过的一座虹桥

图3-1-3-14   河南开封仿建虹桥

图3-1-3-15   浙江泰顺东溪桥

到此为止，我们已经见过 些著名的拱桥了。

或单拱，或多拱，或石拱，或木拱；有的雄奇，有的灵巧，有的似"长虹卧波"，有的如"鳌背带云"。

如果把拱桥的发展史看成一条文明的长链，那么，每一座拱桥就是长链上一个环扣。这些环扣，有的粗重，有的美观，有的已经见不到踪迹，但是，我们相信这条长链是环环相扣，永不断裂的。

这条文明的长链，从历史的深处开端。它联着今天，联着今天的中国人。

第4集   古代索桥

没有什么桥像悬索桥那样，能充分地显示中国人跨越的智慧和能力。

在中国西南山区，到处是奇峰峻岭，高峡深谷。

这里的峡谷深邃，两岸耸立着峭岩；这里的河流湍急，水势强劲，具有意想不到的冲力。

你站在一个山尖上，可以同另一个山尖上的人对话，仿佛近在咫尺；但是，如果你想和他握手的话，就得先下这座山再上那座山，攀爬一天的路程。

为什么西南地区流行对歌的习俗？那时恋人们想省去爬山的辛苦。

这里的河流，没有舟楫之利，因为水流太急浪太猛；如果架拱桥或梁桥，桥墩的固定将是十分困难的。

最早的悬索桥，恐怕只有一根用藤或竹编成的溜索，人伏在索上的木圈或木桶上，凭着手脚的动作滑行过去。威州的溜索，甚至能够双向滑行。

四川有一种"溜筒桥"。这种桥使用一根藤索，或者竹索把它的两端固定，人们便沿着这根独索溜滑过去，为了溜滑的方便，就在独索上串一个木溜筒，人的两手抱着溜筒滑行，两脚则穿过挂在溜筒上的篾圈，采取坐的姿势。

图3-1-4-1   四川竹索溜筒桥

这种"溜筒桥"现在尚能见到；从当代的游览索道上，我们可以依稀看到它的影子。

独索作为桥，虽然不太安全，而且也不是每个人都有抱筒溜滑的勇气。这样，就有了双索、三索、平行索和多索的悬索桥。

多索桥是在几根并列的缆索上铺木板走人，两旁的缆索则做成扶手。

多索桥有它明显的优势：跨度大，不必在水中架设桥墩，材料来源也丰富。

大西藏东南部的珞瑜地区，有一种环形的藤网桥，它新颖的形式在世界上是独一无二的。用40多根藤索围成管状，两端在大树或木桩上固定。人从这个环形的藤网中走过。与其他害怕大风摆动的悬索桥相比，走在藤网中倒显得安全得多。

最初作为悬索桥材料的是藤、竹，这些东西满山遍野，而且成本低廉。

图3-1-4-2 西藏墨脱县藤网桥

然而，随着藤索和竹索在生产和生活中的逐步使用，人们就发现了它们的弊端。突出弊端有两点。一是藤竹容易腐，二是它摇晃的厉害。

有了铁之后，悬索桥产生了一个飞跃。

云南澜沧江上的霁虹桥，相传是汉明帝（58—75）时代修建的。它是中国现在最古、最宽，铁索最多的铁索桥（按：现毁于洪水）。

图3-1-4-3 云南澜沧江上的霁虹桥

霁虹桥架设在永平县岩洞乡和保山县平波乡之间，位于通往印度、缅甸的千年古道上。一条波汹浪急的澜沧江，就是凭着18根铁索飞跃而过，桥长113.4米，净跨57.3米。

让我们仰着，看看西岸的绝壁；

图3-1-4-4　四川灌县西北的珠浦桥

再仰着,看看东岸的险峰。

你是否看见了古人临空的脚步?

霁虹桥被认为是中国现存最早的铁索桥,在世界悬索桥的发展历史上举足轻重。

然而,它不是最古老的悬索桥,最古老的悬索桥是四川灌县西北的珠浦桥。

珠浦桥1964年之前是竹索桥。1964年才改成钢丝绳索桥。

这座竹索桥据说是战国时代的蜀郡守李冰修建的。

我们或许可以把它看成举世闻名的都江堰农田灌溉工程的一个附属物。

修建都江堰后,蒲阳河从灌口流出与川西平原的河川组成一个庞大的灌溉系统,先民于是想到,为了方便都江堰在内江与外江岁修时的过江运输,便用竹绳编成了珠浦桥。

也有人认为珠浦桥不是李冰修的,民间故事说,有个叫何先德的塾师,看见都江堰内外江两岸之间,只有渡船,水涨季节渡船常翻,而且渡船还勒索乡民。他就倡议修建竹索桥。桥刚刚建起,却在一个风雨之夜断毁,官僚们就把他杀害了。杀了他,他的妻为继承夫志,登高一呼,又率众人重建,所以珠浦桥又叫夫妻桥。后来川剧里还演过这个故事。

不管珠浦桥最初到底是谁建的,它本身已具有了自己存在的价值、意义和作用。

珠浦桥全长320米。一个单跨显然不能到达对岸,因为竹索会下垂成一个弧形。于是,在水中使用木排架8座,石墩一座,让它们承托着下垂的竹缆。这就形成一座9孔连续悬索桥,其中一孔最大跨度达到61米。

珠浦桥是用10根竹缆并列而成的,竹缆上铺木板作为桥面;两旁各用较细的竹缆6根,作为栏杆。

它的两端绕系在辘轳上,辘轳转动,竹缆拉紧;辘轳外安置木笼,再被岩石中的石室固定。

唐代诗人杜甫曾写过一首赞美竹桥的诗:

> 伐竹为桥结构同,褰裳不涉往来通。
>
> 天寒白鹤归华表,日落青龙见水中。
>
> 顾我老非题柱客,知君才是济川功。
>
> 合欢却笑千年事,驱石何时到海东?

杜甫没有诗人的清高自傲,他知道,伐竹造桥确有济川之功。青竹满园年年有,新竹可换旧竹,还怕没有建桥的竹子?

然而,竹索终究被铁索取代了。

中国自隋唐或更早就有了铁索桥,中国第一座铁索桥,是西汉大将樊哙在陕西褒城(今留坝县)的古栈道上修建的樊河桥(公元前206年)。在澜沧江、怒江、金沙江、雅砻江、大渡河、乌江、北盘江,甚至西藏的雅鲁藏布江,也存留着铁索桥的踪迹。

图3-1-4-5　栈河桥（20世纪40年代）

图3-1-4-6　四川省泸定县泸定桥

制造铁索桥的巧思高艺,从西南山区传出,东渡日本,然后又到欧美。

英国1741年建成第一座铁索桥,美国1796年,法国1821年,都比中国晚一千年以上。

清康熙四十四年(1705),中国人开始修建一座著名的铁索桥:泸定桥。

泸定桥横渡大渡河,在四川省泸定县境内。

不用说,你马上想起毛泽东的著名诗句:

金沙水拍云崖暖,大渡桥横铁索寒。

看见这尊红军战士的石刻头像,我们耳畔传来1935年5月的呐喊和冲锋。

就是在这寒光粼粼的铁索上,18名英勇的红军战士攀着、爬着,冒着枪林弹雨向泸定城冲锋! 那时,木板已被敌军烧毁,战士们只有9根底索和4根栏索可供攀缘!

铁索下,大渡河流水如瀑,浪头高达一丈多高。

泸定桥被红军夺取,泸定城也很快攻下。先头部队给毛泽东拍了一封电报说:"桥是好的。"

从战争的角度看,桥是好的;从桥梁史的角度看,泸定桥也是好的。

泸定桥建成之前,内地与藏、彝等少数民族的交流,只能依靠危险的"皮船"和同样危险的"竹索悬渡"进行。

内地需要少数民族的皮毛、雪山大豆、大黄等中药材,少数民族也需要内地的茶、大米、布匹等,所以,应该建一座互通有无的团结之桥。

巡抚递上一个奏本,并附上建桥草图,康熙皇帝御笔一挥:"朕嘉其意,诏从所请。"

有中央政府的支持,建桥自然容易得多。地方政府的用"税茶市"的方法筹集了建桥费用。

难办的是怎样把粗如碗口、重达1.6吨的铁索拉到对岸。

其实,这个难题一旦解决,建造这座索桥的其他难题也就迎刃而解。

桥东,是二郎山。

桥西,是梅子山。

古人首先想到的是航运。把铁链的一端固定东岸,铁链放在船上,然而,多次试验,船未到西岸即被浪头掀翻,没有成功。

正在建桥者束手无策之际,一个少数民族僧人帮助了他们。

这种方法是:先把一根粗绳系在两岸,架成一座独索桥;套上溜筒,铁链系在溜筒上,用一些人在对岸拖拽溜筒,溜筒到,铁链也到了对岸。

但是,套着溜筒的独索桥又是怎么架成的呢?那根粗绳,用什么办法把它牵引到对岸?

即使在今天,如果不是专业工作者,一般人大概也难以解答这个问题。前提条件是不能运用现代机械设备,不能使用船只。

面对需要跨越的山川河谷,人类不知废了多少脑筋,经历了多少尝试与失败!

在悬索桥的历史上,中国人发明了多种架索方法,而且看起来都简单浅显。

一是"射箭法"。把细绳索系在箭矢上,援弓而射,射中对岸一只鸟或一棵树,这样细绳就过了河。然后以小绳牵引大绳,直到把铁索牵过河去。

二是标枪投掷法。

三是风筝法。

四是两岸各站一人,分别把一个石块或金属锤系在细绳一端,同时向河上游河心投掷,两绳相遇,绞缠在一起。然后,用细绳向一岸牵引大绳。

泸定桥的13根铁链分别牵引过河之后,锚固在两岸的桥台上。

吊索桥是依靠桥台承受拉力的。桥上的载重以及桥本身的重量,都要传递给桥台。

两岸桥台自重约2 300吨,而铁索的拉力才2 100吨,铁索自然是没法拉动桥台的。

那么,这些铁索会断裂吗?

泸定桥的铁索共有11 571个铁环。每一个铁环上,都凿有制造人的姓氏或代号,哪个铁环断裂,这个制造人至少要挨200大板的惩罚。

泸定桥曾断裂过,道光二十三年(1843),距建桥140年,断了9根铁索,淹死了不少人。那些应该挨200大板的人,大约也没活到挨打的时候,所以只好免打。

新中国成立后泸定桥有过一些修缮,但它基本上还是288年前的原始面貌。

中国人建造悬索桥的技术,奇特、智慧,蕴藏着丰富的创造力。事实上只有一步之遥,中国就会进入近代悬索桥的时代。

悬索桥技术由中国传入西方之后,在世界上得到飞速发展。直到今天,还没有别的桥梁形式能比它有更大的跨越能力。

第5集　钢桁梁桥

路是人类足迹的连接,而桥是路与路的沟通,是历史前进的足迹。桥梁建筑的发展无不打上历史的深深印迹。

1888年,中国土地出现第一座区别于古代桥梁、初步具有近代建筑水平的新式桥梁,这是一座跨越蓟运河的钢桁梁桥。不过,它不是中国人修的。

中国最早的一批钢桥,绝大多数出自外国人之手。

松花江上的第一座桥——铁路钢桥是俄国人修的;黄河上第一座桥也是铁路钢桥,即郑州黄河老桥,它是比利时人修的;有着中华人民共和国成立前最大跨度的泺口黄河钢桥,是德国人修的。

图3-1-5-1　郑州黄河老桥

这些钢桥出现在1840年鸦片战争后。它跟在西方列强的坚船利炮后面来到中国。当这些桥傲慢而自负地架设在中国的江河上后,中国的资源财富就源源不断地被掠夺和攫走。

即使在这样一个黑暗而衰败的时代里,中国人也没有忘记他们祖传的自尊。詹天佑就是这样一个爱国的中国人。他组织修建的京张铁路,不用外资,不靠外国的技术力量,在这条自力更生的我国第一条干线铁路上,121座钢梁桥写下了中国近代桥梁史的最初章节。

怀来桥——这座钢桁梁桥就是詹天佑负责勘测设计的。

钢桥,首先得有钢,而钢并不是从来就有的,它不能像木、石那样直接从自然界中取得。我们的祖先早在汉代就开始把铁作为建桥材料,但是,事实证明铁并不是最好的,因为它容易脆裂,经不起冲击和拉扯。人类总是在实践中不懈地寻觅新的材料。等到19世纪50年代

图3-1-5-2　京张铁路怀来桥

发明了钢,这种有着很强的抗拉、抗冲击性能的新材料就被大量用来建桥了。

钢适合建造大跨度的铁路桥和公路铁路两用桥。而且,这种钢桥常常采用一种叫"桁架"的结构形式。钢桁梁桥是梁桥的重要类型。

梁桥构造简单。它的主要承重构件是以受弯为主的主梁。

钢桁梁桥的主梁自然是钢梁。你可以把它做成板梁、门形梁、T形梁或箱形梁等实腹梁;也可以把它做成桁架梁,也就是空腹梁,桁架可以是三角形、斜杆形、K形和菱形等几何图式。

桁架梁有很多好处。它的各个杆件基本上只承受轴向力。可以使杆件的材料强度得到充分发挥;它可以节约材料、降低造价;也能使桥梁看上去更加美观。

可以这么说,20世纪30年代之前,钢桁梁桥一直占据中国大型桥梁的统治地位,新中国成立后的一些最著名的桥也常常是钢桁架桥。

作为中国现代建桥史上第一座里程碑的杭州钱塘江桥,就是一座公路铁路两用的钢桁梁桥。他是中国第一代现代桥梁专家茅以升、罗英等人主持设计并监造的。

图3-1-5-3　当今钱塘江大桥

图3-1-5-4　为抗日炸毁的钱塘江大桥

1987年9月，92岁高龄的全国政协副主席茅以升头戴贝雷帽，身穿呢大衣来到六和塔下，坐在轮椅上眺望钱塘江大桥。

记者问他："您今天重登大桥，亲眼看到我国第一座自行设计和建造的钱塘江大桥巍然屹立，请问有何感想？"茅以升回答道："我非常兴奋，不过，我要纠正你的口误，不是建造，而应该叫'监造'，监理的监。"

这不是茅以升咬文嚼字，因为从"监造"到"建造"之间的确隔着一段长长的距离！只有这些老一辈桥梁专家才知道，中国桥梁事业，是经过了怎样的艰难跋涉才一步步走到今天的！

茅以升是在美国学习现代桥梁技术的。1920年，24岁的茅以升学成归国。但是，直到13年之后他才获得架设现代桥梁的机会。他以中国人的设计方案战胜美国专家华德尔，在中国的江河上为中国人赢得了一次工程技术的领导权。

据说钱塘江是无底的，也就是说，在这汹涌的潮汛下面的江底，有随时下陷的流沙，深达40米，要在这样脆弱构软的地基上建筑桥墩，显然会异常困难。但是这没有难住茅以升。他采用了一种"沉箱基础法"施工。所谓沉箱，是一种重达600吨的钢筋混凝土箱形建筑物。

先把这个庞然大物浮运到桥墩处，然后往沉箱工作室通入压缩空气，施工人员就可以进入工作室挖沙取泥使沉箱下沉，上面的桥墩也在建筑，等到沉箱下沉到江底的岩层时，桥墩也建成了。有了两个相邻的桥墩后，已在岸边拼装愈合的整孔钢梁，便只差浮运到位安装架设了。

它的钢梁是桁架梁。它的桁架是铬钢制造，用铆钉连接的。每孔钢梁重约260吨，用了1.8万个铆钉。为了把钢梁运到桥孔处，动用了两艘500吨的木船。涨潮时，钢梁已浮运到位，退潮时，钢梁便稳妥地下落到桥墩的支座上。潮涨潮落，大自然帮了人类的忙。

大功告成，在近代桥梁史上落后于人的中国人终于可以喘一口气了，但是且慢，虽然钱塘江大桥是中国人设计监造的，然而它的钢材来自英国、德国、比利时和波兰；它的基础工程施工是丹麦人承包的，钢梁架设是英国人和德国人承包的；中国公司只是主持了引桥和公路桥面的施工。茅以升说的监造而非建造，指的就是这个严峻的事实。

更为严峻的是，茅以升不得不在设计大桥时预留了埋藏炸药的方洞。这真是世界桥梁史上独一无二的设计。通车之后，十多万从桥上匆匆走过的难民，不得不脚踏20吨一触即发的烈性炸药。

1937年12月23日，杭州沦入日寇之手。这天下午5点多钟，我们的桥梁设计师不得不引爆炸药，将他的心血之作亲手炸毁。轰隆一声，铁路通车不足3个月，公路通车才一个月的钱塘江大桥顿时成了残缺的两截。

像我们这个饱经沧桑的民族一样,钱塘江大桥几经毁坏又几经修复,直到1949年后它才安然无恙;虽然我们能修复桥的创伤,但是,谁又能弥合它的主人们心灵的伤口?

那个屈辱的时代总算过去了,1954年,当武汉长江大桥开工建造时,中国人终于可以扬眉吐气地按照自己民族的意志安排自己的江河了。

我们不妨回顾一点历史。

早在汉代,宜昌下游某处的长江上有过最早的"江关浮桥",1853年太平天国攻克武昌城以后,在今天的武汉市的晴川阁到武昌汉阳门的宽阔江面上建造过一座大浮桥。

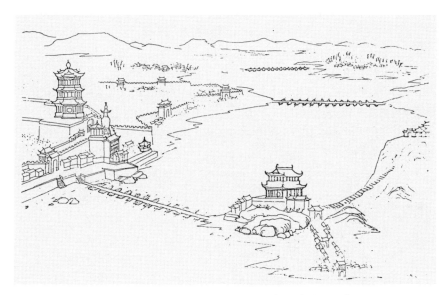

图3-1-5-5　1853年太平天国时期武汉的浮桥示意图

但想在长江上建造一座永久性桥梁,却是20世纪初才有的设想。1913年,北京大学土木系几个风华正茂的学生曾在武汉第一次测量桥址;1930年,国民政府曾组织人力在武汉作了第二次测量;1936年,钱塘江大桥工程处也有过以招股集资方式建造武汉长江大桥的打算;1946年,又喧嚷过一阵,也无结果。

中国人想在长江上建桥,想了几千年,长江上建桥的困难,难住中国人几千年。

全国解放第二年,国家铁路开始筹备事宜;1954年,成立武汉长江大桥工程局;1956年1月,动工修建武汉汉水公路桥;1955年9月,滚滚长江边轰轰烈烈地摆开了要把天堑变通途的万名劳动大军!

现在我们可以仔细看看"一桥飞架南北"的武汉长江大桥了。

它是一座三跨一联、共三联的钢桁梁桥,三联钢梁分别是山海关桥梁工厂和沈阳桥梁厂制造的。

这座桥全长1 670米,正桥长1 156米,上层有18米宽的公路,公路两边人行道各宽2.25米;下层是双线铁路,它把被长江阻隔的京汉线和粤汉线连接成畅通无阻的京广线。

这些依靠轮渡渡江的场面,我们并不陌生。它曾经把中国的铁路和公路切割成一些结结巴巴

图3-1-5-6　山海关桥梁厂今昔

的段落。

　　是武汉长江大桥把中国的南北交通一气呵成，然而，"天堑"长江上是容易架桥的吗？

　　江上架桥之难，首先难在基础施工。

　　这里水深达45米，江底是极不稳定的细沙，河床上有25—27米的覆盖层。而且，长江有七八个月处于高水位。怎样才能在江底为桥墩建一个牢固的基础呢？

　　武汉长江大桥采用的是"大型管柱基础"的技术，它是世界桥梁史上的首创。

图3-1-5-7　刚建成的武汉长江大桥

　　桥梁基础一般分为明挖、打桩、管柱、沉井四类。

　　武汉长江大桥使用的大型管柱大到什么程度呢？它的直径是1.55米，它是一个钢筋混凝土制成的空心圆柱形，如此巨大的管柱，要像打桩一样打入江底的岩层。

　　桥工们使用震动打桩机，强迫管柱穿过覆盖层；管内钻头则向岩层钻孔，钻头就有5吨重；管柱打入岩层深度达15—17米；武汉长江大桥共用管柱224根；一号桥墩用了24根，其余每个桥墩各用了30根至35根。

　　这样，就能在深深插入地层的管柱上浇筑承台和桥墩了。虽然我们已没法看见隐蔽在水下的庞大的基础工程，但正是它奠定了大桥千秋万代的功业！

　　1957年10月，当一座现代化的钢桁梁桥耸立在龟、蛇两山之间时，武汉三镇沸腾了，世界震惊了！

　　这是一个奇迹。中国人用两年时间跨过长江，跨过几千年；年轻的人民共和国用这个壮举告诉世界：中国，不但能发明、创造许多古老的桥，也能在桥梁的现代化进程中占据重要的一席之地。

　　1968年12月，又一座雄伟壮观的钢桁梁桥，在南京以1千米半的长度跨过波涛汹涌的长江。

　　从结构上看，它与钱塘江桥、武汉长江大桥一脉相承。它也是上下两层公铁两用钢桁梁桥。但是，它具有更为宏大的规模。也遇到了更多技术难题。如果说钱塘江桥和武汉长江大桥分别是20世纪三四十年代和50年代的大手笔，那么，南京长江大桥则是六七十年代的壮丽诗篇。从材料到设计到施工,它完全是中国人独立自主的作品。

它的正桥钢梁共10孔,最大跨度达到160米;钢梁是山海关桥梁工厂第一次用国产16锰钢制造的;工艺技术既有铆接,也有焊接和高强度螺栓连接;10孔钢梁共重1 580吨;使用了共计900吨重、大约155万个铆钉。

钢梁的架设使用了伸臂安装法。经历了21个月的努力拼搏,两岸伸向江心的钢梁在4号墩顶部合龙在一起,像两只巨臂紧紧握成一个坚不可摧的整体!

图3-1-5-8 南京长江大桥

然而,对于一座桥来说,我们看得见的只是一部分;它的基础深埋在隐蔽的江底。

南京长江大桥的桥墩基础平面在水面72米以下,每个都有篮球场那么大;基础施工采用了深井法、管柱法以及以沉井加管柱的复合法。施工时,工人们潜水进入最深达70米的深度。在7号墩施工中,工人们每次水底停留时间10—20分钟,累计潜水207人次,创下我国桥梁施工中长时间多人次深潜水的记录。

过去,轮渡过江时,需40分钟,还有2小时心焦火燎的等待;现在,过江只需5分钟。过去,因长江阻隔,沪宁和津浦铁路不能连接;现在,京沪线全线贯通。

南京长江大桥总投资2亿8千700万元;但是,只算到1983年,铁路和公路运输收益就已达到31亿元,15年里翻了10番!

钢桁梁桥除了建造公路、铁路两用桥,也可以直接用于公路和铁路。

在山东省滨州市,有一座跨越黄河的公路桥,也是一座钢桁梁桥,这就是中国目前最大的公路钢桥,北镇黄河公路桥。它共有47孔,最大跨度112米,全长1 390米,主桥是4孔三角形连续钢桁梁。

这座桥采用直径1.5米的钻孔灌注桩基础,共用147根,最大入土深度107米,这个深度记录在中国一直保持到今天。

从铆接到焊接,是钢梁制造工艺的一次飞跃。铆接使用风动铆钉枪、水压铆钉机或电动铆钉机;栓焊则使用自动焊接设备。怎样检验焊缝有无缺陷呢?60年代以超声波为主;80年代起,既用超声波,又用X光。科学进步使我们对待桥梁就像医师对待人体一般精益求精。

图3-1-5-9 当年南京下关火车轮渡

图3-1-5-10 山东滨州黄河公路桥

自从1961年首次使用栓焊工艺起,中国的钢桁梁桥就逐渐进入栓焊时代。

1985年建成的天津塘沽海门桥,是一座升降式开启桥,它的钢桁梁采用栓焊结构。这是一座颇有趣的桥,它的中孔不是固定的,可以随时升降。

当这个64米跨度的活动孔提升起来时,5千吨级的海轮可以顺利通过;活动孔重600多吨,能垂直升高24米,给海轮让出31米高的净空。整个过程只需要150秒就足够了。

我们的镜头还是回到长江上来。

这是白沙沱长江大桥,建成于1959年;这是三堆子金沙江桥,建成于1969年,它192米的跨度在国内简支钢桁梁中是最大的。这是枝城长江大桥,建成于1971年,它的铁路和公路不是上下两层,而是位于一个平面上。

图3-1-5-11　天津塘沽海门桥

图3-1-5-12　白沙沱长江大桥

图3-1-5-13　三堆子金沙江桥

图3-1-5-14　枝城长江大桥

1992年建成的九江长江大桥,可以看成是钢桁梁桥这种形式在长江上的一次创造性的运用。它已经不是纯粹的梁桥,它的主孔增加了三个拱。它在技术上属于桁拱组合体系。这种组合使它的最大跨度达到216米,这个跨度目前是国内钢桁梁中最大的。它全部采用栓焊工艺。主要杆件是国产15锰低合金高强度钢材,用直径27毫米的高强度螺栓连接。它新创的双壁钢围堰基础,也是中国桥梁史上有力的一笔。大江东去,不舍昼夜;日月匆匆,人也匆匆,科学技术更是日新月异。钢桁梁桥这个庞大家族里,有着太多出类拔萃的成员,遗憾的是我们不能一一观赏,这种遗憾也许也将伴随我们拍摄这部片子的始终。

图3-1-5-15 九江长江大桥

第6集 混凝土梁桥

现代桥梁发展的基本动因是经济。

把建桥动因变为现实的,是掌握了科学技术的人。

新中国成立以后,全国面临大规模经济恢复和经济建设的艰巨任务。道路不通,交通不便,如血管堵塞,扼住了新中国经济发展的脖子。修路、架桥,成为新中国优先考虑的建设项目。

路在脚下延伸,桥在跨越中发展。

公路、铁路桥,拉直了山涧曲折小路,实现了天堑变通途的世代梦想。

图3-1-6-1 丰台桥梁厂

〖丰台桥梁厂〗

1955年,在这家桥梁厂,孕育出了中国桥梁家庭中一个崭新的生命——预应力混凝土梁桥,在试验用的第一片预应力混凝土梁,跨度为12米。

〖东陇海线新沂河桥〗

我们眼前的这座28孔铁路桥,它是每片跨度为23.9米的T形梁,它诞生于丰台桥梁厂忙碌的车间。这是中国铁路上第一座预应力混凝土简支梁桥。

〖京周公路哑巴河桥〗

这是中国公路上的第一座预应力混凝土梁桥,它有六片T形梁,每片重24吨。这座桥建成于1956年,跨度仅仅20米。在这荒草萋萋的郊野之地,它没有雄伟、没有壮观,也没有秀丽,但是它却展示出预应力混凝土梁桥的强大生命力和无限广阔的发展前景。

19世纪90年代,我国开始生产水泥,由于混凝土抗拉性差,没有用于梁桥建设。1905年以后,

图3-1-6-2　东陇海线新沂河桥

图3-1-6-3　京周公路哑巴河桥

我国出现了钢筋混凝土梁桥,到1949年,全国共计有钢筋混凝土梁桥2 000多孔,总跨度4 016米,大部分在东北,是日本帝国主义侵略中国时修的。1949年前,最大跨度的桥梁是成渝线杨柳溪桥,其三跨,每跨16米,槽形梁。最长的梁桥是沈山线烟台河桥,全长321.6米。

钢筋混凝土与混凝土相比,既能抗压,又有一定的抗拉性,拿它建造小跨度桥梁,无疑是既科学又便宜适用的选择。新中国成立以后,在我国漫长的铁路上,至少有五万孔小跨度桥梁采用了钢筋混凝土梁。然而它的跨度不过20—30米。

直到预应力钢筋混凝土梁诞生,桥梁界才真正找到了可以取代钢材,在某些地方甚至超过钢材的新型建桥材料。

〖预应力混凝土梁生产现场〗

混凝土的预应力,是依靠张拉混凝土梁中的高强度钢丝、钢绞线或钢筋来获得的。

张拉方法分为"先张法"和"后张法",以"后张法"为主流。工艺程序是:混注梁体混凝土,穿入和张拉钢丝束,然后进行管道压浆和封闭梁的两端。经过一段时间的养护之后,就得到一片预应力混凝土梁。

和钢筋混凝土相比,预应力混凝土梁,可以节约70%的钢材,30%到40%的混凝土,更重要的是,它可以采用钢结构的各种安装方法,像使用钢材那样得心应手。而且桥梁建成以后,却没有钢梁桥的沉重的维护任务。

当人们前进的道路上横亘着一道难跨的沟坎,需要做出第一次冒险的时候,心里是征服和畏惧的冲突。一旦鼓起勇气,憋足了劲,越过了障碍,获得的不仅仅是胜利的喜悦,更为重要的是激起了向更高领域攀登的征服心理和自信心理。

1956年前,我国钢筋混凝土梁发展到了20米跨度,制造了65吨架桥机。

1958年,我国完成了第一套预应力混凝土梁标准设计,研制成功130吨架桥机。新建了株洲等混凝土桥梁制造厂。

1960年,实现了底模震动、管道形成、环销式铺三项重大工艺革新。

1965年到1975年十年间,建新张拉体系,更新了24.32米预应力混凝土梁设计,同时研制整孔24.32米无渣无枕预应力混凝土梁,并且探索生产40米分片预应力混凝土梁的可能性,并在某些方面突破了国外的框框,节约了大量钢材。在枝柳、太焦、邯长、沙通、皖赣、西延、沈丹复线等七条铁路线上,共有3 351孔梁,跨径20米钢筋混凝土梁占35.6%,跨径24.32米的预应力混凝土梁占

63.8%,跨径40—80米的梁18孔,占0.6%。

钢筋混凝土梁在全国公路建设中也得到了普遍应用。如福建南平大桥、山东淮河大桥、福建安溪大桥、河北宣化洋河大桥。

量的沉淀必然带来质的飞跃。

在桥梁结构和桥式上,不断出现新的突破,创造了许多"第一桥"和特大型桥。

〖中宁黄河公路大桥〗

它全长926.90米,用23步跨过了黄河,它是我国第一座简支梁桥。它的主梁是简支在桥墩上的,各个桥孔独立工作,互不干扰,由于各自为政,所以不受墩位变化的影响。

〖甘肃山丹霍城河桥〗

1981年国庆前在甘肃山丹霍城河建成了第一座部分预应力混凝土桥。

〖开封黄河大桥〗

1989年通车的开封黄河大桥,位于黄河中游,是河南省"七五"计划重点工程之一,这座全长4 475.09米的特大型公路桥,采用的是部分预应力混凝土梁,是我国到80年代末所建造的最长的简支梁桥,它的最大跨度77米。

〖南宁邕江大桥〗

它叫邕江大桥,是一座钢筋混凝土悬臂梁桥。

简支梁是把预制件搁置在两端的桥墩上,如果把简支梁的中部搁在桥墩上,必然梁的两端向左右桥墩伸出悬臂,在悬臂上搁置简支的挂梁,连接从两桥墩伸出的悬臂,就成了一座多跨悬臂梁桥。悬臂梁桥不仅施工简便,而且跨度大于简支梁桥。

〖成昆线孙水河与前桥〗

这座桥位于四川省嘉德县(县)境内,中孔跨度64.6米,是我国首次采用悬臂灌注法建成的桥梁。

云南省禄丰县境内的旧庄河一号桥,是我国第一次采用悬臂拼装法施工建造的铁路桥梁。

悬臂施工法是先在墩顶灌注一段梁体,然后以此段梁为依托,以吊篮为施工平台,同时向桥墩的两端平衡延伸,直到与另一墩伸过来

图3-1-6-4　中宁黄河公路大桥

图3-1-6-5　开封黄河大桥

图3-1-6-6　南宁邕江大桥

的悬臂合龙为止。

　　悬臂施工的最大优点在于减少大量的支撑架,特别适合于在深沟和水流很急的河上架桥。

图3-1-6-7　成昆线孙水河与前桥

图3-1-6-8　成昆线旧庄河一号桥

图3-1-6-9　天津市海河狮子林桥

　　天津市海河上的狮子林桥,采用单悬臂和8米长挂梁构成,它是中国公路上最早一座预应力混凝土悬臂梁桥。

　　中国混凝土梁桥借现代经济和科技发展的东风发展自己,出现百花齐放的可喜场面。

　　中国的桥梁建设者没有时间去陶醉过去的辉煌,没有时间歇息喘气,他们深深知道要赶超世界先进水平,就要有一番拼搏,一番奋斗。

　　他们像桥梁一样,充满负重感、责任感和默默奉献的可贵精神。

　　〖山东济宁跃进桥〗它跨过了大运河。

　　〖河北滦县滦江桥〗它跨过了滦河。

　　〖湖北沙洋汉江桥〗它跨过了汉江。

图3-1-6-10　山东济宁跃进桥

图3-1-6-11　湖北沙洋汉江桥

〖哈尔滨松花江公路桥〗它跨过了松花江。

这些桥叫"连续梁桥",它们的主梁是一个整体,由若干个桥墩共同支撑,结成了一个一荣俱荣,一损俱损的紧密整体。

唇齿相依,患难与共的团结,使它们更加坚固,更加有力,更能发挥它们的能量。

〖钱塘江桥〗

1991年通车。它的公路桥和铁路桥是并行分离的。

它的正桥18个孔为一个整梁,连续长度达到1 340米,是中国最长的连续梁,在世界上也是少有的创举。

〖广西钦州县防城茅岭江桥〗

它有点特别,它是一座桥,但又是两座桥,因为它的上下部结构是分离的。这对一母所生的双胞胎,是中国跨度最大的铁路预应力混凝土连续梁桥。

〖宜昌乐天溪桥〗

这座连续梁桥,首次在桥墩中采用了双排支座,它的承重量是中国公路桥的冠军,可以允许36吨的汽车和200吨的挂车安然无恙地通过。

图3-1-6-12　哈尔滨松花江公路桥

图3-1-6-13　广西钦州县防城茅岭江桥

图3-1-6-14　宜昌乐天溪桥

图3-1-6-15　陕西白水狄家河铁路桥

〖陕西省白水县狄家河铁路桥〗

这座单线铁路桥,它的主梁是全长161.1米,重达1 270吨的预应力混凝土连续梁,是什么力在动量这么大时把这个庞然大物稳稳地搁在几十米高的桥墩上的呢? 不是神力、不是魔力,而是工程技术人员采用了一项新的施工方法——顶推法。

　　所谓"顶推法"，就是即往上顶，又向水平方向推动。顶，这座桥用的是314吨的竖直千斤顶；推，用的是200吨的水平千斤顶。

　　顶推时，把水平顶固定在滑道上，它在推梁时反作用于桥台背墙；用竖直顶把梁体顶起来。当水平顶推动竖直顶时，梁体就随着竖直顶沿着滑道缓缓前移。

　　梁体向前移动50厘米时，竖直顶便把梁体放在临时支承上，这时水平顶把竖直顶拉回到原位。如此反复顶推，梁体就慢慢到达它该到的位置。

图3-1-6-16　山西平顺连续弯梁桥

　　〖山西省平顺县境内有座曲率半径90米连续弯梁桥〗

　　顶推法运用很广泛，像这座90米的连续弯梁，同样是用顶推法施工的。

　　今天，我们面对这些千姿百态、却又万变不离其宗的连续梁时，我们想象得到，它的施工技术巧妙，它曾遇到的种种障碍，它那充满奥秘的内部结构，它的设计者和建设者，那些智慧和挂满汗水的脸；但是，我们已经无法再现了，最高级的摄影师也不能完全再现任何一座桥梁的历史全貌。

　　〖钱塘江潮〗

　　这汹涌的潮水，可以涌起11.96米高的潮头，中国的桥工们就在这样强的潮河段为桥梁建造磐石般的基础。

　　〖钱塘江老桥〗

　　作为中国现代桥梁的开端，它历经半个世纪的沧桑日月，雄风犹存。

　　〖钱塘江二桥〗

　　在桥梁史上，它写下了浓墨重彩的一笔，写给90年代，写给明天的子孙。

图3-1-6-17　钱塘江二桥

第7集　刚架梁桥

　　像在人类生活的其他领域一样，在现代桥梁领域，中国人总在想办法寻找桥梁的更牢固的基础、更科学的桥型、更合理的结构、更大的跨度、更适合的材料以及更巧妙的施工技术。他们把每一座桥都看成科技文化的标志，盼望它更完美和更先进。随着预应力混凝土在各种桥型中的运用，中国桥工已经熟悉掌握了悬臂拼装和悬臂浇筑的施工技术。在这种施工法的基础上，有一种新的桥型——刚架桥产生了。

　　最早的根据力学原理设计的悬臂梁桥，是1846年英国人首创的。

　　但设计者承认他受到了中国西藏木伸臂桥的启发。中国早在公元前405年就有了悬臂木桥。

当前世界上跨度最大的悬臂梁桥,是加拿大魁北克桥,它的主跨548.3米,悬臂长171.5米。

如今已经普遍采用的悬臂施工的梁桥,一般有三种类型:

一是悬臂在桥孔中相遇,中间设置剪力铰;

二是把相遇的悬臂连续为一个整体;

三是悬臂不相遇,离开一段距离,离开的这一段上搁置挂梁。

有时,技术进步只是某个部位的小小变化,小小一变,我们的世界也许就改变了模样。

如果拿刚架桥与悬臂梁桥对比的话,其实,刚架桥不过是把它的梁和墩台固接成一个刚骨的整体。

〖河南汤阴县五陵卫河桥〗

这是中国第一座采用悬臂拼装法建成的刚架桥,中跨50米,1965年建成。它的上部结构的梁,与下部结构的墩台是联结在一起的。它有两个T形单元,两个单元之间的连接采用一种唧筒式的剪力铰。这种桥被形象地称为T形刚架桥,或者称为T形刚构桥,主要特点是桥梁结构上的刚性。

图3-1-7-1 河南汤阴县五陵卫河桥

刚架桥可以是单跨,也可以是多跨。对于一个单跨结构来说,我们按照它的支柱的构造情况,可以分为:重型支柱的门式刚架、轻型支柱的柔性刚架、V形墩刚架和斜腿刚架等。

〖福州乌龙江桥〗

当刚架桥的梁同墩台(支柱)成为一个整体后,这种桥型的优势就看得很清楚了。

从它受力方面讲,它的刚架既承受弯矩也承受轴向力,这就使各构件共同分担了桥的荷载。刚架减少了桥的跨中弯矩,因此可以把梁高做得较矮,能提供较大的桥下净空。刚架桥在作为跨线桥、栈桥或立交桥时,能够充分地体现它的优势。

图3-1-7-2 福州乌龙江桥

〖辽宁辽阳市太子河桥〗

这是中国公路上最早的预应力混凝土T形刚架桥之一。

这是12米长的锚碇梁,当它借助预应力同桥墩固接在一起时,就形成一个T形架。从桥墩算起,它的悬臂分别各两侧挑出5.4米。中间的这个22米的挂梁,用8束预应力钢丝把它连接在悬臂上。

〖广西柳州桥〗

图3-1-7-3 辽宁辽阳市太子河桥

它是转体法施工建造的。

〖安康汉江桥〗

这里要建水下桥墩肯定是困难的。

平时,汉江河面大约宽180米,水深13米,可是,一旦汛期洪水发作,这里就是另一番景象。

如果要建刚桁梁桥,必须有3个深水桥墩,最高的一个桥墩高达79米;如果建斜腿刚架桥呢?桥墩均建在岸上,避免了水下作业;最高桥墩只需要60米高;还有一个用料问题,它可以比刚桁梁桥节约钢材680吨。

这座桥的正桥是薄壁箱型连续钢梁,主跨是斜腿刚架钢梁,斜腿也是箱型块件组成的。

这座钢结构的斜腿刚架桥,主跨176米,以它这轻松的一跨而成为世界同类型铁路钢桥的第一名。

图3-1-7-4　广西柳州桥

图3-1-7-5　安康汉江桥

不管是预应力混凝T形刚架桥、斜腿刚架桥,还是钢结构的斜腿刚架桥,中国的桥工们都有一套完整成熟的施工经验;接着,一种跨度更大、运营条件更佳的连续——刚架桥又接踵而至。它们从20世纪80年代末期开始,把刚架桥这类型又往前推进一步。

图3-1-7-6　广州南郊番禺洛溪桥

〖广州南郊番禺洛溪桥〗

对于中国桥工来说,大跨度始终是他们孜孜以求的一个壮丽的梦想。

跨越珠江的洛溪桥,全长1 916米,它的最大跨度180米;这座桥1988年8月建成通车,到90年代初,它的跨度在刚架桥范围内还保持"中国最大"的地位。

有时,江上行船与桥上行车是一对矛盾。如果降低桥的高度,行车方便了,行船却不方便;把桥建得很高,行船方便了,行车又成了困难。

珠江上要求桥的通航净高34米,桥孔净宽120米,于是,这座桥的引桥长达1 376米,至少在长度上对正桥喧宾夺主了。

为防止船舶撞击桥墩,这座桥在桥墩外设有喇叭形的人工岛,这也是国内首创。

〖东明黄河大桥〗

位于山东省东明县与河南濮阳市之间的东明黄河大桥,是一座预应力混凝土连续刚构桥,全长4 142.14米,一眼难望见头。

〖黄石长江大桥〗

这里正在施工的,也是一座预应力混凝土连续—刚架桥。它的最大跨度245米,全长2 580.08米,主桥长1 060米,分跨为162.5+3×245+162.5(米),系一5跨预应力混凝土连续—刚架桥,跨度与联孔长度均很大。桥宽20 m,其中机动车道宽15 m,非机动车道各宽2.5米设于两侧。黄石岸引桥长840.7米,由连续箱梁桥和桥面连续简支T型梁桥组成;浠水岸引桥长679.21米,由桥面连续简支T型梁桥组成。(1991年7月开工,1995年12月建成)将是中国刚架桥在20世纪90年代创造的新的最大跨度。

〖江西丰城市赣江桥〗

我们看得出,刚架桥正在朝着更美观的方向发展。这座连续—刚架桥的桥墩是Y形,不但显示着桥梁技术的神奇,也焕发出艺术的气韵。

我们需要一座桥是有用的,也需要它是美的。

〖桂林风光〗

桂林山水甲天下。大自然是如此慷慨地把美丽的山水呈现给中国人了。

〖桂林雉山漓江桥〗

桥,人工的产物。当我们把它落在丽山秀水的自然怀抱中的时候,是给它们增光添彩,还是使

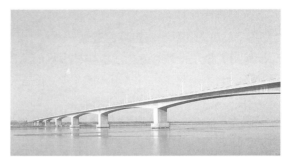

图3-1-7-7　东明黄河大桥

图3-1-7-8　黄石长江大桥

图3-1-7-9　江西丰城市赣江桥

图3-1-7-10　桂林雉山漓江桥

它减色毁容？

实事求是地说，我们曾经建造过一些并不美丽的桥；但是，我们现在已经明白美的重要。

雉山大桥从设计时就从适应桂林山水的角度考虑。它的桥墩呈V形，桥型是轻巧的刚架式，线条流畅。它不是与山水格格不入的累赘，而是和谐自然地融入风景名胜之中。它本身就是一抹风景，一处名胜。

它有3个T架，每孔挂梁长22米。这座桥是中国第一次采用悬臂浇筑法建成的T形刚架城市桥。

〖河南嵩县吴村桥〗

它也是T形刚架桥吗？是的。不过它的T架发生了一点变化，它做成桁的形式。刚架桥和其他桥一样，也能显示出千变万化的个性。

〖湖北汉阳黄陵矶桥〗

这也是桁式T形刚架桥。它不再单调、笨重，而是轻盈而精巧。

图3-1-7-11　河南嵩县吴村桥　　　　　　　图3-1-7-12　湖北汉阳黄陵矶桥

〖福州西郊洪山桥〗

这座桁式T形刚架桥最大跨度110米，在同类型桥梁中，它是中国最大的。它在福州西郊跨越闽江。

〖福州西郊洪塘桥〗

这也是闽江上的T形刚架桥。在所有闽江上的桥梁中，是最长的一座。它不是斜拉桥，它不过是将桁架的位置调动到桥的上方；但它的确具备斜拉、桁架和T形刚架桥的综合优点；取人之长，补己之短，把一切有用的东西拿回来。

图3-1-7-13　福州西郊洪山桥　　　　　　　图3-1-7-14　福州西郊洪塘桥

〖 重庆长江大桥 〗

长江是中国一条胸怀最宽广的河流，它从不拒绝任何桥型，就像不拒绝任何小河浅溪一样。长江上完全可以开一个各种桥梁的博览会。

中国最大跨度的T形刚架桥，就在重庆的长江上，它的最大跨度174米。

如果把刚架的支柱比作站直的腿，那么，它的两条支腿向梁的两端张开斜置时，斜腿刚架桥就来到我们面前。

图3-1-7-15　重庆长江大桥

中国第一座斜腿刚架桥是一座预应力混凝土铁路桥。

〖 邯长线浊漳河桥 〗

这座斜腿刚架桥是1981年建成的。然而，中国对斜腿刚架桥的研究工作早在60年代初就开始了。

1975年，专家们确定在浊漳河进行斜腿刚架桥的试验。1978年3月开工，1981年9月竣工，用三年半的时间填补了中国铁路桥梁结构形式的一个空白，为我国建造大跨度预应力混凝土桥梁提供了实践经验。

斜腿是这种桥的关键部位，它给桥梁提供中间支撑，使主梁好像是加上两个中间桥墩一样；这样，梁就似乎成为三跨连续梁，从而减少了梁的弯矩，增加了桥的跨越能力。

这座桥跨度82米，比85.5米的世界最大跨度稍小，但这毕竟是一个不错的开端。

它的斜腿和梁，都是在支架上就地浇筑的，腿部用了154.08立方米钢筋混凝土，梁部用了363.67立方米钢筋混凝土。与同样跨度的拱桥、桁架梁桥相比，用料是大大节省了。

斜腿刚架桥在结构上既有拱桥的优点，又有连续梁桥的特点；它简洁、轻盈，桥下视野开阔，适合建在那些难建桥墩的高崁深河地区。

〖 江西遂川县洪门桥 〗

它的斜腿固结在基岩的实体基础上，主梁是预应力混凝土。

〖 江西德兴矿区小港桥 〗

即使同是斜腿刚架桥，也可以使用不同的材料，这座桥是钢筋混凝土建造的。

图3-1-7-16　邯长线浊漳河桥

图3-1-7-17　江西德兴矿区小港桥

第8集　现代拱桥（一）

我们知道,在世界桥梁史上,中国曾经是世界的先驱,几乎每一种桥型都能在这片古老的土地上找到它的最早渊源。

然而,如果我们只是沉浸在对历史的怀念与赞颂中的话,悠久的历史有时也许会成为包袱。

反过来,如果数典忘祖,自轻自贱,甘于落后,也不是科学的态度。

辉煌的历史应该成为我们前行的动力。我们要从历史的遗产中寻找闪闪发光的珍珠。

在桥的庞大家族中,石拱桥在中国有着更加深厚的传统基础。

不管是制作石料的工艺、结构设计的技术水平,还是架设吊装的意想不到的方法,甚至各种石料的富有,在世界上都是独一无二的。难道我们要丢掉这个传统吗? 当然不。也许,作为一种建筑材料,石头有许多缺陷,比如它不能承受太大拉力;钢、钢筋混凝土,预应力混凝土等人工材料比它先进和优越。然而,石头的耐压强度却是人工材料不能相比的。对它的这种优点不能视而不见。

古代石桥是走人的,走骡马大车的,但是今天,我们要让它走汽车、走火车。载重的增加,就要求对石桥的技术潜力和材料潜力的无止境的挖掘。

〖湖南黄湖港桥〗

在湖南省道石门至清官渡的山间公路上,有一座跨度60米的单孔石拱桥。对于石拱桥来说,60米的跨度在50年代末期是最大的。

图3-1-8-1　河南洛阳龙门桥

图3-1-8-2　云南长虹桥

〖河南洛阳龙门桥〗

如果你去参观著名的洛阳龙门石窟,这座1961年建成的石拱桥便是必经之路。它有三个大拱,中间拱的跨度90米。在桥的两端,各有一个6米的小石拱作为桥下的通道。

〖云南长虹桥〗

长虹桥也是1961年建成的,它一下子把石拱桥的跨度增加到112.5米。这座桥的大拱上各有5个小拱,是所谓"空腹式石拱桥"。它的桥面宽7米,能走两排汽车。

〖四川丰都九溪沟桥〗

10年以后的1972年,丰都九溪沟石拱桥创下116米跨度的记录。这座桥是当地人用一年时间在脚手架上砌成的,它曾经震惊了那些对石拱桥没有信心的人。它把世界第一的石拱桥跨度记录保持了18年。

〖湖南凤凰乌巢河桥〗

18年后,这座石拱桥成为今天的世界第一。

它以120米跨度的巨大石拱跨过高峻陡峭

的乌巢河峡谷,气势磅礴,宛如巨龙飞腾。

　　这座桥是由一万多块青石巧妙砌筑的,这些石块来自附近的山地。

　　他叫田云跃,凤凰县交通局工程师。乌巢河石拱桥就是这位老人主持设计、施工的。35年前,他开始设计石拱桥。这座桥是他第108件作品。这座桥凝聚着一个中国人的人生,凝聚着中国二十多年来建设石拱桥的经验;从这里,我们甚至能听到数千年前中国人敲打石块的叮当声。

图3-1-8-3　四川丰都九溪沟桥　　　　　　图3-1-8-4　湖南凤凰乌巢河桥

〖陕西宝鸡县松树坡石拱桥〗

　　石拱桥不但能用在公路上,也能用在铁路上。松树坡石拱桥位于宝鸡县(今宝鸡市陈仓区)境内的宝成铁路上。这里是多雾、坡高、弯急的秦岭山区,路面坡度高达28%,曲率半径300米,显然不适合建全钢桥,何况建国初期也缺乏钢材和水泥。

　　当然,这里石料丰富,有经验的石工也很多,是建石拱桥的有利条件。于是这座两孔、净跨38米的石拱桥就出现在宝成铁路上。它的中间桥面高达50米。

　　宝成铁路全线共有156座石拱桥,松树坡桥是跨度最大的。

〖四川成昆线一线天石拱桥〗

　　成昆线上,有一座跨越大渡河支流老昌沟的石拱桥。

　　你瞧这两岸高高的陡壁。当我们在200米深的沟底抬头仰望,仿佛只见一线蓝天。这座跨度为54米的铁路石拱桥,有一个名副其实的名称:一线天。

图3-1-8-5、图3-1-8-6　四川、成昆线一线天石拱桥

一线天石拱桥是中国铁路上跨度最大的石拱桥。它在技术上采用的是"空腹式无铰拱"；在大拱的两肩上各趴着3个小拱，与古老的赵州桥一脉相承。体现出鲜明的民族特色。

传统并不意味着落后，它在一定的条件下就会展现新的生机，焕发出夺目的异彩。

然而，传统的石拱桥毕竟有一定的局限性。它虽然外形美观，使用期限长，几乎不用养护，还能节省钢材和水泥，但它需要太多的石料，采备和砌筑不易机械化，跨越能力有限；所以，我们要使用新材料代替石料来建造石拱桥。

首先是使用混凝土。混凝土拱桥能够就地浇筑拱圈，或者预制混凝土块砌筑。然而与石拱桥相似，混凝土拱桥的跨越能力也十分有限，因此，被钢筋混凝土拱桥所取代就成为必然趋势。

钢筋混凝土拱桥是中国现代拱桥的主流，种类的变化多端，技术的旁搜博采，外观的繁花似锦，数量的数不胜数，都在世界桥梁史上占有重要的一席之地。

我们知道，拱桥是以拱作为主要承重构件的桥梁。拱桥包括拱券、拱上结构、墩台及基础几部分；拱券是主要的受力部分。

按照主拱券的构成形式，拱桥可以分为板拱、肋拱、双曲拱、两铰拱和无铰拱等类型。也可以按照主拱券的受力图式，把拱桥分为三铰拱、两铰拱和无铰拱三种情况；普遍采用的是属三次超静定结构的无铰拱。还可以根据拱图以上至桥面部分是否填满，把拱桥分为空腹拱和实腹拱。

〖包兰线东岗镇黄河桥〗

这是一座1956年建成的空腹式肋拱桥。

它的桥面在拱的上方，是所谓"上承式"拱桥；肋拱桥的拱券是由两条或多条拱肋组成，肋与肋之间用横向梁联系。它的跨度是53米。在这座桥建成之间，钢筋混凝土拱桥的跨度一直徘徊在40米以内，而且都是实腹式板拱。

〖太焦线丹河桥〗

这也是一座上承式空腹肋拱桥。不过，它的跨度增加到了88米。

图3-1-8-7　包兰线东岗镇黄河桥

图3-1-8-8　太焦线丹河桥

〖湘潭湘江桥〗

它是1961年建成的8孔肋拱桥。我们可以看到，它的拱肋是5根。它也是上承式的。

〖丰沙线永定河七号桥〗

这座拱桥的桥面怎么是从拱的中部穿过？它是所谓中承式的肋拱桥。

〖广州从化县（今从化市）溪流桥〗

这座中承式肋拱桥位于流溪河国家森林公园。它的桥身全部喷塑装修,在青山绿水的衬托下,它壮丽、清新,不像一般桥的外表常有的那种沉闷的颜色。

图3-1-8-9 丰沙线永定河七号桥

图3-1-8-10 广州从化县溪流桥

〖云南永保桥〗

见过上承式、中承式,这座桥是下承式肋拱桥。它的拱跑到了桥面的上方。

〖广东高明县(今佛山市高明区)高明桥〗

这座肋拱桥由两部分组成。

通航的两孔是中承式钢管混凝土拱,每孔跨度100米;引桥共11孔,是上承式钢筋混凝土拱,每孔跨度70米。

再来看看箱形梁。箱形指的是拱券的横截面。这种拱桥的整体性、横向稳定性和抗扭性能都比较好。

图3-1-8-11 云南永保桥

图3-1-8-12 广东高明县高明桥

〖四川宜宾岷江大桥〗

这是一座钢筋混凝土箱型桥,最大跨度110米。

〖湖北建始野山河桥〗

这种箱型桥只有90米的一孔,高高耸立在悬崖峭壁上。

〖四川宜宾马鸣溪金沙江大桥〗

它以一孔150米的箱型拱跨越金沙江。它是中国跨度较大的钢筋混凝土箱型拱,也是我国新

图3-1-8-13　四川宜宾岷江大桥

图3-1-8-14　湖北建始野山河桥

型材料拱桥第一次超过传统石拱桥的跨度。

〖重庆涪陵乌江大桥〗

它的主跨200米,采用转体法施工。

转体法施工程序是：先在两岸的上下游组成了3米宽的边箱,然后像关两扇门一样,将组成的边箱转体合龙；再吊装中箱底和底板,最后组成三室箱的桥拱。

转体的施工方法把过去在河面上高空作业变成了岸边施工,既安全方便,又比较节省,是种理想的施工方法。

图3-1-8-15　四川宜宾马鸣溪金沙江大桥

图3-1-8-16　重庆涪陵乌江大桥

〖无锡卫东桥〗

1964年,在江苏省无锡的东亭小河上,一座跨度只有9米的小拱桥诞生了。这是中国,也是世界上第一座双曲拱桥。它很小,有点微不足道,但它却是中国拱桥的一次历史性的突破。

它有什么不同凡响之处吗？

有的,一般说来,拱桥的拱券像一片瓦,它只在一个方向弯曲的。你看这座桥,它把整体拱券改成由几条拱肋组成的拱券架,两肋之间安置一些小拱,这些小拱称为"拱波"。

拱肋纵向弯曲,拱波横向弯曲,这就成为"双曲"。

〖湖南酃县(今炎陵县)红星桥〗

双曲拱桥能够使拱桥从纵横两个方向受力,承受力比普通拱桥增加了许多。它可以采用无拱架施工,甚至支架也不要,很原始的工具也能建成较大跨度的拱桥。

图3-1-8-17 无锡卫东桥

图3-1-8-18 湖南酃县红星桥

〖湖南长沙湘江大桥〗

湘江大桥全长1 532米,分为主桥、引桥和支桥三部分,它们全部采用双曲拱形。

〖河南嵩县前河桥〗

它是中国跨度最大的双曲拱桥。跨度150米。

双曲拱桥这种用料节省、施工方便的拱桥,由无锡推广到江苏,由江苏而传遍全国。

中国在10年里建成公路双曲拱桥4千多座;后来,又把它用于铁路。

图3-1-8-19 湖南长沙湘江大桥

图3-1-8-20 河南嵩县前河桥

〖湖南韶山红太阳桥〗

双曲拱桥在铁路上的跨度只有30米左右,这显然与它的截面抗弯性能较差有关。

由于它的拱券是组合的,各部分的收缩和温度应力不同,因此,如何保持拱券的整体性是它必须注意的问题。

传统是割不断的。

继承昨日的优良传统,是为了今天的开拓与进取。

赵州桥代表的拱桥传统,仍然在今天的拱桥中发挥强有力的作用。

当然,不可否认的是,任何传统,可供开掘的潜力毕竟是有限的,在科学技术上尤其如此。

在拱桥技术方面,这个世界每时每刻都在发生变化;稍不留神,一个新纪录就打破了旧纪录,一种新型的拱桥就拔地而起。

中国人绝对不愿甘居人后，他们默默地在一个崭新的竞技场上拼搏，默默地向世界纪录冲刺。

第9集　现代拱桥（二）

时至今日，只要提到钢拱桥，人们总会想起1908年建成的云南保姑人字桥。这是一个法国工程师主持设计和施工的。这座桥位于百米深的险峻峡谷上，两端又是曲线隧道，建石桥难在桥墩，建钢梁桥又要凿一条102米的直线隧道，最后还是三铰人字拱解开了这个难题。

它的拱是由两个等腰三角形桁架的拱臂组成的。

图3-1-9-1　成昆线迎水河桥

为建这座桥，八百多名中国桥工献出了生命；他们用鲜血写下了中国钢拱桥历史的一页。

〖成昆线迎水河桥〗

1966年，当中国人动工修建跨度达112米的另一座钢拱桥时，它已不再是整体刚度较低的三铰拱，而是一种拱和梁的组合结构，它发挥出拱和梁两种独立的承重结构的特点。

〖九江长江大桥〗

1992年建成的九江长江大桥是中国最长的公铁两用桥，它比南京长江大桥长900米。它的三个主孔，已不再是单纯的桁梁，而是拱与桁的组合。钢拱的最大跨度是216米。

20世纪90年代的中国桥梁建设者决不会满足于对现有桥梁的模仿复制，大量融汇世界先进技术，进行新的发明创造，才是他们执着追求的目标。

九江公铁两用大桥，在桥梁科学技术上获得了十大突破：

它首创"双壁钢围堰大直径钻孔柱基础施工法"，获国家优秀设计奖。

首次将"泥浆套""空气幕"用于水中桥墩基础施工，下沉沉井深度50米，为国内桥梁之最。

首次在铁路引桥上采用40米无渣无枕预应力钢筋混凝土简支箱梁，跨度为当时国内同类桥型桥梁中最大。

首次采用的自主设计、制造，国内起重最大的300吨走行式悬臂架桥机架设40米铁路引桥。

216米主跨是当时我国内同类型桥梁之最，三大跨的柔性拱刚性梁结构，也是国内首创。

钢梁主桁采用十五锰钒氮桥梁钢，使国产高强度桥梁用钢进入世界先进行列。

钢梁最大板厚56毫米，厚度全国第一，焊接质量之高，世界瞩目。

研制成功并首次正式采用的磷化高强度螺栓，解决了高强度螺栓扭矩系数和离散率过大的难题，填补了国内空白，达到国际先进水平。

首次采用双层吊索塔架全悬臂安装180钢梁。悬臂长度国内首创，达到世界先进水平。

216米的带加劲腿钢梁的跨度合格，为全国首创。

〖浙江余杭县（今杭州市余杭区）里仁桥〗

这种拱桥是20世纪60年代末发展起来的。它叫桁架拱桥，它是把拱桥的拱券变成桁架，因此看上去更加美观；它节省材料、减轻了自重，而且刚度大、整体性好；它适合建筑在软土地基上。

〖 苏州觅渡桥 〗

这就是一座跨过京杭大运河的桁架拱桥。

〖 河南嵩县桥 〗

它也是桁架拱桥，而且是多跨的。

与桁架拱桥相比，它的构造更加简单，自重也更轻。它们的跨度均为100米，三座桥看上去就像一母所生的三姐妹。它们的桁架被斜支撑代替了。

这种由主拱腿、上纵梁和斜支撑作为主要受力构件的拱桥，叫刚架拱桥。

〖 江西省德兴铜矿区太白桥 〗

这是一座刚架拱公路桥，它的跨度达到130米。

〖 广东清远市北江大桥 〗

这座刚架拱桥是一座5跨的连拱桥，它是较长的大跨度刚架拱桥。

这种新型拱桥是中国70年代发展起来的，它在中小跨度的桥梁中有过出色的表现；但在百米以上的跨度中，它可能就有点力不从心。

就像没有十全十美的人一样，也没有十全十美的桥型，如何一种桥都有它的长处和短处。

〖 贵州道真县长岩桥 〗

这是一座桁架式组合拱桥。这种新桥型是中国首创的。

它保持了桁架拱结构用料省、竖向刚度大的特点，同时又具有桁梁的特性，而且可以采

图3-1-9-2　浙江余杭县里仁桥

图3-1-9-3　河南嵩县桥

图3-1-9-4　江西省德兴铜矿区太白桥

图3-1-9-5　广东清远市北江大桥

图3-1-9-6　贵州道真县长岩桥

用悬臂法施工,并使施工阶段与运营阶段的受力状况趋于一致。

〖贵州剑河县剑河桥〗

这座桥是中国首次采用悬臂拼装法把预制构件组合而成的。

〖恩施浑水河桥〗

它是三跨连续预应力混凝土的桁拱结构,用锚于岩壁上的没有塔架的缆索吊机悬臂拼装。

图3-1-9-7　贵州剑河县剑河桥　　　　　　图3-1-9-8　恩施浑水河桥

〖四川自贡牛佛沱江桥〗

这是中国目前跨径最大的桁式组合拱桥,主跨160米。

〖兰新线昌吉河桥〗

把两种基本体系相互组合,就能得到一种组合体系的桥梁。

系杆拱桥是拱梁的组合。由系杆承受了拱的水平推力,所以,桥墩就不再受到水平推力对它的损害。

昌吉河桥是中国第一座预应力混凝土铁路系杆拱桥,又称它"刚性梁柔性拱桥"。刚柔之别,是根据系杆和拱的不同刚度区分的。

图3-1-9-9　四川自贡牛佛沱江桥　　　　　图3-1-9-10　兰新线昌吉河桥

〖甘肃兰州新城黄河桥〗

这是一座公路上的系杆拱桥,也属于刚性梁柔性拱体系。它受力明确、结构轻盈,是50年代末期的拱桥杰作之一。

〖新疆阿勒泰市克兰河桥〗

这也是一座系杆拱桥,不过,它却属于刚性系杆刚性拱体系。

在这华灯齐放的夜晚,它把我们带入一个璀璨的梦境。

图3-1-9-11　甘肃兰州新城黄河桥

图3-1-9-12　新疆阿勒泰市克兰河桥

〖江苏丹阳云阳镇云阳桥〗

这座系杆桥有三根拱肋。

白的拱肋,绿的系杆,雕花的桥栏。我们的桥梁是越来越漂亮了。

〖四川旺苍县东河桥〗

它的每根拱肋是由涂成红色的两根钢管组成的。它的系杆是纤细的高强度钢丝,用来吊挂钢筋混凝土的横梁。

图3-1-9-13　江苏丹阳云阳镇云阳桥

图3-1-9-14　四川旺苍县东河桥

〖广东开平县(今开平市)三埠桥〗

这座系杆拱桥的拱肋只有一根,它位于车行道的中央分离带上。

一般说来,系杆拱桥的墩台由于不受拱的推力,从而使我们能把它建在地质条件较差的地方。它的建筑高度较低,当一座桥的建筑高度受到限制时,就是它大显身手的时候。

拱的静力学理论早在17世纪就开始研究了。19世纪末,弹性拱的理论也已基本成熟。

图3-1-9-15　广东开平县三埠桥

对于拱桥的设计来说，桥梁界早就能运用自如、轻车熟路。

制约拱桥向大跨度发展的，是它的施工方法。在相当长的时间里，人们只能采用脚手架或杆式拱架施工，这种消耗大量材料而且工期迟缓的方法，常常只得眼睁睁地看着拱桥方案被其他桥型所取代。

中国在近20年里几乎没有修建过大跨度铁路拱桥。

1977年，日本人首先采用的悬臂法给停滞不前的拱桥施工带来希望。

中国用分环分段的悬臂吊装法，建成了一些跨度过百米的杆式组合拱桥。

〖贵州瓮安县江界河桥〗

这座桁式组合拱桥的跨度达到330米，将是目前同类桥梁的中国第一。

然而，这悬臂吊装法的起吊能力受限制，构件必须制得小而轻，增加了施工程序，对结构的性能也有影响；它的临时索塔和拉索仍然费料很大。

70年代中国首创的拱桥转体施工法，不需大型起重设备，能减少辅助设备，避免高空作业。

〖重庆涪陵乌江拱桥〗

这座200米跨度的拱桥就是运用转体法施工的。但是，当拱桥跨度继续增大时，这种方法又受到限制。

图3-1-9-16　贵州瓮安县江界河桥

图3-1-9-17　重庆涪陵乌江拱桥

图3-1-9-18　广东高明县高明桥

〖广东高明县高明桥〗

这座桥是先把用作拱跨的钢管吊装合龙，然后往钢管内灌混凝土，这种施工方法叫作钢管劲性骨架施工法。它的最大跨度是100米。

拱桥，古老的桥型，当它带着千年难变的老石孔，步履蹒跚地走到今天，一旦植根于现代科学技术的沃土上，即刻青春焕发，充满无限的生机与活力。我国现代拱桥其式样之多，数量之大，是中国各种桥型之最。

我国的公路桥梁,拱桥竟占总数的70%。

桥连接着路,路连接着桥;只要有路的延伸,就定会有桥的跨越。

过了桥,还有路在等着;铺平了路,又有桥在等着。

拱桥借助现代科技发展了自己,创造了今天的辉煌;不难设想,它将以自身独有的优势和价值,自立于未来桥梁之林。

第10集 斜拉桥与悬索桥

〖 四川省云阳县汤溪河桥 〗

四川省云阳县有一条汤溪河,在这条河上有一座桥。与众不同的是,这座桥没有江心桥墩,却在两岸竖起两座高高的桥塔;从塔顶伸出的缆索,一根根拴固在江面上的梁体上。看得出来,这沉重的梁体是依靠缆索的强大拉力,才保持平衡的。

今天我们看着主跨只有75.84米的云阳汤溪河桥,已经不会有任何新奇和兴奋了。但是,1975年2月,当它刚刚落成的时候,它却吸引了许多关注的目光。它是中国第一座试验性斜拉桥。

图3-1-10-1 四川省云阳县汤溪河桥

图3-1-10-2 汤溪河桥被拆除

半年之后,在上海市郊区新五镇,又一座试验性斜拉桥建成。它的中孔只有54米。它用三对拉索给主梁传递拉力,这些拉索是国产高强度低合金粗钢筋制成的。

中国的斜拉桥技术,就是从这种跨度不大、形式简陋的试验桥起步的。

斜拉桥由索塔、斜拉索和主梁三部分组成。

索塔一般是钢筋混凝土结构,它可以根据需要选择各种造型,常见的有独塔、双塔、门形、A形等形式,索塔可以立在水中,也能建在岸边。它是斜拉桥的支点。

主梁和其他桥相似,可以用钢材、钢筋混凝土或预应力混凝土制造,但是要轻便得多。

图3-1-10-3 上海新五镇斜拉桥

斜拉索是斜拉桥的主要承重结构,桥的刚度、经济合理性以及整体外形,很大程度上就是由它决定的。它需要承受很大拉力,因此,一般用高强度钢丝制作。斜拉索是斜拉桥的灵魂。

斜拉桥首先引起我们注意的,也许是它的新颖、轻巧、富于立体感的优美造型,它像一件精致的艺术品那样,唤起我们审美的感情;然而,桥梁专家更多钟情的,却是它的跨越能力。它也许不是跨度的冠军,但比之梁桥和拱桥,它却有绝对的优势。

此外,它受力合理、结构简单,与悬索桥相比,抗风稳定性能好,养护也很方便。

1977年11月,广西红水河正值枯水期,铁道部的一座试验性的铁路斜拉桥破土动工。

红水河斜拉桥是中国第一座铁路斜拉桥。它在湘桂铁路来宾车站以南三千米处跨过红水河。

它的主跨是三孔连续斜拉桥,主梁是预应力混凝土连续梁。

用7根直径5毫米的钢丝组成钢丝束,再用10根钢丝束组成一根钢绞线,再把6根钢绞线用环氧树脂玻璃丝布缠包起来,这就成为红水河斜拉桥的一根斜拉索。这座桥用了60多吨钢丝。

斜拉索的一端固定在主梁上,另一端则伸向29米高的索塔。主梁被悬吊起来,就好像在梁跨下面有许多弹性桥墩一样,这样,主梁的弯矩被大大减小,梁的跨越能力不是增加了吗?

当然,红水河斜拉桥的跨度是有限的,它的最大跨度只有96米;但它的价值却不可低估。它给中国的铁路桥在更大跨度范围内以预应力混凝土梁代替钢梁提供了实践经验。

世界上第一座现代斜拉桥是1955年在瑞典建成的。它是西德人设计的斯特罗姆松德大桥。

图3-1-10-4　来宾红水河斜拉桥

二十多年后,中国开始了一个改革开放的新时代,这时,一些大跨度桥梁的建设迫在眉睫,斜拉桥这种新桥型自然而然受到青睐。仅在80年代,中国各地就建成各种不同类型的斜拉桥三十多座。

最早跨越黄河的斜拉桥,是1982年建成的济南黄河公路桥。它的最大跨度达到220米。

图3-1-10-5　瑞典斯特罗姆松德斜拉桥

它的桥塔是A型门式立体结构, 68.4米高；它与桥墩是固结在一起的, 但与主梁分离。

每座塔有11对斜拉索, 布置得像一把打开的折扇。

上海市松江县 (今松江区) 的泖港斜拉桥也是1982年建成的。它的斜拉索呈竖琴形。

这些大竖琴弹奏的是什么音乐?

这里真的传出了音乐。

这是广东省南海县 (今佛山市南海区) 西樵山风景区的斜拉桥。这个372平方米的观光厅位于索塔的两端。索塔两侧各有一部电梯, 能把我们载向60米的高空。

休息一会儿吧, 买点小吃也行。你可以远眺风景, 也能听听音乐, 你会恍然觉得你不是置身于一座桥塔上, 而是在城市的歌舞厅。

图3-1-10-6　上海市松江县的泖港斜拉桥

这是中国第一座把交通功能与旅游设施融为一体的桥梁建筑。

斜拉桥有时也建成独塔。

上海铁路新客站西侧的恒丰北路立交桥, 是中国第一座独塔单索面的预应力混凝土斜拉桥, 它跨过15股铁道和4条城市道路, 斜拉部分长151米。

广州至湛江的公路是, 有一座全长1 682米的特大型公路桥, 它在南海县九江镇跨过西江。

主桥部分的斜拉桥, 也是独塔单索面的, 共两孔, 每孔跨度160米。

图3-1-10-7　上海恒丰北路立交桥

图3-1-10-8　广东南海县西樵山风景区斜拉桥

重庆市沙坪坝的石门桥, 也是独塔、单索面预应力混凝土斜拉桥。它被设计成一种不对称的形式, 索塔一边跨度230米, 另一边却是200米。

在80年代创造了斜拉桥跨度记录的, 首推天津市东郊的永和斜拉桥。它的主跨260米。它在同类型桥梁中曾是亚洲之冠, 世界第十位。

这是一座双塔、双索面的预应力混凝土箱型梁斜拉桥。

对任何一座斜拉桥来说, 它的斜拉索所能承受的拉力是至关重要的。

在天津永和桥的建设过程中, 工程技术人员曾对斜拉索进行张拉测试。当拉伸机一级一级增

图3-1-10-9　重庆市沙坪坝的石门桥

图3-1-10-10　天津永和斜拉桥

加吨位时，斜拉索就一级一级经受力的考验，直到拉伸增加到成桥所需索力的1.2倍时，斜拉索依然不动声色。一根5吨多重的斜拉索，可以承受270多吨的拉力，而这座桥使用了176根斜拉索！还有什么力量能够战胜达176根斜拉索的巨大力量呢？

桥梁的发展，一方面是结构形式的推陈出新，另一方面则是材料的新旧交替。两方面的有机结合，就有了桥梁技术的进步和发展。

用钢做主梁的斜拉桥，是钢斜拉桥。1955年的世界第一座斜拉桥就是钢梁。

但是，中国的第一座钢斜拉桥却是1987年9月才出现的，它是位于黄河下游的东营黄河公路大桥。

这座桥建在胜利油田境内，它将黄河两岸的油田南北区连成一体，对于油田的发展以及黄河三角洲的开发具有重要作用。

这座桥全长2 817.46米，由南引桥、主桥和北引桥三部分组成。主桥全长682米，共5孔，是一座连续钢斜拉桥。最大跨度达到288米。

在广州市市中心跨越珠江的海印斜拉桥，它是双塔、单索面、预应力混凝土梁。它的特点是桥面宽达35米，桥墩是双排薄壁结构。

图3-1-10-11　山东东营黄河公路大桥

图3-1-10-12　广州海印斜拉桥

湖南桃江县的马迹塘桥，是一座试验性的斜拉桥。不过，它采用的是斜拉板，而不是斜拉索，它的拉索呢？原来，它藏到扇形的拉板里去了。

大连市跨越普兰杏市站场的一座桥,也是一座拉板斜拉桥。

由于没有多大规模,它们常被忽视,然而,也许这些试验里孕育着新思路的种子。

长沙湘江北大桥,它美丽的外形引人注目。它的索塔是一个倒V字形,塔腿是矩形截面;雪白的高塔倒影在碧蓝的湘江里,创造了许多诗情画意。

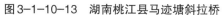

图3-1-10-13　湖南桃江县马迹塘斜拉桥

图3-1-10-14　长沙湘江北大桥

到现在为止,我们还没有看见一座长江上的斜拉桥。

斜拉桥不是有很大跨度吗?它在长江上肯定能发挥出非凡的跨越能力,从而打破钢桁梁桥在长江上的一统天下。

在重庆,在李家沱工业区和九龙坡工业区之间的长江上,将耸立起两根直插江心的141.5米高的索塔。

这是一座双塔、双索面的预应力混凝土斜拉桥。它的最大跨度是444米。

在武汉,一座最大跨度达400米的双塔、双索面预应力混凝土斜拉桥正在紧张施工。

武汉长江公路桥全长1 877米,17个墩台。它的主塔基础采用28.40米的双壁钢围堰,直径属国内第一;钻孔深度70米、钻孔桩进入砾岩层27米,都是国内之最;用全悬臂节段灌注斜拉桥桥面,长400米,宽29.40米,工艺要求之高也是首屈一指的。

在安徽的铜陵市,也有一座长江斜拉桥正在施工。它的主跨度达432米。

当重庆、武汉、铜陵的三座长江斜拉桥建成之后,我们这条伟大的母亲之河,将更加壮丽多姿。

图3-1-10-15　重庆李家沱长江大桥

图3-1-10-16　武汉长江二桥

沿着长江这条中国第一大河，我们来到上海。上海的浦东开发成为中国90年代的最大热点地区，而它的起步工程则是南浦大桥和杨浦大桥这两座斜拉桥。

斜拉桥在中国，南浦大桥掀起了第一个大跨度的高峰。它的主跨是423米。南浦大桥采用了有别于其他斜拉桥的主梁。它是所谓"结合梁"，也就是钢与混凝土的结合。事实证明这种结合梁有利于更大的跨度。

图3-1-10-17　铜陵长江大桥

图3-1-10-18　上海南浦大桥

图3-1-10-19　上海杨浦大桥

1993年春天，杨浦大桥也在中国人的翘盼中胜利合龙。它也是一种结合梁结构。

它一跨过江。这一跨不但跨出一个中国第一、亚洲第一、也跨出了一个世界第一！它的主跨是602米。

中国人终于在斜拉桥领域走到了世界的首列。一些对中国的自强能力表示怀疑的外国人，在参观了南浦大桥和杨浦大桥工地后，只得信服地说：中国人能设计和建造这样的大桥，别的还有什么不能造呢？

最古老的竹索桥、铁索桥毕竟是中国人发明的。虽然它与现代斜拉桥不可相提并论，但它们毕竟都是以缆索作为主要承重受力结构的，它的关系是一种蝌蚪与青蛙的关系。

与古代的吊索桥更加接近的是现代悬索桥，日本人创造了悬索桥的世界纪录。它是明石海峡公路大桥，跨度1 990米。

也就是说，能够创造更大跨度记录的，还不是斜拉桥，而是悬索桥。

中国的悬索桥起步较迟，60年代曾建过一些小型悬索桥，跨度在200米以内。

这是1969年建成的重庆朝阳桥。

它有4根主索，一边2根，它们跨过两个索塔顶部，两端则在河岸上锚固。它由桥塔、塔基、主索和吊索、加劲梁，以及两岸的锚墩组成。

主梁是通过吊索被悬吊在主索上的。这座桥的最大跨度为186米。

西藏的达孜桥跨度达到500米,它是80年代中国悬索桥的佼佼者。

图3-1-10-20 重庆朝阳桥

图3-1-10-21 西藏达孜桥

90年代的到来,国家交通事业对大跨度桥梁的需求将日益增加;对于悬索桥来说,它将有更广泛的用武之地。

面向台湾海峡的汕头海湾大桥,全长2 420米,它是一座预应力混凝土悬索桥,它的中孔跨度452米。

这个跨度显得并不特别大,但它却是世界上最长跨度的混凝土悬索桥。与钢梁相比,它的自重和刚度更大,抗风性能好,主梁截面还可以做成流线型;它不像钢那样容易锈蚀,能使维修难度减小。

然而,它的施工难度却超出钢结构的主梁。这座桥正在施工。

长江上也将出现一座悬索桥,它的跨度长达1 385米,这将是中国第一座跨度超千米的大桥。

这座桥将建在江苏省江阴市与靖江县(今靖江市)之间的长江上。古老而年轻的悬索桥将在长江上展示它的魅力。

图3-1-10-22 汕头海湾大桥

图3-1-10-23 江阴长江大桥

在中国这个发明了悬索桥的国度,不管是斜拉桥还是悬索桥,我们都可以为它寄予厚望。因为我们信奉这样的真理:科学技术的发展,就像长江水一样,只要不停地奔流就必然汇入大海,中国悬索桥必然会像创造了奇迹的古代悬索桥那样,在今天创造新的奇迹。

第11集   立交桥

人们从来也没有想到,中国会在20世纪80年代初开始的短短十几年间,发生如此巨大而深刻的变化。

对于任何一个国家来说,城市都是政治、经济、文化最活跃的地方。仿佛是一夜之间的事,中国城市耸立起更多的高楼大厦,奔跑着更加密集的车辆,穿行着更加拥挤的人群。

城市在扩展,在膨胀,老城被改造,新城在崛起。

城市一下子扩展和膨胀了,但是,城市的道路还是过去的道路,好比一个人高马大的小伙子,却穿着孩童时期的旧衣服。

在这些狭街陋巷里,骑自行车的人们必须绕行在汽车的前后;而这些汽车司机却对横冲直撞的自行车怀着更大的恐惧。

当列车穿过城市时,这根标杆便阻止了汽车、自行车和行人,人们不得不漫长地等待列车的通过。

在这个交叉路口发生车祸已不是第一次了。非机动车和机动车抢道,机动车和机动车抢道,行人又和机动车和非机动车抢道,抢道的结果常常是车祸的发生。

城市道路是城市的"动脉",现在,"动脉"已不堪重负,不能顺畅运行城市的血液。

如果道路与道路不是在平面上,而是在立体空间里发生交叉,那么,这些互相干扰、互相冲突的车辆、行人就能够布置在不同的高程上,从而各行其道、各得其所。跨越道路的跨路桥或者下穿道路的地道桥,就是我们常说的立交桥。

有人也许以为立交桥是从西方引进的。1858年的马车时代,美国便在纽约中央公园建成跨路桥;1928年,美国建成一座每昼夜通行6万多辆汽车的完全互通的苜蓿叶式立交桥。

其实,中国绍兴城东南的"八字桥"不就是一座立交桥吗?这座石梁桥跨三河、通三街,使这里复杂的交通一举解决。这座桥建于"宝祐丙辰",即1256年,这是桥下西侧第5根石柱上的石刻告诉我们的。

我们并不要证明什么;这座桥却证明中国的立交桥并不是突然从天上掉下来的。

图3-1-11-1   浙江绍兴八字桥模型

中国早期的立交桥工程多是下穿铁路的地道桥;后来,随着城市道路修建跨河桥,才产生了道路的立体交叉。第一座中国的半苜蓿叶形立交桥,是1955年,武汉市的江汉一桥,它利用了桥头的边孔供滨河路通过和上下。

1964年,广州市建成中国第一座环形大北立交桥。

实际上,立交桥的桥型和结构是十分复杂的,通常需要建造弯桥、坡桥、斜桥以及异形桥面的结构,也可以说是桥梁设计与建造能力的综合立交。它使中国桥梁的科技与美学的水平,一下子跳到人们的视野中心。

立交桥不仅应该是实用的,也应该是美观的,人们对它的功能有更高的要求。它成为城市的标志性建筑,它本身应该是力与美的雕塑。

使直行交通互不干扰、却不能互相连通的立交桥,是分离式;可使各路车辆互相转向的立交桥,则是互通式。互通式又分为完全互通和部分互通两种。完全互通式可以有苜蓿叶形、喇叭形、定向形、迂回形、菱形等。

1979年9月28日建成的北京建国门立交桥,是一座互通式苜蓿叶形三层公路桥,由4条转弯车道和3桥6洞组成一个立体构架。它是中国第一座快慢车分行的立交桥。

图3-1-11-2 广州大北立交桥

图3-1-11-3 北京建国门立交桥

北京,中国交通最拥挤、人口最稠密的城市之一。

北京不仅仅是有着紫禁城的宫阙和殿宇的堂皇都城,而且是一座高楼林立、车流如潮的现代城市。

北京80多座大型立交桥,一座比一座壮观,一座比一座美丽,它们装点城市,把互相交织的道路的大网梳理得四通八达。

三元立交桥位于北京东北三环路与京顺路、机场路相交处,它是两层苜蓿叶式立体交叉。

大北窑立交桥位于建国门路与东三环路交叉口,它是非互通式的菱形立体交叉。

东便门立交桥则是喇叭形立交,位于东南二环路与崇文门东大街相交处。

玉蜓立交桥是三层互通工变形苜蓿叶立交,连续跨越二环路、京广和京山铁路、护城河以及北滨河路。

安慧桥位于亚运村的中心,为三层菱形苜蓿叶式立交,它由19座桥组成。主桥跨径40米,是北京立交桥中最大的。

安慧桥上行驶着这么多的汽车,为什么没有很大噪声呢?原来,主梁使用了国内首次研制的

图3-1-11-4　北京三元立交桥

图3-1-11-5　北京大北窑立交桥

图3-1-11-6　北京玉蜓立交桥

图3-1-11-7　北京安慧立交桥

联结器,它能避免接缝对汽车的震动;桥面是钢纤维混凝土,它也能减少车辆噪声。

中国第一座4层转盘式立交桥,是广州区庄桥,它建在广州繁华市区。

这座桥的四层是这样安排的:

底层低于地面,是机动车东西向直通走向的下行道;

第二层与原地面平,是非机动车专用的环形交叉路面;

图3-1-11-8　广州区庄立交桥

第三层是环形架空桥,专供车辆左右转弯;

第四层是机动车南北走向的高架桥。

看着这些南来北往、东行西走的车辆,你是不是想数一数这些忙忙碌碌的车辆数字?

告诉你吧,在一个小时里,这座桥可以通过机动车6 000辆;非机动车30 000辆。

在广州市的南北主干线广州大道上,有一座两层式连体立交工程,它分别与东风路和天河路相交,两个立交地点相距500米。

天津市的中山门立交桥,是一座互通式"蝶形立交"桥。它分为三层,全桥共78个

图3-1-11-9　天津中山门立交桥

图3-1-11-10　天津新开路立交桥

桥孔。

天津新开路立交桥,看上去也很普通,但它的建造方式却具有特色,它是国内第一座采用"一次顶入法"修建的箱涵地道桥。

徐庄子立交桥位于京塘高速公路上,它是天津区段的一座双喇叭形互通式大型立交工程,路桥全长4 264米。

青岛的铁港立交桥是国内最早建成的一座兼有弯、坡、斜特点的预应力混凝土立交桥。它位于青岛市海港8号码头的专用公路线上,跨越胶济铁路、孟庄路、杭州支路和海泊河,并与市区道路构成互通式立交。

图3-1-11-11　京塘高速公路上的徐庄子立交桥

图3-1-11-12　青岛铁港立交桥

上海南浦大桥的东岸引桥,在与浦东南路相衔接的时候,与地面道路形成三层立交,这座桥也成功地运用了预应力混凝土弯桥的新技术。上海市漕溪路和中山路是两条相互交叉的主干道,它们分别与沪杭铁路交叉,形成了一座三层部分苜蓿叶形互通式立交桥。

底层是地面交通和非机动车交通;

第二层是漕溪路立交桥;

第三层是中山路高架道路;

在第二层和第三层之间分别有东北向与西南方向的连接道路。

在大连,在青岛,在长春,在深圳,在许多大中城市,你都能看到许多座横跨市区、凌空高架的

图3-1-11-13　上海漕溪路中山路立交桥

图3-1-11-14　上海武宁路人行桥

图3-1-11-15　武汉钟家村人行桥

图3-1-11-16　重庆沙坪坝区陈家湾人行桥

立交桥。还有一些专供人行的跨街天桥。

〖上海武宁路人行桥、天津中环线佟楼桥、重庆沙坪坝区陈家湾桥、武汉钟家村桥等〗

它们有的稳重；有的轻捷；有的单纯；有的繁复；有的流畅；有的奇崛，风格各异多姿多彩，满眼胜景，美不胜收。

立交桥扩展了人们的活动空间，它是升起来的道路，是对人为阻碍的跨越。立交桥的迅速发展，必将为缓解拥挤的城市交通发挥着越来越重要的作用，也将给中国的城市创造更加壮丽的立体景观！

第12集　尾声

路，是被山川河谷斩断的。

鲁迅说过，世上本没有路，走的人多了，也就有了路。

今天我们可以说，修的桥多了，世上的路就能畅通无阻。

在著名的川藏公路通车之前，地面上没有任何一条路能使我们从四川走向"世界屋脊"的青藏高原。

在2 000多千米的川藏公路上，耸立着14座大山，它们的海拔都在4 000米以上。这些大山连绵逶迤,奇峰峭壁,气候恶劣,杳无人迹。别说修路架桥,单是看一眼也叫人心惊肉跳。

在漫长的川藏公路上,横隔着猛烈的大渡河,咆哮的金沙江,凶悍的澜沧江,奔腾的怒江等10条大河。

为把这些断断续续、曲曲折折的川藏公路连接成通畅的大路,必须架起一座一座的桥梁。

它们越过悬崖深谷,越过惊涛骇浪。

仅在金沙江到澜沧江一段,就有一百多座大小桥梁耸立起来。它们承载着进出西藏的汽车,把高原上的少数民族和内地连在一起。

即使是在喜马拉雅山和冈底斯山脉之间的雅鲁藏布江这条世界上最高的河流上,也出现了两座现代化的公路桥梁。

如今,西藏已形成以拉萨为中心的公路网,西藏公路超过两万二千千米。在这些公路上,有七百多座各式桥梁。

坐在奔驰在成昆铁路上的列车,除了穿过一个接一个的幽深隧道外,你是否意识到隧道与隧道是桥连接起来的?

〖 大凉山、小凉山、横断山脉 〗

虽然无险胜景令人目不暇接,但一座接一座的各种桥梁更是蔚为壮观。

成昆铁路全线有635座桥。如果把它平均分配,那么在1 885千米的成昆铁路上,每1.7千米就有一座大型或中型桥梁。

逢山修路,隔河架桥。

建国四十多年来,中国以极大的财力和人力用于公路和铁路建设。因为他们知道,把联系和沟通的道路延长一米,也就意味着离一个现代化国家进了一步。

现在,中国的公路总里程达到102万千米。在全国的公路上,有16万8千多座公路桥。四川省是全国公路桥最多的省,达15 200多座;"千湖之省"的湖北省,也有6 300多座公路桥。

坐长途汽车旅行的人一定知道,在一些公路上,时常会出现一个渡口。这些排成长龙的汽车,正在焦急地等待汽车轮渡从对岸不急不慢的开过来。有时候船的时间比坐船的时间还长。

104国道上的瓯江大桥,使过往汽车至少比原来的渡口节省12小时。12小时意味着什么呢?在时间就是金钱的时代,你去算一算这个经济账。

长江,我们太熟悉它了。

长江流域历来是中国经济比较发达区域,长江的阻隔是南北交通最大的障碍。

自从1954年开建长江第一桥——武汉长江大桥以来,在38年里,长江上先后建成各种大桥28座。28座桥梁中,有4座铁路桥,4座公铁两用桥,20座公路桥。

今天,在万里长江的浩瀚江面上,正在修建武汉、铜陵、黄石、重庆四座大型公路桥。正在筹建的还有江阴公铁两用桥,南京和武汉的第二座铁路桥,万县、芜湖、宜昌、黄冈等多座大桥。

它们已不再是单一的钢桁梁结构,将有斜拉桥、悬索桥、连续刚构桥以及拱桥等多种形式。

我们再来看一看黄河上的桥。

1949年以前,黄河上只有两座铁路桥和一座公路桥,而且都是外国人修的。

建国四十多年来,我们看见一座又一座桥梁从许多地方跨过滚滚黄河。有铁路桥,有公路桥,有公铁两用桥还有农用桥;有石拱桥,有双曲拱桥,有钢筋混凝土桥,有预应力混凝土桥,有斜拉桥,T形刚构桥和简支及连续刚桁梁桥,钢板梁桥等多种建国。

在甘肃省皋兰县，有一个偏僻的什川乡。过去，这里有三个自然村被蜿蜒的黄河围困，三面是山，一面环水，祖祖辈辈只能依靠小小渡船与外界联系。

1969年什川人自己集资，自己动手，在黄河上架了一座桥。你看得出来，它在桥梁史上不会有什么地位，它的规模和技术难度都不大。但是，它具有另一种意义。它说明，一旦环境把人封闭得喘不过气来时，人们就会自己寻找出路，人类天生就不愿做山水的俘虏！

天下黄河九十九道弯，你几乎能在每一道弯上看到桥，在5 000多千米的黄河上，仅公路桥就已建成57座。

桥帮助人类发展了黄河流域的工农业生产，它促进交通运输，使两岸人民增加联系，拓宽视野。桥带给黄河的变化，也许很难有数量的统计，但这种变化是显而易见的。

〖珠江大桥、赣江大桥……〗

不管是长江还是黄河，是公路还是铁路，几乎在中国的每一个有人的地方，都有桥的存在。

条条江河，长虹飞架。

铁路纵横，公路如网……

我们的镜头前出现的虽然是一座座桥，但是，谁都知道，在桥的背后，有许许多多默默无闻的设计者和建造者，桥是他们的聪明才智的凝固，是他们奋斗精神和奉献精神的结晶。

〖国家领导人画面〗

对于现代桥梁来说，它往往是包容了许多人的集体智慧的一个系统工程。从立项、投资、选址、设计，直到建设，没有哪个环节不是重要的。

〖铁道部大桥局〗

在武汉市的龟山之麓，莲花湖畔，有一个大型企业，它就是以设计和建造大型桥梁为主的铁道部大桥工程局。

可以毫不夸张地说，中国的大多数赫赫有名的大桥，就是从这个地方酝酿了它的胚胎。

〖一组桥梁资料、奖证之类〗

从武汉长江大桥开始的三十多年里，大桥局已经设计和修建了大中型桥梁220多座；他们甚至还把队伍开到国外，修建了缅甸仰光丁茵大桥等工程。

在20世纪90年代市场经济的环境下，大桥局以崭新的姿态、雄厚的实力迎接新的挑战！

当我们面对一座桥的时候，你可以认识到它的作用，感受它的美观，享用它的功能；然而，你很少会注意这样一个简单的常识：建桥是需要钱的。

建成后桥能够促进经济发展，但你必须首先给它提供经济条件。

曾经在著名的南京长江大桥上发生过这么一件耐人寻味的事：1990年11月，南京大桥突然华灯璀璨，火树银花。原来，西方一家公司向大桥捐赠了400万元人民币的国际流行灯饰，据说，英国伦敦大桥、巴黎埃菲尔铁塔等著名建筑均采用这种华丽的"包装"。

然而，这些灯只亮了几天，大桥竟又回复到过去朦朦胧胧的昏暗状态。

是灯的质量不行？不。原来是大桥的管理者切断了西方华灯的电源。说来惭愧，是因为一年几十万元的电费没有着落。

中国仍然是一个贫穷的国家。在这个13亿人口的大家庭里，入不敷出，捉襟见肘的尴尬常常发生。

你有一流的设计思想，一流的建设队伍，一流的科研成果，但是，没有钱把它变成一流的桥梁。

武汉市在修建长江二桥时，有过一件感人至深的小故事：一个名叫叶茂的小男孩，听说建桥需要很多很多钱,国家一时困难拿不出来,他就急了。许多大人没办法的事,难道这个孩子有办法吗? 他有一片主人翁的责任心,还有平常积累的10元零花钱。他把储钱罐搬到了邮局。

叶茂开创了捐资建桥的现代先例。区区10元钱,薄薄一张汇款单,你是否在这里听到了一个中国人自强不息、共担危难的心声?

据说,收到叶茂的10元钱时,那些几十年的老桥工流下了激动的泪水。

贫困困扰着中国,但是中国人不会被贫穷吓倒。国家拿不出钱的时候,咱节衣缩食自个儿掏!

在河南省西峡县百界河乡,有东、西坟场两个村民小组。

这座长136米、宽5米的石拱桥,就是农民自己联合集资修建的。他们每人掏出496元,两个村民小组共集资249 984元;他们义务投工27 500多个,用了6个多月时间建成这座桥。

他们自己的子孙将享用他们的创造。

一座桥一旦建成,它能带来巨大的经济效益,但是,这些效益不会落到建桥者手中。

建桥需要资金,养桥也需要资金;南京长江大桥建成二十多年来,养护资金已超一个亿,但钱从何来? 要是建桥者不但收不回建桥资金,且要付出大量养护资金,那么,谁还愿意建桥呢?

中国的传统观念认为:桥是一种慈善性质的社会福利事业,人人有权使用,却无人对它承担义务。

这种观念应该变一变了:桥,它不但是交通设施,是艺术品,也应该是商品! 它既然能够创造价值,它就应该实现其商品价值,

〖过桥收费亭〗

任何车辆,只要过桥,你就必须承担相应的建桥经费。

几千年里大大咧咧无偿使用桥梁的人们不习惯了,他们说:这不是"留钱"的做法吗?

但是我问你:你去看一眼故宫,为什么甘愿掏钱呢? 你坐车为什么买票呢?

广东省较早实行"桥是商品"的做法,这个省在10年里创下建桥新纪录:耗资数十亿,建桥400多座。

武汉市自1988年5月开始对江汉一桥、江汉二桥实行过桥收费,四年半,获得资金一个亿,这些钱全部用于长江二桥和市内立交桥建设。

一座桥既然能促使多座桥的诞生,那么,对于中国的桥梁事业来说,"过桥收费"就不失为一条改革之路,也是桥的新生之路。

今天,中国桥自信地走上了商品经济的舞台,在中国的现代化建设中,它将扮演一个雄健而重要的角色!

社会的发展需要路的延伸,路的延伸需要桥的发展!

〖一组古桥镜头〗

桥是什么呢?

在即将结束《中国桥话》这部电视片的时候,我们不妨再问一遍。

〖一组现代桥镜头〗

桥,它是人类的跨越之梦,智慧之光,无语之诗,是中华民族走向未来的通达之途。

1992年

唐浩整理于2014年8月2日

基本建设招投标制度小议

1. 引子

我们作为一个社会主义的国家,几十年来遵循马克思列宁主义关于"生产力和生产关系"的辩证法理论来指导经济工作。以"社会主义劳动竞赛"来代替市场竞争,实行计划经济体系。在当时的条件下,这起到了保证经济稳定,使生产力稳步上升的作用。

随着政治和经济的变化,这一体系暴露出其计划不周,不可能面面俱到,适应性差等缺点,为此引发了全面的经济体制改革浪潮。政府提出建立"社会主义有计划的商品经济的运行机制"。

在基本建设行业中亦引进"经济法则"和"竞争体制"。在"实用、经济、美观"的总原则下,群策群力,以求得一个最佳的建设方案,即开始实行基本建设招投标制度。

2. 条件

凡参与投标单位均需具有一定的条件,如此才能允许你去做一定的工作。如对总人数、技术人员人数、高级职称技术人员人数的要求。对勘察、设计、施工设备的要求。对固定资产、流动资金的要求。对过往工作经验的要求等等。登记这些条件,还要交保证金(承包施工时亦如此),此之谓资格审查。

3. 分类

3.1. 经勘测设计到施工验收,需要做的工作,包括招投(议)标、大致分为:

1. 可行性研究报告　Feasibility Report (F.R.) 评估 Appreciation of F.R.
2. 设计方案比选　Competitive Design (C.D.) 评估 Appreciation of C.D.
3. 施工承包　Build Contract (B.C.) 或称单个设计　Single Design (S.D.)
4. 设计施工承包　Design and Build (D.B.)
5. 价值工程　Value Engineering (V.E.)
6. 变换设计　Alfernate Design (A.D.)
7. 总承包　Build, Operate, Transfer (B.O.T)

在这些方法中,有的在国内已经实行,有些则尚未实行,或不会实行。我们现阶段只有不完整地去摸索着进行。我们习惯了指令性计划,招投标或竞争体制的引入从上到下还有很多不习惯和与现在的体制不相合之处。要找到一个社会主义制度下的招投议标方式还有待时日。

3.2. 可行性研究报告

现在有些城市、部委已做出了规定：一个工程，如没有专门技术人员的调查研究而写出报告不行；没有召集专家咨询，讨论研究做出结论不行；没有通过公开的招投标不行。其中第一项便是可行性研究报告。

可行性研究报告或由业主（政府机关）自己的科研设计单位进行，或委托有丰富经验的顾问工程公司进行。

可行性研究报告便是在形势发展，有需求进行一项项目建设时进行论证。它包括：A. 项目成立的必要性；B. 技术上的可能性；C. 经济上的合理性（包括效益）。

得出三方面的结论以后，从桥梁工程的角度而言，还需要调查：A. 发展历史，发展规则；B. 交通现状（陆上，水上）；C. 地形、地质；D. 水文条件（流量、流向、流速、地下水）；E. 气象（风、降雨量、霜冻）；F. 建设材料和劳动力的来源；G. 经济调查。

可行性研究报告是决策的根据和进行设计的初步依据。因为要解决这一项目的可能性方案（桥或隧），便要大致勾出桥隧轮廓，根据以往经验和当地条件，做出技术和经济上的比较。

然而并不是所有的资料都是准确、可靠和周详的。以城市立交桥为例。

交通流量流向，即使是花了相当长时间作了测定，花了大量人力划分区域、定时定点、详细记录，仍不过只是一时期的代表性，可信度50%—60%。

交通流量和流向的预测，其不可靠程度更厉害，只要一个地区的建设起了变化，立即改观。譬如建立一个工厂，打通一条马路等。因此，可信度只有30%。

可行性研究报告并不一定能得出项目成立的必要。就是说其"迫切性"上可以是不建、缓建、速建三种情况。

可行性研究报告在资料上虽不可能避免它的不完全，但要真实和客观，绝对不容许弄虚作假。然而往往仍有某种主观因素（如首长在任期里要想作为政绩完成）影响资料的反映和结论。于是需要专家评估。

专家评估在每一个阶段都是必要的。

3.3. 专家评估

各个阶段的专家评估，会邀请各方面专家对所提出的文件做出评价，提出补充意见。

专家评估所邀请的专家亦应该是知识全面、有丰富工作经验、行业内知名领军人物。

专家评估会应该是充分的，就是说要有时间让专家们进行研究。专家的工作应该不受影响和压力干扰。专家们自己亦需要公平、正直、诚恳和知无不言。如此评估会得出的结论就有权威性。当专家们做出正确的结论之后，方案实施方应当采纳和改正。

目前国家计委和地方都有投资咨询公司负责进行这一工作，虽然卓有成效，但亦难免有不足之处。

3.4. 设计方案比选（C.D.）

设计方案比选视工程规模的大小和重要性在一定的范围内进行。范围包括地区范围、全国范围、世界范围。

所选的范围越广（专业人员越多）越能够出好方案。即使是没有一个最合适的方案，也可以互相启发，得出一个综合各方优点的方案，可以促进新技术的发展。

　　方案比选要结合奖励制度。在单位内部奉献精神和适当地物质奖励相结合。在单位以外，国家以内，则因为有"企业化"自身盈亏及生存问题的存在，竞争的体制，便要求保护各单位的利益、专利，要订出一定的制度。

　　优选的方案可以是和设计相结合，或设计施工相结合，这将在价值工程（V.E.），变换设计（A.D.）和总承包（B.O.T.）系统中说明。

　　方案比选亦可不与设计相结合。就是说，中选方案单位给予一定的报酬，其设计权可以转让给另外一个单位。往往是征求方案单位的设计机构（如武汉长江大桥、三门峡黄河公路桥均如此）。这样的做法可能存在的缺点是中选方案的设计者的设计思想不可能完全被理解接受，或不能再继续发挥该设计者不断改进的思路。当设计者不可能亦不允许受聘为顾问时，这一缺点更为明显。

　　中选方案只有一个，如要采用其他方案的优点时，也应当是有报酬的。这一报酬是指不管中标与不中标，在参加比选者的奖励之外的报酬。

　　假如不是这样，便有两种可能。即参赛单位技术力量强，思想觉悟高，全部奉献，不计报酬。或者是为了单位在竞争中生存，保留关键问题，影响设计质量。

　　国际上几个有名的海峡桥都进行过不止一次的方案比选，如意大利墨西拿海峡、英法海峡桥、丹麦大带海峡、西班牙和摩洛哥间的直布罗陀海峡大桥。

　　这些大海峡，被邀请参加比选的单位都有一种荣誉感。有名的桥梁专家和公司都想在这样的大工程中一露身手，争取取得设计权。因此一般都是比较尽心的。同时，参加这样的比选，自己也可获得不少新知识。

　　《老子》曰："圣人不积，既以为人已愈有，既以与人已愈多。天之道，利而不害，圣人之道，为而不争。"

　　设计方案比选可以是可行性研究报告的一部分，即选中方案也不一定马上就建设，待时机成熟，再进行工作。因此亦有时移物转，进行多次方案比选的。随着技术力量的前进，方案也就大不相同，或更为现代化，或演变成世界桥梁技术方案的"奥林匹克"。

　　方案比选进行中还有一个评估问题。

　　在这一评估工作中，牵涉到一个参赛和参与评估的矛盾。理论上说，参赛的专家不能参与评估，以免有不公正的情况。事实上哪有这么多的专家，一部分设计，一部分评估？有能力的专家不让参加方案比选当不可惜？因此，这种评估会可以是局外人评估，亦可以是局内人自评的方式。当然第二种方式亦有局外人参加，现在还有公证单位的人参加。

　　局内人自评，因为参加了做方案，问题研究得比较透，自然提问题也比较中肯、切题。也许更为令人心服。当然，要有社会主义觉悟，公平、正直才行。通过方案比选后得出的方案至少在那时是最佳的，是可以进行招标承建的。

　　3.5. 施工承包（B.C.）（或称单个设计S.C.）

　　过去和现在均是提供一个完成了的设计，要求根据这一设计承包建设施工。在美、英和我国都是这样。招标文件，由设计单位提供十分明细的施工图纸和施工组织计划。承包单位必须严格地按投标文件执行。除非发现设计有错和某些细节不可能实现，或地质水文情况设计假定和实际不符时，可以通过一定手续审定批准，予以变更（由设计单位出变更任务通知单或变更设计）。如造价有所增加，则承包人可以得到额外的款项。

　　这一方法，行之有效。所以现在基本上国内仍是这一办法。即使是《国际咨询工程师联合会

（FIDIC）》编的《土木工程施工合同条件》1987年第四版，其总原则亦是这一方法。

实施这一方法的条件是要有很好的设计和稳定的市场价格。

如设计未通过方案比选（较多情况如此），则难免有错，将增加施工的困难。市场不稳定、通货膨胀、造价便难以估准。目前国内解决的方法是统一规定的国家和地区材料价格和劳动力报酬作投标报价的基础，比较施工时按施工时间材料价格之差，作差价付给。但要通过一定的手续。

这一方法的优点是发包管理容易和绝对控制最后的设计。缺点是缺乏灵活性，不适应施工单位的特长和世界技术的突飞猛进。

3.6. 设计施工承包（D.B.）

现在世界上存在着专业的承包公司，具有专门的技术和设备、专利的设计或施工方法。这些专业公司，既具有设计能力又具有施工能力。其实施工公司需要做施工设计，必须具有一定的设计能力，所以设计与施工可以总承包。

有些业主没有力量或不愿意去组织招标前的设计比选和外委设计工作，想一次完成，因此招标时要求能全力承担的单位或临时组合体进行联合投标。此办法最重要的一点就是将设计和施工同时引入了竞争。

有些欧洲国家就是实行这一方法，中国亦有些桥梁在采取这一方法。

采用这一方法，标书比较简单。对桥来说有时只表示跨长、立面和典型的断面，提出一些荷载要求，供应一些当地自然条件。承包者可以改进原设想，或根据自己的选择，提出自己的方案。允许承包单位采用自己的专用设备和技术。于是，对最后设计及其细节的责任都属于承包者而不是发包单位的工程师。

对承包单位提出的判定优胜的工作，由"校对工程师 Proof Engineer"进行。校对工程师可以是业主方面的人或业主专门聘请的人。为了最大限度地避免承包者和校对工程师之间发生矛盾，欧洲常十分详细地规定其各个义务和权利。

实行这一方法的结果是使欧洲的承包商常常保有大量的内部工程技术干部，以谋求自己单位有不断创新、能具备超越别人的"看家本领"或"秘密武器"。要有新的程序开发，要有研究室，如此比单独设计将花费更大的力量。

设计和建造总承包的优点是在工程领域中造成竞争的体制气氛，使创造性的设计和施工方法发展得更快。

其缺点是对结构形式的选择和设计缺乏控制。原因是过分强调生产效率高和初步投资低。这一方法，还要求承包者在一定的时间里对工程的质量做出保证，任何表面上的损害均要求承包者修理，于是承包单位在工程完工以后须留下一定的人力来做早期保养。这在一些国家，如美国就不一定行得通。国内采用这一办法的有福建厦门高集桥和现在正在进行的广东汕头海湾大桥。

3.7. 价值工程（V.E.）

美国价值工程学会所提出的价值工程的定义是"系统的应用相对于一个产品或服务项目功能的认可的技术，建立了这一功能的价值。并且，为实现必要的功能的可靠性（reliability）付出最低的代价。在所有情况下，所需要的功能必须达到最低可能的生命周期（life cyck），其代价和实用性、可保养性、安全、艺术相一致"。

说得清楚些，对桥梁而言，价值工程就是要求以最低的代价，造出一座满足功能、实用、可靠、便于保养、安全和美观的桥。

为了这一目的,实现的手段的灵活性更大。由此,在合同中便允许以不影响和降低主要功能为前提提出改进,降低造价。

合同中规定承包者的责任,保证快而保质保量地完成工作,延误工期要处罚,节约、加快便受奖。改进方案或方法降低的造价和节约的造价,双方对半分配。

在美国,规定只有得标者的标价低于标底者才可以申请作为价值工程标。即由施工承包(或单个设计),设计施工承包强化为实用价值工程(Value Engineering Proctical)。然而,国家和国际投标文件规定,投标者不能要求最低标便可得标。很多情况下,通过综合分析,得标者不是最低标,于是按照美国的规定,便不能申请转为VEP,这样便不能在施工过程中促进施工单位进一步的改革设计和施工。

在《土木工程施工合同》中只有反映误期处罚的条款,降低造价和节约却没有条文。只是投标的过程中,承包者在开过标前会议,取得招标文件中的技术资料之后,允许提出改进意见,并以此报价投标。好处全无(只有得标可能的好处)所以并不反应价值工程,也不利于施工单位的改进。

举南昌赣江大桥为例,预推法施工的改进,承台顶标高的变动均降低了造价。

3.8. 变换设计(A.D.)

介于单个设计(S.D.)和设计施工总承包(D.S.)之间的是变换设计。此法保留业主对桥梁形式的选择权和控制权,也给施工单位一部分选择权。如可以选用不同材料的方案,钢或P.C.;可以改变施工方法,现浇或预制、平衡伸臂或顶堆,甚至其他新创造;可以改变基础的形式和施工方案。由于方案的改变,可以允许采用批准的相应的设计规程。

采用这一方案,业主有时会多做些初步设计或扩大初步设计的工作,在标书文件中提出可供选择的几种方案的布局。

或者采用一些更简单的控制条件。如跨径、净空,连续梁则会提出边中跨比值等。下部结构允许变更则提供基础顶轴向力,水平力和弯矩等资料。

这样的招标要开标前会议,并给施工投标单位以60天以上的准备时间。并规定统一的画图比例,图纸尺寸。

如大带海峡桥西桥方案在选择钢结构和P.C.梁结构时采用了这一方法。这种招投标方式中即包含着价值工程的内涵,既有控制又有限度的选择。

在选择钢或P.C.梁结构时,其价值便不是只考虑一次性投资(initial cort),而是考虑其实际价值(free cost),即在生命周期里包括养护、改造的价格,称为生命周期价格(life cycle cost)。

有些新技术,如斜拉桥,尚难以估计其生命周期价格,现在通过若干(如马拉开波桥)桥梁的换索,知道今后的费用还仍多,所以在变换设计中要注意到这一问题。

规模比较大的桥梁或桥梁群,建设时间上可以有充分的先后分阶段的设计施工过程,于是可以分阶段进行,有更多的时间进行变换设计。

如日本的本四岛联络桥,特别是其中的岩墨、柜石岛西桥,在总体规划本の公団的控制下,由钢伸臂梁转变为钢斜拉桥。当然,本四岛联络桥是在带有分配性的办法下承包的,这是日本招标方法的特点,缺点是时间过长,一旦人事变动将缺乏统一性。

在我国,这一方法尚未曾有效地进行过。

3.9. B.O.T 系统

在英国近年推出一种全新的招标标方法,即B.O.T 系统。

所谓B.,即Build,其中包括设计和施工,并主要是带资进行。即投资也由承建单位筹措。可以通过集资、银行贷款等办法,筹集建设资金。

可谓O.,即Operate。建成之后,由承包单位进行保养、管理和收费。在国外早就有了收费桥,国内现在亦已开始桥梁收费,使建设费用由直接使用桥梁的单位和个人负担,同时也体现了价值工程中施工单位需要负责一段时间的桥梁质量。这一段时间的长短,要既能使承包单位收回成本,又能有利可图,一般规定的时间为30年。

所谓T.,即Transfer,意思是移交。30年之后,承包单位将全部资产交回业主,产权原来便属于业主,经营权亦即交回,承包关系结束。

这是一种私有制公有化进程的承发包方式,这种方式起因于私营公司的强大发展。体现其在金融和技术、管理诸方面具有十分巨大的实力。

这一承包方式,在桥梁方面,首由英国的Trafalgar Hoise公司承建Dartford(主跨410米斜拉桥)桥梁工程始(现正在进行)。香港第二条隧道,亦使用此法,完工七年已收回成本。香港的新飞机场的青马联络桥工程原来亦预备采用此法。

采用此法有些条件,即这座桥梁所估计的通过能力和发展是否能够得到切实的保证,就是说其使用价值能否有保证。要充分估计到国际形势、经济发展动向和稳定性。往往为了保险,增大这两方面的安全系数,承包者在报价方面有上提现象。

优点是国家可以吸收私人(国内外)资金进行计划外建设。缺点是造价较高,且经营权在较长时间里落在私营企业手中(如武汉的机场公路)。

香港青马大桥后改香港政府出资,其间有政治和经济的原因,现仍在谈判之中。

4. 时弊

目前国内还没有一套完整的,自己的招投标制度,况且,所有的法令都不可能是十分周到的。即使是有很详细条文规定的法令,亦可予以挑剔。因此有无法可依,有法不依等等一系列不良现象。再加上现在是在摸索社会主义有计划的商品经济运行机制。是从完全计划经济中刚刚挣脱出来,新旧之间还有很多瓜葛和矛盾。

当然,这些招投标方法,在外国实行起来也有很多弊端或不正之风。我们的目的是了解这些弊端以克服这些弊端。

4.1. 保护主义

国内招投标制度尚不能健康执行的原因之一是保护主义。大致为部门保护主义和地方保护主义。保护主义基本主张是本单位能做的不交给别的单位。本部门能做的不交给其他部门。本地区能做的不交给其他地区。

新中国成立后的体制,各个地方、部门都有完整的一套规划、设计、研究、施工企业。运行起来如脑运臂、如臂运掌、如掌运指,假如要实行招投标,好像左臂要去运动右手的手指,总觉得不灵活,此其一。

本单位、本部门、本地区的设计或施工力量较弱,在竞争体制中,比不过人家,任务都落到人家手中,则自己的队伍如何养活?都是全民所有制单位,怎能坐视不救,引起自己内讧后动乱呢?

自己的这些部分,力量已是很强,也怕强中还有强中手,或别的部分,为了争取生存,不惜降低造价以争标。肥水不落外人田,因此保护起来,此其二。

保护的办法是下达指令性计划,不执行招投标或内定之后由少数单位议标以走过场。以部门有投资的优势,以附带条件的方式参加投标,以控制对方,取得中标权。

国外亦有强烈的保护主义,主要是国际的和集团间的。国家内部的保护主义不太明显(不正当手段在外)。因为一个弱的设计或施工单位,可以为强的单位所兼并,使强者愈强,一国之中存在着少数几个势均力敌的大公司。这种兼并,至少在中国国内目前尚不可能。

4.2. 个人权威主义

不想执行和不愿执行招投标和专家咨询制度。或摆个形式,说不说由你,听不听由我。或不预先知会,不留改正时间,使得大家不能很好地,正当地实行这些制度。

4.3. 招投标过程中的问题

就目前了解,招投标工作中存在着陪标、围标、串标现象。招标代理机构欠规范,监管部门管理不到位,工程层层转包,由此引发贪污腐化、徇私舞弊种种问题。还需加大改进力度,维权维法。

5. 作用

了解招投标和专家咨询的作用是为了促进桥梁事业的飞速发展,为了使大家知道只有不断学习,早作准备,提高技术才是正道。希望大家着眼未来,以优取胜。

注:此文草于20世纪90年代初,是一次为技术人员培训所做的专题报告的提纲,报告中的详细展开发言未录入,故略显简单。

关于跨海交通基础工程的咨询工作

笔者自1989年着手研究中国的三大海峡（渤海、琼州和台湾海峡）跨海工程迄今已11个年头，并直接参与和间接了解中国三大海峡、其他海峡及江河入海口的海湾跨海工程的工作情况。目前所有这方面的工程，除个别相对小的海湾外，其他都处在前期工作的初步阶段。来日方长，问题复杂，内容很多，简要概括为：

一、工作环境

我们国家现正处在实行宏观调控下的市场经济时代。市场经济社会是一个统一的、开放的、竞争的、有序的市场体系，以供求作为调节的枢纽，以竞争作为发展的动力，国家机构仍需在服从客观规律的基础上进行宏观调控。

2001年中国加入世界贸易组织（WTO），进一步向世界开放国内市场，同时也积极地设法打入国际市场。目前的工作一切服从这个大前提。

二、工作内容和流程

跨海交通基础工程建设的工作内容和流程，根据国际和国内的规定，其框架大轮廓如图。

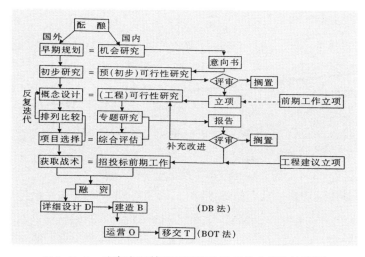

图3-3-1 跨海交通基础工程建设的工作内容和流程图

图中包括招投标前期工作在内的所有工作者属于前期工作。后期融资建设可以各种方式，图中只列设计建造竞争法和吸收外资的一揽子（设计）、建造、运营、移交的BOT法。

三、工作组织

跨海工程的前期工作由咨询公司来承担。咨询公司代表业主完成框架图所示一切工作。

后期建设和运营，由项目公司代表业主组织力量完成建设任务。BOT方式则有运营和移交。

1. 有丰富经验的专业人才和随时能吸引组织人才的能力，进行横向和纵向联合。

2. 有工作经验，能客观、虚心、充分实行技术民主，能团结发挥老、中、青各类人才之长的主持班子。有健全的工作制度和科学的管理方法。

3. 熟悉市场经济法则和一切有关法规，与国际工作法则接轨。

4. 有进取精神，平时就进行有远见的研究工作。

5. 有先进的设计、管理和信息手段。咨询公司最好能做设计。

6. 有丰富、及时、详细的资料来源和储备。

7. 有社会信誉和行政支持。

我国咨询市场形成时间较短，虽说目前已有三千多家咨询公司，其中大部分是中央、地方、各部门、高等院校等政企分离所建立的。对其素质衡量，多数有所不足。

四、工作考虑因素

重要的跨海交通基础工程各阶段研究过程中大致要考虑政治（包括军事）、经济、技术、风险和环境诸因素。

1. 政治因素。国内海峡工程政治因素比较简单，主要集中于政策的倾向性。国际海峡工程政治因素比较复杂。牵涉主权、领土、民族、资源、战争等历史上和现存的错综关系，有些很不容易解决。国内琼州海峡，受政策倾向性不时改变的影响很大。国内台湾海峡，理应是一个中国内部事务，却牵涉历史上国共两党的纠纷和现实两岸关系。政治因素影响到通道的布局和进程，并且使前期工作可能拖得很长。

2. 经济因素。最简单地说，建设与否从宏观到局部，现阶段到将来对经济是否有利。判断的三大标准是："是否有利于发展社会的生产力、综合国力和提高人民生活水平。"

经济因素的研究需经详细调查并进行预测。经济效果是可以评估的，但不确定和可使波动的干扰很多。所以一般评估并不十分准确。

经济问题中的资金来源可以是国家、私人（在中国比例较小）和引进国外资金三个来源。在咨询工作中宜深思熟虑，应拟定相应的组织。

因跨海工程投资高，宜将工程资金和前期工作资金分开筹措。

3. 技术因素。技术方面需服从功能需要，以基建的基本原则，进行分阶段分项目基础资料调查，以便在综合比较所选定的可行线位上，作各种适宜的现有或新的跨越形式的比较和选择。一切技术因素要服从科学并通过试验。一切技术方案通过比选竞争。重要的决策不但要实行技术民主，甚至要用模型、图片说明等以展览的方式推向社会，取得民众公决。

在技术工作中创新极为重要,创新使竞争中获胜的机会增多,创新是推进社会进步的必要因素和具体表现。

4. 风险因素。大型的基础工程在各个阶段都要作风险分析,提出减少风险的措施。也就是说,不能只说优点、好处,不说可能出现的负面影响和可能发生的损害事故。要防患于未然,实行风险管理。

5. 环保因素。建设对生态环境的影响很大,近年已以法律的形式确定必须研究环境保护的对策。

五、工作中存在的问题

国内可以承担跨海交通基础工程咨询工作的单位,屈指可数。加上有意参加工程竞标的国外咨询公司实力比较强。所以,竞争是激烈的,我个人认为此项工作有下列主要问题。

1. 国内咨询公司工作人员素质和敬业精神需要不断提高。

2. 因为国内这方面的咨询公司大部分都是国家资本的企业化单位,因此依赖国家支持较多,独立性不够。

3. 基于种种原因,在竞争中地方保护主义严重,习惯采用邀请议标而不愿公开招标。即使公开招标,招标中的怪现象也时有发生。

4. 除地方保护主义之外,还有行业保护主义。如公路、铁路、城建等部门,甚至高教系统咨询单位亦有排外现象。所见到的有时竟着重外联,疏于内联,以我为主。忘了将来打入国际市场必须加强团结,避免内耗。既竞争又联合,联合起来对外是竞争的重要对策。

5. 改变立项办法。改变不立项无钱做工程可行性研究、不做工程可行性研究或立项无可靠根据的不良循环现象,要分前期工作立项和工程建设立项两次立项。

6. 稳定政策倾向,避免多变,坚定已定的倾向性政策的支持。

7. 既要避免重复建设,又要避免在工程可行性研究中重复的研究试验工作。

8. 对咨询单位多提供信息,给予法规、政策支持,某些项目要有必要的资金投入。

9. 成立一个指导全国为数有限的跨海交通基础工程的统一机构,以便做有效的协调和控制。

2000 年

基础工程国际方案比选经验

工程咨询公司咨询业务之一是受委托对外来工程提出咨询意见，及代业主组织或独自参加方案比选。

一般咨询公司以前者业务居多。国内单位很少参加国际活动。过去是这样，近年则不同。国际重要基础工程的建设，多半采用比选方法。现从见闻和参与国际方案比选的经验，概括出下列几个方面。

一、为什么要方案比选

无论做什么事，总得事先想几个可能的做法，然后权衡利弊，考察效果，选择一个最理想的方法去执行，这就是方案比选。

方案比选可以推动技术的进步。在诸多参选者之间，展开竞争。不论胜负，都可以从中学习到不少东西，有所提高。

业主方面，借用国际经验，发动广大专业人才，可以在短时间里，获得各种不同思路的设想，取得具有比较先进的技术和艺术水平的建设方案。

方案比选还可以推出新的设想的苗头。即使当时还不完整或成熟，但可为下一个类似工程打下产生新方案的准备和基础，是社会科学技术进步的一种方式方法。

方案比选是群众（广义的和狭义的）观点和群众路线的体现；是发扬技术民主的具体实施。

二、比选类别

有各种类型的方案比选。

以范围分：方案比选可以在科室、单位、系统的小范围内进行。也可以在全行业、全国甚至国际的大范围内进行。不同的范围视工程的规模而定。

国际方案比选也存在着一种特殊现象。即使某些发达国家，其国内的基础工程只在国内进行比选，不推向国际。一方面是保护利益权，另一方面则自身具备足够的技术力量可以解决。然而他们积极走到国外去参加国际比选。凭借优势，掌握市场，发展经济。

不发达和发展中的国家往往政治经济命脉掌握在发达国家手中。重要基础工程往往面向国际。重要的是必须最终掌握这一技术，由发展向发达进化。这种国际化比选有加快进程的作用。利多于弊。

以阶段分：方案比选可以在规划时，预可行性研究之初，工程可行性研究阶段和设计施工招投标进行之先或其同时，进行深度不同上的比选。

以内容分：不同工程规模和阶段，比选内容随之转移。工程简单，内容亦简单。一个综合性的系统工程，内容复杂，范围需大，阶段需多，一步步地推进。使最后建设方案能够成为当时代相对完善的建设。

因此，各阶段方案比选的目的要突出、点出主题，可使参选者有正确的思路方向。举例说，1999年香港昂船洲桥国际比选的目的是："确定一个昂船洲桥技术设计的参考方案……此方案是与世界水平相称的里程碑和港口的门户。突出和发扬作为活跃和重要的国际商业中心——香港的形象。"

目的似乎抽象，其实内容十分具体。

这是规划阶段已完成，技术设计阶段未开始时的方案比选。目的是个国际水平的参考方案，参选者便清楚地认识到该发挥到什么程度。

三、比选准备

为了举行国际比选，召集和参选双方都要做很多准备工作，特别是召集一方，任务繁重。首先自然是上一阶段工作的确定。就交通跨越工程而言，大致是：

1. 自然和人文资料的调查研究

一切有关此基础工程的自然资料，如气象、水文、地貌、地质、地震等有关资料和设计数据。

一切有关经济生产值、工农业、交通的布局现状和预测。

资金来源、效益和偿还的途径等。

2. 跨越线路的确定（其他工程为选址）

从总体布局和综合指标的比较，确定一条或几条规划线，以缩小工作范围。

3. 制定方案的《设计指引》（或其他名称）

这一指引乃是指定工程设计所需的规模，引用规程或补充规程所不足的条文，使参选单位有统一的必需的遵循原则。但亦不能约束过死，束缚参选者的手脚。

4. 委托进行基准方案设计

基准方案并非标准答案（否则比选又起什么作用），乃是业主或主持经选单位，总之摸清可能的规模、关键问题所在以及投资数的约略范围（不是标底）。也是评审单位衡量参选方案水平的参考之一。在基准方案设计过程中不断完善设计指引。

5. 组织比选

组织行政工作班子，编制比选文件，掌握比选工作进行。此中有一般的但亦有特殊的工作。

组织工作中较重要的是评审班子。评审者必须是和工程项目有关的当今国际水平的专项专家，因为这代表着其对参选方案的判断和取舍的可赖性。

评审者必须能公平正直。为了保证这一点，所委请评审者本人和所属公司单位，不得参选。以杜绝可能的偏袒。

6. 发出邀请

参选单位可以有限度地选择国际知名的单位发出通知书，请其表明参选与否的意向。或更广泛地从现代传媒工具,如有关报章杂志、E-mail,网络等发出信息,让愿参选者自动报名。或两者同时进行。

7. 资格审查

参选单位报送所要求的参选资格资料,如单位组织、主要业绩、主要参加人员简历和业绩等。通过资格审查,确定可以参选的名单。

国际方案比选者重在能获得参选资格、取得优异成绩,这不但有助于其地位的增高,亦能得到下一步的经济效益。

参选单位因受社会分工的一定限制,往往以联合体的形式出现更为有利。何况近年基础建设看重的项目如建筑美学和环境保护等。即使是有些权威单位也难保都有好手。某国际比选中,中国有个别权威单位,便因自视过高、浮夸,又疏忽了后者,反而连资格审查都没有通过,甚为可惜。

四、比选进程

比选分阶段进行,有条不紊,层层推进。

1. 发放文件

通过资格审查后的参选单位,都发给若干文件,主要为:

(1) 参选的《条件和概要》,包括自然条件情况,比选要求(操作步骤、编制文件内容、时间表)、文件递交须知、评审操作内容等。目的是让参选者对工作一目了然。

(2)《设计指引》工程的技术要求和原则规定,已如上述。指引中亦可列入"否定"(或避免)的设计项目条款。

(3)《协议书》,这是一份法律性的文件,说明双方的权利和义务,并对牵涉到的诸名词作法律上的定义和解释。这是法治条件下避免纠纷的必要文件。

2. 第一阶段

要求参选者所交纳文件的深度以阶段不同而有异。第一阶段为预选阶段。将在为数众多的参选单位所递交的参选方案中,挑选出前数名,名额视主选单位意图或参选方案的质量水平而定。

参选方案按期送到(不按期者除非确有特点外,一律作弃权论)后,即进行第一阶段评审。得出第一阶段优选者进行入选通知。

所有参选方案为同一规格文件,统一内容,全部印刷体,电脑制图,匿名,只有密码编号以使评审者能公平公正地对待。

评审按内容分为不通信息的若干评审小组,如结构、美学和其他项目。预先在文件中告知各单项批分所占比例,最后汇总统计成得分数。

评审组分别对入选方案提出要求解释或要求改进的意见。

3. 第二阶段

第一阶段的设计属于初步的概念设计。可是这些"概念"必须是有科学依据和可行的。

第一阶段入围的单位,接通知之后,即进行第二阶段工作。

第二阶段的工作即各自按入选方案,结合评审意见和参选单位自己希望更进一步说明或深入研究的问题,加以科学分析和计算,予以补充详细论证、调整和改善(优化)。绘图,说明。

重新编写文件,按时递送。

主选单位对第二阶段的评审慎重进行。

按此排列名次,这就决定了得奖的多少。奖励内容(奖金、奖牌事先已公布)。

入选诸方案报送文件中包括用以展出的图片和模型。

直到揭晓之日,所有方案和入选者均予保密。

4. 揭晓

比选结束阶段举行大会,展出得奖方案,公布名次、发奖、庆祝比选成功。

五、问题探讨

组织一次国际比选,事先要考虑的诸问题,都先需要根据情况斟酌决定。对于主选单位方有:

1. 范围问题

一般这一问题比较容易解决。既面向国际,则规模一定较大,对于政治、经济、国际上的保密程度有一定的公开性。在国家批准的情况下,划定其工作范围。不宜过小,影响结果的满意程度,不宜过大,致使泛而不约,工作量增加,支出浩大。

2. 评选原则

这是一个很难掌握但又一定要掌握好的原则问题。

国家在一定时期有一定的基本建设原则,如建国初期的"实用、经济、可能条件下的美观"。现在则没有一个明确和统一的提法。

(1)"实用"这一原则是不会变的。不能"华而不实",实用是第一位,谁也不会反对。然而即使实用的定义亦难十分精确地掌握。某一种别出心裁的布置,辩者会称是实用的,可能其中藏有不少隐患,这就需要慎重考虑。实用的概念亦在调整和变化。实用亦有超时代的。即不到时候,超前进入的要求,虽亦实用,却违反了经济法则。

(2)"经济"原则。以经济法则控制的社会,总是要讲经济。但经济的位置又不一样。实用是第一位,经济在其次,然而某些国家,包括我们国家的一些规定中,以最经济的最低方案作为主要对象。这就产生了某些不正常现象。有的追求"最"经济,降低工程设计的标准,这还算是老实的;有的故意漏项,这就需要评审单位的严格掌握;有的故意压低造价,争取中选后追加。这些现象在设计或设计施工招投标中比较突出,而在方案比选中,因为尚有正式的下一步的招标步骤,所以还不可怕。采用降低造价,事后追加的方法,偶一为之,很易得手。多次故伎重演,会使自己在技术咨询市场上失去信誉。

所以说,合理的经济,应该是比较恰当的提法,至于如何合理,全靠掌握分寸。

(3)"美观"是一个偏重于精神方面而以物质表现的原则,和民族的文化素质、精神修养和创作实践经验有关。

追求"美观"亦和经济有密切关系。俗称:"饥不择食、寒不择衣、慌不择路、贫不择妻。"但当经济水平有所提高,手头宽裕一些时便要讲究起来。现在的世界经济水平,包括中国在进入小康社会时,之所以不提"可能条件下""照顾"美观,而是直截了当地要讲究基础工程的美学质量,就是因为已经有了可能的条件。

美学是一门大学问,但亦是一门人人都在某种程度上具有自己见解的学问。取得统一比较困难。

参选者和评审者以及最后决策者的美学观点可能存在着极不相同的见解,这就需要在比选规则中确定社会性的标准和发扬技术民主。"公开、公平、公正"不是一句空话。

这里不多说美学中的一些法则,只想提一下近年国内采用国际比选时发生的几个实例。

在桥梁方案比选中,国内某权威设计单位花大气力注意结构的设计,却忽略了美学中所忌讳的依样画葫芦的抄袭作风。结果评审时,结构得分很高,美学得分很低,总分低于标准而落选。由此应该得出结论,不论结构技术和美学都要有所"创新"。

没有创新,社会不能前进。没有创新,这样的咨询或设计单位没有竞争力,将最终会被淘汰。要求创新,也是中央的决策。

在某国家级文艺建筑的方案比选中,注意了建筑造型的超时代化,可是却有很多专家和群众,对决策者所决定的方案,从选址、造型、环境协调、使用中的隐患、造价等一系列问题都抱有较强烈的看法。如此重大决策,理应公之社会,广泛征求民意,却避开传媒进一步暗箱操作。

可见,从要求美观这一问题上进行创作和评审,亦很复杂和困难。

3. 知识产权

方案比选中各参选单位提出的新的概念有其知识产权。市场经济中技术也是商品。国家制定法律予以保护。在比选文件中,每一步骤都需注意到此。

因为凡是参加比选,总希望能够中选,所以会提出新的概念以便出人头地。但又怕新概念提出而不中选,其内容等于已经公开。即使新的概念已经依法申请了专利,但尚未转化为生产力时,又怕别人改头换面,剽窃应用。所以往往言而不尽,在骨节眼上留一手。这样的做法,在竞争社会中情有可原,却影响比选质量。所以在比选文件中对已取得或尚未取得专利的新技术,都予以一定的保护是应该的。

某些落选单位,为了保持自己的名誉,不愿意公布单位名称。主选单位代为保密,亦是可以做到和需做的宽厚作风。

4. 奖励

奖励的面和奖励内容亦有讲究。

如,凡参选者只要报名而获参选资格者,因毕竟付出了时间和劳动,都需予以补偿,给予一定的劳务费。依照"按劳付酬"的原则或"经济法则",技术劳务作为商品,这些都是合理的。

这一劳务补偿费不宜过高,也不宜过低,以免参选者毫无得益,影响参选的积极性。某国际咨询公司曾向我表示过这种想法。

补偿费过高,会产生一种投机做法。有这样的单位,每年专门参加有关比选多次,并不期望中而每次都有收获。他们拿出的方案只有抄袭、没有创作思想。只求参选、不求得中。尽管这样的单位极少。所以亦有这样的做法,即第一阶段的入选者一律不付任何费用。只有第二阶段的前几名才付劳务费(理应凡参选者都有)。

在前几名内,排列名次。前一二三名,再额外付以多少不同的奖金。

5. 参选者态度

参选者正确的态度应极力争取,但淡然处之。每一个咨询公司应:

(1)不断提高咨询水平,工作效率。

(2)重视平素积累,到时能应付裕如。

(3)举子逾千,状元只有一个。

重在参与,最高期望的胜利在后面。

6. 下一步工作

国际比选之后,下一步按基建程序进行设计和施工。

下一步的招投标时,方案参选单位可以和该阶段工作需要的各单位重新组合,参加投标。此时,评审委员与其有关单位都已解禁,可以任意参加或组织新组合的联合体。

国际比选所得金奖方案仍是参考方案,随着工作进一步发展可以再度优化,不予封杀。

一切制度,目的是发展生产力。

2001 年 2 月

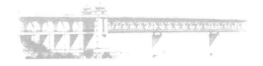

赴美国华盛顿参加世界桥梁美术会议的报告

1986年3月,我应美国国家研究协会、运输研究局的正式邀请,参加《世界桥梁美学》一书的写作并于今年元月,赴美参加会议,兼做报告。

经请示各级领导,大桥局的"桥技(86)字第310号文",呈报铁道部,铁道部先后以"科技交(1986)101号文"及"出程439号文"批准出国。

1987年元月10日,搭中国民航班机由北京经上海、旧金山、纽约转华盛顿。11日抵达。自12日至16日参加会议。中间13日向与会者作题为"中国桥梁美学"的报告。17日回纽约,18日离美回国,19日抵北京,前后共计10天。兹将会议情况书面汇报如下:

一、邀请单位的性质

邀请单位美国国家研究协会(National Research Council)是美国国家科学院相应的机构,运输研究局(Transportation Research Board,后称TRB)原名为公路研究局(Highway Research Board),任务是开展、鼓励和协调交通运输部门的科研工作,研究运输系统的规划、设计、建筑、运行、维修、安全以及经济和财务方面的问题,组织发表研究报告。

二、世界桥梁美学问题研究的提出

美国在桥梁技术方面素称先进,直至1980年为止,有世界上最大跨的桥梁——纽约维拉扎若桥,后为1981年建成的英国恒伯悬索桥所突破。并且自第二次世界大战之后,面临世界各国的挑战,在技术上和艺术上都渐趋落后。因此,80年代初美国有人发表文章,惊叹美国桥梁已沦为第二流。列举美国一些桥梁,与西欧相似条件的桥梁作比较,相形见绌。认为西欧,如法、意、德等国有较高的传统美学素养,注意了桥梁的造型。为了扭转这一局面,TRB组织了桥梁美学分会,受命第一步了解和分析研究世界桥梁美学情况,整理出研究报告,出版彩色专集,分发给联邦中央及各州主管桥梁的单位和出售给各顾问工程公司及大专院校,以期提高美国桥梁美学的素质。

三、组织情况

为了集思广益,美国分别邀请全世界22个国家的知名桥梁专家和建筑师参与这一工作。然而因为在此期间美苏关系紧张,苏联和东欧一些国家无代表参加,尚在争取之中,最近名单为17国23

名代表。中国方面邀请我参加，其邀请的原文译为"我将非常高兴地请你在这本著作中代表中华人民共和国，我们了解到，你曾写过大量有关桥梁美学这一题目的著作，是在这一题目上对中国的思想和意见有分量的代表。"

四、华盛顿会议的性质和规模

本次会议，是TRB的66届年会，年会是TRB的全体会议，所以门类极多，组织庞大，出席人员达到四千余人，共分为五个大组。

第一大组：管理和费用。

第二大组：运输设备的设计和建造。

> 下分：A. 设计。
>
> B. 铺装安排。
>
> C. 结构。
>
> D. 沥青。
>
> E. 混凝土。
>
> F. 建造。
>
> G. 估价——系统和方法。
>
> H. 稳定。
>
> I. 土壤力学。
>
> J. 地质和地球物质的性质。
>
> K. 铁路系统。

第三大组：运输设备的安全操作和保养。

第四大组：法规。

第五大组：组织间的资源流通。

这五个大组，包括有约160个技术委员会，在11—16日期间分别举行222个分组集会。出席会议者除TRB成员之外，还有运输部门行政人员、工程师、建筑师、研究员、教授和顾问工程师，并邀请国外专家出席。

我是作为外国特邀代表，参加其第99项"桥梁美学会议"。

五、桥梁美学会议

桥梁美学会议于1987年元月13日下午在华盛顿希尔顿大厦科罗拉多室举行。出席会议者共10个国家110余名代表。会议议程共有五个报告，具体是：

中国桥梁美学·唐寰澄。

美学原理组成·Frederick Gottemoeller。

桥梁设计中的建筑学·Paul C. Harbeson。

桥梁工程中设计方法和质量的关系·Kenneth Kruckemeyer。

桥梁美学文献·Martin P. Burke。

规定各报告时间为20分钟。会议主席安排我第一个做报告,并不限时间。首先由主席介绍本人的简历、成就和现在担任的职务等。我报告的内容简单的提纲是:

中国幅员辽阔,河道纵横,桥梁密布,且有五千年的文明史,桥梁的各种形式,都有其发展渊源和历史。并且自18世纪科学发展以来,又吸收外国经验。然而相对而言,中国传统桥梁统治的历史时期较长,当年并无桥梁的美学,可是很多保存得很好的中国桥梁,具有很高的美学价值,因为这是在中国传统美学观点的指导下所进行的。

中国的传统美学,起自中国的传统哲学,于是便简单地阐述中国传统美学的一些基本原则。

自科学发达之后,工程建筑的美学问题,包括桥梁的美学引起了注意,特别是新中国成立之后,几座特大桥梁,使桥梁美学问题,从实践中提高到理论的高度上来讨论。于是便列举了在中国桥梁设计中所遇到有争议的美学理论,予以归纳,并给出作者的看法。

最后以中国的美学理论来分析国内外桥梁美学中的若干法则,纠正一些普遍的错误看法,提出新的定义。

报告全程录音,并当场出售录音磁带。

因为要避免单纯理论的枯燥性,报告同时放映了105张全部是中国桥梁的幻灯片。内容包括五大部分,即古代桥梁、城市桥梁、园林桥梁、公路桥梁和铁路桥梁。予以简单地介绍和在美学处理上作分析和讨论。

总的目的是宣扬中国的高度文明以及在桥梁技术与艺术上的成就。

会议上分发了大桥局的画册和我所著《桥》一书。报告占用时间45分钟。

六、效果

会议主席和TRB年会的组织者认为本报告是桥梁美学中宝贵的资料(Wealthy material),并在《世界桥梁美学》一书中将占重要和较多的分量。

加拿大、美国、英国、日本、印度、马来西亚等代表纷纷表示祝贺和作礼节性的邀请,英国Freeman Fox公司Jolyon A Gill高级工程师与我合影留念。

美国联邦公路总局桥梁部分总工程师John J. Ahlskog先生,高级工程师Brad Tayler先生在会场说,中国的桥梁成就很了不起,很多桥式从未见过。对大桥工程局的工作能力和工作成绩表示钦佩和祝贺。

美国公共工程部Kruckemeyer先生认为中国的桥梁有中国的特色,甚令人钦佩。

14日,美国联邦公路总局Ahlskon先生与Tayler先生、King W. Gee先生驱车来住处Clarendon Hotel拜访,并车载往华盛顿市建设局会见其总工程师Burch先生,请他向我介绍华盛顿市的建设历史和现状。会见后,车载参观华盛顿市容及现有桥梁。

16日TRB会议组织者George Ring(英国爱尔兰血统的美国人)来电住处,说据各方反应,报告甚为成功。故于该日下午1时,驱车来到我住处拜访,车载到西Virginia州参观市容(住宅区)。在其别墅中由其夫妇招待晚宴,并住一宿,商讨下一步工作和邀请再次访美。

七、归程

17日由华盛顿返纽约,住中国总领事馆,18日搭民航客机回国,19日深夜抵北京,此行任务圆满结束。

八、几点看法

1. TRB年会组织健全,涉及面广,凡是交通(包括公路和铁路)近期未解决的问题都作专题研究,且发动国内外专家参加。我国没有相应的机构与之适应,但交通部仍可考虑如何与之作经常性的交往,以取得信息。

各国对此会议甚为重视,加拿大派有22人的代表团参加各种有关分组,日本、印度,甚至马来西亚也都有代表参加,我国以后是否经常参加此会亦可考虑。

2. 会议论文和研究报告资料丰富,布置满100平方米的展厅,但需购买。我国规定不能用生活费购买资料,只能失之交臂。建议今后出国开国际会议,可拨付专款,以备购买有价值的资料。会议主席赠我TRB近年出版研究报告目录一册,可供有关单位参考购买。

3. 我除了参加桥梁美学会议外,尚参加了混凝土桥和钢桥会议。该两分会,本届会议议题并不十分突出,尚有其他会议,实因精神不济,没能参加。精神不济的原因,乃时差13小时的关系。出国期限,卡住飞到即开会,会毕即飞回,无缓冲时间,初到时时差影响极大,只能重点保证本身参加的会议,待能适应,便需回国。建议今后赴时差较大的国家参加会议,给予缓冲时间,提前一个航班出国。

4. 由于外汇规定,日宿费有一定规定,华盛顿希尔顿大厦费用较高,超过限额数倍(1人出国),只能住较远的小旅馆(条件尚不差)。当我报告完毕,有些外国同行祝贺时称,拟于晚间到房间拜访请教,告以不住本酒店,只能作罢,影响正常交往,不利外事活动。同时,大国的代表尚不如小国代表能住会议安排的酒店,实可惋惜。

5. 桥梁美学问题,目前正引起世界重视,美国组织此会,便为明证。国内则我局和铁道部最终能派我出国参加,也是对这一工作的重视和支持。但以往出国回来后往往注意政治上的提拔而忽视考察、学习和开国际会议的目的(当然指部分而非全体),忽视事业上的重视和支持,希望在具体实际工作上考虑发挥其作用。

报告不当之处,请批评指正。

附件一、《世界桥梁美学》著者名单(英文)

二、TRB66届年会程序(英文)

三、TRB出版物目录(英文)

四、英国Freeman Fox公司介绍(英文)

1987年2月4日

国际斜拉桥会议出差报告

接世界桥梁学会IABSE主席Manabu Ito邀请,经局秦总批准,我于2004年9月19日至24日到上海,出席所举行的国际盛会。此举意义有三:

一是世界桥梁协会第一次在中国举行会议。

二是本届乃世界桥梁学会IABSE75周年纪念。

三是虽然目前情报资料来源比较丰富和容易,但出席国际会议,直接交往,"结识即信实" Seeing is believing,可得到更好的技术交流和公关效果。

一、规模

本届出席人数共518人(连工作人员共约600人),其中中国计179人(大陆162人,香港12人,澳门1人,台湾4人)。

其他40国339人(日本70人,德国39人,美国36人,瑞士27人,英国10人,丹麦10人,法国8人,另33国139人)。

二、地点

上海茂名南路锦江饭店。

主会场:上海兰心大戏院。

住处:锦江饭店新老楼及附近五家高级大饭店。

费用(高昂):注册费1 020元。

宿费最高1 500元/天。

宴会费600元/人。

旅游费最高11 750元/人(自愿)。

因我是特邀嘉宾,食宿全免。

会议后期两天,因上海举行国际汽车拉力赛,宿费加价到最高2 500元/天。

三、内容

会议交流论文231篇。其中6篇为关键论文在大会宣读,计为:

- 丹麦近年永久跨海工程试验(丹麦)。
- 高层和大跨建筑建设设计规定(新加坡)。
- 桥梁比选(德国)。
- 在热湿地区安居住房(日本)。
- 旧金山奥克兰湾概念和比较方案(美国)。
- 更好建筑,更好城市(中国)。

其他论文225篇,分类为:

- 桥梁的规划和评估20篇。
- 结构的规划和评估22篇。
- 桥梁设计和分析76篇。
- 结构设计和分析47篇。
- 桥梁施工和材料12篇。
- 结构施工和材料25篇。
- 桥梁保养、运营和寿命13篇。
- 结构保养、运营和寿命10篇。

资料过重邮寄回汉,待收到后再摘要上报。

所有论文的写作、宣读、提问、回答统一用英文。在其他时间,除中国人或外籍华人外,交流亦用英文。因此,如不能阅读、书写、讲、听、答英文者,参加会议便无意义。

此次会议得见很多新老朋友,带去书十本,名片交换一空。

将继续消化会议内容,使能在工作中起作用。

此呈

　　领导

　　　　　　　　　　　　　　　　　　　　　　　　　　　　唐寰澄

　　　　　　　　　　　　　　　　　　　　　　　　　　　　2004年9月25日

附:此次会议的行程和会见朋友安排如下。

09.19

MF364航班11:30起飞,12:30到上海,王博士来接,住同济专家楼501室。下午老范(立础)来谈。与杨士金通电话。刘键来,同吃晚餐。

09.20

与谢天祥通电话,决定20日上午小王来车接,到金泽,午餐后下午开会,会毕送回上海同济。

09:30分接去金泽看桥,会见旅游公司许总经理、谢镇长交换意见。午餐后小王车送到朱泾,到治(弟)家小坐半小时,取钟(治弟自己制作的刻盘电子钟)。3:30离开金山,约5时到上海。

晚杨士金来,请吃饭。与陈双庆通电话。

09.21

上午休息。

下午二时，王博士来接同到老锦江饭店报到。领资料一袋，安排住淮海中路的金辰大酒店310室。买归程机票。

老范住老锦江1022室。

打电话给太后报平安。

打电话给小谢（天祥）。

打电话给陈总经理。

约24日王博士来送。

09.22

上午到兰心参加开幕式，听报告。

中午误随入新楼进餐，后转老楼11号，同路有德国大学土木系教授（女）。

下午在A室听报告。

晚间自助餐，人太多。会见了不少新老朋友。

09.23

上午在兰心听报告。

中午自助餐，后回金辰午睡。下午到东方建设访刘键。

晚餐为正式宴会，地点在老城隍庙，6：30坐车去，7：30宴会开始。6 000元一桌，10人，不过有鱼翅而已，和香港朋友一桌，吃到10：30。

和老刘（正光）、伊藤及夫人合影。

09.24

上午在兰心听报告到9：30，回金辰。

10：20王博士来，会议所得资料托其回校后寄回武汉，因为还有钢绞索线段很重（东方赠），怕上飞机不方便。上午退房，中午在金辰午餐，餐后去机场，顺利上飞机（晚点40分钟）。到武汉公司派小刘来接，顺利去家。

唐浩整理于2014年6月18日

隔不断的两岸情

——记台湾海峡跨海工程研讨会

台湾省与中国大陆历来仅靠海运相连。历史上曾有过几次模糊而简单的建跨海固定式交通联结的梦想。但由于政治、经济以及技术条件不成熟，这些设想依然像跨银河、造鹊桥一样是一个美丽的神话。

2005年11月7日至9日，笔者应邀赴福建福州、平潭岛开第五次台湾海峡通道工程学术研讨会。这是本人第四次参加台湾海峡跨海交通工程会议，第二次到平潭岛。从1974年起，笔者通过研究深水桥梁基础，科学地论证了琼州海峡跨海交通工程在技术上实现的可能性。1989年，笔者正式向江泽民总书记上书，建议建设沿海高速公路和铁路，重点研究中国的三大海峡工程。梦想开始变为理想，并为之奋斗了30年，可惜仍受制于政治因素未能实现。真是"浅浅的海峡，国之大殇"。

台湾海峡是否需要固定的交通联结？在全国统一的主导思想下，回答是肯定的，而且联络线应当不止一条。日本本州为了联结小小的四国岛就于1976年起修建了三条跨濑户内海的联络线。现在还将计划增建二条，西通九州岛、北通北海道。因此，1989年，笔者建议跨台湾海峡至少修建两条通道，即南北两线。南线自福建厦门岛联金门岛（约15 km），金门岛联澎湖列岛（约50 km）；北线自福建平潭到台湾新竹（约140 km）。南北线之间还可修若干比较线。从线路长度上看，北线比较短，因此大多数人倾向于此。

1999年11月15日至17日，福建省在平潭岛召开第二次台湾海峡隧道论证研讨会。在岛上开了座谈会，大家热情甚高，踊跃发言。我也做了《琼州海峡跨海工程QSC发展和台湾海峡跨海工程TSC论证意见》的报告。六年做琼州海峡跨海工程前期工作的经验，使我深知工作的复杂性。

2003年3月23日至24日以及同年12月16日，在厦门大学开了第三、第四次会议，重点谈厦、津、澎、台南线。建设的可能性极大，但此时却又横空出世冒出一股台"独"势力。即使在这样的条件下，2005年11月7日至9日还是先后在福州、平潭开了第五次会议。因为国家坚信，台"独"是成不了气候的，统一是必然的，并且可以以和平的方式来实现。

这一次还是谈北线。虽然只是学术研讨会，也只来了两位台湾朋友，可是出席人数众多，国内主办、协办、承办、参办的单位也达12家。尽管这个工作尚不能正式开展，但地方政府的热情有增无减，因为国家将建设104国道，从北京经济南、南京到福州，增加了台湾通道北线的可能性。

六年之后重回平潭。平潭岛的建设已大有进步。再游1999年所至之处，风景如故。在天蓬石边再次留影，归来后填《金缕曲》，词曰：

八十是耄年，却有缘，平潭再至，台海北弦。天蓬石外重伫立，依旧海雾障烟。只添得新知故雨，主、承、参、协会多贤。六载过，看风云动荡，独与统、绿如蓝。未知何日锦车联，便今朝，三同不达，四通更玄。好梦心期着鞭早，华族负群肩。想此身姬昌难遇，天教余生任自然。真上马，期宏观调控，取双赢，获万全。

待政治清明之日，真的要工程上马，就不能是自发性的自由结合，而在要国家宏观调控之下，按照市场经济原理，广罗真才实学，实行双赢规则，使工程获万全而无一失。

2006年2月于武汉

京沪高速铁路济南黄河桥意见

2003年11月9—11日在现场踏看,并得到2003年10月大桥勘测设计院该桥《初步设计说明书》,阅后有若干看法。

一、总体方面

(一) 资料

设计院负责设计段共5 143.4 m(约5 km)。

北分界点K6+187.4,在展宽区北大堤以北有125 m展宽区宽3 660 m,临黄南北大堤间宽930 m。

南分界线在临黄南大堤约414 m里程K11+330.8,其桥梁总布置为:

1×32.7+(55+80+55)〔跨展守区北大堤〕+108×32.7+(113+2×168+113)〔主桥〕+8×40.7〔滩地〕+(47.25+80+47.25)〔跨南大堤〕+10×32.7=5 143.4 m。

王家庄桥位上游2.7为济德高速公路杨庄桥;下游约10 km为泺口公路浮桥;下游11.3 km为邯济铁路泺口老桥(1909—1912)。

该桥位有委托山东省河务局《河工模型试验和水文泥沙分析报告》(未见)。

该桥桥址重点问题是泄洪、冰凌。报告认为,河床断面比较稳定,冲刷以纵深为主,横向摆动不大。上下游桥无冰凌卡塞现象。

总的趋势河床可能淤高,堤顶可能培高。

"50年内设计洪水位升高5.37 m" "本桥预留淤高宜不小于4.0 m"等,黄委会提供或批准的资料无甚意见。

(二) 梁底标高

初步设计确定的资料:

设计洪水位　　　+40.83 m

　　浪高　　　1.2

　　壅水高　　　0.3

　　漂流物　$\dfrac{0.5}{+42.83\ \text{m}}$ 堤顶应加到此

支承垫石顶超高　0.25

支座高   2.16
梁底高程   +44.74 m

原资料认为,黄河"目前为非通航河段";

"相当长的时期内要形成通航条件的可能性极小";

"桥址河段不具备通航条件"(山东省);

但远景规划"为四级航道,净高为2030年水位水平不低于8.0 m"。

现采用9 000 m³/s流量相应水位34.46 m(按:是否2030年值?),

通航净高   10.5 m
           44.96 m   (何以取此值?)。

《京沪高速铁路防洪(凌)大堤研究报告》要求梁底高程44.82 m。

于是,梁底高程有3值,即:44.74,44.82,44.96。

问题是否疏忽了一项,即现有堤顶北大堤为+38.13;南大堤为+37.14,需要按设计洪水位加高。

设计洪水位   +40.83

加高后堤顶   +42.83

＞ +47.83   梁底标高为加高的堤上通车控制。

堤上通车净高   5

比初设计要求44.96,或堤上要求+44.82高出3 m。宜于技术设计时纠正。轨底标高将随梁的设计提高。

其主桥平剖面见图2-8-1(略)。

二、主桥

主桥布置计为:

113+2×168+113钢桁梁,北端孔跨临黄北大堤;

8×40.7P.C.简支梁,跨河中滩地;

47.25+80+47.25P.C.连续梁,跨南大堤。

设计原则:

深槽用大跨、滩地用小跨。

"尽量采用我国桥梁中已成熟应用的结构形式,以安全可靠,经济实用为追求目标"。

安全、可靠、经济、实用的目标是正确的。但不求创新(至少在国内比)和不讲究造型,似乎有些欠缺。

钢梁部分,以二座中国成熟应用的铁路桥梁即济南泺口黄河桥和山东长东黄河桥为榜样得出的方案(图2-8-2)。

国上弦曲梁不好走架梁吊机故建议采用平弦菱格形连续钢桁,横断面如图2-8-3。梁高26米。桥面为纵横梁系统道渣槽。不考虑道渣槽板与横梁的结合。

桁梁竖向刚度"本阶段按1/2 000来控制"。

问题探讨:

(一)本式桥梁是具有设计说明中的一些优点。但别的桥式亦能得同样的优点。

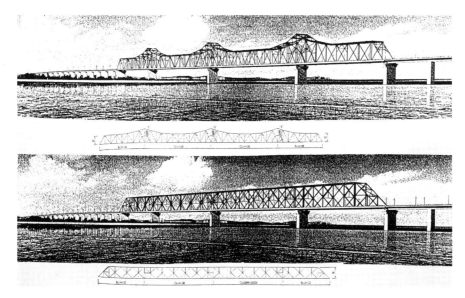

图2-8-2 京沪高速铁路济南黄河桥钢梁方案

（二）桁梁上下弦杆为全钢杆件；梁纵向变形小于1/2 000的条件是自我束缚。变形限制条件的根据何在？

（三）桥虽行但缺乏进步。即使长东桥，其并列新桥亦对老桥有所改进。

（四）变高度的泺口桥是德国工程师从德国1869年始用美因河上桥的翻版（图2-8-4）。泺口桥造在40年之后的1909年。又86年，1995年德国美茵河上建双线高速铁路桥（图2-8-5）。

德国汉诺威—乌兹堡高速铁路跨美因河的能登堡Nantenbach主桥为上承式连续梁纵坡1.25%，平面曲线半径2 650 m，梁高跨中7.66 m，墩上15.66 m（图2-8-6）。

特点是：

上弦为P.C.道渣槽板和上弦相结合。下弦在桥墩左右压力过大处内填混凝土。

主跨为206 m > 168 m。桥为无竖杆三角形腹杆。

能采用这样的改进方案吗？

试将纠正标高后的平弦菱格形梁和此桥式相比较。上承式钢桁梁桥轨底标高比下承式高

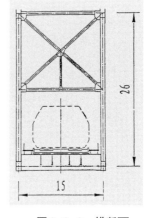

图2-8-3 横断面

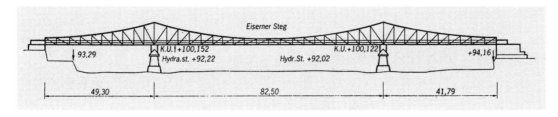

图2-8-4 1869年德国美因河桥

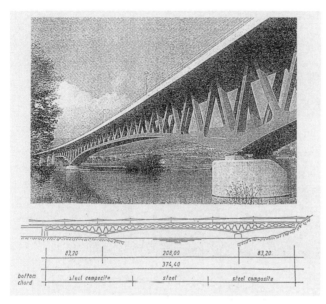

图2-8-5　1995年德国美茵河上建双线高速铁路桥

图2-8-6　桥横断面

12.4 m，但梁却矮了11.7 m（图2-8-7）。

同是高速铁路是可以比较的，只是能登堡美茵河桥的技术资料待深入考查。

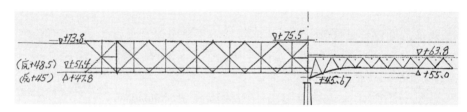

图2-8-7　济黄桥下承和上承式钢桁比较

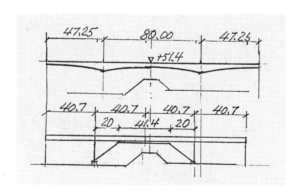

图2-8-8　南大堤跨线桥比较方案

（五）浅滩上的主桥为8×40.7P.C.简支梁和三孔跨堤P.C.连续梁。假定仍维持此方案。

问题在于桥跨大于32.7 m又被跨堤桥挡断，原研究在河滩上用倒用脚手架立模就地灌注。但此处现场观察靠南大堤外有冲刷槽，施工比较困难。

是否可将47.25+80+47.25连续P.C.梁改为4孔40.7 m梁。跨堤处梁下加八字撑一共12孔40.7米梁在南大堤内陆地制造，顶推就位。（图2-8-8）

（六）主桥分主槽和滩地分别处理。当水位较低+30.0以下时较为显著，但在设计洪水位+40.83时就不明显。况且老年性河道弯道难免要迁移。

上游不远的济德高速公路杨庄桥主桥全桥一致为5孔P.C.刚构双片墩（图2-8-9）。

初设说明书中列举铁路桥用上承P.C.梁的缺点。据说天津会议仍提出要求继续研究。

若不用上承P.C.梁或刚构,全部用上承钢桁梁如何?

其孔径布置可为:跨越南北临黄大堤和河道45+930+45=1 020 m;

90+5×168+90=1 020 m;

或(90+2×168+84)+(84+2×168+90)=1 020 m;

或90+150+168+204+168+150+90=1 020。

造价可能比原方案为高,但综合比较,高一些也是合理的。造型较好,并与杨庄桥相协调。

图2-8-9 济德高速公路杨庄桥

钢梁安装方案,从北岸引铁路破展宽北堤入展宽区,从北大堤外用河上临时墩一路向南半伸臂安装。

三、引桥

济黄引桥。

展宽区外一孔32.7 m(如何施工?)。

跨展宽区北大堤55+80+55,P.C.连续梁亦可改成6孔32.7 m梁,下加伸臂支撑墩。安装时与展宽区外一孔,区内108孔用一部架桥机施工。

即共108+6+1=115孔梁。

关于引桥本身甚有可优化的地方。我已于2003年11月24日提出了书面意见,现统一于本文之内。

(一)设计方面

据称京沪高速铁路全线小跨引桥总长达700 km,想必在过程中已对引桥的设计做过详细的比较研究。因数量过大,每一微小的节约积累便成上亿的大数。梁有24.7 m,32.7 m,40.7 m等。今举32.7 m标准梁断面如图2-8-10。

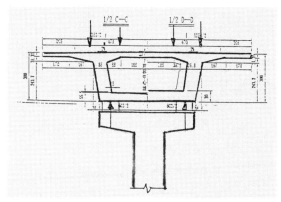

图2-8-10 32.7 M标准梁

标准梁都为单箱斜腹板,双线。虽整体性较好,但从横断面中可见传力曲折。梁顶版内弯矩较大。活载偏载时,从上到下都受力矩。今举香港新界新建高速铁路而言其东线桥梁横断面如图十一上,亦为双线,但每线一箱。西线之间为防撞隔离墙,两侧为防噪声墙。结构上钢轨和箱梁腹板并不对齐。桥墩为独柱,其活载横向偏心力矩更厉害。当西线建设时改进断面如图2-8-11下及图2-8-12。仍是双箱,但腹板和轨道对齐,桥墩为双墩。如此,横向传力直接无偏心。便是东西部

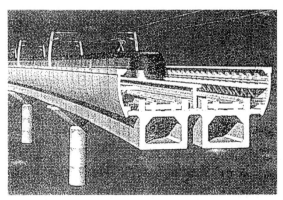

图2-8-11   香港新界高速铁路桥

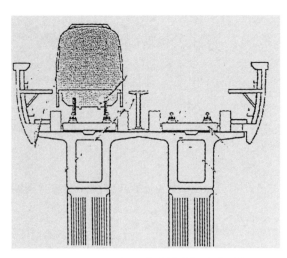

图2-8-12   香港新界高速铁路桥改进后断面

的改进,节约达12%—20%。

建议大桥局组织力量作设计分析计算绘图上报铁道部,用具体数字,建议改进。

造型方面,两者没有什么大区别,都可以看得,应以服从经济为主。

(二)施工方面

1. 架桥机

目前为了架设24.7—32.7 m梁、设计了900 t的架桥机和运梁轮胎平车,既重且贵,并且全线需要的台数不在小数。

改善后的断面,400 t的架桥机和较轻的运梁平车已足够。立足于集团公司,自己可以设计制造,并可出售。

2. 跨堤、小河引桥

不论南京和济南,遇到跨堤和小河,都改为非标准的变截面P.C.连续梁。于是引桥标准梁被分割为数段,架桥机不能通过。

这一现象或增加架桥机的转运。或架桥机之外又用造桥机与移动架手模架等其他设备。

为了施工的方便,可以改进跨堤和小河的桥梁设计和施工方法。已有若干设想,图八便是其一。事在人为,切磋琢磨,方能共同进步。

2003年11月28日

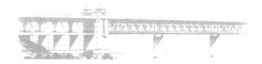

京沪高速铁路南京长江大桥设计方案研讨会上的发言

一、编制《设计指引》

设计院为高速铁路南京长江大桥做了好多工作,本次研讨会的汇报资料只提及"6月初接受部计划司指令",无具体指令内容。理论上讲,部计划指令中应规定(或要求部规定)指令的技术要求,今都不清楚。最起码,大桥局集团应该首先编制相应的《设计指引》则设计、计算、评审、研讨都有根据。

《设计指引》一方面先用作设计依据,一方面在设计过程中不断修改补充。

《设计指引》需广泛收集集团内外对高速铁路的研究过程中,特别是桥梁方面的技术要求,并以国外资料补充。

《设计指引》在编写过程中需与部主管部门取得密切的联系和沟通。

《设计指引》在设计方案完成报部时同时报部审批,争取正式由部批准作为暂定的规范,使技术问题有法律依据。

《设计指引》在正式批准可颁布发行以前有一定范围的保密性。但为了团结起来做好工作,在大桥局集团公司内部行政和技术决策层中不宜过分保密。

二、桥位与通航

种种原因桥位确定在已开始兴建的南京市大胜关南京公路三桥上游1.5千米处。江面宽约1.5千米,两桥间空间成正方形。这一事实很难改变。

错过了建造公铁两用桥的机会,使投资增多。这一事实无法改变。

南京公路三桥已批准主桥桥孔布置为:

$$83+256+648+256+83=1\ 326\ 米$$

通航净空主航道为490(米,宽)×24(米,高)。

长江南京段诸桥因建设年代不一通航净空的标准不一,恐怕最早建设的南京长江大桥改建时净空需予改变。

高速铁路桥与南京公路三桥相距很近。但设计院之前根据上元门桥址设计的主桥跨布置为:

$$80+220+340+340+220+80=1\ 280\ 米$$

上元门在大胜关的下游，其航道净空的来源不详。为此在桥梁设计上设计院做了多年大量工作，弃之十分可惜。大家都觉得可以将单孔双向通航的净空，在铁路桥址改为双孔单向通航，极力争取航道部门批准。《汇报资料》中说明"航务部门要求后建桥梁适应先建桥梁"。所以，对改航道的问题，"能否由航务部门接受，尚难肯定"。且旷日费时，影响部规定的工期，完成任务十分紧张。

所以，不宜将此作为首位工作。宜将适合于南京公路三桥的通航要求的桥式，中孔大约650米的桥式作首位工作来进行。

三、桥式

一江之上，如两桥相离甚远，桥式可以完全不同。如两桥相并，则应完全相同。

今不远也不并，个人主张：主孔相同，主墩对齐。主塔高度一致；梁式和边跨小跨可不完全对齐。同中有异。通航航道则通畅对齐。

四、桥梁上部结构

因需和南京公路三桥一致，故为约650米中跨的斜拉桥。

设计院称，部规定为车速300千米/时，高速铁路认为如此大跨怕设计不出来。据耳闻当年作上元门桥4塔340米主跨斜拉桥设计时，车速亦不是300千米/时，而COWI公司帮助检定时说可以走到300千米/时。

到底主跨650米的斜拉桥能不能行走4线高速铁路？只能实事求是，用科学研究来求答案。

这里将所了解的世界上已建成的高速铁路桥隧行车速度和桥式作类比比较。

（一）英法海峡

英法海峡跨越工程曾设计过公路、公铁两用、铁路的桥隧方案。最后建成分离的双向单线高速铁路隧道。1995年通车，车速130千米/时。

（二）大带海峡

大带海峡跨越过程中，曾经有过公铁两用的斜拉桥。公路6车道，铁路双线。铁路车速160千米/时。

桥面有单层和双层的布置。1967年P.C.梁斜拉桥方案主跨为500米，或多跨350米（图2-9-1）。

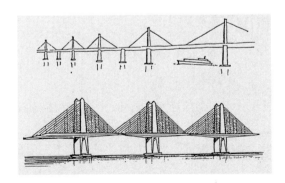

图2-9-1   大带海峡桥1967年方案上：主跨500米，下：主跨350米

　　1978年方案为钢桁梁,斜拉桥主跨780
米,悬索桥主跨为1 416米(图2-9-2、图2-
9-3)。

　　最后决定:东桥公路为桥,铁路为隧道。
西桥为分离三箱P.C梁。其间有过144米桥
跨三角形钢桁架,上层公路下层双线铁路的
设计。

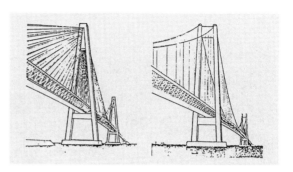

图2-9-2　大带海峡桥1978年方案　左:主跨780米,
右:主跨1 416米

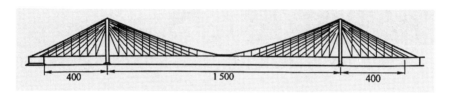

图2-9-3　大带海峡桥1978年研究方案

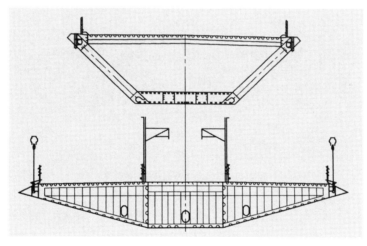

图2-9-4　大带海峡桥1978年方案单、双层断面比较
(双层方案为我局科研项目之一)

(三)日本本四联络桥

1988年建成的日本本(州)四(国)联络桥,中儿岛板出线全线,上游自本州起:

下津井桥,钢桁悬索桥,主跨940米;

柜石岛、岩黑岛两钢桁斜拉桥,主跨420米(图2-9-5、图2-9-6);

濑户内海西联各3孔悬索桥,主跨990米,1 100米(图2-9-7);

桥全部为上层4车道公路;下层为双线,在来线与双线新干线共4线铁路。先各通一线,共
2线。

图2-9-5　日本岩黑岛斜拉桥

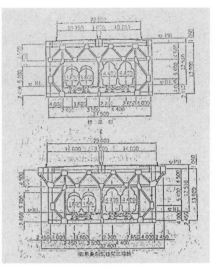

图2-9-6　日本岩黑岛斜拉桥断面

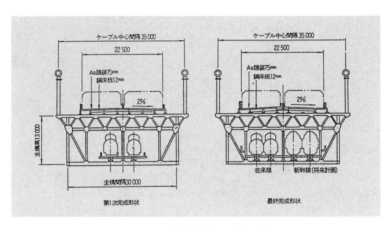

图2-9-7　濑户内海悬索桥断面

图2-9-8　中国香港青马大桥

铁路车速，在来线，130—160千米/时；新干线，客车250—300千米/时，货车150千米/时。

（四）青马大桥、汲水门桥

中国香港的跨海大桥，青马大桥和汲水门大桥于1997年通车。设计时为6车道公路，双线轻轨。后铁路改标准轨、高速（图2-9-8、图2-9-9）。

铁路车速135千米/时（试验时为145千米/时）。

青马大桥为悬索桥，主跨1 377米。

汲水门桥为斜拉桥，主跨430米。

(五) 厄勒海峡

厄勒海峡亦为公路两用桥, 4车道公路, 双线高速铁路。

1993年曾研究单层方案。

1994年确定的是双层桥方案 (图2-9-10、图2-9-11)。

铁路车速, 客车200千米/时; 货车120千米/时。竖琴型斜拉索、双H型塔, 主跨490米。

厄勒海峡西部德罗格登水道为沉营隧道, 东部弗林脱水道为上述公铁两用桥。2000年7月正式通车。

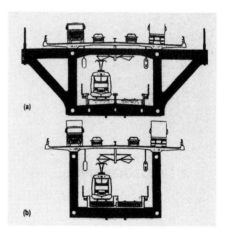

图2-9-9 中国香港青马大桥断面

图2-9-10 丹麦、瑞典厄勒海峡桥

图2-9-11 厄勒海峡桥小跨及斜拉桥跨断面

(六) 费曼带海峡

这是德和丹麦间研究了100年的跨海工程, 1998年方案中的桥梁方案见图2-9-11。

桥为双层, 三角形钢桁架, 上层4车公路, 下层双线铁路。

铁路车速: 客车限速180千米/时; 货车限速160千米/时。

桥主跨: 悬索桥为1 752米, 4塔斜拉桥, 主跨各742米。

桥正酝酿兴建, 估计2010年前不能建成。

还有很多其他世界上大跨度的高速铁路和公铁两用桥梁计划, 从略。

综合以上资料, 大跨度高速铁路桥还是日本本四连络桥设计车速最快, 桥跨亦较大。只加劲梁型式是美国式悬索桥, 略嫌陈旧。

桥梁立面的布置, 近年来多用无竖杆的三角形桁架。

近年桥梁动静荷载的要求较高, 加劲梁的构造要求既省材料, 造价经济, 又要纵横向和抗扭刚度大、变形小、噪声小, 频率合适。各项具体要求都应列入《设计指引》。

钢桁梁桁高高, 刚度好, 为了减小上下弦杆的断面和钢板厚度, 所采用的方法是:

上弦或下弦,或上下弦都与:

1. 钢正交异性板桥面相结合;

2. 钢筋混凝土桥面板相结合;

3. 扁平整宽钢箱梁相结合,钢箱顶部路面亦可是混凝土的结合梁,或铁路轨枕板或道渣槽;

4. RC箱梁相结合。

前示图2-9-3(大带桥),图2-9-10(厄勒桥),图2-9-12(费马恩桥)等,均是实例。

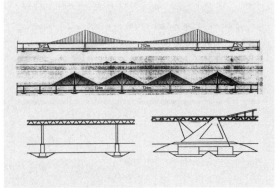

图2-9-12　费马恩桥透视图及通航主孔方案(1998)

图2-9-13为1989年建成的日本YOKOhama双层公路双塔斜拉桥,主跨460米。钢桁加劲梁上弦为扁平梭形钢箱梁,斜拉索拉于其两端。

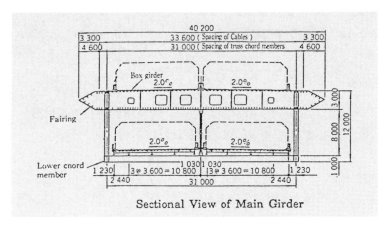

图2-9-13　日本东京湾口斜拉桥断面

2002年韩国获奖的Geo Geum桥,三角形无竖杆钢桁上弦为与混凝土桥面的结合。斜拉索为每侧3组。单索面,拉在中间。德国LAP公司设计。图2-9-14为大桥局苏联专家西林生前对俄美白令海峡所提方案。因桥在寒带,用三角形无竖杆钢桁架,下弦为8.5米高的钢箱梁内走双线铁路。通航净空宽,400—500米斜拉桥,斜拉索拉于下弦箱梁的两侧。

与图2-9-12相比,如加劲梁高和梁标高相等,若斜拉索拉于扁平箱梁的两端,则两者的全部索

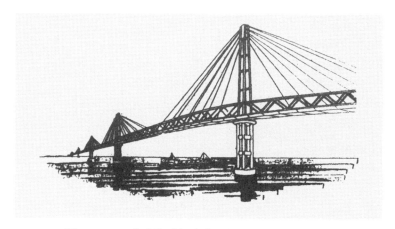

图2-9-14　白令海峡桥方案透视图（K.C.西林，1996）

长差桁高/sin索夹角。

大桥设计院设计高速铁路南京长江大桥方案（三塔或双塔），如图2-9-15，为d.型下弦用P.C.梁。

 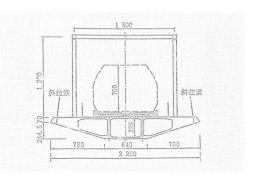

图2-9-15　大桥设计院设计高速铁路南京长江大桥方案

图2-9-16　建成后的南京大胜关大桥

究竟是钢箱梁好，还是 P.C 箱好，宜从经济和技术方面作求实的科学论证。

综观以上介绍，个人认为：

600 多米主跨的双塔斜拉高 4 线（再加 2 线地铁），规定其客车车速 250—260 千米/时，货车车速在 150—160 千米/时，应该是做得出来的。大桥局有能力！

桁式以三角形无竖杆钢桁，上弦用梭形扁平钢箱梁，两端拉锚斜拉索，上走南京地铁（中间）和维修保养车（西侧）。下弦用钢正交异性板与弦杆结合，设 4 线道渣槽。中部有竖吊杆吊于上箱梁。全部主结构为钢制，安装也方便。无材料不同引起的应力。

桥塔造型可创新意，不要完全雷同于国内外已多次用过的塔式。

五、桥梁下部结构

根据设计院《主塔基础初拟方案》采用浮运圆形沉井基础。

基础是埋入河床一定深度；或嵌岩；或下面再打桩；决定于诸基础在静、动荷载和大风地震作用下不均匀的沉陷量。

在此期间，接美国友人 2003 年 7 月 15 日寄来最新信息。

美国西华盛顿塔科玛并列新桥，主跨 853 米的悬索桥，正在兴建，2005 年完工。

该处水深 39—45 米，流速 9 节，潮高 4.5 米，桥址处有飓风。

主塔沉井平面尺寸为 24×39.6 米，埋入海床约 24 米。

大桥局对深水基础有丰富经验。但此桥基础施工特点为不用定位船，不用导向船。

先浮运带刃脚和假底的底节到墩位，接筑混凝土逐步下沉。

沉井用两层，每层四周用 6 根锚控制位置，用卫星定位（GPS）。

落到河床后，除去假底，靠吸泥自重下沉，达到标高后封底，加承台。

另一个与大桥局施工不同之处是用打入河床的带链板锚 Jettedin Driven Plate Anchor（JDPA 锚）。

GPS 定位和 JDPA 锚的技术可以在本桥研究（或引进）实施。

六、方案比选

要在市场经济的体制下做好工作，必须要是完整的制度和方法。方案比选是得到好的设计的方法。不论时间如何紧，此事必须实施。

方案比选随阶段而异。其比选的范围亦可大可小。

方案比选有一定的"游戏"法则。

这一问题当另作论述。

附：
关于京沪高速铁路引桥的意见

通过参加京沪高速铁路济南黄河桥及南京长江桥工程项目，对引桥的设计和施工方案有些不成熟的看法：

一、设计方面

据称，全线小跨引桥总长达700千米，想必过程中已对引桥的设计作过详细的比较研究。因数量过大，每一点微小节约，积累便成大数。如：每米节约1吨钢筋，1方混凝土，则全部引桥可节约约22亿。

现所看到的引桥梁方案跨度有24.7米，32.7米，40.77米等标准梁等。今举32.7米标准梁断面如图一。标准梁都为双线，单箱斜腹板。虽然整体性较好，但纵横断面中可看出力的传递道路曲折、梁顶板内弯矩较大，整个横断面包括腹板内均有各向应力。活载偏载时，桥墩和今举例香港新界新建高速铁路而言，其东线桥梁横断面如图二上，亦为双线，但每线一箱。两线之间为防撞隔离墙，两侧为防噪声墙。结构上钢轨和箱梁腹板并不对齐。桥墩为独柱，其活载横向偏心力矩更厉害。当西线建设设计改进断面如图二下。仍是双箱，但腹板和轨道对齐，桥墩为双墩。如此，横向传力直接无偏心力矩。便是东西部的改进，节约达12—20%。

建议大桥局组织力量，作设计分析计算绘图，上报铁道部，用具体数字，建议改进。

造型方面，两者没有什么大区别，都可以看得，应以服从经济为主。

二、施工方面

2.1. 架桥机

目前为了架设24.7—32.7米梁，设计了900吨的架桥机和运梁轮胎平车、改重且贵，并且全线需要的台数不在小数。

改善后的断面，400吨的架桥机和较轻的运梁平车已足够。立足于集团公司，自己可以设计制造，并可出售。

2.2. 跨堤、小河引桥

不论南京和济南，遇到跨堤和小河，都改为非标准的变截面P.C.连续梁。于是引桥标准梁被分割为数段，架桥机不能通过。

这一现象或增加架桥机的转运。或架桥机之外又用造桥机与移动架手模架等其他设备。

为了施工的方便，可以改进跨堤和小河的桥梁设计和施工方法。已有若干设想，本文暂不附。此乃公司内部的事，可以协商。

世界跨海工程规划概况

规模宏大的跨海工程,向工程界提出了桥梁和隧道建设的宏观发展方向及课题。

题目覆盖范围广泛,故只能提纲挈领、博而不详,使读者概略了解全貌。

自有历史记载的极短的五六千年以来,人们循陆上可通的道路,跋山涉水,长途旅行,动辄经年。时在四五百年前,能够远海通航,发现了新大陆,并且有了东西方海上的航道。于是,海上航运成了世界交通网的重要组成。为了便于海通,打通了两个著名的水道,即地中海和红海之间的苏伊士运河,使得欧亚之间海道不必绕道非洲好望角;南美和北美之间,打通了巴拿马运河,使太平洋和大西洋之间的海道,不必绕道南美的合恩角。这两件好事,至今人们仍沾其益。

陆上交通工具不断发展,航天事业也在突飞猛进,第二次世界大战之后,有了高速公路、高速铁路和洲际不着陆的空中航线,世界的交通事业,产生了新的趋势,开辟了新的方向。

经过几个世纪的积累与科技的发展,交通基础工程的技术和海洋工程技术相结合,工程界的手段越来越高明。经济上的需要和技术上的可能,使世界各国或几个相邻国家,能独自或联合起来考虑过去所不敢设想的,包含有较大跨海工程的国家内部、国与国之间甚至洲与洲之间的高速公路、铁路交通网。通过搜集各方不相连贯的报道,综合起来,再加上进一步的设想,笔者按图2-10-1的主要跨海工程,分述如下。

一、欧洲

欧洲是世界经济发展的地区,有比较强大的岛国——英国。英国主岛北部为苏格兰,南部为英格兰,其西为爱尔兰岛,西北及北为赫布里底、奥克尼、设得兰群岛。英国有着曲折的海岸线,已经在河流入海口、海峡、海湾建造了若干桥隧;除了一些较远(如设得兰群岛)和较小的岛屿之外,英国还计划在苏格兰和赫布里底群岛、奥克尼群岛之间建设海底隧道,在苏格兰和北爱尔兰之间,选择了两条可能的联结跨海隧道线路。而规模最大的是:

1. 圣乔治海峡(St, George Channel)

联结英格兰和爱尔兰的交通(从略)。

2. 英法海峡(Channel between British & France)

联结英格兰和法国,即英国和欧洲大陆之间的固定陆岛通道。

英法海峡海面宽约37 km,水深最深处约40 m。最早提出英法海峡固定式跨海工程的是1750年法国人尼古拉·德马雷(Nicolas Desmarets),其方案很不具体。约在1800年,法国工程师亚尔倍·马西欧(Albert Mathieu)向拿破仑(Napoleon Bonaparte)提出用矿山法从海底开挖马车隧道。

拿破仑曾在1802年向英国提出过此事。因为法国素有设想从海上和海底去征服英国。自然,近二百年前的计划未能实现。之后又产生过不少设计设想。

1973年,英国加入了欧洲共同体,经济面貌产生巨大变化。海峡运输交通量到1984年增加了一倍,估计到2000年又将增长一倍,于是在1984年,法国总理密特朗(Francois Mitterand)和英国首相撒切尔夫人(Margaret Thatcher)协议修建固定式跨海工程。

1985年10月,建设方案投标,有四个方案参加,即欧洲桥梁(桥梁方案)、欧洲道路(桥隧结合方案)、海峡快速路线(高速公路隧道)和海峡隧道(铁路加穿梭铁路车载汽车)。第四方案由动手最早的海峡隧道组合(Channel Tunnel Group, CTG)和法国五家顶尖承造商及三家银行联合设计。由于其政治背景及技术、造价等因素,第四方案中标。

1987年,两国政府相继批准,同年7月29日正式动工。

1993年12月,完工移交。1994年5月由英国女王和法国密特朗总理主持通车仪式,正式运营。

这一工程有利于欧洲共同体,特别是英法之间的经济发展。

欧洲共同体中还包括北欧诸国、北欧的斯堪的那维亚(Scandinavian)半岛。诸国如瑞典、挪威等,海岸曲折,多港湾岛屿,在修建高速公路系统时,建设了不少跨海工程,多数为海底深挖岩石隧道,工程规模较小,其中著名和重要的跨海工程,在丹麦、西欧与北欧之间。

丹麦是扼住波罗的海通往北海口咽喉的岛国。由贾德兰(Jutland)半岛、富嫩(Funen)岛、蔡伦(Zealand)岛及其余小岛所组成。大岛与若干小岛之间已有桥梁联结、其主要海峡,近年亦将联通。

3. 小带海峡(Little Belt Strait)

介于贾德兰半岛和富嫩岛之间的小带海峡,宽约0.825 km,水深最深处40 m,早于1933年建成跨通钢桁架桥。1970年又在其侧修建新悬索桥一座。

4. 大带海峡(Great Belt Strait)

大带海峡位于富嫩岛与蔡伦岛之间,峡宽18 km,中有斯拔罗哥(Sprogo)小岛分海峡为东西两槽。西槽宽约6.6 km,建以公铁预应力混凝土梁结构,桥跨110.4 m。东槽宽约6.8 km,公路用一联535+1 624+535 m的悬索桥及共计19孔193 m的P.C.梁。铁路则以两根7.7 m内径的海底隧道通过,长各约8 km。东槽水深50 m处,隧道埋深78 m。

大带海峡桥自50年代开始酝酿,1990年动工,预计1997年可以完成。

5. 厄勒海峡 Φresund(Φre Strait)

丹麦与瑞典之间,即西欧与北欧之间隔以厄勒海峡。海峡北口狭而南口宽,过海乃选南口,因丹麦首都哥本哈根位于此。1991年,丹、瑞两国之间达成协议,修建跨海工程。

厄勒海峡中有小岛名萨尔松(Saltholm),原计划利用此岛以减少工程量。后因岛为天鹅及灰脚鹅换羽区,工程南移避开。工程分为三段,丹麦侧为3.75 km沉埋隧道,中间段为4.2 km人工岛和短桥,瑞典侧为7.47 km小跨(121 m)低桥,中有1.09 km通航大跨斜拉桥。1993年开始工作。

6. 费曼带海峡(Fehmarn Belt Strait)

德国与丹麦及通过丹麦和北欧的联系可以走小带、大带和厄勒海峡,但更便捷的是自汉堡北过费曼海峡和厄勒海峡,以穿越欧洲线路联通汉堡、哥本哈根和斯德哥尔摩,此道又称"飞鸟路线"。目前有轮渡运送现西北欧间交通量的90%。自1970年至1990年,客运增长一倍,货运增长六倍,预计到2010年将再度增长一倍和六倍。

费曼海峡总宽19千米,水深处30米,设想跨海工程长22千米,研究了各种不同方案。如全长基本上为150米跨低桥,过渡到一联中孔为1 300米、净高为75米的通航孔悬索桥,公铁两用桥梁。其他设想如沉管隧道和桥隧结合方案。预可完成于1992年,是由私人公司主动进行。迄今为止,德国和丹麦政府尚没有做出积极肯定的决定。

7. 意大利墨西拿海峡(Messina Strait)

意大利本土和西西里岛之间隔有墨西拿海峡。海峡宽3.3千米,水深处120米,海底有断层,且位于地震活动区。很早起就有人设想于此建桥。1955年,成立了墨西拿跨海集团(GPM),1969年公开征求方案。

由于水文、地裂、地震等因素,绝大部分方案设想用3 300米左右单孔悬索桥。亦有考虑用大跨斜拉桥。

墨西拿桥形形色色的跨海工程方案,由50年代提出的潜式浮墩桥的设想,发展到半潜式隧道方案。以单管或组合多管节段隧道,联结潜锚于40米海水深度处,隧道锚着于海底。墨西拿海峡跨海工程的严峻要求,成为世界跨海工程的设计练兵场所。迄今尚未能做出定案和确定施工日期。

二、欧、非两洲间

欧洲和非洲之间以地中海为界。地中海适宜于跨越的地方,在其出口处的直布罗陀海峡。

直布罗陀海峡(Gibraltar Strait)

直布罗陀海峡在欧洲西班牙和非洲摩洛哥之间。

自1979年起,西、摩两国开始合作进行可行性研究。两国分别组织相应机构,在西班牙称SECEG,摩洛哥为SNED。迄今已开过多次国际会议,吸引全世界知名的桥梁、隧道公司和专家们提出不同方案。

海峡东西长约87千米、南北宽狭不同,水深亦不同。主要选线方案:东A自西班牙的肯拿莱斯角(Pointe Cannales)到摩洛哥的锡尔莱斯角(Punta Cirles)(CC线)。这一海峡宽约14 km,最大水深950米。西B线自帕洛马角(Punta Paloma)到马拉巴塔角(Punta Malabata)(PM线),海峡宽26千米,最大水深300米。窄处水深,宽处水浅。

桥梁方案有悬索有斜拉,或其组合。悬索桥多半为多孔连续,主跨自2 000米,3 550米到5 000米。深水墩水深300米至470米。

隧道方案则有半潜、沉管和深埋等方案。

直布罗陀海峡的跨海工程,是目前世界上最为艰巨的工程项目。尚在不断地比较研究之中。

三、欧、亚两洲间

欧、亚两洲间海上以黑海为界,其入地中海之处有达达尼尔海峡和博斯普鲁斯海峡。

博斯普鲁斯海峡(Bosporous Strait)

博斯普鲁斯海峡位于土耳其境内。中古时期,土耳其人便在海峡上架设过军用浮桥。

海峡宽度仅1千米。1973年建成第一座6车道公路、流线型钢箱梁的单跨1 074米悬索桥,通过此处,地区和欧、亚之间的交通量日益发展。接着建造了第二座桥,相同类型,中跨1 090米,亦是6车道的悬索桥。

于第二桥南450米已在用BOOT（Build-Own-Operate-Tranofor）法第三座三孔悬索桥的建造，其中孔为1 168米。

四、亚洲

亚洲国家发展的情况不一，有些国家，如日本，二战之后自60年代开始已修建了不少跨海工程。中国被战祸和错误的政策耽误了战后近30年的宝贵时光。当改革开放政策取得成功后，经济稳步高速上升，促进了交通事业发展，开始筹划跨海工程。苏联解体，俄罗斯在谋求和东西方的贸易。东南亚及亚洲太平洋地区，企图成为一个经济实体，于是亚洲内部的交通系统各自在进行调整和取得相互之间的密切配合。同时还将考虑和其他洲取得陆上联系。

中国的公路交通网在现有基础上，九五期间要进行两纵两横国道主干线的建设。两纵之一高速公路自黑龙江的同江，经哈尔滨、长春、沈阳、大连，跨渤海海峡至蓬莱、烟台、青岛、连云港、上海、宁波、福州、厦门、泉州、汕头、广州、湛江、徐闻，跨琼州海峡至海口、三亚。作者于1989年国家制订八五规划之际，上书江泽民总书记建议此线时，只起自长春，其他位置相同，且自福州与厦门，两处横出跨台湾海峡至台湾。两纵之二自北京至珠海。

两横之一自连云港至新疆的霍尔果斯。之二自上海至成都。

中国的铁路网干线亦分纵横，以北京为中心，北起满洲里，以京沪、京九（九龙）、京广，及成昆，南接中国香港、越南、缅甸为纵。从连云港到傅乐，上海经西安到成都为横。

公路和铁路交通，在全方位改革开放的指导思想下，北通俄罗斯，东去朝、韩，南接东南亚、印度；西经哈萨克斯坦去接亚欧通道。

东西横线乃经古丝绸之路，现在称之为"欧亚大陆桥"，其东端起自连云港。南北纵线中的同（江）三（亚）高速公路（将来可能再联铁路），连贯中国重要的经济开发区、片和城市，对经济的发展将起到重要作用。南、北两端，向国际延伸则更具潜力。在这条线上有中国的三大海峡工程。

1. 渤海海峡（Bohai Strait）

渤海海峡夹于辽宁半岛和山东半岛之间。公元前219年，秦始皇设想跨海造桥，恐怕是世界上第一个作跨海工程之梦的人。1896年时李鸿章提到用英国福斯海湾桥方案建之于此。

渤海海峡宽约120千米至145千米。自旅顺老铁山侧，跨老铁山水道约45千米，至庙岛列岛的北隍城岛、南隍城岛、大钦岛、砣矶岛、北长山岛、南第山岛到山东半岛的蓬莱约75千米跳岛建桥。老铁山水道平均水深35米，最深处60米，或隧或桥。总长约120千米。

另一方案是修建火车轮渡，自大连直航烟台，约145千米，虽然投资较省，但仍是一个半永久性工程。

联通渤海海峡可以缩短其沿渤海湾迂回的道路约1 500千米。现已由有关单位完成预可行性研究报告。

2. 台湾海峡（Taniwan Strait）

台湾海峡长约330千米，宽约140—250千米，除了高雄南有3 000米深水盆地外，峡中平均水深仅约50米。可以利用沿海的岛屿修建跨海工程。有若干过海的线路可供选择。由于台湾省的经济状况和政治、国防上的重要性，一条联结线是不够的。作者初步设想，北线自福清到新竹或自莆田到台中，海上线路约145千米。南线则联结厦门、金门岛、澎湖岛至台湾的嘉义。台澎之间，台湾已在兴建跨海工程,则下余的跨海线路几乎和北线一样,长145千米,水深情况亦类似,约50米。此线将台、澎、金、马、陆一以贯之。

建设台湾海峡跨海工程,看起来现在还不是时候,缺乏必要的政治气氛,故在向江主席建议时毫无下文。1995年10月,作者于香港"21世纪国际桥梁会议"上宣读这三大海峡跨海工程设想时,中外学者一般都感觉十分兴奋,但亦称作者甚为"大胆"。事后,德国莱翁哈特博士来信称,三大海峡中台湾海峡跨海工程可能还只能是个梦。不过作者相信,总有这么一天,台湾和大陆统一并密切地用跨海工程联系起来。

3. 琼州海峡（Qiongzhou Strait）

琼州海峡介于广东省雷州半岛与海南省海南岛之间。历史上有人曾经雷州"鬼门关",过海峡,至琼州"投荒"。自唐、宋以来是充军发配的远恶军州,只是因为路途艰险,远至"海角天涯"。实际上到明代,这里已经是一个比拟于"苏杭"的好地方。查得到第一个做跨琼州海峡跨海工程梦、感叹"恨津梁之无期"的是明代海南人鲁彭。琼州海峡跨海工程正式提出是在20世纪60年代开始,特别热门起来是于1984年提出要开发海南之后。1993年国家决定修同三线,琼州海峡跨海工程成为此线上的关键工程。

海峡东西长约80.3千米,南北平均宽约29.5千米,中部50米以上深水槽宽约10千米,80米左右中央深水槽宽亦有7千米。最深水达160米。

1995年初,广东及海南两省委托广东虎门技术咨询公司进行前期工作,作者有幸参与的预可行性研究报告已于1996年3月完成,正报审之中。

中国三大海峡跨海工程的提出、研究和计划建设足见中国经济、技术的实力和魄力。虽然建设费时,但已可拭目以待。

亚洲建设跨海工程较早的是日本。

4. 日本本州、九州、四国间诸海峡

日本是岛国,其本土主要是本州、九州、四国和北海道四大岛。

二次世界大战之后,日本休养生息,经济急速发展,便着手将四大岛用跨海工程联结起来。自第一次世界大战以前开始设计本州和九州的下关海峡桥不果。1973年完成关门大桥,三孔悬索桥,中孔712米。后又修建并列的铁路隧道。本州和四国之间,自1963年开始规划,1973年陆续动工,现已完成尾道—今治线,儿岛—坂出线;神户—鸣门线等三条主要跨海线路。其中的大鸣门桥、下津井、南北备赞等悬索桥,柜石、岩黑、生口等斜拉桥,报道甚多,本文从略,这些海峡中多岛屿,水亦不深,只是公铁两用,规模宏大,工程不易。

明石海峡桥海峡宽约4千米,最深水约120米,采用三孔连续公路悬索桥,中孔设计为1 990米,1988年动工。1995年阪神淡路大地震时,淡路侧塔墩斜移,使桥跨增加0.8米。该桥将于1998年建成。

日本挟在本土修建跨海工程成功,除了继续不断地修建东京、伊势等海湾桥外,其《第二国土轴计划》拟在纪淡海峡（本州、四国间,宽约11千米,水深120米）、丰予海峡（四国,九州间,宽约14千米,水深200米）、长岛海峡（九州本部,宽约2千米,水深70米）、津轻海峡东（本州,北海道间,宽约13千米,水深270米）等修建跨海工程。

5. 津轻海峡（Tsugaru Strait）

日本的跨海工程中值得一提的是轻津海峡跨海工程的青（森）涌（馆）隧道。海峡宽约23千米,水深140米。隧道又在海床下100米。故共长53.85千米。施工期间前后长达24年。而完成后的隧道排水、通风、照明、通信保养等用电可供30万人的城市供电之用,且又不适宜通汽车。仍将在津轻海峡东侧修建跨海公路桥。

6. 拉普鲁斯(La Perouse)海峡,鞑靼(Tatar)海峡

日本的一家公司,在1994年提出一个设想,把日本与亚洲大陆用跨海工程连接起来。从日本北海道北部的雅内,过42千米宽的拉普鲁斯海峡(水深70米)到俄罗斯萨哈林岛(库页岛)南端的科尔萨科夫;北上到萨哈林岛北部普吉拜,西跨7千米宽的鞑靼海峡、到俄罗斯的拉查里也夫。这一通道既通公、铁,亦通油、气管道。日建议资金可由日方供给,俄则以油、气偿还给日本。

7. 朝鲜海峡(Korea Strait)

除了北联大陆外,日本南部从九州的福岗附近,跨朝鲜海峡,跳岛至朝鲜半岛韩国的釜山附近。这一工程与上一工程结合,使日本与大陆组合成环状交通,可以极大地改变朝鲜半岛、中国东北部以及俄罗斯西伯利亚的交通和经济情况。

中、俄、朝在三国交界处,协议建立图们江自由贸易经济区,将于日本陆岛联系的梦实现之后更上一个台阶。

8. 东南亚诸海峡

东南亚或为半岛,或为岛国。

菲律宾、马来西亚、印度尼西亚等,都是岛国。除了印度尼西亚雅加达的海峡建了跨海桥梁外,可能由于国力,尚不足以设想在诸主要岛屿之间,修建跨海工程。

马来西亚与印度尼西亚之间的马六甲海峡是东西方海道航运的著名重要海峡,与印度和斯里兰卡之间的保克海峡,都可能修建跨海工程。奈何这四个国家,两两之间,尚未达到有需要的地步。

五、亚洲、美洲间

亚洲与美洲之间只有一处相接近。

白令海峡(Bering Strait)

白令海峡介于亚洲俄罗斯杰日尼奥夫角与美洲美国阿拉斯加威尔士王子角之间。早于1894年,美国的吉尔宾(W. M. Gilpin)、哈利门(E. H. Harriman)、桥梁专家华德尔(A. L. Wadell)便曾提过跨海工程的建议。

50年代,正当世界兴起建设中高水坝热的时候,苏联的波立索夫(P. Borisov)和索密林(A. Shumilin)两人或其中之一,提出在白令海峡苏美之间修建水坝,利用其水位差以发电。坝上可通道路。其人考虑了建坝后对北冰洋、太平洋之间的冷暖流交流,气候影响,生态平衡等环境变化,并做了极粗略的估计分析。当时正当两国在冷战阶段,这样的建议,可称大胆。

如建设桥梁,有称之为"和平之桥"。

之后,还有人根据当年的技术情况,提过不同的建议。如1960年美国人麦葛娄生(S. W. Magnussen)、裴威克(B. C. Gerwick)教授等。

1980年,美籍华人林同炎(T. Y. Lin)提出箱型三层预应力梁,上层为公路,中层为铁路,下层为管道。以220米或336米标准跨、净高24米,转入一孔549米加斜拉的通航孔,净高61米。深水

墩水深55米。

白令海峡跨海工程可利用中间两个大小达埃曼岛。大岛属俄罗斯,小岛属美国。亚洲侧峡宽34.5千米,两岛外侧距离4.02千米,美洲侧峡宽35.4千米。总宽74.8千米。水深处约54千米。

1991年,美国成立了一个"东西半球间白令海峡隧道和铁路集团"(LBSTRG)。这是一个非营利研究集团,它提出以铁路隧道越过白令海峡,并联结美洲的铁路直抵南美南端,联结亚洲、欧洲铁路并联通非洲的好望角;认为高速铁路是人类最为有效和大力的运输工具,"铁路时代"即将到来;通过白令海峡海底铁路隧道洲际铁路,可以开发北半球的矿产、油气和其他自然资源,促进世界经济的发展。

白令海峡要成为和平的海峡。虽然这一建议只计铁路,未始不可如林同炎所建议的公铁两用。

六、美洲

美、加和巴西已建成若干海湾桥(Bay Britge)或海湾隧道。加拿大尚有跨海峡联岛屿的计划,此处从略。

七、大洋洲

大洋洲孤立大洋之中。南极洲覆盖在南极冰雪之下,很难建设跨海工程以与欧、亚、非、美洲相连。只是澳大利亚和新几内亚间的托雷斯海峡和新西兰南北岛之间的海峡可以建设跨海工程。

八、跨海工程研究课题

上面所说一国之内的跨海工程,决定于国家本身的政治经济和技术力量。

国与国以及洲与洲之间的跨海工程,取决于诸国的国力及其间政治(包括历史、民族、制度)及经济关系。现在的好多设想,也许只能是纸上谈兵。不过谈谈也好,科学设想不应受政治的约束。英法之间,历来有合作有猜忌。英国人怕法国人从隧道里进攻(只要有备,随时可断交通)。欧洲共同体一成立(即使还有很多矛盾),海底隧道终于如拿破仑(法)和福克斯(英)当年讨论过的"我们两家可以合作的伟大的事情",在密特朗(法)和撒切尔夫人(英)手里完成。

直布罗陀海峡跨海工程尚未动手,欧洲已在害怕非洲的更多的移民。虽然不建工程移民照移。日本、美国和俄罗斯能够完全合作起来吗?

也许只有实现了世界大同,所有的跨海建设才能全都解决。

作为献身于建设事业的桥隧工程师,我们且设想今后的桥隧该怎样发展?一方面应付近期的需要,一方面等待和开创时机。

需要研究的课题极多,如:

1. 高速度运输

远距离交通,务必追求高速度。高速度引起车辆、动力、线路、行车安全性、基础工程结构(Infrastructure)构造等一系列改革创新问题。

2. 高通航能力

海上运输能力吨位大,且仍在不断地提高,航速也快。于是通航净空要求、导航设备、防撞措施是设计选择跨海工程的重要课题。

3. 高抗自然力能力

跨海工程自然条件十分严峻,水深、流急、风大、浪高,在严寒地区尚有流冰、冻结问题。海洋地质构造复杂,有些海峡地震活动强。这些自然灾害力的数据,非一般内河可比,要研究高抗自然灾害能力的结构构造。

4. 全天候安全服务

近代化、高运输量的交通运输,希望能全天候、安全运营,于是构造型式、交通科学化的控制管理系统、安全救灾、避害、排障措施等都须作全面的考虑。

5. 桥梁

a. 大跨度——跨海的经济跨度随条件不同,但趋向于超大跨度。1 000米的斜拉桥,在内河已觉是超大跨,可是在深水海上却显得渺小。悬索桥目前已有要求2 000米桥跨以上,甚至5 000米以上。

b. 深水基础——海上桥梁基础水深可至500米,百米左右是常遇的事。加上海床地质不一定能遇上岩层,往往是很深的第三纪或第四纪海相沉积。桥梁特别是悬索桥的锚、塔墩结构构造须创新意。

c. 新结构——国际上每对一座跨海工程进行方案招标时,往往妙思辈出,得到很多新奇可喜的方案,体现出竞争机制的活力。1987年英、日分别组织"想象的未来桥梁"活动,以征求没有工点的新桥梁结构方案,得到700余项应征者。想象者想入非非,超越常规,然而仍要有客观现实的基础。创造性的设计,逃不出根据客观可能的要求,通过"总结改进""推陈出新""旁搜博览""效法自然"等途径。"效法自然"的方案中甚至出现了模仿恐龙骨架的桥梁。

中国工程师们难道没有自己的知识和智慧?莱翁哈特说:"敢于梦想的人是有创造性的。"

d. 新材料

工程材料的突变往往会产生工程结构型式跨越能力的突变(如斜拉桥跨到8千米,悬索桥跨到12千米)。

超导体引起悬浮列车的产生。

高强钢、陶瓷、微晶玻璃、塑料,各种纤维及其组合,已逐步地在引入桥梁工程。新材料需要经过一段时间上的考验和价格上的普及化。所费时日,精力和资金甚多。我们在这方面有什么长远的、付诸实施的计划?

6. 隧道

跨海工程,非桥即隧。

不论沉管隧道或深埋隧道,在技术上已很成熟,但仍存在不少设计、施工、运营中的问题。

所有长隧道,特别是在通风问题上存在着低效、不经济和排污气不彻底的问题,还要不断研究改进。

沉管隧道的下沉深度有一定限制,否则会引起本身构造和管节密封上的困难。

隧道的造价往往比桥梁为高。

现在的设计中派生出桥隧组合的构造,各取所长。亦有桥隧混合的构造,如桥梁采用封闭式隧道型的加劲梁,车行管内;或用隧道而半潜分节锚着于海床的墩上,成为半潜式的密封桥、桥梁和隧道不是互相排斥,而是互相辅助提高,合作前进。

7. 大规模的施工方法

从《老子》的哲学上说,"为大于其细","天下大事必作于细"。于是施工中就有"化整为零"的方法。然而这一"零"的概念都是相对的。在整体工程中的局部工程,如一个桥墩,一段隧道管节,于全体而言是"零",但因海况条件复杂、工程规模超大,要争取尽快的施工速度,每一个"零"件要"整",和大到一定的规模。跨海工程一个浮运个体可以重达数十万吨,是在局部上的"化零为整",相应地要求大能量运输和起重工具和一整套施工方法。

8. 环境保护

人类的建设在改善环境,却有意无意地破坏了环境。增加环境意识,如厄勒海峡跨海工程中所考虑的"零点方案",即对自然环境,包括山水风景、飞潜动植的影响为"零"或接近于零。中国的桥梁工程师们在内河工程中有过一些局部的经验。于厦门跨海海堤的建设中更取得了一些稍为广阔的知识,然而对跨海工程尚缺乏认识。小心从事,别让自然的报复,影响到这一代和子孙后代。

下一世纪的桥梁或隧道所需研究的课题不胜枚举,限于篇幅,只能提纲挈领,略述其要。具体内容,有待于"有关单位"详细制定。

代表广东虎门技术咨询公司
1996 年 11 月 18—21 日广州

世界长大桥梁技术和艺术的发展趋向

一、概述

桥梁结构大体上分为梁、拱、索、浮和其组合。桥梁的大小主要的指标是桥跨。发展到20世纪末,各类桥跨的变化曲线大致如图3-11-1所示。

这些桥式中浮桥没有统计入,因为属于临时性结构。一般的桥梁、桁架桥和R.C拱,最大桥跨亦只在300米以下。称得起长大桥的一般为钢伸臂梁、钢拱、钢(或组合)斜拉桥和悬索桥,都已超过500米桥跨。暂时以此为界分类。

图3-11-1　20世纪各类桥跨发展图

二、拱桥

虽然R.C拱桥理论上桥跨可达1 000米(法兰西涅估计),但目前仍未企及。我国正在大力兴起的集索钢管混凝土拱桥,目前最大跨为2000年7月建成的广州丫髻沙桥,主跨360米。四川万县的劲性钢管骨架混凝土拱桥,主跨420米,建成于1997年,此类桥式尚有发展的余地。

建于1932年的澳大利亚悉尼钢拱桥,桥跨503米,虽较1917年美国奇尔文科桥短了1米,但荷重却超过很多。现在这一纪录已被1977年建成的美国新河,乔治/法意脱维尔(New River, Gorge/Fayedville)桥,518米桥跨所超过。

拱桥是属于有希望发展的长大跨度桥梁之一。特别是多孔系杆拱桥,以拱结合大张力的自锚钢丝索,可以避免拱对下部结构地基的大水平推力的要求。

新的高强度、轻容重、高弹性模量的材料出现(如纤维混凝土或纤维塑料),更精莹多彩或透明的高强材料(如微晶玻璃)的应用,将使如虹的拱桥更为改观。

三、斜拉桥

斜拉桥是第二次世界大战之后出现的新桥式,虽然在民间桥梁和其他结构中,渊源甚早。正式的近代桥梁史中,引用斜拉索造桥始于19世纪。第一座全斜拉桥为1955年由德国人迪辛格设计的瑞典斯德罗姆海湾桥,主跨182.6米。之后发展迅猛,变化多端。因为轻巧方便、主体结构和施工方案相统一,斜拉桥大受欢迎。且艺术造型也层出不穷,潜力极大。中国现在是斜拉桥建造最多的国家,据统计超过160座。世界前10名大跨度斜拉桥中,中国占有二分之一。

表1　世界十大斜拉桥

名　次	桥　名	国　名	主跨长/m	完成年
1	多多罗大桥	日本	890	1999
2	诺曼底大桥	法国	856	1995
3	南京长江二桥	中国	628	2001
4	福建青州闽江桥	中国	605	2001
5	上海杨浦大桥	中国	602	1994
6	上海徐浦大桥	中国	590	1996
7	名港中央大桥	日本	590	1997
8	斯卡升台脱桥	挪威	530	1991
9	汕头礐石大桥	中国	518	1999
10	鹤见桥	日本	510	1994

表1中尚不包括马来西亚1 000米主跨的纪念桥的最后设计,和将于2003年开始建设的中国香港主跨≥1 000米的昂船洲桥。

为了大带海峡方案,丹麦曾经研究过1 200米主跨的斜拉桥。

为了意大利墨西拿海峡桥方案,莱翁哈特曾经研究过1 500米主跨的斜拉桥。

(一)斜拉桥构造

斜拉桥的组成为索、梁、塔三大部分,其变化的内容大致如表2。

表2　斜拉桥基本构造表

索	桥	塔
数量:稀、密 索面:单、双、多;竖、斜、交叉 索型:放射、扇形、竖琴、星形、 　　　平面、曲面(双曲抛物) 锚头:早期、礅头平行钢丝、 　　　夹片、钢绞线 防锈:镀锌、聚乙烯管压水泥浆 　　　多层保护 防震:阻尼器、二次索、防雨震套	尺寸:厚薄 材料:钢、P.C结合 　　　F.C 抗风:单流线 　　　双流线 支承:悬浮、固结、抗震和温度 　　　应力协调解决	塔数:独、双、多 塔型:直、斜、 　　　门、钻石、 　　　A、Y、倒Y、 　　　O、V、X

在中小型斜拉桥中，索、梁、塔的各种造型都已十分具备。

长大桥跨的发展，从结构技术的选择原则来说，索的数量必然是密索，可以使梁减薄。

1972年，德国法兰克福第二美因桥始用密索。丹麦大带海峡方案设计时曾提出过多孔350米跨度的公路铁路密索斜拉桥（图3-11-2）。

索面在500米主跨以下时一般都用竖索面，取其构造细节简单。然而桥跨越大，很多选择服从于梁。要求高风速下空气动力稳定性高；低的空气静力系数；伸臂施工时横向稳定；容易制造；造价低等。此时，索采用斜面较为有利，索在桥断面内的水平分力可以增加梁的横向刚度。双斜面的索面，可以增加梁的抗扭刚度。这一切都提高了抗风能力而仍然维持斜拉纤细的特点。

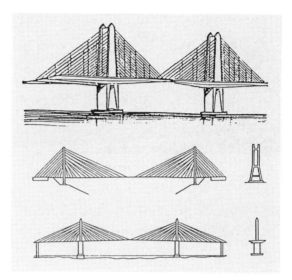

图3-11-2　密索斜拉桥

1995年法国诺曼底桥（图3-11-3）主跨856米，双斜索面，倒Y形塔，一时成为风尚。

2000年香港昂船洲桥国际设计方案比选中，我们广东联合体提交方案之一为交叉索面，X形塔（图3-11-4），目的便是使斜索面对垂直线的倾角更大，产生更大的水平分力。

图3-11-3　法国诺曼底大桥

图3-11-4　X型塔交叉索面

从倾斜索面的原则，塔型可为A形、倒Y形、Y形等。钻石型塔，结构上设法减小基础尺寸，建筑艺术上使造型有所变化。1985年所建丹麦法罗桥，主孔290米，为钻石型桥墩。1995年所建美国田纳西州哈德曼桥，主跨380米，因为8车道，桥面更宽，所以用双钻石型（图3-11-5），4个斜索面。

1 200米左右桥跨，斜索面的斜拉桥，6车道桥面宽，经过研究，能够解决其静、动力性能。然而亦可以改单梁为双梁，双梁以横梁或透风隔栅联系。这就可以大大增加梁的横向刚度。

1999年建成的香港汀九桥（图3-11-6），双梁，4斜索面。变截面独塔伸出于两梁之间，但用两

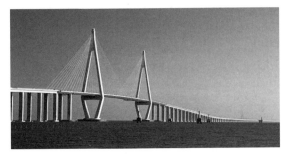

图3-11-5　钻石型桥墩斜拉桥

图3-11-6　香港汀九桥

侧拉索绷成钻石型的桥墩,别开生面,故称之为"全索形桥"。

香港昂船洲桥国际设计竞赛中,英国麦而考联合体所提的方案便是独柱、双梁、双斜索面斜拉桥。

（二）斜拉桥的艺术

斜拉桥属于柔性结构,优点是轻巧有力。然而在艺术上斜拉桥属于刚劲性,因为基本上是由直线组成。直线是表现刚性的线条。

建筑艺术上的处理方法,一方面尽量不雷同,另一方面是"刚则柔之"。

在索的布置上采用拉索两端锚着点不在一个平面里的做法,斜拉索便在曲面之内。这一曲面称之为双曲抛物面(图3-11-7)。具体实例如荷兰鹿特丹的威廉姆斯桥(图3-11-8),拉索上端锚在塔顶横梁上,于是索成曲面。美籍华人林同炎先生所提加利福尼亚洛克都克桥,弯道桥梁,曲面拉索。惜此桥始终未造。作者参与香港昂船洲大桥国际设计方案竞赛,所提1 000米斜拉桥的方案,采用O形塔,索亦为曲面。

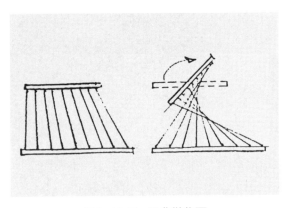

图3-11-7　双曲抛物面

图3-11-8　荷兰鹿特丹的威廉姆斯桥

变化不同的塔形,包括在塔的造型弯曲在内(变柔)(图3-11-9)。

昂船洲国际竞赛方案中有"羊角型"塔式桥,便是塔柱在两个方向弯曲。

斜拉桥美学上的一个缺点是,除了竖琴形之外,拉索在透视之下,造型混乱。因此或用单面索,或用琴形索的布置。这两种方式实例很多。

然而对大跨度而言,此两者都不一定经济,所以一般仍倾向于放射形。

(三) 斜拉桥趋势

斜拉桥的发展仍有广阔前途,然而总有其局限性。

斜拉桥跨度越大桥塔越高,引起建造上的困难和造型上的难于处理。于是有纵向V或Y形的塔。塔高可以降低标准式的70%—80%。虽然也增加了一些施工时的困难(图3-11-10)。

已故同济大学教授中国斜张(他不称"拉")桥权威周念先便建议琼州海峡采用多孔连续,纵V形塔斜拉桥。多孔连续是趋势之一。

网状斜拉索布置还是待开发、有潜力的领域。

以现在的材料和技术,斜拉桥的最大跨度可达2 000米左右。如需继续发展,其道路可为:

1. 与其他结构体系相结合。

2. 发展新材料,创造新型式。

在直布罗陀海峡跨海方案研究中,1987年玛叶(Meier)曾提出用碳素纤维塑料作为建筑材料,他提出的斜拉桥方案桥跨为3 100米+8 400米+4 700米。现阶段这完全是理论性的,离实际实现还很远。

图3-11-9 弯塔

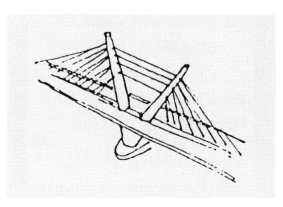

图3-11-10 纵向V形塔

四、悬索桥

悬索桥是很古老的桥式,最早见于历史记载的为公元前200年(在中国)。现在则是跨度最大的桥梁型式。目前世界上前10名的悬索桥见表3。

表3 世界十大悬索桥

序号	桥 名	国名(地区)	主跨长/m	完成年	公铁	经典式
1	明石海峡大桥	日本	1991	1998	公	美
2	大带海峡东桥	丹麦	1 642	1998	公	欧
3	恒伯桥	英国	1 410	1981	公	欧
4	江阴大桥	中国	1 385	1999	公	欧
5	青马大桥	中国香港	1 377	1997	公铁	欧

（续表）

序号	桥　　　名	国名（地区）	主跨长/m	完成年	公铁	经典式
6	委拉张诺桥	美国	1 298	1964	公	美
7	金门桥	美国	1 280	1937	公	美
8	许格·奇斯登桥（Huga Kisten）	瑞典	1 210	1997	公	欧
9	麦金纳克桥	美国	1 158	1957	公	美
10	南北备赞濑户桥	日本	1 100	1988	公铁	美

第一次世界大战以前悬索桥以美国居首。二次世界大战之后，被英国、丹麦、日本所超过。中国是悬索桥的创建国，可是二战以前只有极少数小跨近代悬索桥。现已名列前4、5名。香港的青马大桥是公铁两用桥，目前可称世界领先。只要有雄心，中国今后要超过世界水平，并非幻想。

（一）悬索桥构造

迄今为止，悬索桥的构造不如斜拉桥变化多。

索由单一空中放线法，从美国新港桥起有预制平行钢丝索吊装组合法（PPWS）。

梁由过去的每孔双绞变为三孔连续，并在中孔中央加索梁联结索扣，增加了桥的刚度。梁上桥面两侧和中部用透风格栅构造。此法始于1957年的美国麦金纳克桥。

塔则没有什么大变化。剪刀撑式，横向刚度较大。锚台则用重力式。

欧洲经典式始自英国，但完备于丹麦。举大带海峡桥为例（图3-11-11）。

欧洲经典式自二次大战之后，从英国福斯湾悬索桥开始酝酿，到塞汶桥和恒伯桥实现，在大带海峡有完整的改进。

索仍为双面，原计划用PPWS法，后因空中放线法仍较经济而改用之。

吊索于英国首创为斜吊索。后因斜吊索疲劳应力较大，故此处仍用经典的直吊索。

梁的变化最大。受航空工业飞机翼的启发，改钢桁梁为梭形流线型断面的正义异性板钢箱梁。使梁更薄而轻，自重减轻，获得整体经济的效果。

梁为连续的，变形较小，发展了各种不同效用的支承，特别是可使温度伸缩自由而在制动力或地震力时锁定的支承，称为液压缓冲器。

由于挡风阻力的减小，塔可以做成框架式，不必一定要剪刀撑，塔造型比较轻巧。

锚墩设计完全服从结构安装。虽然仍然是重力式，但挖空成三角形。其重力部分都在水下（岸上则用锚隧式）。

图3-11-11　大带海峡桥

欧洲式跳出了美国式的框框,桥跨自然也能达到2 000米左右。

中国香港青马大桥主跨1 377米,为公铁两用双层结构。梁上部行走汽车,梁内中间为双轨火车,两侧则是大风时汽车走道。此是近代第一座公铁两用悬索桥。梁中间为透风槽。

到目前为止,已建成的前10名及其余的悬索桥技术水平大致如此。

(二)悬索桥的艺术

悬索也是较柔性的结构,中国古代称"软桥"。通过实践,已经获得了实用的刚度。

从艺术角度说,悬索桥和拱桥都是桥梁中先天很美的结构,以柔为主,柔中有刚,刚柔结合。吊塔高耸,富有气势。但同样的桥跨,却比斜拉桥要矮一半以上。只要细节上注意,超大跨跨海建筑选用悬索桥总是在艺术上能取得成功。

(三)悬索桥趋势

国际上,包括中国跨海工程的需要,发展悬索桥,其跨度已超过2 000米。并且一孔主孔不够,尚需多孔连续。如,意大利墨西拿海峡,目前确定的方案是主跨3 300米。西班牙与摩洛哥之间的直布罗陀海峡方案,有多孔2 000米的连续悬索桥和二个大孔为5 000米的悬索桥。我国三大海峡,桥梁方案中,至少也得1 600米的主跨。如选择短线深水方案,桥跨可更大(指琼州海峡)。

既然有这样的趋势和需要,就看有没有这样的可能。

超长跨度的悬索桥,控制的因素依然是结构变形和震动(风震、地震)。墨西拿海峡桥是在典型的环境之中,通过几十年来不断比较,做了大量工作,最后定的方案,如图3-11-12、图3-11-13。

图3-11-12　墨西拿海峡桥

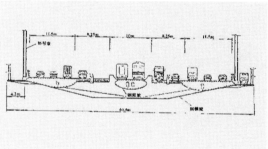

图3-11-13　墨西拿海峡桥钢梁断面

桥的索、塔与经典设计无异,只是尺寸大而已。梁构造,其原理仍是流线型断面,多梁中有"开床"即格栅通风槽,兼可利用作为服务车道。此断面为英国BB公司Brown先生的设想,做过风洞试验。

极为有幸的是,较小规模的此式,将建于中国香港(青马桥,主跨1 418米,图3-11-14)。

悬索桥的索,曾经有过不同的变化和发展的设想,目的无非加强结构。

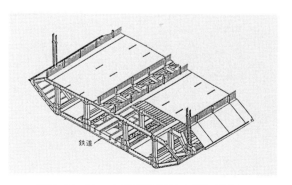

图3-11-14　中国香港青马大桥钢梁断面

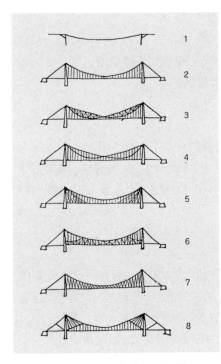

图3-11-15　各种悬索布置

1式为直接走于多索面的薄带桥，现正研究应用于中小跨桥。

2式加中央扣，现已普遍应用。

3式以桁加劲索，是比较老的设想，重心过高。英国伦敦塔桥边跨等为其实例。

4式为双索错开悬索，施工时较麻烦。

5式是悬索和斜拉的结合（详后）。

6式以加劲桁伸到悬索底，是墨西拿桥方案之一。

7式系恒伯桥。

8式为直布罗陀桥方案之一（详后）。

所有以上各式均为在悬索竖平面内加强索和改小变形的方法。

在悬索平面之外，加强其横向刚度的方法（图3-11-15）。

如在垂直悬索之外加水平索（图16），或在悬索的悬链线平面里加交叉杆（图3-11-17a）；在吊索的横断面里加交叉杆（图3-11-17b）。此式交叉杆的水平分力会使悬索在平面里产生折线变形。

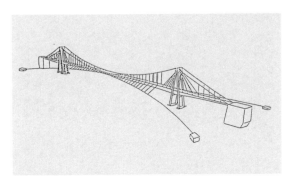

图3-11-16　加水平索

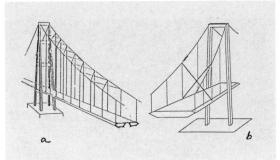

图3-11-17　加交叉杆

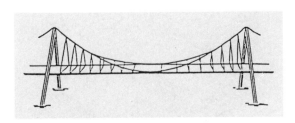

图3-11-18　斜面悬索和吊索

总之，解决索横向刚度对策，图17并无多大作用，并非善策。图3-11-18采用悬索在塔顶集中在一点，到跨中分开在梁两边，成为与斜拉桥斜面拉索相似的斜面悬索桥。此式已有成功的实例，如阿拉伯联合酋长国的杜贝克里克桥。以及T. Y. Lin公司邓文中先生为旧金山海湾桥所提的方案，都是双孔，A字型独塔的斜面悬索桥梁。他们的桥式都是自锚的，自然和一般悬索桥施工时先架悬索后吊梁的方法不一样。索面不同，塔形也不同。

可以看出,以改变索的布置来加强桥横向刚度,不若加强梁的横向刚度为简单。

直布罗陀海峡的方案研究中桥跨达到5 000米,所采用的是组合桥方案。

五、组合桥

组合桥方案也由来已久。

(一)悬索与钢拱的组合

其实,所有近代的悬索桥都是悬索和梁(箱或桁)的组合。

早在1927年,为了加强悬索桥刚度,从沙俄移民到美国的克列伏申,曾提出一系列钢拱和悬索桥的组合(图3-11-19),然而未曾实现。近年的设想方案中,亦有各种型式拱与悬索斜拉的组合,但仍是一种设想和趋向,我们期待着有好的方案出现。

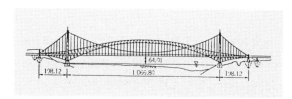

图3-11-19　悬索和钢拱结合(1927)

(二)悬索与斜拉的组合

这亦是一个很老的方案,并且还有实在的桥梁存在。如1851年美国的尼阿加拉铁路悬索桥(250米)(B段),1873年英国的阿尔贝特桥(仍在)。1883年美国的过细洛克林桥(486米),此桥已存在了117年之久,现仍在使用。二次世界大战之后,仍有不少建成和方案。因为斜拉桥和悬索桥的桥跨都越建越大,如若两者相结合,能得到更大跨度和坚劲的桥梁。这一题目,可著专论。因为国内外都存在着不同意见。在伶仃泽大桥方案比选中及昂船洲桥方案比选中都有此式方案,未获通过。其形式如图3-11-20b。

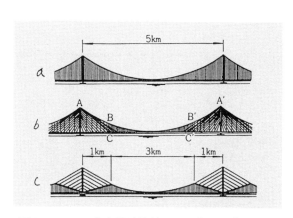

图3-11-20　直布罗陀海峡5 000米跨悬索桥方案

直布罗陀方案研究中有采用5 000米桥跨悬索桥的方案,其中图20c式为T. Y. Lin先生所提出。若5 000米悬索桥用一般的1/9—1/10垂跨比,则钢索中应力全部索自重"吃"掉,只有垂跨比为1/5.5,才能承受余力,承受静活载,但变形很大,超过允许。于是只能和斜拉桥相结合。一部分由斜拉桥承受,一部分由悬索桥承受,使实际悬索桥只有3 000米跨度。较之墨西拿海峡桥3 300米还小300米。

至于横向刚度的问题,已有上述解决方法。

设想和趋向需要做很多细致的工作才能完成,确实存在着很多困难。

全文内容概括,简单。有错误之处希不吝指正。

2000年

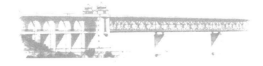

《中西方石拱桥》札记（手稿选摘）

  1983 年，唐寰澄受茅以升的委托，整理、修改、续写罗英未完成的《中国石拱桥研究》一书遗稿，历时 5 年完稿，乃于 1993 年才得以出版发行，此书出版后即得到桥梁、建筑界同仁的一致好评。书出版以后，唐先生即产生将多年研究中国木拱桥的心得，整理成书，形成与《中国石拱桥研究》对应的姊妹篇《中国木拱桥研究》，以飨读者。他于 2000 年开始动笔写《中国木拱桥研究》至 2006 完成书稿中、英文版，随后因患病而停笔。

  我自 2006 年开始整理我父亲唐寰澄的资料、文稿、笔记、日记、照片、底片、绘图、书信等等，其目的是想有序汇总，结集出版。在整理中发现此书稿，稍加整理即开始联系出版社，经罗哲文老先生推荐终于 2010 年出版发行，为便于发行更名为《中国木拱桥》。让他在有生之年看到了自己的

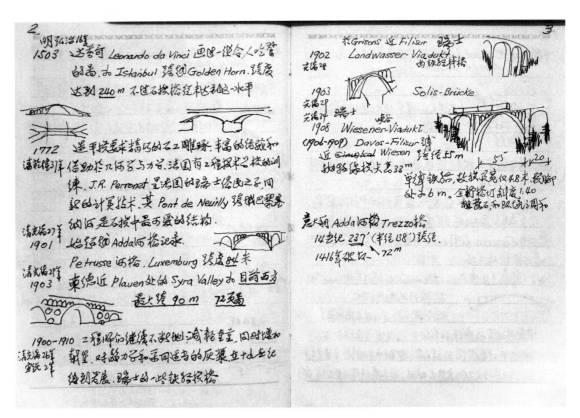

图 3-12-1

又一研究成果付梓,终而不留遗憾。

可是遗憾总是难免,在我整理的书稿中还有此部《中西方石拱桥》的笔记,或只能称为学习札记的小本本,共188页。本中记载了中西方大大小小几百座石拱桥的历史、桥型、计算、手绘图等等,较全面地记录和阐述了中西方石拱桥的发展历程。我想这也许是他生前的又一个研究目标,试将中西方石拱桥的技术、历史加以分析、对比,找出它们之间的内在联系,相同及差异处,弘扬各国工匠在推动人类社会进步中所表现出的精神。遗憾的是他未能完成,所以在此我也只能是摘录几页,以示纪念。我亦有志以我的拙笔试将此稿付梓,以慰父亲在天之灵。

唐浩

2016年4月于武汉

注:经我拙笔努力,《中西方石拱桥》已于2018年定稿,由铁道出版社出版。

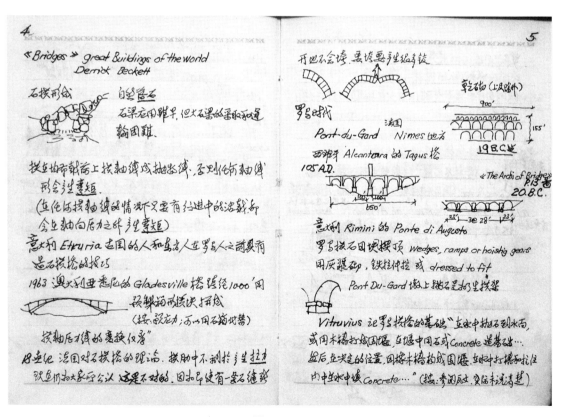

图3-12-2

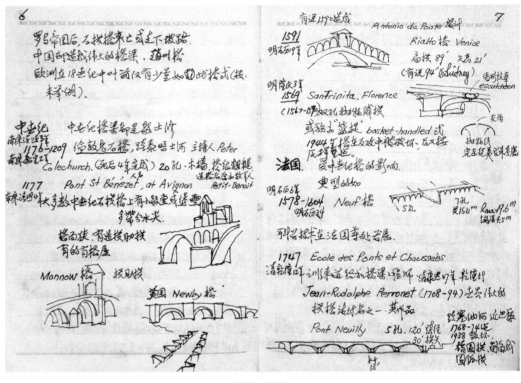

图 3—12—3

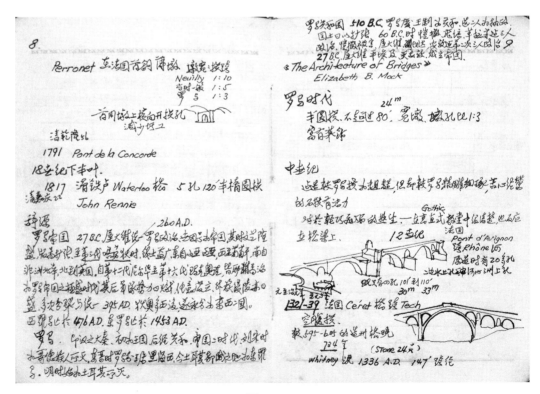

图 3—12—4

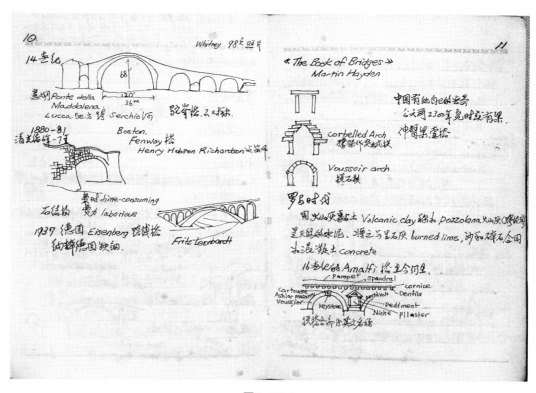

图 3-12-5

图 3-12-6

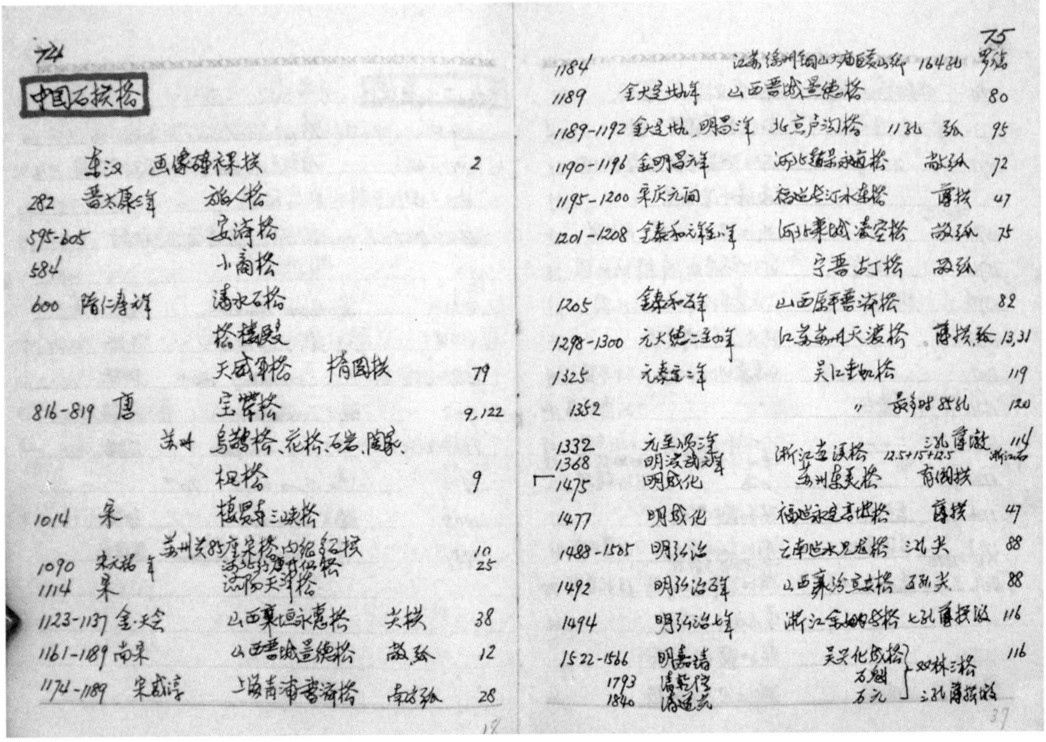

图 3-12-7

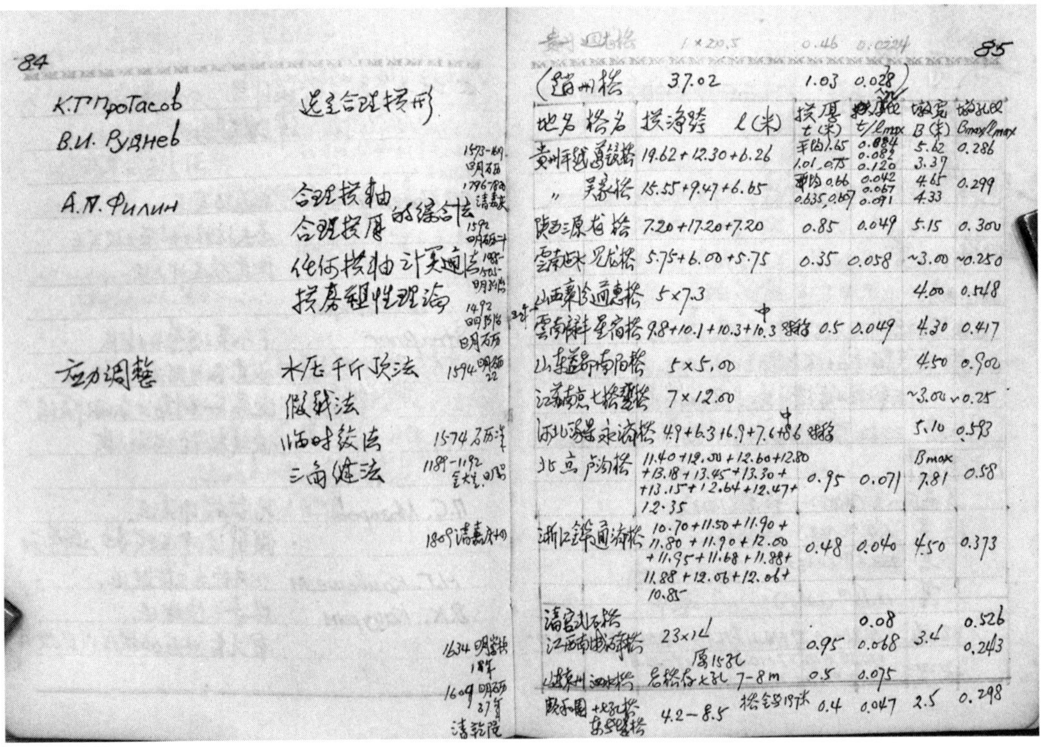

图 3-12-8

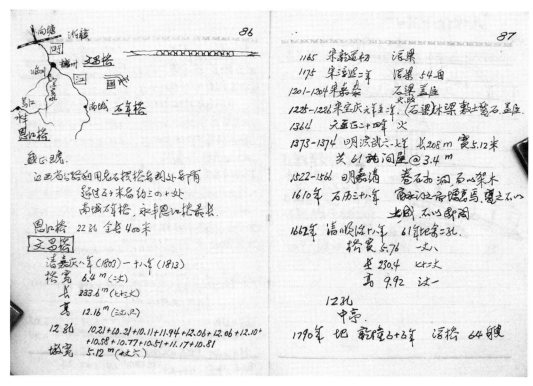

图 3-12-9

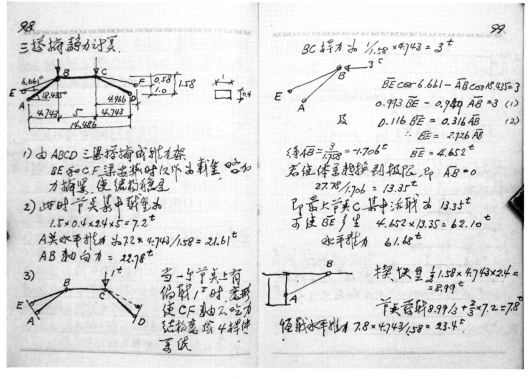

图 3-12-10

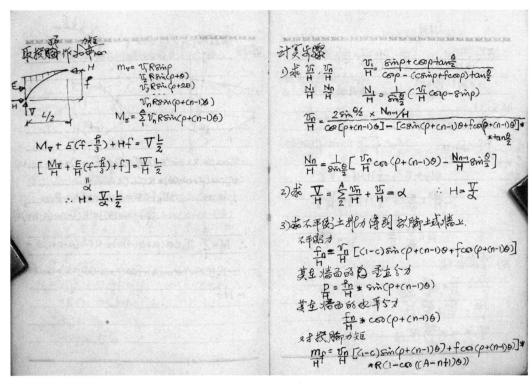

图 3-12-11

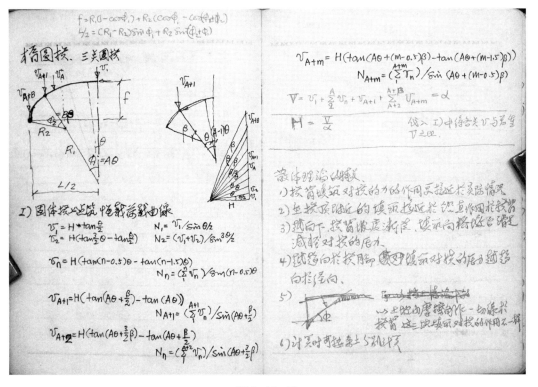

图 3-12-12

自升式平台施工组织设计方案说明书

一、引言

大桥局从武汉长江大桥起采用了承台面设在低水位以下的管柱桥墩基础。这一基础形式，在南京长江大桥和现正施工的九江长江大桥部分桥墩中仍在应用。其施工的主要步骤是：浮运和下沉钢围囹；插打管柱定位；插打钢板桩围堰；围堰内吸泥及大面积水下封底混凝土；管柱内钻岩及填充水下混凝土；围堰内抽水；灌注桥墩承台、墩身及顶帽混凝土；拆除钢板桩围堰等。根据武汉长江大桥几个墩子的统计资料，各工序时间及经费的分配如下表：

项　　目	1	2	3	4
	围囹、钢板桩围堰、防水、抽水及防护	管柱下沉，钻岩	围堰内封底水下佑	承台、墩身、顶帽
时间% 经费%	19.4 38.0	49.2 36.1	9.9 6.8	21.5 19.1

从表中资料分析，仅是为了保证桥墩承台、墩身、顶帽等施工的围囹到封底各项（表中1和3项），在时间上约占全墩施工时间的30%；费用约达45%。因此改变桥墩的结构形式是桥墩基础技术革新的关键。

再从统计表中可见管柱钻岩时间几占全部时间的一半，费用约占36%。原因在于从武汉长江大桥起，到现在九江长江大桥所采用的钻岩方法，乃最原始的重力冲击钻法。根据南京长江大桥管柱钻岩的纪录，净钻进速度约0.24毫米/分；加上辅助工作时间在内，钻进速度仅0.04—0.08毫米/分。编制施工组织时的钻进速度定为8厘米/天。进度慢，费用高，这是需要进行技术革命的重点。

为了改变深水桥墩基础施工的落后面貌，非自航桥梁施工用自升式平台，乃我局遵照毛主席独立自主，自力更生，大搞技术革新和技术革命的教导，在上级党委的正确领导下，于桥梁建设工程中，为了提高桥梁施工水平，实现高度机械化施工，以加快桥梁建设速度，并促进桥梁上下部结构形式发展所采用的重大技术革新项目之一（图3-13-1）（其他为大直径钻机，250吨水上吊机）。这一科技革新项目，经部批准后，呈报国家计委和国家建委。计委建委已于(74)建发综字650号文件中予以批准。并"请冶金部、燃化部、六机部、一机部等部门予以协助解决"。通过二年多的努力，调查研究，制定任务书和商请六机部七院支持协助设计工作，平台已由六机部七院八所三室完成了方案设计（初步设计）阶段。今年将进行技术设计和施工详图，并安排工厂着手制造。

二、平台简介（图3-13-1、图3-13-2）

平台系用前后门架（或称过桥）联结起来的双体船，其中间空洞尺寸为16.4米×31.2米。靠四根柱脚插入河底，可抬起船身，在升起后的平台上施工桥墩。平台上设置了起重量为115吨的龙门吊机及起重量为35吨的7035吊机各一台。平台船体内设置高低压水泵；空气压缩机；1 500千瓦发电量的柴油发电机组及其他用水、消防、通风、舾装等设备。其详细布置及说明详见八所三室所编制的文件。

平台适用于长江中下游及类似水系，并照顾到用在南方近海沿岸水工工程施工的可能性。在长江中下游施工时最大水深可达45米。

龙门吊机在施工步骤中为大孔径钻机的一个组成部门。我局所习用的冲击式钻机钻进速度甚低已如上述。平台上所装系引进煤炭工业部钻竖井用的BZ-1旋转式钻机。该钻机的特点是：

1. 多次扩孔（从2.5米到6.4米直径）。

2. 泥浆护壁。

3. 气压提升，反循环洗井。

4. 等速或恒压自动给进。

钻机设计最大钻进扭矩12吨米；设计钻进速度表土中达100米/月；岩石中为30—50米/月。编制施工组织用的钻进速度现暂定为50厘米/天，为冲击式钻机的六倍左右。

BZ-1钻机共有10个组成部分，分别为：1. 龙门吊机上小跑车；2. 龙门架；3. 电葫芦；4. 水龙头；5. 游车；6. 转盘；7. 封口平车；8. 钻杆（包括风管）；9. 钻头；10. 电气设备。其施工过程中作用将于桥墩施工组织中叙述。

平台设计以桩柱基础为主，但可以改变其部分施工设备作其他各种形式水工结构的施工之用。用大起重量水上吊机配合进行高速度施工。大起重量水上吊机并可作为装配平台本身结构的装吊工具。在250T水上吊机未完成之前，平台的结构装吊工作可用国内已有的130吨吊船完成之，其装吊步骤和吊重限制见图3-13-3。

三、桥墩形式及施工组织设计方案

使用三大件施工的桥墩结构形式，初步作了几个比较方案。比较方案均以九江长江大桥6号墩水文地质资料为依据，分为四柱与双柱方案二种。每种方案又以墩身形式不同各分为二个方案。见图3-13-4、图3-13-5。

四柱方案（图3-13-4）：每个桥墩用四根直径约5米的管柱。

方案Ⅰ桥墩的形式因需与九江桥其他已成桥墩形式一致，故为实体结构。每二根管柱用小套箱联结之。在施工水位以上是实体墩身；施工水位以下则为双柱，并用预制混凝土板联成一气。四柱方案Ⅱ则每柱顶上各用柱顶围堰防水施工桥墩墩柱，再用联结梁及顶帽联成框架式结构。

四柱方案的管柱又考虑了各种不同的河床情况和钻进方法，分别为：

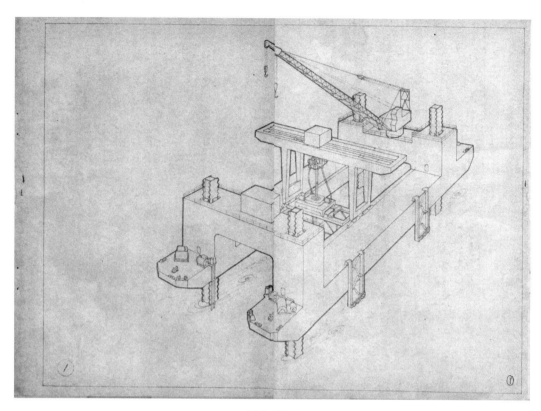

图 3-13-1

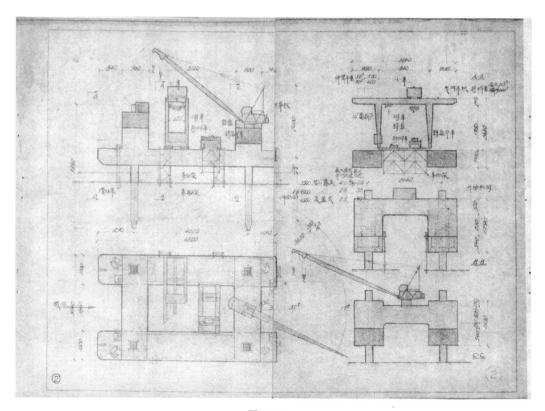

图 3-13-2

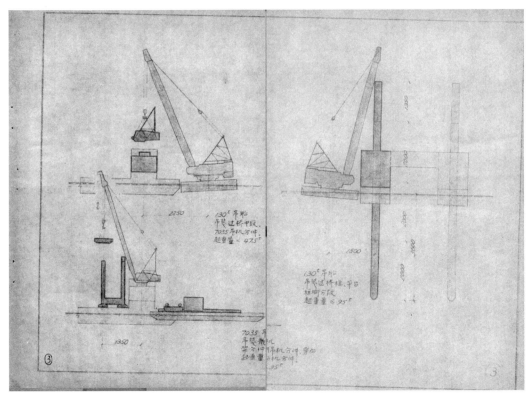

图 3-13-3

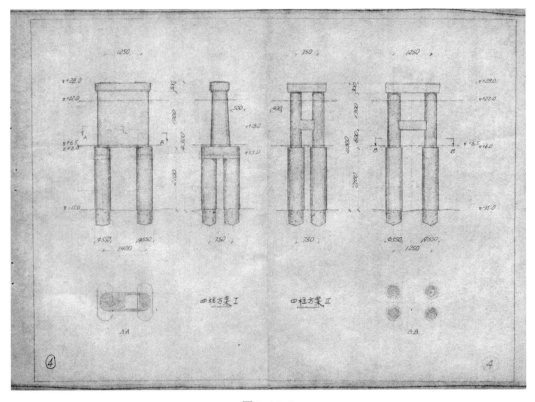

图 3-13-4

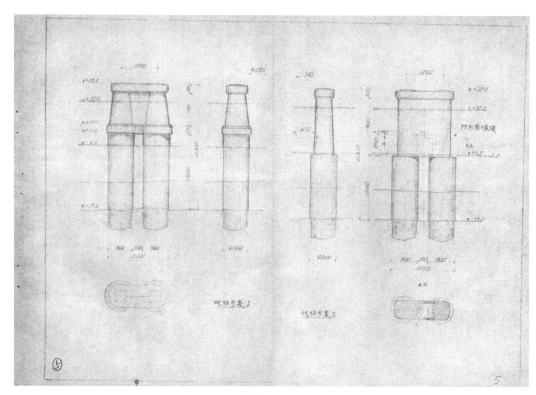

图3-13-5

深覆盖层 {管柱下至岩面；清水钻进。
{管柱下至冲刷线下约2米；泥浆护壁。

岩石露头岩面倾斜；清水钻岩。

根据管柱材料区别，分为钢和预制钢筋混凝土管柱二种。

具体的施工步骤为：

1. 平台施航定位（图3-13-6）。

平台拖航可以在2.8米/秒的流速及10米/秒风速之下进行，此时最大拖航动力约为2 400 H·P。当拖航到墩位略偏上游后再抛锚定位放到墩位。

2. 落柱、升台（图3-13-7）。

平台在墩位上将柱脚落下，通过对角线压柱的方法，用平台本身自重将柱脚压入覆盖层冲刷线以下。当压入时，为了破坏冲刷线以上覆盖层的摩阻力，可采用高压射水。

一般情况下柱脚是可以压入风化岩层的。如遇岩面倾斜过大，或硬度较高时，可用岩面水下爆破或钻小孔后插入钢销的方法嵌固柱脚。柱脚嵌固后，升起平台。

3. 下沉管柱。

图3-13-8所示为靠平台本身的起重机械下沉预制钢筋混凝土管柱。每节管柱重量在35吨以下。用7035吊机吊上平台，再用龙门吊机拼接管节。由于龙门吊机的起重量为115吨，所以管柱在下沉过程中加钢气盖以增加浮力。通过导向架和下端的锚绳逐步下放到河底，再割除钢气盖，沉

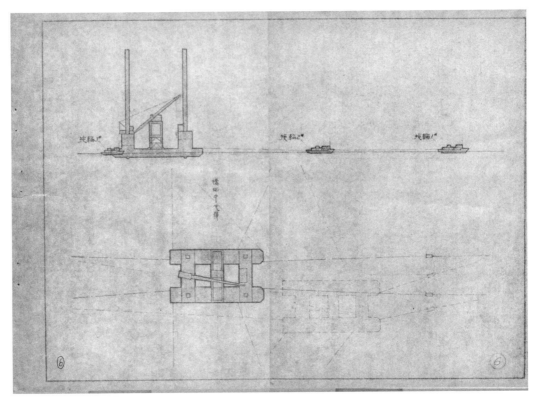

图 3-13-6

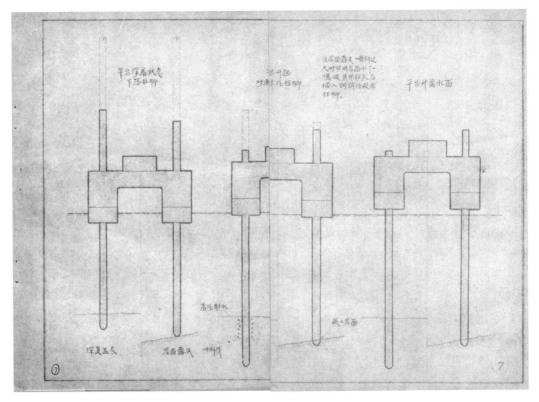

图 3-13-7

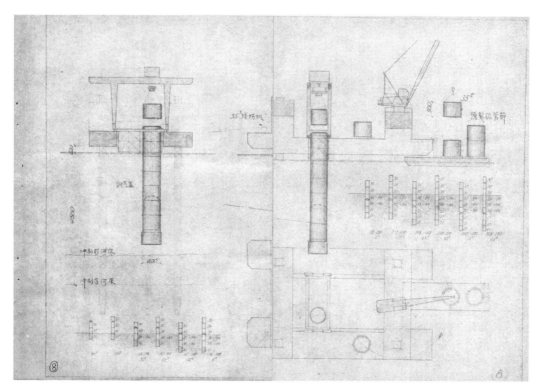

图 3-13-8

入覆盖层。

在覆盖层中下沉管柱有几种可能方法:

深覆盖层,管柱只下到冲刷线以下约2米,采用泥浆护壁钻孔时,可以用柱内吸泥和震动下沉的方法下管柱。

深覆盖层,管柱下到岩层或不到岩层但深度较大亦可采用吸泥震动下沉。但如大震动力影响平台柱脚的稳定时,则宜采用柱内吸泥,柱壁外泥浆套或空气幕的方法下沉管柱。

当采用250 T水上吊机配合时,可采用钢管柱或钢套筒一次吊装。图3-13-9所示乃不到岩面的钢套筒,泥浆护壁钻进。当岩层露头或极薄的覆盖层时可用图3-13-10所示钢板桩套筒方案。采用钢板桩是可使套筒底比较容易地适合倾斜或不规则的岩面。在钢板桩构架里再吊入薄钢板的钢衬套。钢衬套即作管柱水下混凝土的外模,以便于拔出钢板桩套筒。

4. 管柱内钻岩(图3-13-9、图3-13-10)

钻岩的施工步骤为:

a. 先用龙门吊机将钻头吊到管柱内,卡搁于封口平车,导向架上。

b. 用游车将转盘平车吊套上钻头。气动抱卡抱住钻杆支承于转盘。

c. 松去退出封口平车。

d. 用电葫芦及龙门吊机游车接长钻杆,气管,放到土面或岩面。

e. 游车接上方钻杆、水龙头、气管和排碴管。

f. 操作钻覆盖层或钻岩,在过程中接长钻杆在转盘上完成之。当为清水钻岩时,平台上水泵和压风机足够应用,当为泥浆护壁时则配备泥浆船及乾泥驳如图3-13-9。

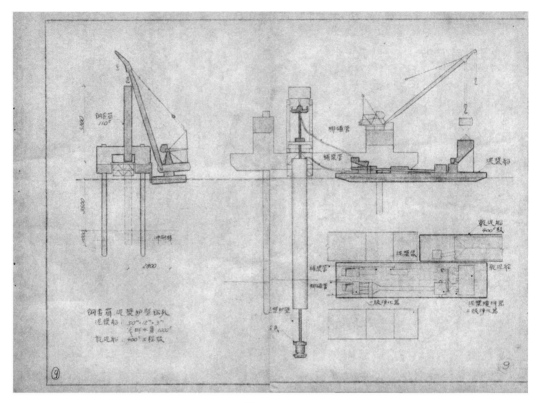

图 3-13-9

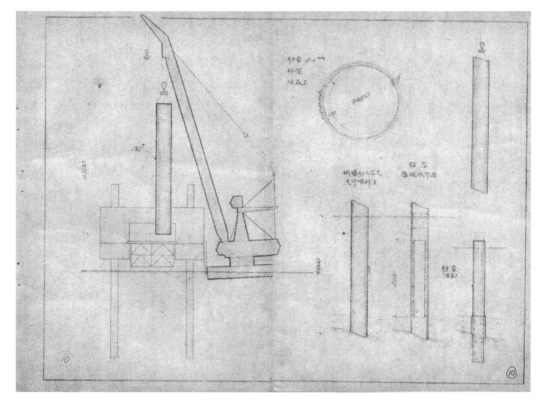

图 3-13-10

g. 钻岩完毕,颠倒以上诸步骤,提升钻具。

5. 管柱内设置钢筋笼和填充水下混凝土(图3-13-11)。

利用7035吊机吊装钢筋笼。

利用龙门架于上设置总料斗,分料槽、减速漏斗、导管等以填充水下混凝土。水上混凝土工厂、散装水泥船、砂石驳等都可系在平台后部。用7035吊机转运混凝土。

6. 吊设小套箱

套箱内封底,抽水,灌筑承台及墩身混凝土(图3-13-12)。桥墩出水后,平台施工任务完毕。

7. 落台、提柱、转移工点。

采用平台施工当桥墩数量不多时,可以全过程地完成一个桥墩。当桥墩数量数多时,可以采用流水作业法,平台在完成钻孔填充之后,即转移墩位以提高施工机具的利用率,加快施工速度。

双柱方案:双柱方案的桥墩以九江桥为例柱径约为9米。柱的水中及覆盖层中下沉的方法与沉井接近。可以采用浮运圆形双壁钢沉井的方法在水中下沉;用井内汲泥及井壁泥将套或空气幕的方法在覆盖层中下沉。图3-13-13设想了一种钢筋混凝土锁口管柱的管井方案,便于分散震动下沉,适合倾斜的岩面。

以上所提各种方案均系初步设想,以后将地具体的设计和施工中予以充实提高,并期望能得出更先进合理的桥墩结构形式。

四、平台施工的优越性

上节所述的桥墩形式和施工步骤,避免了过去低桩承台桥墩大体积防水和水下混凝土,加快了钻岩的速度。采用平台施工可从四个方面来进行比较。

1. 施工进度

按九江桥6号墩为例:原计划15个月完工,采用本设计和施工方法后可以于六个半月内完工,加快速度一倍以上。其概略的进度如下表:

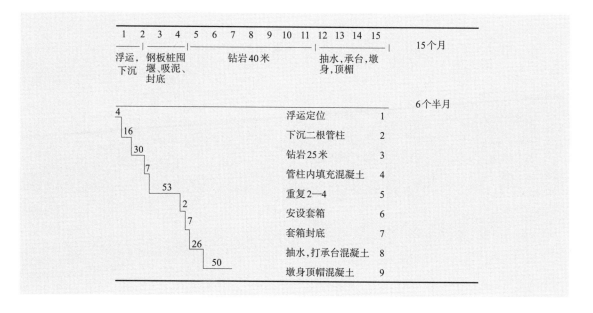

2. 经济比较

6号墩原计划造价直接费为2 956 000元。现可降低为2 200 000元，节约造价25%。（概算表从略）

3. 适用范围

从一个桥墩的比较中，数值上可见的优越性之外，平台还有更广泛的使用范围。

平台施工只需改变所载的一些施工机具，便可作其他施工用途。如将BZ-1钻机改为大功率柴油打桩锤（图3-13-14），便可用以修建管桩的桥墩、栈桥和码头。平台上撤除龙门吊机，加上架梁临时支架可以用作架梁和抢修桥梁的临时支墩（图3-13-15、图3-13-16）。

其他尚可作埋设隧道、油管、电缆，水工建筑物，平整岩面，钻探地质等等一系列的用途。

4. 发展方向

我们这次采用平台作为桥梁施工工具乃是一个革新的尝试，即使有不少困难，也将努力克服，通过实践试验，以求取得成功。将来还可发展到浅水的拼装式平台，以适用于祖国北方水系的施工，发展到深水的更大的平台，以适用于祖国沿港湾更大的桥梁建设。

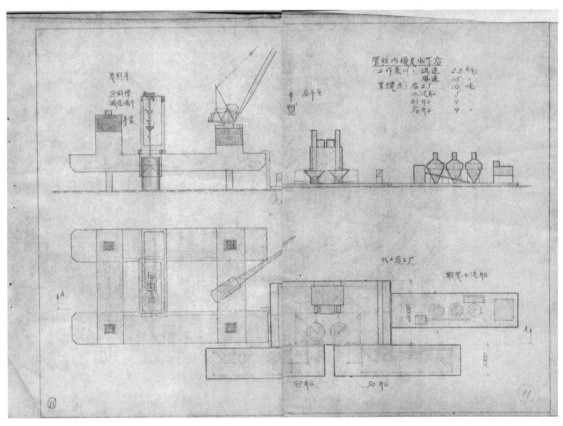

图3-13-11

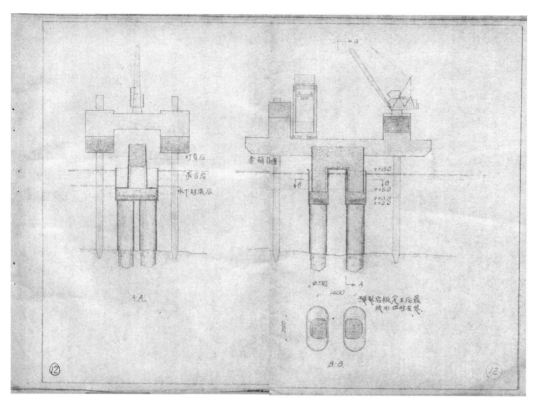

图 3-13-12

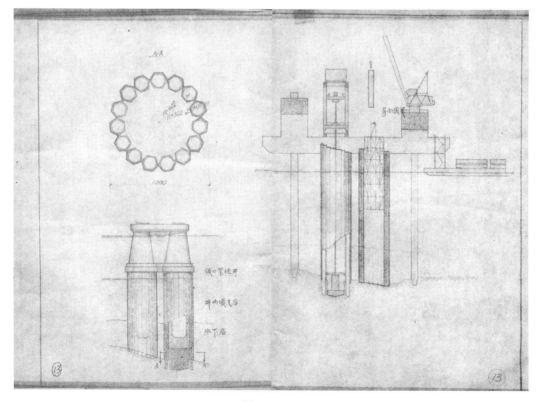

图 3-13-13

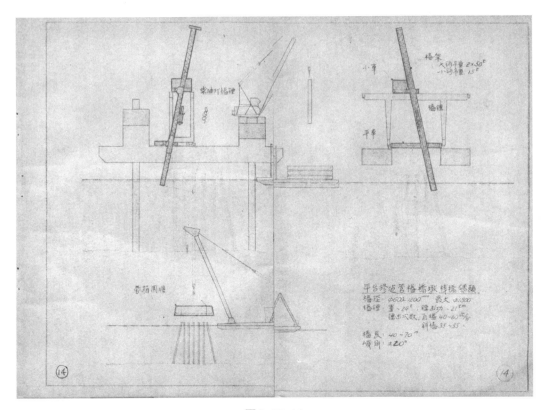

图 3-13-14

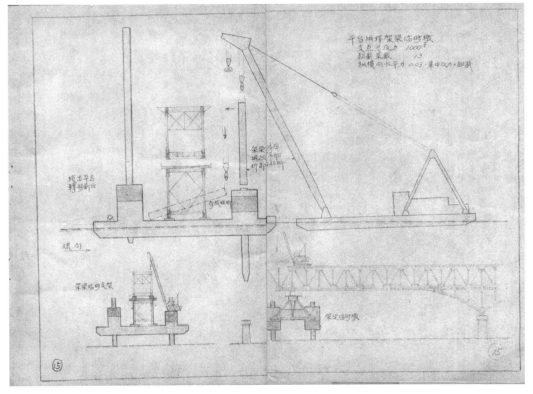

图 3-13-15

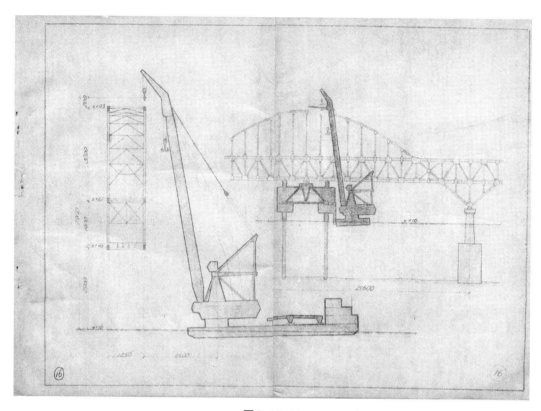

图3-13-16

五、结语

这是一个在桥梁施工中的技术革新项目。由于我们缺乏经验，在今后的设计、制造和试验过程中，一定还会遇到很多困难。但是，正如毛主席所指出的："世上无难事，只要肯登攀。"在党中央和毛主席的英明领导下，在毛主席革命路线指引下，始终坚持党的基本路线，紧紧依靠上级党委的领导，充分发挥工人群众的创造精神，努力搞好社会主义大协作，一定能够战胜各种困难，把这一革新项目迅速地、质量良好地促上去，加快社会主义桥梁建设的步伐，为实现四届人大提出的两步宏图做出贡献。

唐寰澄文集（Ⅱ）

目　　录

卷七·出访日记

卷 四

桥 梁 美 学

桥梁美学正名篇

　　桥梁，作为显而易见的公共建筑，历来，尤其是近代——十分讲究作为艺术作品出现在环境之中，于是研究什么是美的桥梁和如何创作美的桥梁引起各界充分的关注。国内外已经有了不少桥梁美学的著作，亦在不断地扩展内涵，发生变化。我们国家曾在美学这一领域里发生过十分动荡的争论，不多说了。这里且只谈有关桥梁的审美问题。《易经》说："辩物正名"，正名为第一。

美

　　美是什么，有唯心主义和唯物主义不同的说法，不过有一点是肯定的，那就是人类对自然和社会事物现象从感情上判断的一种态度。从愉悦的快感演进而来的美感，自原始社会开始便已逐渐形成。中国造字，特别注意含义。古本《老子》"美"写作"（少＋女）"，即以青春为美。后从羊从大，即羊大可以服安食肉为美。现今美的含义更为复杂。

文和艺

　　早期谈到美的文籍多数以文学、音乐为主。亦谈书画等内容。文的意思是文华和文采。《易经》说到美丽的东西是"物相杂曰文"。专论音乐的《乐记》说"五色成文而不乱"。

　　中国说美的书籍却以"文"和"艺"出现。著名的如：南朝梁刘勰所著《文心雕龙》从一般美的理论论文章的工拙；明朝王世贞《艺苑卮言》专讲诗文、词曲、书画的美；清朝刘熙载《艺概》泛论自然之美和中国艺术之美。近人已故钱锺书的《谈艺录》是一本集古今中外著名哲学家和艺术家言论的巨著，虽然以诗文为主题，却是以美的理论为基础。实际上关于"美"的理论基础是相通的。

美学

　　美学之名始自德国哲学家鲍姆嘉登（Baumgarten，1714—1762）。他把美作为专门研究对象的学问，起名为美学，附属于哲学但独立成科，故人称"美学之父"。1928年，法国哲学家丹纳在所著的《艺术哲学》中下的定义是，"关于艺术的哲学就是所谓美学"。

　　很可惜美学之父主要的论点是"美学的对象就是感性认识的完善"，把理性认识排斥在外。虽然，有些美学家又把美归之于精神世界的独立产物，形成脱离实际的"象牙之塔"。

后来经过不少理论家和实际工作者的完善成为唯物的科学的美学，属于哲学的分支，得到广泛的接受和支持。

技艺或艺术

美学和其他技术相结合才称为艺术。孔子说："我不见用于时，故多技艺。"意思是当年不为诸侯所用，退下来用很多时间学会和掌握多种技艺。技艺者即技术和艺术的结合，或技术和美学的结合。艺术分文学艺术（简称文艺）、书画艺术、音乐艺术、雕刻艺术、建筑艺术等，而桥梁是属于建筑的，现今独立为桥梁艺术。

严格地说技艺指的是一门边缘学科或科学，即既要包括与某项专业知识有关的科学技术，又要包括与哲学有关的美学。

中国古代百工称"匠"，建筑称"营造"工程或"土木"工程，因为历来建筑材料是以土、石、木材为主，桥梁建筑亦如此。中国专论桥梁及其艺术的书极少。宋朝李诫的《营造方式》和清官式《营造则例》中均讲到桥梁建筑的做法和"比例"。而希腊古代毕达哥拉斯（公元前580—500年）学派已说明比例是美的因素之一，可见，所谈的均有桥梁的技艺。

中国土木工程学会前身是中国营造学社。营造学社诸老先生的论文中主要谈建筑的美，亦有梁思成、刘敦桢、单士元等诸先生谈到中国桥梁的美或桥梁的技艺。

桥头建筑艺术

新中国成立之初，中央采用茅以升先生等人的建议决定修建武汉长江大桥，并且十分重视桥梁的美，于1955年向全国征求方案。当时中央的原则是"实用、经济、可能条件下照顾美观"。因为此时正当国民经济还不充裕的条件下，美不过是"照顾"的对象。俗语称："饥不择食，寒不择衣，慌不择路，贫不择妻。"饥寒贫困的时候岂能选美？但桥梁建筑存在时间长，照顾一下美便行。

武汉长江大桥向全国征求的是"桥头堡和引桥的美术方案"。至少那时认为正桥方案是工程师纯技术上的任务，不必有建筑师参与。当年的建筑师受过建筑美学原理的教育并且有一定的实践经验。桥梁工程师向参赛者提供正桥方案图，竞赛方案只要求与之匹配。大多数的参赛著名建筑师从"桥头堡"的思路出发，力求高大雄伟，不意脱离了客观经济条件只要求"照顾"的特点，且与正引桥结构不甚匹配而落了选。当年茅以升先生为主任评选委员，名建筑师梁思成先生因病缺席，杨廷宝先生为副。

到南京长江大桥建桥时，国家经济已经复苏，所以中央提出的要求是"雄伟壮丽，和武汉长江大桥大不相同"，并向全国征求方案。杨廷宝先生正名为"桥头建筑美术方案"。征求的仍是正引桥相接处的一段桥头建筑。桥梁工程师仍将正引桥作为纯技术问题（这一点现在掌权的桥梁工程师仍应引以为鉴）。建筑师们受当年政治形势的影响，在桥头建筑顶上安上了代表总路线、大跃进、人民公社"三面红旗"的标志。不但置正桥、引桥于不顾，甚至连正桥和引桥的衔接和匹配都不闻不问，让原设计单位自行解决。

这个阶段没有桥梁美学的名称，对桥梁美的含义只是局部的而不是整体的。没有达到"大不相同"的目的,因为主桥仍是菱格形钢桁梁。

桥梁建筑艺术

1981年出版的笔者所著《桥》一书,以中外桥梁的简史和桥梁建筑艺术为主题,探求桥梁技术和艺术发展规律,并一改国外桥梁书籍中不重视中国桥梁的成就的缺失,把中国桥梁纳入世界桥梁历史之中。1987年台湾印刷出版本书繁体字本,正书名为《桥梁建筑艺术》,书仍未提高到美学和哲学的高度,但重视了整体和局部的美。

桥梁美学和造型

1982年,世界著名桥梁专家绅里茨·莱翁哈特出版了《桥梁美学和造型》引起全世界注意,译成十数国文字。中文译本由徐兴玉、高言洁、姜维龙所译,笔者总校,把书名译为《桥梁建筑艺术和造型》。建筑艺术应正名为美学。

哈翁莱特先生在书中说:"我的目标想建造美的桥梁,虽然并不经常如愿以偿,这是因为那些有决定权的人对美的价值与美的本质缺乏感情。这种美学意识在当前我们这个唯物主义的时代里已经逐渐衰退。有鉴于此,本书开始就论述了美学的基本原理。"他在美学基础一章中说:"美学属于哲学、生理学和心理学范畴。于是你可能会问,作为工程师的我竟敢对美发表在专家学者们来说似乎是外行的意见。不过我想试一试。"他一共提出了8个美学基本问题,在全书297页中占20页(6.7%)。虽然后面的图文实例便是以前文美学基本问题为基础的实际分析。莱翁哈特先生以谦虚的态度对待美学,因为他觉得美学问题实在太玄,如哲学家说:"存在是存在的存在"难以使一般人理解。可是他提倡在世界和各国的桥梁学会中成立桥梁美学部门以促进桥梁美学的研究和实践。日本首先响应,美国等国亦然。笔者曾以口头和书面在1984年及以后向中国桥梁学会两次提出这一建议,但均未被采纳。

桥梁美的哲学

1986年美国国家运输协会召开世界桥梁美学会议,笔者应邀奉派,代表中国到华盛顿出席会议,宣读论文为《中国桥梁美学的哲学基础》(*Philosophical Basis for Chinese Bridge Aesthetics*)。会后于1991年汇总出版了《世界桥梁美学》(*Bridge Aesthetics around the World*),共计刊载南非、加拿大、法国、德国(莱翁哈特)、美国、意大利、波兰、日本、墨西哥、英国、中国、瑞士、印度、瑞典、澳大利亚等15个国家论文25篇。除意大利、日本、英国3国论文题不称美学外,全部以桥梁"美学"为题。该书为英文,1992年获美国PES专家工程师协会特别奖。桥梁美学的名称在世界得到承认。

充实扩大该书论文,1994年拙著《桥梁美的哲学》在台湾出版(繁体字),2000年在大陆出版(简体字)。我觉得从哲学、美学的角度探索桥梁的美是正确的道路,所以是正确的名称。莱翁哈特先生生前得见此书,并告知我已将哲学部分译成德文。1999年,现西安长安大学和丕壮、刘建新教授出版新书即以《桥梁美学》为名。

景观

　　《世界桥梁美学》书中日本作者题名未称美学，内容方面却未离美学范畴。在日本国内出现"桥梁景观"的名称。国内外仍有一些教授和工程师觉得哲学深奥，不想涉猎。殊不知不去接触和研究哲学，就不能真正地理解美学；不理解美学便不能正确地掌握桥梁美学和不能用正确的理论指导设计美的桥梁。所谓没有理论的实践是盲目的实践。

　　桥梁置于风景之间，本身就是一个景点，所以有的著作名为"景观桥梁"（杨士金教授）。重点便是使桥梁美，不"煞风景"，能成为一个可以欣赏的建筑物，并和环境协调起来。

　　"桥梁景观"可以理解成既有桥梁本身的景观，又有为了桥梁而配置的风景。果然为桥梁配景有时的确十分重要，特别是俗称桥头公园等。实例如武汉长江大桥的汉阳岸和南京长江大桥的浦口岸迄今没有规划建设成风景区，杂乱无章，与桥梁很不相称。

　　桥梁景观设计若同时扩展到城市规划、园林布局的范围，或更进一步地纳入纪念性和以旅游为目的附加功能，把建设费用摊桥梁造价之内是需要权衡利弊的。

　　"桥梁景观"为名比较通俗。范立础教授亦说"桥梁景观为桥梁美学内涵之一"，可见"桥梁景观"不能涵盖、替代"桥梁美观"。孔子说："必也正名乎，名不正则言不顺，言不顺则事不成。"所以为谈美学内容之前先正名如此。

发表于《桥梁》2004年第1期

桥梁美学理论篇

建筑美学历来是人们关注的话题,如何赋予重硬、冰冷的建筑以生命力和活力,"美"是其中不可忽视的原因,"美"也是建筑表达语言的方式之一。具体到桥梁美,亦须从哲学谈到桥梁美,再从美学了解到桥梁美,目的是使设计者建造出更具美感的桥梁。任何学科都有理论,桥梁美学也不例外。

哲学

哲学研究,是探索世界和人生的总的规律和理论。美学则是关于艺术的哲学,证明一些艺术的规律和理论。桥梁美学只是关于桥梁本身及其与环境有关的美学理论。一切学科都存在着不同、片面、甚至相抵触的理论。但这些理论却可以指导我们达到目的。人用身体的每一部位接触和感受世界。把这些感觉综合起来得到认识,变为逻辑思想,以之反作用于世界。而精神有能动作用,可以利用世界的客观规律改造世界,改造自己。

时空运动。

世界上存在着空间和时间,时间是变动的,一切事物随着时间的推移而变化着。而世界上各种运动的规律,都有周而复始的特性,即从生产、兴旺、衰退到消亡和新的产生。看起来似乎是重复,实质上永远不会是同一的。可是从宏观的角度来看是无所谓上升和下降的。

任何事物都是一分为二和相互对立的。这是客观世界的实际情况。运动有时在多组相对面中往返推行前进。相对面的数量是数不清的,中国概括称"理"。相对面的运动规律称之为"道"。俗称"讲道理""懂道理"实际便是哲学。佛学中讲"法"或"对法"的佛家的哲学。

相对面的关系。

相对面的关系分为动、静两种,而动和静是相对面,相对面的关系有多种。

相生,没有这一面就没有那一面。有了这一面才生出那一面,此谓相生。譬如说"有元"。天下万物的存在(有)都是在空间(无)里。有了房子,才生出房子空间的用处。

相成,相对两面之间可以起促进的作用。知道事情难办,处处小心,难事变成易事。要办大事,必须从小事做起。

相形,就是相比较。相比较之下才分出"刚柔""短长""高下""穷富""美丑"。

以上是静的关系。

相倾,相对的一面都有向另一面转化的趋势。如明暗、福祸都是可以互相转化的。

相对面相互可以转化这是运动发展的过程。"物极必反"是客观的规律。黑格尔称之为"否定的否定"。

相随，两个相对面总是紧紧伴随着，一方显则一方隐。等到一方相倾至另一方，由隐变显时，则另一方由显变为隐。

相和，相对面之间的转化包括和谐与冲突，一般都是自然而然地转化着，可是也有相争。

相争，相对面之间也可能会发生激烈的斗争。恩格斯说："自然界中有生命的物体相互作用，则包含着有意识和无意识的合作（和），也包含着有意识和无意识的斗争。想把历史发展和错综性的全部多种多样的内容都包括在贫乏而片面的公式——生存斗争之中，这是童稚之见。"

相因，是佛学中的名词。在相对面之间，"出没""即离""来去"用相对面之间的关系作为方法来假释相对面。

美学

研究美的哲学是美学。美是具体事物给人的影像可产生的抽象的概念。

美的属性。

有人认为美是客观事物的属性之一。人们目辨五色、耳辨五音、鼻辨五味，那么哪一种器官能辨美丑？有人说，那是第六感官，艺术细胞其实是没有的。辨别美丑的是意识。

有声觉的艺术——音乐，味觉的艺术——烹饪，视觉的艺术——书画、舞蹈等，还有其他各种综合的艺术。可见美丑是物质的诸多属性为人所感知而产生的理性认识的判断。

美也不是艺术家头脑里固有的。艺术家创作艺术作品不过是经验和教训对物质的反作用。

美有若干特性：

美的第一个特性是统一性。美是客观和主观的统一；感性认识和理性认识的统一；形势和内容的统一。

美有相对性，人的审美感是随着成长而培养出来的，就是说，从无所谓美丑而培养出区分美丑。美和丑相比较，相衬托才能各自显出其质地和程度。

天下没有十全十美的事物，美丑相随。有时美的事物有恶的一面，丑的事物由美的一面。

美和丑是可以转化的。认为这样便是美而大量模仿就会变为不美。吃多的美食会变腻，看多的美色会变丑。"天下皆知美为美，斯恶矣。"（《老子》）

有没有转化到素来认为丑的事物竟然变为美的？看看历史和现实，竟然逃不了这一规律。关于文学艺术，有从健康向上发展为颓废、堕落、恐怖的文学。音乐方面，有健康的音乐发展为靡靡之音或噪声满耳的音乐。历史上对女性的审美观点，环肥燕瘦，两代标准不一，但都还是健康的美。可是"楚王爱细腰，宫中都饿死"；南唐开始妇女缠足，以欣赏摇曳的步态，这些都是病态的美，认丑为美。人们审美标准由于时代、地区、民族、职业、性别、年龄、教育、经历、心情不同而有所差异。美没有绝对的标准，只有相对的标准。但这也并不引向绝对的相对主义，因为美有社会性。

一个时代有一个时代的审美标准，这是各个时代物质和精神文明所决定的，该社会普遍共同的认识，社会性也是美的一大特性。

美和其他

真、善和美。

历史上对美下过不少定义,如:"美是一种善(亚里士多德)";"真实就是美,与真实对面的就是丑(普洛丁)";"在真和美之上加一种光辉灿烂的情境,真或善就变成美了(狄德罗)"。显然真的、善的不等于就是美的。可是,美的必须是真的和善的。

修桥筑路的动机总是善的,都是作为功德来看的。既然如此,若能建设更美丽的桥梁,岂不是更大的善行? 建筑物表现为形式和内容,内容是事物的本质。内容表现为形式,形式反映内容。世界上没有无内容的形式,亦没有无形式的内容,因为形式在外故为表;内容在内故为里。形和质、表和里都是相对的概念,是美学中研究的主要问题之一。

形和质、表和里的统一亦是美的属性之一。形式和内容统一的是真,不统一的是假,真假也是一组相对面。然而自然界中有伪装成枯叶的蝴蝶,有随环境变色的蜥蜴。这分明是假的,可是这和躲避天敌及捕捉猎物的内容是统一的。

"饰"和美。

在美学里"饰"也是一个很重要的范畴。"饰"字的内涵有多种解释。单独"饰"字有解释为拭,使物品清洁明亮。和他字组合,如"文过饰非","矫饰"等就是作假的意思,但装饰、修饰是打扮使人或事物更美丽。在文学、绘画、音乐、舞蹈等领域,甚至还欣赏夸大笔墨和动作的装饰,称为夸饰,但要"夸而有节,饰而不之诬"。其实质和"饰"也是一组相对面。

移情。

世界上的自然景物原本无所谓美与不美,风花雪月、山水动植,按照规律自开自落、自生自灭,只是因为人类的感受,结合着情感,移情于外界,感性和理性、客观和主观统一起来产生了美感和丑感。"为忆绿罗裙,处处怜芳草";"红莲相寄诨如醉,百鸟无言定自愁"。移情于外部世界,然后就对客观事物产生了情感,也能潜心凝神,创造出动人与美的事物。

康德认为:"审美趣味是一种不凭任何利害计较的判断能力"。虽然美的观点因人而异,因情而异,但欣赏和创作时需要尽量摆脱个人的庆赏爵禄、毁誉得失,以人类社会的、时代的感情来处理分别美丑境界、自然高尚。

发表于《桥梁》2004年第2期

桥梁美学法则篇
——桥梁的和谐美

桥梁结构与施工技术都有规则或称法则。这些法则以文字、公式、数据来规定,遵守起来比较容易。特别在今天,资料收集、分析计算、测定试验的手段有力精确,所以技术法则素称硬指标。然而设计和分析计算又不相同,因为设计时所要考虑的因素是多方面、综合性的,结构分析和施工组织不过是一个方面。

实用建筑的基本法则是"实用、经济、美观"或"实用、美观、经济"。但实用总是第一。

实用包括安全、功能齐全、舒适等因素。实用中安全为第一,在施工阶段和桥梁寿命期间的使用阶段都要保证安全。

桥梁的基本功能是使各种交通工具(公路、铁路、轻轨、非机动车、人行等)或电信、管道等得以跨越障碍。基本功能之外各个地点或时期对桥梁有附加功能以来实现达到政治、军事、宗教、商业、纪念、旅游、地区文化和标志的目的。基本功能确定了桥梁的基本形式,而附加功能大大丰富了桥梁的造型使用,使之多姿多彩。可是附加功能不能损害基本功能。除非附加功能变为主体的基本功能。否则只能是附加的。

经济和美观理应不相抵触。因为桥梁本身已具有了必需条件,即真的、美的,再加上有意无意地服从了美的若干法则,可以得到美的建筑。不加任何装饰,朴素自然也是美,同时亦是经济的。装饰必然要多花一些投资。因为装饰与否不影响建筑物的实际功能。所以装饰应该是有节制的。附加功能较之附加装饰范围要广阔得多,况且附加装饰总是要表达附加功能的内容。既称附加,则这部分造价更需附加到基本功能构造造价要求中去。显然经济方面要增加不少。有很多附加功能的造价占很大的百分比或甚至为基本造价的数倍。

美的法则之多样统一

多样和统一,或称变化和统一,是美学中一个普遍法则。多样的相对面是简单,统一的相对面是不统一、离散、混乱,是整和乱的相对面。

中国美学史中论多样和统一的范畴是"和同"的关系。"和"就是多样东西的协调,"同"则只有单一的统一。从美学的角度,譬如音乐,要调和五音,用清浊、大小、短长、高下、出入等相济。烹饪时用水、火、醋、盐以烹鱼肉蔬菜,把鱼肉蔬菜的味煮出来,调料的味煮进去,使咸淡可口,色香味俱全,成为美味。只有一种调门便没有听头,只吃一种味道,便不成美味。建筑和桥梁亦是如此。"和同"的论点告诉我们,单一不好,要多样。多样亦非杂乱无章,要求统一。统一便是要使之协调和谐。

"和"与"同"亦不是相对面。"和"的相对面是拗，"同"的相对面是异。同中有异，异中有同，同异可互相转化。桥梁建筑中正桥引桥、上部下部结构，梁、柱、墩、台、栏杆等本身是多样的，都要统一到功能要求的整体中去。那就是异中求同，多样中求统一。桥梁中很多相同的部件或各种类似的桥梁便需同中求异，统一中求变化。于是，当变化为主的时候，美的法则是使之统一；当统一为主的时候，美的法则是使之变化。

美的法则之协调和谐

和谐的事物是美的。协调是手段、动作；和谐是目的、结果。

和的相对面是拗，即别别扭扭。

视觉和听觉的艺术要求和谐，乃是不去过分地刺激视听器官，以使心境平和舒适，产生美感。和谐的音乐称为"衷音"，执拗的充满噪声的音乐称为"侈乐"，侈乐使人（过分的）震撼烦躁而好斗。桥梁属于视觉艺术，并且是多样的组合以及功能、规模不一的个别或群体，处于自然及社会建筑环境之中。

1. 本身协调

多样统一的原则是"把杂多导致统一，把不协调导致协调"。桥梁是复杂的组合建筑，所以首先是本身需要协调。

最简单的协调是要求整齐而有秩序（守有序），这样可以使桥比较好看或至少不难看。从这一基础上再使之参差而富有韵律的变化（节有度），以求得美。

本身协调可分为协调形式、体量和功能等。

2. 协调形式

桥梁表现为形式，其各个部分如梁、墩、台、正引桥等各自有构造内容所表现的形式，这些形式需要互相呼应，有规则地过渡。否则杂乱地堆砌，变化突然，缺乏有机的联系，肯定是丑的造型。

3. 协调体量

正引桥之间，上下部之间体量的协调很重要。武汉、南京长江大桥建筑设计争论的焦点便是其体量大小问题。

4. 协调功能

桥梁设计有时借鉴其他实物或建筑，作形式类比联想而不是作性质类比联想，于是得到内容上毫无相关的形式主义作品，即和桥梁的功能不协调的桥梁形式。

5. 环境协调

环境是多种多样的。有城市建筑总环境、相邻建筑环境、自然环境和人文环境等。

环境协调便是现在有部分人称之为"桥梁景观"的内容。

桥梁要与其他建筑协调。

在一段时间里，我们不太重视文化遗产的保存。现在都尊重历史，保护文物建筑，并积极向联合国争取文化遗产的称号。当然这里面亦有争取发展旅游事业的利益动力。撇开这一点不说，从保护人类精神文明的角度来看，保存历史文化环境，新的桥梁建筑要和原来的历史环境相协调，不盲目地追求"现代化"造型，这样的协调方法才是正确的。反之，拆除不必要的旧建筑或在改造的城市中建设现代化的桥梁亦是合理和必要的。有介于两者之间者，如是历史名城，有文化传统却因战争破坏，只存在少量的古迹时，如诸葛亮出生地河南南阳，新的城市规划建设，采取现代化和历史文化相结合，这又是一个难题。看来需要采用不过分现代化的桥梁结构形式，加上适当能表达历史文化的装饰。过之和不及都不好，恰如其分是最合适的。这些说来容易，做起来却要花费一番工夫了。

一河诸桥要协调。

一条河上诸多桥梁，而且各桥梁之间的协调关系基本上宜采用多样统一的法则。统一在桥孔径数上，一方面从能通航功能出发，使航道顺直；统一于结构基本类型，如上承拱（法国塞纳河）、斜拉桥（德国杜塞尔多夫莱茵河）等。虽是同一结构却可变化成不同的造型，各具特色。

相邻桥梁要协调。

相邻的桥梁统一的因素更多，最后甚至于完全相同。"同"也是美的因素。国内外有过不少的经验。两个时期所建的相邻拓展交通的桥梁，因为时代在进步，后建者不甘于追随老桥，改为新时代的结构，造成极不协调的组合。如果指导思想是赶时代，那就永远达不到协调了。要知道美的桥梁是可以跨越时代的。败笔如武汉江汉桥（一桥）。

桥梁与自然环境要协调。

当桥梁建设在人烟稀少的自然环境中时，对美观的要求很低。但当建造在风景区的要求便大不相同。国内外很多风景区的通道建设产生桥隧之争，主张隧道者除了有一部分属于职业爱好外，总是认为桥梁会改变甚至破坏现有的美好的自然环境。其实不然，设计得好而美的桥梁，可锦上添花，为环境增加亮点。

并不是所有的桥梁形式都能和自然美景相协调，虽然设计者可以吹嘘或认为是协调的，在广西桂林甲天下的山水中，曾经有人建议用超现代的独塔曲塔斜拉桥。但为了与自然美相协调，这一方案最终还是被否定了。

在自然环境中建桥可以采用显隐相对的三种方式，即：表现于环境之上（显）；融合于环境之中（和）；隐藏于环境之内（隐）。这要看桥梁的规模和位置。设计者要采用适当的方法。

在不注意环境保护而遭受到各种自然灾害报复的今天，环境保护问题已引起全世界普遍的注意。桥梁、隧道、道路开挖等对环境都会产生影响的，相比较下还是桥梁影响小些。可以建造随山而转不破坏植被的、代替道路的高架桥、栈道或隧桥结合的山区通道。同时，还能考虑到其对风景的协调。

城市中人工地布置桥头、桥上绿化工程等，其设计应邀园林局参加进行。

图4-3-1、图4-3-2为形式不协调的桥梁。图4-3-1的桥上轻下重；图4-3-2的桥头重脚轻。

图4-3-1

图4-3-2

图4-3-3—图4-3-8为形式比较协调的桥梁。环境不同协调的方法也不一致。

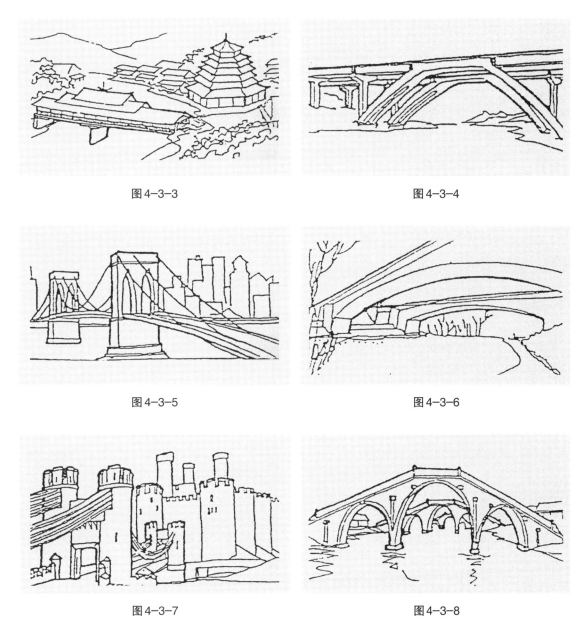

图4-3-3

图4-3-4

图4-3-5

图4-3-6

图4-3-7

图4-3-8

比例

西方美学家很早就提出"比例"一词作为美学的法则。迄今没有一位美学家和没有一条建筑美的法则不谈比例的。可是,当分析美的事物时要谈出什么是美的比例时分歧就产生了。

"明显的一致性就烟消云散了。"(泰尔博·哈姆林 1952)问题出在哪里?

1. 数

我们知道,比率是二个数之间的关系;比例则是这个比率数在某一物体或建筑中局部与局部之间,局部与整体之间有规则的存在。

因为比率是无穷的,比例也就无穷了。黄金比又不能始终占着美的比例舞台,比例仍只能意味模糊而不确定。正因为这样,各个时代就有各个时代的美。

2. 度

中国美学上没有比例一词,但有"度"的描述。我们亦从人体美说起。曹植《洛神赋》称:"浓纤得衷,修短合度。"可是这个度不是用数来表达而只是意会。宋王形容美女:"增之一分则太长,减之一分则太短;着粉则太白,施朱则太赤。"美丽不能用数字去测量研究。况且,谢灵运《江妃赋》道:"姿非定容,服无常度。"难得有确定的尺度。

根据中国哲学的道和理可定义为:比例是艺术领域诸相对面间比率的关系在建筑作韵律的重复。

时 尚

美的标准随时代而变化。包括桥梁在内的建筑造型亦有时尚,不过周期长一些,变化范围小一些。时尚的作品中会留有足以传之久远的有时代代表性的艺术品。

对 称

对称是从世间事物形象概括出来的美学法则之一。对称是比例中比率重复的方式。

对称种类很多,如:镜面对称、平移对称、旋转对称、结晶对称、不完全对称、不对称平衡。

1. 镜面对称

对称是美学的坚实基础,人体和所有动物形体都有一根且是唯一的一根对称轴。左右对称亦平衡。俗称匀称就是均衡和对称。镜面对称又称映射对称。人以镜照面,纤毫必似;自然界波来如镜的河、湖水面倒映出岸边风景美丽动人。对称有正规、严肃、端庄的形象。所以庙堂等正规建筑多半是对称的。庄重和有纪念性的建筑多专门开凿反映池以取得映射对称。

对称的建筑和桥梁多半有个中心突出的情趣点。对称对构造亦很有利。

2. 平移对称

任何图象在平移一段距离后和下一图象相合称为平移对称。在舞蹈中群舞都有平移对称的场面。如《天鹅湖》中的四小天鹅以一致的身材、装束和动作,做严格的平移对称变化,达到高超的艺术的美。建筑和桥梁造型虽做不到这一点,但一栋栋相同的房屋排列起来,一孔孔相同的桥跨联成长桥,也是严格的平移对称,却成为兵营式和平板的造型,"四则不济"并不美丽。如何能设计出美丽的平移对称的桥梁造型,我们还在期待之中。

3. 旋转对称

旋转对称是图象绕一固定的轴,转动一个角度后与下一图象相合。作为基本单位的图象可以是一个或一个以上,本身可以是镜面对称或不对称。旋转对称亦是旋转方式的平移对称。桥梁建筑中近代的道路立交自然而然可以得出旋转对称的设计。并且根据道路宽窄、桥面高低、交通流向得出众多丰富的旋转对称的立交桥造型。

4. 结晶对称

结晶对称主要指在立体三维方向内图像做移动重合。在房屋建筑中有球面壳体,在桥梁建筑中有立体桁架。目前实例亦不甚多。

5. 不完全对称

在自然界看来似乎绝对严格的对称中也存在着不完整性。因此,在艺术领域里,有些场合要求严格,有些必要时便在形式和细节上做出变通以适应具体情况,构成不完全对称。

6. 不对称平衡

人以对称(正背面中轴线)和不对称(侧面)的形态存在,动物亦然。植物有对称的花叶,但干枝却随阳光和环境而活泼地不对称。

对称和不对称是一组相对面,各有各的美,也服从于对立转化的法则。桥梁设计时须随机应变,要在不规则中求规则,任意中求不任意,偶然中求必然。取得美的效果。美学的掌握程度和手段的高明与否便表现在此。

韵律

韵或韵律是艺术的核心,是中外无论何种艺术相通的关键,是美的共同语言,是创作和感受的焦点。

韵是指和谐的声音,用在音乐和诗歌书画中,推而广之至于气派、风度、形态、情意之中,遍及整个艺术的范围。所以要理解韵律当从音乐开始。

音乐的韵律分为节奏和旋律。

1. 节奏

节奏乃是随着音乐起落、进退相应的动作。一般音乐都有节奏。节奏和人的呼吸、心脏的跳动速度或步伐的快慢有关。简单的节奏是一个长音和一个短音,一个高音和一个低音,紧张和缓和、增长和下降、流动和暂停交替地变化。节奏是时间上的重复或时间上的平移对称。在桥梁建筑设计特别是梁墩构造设计中,很容易感受到节奏的存在。

2. 旋律

和简单的节奏不同,旋律是结合感情音乐的语言。美的旋律给人"余音绕梁,三日不绝"之感。美好的旋律便是韵律。旋律的进行可以在连续的、流畅的、递进的、跳跃式的精确的重复、变化的重复或模进的重复产生旋律的波浪。扣住了感情的旋律才是韵律。不带感情的旋律没有韵,被称为花腔。

历来宣称"建筑是凝固的音乐,音乐是流动的建筑"。对于后者的比喻不容易被接受,倒是前者得到普遍的承认,因为当设计和鉴赏建筑群时,也注意传达节奏和旋律。

最难说明的是韵。所有的人物、音乐、歌舞、文学、建筑、桥梁等只要以时空的形象表现都可以有节奏和旋律。但是在节奏旋律之外,能引起动人魅力的才能称为美。

桥梁气韵可以特别用刚柔、虚实、动静、阴阳八纲及其他列举的艺术领域中的相对面以富于韵律的变化来表达。但这些只有当人生和专业有了丰富的经验才能实现。

发表于《桥梁》2005年第4期

桥梁造型创新是桥梁美学创新的主题

自然界的创造,有神论者归之于神、造物主;天神论者归之于天地、自然、道。世界发展到今天,不是一开始就是如此,而是万物彼此互补、冲突、平衡、调节、适应、创造的结果。自然界的每种生物,当各有所创造的时候,自然界就前进一步。

人类社会是自然界的一部分。人类对自然界的物质改造或人类社会制度中的改造,创新是前进的动力和手段。虽然创新的成果不一定是好的或美的,但最后需要获得的却是美的和好的事实。创新的目的是美好的进步。

桥梁是一门科学,其创新亦有多种形式。在交通工具日益改进的今天,保证自身的使用安全、舒适和使用寿命的创纪录延长,是桥梁创新追求的最基本目标。同时,桥梁工作者也在不断改进结构形式、不断创造、引进、试验新的材料;随着时代、科技的进步人们对桥梁造型的要求也越来越高,从造型中获得美感也开始成为我们必不可少的需求。工欲善其事,必先利其器,施工机具得到了改进和创新,才能使创新成为可能。

桥梁造型创新是桥梁美学创新的主题,其他创新乃是其必要的基础。

创新非天成需要人类的智慧

真正的创新并不容易,没有耕耘就没有收获。创新的来源,作者认为有四:

1. 总结改进

每当一个工程结束时都有总结报告,总结其失败和成功的经验。其实,最宝贵的经验是失败和由失败而取得成功的经验。即使是成功的经验,亦必然存在可以改进的地方。众多细小的改进会成为飞跃,产生焕然一新的结果。

2. 推陈出新

在桥梁建设的历史沿革中不乏曾经有过、设想过却因种种原因而没有实现的形式。时移事转,由于计算分析手段、技术力量和材料进步等因素使老的桥型获得新的改进,或使当年认为不可能实现的设想变为可能。结构方向如此,艺术形象方向亦有类似事例。

3. 旁搜博览

土木建筑工程中很多结构是相通的。现在大跨度桥梁结构技术,多有被建筑工程,特别是体育、音乐堂等大跨度建筑所应用。同样,各类土木、建筑和其他工程中别出心裁的新颖结构未始不能用之于桥梁。或者在其思想的启发下,以意识和功能为条件,触类旁通,移植应用。桥梁的造型方面亦是如此,不过更需要慎重,要理解透彻,融合成为总体而不是形式主义。

4. 效法自然

所有过去的桥梁结构原理和形式,绝大部分效法于自然界。自然界有无穷的奇巧构造,令人叹为观止。在科学发达的今天,人类深能至海底深谷,细可察微观世界,自然界简直是取之不尽的源泉。当然,并不是所有一切都能信手拈来,而是探究物理,取其有用和适合者。

很多哲学理论认为人类只能发现自然界的客观规律,予以组合应用而不能创造新的客观规律。若按此定论,岂非根本没有创新而言。事实上不同规律的组合引导出自然界前所未有的新的组合规律岂非创造!例如,蜂窝、蚁巢是自然发展过程中蜂类、蚁群的创造,何况人类。效法自然的前提是我们不认为世界上所有的现象是开天辟地以来早就安排了的。

创新不易但仍有章可循

科学的创新有一定步骤,现已逐渐形成公认的制度。我们从源泉之中可汲取到创新的设想,结合假想的或具体的,按步骤进行设计创造。

概念设计是创新的理论基础。

"概念设计"是近年新兴的名词,内容随阶段而不同。

在科研设想阶段,以假想目标即科研题目所假定的条件和目标,提出解决问题的制度;在项目规划和可行性研究阶段,则结合具体的客观条件,提出具体目标的新的概念设计。

"概念设计"重点在于"概念"。科学工作者和技术人员表达概念的方式共有三种,即:文字、图画和理论公式。

单独文字可以表达完整的概念。但繁则头绪不易说清,简则可能会引起误解。

图画又分两种,一为帮助清文字脉络的框图;二是工程或建筑图画。后者是工程师或建筑师的语言,最后表现为效果图,以静止观察角或动态观察角显示,成为一般人都能理解的形象。至于理论公式或计算公式只是专业人员精炼的提纲。爱因斯坦相对论公式简单明了,但只有内行才看得懂。所以文字、图画、公式三者是密切联系的。

在各阶段概念设计中提出新的设计概念时,最理想的是设法证明可行的,至少须在理论上是可行的和有吸引人的魅力。我们并不奢望新的概念一定成功和一次成功,特别是较大规模的工程,从概念设计到实践,宜于有章有节、按部就班、发现问题、解决问题直至建成。

概念设计中亦可包括非创造性的引进、模仿等因素,重点还是有可创造的新概念。

1. 方案比选,为桥梁获得最佳设计

好方案产生于众多新的概念设计的比选。比选制度起源极早,古代便有。现今社会更有各种不同比选内容和方法。

计划经济时代,桥梁建设亦曾进行过不少大小规模的方案比选活动。比选的目的是发动群众,从而得到当时的最佳设计。

方案比选的内容、深度和应选范围随工程的规模、阶段而异。

2. 知识产权,激发创造

计划经济时代称竞赛而不称竞争。方案出自个人,但强调集体力量。虽有奖励,却是象征性的。无所谓知识产权,也无专利政策。

市场经济时代竞争十分激烈。为了保护知识产权,专门立法。重要的创造还有专利法和技术合同法等规定。于是,在比选过程中开始注意到保密性并有了回避制度、知识产权报酬、补偿费、设计权、使用权等一系列规定。虽然仍有弊端存在,总的态度是以经济作调控手段,鼓励和保护创新者。

3. 专家决策,民主公正

过去方案的评选,虽亦有专家参加,但决定权在行政领导。现在,方案评选由专家委员会决定。重要的工程,还需在初选之后,以模型、图照,说明并采用展览方式取决于更大范围的群众。国家及各层领导在职权范围内进行宏观调控,且其调控工作亦采用经济法则。

迄今的社会组织仍然不可能做到普遍的直接民主,只能有监督地代表性地进行决策。只要不以权谋私,做到公正、公平,公正便是好的了。

国际方案比选牵涉面更广,有更详细的细则规定,并不时结合具体工程进行修改。需不需要和如何进行国际比选,还先要从国家和民族利益角度考虑。

4. 科学实验,抛砖引玉

新的概念可行与否需进行科学实验来验证。规模较大的工程则在方案比选之后,选取一二个好方案进行科学实验。明确其可行与否,再定取舍。这样更能有的放矢,且节约资金。

规模较大或设想较新的桥梁,包含着明显和隐蔽的问题,宜于先建造较小规模或较低荷载(如人行桥)的建筑再逐步推进。因此,大公司应有计划地承揽一些小工程以便成为今后大工程的资本,亦有抛砖引玉之效。

避开误区让创新更纯粹

世界上每一件事情都有正反两种情况。创新过程中亦有误区,知道误区所在便可拨乱反正。

1. 生产力的解放为创新解缚

创新和制度密切相关。制度反映出生产力与生产关系的制约和促进的关系。改革开放后的制度使生产力得到更大的解放,解除了创新的束缚。知识分子政策的变化对科技创新起到了很大作用。一切政策制度都不可能十分完整,于是便产生了歪曲、变异的执行方法。如比选制度、招投标制度等,其中存在着不少不规范竞争和不规范运作。不计以权谋私、腐败堕落,即使是地方保护主义、行业保护主义便足以影响制度,不能完全做到公开、公平和公正地执行。有媒体反映称:"解决建筑市场秩序混乱问题已是目前刻不容缓的大事。"

2. 创新可从模仿开始

创新并不容易,需要动脑筋、花气力。创新的源泉和方法已如上述。创新可以从引进模仿开始。被模仿的国家,其科学技术亦在不断创新。于是在某些情况下变为不断地引进和模仿。看起来似乎有创"新",实际上却仍是东施效颦。观察诸多国内竞选方案,都是似曾相识。日本是最善于模仿的国家,竟有日本友人到中国后,看到中国的近代桥梁觉得模仿超过我!原因在于日本善于引进模仿而不停留在模仿上,接着便改进创新。而我们则有不断地、有时甚至是重复地模仿。

实事求是地说明工作来源和成果,说明创新的内容和所处的位置亦是作者思想品质的重要表现。

真的是创新,自可做骄傲的报道,虽然客观,谦虚更是应具的美德。

目前有较多的人和其"创作",千方百计地要把自己的作品冠上一个"第一"。大到国际第一,小到局部地域或范围第一,甚至工程数量第一,施工用钢(辅助材料用)第一,造价第一等等。不探求是否实用、经济和先进,反成一大笑话。

创新并不是标新立异。

创新的方法似服装"时尚"一样,听起来似乎有"理论",实际上却是"老花样翻新",总在两个极端之间反复变化,不过冠以"时尚",变为假货,为了追求与众不同而追求怪异。

不是从脚踏实地地深入研究,而是东抄一点,西抄一点,拼凑出一种新形式,既侵害他人知识产权,又不易设计、不易施工,害国家投资、害众人劳动不浅。

人类总是在不断创新,每个人在历史中都是桥梁。

发表于《桥梁》2006年第2期

关于桥梁美学法则的反面意见

美国混凝土学会最近发起一个关于桥梁美学法则的讨论会。美国桥梁专家马丁·布克（Martin P. Bruke，美国TRB桥梁美学会主席）写信和我讨论这一问题，谈到有反对建立桥梁美学法则的意见。我在学习研究桥梁美学的时候，也读到和听到不少反面的意见，这些意见必须予以重视。一是在反对的意见中存在着正确的部分，须加以考虑、吸收，并补充现有桥梁美学的不足；另外反面则要予以澄清、纠正，以利桥梁美学的发展。

对公式的看法，1944年，查尔斯·霍尔登（Charles Holden）说：

公式可能是一个好的仆人，但任何时候都是一个坏主人。

在国外主要的239篇有关桥梁美学的英语论著中，有很多作者提出过不同的桥梁美学的法则，从1929年查尔斯·费陀奈（Charles S. Whitey）集中为一条，到1938年史丹门（D. B. Steiman）总括为27条。然而，还有一些作者，反对桥梁美学中要有法则、公式或原则。并列举了不少例子。其中不少无多大价值。现选择比较典型、有代表性的叙述如下。

1911年，欧斯陀·强生（Ernst Jonson）在讨论《工程和美学观点的拱的原理，及其应用于大跨度桥梁》一文时说：

对于每一个工程结构来说，确确实实非常需要设计得除了满足其物理目的外，它将在某种程度上，让观察者能有面对着建筑艺术最佳的那些工程面前所有的相同的愉悦。

然而这是一个错误，即假定这一结果可以遵循一定的规则来达到。

对于建筑设计者来说，规则不仅没有价值，而且实际上却有害。有意识地说理，看起来与潜在意识的、智慧的方法来之于艺术家所具有的创作功能有所抵触，艺术的规则或原则不能安全地被应用。即使评论家在形成其判断的时候，只有当它形成之后，才能予以证明。

总之，创作不能靠法则，而是靠"潜在意识"和"智慧"。

1938年，在一篇文章《公路短跨桥梁的美》中，赖斯里·苏莱门（Leslie R. Schureman）观察到：

一个最近发生的使人紊乱的课题是替桥梁设计的建筑方面排出规则。这些规则大部分已经从可以应用于所有建筑领域各方面的广义基本理论中被引导出来，在桥梁美学中，将之拙劣地标准化和普遍化。这是很清楚的，过分地信赖这些公式是不明智的。危险并不在于那些没有问题的结实的原则,而是在于其解释。经验在所有的东西中告诉我们一件事,在桥梁美学设计中没有捷径、公式、规则和表格,不可能代替辛勤的研究和分析去达到每一个单独问题的解决。

看来他不反对"结实的原则",而是反对错误的解释和公式化、表格化、规则化。主张多分析、研究。

1941年,心理学家查里斯·萨缪尔·梅亦思(Charles Samuel Myers)在他所写的《美学和工程》作如下思索:

> 在某些场合,这些美学原则,类似于韵律和诗的构成中的其他经典规则,它们可能全部被遵守了,而于唤起美这一点上却失败了。部分原因是遵守规则在美学上尚不足够甚至不需要,部分原因是缺少美学布局和姿态,其中只要加入对的实际经验就可能了。

那就是说,有了原则和规则不一定能得到美的创造,正如懂得格律会做诗词,但不一定做得好。

1958年,西班牙著名工程师爱德华·陶乐嘉(Edwardo Torroja)所写的《结构的美》一书中有一部分谈到关于结构的哲理,总结地告诫道:

> 设计者必须更多地依赖他的生动的和艺术的背景,胜于生硬和板结的规则,因为在艺术领域里比在技术领域里更难去写出规则,特别是假如这些规则仅仅是对艺术的模糊的哲学上的考虑,而缺乏对这一特殊问题的直接接触。

美学根源于哲学,但是仅从哲学还说明不了美和美的手法,要对具体问题作具体分析。

1966年,怀尼·司若敦(Wayne H. Snowden)在《美的公式》一书中告诫说:

> 美的公式和应用它的人们一样的多,因为它们必须包括一个主观项。它们不能放进计算机,用分析不能得到结果。正如工程师手册上的公式一样,假如应用的只是高度抽象和理解错了的术语则是十分危险的。公式的目的必须能够有理的、项目清楚,并且其基本点都能理解。

1983年,利本伯格(A. C. Liebenberg)在介绍其著作《桥梁的美学评价》中说了如下的话:

> 美学这一题目,自从最早的哲学家柏拉图(Plato),亚里士多德(Aristotal)和普洛修斯(Plotinus)时代起,就有不少争论。直到今天,没有普遍被接受的美学理论。艺术和建筑好多方面的发展,其中也包括对原则和规则的公式化的不同尝试。包括希腊时期有名的黄金比,这已是上了年纪的公式化。其后的不同尝试产生了美的形式的几何公式。然而依曼奴尔·康德(Emmannuel Kant)可能是第一个评价美等于和独立于理性及伦理的人。今天的很多艺术家和建筑师表现为同意没有规则可以去创造或衡量艺术和建筑的质量。
>
> 我不相信一个有实际敏感性的人,当站在一幅图画前,于长时期分析之后,再宣布自己获得了愉悦。

在过去的十或二十年间,工程师们表示出对美学的新的兴趣,觉察到他们的结构与环境的关系……一般的趋势是把美学设计规则的公式化。

这里并不是想对过去和现在产生的设计规则加以贬损的意向,特别是对于新手,他们为了有用的目的是毫无疑问的。

无论如何必须记住,这些规则或定律是从过去的结果中推导出来的……因此,处理成为普遍化需要特加小心。每一个设计,即使应用了这些规则,最好作独立的考虑。一个富于想象的调整总能产生一些改进的结果。

所有这些论述中,除了少数完全反对法则、规则、公式外,大多数是有条件地指出不足,承认有时是有用的,但不要使之刻板和僵化。

下面来谈谈作者的观点。

在讨论一个问题的时候,首先最重要的工作是澄清将欲讨论问题的词汇、名称的内涵的一致性,否则将你说你的,他说他的,牛头不对马嘴。

我相信,前面所引诸家作者所谈到的规则、法则、公式、原理等都是有所指,但彼此之间,可能小有出入甚至大不相同。假如所说的规则、法则、公式指的是用数学方式来表达美学定义,则我完全同意,它们迄今为止是没有多大意义的。这些公式或多或少地在进行数学游戏,即使是有名的"黄金比"和"动力对称"(Dynamtc-Symetry)等都是如此。只有公式化才能进入计算机,然而艺术是无法公式化的,至少到目前是这样。"黄金比"和"动力对称"等不过是一个时期的产物和一个意见或学派,作为创作源泉是不行的。

规则、法则或原理若是总结历史各时期成就的普遍规律,则应该对目前的和今后的工作能起指导的作用。世界上有没有古今有效的规则、法则或原理呢?应该是有的。使用刀、枪、剑、戟时代产生的"孙子兵法",对于近代火器的战争仍起指导作用。中国艺术中的书画、篆刻、戏剧中的普遍法则,有很多亦仍然适合近代。当然近代的艺术需要在普遍原则之外还增加时代的因素。这就是苏莱门的"没有问题的结实的原则"加上利本伯格的"富于想象的调整"。

想要建一座美丽的桥梁,其创作方法是靠"潜在意识和智慧"或"实际经验"呢,还是需要一定的理论指导? 我们不否认很多民间艺人或有实际经验丰富的工程师们能够创造出美的作品,他们的创作能力,得之于丰富的经验和细心的观察,形成了"潜在意识",集中了广大的"智慧",然而只有将实践上升为理论才能称之为大师。

当判断一件艺术作品的时候,艺术"敏感"的人,站在一幅成功的图画前能立即获得愉悦,这也正是多年鉴赏的积累,而不是灵感的相通。然而只能说好而说不出道理来的鉴赏者便大可不必说出门道——也即该行艺术的法则的鉴赏行家。"评头论足"的品和评便有一定的鉴赏级别和标准。

对理论的法则、原理抱反对态度的人,大致可以分为三类。

第一类是熟悉工程技术的工程师们,他们对结构的数学公式和桥梁工程的技术内容十分熟悉。然而对导源于哲学和心理学、伦理学、美学的原理、法则不容易接受和理解。特别是那些莫名其妙的"解释"和"模糊的哲学上的考虑"所产生的规则以及不从主客观统一的因素出发。过分强调主观因素的美学观点,使他们更摒弃法则。于是作品往往谈不上美。虽然也可能有成功的作品,多数是从成功的桥梁艺术形象中吸收来的因袭的因素,极少有创造。

第二类是一知半解地懂一些美学法则,为不正确的"生硬和板结"的规则所误,有了法则却创造不出美的形象。不懂得法则的普遍性、灵活性和变化性,进而否定一切法则。

第三类人是对技术和艺术都有很深的修养,并且有丰富的创作及取得成功的经验,知道"尽信书不如无书",不能教条式的背诵法则、应用法则,而是通过了一段"不逾矩"(不脱离法则)达到"随心所欲"的阶段。战争时不读兵书、烹饪时不称作料重量、写作时不查文法、鉴评时即下定语。他们也不要法则,事实上已是融会贯通、心领神会,达到了艺术的巅峰。

上举很多作者之中便有多数是桥梁结构和美学专家。他们对大家的告诫便是:要做公式(法则)的主人,而不要做它的仆人。

目前无论在中国还是国际上都有些桥梁界中普遍的现象,并不是已经对桥梁美学的法则、原理有完整的系统、普遍的教育和深刻的理解,达到了上述第三类人物炉火纯青的阶段。而是更多地强调美的主观相对性,而以个人的主观意识来作决定或设计。甚至根本轻视创造环境美的重要性。

我国近数十年来官僚体制对学术理论上的干扰,使理论落后于实际,建筑界便是如此,桥梁美学只能说是在起步阶段。社会主义初级阶段在经济上的落后,使对美的需求未达到政策的高度。十年动乱,使一代人乃至全民族的文化修养下降,改革亦应在这方面有所进步。因此,在系统整理、提高、广泛宣传桥梁美学的时候,回过头来再分析和企图扭转忽视桥梁美学的现象,看来也是必要的。

唐浩整理于

2014 年 4 月 24 日

卷 五

桥 梁 人 物

茅以升先生与中国古桥史

我所接触过的老一辈桥梁专家,特别是留学学习国外桥梁科学而且有所成就的桥梁专家,对中国传统的桥梁都有浓厚的兴趣,且当事业成就、年岁日高时,更以主要精力用来研究中国古桥。这是为什么?原来一方面学贯中西有所对照,发现中国古代的桥梁,虽然没有近代的计算理论,却是构造巧妙而合理,造型民族化而富于美感,是一个尚可继续发掘的宝库;同时,作为炎黄子孙,要把中国各民族古往今来劳动人民的卓越成就引以为骄傲、公之于世界。茅以升先生就是老一辈中在这方面的杰出代表(图5-1-1)。

图5-1-1　茅以升
(1896—1989)

茅先生与我(图5-1-2),已是隔了一代的桥梁工作者,年龄相差31岁。当他获得博士学位,回国任大学校长的时候,我方来到这世界。当他在轰轰烈烈地建设第一座中国人自己设计自己监修的钱塘江大桥时,我才读完小学。我之能识荆,是抗战胜利之后的事。1948年,我从上海国立交通大学土木系毕业,因为听说茅先生组织中国桥梁公司有建设武汉长江大桥之举,于是通过舍亲、茅先生的学生,时任江苏省公路局长的张竟成先生的介绍,在上海总公司见过一面后,被委派到汉口分公司工作。这样,我们之间,确立了一个公司中的上下级关系。

汉口分公司经理梅旸春先生是钱塘江桥钢梁设计负责人,亦曾留学美国,是茅先生的学生,于是我便是茅先生学生的学生。从梅先生那里,我学到了不少实际的学问和公司传统的进取精神,也接触了当年武汉长江大桥计划的情况。

抗战胜利后的中国,处在苦难之中。建设位于低谷,学土木的人往往无事可做。桥梁公司汉口分公司依靠茅先生的声望和梅先生的技术,尚能有些中小业务。

中华人民共和国成立后,桥梁界第一个喜讯就是党中央决定修建武汉长江大桥,国家接收了官僚资本(原交通银行资本)的桥梁公司。茅先生由于爱国和在

图5-1-2　茅以升与唐寰澄

图5-1-3　59年陪茅老重登钱塘江大桥

科技界的声望参加了全国政治协商会议。梅先生则在南下协助抢修了粤汉线被破坏的桥梁后，负责武汉长江大桥的测量、钻探和设计的任务，我们便都有了素所志愿的工作。不久，武汉长江大桥工程局成立，茅先生受聘为技术顾问委员会主任，我们之间再次发生了间接的领导和被领导关系（图5-1-3）。

武汉长江大桥勘测完成后，我奉调在总体设计组工作。中央对武汉大桥建设的要求是"民族形式，社会主义内容"。什么是民族形式的桥梁？中国从未造过像武汉长江大桥这样的大桥，更无从着手设计民族形式的近代大桥。第一次设计讨论会上，中国古典建筑的权威梁思成教授提出了一个民族形式的桥头堡的方案，造型高耸雄伟。它以建筑为主体，与桥缺少一定的联系。茅以升先生在思索这一问题。作为一个年轻的、当时具体参加过这一工作的桥梁工作者，我也在学习和思考，想在中国具体桥梁的实物和历史遗产的故纸堆中探索桥梁的"民族形式"。

在偶然的机会里，我从故宫初次展出的名画宋代张择端作的《清明上河图》上发现了一座世界上绝无仅有的特殊形式木桥。我对此画作了历史考证和结构分析。文章在刊物上发表后，得到了梁思成先生，茅先生及其亲密的朋友、老一辈桥梁专家、原钱塘江总工程师罗英先生的青睐。这样我才知道茅先生和罗先生正在研究和准备写作中国桥梁史。罗英先生从我处取得了《清明上河图》汴水虹桥的资料，载入其《中国桥梁史料》（1959年中国科学出版社出版）一书中。茅先生在为该书所做的序中，盛赞罗英先生的工作，同时说："我国是个既大且古的国家，几千年来修建各种桥梁，不可胜数，仅以古桥而论，据说即达四百万座之多，其中有很多在工程结构和科学技术上具有惊人的成就……然而，就是要编写一部桥梁的史料书，也谈何容易。我国桥梁虽多，而记载桥梁本身的文字，却极其缺乏……（多数是）借桥梁来抒情遣兴的诗词歌赋……在各省各县的地方志中，也都是提到一些桥梁名字，甚至约略介绍些情况，但远远不够技术上的要求。在这样一堆文献中，分析整理出适用的资料，是一项艰巨的工作……作者（罗英）在桥工中的多年伙伴，我能为他这次纸上的工程做点介绍和宣传工作，深深感到高兴。希望他继续努力，参加完成一部更完整的中国桥梁史。"

事实上茅先生也早在研究古桥，勤写笔记（有十厚本、近百万字），发表文章。所以1961年8月26日罗英先生致作者信函中说："……中国桥梁史料是我国桥梁工作同志数十人协力写成的。这本书，如认为有点贡献，宜归功于大家。去年夏，科学院学部在上海开会，是时我适卧病医院，有几位学部委员（包括茅老在内）前来看我，当时曾谈到编桥梁史事，拟定由科学院科学史研究室成立桥梁组以便进行这项工作，后因事而停顿，未能照预定计划进行……"可见茅老和罗老在20世纪60年代已经有编写完整的中国桥梁史的计划。罗英先生完成了《中国石桥》和《中国桥梁史料》两书后，于1964年逝世，遗下完成一半的《中国石拱桥研究》及计划中的《中国桥梁史》都落在多年合作的老友茅先生身上。

早在1937年，原上海黄浦江管理局建设处的丹麦工程师福格·梅约曾经写过《中国桥梁》（英文）一书，内容广泛，题材完整，也有不少实物资料。但他缺乏中国历史知识，难以考证和分析。茅先生在平素考证研究的基础上，纠正其错误，翔实地记述了国家公布作为重点文物保护的安济桥、卢沟桥、万安桥、泸定桥等十座桥梁，论著分别刊载于《文物》1963年第9期和1973年第1期中。

在第二届全国人民代表大会第四次会议上，茅以升先生和梁思成先生联名提出"请政府组织委员会，编写《中国桥梁史》案"（提案第124号）。提案的处理情况是："据交通部报告关于编写中国桥梁史问题，曾拜访了茅以升代表，并先后和有关部门进行了磋商，现正由交通部会同文化部、建设部、铁道部进行此项工作，准备先组成中国桥梁史委员会，然后再定编写方案"。然而由于发生了延续十年之久的"文化大革命"，桥史编写工作被搁置下来。

在那场浩劫里，老一辈有功勋的科学家，多数也不能幸免，只是程度上不同而已。茅先生除日常的工作外，仍孜孜不倦于桥梁史的研究和资料积累。在当时不可能进行桥史编写的情况下，他鼓励《桥梁史话》的作者们以科普的形式编写出版，作为桥史的前驱。他还积极为之撰文和作序。他在序中说明桥史编写的困难，资料收集之不易，同时说："一座桥的兴废，更要受政治、军事、经济、文化等等的影响。因而写桥梁不但写它本身，还要写它的背景，这就牵涉到很多复杂问题。"该书于1977年出版，"使读者先睹为快"。虽然此时"四人帮"已被粉碎，但该书诸作者受"极左"路线的影响，仍不免在文字上有所反映。总的来说"在向四个现代化大进军的时候，这本书的出版，当不失为鼓舞人心之一助"。

介绍中国劳动人民在科学方面的成就，使之垂之久远，传之遐方，是茅先生的夙愿之一。他亲自编写并于1978年出版了《中国桥梁——古代至今代》一书，译成日、英、法、德及西班牙五种文字。书中对"中国（古今）诸名桥作扼要的介绍，通过中国古代桥梁合乎科学的构造及卓越的建筑形式，读者将为中国古代文化所激动。至于用先进技术所建造的巨大的近代桥梁，将表达今日中国发展的一个方面"。这本书，对世界各国的读者，起到理解中国和中国人民智慧的积极的媒介作用。

然而，上述这些还都是前奏而已。对于中国桥梁史的编写，茅先生依然耿耿于心，无法释怀。

从1957年开始，英国剑桥大学李约瑟博士，以其过去在中国工作时对中国文化、科学和技术等各方面成就所产生的浓厚兴趣和感情，动手编写、陆续出版，并仍在继续编写巨著《中国科学与文化》（或译作《中国科学技术史》）。其1971年出版的第四卷第三册"土木工程和水利"中，有一章专门介绍中国的古桥。全文约三万字，参阅了数百种资料，包括外国作者的介绍、中国古籍和中国近代人的著作，如梁思成、罗英、茅以升等诸先生及笔者关于中国古桥的文字，盛赞中国桥梁的成就。李约瑟博士的著作，较之马可·波罗更系统、更公正地介绍了中华民族的各个方面的成就，认为"往往远远超过同时代的欧洲，特别在15世纪以前更是如此"。（《中国科学技术史》第一卷序言）这套书震动了世界，也震动了中国科技界，难道中国不能有自己介绍自己的著作吗？

毕竟李约瑟博士不能像中国人一样多方面获得中国历史资料和普遍地进行实地调查，难免有疏漏之处。因此，茅先生编写中国桥梁史的决心更大。并且增加了紧迫感，因为动手组织编写此书时他已经83岁高龄了。

1983年，中国科学院自然科学研究所出版了英文版的《古代中国技术与科学》，分51个项目，介绍中国科技的成就。茅以升先生为之作序，详细叙述了中国科技的成就和盛衰；中国使者、僧人等对传播古代科技于世界的努力；19世纪外国入侵，中国进行"全盘西化"，对民族成就抱虚无主义的可悲态度；新中国成立后众多的出土文物使地下的中国科技和艺术的宝藏公诸世界；他说："即使在西方来的科学和技术，也有时包含着中国传统的证据"。他举河北赵州桥为例，认为是近代钢筋混凝土空腹拱的前驱。其他领域里的证据也不胜枚举。最后他说："将古代的成就转变为新的动力。中国的科学家和技术工作者们相信，现代中国在不远的将来，能够达到或超过某些先进的国际水平。"

正是抱着这样的爱国家、爱科学的热情，经多方努力，在中国科学院自然科学研究所和交通部科技委员会的支持下，茅先生担任《中国桥梁史》编委会主任和编写组主编，组织老中青三代桥梁工作者正式进行桥史撰写工作。

原先的计划比较庞大，准备写成包括自古代直至成稿之日资料的中国桥梁史（古、近、现代）；继而由于某些原因，压缩为中国古桥史；最后又为避免桥梁史话中牵强附会的某些政治分析，确定为《中国古桥技术史》。虽然近代的桥梁史由铁道部、交通部分别完成，但缺乏一本高屋建瓴，统观全局的近代桥梁技术史，未免令人扼腕。

在指导《中国古桥技术史》编写的过程中，茅先生以耄耋之年，再次发挥其一贯的组织能力、用人气度和严肃认真的工作作风，制定了编写原则，让大家分工负责，茅先生强调指出："往往一字之差，意义为之左右。"编写者们从四百多种古籍中，探微索隐，一丝不苟。

文字探索之外，尚兵分几路，几次赴云南、四川、浙江、江苏、江西、福建、山东、山西、河北、河南、甘肃、西藏（委托西藏交通厅）等省、自治区对其重点桥梁进行调查，拍摄照片。与本书考证相结合，分别整理成调查报告。

编写者们按分工写各个章节，并分别在北京、杭州等地召开讨论会，修改、补充，反复多次，精益求精。

由于茅先生的推荐和大家选定，由我担任副主编，负责统稿工作。在茅先生的具体指导下，通过大家夜以继日的努力，几易寒暑，全书终于编辑完成，1986年《中国古桥技术史》由北京出版社出版。中国科学院为此书出版举行了新闻发布会。1987年7月17日，《中国古桥技术史》获1986年中国图书荣誉奖。至此，酝酿近二十年，茅先生为之付出心血的《中国古桥技术史》终于问世，并得到社会的承认。

茅先生亲自为书写了"前言"和"概论"。在前言中，他谦虚地勉励大家："本书之能于短期告成，可知所有参加工作的同志们所费心血，并非一般，作为主编，我向全体同志表示钦佩。希望今后过若干时间，再作一次修改增补，以期更好地发挥其作用。"他指出："任何新技术皆有其旧技术的根据，往往旧事物中孕育着新事物的萌芽……我国桥梁技术，过去曾在世界上领先，现在追述其历史,探索其所以领先之故,正是为了从中得到启发,来发扬光大其固有传统,为促进四化建设之一助。我相信,世界上没有不能造的桥。我国桥梁技术,将于其中再度显现其领先的可能性。"

历史是一场众多人参加的接力赛跑,后人接过前人的事业,继续前进。桥史完成后,茅先生又将其老友罗英先生的未完稿《中国石拱桥研究》一书委托我予以续完。该书前半部完成于1963年,需增补后20年的资料。我化了近两年时间,完成了任务,使茅先生"如释重负"(1964年茅先生挽罗英联中有"遗著伤心余半部"之句)。

1989年11月12日,茅先生在北京逝世。当时我正在由武汉乘船赴重庆讲学途中,到重庆后始知消息,深深为之哀悼。一代巨匠,完成了伟大的历史使命,历史将永远铭记茅先生一生的杰作。

"桥史"完成以后,陕西咸阳发掘出古秦汉木桥遗址,规模宏大;山西永济县(今永济市)发掘出黄河蒲津桥东岸唐代的四尊铁人铁牛,制作精美;广东潮州宋代的石梁石墩和浮桥相结合的广济老桥,因建新桥,将作为国家重点文物保护单位予以修复;四川剑阁又恢复了一段栈道。这些新情况证实了茅先生关于"桥史"需"再作一次(甚至多次)增补"的先见之明。我坚信,中国的桥梁事业不会衰退,后继必定有人!

后记。

1991年茅先生去世后第二年,中国科学院自然科学史研究所决定由中国人自己来写《中国科学技术史》,共30卷本,内桥梁一卷约我写。回首诸故人都已作古,何敢辞焉?只能勉为其难。

科学史所计划虽然庞大,经费却拮据,每一卷只有1.2万元费用。茅先生说"写史三费",正式写作桥史需在以往的基础上,"破万卷书,行万里路",这就需要时间和费用。奈何两者都不丰有。

当1957年我刚过而立之年,文物出版社初印拙作《中国古代桥梁》薄书时,曾觉"古桥都备于我"。继而1986年扩充再版,已感惴惴不安。此书完成深感学问无底,功力不深。

闽浙传承改建《清明上河图》中汴水虹桥的贯木拱廊桥,数量众多却又分散在深山险谷,直到这两年还在摸索研究。在继《中国科学技术史》桥梁卷后,我正在续写《中国石拱桥研究》的姊妹篇《中国木拱桥研究》……转眼之间,我已进入耄耋之年,渐渐觉得力不从心了。

2005年12月
唐浩整理于2014年6月6日

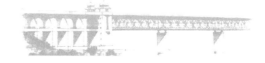

梅旸春

**图5-2-1　梅旸春（1900—
1962）**

举世瞩目的南京长江大桥建设工程，最近获得了国家特等奖。这里凝结着工人们的血汗和知识分子的脑力劳动。虽然大家都感受到了桥的存在和伟大，是谁为这座桥呕心沥血直到逝世？这里介绍值得我们纪念的一个人。

在一个不大的办公室里，墙上挂着一张彩色透视图，画的是一座雄伟的桥梁。接待我的是坐在大写字桌旁沙发上一位个子不高的中年工程师，身穿讲究的西服，话虽不多，却很亲切和关心。问了问我学校里读书的情况，接下来介绍了公司的概貌，安排了我的工作。这就是我大学毕业那年，第一次踏上工作岗位时难忘的记忆。时间是1948年，地点在汉口胜利街中国银行四楼中国桥梁公司汉口分公司办公室，见到的是经理兼总工程师梅旸春。从那时开始，我便在他的培养和领导之下工作直到他去世。

公司办公室墙上所挂的便是1949年前桥梁公司为武汉市所做的武汉长江大桥方案。原来早在解放以前，中国桥梁界有志之士，就想修建武汉长江大桥。梅旸春在这里和之后起了什么作用，那得从头说起。

人杰地灵

1900年，梅旸春出生在王勃《滕王阁序》中所称"物华天宝""人杰地灵"的江西南昌，早年聪颖，在南昌读完中学后考入北京清华学校，在那里学到了较广阔和坚实的基础知识。清华毕业后，赴美国深造。现在北方交通大学（今北京交通大学）执教的金士宣教授，当年正好与他同船赴美，从此结下了深厚的友谊。到美后，梅旸春进入普渡大学机械系学习，他的兴趣却在桥梁。1925年毕业，本想即时归国，可是当时旧中国的桥梁事业很不景气，没有大的工程，而且复杂的技术都掌握在洋人手中。为了实实在在地掌握实践的经验，他继续留在美国，进费城桥梁公司工作。他在清华读书时，课外就酷爱运动。在美国，公余好打网球，有一件事使他铭记不忘。某次正在打球，有几个美国人在一边指指点点地说："这个日本人网球打得不错。"也许是他个子不高引起的误会，而很大程度上是当年的洋人就是认为中国人比较的"没出息"。这也就激励了梅旸春要做出一番事业的决心。

舌战道门朗

　　人的一生总不能完全由自己支配。1928年，老母在南昌病了，梅旸春辞去职务回国。"亲在不远游"，只好在南昌工业学校——一个中等技术学校里教书。在那里，他与黄宗珍女士邂逅并且结成了终身伴侣。

　　1934年，茅以升博士受托组织筹建钱塘江桥。怀有桥梁专才的梅旸春受聘为桥工处的正工程师。正是此时，老母亡故，他便挈妇将雏到杭州工作，承担了钱塘江桥钢结构的设计任务。钱塘江桥是一座公铁两用桥，在当年是很了不起的工程。国民党统治下，旧中国的钢铁工业十分可怜，造桥必须购买外国钢材，并由外国桥梁厂制造，为了减轻重量，便于运输和安装，采用了低合金镍钢。当设计图纸完成，向英国道门朗公司订购时，该公司的技术人员替自己厂的一套生产方式辩护，提出修改设计的要求。梅旸春以其精辟的理论和实际的经验，在杭州用流利的英语与之据理力争，使对方心折。钱塘江桥便是这样由国人设计和国人监造的第一座公铁二用长桥。可惜好景不长，通车不过三个月，日本侵略者便打进杭州。钱塘江桥工处全体人员，在完成了建桥和炸桥相矛盾的任务之后，步步向后方撤退，梅旸春也携眷到了广西桂林。

车厢设计室

　　钱塘江桥工处人员大部分归属于湘桂铁路工程局。那时关键工程之一是柳江大桥。为造桥订购的钢梁因战火压在香港，无法运进。当时湘桂铁路工程局副局长罗英——原钱塘江桥总工程师，见到堆积着沿浙赣等线撤下来的旧钢轨和长短不一的旧钢板梁，动议利用这些材料修建新桥，这一具体工作便落在梅旸春所领导的设计室身上。这一堆杂乱无章、破旧的钢铁，如何能变成一座有用的桥梁呢？

　　唐朝韩愈说："欂栌侏儒，椳闑扂楔，施以成室者，匠氏之功也；牛溲马渤，败鼓之皮，兼收并蓄者，医金工之劳也。"钢结构桥梁专家，就是要组织起一大堆不同的型钢、板材和其他零件，剪裁组合，使之飞空架渡，承载力量。在什么部位，安排怎样的部件，这需要理论和科学。就是已经定好了长短大小不一的钢材，制造、出厂、安装都要按一定的次序，像指挥一支钢铁大军，要有严密的组织、纪律，结合精湛的技术和艺术的调度，这也是科学。而在不利的条件下，重新组织一批残兵散卒或非战斗人员，漂亮地打成一个胜仗，那指挥者更是难得的将才。柳江桥的设计就是以高超的技术，摆脱常规的思路，创造出新的构思的结晶。设计是在一节空车厢里完成的，白天为了躲避敌机轰炸，把车厢接到离城较远的地方，晚上再拉回来。在艰苦的工作环境里，工程师们以卓越的创造才能，完成了设计。

　　柳江桥就是这样难得的一座桥。世界上铁路钢栈桥很多，却没有这座桥的轻巧和多智。因此获得了当时交通部的嘉奖。张嘉璈在他向国外的报告中，称之为"一座外国工程师们所没有尝试过的桥梁"。可是梅旸春与人谈起此事时，总是盛赞罗英和负责制造此桥的现铁道部技术顾问朗钟骙，说这是以他们为首的战斗团队的功绩。此桥后来遭到比钱塘江桥更彻底的破坏。虽然现在桥体已荡然无存，但是钱塘江桥和柳江桥设计时由梅旸春培养出来的一批工程师，便是后来武汉和南京等长江大桥的钢梁设计者。

缆车和索道

在风雨晦暝的岁月里,作为一个桥梁工程师能做些什么? 架桥是为了炸桥? 甚至到了后来竟是无桥可架。梅旸春退到重庆之后在重庆缆车公司工作,设计建造了重庆市第一座爬山缆车——望龙门缆车。在今天看来,这一工程并不起眼,可是在没有什么建设的年代里,有这样的工程已经是不容易了。何况主持这样的工程,必须兼备土木、机械和电机的知识,这正是他之所长,但毕竟不是一个桥梁专家的志愿。盼来了胜利的岁月,燃起了爱国、报国的希望,却像日光下映出七彩的肥皂泡,虚无而缥缈。

抗战胜利后,茅以升先生成立了中国桥梁公司。武汉分公司经理一职由梅旸春担任,目的是承担建设武汉长江大桥的工作。国民党当时穷于内战,哪里会有资金来进行非军事的建设。那个年头,经济萧条,货币贬值,老百姓的生活很清苦。公司虽然供给伙食,但工程师每人每月只有十二个银圆工资,一般技术人员仅八个银圆。承揽了一些工厂厂房的安装、火车单机转盘的设计等项目,比较大的工程便是煤矿的架空索道,以及规划江西庐山上山缆道。为了谋生,什么事都做,似乎有点饥不择食。但也正是梅旸春技术多面,在普遍失业的环境下,斗争中求生存所具备的优势。现在看来,若没有这样广博的知识,是难以应付日后负担起整个特大桥梁工程中,既有本身结构,建筑艺术,又有大量施工机电的伟大场面。现在高等教育中过细的分科和过狭的专业知识面,造成一些人应变能力差,容易发生"专"业不对口的情况,应该考虑予以改进。看来土木以结构为主,兼及机电和建筑艺术,多培养一些全才是有更多好处的。

武汉长江大桥

八年抗战,三年内战,十一年的岁月匆匆流去。1949年武汉解放,梅旸春是桥梁专家,人民政府给予极大的信任,派他随军南下,参加抢修粤汉线被破坏的桥梁,发挥了他处理桥梁技术的特殊问题时机变的才能,功绩卓著,因此,当抢修完毕,他被任命为铁道部设计局副局长。同时,中央决定兴建武汉长江大桥,铁道部命令他兼任武汉长江大桥测量钻探队队长。他组织和带领队伍在武汉三镇桥址范围内,进行了大规模的测量、钻探和调查工作,并请地质专家谷德振先生为武汉地区的地质情况从宏观上予以推论。为了应付建桥前的京汉、粤汉两线的联系,他又倡议设计修建了临时火车轮渡。

全国人民包括梅旸春自己,梦寐以求的修建武汉桥的愿望即将实现,加上党的关心和重用,梅旸春的心情是感激和振奋的。当年物质条件虽差些,江上钻探用的是租来的民间木船,自备来往于三镇的交通船也是一只用军用磨盘机推进的、仅载七八个人的小木船。扁舟一叶,来往于晴川阁、黄鹤楼和江汉关之间,却满载着热情、欢笑和对未来桥梁的憧憬。

1950年下半年组建的武汉长江大桥设计组,在北京工作,着手进行设计,梅旸春便来往于京汉之间。武汉大桥需要建造什么样的形式? 中国工程师们历来提出过不少建议。1914年,詹天佑在听到孙中山的修建十万英里铁道的规划后,很受鼓舞,曾组织力量参照当年英国福斯桥的式样,绘制了武汉大桥建筑蓝图。1936年,钱塘江桥工处曾设计过一个方案。1948年桥梁公司的方案,五孔,三孔主跨为280米,采用拱桁式伸臂梁,这是茅以升博士和梅旸春的设想,雄伟壮丽,为诸方案之冠。但是，一个特大桥梁的方案牵涉许多因素，受制于政治形势，社会的财力、物力和技术力量。最后采取的是，由苏联供应钢料和苏联专家指导的现有桥梁为九孔128米跨度的方案。

1953年，成立武汉大桥工程局，彭敏同志任局长，汪菊潜同志任总工程师，梅旸春任副总工程师。梅总回武汉后曾参加代表团赴苏联一行，为武汉长江大桥从规划、设计到施工布局，配合苏联专家与全国调集而来的当年桥梁界的精英，共同努力。中苏两国的技术人员协同战斗，结成了很好的友谊。在武汉长江大桥上下部结构，尤其是下部结构中有所创新。

武汉大桥的施工队伍是新中国成立后新组织起来的，因此需要在其他桥梁包括武汉大桥联络线的汉水铁路和公路桥上练兵。梅总和其他领导者一样经常出入施工现场，有次和技术人员边走边工程中的问题，不小心失足掉落于二只铁驳的空缝中，多亏双手撑住了船壁，没有造成灭顶之灾。工程虽然艰巨，但工作进行得比较顺利和神速，浩瀚的大江上出现了一个个桥墩。在武汉长江大桥已具有一定规模的1956年，梅旸春因工作需要奉调回北京铁道部任基建总局副总工程师。

当武汉长江大桥即将建成之时，上级派人到技术人员中作调查，提出的问题中有一个是：假如没有国外技术人员的帮助，我们能修这样的大桥吗？答案是肯定的："能!"武汉长江大桥虽有苏联专家共同工作，但具体的设计、制造和施工都是国人的力量，很多难题是中苏两国的技术人员共同解决的，而其中有属于中国技术人员的创造性思想。武汉长江大桥工地是中苏两国共同练兵的场所，是对中国桥梁建设队伍的集结和检阅，上面所问的那个问题，也许便是在那个特定的历史阶段里一次民意和士气测验，原来中央有了新的计划，1957年武汉大桥建成后，铁道部命令在北京的梅旸春着手研究南京、芜湖、宜都三大桥的技术问题。

南京长江大桥

1958年，中央正式决定修建南京长江大桥，将武汉大桥工程局改名为大桥工程局，任命梅旸春为总工程师。第一座用国产材料，国人自己设计、自己施工，发奋图强、自力更生的特大桥工程拉开了序幕。

任命之初，梅总便着手考虑如何提高在武汉长江大桥所取得的技术水平，在更为开阔和深水复杂地基条件的南京桥采用较合适的桥梁上下部结构。他利用北京和清华、北大等图书馆，查阅资料，再根据已得的测量钻探记录，审度形势，吸取助手有益的意见，有了初步的全貌设想。

假如说，当他在负责一座钢结构桥梁的设计时是在指挥一支没有生命的钢铁大军，那么，总工程师现在所指挥的是人的队伍，是技术力量的队伍。他的责任是发挥群众的智慧，做出正确的技术判断和决定。梅旸春带着已经向科学院学部委员们征询意见的方案设想重回武汉。首先在大桥局内发动技术力量，以之为基点详细研究和补充，再以多种方式邀请局外的技术顾问小组，举行从上部到下部、从结构到艺术的一系列会议，从武汉开到南京，确定了原则和正式的桥梁方案、设计和建设队伍，在南京摆开了新的战场。

当年在北京初拟的设想是七孔，中间五孔是刚性梁柔性拱，桥跨250米。基础则有沉井、管柱和管桩加沉井、锁口管柱等方案。最后确定的是九墩十孔，九孔160米，一孔128米。仍是限于某些主客观的条件，上部结构并不如梅旸春所设想。这样多的深水墩，倒是国外桥梁界视为畏途，尽量设法加大桥跨来减少和避免的。

钢梁的原则既定，便放手交由专家们进行设计，技术的重点转向九个深水墩和两岸的桥台。

　　南京长江大桥桥址处江面宽约1 500米，水深平均约30米，河床覆盖层一般35—48米，最厚处达90米，桥墩除靠浦口岸1号墩外都做到覆盖层下的石层之上。各个桥墩处的地质水文条件都不一样，需要用不同的办法来解决。施工钻探和技术设计的钻探资料详略不同，一个桥墩的施工经验可以作为下一个桥墩的借鉴，以改进和发展设计。因此，水中桥墩是一个一个地予以建成，先是近岸的1号、9号墩，再由两岸向江心推进。南京长江大桥工程指挥部，就设在长江和秦淮河支流金水河入江的交叉口上。从办公室走到江堤上便可看见工地，江边有指挥部的专用码头，上船3分钟内可以到达水上施工桥墩。这样逼近战场的指挥，情况了如指掌，自然可操胜算。

　　大桥的建设是一个巨大的系统工程，如此众多复杂的技术问题，绝不是总工程师一个人的智慧和精力所能全部承担的。孙子兵法上说："治众如治寡。"组织合理，用人得当，善于发挥众人的长处，大自治国，小至治理一个单位都是一样。梅旸春在用人方面有他的特色。

　　梅总善于发现人才，择优培养使用。千里马常有而伯乐不常有。一经他的信任，往往言听计从，所以也就能尽才之力。他向来认为没有一个人是无用的，主要是量才，对干部应该多观察了解，发现其长处，则都会有合适的岗位可以安排，也都可以做出成绩来。有一位工程师在计算技术方面出手较慢，却甚有理财能力，在梅总的安排下，后来成为部里的预算专家。

　　即使是专业人员担任领导，仍然不可能什么都懂。因为"尺有所短，寸有所长，物有所不足，智有所不明"。多听别人的意见，尤其是不同的意见是大有好处的。所以梅总在布置工作时，一般总是先问你如何想，准备怎样做，而且从不打断别人的发言。如果是一个好主张，又正和自己的想法一致，多半不再提自己的看法，而是表扬对方。今后若再谈到此意见，总是冠以首先提出者的名字，以激励士气。他的工作方法，充分发扬了技术民主，而让每个人有发挥专长的机会。

　　这并不是说，总工程师没有自己的看法。实际上，除了知才善用以外，更需要自己在技术上有坚实的根底，在民主的基础上，遇事当机立断做出正确的决定，并在实践中勇于承担责任。当现场临时出现紧急情况的时候，梅总就是这样快速反应来处理问题。南京长江大桥3号墩沉井加管柱基曾屡出险象，也因此都能化险为夷，及时排除。

　　工程以很快的速度进行着，当巨大的桥墩出现在辽阔的江面上时，日夜操劳的工程师和辛勤劳动的全体大桥建设者一起，分享胜利的喜悦。工程并没有太不顺手的事，可是国家遇到了困难。由各种因素造成的三年困难时期，中央制订了"调整、巩固、充实、提高"八字方针，工程奉令延缓。此时南京大桥工地士气方盛，材料也已备足，梅总心急如焚，他奔赴北京铁道部申诉，希望不要放慢建桥步伐。然而客观的形势摆在面前，局部必须服从整体，从大局出发，为了长远利益，桥梁建设速度终于放慢下来。这一次的延缓，使梅总未能亲手完成这一伟大的建设，这是他所意料不到的。

鞠躬尽瘁

　　在中央的调整方针下，三年困难很快就被克服了。工作又有了生机，年逾花甲、已在工地战斗了五年的梅总，重新焕发起活力。可惜年事已高，加上素患高血压症，工地的紧张生活，以建设者来说是一种乐趣，可对他的疾病却是不利的。几次发病，他已是扶杖而行，这时我们见到的已不是初来南京时的梅总了。不过他还是主持会议；到现场视察、安排工作，直到那一天倒在办公室隔壁的单人卧室之中。

梅总得病的消息，通过铁路电话用最快的速度向铁道部领导做了报告。吕正操部长和武竞天副部长亲自作了安排，想尽一切办法进行抢救！北京方面，通过与空军联系，派出专机将著名的治疗脑血栓专家飞速送往南京，同时到达的还有上海派去的名医。在党和政府的关怀下，梅总被送进南京最好的医院，受到最好的治疗。老伴和儿子从北京赶来探望，同事们的亲切关注，竟然把心力交瘁的梅总从死亡线上抢救回来，但是已瘫痪不起。当1962年早春梅花开放的时节，他居然又能坐起来，有了一些精神，向往着热火朝天的工地。他说："老了，病了，为什么是这样的？"看来，他平素醉心工作，没有对人生最终的归宿作过认真的思考和准备。组织决定趁他病情有些起色时，送他回北京休养。行前，满足他所提出的愿望，再往南京长江大桥工地南京岸码头一观。谁知，因情绪激奋，晚间病情复发再度脑溢血，抢救不及，而与世长辞。

世界上没有不止的生命。梅旸春总工程师死于尚未完工、正在战斗的南京长江大桥工地一侧。他鞠躬尽瘁，把自己的光和热发挥到生命的最后一刻，这样的人值得我们敬仰。

对一个人来说，"天下事了于未了"。不过，对整个社会来说，前人未竟的事业，总有后人来完成。南京长江大桥终于建成了，继此以后，梅总的战友和学生，又在祖国的江河大川上修建起不少座大桥。今后，将还会出现更多比南京长江大桥规模更宏大、结构更新颖的桥梁。作为先驱，梅旸春总工程师的业绩将永远载入当代桥梁建设的史册。

发表于《铁道知识》1986年第三期

桥梁专家罗英

图5-3-1　罗英(1890—1964)

中国近代桥梁建设事业创始人之一——罗英先生,字怀伯(1890—1964),江西省南城县株良乡祥兴堡人。

罗英的一生,经历过清朝末期;孙中山先生领导的辛亥革命和袁世凯窃国、军阀混战的民初;后期国民党政府统治下苦难的中国;直到共产党领导解放全中国建立了中华人民共和国。在这动荡变化的七十四年间,罗英作为一个爱国的实干家,对中国的桥梁事业筚路蓝缕,做出了卓越的贡献。

勤奋学习　立志图强

罗英幼年,处于清朝末期,科举未废,科学未兴。因出身于书香之家,自7岁到17岁(1897—1907)十年之间,从乡先辈清朝翰林御史饶符九处接受中国传统教育。

1908年,罗英结束其家乡私塾的学习,只身赴沪进上海澄衷学堂(南洋中学前身)读书,其全家于1912年迁居南昌。在沪学习时期,他发奋图强,成绩卓越,名列前茅。1910年经学校保送为"庚子赔款"第一批公费留美学生。正在辛亥革命成功的那一年(1911),罗英进美国康奈尔大学土木工程系桥梁专业学习。此时风气初开,选拔出国者人数不多,但俱为优秀人才。当时该班中国同学前后仅三人,除罗英外尚有茅以升与郑华两位先生,后来均成为中国近代桥梁建设的先驱者。

1916年罗英在康奈尔大学毕业,1917年取得硕士学位。此时正值第一次世界大战,在国内袁世凯窃国不成,演变为军阀混战,建设事业处于停顿状态。罗英为了取得更多的实际经验,继续留在国外,先后应聘于美国鲁洛歇斯特纽约州铁路公司和纽约中央铁路公司工作。又三年,于1919年回国。

在美期间,罗英与陈体诚先生等发起组织中国工程学会,每月出版《工程》杂志。罗英时为撰文,介绍国内外桥梁的成就。该杂志于新中国成立后改为《土木工程学报》,台湾仍以原名继续发行。

罗英回国之后,1919年至1933年的十四年间,在南京河海工程专门学校任教约10个月,后去天津津浦铁路任养路主任,并兼任南开大学和北洋大学教授凡七年。1927年至1928年设计和监造京奉铁路沈阳皇姑屯机厂。在沈阳时,日本侵占东北的企图日益明显,在皇姑屯车站炸死了张作霖,东北岌岌可危。罗英奉调入关,任北宁铁路山海关桥梁厂厂长四年,又任北宁铁路天津总局技术主任工程司半年。在这期间,他除了培育人才外,修建过若干铁路桥梁,积累了实践的经验;特别是在山海关的四年,为中国的桥梁制造,开辟了自力更生的道路。

　　罗英在北方时，南方正兴建浙赣铁路，其关键性工程钱塘江桥也在酝酿之中。1933年，罗英应钱塘江桥工程处处长茅以升的邀请，任该处总工程师。

创举工程　钱塘江桥

　　在20世纪30年代以前，国内公路和铁路上较大的桥，都由外国人设计和承建。如，英国人建滦州河桥；比利时人建郑州黄河桥；德国人建济南黄河桥；俄国人建松花江桥等。推其原因，部分是建设经费往往从国外借贷，使用上受到挟制；部分是国家积弱，工业落后，在材料、机具的供应和技术问题上感到棘手；但最重要的还是当权者崇洋媚外，轻视本国技术人员和工人力量的结果。国内有识之士也想改变这种局面。当浙赣铁路钱塘江桥筹划兴建时，由浙江省组织了钱塘江桥工程处，任命茅以升为处长，负总的责任；罗英为总工程师，担任指挥职务。

　　钱塘江古称浙江，自然条件对建桥来说甚为不利。可作桥墩受力的石层在水面以下40余米，其上为40余米的流沙覆盖层，游移无定，极易冲刷，素称"无底"。钱塘自古即以海潮著称，怒涛飞沫，雷霆万钧，潮来时江口水位高差可达6米，流速每秒亦为6米，上溯钱塘百里之遥。在如此复杂困难的地质水文条件下建造桥梁，技术上有很大困难。

　　当时正值日本帝国主义侵华的势头愈演愈烈，步步进逼。1931年日军发动了"九一八"事变，成立伪满洲国，华北危急。国民党政府在"攘外必先安内"的政策下，采取不抵抗主义，积极作国防战略上后退的准备，钱塘江桥的工期要求非常紧迫。但是建桥资金缺乏，要以桥梁资产为抵押，多方贷款，捉襟见肘，力求压缩。面对重重困难，罗英密切配合茅以升提出了更为切合实际的方案，较之当年铁道部美国顾问、世界知名桥梁工程师华德尔氏方案，造价降低42%。

　　钱塘江桥全长1 453米。上层为6.1米宽的公路，下层为标准轨单线铁路。江面正桥1 072米，分为16孔，每孔跨度67米。上部结构为铬铜合金钢简支桁梁，下部结构为钢筋混凝土桥墩，其中六个下达石层，九个下为33米的木桩，亦深达石层，桩上为气压沉箱法下沉的桥墩。引桥用钢系杆桁拱和钢筋混凝土排架。

　　虽然，方案的上报批准仍挂出美国人华氏的招牌，但实际施工按中国人设计进行。当时桥梁主要部件尚不能完全由中国人自行制造。钢梁部分承包给英国道门朗公司，正桥下部结构施工承包给丹麦康益洋行。然而统筹规划、协调工作、解决工程中的困难问题，都是在茅以升和罗英的指导下，由中国技术人员和工人的创造性劳动所得完成。处境维艰，用心良苦，是中国人自己设计和监造的创举工程。

　　大桥施工时遇到一连串困难，如：基桩的准确定位问题；沉箱提升、浮运方法问题；制止沉箱的游移锚定问题；钢板桩围堰被水冲垮的清理问题等，茅以升称之为"八十一难"。工程进行中，罗英白天在工地亲自指挥，夜间回家伏案工作，审核图纸，思考问题。勤劳辛苦，乐此不疲，其全心全意倾注于工作的精神，是为技术人员之楷模。

　　建桥工程后期，日本策动全面侵华。1937年发生"七七"卢沟桥事变，接着又爆发"八一三"淞沪抗战，战火在祖国南北蔓延。国民党军队节节败退，浙赣路成为后撤的主要通道，而钱塘江桥恰恰是浙赣路的咽喉。因此，一方面紧迫地需要加快工程步伐，以利于支援前线；另一方面却考虑开通之后，一旦处于危急情况下即行炸桥。

　　钱塘江桥于1935年正式开工，1937年9月铁路通车，11月17日公路通车。12月23日午后1时炸桥，5时杭州沦陷。施工工期二年半，铁路使用89天，公路仅使用19天。桥炸毁以前，撤退机车约二百台，客货车三千余辆，军用民用物资难以计数，居民步行过桥者达十余万人。罗英作为一位桥梁建设者对此结果殊为痛心。

机智应变　处誉江桥

钱塘江桥通车前一个月，1937年11月，桥工处撤至浙江兰溪。罗英奉调任湘桂铁路（湖南衡阳到广西凭祥）桂柳段测量队总队长。1938年4月为湘桂铁路桂南段工程局副局长兼副总工程司，负责桂林到柳州段勘测设计与施工任务，以延长内撤铁路。罗英积极工作，桂柳段于1939年12月通车到柳州，从勘察到完工为时仅二年。

桂柳线西南端的关键工程是柳江桥。

柳江属山区河流，浅水时江面仅宽百余米，深六七米，水清见底。每逢山洪暴发，水势凶猛，一日之间可陡涨10米以上，江面宽达五六百米，洪水时流速每秒可达5—6米。基岩甚浅，大部露头，基础尚不难建造。

柳江桥原计划采用钢筋混凝土墩台，上部结构向国外订制60米钢桁梁10孔。1938年秋，武汉和广州相继沦陷，原计划由国外运业存在香港的钢料和水泥等材料无法运进，虽有一部分水泥改由香港运越南同登，再辗转由水陆运到柳州，但钢料仍然无着而工程急需上马。当时适有一批从南当铁路拆下的85磅旧钢轨与从别的铁路拆下的10—13米长的单线铁路旧钢板梁几十孔撤退运来压在桥头。罗英急中生智，以其坚实的桥梁学识和机智的应变思想，提出以手头这些材料，拼建成大桥的方案。

桥以三孔短钢板梁对接，用旧钢轨作拉杆拼成30米一孔的双柱式桁（皇后式桁）。以三孔相连为一组，设二个用旧钢轨制成的排架摇轴墩和一个也由旧钢轨制成的制动墩。共计六联十八孔，桥全长581.6米。匠心独运，故柳江桥后又称钢轨桥。

钢轨桥由梅旸春负责领导具体设计，当时的苏桥机厂郎锺骙负责制造。修旧不如制新，这是工程界所熟知的客观规律。旧钢板梁高低不齐，梁距不一，长短参差，构造又不尽相同，旧钢轨断面楞杂，磨耗不同，以此来制造桥梁，其困难是显而易见的。苏桥工厂在郎锺骙领导下，采用剪裁修补，可铆则铆，否则用拴，少数地方用土制焊条电焊的方法，以极简陋的小厂制成1 350吨重的钢桥。罗英对设计、制造和施工人员高度赞誉，自己则虚怀若谷，显示了崇高的道德品质。人尽其才，物尽其用，表现了一个领导者高度的领导艺术。

柳江桥的建成是罗英领导下继钱塘江桥后又一功绩，是时侵华日军作垂死前挣扎，向湘桂大举进犯。1944年8月衡阳失守，10月桂林沦陷，国民党政府为阻止日军侵入，于11月9日将柳江桥自行炸毁。此桥前后为运输服务仅四十七个月，也是罗英所建设而最终被炸毁的第二座大桥。

1945年抗战胜利，罗英北上，任北平第八区公路管理局局长。1947年又南下任云南昆明第四区公路工程管理局局长，直到全国解放。

垂暮之年　著书立说

新中国成立后，罗英虽已及花甲高龄，却焕发出第二次青春，受到党和政府的重用。他先后任广州、重庆、成都等公路总局专门委员和副总局长；上海华东交通部支前公路修建委员会总工程师。公路各大区撤销后，调任北京重工业部顾问工程师兼北方交通大学土木系教授。1953年，政府决定兴建武汉长江大桥。罗英应聘为武汉长江大桥技术顾问委员会委员，为大桥的建设提出很多宝贵的意见。自1951年底起，罗英一直担任重工业部黑色冶金设计院顾问工程师。遇有技术问题，仍亲下现场，爬高落下，调查研究，提出设想。

1956年，罗英任第三届全国政协委员。在这届会议上，周恩来总理号召老一辈科学家抓紧时间，著书立说，把成就和丰富的实践经验留给后人。其时罗英已患膀胱癌，在党和政府的极大关怀下定居上海，进行过两次手术治疗。虽然病魔缠身，但老骥伏枥，壮心不已。当病况略有起色时，他在病榻之上，不惮烦劳，各处征集资料，写成《中国桥梁史料》一书，约二十余万字，为正式编写《中国桥梁技术史》留下极可贵和翔实的资料。此外，罗英还于1959年写成《中国石桥》一书，约十五万字，为研究我国古代石桥、发掘我国科学遗产做出了重大贡献。可惜在着手撰写《中国石拱桥研究》一书过程中，完成前四章手稿后，不幸于1964年7月1日在上海逝世，终年七十五岁。

发表于《铁道知识》1988年第3期

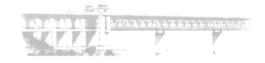

记交通大学国乐社

坐在一万米的高空，飞向 16 000 千米的海外，戴上耳机，听到的是非常熟悉的《春江花月夜》乐曲，真是冯虚御风，仙乐飘飘。若是奏起《霓裳羽衣曲》，那更似在月宫中听演奏一般了。

想起当年在上海交通大学读书之时，一二年级功课极紧，可是在暑假里还是尽情地休息，学习一二样乐器；三四年级对功课已能应付自如，于是课外活动就多了起来。我们一班中好多同学，虽身在繁华的上海，却从不进歌舞之场，黄色电影更少去看，可是对中国乐器非常有兴趣。于是凑集了几个人，发起组织交通大学国乐社。

首先取得学校组织社团的允许，并且请得一小笔款项，可以买些乐器。于是贴出成立和征求同好的启事，还记得这篇由我执笔的启事是这样写的："夫我中华艺事，均数千年来，古人智慧之结晶，绵延后世，代有增益，声音之道，亦如是焉……同人等于窗课余暇，时或习之，虽不能居雅乐之伦，亦有异织新瑶荡之作。高山流水，不乏钟期，引玉抛砖，爱求同好，凡志斯者，曷来归我！"

征文贴在老南院墙上，引起老师和同学们的注意，并有几个同学来参加。其中有一位女同学，忘其姓名，善弹古琴，来试探了一下，见社里没有其他女的，就没来参加活动。国乐社组成后，其阵容虽不庞大，仍有社长机械系同学陈亨宝的琵琶，土木系凌宗尧同学的二胡和箫，张新觉同学的扬琴、笛，机械系郑厚还同学的筝、箫，我的特长则是琵琶、三弦和打击乐。一共大约有八九个人，其中一位低一班的李文旷同学后来转出，负责办起铜乐队。每一个同学，都会两三种乐器，兴之所至，演奏时互相可以替代。

社址由校方拨给工程馆（后改恭绰馆）顶上的一间小屋。练习有时在同学家中，或在执信西斋的宿舍里。中国音乐和平、协调。当年我们用打击乐也不像戏曲、新春锣鼓或西洋乐队那样吵人，所以在执信西斋练习时，不但不影响同学们的自习，倒是几天不练，还有同学来问原因呢。

我们请当时的国乐大师卫仲乐先生作指导。社员中陈亨宝等几位都是卫先生的学生。交大国乐社的社员，基本上后来都是卫仲乐先生中国管弦乐队的队员。我为中国管弦乐队设计制作了队徽。

我们的活动范围，初期都在校内，除了学校有庆祝或节日晚会时国乐社都出节目外，我们还单独举办音乐会。觉得人手不够时，便请中国管弦乐队的朋友帮忙，还请卫仲乐先生来校演奏。演出时，大礼堂人山人海，效果极佳。我们也应邀外出演出，总能博得很多掌声。1947年，我们曾参加了卫先生在上海兰心大戏院所主持的演出。

当年演出的节目有独奏有合奏。独奏如琵琶的《春江花月夜》《阳春白雪》《飞花点翠》《轮袍》《汉寿亭侯》《塞上曲》《十面埋伏》等。二胡多演奏刘天华的曲子，如《良宵》《病中吟》《空山鸟语》。合奏则有几个小曲，大曲则是《春江花月夜》《霓裳羽衣曲》《流水操》等。其他都记不起来了。虽然我们人数不多,几个独奏曲的技巧已非常熟练。合奏曲牌不多,却是重头,难度较高、演奏时又没有扩音器,仍能吸引住整个礼堂的听众,交通大学国乐社能达到这一地步,已经很不容易的了。

大学毕业后,奔走四方,乐器都随身而带。"摒除丝竹入中年",乐器虽在,已封高阁,乐谱也都已散失。但却收集些录音,常放着听听。入老年之后,更喜爱古琴的平和、深邃,"大音希声"更能引起共鸣。音乐可以陶冶情操,是一个民族文化修养,精神生活的一种标志。希望交通大学仍能恢复国乐社,则可算是办了一件大好事了。

1987年元宵
发表于《交大校友》1987年

一别今生失鲍羊

——忆我的丹麦朋友杰生先生

图 5-5-1

中国人交几位外国朋友,自古有之,如李白与日本晁衡,徐光启和意大利利玛窦,无不推心置腹,原来相隔千里之遥,偶得聚会,却能深交不弃,传为千古佳话。虽然,20世纪也还有这么一个短短的历史时期,在中国大陆,所谓"海外关系"曾成为令人讳莫如深、深恐罹罪的怪事。所幸云破天青,恢复正常之后,中国和外国的民间交往又恢复起来了。因此,我也有些高鼻子、蓝或灰眼睛的外国朋友。

和从事外贸、外交或其他外事活动的人相比,我的外国朋友的数量算不了什么。然而朋友有好多种。以势而来,以势而往,势衰则交绝;以利而来,以利而往,利尽则谊断。"物有必至,事有固然",这就是冯谖劝说孟尝君的话。但孔老夫子论损益之友,所称"益者三友,友直、友谅、友多闻"。交上这样的朋友是大好事,友谊不因距离而变淡,不为时间所衰退。不但交中国朋友如此,我对外国朋友,亦是从这样的角度去择交。并不是我所接触过的外国朋友都像现在仍不断通讯的几位一样。有一位远在西欧的丹麦朋友,高级工程师,杰生先生,常常引起我的怀思。

说来很简单,我和杰生先生只是在十多年前一次学术交流会上认识的。他带了一个代表团,一行四人访问中国。全国各地百余人奉召到北京参加座谈会,听他们介绍丹麦在桥梁技术上的成就。

丹麦地处波罗的海的出入口。南和欧洲大陆相连,沿海岛屿不少,有举世闻名的大、小带海峡,扼波罗的海的咽喉。在小带海峡上,第二次世界大战前,已建有有名的桥梁,而跨越19千米的大带海峡,早就计划修桥。这个计划为西欧以至世界各国的桥梁专家所关心,都愿意为之一显身手。我因为平素有心于国内琼州海峡等跨海工程的方案,所以也注意到了世界上包括大小带海峡桥梁这一方面的动态。

会上,杰生先生正是重点地介绍这两座桥的情况和其他方面的成就。关于大带海峡,他们设想采用近年海洋石油建筑物的构造作桥墩基础,提出超越当时水平的公路铁路两用大跨悬索桥方案,设想大胆,构思新颖,颇令我倾倒。于是在座谈会上,我提出不少问题,有时越过翻译,与之直接交谈,比较详细地了解其关键底蕴,这在当年是有些违反外事规则的。

　　座谈会结束，萍水相逢的朋友可以分手了。没想到他通过学会主持人特请我留下，参加有他们大使出席的答谢东道主的告别宴会。这连外事部门的同志也没料到。席间，除交流技术之外，还涉及一些个人的经历。我们年岁相仿，论技术经历他当在我之上。酒阑人散，握手言别，却从此保持着十多年的通讯关系。

　　一面之交，远隔千里，分手后，有什么好说的呢？他代表着丹麦一家国际著名的顾问工程公司，来往于西欧、中东、东南亚和非洲地区，仍不断地来信告诉我一些情况。遇有国际会议的资料，亦不时送我一份。这真是"投我以琼瑶"，但我能报之以什么呢？好在我亦研究中国古代桥梁的成就。在国内出版书籍十分困难的情况下，文物出版社为我出了一本带有英文说明的《中国古代桥梁》，美国康奈尔大学教授还为之撰文在他们刊物上作介绍。我将此书寄给一些国外挚友，包括杰生先生。我好像是在出口土特产品以换取国外的先进技术！

　　事实上第一本系统写中国古桥的专书却也是丹麦人，为20世纪20年代在上海工务局服务的丹麦工程师福尔·梅亦。他十分钦佩中国的古桥梁建筑的成就，但毕竟是外国人，报道难免有不实之处。杰生先生以得我的"木桃"为荣，表达在他给我的信中的字里行间。

　　1989年夏天，他应世界银行的邀请，为审查江西南昌赣江桥贷款项目再次来到中国。事先给我电报，到了后又来长途电话约我会面。一别十年，真是"有朋自远方来，不亦乐乎"，于是我专程赶到南昌和他见面。十年不见，他童山濯濯，我亦两鬓成斑。握手言欢，喜何如之。他带来了即将招标兴建大带海峡桥的好消息和详细方案。最可以表达感情的是把我的赠书也带来了，在他的中国的新朋友面前，表明有我这位老朋友。

　　我们在南昌相聚的时间不多。我单独为他接风，在居室和席间，两人畅论世界各海峡桥的近况和得失。因能直接交谈，无语言上的隔阂，自展及晚，滔滔不绝。几天之后，珍重话别，他返回波罗的海之滨。因为有工程在中国，他有可能再来，我们相约再次见面，我还准备届时陪他一游中国的壮丽山河。

　　回去后，他也来过几封信，但因大带海峡工程紧张，一时来不了。我相信他总是会来的。

　　不料今年年初，突接到他顾问公司经理彼得逊先生的来信说，杰生先生已经患病去世了。这实在使我震惊！掩书叹息，不禁悲从中来。回想我们的交往，前后相谈的时间合起来不过两三天。但彼此的心是一脉相通的。后约有期，我正将备鸡黍以迎故人，然而现在却天人两隔了。

　　我们之间，虽无管鲍分金之谊，羊左刎颈之交，然而大类高山流水，在本行技术上可以称得上是知音。毕生中，国内的朋友，能如此无间地交流的亦屈指可数，何况是异域殊族。益者三友，今后"事业艰难欲问谁"？就这样禁不住潸然泪下。老伴说，你动了感情了！

　　我想对他的亡灵说上几句话，于是写下了一首悼诗，诗曰：

> 忽传海外君殒世，
> 涕泪遥思沾满裳。
> 不意洪都成永诀，
> 难酬后约隔尘苍。
> 十年切磋凭鸿雁，
> 一别今生失鲍羊。
> 异国他乡行不得，

悲吟远寄表心香。

中国诗他是不懂的，自将之译成英文，并在诗下注上注音符号，远寄丹麦彼得逊先生，嘱在他墓前一读。李白悼念晁衡，晁衡却没有死，我也希望这是误传。不过书信凿凿，现实已是如此，他抛下未完成的大带海峡桥事业去了。关于琼州海峡桥，我虽多次呼吁，并上书北阙，得到的回报是因国力不及而不能上马，甚至连超前研究的计划都排不上。虽然我落花白舞，余晖尚在；还当努力争取。世界要和平，要建设，要发展；人民要交往，要友谊。但愿世界上各行各业人民之间多结交些深厚的友情，这就是大好事了！

发表于《同舟共进》1991年第5期

怀念李约瑟博士

报载英国李约瑟博士（Joselph Needham 1990—1995）于今年3月24日逝世了。李约瑟博士是中国人民的好朋友，我和他曾经有过一些交往，甚可写下来留个纪念。为了尊敬和简便，根据中国习惯我在这里称他为李老。

李老之所以在世界上具有声望以及在中国大受尊敬，是因为他尊重东方的文化，特别是研究宣传中国自然科学史，通过与西方同时期自然科学的发展作对照比较，得出中国的自然科学在15世纪以前几乎全方位处于世界领先地位的结论。中国虽然有一段日子被西方的坚兵利器压得抬不起头来，但民族是伟大的，国家是伟大的；有伟大的过去，也有伟大的将来。李老所崇拜的老子不是说"道"是"周行而不殆"的吗？

我原是从事近代桥梁研究的。由于偶然的机会，从宋代张择端《清明上河图》上别致的木拱桥，引发出对中国古代桥梁技术伟大成就的兴趣，业余就研究起了中国古桥来了。物聚于所好，居然也聚集起百多张图照，写成2万多文字。1957年由文物出版社出版了可以称为研究这个问题较早的一本专著。可是同时，糊里糊涂地被套上了一顶帽子：写这本书的"动机"必定是"名利思想"。但是难道除了"名利"之外就没有别的了吗？

在史无前例的"文化大革命"中，一个极为有害的、形而上学的口号是不分精华与糟粕"打倒四旧"。除了保留一个局限意义的"忠"字还有"用"外，中国的文化、文物、文人遭了殃。

在这个时期里，天的另一方，一个外国人却坚守他自己的信念，不间断地进行已经开始了的原名为《中国的科学与文明》、译名为《中国科技史》的巨著的工作。

"文化大革命"前，李老曾经来过中国，收集有关的写作资料，与中国科学界及政府方面进行接触，为其拟创办的东方图书馆筹措经费。那时候我对李老一无所知。

眼看着在国内古建筑、古桥梁一座座被拆掉，或者在"古为今用"的题目下，弄得疮痍满目。正像名建筑师梁思成先生一样，泥菩萨过江，自身都不保。对古人留下的东西，又有什么力量可以挽救呢？

当一切恢复到正常的轨道之后，李老的《中国科技史》已经出了好几卷了。中国大陆上也开始认识到孔子是不该打也是打不倒的，文物是要保护的，中国传统文化的精华是需要发扬光大的。于是不但承认、赞扬李老的工作，还预备把《中国科技史》译成中文。

为什么中国的科技史，中国人自己不能写，却让外国人占了先呢？别人我不知道，至少我自己又捡起了"中国古桥"，并且在茅以升先生领导下编写《中国古桥技术史》。一切工作在业余进行。于是我看到了李老所写关于土木工程卷中桥梁的一章。共65页、44幅图照，内中大量引用了拙作，并且尊重知识产权，每引用必具原作者名。想不到被批判为"名利思想"的"名"，还是由李老"扬"了出去。由此我和李老通上了信。

在信中，他告诉我，他是在60年代初来中国后买到了我的书，对他写这一章还很起作用。我告诉他，后来我们又发现了更多的资料。他甚为高兴，可是目前他只打算向前推进，不可能回头再重写。他当时正进行中医一卷的写作。他认为中国人自己写作有很大的优越性，因为可占有更多的资料和进行实地考察，他并没有认为他的著作是最权威的。他只是对中国古代成就真心实意地钦佩和做一些脚踏实地的工作。

初期，李老撰写《中国科技史》都是自己执笔，后来诸卷，由于他年事已高，精力有所不及，便采用了聘任在国外工作或执教的外籍华人教授参与编写。所以现在的7卷34册完整的巨著，便是在华人作者参与下完成的。

李老在他的晚年终于办成了东亚历史与科学图书馆，并将"李约瑟研究学院"迁入伦敦剑桥习凡司路的新建大厦，一直工作到最后一刻。

当我将后面附有详细英文内容的新作《中国古代桥梁》（约十多万字、300余幅照片）寄给他时，他竟推荐我参加剑桥大不列颠《20世纪世界建筑》的写作，作为该书的特约作者。

在李老工作的启发下，中国科学院终于在1991年决定自己编写《中国科学技术史》丛书了。由原中国科学院院长卢嘉锡为总主编，中科院自然科学史研究所主办，一方面继续翻译李老的那套科技史，一方面预备出版我国的30卷丛书。我受聘为编委之一，并负责写作《中国科学技术史·桥梁卷》。

当我在写作过程中有新的发现，如山西永济黄河上唐代蒲津浮桥的铁牛时，也向李老作了通报，他为之高兴。我所负责的桥史，计划有60万字和近千的图照、预计今年完稿、原待出书之后就赠予他，可惜李老作古了。

在怀念李老的翻腾思潮中我想到很多。

有一种永远要不得的思想是夜郎自大。什么都是中国人首先发明创造的。甚至连近代很多尖端技术都要和中国的老东西挂上钩，表现出倨傲的态度；向苏联"一边倒"时，又添上苏式的自大思想，似乎一切科学起自苏联。假如都是这样，英国人就不会写中国科技成就史了。

另外一个极端则是把中国的落后一股脑儿推到"老东西"身上，从哲学理论、社会伦理道德、政治制度、科学技术等等，都是人家的好。迷洋到中国货都要"出口转内销"才是好货。假如真是这样，英国人就看不见中国的科技成就了。

不是亢、就是卑，忘记了不亢不卑的"允执厥中"的道理。

不是好、就是坏，不懂得好中有坏，坏中有好，取其精神、弃其糟粕的思想和工作方法。或者说，我们有些人理论上懂得，实际上却是脚步踉跄、左右偏差地走路。

我们现在自己写科学史，目标是超过李约瑟。这对已作古人的李老并无贬低之意。除了他筚路蓝缕的精神仍是我们楷模；一个外国人，以科学的精神阐扬人类文明史中精辟的一面，作为其献身人类的美好事业，亦值得我们学习。我们要超越仅以中国人的身份，感谢外国人李约瑟替中国说了好话，做了好事，更要以人类和平、建设战士的身份，怀念和颂扬李老是我们的先驱。

中国从事科学历史研究的知识分子的工作条件仍然是十分艰苦的。我们对李老最好的悼念是努力完成《中国科学技术史》丛书。

李约瑟博士可以不朽矣。

发表于《同舟共进》1995年

中国科学文化的传播者——李约瑟博士

中国科学院在1978年编写出版了《中国古代科技成就》这本书,可说是受了英国李约瑟博士出版《中国科学技术史》的带动和影响。李约瑟博士在中国科技界和世界科技界都是十分知名的人物,本文只介绍他写作《中国科学技术史》的思想和经过情况。

李约瑟博士(Dr. Joselph Nedham, 1900—1995),英国人,于中国抗战期间,被派来华,担任在重庆的英国驻华大使馆的科学和文化组的领导,做中英两国科技文化交流工作。用他自己的话来说,这是个"非常好的职务,既非纯官方,又非纯商业或纯外交的机构,是科学和文化组合的头头"。从1942年到1945年,他接触了当时集聚于中国西南部的许多中国学者,并钦佩他们的爱国和治学的精神。他懂中文,能阅读中国古籍。他认识到中国和中国人民是伟大的。他分担着中国人民抗战的艰难和痛苦。他的单位向中国提供书籍、期刊、器材和化学试剂等物资,并向国际宣传中国的抗日斗争精神和极其艰难的环境。当时,他出版了两本书,《中国科学》(Chinese Science)和《科学前哨》(Science Outpost),也受到了世界科学技术界的广泛注意,1986年还被译成日文出版。

李约瑟对中国历史上的科学技术成就早有所认识,在上述两本书的基础上,他酝酿写一部巨著,便去找当年重庆国民党政府的教育部长陈立夫。他说,他要写一部书专门讲中国人过去在科学和技术上的贡献,书名是《中国的科学和文化》(Science and Civilisation,缩写为SCC),这就是现在普遍译为《中国科学技术史》的著作。

他曾向陈立夫表达他的想法,认为中国一直到16世纪在科学技术方面都居于世界的前导。他想在数学、天文、物理、化学、医学和农业、机械、土木工程、造船、火药、造纸和印刷、制盐等方面分别予以详细的证明。李约瑟博士强调说:"从1世纪到13世纪间,中国的技术发明不断地流入欧洲,正同后来欧洲技术流入中国一样。"陈立夫听后,鼓励他说:"这非常好,这本书由你写比我写好,因为你不是中国人,由一个非中国人来谈中国事物所编写的书必然有更大的价值。"

李约瑟听后非常高兴,更坚定了写作的决心。陈立夫赠给他一部《汉书》,并表示乐于介绍他到中国任何一个他想去收集资料的地方,让他方便地进行工作。这正是后来李约瑟自己说的:"我当时非常幸运,我的责任能使我在中国自由区纵深活动,我不放弃现在的题目上与中国学者接触时进行咨询和记录。我亦非常幸运地能收集相当多的分散的资料,并安全地运回剑桥。"1945年中国抗战胜利,李约瑟回到英国,着手编写他的巨著。3年后,1948年5月17日上午他向英国剑桥大学出版部罗伯特先生(S. C. Robert)详细地介绍了他的想法。18日写了一封信,正式提出出版要求,说明出版意图和写作计划。信中有很多意见今天仍然值得我们重视。他写道:"我正在写的书,不能希望它会超出探路的作用。公正地对待这一大量简略了的题目的魅力,将需要用毕生很多的时间来工作。那里有大量分散的资料与那些原来读过的书本,和评论相去甚远。"就是说,过去外国的作者们所介绍的中国，由于没有详细地研究过中国的浩如渊海的著述和实际文物，以致评论与事实相去甚远。而要得出正确的结论还需要许多人投入毕生的精力。因此他的著作，用中国话来说是"抛砖引玉"的。

李约瑟博士说："我必须说，我对此负有使命。因为我怕假如我不为之尽力，那将要等好多年才能发现哪一位有此资格和恰当的机会。处理现有的题目，一个人须是实践的科学家，掌握相当的第一手资料并有研究经验，此人也必须具有对欧洲科学史和科学思想的知识，做这些初步工作。必须具有对中文进行独立翻译的能力，并能查阅原始资料。此人还须有中国的生活经验，以及得到中国学者导引的机会。虽然我十分清楚自己的局限性，但我觉得我比任何一个对这一题目有兴趣者都更为接近。"

他指出的写作条件是十分广泛和严肃的，这是对待一个国家、民族的历史的正确理解问题，并且是中外比较史。只有知己知彼方能言之有物。因为题目广泛，专业众多，这就有待具有中外科技文化知识，有过实践经验的中外专家来做进一步深入地阐扬。特别是中国人，"小子何敢让焉"。

李约瑟于信中说："最后，我要说，我相信现在的工作将被证明是对国与国之间了解的贡献。我在中国时得到肯定的印象是，很多中国学者和科学家，他们感到迷惑不解，为什么他们伟大的文明没有产生现代化的科学技术。在这一点上，整个亚洲有一种隐蔽的'精神忧虑症'（anxiety-neurosis）。因为亚洲人知道，今天已经没有什么东西足以阻挡他们个人把科学工作做得西方人一样好。相反地，欧洲人和美国人仍然面临这样一个事实，即在现代科学的发展过程中几乎所有的最伟大的人都是欧洲人，尽管他们可能已完全抛弃了任何早期的关于'白种人优越'的偏见。假如可能显示的话，我相信人们是能够显示的，在有各种差别的东方和西方，只要给予具体的物质和社会条件，它们的发展结果是很容易相同的，那时对它们的成就可能做出更为公允的评价。如果欧洲当初也像中国一样，缺乏发展科学的物质、社会条件，那么它也可能不会有伽利略、盖斯纳（Gesner）和牛顿。"

李约瑟公正地指出东西方如在相同的好条件下会创造出一样辉煌的贡献和成果。东方在科学技术上之所以现在仍较西方落后，乃是在近代史上受到抑制因素。作为一个中国人，我们知道这一抑制因素有外来的，即近百年来帝国主义的侵略；变前内存的，即封建体制及其思想残余的消极方面的统治（我们古代很多科学技术发明是在封建社会产生的），最令人遗憾的是不短的一段时间内存在着对知识分子莫名其妙的压抑。

以为我们"的文化对近代科学技术失掉了起促进的作用"这一思想现在仍然存在于某些人的头脑中，虽然古代中国文化有促进生产和科学发明的事实存在，并且在16世纪以前还居于世界前列。认为"我们伟大的文明没有产生现代化和科学技术"这一思想现在仍然存在于某些的头脑中，既然古代中国文明和科学技术可以产生，并且在16世纪以前还居于世界前列，那么我们的文化就拥有积极和光明的主导部分，可以继续推进科学技术的发展。我们要发扬中国文化中的这一积极因素。

李约瑟说："我相信，非常重要的是，人们必须对中国在科学和技术方面的成就有更好地认识，以改变普遍的误解——认为中国文化是纯农业和艺术的文化。另一方面，中国人必须更多地正确评价欧洲发明的技术的光辉，因为它们常常遮掩了希伯来的预言、希腊的哲学、罗马的法律。"

今日中国从事文、史、哲研究的学者们，既非食古不化也不全盘西化，能够学兼中外、博古通今的学人不在少数。当代中国科学家在世界科技领域仍起着积极的推进作用。如诺贝尔奖获得者杨振宁等,杨教授早年上承父教,接受过儒家教育。

剑桥大学出版社和李约瑟博士初期约定,出书篇幅不要太多,估计为一卷,共600—700页。事实证明他们是过低估计了中国科技文化的成就。由于材料众多、可靠而有益,经过近50年的努力,已得七卷,约800—900万字,现正由剑桥大学出版社陆续出版。

抗日胜利后,李约瑟回英国埋头进行其研究工作时,中国起了翻天覆地的变化。1964年,李约瑟成立研究所,为收集资料和募集资金来到新中国。他得到周恩来总理的接见,得到精神和物质上的鼓励和支持。1967年,他完成了《中国科学技术史》中的三大卷。这一成果震动了海峡两岸。当时,陈立夫去信李约瑟预备承担翻译成中文的工作,筹集资金5万美元,在台湾组织了一个《中国科学技术史》翻译出版委员会,陈立夫任主任。"文化大革命"后期,中国科学院也组织了一个相应的班子进行翻译。现在两岸都已出版了前三卷,并在继续进行之中。

1964年以来,李约瑟曾8次到中国,与中国科学院进行科学交流。他作为英国的英中友好学会和英中了解协会会长,在英国接待过不少中国科学家,并接受安排了100多位中国的访问学者。李约瑟的研究所和中国科学院的对应单位保持经常、密切的联系。

1972年1月,中国台湾首先出版了该书中译本的第一卷。李约瑟对中文译本表示十分高兴。为了便于下一步工作,陈立夫集资7万美元,并献赠一部台北商务印书馆出版的《四库全书》以支援建立李约瑟研究院东方图书馆。李约瑟与其出自中国的夫人鲁桂珍于1984年9月16日至10月2日来到了台湾省,在不同场合作了"中国传统科学对西方文化的影响""生物化学的发展""行星的命名"等学术报告,赞扬了中国科学文化对世界的作用。

"中国在13世纪发明了火药,当它传到西方之后发展成空间工具火箭。中华民族的智慧是伟大的,只是因为近几百年来的剧变,才使诸事看来落后了,这是最不幸的! 今天的中国人民必须珍视自己宝贵的传统,但必须活跃地发展他们的科学和技术。要对向西方成就作竞争的能力抱有信心。"这是李约瑟在机场向陈立夫说的一番话。

1994年,李约瑟被聘为中国科学院第一位外籍院士。

1995年3月24日,李约瑟博士逝世于英国,身后留下了即将全部出版的巨著。

1995年6月10日,中国科学院代表奚泽宗在英伦举行的李约瑟追悼会上说:"李约瑟博士是系统地和综合地研究中国科学技术历史的第一人……他将永远活在中国人民的心中。"与他同龄的陈立夫为他写了很长的回顾性悼念文章,文章最后写道:"他在飞机场对我说的话,言犹在耳,而他已作古。现在我回想他,不禁潸然泪下。"

是的,中国科学文化的传播者——李约瑟博士在"看"着我们。

发表于《东方文化》1997年4月1日

国际桥梁权威弗列兹·莱翁哈特
逝世一周年纪念

图5-8-1 威弗列兹·莱翁哈特

21世纪第一年,我得到德国莱翁哈特·安德烈公司各位负责人联合签名的一张贺年片。当我回信亦祝贺他们好时,回信在同寄若干资料时说,莱翁哈特先生已于1999年末去世。可见消息闭塞,惊闻之下,甚为惋叹。虽然每个人的最后归宿是一样的,但毕生事业和贡献各不相同,他的去世是桥梁界的一大损失。

我和莱翁哈特先生的交往,始于委托总校翻译其名著《桥梁:美学和造型》开始。这已是十多年以前的事。出版社因翻译出版必须取得原作者许可,方能进行。那时我已和其公司有业务上的交往,便去信莱翁哈特博士。他立即回信,十分乐意,并不取任何费用。当中文版书籍出版之后,他十分高兴,即寄了一封信,特赠我亲笔签名照片一张,照片中的他手中拿着一把计算尺而非计算器,可见他也是相当怀旧的。我也回赠照片一张,我们分别贴在其著作的中文版之上。(图5-8-1)

因为大家都是研究桥梁美学的。他在著作中,认为哲学虽是美学的基础,可是用词往往莫测高深,虽然他在美学的哲学方面研究很有成就,但在书里不太多讲。我应出版社的邀请,曾在我国台湾出版了《桥梁美的哲学》一书的繁体字中文本(后铁道出版社又出了简体中文本)。寄了一册给他,他十分重视,找中国"出生"的工程师为他讲解,认为我这是"比较美学",因为我是既述西方美学的基础,又谈中国美学的基础。他还请他公司找人,将有关重要的章节译成德文。

20世纪90年代起,我因上书北阙,建议着手研究中国三大海峡(渤海、琼州、台湾)的跨海工程,并应邀作为琼州海峡跨海工程可行性研究的项目负责人,曾去香港国际会议上作三大海峡跨海工程的设想报告。他知道后十分高兴,来信说,对这三大海峡,不论哪个他都有兴趣。他还说,如我去欧洲,他当亲自驾车,陪我参观西欧桥梁的最新成就。只因为一切准备工作尚未完成,不能成行,这件事就搁置下来了,而现在则更成为不可能了。

我认识莱翁哈特先生时,他也已因年事已高退出了公司的经常性业务,但仍常到公司看看。1997年7月在他90岁生日后,接受了海伦娜·鲁赛尔的采访,亲自谈他自己的一生和他的工作。他说:"我的父亲是个建筑师,但我选择的职业是土木工程,因为它的覆盖比建筑广,包括桥梁、塔、道路、坝等。"而他的兴趣在桥梁。他毕业于其故乡斯图加特大学,1931年在美国普渡(Purdue)大学深造,当时就造访了美国桥梁界先辈D. B. 史丹门(Steinman)和O. 安曼(O. thmar Ammann)先生,加强了对桥梁的学习兴趣。在美国也增强了政治知识和民主意识,不理解希特勒的所作所为。1938年29岁时，他在德国任公路桥梁工程师，设计和建造了当时欧洲最大的悬索桥鲁登扣钦（Roden Kirchen）桥，桥主跨为378米。他不用美国式桁架作梁而用钢板梁。事后美国安曼莫奥用之于白石桥和后来的塔科玛桥。但塔科玛桥不幸受风震损坏。鲁登扣钦桥在二战中被破坏，1951至1954年间重建。

早在1939年，他在慕尼黑成立了自己的公司，1945年搬回斯图加特，后来就是现在的莱翁哈特·安德烈组合公司，共有四个办事处，170名成员。其主要合伙人华尔赫托·安德烈（Wolfhart Andra）和威廉·包亦（Willi Bauer）。公司承担全世界的桥梁设计和结构工程项目。

1958年和1974年他也在施图加特大学执教混凝土结构，在学生常闹事的1966至1969年，他还担任着该校校长。

二战以后工作十分繁忙，他对混凝土桥和预应力混凝土结构方面做了如剪力、扭转、塑性、深梁和高密钢筋柱等研究，不胜枚举。在桥梁方面，他的得意杰作之一是莱茵河上的科隆——德意志Koln-Deutz桥。1948年建成时为钢梁，主跨185米，L/d（梁高）= 5b。桥梁非常纤细。70年代加宽时，他发挥他预应力混凝土桥技术，改为双箱轻混凝土预应力桥，和原桥同一标高。

莱氏另一成就就是斜拉桥。虽非首创，亦非唯一，但是成绩辉煌。其最著名的为杜赛尔多夫Diisseldorf的斜拉桥族（图5-8-2），特别是克尼（Knie）桥（图5-8-3）。桥完成于1969年，主跨320米，由四根独柱支撑的斜拉桥。之后他在全世界，联合其他工程师建造过不少斜拉桥。

图5-8-2　杜赛尔多夫（Diisseldorf）的斜拉桥

莱氏创建了顶推法施工技术，醉心于钢与混凝土结合梁结构，创造了很多结构细节。1994年他设计建造了德国盖墨登的曼泰尔桥，折线钢筋混凝土板拱，同年建成德国奈登巳赫桥，下弦为拱形的连续预应力混凝土桁架桥等等一系列桥梁，覆盖了全部桥型。

图5-8-3　克尼（Knie）桥

图 5-8-4　慕尼黑奥林匹克运动场的屋顶

他的工程建设不限于桥梁,还有网状结构,其代表作为慕尼黑奥林匹克运动场的屋顶(图5-8-4)。并建成一些混凝土电视高塔。至今我的书桌案头还有其所赠的不锈钢模型。

他的成就,使他获得不少国家授予的名誉博士学位(德、意、美、比、英、丹)和奖励。他还是美国国家工程院的外国院士。

他的论文极多,著作中主要的是混凝土和预应力混凝土结构以及桥梁美学。即写了《桥梁——美学和造型》一书。他说,他写此书的目的不单是给工程师们看的,同时有益于计划决策者、建筑师、业主和一般公众。"需要有一本不仅在技术方面是好书,同样在美学方面是好书。当时桥梁美学被认为是新鲜事物,在此之前,没有人切实地想过。"此书取得了极大的成功。

他仍然希望,建筑艺术和结构不要分家,要作为一个整体进行教育。他说,造价最低的结构并不是最好的,应该注意美学造型。他造的桥都很美。他说设计美的桥的秘密在于必须经常记着:

激情:"桥梁建筑可以使人类的生活产生出一种不会消失的新鲜和促进的激情。"

敏感性:"人们的快乐,对生活的享受,精神健康,大部分决定于其所生活的环境的美学质量。"

简单性:"无意义的形状和添加物是祸殃。"

联合:"从适当地听有水平的建筑师的艺术性劝告……必须主动地予以鼓励。"

理解:"美学的问题,不能单独从评论的理由去理解,这些问题深入到感情领域,那里逻辑和理性失去其精确性。"

和环境协调:"美学的特性不但表现为形式、色彩、光与影,也与该项目的近因事物有关,因此有赖于项目的环境。"

想象:"我们千万不要认为简单地应用这些规则将自然能得出美丽的建筑或桥梁。设计者仍必须掌握想象和直觉和形式与美的意识。"

但也不能忘记:

适合目的:"美和质量必须统一,质量为第一重点(即我们称实用第一)。"

一个人的餐肉是别人的毒药:"美不能严格地检验……所以,我们必须宽容口味(不同)的提问,且必须留有关于一般认为什么是美以及能感觉到什么是丑的余地。"

情绪:"美学价值是由事物作为信息或刺激作用来传递的。它有赖于每个人的感官在接受方面调整到什么程度……影响与感官的健康、情绪、精神状态有关,当他悲喜不同时感觉不同(即美的相对性中的个别性)。"

1999年7月,他留下以上的"总结"性的言谈,年底,他撒手人寰。莱翁哈特博士的思想,永远指导着世界桥梁界。

参考文献:《BriicKen, Asthetik, und Gestaltung》Fritz Leonhardt.

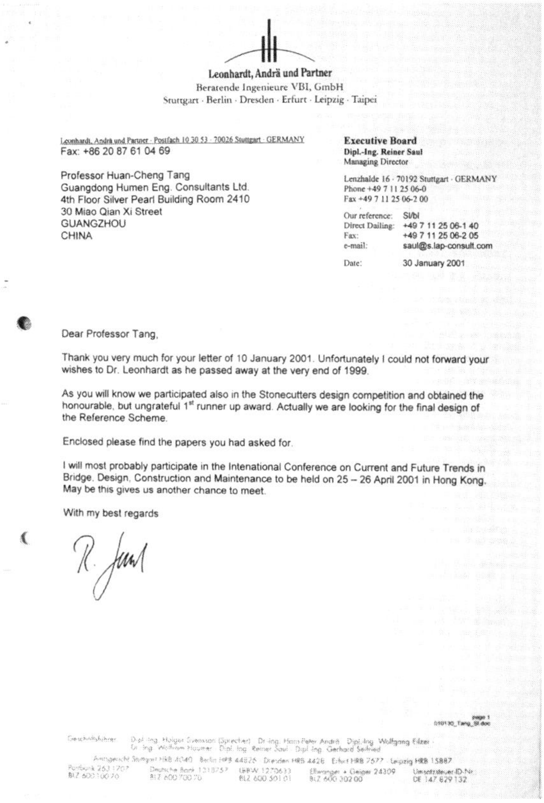

图5-8-5　威弗列兹·莱翁哈特来信

图5-8-6　唐寰澄回信

《Fritz Leonhardt, Master of Bridges》Helena Russel.

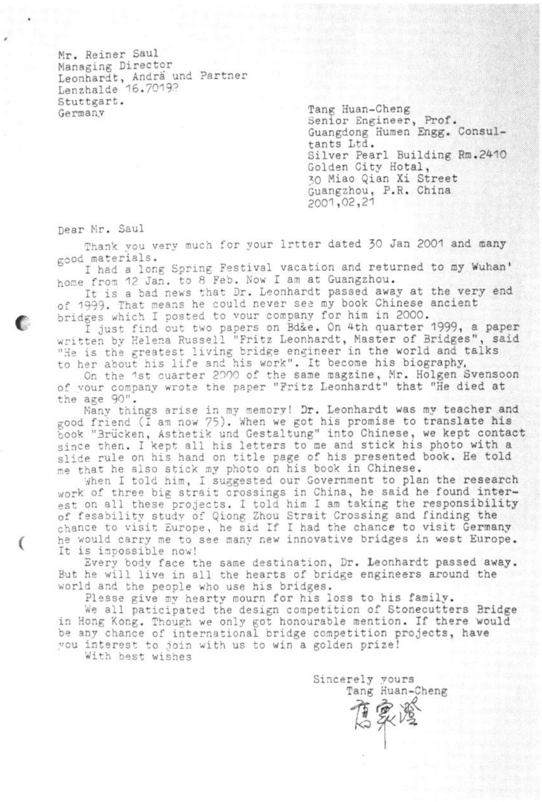

《Fritz Leonhardt》Holgen Svensoon.

2000 年

回忆苏联专家西林

图5-9-1　苏联专家组组长西林

苏联专家西林(图5-9-1)，自中华人民共和国成立之日起便帮助中国的铁路建设。一度回国。1953年后，又在汉阳为武汉长江大桥的建设竭尽其心智才力，在武汉三镇留下了不朽的业绩，他对中国、武汉产生了特殊的感情。苏联解体后，曾以俄罗斯科学院院士身份，三次来到汉阳。苏联的空军英雄们，抗战期间曾在武汉上空，为中国人民与日寇进行过殊死的空战，武汉人民对之怀念不已。今对西林，亦抱着友好和感激的心情，谨为之传。

康斯坦丁·谢尔盖维奇·西林，俄罗斯人，1913年生。早年研习土木工程，在苏联国内已负有年轻有为的盛誉，多所建树，颇受政府和桥梁界器重。

1949年，中华人民共和国成立之初，西林奉派来华工作，任铁道部顾问。期间，他帮助中国铁路的抢修、恢复和建设工作。办公地点虽在北京，足迹却遍及东西南北。

1949年抢修松花江第二桥和洛河桥时，西林到现场指导。担任抢修任务的是铁道兵部队，专家严格的要求和铁道兵吃苦耐劳、虎虎有生气、服从纪律和勇于闯进的作风，两相结合，使中国铁路从千疮百孔一变为通达无阻。正是在此时，西林和铁道兵副司令员彭敏同志结成了战斗的友谊。

在抢修中国铁路的同时，少数人还在考虑铁路的近期发展。中国老一辈桥梁专家李文骥于1949年倡议，向中央提出《筹建武汉纪念桥建议书》，决议修建自汉阳跨江至武昌的武汉长江大桥(事详见作者《李文骥先生传》)。这和中央的宏图相合，于是铁道部受命组织"桥梁委员会"，西林便参与顾问此事。从那个时候起，一方面，铁道部组织人力进行武汉长江大桥的先期准备工作，另一方面，西林已未雨绸缪，考虑着桥梁建设的具体方案，进行收集中国铁路桥梁建设的能力状况和增加负担的可承受程度的研究。

1952年，西林等奉召回国，国内武汉长江大桥工程已由测量钻探进行到初步设计阶段。1953年，铁道部成立武汉大桥工程局，以彭敏为局长兼总工程师，部定向苏联聘请专家组到汉阳工地作技术指导。因此事已酝酿多年，苏联内定西林为组长，率专家组来汉(图5-9-2)。

先期，西林到北京和部局领导会晤，提出了适合于中国国情，改革过去长大桥深基础习惯爱用气压沉箱的方法，使用大直径钢筋混凝土管柱的桥墩基础方案。这是一个需要在中国完成的桥梁

图 5-9-2

结构革新创举。但是，设想毕竟是设想，还有很多技术问题没有解决。所以，西林在中国提出这一设想后，便奉召回国，听取苏联技术方面权威的审定。行前和彭敏局长说，如得不到支持，便不回来了，大有破釜沉舟，背水一战的姿态。方案终于通过，西林率各有分工的二十多人的专家队伍来到中国，一方面进行新方案的施工组织试验，一方面进行大桥的技术设计。

当年的组织形式是，中国的桥梁队伍，武汉大桥工程局有配备完整、组织健全的组织系统，担负起全桥的设计、试验、施工任务。苏联专家组则以对应到处一级领导，配备对口的专家，作技术咨询指导。西林以组长兼总工程师的身份协助局长彭敏工作。他先到北京，再来武汉，行前铁道部滕代远部长特向大桥局交代，西林是代表他来武汉工作的。虽然如此，西林并不以部长代表的身份自居，和老战友彭敏相处欢洽，一心为世界和中国的桥梁事业，在汉阳闯出了一条新路。

初来汉阳，当年有名的唐宋重镇，童山濯濯，人烟稀少，城市萧疏。建设队伍的开进，一时日以改观。1954年又逢百年不遇的洪水和难以忍受的酷暑。西林照顾老年的设计专家吉赫若夫，请他和中国设计组同上庐山工作，彭敏及几位副局长和他，仍在艰苦的条件下，留在武汉做一系列的准备工程和试验。

新的管柱基础，以什么方法施工？西林的工作方法是一切经过试验，他把俄罗斯的谚语"量七次，裁一次"提高到"量十次，裁一次"。他善于使用人才，对不称职的人员建议局长予以调动，把有用的人，亦建议提拔到适当的岗位，充分发挥了他的组织才能。他还善于吸收群众的意见。在大胆设想的，尚不成熟的管柱基的下沉、钻孔、灌注混凝土等一系列施工步骤，吸收了中国技术人员和工人们的各种合理建议，变成了完整的、快速而又高质量的具体方法，实现了他的夙愿。对此方案曾召集了专门会议，会议记录经过两国铁道部（苏联为运输工程部）部长签字后

图 5-9-3　西林在工地现场进行技术交流

批准。方案结论评语如下：在所建长江大桥桥墩深基础方面所使用的新方法是先进的。它保证缩短工期和降低造价，并且比沉箱法基础工作的劳动条件简单。这种方法在修建桥梁和水工建筑物工程上也应广泛采用。

西林作为一个有进取心的桥梁工程技术人员，也只有遭遇到如此知遇的中国铁道部的领导和合作无间的局长，在充足的财力、物力保证下，一大批优秀的中国技术人员和工人的配合下，以及大力支持的地方党政当局，才使友谊合作之花，从汉阳到汉口、武昌之间结成丰硕的、有永久纪念意义的果实。

1953年至1957年的5年时间里，西林工作在汉阳，来汉的专家们也都带了家属，住武昌珞珈后山，早出晚归，和中国队伍一起承受武汉短促而又多雨的春天，炎阳似火、汗流如雨的夏天，还可告慰的秋天和无火取暖却又潮湿阴冷的冬天。武汉长江大桥快将通车前，一段技术工作比较轻松的时节，西林又在考虑和试验新的施工方法的扩展应用。

他在汉阳桥头做了锁口钢筋混凝土管柱的试验，并建议湖北省水利厅陶述曾厅长，应用于明山水库工程，虽然不十分理想，但总是向前又走了一步。如此，预备在进一步改进的基础上，建议应用于长江流域规划办公室正在做方案比较的长江三峡高坝基础工程上。

他又改进1.55米直径的管柱，在汉阳试验3.6米直径的管柱，具体应用于京广线郑州黄河和漳河桥的基础施工中。更继续发展至5.0米直径的管柱，应用于赣江桥的工程。至今，在武汉长江大桥汉阳莲花湖边，大桥汉阳岸引桥一侧，仍保留着这一试验实物和彭敏局长为之题刻的碑记。

他在援华期间还组织研究过钢筋混凝土铁路桁架桥的方案，以离心旋制法制造桁架杆件……总之，他抓住了在中国一切有利的机遇，使自己联想翩翩的桥梁改革，能在优越的条件下，一一实现。

武汉长江大桥建成，1958年，在所有苏联专家都已陆续地在通车典礼进行的先后回国之后，他也回国了。

随后的岁月里，西林也曾多次访问中国，到访武汉。在南京长江大桥建设之初，他曾到过一次南京，和彭敏局长小叙。

1983年10月，在和苏联恢复了正常关系之后，西林以苏联科学院院士身份，随中苏关系缓和之后的第一个代表团来中国访问。在计划之外，他通过外交途径，在北京拜会了吕正操将军和彭敏主任（国家计委）。然后又脱离代表团的行程，特地到武汉，在汉阳大桥工程局来访旧。一方面看看他为之付出智慧和劳动的中苏合作的技术结晶，一方面探望当年的老朋友。时西林已七十，但精神旺健，除头发已稀疏之外，风貌不减当年。我们陪他徒步走过大桥，看见在苏联传说已被破坏的武昌桥头纪念碑仍巍然屹立，字迹犹新，他十分欣慰。

世界上的事物是变化无穷的，苏联解体，成立了独联体，当时苏联国内的政治经济处在困难的阶段，而中国的一切正欣欣向荣。在这样的环境下，西林的到来是希望再一次建立新的合作，和中国桥梁界联合起来打入国际市场。然而事涉中央的决策，未取得预期的希望。他每一次到中国必来汉阳，大桥局的新老领导和技术人员，每次予以热情的招待，带他参观大桥局新的建设，他对我们超越了当年的成就，感觉惊讶和欣慰。

1993年，西林于独联体成立后再度来华，这一次是专门为了双方交换新技术成就的经验而来。今日的中国桥梁技术人员，已非当年的吴下阿蒙。然而中国人一向是怀念旧情和尊敬师长的，我们以最大的热情再次接待他。6月17日为其八十寿辰，他提出而我们也十分欢迎他在汉阳度过这

图5-9-4

美好的一天。

　　在李文骥先生毕生奋斗而没有能够看到的；在梅旸春、汪菊潜等总工为之付出辛勤劳动建成而他们今日已作古的；在西林他自己智慧和劳动，中苏合作建立起来的武汉长江大桥桥头，庆祝他健康长寿是极其难得的盛事。

　　全世界爱好和平的人们，团结合作，努力创造人类美好的环境，这是世界上最有意义的事。不倨不傲，有始有终，谨为之念。

2000年

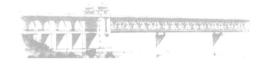

西班牙雷奥纳多·弗兰台兹·特洛牙诺

雷奥纳多·弗兰台兹·特洛牙诺(Leonardo Fernandez Troyano),西班牙桥梁设计大师。年轻时受其父卡洛斯·弗兰台兹·卡萨多(Carlos`Fernandes Casado)的影响,并在其父的公司中工作多年。读过不少结构和桥梁历史的书,知道从历史经验中吸收学习不少东西。如 Tierra Sober el agua(已译成英文)。认为要喜爱所有形式和所有年代的桥梁。他在马德里(Madrid)读土木工程,毕业后于1966年其父与之成立公司。公司主要业绩如下:

1974年　Glorias Catalanas Footbridge, Glorias Catalanas Square, Barcelona, Spain.(relocated to cross the coastal highway in 1992)

1978年　Sancho el Mayor Bridge, Navarra, Spain.

1984年　Metlac Bridge, Fortin de las Flores, Veracruz, Mexico.

1985年　Lightweight suspension bridges over the Segre River, Pyrenees, Spain.

1985年　Pensil Viaduct/tunnel, Atoyac, Veracruz, Mexico.

1991年　Delcias Bridge, Sevilla, Spain.

1992年　Besos River Bridge, Barcelona, Spain.

1992年　Pontevedra Bridge, Spain.

1994年　Papaloapan Bridge, Cosamaloapan, Veracruz, Mexico.

1995年　Lerez River Bridge, Pontevedra, Spain.

1998年　Puentedeume Bridge, Galicia, Spain.

1999年　Lowry Centre Footbredge, Salford, England.

2001年　Grijalva Bridge, Villahermosa, Tabasco, Mexico.

2001年　Ozama Bridge, Santo Domingo, Dominican Republic.

1978年建造的 Sancho el Mayor 桥是主跨137米的混凝土斜拉桥,独斜塔锚孔双面向西边斜出,主孔单面沿中线拉住梁。

他的作品中有一系列轻悬索桥以修复 Pyrenees Segre 河上被洪水冲垮的桥梁。一共造了四座。塔和桥面都是轻混凝土预制构件。三座走轻型车辆,桥跨分别为70、90、102米。一座走重型车辆,桥跨80米。桥面为预制混凝土节段,现场连接,纵向预加应力。主悬索以若干斜拉索加劲,斜拉索锚于塔底。

1995年设计建造的 Pontevedra 斜拉桥(图5-10-1)跨 Lerez 河,其锚跨斜拉索成抛物线曲线。

40年间设计建造了很多桥和其他建筑,大多在西班牙。在阿根廷 Buenos Aires 建造了两座15千米长的高架桥,宽39米,用4台移动支架(Launching gantries)安装,每日进度60米。1978年11

图5-10-1　Pontevedra斜拉桥

月—1980年11月,共用两年完成。

公司在墨西哥与地方顾问公司联合。

他认为桥梁设计必须和环境相协调,这十分重要。认为结构的尺度需具有表现力或美学质量(aesthetic qualities),从跨度20米到2 000米,设计过程由草图到细节是一个令人愉快的过程。20米跨径,怎么做都可以,超过200米时必须考虑技术因素,特别是安装方法。

他推崇 Jorg Schlaich, Jiri Strasky、Robert Mailart, Ricardo Morandi、Freeman Fox公司 Humber, Severn Bosporus、Ammann George Washington, Bronx-whitestone Verrazano Narrows.

他认为:"人们要求引起注意,创造他们自己的桥梁,总要有些不同,理由很简单就是要求不同。""工程师总试图造更大的桥,用高强度的材料来进行设计。工程师需要创造。"一般都想桥梁在桥面以上能看到结构,使桥不是简单地驱车过去而不知道有桥存在。斜拉、悬索和拱桥桥面以上都可看到结构。工程常需要创造,不创造不是工程技术。工程技术的不同部分允许有不同的创造性。土木工程师与地球打交道,其产品为环境的一部分。当基础工程造成后,环境与前不同,影响观瞻。他的公司里有建筑设计师,但只设计桥梁以外的建筑。并不认为工程师和建筑师不能合作设计桥梁,且有近日成功的例子。如大带东桥有建筑师 Dissing 和 Weitling 合作。昂船洲桥亦有建筑师参加。

一般认为最好的工程师有很丰富的结构理论和实践本事,但这一般假定是不对的。如最好的艺术家并不是一般认为懂得艺术理论最多的人。当然,工程师必须有结构理论,但创造方法还要更深一层。经常工程师们只是对分析结构下功夫,却花很少时间去创造和发展桥梁的概念性设计。有些工程师太为桥梁如何去支撑荷载费神而忽视了设计的表现力和艺术方面。他们认为艺术是某些可以后来加上去的东西,竟常谈到对一个设计进行美化处理。他们认为艺术也可以像技术一样有本规范可以照着办,可惜这一办法是行不通的。

大的桥梁设计是众多人集体的工作。他举日本多多罗桥为例。其主塔造型设计由一个包括有结构工程师、环境和工业工程师、一位建筑师、一位艺术家的小组完成,结果十分满意。但他不同意由建筑师来领导此类设计小组。如巴黎Mairie de Paris在塞纳河上建一座新桥,分别由建筑和工程咨询公司设计。第二轮时由建筑师领导,结果得出的是一座非常普通,没有特别趣味的桥梁。

1999年,他著有桥梁历史巨著Tierra Sobre el agua,2003年出英文版。

2004年

卷六

古塔古桥

中国古代高层建筑

中华民族的居住和其他建筑物的情况,可以追溯到史前氏族社会,从黄河中下游及其他地区的新石器时代的居民点遗址中,能够得出精确的复原形象。这些房屋是以细木为骨架,泥墙、草顶构造,间或有部分石砌建筑。虽然,这些建筑物是不够高的。

到春秋时代(前770—476),已进入了封建社会,有了甚具规模的宫殿建筑,大部属于大木结构,版筑土墙和瓦屋顶盖。

战国时期(前475—221),瓦有了发展,建筑已开始用砖。在建筑物上,雕镂刻画,出现了大规模的宫室和高台建筑。

什么样高度的古代建筑才能称之为高呢?目前尚无约定俗成的规定,为了方便起见,作者暂定其为不低于三十米,即现代十层左右居民楼的高度。

秦统一中国(前221—207),建造了规模巨大的宫宛。唐代诗人杜牧描写秦始皇的阿房宫时说:"覆压三百余里,隔离天日。骊山北构而西折,直走咸阳。二川溶溶,流入宫墙。五步一楼,十步一阁,廊腰缦回,檐牙高啄,各抱地势,钩心斗角。"楼和阁都是比较高的建筑。

汉代(前206—公元220)高台建筑日益减少,楼阁建筑日益增多。西汉后期,佛教传入,中国的楼阁建筑被佛寺应用为佛塔。

自唐宋以后到元、明、清诸代,中国特色的古代高层建筑,基本上还是这几类,即:高台建筑、楼阁建筑和塔。

高台建筑——观·阙·台

高台建筑是在圬工高台之上加建木结构多层建筑。这样的高台可以利用岗、峦地形,切削围砌而成,亦可以是完全人工的圬工建筑。台上建筑连同台基,高大雄伟,四望无际,获得崇高的感觉。高台建筑是古代宫殿建筑的主要组成部分。

高台建筑的一个名称为"观"。

《左传》僖五年:"公既视朔,遂登观台以望。""台上构屋,可以远观者也。"这样的高台建筑,往往造在宫殿前的左右两侧,成为宫殿的标志。

《三辅黄图》记:"周置两观以表宫门,登之可以远观,故谓之'观'。"

"观"亦称"阙"。

《尔雅释宫》称:"观谓之阙。"早在西周时期(前11世纪—前771)便有"阙"的记载。

《史记·秦本纪》记:"秦孝公(十二年,前350)作为咸阳,筑冀阙,秦徙都之。"

《三辅故事》记汉代建章宫为："北有圆阙,高二十丈(约47米)。上有铜凤凰,故曰凤阙。"建章宫建于汉武帝太初元年(前140),这里指出了阙的一般高度。

唐代大明宫含元殿前左右有阙。唐·李桦《含元殿赋》称："左翔鸾右栖凤,翘两阙而为翼,环阿阁以周墀,象龙行之曲直。"大明宫建于唐太宗贞观八年(634),毁于僖宗光启二年(886),古建筑学家根据考古和发掘,画出了含元殿及两阙的复原想象图(图6-1-1)。

"观"亦指城门楼。

《册府元龟》记载,于唐高宗永徽三年(652)："修京师罗城,和雇雍州四年一千人,三十日毕功。九门各修观。明德门至一门五观。"经考古发掘,唐明德门有五个门洞,可能每个门洞上都有一观,或即以一个开间为一观。

现今国内保存的城门上观还很多,约数北京正阳门上的最为高大(图6-1-2)。

图6-1-1　大明宫含元殿　　　　　　　　图6-1-2　北京正阳门

独立的高台建筑亦称观。

汉武帝晚年信方士,欲求仙。听信方士公孙卿的话,说："仙人好楼居",要造高楼才能接近仙人。所以于元封二年(前109)在上林苑起飞廉观和桂观。据《三辅黄图》记载："飞廉观高四十丈(约94米)。观上置铜飞廉像。"飞廉是当年一种神禽的名字,其形象据说是"身似鹿,头似雀,有角而蛇尾,文如豹文"。从凤阙和飞廉观的描述中,可见中国早期高层建筑楼观顶上,放置的是铜铸的飞禽作为建筑装饰。

高台建筑亦直以"台"名。

《楚辞·招魂》称："高堂邃宇,槛层轩些,层台累榭,临高山些……"

夏桀(公元前16世纪)有瑶台。

商纣(公元前11世纪)有琼台。

战国楚灵王(公元前540—489年)有章华台。《左传》记："楚子成章华之台。"

战国楚昭王(公元前515—529年)有渐台。《烈女传》称："楚昭王出游,留夫人渐台之上。"台不仅供观览,亦以供居息。

战国吴王夫差(公元前495—476年)造姑苏台以居西施。

汉武帝的柏梁台建于元鼎二年(公元前115年)高二十丈(约47米),以香柏为之。太初元年(公元前104年)为雷电击中起火焚毁。

汉武帝起神明台,台高五十丈(约115米)。亦有记台高三十丈(约70米)。台上设铜人承露盘。《三辅黄图》称："神明台,武帝造祭金人处。上有承露盘。有铜仙人舒掌捧铜盘玉杯,以承云表之露,以求仙道。"《水经注》记:"神明台有九室。"

三国时,公元2世纪曹操建铜雀等三台。

《水经注》漳水:"铜雀台,东汉献帝建安十五年(公元210年)魏武所起,平坦略尽……中曰铜雀台,高十丈(约24米)有屋百一间……石虎(后赵,公元335—349年)更增二丈(约4.8米),立一屋,连栋接榱,弥覆其上。盘回隔之,名曰命子窟。又于屋上起五层楼,高十五丈(约36米),去地二十七丈(约64.8米)。又作铜雀于楼巅,舒翼若翔。南则金虎台,高八丈(约19.2米),约屋百九间。北曰冰井台,亦高八丈,有屋百四十五间。上有冰室,室有数井,井深十五丈(约36米),藏冰及石墨焉。石墨可书,又燃丈难尽,亦谓之石炭。又有粟窖及盐窖,以备不虞。今窖上犹有石铭存焉。"

可惜这些古代的名台都已不存在了。

台的下部可以是实体圬工而仅有上下通道,亦可以是多室作为储藏之用,或即是可以居住的多层圬工楼房。

西藏拉萨现存的布达拉宫,实际上也是高台建筑。宫建于清顺治二年(公元1645年),是在公元7世纪时松赞干布的宫殿基础上改建的。宫实际为9层,因为缘山建造,外观上高达二百余米,13层高(图6-1-3)。

河北承德普陀宗乘庙大红台,建于清乾隆三十六年(公元1771年)亦是缘山建造,外观亦为13层,便直以台名(图6-1-4)。

图6-1-3 西藏拉萨布达拉宫

图6-1-4 河北承德普陀宗乘庙大红台

楼阁建筑——旗亭、楼、阁

楼亦作廔,是指屋中窗牖通明,以便外望的意思。《释名》记:"楼、谓牖户之间有射孔。楼,楼然也。"因为有窗户门而成为建筑装饰,所以也称"丽廔"。

《尔雅释宫》区别台和楼:"四方而高曰台,狭而修曲曰楼。"现在泛指建筑在两层以上的都叫楼。《说文》称:"楼,重尾也。"就是这个意思。

汉代已多高楼。汉代张衡《西京赋》记民间有楼,称:"旗亭五重,俯察百隧。"旗亭在〈注〉中称"市楼也"。近年在河北安平出土的汉墓壁画中便绘有一旗亭。顶楼四望,有旗设鼓,看来"俯

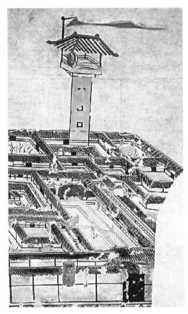

图6-1-5　河北安平出土的汉墓
壁画

图6-1-6　陶制明器的望楼

察百隧"，还有报火警的作用（图6-1-5）。

《集异记》记唐代诗人王昌龄、高适、王涣之同饮于"旗亭"，则旗亭的规模已是较大。

各地汉墓中陆续出土了不少画像砖，上有望楼（图6-1-6）以及陶制明器的望楼，有高至五层，已是重檐曲槛，梁柱斗拱的木结构形式。

古代最高楼的记载可能为汉武帝（公元前140—87年）的井干楼。《汉宫阙疏》载："神明（即神明台）、井干，俱高五十丈（约125米）。井干楼积木而为楼，若井干之形也。井干者，井上木栏也，其形或四角，或八角。"

《史记·孝武本纪》记井干楼："筑累万木，转相交界……叠而百层。"

神明称台而井干称楼，可见井干楼下是没有或仅有较矮的台基。如所记属实，则公元前2世纪，中国已有高达百二十米的木造高楼。

《独异志》记后赵石虎（公元335—349年）："于太武殿前造楼，高四十丈（约100米），以珠为帘，五色玉为佩。每风至，即警触似音乐在空，风吹四散，谓之'芳尘'。"

唐朝武则天（公元685—704年）造明堂于洛阳。所谓明堂是祀上帝、祭先祖、朝诸侯和国家举行大典礼的地方。各个朝代明堂的构造不同。武则天的明堂乃是一高楼。

《资治通鉴》唐纪二十，记垂拱四年（公元688年）"毁乾元殿，于其地作明堂"，"辛亥（公元689年）明堂成，高二百九十四尺（约88.2米），方三百尺（约90米），凡三层。下层法四时，各随方色（下层为方形）。中层法十二辰（中层为十二边形），上为圆盖（顶层圆形），九龙捧之。上施铁凤高一丈（约2.5米），饰以黄金。中有巨木十围，上下通贯，栭栌撑笮，藉以为本，下施铁渠，为辟雍之象。号曰万象神宫"。"又于明堂北起天堂五级，以储大像。至三级则俯视明堂矣"。天堂和明堂是木结构的高楼建筑已说得十分清楚了。

各个地方河山胜迹之处，往往造楼作公共的登高眺望游览之用。唐代诗人王之涣《登鹳雀楼》

诗是:"白日依山尽,黄河入海流,欲穷千里目,更上一层楼。"宋代苏轼《登楼》诗道:"赖有高楼能聚远,一时收拾与闲人。"登楼极目,越高越远,可以开阔眼界,引喻人生,极富哲理。

建于三国东吴黄武二年(公元223年)的武昌蛇山长江边上的黄鹤楼,是中国江南三大名楼之一,其他两楼为湖南岳阳的岳阳楼和江西南昌的滕王阁。黄鹤楼曾多次重建,留下了些文字记载。唐楼上圆下方和明堂的体制相似。宋、元、明三代有古画黄鹤楼可以窥见其形象。

宋(公元10—12世纪)画黄鹤楼(图6-1-7)是群体建筑,观台的形式。元(公元13—14世纪)画黄鹤楼(图6-1-8)是两层的楼阁建筑。明(公元14—17世纪)画黄鹤楼则上虚下实,翼以两侧的观台,更富有楼阁的风格。清代黄鹤楼毁于清光绪十年(公元1884年),所幸留有照片(图6-1-9)。楼高三层,窗开八面,高在三十米左右。檐牙高耸,吐纳云气。登楼而望,正如楼联所述:"爽气西来,云雾扫开天地憾。大江东去,波涛洗尽古今愁。"

古楼已成陈迹,在此处1957年修建起了武汉长江大桥。桥成后24年的1981年,筹建新的黄鹤楼,于次年落成。新的黄鹤楼(图6-1-10),楼高五层,总高51.4米。平面为四方折角,周边呈曲尺形。底层长宽各三十米,顶层各十八米。四望如一,重檐翼舒,是仿古木楼阁建筑的钢筋混凝土结构。保持了中国古代高层建筑中雄奇瑰丽的形式。

图6-1-7　宋画黄鹤楼

图6-1-8　元代黄鹤楼模型

图6-1-9　清代黄鹤楼

建于明代的山东聊城光岳楼(图6-1-11),高33米(不计台基)。楼位于大运河边,古代大运河上的船工常以此楼作为航标。

陕西西安钟楼亦为明代建筑(图6-1-12)。这两座高楼,虽各称楼,亦可归于观、台建筑之中。

阁是楼的另一名称。

《玉篇》说阁:"楼也。"有的时候,阁和楼的区别在于使用目的。阁是度藏秘书的地方,如汉代

图6-1-10　现代黄鹤楼

图6-1-11　山东聊城光岳楼

的天禄阁，石渠阁。近代故宫文渊阁，宁波天一阁等。

　　滕王阁乃唐代滕王元婴所建（公元7世纪），可能是其藏书之处，故亦称阁。宋画滕王阁和宋画黄鹤楼形制相似。唐代王勃《滕王阁序》称其"层台耸翠，上出重霄；飞阁流丹，下临无地。"是湖山的盛景。古阁已废，现阁同黄鹤楼一样亦是近代钢筋混凝土建筑（图6-1-13）。

图6-1-12　陕西西安钟楼

图6-1-13　南昌滕王阁

　　北京颐和园排云殿佛香阁（图6-1-14），其原址本为一九层高塔。清朝乾隆二十五年（公元1760年）建阁。英法联军焚毁后于光绪十七年（公元1891年）依原样重建，八角三层四重檐的木结构高阁，高约41米（不计台基）。阁建在高台之上，俯瞰昆明湖全景，气势雄伟。又因在园林之中，自然风景如画。

　　佛教供奉佛像或藏经之处的建筑亦称阁。为了使佛像尺度加大，予人以崇高仰止的感觉，所以阁也造得十分高大。

　　建于辽统和二年（公元984年）的河北蓟县独乐寺观音阁（图6-1-15）是木结构建筑。虽然高仅二十米，在本文高层建筑定义之外，因为结构布局特殊，且有千年的历史，是国家重点文物保护单位。阁共三层，因为中间的一层是暗层，所以外观只有两层。中供观音像高十六米，直通三层。因为台基较矮，屋顶较平缓，所以并不显得高大。

　　河北正定龙兴寺大悲阁建于北宋开宝四年（公元971年）。阁面阔五间，进深三间，高三十三

图6-1-14　北京颐和园排云殿佛香阁

图6-1-15　河北蓟县独乐寺观音阁

米。外观三层,重檐歇山顶。阁内铸铜千手千眼观音像,像高二十二米(图6-1-16)。

　　河北承德普宁寺建于清乾隆二十年(公元1755年)。寺中大乘阁(图6-1-17)内高三层,外观五层,总高三十八米。顶层为一大四小的方形攒尖屋顶,金碧辉煌,形象甚为华丽。

图6-1-16　阁内铸铜千手千眼观音像

图6-1-17　河北承德普宁寺大乘阁

塔

　　《说文》释塔:"西域浮屠也,或七级、九级、至十三级而上。"

　　塔自印度传来,名为"窣堵坡"。原来的形制简单,一般都不高,用以藏置佛舍利和遗物。传入中国以后,一部分平塔仍保持原来的作用和形制。另一部分则和中国木楼阁建筑结合起来,以中国楼阁建筑为塔身,"窣堵坡"退化为塔顶的装饰,起名为"刹"。高塔除了藏物供佛外,仍维持楼的登临凭眺作用,成为一个佛寺或是一个地方的标志。可以说,全国无处无塔,难以数计。

　　高层的塔大致可分为三种类型,即:

　　木造的楼阁式塔,砖石造的楼阁式或密檐式塔,塔身为砖石、外周为木结构的楼阁式塔。

　　木造的楼阁式塔是规则化的中国楼阁。东汉末年(公元3世纪)已有记录。南北朝佛教兴隆时代(公元420—589年)建造较多,其代表为洛阳永宁寺塔。塔高九层,平面为正方形,每面九间,三门六窗。

《洛阳伽蓝记》记永宁寺："中有九层浮屠一所,架木为之,举高九十丈,有刹复高十丈,合去地一千尺(约250米),去京师百里已遥见之。"这一记录可能有夸张。《水经注》《魏书》《释老志》等都作四十余丈(约百米)。木塔已于北魏天安二年(公元467年)焚毁。

隋唐时期的木塔已无实物。唯东邻日本飞鸟时期所建奈良法隆寺木塔(图6-1-18),是仿唐塔的构造。塔方形五层,证之国内现存唐代砖石塔,方塔是唐代的基本形式。

北宋时期(公元1世纪)汴京开宝寺木楼阁塔为当代巨匠喻浩所建,塔八角十三层,高三百六十尺(约88米)。惜于建成五十余年焚于雷火。

山西应县佛宫寺释迦塔(图6-1-19),建于辽清宁二年(公元1056年),是现存中国最古的木塔,亦是世界上最高的古代木结构。塔平面呈八角形,底面外且直径为30.27米。塔高九层,因为有四个暗层,所以外观仅为六层檐口,五层楼高。塔总高67.3米。

图6-1-18　日本奈良法隆寺木塔　　　图6-1-19　山西应县佛宫寺释迦塔

砖石塔有两种类型。

从砖石塔身以叠涩的方式出檐。因檐多层密,故为密檐式塔。

现存最早的密檐式塔是河南登封嵩岳寺塔(图6-1-20)。塔建于北魏孝明帝正光四年(公元523年)。塔平面呈十二边形,塔身为空筒式砖体,底层外径约11米,内径6米,砖壁厚2.5米,总高约40米。台座以上,叠涩出檐,上砌较台座为大的塔身,复叠涩出檐十五层,逐层收分,上置石砌刹顶。

密檐式塔著名的尚有建于唐神龙三年(公元707年)到景龙九年(公元715年)的陕西西安小雁塔(图6-1-21)。塔平面为方形,底边每边长约11.25米。塔身亦为十五层叠涩出檐(现为十三层),总高约45米(现为43.4米)。公元1555年地震开裂,现已修补完整。

陕西西安慈恩寺大雁塔(图6-1-22),塔形简单,无明显出檐。建于唐高宗永徽三年(公元652

图6-1-20　河南登封嵩岳寺塔

图6-1-21　陕西西安小雁塔

年），由玄奘法师设计监造。塔为正方形木楼板砖塔。原建五层，武则天时增高为十层。故章八元诗："十层突兀在虚空，四十门开面面风。"后经兵火，残存七层。明代重修，外加包砖，仍为七层，总高约64米。

　　云南大理崇圣寺千寻塔（图6-1-23）。崇圣寺初建于南诏丰佑年间（公元824—859年），大塔先建，南北小塔后建，寺中立塔，故塔以寺名。现寺的壮观庙宇在咸（丰）、同（治）年间已毁，只有三塔完好地保留下来。

图6-1-22　西安慈恩寺大雁塔

图6-1-23　云南大理崇圣寺千寻塔

　　塔亦为方形，边长9.9米，十六层密檐，总高约60米。南北小塔均为十级，高42.17米，为八角形密檐式空心砖塔。

　　砖石塔仿木结构楼阁外形者比比皆是，比较著名的如：

　　河北定县宋代开元寺仁寿塔（图6-1-24）。塔建于宋咸平四年（公元1001年）至至和二年（公元1005年）间。外形简单，是密檐式和楼阁式的中介。塔高共十一层，总高84米。是国内现存最高的砖塔。

河南开封祐国寺塔（图6-1-25）系重建于木塔的原址。砖塔建于宋庆历四年（公元1044年）。塔身平面呈八角形，底层外且直径10.24米，共计十三层，总高57.34米。戒于木塔易焚，故用砖塔，而且用了八十余种不同形砖砌成。塔身外贴深褐色琉璃砖烧制成木结构形式和花草龙兽的装饰。因琉璃力弱，故出檐不远，色泽如铁，又名铁塔。

图6-1-24　河北定县宋代开元寺　　　　　　图6-1-25　河南开封祐国寺塔
　　　　　　仁寿塔

山西洪洞县广胜上寺飞虹塔（图6-1-26）建于明正德十年（公元1515年）至嘉庆六年（公元1527年）。塔平面呈八角形，亦共十三层。塔身外贴黄绿蓝等彩色琉璃，烧制成木结构细节和佛像与装饰，色彩缤纷，甚为壮丽。

福建泉州开元寺双塔（图6-1-27），都是花岗岩石砌筑仿木楼阁结构的石塔。西塔名仁寿，始建于宋绍定元年（公元1228年），完工于宋嘉熙元年（公元1237年），八角五层，总高约44米。接着

图6-1-26　山西洪洞县广胜上寺飞虹塔　　　　图6-1-27　福建泉州开元寺双塔

便建东塔，塔名镇国，始建于嘉熙二年（公元1238年），完工于淳祐十年（公元1250年），亦为八角五层，总高约48米。两塔形式相同，细部粗壮，出檐深远，构造精良，不可多得。

结合砖木结构，取砖石的稳固和木结构的灵活，建造成砖石塔身木廊楼阁式塔。

上海龙华寺塔（图6-1-28）建于北宋太平兴国二年（公元977年）吴越王钱俶弘所造。南宋至清代多次修复。1920年修塔时，大拆大改，各层栏杆换成钢筋混凝土结构，搞的面目全非。1953—1954年重修，恢复宋式。塔砖身，八面，内为方室，各层四面设壶门，方向逐层互易，为"旋转叠涩"法砌筑。七级，高40.4米。

江苏苏州报恩寺塔（图6-1-29）建于南宋绍兴年间（公元1131—1162年），八角九层，总高72米。也是砖塔身和木制平座与出檐。

浙江杭州六和塔（图6-1-30）建于南宋绍兴二十三年（公元1153年）至隆兴元年（公元1163年）。原为八角七层，清光绪二十六年（公元1900年）修缮，外包十三层木檐。

图6-1-28　上海龙华寺塔

图6-1-29　江苏苏州报恩寺塔

图6-1-30　浙江杭州六和塔

结构技术

综合以上中国各类古代高层建筑，其取用的材料是木和砖石。

当木结构和砖石结构技术都还未发展到高度水平时，高层建筑是以圬工高台上建三至五层的木结构高楼。即高楼借助于台基。台基可以是实体或砖木混合多层空间，或用砖石发券的无梁建筑。

当两者的技术都有卓越的成就时,木和砖石结构各自向高层发展,都达到了百米左右高度的水平。

最后由于大木获取困难,而砖石结构形式单调,于是有砖石为心,木结构为外廊的高塔。两种结构的组合形式从上下变为内外。

中国的木高层结构有其发展的过程。最早出现的是井干建筑。结构建筑没有实物遗留下来,根据简单的文字介绍,那是用大木料平放交错层叠而成。当然在木料交界的地方必然有一些结构细节处理。至于门窗、楼梯、楼板等细节的安排,究竟用什么方式就难详细推测。

第二种类型可称为芯柱建筑。见之于唐代明堂的结构。《旧唐书》记载和《通鉴》相同即所谓:"巨木十围,上下通贯,栭栌撑㭼,借以为本。"《通鉴》注:"杨,梁上柱;栌,柱上附曰樽栌;撑,斜柱也;㭼,屋栿也。"

这一构造形式尚可见之于侗族的鼓楼(图6-1-31)。侗族是生活在湖南、贵州、广西三省交界处的少数民族,有特殊的高度发展的传统木工技术。在他们散居的总数近百万人口的村落中,村村都有鼓楼。鼓楼是密檐式多层木结构,以枞木为中心柱,外观有檐三至十三层,总高在20米左右。底层檐一般为方形,上部则为六角或八角形。

图6-1-31　侗族的鼓楼

第三类是木框架结构。中国的木结构有其独特的构造方法。木料是用榫卯结合的。为了使木构架能有较大的横向稳定和刚度,改进单根梁和双柱榫接易侧移变形的缺点,采用了雀替、罘罳、重枋等方法,一方面增强了结构,另一方面又丰富了建筑装饰的内容。

木结构应力求保持干燥,所以防雨防潮是极为重要的事。中国木结构防雨的做法主要是加大出檐,发展了柱头斗拱层层出挑的方法。斗拱结构亦可减少梁跨,因此而减小梁的尺寸。斗拱结构即解决出挑收分的灵活布局,各地区、各时期、各部位不同形式的斗拱也丰富了建筑装饰的内容。

木结构的楼阁便是叠架梁柱和斗拱系统,各层独立而又取得密切联系。叠置木构架,高矮相应,一层出檐,一层平座。出檐部分的框架是为暗层。因此一暗一明,在暗层中设置斜撑,以增加稳定而不影响外观。

一般木楼阁结构至少有三架,即两个边跨和一个中跨。边跨处于建筑的外围,所以又称为明槽。中跨较大是建筑的主空间。有时为了功能上的要求,在建筑物的主空间需有极高的楼层以便供奉大佛。于是明槽楼层层数较中部空间为多。即主空间可以为明槽的两、三或更多,随心所欲。佛宫寺释迦塔的明槽,因塔平面为八角形,故为筒形结构。较之芯柱结构更为灵活合理。

砖石塔的平面自方形至十二边形。尽量将塔身材料集中于外侧,同时也使内部形成一个通道空间。较高大的砖石塔除外套壁之外,内部还有芯柱或芯室,形成一个双套的结构。

中国古代高层建筑的基础除一般坚实的天然地基外,亦有建在密植木桩的地基或用睡木基础密埋土中的扩大基底。

这些高层建筑,历经数百年大风、大雨、冰雹、地震,甚至有的还经过洪水浸泡的危害,大部分都安全度过。尤其是地震破坏力最大。木楼阁和楼阁式木塔如观音阁、释迦塔等都经过多次八级地震,基本上安全无恙。中国式大木结构的布置能够吸收一大部分的地震能量,砖石塔是整体筒形结构,抗震能力也较强。如仁寿塔、铁塔、泉州石塔等在九百余年间,亦历经地震而屹立如故。一般高楼、塔的损害都在顶和刹部。西安小雁塔因塔壁每边的中间部分削弱过多,震后产生了垂直裂缝,现已修复。

很多砖石高塔曾经经历日寇炮弹有意识的轰击,但其承载着中华民族不屈的意志,始终挺立不移。

建筑艺术

中国古代高层建筑艺术随着建筑物的功能不同,表现出不同的性格。

高台建筑是宫殿、城郭的一个组成部分,以高台为基础,采取对称的布局,本身高拔雄伟,在建筑群里扮演着高临护卫的姿态,

楼阁建筑原来就有高可接天的意向。自下望之,层楼缥缈,上接重霄。楼阁本身虽不高,以强调多层飞檐和高耸的屋顶,直至顶上的铜制凤凰、飞廉等可以高飞的神禽,指向苍穹。登临俯瞰,广视野、小天下,油然感受到宇宙包括人类的力量。

宫宛楼阁在较殿堂为生动的基础上,仍能体现出庄严的气魄。

民间楼阁,凭山临水,布局活泼,但仍有主有从,重点突出。

高塔四望如一,与其说是佛教徒企图借高塔以宣示佛力,不如说实际上是在佛寺中增添了一个吸引众生的登高游览的地方。

中国建筑艺术并不以笨重的体量而是以精巧的结构引人入胜。高塔以柱梁、斗拱、出檐、平座作富有韵律的交替重复和一定规律的收分曲率。再加上建筑物细部门框、窗棂的浮雕装饰,简和繁、虚和实、舒和歛、曲和直,在多样中取得统一,兼雄壮优美而有之,具有巨大的魅力。

高塔层檐角上高悬铁马,风过铿锵有声,与寺院梵磬相和,月下听之,视觉和听觉获得双重美的感受。

在当今和往后的纪念性高层建筑设计中,中国古代高层建筑艺术和技术仍有丰富的活力和可借鉴的地方。

(艺术部分加浮雕细节图)

草于1985年新黄鹤楼竣工之年

图为唐浩整理时所配

故 乡 的 桥

近20年没回故乡，故乡一定起了很大的变化。十年前，因为黄浦江大桥（黄浦江上的第一座桥）设计的事，曾由上海经闵行到了松江，踏勘之后，急于回去研究方案，乃折回上海。又两年，黄浦江桥动了工，到桥头了解一下施工情况，便中途赴金山卫石油化工总厂参观。小车过松隐，金丝娘桥，再到乍浦看了陈山码头，原想归途绕到朱泾镇边上站一回，因时间已晚，不能如愿，虽然已踏上故乡的土地，但仍未能到镇上小作流连。黄浦江桥通车，到上海参加了通车庆祝会，从金山到上海可以不摆渡了，可是还是抽不出时间回乡，真是20年间三过而不入。不过，得自故乡的鸿雁传书或故乡的来客，不时告知一些故乡的情况，常常会引起一些对故乡的忆念。

因为造桥，回想起家乡几座桥梁。

朱泾市河上几座中国传统的石平桥和石拱桥，都留下我童年跳踯、青年徘徊的足迹。市东堀石的"大洋桥"将近建于50年前，因为区别于那些老石桥，认为这是又"大"又"洋"，那时尚有很多迷信，镇上很多小孩都挂上太平铜钱以镇压。我和小学里的一些伙伴们还去桥头捡冲下铆钉的钉孔铁子做棋子玩。这座桥在新中国成立前夕被炸，新中国成立后就修复了。

市西边是泖水，秀州塘，原是个渡，曾修过桥，不过屡修屡圯。我们年幼时桥已不在，记得尚亲见镇上派人用最简单的潜水工具打捞沉石。当时不懂为什么修不起桥，修桥大概是既复杂又困难的事。

一瞬眼几十年，设计和建造桥梁变成了我的职业和爱好。虽然没有直接为故乡建过一座桥，足迹却也几遍于全国的大江大河之上。武汉、重庆、南京、宜都、九江几座长江大桥；济南的黄河大桥等，桥也大，水也深，回头看金山东西市的桥梁，技术上是极容易解决的。不过不能认为我们国家的桥梁技术已经到了家了，百尺竿头，天外还有天呢。

衡量桥梁技术的标准之一是看你能设计建造多大跨度的桥孔和修多少水深的基础。金山堀石的"大洋桥"每孔跨长30米，河宽150米，所以河中还有四个桥墩。中国古代造桥专家总结的经验中有，要使"桥不知有水，水不知有桥"，桥不妨碍水的去路，水不损害桥的基础，在船只多的通航河道中要避免船撞桥墩。闵行黄浦江桥的设计方案中有中孔200米，河中只有两个墩的方案，可惜因为是铁路桥，时间要求紧，科研跟不上，还是只造了百余米的桥跨，比起堀石"大洋桥"要大得多，毕竟还不是最理想的。

金山泖港的黄浦江桥现在已经合龙，很快就通车了，主孔达220米，那就可以做到水陆之间无一干扰。这样大跨的经验得之不易，是学习了国外的先进技术，并结合国内从四川云阳、青岛大沽河、辽宁大洋河、山东济南等一系列同样桥式的经验。设计时做过不少科学实验，采用新材料、电子计算机计算和新的施工技术而获得的成绩。所以说，想造大跨度桥和能造大跨度桥之间有一段艰苦学习、实践的崎岖的道路。主观因素一定要服从客观的规律。

长江、黄河上的桥更为难修。新中国成立后不断成长的技术力量，能使天堑变为通途，确实是不容易的了。现在看来，相对地讲，桥跨还是小了。重庆白沙沱长江大桥有一次船撞桥墩，几十吨砂糖沉下，融化在江水之中。武汉长江大桥几次船撞，虽然桥都安然无恙，但都上报中央。十年动乱的后期，一条大船撞了南京长江大桥的桥墩，不管是什么原因，船长和掌舵的先拘留以待调查，虽然事后都证明是无意的。桥不希望被撞，船也不希望去撞桥，只有修建较大跨度的桥梁。在大江大河上修公铁两用大桥，技术自然更为复杂，因此，我们随时注意着技术先进国家的造桥动态。前年夏天，我奉派东渡日本，考察学习一下日本在桥梁上的成就，为时三个月。他们正在修建的跨海桥，走四车道公路，四线铁路，单孔跨长1 200米，设计计划最大跨度是1 780米。

日本桥梁技术还不是世界第一，现在正在组织力量进行设计，准备投资建造的意大利本土到西西里岛的墨西拿海峡桥，依靠世界的力量，其中一个方案的桥跨为3 000米。

泖港黄浦江桥为修建更大跨的上海市区黄浦江桥打下基础。上海市区可出入万吨巨轮，桥跨在千米上下也不算太大。

当然并不是说，处处都要造大跨的桥梁，桥要服从需要、经济、技术等一系列条件，趋向于发展大跨则是必然的。我们国家桥梁是造不完和无止境的。全国水系上有千百万座桥待于重建和新造。再设想从雷州半岛到海南岛60千米的海峡；从山东半岛到辽东半岛的渤海湾；甚至有朝一日从福建跨台湾海峡300千米到台湾都可修建大桥。这是梦想吗？不，这不是梦想而是理想，要实现这个理想，需要几代人的努力。

故乡的桥梁虽小，利益需于数县，影响也可及于全国。不能藐视历史上前进过程中的事物。不论什么工作，都是从小到大，从简单到复杂，努力学习，赶上时代的先进水平，毕生精力花在四化的事业上，看来是每个青年应立的志气。

发表于《金山文化》1982年6月期

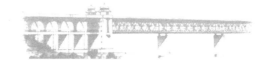

从几座中国民间的桥梁说起

中国的木结构桥,历史悠久,形式美丽,在统一的风格中又富于变化,是世界有名的。

中国的桥梁结构,在18世纪以前,已经有了完整的系统。不论梁桥、拱桥、索桥、浮桥还是园林和城市中建筑艺术要求较高的桥梁,都因地制宜,独具风格。其中有很多桥梁,也是世界上知名的。

在中国,民间桥梁不下数百万座(按:建国初期号称四百万座,现存百万)。其中有很多结构十分巧妙,形式明快轻盈,在世界桥梁史上,有着独特的地位,有很多结构是世界上别的国家所没有的。

研究民间的桥梁是推陈出新,从中吸收设计思想,改进和创造新的桥梁结构形式的源泉之一。民间桥梁突出之点是"因地制宜",即以有限的民间财力物力,取当地之材,以最少的劳动力的时间,搭架桥梁,解决交通上通济利涉的问题。

这里取几座民间的木桥,代表着梁、拱、索三种类型。桥虽然简单,但是以小见大,可以从中得到启发。

一、木梁桥

从四川芦山沿芦山河上溯,见到一座独木桥。独木桥本是桥梁建筑中最原始的类型。在两岸之间,横搁一根木梁,便可成桥。中国古代称独木桥为"榷"或"杓"。对于独木的梁来说,是没有什么可以多讲的,值得一提的是这座桥的桥墩(图6-3-1)。

芦山独木桥的桥墩用"杩槎"做成。所谓杩槎,便是三根木料搭成的木架子。杩槎在四川很普遍。四川灌县都江堰水利工程,枯水时挡外江水入内江的拦河坝,便是并列成百个的杩槎,杩槎前面插苇席填土挡水。

二根木料只能组合成平面结构,而三根木料便构成一个立体结构,可以承受各方面的力量。简单的杩槎结构,实际上是立体结构中最基本的单元。用木料绑扎成的杩槎,重量较轻,承受水平力量,可能会引起倾覆。于是,必须予以压重。这座桥的杩槎下面,用竹篾织成"竹落"。竹落里装上河滩上的卵石。就地取材,

图6-3-1　四川芦山卵石筐墩木梁桥

简单方便,桥墩便很稳定。

实际生活中,我们经常可以看到民间类似的布置。如图6-3-2为室外晾晒衣服的临时三角支撑,也便是杩槎。在三角撑中间吊上一块石块,可以避免杩槎被风刮倒。从结构上来分析是极为明确和合理的。

芦山独木桥还有一个别致的地方是将杩槎斜杆之一上升到桥面之上,利用它作为栏杆柱。在这根柱上再绑扶手。由于栏杆向外倾斜,正好使扶手和桥面形成合适的关系,便

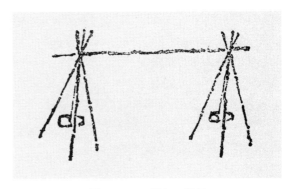

图6-3-2　晒衣三脚架

桥成为有单面扶手的独木桥。有了扶手,独木桥行走起来就比较方便。这一点,既解决了功能问题,又在建筑形式上起了变化,打破了那种墩柱要直、梁要平、结构必定要是棱角平直的六面体的习套。

我们反对肥胖墩,那就要找出发胖的原因。若墩子是重力式的,全墩截面中,只有外缘纤维的应力最大,全桥材料不能充分发挥,采用杆件构成的桥墩比较轻巧经济。

国外桥梁采用变化的柱式的桥墩数量极多。这里举两座类似于杩槎式的桥墩。

如1939年西班牙建造的阿洛兹水道桥,用薄壳的水道和交叉的钢筋混凝土桥墩,横向十分稳定,纵向力传到桥台。1937年瑞士雪突峡谷桥,单线公路附有人行道,桥跨最大的为89.5米,桥墩最高的为88米,桥墩用钢缀条组成叉形柱,虽是高墩,但十分轻巧。这两座桥都还是平面结构。

我们可以用立体的杩槎式结构来修建桥墩。这里设想几种桥墩形式。如40米跨径铁路梁,在浅水、土质地基,约用三根鑑1.0至1.5米的管柱便可修建桥墩。如为峡谷中的高墩,杩槎式的桥墩中,可用一根中心预应力杆件,外套钢管,内填混凝土,锚定在基底岩石之中,以代替压重,使桥墩重量减轻(图6-3-3)。

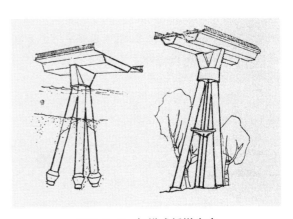

图6-3-3　杩槎式桥墩方案

二、木拱桥

这里介绍两座木拱桥。严格地说来,它们是拱形的桥梁,但一座不完全是拱,另一座则不是拱桥。

第一座木拱桥是宋朝的汴“虹桥”(图6-3-4、图6-3-5、图6-3-6)。作者在1953年从中国古代传世名画《清明上河图》上所发现,当年并予以考证、分析与报道。

简单的历史事实是:宋都城汴京(今河南开封)航运繁忙,洪水时水流又急,行船常常撞坏原来河上的浮桥船只或木桥桥柱,于是一直在企求建造一座河中没有桥柱的桥梁。北宋元禧元年(公

图6-3-4　河南开封清明上河园仿古虹桥

图6-3-5　北宋·张择端《清明上河图》汴水虹桥

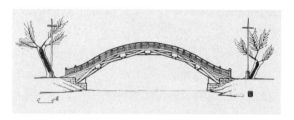

图6-3-6　北宋汴水虹桥立面图

建桥不成之后约三十年,汴京才真正有了"无脚桥"。可见创新不易,但一旦成功,四方推广,单是汴京水门上下,这种桥便有三座。

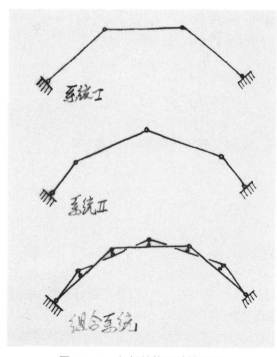

图6-3-7　虹桥结构系统模式图

元1017年)魏化基建议在汴水上造"无脚桥"。可是造了三次没有成功,被迫停止。

　　船撞桥柱的问题别处也有。如宋代的青州(今山东益都)有河名阳水(或洋水)。北宋明道中(公元1032—1033),由一位"守牢卒子"发明了虹桥的形式。北宋庆历年间(公元1041—1048)始推广到宿州和汴京。自魏化基建桥不成之后约三十年,汴京才真正有了"无脚桥"。可见创新不易,但一旦成功,四方推广,单是

　　根据当年河流宽度的考证,桥跨约18米左右。

　　英国李约瑟博士在其名著《中国科学技术史·桥梁部分》中引用了这座桥,但是误认为是"伸臂梁"桥。实际上这是一座由二个骨架系统所组合成的双铰拱桥。

　　桥正面最外层有三根拱骨,拱骨之间为铰接,称之为第一系统。第二层则是二根长拱骨和二根短拱骨,称之为第二系统。单独的第一或第二系统都是不稳定的。可是两个系统组合起来,依靠横木和绑扎绳子,便是一个既稳定且是十二次超静定的结构(图6-3-7)。宋人的记载说:"先是跨水植柱为桥……水与柱计,率常坏桥……会得牢城废卒,有智思,叠巨石固其岸,取巨木数十相贯,架为飞桥无柱。"用简单的杆件,不用铁件,贯穿绑扎成桥,这岂不是极聪明的思想和技巧吗?经用电子计算机根据所考证所得尺寸和载重进行验算,结构部分应力均未超过允许值。

虹桥的结构形式,在今浙江、福建和甘肃等省山区仍然存在。

50年代,便曾有人建议用钢筋混凝土屋架结构。

如果改变一些细节,采用预制、预加应力钢筋混凝土构件,未始不可以用作中强度的公路桥梁。

第二座拱形桥实际上并不是拱桥。

从四川宝兴到硗碛一路沿宝兴河上很有几座拱形的木桥。志书上有过记载。

《图书集成·职方典·天全六番部》说:"交桥。诸村水险恶,水落亦不可舟筏。夏则度索。冬则交杓两岸。垒石对压二木,委其末而交缚于上。上平缚二木扣底,以篾或缆稳相连络。度者上木引手,下木承趾,少易于索。或谓扐桥、谓扐起也。"扐,音力,缚住的意思。

《北川县志》:"距城七十里蛇溪沟,路隔大河。该地土人,用树木连皮尖,架一拱桥,以通行人,俗曰、弓弓桥。"河口宽四丈余(注:约14—15米),两木之杪,相接于桥腰,用竹篾捆之。护以树枝以为栏杆,见者无不称为绝技也。

这座被称为绝技的木桥,称为"交桥""扐桥",更形象化的是"弓弓桥"(图6-3-8、图6-3-9、图6-3-10)。

图6-3-8　四川硗碛弓弓桥(甲型)

图6-3-9　四川硗碛弓弓桥(乙型)

志乘上载有一张图,可是只有拱的外形,结构细节没有交代。只有见过了的"无不称为绝技"。

四川的山谷河流,隔江往来比较困难。洪水时,"夏秋间瀑流怒涨,挟石以下,轰訇乱纷,排击抵荡"无法渡过。"夏则度索"便是创设了溜筒桥或竹索桥。枯水季节,有时选水势平缓的地方,造临时的木梁桥,每孔桥跨大的也只

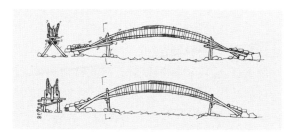

图6-3-10　四川硗碛弓弓桥构造图

能在10米以下。如遇到河面较狭的地方,虽然冬季流量小,但是因为落差比较大,流束容貌然很急,河底乱石齿齿,激水成浪,一江都成白色,照片上也看得很清楚(图6-3-11)。这时要在河心立桥墩比较困难。于是发展出较大跨度的木伸臂梁。

我们历来知道古代伸臂梁的修建方法是:从两岸纵横排列大木,压以砂石,逐层向河心挑出,

图6-3-11　四川碛砟木伸臂梁桥

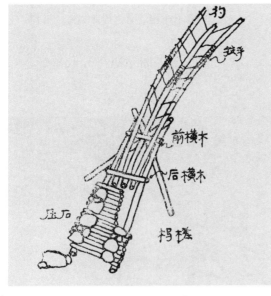

图6-3-12　弓弓结构桥

称为伸臂。离开的两伸臂端间，搁上木梁，称为悬孔。这样的木伸臂梁，跨度可达30米。我国全国，远至西藏，都有这样的古式桥。邻国如缅甸、尼泊尔、印度、巴基斯坦，远到南美，非洲，也有类似的桥梁。近代的钢伸臂梁，便是英国人台维斯在西藏发现了木伸臂梁所启发的。

可是现在报道的这座"弓弓桥"，截至现在我所见过的世界桥梁著作中是没有的。这是从另一个结构布置出发，解决了较大跨度的木桥设计。

桥的构造是：在两岸立枵槎。枵槎前柱直立，后撑倾斜。后撑是二根斜木，上部密排短横木，压石，构成一个岸上的木桥台（图6-3-12）。

以一根短横木作为向上反力的后支点，枵槎的前交叉立柱为前支点，插入一根长木，斜向上伸臂向河心，这便是图12中的"竻"。也即《天全六番部》中的"交竻两岸，垒石对压二木"。可见这从两岸而来的伸臂梁，并不像大木纵横相压、层层挑出的笨办法，而是用结构来接力的。

两伸臂之间相去的一段距离，中间搭上一根木料。这根木料和伸臂桥的悬孔不同，乃是"两木之杪相接于桥腰，用竹篾捆之"。即近似于固结连接。同时伸臂木用力压向下弯，中间木料向上拱起，全桥成弓形。之所以称弓弓桥，是因为川西土语，喜用叠字之故。

弓形杆便是独木桥面，所以称竻。不过有时弓杆亦用二三根木料构成。

走在弓形的独木桥上相当危险。于是在中间弓杆的两侧，再插入二根弓杆。以同一根后横木作后支点。在枵槎前撑处，中间弓杆上加前横木作前支点，架设二根扶手弓杆。三根弓杆成V形，用细木杆、藤或V形树杈，以篾绑扎联结起来，构成了"上木引手，下木承趾"的双面扶手的独木桥。

从结构力学来分析，这是一座预加应力的固端梁。在自重及预应力作用下，弓杆中为负弯矩，可以平衡人行活载上去后的正力矩。虽然在弓杆端部的负力矩会增加，但弓杆端部是树木的根部，截面较粗，可以承受较多的力量。

一底杆，二扶手，三根弓杆成V形，虽然联结的细节不够刚劲，但对杆件的稳定起一定作用。并且活载可以在这三根弓杆中分配。

V形截面的桥梁是一座立体结构的桥。

到现在为止，我们所修建的大部分桥梁，都是按平面问题来设计处理的。即是说，由桥面传到纵梁，由纵梁传到横梁，再传到桁架，到桥墩。间接传力，是六面体的结构布置。

国外从30年代开始研究立体结构布置的桥。如1935年德国的娄亭豪森双线铁路桥,其横截面成三角形。

1963年,德国建成了费马恩海峡桥,桥跨248.5米,公铁两用,是三角形截面的钢系杆拱。

三角形截面(或可称为倒V形)桥式是立体结构,与我们所习惯使用的平面布置可节约钢料约22%。

在我们民间的桥梁中,却早已存在着立体结构,并且能巧妙地应用预加应力,是足以引起我们拍手称绝的。

三、独木悬索桥

中国古式悬索桥起源甚早。初步考察,实际建造竹索桥约始于公元前300年的秦代。铁索桥始于公元前200年的汉代。而国外悬索桥远在我们之后出现,可是现在我们大为落后了。我国只有公路部门在1949年后修建了些近代悬索桥,最大跨径186米。

国外公路悬索桥,目前正在建设中的是1 400米跨径的英国恒比尔桥;日本本四联络线计划修建的明石海峡桥,公铁两用,跨度1 780米。

若干国外悬索桥的设计思想是受我们国家古式悬索桥启发引申而得的。并且我国古式悬索桥中的若干结构形式,近代悬索桥尚未应用或正在研究和设法应用之中。本文暂且不详说悬索桥全部情况,这里只介绍我国的一座别致的悬索桥。

该桥在四川天全到泸定的路上,天全河河谷,二郎山的脚下。

中国古式悬索桥,在四川较多的是独索桥,即是只有一根绳索,人挂在桥上滑过。或是多根吊索,上铺木板,人走在索面上。

这一座悬索桥却是两根吊索,分列左右,中间低处,吊着独木走道,以吊索作为扶手,也是一座V形截面的桥梁。桥跨较之弓弓桥更大。桥共三孔,最大跨度约70米(图6-3-13)。

适合吊索的布置,桥头塔架成M形的木架,结构上亦非直柱横梁,但功能合理,构造简单、明确。此桥原来的吊索,可能是竹索或铁链,现在则是直径10毫米左右的钢丝绳。

中国古式悬索桥以桥面和吊索的关系来分,一共有三种:桥面直接设以吊索上(大部分

图6-3-13　四川天全二郎山双索桥

悬索桥都是如此,例如泸定桥);桥面设在索的中间(如藤网桥);桥面吊在吊索上,可称为近代悬索桥的鼻祖,因为近代悬索桥绝大部分都是这种类型。我国古式悬索桥中的上两种桥面布置类型,在近代悬索中尚付阙如,国外也有人开始作科学的试验和研究中。

国外为了解决悬索桥水平方向的刚度,采用V形布置的悬索桥方案。如美国50年代修建的管道桥,靠V形吊索解决悬索桥的刚度问题。60年代的悬索桥设计中,有用V形吊索、钢筋混凝土叉形塔架的设计方案作大跨度悬索桥。1970年意大利和西西里岛之间的墨西拿海峡3 000米跨径的公铁两用桥方案,便布置有上下V形吊索。

国内除了公路悬索桥之外，铁路悬索桥尚是空白。试看民间大胆的悬索桥，使桥梁专业工作者钦佩不已。

桥梁的现代化，需要我们做很多工作。关于技术方向，吸收中外古今一切有用的桥梁知识，推陈出新，是有很大的希望的。

作于1979年，发表于《铁道知识》

注：去年（1980年）9月，在奥地利维也纳国际桥协（IABSE）第11届大会展出中国两座有趣的木桥展板时，引起世界桥梁界的注意。瑞士彼得斯博士，来信热情称赞中国的桥梁技术。他研究世界桥梁史多年，认为展出的两座桥和他所见到过的任何一座桥都不同。

浙江梅漈桥调查报告

1980年10月底,科学院在杭州西子宾馆召开《中国桥梁技术史》古代部分第三次编辑会议时,浙江省交通厅虞懋南总工程师、黄湘柱副总工程师提供的《浙江民间桥梁》一稿中,泰顺营岗店桥、泗溪东桥、泗溪下桥、青田怀仁桥、云和梅漈桥等都属于有桥屋的木桥。桥的结构,据历来的分析都认为是八字撑架桥。据说,浙西南、闽东北山区,这样的桥比比皆是。可是从少数几张桥梁的照片中,看不清结构全貌。有几张桥底的照片,极似有两组骨干系统的北宋"虹桥"式木桥。为了彻底弄清其结构,决定做现场调查。

我们得到浙江省交通厅的大力支持,由交通厅设计院金锡麟同志陪同,司机小周同志驾驶北京吉普车一辆,上海同济大学潘洪萱老师、北京工业大学汪嘉铨老师与我一行五人,于10月28日自杭州出发。

事先经过研究,拟到云和看梅漈桥,因路程最短,计杭州到云和三百六十五千米,云和到梅漈十千米,两天里可以来回。

清晨离杭州,轻装上路,中午在东阳午餐。下午3时许到丽水小憩,黄昏五时半左右到达云和。沿途还看了一些其他的民间桥梁,如白燕皇拱桥、折边石拱桥、木梁桥、南马联拱石拱桥等。

到云和后,云和县交通局吴汝梅局长和项利文工程师来见,共同研究后,才知从云和到梅漈(在沙湾)有七十千米翻山的山路,来回和调查需要一天的时间,因此原来还有去龙泉看木伸臂梁连续桥的计划作罢。

29日晨,出云和,开始盘旋以上高山。这里是洞宫山脉,一路云遮雾罩、山重水叠,风景十分动人。爬山一千米高,却又是一处高地的峡谷坡,田畴较平,空气清新,土地肥沃,别有天地。车在坡顶上停下来,出来散散步,看见路边山坡松杉林里有爬山小道,手提肩挑,不乏行人,可见交通还是比较不发达的。(图6-4-1)

上午10时到了梅漈。就在公路边上,这对我们调查其为方便。云和交通局项工乘另一辆车,带了几位测量工和简单的测量工具。我们开始对桥做仔细的观察和丈量。(图6-4-2)

图6-4-1 洞宫山

　　桥跨山涧溪谷之上，桥面离现水面约10米，两岸都是干砌卵石驳岸，在半高之处，飞架木桥。十月水枯，但是溪中仍有水，露出峥嵘滩石，更有奇趣。据说洪水时水到桥脚，但不淹桥。（图6-4-3）

图6-4-2　梅滃桥全景

图6-4-3　梅滃桥底部结构

　　从桥的正面来看，确实是八字撑架桥。栏杆扶手以下，桥两侧满布博风板。桥上有屋，间架距离：桥跨中为3米，两端约为2.12米。出檐较远，对于防雨是很好的。（图6-4-4）

　　从公路面平着走进桥屋，迎面梁上便是"南无阿弥陀佛"几个大字。桥屋内部，一如长廊。每一间架共四柱，中柱间桥面宽约3.4米，是一条不窄的通道。两厢柱距0.8米。据说当年集市满是摊店，十分热闹。现今则设些木凳，作为行路人休息之用。（图6-4-5）

图6-4-4　桥屋

图6-4-5　桥屋端部

　　桥中间那三间，面宽3米和2.4米，设佛龛，木板壁上画八仙过海，中间所供菩萨则已不知去向了。正中开间的最高正梁下部，墨写大字为"龙飞嘉庆柒年岁次壬戌黄钟月辛未穀旦鼎新建造谨题"。字迹清晰。可见桥建于公元1802年仲冬（农历十一月）。"水涸成梁"，这是中国造桥的老规

矩。(图6-4-6)

左右开间诸梁上,遍题乐助者姓名和款数,并且也记下了施工的匠师名字,是"龙省福宁府宁德县主墨木匠李正满、张成德、张新佑、张成官"。"福省福宁府宁德县付墨木匠祖观、祖极、祖发、张茂江、张成号、张成功、吴天良"。这样看来,浙西南、闽东北的这类木桥,都出自福建匠师之手。

《浙江民间桥梁》一稿记梅濬桥为建于清同治二年(1863),如为有据,可能是志书所记修缮年代,存此待查。嘉庆建成后60年来一次大修,这也是可能的。现在离同治又有118年,中间也许又小修过。现绝大部分的木料还很好,这和防雨的保护措施有关。桥屋能遮雨之外,桥的支撑桥台和后部填筑,都是干砌卵石,排水良好,就地取材而又能解决木桥的特殊要求,可谓两全其美。

桥外部观察之后,又从侧面博风板的隙缝中钻进去,爬到结构的里面。那里有不知多少年存积在木梁上的灰土和干草鸟巢。顺着木撑杆爬上爬下仔细观察和记录。桥中间部分看不清楚。又上桥面,从桥面上用撬棍撬起一块桥面板,总算摸清了结构。(图6-4-7)

图6-4-6　桥屋正梁字迹

桥的基本结构和虹桥构造一样,存在着两个系统。第一系统共3根拱骨,其拱骨长度大致相等,并列有9组。穿插在其中的第二系统共5根拱骨,并列8组,但顶部通过横木,变为9根和第一系统对齐。很明显的这是和虹桥结构原理相同而在第二系统的拱骨数字上略有变化。起变化尚表现在拱骨的连接方法上,桥面支撑上,以及两组拱骨共同作用的方式上。(图6-4-8)

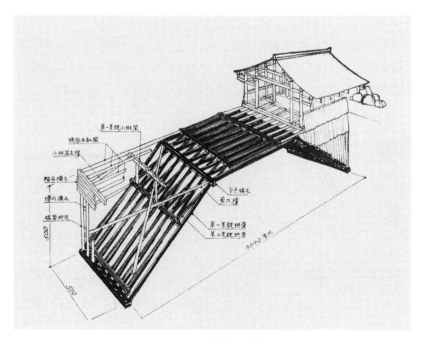

图6-4-7　梅濬桥结构图

拱骨的对接和虹桥结构不同。虹桥结构两拱骨只是削成斜面接触，横木设在两系统拱骨之间。现在则横木和拱骨在接头处联在一起。第一系统端支点的横木是端竖排架的下横木。端竖排架由九根立柱和上下横木组成，全部榫接。而第一系统九根斜横木亦榫接斜撑于下横木，形成一个很好的传递推力和垂直反力到石岸的结构。(图6-4-9)

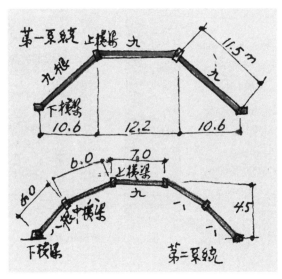

图6-4-8　拱骨系统

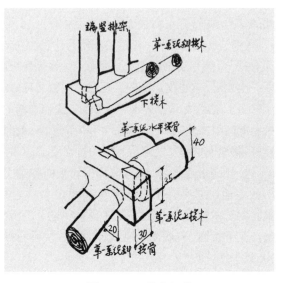

图6-4-9　节点细节

第一系统斜拱骨和上横木的联结，因斜拱骨大头在下，梢头在上；大头径约40厘米，梢头径约20厘米，直接在30厘米宽、35厘米高的长方形横木上刻圆槽嵌入。

第一系统的水平拱骨和横木联结则采用燕尾榫。横木上的燕尾榫不透梁底，使结构闭合，水平拱骨上受第二系统上横木传来的压力时，这一水平拱骨起梁的作用。

从结构细节的布置亦足以推想其安装方法。先将第一系统斜拱骨和上下横木组成一个排架，用斜拉绳定位，或用斜支撑撑住。然后吊放落入水平拱骨，加压，使第一系统结构独立存在。燕尾榫可以拉和压，能控制斜拱骨的正确位置。这样的细节，可以承受一定的弯矩。在自重和少量活载下构架是稳定的。(图6-4-10)

第二系统最下斜拱骨共8根，亦没有下横木并与之榫接。支撑点与第一系统不重合，略微抬高，压在第一系统斜拱骨与端竖排架交接处之间。传力情况不变，但避免了第一系统下横木有26个榫接之多。

以第一系统为基础，第二系统拱骨可以从下向上穿插进行。第二系统最上九根水平拱骨与第二系统上横木之间的榫接方法可与第一系统类同。

梅漈桥和虹桥的桥面位置不同，虹桥桥面直接支撑在拱骨上，因此呈弧形。梅漈桥桥面基本上是平的。中间三个开间平，其他部分则由桥中间向两岸坡下，但相差仅35厘米。因

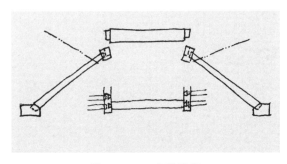

图6-4-10　安装设想

此,除了第二系统水平拱骨上可以直接支撑桥面结构外,两侧需另设桥面系。

在第二系统的中间横梁上,设立三根竖短柱的一个小排架。桥面系9根木纵梁,一端顶住端竖排架上横梁,另一端顶住第二系统上横梁,并和第二系统的水平拱骨一起,组成一个从左岸到右岸联通顶紧的水平支撑。在结构上起到了平衡传递两岸端竖排架后土的水平推力的作用,又起了抵制第二系统,甚至整个结构在偏载作用下产生的侧移。这样的布置也是很巧妙的。

因为所有的拱骨都是并列的,为了避免产生垂直于桥轴方向的侧移,在第一系统横木和端竖排架之间设有剪刀撑。浙、闽有些桥同时又在第二系统的中横木与端竖排架之间亦设剪刀撑。[1]这两个剪刀撑是必要的。作者曾在仿建虹桥中发现了这一问题。虹桥无剪刀撑,故在安装过程中容易引起垂直桥轴方向的侧移,直待钉上桥面起了牵制的作用才停止侧移。

桥面木纵梁以上是桥屋结构。屋架共九檩、四柱,柱脚下有统长的横木作基础,亦使四柱的水平力分于九根水平拱骨或纵梁之上。每两榀屋架下横木之间用小梁联结,上铺桥面板。全桥在桥跨范围内共有屋架十六榀,并延伸的路上两岸各一开间。

两个系统之间拱骨没有像虹桥结构那样的捆绑联系,而是在节点地方,两系统之间用木楔块垫实。究竟这些垫块起不起作用,两个系统之间如何起共同作用,需要进一步进行探索。没有虹桥那样捆绑,不能传递拉力,则是否那节点在此处不产生拉力。

浙江调查回来之后,经过多次反复应用电子计算机进行计算,其计算模式如图,是八次超静定结构。(图6-4-11)

杆15—17;9—13;4—10是联结两个系统的杆件,这些杆件在静载作用下力接近于零,杆15—17甚至已产生拉力,则活载偏载下,所有这几根杆件里都会产生拉力。因此这木楔是不发生很大作用的,因为当产生拉力的时候,木楔会松动,易于掉落。事实上我们在调查过程中确实曾因脚踩第一系统拱骨时,使一组15—17木楔落下河中。

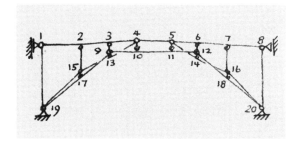

图6-4-11 结构计算模式

既然这是一个八次超静定的结构,即使15—17;9—13;4—10杆全部取消,全桥仍是二次超静定。所以现在的结构形式,两个系统拱的共同作用,已是靠杆1—4这根桥面纵梁和2—15第二系统小排架和3—9垫木了。2—15和3—9靠桥屋的自重作为压重,而偏载活载的作用下,杆件里始终是压力。这样分析之后,又得出桥屋除了有防雨、防腐作用之外的另外一个作用。

杆件4—10在实际结构中不是独立的一组组楔块而是一根横木,因此,当偏载使4—10产生拉力时,脱开不起作用。而杆5—10可能是压力而起作用,则结构化为三次超静定,反之亦然。由于4—10和5—11仅能受压的杆件存在,第一系统水平拱骨9—12内产生弯矩,所以实际结构中这一根拱骨较之别的要粗,这从桥底面中可以清楚地看到。两个系统水平拱骨之间除了在第二系统下有接触联系外,其他地方也随处可垫横木,使两组水平拱骨共同受弯,所以可以得出结论:这是虹

1　第一系统有剪刀撑,此桥第二系统没有剪刀撑,但在第二系统拱骨穿插相会处都用楔木在垂直桥轴方向楔紧(见桥底面照片),使两系统在垂直桥方向也共同起作用。

桥结构的延续和发展。

宋室南渡，士农工商随之而下，也把虹桥的技术带到江南。南宋和北方的交通阻绝，却和南方港口泉州取得密切的联系，从泉州取得大量的货和税。江浙平原，石桥技术已经很发达，而浙西南、闽东北山区，木材是很丰富的，于是虹桥得以立足于洞宫山与南雁荡山之间，直到今天。此行可谓不虚矣。

1980 年 12 月草

《中国古代桥梁技术史》编统经验

引言

自1978年底起到1982年9月止,我参加了《中国古代桥梁技术史》的编写和统稿工作。对于如何编统专业技术史,学习到了不少东西。为了总结提高,不揣谫陋,书之以供专家们指正。

一、目的

整理中国专业技术史是系统地阐述我国某一专业技术发生、发展的历史。其目的不但要保存和记录这一专门技术的史实,同时要从中得出该项专门技术的发展规律,以利于承绝绪,启来者。

本来历史是一面镜子,史者,鉴也。虽然技术史不比社会发展史能在社会人事兴衰上起到殷鉴的作用。但技术上的成功和失败,都可作鉴,必须如实地反映。况且,了解古代劳动人民在这一专业技术领域内前仆后继、奋发有为的精神,亦足以对后人有所启迪和激励。

首先明确了写作目的,然后对全书编写有了指导和方向,至于写得好与不好,那是努力的程度和技术水平问题了。

二、体例

中国写史有丰富的传统经验,史书体例,基本上只有两种:一为编年体,一为纪传体,前人对于两体的优劣,论之甚详。

编年体按年排比,一年之内,头绪万千,然而时间脉络清楚,左右呼应较好。缺点是查阅一人一事则需遍阅诸年始能连贯。

纪传体以历史上某人某事为主线,分篇记述,一气呵成,便于阅读。缺点是全书各篇之间互有穿插,必须要熟读诸篇,始相呼应,而文字上有"事多重出,语或叠见"的现象。

近代专业技术史虽然形式上与古代史书不同,不过基本上仍不出此两种。刘敦桢先生的中国建筑史以朝代分章,循时间演进,属于编年,而桥梁史以桥梁结构分类,是为纪传。

专业史亦可写成建设史或技术史。建设史侧重于其过程的历史,与社会政治经济的联系较多,有利于取编年体;技术史以专业技术发展为主线,当然亦需要在一定的范围内联系社会的政治和经济条件。技术可缕分为若干更详细的体系单项,故利于写成纪传体。

各个专业技术有一定的内容。对桥梁来说,其主要内容为材料、结构、技术和艺术。可以取材料为主线,以各种材料的桥梁,分别叙述其结构、技术和艺术;亦可以结构为主线,分别叙述其所采用的不同材料及技术,两种写法都是可以的。因为中国古代桥梁已具有今日世界上近代桥梁所有的基本结构,不过所使用的是自然和较原始的材料,故采用了以结构为主线的分类写法。技术和艺术又因其有共同性,所以列为专章。这样的体制不过是一种尝试而非定例,各种专业技术史不会统一。虽然,假如作为丛书,有坚强的领导和规则,在编年和纪传两种方式上,理论上是可以作统一的规定。

作为史,不论采用哪一种体例,在循时间前进的历史叙述上是不容改变的。

三、资料

资料是写作的根本,无米不可能作炊。

中国历代注意资料的保存,所以正史、野史、类书、志书、游记、笔记之类,汗牛充栋。可惜的是有关桥梁专业技术的书籍过少。有关桥梁的记载,散见在各类书籍中,需要从中摘取,这是一个丰富可靠的来源,但是工作量很大,等同于"沙里淘金"。问题在于并不是所有的沙子里都有金子,于是必须注意重点的书籍。

正史是比较可靠的记录,然而对专业技术的记载往往是作为史实中的附带存在出现的,可是不能因为并无详细的技术记载而轻视之。殷商时朝歌(河北省曲周县)巨桥,主要见于《史记》。秦、汉、唐的中渭桥,要靠史书予以考证。史书中桥梁的记载虽不多,即若将"二十五史"全部翻一遍,摘取出其中有关桥梁的记载,已经是很不容易的了。这个工作并未完全做好。

通鉴各朝会要是正史的补充,对桥梁却有很多专业的记载和技术上的简要叙述。这次编写从中获益匪浅。

类书已有从专门角度分门别类地汇集记录,可取之处极多。

地方志书专列"津梁"一篇,而文艺篇中更有碑记诗文,对一时一地的桥梁记载可谓翔实。

野史、游记、笔记、诗文集之中,专门详细记载历史上名桥或桥的史实、掌故及技术细节亦时有之。虽然每书中所记不多,可是这一类书卷帙更为浩繁,积累起来也极可观。因未能遍读,只能涉猎所及,摘取一二,偶有所获,往往欣喜欲狂。

古今有不少外国人来过中国,往往对于中国所习见的专业技术发生很大的兴趣,作过详细记载。尤其是近百年来,已有照相技术的应用,更保存下其真实的形象。这些古代桥梁,有的已遭战争破坏荡然无存,有的则历经沧桑,面目全非。本来这部分资料也是很可取的,可惜限于人力物力,未能作国际交流。

除了文字资料以外,图画、壁画亦是宝贵的记录。新发掘出来的文物,往往包含有很多专业技术的史料。但文物资料有一定的保护规定,给专业史的应用造成一定的困难。

古桥实物是翔实可贵的,现存历史上的名桥虽已不多,但我国幅员之广、河流之多、桥梁遍地都有。为此曾十次分头调查,取得很大效果。

总之,国内写专业技术史,资料是十分丰富的。然而收集资料却十分困难。如为私家撰史,难免常叹资料不足。司马迁虽是私家写《史记》,也还是靠了太史公的职位,取得极大的便利。此次科学史研究所主持桥梁史的编写,虽云博兔,未用全力,否则当取得更大的成绩。

资料收集不易,散失却不用吹灰之力,所以资料的保存更为必要。因此,创专室、做卡片、立档案,甚至采用近代技术,微缩录磁、电传等手段,恐怕是科学史发展的方向之一。

四、考证

资料本是素材,去粗存精,去伪存真要做大量的工作。去粗存精比较容易,去伪存真则因年代久远,要下考证的功夫。专业技术史的编写需要专业技术人员参加,这对于鉴别粗、精、真、伪有帮助。可是考证工作,尤其是文字资料的考证工作则需要具有一定的文史水平,并有地理、历史、政治、经济、文学甚至书籍版本等方面的广博知识来汲古修复,这是专业技术人员所欠缺的地方。当然努力学习,亦非高不可及,但取得这些方面的知识非一朝一夕之功。

进行考证首先需要有端正的态度,历史作品和文学作品不一样,不能是浪漫主义和现实主义的结合,当然这是指历史事实而不是指史学上的某些浪漫手法。虽然史学文字上的风流文采亦须是以严谨的历史事实为依据的。

对于每一个历史事实,应该尽可能彻底地弄清楚。可是"彻底"弄清楚并不是一件容易的事。有些历史上的事物已经无法弄清,有些则可以基本弄清,但是不彻底。真正完全彻底可弄清的实在不多,能够做到基本弄清已经不错了。考证功夫确实不太容易,需要极大的耐性。有时屡经百战,一无所获;有时无意之间却得来不费功夫。王国维是治甲骨文字考据学的,他所引的三句宋词,亦正是说明考证过程中的三个阶段。最后有所发现,有所发明,其时的"洋洋自得"是不可言喻的,而其收获,传之于世,可以省却后人不少精力。

只有具备对专业的热情、严谨的态度,踏实耐性地工作,才可以涉足"史"的撰写。

（一）考证历程

考证有其规律性的历程。

1. 多方收集,对照比较

一件事物的资料除非不得已,最好要从多方面取得来源,根据多方面的建筑,彼此引证,或可以互相证实,或可以互相补充。当资料有互相矛盾的地方,便要进一步考证其真伪。

例如西安古中渭桥的考证,因为已无实物,我们便查阅了秦汉等各个朝代的有关资料数十种,对照比较,产生了很多疑问。通过考证,澄清了一些事实,使桥史所写更为切实可靠。

2. 未可全信,探讨质疑

尽信书不如无书,这是中国人得出的宝贵经验。不尽信书并不等于不要信书,而是说书有可信有可不信。对作风严谨的作家和正史,且很多又经过多年出土历史文物佐证的书是属于可信的范畴。对于有一些作家及若干野史、笔记以"浪漫主义"的手法所做的记载,则往往要采取疑的态度。

问题可疑,以讹传讹,这是可疑之一。本身的来源已不可靠,再经传说便更走样。泸定桥的施工方法,清代姚莹《康輶纪行》记:"土人云云……一番僧教以……"是当年听人说的施工方法,属于"某所闻",而李约瑟把"一番僧"(一个西藏的喇嘛)理解为"一番"的僧人,视乎已凿凿有据。所以对于"所闻"的记载要特别郑重。

传抄有误,文字变质,这是可疑之二。历史书中便一误"己亥"为"三豕",虽正史亦所难免。洛阳桥的施工方法,有本作"激浪以涨舟,悬机以弦牵"。"牵"乃"縴"字之误。縴字有其特殊的含义。这样便对洛阳桥的施工方法可能有更正确的理解。

时过境迁，记述不当，这是可疑之三。《三辅黄图》称渭水桥为"横桥秦造"极易误认为秦时渭桥已称横桥。实际上横桥乃汉名，是因为桥在汉时正对汉长安"横门"的关系。

学非当行，记录模糊，这是可疑之四。专业技术，有一定的专业名称和一定的专业技术要求，而有些记载出于文士之手，既非当行，又未深思。后世如因古人时代较我为早而信之，难免造成笑话。如秦渭桥，汉、唐人记载，各家转抄，都为"百二十二梁"，没有多大出入，可是结合六十八孔，桥宽六丈，则每孔一根木梁都不到，显然记载是错的。至于完全非当行又不合科学，参合着迷信的记载，如僧怀丙对赵州桥的修复等只能放弃不用。

文学夸饰，模棱两可，这是可疑之五。有些桥梁诗文，十分可靠。如唐代张嘉贞《赵州桥铭》字字有据，十分难能可贵。可是有些诗文，往往用词并不讲究。如形容桥梁，无论是梁、拱、索、浮，都有"虹""飞梁"等字眼。推其原因，有的是属于形式类比、有的是属于性质类比。据之认为梁便是"拱"桥，未免过于轻断。

这里列举五点，并未包罗全部。对于产生怀疑的记载和论断，需要采取合乎逻辑、合乎科学的方法和实物对证以定真伪取舍。决不可人云亦云。

为了取得专业技术"史"的演变，还需要进行上下左右的考证工作。

3. 探本寻源，逐流测向

一项专业技术，绝不是无本之木，无源之水，在历史的长河中，必然有其根源和流派。如从《清明上河图》上所发现的汴水虹桥。过去追溯到青州（今山东益都）的南阳桥，这次又追溯到《宋会要》所记魏化基的"无脚桥"。可见虹桥木拱的创造发明是在一定要求下产生的。因为宋以后没有考证到有记载，认为已经失传，此次又从闽浙山区实地考察中发现，说明虹桥的构造有所改进，流传至今不绝。

赵州桥的敞肩圆弧大石拱桥，孤立至今，找不到有力的实物发展的证据。最近则追查到山东东平清水石桥和河南临颍的小商桥。

源和流，对于历史来说是非常重要的。

4. 左右兼顾，融会贯通

横向的联系和纵向的源流同样重要。专业技术是个统一体，各单项之间有密切的联系。即使在考证某一单项的源流时，亦会与其他专业技术相联系。如拱结构形式的起源，可以从墓葬结构中得到佐证。

桥梁施工技术虽然各种桥式有其特殊的地方，但具有共性的地方更多。

桥梁建筑艺术则不但与桥梁本身的技术有密切的关系，也联系着哲学、美学、社会学、建筑学、心理学等一系列学科。虽然本书专论这几方面的理论，但行文叙述，不能有原则上的悖误。

（二）考证单项

编写专业技术史，其各单项需要考证的主要方面是时间、地点、作者、构造、沿革，共五大项。

1. 时间

历史上的事物相隔年代越久，越可能引起时间上的混乱。如中渭桥，虽主要记载都说"秦造"，不过自秦昭王到秦始皇却有八十五年的时间。除非发现有确切的资料，如原始碑文记录，否则这个年代就无法彻底弄清楚，只能罗列记载，不作结论。

赵州桥称"隋匠李春迹也"。隋代国祚虽短,可是铭文、碑记、实物等资料中亦有自隋开皇十□年到隋大业元年的记载,也似乎弄不清楚其确切年代。可是细读唐代张彧《赵郡南石桥铭》中有句"盈纪方就",桥前后造了十年,则时间在隋开皇十五年(595)至大业元年(605),各家记载都有所据。这一发现,使赵州桥的建造起讫年代十分明确。

当然并不是对每一座桥都需要这样详细的考证,只有对中国古代的名桥才有此必要。

2. 地点

历史事物所发生的地点非常重要,失之毫厘,差之千里。博学通史的苏东坡对赤壁的误认是为一例。明代杨慎《南诏野史》记云南最早的兰津索桥,认为是在景东。杨慎在明朝号称三大学人之一,可是后代对他的评论是多杜撰伪书。他所写的野史"真伪骈罗,良楛渚杂",不能全信。关于兰津桥,他自己的诗中称"兰津南渡哀牢国,蒲寨西建诸葛营",明明又说的是永昌。我们这些疑点和考证和云南大学考证相近。虽然这样一来要打破自17世纪早就传到国外的"景东"桥为世界上铁索桥最早的记录。为了尊重历史事实,还是予以纠正。

3. 作者

过去的历史对专业技术的发明者往往不予重视,百工优伶是皇帝的奴隶,而为官作宰的又把他们视之为不能"治国平天下"的小民。所以除了极个别外,桥梁的作者往往湮没无闻。虽然有了名也未必起多大作用,实际事业较之虚名更为有用。名,不过是说明社会地位而已。毕竟有巨大贡献的事业,技术人员还是受到当代和后世的钦佩,流芳百世。桥梁建设者如李春、葛镜、姚行满、僧道询、喇嘛唐东杰布等都名垂史册。不过他们的生平事迹就难做到深入的考证了。

4. 构造

专业技术史应对专业的具体技术细节作详细的考证和描述,否则就难以说明各个时代技术上的发展。

有实物存在的桥梁容易做到,可是也有视之过易反而疏漏。殊不知古桥将日少一日,将来想找这些细节就困难了。

如苏东坡记广东惠州东新桥(舟桥)有句:"机牙任信缩,涨落随高低,辘轳卷巨索,青蛟挂长堤。"说明宋时的浮桥已经考虑水位涨落的自动调节,可是到底这"机牙"是如何布置就弄不清了。因此,尽可能地留下照片和关键性细节图,这对于近代写技术史应该说是较古人有优越的条件,并且为后代读史增加了极大的方便和价值。

古代对名桥的记载除文字资料之外尚有画图,有名的如唐代吴道子等的《金桥图》、唐代张宣所作《石桥图》,可惜早已失传。宋画《天津桥图》亦不可见,北宋张择端的《清明上河图》、北宋《金明池龙舟争标图》等尚能传世。

而传世的桥图,为后代留下了比文字更容易说明问题的构造细节。估计这一类图画,珍藏深秘,不轻易视人者想必还有不少,有待于有心人继续不断地发现。

至于不是写实的文人画,从画谱中套来的桥梁"构造"就没有什么价值了。技术史有兴趣的是构造,这就是和建设史有区别的地方,舍此不详则名不副实,也就起不到传世的作用。

5. 沿革

专业技术的单项有兴有衰,在兴衰之中反映着社会的政治经济形势,同时也反映出专业技术的失败和成功的经验。一个地点的一座桥,往往经过好几个朝代。例如蒲津黄河浮桥,从公元前541年春秋秦起,经战国、北魏、唐、宋直到元代,可以看出由于黄河流水、流冰等使桥梁技术有所改进。福建泉州洛阳桥，在沿革建筑中可以看到创建规划，直至后来的保养，桥受水害和震害的破坏及修复情况。都是很可贵的经验。

地方志对桥梁有沿革的记载，可是往往偏重于人事兴衰，略于技术探讨。若有少数技术上失败和成功的记载时，必予以极大的注意，并进行探讨和分析。

五、调查

这里讲的调查是指现场考察和实物调查。写史而不作现场调查，从文字到文字，难免人云亦云，错误百出。太史公写《史记》，遍行天下，凭吊古迹，使形势如在掌握，行文自然如泉涌。郦道元注水经、徐霞客写游记，学问从行万里路上得来，于是才能得出不朽的名著。当然不能无目的无准备地行万里路，必须在破万卷书的基础上行万里路。读书和调查、文字和实物互相补充，交替进行，自然获得踏踏实实的学问。古人在困难的条件下写史，我们现代的条件较之古人不知优越多少倍。不过治学严谨、记录细致、立意深远、文字典雅等都还只能望其项背，值得进一步学习。

进行调查，除了组织关系、交通生活等一系列事务性工作之外，基本上要做到：

（一）带着问题下去

桥史按桥梁结构分章，因为各种桥式有一定的区域性，所以根据已有线索，确定调查路线，易于收到事半功倍的效果。每一章各有其疑难的问题。如索桥需要调查各种桥式、构造细节、施工方法、使用情况、历史沿革等；拱桥有专门调查赵州桥敞肩圆弧拱的影响所及、赵州桥本身的技术条件（地质水文），亦有专门调查薄拱的结构、木拱的情况；舟桥则根据历史线索，调查了解宋代中津桥现存情况等等。这一次分兵数路的调查，基本上这些问题都弄清楚了，并且有新的发现，使桥史内容更为充实。

（二）带着资料下去

徐霞客旅行随身带着有关的书籍，到一个地方时需查阅，有时在一个地方停留下来，利用当地资料即刻进行查证。这个办法应该说是最好的，因为调查和考证两者结合起来了。当地的资料往往有些是别处没有的。在调查过程中会产生新问题，又待从资料上予以考证，徐霞客游记之所以可信，因为他经过考证，原原本本地谈他所见到的事物，不是简单地写一本仅有感性认识的旅游日记。但是采用这样的方法，需要专门进行并须假以一定时日。我们下去调查，时间有一定的限制，经费亦感不足，介于"走马"和"下马"看花之间。不过各路都带有需要调查地区的通志、府县志中桥梁部分的复印本，便于检查，也起到很好的作用。

（三）不带框框下去

带着问题却不能先带着问题解答的框框。既称问题，即是没有解决之处，如又加上框框那就使问题得不到正确的解决。例如浙闽一些桥梁，山区多木桥，历来都称之为"八字撑架"，虽然提出有疑问，但有人认为就是八字撑架，那就会得出先入为主的错误的结论，违背了下去调查其正确性的目的。我们去调查浙江梅崇桥，志记桥成于同治二年（1863），桥上题记为嘉庆七年（1802），便差了61年。外形是八字撑架，但"以貌取人，失之子羽"，我们爬入尘封垢积的桥梁结构内部去，详细测绘其构造,始发现其为宋代汴水虹桥的流派,于福建千乘桥的调查中得到同样的结构,即贯木拱桥。调查本身是求知之一,不带框框可以得到更多新的知识。

(四) 战术机动灵活

调查时虽带着一定问题,选择一定的主线,但往往有新的发现,临时需要改变的机动。如在四川泸山调查索桥时,当地交通局的同志介绍民间有木桥名为"弓弓桥"。查志称"见者无不称为绝技",如此"绝技"的桥梁怎可不看! 因此专程一观并摄影、记录,从专业技术的角度来看确实称得上是"绝技"。令人钦佩而深感此行不虚。同样理由,不但需调查主攻部分,且要兼顾其他,如栈道、建筑艺术等也予以注意。这样可使每个调查路线的收获更大。

(五) 看、问、听、记并用

到一个地方调查,虽云交通方便,再来却不容易,有的地方毕生恐怕只能到这么一次,如仅走马观花、浮光掠影,那就稍纵即逝,等到再想起有些不清楚的地方,要补课还是很难的。调查过程中仔细看,找人问,多听别人介绍,随手记下,眼、口、耳、手、脑都要用上。我们从天全州交通局同志那学习到了极可贵的索桥施工经验,从清代曾参加过泸定桥养护的老人处,了解到志上称"飞火接"的具体内容。虚心、诚心便可得学问。

至于应用近代工具,多拍照片是不言而喻的。补充照相不足之处,随手勾画细节草图,也是十分必要的。

(六) 及时分析整理

调查所得的资料必须及时分析和整理。日久遗忘,便虚此行。这个问题看起来简单,但却有文章在内。凡事出于公心,自然言之无私无隐,调查结果便是国家的历史记录,至少在这一专业范围之内,造福后人。

当然,分析要有水平,整理要花工夫,水平可以逐步提高,功夫却看你肯不肯干。调查不是旅游,而有心的旅游家也能写出很好的游记的。

六、写作

在丰富的资料的基础上可以进行写作。写史的方法,古人亦有丰富的经验。

刘知幾《史通》称:"其言简而要,其事详而博。"详、博、简、要是基本原则,具体写作起来掌握恰当的分寸,却有一定的难度。

刘熙载《艺概》记:"烦而不整,俗而不典,书不实录,赏罚不中,文不胜质,史家谓之五难。"

(一) 烦而不整

历史的事实极多,必然头绪万千,在众多的头绪中要整理得有条不紊,提纲挈领,泾渭分明,这就很是不容易。事要详博,却要能引人入胜,读之不觉其烦。好在专业技术史本身比较单纯,再者专业技术史不是作为科普读物,读者水平较高,写作时行文再予注意,反复推敲,多次校阅,可以做到整而不烦。

（二）俗而不典

这是古代写史的方法。近代写史不能多用典故，文字却仍需典雅。究竟如何称俗？在有些编写者的手法上确有较为"俗"的写法。写史要能词微笔曲，是需要一定的修养。

现代写史用白话，看来白话也并非只有一种写法，"的""呢""了""吗"用得太多就不合适。文章的格局也很有关系，不要写成新八股式、报表式。至于现在写成的样子是"俗"或"不俗"，只能以后由读者来鉴定了。

（三）书不实录

浮夸，不根据客观事实，作过分浪漫主义的推测和论断，这是史家大忌。尤其是近代史，若是以一定的社会学和哲学理论去硬套历史事实，或从政治的要求避开某些历史事实，强调另外一些历史事实，甚至曲解一些历史事实，都不是真正的历史学应有的态度。可见做到"董狐直笔"更要有牺牲精神。专业技术史在材料的选择方面少有政治目的的取舍，所以这方面的顾虑比较少些。

（四）赏罚不中

根据历史事实所下的结论"褒"和"贬"要恰当。既然称史，目的又要使后人有所借鉴，就得有判断和评论。没有评论的史，即使详而博亦只能称为史料。专业技术史和专业建筑史不同，前者避开了很多政治问题，从专业技术角度来评论，自然比较容易些。十年动乱期间写的某些史或史话，往往虚话连篇，难以卒读。即使是技术史，总是要牵涉到人。三中全会以后，这几年对知识分子（包括古代的）的地位、对古代的帝王将相、清官能史的历史地位都能比较客观地有区别地予以评价，这就使史好写得多，否则我们书中所列百余位建桥名家至少要删去90%。

技术问题上的褒和贬也要有一定的分寸。即如赵州桥，虽然是最早记载的现存的敞肩圆弧拱桥，得到世界所公认。但亦不能认为桥的结构技术只有优点没有缺点，甚至把那些缺点也千方百计地解释成为优点。在这次写史中要予以实事求是地纠正。我们要避免那种为了"提高民族自信心"所患的沙文主义倾向，把一切"发明"都揽到自己身上的作风。实事求是，以求赏罚必中。

（五）文不胜质

历史事实是质，写作技巧是文。有了好的材料，没有好文采，读起来干巴巴，辜负了好材料，也许还得待后人重写。反过来历史事实不多，抓住一个小题目像写剧本和小说一样大做文章，这也不是写历史。所以前人论文史是"孤质非文，浮艳亦非文"。

写作技巧功夫人各不同，目前写专业技术史者大多是行家而非史学家、文学家，因此写作水平有一定的局限性，文而能称质，只有经过锻炼才能够达到。

七、统稿

各朝的历史自司马迁之后都是国修，朝廷组织一大批文士进行写作，由主持者统一。所组织的人才都是明经博学之士，水平较高而整齐，主持者有绝对的权威，从这一角度讲，写史也许还容易。现今写专业技术史，未必能达到这样的组织力量，再加上事先如未作明确的格式和方法上的统一的规定,在写作过程中,各位编者对资料的取舍的多寡不等、考证详略的功夫不一、技术分析的水平不齐、事物褒贬的标准不同,要使最后成为统一的、内容不矛盾、前后呼应风格一致,有如一气呵成的作品就十分困难,使统稿工作增加很多工作量。不能把统稿理解为仅从文字上修饰各稿,事实上是一个"剪裁运化"的工作。

(一)资料取舍多寡不等

以桥史的组织方式,全书体例,写作方法,各章分头进行,难免有重复和材料安置不当之处。各章之前有概说,全书有概论,而施工技术与艺术两章又都与各章有关系,因此虽然经过协调,仍难免发生上述现象。

对已占有的资料,有的被用上,有的没用,用上的也许有部分并不恰当,未用的可能尚有遗材,在最后的统稿的过程中,往往需要再作一次通盘的判断,或删或补,甚为必要。

(二)考证详略功夫不一

对资料的考证花的时间最多,下的功夫最大,前面已经说过,专业技术史的编著者并不都熟悉这一工作。有些编著者参加了桥史编写后,对考证发生了很大兴趣,出色地完成了任务。另一些则因兼职写史,本身业务繁重,且对考证没有经验,于是比较疏略,甚至误信,因而发生错误。本来这一工作可以通过多次会议、讨论和协作,再各自分别改写来提高。若是做不到这一步,则又增加了统稿的工作量。

即使是已经考证的工作,统稿者对主要部分仍需要予以核对,以使全书都言之有据。

(三)事物褒贬标准不一

过去一段时间里,道德的标准和是非的标准产生了相当大的混乱。有些人对人和事的评价可能意见不同。或是虽然大家都有了拨乱反正的看法,当落笔之时,又会有所顾虑。针对这样的问题,仍需要争得全书统一的标准。前面说过技术史在政治方面的分歧不大,可是只要有这么几点也就足够麻烦的了。

"剪裁"工作是名副其实的说法,各章中重复或安置不当者,当剪裁而移植到恰当的地方。可是剪裁又不是机械的贴补,更需要调整该处行文,否则"鹤颈续凫"形成不伦不类的结合。剪裁使全书成为一个统一的格局和形式,这便要"运化"的功夫。

古人对于"剪裁运化"有具体经验,那就是以下六个法则:"纷者整之""孤者辅之""板者活之""直者婉之""俗者雅之""枯者腴之"。这里不作详细的解释,不过深觉这六条经验要是能在写作过程中便予掌握,那就是大手笔的名家了。

统稿是在各位编辑精彩的多次修改稿下,以主编茅老的威望,顺利地进行。因此,古今一辙,主编的威望是至关重要的。

八、结语

桥梁技术史的编写,在茅老的指导下,各方支持,克以告成。

这是我国第一部正式的古代桥梁技术史,将在国内外起一定的影响。

通过这一次参加编写工作，学习到了不少东西，虽然工作中尚有不足之处，当亦毋庸讳言。尚有不足的是：

组织形式上全体编写人员不集中、不脱产，采取业余写作方式，多所掣肘，未能全力以赴。

写作经费不纳入科学计划，靠"化缘"资助，必要的支出不足，很多事情未能办理。

因此，带来了资料收集不太足，调查面不够广，图版照片不够精彩，反复考证推敲时间也嫌少等等。好在世上十分求全的事情还是不多的，留待有志之士继续发扬光大之，有厚望焉。

1983 年 2 月草于武汉

广东有座湘子桥

——古广济桥如何修复

广东处潮州市有一座八百多年前兴建的老桥,名叫"湘子桥"。湘子者即相传为八仙之一的韩湘子,是唐朝著名文学家韩愈的侄孙。韩愈曾因谏迎佛骨而被贬官,做过八个月潮州刺史。

好不奇怪,桥是南宋乾道七年(1171)开始修建的。韩愈贬官,韩湘子送他,是唐朝元和十四年(819)的事。韩愈离开潮州之后352年,开始修建的桥,本和韩愈的政绩或韩湘子的仙法,风马牛不相及。大概因为二韩名气之大,潮人怀念之深,所以"山川草木皆号韩",以是得名吧。

这座桥梁,名称屡改,修了坏、坏了修,可以说是历尽沧桑。

韩江江面宽约一里,自古便是福建和广东之间的交通要道。那时这条江称为"意溪""恶溪""鳄溪"。海中鳄鱼溯江而上,贾舶渔舟也直到潮州(现已不能)。所以潮州古称"岭海名邦"。韩愈在潮,作祭文"赶走"了江中鳄鱼,却并没有听说他想在江上造桥。

三百多年后,南宋福州人曾汪来做潮州太守,为了尽地方官缮治桥道的责任,下决心造桥。他所造的是一座双孔曲浮桥。即在江心造一座尖头的,长宽各15米的石洲,作为中潭,分河流为两派。每边各用船43只,架起浮桥,取名康桥。每座浮桥跨长约250米,用索拉住,各弯向下游。这正是当年已经达到的水平,桥式一如那时还存在的山西永济古蒲津浮桥和河南孟县(今孟州市)的古河阳浮桥。宋朝是中国古桥建设的一个鼎盛时期,于是潮州也有了和中原相似的桥梁。

图6-6-1 古画中的湘子桥

浮桥经不起风浪,潮涨潮落还得随时调节,水陆交通互碍,需不时拆装,因而容易损坏。正是在这些年代里,广东、福建大量兴建传统形式并有地区特点的石墩石梁桥。如福建泉州较早且有名的蔡状元(襄)洛阳桥(1053—1059),现在如重点文物保护单位的安平桥(1038—1151);同时的有海岸长桥(1165—1173);较晚的如凤屿盘光桥(1253—1258)等。都是用方形断面的长条花岗石,一层横一层直地砌筑桥墩,上架石(或木)梁。

　　浮桥造成之后9年，后继者就企图改为固定式的石墩木梁（或石梁）桥，一方面图其久远，一方面孔下便于通航，建筑按财力逐步推进。从那时开始，用了26年时间，到宋朝庆元四年（1198）西岸已陆续修了5个石墩，名叫丁侯桥；东岸又陆续修了8个石墩，名叫济川桥。这时中墩还在，在中墩左右用浮桥连接丁侯桥和济川桥。

　　又8个年头之后，到宋朝开禧二年（1206）东岸济川桥和中墩之间增加了5个桥墩，消除了东边一孔浮桥，成为东西两石桥和中间一段浮桥的固定的桥式，直到新中国成立时也是如此。

图6-6-2　20世纪初湘子桥

　　悠悠176个春秋，由宋入元，由元入明，到明朝宣德十年（1435），桥梁经受了不断的破坏和修复，达到其统一、鼎盛的时期。所谓统一，全桥改为一个名称，叫广济桥。所谓鼎盛，乃是全桥包括有西10墩9洞，东13墩12洞，中部用铁链维系24只浮船成浮桥。每个墩上都有桥亭或楼，连桥头处共计24处，共高楼12幢，亭屋16间，式样互不相同，个个赐以嘉名，规模宏大，已属空前。

　　明朝正德八年（1513），增加一座石墩，减去6只浮船，成为"垒洲廿四水西东，十八红船铁索中"的"十八梭船廿四洲"的局面，船形如织梭，故称梭船，墩身庞大如石岛，故称为洲。中间一段再也没有修桥墩，实在因为水深流急，古代技术有所不及。明朝宣德十年（1435），绍兴人姚友直写的《广济桥记》中说"中流湍数，不可为墩"，可见是不能也，非不为也。

　　鼎盛时期的湘子桥是个什么景色？除了韩江两岸金山、笔架山、葫芦山"岗峦萃崒"、山光水色，风景特佳外，引人夸口不绝的还是那些各式不同的桥屋。明朝潮阳人李龄写的《广济桥赋》模仿《阿房宫赋》《岳阳楼记》的笔调，极尽文学夸张之能事，其中有"华桷彤橑，雕榜金桷"的装饰。潮州的木雕石雕是有名的，文章如实地反映了其楼亭华丽。

图6-6-3　20世纪初湘子桥浮桥开闸过船

　　桥上是桥市。清朝扬州人张心泰所作《粤游小志》说："桥上贸易极伙，俗云：'到潮不到桥，空到潮州走一遭。'"望江人檀萃所著《粤囊》称："列肆盈焉，下横长木，晨夕两开，以通舟楫，盖榷场也。""榷"本意是独木桥，而"榷场"是指桥头或桥下收专卖税的市场。桥屋一百多间，开满了茶楼酒肆、菜市鱼行。清朝丘逢甲《广济桥诗》自注："潮、嘉、汀、赣、宁食盐，皆由桥分运，故曰广济桥盐。又凡腌鱼曰鱼盐，腌菜曰菜盐，每鱼菜出，为行盐旺月。"原来此处是征收盐税的榷场。盐船过桥下。大船、木筏通过时，解开浮桥放行。浮桥一拦，小船可经九个石桥孔通航，每孔都在吊栅（下横长木，晨夕两开），这在清朝的潮州壁画上看得清清楚楚。

白天热闹,晚上亦热闹。清朝曾廷兰《晚过湘子桥》诗道:"韩江江水水流东,莫讶扬州景不同。吹角城头新月白,卖鱼市上晚灯红。猜拳蛋艇犹呼酒,挂席盐船临驶风。二十四桥凝目处,往来人在画图中。"以之和扬州二十四桥相比。唐朝杜牧诗称:"二十四桥明月夜,玉人何处教吹箫。"扬州是盐商汇集之处,潮州湘子桥亦是盐场,所以就有蛋艇妓船的出现,和扬州相比,实为妙极。

全世界古桥中有桥市的很多,但是一里长桥一里市,且有这样多美丽的桥屋却是举世无双的。世上可以和湘子桥较一日之短长的是差不多同时的英国伦敦泰晤士河老桥。这桥始建于公元1176年,是一座长274米的20孔小跨尖石拱桥。从15世纪起(又是几乎同时)桥上布满了桥屋,并有教堂、水磨坊等。1632年几乎烧光。但规模比湘子桥的石桥部分小得多。

世间万物有盛有衰,盛衰之间,周而复始,湘子桥亦是如此。

木石建筑怕的是风、震、水、火。潮州地区平均七年一次飓风,最厉害的一次在南宋景定三年(1262)。一阵飓风把墩上木结构的亭台楼阁和水上铁链拉住的木船全吹跑了。再则是地震。潮州地区平均15年一次震,但石桥基本上未受损害,只1918年一次七级以上大地震,使个别桥墩产生裂缝,并向东倾斜。

水火无情。湘子桥在洪水冲刷下,"吼声如牛",曾有几个桥墩多次因被掏空而倒坍。后来韩江不断淤积,水位抬高,于是桥面以至桥上亭屋常遭水淹。元明两代,桥亭都曾被洪水冲倒。清朝同治年间全桥被大水淹没。对于洪水,中国素有"压胜"之法。根据五行生克的理论,以牛(属土)克水。所以清朝雍正二年(1724)潮州知府铸铁牛两头各重2 600斤,分置在浮桥两头的矶墩上,取以牛克水以"压胜"之意。当然,这是没有用的。118年之后,一只铁牛,在洪水中被"龙王爷"牵去,成为民间说的"两只铁牛一只溜"了。

图6-6-4 湘子桥桥墩

再就是火。桥不高,桥上楼亭不像中国古代木结构的高台、观、楼、塔那样,经常被雷火击焚。潮州桥的失火多半是"火烛"不小心或兵祸所致。阿房虽好,项羽一炬,顿成灰土。历史上潮州桥被焚于火的记录特别多。宋、元两朝曾被火烧亭屋和部分木梁。最厉害的是明朝崇祯十一年(1638)"桥上大火,百年楼阁,一时俱尽"。虽经部分修复,到清顺治十年(1653),又遭火灾。这和伦敦老石桥于1632年火烧殆尽在时间上又是非常巧合地接近。真一似"铜山西山脚,洛钟东应"。

清康熙二十四年(1685),两广总督吴兴祚命令修复,桥全部换成石梁,加建桥屋,一时又大为改观。然而桥屋仍为砖木结构,难逃日后祝融之灾。

如此种种,到解放初期桥梁已残破不堪。全桥仅剩20个桥墩19孔。西岸原为10墩9孔,桥直接城门,现城外已填马路,仍剩8墩7孔,共长137.3米。东岸12墩1桥台,计12孔,共长283.4米。中部浮桥用18只浮船,钢缆联系,长97.3米。总长518米。桥梁或木或钢筋混凝土,石梁所余无几。石墩裂缝空洞,在在皆是。墩上仍残留若干亭屋,近乎百孔千疮,苟延残喘。

1958年,在"保持古格风格、兼顾交通"的原则下,把各石墩一一补罅堵窦,加固一新。中部拆去浮桥,加修两个桩承台钢筋混凝土墩,上架三孔钢桁梁。其他孔的梁改用钢筋混凝土T梁。路面

图6-6-5　浮桥改钢桁梁

图6-6-6　与古建专家罗哲文一同现场考察湘子桥

宽7米，后又在两侧各加1.5米的人行道，桥可通汽车。残留的若干片旧石梁仍留原位，可从桥墩上上去参观。这一加固确实解决了交通问题。也保存了绝大部分自宋至清的石洲。惜乎钢桁梁与古桥风格格格不入。

30年后，故乡桑梓，爱国桥胞大力捐资，1989年在老桥下游一千米建成新的韩江南桥公路桥。桥成，潮州已列为中国历史文化名城，湘子桥被定为国家重点文物保护单位。为了保存古桥，潮州市规定老桥只准走非机动车和行人。湘子桥老残疲痠之躯，有了喘息的机会，下一步就是如何使其再焕发青春了。

我们再侧身西顾，看一下伦敦老石桥的命运罢。自16世纪以后，桥上已没有什么桥屋。18世纪开始倾颓损坏，在1759—1762（清乾隆二十四至二十七年）破坏殆尽。1831年（清道光十一年），在上游55米处造了一座5孔椭圆形石拱桥以代替之。1973年再造新桥，这原石拱桥"鬼魂西行"（英国影片，讽刺英国人卖古建给美国）被美国人买去，流落海外，移建在美国。湘子桥与之相比，可见国人重视文物，珍而宠之，要幸运多了。

今年3月初，潮州市和广东省文管会极为隆重地邀请国内文物、考古、古建、旅游、城建和桥梁专家论证如何将之修复，讨论气氛热烈，大致有三种代表性意见。

文物与古建的大部分专家认为：既为文物即应按文物法规"不改变原状"来进行修复。具体地说要恢复到其鼎盛时期，477年前，明朝正德八年（1513）所奠定的"垒洲廿四水西东，十八红船铁索中"的形象。对待文物的"古为今用"问题，部分专家们认为青铜鼎不能去烧肉，衮龙袍不能穿上身，而应作为文物而供奉。对于古桥梁，至少不能过分强调其交通作用。

旅游部门专家基本上同意这一意见，但并不如文物、古建专家那样坚持，而主张要以吸引旅游，增加经济效益为主。

城建和桥梁部门专家则认为韩江近年淤积严重，水位抬高，防洪问题比较突出。现桥址处两岸之间，人行和自行车仍十分频繁。水上航运也有所发展，必须保持两者的畅通，要求慎重地考虑设计。这也是潮州市府领导同志们的看法。

新衣好做，旧衫难改。的确是难乎矣哉！

举个例说，长江边上新近重修的黄鹤楼，五层钢筋混凝土仿古木建筑，游人接踵摩肩，登临为快。旅游专家因为回收效果好，甚为赞赏。然而有几位古建专家因为不在原址，不是原样（清黄鹤楼为三层木结构）等原因，称之为"一无是处"。若干文物专家则目之为"假古董"。职业感情之深,实在令人钦佩。

不过,仔细想一想,历代黄鹤楼和其他别处的胜迹一样,很少这一代是完全按照前一代的式样修建的。岂非代代都是假古董? 即按清代式样修复黄鹤楼或明代式样修复湘子桥,也岂非仍是仿建的假古董,即假假古董?

然而湘子桥历代重修过程中各不相同,正如宋代范仲淹《岳阳楼记》上说,"增其旧制,刻唐贤今人诗赋于其上"。可见古人并不泥古。旧制要"遵",同时要视时日进步"盛德日新"而"增"之。这样做也会取得近世和后代的谅解。

修复古建不用木石而用近代材料,亦是文物古建专家所一忌。然而,不说当年湘子桥木梁用"梗楠樟梓"等材,现在已不可得,即便有之,则难免又一炬冲天,不能望其久远。其实,如古人生在今日,亦会用今日更进步的材料。今日新建,百年之后,这"假古董"也就变为真古董了。

图6-6-7　古石梁

图6-6-8　古桥墩及顶墩斜梁

古鼎不烧肉,古碗不盛饭,物细不用无伤。原来的古桥,通济利涉,直到今天尚能过行人和非机动车,则亦不妨沿用之。今之用即古之用。当然,不必像"文化大革命"期间那样硬要把建于南宋的北京卢沟桥改成能通过400吨平板汽车。现今该桥亦已复原,改为只通行人了。修复后的湘子桥交通自宜兼顾水陆,便民为主。

现实的自然条件今古不同,古桥并不像可以藏之金屋(博物馆)的文物,它仍要继续不断地通过自然力的考验,特别是水和火。

关于水,全国森林覆盖率降低,引起水土流失的严重性是普遍的,韩江亦不能幸免。加上韩江诸出海口均已建闸,保水堵潮,淤积更多。洪水位提高,昔日潮州城墙,今已兼作堤防之用。桥梁法规规定,梁底应在设计洪水位以上至少0.5米。看来修复时必须提高,以免灭顶和卷浪直下之灾。

构造不能用木以避火。当然并非片木不用,广东潮州的木石雕刻,璀璨辉煌,神工鬼斧,仍必须在新的桥屋上集中表现出来。

潮州市素有名茶特点,其他工艺美术品类众多,味珍物宝,将来的桥市仍以保持修复后广济桥的特点为宜。

与会诸公,企图统一设计思想。会上、会后,推出了一些方案设想。大家认为关心这座桥的不单是潮州一地、广东一省,而应包括全国人民以及故土情深的海外游子。大家都有发言权。应集思广益、群策群力,慎之于始,才能得到永受人喜爱、不令人惋惜的新古广济桥。

修复后的"湘桥春涨"一景应是怎样的呢? 现在还难说,不过,"前人之述备矣",即摘集古代诸家对广济桥所作记、铭之句,不讲究其押韵,得:

龙卧虹跨、津梁聿新、周行如砥、复道行空、雕榜金楯、欲飞朱甍、曲栏斜槛、奠丽阑楯、翠牖霞族、琐窗光凝、酒帘障路、鱼市灯红、同侔仙造、地纪永贞、赞勋有成、令勒琐珉。

再代潮州市加两句,"若有高见,实所欢迎",云耳。

广东潮州古广济桥修复方案说明

广东潮州是国务院定名的中国历史名城之一。城外韩江上,创建于南宋乾道七年(1171)并经历过历代修缮改进的广济桥,由国家文物局确定为国家重点文物保护单位。今年3月6日—11日,潮州市邀请了国内文物、考古、旅游、古建和桥梁专家,在潮州市召开广济桥修复论证会,新的韩江南桥城市桥梁建成后,于1958年改建过的广济老桥现只准通行非机动车和行人,恢复了其古桥的面貌。

大会是在热烈的气氛下讨论进行的。会上基本有三种代表性意见。

文物和古建部门大部分专家的意见认为,既为重点文物,则应按文物法规恢复其原有面貌,不得任意改动。具体地说,要恢复到其鼎盛时期,明代嘉靖年间(公元15世纪)的"十八梭船廿四洲,廿四楼台廿四样""二只铁牛一只溜"的局面。

旅游部门专家基本同意这一意见,但并不如文物古建专家那样坚持,要以能吸引旅游、增加经济效益为主。

城建部门大部分专家从韩江近年淤积严重、水位抬高、防洪问题比较突出和需要继续维持两岸交通及水上航运畅通为前提,要求慎重地考虑设计方案。桥梁专家同意这一要求。

最后,潮州市林锡莱书记兼研究修复广济桥领导小组组长在总结时宣布,要在解决两岸交通、防洪、航运的原则下考虑修复方案。

我对广济桥的修复方案的意见,详见会议记录。国家建设部规划司顾问,郑孝燮高级建筑师在作专家组总结时明确指出,希望做一个我在会议发言上所提出的方案。

出于对中国古代桥梁的热爱并受到潮州市领导和郑专家等的鼓励,回来后画了这一方案。现将这一方案的设计思想和方案具体情况概述于下:

一、修复原则

1. 尽可能保存老桥桥墩,做到有洲、有舟并有桥市。但不可能回到任何一个时期的广济桥"原样"。事实上在宋以后的建桥过程中,广济桥也在不断地改进。古人恢复古建,都不拘泥旧作,正如《岳阳楼记》称:"乃增其旧制,刻唐贤今人诗赋于其上。"

所以桥梁文物和其他文物不同,在于恢复古桥的风貌、建筑文化和精神,保存一定程度的时代特征(或局限性),但不必拘泥原式。

2. 必须考虑现有实际情况,即河床淤积、水位抬高、洪水时挡水面积太大,保持水陆交通的互不干扰,通畅无阻。既是桥梁,就得按照桥梁法规进行设计。其中最主要的一条是梁底要在最高设计洪水位以上0.5米。

3. 恢复桥市和最大可能地弘扬广东和潮州地区的木雕、石雕艺术,应用于桥上。

4. 注意全桥风格的统一和与环境的协调。

二、方案说明(图6-7-1)

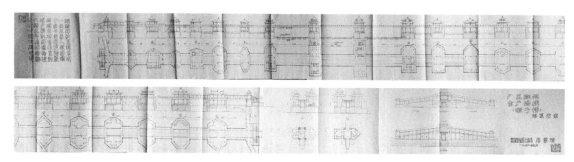

图6-7-1　广济桥修复唐寰澄设计方案

1. 桥墩台

保存原西8个和东12个桥墩原样,将各墩自标高14.0米以下,修整补齐,恢复原状。14.0米以上则改用建筑,仅将叠涩出檐部分以石砌外形提高。

拆去1958年加的钢桁梁及其桥墩至承台面;两侧及两端加直径0.9米钻孔桩若干根,新建承台至标高9米,承台上修空心银面石墩身,宽8米,长17米,两端为尖形。尽可能保存原墩上生长的小树。

2. 老桥桥面

保存诸广济桥原存石梁,并集中架在5、6、7和11、12、13孔上,梁数不够可采石料补足之,梁面标高一律抬高至14米。

西岸自1至4四孔,东岸自14至21八孔,在同标高改为正交异形板钢梁,洪水位超过标高14米时,钢梁预先转开,藏于墩上柱后,以减小挡水面积。古石梁则由之泡于水中。

老桥桥面只通人行。桥面栏杆为简易栏杆,洪水前可一起拆除。

3. 浮桥

第8、9、10三孔为原浮桥处。今恢复第7(原西8)和第10(原东12)墩埠头踏步,于三孔之间各设用六舟组成的浮桥节段(共十八梭船)。桥墩8、9可在浮桥桥面高处穿通,因此老桥全桥仍可按广济桥原样走通。

平素时三孔之中第8或第10孔的浮桥用铁链连着。其他两孔的浮桥节段拖放于江边码头,以利通航。

节日或贵宾参观时,可以在一定时间里把浮桥接上。此时除大筏和船只外,小船可于其他桥孔通过。若通航高度不够,尚可摇起吊桥式的正交异形板钢梁放行。

4. 上层桥面

上层桥面中部宽4.5米,两侧各伸臂1.5米,总宽7.5米。1.5米部分随桥屋外缘曲折进行。

梁结构为钢筋混凝土简支梁,大孔板,梁高1米。

第8、9、10孔原钢桁梁部分拆去,改为三孔连续箱形梁,在墩8、9上为双柱支撑,故梁高仅一米。

梁顶面路面标高19米,梁底标高18米,高出设计洪水水位17.5米以上0.5米(韩江三百年一遇洪水位为16.89米)。桥两端各有两孔(各约30米长)以2.5%降坡。

上层桥面铺花岗石砌块,通人行和非机动车道。非机动车到桥台门楼下,左右以14%坡度从匝道上上下,行人则可从中间踏步上下。

5. 桥市

因保存老桥面,抬高新桥面,故桥屋自然成为两层。现桥墩21个,桥台2个,再加上匝道转弯处桥屋共计25处,故桥屋共25楼台。设计可以做到各不相同,但又要风格统一。其联散、开合、起伏有总体的设想,初步布局如图。

桥屋上尽量收集放置散落于民间的木雕和石雕,以钢筋混凝土构架为主体,予以艺术性的配合。不主张用琉璃瓦,可用土筒瓦,或为石刻瓦墁。各桥屋都是两层,或单檐,或重檐,或三檐。

上层桥面屋内设市场,作桥市。下层桥面桥屋作酒肆或茶座,以其便于近水。上下层间有转梯或楼梯相通,独墩5、6、11、12不必设梯。

桥台匝道以下作为碑廊,嵌刻历代名人诗词、桥记和近代人作品的石刻、烧瓷彩画等。其中一翼可作造桥赞助人名碑。

桥屋上匾楹联,将参照旧作,精心予以配置。现有铁牛放置于第7墩下层,面向上游。于第10墩相对应的位置再铸一新牛以配对,其造型可予以改进。

三、结束语

本方案既保持老桥精神,又踵事增华,俚句为:

十八梭船廿一洲,
古桥广济世无俦。
廿五楼台廿五样,
铁牛配对垂春秋。
双层桥面通人马,
疏排墩柱泄洪流。
味珍物宝夸新市,
深雕浅刻数潮州。

1990年5月

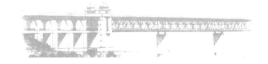

蒲 津 曲
——黄河蒲津浮桥文化史

中华民族文化发源于黄河流域中上游,是黄河之水,灌溉着黄土高原的土地,养育了黄帝的子孙和臣民,达到今天这样繁荣昌盛的局面。《史记·五帝本纪》记载,黄帝的一脉玄孙轩辕勖立,便是唐尧,都于冀州,即今山西中条山北端的翼城地方。尧传贤于舜。舜亦是黄帝的后代。舜建都于中条山南端的蒲,即今山西省永济县(永济市)所在。舜又传位于黄帝另一脉玄孙禹。禹都安邑,即今山西省运城县(运城市)境。禹"导河积石至于龙门",其地即在永济上游,陕西韩城和山西河津县(河津市)间。所以这一带是中华民族发祥之处。

山西永济春秋名蒲,属晋。战国属魏。秦改郡县,称河东郡。秦始皇东巡,看到蒲是位在吕梁山和中条山之间的一带坡地(坂),故称蒲坂。两汉沿用为蒲坂县。北周称蒲州,唐朝因其地处黄河南流转东的河曲之处,自河上望之,蒲州如在河中,所以改称河中府。宋、元因之。明代复称蒲州。清为蒲州府,治永济县。民国废府,便是今永济县治。

黄河自禹门口以下,一时相对稳定地南流。至永济西,渭水自潼关入黄,黄河折而往东。而周秦起自渭水平原八百里秦川的关中。自周至唐,共10朝计1 062年,建都长安,所以蒲州黄河或蒲坂津是龙门以下黄河第一个古渡口,西岸设有有名的蒲津关隘,东岸则为临晋关,古称要塞。春秋时期这里出现了黄河上第一座浮桥。于此发生过不少可歌可泣的历史故事。

中国第一座历史记载的浮桥是在渭水入黄河附近,今华阴县(华阴市)内,周文王迎娶有莘氏(今陕西洽阳县东南)女。《诗·大雅·大明》称:"文王初载、天作之合,在洽之阳、在渭之涘……亲迎于渭,造舟为梁。"时约在公元前1180年。由于历史的需要,便在周文王渭水浮桥不远之处,永济上游,黄河上出现第一座浮桥。春秋鲁昭公元年,即秦景公三十六年(公元前541年),秦景公的兄弟公子鍼(秦后子),恃母宠在国中一如二君,惧兄不容,《春秋左传》记:"祭卯,鍼适晋,其车千乘……后子享晋侯,造舟于河。"唐代徐坚《初学记》:"公子鍼造舟处,在蒲坂夏阳津(今陕西韩城市南),今蒲津浮桥是也。"这是一座临时性的桥,但亦存在了一定时间,并非过河即拆的浮桥。因为公子鍼是以通秦晋之好、为晋侯设九献的享礼的名义造桥的,营建后,当时便使用频繁。

秦、魏之间,交往侵伐时有发生。《史记》记秦昭襄王四年(公元前303年),秦"取(魏)蒲坂……五年,复与魏蒲坂……十五年……自起攻魏取垣(蒲坂后称垣),复予之"。秦昭襄王十七年,"以垣为蒲坂皮氏(今山西河津)……十八年(司马)错攻垣,河雍。决桥取之"。所断(决)的这座"桥",是否后子的浮桥,就难得说清楚了。不过,秦最终夺取了魏河东之地,"募徙河东,赐爵,赦罪人迁之……五十年(公元前257年)……初作河桥"《史记正义》说:"此桥在(陕西)同州临晋县(今晋州市)东,渡河至蒲州,今蒲津桥是也。"这是第一次在黄河上造的永久性浮桥。作为"国家级"的桥梁,中央和地方有责保养维修,或经战争破坏后重建,使桥得以维持达1827年之久。

自从有了这座浮桥，秦东攻晋、赵、韩，五十二年"周初亡"，使秦始皇能统一天下。秦始皇东巡，应有机会经过此桥。《史记·秦始皇本纪》记："二十九年（公元前218年）……（秦王）旋，遂之琅邪，道上党入。"从山西上党（今山西长治市西）近道入关中，在蒲津过黄河。

西汉立国，《史记·高祖本纪》载："二年（秦二世计年，公元前208年），汉王从临晋渡，魏王豹将兵从，下河南郡（今山西武涉）……三年，魏王豹谒归祝亲疾，至则绝河津（即蒲津浮桥），反为楚……汉王遣将军韩信击，大破之，虏豹。遂定魏地，置三郡，曰河东、太原、上党。"韩信击豹，于蒲津浮桥添上一段有趣的历史。

《史记·淮阴侯列传》记："六月，魏王豹谒归祝亲疾，至国，即绝河关（临晋关）反汉……其八月，以信为左丞相，击魏。魏王盛兵蒲坂，塞临晋。信乃益为疑兵，陈船欲渡临晋，而伏兵从夏阳（今韩城）以木罂缻渡军，袭安邑（山西夏县）……定魏为河东郡。"《水经注·河水四》约纪为："昔韩信之袭魏王豹也，以木罂自此渡。"少了一个"缻"字，意义便大不相同。"木罂"是木桶。行军造如此多的木桶，实不可能。"木罂缻"是用木柙关拦的若干陶瓮作为浮体，取之民间，方便易行。正是在秦后子夏阳浮桥之处，可以也可能是用"木罂缻"架的浮桥以过军。避开守备严密的下游蒲津浮桥，避实以击虚。

终汉之世，未见详记此桥的兴衰。

汉末魏晋南北朝五百年，天下汹汹，战乱频仍，蒲津为兵家要冲，造桥、撤桥完全视军事需要而定。汉献帝建安十六年（211），曹操西征马超，超屯潼关："秋七月，公西征，与超等夹关而军。公急持之，而潜遣徐晃、朱灵等夜渡蒲坂津，据河西为营。公自潼关北渡……循河为甬道而南……潜以舟载兵入渭为浮桥（渭水上）……关中平。"曹操采用了攻其正面（潼关），掩其侧背的战略，得力于蒲津（浮桥）和渭水浮桥。

《周书·文帝纪》记："大统三年（537）春，正月，东魏冠龙门，屯军蒲坂，造三道浮桥渡河。"蒲坂这一段，竟搭架过三座浮桥。

隋统一中国，修复蒲津浮桥，并有专将守桥。隋、唐之际，隋炀帝幸江都，代王遣屈突通进屯河东。李渊自太原起兵。《通鉴·隋记八》隋恭帝义宁元年（617）；"李渊谓长谐曰：'屈突通精兵不少……若全军守城，则卿等绝其河梁，前扼其喉，后拊其背……乙卯……屈突通遣桑显和……夜袭王长谐等营……史大奈自后击显和，大破之……显和脱走入城乃自绝河梁……戊年，朝邑法曹靳孝谟以蒲津、中潬二城降。'"唐代隋，修复蒲津浮桥，唐太宗曾数次过此，有《赋得浮桥》诗一首道：

岸曲非千里，斜桥异七星。
暂低逢辇渡，还高值浪惊。
水摇文鹢动，缆转锦花萦。
远近随轮影，轻重应人行。

《旧唐书·太宗纪》："贞观十二年（638）……乙丑，次陕州，自新桥（太阳浮桥）幸河北县，祀夏禹庙……赠（尧君素）蒲州刺使……（自蒲津浮桥返长安）至自洛阳。"作诗可能便在此时。

自煌唐盛世，蒲津桥走上好运，历史记载也多了起来。《唐六典》记："天下造舟之梁四，河三洛一，河则蒲津、太阳、盟津，洛则孝义。"《元和志》记："蒲坂关一名蒲津关，在（河东）县西四里……今造舟为梁，其制甚盛。每岁征竹索价，谓之桥脚钱，数至二万，亦关河之巨防焉。"唐张仲素有

《河桥竹索赋》详记诸桥。大意是指浮桥有两种，一是直浮桥，靠抛锚定船；二是曲浮桥，靠两岸立椿柱，系竹索，索上挂船，船上铺板成桥，随水势下弯而曲。黄河浮桥多半是曲浮桥。又视河之宽广，或"指远岸以孤引"（一河一桥），或"自中滩而对出"（利用河中洲屿，一河左右两桥）。

木船竹索浮桥，材料容易损坏，且受流水冲击，更常"有失"，于是改弦更张，以铁代竹。《新唐书·地理志》记："河西……有蒲津牛，一名蒲坂关。开元十三年（725）铸八牛，牛有一人策之。牛下有山，皆铁也，夹岸以维浮梁。"这个主意，据说是出于唐玄宗李隆基本人。

《唐会要》记："开元九年（721）十二月，增修蒲津桥，絚以竹苇，引以铁牛，命兵部尚书刻石为颂。"《资治通鉴·唐纪》记开元九年："是岁新作蒲津桥，熔铁为牛以系缅。"看来年代都不确，应以中书令张说的《蒲津桥赞》为准。

图6-8-1　黄河古太阳浮桥遗址

《旧唐书·玄宗纪》《新唐书·玄宗纪》和《资治通鉴·唐纪》记这几年玄宗的行止大致相同。今用《资治通鉴》系统的叙述为："十年，春正月，丁巳，行幸东都……十二月……上将幸晋阳（山西太原）因还长安。张说言于上曰：'汾阴睢上有汉家后土祠，其礼久废，陛下宜因巡幸修之，为农祈谷。'上从之。"

"十一年，春正月，己巳，车驾自东都北巡（从洛阳，北过河阳浮桥）。庚辰，至潞州（今山西长治），给复五年（上尝为潞州别驾故也）。辛卯，至并州（山西汾水中游）置北都，以并州为太原府……二月戊申，还至晋州（山西临汾）……壬子，祭后土于汾阴（山西万荣）……癸亥，以张说兼中书令。"接下来便是到蒲州河中府，耽搁了一段时间。"三月庚午，车驾至京师。"当于三月初，过蒲津浮桥。

当年蒲州刺史陆象先"政尚宽简"，为改变蒲州浮桥岁岁折损，津吏、徒役劳苦不堪的状况，于此时请准皇帝，以铁代竹。这一次玄宗仍从竹索的蒲津桥上过河，早春天气，山青气淑，眼前景致，黄河一派，开阔胸怀，车骑之盛，马分五色，与朝霞争辉，较之汉高祖马不均驷，气象大不相同，不免得意非凡，有诗为证。唐玄宗《晓渡蒲津》诗曰：

钟鼓严更曙，山河野望通，
鸣銮下蒲坂，飞旆入秦中。
地险关逾壮，天平镇尚雄，
春来津树合，月落戍楼空。
马色分朝景，鸡声逐晓风，
所希常道泰，非复候缥缃。

随驾诸臣张说、苏颋、徐安贞、张九龄等应制奉和，都谈些黄云、紫气，桥路、天津。

后来亦曾为宰相，当时为中书舍人的（广东）韶州人张九龄《奉和圣制早渡津关》诗中有"龙负王舟渡……西驰万国陪"等句，可见此行还有不少外国使臣随行呢。

名相宋璟自长安来迎驾同回长安。蒲津桥十一年决策动工,十二年进入改建高潮,十三年落成。中书令张说于十二年作《蒲津桥赞》,叙之甚详。

文章引《易经》《诗经》句以起首,记述蒲津浮桥每年受流冰的冲击,船破索断。"虽残渭南之竹,仆陇坻之松,败辄更之,罄不供费。津吏咸罪,具徒告劳,以为常矣。开元十有二载,皇帝闻之"方下命令:"俾铁代竹,取坚易脆。图其始而可久,纾其终而就逸。"把蒲津竹索浮桥改为铁链浮桥。利用山西炼铁的优势,"是炼是烹,亦错亦煅。结而为连锁,熔而为伏牛,偶立于两岸,襟束于中潭(此段河中的沙洲)。锁以持航,牛以系缆,亦将压水物,奠浮梁。又疏其舟间,画其鹢首。必使奔渐不突(不拥水),积凌不隘(不结冰坝)。新法既成,永代作则"。以实现中国传统道德,仁以济人,义以利物,礼以显事,智以图远的抱负。

其文叙事述义,文采辉煌,可见桥梁的政治文化意义大矣哉。唐阎伯屿有《河桥赋》,专咏改建后的蒲津桥。节录其辞曰:

"条山左临高嶂东连于渤海;晋关右抱,浮梁西截于长河。却顿铁牛,骇浮川之魍魉;旁飞画鹢,惊入浪之鼋鼍。"云云。

自从蒲津改为铁链浮桥,设津吏、守将、桥丁护桥,桥通畅无阻。而蒲之东有普救寺(寺建于垂拱二年即686年),元稹作《会真记》以记其艳遇。时在贞元十七年(801),距铁牛成77年。董解元《西厢记》曲〔赏花时〕:

> 芳草茸茸去路遥,八百里地秦川春色早,花木秀芳郊。蒲州近也,景物尽堪描。西有黄河东华岳,乳口敌楼没与高,仿佛来到云霄。黄流滚滚,时复起风涛。
> 〔尾〕东风两岸绿杨摇,马头西接着长安道。正是黄河津要,用寸金竹索缆着浮桥。

王实甫《西厢记》曲〔油葫芦〕:

> 九曲风涛何处显,只除是此地偏。这河带齐梁,分秦晋,隘幽燕。雪浪拍长空,天际秋云卷。竹索缆浮桥,水上苍龙偃……

两位元代文人都错将铁锁仍写作竹索。《西厢记》中反角孙飞虎便是河桥守将。所谓"河桥上将亡官军,虎旗长戟交垒门"(董西厢)。"俺分统五千人马,镇守河桥"(王西厢)。

大概在唐文宗开成(836—840)武宗会昌(841—846)年间,蒲州任中丞在河心洲中潭上造了一座亭子。唐人薛能《题河中亭子》诗道:

> 河擘双流岛在中,岛中亭上正南空。

唐李商隐《奉同诸公题河中任中丞新创河亭》诗:

> 万里谁能访十洲,新亭云构压中流。

唐温庭筠《陪河中节度使游亭》诗:

满座山光摇剑戟,绕城波色动楼台。

鸟飞天外斜阳尽,人过桥心倒影来。

　　诸诗赋描绘出当年蒲津桥风景。两岸远山如画,沿河绿柳成行。河心一岛,蒲根蒹葭,石台高耸,上建中亭。上亭只见两座浮桥自中滩对出,一如襟束,成为东西大道。桥弯向下游,有似双眉,屈而且抱。桥上行人车马,憧憧往来。远而视之,桥横如瀑,偃如龙。波平之日,水面倒影,虚实机映。

　　唐文宗开成五年(840),日本僧人圆仁(后称慈觉)入唐求法,带了两个弟子,一个行者,自扬州转山东登州起岸,步行朝五台山,转而南下。圆仁《入唐求法巡礼行记》:"八月十三日,早发,南行卅五里,到辛驿店头断中。斋后,南行卅五里,到河中节度府。黄河从城西边向南流。黄河从河中府以北,向南流到河中府南,便向东流。从北入,舜西门出。侧有蒲津关。到关得勘入,便渡黄河。浮船造桥,阔二百步许。黄河西(疑分字之误)流,造桥两处。南流不远,两派合。都过七重门(疑是牌楼,即秦晋分界处)。向西行五里,到河西县八杜寺宿。"

　　唐咸通十四年(872),皮日休作《河桥赋》,讲黄河浮桥,以梁喻史,以桥比德,文长不录。

　　之后的蒲泽浮桥,仍不时有损坏和修复。唐末,《通鉴》载唐昭宗天复元年(901):"二月己卯,张存敬引兵发晋州,己未到河中,遂围之。王珂势穷,将奔京师而人心离贰。会河梁坏,流渐塞河,舟行甚难。"

　　宋得天下,对河桥勤加保护。且在黄河上各处架起多座浮桥。但自然条件是苛刻的,黄河的变迁渐见频繁。宋英宗治平二年(1065),黄河流域大暴雨,水淹汴京宫阙。河中府浮梁西岸链牵牛入河。

　　《宋史·方技传》记宋治平三年(1066):"河中府浮梁用铁牛八维之,一牛且数万斤。后水暴涨绝梁,牵牛没于河,募能出之者。(真定)僧怀丙,以二大舟,实土,夹牛维之。用大木作横衡状,钩牛,徐去其土,舟浮牛出,诏赐怀丙紫衣。"

　　为了避免黄河溢泛,据《宋会要》记,治平四年(1067)八月二十一日,陕西体量安抚使孙永上书呈告蒲津西面河道淤塞,进行疏通,并且修好石岸,种植榆柳加以整饬等。

　　宋、元之际,还有一段为浮桥斗争的历史。《续资治通鉴·宋纪一百六十二》记南宋嘉定十五年(1222),蒙古都元帅石天应和金守将侯小叔间一段驾设和焚毁蒲津浮桥的八年拉锯战。

　　元末明初,是否还有桥?

　　《明史·徐达传记》明洪武二年(1369):"达与遇春进取山西……进捣太原……山西悉平……引兵西渡河。"《明史·常遇春传》记其"北取大同,转徇河东,下奉元路(去长安)。"可见走的是蒲州。《蒲州府志》记:"大将军徐达至河中,会诸将造河桥渡河取陕西。"

　　宋、元以还,黄河中下游变迁甚剧,史书详纪其事,永济这一段黄河"三十年河东,三十年河西"对蒲津浮桥发生极大的影响。明正德十四年(1519),《朝邑县志》记当时"西岸止存三牛"。唐开元时,两岸都筑有石堤。《蒲州府志》载,自唐后期、五代至宋,蒲州修筑河堤计有6次。元,判院铁全再增石条筑岸。明正德十四年再修石堤。嘉靖三十四年(1555)"夹河东西大震,城复于隍",堤岸崩坏。到明隆庆四年(1570)"河大涨,溢入(蒲州城)。是岁,徙道穿朝邑,而南移大庆关(宋改蒲津关名大庆关)于东岸"。黄河主流已西移西派,原东派西边一组铁人铁牛都沦入河底,从此就看不到了。虽然,河道还有一段左右摆动的时间。明万历八年(1580)又摆回东岸,然后又西移十多里。清康熙三十四年（1695），又东移蒲州城五里。乾、嘉年间，主槽西移，越移越远，现离蒲州古城二十余里。东流一派，淤成滩地，唯余细流一线。而河中亭始变为河边亭，后连踪迹亦没有了。于是蒲津浮桥，只剩了东岸一组铁人铁牛。

黄河仍在泛滥，水涨退一次，河道淤高若干。据父老相传，直到民国初年东派西边铁人铁牛还能看到一些，之后就永远沦入河床之下。我们所能看到的便是清《永济县志》中两张不成比例的版画和一些文字记载。

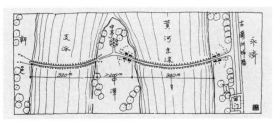

图6-8-2　蒲津浮桥平面想象图（作者绘）

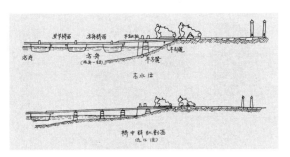

图6-8-3　蒲津浮桥立面想象图（作者绘）

民国十六年（1927），原永济县长赵祖忻组织民工万人，开挖数月，未得要领。1959年曾计划开挖，因无线索，故未进行。1988年3月，永济博物馆馆长樊旺林，通过调查历史资料，走访沿岸170余位老人，现场确定方位，层报上峰，8月，动手探测，9月，确认位置。1989年3月始挖。7月31日显露东岸西北角第一个铁人。8月7日，其余3组人牛亦均出土。铸造于1 267年前，埋于土中多年的开元文物，重见天日。作者闻讯，于同年9月20日，趁应陕西省文物局邀请，鉴定咸阳新发掘出的秦汉上林苑沙河木桥焦柱之便，先期赴西安，直奔永济。

从西安坐汽车赴山西所走的公路，估计便是在当年秦、汉、唐自关中到河中的部分古道奉元路上所修建。过渭南，因张说《蒲津桥赞》中有"虽列渭南之竹"句，仔细观察，渭南现仍有竹圃，但竹竿细小，似为箕帚之材，当然也可辨竹索。于潼关午餐。此时只有铁路桥，公路桥未成，餐后车人过渡，望黄流滚滚，远山濯濯。到永济渡口上岸，循黄河岸北上，访得桥址。只见挖坑中流沙不绝，抽泥机不时排泥出，而四铁人铁牛半露土面，都如真像一般大小，雄姿俊发，轮廓分明，不禁深为激动。东至蒲东，初游普救寺，一睹所谓"曩之西厢"，眼前已浮现着当时的情景，默诵口角噙香、沁人心肺的词句。随又访识旺林先生，畅论蒲津大事。归赠樊旺林诗曰：

奔驰远道上蒲州，古垒西畔看铁牛，
一百岁间埋赭土，三千年起偃黄流。
曾随太宗低挲渡，却逐张生压别愁，
应赐紫衣追怀丙，重来宜复旧时舟。

1991年3月，国家文物局组织正式的考古发掘队伍，进行大面积正式开挖。5月26日，自西安再赴永济，得见开挖后全貌，详细考证铁牛。

对唐开元铁牛记述得最详细的是清乾隆二十年（1755）周景柱编《蒲州府志》时所作《开元铁牛铭》一文。

这是一篇好文章，是桥梁文学中不可多见的著作。对铁牛的形容，对照实物，无不妥帖。牛是

图6-8-4　铁牛考古现场（右三作者）

以三岁雄壮阉过的公牛为范本，前蹲后踞，臀部横有铁轴。清《永济县志·古迹》称："牛甚壮巨，状皆蹲伏，腹没入地（是已经有淤积了）尾后（应为臀后）有大轴横缯之，轴首花纹模制甚工。"

图6-8-5　铁牛

图6-8-6　铁人

除了铁人铁牛之外，志载："两岸铁柱三十六，铁山亦四。"今仅东岸北侧牛后有柱七，排成北斗状。缺南侧牛后铁柱。散置穿孔矮铁柱三（缺一），应为每侧牛前各二。铁山二（全）。牛前有石驳岸。有明南京刑科给事中史鲁《石津记》断碑一，碑文与志记稍有不同。

于是，据此，联系文献记载，研究工程构造可能合理的布置的情况，计算可能铁链粗细，得出其复原布置。山西省于1991年秋及次年分别在山西太原和北京展出这一组文物的复制品，作者为桥复原的模型及照片,引起了全国的关注。

历史不断地推进,兴亡盛衰之间,总有其前因后果。唐玄宗创下一个开元盛世,却种下了天宝安史之乱。当年所谓"开元文物,(张)说力居多",而到后来"荡为飘风,散为寒烟"。东岸铁牛,失而复得,"惟欲其永存也"。国家文物局曾为之在永济与北京开过两次蒲津铁牛保护会,作者均与焉。估计建馆保护以及展出说明文物,所费不过数千万元。竟无法解决,迄今已五六年,仍只能以简陋的棚子遮盖,实堪忧虑(按:现已建馆)。

世上没有像蒲津浮桥那样维持千年以上的大桥,更不会有踵事增华的蒲津铁牛。蒲津铁牛,应该和赵州永济桥一样列为世界文化遗产之宝。作者总结蒲津浮桥千余年的历史,得蒲津曲百句,以记其盛衰过程,附于篇末。

图 6-8-7　蒲津浮桥模型

蒲 津 曲

尧之野矣舜之都,龙门禹导鱼跃波,
吕梁中条逼岸走,秦岭横截南无途。
泾渭西来汇东折,一带齐梁入海过,
此地由来称作蒲,河东蒲坂是因坡,
开府河中起唐后,河曲地若河中凫。
北扼幽燕分秦晋,斩关绝水兵争多。
后子奔晋千车乘,夏阳造舟东逃逋,
昭襄桥航始废渡,史传尊之书作初。
渭南竹圃千竿瘦,陇坻松林百亩粗,
绞索造船横距木,通济利涉驾鼋鼍。
奔湍层凌相冲逼,梗断航破无岁无,
县徒劳苦津令罪,搓手捶胸思虑枯。
开元天子北巡返,刺史贤良为民呼,
冢宰受命支国帑,周官六齐开洪炉。
熔铁为牛锻为链,铁人策之汉与胡,
两岸合八柱卅六,横施画鹢船排流。
双流对出屈且抱,后立中亭满蓬壶。
曾排仙仗迎銮驾,也送棵台樵牧蒭,
西去张生愁梦梦,东来慈觉走佗佗。
仓皇人事泰受否,河谷迁移滩变沱,
潦水断桥噬朝邑,西牛链挂落如砣。
高僧怀丙出应募,双舟排土钓沉珠,
紫衣诏赐僧伽着,桥系通衢恩赏殊。

一炬火龙焚垂绝,三军落雁复临河。
洪流洪庆难言庆,河道东偏西转徂,
万石潭牛齐没水,舟桥百丈怎重数。
初阳绚烂荡银烛,独照东牛与牧夫,
日精月粹饫霜露,金灿晶莹泽角肤。
淤淤涨涨埋腰脚,暮暮朝朝没顶颅,
野旷唯余滩接水,人家几处绿耕芜。
父老渐稀忘消息,子孙繁盛忆模糊,
却逃倭寇铸戎械,幸免红兵扑旧模。
盛世得容开赭土,功成相许出河图。
上林新发群焦柱,蒲坂长驱看铁牯,
尚有流沙埋半截,已教情激满心窝,
归来顺赴西厢处,数去还评梨院讹。
永济瑞光惊北阙,阳春祥日动深锄,
乘暇再至讶全豹,顿释初疑解系桴。
景柱文章精如此,中书赞颂信非诬,
一文三武人牵策,前撑后蹲牛于菟。
尾柱七星前柱倒,南差八数北相符,
埠头想自桥身废,砌道因需路脚铺,
高筑石堤成曲岸,横陈断碣有螭趺。
摩挲文物临风立,思入开元盛世模,
秦俑长怀杜牧赋,扶风追忆退之疏,
蒲津牛铁张说赞,驿路马嵬白傅歌,
应使君王勤宵旰,岂关红粉引干戈!
浮梁未有如斯古,技艺双臻唯夸吾,
为报九州齐爱护,子孙永宝福增和。

作于1991年8月,发表于《东方文化》

我国第一座木拱桥——南洋桥

南洋桥也称万年桥，位于山东青州市古南阳城北门外南洋河上。现为七拱石桥，全长86米，宽9.4米，高9米，拱跨宽度5.4米。桥栏浮雕为松鹤同春、缠枝牡丹、张良圯下遇黄石公及二十四孝图等，望柱顶端雕有形态各异的石狮、宝瓶。六座坚固的桥墩，逆水面呈三角形，上雕龙首、水兽。整个桥体造型优美，工艺精湛，规模恢宏，令人赞叹。

南洋桥始建于北宋明道年间（公元1023—1033年），为送宰相夏竦来青州时所建。这座用木梁交叠而成的木拱桥（时称虹桥），在宋人王辟之的《渑水燕谈录》中曾有所记载："青州城西南皆山，中贯洋水，限为二城。先是跨水植柱为桥，每至六七月间，山水暴涨，水与柱斗，率常坏桥，州以为患。宋仁宗明道年间，夏英公（竦）守青，思以捍之，会得牢城废卒，有智思，叠巨石固其岸，取大木数十相贯，架为飞桥无柱。至今五十余年，桥不坏。庆历中，陈希亮守宿，以汴桥坏，率损官舟害人，乃命法青州所作飞桥。至今汾汴皆飞桥，为往来之州，俗曰虹桥。"

另据李焘《续资治通鉴鉴别长编》记载，早在宋真宗天禧元年（公元1017年），已有魏化基者将这种"编木为之，钉贯其中"的"无脚式桥"贡献于朝，并"诏化基与八司营造"，但由于所费工料甚巨"乃诏罢之"。由此可见，青州南洋桥是我国建成的第一座贯木拱桥。所以，桥建成后，朝野轰动。由曾肇撰修桥记，书法名家米芾书丹，建碑记事。元代诗人郝经《青州山行》中，尝有"饮马南洋桥，摩玩米芾书"之句。据旧志载，南洋桥最后一次重修为明永乐年间。秋水泛滥，"碑、桥尽毁"。这座木拱桥在南洋河上存在了460多年。

据杨应奎《重修北门南洋桥疏》记载，明正德、嘉靖年间，尚有重修南洋桥之举。不过重修的南洋桥，已改建为石桥，易名为万年桥。其后，屡敝屡修。十年浩劫期间，栏板雕饰被毁。为了使这一古代建筑的杰作保存下来，青州市人民政府于1986年，本着"整旧如旧"的原则加以重修。经过重修，加固后的万年桥，基本上保持了原有的历史风貌。

图6-9-1　山东青州万年桥

发表于《桥梁建设报》1993年4月16日

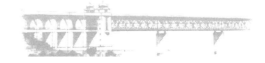

鼋鼍为梁考

中国民间传说和历史记载中带有神话性质的桥梁,或乞灵于飞禽,如七夕灵鹊造桥,或借助于水族,如命鼋鼍以为桥梁,富有浪漫主义的色彩。

《说文》:"鼋(音元),大鳖也。"俗称甲鱼,或癞头鼋。《尔雅翼》:"鼋,鳖之大者,阔或一二丈。"鼍(音驼),《说文》:"水虫也。"陆机云:"其甲如铠,皮坚厚可冒鼓。"俗称鼍龙,或独婆龙,体长丈余,是像鳄鱼一样的四脚动物,据说是中国的特产。

最早记载能够驱使癞头鼋和独婆龙架桥的是大禹。《拾遗记》:"舜命禹疏川奠岳,济巨海(指大水),鼋鼍以为梁。"

《竹书纪年》卷下:"穆王三十七年(公元前965年),伐楚,大起九师,东至于九江,驾鼋鼍以为梁。"大概早于20年前,"十七年,王西征昆仑,北见西王母。"《集仙录》称:"穆王命八骏吉日甲子,鼋鼍为梁,以济弱水而宾于王母。"就是有名的周穆王见"西王母"的故事。

因为以鼋鼍为梁的记载很多,所以在古代文人诗赋之中,作为典故,不时出现,如,庾信《看治渭桥诗》:"跨虹连绝岸,浮鼋续断航。"梁江淹《赤虹赋》:"视鳣岫之吐翕,看鼋梁之交积。"唐王起有一篇《鼋鼍为梁赋》,骈辞华丽,洋洋洒洒,是大好文章。它说到穆王东巡,至于九江:

> 临九江而澶汗,驻八骏而蜷局。望既济于未济,终叹无梁,思载沉而载浮,孰能刳木。得不乞灵于水府,假道于公族。则鼋也不得而深藏,鼍也不得而潜伏。而劈波有声,异状可惊。出层潭而栉比,驾飞浪而砥平。连足俄维,比浮柱之初立。(鳖脚互相拉住)镂甲迭映,同版筑之相成。齐首而绳墨勿用,(向右看齐)曳尾而规模自成。其利惟博,其安无倾……

几千年来,把鼋鼍为梁当作是神话,从来就没有人怀疑过,好像也不必去深究。桥梁文学嘛,夸饰是允许的。

近年编桥史,首先对之提出怀疑的是已故原钱塘江桥总工程师罗英(1890—1964)先生,在其《中国桥梁史资料》(内部刊物,仅印二三百本)中,从中国山涧河道有堆石作踏步桥,俗称跳墩子的石矼,以及四川有些溪涧,用竹笼网笼卵石,分堆作墩,一如龟鳖,上搁木梁以作桥。提出,所谓鼋鼍就是堆石墩,因为其形象相似。同济大学编《桥梁史话》因袭不误。

可惜周穆王所济乃"弱水"和"九江",都不是浅水小河,这样的堆石墩是造不起来的,不能仅作形象思维,形式类比。笔者便下力予以考证。

首先研究一下,"九江"在哪里。

早在穆王之前,《竹书纪年》记:"康王十一年(公元前1068年),王南巡狩至九江庐山。"这一地名，正和现在相符。徐立靖引《史记》正义认为"九江即彭蠡湖（鄱阳湖）口，北流入江大者"。

穆王之世，楚国不靖，所以大起九师。《周礼·大司马》："凡制……二千五百人为师"，则九师当为二万二千五百人。如此之众，东到九江。同书记同一地名，不大可能是两个地方。然而自汉以后，众说纷纭。宋淳熙四年（1177）六月，胡大昌刊印《禹贡论山川地理图》一书，详细评述各家意见。即，有以为长江的九大支流为九江；或以为今浔阳附近九小水入江为九江。胡大昌都绘图评说，论之甚详。而徐立靖力主湖口，然而都还不算十分落实。因为长江支流九派，虽可称江，但不在一处。浔阳附近九小水，未一一称名；小水亦难以称江。徐立靖力主湖口，则又未识"九"字何意？

频年百思未解。得见《郡国志》称："江自浔阳，分为九道。"作者在武汉、南京修长江大桥，多次循江上下，至此扶船栏细审。大江自湖口至小孤山，北岸一片平阳，南岸岗峦起伏。大江靠南岸而行。然山势进退开合，江中多生芳甸汀洲，水港分汊。恍然有悟。想必当初分枝连绵不断，无以名之，顺数一至九名江。正好像长江在葛洲坝处以大江、二江、三江为名。九江者乃是沿长长此段，纵向的，并行开合的九道岔江。日后有生淤，或为堤防关截为湖港，不成九数，于是名存而忘其所以。

周穆王于此行军渡长江。唯一的办法是架浮桥。人力不行，便靠水族，"蟓蟓蜿蜿，以代造舟之利"。

人为是真的不行吗？不是这样。

中国自古以来在江河上渡水工具之一，名为"鸱夷""浑脱"。

《黎士宏笔记》载："秦巩间人，割牛羊去其首，剜肉（骨）空中为皮袋，大者受一石，小者受二斗，俗曰混沌，即古之鸱夷。"

浑脱在当地俗名囫囵，名实相副。是完整（混沌，囫囵吞）地剥脱整只牛或羊皮，用水浸泡数天，再灌入盐和精油，暴晒成皮胎，用时吹气使胀。牛皮浑脱，中可藏一人，外有一人扶掖浮游过河。羊皮浑脱供一人使用。

李开先《塞上曲》说："不用轻帆与短棹，浑脱飞渡只须臾。"

浑脱可以独用，亦可组合使用。采用多只浑脱，少者十三四，多者五六百，捆绑于木架上成为牛羊皮筏，俗称排子，或桅子。至今甘肃黄河上仍有使用。因为吃水浅，不怕石角嶒硆，同时最大的好处就是顺水下趋，上水时放气背负而上，否则急流逆上，困难大极。这里两张照片便是1995年我请人拍摄的13只羊皮浑脱组成的甘肃羊皮浑脱桅子。

浑脱有这些优点，历来便在民用之外，用于军事。

《神机制敌太白阴经·济水县》云："浮囊以浑脱羊皮，吹气令满，紧缚其空，缚于胁下，可以渡也。"

北宋苏辙《栾城集·四十》请户部复三司诸案扎子记："访问河北道，顷步为羊皮浑脱，动以千计。浑脱之用，必军用之水，过渡无船，然后须之。"

图6-10-1 甘肃羊皮浑脱排子和船工

最有趣的是北宋钟谔，他不懂军事，上疏出了洋相。《续通鉴·宋纪七十六》记宋神宗元丰四年（1081），经略西北的"钟谔乞计置济渡桥筏椽木，令转运司发步乘运入西界。（神宗）诏。凡出兵，深入贼境，其济渡之备，军中自有过索、浑脱之类，未闻千里运木随军"。比钟谔早的夏竦早知如此，《长编》卷一百二十三，宋仁宗宝元二年（1039）："知永兴军夏竦议西鄙事……须渡大河（黄河），既无长舟巨舰，则须浮囊挽绠。"

过索，可以用作单索溜笮桥。

"过索浑脱""浮囊挽绠"，就是用索和浑脱搭架临时性的浮桥。这种浮桥是将索拉于河两岸的桩或树、石上，索上排挂浑脱筏子，立即成桥。用毕回收，放气，军士分背浮囊与索继续行军。

宋后仍有记录。如元朝忽必烈以"革囊"渡金沙江。清朝蒋陈锡进藏，亦用浑脱浮桥渡金沙江。此法未必是宋代发明，早就有了。

现在清楚了："鼋鼍（yuantuo）"者"浑脱（yuntuo）"也。"鼋鼍为梁"就是架浑脱浮桥，象形同音，一点神话的影子也没有了。

且不说大禹，因为难得有文件资料好找，只说周穆王。那个时候有否可能呢？

浮桥的最早记载是周文王时。《诗·大明》："文王初载，天作之合……大邦有子，伣天之妹。文定厥祥，亲迎于渭。造舟为梁，不显其光。"穆王之五世祖文王娶有莘氏之女，在渭水上架浮桥。根据《竹书纪年》推算，时在公元前1229到1227年。所以穆王能造浮桥不足为奇。

那时黄河有"浑脱"，长江流域有没有呢？

"浑脱"自古有之，名曰"鸱夷"。

《史记·伍子胥传》：吴王听信谗言，赐伍子胥属镂之剑。子胥"自经死。吴王闻之大怒，乃取子胥尸，盛以鸱夷革，浮之江中"。时在吴夫差十年（公元前486年）。应劭注："取马革为鸱夷；鸱夷，榼形。"实际上是马皮浑脱。故浑脱不独西北有，南方亦有；不独牛、羊可做，马亦可做。马援的"马革裹尸"，恐怕也是指马皮鸱夷。

伍子胥事，晚于周穆王到九江约480年。虽然，穆王东征尽可从西北带了羊皮浑脱行军。摺小而轻便，不需牛、马浑脱的。

于是可知，《竹书纪年》所谓"鼋鼍以为梁"，就是带了过索浑脱，搭架临地性军用浮桥。

顺便说一下，瑶池在今新疆乌鲁木齐近郊天山之上。笔者曾专访之。池在高山之上，四遭峰嶂重叠，远处山头白雪皑皑。池水清澈，树木深幽，是个非常好的地方。看来西王母者，不过是当年维吾尔族的一位女皇或太后。周穆王出于睦邻西访，带了亲卫，八骏驾车，随身带军用浮桥过河，也完全合乎情理。

笔者西行有《如梦令》三首；之一是《瑶池》：

穆王八骏曾来，阿母双鸾常驻。坐看碧池边，峰山松青寒雾。欢聚、欢聚，自古汉与维吾。

今日军队少不了橡皮艇和军用浮桥。可见它由来已久，是中国桥梁文化的一大光彩。不知道哪位外国朋友，能考证出比"鼋鼍为梁"更早的资料来吗？

发表于《东方文化》1993年

蜀 道 难

　　素闻蜀道之难,剑门之雄,常想一睹为快。加上新得两帧明、清古画照片(图一),所绘的是剑阁雄姿、群峰高耸、急水飞瀑、栈道萦回、风景绝幽,令人神往。1993年9月,受绵阳市建委邀请,由绵阳市城建处郭明伟和重庆建筑设计院杨彬陪同,一游蜀道。了却夙愿,亦深有所感。

图6-11-2　剑门关

图6-11-1　明·仇英《剑阁图》　　　　图6-11-3　古剑门关　　　　图6-11-4　剑门关石碑

　　蜀道是指蜀中的道路。这里指的是秦（陕西）蜀（四川）之间的金牛道或石牛道。原来历史记载，金牛道是秦惠王想伐蜀，设计教蜀人自己先筑路，于是在褒谷雕塑了五头石牛，牛后堆金，讹说石牛能粪金子，要送给蜀王。蜀王贪心，派五丁（壮夫）拖牛，带兵卒千人开道。道成，秦王派张仪、司马错尾随入蜀，一举灭蜀。历史上都说秦惠王奸诈，然而以有道伐无道，何来奸诈。秦得蜀后，第二任派李冰治蜀，假如没有李冰，哪来的都江堰这样伟大的工程，也不会使成都平原有如此富腴的土地和人民。兵不厌诈，以兵家的武功得之，以慈信的文治治之，蜀道的开辟，打破了蜀国的闭关自守的保守落后，未始不是好事。

图6-11-5　金牛道石碑

图6-11-6　四川平武县阴平栈道遗址

　　广义的蜀道金牛道，是指大散关起，一直到成都的道路。严格地说金牛道乃是汉中到梓橦的一段道路。

　　历史上素称"蜀道之难，难于上青天"，在金牛道里，难在从陕西到广元和剑阁北一段的栈阁和山路。李白《蜀道难》，以夸张的手法形容蜀道。唐代张文琮诗："梁山镇地险，积石阻云端。深谷下寥廓，层岩上郁盘。飞梁架绝岭，栈道接危峦。揽辔独长息，方知斯路难。"十分简洁地道出了蜀道上郁盘的地路接飞梁、栈道，崎岖上下。李白《送友人入蜀》诗："见说蚕丛路，崎岖不易行。山从人面起，云傍马头生。芳树笼秦栈，春流绕蜀城。升沉应已定，不必问君平。"大凡走在山区，都会有这样的感觉。现在只是云旁汽车生了。

　　金牛道最险的处所便是剑门关。

　　大剑山横衡东西，南边是峻坂，北边却是峭壁，自南往北望，梯罗七十二峰，中间断处，便是剑门关。是诸葛亮守蜀建立的关隘，并在关南大剑山和小剑山之间，建造了三十里栈阁。古画《剑阁图》，从剑门关南山下剑溪桥仰望关口，两侧山廓成八字，关口高峻。接蜀汉以来维持不断的剑阁栈道，现在已经没有栈道的痕迹了。

　　自从开了剑门关，"剑阁峥嵘而崔巍，一夫当关，万夫莫开"（李白）。可是邓艾走关西的阴平捷径灭蜀汉（刘阿斗）、宋王全斌走关东边的来苏小道、灭后蜀孟昶、红军攻剑门关，都是避开正面，从两翼包抄，断其后路的办法，所以晋代张载有名的《剑阁铭》中说到"一人荷戟，万夫趑趄"的剑门关"兴实在德，险亦难恃"。

唐玄宗于天宝十六年从蜀回长安,再过剑门关也只能说"乘时方在德,嗟尔勒铭才",佩服张载的才识。有治国之才,国家安定团结,内乱不生,外患不起,盗贼无有,则道路安宁。即张载《剑阁铭》中所称"世浊则逆,道清斯顺"。便像我们今天到剑门一样,只是"赏"而不是"惧"其险了。蜀道是难,从在德不在险的观点来看,盛世之时,蜀道亦易。所以唐代陆畅和明代方考孺都作过《蜀道易》。方诗说:"王道有通塞,蜀道无古今。至险不在山与水,只在国政并人心。"这些都是至理名言。

　　当年蜀道,有险处,也有乐处。那就是绵延三百里的翠云廊。所谓翠云廊,是清康熙三年(1664),剑州知州乔钵取的名字。乔诗《剑门路》道:"崎岖凹凸石头路,两旁古柏植何人,三百里程十万树。翠云廊,苍烟护。苔花荫雨湿衣裳,回柯垂叶凉风度。无石不可眠,处处堪留句。龙蛇蜿蜒山缠互,传是昔年李白夫。奇人怪事教人妒。休称蜀道难,错莫剑门路。"当年沿着三百里古道夹种十万株柏树,一说是张飞守阆中时所令栽植,一说是明正德十二年(1517)来蜀的剑州知州李璧所培育。看来既秦时便有此道,蜀汉又多加利用,则柏树宜为各个时代所种,荫蔽道路。走在这翠云廊中"千株万株环道左,夏日清凉冬亦颇,武连直抵剑门关,行人尽被浓荫裹"(清代张邦伸《剑州路柏》)。柏树"十围才博大,千尺气轩昂"(清代张问彤),何况"何石不可眠,处处堪留句"(乔钵诗)。据说在卫星照片上,仍可以看到这条绿色长廊,不可不说是世界奇观之一。

图6-11-7　翠云廊(一)　　　　　　　　　　图6-11-8　翠云廊(二)

　　十万株的古柏树,现在编号衔牌予以保护,仅存九千九百棵,则九万零一百棵到哪里去了?历代对护树都有严格的制度,当地老百姓也很珍惜家乡的文物,并且以古树为"神",尊为风水树,百姓只有膜拜而不会砍伐。兵荒马乱之际,虽有破坏亦不为多。1935年修的川陕公路是与金牛道穿插而行的,曾开伐去了路中一些柏树,但在路旁者仍皆砌石护树,利用之为行道树。据四川省交通厅同行告,1965年时还郁郁葱葱,而1968年再去,沿路已十去七八!

　　川西平武县南坝,尚有唐祖陵李龙迁墓的牛心山,《平武文史资料》第六辑载:"李唐皇陵前代保留下来的古树十数万株,高大繁茂,珠围翠绕,郁郁葱葱,象气森林……1935年红四方面军长征到达南坝,在牛心山驻了一个政治部……红军走后,庙宇、林木,甚至神像都完整如故……1945年平武解放，1950年人民政府成立……对庙宇、林木仍加以保护，没有人敢砍牛心山的树木……但自1958年大办钢铁开始，接着修平江公路，办人民公社食堂，都从牛心山用木取材，随意砍伐。迄至1962年拆毁牛心山庙时，全山林木亦同时砍光，历时一千余年最负盛名的名胜古迹牛心山，如今童山濯濯，一片荒凉，只幸存着三株旧时古柏，供游人凭吊而已！"

这一段文字读来令人丧气。拆庙只是从形式上清除封建，而砍树却什么都不是，形式上改除刻建却留着思想中的封建意识，于"文化大革命"期间愈演愈烈，迄今未能彻底清除，实为可悲。

翠云廊十分之一的命运好些，得于张爱萍将军的保护和关爱，蜀人感戴，今日梓橦大庙里新刻楹联中四张并题，即张翼德、张爱萍、张亚子（文昌帝君）和张献忠（曾到四川）。现在川陕公路两旁，除古柏树外，新栽柏树"子孙千亿"只是粗才如臂。柏树年长半径0.8到1毫米，待到腰大十围，亦须千年之后了。看了这条翠云廊，想起了成都武侯祠前的柏树，在城市一株两株古树已万人空巷，此地万株得全天年矣。再想起：张丞相秦冠入侵、唐明皇琅珰幸蜀、杜工部难离赴幕，人事沧桑，爱得一律："一生难得百年缘？放眼含情仔细看！寒暑阴晴天亦老，菓枯夷险地难安。兴亡治乱人间事，离合悲欢百姓宽。犹是断崖明月峡，通秦四道壮山峦。"

图6-11-9 唐人绘《明皇幸蜀图》局部

图6-11-10 唐明皇幸蜀闻铃处石碑

作于1993年之后

《绍兴桥文化》序[1]

绍兴古称会稽、地属越州,是中国东南文明的发源地。大禹治水,足迹所及,薨葬于此。越王勾践,经之营之,称霸一时。秦始皇统一中国,北临碣石,南巡会稽,登山望海,亦想绝水造桥。西汉舟师,从此南下以定南越。晋室偏案,会稽是太平乐邑。唐、宋以还,乡市日隆,人文荟萃,成一时之秀。

绍兴郊市,有山有水。晋王羲之兰亭序记"此地有崇山峻岭,茂林修竹",而清陶元藻《广会稽风俗赋并序》称:"其为山也,峻而不险,巨而不顽,盘行静穆,起伏幽闲。其为川也,流非奔泻,聚沙盘涡,千村有楫,百里无波。缥缈郁仓,潆回绰约,妃耦停匀,映带错落。顾盼皆别有烟霞,寻丈即自成丘壑。绝天梯石栈之劳,多稳舵安舟之乐。"《越绝书》说其地之人"水行而山处,以船为车,以楫为马",市缠水网,于是飞杠如虹,枡比棋布。绍兴是个桥梁之乡。

中国幅员之大,古桥之多、品类之繁、历史之久,在世界上允称魁首。然因地域不同,风格迥异。重嶂叠岫,每多铁锁,骏马西风,长驰联虹,而绍兴水土如斯,杏花春雨,便得桥梁玲珑俊秀,华章异致,雕琢精良,变化奇诡,再加以崇文尚史,保护有方,因此绍兴得以作为历史文化名城,永将屹立。而绍兴数不清的桥梁,其桥梁文化是历史文化名城的重要组成部分。

桥梁发展由木而石,由梁而拱,由简而繁,从史、志、文物和实际存在桥梁之中,可见端倪,可寻脉络。很多历史中的桥型,于别处已不可见,而在绍兴却独存。如各种类型折边石拱桥和某些竹木拱桥;只能见于五代唐人古画中的椭圆形石拱桥;宋苏东坡建文东惠州西新桥为"似开铜驼峰,如凿铁马蹄,岌岌类鞭石,山川非会稽"的会稽马蹄式石拱桥,至今在绍兴仍有存在。从绍兴的石桥,可以看出石桥结构技术发展的历史。因此,绍兴多桥梁的"活化石",故可称桥梁的"博物馆"。

绍兴民间石工,技艺双臻,一座桥梁中,巧思迭出,斧斤妙用,保存流传下诸多珍贵的石刻艺术和其贞利吉祥、民间习俗的思想和形象,详加诠述,便可成巨帙。所以绍兴的很多桥梁既是技术上卓越的典范,亦是艺术上不朽的杰作。

典型的事物产生并适应于典型的环境,因此,保存和欣赏,亦然需要在原有特定的环境之中。绍兴的桥梁,随街曲折,遇水凌飞,起伏联通,穿梭无碍,加上驿亭廊阁,时或点缀一二,这又是技艺表现的另一个方面。

在典型的环境之中欣赏桥梁,又和四时景致,个人的襟怀胸抱而不同。再加上历史变迁,沧桑迭代,诗人墨客写下不同的感慨,让不朽的桥梁作百代证人,循此追寻历史的踪迹。所以有关桥梁的诗、词、铭、联、文、赋之属,点景叙情,感时记事,成为桥梁文化跨越时空,极为重要的史诗记载。

1　为绍兴罗关洲、钱茂竹编著的《绍兴桥文化》一书作序。

绍兴罗关洲、钱茂竹编著的《绍兴桥文化》一书，就是循着他们正确的思路，记录下绍兴桥梁的一切，让我们对越文化从桥梁的侧面，有深入的了解，可以说是独辟蹊径，别开生面，开卷有益。是一本很好的读物。

然而，诵读之下，亦有忧心的地方。

创造一个文化，历千秋百世，并不容易，破坏一个文化却只在旦夕之间。所以创业难而守业更难。所谓"文化大革命"就是很好的一个例证。

绍兴的古桥中，极可怀疑光相桥是东晋遗制，因没有经费采取进一步的证实，只根据桥上部分石刻，便定为元桥，列为市级文物保护单位，这已是很大的遗憾。昌安桥在"文化大革命"中，改名"敢闯"，现在又因建设需要而拆除，使为数不多的折边拱石桥中又少了一座古桥。

估计全国仅在绍兴存有的几座多孔联拱马蹄拱之一，且又雕刻精良的泾口石桥，于前几年某日晚间被船撞损伤，边券和桥面开裂，已成危桥，尚未修复。那么，所谓"桥文化"亦在濒临危殆之中。

我所希望的是海内外有识之士，读了此书，按图索骥，增强对民族桥梁文化的热爱和保护之情，不负作者一片苦心，有厚望焉。是为序。

1996年5月1日

赤壁之战·长江虎牙浮桥

赤壁之战，或素称火烧赤壁是专指东汉建安十三年（208），三国时孙、刘联合，与曹操在今湖北蒲圻（今赤壁市）西北，长江乌林赤壁（今蜀赤壁市嘉鱼县）的水陆大战。然而北宋苏东坡却误认为湖北黄州（今黄冈市）长江边上的赤壁是当年的古战场，为之写出了《前（后）赤壁赋》以及《念奴娇·赤壁怀古》。苏东坡这样史书娴熟的大文豪，连石钟山何以名"石钟"都要亲自探究弄个水落石出，为什么对重要的历史地点会放松疏忽到如此地步？其实他是打了埋伏的。"古垒西边，人道是三国周郎赤壁"一句，已说明这不过是道听途说，且作人云亦云。何况当年孙权都武昌，即今黄冈江对面的鄂城（今鄂州市）。建安十六年（211）"始移治秣陵，明年，城石头，改称秣陵为建业"（见《三国志·吴书·吴主传二》）。当地后人附会黄州突出下悬赤色的峭壁，其名为"赤鼻"者为"赤壁之战"的地方，事出有因。苏东坡以左迁不自由之身，不能到乌林赤壁，明知此处为非，聊借以抒发其盛衰成败的感慨。故何绍基黄州东坡祠联曰："胜迹别嘉鱼，何须订异笺。"讹，但借江山虑感慨。后人尊之，称嘉鱼者为"武"赤壁，而黄州者为"文"赤壁，于是赤壁就有了两处。

其实，长江上下，旁江有所谓"赤壁"者，还不止这两处。时至今日，在长江上进行过激烈战争的地址亦不少。仔细读史，既在"赤壁"之下、又有江上战争，即"赤壁之战"甚至以火攻为主的"火烧赤壁"，三国周郎、阿瞒间的战事，既非空前，亦非绝后。

于三国赤壁之战前173年，东汉建武十一年（35），在长江宜都上游，就有另一次也许称得上规模更大的赤壁之战，或火烧赤壁，事见《后汉书》《水经注》等著作。

西汉末年，王莽篡位之后，天下动乱。绿林豪杰起事。汉宗室刘玄立为帝，建元更始、无能。公孙述在四川，于更始二年（24），"自立为蜀王，都成都。汉光武帝立建武元年（25）述又"自立为天子"有兼并天下之志，拟取汉室而代之"。同年派"将军任满，从阆中下江州，东据扦关，于是尽有益州之地"（以上都见《后汉书·公孙述传》）。

原来战国时巴楚相争，长江上设有江关。即"扦关、阳关、沔关"（《华阳国志》）。志载阳关在今重庆涪陵西，扦关在今三峡最上的瞿塘峡口。"（战国楚）肃王四年（前377），蜀伐楚，取兹方，于是楚为扦关以拒之"（《史记·楚世家》）。

建武六年，蜀兵节节东下，公孙述派其大司徒任满，翼江王田戎，南郡太守程汛"将数万人，乘枋、箪下江关"，出了三峡，击破了汉守将冯骏及田鸿、李玄等，遂拔夷道、夷陵（《后汉书·公孙述传》）。"欲取荆州（今江陵）竟不能克"（《后汉书·公孙述传》）。于是退停下来，九年（33）"据荆门，虎牙。横江起浮桥、关楼，立横柱以绝水道，结营跨山以塞陆路，拒汉兵"（《岑彭传》）。这可以说是自周穆王鼋鼍为梁之后，长江上第一座正式军用浮桥，地点在原峡州夷陵县东南，宜都县（今宜都市）西北。

江水出三峡"东历荆门、虎牙之间。荆门在南,上合下开,暗彻山南,有门像。虎牙在北,石壁色红(赫然又一赤壁),间有白文类牙形,屹立物象受名此二山,楚之西塞也,水势急峻"(《水经注·江水》)。两山气势雄伟,较黄冈赤壁为甚。所谓"虎牙桀竖以屹崒,荆门阙竦而磐礴"(郭璞《江赋》)。

长江上造起了浮桥,这座浮桥所用不是浑脱,亦不是船只。因为任满、田戎等几万人(十万以下)是从上游驾"枋""箄"下的江关。"枋,泭也"(《尔雅》)。"编木为泭,小泭曰桴"(《国语·齐语》)。所以"枋"就是大木排,亦称筏,从竹。几万人坐"枋、箄"装运人员武器和军输,当亦有近千栿、筏。一部分便用以搭架浮桥。桥必是用四川习用的竹索,枋、箄上的百丈(蔑缆)所维系。桥上还起关楼,或斗楼,如城墙上的敌楼,连绵于全桥,一可瞭望,二可作战(放箭)。在浮桥的下游(或两边)水中打下丛木为柱的攒柱,用于挡住水道。结合陆上跨山的联营,组成一道水陆坚强的防线。"关楼""攒柱"的材料正取自于架桥余下的部分枋、箄。

光武手下名将岑彭"数攻之,不利"(《岑彭传》),于是退下来做准备。建武十一年(35)春,光武帝遣"(大司马)吴汉,率诛虏将军刘隆,辅威将军臧宫,骁骑将军刘歆等三将,发荆州兵(南阳、武陵、南郡)又发桂阳、零陵、长沙委输棹卒凡六万余人,骑五千匹,与彭会荆门。彭装战船(直进楼船、冒突露桡)数三艘"。这些防箭的战船是冲攻浮桥所必需的。可是,"吴汉以诸郡棹卒(水手水兵)多费粮穀,欲罢之"。两位统帅之间,意见不合。"彭以蜀兵盛,不可遣,上书(光武帝)言状。帝报彭曰:大司马(吴汉)习用步骑,不晓水战,荆门之事,一由征南公(岑彭)为重而已"。于是岑彭得以专任指挥这一战役。(《岑彭传》《吴汉传》)

诸事准备就绪,战争开始。战争分水陆两部分。"闰月,岑彭令军中募攻浮桥,先登上赏。于是偏将军鲁奇,应募而前。时东风狂急,鲁奇船逆流而上,直冲浮桥。而攒柱有反把钩(反把钩者既钩住敌船,使不得退,又逆拒使不得进。浮桥的防御可谓十分周到)。奇船不得去。奇等乘势殊(死)战,因(东风狂急)飞炬焚之,风怒火盛,桥楼崩烧(自然木筏也起火)。岑彭悉军顺风并进,所向无前,蜀兵大乱,溺死者数千人。"水上防线一破,汉兵可溯而上,陆上蜀兵腹背受敌,难以立足。且此时已"斩任满,生获程汛",于是"田戎(急退)走保江州"(属巴郡,今重庆巴县)。岑彭、吴汉率汉军溯江而上,收江州。(光武帝)"诏彭守益州牧"。可惜他不久便遇刺身亡。吴汉为主帅。建武十二年冬,吴汉破成都,"(公孙)述被创(被刺洞胸,坠马),夜死"(《光武帝纪》《公孙述传》)。

虎牙赤壁之战,是一场规模相当于或更大于嘉鱼赤壁之战的战争,不妨与《三国志》中有关后者的记载相比较。

东汉献帝建安十三年(208),"秋七月,(魏)公(曹操)南征刘表。八月,(刘)表卒。其子琮代,屯襄阳,刘备屯樊口。九月,公到新野,琮遂降,(刘)备走夏口(今武汉),公进军江陵"收荆州兵,顺流下江,十二月"自江陵征(刘)备,至巴丘……公至赤壁,与备战,不利。于是(时)大疫,吏士多死者,乃引运还"。(《三国志·魏书·武帝纪》)

一从时间上看,嘉鱼赤壁之战晚了虎牙之战173年。且虎牙之战前后相持达六年之久,少算也有三年。而嘉鱼之战匆匆在一年之内就结束了。

二从军力上看,曹操与孙权自称"今治水军八十万众,方与将军会猎于吴"(《江表传》),而周瑜夜说孙权,分析其兵力:"今以实校之彼所将中国人(自己带来的北方兵)不过十五六万,且军以久疲(速行军而疲劳,时日持久则气衰竭)。所得(刘)表来众,亦极七八万,尚怀狐疑……(瑜)得精兵五万,自足制之。"(《江表传》)而志载周瑜水军只"精兵三万人"(《三国志·吴书·周瑜传》)。会合刘备少得可怜且又自有打算的步骑,"关羽水军精甲万人,刘琮合江夏战士不下万人"(《三国志·蜀书·周诸葛亮传》)。曹方约二十四万,孙、刘方为五万,总计约有二十九万人合战。虽然双方兵力悬殊,但周瑜、诸葛亮从战斗力的分析,曹方兵多而兵力疲敝,斗志不强。"轻骑一日一夜行三百余里,此所谓'强弩之末,势不能穿缟'者也⋯⋯且北方之人,不习水战。又荆州之民附曹者,逼兵势耳,非心服也"(《三国志·蜀书·周诸葛亮传》)。千数者一千左右或不足一千。杜佑解释,蒙冲是一种小船,"以生牛皮蒙船覆背,两厢开掣棹孔,左右有弩窗、矛穴,敌不得近,矢石不能败,此不用大船,务于速疾,乘人之所不及,非战之船也"。至于"斗舰,船上没有女墙,高可三尺。墙下开掣棹孔。重列战敌,上无覆背,前后左右树牙旗、帜幡、金鼓,此战船也"(《三国志·杜佑注》)。可见近千只船里真正的大船斗舰并不十分多,不过几百只而已。

周瑜一方都是水军,斗舰数目不详,因只三万人,估计亦不过几百号战船。至于关羽得刘表的"船数百艘"(《三国志·蜀书·关羽传》)不一定是战船,亦不会归周瑜统属。双方战斗的船舶,最多是一千艘,不足两千。

前面已经说过虎牙之战公孙述将田戎等的兵力"几万人"。充其量九万左右。汉光武帝将岑彭的兵力原不知多少,总亦有少说几万人,含吴汉带来的"委输棹卒凡六万余人,骑五千匹"。总兵力亦有八九万人。大致双方旗鼓相当。合计约有十七八万人合战。兵将的数字虽比嘉鱼乌林赤壁为少,而奋战实力则较之更强。

至于江上战斗船只,蜀方有几百只栈、筏架设的设防严密的浮桥。双方攻击有"战船数千艘",有"直进楼船(大船)","冒突露桡"可能就是蒙(冒)、冲(突)战船。这个数量就比孙、曹之战多得多。因此战争的实际规模,还是虎牙之战为大。

三从战斗过程来看。曹操摆了一副架势,且洒洒临江,横朔赋词,将战船摆列嘉鱼赤壁江中,"权遂遣瑜及程普等与备并力逆曹公,遇于赤壁。时曹公军众已有疾病,初一交战,公军败退,引次江北。瑜等在南岸,瑜部将黄盖曰:'今寇众我寡,难与持久。然观操军船舰首尾相接(注意,不是"连环计"的双体船),可烧而走也。'乃取蒙冲斗舰数十艘,实以薪草,膏油灌其中,裹以帷幕(不用牛皮),上建牙旗,先书报曹公,欺以欲降⋯⋯因次俱前。曹公军吏士皆延颈观望,指言盖降(一副袖手旁观,安闲无事的非战状态)。盖放诸船,同时发火。时风盛猛,悉延烧岸上营落。顷之,烟炎张天,人马烧溺,死者甚众"(《三国志·吴书·周瑜传》)。"瑜等率轻锐寻继其后,擂鼓大进,北军大坏"(《江表传》)。"(曹)公(自)烧其余船引退。士卒饥疾,死其大半"(《三国志·吴书·吴主传》)。

战争虽亦斗智,可是斗力殊死战上就没有虎牙之间激烈,烧的舰船都在北岸,不若虎牙之战的江上飞短满空,横烧成一条火龙。至于《三国演义》中的一些穿插故事,如群英会、偷书、借东风、苦肉计等都渲染得嘉鱼赤壁之战有声有色,家喻户晓。虎牙赤壁之战只有少数史学家知道了。

罗贯中写《三国演义》赤壁之战"借东风"一段,也许是受了《后汉书》的启发。然而虎牙之战浮桥是南北横布满江,仰攻非东风不可。嘉鱼赤壁之战,曹操船只已被冲靠北岸,首位相接。吴军在南,火攻不一定攻其首,亦可攻其中、尾,故不一定要东南风,西南风也可以。所以《三国志》只书"时风盛猛"而不书东西。

嘉鱼赤壁之战之后,长江上有赤壁的地方还有过重要的战争。最比较重要的是前面提到过的"扞关",即瞿塘峡口。

瞿塘又称夔门,两侧为千余米高的赤甲山和白盐山。赤甲山色赤,也是一个"赤壁"。可谓

"绝岸万丈,壁立赧(红霞色赤甲山)驳(青白色白盐山)"(郭璞《江赋》)。这一峡口,历来是兵家必争之地,过去各朝多有铁链"锁江",或造铁链桥,或造浮桥。

唐昭宗天祐元年(904)有唐·赵匡凝攻蜀王建之战。

五代后梁乾化四年(914),高纪昌攻蜀张武夔门,焚蜀浮桥。

宋初乾德二年(964)宋将刘光义入峡,从陆路先偷上,再从上下游攻夔门锁江浮桥。

元、明之际,明洪武四年(1371),明杨璟分兵从赤甲山和白盐山攻蜀夔门铁链桥,火攻焚之。以上都也可称为赤壁之战或火烧赤壁。

就是黄冈"文赤壁"附近上游,唐昭宗乾宁四年(887),朱又恭于樊口跨长江架浮梁以攻武昌(今鄂州)发生过战事。诸事见于史书,只是规模和激烈程度,均不及虎牙和嘉鱼赤壁之盛。至于不在"赤壁"之下,长江上激烈的水战尚有很多,阙而不录。

唐浩整理于武汉

2014 年 4 月 26 日

捞鼎·戏车——汉画像砖（石）拱桥

中国的桥梁史脱离不了民族的政治、经济和文化背景。中国的政治、经济和文化中少不了和桥梁有关。可惜中国现存的桥梁实物远只到隋代，隋以前的桥梁只能从文化遗产中去寻找。确实也可以找到不少"惟恍惟惚"可是又"其中有物"和"其中有信"的资料。

比如说拱桥究竟起于何时，在世界桥梁史上都是个难题，中国的拱桥起源于西汉，虽然地面以上已看不到西汉的拱桥，可是地下的实物中还能探索西汉的拱，特别是墓式结构和出土的画像砖、石，保存了若干西汉和东汉拱桥的形象。文物部门所称的画像石，一般是在石平面上浮刻版画式的图像，而画像砖多数是以木模刻图像，压制泥坯烧成的砖（汉代早期多半是空心砖，一面有图案），并非后世的雕花砖刻。因此，画像砖是可以复制和批量生产的。

汉代画像石和画像砖以四川、山东、河南出土者较多。今专以河南南阳的出土者来探索。

南阳，春秋时是申伯国。秦昭襄王三十五年（前272年）置南阳郡，治宛城。南阳冶铁，当年有宛城的铁剑，杀人一如逢蛮之说。南阳以铁富。富易为官，汉武帝时大农丞孔仅便以冶铁起南阳。东汉南阳太守杜诗，采用水排，就是以水力鼓风冶铁。在这样的背景下，南阳多汉代墓葬，墓葬多壁画壁雕。

捞鼎

1963年南阳新野清理过一座画像砖墓，拓得画像砖上的画如图6-14-1。在没有仔细对照研究的情况下，判断这是一座东（或西）汉裸拱桥，即没有拱上结构，也没有拱下桥墩，只有拱券。桥上有驷车（四马拉车）。桥前后有三力士用索牵挽，于是判定是桥道太陡，上桥需牵，下桥需挽。却原来是大大的错了。

图6-14-1　汉代画像砖

　　1985年至1986年，文物部门继续发掘了数十座汉墓，得到较多的画像砖。今采用其有拱形桥梁的拓片和照片（图6-14-2、图6-14-3）。欣赏这些二千多年的汉画，倒也十分有趣。对照拓片可见桥前后都有力士牵索。可是并非挽车，而是索联到桥下的一只鼎耳之上，桥下有船，船上有人在击手鼓或鸣钲。还有一条龙企图咬断挽索。文物考古学家称这画面是"泗水捞鼎"。是不是呢？于是说来话长。

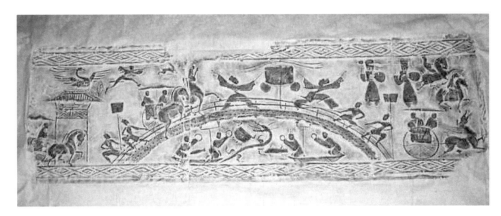

图6-14-2　"泗水捞鼎"

图6-14-3　"泗水捞鼎"局部

　　中国古代礼器最重要的一种是鼎。三足，两耳，空腹架空，下燔柴火以烹饪食物，不过是古代的一种餐具。足空心的陶器称鬲。后以铜或铁铸，或圆形三足，或长方形四足，称鼎或鼐。大者能容整只羊或犊，用以祭天，成为礼器之一。铸造一只大鼎，在古代很不容易，所以是国家重器，权力的象征。

　　传说古代的泰帝，铸鼎一，名神鼎，"一"者表示一统天下，是天地万物统治的象征，"亨以亨上帝"（《易·鼎》）。"黄帝采首山铜，铸鼎于荆山下"（《汉书·郊祀志》）。得宝鼎三只，代表三德，象征天、地、人三大世间重要因素。夏禹治理天下，分天下为九州，各州收集金属，铸鼎九只，代表统一的中国，作为传世之宝。

　　夏亡，九鼎归之殷商，商朝衰败，九鼎归于周。周成王居丰，使召公经营洛邑（今洛阳西郊），把九鼎搬到那里（"居九鼎焉"《史记·周本记》）。周德衰，鼎归于秦。秦德衰，九鼎沦没而不见。司马迁说："太丘社亡，而鼎没于泗水彭城（今江苏铜山县）下。"（《史记·秦始皇本纪》）班固说得更清楚："周赧王卒（前256年），九鼎入于秦（正是秦昭襄王五十一年，造蒲津浮桥后一年）。或曰，周显王之四十二年（前327年，即71年前），宋大丘社亡，而鼎没于泗水彭城下。"（《汉书·郊祀志》）传世的代表中国三代统治的九鼎，在不知什么情况下神秘地失踪了。

　　秦始皇二十八年（前219年）统一天下。三年之后，东封泰山，回来时路过"彭城，斋戒祷词，欲出周鼎泗水，使千人没水，求之弗得"（《史记·秦始皇本纪》）。

历来帝王,都相信天地鬼神,对于象征天授人权的宝鼎,总是念念不忘。于汉朝亦是。汉文帝后元年(前163年),河北(赵)人新桓平善望气,说汉文帝道:"周鼎亡在泗水中,今河决通于泗。臣望见东北汾阴直有金宝气。"认为周鼎要出现了,意思是周鼎已经从泗水潜经黄河,要想办法祷求它出来。汉文帝竟亦派人到汾阴造庙,靠近黄河,想多祭祀求得周鼎。后来有人告新桓平是诈骗分子,新桓平谋反,被"夷三族"(《汉书·文帝记》)。事情就这样搁下了。

汉武帝即位,尤敬鬼神。

"元鼎元年(前116年,汉武帝即位后第25年)夏五月,赦天下,大酺(宴)五日,得鼎汾水上。"(《汉书·武帝记》)看来是年初得了一鼎,所以那年把元狩改元为元鼎。《武帝记》又记"(元鼎)四年……六月得宝鼎后土祠旁……作宝鼎之歌"。后土祠是汉武帝于元狩二年"东幸汾阴(山西)……立后土祠于汾阴脽上……(后来)制诏御史……'朕临天下二十有八年(元鼎四年)……其夏六月,汾阴巫锦为民祠魏脽后土营旁,见地如钩状(隆起),掊视得鼎,鼎大异于众鼎,文镂无款识,怪之,言吏。吏告河东太守胜,胜以闻'"。"诏曰:'朕巡祭后土,祈为百姓蒙丰年。今谷嗛未报,鼎焉为出哉?(可)博问耆老,意旧藏与?'诚欲考得事实也。有司验脽上非旧藏处。鼎大八尺一寸(约2.4米,估计是圆鼎直径),高三尺六寸(约1.08米),殊异于众鼎(尺寸较大)。""天子使验问巫得鼎无奸诈(怕是第二个新桓平),乃以礼祠。迎鼎至(长安)甘泉(宫)。从上行,荐(装车时用草垫起)之。至中山,晏温,有黄云焉。有鹿过,上自射之,因之以祭云(以鼎烹鹿以祭天)。至长安,公卿大夫皆议尊宝鼎。"(《汉书·郊祀志》)

这段记载,汉武帝时人司马迁所记为元狩二年(前121年)和班固所记的年代有出入。我觉得似应相信司马迁所说。元狩二年得"周鼎"。

汉武帝得周鼎非常得意,因秦始皇"无德"没得到,群臣皆上寿贺之,唯(吾丘)独曰非周鼎。汉武帝闻听大怒,要他说出道理来,如说不出来"则死"。吾丘寿王说:"上天报应,鼎为周出,故名曰周鼎……昔秦始皇亲出鼎于彭城而不能得,天祚有德而宝鼎出,此天之所以与汉,乃汉宝,非周宝也。"(《汉书·吾丘寿王传》)尽曲折阿谀之能事。

汉武帝得宝鼎在当年确是一桩大事,于是被图刻或模塑烧制于画像石或画像砖上。

戏车

汉画砖上的图画(图6-14-4)被文物专家称之中国最早的车上杂技图(又名平索戏车图),1988年在河南省南阳市新野县现身,汉画砖61×32厘米,画面上两辆飞马奔驰的戏车,还有几个杂耍的人。

前车杆上伎人两手各握一索,左手握索的另一端由另一伎右手力挽,这位伎人的左手拽着前面的奔马之尾,使绳索成直线状态,两索下有伎人或倒挂、或双手抓索作翻滚表演。后

图6-14-4 平索戏车图

车杆上顶部蹲一伎人,与前车舆内之人共抓一索,一伎人做走索表演。这是在双车联索戏车上所表演的惊人的技艺,绝妙的表演,可说是中国古代杂技的精华所在。史料记载的履索都为地上固

定设索,而这些画像说明其已由平地上升到空中,由固定的形式变为飞动的形态,是研究中国艺术史不可多得的材料。

图6-14-5　高车斜索戏车图

图6-14-5画面为绝妙非凡的杂技表演:前有一导骑,车上立有橦杆,前面戏车一伎倒挂于杆上,两臂手伸托二人,一人站立,一人半蹲。后面戏车杆顶蹲一人,与前戏车舆内三人共引斜索,一人履索表演。右上面有一人骑马引弓射箭。此为表演走索和寻橦杂技画面。由于所履的索绳是两车联索,斜向上下,且又运动,其难度大大超过地上平索的技艺。这种飞车联索上的杂技艺术,堪称汉代舞乐百戏之精髓。

《史记·万石张叔列传》里面"绾以戏车为郎",卫绾是何许人也? 通过《史记》我们得知,他是代国大陵人(今山西人),在汉文帝、汉景帝、汉武帝时期曾任中郎将、河间王太傅、太子太傅、御史大夫、丞相等要职。书中说他"以戏车为郎",是交代他步入仕途的原因:因为"戏车"而被选拔为"郎(皇帝身边的侍从官员)"的。看来艺人从政自古有之。

画像砖中丰富多彩的舞乐百戏,由于民间匠师的精心雕琢设计,使静止画面上的伎人的表演姿态无不充满着动感,富有浓厚的生活气息。戏车画像砖为车上表演走索和寻橦,动作惊险、演技精湛;拂袖舞伎,罗衣从风,长袖交横,若竦若倾,神态生动;跳丸者,挥弄丸剑,循环往复,上下飞舞;弄壶者,置壶臂上,或滚或抛,或旋或止,踏跃雀跳,技艺娴熟;蹴鞠者,边踢边舞,体态轻盈,优美潇洒;倒立者,或樽上,或樽下,或顶碗,或塌腰,表演无不柔和妩媚。砖画像中这些舞乐百戏,原为汉代贵族们幻想死后到了另一个世界后,继续驱使歌舞伎人供他们享受生前之乐。但它也给我们再现了汉代伟大的艺术成就。它仿佛使我们身临其境,看到汉时"临迥望之广场,呈角抵之妙戏"的繁闹景象。

唐浩整理于武汉
2014年5月12日

《青浦古桥》序[1]

我曾经借用唐朝李坤的怀乡诗，略易数字道："秀野桥边休感伤，分明湖派绕回塘。岸花前后闻幽鸟，湖月高低怨绿杨。能促岁阴惟白发，巧乘风马是春光。何须化鹤归华来，却数飘零念故乡。"李诗道出江浙一带河、湖水网地区普遍的景致，和春光易逝，白发早生的离人情绪。

江南胜景，泽国风情，就好在多桥。当你携手平梁，披襟虹背，欣赏那一派阳春烟景时，几声咿呀橹棹，树头啼鸟，陇亩青葱，大自然的幽景，便会醉入心怀。而或两边是那雨后河街，埠头驳岸，错落远去，也可是静静的河房，粉墙黛瓦，曲槛长窗。小镇的淳风，恬静的生活与环境，掺和着古桥的魅力，吸引着古往今来的人们，萦绕于早岁背井离乡的游子客梦中。这本书里每一张照片，都可唤出那众众情趣。

青浦虽然历史上其隶属曾有分合，不过昔年都是春申君的封邑，今朝又都是上海属区。所以青浦亦是我广义上的故乡。三泖九峰及古桥，实所共有。我曾在作者的伴同下一度漫步，步行踏看过诸镇大小桥梁。忘不了那青砖甃道、水磨方砖贴边，忘不了仍散发着楠木香气的迎祥元梁；惦记着侧挂青鸟衔来，于石缝里生机蓬勃地生长，开满了繁星似火红的野石榴花，宛如簪花仕女的朝真、放生古石拱桥！

生长在水桥之乡，从事于桥梁事业，浪迹江湖已经五十个年头。黄流奔放，长江浩瀚，曾参与架起一座座大桥。近年寄寓汉皋，托迹羊城，致力于跨越海峡的更伟大的桥梁建设。沧海无边，碧浪接天，人类的能力一天比一天高大起来。然而乔木有本，醴水有源，遥望天边，怎能忘却故乡似繁星一样密布，虽小而玲珑剔透，团栾似月，气势如虹的短长石拱桥！

青溪谢天祥年轻而有识有为，亦从事道桥建设，同时对中国的文化艺术怀有极大的兴趣和感情。曾替上海已故篆刻、诗书名家，号称"北齐（白石）南邓"的邓散木先生编辑长篇传记；整理出版故乡先贤的《泖河秋泛图》，收集历代题咏泖河的诗画手迹。最难能的是有志于收集中国的古桥资料。千里之行始于足下。首先从故乡青浦的古桥开始，历尽艰辛，终于有成。物聚于所好，已经洋洋大观，成为古桥文化的业余收藏家；且创办古桥私人博物馆，同时撰写了这本融知识性于趣味性于一体的《青浦古桥》。

中华民族历史文化中的一枝——桥梁文化，亦是博大精深。天祥已准备由近及远，遍及祖国的名桥。虽然本书属知识类的"休闲"作品，非严肃板正的学术专著，但我们也可把它视为古桥史书资料。假以时日，定会看到他更多的作品出版，这是我所希望的。是为序。

1999年元旦于广州

1　为谢天祥先生《青浦古桥》作序。

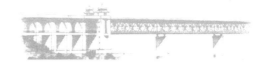

《图像中国古桥》序[1]

　　这是一本《图像中国古桥》，据作者《前言》中说是由于其家乡的古桥而引起的兴趣，于是不可遏止。这和我的因桥梁设计工作，即武汉长江大桥的设计，要求"民族形式，社会主义内容"而研究古桥不同。不过，一旦进入该领域才知道中国的桥梁文化博大精深、学无止境，一沾上手没法自控。就像这本小册子，吴礼冠先生虽历时六年，恐怕，也只是开了个头。

　　桥梁是一种既普通而又特殊的建筑物。普通，因为它是过河跨谷所必需，而河流峡谷则遍布大地，随处可遇；特殊，因为它是空中的道路，结构复杂，施工困难。随着各种不同的地区自然和社会发展条件，能创造出各种规模和类型的桥梁。

　　桥梁建筑依赖于社会的生产力和科学技术水平，并服从于政治、经济、军事等的需要。不同时代，有不同的客观条件，不同的技术和能力，于是便有不同的进程和效果。

　　桥梁规模有小有大，有简单有复杂。进行桥梁建设需要一定的人才和物力、组织方式和管理水平。吸取失败和成功的经验，手口相传、形诸文字，代有增益。相对庞大规模的桥梁建筑，能显示出一个时期的社会发展和人民的聪明才智、组织能力、建设决心和克服困难的勇气。

　　一个国家诸多民族的文化，表现出民族的风格。在桥梁建筑方面，中华各民族的桥梁艺术便和世界上其他民族不同。以中国的哲理，指导中国的艺术，建造出中国式的桥梁。

　　中国古代桥梁，于相当长的历史时期里，自成系统，处在世界桥梁发展的前列，是有其渊源和根据的。

　　在我们人类建造桥梁前，自然界便已有天生的石梁石拱，溪涧落石、横流睡木，悬谷藤萝。这些不假人力的天然桥梁，可以使原始人类扩大活动范围，不至于相互隔绝而不通。

　　我们的祖先由原始游牧而进入定点聚居，随着生活、生产资料的日臻繁盛，逐渐完整地创建了宅室坛台、城郭道路，车舆舟楫。早期的建筑群，便成为部落聚居经营的场所。桥梁也初具规模，并且日益为生活中不可缺少的重要建筑。

　　由于中国地域广阔，南北东西，气温冷暖不同，地形高低悬殊。北方高亢冬寒，南方卑低炎湿。古人从国内地形的角度来认识，以为天倾西北，地滔东南。实因西部有崇山峻岭，去天盈尺；东南却沃野千里，湖泽晶莹，水网密布。因桥梁结构和自然环境、材料有密切的联系，中国古代桥梁由此发展出很多类型的桥梁。如碇步、木梁桥、石梁桥、贯木拱桥、木伸臂梁桥、石伸臂梁桥、石拱桥、竹拱桥、藤索桥、铁索桥、浮桥、栈道、闸桥、盐桥、互通桥、长城桥等。

1　为吴礼冠《图像中国古桥》一书而作序，因作者要求能有一个全面概述中国古桥的开篇，故引用了《中国科学技术史·桥梁卷》中有关文字。

古代桥梁建设的发展过程,相对近代来说是缓慢的。可是这要以历史观点看问题。中国古代桥梁之所以有如此辉煌的成就和社会的发展规律有关。

桥梁是公共建筑,是在人类群居生活后出现的。交通的需要,要有专人负责"徐道""成梁"。即铺设保养道路,架设桥梁,以便行旅,免涉水。

古代社会对交通的要求首先是狩猎。进入商品交易时代,相互贸迁,以通有无,这就是经济要求。成立国家,集中表现为满足政治要求。社会动荡纷争,产生了军事需要。

道路桥梁的修建和发展,古代便分为三级。全国重要的道桥,由中央负责。一般道桥属地方负责。民间小路道桥,则由乡里自理。但道桥的保养和维护,一直是地方官的责任。中央负责视察,以此定守土者的政绩。

《老子》说:"天下大事必作于细。"大事是小事的积累。政治便是集为民服务的小事而成。涂不治,川不梁,便可见其国不振,以小见大。当政者需使政治没有漏失,历代相传,成为中国政治中的优良传统之一。

循吏守土,桥梁崇饰;俗吏敛财,桥梁破败。古今一辙。

重要的桥梁,九重亲自干预。如秦昭襄王的河桥、唐玄宗的蒲津铁锁浮桥、宋太祖的批示洛阳天津桥、宋仁宗的褒誉泉州万安桥、清圣祖的亲题泸定桥。桥梁通天,然后由有司安排进行。历代官制中,古时有冬官、司空、管理百工。《史记·五帝本纪》记:"舜于是以垂为共工。"马融注:"为司空,共理百工之事。"又"垂主工师,百工致功"。汉、唐以来,管理水利及水工建筑的或称都水长、都水使者,都水监、司津监笭,总管职部,其具体工作由"将作监"执掌土木工匠。

桥梁除了官办之外或为地方民办。

民间建桥,有几种方式。或官方助资,地方集资,委地方士绅督办;或纯由地方集资兴建;或由宗教徒,特别是佛教徒募资建造;或为个人独资创建。中国古桥之多,偏及穷乡僻壤,恐怕与这一种灵活地鼓励全民造桥的方式有关。民间造桥,地方官予以旌扬。

有些大道桥梁,地方官失职不修,或乡间道桥,地方官不一定能够想到,但百姓日需,便自己集资建造,只需禀呈请准,地方官百事不管,完全民办。或由士绅,或由普通老百姓中急公好义者,或由僧徒,化缘募集,聚沙成塔,集腋成裘,取得成功。

中国老百姓受孔孟之道的教育和熏陶长达两千多年,成为礼仪之邦。礼失而求诸野,农工百艺,贩夫走卒,老少妇孺,都懂得造桥是便民的好事。

在中国有势力的宗教为道和佛。道教的影响不及佛教。历史上张陵创五斗米道,其子张鲁汉末在汉中曾为驿栈出过一些力外,很少看到有道教徒募劝造桥的记载。

佛教传入中国后,逐渐改变了在天竺时"着衣持钵,入城乞食",然后"洗足敷座"、坐而谈佛的纯粹修行的办法。《大智度论》说:"比丘(僧人)上自如来乞法以练神;下就俗人乞食以资身。"把佛徒们在世的生存完全假托在众人身上。禅门注意到此,在化缘之外,自行生产劳动和为老百姓做好事。

佛教的宗旨是见空出世。但是不论小乘大乘,都需要行善戒恶,随喜功德。因为"众生"的知识文化、觉悟程度不同,诱导的方式亦不一。小乘佛教造作三世、六道轮回的理论使人相信行善得报,不见于今世则见于来世,给人以若有而无,宁信其有,不计其无的精神寄托和希望。大乘虽亦说空,不过禅宗《坛经》教人"于相而离相、于念而不念、念念不住"就是说承认有客观的事物(相),有种种思想(念),但是不要执着,便可得清净世界。既知为空,但不持空,不空不有,入"不二法门"。人生在世"但行直心"。所谓直心者是正直之心,赤子之心和慈悲之心,以超度世人。假如不是这样,一切皆空,万念俱灰,佛教本身又要它做什么? 直心行善,非为图报,不求来世,而是以人世的方式出世。

佛教要求敬佛、供僧、造寺庙宝塔,是为延续宗教的措施,可是俗说"救人一命,胜造七级浮屠",又说"行三百善,如造浮屠",还是注重于实际的善行。所以修桥铺路,阴功积德。

在中国桥梁历史中,自五代以后,与僧人有关的桥梁为数甚多。如宋代河北正定高僧怀丙,既修整赵州桥,又设法起出山西永济黄河蒲津浮桥落水的铁牛。福建泉州僧人祖派,始议募建最长的石梁墩桥安平桥。僧道询一人在泉州造长大石桥六七座,前后以建桥为务者五十余年。僧江常、智资募建福建晋江大道桥;僧文会建泉州石笋桥;僧仁惠、守徽、惠胜、惠魁都曾建石桥。清浙江僧人妙真修临海下津浮桥。明代西藏密宗喇嘛唐东杰布,除了率徒化缘之外,创设藏戏,以演出聚资,在西藏地区,修建了58座铁索桥和六十余座木桥。所修桥梁远到不丹。

中国桥梁的发展,基于自然和社会条件的组合。山川地理,在人类出现后的发展史上,虽然也有沧海桑田的某些变化,但基本上没有太大的变动。人类社会,都经历过不同的生产力的发展阶段。联系到桥梁,通过各个历史阶段的积累,最后形成了相当完整的中国古桥系列。

中国桥梁发展大致可分五个时期,即前秦时期,两汉时期,隋唐时期,两宋时期,元明清时期。

周为殷商封国。周革殷命,分封诸侯,是为西周、春秋时代。东周尾大不掉,列国称王,战争不已,是为战国时代。秦得自周封,数世坐大,据八百里秦川。最后嬴政统一中国,称始皇帝,传二世而绝。

秦惠王既并巴蜀,后李冰为蜀守。李冰在成都灌县大兴水利,创设都江堰,调节岷江之水为内外二江。于是成都平原成膏腴之地,胜若江南,河道纵横。李冰在渠上多建桥梁,其最著者是成都七桥,上应北斗七星。

战国时还有其他水利工程,如《史记·滑稽列传》记:"魏文侯时(前445—前396)西门豹为邺令,发民凿十二渠,引水灌民田。到汉时,长吏以为十二渠桥绝驰道,相比近。渠水且至,欲合三渠为一桥。邺民人父老不肯听长吏,以为西门君所为也,贤君法式不可更也,长吏听置之。"则西门豹一次造渠道上十二桥。

秦时郑国为秦兴水利,为郑国渠,渠上必有很多桥梁。

秦时为贸迁与兼并,造有很多的特殊类型的桥——栈道。

战国时蒙古族崛起,渐与中原各民族有所冲突。于是各国各自在边境筑城。秦始皇统一中国,令扶苏督蒙恬整理长城,联成一气。明代大为延筑修缮,是世界著名的万里长城。其实与长城同时,甚至比长城更早的伟大工程是千里栈道。栈道修筑是万山丛中,循涧沿溪,缘山傍谷,万木相连,形成可以行走车马的道路。栈道是特种的道路,也是特殊的桥梁。在世界上亦是中国所独有,足与长城并列为雄。

周秦时代又是浮桥的创始和发展时期。当殷商时候,周文王在公元前1127年左右,在渭水下游造浮桥以迎娶有莘氏之女。可见浮桥的创始还要早些。公元前965年,周穆王伐楚,在九江造浑脱军用浮桥。公元前541年,秦公子针,在黄河夏阳津造浮桥,这不过是临时性的,而公元前257年,秦昭襄王造正式的蒲津浮桥。于是中国最阔大的河道——长江、黄河上都有了桥梁。

秦始皇是一个有魄力的统治者,他统一了中国,造成了规模宏大的咸阳渭水桥,长400—500米,共68跨。桥为石柱或木柱木梁,宽约13至15米。桥头水中还置石刻半身水神雕像。秦始皇统一中国后一年(前220),从咸阳出发,修治通天下各地的驰道。为了交通"车同轨",路放宽。东南至于海,西、北至于边,规模宏大,也能想见其桥梁之盛。只可惜没有详细的桥梁记载。

战国时铁质生产工具的出现,使开采和雕琢工料的能力更强,所以石柱、石梁,已用于桥梁。可以这样说,这一时期,梁、索、浮三种桥型已经具备,虽然形式还比较简单,构造还没有达到尽善尽美的地步。

汉朝立国初期便和栈桥的建设有缘,汉高祖自汉王从汉中回兵,志乘有记,曾令樊哙修道。造成了后世以其姓命名的樊河铁索桥,若事属实,则西汉之初便开创了第一项以新材料造桥的记录。且命萧何留守汉中,通巴蜀、萧何修缮金牛道以运巴蜀的军队和粮草。栈道为汉开国立下功劳。

刘邦统一中国,立国之始,马不均驷(拉车子的四匹马不是一样颜色),宫室不修。萧何治宫室,备极壮丽,还受到刘邦表面上的斥责。那时是战争之后的恢复时期。文景之治国力日强。传到武帝,雄才大略,拓土开疆。两汉时期修建了不少桥梁。

长安渭水上的木梁柱桥,原只秦代留下的一座,西汉景帝五年(前158)在东面下游加建了一座。武帝建安三年(前138)在西边上游又加建了一座。使京城渭水上有了三座桥梁。这样的木梁木柱式桥,在山东、河南、四川、内蒙古的汉代墓葬画像砖,画像石,壁画中都刻有同类主题。或者是上述各地都有类似的桥梁。或者因墓主人多半是在朝为官,归葬为荣,于是在墓中摹刻京师的渭桥。汉时宫门都有阙。因此,汉桥两头有阙。木桥或为平桥,两端带坡,或为骆驰虹桥,即桥面弯曲如虹的木梁柱桥。这是汉桥的特色。

1986年,咸阳附近发掘出的沙河桥木柱桩,桩顶焦枯,是火烧后残迹,测定年代在西汉初期,甚可怀疑是项羽所焚,为中国较古桥梁的遗迹。

汉赵充国"治湟医以西道桥七十所,令可至鲜水,从枕席上过师"。

世界各国都有人在探讨拱桥的起源。需要予以区别的是拱结构形式认识起源和坼工拱桥的应用。拱桥结构的起源可以有多种假说、拱何时在实际中应用,则应有实物或历史的根据。中国的坼工拱,起自西汉。

晋结束了三国鼎立的局面。晋武帝司马炎也是一位杰出的人物。然而西晋统一不过50年,永嘉之乱,接着晋室东迁,偏安东南一隅与北方成16国此起彼伏的形势将近100年。

当西晋盛时和东晋相对稳定的阶段,还是有些桥梁建设的。

晋武帝都洛阳,洛阳便有几座名桥。《晋书·武帝纪》载:"泰始十年(274)九月,立河桥于富平津。十一月,立城东七里涧石桥。"前一座是有名的杜预(字元凯)建富平津黄河浮桥。当年大概上游诸桥早废,富平津桥成了黄河上唯一的一座浮桥。桥成,司马炎亲临行礼,君臣之间还有一段互颂的对白。第二座桥,即《水经注》误以为太康三年(282)建的旅人桥。旅人桥也不是石拱桥的最早记录。这两座桥,虽然都早已没有了,但后世记浮桥落成,往往引杜元凯事为喻。

西晋永嘉之乱,鲜卑族一支,自今东北西迁至今甘肃。吐谷浑(人名)造黄河上游的河厉,即木伸臂梁桥。从简支木梁到木伸臂梁,桥跨一跃而增长近四倍之多,使深山峡谷造桥不用树柱,是木桥的一大进步。

东晋偏安江南近百年。成帝咸康二年(336),在丹阳(今南京)建朱雀大桁(浮桥)。晋《起居注》称:"都水使者王逊立之。谢安于桥上起重楼,楼上置两铜雀。"故名朱(红漆)雀(铜雀)桁(通航）。秦淮河并不宽广，三国时曾造木桥而东晋却造浮桥，即使重楼飞雀，仍含有临时性的含义在内。之后到南北朝时，南朝六朝在秦淮河上的"二十四渡，皆浮航往来"。一座固定式的木桥都不造，莫不是为了兵来便于撤桥。

在浙江绍兴，东晋时建有一些石桥，如王羲之题扇的题扇桥，光相寺前的光相桥等。现存都是石拱桥。当年是否便是如此，暂无法证明。不过有100年较太平的日子。又处于偏安的腹地，石拱桥的建设是完全可能的。

隋祚虽短，前后仅30年。文帝稳健，第二代炀帝却好大喜功。加上其宠臣宇文恺、何稠都是建筑能手，所以在长安造霸陵桥。大业元年（605）造洛阳天津桥，开创用"铁锁维舟"的铁链浮桥。炀帝东征朝鲜，西讨西羌，随路造桥。后期政治荒废，因未在位时曾封于广陵（今扬州），故对扬州特别留恋，通运河，经汴泗下扬州。扬州在隋时便以"二十四桥"著名。"二十四桥"一说是二十四座桥梁。另一说是月夜炀帝与后妃游赏于桥上，共二十四人，故名"二十四桥"。以前者的说法为是。

隋代留下最著名的是建于隋文帝开皇四年（584）的河南临颍小商桥。为单孔敞肩圆弧石拱桥。而始建于隋开皇十五年（595）、完成于炀帝大业二年（606）的河北赵州安济桥，是一座更大的单孔敞肩圆弧石拱桥。其桥跨桥式，称雄世界达1 200余年之久。自西汉末出现石拱桥到赵州桥建成约700年，石拱桥达到了登峰造极的地步，在隋一代是个飞跃。这一技术的成熟亦是积渐而成，正好到隋代瓜熟蒂落。技术和政治是两回事。政治经济形势可以为技术发展创造有利的（当然也有不利的）条件，却不能代替技术的创造和成就。造桥的毕竟是安济桥大匠李春，而不是炀帝杨广。

唐祚甚长，共传290年之久。其中贞观之治，开元之治和天宝初期，允称大唐盛世。唐代在民族和睦的日子里，丝绸之路通畅无阻，协和万邦。当民族间的关系紧张的时候，战乱不休，唐和吐蕃（藏族），与胡人安禄山，以及后来内部黄巢之乱几次战争，元气大伤。可是治长乱短，唐朝在桥梁建设方面亦多建树。

《唐六典》《日知录》记唐时桥梁："凡天下造舟之梁四，河则蒲津、太阳、河阳，雒则孝义。石柱之梁四，雒则天津、永济、中桥、灞则霸桥。木柱之梁三，皆渭水：便桥，中渭桥、东渭桥。巨梁十有一，皆国工修之，此举京师之要冲也。其余，所管州县，随时营葺。其大津无梁，皆给船人（设渡）量其大小难易，以定差事。"所谓"国工修之"即由国家拨款督造的国家级桥梁。唐李吉甫撰《元和郡县志》便记很多地方上的桥。

"造舟之梁四"中的蒲津浮桥在今山西永济和陕西朝邑之间，秦时已有此桥，一直维持到隋末。唐李渊起兵太原，便与隋将争此桥。桥遭到破坏。唐高祖得手后即予以修复。唐太宗李世民过此桥，甚为得意地赋诗歌颂。唐玄宗李隆基对蒲津浮桥做出了更大的贡献。于开元十二年（724），改竹索浮桥为铁锁浮桥。虽是步天津桥的后尘，但踵事增华，用铸造精良的铁牛、铁人、铁山、铁柱以维铁链。"开元文物""锻锁河中"。宋真宗还专程瞻仰。直到1989年，遗物发掘出世。

太阳浮桥在今河南三门峡市。贞观十一年（637），唐太宗遣邱行恭所造。河阳浮桥在洛阳，始自西晋杜预，继造于北魏董爵。唐高祖武德三年（620）因战争桥断，后续。洛阳的浮桥，不提隋天津和永济桥，因为都已由浮桥改为石柱木梁桥。可见造桥技术已有了进步。然而洛阳的孝义桥估计是在洛水较深广之处，所以仍造浮桥。黄河上还有非国家级的今甘肃兰州广武梁。

"石柱之梁四"，洛阳城中有三座。灞水上一座，然而历史记载和实物发掘证实，唐时灞水上有南北两座桥梁。北桥是秦汉遗物，自经唐代改修。南桥为灞陵桥。石柱之梁指的是灞陵桥。

"木柱之梁三，皆渭桥。"唐代对长安的三渭桥都经过整理重建。1989年出土的东渭桥遗址，规模宏大，碑刻精良。唐时西渭桥称咸阳桥，又称平桥。是丝绸之路东到长安的最后一站。唐初和吐蕃的盟、战都曾和此桥有关。而两次东来祸乱，即玄宗时安禄山、德宗时李怀光之反，从东渭桥入长安，两帝从西渭桥逃往四川和汉中。

宋收拾了南北朝的分裂，一统中原。只是很多少数民族地区，处于自治状态，不相统属。北宋166年，南宋155年，共有三百多年的统治。桥梁建设继承前代，进入全面开展和大规模进行的时期，并且也有所创新。

宋都汴京（今开封），以洛阳为西京，汴梁为东京，政治中心东移。此时长安饱经历朝刀兵战火之苦，残破不堪。洛阳亦已不成完整的格局。秦、汉、唐得意的一些京畿长安的桥，虽尚有存在，多已不十分重要。关中到汉中的栈阁，有维修的记录，无开创的意图。

宋代的木石梁桥有其自己的特点。有些已消失的古桥可以从古画中窥见一斑。宋代吴江垂虹桥是木桥。北宋王希孟所绘《千里江山图》（现藏北京故宫博物院）所绘中部有亭的长桥，经考证，与文字对照，似即是这座桥。直是"千步修梁"，覆压在太湖的"万顷玻璨"之上。"倒影青苍"，成"风雨三江合，梯航百粤趋，封田连沮洳，鲛室乱鱼凫"。宋时吴人引以为荣。范成大官蜀，叹蜀桥不如垂虹。

北宋时徽宗朝画院张择端绘，汴京金明池《龙舟竞渡图》上一座骆驰虹木梁柱桥，桥不算长，造型直追汉、唐。

宋代木工技术已十分成熟、大胆、雄伟、飞檐远出、斗拱粗壮。木梁长桥已多造桥屋。在浙江、福建较多。秦汉复道，已入寻常百姓使用的道桥上。

宋将东晋起自山区的木伸臂梁——河历，由单跨变为多跨，由单伸臂变为双伸臂。从记录上看，有根据的闽浙主要宋代木伸臂梁有12座，其中年代较早的是宋乾道初（约1165）的福建建瓯平政桥。这不一定是最早的一座，从此木伸臂梁由山区走向平原。增长了长桥的桥跨。

宋时福建建造了很多石梁石墩桥。

北宋庆元四年（1198），漳州一年内造桥35座。《泉州府志》载宋桥有110座之多，起自宋太祖建隆（960—963），迄于宋理宗宝祐（1253—1258），其中大部分建于公元11，12世纪。

最著名的是皇祐五年（1054）至嘉祐四年（1059）的福建泉州万安桥；最长的是绍兴八年（1138）至绍兴二十一年（1151）所建长达五里的泉州安平桥。石工最巨大的是石梁重达200吨，计有45根之多的漳州虎渡桥。因为是石桥，至今都还存在，并加以复原保护。只可惜虎渡桥破坏严重，不在其列。福建石梁墩桥构造简单，是以"万指琢山""精卫填海"的浩大工程，大部分跨过较浅的河道入海口，沙层深厚之处。或用抛石，或用睡木扩大基础的方法建成。并且开创了"种蛎于础以为固"的以海生介类胶结基石的方法，为桥梁史上新奇的一页。

宋时第一次出现了新颖的木拱桥，学术上权名之曰贯木拱。贯木拱首见于北宋画家张择端的《清明上河图》所绘宋代汴京虹桥。贯插众木成拱而无柱，可一跨过河，避免船撞。在世界桥梁史上唯中国有之。野史记载这种桥的发明创始自宋、粤道二等（1032）夏竦守青州（今山东益都）时"牢城废（残疾人）卒"所创。《宋史》明记为宋、皇祐元年（1049）陈希亮在宿州（今安徽宿县）所创。本书作者在写作时曾至两处寻根，都无记载和实物，且连汴桥亦早无痕迹。初以野史所述为主，后细读正史，对青州之说，在时间上也产生疑窦，乃以正史为准。南宋建都临安，经济建设偏于东南，贯木拱的技术便南传，改进，建在今闽浙山区。

宋代在西南继续应用索桥，其著者为始建于北宋淳化元年（990）的四川灌县都江堰评事桥，是一座多孔连续并列竹索桥，是世界上第一座这样的桥梁。

浮桥建设宋时也许比哪一朝都多。宋开国之初，北宋开宝七年（974）以樊若水的长江上安徽当涂采石浮桥进兵，消灭了南唐后主。统一是以浮桥为手段开始的。

北宋期间，黄河上先后造过保德浮桥（咸平五年，1002年）、安乡和永宁关浮桥（熙宁六年，1073年）、滑州浮桥（元丰四年，1081年）、大伾山浮桥（政和五年，1115年）等新的浮桥。浮桥本身也有所创造，如滑州浮桥用脚船逐节升降路面成通航浮桥。广东惠州东新桥以"机牙伸缩"和浙江临海中津浮桥采用柱、筏、楗构成活动升降的引道的潮汐浮桥。

全国城镇桥梁，在南北宋时多数先造浮桥，后改石桥。其中尤著者为广东潮州广济桥，由浮桥逐步自岸至河中改建为石桥。最后还是留下中间深水槽一段不易解决，成为一座别致的石桥和浮桥相结合的桥梁。

宋元之争，元世祖于南宋咸淳十年（1274）自青山矶架浮桥下鄂州（今武昌）；德祐元年（1275）元军又自湖口架浮桥下九江。然后挥兵东下，破池州宋贾似道横江战舰。遂下江南，亡南宋，覆国亦自浮桥。这和汉兴于栈亦亡于栈相似。桥梁无知，兴亡在人，手段人人会用，事在凑巧而已。

元灭金、宋，以蒙古族入主中原，崇武贬文，但统一了全国各民族地区。东征不就，建国近九十年。明归汉族，传世277年。清由满族入关统治，传国266年。这三朝时期，鼎革相沿。明、清两代，有若干朝确也武功文治，盛极一时。清初顺治、康熙，以征讨为主，乾、嘉之治，太平了一百二十多年。

在元朝半个多世纪里，中国古代桥梁的构造类型，基本上已经齐备，当然还有所改进。造桥的能力渐强。大部分木桥都用石桥代替，如前述元代大都的城市桥梁。南方名桥中，宋建的吴江垂虹木桥，于元泰定二年（1325）由姚行满以63孔石拱桥代替之。

继隋之安济、唐之永通、明万历十年（1582）又于河北邯郸永年县仿建了一座安济桥式的敞肩圆弧拱。虽桥跨略小，但构造精良可相伯仲。

明、清两代长大石拱桥已是不足为奇，举不胜举，蔚为奇观。

明代亦曾兴建全国性的大工程。今天所见东起山海关、西到嘉峪关的长城，都经明代修缮，砌以砖石。同时亦大修栈阁，明洪武二十五年（1392）"因故址增修为栈阁2 275间，统名曰连云栈"，这是在维修旧栈之外所增设。明时千里栈道复又兴盛，到清代，汉中栈道还有九万余间，所以明清画家以栈道为题材者甚多。

明、清时代因火药已大量应用，炸山筑路已较方便，所以后期多改栈道为碥路。

闽、浙山区，无巴山蜀水之险，不用栈阁，但南宋传下的贯木拱桥，于此特盛，实物都在，有些贯木拱桥竟能保存三四百年。

湘、桂山间，特多风雨花桥，在结构上为木伸臂梁，又自成一派地方、民族风格。

云、贵、川的索桥遍布。明代所传景东桥已不存在，现存最古的铁链桥是明成化中（1465—1487）僧了然所建的云南保山霁虹桥。明末清初，朱家民、李芳先所建铁链从狮口中出的贵州安顺永宁的盘江铁索桥，奇特、坚劲，惜早已遭到破坏而不存。清康熙四十年（1701）修建于今四川泸定的泸定桥，因红军曾于此血战而今作为重点文物得以维护一新。

　　直到20世纪50年代,还能在四川见到不少竹索悬索桥,包括有名的都江堰多孔铁索桥。

　　铁链桥到清末发展为加工、安装更为简单方便的铁眼杆桥。

　　宋元之际,战争时应用浮桥。明开国之初,徐达引兵过蒲津,去兰州,在金城关造浮桥以攻河西走廊。到清时,整个黄河上风云一时的众多浮桥,只剩下金城关一座,于是额为“天下第一桥”。清咸丰二年(1852),洪秀全太平军攻武昌,在长江上搭架过三座浮桥。后一路下江,夹江为营,浮桥相渡,直趋金陵。全国各省县镇地方,未造永久性桥梁,用浮桥以渡者不在少数。在50年代,仍能见到清代留下的几经修缮的浮桥。

　　秦、汉皇家园林,晋、唐私家园林,到今天一座也看不到。今日所见都是明、清的园林。中国园林,取景于自然,取意于玄、禅,乐山乐水,因此桥梁众多,并且各种类型的桥梁都有,还加以集中,改观,具有园林的特色。康熙、乾隆几代经营的圆明园,盛时有各类桥百余座。江南私家园林,或以石胜,或以水胜,或以花木胜,其桥梁亦往往各有特色。传到清代,鼎盛时期,全国桥梁数逾百万。

　　史学家论我国古代艺术,认为“汉族传统的文化是史官文化”。史官文化的特性,一般地说,就是幻想性少,写实性多;浮华性少,朴厚性多;纤巧性少,宏伟性多;静止性少,浮动性多。自东汉建安以后开始发生变革,即由原来寓巧于拙,寓美于朴的作风,演变为拙朴渐消,巧美渐增的作用。其间佛法东渐,又产生了中国式佛理的禅宗,建筑方面,特别是其装饰性的附属部分,在一定程度上受到宗教色调的影响。隋、唐时期中外文化交流甚盛,艺术风格又注入了新的因素。桥梁是架空建筑,除了它所特有的实用功能和由于实用功能而确定了的基本形式外,它不能不受到周围大量建筑群的感染和影响,而表现为某种程度的共性和协调;在另一方面,桥梁又常是置身于山川潆洄的林泉胜地,天然风景又要求它以特有的姿态,为幽静或壮美的环境增添风采。桥梁本身就是实用和艺术的结合,脱离不了朴拙——繁华的循环发展规律。

　　桥梁形式,无论中外,大致相同。为什么会自然而然地形成中国古代桥梁所特有的风格呢?根据文献记载和实物形象,表现为:一是中国匠师们世代相传,和每一代杰出匠师个人所有的,共同和特殊的桥梁构造风格;二是其柱、阙、门、楼、亭、榭、台、阁等附属建筑,有浓厚独特的民族和地方色彩;三是彩绘和木石雕刻艺术,作为桥梁的装饰,其题材内容,色彩布局,造型组合和雕琢手法,又有鲜明的传统爱好。

　　中国匠师们作风谨严、献身敬业。《水经注》称:“魏太和中,皇都迁洛阳,经构宫极,修理街渠,务穷隐。发石视之,曾无毁坏。又石工细密,非今知所拟,亦奇为精至也。”又:“建春门石桥不高大,治石工密。旧桥首夹建两石柱,螭矩蚨勒甚佳。乘舆南幸,以其制作华妙,致之平城东侧西阙,北对射堂。绿水平潭,碧林侧浦,可游憩矣。”赵州桥的“磨砻致密,千百象一”,“雕琢龙兽之状”“迂可怪也”“又足畏乎”。龙脑桥的桥小象巨、气象非凡。至于杰阁崇楼,长廊联厦,在处能见,不但使桥梁,而且使市镇平添胜景。

　　凡桥有名,于是在桥名也下大功夫,或以形名,或以地名,或以人名,或以事名。至于通济、广济、利涉、万安、万寿、永宁、永济,以颂桥德,以祝世寿的桥名更是普遍。上桥屋,自有楹联。自宋起石拱有对联石后,桥联又成一门学问,记事、点景、写情、寓意、随桥而异。

　　汉赋歌桥,建安诗人写桥入诗。隋唐及以后的诗人墨客,写诗作画,产生了不少清丽动人的诗句,情景交融的描绘,增添了人们对桥梁爱好的情感。千百年来诗、画、铭、赞、颂、记,数量之多,几是一个难于统计的巨大数字。它们不只是一般抒情之作，其中也包含着无比丰富的桥史资料以及桥梁在功用、艺术上的各种描述与评价，形成独特的桥梁文化。

非心坚不转，万古作津梁。

作为一名业余爱好者，本书记录的也是一篇动人的中国桥梁建设和艺术的创业史。望作者继续努力，以求成系列、完整之体系。此序。

2011 年春

《葛镜桥古今探索记》序[1]

听到《葛镜桥古今探索记》将再版发行的消息,我欣然同意为这本书写几段文字。

2010年春,我在媒体上看到《葛镜桥古今探索记》的出版消息,且由时任贵州省省长林树森为该书出版发行题序。因前往书店求购而不可得,便从贵州省政府参事室网页上搜寻到作者葛诗畅先生的通讯方式,故而获得作者赠书。随即翻阅,喜悦频生。作者父子二人并非桥梁专业,以对古桥爱好和对祖先崇拜之心境,竟能紧扣中国古桥技术与文化、历史与现实、人文与自然、中原与边陲、民族与家族、宏观与微观、图片与文字等方方面面来写通一桥,既有严谨探索论证,又不乏生动形象描写,酣畅淋漓,洋洋大观,让读者获得不少相关的科学性、知识性、趣味性的分享,这在我所收藏的记载古代桥梁书目中仅见。

葛镜和葛镜桥于我来说并不生疏。

早在20世纪70年代末,茅以升先生委托我整理续编出版罗英先生《中国石拱桥研究》书稿时,便看到了罗英对葛镜桥技术奥妙的研究以及梁思成先生把葛镜桥列为中国三孔尖顶石桥典型代表的评价。接着茅先生在主编《中国古桥技术史》的时候,又委我为副主编效力其中,当时在搜集各地古桥资料的工作中,茅先生提到抗战时期国立交通大学唐山工学院内迁贵州平越(今福泉),他发现葛镜桥后曾将之作为实物教材的情景,并嘱将当时实测绘制的一幅写生画刊于书中,又将葛镜和葛镜桥分别列入不足百名的中国古代造桥名人和中国古代名桥目录中。1993年,交通大学土木工程系1943级毕业50周年学子回访福泉时,大家凭栏葛镜桥上,又记忆起当年茅以升说"北有赵州桥,南有葛镜桥"的话题,都给予葛镜桥很高评价。

转眼到了20世纪末,我独自承担了《中国科学技术史·桥梁卷》的著作工程。在"破万卷书,行万里路"的搜集材料过程中,我再次发现,中国古桥虽然数以百万计,但保存下来的已为数不多。中国浩瀚典籍之中,记桥梁者少无几许,搜寻古桥资料犹如沙里淘金,土中觅宝。近三十年来,专论一桥一事的单篇文章虽时有发表,但或偏重于桥梁技术,或历史考证过略,或版图照片不丰等等,而独葛镜桥史料较丰。我毫不犹豫,又将这些资料图文并茂纳入书中,并将葛镜和葛镜桥再次列入中国143位造桥(写桥)名人和269座名桥的索引中。

2013年,中国第五届古桥学术研讨会就是冲着葛镜桥而选择在贵州福泉召开的,我因年事已高、行动不便未能前往,据长子唐浩与会现场观光后反映,葛镜桥集高大险美于一身,中国同类桥梁中尚无发现可出其右者,无愧为入史入典的中国名桥。幸会的还有,葛镜后人亦即本书作者葛诗畅先生与会赠书并演讲论文,成为中国古桥界一段佳话。

1　为葛诗畅先生再版《葛镜桥古今探索记》一书作序。

纵观中国古桥,无论建在丘陵平原,或水乡泽国,或江海滩涂,或高山深谷,都属不易之举,特别是西南山区更为不易。李白当年就惊叹过"蜀道之难,难于上青天",因为"上有六龙回日之高标,下有冲波逆折之回川。黄鹤之飞尚不得过,猿猱欲度愁攀援"。另一位唐代诗人欧阳詹也描述道:"迷高峡深,九州之险,阴豁穷谷,万仞直下,犇崖峭壁,千里无土。"有人曾问,在这样的环境中,古人怎么会造出成千上万的大小桥梁来的? 对此,《孟子》(注)里早已做出了答复:"先王之治,非独其大纲大法,无有偏而不举之处 。则虽一道经之微,一津河之小,民所经行之处,亦必委曲而为之处置焉,唯恐其行步之龃龉,足胫之软瘵也。圣人仁民之政,无往而不存。"

除此之外,在传统道德风尚的感召下,民间造桥善举亦不绝于耳,有的地方其成就有时还超过官府。我在《中国科学技术史·桥梁卷》第一章概论里就举出一些特例,其中如:"明万历间,贵州人葛镜,独资建福泉一石桥,三建不成,最后发誓:'吾当馨家荡产,以成此桥,如再坠败,将以身殉之。'三孔石桥成,名曰葛镜。"

我赞赏本书作者对葛镜桥主体形式及其韵律所作出的"非对称式"的美学探讨,这起码是对传统桥梁理论应与时俱进的 一个提醒吧。在桥梁的科技含量方面,我在《中国科学技术史·桥梁卷》第四章第二节里还指出:"葛镜桥经罗英先生带唐山工学院学生数人作详细地测量和用近代计算的经典理论作验算,认为在偏载活载(汽10)均不安全,而实际却通行无阻,可见经典的石拱计算理论有重新探讨的必要。"

总之,葛镜桥是值得大书特书的,作者做了一件很有意义的工作。还是林树森先生说得好:"希望该书的出版,能够使无私奉献、坚韧不拔、矢志不渝、顽强拼搏的葛镜精神得到大力弘扬,使更多人从中受到启发和鼓舞,多做'义垂千古'之事,造福广大人民。"

我相信,《葛镜桥古今探索记》的再版发行,将会进一步激起读者对中国古桥文化的热爱。

是为序。

2014年7月于武汉陋室

青浦观宁桥记

青浦于三代属古扬州,战国时为楚春申君黄歇奉邑。秦统一天下,汉取之,隶扬州吴郡。三国属吴。晋以还,或归扬州,或附华亭,或为松江。明建县,清、民国及新中国成立后因之。1958年归上海。

其地在长江三角洲水网地区,近濒杭州湾,有三泖之水,九峰之山。淀山湖在境西,约十倍于西湖。鱼米之乡,膏腴满野,市镇相属,人才辈出,物丰民殷,交通发达,乃江南一方乐土。

青浦县治,旧在青龙镇,因三国、吴、孙权建泊青龙战舰于此,故水与镇皆名青龙,现称白鹤。明代扩展,移县治于今所。今镇因昔有大姓唐氏,营竹木为业,成大市,故亦称"唐行",简为青浦。

明代万历元年,筑城周遭,联四出之水,绕城为濠(无水称隍)。有城门五,门濠上各设吊桥以同塞启闭。水门四,引四水入城,纵横如而字。水上有有名之桥廿五,无名之桥及小桥各一。祠、庙、阁、署、民居,巷陌备矣。虽不若长安、洛阳、汴梁、北京,甚至平江府(现苏州)城郭般恢宏宽郭、整齐典状,然而仍是一座江南水陆交织、恬静亮丽、玲珑剔透的文化古城。

也和所有中国其他大小古城一样,青浦亦遭遇并留下历史变迁创伤的痕迹。《易》说:"城复于隍",泰极而否。即事物发展到兴旺之极,便会衰败,如像城墙最终会倒塌入城濠中一样。今天青浦已见不到雄立了四百多年的雉堞城墙,亦逐渐地减少了黛瓦粉墙的河房、石阶石壁的埠头。有咏青浦的诗如"城郭万家疑画里""百雉连云夜色微"等江南典型的小城水乡环境。已是时过境迁,换了一番光景。

如何对待中国古代先进的文化,曾经有过几种不同的态度。一是虚无主义,不承认、不保护,肆意纵容破坏践踏的作风;一是事事复古,只知流连徜徉于过去的时代,非古莫属,泥古不化。为此两个极端,均不可取。

旧事物最终还要被新事物所取代,即《易》所谓"损益盈虚,与时俱行"。然而新的文化事物非无源之水,无本之木,是在旧文化、旧事物的基础上,随着时间前进,科学、技术及社会政治经济条件的变革而有所前进。今日,我们遵循"与时俱进,开拓创新"的原则,继承和发扬一切优秀文化,体现时代精神和创造精神。在这样的精神下,发扬、保护、改建、创造新的青浦的城市环境。

青浦有优秀的建筑、园林、桥梁的文化传统,需服务于今日的交通、居住的要求。在过去八景、十景等传统景点下,创造出古为今用的新的景点,在适应今日社会通讯、交往、交通、工作、生活节奏加快的情况下,有赏心、悦目、恬静、和平的休憩环境。一切从人民的利益出发。

青浦区的当政和建设者们,在城市建设时贯彻此思想。借建设原护城河新桥的具体工程,掌握原则,通盘规划。

道路畅通,取其安全便捷;新桥联拱造型,取其从属于古桥之乡。三桥联望,成呼应的气势;新宅连绵,见新居富裕安乐的气象;滨河绿化,使空气清净,身心舒畅。万寿塔一塔高耸,衬以绿樟,绕以漏窗粉墙,倒影水中,显示中国楼阁式塔的美丽景色。再辅以入夜的灯光彩照,与朝暾、晚霞,联翩映带,昼夜不绝。

　　桥成,景点亦成。

　　因桥在原青浦城南城观宁门侧濠上,故赐名"观宁",以志古迹,以观太平盛成,以乐国富民安,生活宁静,有深意焉。

　　此桥此景不过青浦一角,且为市政建设诸般之始,乐为之记。

2001 年 11 月 5 日于武汉

小谢(谢天祥):

　　应命,文章写好,复印寄上,请呈修改。可用则用,不合意不用也可。若需要补充或还有什么需要可来电话。

　　一、寄来的设计不太理想,"假"拱有背美学原则。拱底封满未知如何封法。特别是喇叭孔不好处理。

　　二、万寿塔宜复原,是中国楼阁式塔。金山松隐塔复原后十分好看。

　　三、金泽虹桥碑文你如觉得不好,可建议青浦市领导命金泽镇再立一碑,重点写虹桥历史。

　　即此祝好

唐寰澄
2001 年 11 月 5 日

附: 青浦区湖滨路城河桥设计方案一

桥环境与景观分析图

桥梁碑文中的特点

中国古代文献和碑文之中,不乏有关桥梁的记载。然而造桥的是工匠,写文的是官吏、文人,你做我述,往往就有所偏重。最大的特点是,按照文人的思路,以叙述为主,加以文学笔触,若是诗赋,则更多典故。最后歌功颂德,一切归之朝廷。而文采辉煌、情景并茂,甚有可观。

既是叙事,往往联系天文地理,写到造桥的环境、修桥的动机和简单的桥梁尺度和一般的施工方法,于是也留下了些许当年的工程记录。或多或少地告诉我们造桥所经历的事实。

中国的古文人,有儒、道、佛三家的哲学思想和中华民族社会组织由于历史形成的伦理道德观念,这一切亦反映在碑、文之中和诗词文集之内。

中国的古文字,言词简单、含义深奥,细细推敲可以有所发现。

试从上海的古桥碑文中,我们能看出些什么。

我们以《云间第一桥》这篇既有文又有赋的文章为主,再参照其他的桥文,便能得到如上结论的端倪。

一、桥梁的地点

云间第一桥造在哪里?是在"吴、松大郡〔即吴县(1995年撤消)、松江〕"交界之处的界河之上。在松江西三里路。河、海边的堤称"塘",跨过堤塘,可以称"跨塘"。松江还有一座桥,桥联称"潮连黄歇浦(即黄浦江),蛛映白牛渚"。点出桥造在黄浦江的支流,地名叫白牛渚的河段上。宋·陆蒙《跨塘桥诗》亦点明"路接张泾近,塘连谷水长",那么附近就是张泾、河名便是谷水(或如赋中所称"且夫谷阳城西",松江曾称过谷阳)。

图6-19-1　上海奉贤区金汇镇飞云桥

《泽民桥记》开门见山地说"龙树庵桥,跨洞泾之上游,距郡城东北五里,而接上海、嘉定诸邑实要途也"。

仪凤桥在松江西南,西三里,南一里,去朱泾的路上跨斜塘的桥。

万安桥是离松江三十里,朱泾镇西的桥,这里纳三泖河的水,先到朱泾(泾亦是大水名)西流入海。等等。

若不说明地点，那就不明所在。古代地方志书上，有的以古代乡镇的区分单位"保""图""都"等以说明位置。有的还附有地图，有山、有水、有路、有桥。那么，研究古桥，不是空空洞洞地悬在天上的桥梁，而是脚踏实地、能了解其环境的桥。历史，从来就是和地理结合起来的。

《云间第一桥》对桥址附近的地理环境，进行了文学夸张地描写。

二、建桥历史

河上为什么要造桥？在人类发展史中，社会交通要求，需要跨越自然障碍。云间第一桥，桥下这条古浦"左衔渤澥（原指渤海湾，现都借用为内海）以吞吐，右抱湖泖而汪洋"，实际上泖湖较近，东海甚远，文人拉近来以壮气势。

旧时过河，《新建福禄寿三桥记》称："历、揭、泳、游，凫鹥共乱，其去溺不远。"作者采用了诗经上所记的"深则历，浅则揭"。就是说，水浅的地方，可以撩（揭）起衣裳，涉水而过。水相对深的地方，脱下衣裳，打湿了包成气泡（历），帮助浮起来而游过去。这都是不宽的溪涧。要是宽大一些的河流，"就其深矣，方之舟之；就其浅矣，泳之游之"。浅一些（水深不没顶）的，可以游过去，水深没顶的，只能扎了木（竹）排（方）或坐船过去。不过人和水鸟一样，浮沉水面，又和水鸟不一样，有溺死的危险。

所以过河还是造桥为上。桥梁有简单的梁桥、拱桥、浮桥、索桥等各种桥式。直到今天仍是共同存在。

到春秋时期，石梁桥已经很精致了。古浦之上，宋元之际，就是一座石梁桥（驾石为矼），元末明初，战争之后，石梁桥被破坏，财力不足，跨塘桥只能先架起木梁。

图6-19-2　上海金山区寿带桥

在桥梁的碑文记载中，很多地方，往往先是船渡，后是浮桥，然后才能修建花费较大的永久性桥梁。或木或石。木桥不耐久。泽民桥"旧以木为之，濡日炎，屡易屡坏"。仪凤桥"旧尝架木为梁，梁辄敝则渡以舟"。张塔桥"为块（桥台）、为柱、为洞、为级皆石，上则复以木"，是石墩台，石桥柱的木梁桥，下部建筑比较耐久，上部建筑仍容易损坏，因此，便建筑一劳永逸的石梁或石拱桥。所谓一劳永逸，自然是相对的。天下没有金刚永世不坏之身。就是近代如此坚强有力的桥梁，其法定寿命亦只是100年左右。

三、谁来修桥

不论是新建、修复或重建桥梁，都要有人去做。谁应该负起责任？《中国古代桥梁技术史》记载，秦代竹简《为吏之道》上便有地方官所应管的"千（阡）佰（陌）津桥"，即道路和桥梁。直到今天这仍是政府部门的职责。

中国古代的地方官,都是考试出身的文人,很长一段时间里,儒学思想占了主要地位。一般的社会思想"万般皆下品,惟有读书高",往往轻视工匠。然而真正的儒家,爱国爱民,对百工技艺,民生所系是十分重视的。何况,中央考核地方官,舟来车往,看到道路崎岖难行,野草漫路,桥梁不整,便会予以处分。汉代薛宣,亦是以这个标准,看出他当地方官的儿子无能。

每一篇桥文碑记,都提到并歌颂了地方官。如云间第一桥是"邦侯顺天心,察民瘼"。仪凤桥修桥是巡抚刘公和奉使越南回来的钱大使,商量如何重建。事情层层下达,由松江田知府、华亭石知县负责。

金山朱泾万安桥于明崇祯间方郡守重建,圮后,又由刘郡守"急民之疾"请示鲁巡抚、伍县台等由下而上报重建。

地方官重视基本建设是中国吏治的优良传统。

具体负责人绝大部分是地方的绅士或庙里的僧道。前面一部分多半也是读书人,抱着为民服务的思想。修桥补路,阴功积德,造福子孙。

仪凤桥:"得朱泾义官胡裕(可能是告老还乡的官员),义民朱壁,老民(乡中父老)郑璠"来做具体管理。百步桥则记"惟宗弟(张)云程夙(宿)怀义凤……慨然请托其役"。新漕泾桥是由"行义著于亲疏"的徐永龄。多年行善"益务行义,四年而生子三(其实没有必然的联系,不过性情愉快,也许是原因之一)"所捐建。

所以称义者是见义勇为,义务托事,甚至还要自掏腰包,既出钱又出力。至于僧、道主持,如泽民桥是"礼请虎丘寺僧宗润"来营造桥。广济桥则是道士张澜自告奋勇,由地方官给他劝募的权力,工程亦是"命道人尊其役"。宗教界人士,以"普济众生"为宗旨,富于募捐的办法和营造寺庙、观、庵等大工程的经验。再加上有的是时间,所以造桥由他们来承担,亦很合适。

当然,动手造桥的仍是木、石等工匠。中国桥梁史上还有不少桥是工匠主持所修建,如元代陕西西安灞水上的灞陵桥,就是石工负责修建的。

图6-19-3 上海金山区枫泾三桥

四、哪个出资

基本建设工程,理应由国家出资,因为国家收了税赋。确有很多的桥梁是官建的,如万安桥。然而,中国古代的桥梁,不知从哪个时代起,大部分是集资,募捐费用,兴建桥梁。

募捐时地方官首先带头"节俸倡(导)率(带头)僚属助之",如仪凤桥。"首捐俸为之倡"如万安桥。"捐俸征锾,首为倡之"如永丰桥。苏州宝带桥,是唐朝地方官王仲舒,首先捐出"宝带"助资,再是各方集资建桥。为此,桥名便称宝带。一般情况下,桥头还刻有石碑,留下捐款人的名字、银两。

　　还有一种是变相的移工免捐（税）的办法来修建桥梁，如张泽桥《专办桥工碑》由官方同意民间申请，可以不"协浚池河""派修海塘"，让张泽桥附近十保图的百姓，不再派捐浚池河和派捐塘工的事，专心建好张泽桥。可见当年，派捐派工的事是很多的。也想到减轻民间负担，全面、普及地进行建设。

　　亦有不少的桥是民间"义"士独资修建。

　　松江七宝桥是徐寿、永龄独资修建。徐永龄并非什么富豪之家，而是"世温饱于耕织""乃餐课耕作之入，计公私为羡籍（盈余簿）而储之。未数年蓄稍腴"，于是就拿来修桥。这小桥虽不过是九座（单孔）石梁桥，规模也不算太大，但出之匹夫之力，实亦难得。前述瀼陵桥乃多孔石拱，所费近万两。桥史上还有贵州葛镜桥，三孔高石拱，竟致破家修成。江西永济桥，修了三代，祖死父继，父死孙继。只为工程艰巨，修了坍掉，改址再重修，誓不罢休。这种急公好义与锲而不舍的精神，值得后人学习。

　　从来过桥是不收费的。因此，集资或独资均不是为了将来收过桥费，用过桥费来收回投资。现在修桥，广泛采用发行股票、银行贷款、个人或财团用BOT（建设、运营、归还）造桥，都是用资本获利的方法。看起来不如上面所说的行为高尚，那是因为那时的生产力低下，工程规模较小，当然那时人的想法也单纯些。现在规模庞大的桥梁建设，动辄几亿、几十亿、甚至上百亿一座桥，靠细微的财力是建不成的，用资本获取利润也是市场经济的基本方法之一，无可厚非。

　　世界上有正直狭义之士，也有无耻好利之徒。所以募捐营事的人，都有选"廉干而勤"者（仪凤桥）。"择勤敏有士行"。既有募捐，无人监督，必须自律。过去的捐簿上，往往写有"贪污中饱，天诛地灭"或"天雷轰顶"等赌神诅咒之语。不过若用人不当，这种立誓，也等于白说。

　　中国旧时过桥不收费，可是，除义渡之外，摆渡是可以收费的。故有当地农民或船民设渡谋

图6-19-4　贵州福泉葛镜桥

生。亦有士绅设渡而欠钱。更有恶劣之徒，如百步桥旧时为木桥，"危险特甚，而土人又利其速败以觅利于津航（摆渡）"。利其坏得快而暗中破坏，那真的要天诛地灭了。这样的事，全国都有，如旧时钱塘江渡船，舟夫蛮横，载之于地方志书。亦有讲利而不讲义者。1998年洪水，报载某地方积水处，有人搁了几条板凳（也算是"徒杠"，即行人小木桥）照样收费。厚颜无耻，唯利是图。但卜这蝇头微利，说也可怜。

五、桥梁技术

　　从现代的技术水平来看中国的古代桥梁，不免觉得幼稚低下，似乎太容易了。深入地了解后，觉得能达到这一步已经极不容易了。何况有很多敬业精神和妙思杰作，仍值得今人学习。

　　传世的中国石桥，远到隋代，迄今有1 500年左右。石桥耐久，石料随处都有。近代的混凝土也达不到花岗石的硬度，更别说石料还有天然纹理。石拱桥似乎已落伍，现在不怎么修建。然而近代桥梁在耐久性、色泽和经济方面都有不及石拱桥之处。将来，结合使用近代技术，石拱桥会有

复兴的那一天。

南方的石拱桥,在中国和世界的石拱桥中又占有一席崇高的地位。薄墩薄拱,多孔连续,世上唯独中国有此,而中国则主要存于江浙。上海一地现存有薄墩、薄拱石拱桥可达百座以上。

为民造福,修建桥梁,古人出于敬业精神,对工程质量的保证,下尽功夫。如义官郑璋修上海金山区朱泾镇万安桥时"凡杙之木(打桩的木料)必竖直,不中度(不合规格)者弗杂入。址(桥墩台基础)之石必方正,不合规者弗苟(不马马虎虎)"。张塔桥"坚厚精密",这样才能图于永久。

在施工的过程中,精打细算"毋以一钱赠官,毋以一役扰民"(泖桥施主徐存济语)。不向官员纳贿,不克扣工人工资。"早夜从事,不敢怠忽"。有的主持官员"徒步撤盖(不坐车轿),躬自督省。见徒工作苦,或霜晨暑书,命僮仆持酒肉相慰劳,以故人以感奋"(广济桥)。操劳的义士"寒暑不辍(休息),胼胝(手脚长老茧)拮据(操作劳苦),劬劳万状"。注重水下隐蔽工程"募得善泅者数辈,能没水终日,与鱼鳖为伍。运椎施椽(打桩锤打桩),疑是神工"(徐文贞万安桥记)。软土地基的石拱桥以不长的木桩作为桩基,亦起加固地基的作用。上面的石料平正方直,精确度高,使一块块砌起来的石拱桥,看起来像整个凿出来的一样,"千百像一"(赵州桥)。所以数百年的古桥,今天仍屹立在上海地区和全国各地。

前面已经说过,木容易腐朽,所以碑文上多次说到,后期都改成石桥。唯独青浦迎祥桥是元代建筑,而且是木梁桥,何以至此? 原来木桥的特点是要保持干燥。然而干燥的木材又怕失火。所以木桥的毁坏原因不外腐朽和火灾。后者特别容易发生在战争年代,敌我双方都会纵火焚桥。

《广济桥记》说到松江知府熊简民,有财力,把"有遇霖(大雨)潦(大水)辄坏,坏辄修,修辄复坏"的木桥予以改造。"易木以甎(砖)中支(横)以木,仍甎于上",看来是用砖墩代替木柱。木梁上再铺砖。此桥存在了26年,"河溢、水齧堤,堤败,桥遂大坏"。那么这次并不因为是木梁桥,而是水大得岸堤不保,桥孔太小,砖墩太多,水性不容之故。那木梁上加砖的办法还是有一定道理。迎祥桥便是木梁之上加铺薄木板,再用石灰、糯米汁加少量粘沙土胶结砖桥面,两侧加砖博风板,使木梁不受雨水,永远保持干燥。细审梁木,赫然是高贵的楠木。可见择计得当,木梁亦可以超过几百年的寿命。

中国古桥能保留到今天的,都是选材耐久,桥位适当,不碍水流的地方。古桥的技术毕竟有限,桥跨不大。石拱桥当年在江南者不过二十余米跨。较宽河道,只能造多孔联拱。一般在上海地区多有三至五孔。

古桥建设的经验之一是使"桥不知有水,水不知有桥"。可惜金山朱泾万安桥正患此忌。明朝洪武年间修,圮(坍了)。永乐、万历年间又修又圮。崇祯年间再建,亦圮。清朝又多次想重建,最后未成。明徐阶《万安桥记》称:"潮既入泖,关于桥下。去则挟与俱驰,盛气怒涛,束于桥不得肆。由是冲射日盛,而桥日就圮。"原来修的是三孔石拱桥,桥总长约70米,宽6—7米,高15米。可见中孔跨度不会超过15米,边孔略小,宜在12—13米之间。这是明朝万历年间的尺寸。西券之下还有"走塘(纤道)以便舟行之牵挽者"。这样又压缩了桥孔。河面宽估计在50—60米之间,桥洞净跨约40米,桥墩约束河面约三分之一。细审该河,桥址处正接近河湾,又是选址的大忌。于是,涨潮时流缓,还不为患,落潮时流急,桥梁壅水,其势就要把桥挟带而去。一股"盛气"产生"怒涛","冲刷""射击"桥基,日子一久,把桥冲垮了。

质之近代,1935年地方曾派潜水工捞取河底落石再修,后来抗战军兴,事即作罢。解放后在原址下游修三孔桁架拱桥,其桥台产生不均匀沉陷,可见土质较差,加固不力亦是其原因之一。

图6-19-5　上海青浦朱家角放生桥

中国古代桥梁类型繁多，上海和江南地区只占其中的一部分。然而研究软土基中国石拱桥的成功和失败经验，亦可作为近代桥梁的借鉴，详文可见钱塘江大桥总工罗英先生遗著，由唐寰澄续成的《中国石拱桥研究》一书。

六、中国哲理

既然桥梁诗文都是中国文人所写，除了文学上的色彩风情之外，中间都有世间的哲理和人生的哲学。

《云间第一桥》说："夫物之钜者，必不苟于成也，亦理而已尔。"伟大的事业，草草不能成功，要一番细心的经营。不能为了在一个人的"任期"之内，想急于留下一些政绩而草率行动。可谓"物各有时兮，兴衰匪常。彼易成而易坏兮，岂君子之所感慨"。

中国人讲究天人相应，那就是"年丰屡登而康娱。邦人政适通洽兮，斯天人之瑞符"。只有政通人和，年谷丰登的时候，可以兴起工役。而不能在吃不饱肚子的时候去搞什么"大跃进"。

不过，既然兴起一项工作或工程，则宜战战兢兢，一心一意，去取得顺于客观自然的成功。"天下之事隳（堕）于中怯（自己胆怯），败于旁扰者何限。夫维明者独断，乃克底绩微。"（《百步桥》）。这里特别加以说明了的是，要顺于客观的自然和社会发展规律。否则变为一味孤行，最后终归失败，让后人来收拾乱摊子！

旧史官陈延庆曰："凡物之钜者，斯可以垂之久也，事之大者，此必待其人也。"可见有极大的修养和能力，才能完成伟大的事业，而伟大的事业或工程，定可垂之永久（《新建福禄寿三桥记》）。那么人生的哲学又如何？

中国儒家思想讲究正心、诚意、修身、齐家、治国、平天下。一步一步踏踏实实地做起。《新漕泾桥记》，讲了一大篇做人道理。

徐三重的前好几世，曾经是耕织温饱之家。到其曾祖父为人"性孤直，不能下人"。这就违背了《老子》哲学中的"大者宜为下""江海所以能为百谷王者，以其善下之"。"孤"则不合众，"直"

图6-19-6　上海青浦金泽万安桥

者不知变，于是"业稍稍落"。可是他的曾祖父"英资大度，并济张弛"。具体地说是"操行清白（廉），勤约聚生计（勤、俭），明诀酬世纷（明、断）……公平宽大（对乡里），沉退缜密（对敌人）。视微如大（能从小处看到大处），持坦如岖（居安思危，视易如难）……行义于亲疏，名声蜚于遐迩"。"务仁厚，嗜施予"，报怨以德等等。这些是修身之本，能立足于社会。

当了大小官员，治国、平天下之道，自然不会在小小一篇桥记中来作长篇大论。不过，道路桥梁的不修，就说明心不在民，做不了好官，治不了国、平不了天下。

　　某年韩国汉城的一座桥坍塌了，市长引咎辞职。当时也引起中国若干市长们注意，纷纷派人检查老桥。希望其动机不是为保官，而真正是为了保民。

七、虹桥信步

　　中国的步行桥是个游憩观赏的好地方。桥外可以赏桥，桥上可以赏景。《醉仙桥记》，里人钱泞，是明朝翰林，告老还乡"时与童交之朋友，坐于桥之左右。心无他求，口脱（敢说）世事，惟举觞浮白，一醉而已"。桥上可以野炊，古时就有。宋代陈义词："忆昔午桥桥上饮，座中皆是辟英。"其实，不饮而迎朝晖，送暮霞，远树低迷，近房鳞次。桥下舟船穿月（拱洞），水面鹰网捕鱼。在桥头的茶肆之中，或传出一声声吴音弦索。静梁可观，动亦可喜。南方水乡的桥梁，现在已被中外所欣赏。

　　中国的古桥，有些是送别的地方，"携手上河梁，游子暮何之"。灞桥折柳，黯然销魂。有些则成集市，特别是廊桥，左右列铺面，中间是行道（也有人畜分道的，人道在中，畜道在边），桥上还供有菩萨神灵，热闹非凡。

　　桥是生活的一部分。人们创造、建设了桥梁，而对桥产生了深厚的感情。

　　上海一些古代桥梁的碑记文章，不过是全国桥梁文章的几页，包罗不了很多内容。若将全国古代桥梁桥记中的内容展现出来，则必定极其丰富，洋洋大观。《中国桥梁技术史——古代卷》（计划2014年12月出版）当可以期待有更多的介绍。

　　这里对上海地区古代桥梁文字的收罗并不够全面，发掘亦不够深，只是略述一二，仅抛砖引玉，供爱好者参考。

图6-19-7　上海青浦迎祥桥

原文：唐寰澄

照片和整理：唐　浩

禅僧与桥梁

在我国桥梁建筑史上，有一个十分引人注意的现象，就是在历代的造桥活动中，佛教僧徒曾是积极参加者，并做出过卓越的贡献。

佛教传入中国后，逐渐改变了在天竺时"着衣持钵，入城乞食"，然后"洗足敷座"坐而谈佛的纯粹修行的办法。《大智度论》说："比丘（僧人）上自如来乞法以练神；下就俗人乞食以资身。"把佛徒们在世的生存完全假托在众人身上。禅门注意到此，在化缘之外，自行生产劳动和为老百姓做好事。

佛教的宗旨是见空出世。但是不论小乘大乘，都需要行善戒恶，随喜功德。因为"众生"的知识文化、觉悟程度不同，诱导的方式亦不一。小乘佛教造作三世、六道轮回的理论，使人相信行善得报，不见于今世则见于来世，给人以若有而无，宁信其有，不计其无的精神寄托和希望。大乘虽亦说空，不过禅宗《坛经》教人"于相而离相、于念而不念、念念不住"，就是说承认有客观的事物（相），有种种思想（念），但是不要执着，便可得清净世界。既知为空，但不持空，不空不有，入"不二法门"。人生在世，"但行直心"。所谓直心者是正直之心，赤子之心和慈悲之心，以超度世人。假如不是这样，一切皆空，万念俱灰，佛教本身又要它做什么？直心行善，非为图报，不求来世，而是以人世的方式出世。湖北黄梅五祖寺的石拱廊桥"飞虹桥"，桥的东西两头门上，分别写着"放下箸""莫错过"。

根据地方志和有关文献的记载，和尚造桥的事，在每一朝代，每一地区，都是常见的。大约自南北朝大建寺庙、开凿石窟之后，民建桥梁，也逐渐地活跃起来。僧人参与造桥活动，有文献可征的，约不迟于隋代。著名的安济石桥，近年挖掘出了隋代的"修桥主"残石，"修桥主"相当于后世"施主"的同义称谓。安济桥是由赵郡人士集资修建的，很可能有僧徒参加了募化工作。正定高僧怀丙，既修整过赵州桥，又设法起出山西永济黄河蒲津浮桥落水的铁牛。隋文帝开皇十一年（591）建洺州南和（今河北省南和县）沣水石桥，清孙星衍《寰宇访碑录》及《金石粹编》收有桥记碑文，文中有"洒法雨以润群生，建宝幢而导黔首……县老人宋文彪等悟镜像之非冥，知水泡之难持，薰修十善，回向一乘，各竭资助，兼相劝化，敬造石桥，以济行

图6-20-1　河北赵州桥（1900年摄）

者"等语。这篇碑文,写成于大兴佛教的隋文帝时代,缀佛典词藻以成文,是不难理解的。有趣味的是,碑文中把佛门教义和民间建桥联系起来,把世俗对修桥补路称作善举与佛教所称功德结成一体;又似乎这一道理,已为当时僧俗所共晓,劝募的风气,也已经倡立,从这一历史事实出发,僧徒在造桥活动中的作用,是颇具特色的。

图6-20-2　河北满城方顺桥

图6-20-3　江苏苏州灭渡桥

　　远在战国时代以前,造桥,是被认为"王政的一端",《周礼·月令》"九月除道,十月成梁",《孟子·离娄》"岁十一月徒杠成,十二月舆梁成,民未病涉也"。当时的桥梁道路,有专职官员负责,这是与奴隶社会制度相适应的。秦汉以降,除了通都大邑,官路驿道而外,发公帑建桥的事,日渐稀少;而官倡民助和民间自建的方式,则日益增多。这是由于在私有制的阶级社会里,桥梁却独具有社会公用的性质。桥,虽同其他建筑物一样,是要付出代价的,但对于使用受益者说来,却是无偿的。这种特具的社会公益性,便为调动社会各阶层对建桥的积极性和人民爱桥的深厚感情,奠定了基础。因此,民间建桥的活动,便自然而然地活跃起来。

　　僧人之参加造桥活动,是出自邀请和自愿相结合的。

　　《宋天威军石桥记》:"本军大姓李宣谓太原栖息寺女头陀善慈曰:七里(涧)之患,尔知之矣,暂勤而永佚,少葺而久牢者,仁人之用心也。尔素有化缘,众所倾响,将与尔建石杠一道,以济万众之不通,可乎?头陀善而言曰:此我平生之所欲也。"

　　又《重建方顺桥记》:"请凉山僧德印募缘助构,灵铎载扬,五材云集……"

　　又《宗岳桥记》:"邀多宝僧中立募化十方,经营七载,方告厥成。"

　　以上事例,说明劝募这一活动,要不辞跋山涉水,穷年累月,日积月累,方能积有成效。而募化十方,出入达官大户,达到随缘乐助的目的,也不是轻而易举的事。这项工作,僧人似乎是最理想的人选了。所以,即使是地方官或绅士们倡议建桥,也往往要委托大庙主持综理其事。这又和寺院一贯平等待人的作风以及经济上绝少贪污中饱的弊病有关。

　　但是,佛教僧徒在造桥活动中所起的作用还不仅仅在从事募化这一个方面。

　　元张亨《灭渡桥记》:"吴城东南由赤门湾至蔚门,水道间之,非渡不行。舟人横暴,侵凌旅客,风晨雨昏,或颠越取贷。昆山僧敬修几遭其厄,仅得走免,诉公庭法治之。既思创建石梁,利济永久。偕里人陈玠、张光福,遍吁郡城,金汇钱萃,爱兴工作。始大德二年(1298)十月,讫工四年三月。桥成,长二十八丈四尺,高三丈六尺,广视高之半有加,工二万六千有奇,南北往来,踊跃称庆。

名灭渡,志平横暴也。"一个游方僧,敢和地头蛇斗,并发愿建桥,便利一方。如果不是广结善缘的和尚,可能无此法力。

这类独力成桥,显然困难较多,决心要大。如浙江义乌东江,旧有浮桥,元泰定二年(1325)僧文中倡建石墩木伸臂梁桥,全长四十二丈,僧文中募为屋覆之。又四川綦江县万寿桥,六洞石拱,明崇祯十二年(1639),一僧断手誓建,历三年乃成。还有的是出于济世婆心,因而感动了他人,共完洪愿。如《衢州府志》载:"(莲花桥)岁久毁坏,用木筏撑渡。清康熙初,有僧济澄自灵隐来,属莲花寺,夜雨风中,闻堕水呼声,设愿建桥,改置桥于一里之下,高三丈,卷石梁五虹,每虹阔四丈,桥面阔一丈六尺,两埵五墩,计长三十五丈。"

又明徐师曾《吴江大浦桥记》:"左江右湖之水,出八斥大浦之港,怒而东奔,水涌风发,舟经其左辄覆,溺死者不可胜计。嘉靖中,海宁安国寺僧文玉,教授兹土,目击其事,曰:吾既不能疏甘泉之淤,犹能广大浦之口。乃与其徒守清虔心募施,会有钱宗德者,见而义之,施舍之外,复贷金以赡其费。石工邹恢亦愿茹淡素以献力。于是伐石僦工,撤旧杈辟浦口而改建焉。为拱七,长十有八丈,广一丈六尺。"

更有积极意义的是:有不少参加建桥的僧人,他们不仅仅是劝募者、组织者,而且还是施工匠师。这一事例,在闽南大造石梁的热潮中,最为突出。《名胜志》记僧道询建獭窟屿桥事,"宋开禧间,僧道询待津于此,有髯道人与语作桥,道询以风波为辞,道人云:汝若作是念,何桥不可成。道询遂率其徒操舟运石,成桥七百十间,南北跨两岸,潮至桥没,潮退可渡,免垫溺之患,至今便之"。

闽南造桥,可以说僧人起着骨干作用。如僧义波、宗善之建洛阳桥,僧惠魁之建金鸡桥,僧文会之建玉澜桥,僧守徽之建苏埭桥,僧祖派、惠胜之建普利大通桥等,据统计宋绍兴的三十年中间,建成石桥总长5 147丈,其中僧人所修建的约达4 500丈。可称为一时之盛事。其他省份里,僧人创建的名桥,如僧文秀、德朗之建庐山栖贤寺三峡桥,僧了然之建云南霁虹铁索桥,僧妙真之建临海下津桥,均有声于当时。志称:"下津桥之建,量度江面一百一十丈,凡诸规定,无成法可依,悉自

图6-20-4 江西庐山栖贤寺桥(三峡桥)

僧手指口授,照法不爽。"说明技术经验,俨然匠师。《宋史方伎传》记僧怀丙以术正安济桥事,惜其术不传。至于江西僧大义之建铅山大义桥,"墩不可立,大义掷钵成墩";又余姚僧自悦重建黄山桥,"潮汐奔溃,不可置一石,自悦祝天,愿少却,潮忽竟日不至,乃并力基之"。这是在施工期间,排除了困难,人乃故神其说。在过去,宗教总是带有一定的神秘色彩的,有不少桥头,建庵守僧,朝夕巡查,确倒是起了呵护的实际作用,他如佛阁石塔,点缀于长虹飞梁之间,景色交融,更增添了桥梁形态上的瑰丽。

佛教与桥梁,在历史上合作了一千五百多年,是十分耐人寻味的。明代西藏密宗喇嘛唐东杰布,除了率徒化缘之外,创设藏戏,以演出聚资,在西藏地区修建了58座铁锁桥和60余座木桥。所修桥梁远到不丹。还有如定禅师东渡日本邻邦,设计建造了中岛川的眼镜桥;独立禅师携带图样,在日本岩国市建成锦带桥,至今受到称誉,其影响自是更加深远了。

在我国灿烂的古代文化总的成就中，佛教僧徒，在其他领域方面，也有过不少的贡献。比如文学、美术等方面，传有不少造诣高超的优秀作品，均有进行研究，作出评价的必要。

佛教要求敬佛、供僧、造寺庙宝塔，是为延续宗教的措施，可是俗说"救人一命，胜造七级浮屠"，又说"行三百善，如造浮屠"，还是注重于实际的善行。所以修桥铺路，阴功积德。民间也有受道教"四恩三有"思想影响捐款修桥的，四恩者：一天地恩，二君主恩，三父母恩，四师长恩；三有者：一有情者，二有识者，三有缘者。如福建闽侯县上街温阳桥上刻"弟子林怀资为四恩三有舍梁一条"。各地其他桥刻中也有见。

过去曾有人提出：主张涅槃寂灭的佛教信仰者，何以转出世为入世，并选中了造桥这一公益事业，广结善缘呢？我想，这也就是佛教济世精神的一种体现吧！

按：原文作者许宏儒。许老先生出身于书香门第，祖孙四代皆为中国名人之大秘书，他原为茅以升先生终身秘书，现已故。此文是将唐寰澄对此论的有关文字、照片补充于中，合成一篇。

唐浩整理于马年春节
2014年2月2日

中国古桥博物馆建馆建议书

展出目的

由于中国古桥文化是中国先进文化之一，又是世界某些古桥形式的发源地，现仍保存有整个古桥技术发展过程的"活化石"。在珠海"港珠澳跨海大桥"这一世纪性工程设馆介绍中国古桥，有追根寻源、弘扬中国文化、继承发展中国桥梁技术的传承意义。丰富以桥为主题的旅游景点，寓教于旅游之中。

展出方式

全面性：尽量全面地介绍中国各种古桥。

历史性：系统地介绍各种桥式发展历史和成就。

科学性：全部展出以科学为依据，不涉迷信和虚伪。

趣味性：力争生动活泼，展品具有吸引力。

普及性：各行各业、男女老少皆宜。

对照性：展品和实物相对照。

展出内容

展馆拟设八个展室及室外庭院陈列展品。展品有照片、图画、模型、工艺品、实物、科幻和录像等，配以说明。

第一室

一、以人像（茅以升、罗英、徐霞客、马可·波罗等）介绍中国古桥历史

二、中外摄制中国古桥录像及科教片，可点播放映，现已有

（一）美国NOVA虹桥竹索桥

（二）CCTV《贯木拱·虹桥追踪》

（三）河北TV《赵州桥》

"将来可再重点拍摄添置"

三、其他

第二室：全面介绍中国古桥历史

一、中国古桥公布总图（或可置于一室，自此进入二室）

全墙面中国地图简图（立体、灯光显示）

标示：

1. 全面各种类型桥梁分布（彩色／分省）

2. 周秦时期名桥诸名桥见《桥梁卷11—21页》

3. 西汉时期名桥诸名桥见《桥梁卷11—21页》

4. 晋代名桥各时期名桥中突出绍兴桥梁

5. 隋、唐时期名桥

6. 梁宋时期名桥

7. 元、明、清时期名桥列《中国古桥表》

二、著作陈列

专柜实物，辅以引文放大照片系统说明文字，说明中国历来对古桥的重视。

（一）古代书籍中有关文字（主要、草案）

1. 经

《易》"利涉大川"……《诗》"造舟为梁"……《孟子》"先王之治""郑子产……"等书及内中有关章句。

2. 史

《国语》"……泽不陂，川不梁……"《左传》《史记》"舜于是以垂为百工……"《汉书》《三国志》等书及内中有关章句。

3. 子

《云笺竹简》"为吏之道……"《图书集成考工典》《华阳国志》《唐六典》《水经注》等书及内中有经章。

4. 集

《元和志》《大唐西域记》《蛮书》《东京梦华录》《大元一统志》《徐霞客游记》《读史方兴纪要》《方方壶奈与地从钞》等书及内中有关章句。

5. 地方志

《长安志》《吴郡志》《嘉泰会稽志》《临安志》及各省《通志》等书及内中有关章句。

（二）近代书籍中有关文字

《中国营造学社汇刊》有关部分、罗英《中国桥梁史料》《中国石桥》、罗英、唐寰澄《中国石拱桥研究》、〔英〕李约瑟《中国科学技术史》（桥梁部分）、唐寰澄《中国科学技术史——桥梁卷》（书稿、本）及近代各省新的《交通志》。

三、桥梁分类

图照

（一）天生树根桥，广东顺德

（二）天生石梁，浙江天台山石梁飞瀑

（三）天生石拱，江西贵溪天生石拱（或其他）

（四）天生索桥，无照片则画（大藤峡）

（五）早期人类桥梁，河姆渡遗址照片加画、半坡村遗址照片加画

材料

（一）竹，竹索……

（二）木，各种古代造桥木材，豫章、梗楠、桫椤、石盐、松、柏、榆、杉。

（三）石，各种古桥石料（就地收集一些不同的石材）。

（四）铁，铁锤铁链。

桥型

梁、拱、索、浮四种桥梁

第一方案

四座中国古桥类型中最长、大及著名桥的模型

梁桥：秦渭桥（加忖像）或王希孟千里江山图木桥。

拱桥：吴江垂虹桥。

索桥：成都安澜桥。

浮桥：洛阳河阳浮桥（或蒲津桥）。

四、造桥系统和人物

以图、表、历史文献说明中国造桥的系统，中央——地方——民间，仕绅、民众佛教徒，典型实例见《桥梁卷》第5—8页。

五、展室布置参考图（不按比例）

可按现有建筑实物重新设计布置

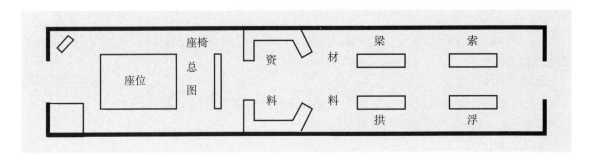

展品统计表一

	桥　　名	模　型	照　片	图　版	资　料	高科技	附　注
第一室						名人科幻录像	
第二室概论	（各时期历史名桥）			全国总图大		光显像	
	天生石梁　浙江天台		1	1			
	天生石拱		2—4				

（续表）

	桥　　名	模　型	照　片	图　版	资　料	高科技	附　注
第二室 概论	天生索桥（大藤峡）		1	1（画）			现场拍照
	石器时代　河姆渡半坡村			1			
					木石材料		
	王希孟千里江山图（梁）	1A		1			北京故宫博物院
	吴江垂虹桥（拱）	1A	1	1			南京博物院
	成都安澜桥（索）	1A	1				
	蒲津浮桥（浮）	1A	1	1			
	造桥系统和人物			2	历史文献		请人画想象肖像由于工作需要收集的历史书,用展柜陈列
	人物表			表			
	历史书籍						
	材料　竹木石铁						
		4A	8	总图1 图版9		1大屏幕 科幻1	

第三室：梁桥

一、文字与桥形（文字写古文,全石或篆体,字形加实例）

（一）矼——踏步桥

照片1. 西湖跳墩子

2. 浙江泰顺仕水矼碑

（二）榷、礿——独木桥

照片3. 独木桥

（三）杠、陭——聚石木桥

照片4. 聚石木桥

5. 四川芦山徒杠

（四）隁、梁——并木梁桥

照片6. 四川雅安雅江桥

7. 浙江云和木梁桥

（五）桥——拱形木梁桥

照片8. 湖北木梁桥

9. 浙江新昌查林桥

10. 南阳汉画像石骆驰虹桥

11. 北宋张择端《龙舟竞渡图》

二、梁桥分类表

以表附典型草图加灯光显示各种墩做小模型,聚于一盘

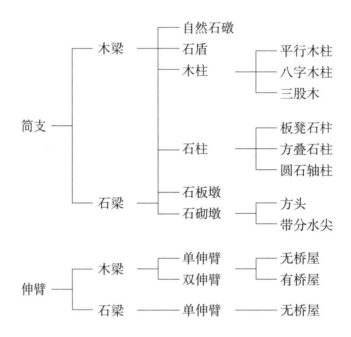

展品统计表二

	桥　　名	模　型	照　片	图　版	资　料	高科技	附　注
第三室梁桥	矼			1			
	跳墩子		1				
	浙江泰顺仕水矴碑		1				
	榷、彴			1			
	独木桥		1				
	杠、徛			1			
	聚石木桥	1A	1				
	四川芦山徒杠	1A	1				
	隄、梁	1A		1			
	浙江云和木梁	1A	1				

（续表）

	桥　名	模　型	照　片	图　版	资　料	高科技	附　注
第三室 梁桥	四川雅安雅红		1				
	桥			1			
	南阳汉画像石			1			
	北宋《龙舟竞渡图》		1				北京故宫博物院
	浙江新昌查林桥		1				
	绍兴桥		1				
	梁桥分类　图和表			梁分类图			
	各类梁桥小模型	1大盘					
		5A	10	图7			

三、各类木梁桥

（一）秦、汉、隋、唐长安诸桥（木梁、木柱）

1. 长安图及梁桥位置图

（1）《唐六典》古籍记载照片

（2）《图书集成、职方典》记载照片

2. 渭桥（中渭桥，横（光）桥）

（1）历史文献照片

（2）模型（至少做半座）

桥宽13.8米（12辆车平行）

桥长524米2台，67墩68孔

750柱每墩10柱，八字桥台

六角形石柱、忖像（单身狰狞披发）

（3）东汉画像石（作装饰）

3. 东渭桥

（1）《和林格尔壁画》

（2）《东渭桥记》碑拓片

（3）木抗星柱局部模型

（4）《无双记传奇》画新添

（5）成都青杠坡画像砖拓片

4. 西渭桥

（1）《便桥会盟图》故宫博物院

（2）古籍照片杜甫《兵车行》

王维《阳关三叠》

5. 灞桥

（1）灞水诸桥图

（2）《灞桥风雪图》时刻拓片

（3）灞桥故事图

（秦二世投降、灞桥火灾）

（灞桥折柳）

6. 洛阳洛水诸桥

唐代洛阳洛水诸桥示意图

7. 木梁、石轴诸桥

（1）清灞陵桥

灞陵桥图《灞桥图说》古籍照片

灞陵桥模型

（2）浐桥，沣桥

浐桥照片（四张）

沣桥照片（三张）

8. 石梁、石轴柱桥（赴现场照相）

（1）安徽定远刘会桥

（2）河北蠡县渡津桥

（3）河北蠡县石轴柱桥

李嵩水殿纳凉图

清明上河图上善门桥

上海青浦金泽元桥

（4）那乌桥（广东、阳江、阳春县、春湾镇那星村、县保）

（5）浙江绍兴荷湖桥

（6）湖南岳阳张家英村

9. 石梁石板墩桥

（1）模型

（2）上海青浦顺德桥（三孔）

（3）浙江吴兴将军坝桥（七孔）

（4）绍兴的梁桥

10. 木梁石礅桥

（1）浙江鄞县百梁桥

（2）北京颐和园知春桥

（3）白石下鳌隅桥（广东、韶关市、乳源县、大桥镇岩口村）

11. 石梁石礅桥

（1）青浦曲水园桥

（2）云南丽水石桥

（3）浙江绍兴石桥（多张）

福建诸名桥（表）

（4）漳州虎渡桥（照片，图）模型

（5）泉州洛阳桥（照片、图）

（6）泉州安平桥（照片，图）

模型（典型构造，片段）

（7）黄圃应山桥（广东、韶关、乐昌县、黄圃镇应山村、县保）

（8）五福桥（广东、河源、连平县、忠信镇大坪村、县保）

四、木、石伸臂梁表

（一）历史文献

段国《沙州记》

河历、刁桥、折桥、鹊巢桥、花桥

（二）模型（照片）

1. 四川木里自治县木伸臂梁（无桥屋，单伸臂）

2. 甘肃兰州握桥（有桥屋，单伸臂）

3. 文县阴平桥甘肃（有桥屋，单伸臂）

4. 昌都云南桥西藏（无桥屋、木笼墩）

5. 广西三江程阳桥（花桥之最）

6. 贵州黎平花桥

7. 湖南通道都天桥

（三）石伸臂梁

1. 浙江平湖兴隆桥照片

2. 浙江海宁旺岸桥照片、模型

3. 云南云县河湾桥图模型

4. 见龙桥（广东、江门、新会县、双水镇富美村）

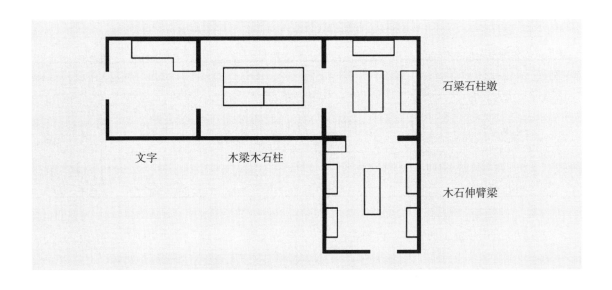

五、展室布置参考图（不成比例）

展品统计表三

	桥　名	模　型	照　片	图　版	资　料	高科技	附　注
木　梁　桥	长安桥梁位置图			1			
	中渭桥	1A					至少半座桥上有车马作装饰
	东汉画像石			1			
	东渭桥	1C（木抗星柱）		3和林碑拓双记			部分模型
	成都青杠坡画像砖		1				
	西渭桥				2		
	便桥会盟图			1			故宫古画
	古诗				2		
	灞桥			画3投降灞桥折柳	3		
	灞桥风雪图						陕西博物馆
木　梁　石　柱（石）	洛阳诸桥				3		
	灞桥	1B		2	1		
	浐桥						
	沣桥		4				
	安徽定远刘会桥		3				
	河北蠡县渡津桥		1				
	河北蠡县石轴柱桥		1	1			
	李嵩水殿纳凉图			1图照			故宫古画
	《清明上河图》上的善门桥			1图照			故宫古画

A1　　　　　10　　　　　16

B1

C1

展品统计表四

	桥　名	模型	照片	图版	资料	高科技	附注
木梁 石礅 柱	青浦金泽元桥		2				
石梁 石柱	浙江绍兴荷湖桥		1				
	湖南岳阳张家英村		1	1			
石梁 石板	绍兴		1				
	上海青浦顺德桥（3孔）		1				
	浙江吴兴将军坝桥（7孔）		1				
	模型	1B					
木梁 石礅	浙江鄞县百梁桥		1				
	北京颐和园知春桥		1				
石梁 石柱	绍兴纤道桥		2		2		
	绍兴其他		3				
	青浦曲水园桥		1				
	云南丽水石桥		1				
	福建诸名桥表		1	1			电光显示
	漳州虎渡桥	1B 老桥	1	1			
	泉州洛阳桥	1B 老桥	1	1	1		
	泉州安平桥	1C 片段	2		1		
		B4	20	图3			电光显示 表1

展品统计表五

	桥　名	模型	照片	图版	资料	高科技	附注
木伸 臂梁	河历，刁桥，折桥，握桥			1	沙洲记		
					四川通志		
木伸 臂	四川木里自治县	1B	1		金史		

（续表）

	桥　　名	模型	照片	图版	资料	高科技	附注
单	甘肃兰州握桥	1B	1		兰州府志		
	甘肃文县阴平桥	1B	1				
双	西藏昌都云南桥	1B	1				
	广西三江程阳桥	1B	2				
	贵州黎平花桥		1				
	湖南通道都天桥	1B	1				
	浙江武义熟溪桥		1				
	木伸臂梁名桥表				1		
石伸臂梁	浙江平湖兴隆桥		1				
	浙江海宁旺岸桥	1B	1				
	云南云县河湾桥		1				

B7　　　　12　　　　2

第四室：栈阁

栈阁是中国山区道路和桥梁的一种特殊形式，为世界西方国家古代所无。

一、栈阁总介

（一）栈阁分布及分类总图、总表

（二）历史文献文字中的栈阁

《史记》：栈道千里，阁道栈道。

《后汉书》：栈阁定义辇道阁道。

《三国志》：邸阁。

《广韵》：阁道复道。

《淮南子》：栈道，复道桥格。

《石门碑刻》：桥格，桥阁，栈道，阁道桥阁。

二、汉中栈道

　总图（诸道名称）

　唐李白《蜀道难》诗书法——轴

　唐欧阳瞻《栈道铭并序》书法——轴

　《五丁开道》画——四川找遗迹照片

（一）故道《秦栈图》版画

（二）褒斜栈道——线路图

少柱

模型2　照片5　图版1

依崖梁柱式

多柱

依崖斜柱式直斜模型2,模型中做诸葛亮木牛、流马

五代梁关全《蜀山栈道图》

北宋范宽《秋林飞瀑图》

近人张维铮长卷

石栈模型1,照片2

石栈照片1

不依崖梁柱式模型1C　图1

依崖有梁无柱式模型1C　图1

（三）傥骆道

走向图图1

实景照片两三张题唐元稹诗

（四）子午道

走向图图1

历史资料图2

三、秦蜀栈道（金牛道,石牛道）

走向图

历史资料诗词（唐、宋）

金牛道北段版画

唐《明皇幸蜀图》

唐李昭道《春山行旅图》

朝天峡栈道复原照片

依崖双梁中柱式模型

三梁中柱

明仇英《剑阁图》

清罗聘《剑阁图》

唐张文悰《蜀道难》诗

四、其他栈道

阴平道走向图

实拍残孔照向汉中收集

历史资料

僰道四梁中柱式模型1

西藏尼羊曲栈道照片

长江小三峡栈道照片

黄河三门栈凹槽式模型1

华山、青城山、峨眉山照片4—5

五、宫苑间阁道

六、栈道发展图

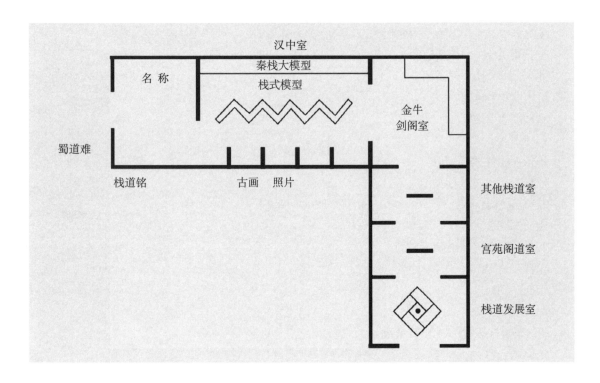

展品统计表六

	桥　　　名	模型	照片	图版	资料	高科技	附　注
第四室 栈阁	栈阁分布及分类总图			1			
	总表			1			
	历史文献《史记》栈道						
	阁道			1整版			
	《淮南子》 栈道			图照			
	《广韵》　栈道						
	《后汉书》栈阁						
	《三国志》邸阁						
	石门碑刻 桥格						
	桥阁						
	栈道阁道						

（续表）

桥　　　名	模型	照片	图版	资料	高科技	附　注
秦蜀栈道总图			1		电光形象重现三国时蜀魏相攻出入栈道	
李白蜀道难诗			书法1			
欧阳瞻栈道铭			书法1			
《五丁开道》（找四川遗迹）		2	图画1			
（一）故道　秦栈图	1A		版画1			
（二）褒斜栈道						模型中做诸葛亮木牛流马
依崖梁柱式　少柱	1C		1			
多柱	1C	5	1			

1　7　9　　　　　　　电光显示1

2

展品统计表七

桥　　　名	模型	照片	图　版	资料	高科技	附　注
依崖斜柱式	2C		1			
五代梁关全《蜀山栈道图》			1照片或摹本			故宫博物院
北宋范宽《秋林飞瀑图》			1			故宫博物院
近人张维铮长卷			1近人国画			
不依崖梁柱式	1C		1			
依崖有梁无柱式	1C	1				
石栈	1C	1				
石碛	1C	1				
（三）傥骆道走向			1			
历史资料				选2		最好雪景
		实景照2				题元稹诗
（四）子午道走向			1			

（续表）

桥　　　名	模型	照　片	图　版	资料	高科技	附　注
历史资料				选2		
		实景照2				
（五）金牛道走向			1			
金牛道北段			1版画			
金牛道秦栈	1B	5				
唐《明皇幸蜀图》			1原画照片或摹本			台北故博

B1　　　　12　　　　10

C6

第五室：拱桥

中国拱桥渊源清楚，国外不能相比！中国木拱，世界所无！
一、拱的起源
（一）文字拱《说文》
《徐霞客游记》
（二）天生桥说
江西贵溪天山桥（浑圆半拱、立体）照片广东番禺莲花山
采石场人工天生桥
云南下关天生桥（落石）
贵州落石天生桥
说明由整体石到嵌落石拱启发人工砌拱
（三）土穴说
天然土穴（到陕甘找实景）照片1
新疆吐鲁番土穴《考古》《文物》图
陕西山西窑洞（到黄土高原找实景）照片2
（四）陶瓮说
"蓬户瓮牖"《礼记》
文字、卷瓮、骈瓮
土屋瓮窗、新石器时代画
（五）叠涩演进说
吴县烽燧（风水）墩模型、图
湖北秭归寅兵桥半边叠涩，半边砌拱
（世界上唯一的桥，现场实拍）

（六）折边演进

墓葬折边有洛阳,四川实例,绍兴实例。

用3—5张照片,6个小模型。

二、石拱桥

从各地墓葬和实例,举大量实例以照片,图版方式展示折边演进。

（一）空腹三折边

（二）实腹三折边

（三）五折边

（四）七折边

（五）弯板三折边

（六）外弯板内折边

（七）多孔折边拱

唐代杨升《雪山朝霁图》

本部分几乎是绍兴(浙江)专馆! 内容越充实越好,包括照片、模型实物部件(拆一座小桥展示)

实腹拱

各种拱券、各种拱轴线图示及一组模型

各种拱砌筑法图示及一组模型

各部分名称南方图版、北方图版

中国著名石拱桥表、图表表示和电脑显示各种实例。

实腹圆弧拱

河北满城方顺桥(时代可推到西汉或东汉)

河北井陉桥楼殿(隋)

河南临颍小商楼(隋)

上海青浦金泽万安桥,紫石桥(宋)

苏州灭渡桥(元)

空腹圆弧拱

河北赵县安济桥模型、照片

唐张嘉贞《安济桥铭与序》

唐张彧《赵郡南郡石桥铭》

梁思成先生关于赵州桥文

河北赵县永通桥

河北赵县济美桥

河北永年弘济桥

河北沧州登瀛桥

河北献县单桥

山西崞阳普济桥

浙江余杭苕溪桥

浙江富阳恩波桥

小拱叠大拱发展图

G1-2-1. 响水桥（广东、江门）

圆弧拱

江苏苏州枫桥（唐）

杭州西湖六桥（宋）

江西庐山栖贤寺桥（宋）

辽宁凌源滲津桥（宋）

浙江绍兴柯桥

小百岁桥（广东、广州、广雅中学）

全国各种桥型,砌法和不同孔数、纳入整个石拱桥系统之中

三孔、五孔、七孔…… 中国石拱桥表

浙江绍兴光相桥（晋）

广西兴安灵泉万里桥（唐）

江苏苏州枫桥（唐）模型、照片

宋、李公麟《仙山楼阁图》（宋）画

江苏苏州吴门桥（宋）

江苏昆山富安楼,钥匙桥（明）

元、吴镇《乱石拱桥》

浙江临海清水坑桥

二孔表

浙江绍兴嵊县万年桥

保宁桥（广东、梅州、博罗、罗阳镇观背村、县保）

仙人桥（广东、河源、和平县、阳明镇、县保）

三孔表

唐李昭道《曲江图》摹本或照片

唐李昭道《湖亭游骑图》摹本或照片

山东泗水卞桥

江苏苏州普福桥（桥已拆）做模型、照片

江南典型三孔石拱画

青浦朱家角九峰桥

浙江绍兴泗龙桥

浙江杭州拱宸桥

浙江天兴双林三桥

安徽滁州宏济桥

浙江三门东升桥

云南昆明圆通寺白石桥

广西桂林花侨

巨济桥（广东、顺德、杏坛）

四孔表

浙江泰顺回澜桥

广东梅县抵住桥

四川达州天缘桥

五孔表

唐李昭君《洛阳楼阁图》

宋郭熙《丰年瑞雪图》

浙江余姚季卫桥

上海青浦朱家角放生桥

浙江兰溪通州桥

五眼桥（广东、河源、和平县、下车镇、县保）

七孔表

南京七桥瓮桥

浙江余姚广济桥

浙江萧山白燕桥

山东益都万年桥

安徽黄山老大桥

福建华安温水溪桥

七拱桥（广东、清远、阳山县、七拱镇七拱墟东、县保）

八孔表

新田桥（广东、韶关、南雄市）

九—十孔表

湖南湘乡万福桥

四川梓橦天仙桥

江苏苏州行春桥

陕西华县桥上桥

普济桥（广东、清远、清新县、浸潭镇）

十孔以上表

江西永丰恩江桥，平政桥

北京卢沟桥

《卢沟运筏图》

浙江金华通济桥

北京颐和园十七孔桥

江西南城万年桥

江苏苏州宝带桥

江苏吴江垂虹桥（已毁）

沈同《垂虹暮色图》

尖拱表

攒尖墓

北京圆明园、万春园桥

北京颐和园玉带、西堤桥

贵州福泉葛镜桥

陕西三原龙桥

《创建池阳龙桥图》

云南建水天缘桥

四川剑阁剑溪桥

吉林扶余万善桥

贵州镇远祝圣桥

马蹄拱（以绍兴为最多，别处不容易见到！）

绍兴阮社桥

绍兴永丰桥

绍兴东湖秦桥

绍兴接渡桥

绍兴泾口桥

绍兴东浦镇新桥

萧山马蹄拱

椭圆拱以绍兴为最古与多！

汉墓

六朝、张僧繇《雪山红树图》

浙江天台山丰干桥，天台山方广寺奉化桥

浙江嵊县玉成桥

浙江温州乐清古桥

浙江新昌迎仙桥

浙江嵊县庵山桥

浙江奉化石泉桥

福建福清波澜桥

贵州兴义木卡桥

石拱桥拱券模型一套

桥台模型一套

桥墩模型一套

基础模型一套

理论图版一版

展品统计表十

	桥　名	模型	照片	图版	资料	高科技	附　注
第五室拱桥	一、拱的起源						
	（一）文字"拱"				1		
	"鞏"				1		
	（二）天生桥说						
	江西贵溪天生桥		1				
	广东番禺莲花山		1				
	浙江（绍兴）天生桥		1				浙江山区探访
	云南下关天生桥		1				
	（三）土穴说		1				
	天然土穴		1				到陕甘找实景
	新疆吐鲁番土穴墓			1	1		《考古,文物》
	陕西山西窑洞		2	1			到陕西找实景
	（四）陶瓮说						
	蓬户瓮牖	1C		1画	1		
	卷瓮、骈瓮与窗				1		
	瓮葬				1		《考古》
	（五）叠涩演进						
	吴县烽燧墩			1	1		

C1　　　　8　　　　4

展品统计表十一

	桥　名	模型	照片	图版	资料	高科技	附　注
石拱	湖北秭归寅兵桥	1C	1	1			现场拍照
	（六）折边演进（大字）						
	墓葬折边	6C		1			
		墓砖实物					
	汉墓石刻		3—5				

（续表）

桥　　名		模型	照片	图版	资料	高科技	附　　注
石拱	泗水捞鼎			1			
	（一）三折边拱	1C					此处三、五、七折边拱
	墓葬	砖模型					
	实例空腹三折边						

C8　　　6　　　3

展品统计表十二

桥　　名	模型	照片	图版	资料	高科技	附　　注
折边拱						本部分几乎是绍兴（浙江）专馆
		3—5				
空腹三折边	1C		1			
实腹三折边	1C	3—5	1			
弯板三折边	1C	1—2				折一座小桥于室内展示其细节
唐杨昇《雪山朝霁图》			1			
五折边	1C	3—5				
七折边	1C	3—5				
外弯板内折边	1C	1—2				
多孔折边	3C	5—6				
折边拱桥统计表					电子查阅	不断充实

C9　　　30　　　3

展品统计表十三

桥　　名	模型	照片	图版	资料	高科技	附注
石腹拱						
各种拱轴线	1盘		1			

	桥　　　名	模型	照片	图版	资料	高科技	附注
	各种拱砌筑法	1盘		1			
				2			
	中国著名石拱桥表（南北方）					电子查阅	不断充实
				1			
	圆弧拱实例						
	汉墓			1			
	河北满城方顺桥		2	1	1		
	河北栾城清明桥		1				
	山西晋城周村桥		1				
	河北栾城凌空桥		1				
	河南临颍小商桥		4	1			
	河北赵县河河点桥		1				
	河北宁晋古丁桥	1C	1				
	河北井陉桥楼殿		2	1			
	江苏苏州灭渡桥		1				
	上海青浦金泽普济桥		1				
	（紫石桥）			1			
		2盘	15	9			1

展品统计表十四

	桥　　　名	模型	照片	图版	资　　料	高科技	附注
	空腹圆弧拱						
	河北赵县安济桥	1A	4	2	3碑拓资料照片或书法		
	河北赵县永通桥	1	2	1			
	河北永丰弘济桥		2	1			
	山西崞阳普济桥		1				
	河北赵县济美桥		1	1			

（续表）

	桥　　名	模型	照片	图版	资　　料	高科技	附注
	河北沧州登瀛桥		1	1			
	河北献县单桥		1	1			
	浙江余杭苕溪桥		1				
	浙江富阳恩波桥		1				
	小拱叠大拱发展图			1	或电光显示		
	半圆拱						

A1　　14　　8

展品统计表十五

	桥　　名	模型	照片	图版	资料	高科技	附　　注
	杭州西湖六桥		2				
	江西庐山栖贤寻桥		2	2	2		
	辽宁凌源滲津桥			2			
	绍兴柯桥					1屏显	选择全国各种桥路和各种砌筑形式的石拱桥
	浙江绍兴光相桥		2		1		
	广西兴安灵石里桥	1B	1		.		
	苏州枫桥	1B	2				
	宋李公麟仙山楼阁图			1照片或摹本			
	苏州吴门桥		1				
	江苏昆山钥匙桥		1	书法诗1			
	富安桥		1	书法诗1			
	双孔				或电光显示		
	元吴镇《乱石拱桥》			图1			
	浙江临海清水坑桥		2				

	桥　　名	模型	照片	图版	资料	高科技	附　注
	浙江嵊县万年桥		1				

B2　　　15　　　8　　　　　　　1屏显

展品统计表十六

	桥　　名	模型	照片	图版	资料	高科技	附注
	三孔石拱桥表					1	
				画1摹本			
	唐李昭道《曲江图》			1			台故博
				画1摹本			
	唐李昭道《湖亭游骑图》			1			
	山东泗水卞桥		2	1			
	江苏苏州普福桥	1B	1				
	江南典型3孔驼峰石拱			画1			
	青浦朱家角九峰桥		1				
	浙江绍兴泗龙桥		1				
	浙江杭州拱宸桥		1				
	吴兴双林三桥		4				
	安徽滁州宏济桥		1				
	浙江三门东升桥		1				
	云南昆明圆通寺白石桥	1B	1				
	广西桂林花桥		1				
	四孔表						
	浙江泰顺回澜桥		1		1		
	广东梅县抵住桥						
	四川达州天缘桥						

B2　　　15　　　6　　　　　　　表1

展品统计表十七

	桥　　名	模型	照片	图版	资料	高科技	附注
	五孔表					电光显示	
	唐李昭道《洛阳楼图》			图1		1	
	宋郭熙《丰年山瑞雪图》			图1摹1			台故博
	浙江余姚季卫桥		1				
	上海朱家角放生桥		1	书法1			
	浙江兰溪通桥		1				
	七孔表				1	1	
	南京七桥瓮桥		1				
	浙江余杭广济桥		2				
	浙江萧山白燕桥		1				
	山东益都百年桥		1				
	安徽黄山老大桥		1				
	福建华安温水溪桥		1				赴实地调查
	九（十）孔表					1	
	湖南湘乡万福桥		1				赴实地调查
	四川梓橦天仙桥		1				
	江苏苏州行春桥		1				
	陕西华县桥上桥	1B	1		1		
	十孔以上表					1	
	江西永丰恩江平政桥		2				
		B1	16	4		电光显示表3	

展品统计表十八

	桥　　名	模型	照片	图版	资料	高科技	附注
	北京卢沟桥	1A	6	1			
	《卢沟运筏图》			1画			京故博

	桥　　　名	模型	照片	图版	资料	高科技	附注
	浙江金华通济桥		2				
	北京颐和园十七孔桥		2				
	江西南城万年桥		3		万年桥 表1		
	江苏苏州宝带桥		2		2		
	江苏吴江垂虹桥		3				
	沈周《垂虹暮色图》		1		1		南京博
	尖拱		2				
	表		1			1	
	攒尖墓		1				
	绍兴	1B	2				
	北京圆明园万春圆桥		1				
	北京颐和园玉带桥		1				
	西堤		1				
	贵州福泉葛镜桥		1				
	陕西三原龙桥		1				
	《创建池阳龙桥图》			2画			
	云南建水天缘桥	1B	1				
	A1		26	5		电光显 示表1	
	B1						

展品统计表十九

	桥　　　名	模型	照片	图版	资料	高科技	附　注
	四川剑阁剑溪桥	1A	1		1		
	吉林扶余万善桥		1				
	贵州镇远祝圣桥		1				

（续表）

	桥　　名	模型	照片	图版	资料	高科技	附　注
	马蹄拱						
	表一分类			1		1	以浙江及绍兴为最多
	绍兴　阮社桥		1			1	
	绍兴　永丰桥		1				
	绍兴　东湖秦桥		1				
	萧山　马蹄拱桥		1			1	
	绍兴　接渡桥		1				
	绍兴　泾口桥	1B	2				
	绍兴　东浦镇新桥		2				
	椭圆拱桥						
	汉墓			1			
	六朝			1画1摹			
	张僧繇《雪山红树图》	1B	1	画1			
	浙江天台山丰干桥			题字1			
		B2	13	6		电光显示表1	

展品统计表二十

	桥　　名	模型	照片	图版	资料	高科技	附　注
	浙江天台山方广寺奉化桥		1				椭圆拱亦为浙江最多
	浙江嵊县玉成桥		2				
	浙江温州乐清古桥		1				
	浙江新昌迎似桥		1				
	浙江嵊县庵山桥		1				
	浙江奉化石泉桥		1				
	福建福清波澜桥		1				
	贵州兴义木卡桥		1				

	桥　　名	模型	照片	图版	资料	高科技	附　注
	石拱桥　拱券			1			
	桥台			1			
	桥墩			1			
	基础			1			
	理论			1			

9　　　　5

三、竹木拱桥

木部分竹木拱桥结构和型式为世界所无。各种竹木拱有渊源可寻。

（一）竹拱

浙江雁荡竹拱桥单竹杆拱夹竹排式

江苏无锡竹拱桥单竹杆拱夹竹排式

广东虎门竹拱桥叠合复竹杆式

（二）木拱桥

二种形式四川北川弓弓桥

（三）撑架桥

《秋林飞瀑图撑架》（宋）

浙江泰顺小木桥八字撑架

四川安县姊妹桥八字撑架

云南临沧木桥民间特殊八字撑架

（三条桥原样可能如此）

山西洪洞县水神庙桥 A 字撑

新昌杨树板桥 A 字撑八字撑

四川酉阳龙水沟桥

湖北利川群策桥复杂八字撑和伸臂梁

（四）贯木拱

《清明上河图》汴水虹桥

原本／摹本／假图

考证资料：仿建桥梁

建造年代：武汉木

发展渊源（无脚桥）船撞科幻：金泽木

发明人

贯木南游

浙闽贯木拱

浙江：梅崇桥青田桥泰顺（六座）

福建：寿宁、城宁等（用七座）

屏南：千乘（双孔）石安（六孔）

武夷：余庆（3孔）

甘肃：渭源灞陵桥

（五）木石拱发展系列族谱图

这是中国拱桥特有的"族谱"关系！

展品统计表二十一

桥　　　名	模型	照片	图版	资料	高科技	附注
竹木拱桥						
浙江雁荡竹拱桥	1B	1				
江苏无锡竹拱桥	1B	1				
广东虎门竹拱桥	1B	1				
		1				
木拱桥						
四川弓弓桥	2B	2	1	1《北川县志》		
撑架桥						
《秋林飞瀑图》	1C	1	1			
浙江泰顺小木桥		1				
四川安县姊妹桥		1	1			到现场去照
云南临沧木桥	1C	1				
浙江泰顺三条桥复原			1			
浙江新昌梅树坂桥	1C	3	1			
山西洪洞水神桥						
庙元代壁画	1C		1画一版			
	B5	12	7			

C4

展品统计表二十二

	桥　名	模型	照片	图版	资料	高科技	附　注
西	四川酉阳龙水沟桥	1B	3	1			
	湖北利川群策凉桥	1B	2	1			
	贯木拱桥						
	《清明上河图》虹桥	1A	1	原图1	4	科幻	
	模型	小模型		摹本1		有脚船撞	
		1夸约					
		6C		作图1		无脚船过桥	
	仿制木桥　武汉金泽		6				
	施工实照		6	1			科教片美国
	浙闽贯木拱	1A					NOVA
	浙江梅嵩桥		2				中国CCTV
	青田怀仁桥		1				
	泰顺三条桥	1C	4				
	泰顺仙居桥		2				
	泰顺薛宅桥		3				
	泰顺东溪桥	1A	2	1			
	泰顺北涧桥		2				
	泰顺兴文桥	1C	2	1			

　　　　　　　　　　A3　　36　　8　　　　　　科幻1
　　　　　　　　　　B2
　　　　　　　　　　C7

展品统计表二十三

	桥　名	模型	照片	图版	资料	高科技	附注
	福建寿宁城关桥		1				
	鸾峰　37.6		1				
	犀谷		1				

（续表）

桥　　名	模型	照片	图版	资料	高科技	附注
张坑　33.4		2				
长濑溪　32.0		1				
杨柏州　35.7		2				
小东　35.7		2				
仿制		2				
施工实照		15	2			
福建屏南千乘桥（双）		2				
武夷余庆桥（三）		2				
屏南石安桥（六）		2				
甘肃渭源灞陵桥	1B	3	1			
木竹石拱发展系统"族谱"图					电光显示	
	B1	36	3		电光显示	

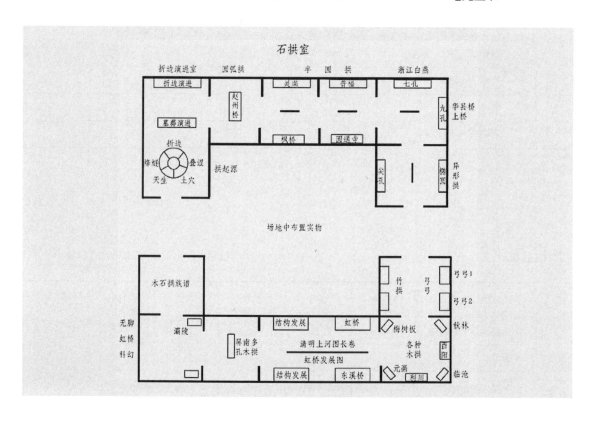

第六室：索桥

索桥分类

藤单索溜筒　单孔

竹双索多孔

铁链三索　V形

眼杆多索薄带式

文字

笮、绳、铁锁

软桥、悬度

资料

《易》（结绳而治）

《明史》《资鉴》《徐霞客游记》《云南新志》《台北道星记》……藤

《史记》《元和志》《华阳国志》《水经注》《汉书》《太平寰宇记》《佛国记》……竹、悬度

溜筒桥

南阳画像砖、斜索戏车平斜索

四川溜索、平溜

西藏溜索、平溜

四川威州溜索陡溜双索

走行桥

四川江油窦山桥（上下双索走行）

双（三索）

四川天全二郎山（V形双索）1999年于安徽黟县仿建

西藏旁多铁索桥（双或三索）

西藏拉孜铁索桥

唐东杰布汤措刚桥

唐东杰布像

四川凉州藤桥

藤网桥

西藏墨脱藤网桥

并列多索桥

多孔并列索桥

四川灌县安澜桥

单孔索桥

云南永昌霁虹桥

铁索桥表

贵州盘江铁索桥

四川泸定桥

此桥上动"天"听,红军走过,桥也构造特别。

索桥今用

河南渑池白沙桥

浙江泰顺里光桥

展品统计表二十四

	桥　名	模型	照片	图版	资料	高科技	附注
第六室	索桥						
	索桥分类图			1			
	文字			1	数十种		
溜筒	单索溜筒						
	南阳画像砖戏车						
	四川溜索（平溜）		2	2	2		
	西藏溜索（平溜）		1				
	四川威州溜索（陡溜双索）	1B	1	1		活动	
走行	双索						
	四川江油实窦山（上卡双索走行）	1B	3				
	双（三索）V形						
	四川天全二郎山	1B	2	1			
	安徽黟县仿建		4				
	西藏旁多铁索桥		2				
	西藏拉孜铁索桥		1				
	唐东杰布汤措刚桥		1				
	其中二模型电动	B4	17	4			

展品统计表二十五

	桥　名	模型	照片	图版	资料	高科技	附　注
	唐东杰布像		1				
	四川凉山藤桥		1				

（续表）

	桥 名	模型	照片	图版	资料	高科技	附 注
	西藏墨脱藤网桥	1B	3				
	四川汶川铃绳桥		1	2			
并列多索多孔	云南云龙惠民桥		1				
	四川灌县安澜桥	1A	4		2		能调查到川剧夫妻桥更佳
	安南永昌霁虹桥	1B	3				
	铁索桥表			1			
	贵州盘江铁索桥			2			
	四川泸定桥	1B	6	2	实物若干		此桥为重点争取到桥头要些东西
	铁索桥安装法			1			
	四川天全安乐桥		4				
			4				
	河南渑池白沙	1C	1				
	浙江江泰顺里光	1C	1				

A1   27   8

B3

C2

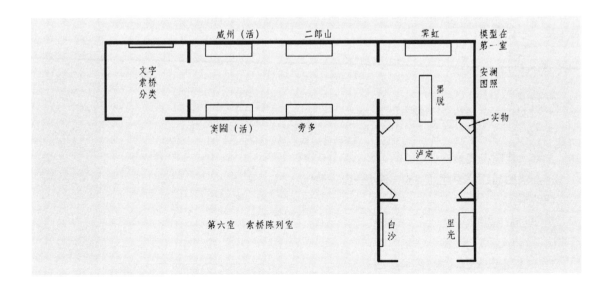

第六室 索桥陈列室

第七室：浮桥

一、浮体全部以实物或模型表示

匏（葫芦）

筏竹

栈　木

浑脱革囊、鼀鼊

皮船

船（舫、桁）

二、浮桥

1. 直浮桥活水模型

浙江安吉杨溪

四川重庆

四川夹江

浙江衢县虎头山

上饶信江

兰溪马公滩

2. 曲浮桥活水模型

四川夹江

3. 潮汐浮桥

浙江临海宋——中津浮桥

历史考证，唐仲友活水模型

宋苏东坡惠州浮桥

4. 通航浮桥

浙江萧山临浦浮桥拆节通航二种图式

宋澶州浮桥

浙江丽水济川浮桥

浙江黄岩利涉浮桥

浙江临海中津浮桥

5. 梁浮结合桥

广东潮州湘子桥唐名、宋桥

三、黄河上浮桥

全幅大地图电光显示

山西陕西浦津浮桥此乃重点、春秋—唐—明

浦津形式

历史（浦津曲）

书法、诗文、赋、赞、铭

铁人、铁牛分析其功能、艺术造型

四、长江上浮桥

全幅大地图电光显示

陆游乐山浮桥画一幅

荆门虎牙浮桥画一幅

武汉三镇浮桥

明仇英画、想象画、模型

展品统计表二十六

	桥 名	模型	照片	图版	资料	高科技	附 注
浮桥	一、浮体						
	匏（葫芦）	实物	1		1		
	筏（竹）（萑苇）	实物	1		2		
	栿（木）	模型	1		1		
并列多索多孔	浑脱革囊、鼋鼍	实物	3	画1	3		此为重点
	皮船	实物	1	1	1		
	木罌瓴	实物	1		1		
	船（单舟、方舟）		3		1		
	二、造舟为梁						
	1. 直浮桥	1/2A			循环活水		与曲浮桥同一盘
	浙江安吉梅溪		1				
	四川重庆		1				
	四川夹江		1				
	浙江衢县虎头山		1				
	上饶信江		1				
	兰溪马公滩		1				
	2. 曲浮桥	1/2A			循环活水		与直浮桥同一盘
	四川夹江		1				
	实物		7	18	2		

1A

展品统计表二十七

	桥　　名	模型	照片	图版	资料	高科技	附　　注
	曲浮桥（浙江）		1	1			
	3. 潮汐浮桥	1A					
	浙江临海中津桥		3	1	4	高下活水	按唐仲友法
	广东惠州浮桥				1		按苏东坡记
				画1			
	4. 通航浮桥	2B					
	拆节浙江萧山临浦桥		1				
	甘肃兰州《金城揽月图》			画1			
	宋澶州浮桥			2			
	浙江丽水济川浮桥		1				
	浙江黄岩利涉浮桥		1				
	浙江临海中津浮桥		2				
	5. 梁、浮结合桥	1A		1长图	2		唐名
	广东潮州湘马桥			1复原图			宋桥
	三、黄河上浮桥						诸浮桥址实地调查
	全幅大图					电光显示1	

　　　　　　　　　　　A2　　9　　8　　　　　电光显示1
　　　　　　　　　　　B2

展品统计表二十八

	桥　　名	模型	照片	图版	资料	高科技	附　　注
	蒲津浮桥	1A		2			
	历史				10		
	书法《蒲津桥赞》				中英文		
	书法《唐人诗赋》			5			
	书法《蒲津曲》等			1			
	表			1			

（续表）

	桥　　　名	模　型	照　片	图　版	资　料	高科技	附　注
	铁牛铁人	2×4	6				介绍构造和锚定
	题字（书法）			1			
	附《西厢记》			2			
	普救寺						
	四、长江上浮桥						
	全幅大图					电光显示1	
	陆游乐山浮桥			1	想象画		
	荆门虎牙浮桥			1	想象画		
	武汉三镇浮桥	1A		1	想象画		
	《明仇英画》			1			
		A2	6	17		电光显示1	

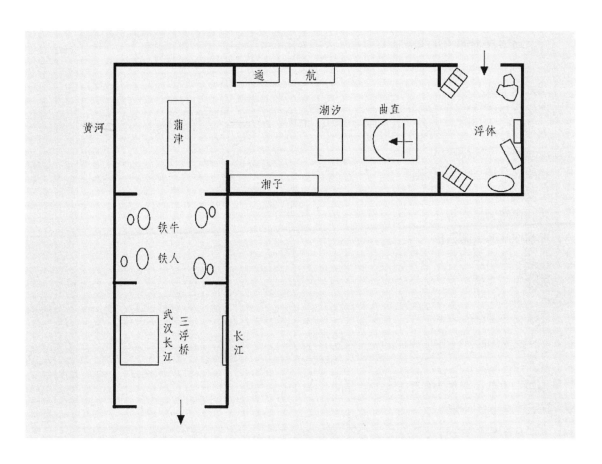

第八室：桥梁艺术

一、文字

和谐美

和同艺

太和

韵味

二、造型

1. 同一布置图

2. 主从

绍兴三孔拱桥

3. 起伏

浙江黄岩五洞桥

浙江温岑寺前桥

浙江阮社太平桥

福建漳浦汴派桥

4. 曲折

浙江杭州西湖曲桥

北京园林曲桥

江苏狮子林曲桥

5. 灵活

绍兴八字桥八字

温岑李婆桥三出

太原晋祠鱼沼飞梁四出

北京国子监圆桥四出

扬州五亭桥（四盘一暖锅）

6. 融合

扬州何园太湖石桥

苏州拙政园太湖石桥

广东顺德榕树根桥

苏州藤蔓盖桥

7. 突出

不胜枚举

三、建筑装饰

1. 华表

用历史资料说明华表的作用

宋汴水虹桥木华表

北京卢沟桥石华表

2. 阙阙上有凤

南阳汉墓砖桥凤阙

3. 牌坊

（有木、有石、有单、有三、有五）

西安浐桥木牌坊（三间）

浙江嘉兴长虹桥石牌坊（三间）

安徽歙县高阳桥石牌坊（五间）

4. 亭榭

苏州宝带桥石亭驿亭式

虎浴桥石亭观赏式

陕西鸳鸯亭双亭

避暑山庄水心榭

颐和园西堤六桥仿自苏堤六桥

苏堤六桥原都有亭

5. 廊

浙江泰顺毓文桥

四川灌县南桥（马可·波罗曾到）

贵州花桥（或广西、湖南）

泰新桥（广东、肇庆、封开、平凤镇平岗村、县保）

文昌桥（广东、肇庆、郁南县、建城镇）

开启活动式石桥广济桥（广东、潮州、潮安县、潮州镇东）

6. 阁

云南建水龙桥飞阁

7. 塔

苏州宝带桥石塔

四、栏杆

各种木、石、栏杆

尽量收集、能做模型者一律做小模型

五、雕塑

浮雕、桥面、千斤石

桥底、拱券底

桥栏

圆雕、人像

牛石铜铁牛和犀

龙的演变

赵州桥龙

猴鸡兔猫麒麟凤象

狮（各地都有、卢沟桥特多）

展品统计表二十九

	桥　名	模型	照片	图版	资料	高科技	附注
艺术	一、文字						
	和谐　美			1			
	和同						
	太和　艺				4		
	韵味						
	二、造型						
	1. 同一						
	同一桥梁	1B	2	2			
	2. 主从						
	浙江三洞桥	1B	1				
	3. 起伏						
	浙江黄岩五洞桥		1				
	浙江温岭寺雨桥	1B	1				
	浙江绍兴阮社桥		1				
	福建漳浦汴派桥		1				
	4. 曲折						
	浙江杭州西湖曲桥	1B	1	1			
	北京园林曲桥		1				
		B4	10	4			

展品统计表三十

	桥　名	模型	照片	图版	资料	高科技	附注
	苏州狮子林曲桥		1				
	5. 灵活						
	绍兴八字桥	1B	1	1			
	温岭李婆桥（三接）	1B	1	1			
	太原晋祠（四出）	1B	1	1			

	桥　名	模型	照片	图版	资料	高科技	附注
	国子监圆桥		1	1			
	扬州五亭桥	1B	2	1			
	6. 融合						
	扬州何园太湖石桥		1				
	苏州拙政园石桥		1				
	广东顺德榕树根桥		1	1			
	苏州留园蔓藤盖桥		1				
	7. 突出						
	三、建筑装饰				2		
	1. 华表						
		B4	11	6			

展品统计表三十一

	桥　名	模型	照片	图版	资料	高科技	附注
	宋汴水虹桥华表	1C	1				
	卢沟桥石华表	1C	1				
	2. 阙						
	南阳汉墓砖桥	1C		2			凤阙
	3. 牌坊						
	西安浐桥木牌坊	1C	1				
	浙江嘉兴长虹桥		1				
	石牌坊	1C	1				
	安徽歙县高阳桥	1C	1				
	4. 亭榭						
	苏州宝带桥石亭	1C	1				驿亭
	虎浴桥石亭	1C	1				
	陕西鸳鸯亭（双）	1C	1				

（续表）

	桥　　名	模型	照片	图版	资料	高科技	附注
	避暑山庄水心榭		1				
	北京颐和园幽风						
	桥榭（西堤六桥之一）	1C	4				
		C10	14	2			

展品统计表三十二

	桥　　名	模型	照片	图版	资料	高科技	附注
	5. 廊桥				1		廊桥梦！
	浙江泰顺毓文桥	1B	1				
	四川成都灌县南桥	1B	1				
	贵州花桥	1B	1				
	6. 阁						
	云南建水龙桥	1B	1				
	飞阁						
	7. 塔						
	苏州宝带桥石塔	1C	1				
	福建泉州万安桥石塔	2C	2				二种
	四、栏杆						
	木栏			1			
	四川青城凝翠桥	1C	1				
	广东番禺园林桥	1C	1				
	江苏苏州拙政园	1C	1				
	甘肃兰州小握桥	1C	1				
		B4	11	1			
		C7					

展品统计表三十三

	桥　　　名	模型	照片	图版	资料	高科技	附注
	隋　展子虔《游春图》			画1			
	石栏			1			
		大盘					
	绍兴石栏	1B	10				
	其他桥石栏		10				
	五、雕塑						
	浮雕　桥面		2千斤石				收集实物
			3拱券底				
	桥底						
	桥栏		9				
	圆雕　人像	各类浮雕及圆雕能由石工雕刻仿制					
	牛、石		8				
	石犀		1	1			
	铁犀						
	铜		1				
	铁牛		2				
	龙						
		1盘	51	2			

展品统计表三十四

	桥　　　名	模型	照片	图版	资料	高科技	附注
	龙的演变	设柜陈列		3			
	赵州桥龙		5				
	拱顶石龙头		3				
	凤		2				
	麒麟		3				
	狮　各地		5				

（续表）

	桥　　　名	模型	照片	图版	资料	高科技	附注
	卢沟桥	各类浮雕及圆雕能由石工雕刻仿制	5				
	象		4				
	猴		5				
石雕塑若干			32	3			

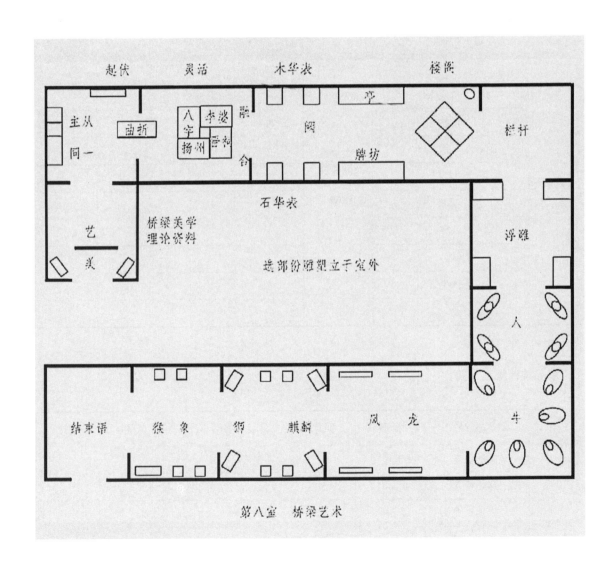

第八室　桥梁艺术

展品统计总表

统计表	模 型				照 片	图 版	电光显示	科 幻	说 明
	A	B	C	盘					
1	4				8	9	1		1
2				1	10	7			
3	1	1	1		10	16			
4		4			20	3	1		
5		7			12	2			
6	1		2		7	9	1		
7		1	6		12	10			
8			3		11	7			
9		4	1		7	10			
10			1		8	4			
11			8		6	3			
12			9		30	3	1		
13				2	15	9	1		
14	1				14	8			
15		2			15	8	1		
16		2			15	6	1		
17		1			16	4			
18	1	1			26	5	1		
19		2			13	6	1		
20					9	5			
21		5	4		12	7			
22	3	2	7		36	8		1	
23		1			36	3	1		
24		4			17	4			
25	1	3	2		27	8			
26	1				18	2			

（续表）

统计表	模 型				照 片	图 版	电光显示	科 幻	说 明
	A	B	C	盘					
27	2	2			9	8	1		
28	2				6	17	1		
29		4			10	4			
30		4			11	2			
31			10		14	2			
32		4	7		11	1			
33				1	51	2			
34					32	3			
	17	54	61	4	554	208	12	2	

建议书说明

一、本建议书展出内容如上，其中内容和数量当有增减。

二、展出面积暂定 1 000 平方米，但宜有发展余地。

三、展品大小视展出面积而定。

四、资料部分有现有和补充调查部分。补充需时日和经费。

五、模型制作，可外委组织自己力量指导制作，也可石刻雕塑则宜组织力量指导制造。

六、全部说明文字根据展品书写。

七、所有内容参照《中国科学技术史——桥梁卷》。

《清明上河图》上汴水贯木拱虹桥（发言提要）

　　《清明上河图》的中心部分，画的是一座木拱桥。自1953年该画第一次在北京故宫公开展出后，作者对此桥发生了极大兴趣，随之进行不断地探索研究，并随时发表文章，引起了国内外专家们的重视。为了画上的这座桥，作者提出了很多需要考证落实的问题，罗列如下：

　　这是一座文人画上想象的桥还是实有的桥？

　　桥的结构构造是怎样的？

　　画的故事是怎样的？

　　宋以后还有这样的桥存在吗？

　　有趣的是，经过考证和研究，得出的结论是：这是一座实在的桥梁，并且是一座世界上唯中国独有、宋代创造的木拱桥。关于此桥发明的动机、发明者、发明时间和地点，历史上有分散的详细记录，并牵涉到当年的皇帝和重臣。只是最后一个问题，时隔37年后的1990年，作者始通过实地考察，发现被误解成"八字撑架"桥的浙江云和梅崇桥和一系列福建、浙江的木拱廊桥实际乃汴水虹桥贯木拱的一脉相传和改进。这也引起了地方上文物部门的重视。直到2005年，作者应邀四次去浙江、福建考察，累计看过现存一百多座贯木拱廊桥中的七八十座。又产生了另外一些需要考证落实的问题：

　　贯木拱桥是什么时候传到南方的？是北宋还是南宋？

　　通过什么途径传入南方？

　　南方的贯木拱桥和原贯木拱桥有些什么改进？

　　实践对认识起决定性的作用。1958年，作者在武汉长江大桥汉阳桥头莲花湖公园中重现了一座汴水虹桥，此桥"文化大革命"中被拆。通过作者向国外介绍的书籍和论文，1999年，美国WGBH电视台NOVA科教片出资，作者为顾问，在上海金泽，用当年的施工方法，忠实于原结构，又重现了一座汴水虹桥，向世界作介绍。2001年，中央电视台探索与发现栏目在福建寿宁请当地木匠亦重现了一座小跨贯木虹桥，摄制"虹桥寻踪"。

　　通过不断的实践，有了直接经验，对《清明上河图》和其上的汴水贯木拱虹桥有更清楚的认识。其效果为：

　　增加了《清明上河图》的科学和写实主义的艺术价值。

　　通过汴水虹桥结构可以鉴别真本、赝本和画本。

　　可进一步推陈出新建设新的现代化的虹桥。

　　本文将对诸位提出的问题进行讨论。

附图：

一、故宫博物院邀请函

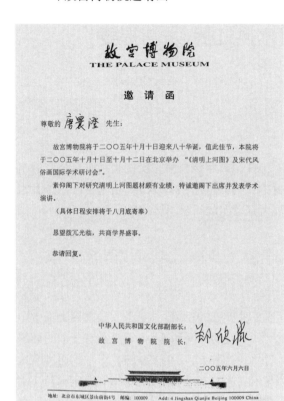

图6-22-1

二、会议须知

　　　　本文为2005年11月11—12日在北京故宫博物院召开的
"《清明上河图》及宋代风俗画国际学术研讨会"上的发言稿提纲。

卷 七

出 访 日 记

1980年日本进修日记（一）

4月18日

现在北京，铁道部招待所会议楼519室，追记此次赴日进修前期准备工作。

1979年11月，我在北京开《中国桥梁技术史》编辑会议第二次会议。会议决定今年四五月去云南作古桥的实地调查。会上茅（以升）老嘱，将由我进行全书的统稿工作。但回武汉后，接（大桥）局通知，将被派赴日本进修三个月，因此原计划有变动。

中華人民共和国
鉄道部 大橋工程局
訪日研修組

组 長　李　玉　書　(Li Yu Shu)

组 員　唐　寰　澄　(Tang Huan Cheng)

　〃　馬　運　啓　(Ma Yun Qi)

連絡先：東京都中央区湊1丁目1番12号湊ビル
株式会社　長大橋設計センター
TEL. (553) 3 8 7 7（大代表）

图7-1-1　访日名片

从1979年12月24日起到1980年3月12日止，与考试赴美留学同学共七人一起，脱产在（大桥）局招待所学习英语口语。之后又进行了一些技术上的准备。4月6日通知来京（铁道部）报到，领取护照，置办行装等，手续办理今天告一段落，晚间将回汉。隔半月之后再来北京。5月15日飞日本。

此次进修事情的来龙去脉是这样。

1980年11月，原日本日中土木学会的干部访华代表团来中国，团长秋草勋（日中土木技术交流协会理事长）、副团长泷山养（原国铁技师长，现国铁顾问）、秘书长深谷克海（原协会专务理事）、团员西田繁一（日长大桥设计中心社长）等一行12人来中国进行友好访问，由中国土木协会副会长兼秘书长赵锡纯局长等陪同，经由北京、西安、成都、昆明、桂林、广州转上海回日。其间中方提出由他们邀请我国专业人员赴日进修问题，临离上海时，深谷克海和西田繁一正式表示，将邀请三人赴日本长大桥设计中心学"电子计算机在桥梁上的应用"，为期三个月，在日费用由日方供给。铁道部决定由大桥局派人，大桥局决定设计处派，最后由我们三人组成（另有李玉书、马运启），其间也小有波折，现在大致可以说已是定局了。

这次来京，交了二寸照片3张，填了日本使馆所发表格一张，内容无非姓名、性别、年岁、去日目的、时间，中日地址等。

置装费每人350元，主要做一中一西两套衣服，因为时间太紧，出国服务部做衣服要40天，武汉做也无门路，后请刘麟祥爱人小赵（树志）介绍，在"红都"做了，5月10日取，其他的零星东西，也够忙活地跑了一星期。

去日来回飞机票都已定好。

去机是5月15日，星期四，CA-925，B-747F/Y（北京10：35，东京15：35），回程是8月15日，星期五，CA-918，B-707F/Y（东京15：45，北京17：30）。

根据地图，北京经度约116.25°左右，东京经度140°，时差约1小时，所以实际飞行时间B747为3小时25分，而B707为5小时20分，747较快，而时刻表上反映的有时差的关系在内。

时差按时区划分，并非完全按精确经度，北京东京差一小时。

从土木协会取得日本全图及东京地图各一本（旅游用）及新到的《日本国势图册》1979年版一册，查到一些情况。

货币：《国势》第15页表，人民币一元兑换日元117.65元（1978年10月），现在已变，根据《市场》报1980年4月可兑换162日元，可见日元在贬值。

两国关系：

1972年9月29日，中日关系正常化共同申明签字；

1973年1月11日，北京开设日本大使馆；

1973年2月1日，东京开设中国大使馆；

1974年1月3日，中日贸易协定签字；

1974年4月20日，中日航空协定签字；

1974年11月13日，中日海运协定签字；

1975年8月15日，中日渔业协定签字；

1978年8月12日，中日和平友好条约签字；

1978年10月22日，邓副主席访日，23日批准交换书。

5月中旬，华主席将访日，届时当在日本看到盛典（已定5月27日）

日本国的概况（《国势》第38页）：

日本国面积372千平方千米，人口112 768千人，东京人口1 165万，人口密度303人/平方千米。

我国大陆面积9 561千平方千米，加台湾36千平方千米＝9 597千平方千米，大陆人口835 800千人，台湾16 340千人，大陆人口密度87人/平方千米，台湾人口密度454人/平方千米。

气候：我们住在东京的时间较长，我们去时东京平均气温在17℃左右，归时日本最热，约在27℃。

降雨量：6月和9—10月雨量多，此行6月里可能要麻烦些。

东京人员（1978），市区8 266千人，包括郊区11 370千人。

日本人的生活水平（《国势》第114页），一个家庭1978年调查：

平均人口/户：3.82人。工作人口/户：1.48人。月人均收入/户：6.3万元。

实际支出242 487元，其中消费208 231元，食60 200元28.9%，住19 431元9.3%，被服19 691元9.5%，光热8 051元3.9%，杂100 858元48.4%（内教养、娱乐8.3%），非消费34 255元，实际支出外150 176元（储蓄、保险、分期付款、酒、烟）。

根据趋势，物价都在涨，根据1973年出过国的人告诉我，10万日元月收入，可供应三口之家，《国势》中1970年3.9人一家，收入约9万2千日元；1975年3.82人收入18万7千日元，收入虽多，支出亦高。

据李曙明告知,在日本小店理发约2 000日元,大馆价昂,和一切资本主义国家一样,人和物价都分几等。具体的生活水平如何,到了日本自当分晓。

我们去日,据说住长大桥设计中心的单身宿舍,自会便宜些。

工作方面,我们制订了一个计划大纲,详见技术笔记中,也要看到日之后,日方具体的安排。

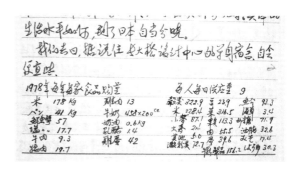

图7-1-2　日本1978年每年每家食品购量

赴日需送些礼品,已购得《宋徽宗赵佶端鹤图》一幅(影印本),《两宋名画》一册,都是文化部新印精品,尚未投入国际市场,其他如织锦等也买了一些,大致都很好。日本受唐代文化影响甚深,据说深谷克海先生虽不会说中国话,却会看四书五经。西田繁一在中国愿花千元购得端砚一方,可见他们对中国的文物也是喜爱的。

茅老告知,11月份访华时,泷山养正是寿辰,茅老送他一尊黄杨木雕寿星,泷山养甚为高兴。

日前曾将报章杂志所载日本各方面情况剪贴成册,了解了一些,以后亲临其境,再仔细观察,目前情况,不过是入境问俗而已。

4月29日参考载《朝日新闻》4月11日报道:"日本成立'中国留学生进修生援护协会',代表上原信夫,正在寻求房租便宜的宿舍……安置在与日中友好运动有关系的同情者家里……两人以上可以自炊,通过自炊生活,渡过日本高物价的难关。……据说,中国每月发给每个留学生五万日元,留学生用这些钱支付住宿费、饭费和交通费,学费由中国政府负担。尽管如此,费用还是紧张得不得了"。

日本铁路:第一条铁路1870—1872年修建,东京至横滨29千米;1976年营业铁路26 849千米,电气化12 732千米。

5月4日

自4月19日回武汉后,今天已5月4日,7日将乘138次列车再回北京,再住一周,此身将在蓬瀛三岛。

在汉半月之内再准备一些行装,看一些技术资料,各方面准备基本上算是就绪。洗改旧穿夏西装两套,再添些汗衫袜子等衣服,想必足用。至于技术资料则是无底的,到此暂止,到日本去多学一些回来。目前了解了一些情况。

波音747客机,是1966年提出的设计方案,我国首架波音747自1980年2月7日从美国购回,连续飞行了14小时。

现波音747共七种类型,747-100B基本型;747SP;747SR;747-200B;747-200B Combi,客货组合型;747-200C。

根据日方设计中心名册所附地图,查东京市的地图,设计中心在皇宫之东,东京车站之东,大致如下图(图7-1-3),地处东京湾一个汊港处,离日比谷线地下铁八丁堀站最近。

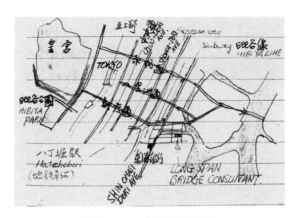

图7-1-3　皇宫附近地图

5月8日

临时接到通知，日本来了三个代表团，专门谈铁道部内16个同志的进修计划等问题，其中有物探，航测量，当然也包括我们3人。长大桥设计中心社长代理青柳史郎也来了，那便是专门为了我们去日的事而来，部里安排在今天（8日）下午谈，我们便改乘7日142次列车离汉，晨8时50分开，8日晨4时到。范书记、郭处长、蔡总、贾书记等到车站送行。三家老伴也都到车站送行。到京后，天尚未明，雇出租汽车把随身行李拉到（铁道部）会议楼，暂放于物资处老刘房中，并代登记房间。6时在外面吃了早点，离办公时间尚早，无处可去，便坐地铁直到苹果园，来回共约一小时，这是第一次由军事博物馆往西。苹果园那里，已是首钢的（石景山）地方了。地铁建在军事博物馆后的车站，装饰简单，都用水磨石（只一处是大理石），且车道线在中间，站台在两侧，显得很窄，不如车道在两侧的好。

8时，铁道部有车去开会，日本代表团住在国际列车接待站，地点在建国门外，因为几个大饭店都已经住满了。

上午开会。"日本第二次技术友好访中代表团"名单见附页。团长为日本桥梁株式会社社长柴田武夫，团员共计13人（不包括团长，深谷克海任顾问）。

我们坐了一会，便出来研究青柳史郎先生带来的日本所安排的计划。计划全文是：

中国铁道学会副理事长韩力平先生

长大桥设计中心（股份有限公司）董事长西田繁一

由中国土木工程学会派遣的，就近代长大桥设计基本技术问题和电子计算机在桥梁设计上的应用技术，来长大桥设计中心实习的技术人员，拟按照下记的要求和内容，制订实习计划，进行实习。

现送呈请予允诺，并请关照。

实习目的：

1. 通过桥梁设计技术人员的交流，以加深两国间的技术来往和日中友好；

2. 通过对日本现代长大桥设计技术实习，在实际设计中和电子计算机应用技术的学习中，学习技术；

3. 实习费用由长大桥设计中心提供。

实习计划内容：

1. 实习日期：1980年5月15日—1980年8月15日，共三个月。

2. 实习项目：

2–1　事前学习：日本生活和日本桥梁界的倾向性。

2–2　设计实习：以某一修桥地点为典型实例，制定长大桥计划和选定桥梁形式，并对选定的桥式进行方案设计。

1）桥梁计划及桥式选定

在实习人员的参与下，对某一修桥地点的典型条件，从制定桥梁计划到选定桥式，直至提出设计意见书。

2）方案设计

就实习人员参加的各自不同桥式，对其主要构造的决定和主要构造中被认为是技术上最重要之点，进行详细研究，编制设计意见书。此时桥式应用与1）项相同的桥式。考虑的桥梁形式可包括：斜张桥、预应力混凝土桥、箱梁桥、吊桥、连续钢梁桥等。可以利用本公司使用的电算程序计算。

3）设计整理总结

实习人员编制的设计意见书与日本方面的设计结果报告书一起，通过日中两国技术人员进行技术讨论的方式，进行设计实习的总结（相互学习）。

2–3　听课学习：实习期间，由日本方面的专业技术人员按照下列内容进行讲课，每讲4小时。这种讲座学习，适合在实际设计期间，介绍日本桥梁设计的实际情况。

讲座题目：

A. 近代长大桥桥式的基本问题

1）吊桥；2）斜张桥；3）预应力砼箱梁桥；4）混凝土拱桥和桁架桥；5）其他桥式（钢箱梁、钢拱、高墩梁桥）。

B. 结构理论和结构细节的基本问题

1）以结构分析理论为中心，介绍主要程序的内容和应用。

2）以日本设计规范为中心，介绍有关设计细节上各项问题。

C. 抗震设计和振动

1）日本抗震设计方法、现状的介绍。

2）以抗震为中心，介绍振动问题。

D. 电子计算机的应用及今后的桥梁设计

1）电子计算机现时的使用方法及今后应用方向。

2）桥梁设计与环境的协调及其设计动向（有关环境的各种问题，外观设计图）。

3）今后桥梁设计动向（可靠性理论，塑性设计理论等）。

2–4　日本桥梁现场参观

A. 已完成的工程现场

1）参观最近的铁路桥。久兹线的混凝土拱桥、桁架桥、箱梁桥。

2）公路长大桥梁。关门与平户的吊桥、天草五桥（管拱、连续桁梁）、西海桥（桁拱桥）、外津桥（混凝土拱桥）。

　　3）近代技术行进时期的桥梁与高速公路，东京隅田川桥梁与首都高速公路

　　B. 现正建设的现场

　　1）九州横断道路（混凝土箱梁桥）。

　　2）上越新干线（包括已建成的及正建设中的）。

　　3）常磐高速道路。

　　4）本四联络线末广大桥。

　　C. 工厂及研究所

　　1）钢梁制造厂。

　　2）砼桥制造工厂。

　　3）土木研究所、铁道研究所。

　　2—5　具体时间表。

　　对于这个计划，我看了几遍之后，觉得是个好计划，通过具体动手、计算、讨论，问题可以深入，也便于让日本朋友了解我们的有无，进行帮助，方法甚为生动、灵活。在与同去的二位讨论中出现了意见分歧，他们二位认为具体做方案不好，学不到东西或学到东西不多，主张要日本现成的设计，通过看计算书、图纸这样来学习。

　　我举了中国教育代表团在澳大利亚参加国际教育会议时的开法：

　　1. 会议成员不是自己介绍自己，而是先将自己情况介绍给另一人，由此人在会上再进行介绍，以加深对别人的了解；

　　2. 会议分三组，一代表旧教育制度找种种理由以维护之；一代表新教育制度找种种理由以反对之；一代表执中者。分头准备，开会时热烈辩论，最后自会得出好的结论。

　　3. 会议的会餐方式也特别，各代表成员，必须自己动手做一个本民族菜，然后会餐，中国代表临时向大使馆厨师学做了红烧狮子头。

　　我同意按日方的计划进行，可是暂时未能说服二位，李决定仍向青柳史郎建议他们二位的方法。

　　我起草讲稿，前面肯定了安排详细周到……内容丰富、方式活泼生动，有利于中日两国桥梁技术人员之间的技术思想交流，更有利于我们学习到日本的先进技术。

　　后面只能添几条理由，说要改方案设计方法，此由李说。青柳史郎插话说他们的计划不单是要学习设计，更重要的是学习设计方法，这一点与我意见正合。我们有很多的同志，极不习惯在相互的辩论之中提高，习惯从别人的设计中因袭。最后青柳认为计划回东京后，执行一月之后再研究。赵局长也认为青柳的关键在于设计方法，我觉得应予取而不改。

　　李福康告知，去日本进修这一炮要打响，宜向日本朋友多提些看到的可以改进的建议。这和某些人认为这样做是突出个人有矛盾。

　　技术计划讨论到此结束。

　　在日本的生活情况，青柳介绍已准备有6榻榻米房一间，4.5榻榻米房一间，备有电冰箱、洗衣机、厨房设备，在日期间，由塚本信同解决语言问题，住处离办公处十分钟路，看来生活上考虑甚周到。青柳16日回去，比我们晚一天，飞机场外有公司派人扯旗接我们。

会后合影留念。

回到招待所已下午5时半,代开了323室。

晚间记此,一日疲劳,收拾下睡觉。

5月12日

来京已五天,与外事局联系,取衣,继续买些礼品,取外汇等花了不少时间。学习了外事规则。并向外事局韩局长、赵局长、谭总汇报准备情况。

护照尚未到手,据说一般都是在走前一二天才给。飞机票已定,但必须等护照到手才能取票。取票后上飞机那天早上到机场才签座位。已去信"亨牌"(大学同学陈亨宝之绰号,在民航工作),"亨牌"今晚来了电话,15日将招呼我们,安排便于观景的位置。

衣服是"红都"定做的。10日到期,可是取不到,说没有做好。11日去取,尚缺我的一条裤子。我们本是插队进去的,故也难怪。据云,所以不能按期交付的原因,有时因为有重要人物出国,插队,且裤子误期的多,因为有些人裤子做二三条,因此量比衣服大。今天再跑一次,总算拿到了。小赵今天遇见我,还问起衣服,实在应得感谢她。

礼品之二,即由赵、马二位送的,已买了茅台及景泰蓝,这是由老李找熟人办理的。

因为买景泰蓝,参观了一下北京珐琅厂,在永定门外琉璃井,看了他们两个车间,一是掐丝,即在铜环上粘上花丝铜条,完全是手工,全车间90%是女青年,一个一米左右高的大花瓶,一人得工作半年;又看了一个填色车间,也是手工,各种粉色逐格填上,这二个车间都是干净、清静,其他如煅烧、磨光、上蜡等就有粉尘污染了。

一个厂千余人,年产二三批。大件在外面看不到,都是订货,年收入千余万元。每人每年产值万余元,不算太高,但能收入外汇,有利于就业和建设。在他们厂的外宾购货室看了他们的陈列品,实在是不错。车间里的更好,因为都是大件。

取外汇在西交民巷中国银行,即人民大会堂那边上的小圆顶亭子的老房子,手续是在外事局填表,财务处办手续,用空白支票到中国银行根据牌价和申请外汇数填写人民币,日用大钞到10 000元,其他有5 000、1 000元票子,百元的是镍币。申请外汇时,牌价已是156元。

这两天发生了两桩政府间相互抗议的事。

一是日韩开发大陆界石油,我方向日方提出抗议;

二是中国拟向公海发射导弹做试验,规定时间和海域,日方为此提出抗议。晚间亨牌(大学同学在民航工作)来电,信收到了,15日将到飞机场送我。

5月13日

护照尚未取得。据告知日本使馆发护照时间经常扣得很紧,一般情况下,临走前一天才给,有时甚至临上飞机,护照才到手。可是拿飞机票一定要护照,因此临定不免十分紧张。

上午取不到护照,由外事局出了一证明,带了公家购物证,到建国门外友谊商店参观一下,并为外事局陈处长代购送日本友人礼品,友谊商店高档物资充沛,自不待言。我因木梳不见了,买了常州小木梳一把,0.59元。

上午又去了人民铁道出版社,取了几本参考书,顺便买些调味品。

5月14日

不太顺利的事终究发生了。

根据外事局的经验,认为今天下午是一定可以取得签证的。可是下午无论是人去使馆或电话去使馆,都说没有接到日本外务省的通知。事又不巧,外事局陈处长及翻译都去接待外宾了,由老朱(琦)帮着打电话找人,总算找到了处长和翻译。日使馆有人说可向东京的接待单位去联系一下,立即电话东京长大桥,由塚本接电话,得电话后,他驾车去了外务省,便是这样,东京、部外事局、日使馆、民航,电话来往,最后是签证未办妥,机票退了,送行者暂不送,亨牌明天白等。时已晚上十时许,明天是肯定走不了了,不知再要拖几天? 这期间关键到底在哪里? 可见是出外一时难也。

从这件事看来,世界上的事情,经常会出现特殊的转笔。满心满意认为这次去是波音747,看来到头又会起变化,满心以为即使时间紧,一定会行前取到签证,这次已起波折。

晚间(十时半)陈处长来电话说是可以根据某一号码D,向使馆取签证了,估计此是否与东京联系好的结果,但深夜人家不上班,我们又无车,如何可办?

5月15日

清晨作一估计,若是北京城里去机场,小汽车有一小时一刻钟的行程,则今晨尚可导演一组蒙太奇,即兵分三路:

一、一路:我们出国者仍做好了一切准备,该留的东西留下,该收拾的收拾好,作好换装,8时驱车往机场,找熟人办好可办的必要手续。

二、二路:由刘翻译赴使馆居住区找其熟人日本翻译(大森)在8时半前找到,9时到使馆立即取到签证,驱车往民航,会同民航一路,赶赴机场(或电告民航一路)。

三、三路:由哪位同志在8时到9时间到民航,仍要求请票(因747很空,卖不掉)办好一切手续,(登记、付款,准备取票)一等二路同志签证到手,已送机场。

如一切顺利,则也许起飞前十五分钟到半小时可办好。

否则,又将重订班机,重与东京电报联系改期,也许东京还有些要改期的预订的事, all not on time(不是都准时)会引起一系列不好的影响。现在是清晨5:30,两个半小时后,办法揭晓。

8时到铁道部,大家认为今天走时间已赶不及。正在为难之际,东京来了电话,由塚本告知,已通过外务部电传打字到北京日本大使馆,签证可以发了。不久,北京日本大使馆也来电话,说护照可领。并转致西田先生意见,认为此事东京方面联系外务省晚了一些,耽误了行期,表示歉意,东京已订好一周旅馆,即时又代购了日航飞机票,是16日JL784.DC-10,座位代号LII/GMR, TOH/KMR, BA/UMR,其代号中除有姓名的字符在内外,别有MR,其中G, K, U估计可能为座位号机票款已付。三人计3×79 400日元。由东京日航电告中国民航凭护照发票。这样两桩事基本上解决,就是要去奔走。下午,由外事局何老太(实比我小,52岁),一行4人驱车赴日使馆取得签证。

护照是绿皮的公务护照,由外交部颁发,封里由中法英三国文字请各国军政机关予以通行便利和必要协助。我的护照号是023564。照片是由二个空心铜钉钉上，护照有效期间为5年，记上发照日期1980年4月4日，并注明自发证起3个月内出境，是否意味着3个月之后出境是不允许？内中有24面签证页，上面现便有日本大使馆的签证说明3个月，但又记了Stay 90 days（停留90天），看来二者还是有些矛盾。

取证后即驱车赴民航，中途外事局老何顺便去了一下英国使馆。使馆内种了不少月季，有网球场，但房子较旧。在民航，初到时日航的电报未来，又和部陈处长联系，部又和东京联系，（每次费用约20多元），约等半小时，收到了电报，取了票并买了回程的票，8月15日CA918，票价517元。据此，总算妥帖，回来汇报，16日14时起飞。到大阪18：25分，停40分钟，19：05分再起飞，到东京21：05分，东京时间9时，长大桥派人来接。

北京东京直飞，飞机过渤海湾，辽东半岛，朝鲜，抵东京，原准备请亨牌安排一下747靠窗口，他也安排了，现改了日航，明天再说了，估计也不好再说了。明日便上机了，以后便要记在日本的事了。在堂屋里转了近半年，这门槛就要跨出去了。

5月17日

清晨6：15在东京"银座Capital Hotel"461室。追记如下。

16日上午整理行装，中午简餐，11：45，部里来车到会议楼接我们，再返回部里，赵（锡纯）局长和陈（继炎）处长送我们上机场。二位12时刚下班，未吃饭，到机场就餐。

车行一小时到新国际机场，路上二位对工作和学习多所鼓励。到机场，先在海关填了出境旅客行李物品申请单，再去托运行李。到站后不久，"亨牌"便来了，这是我16日上午打电话留言他才知道的，"亨牌"头发全白，寿眉甚长。在托运行李处是上机签号，经他关照，三人都是靠窗座位。他现是机调处的主任，任务是安排班机时间。在机场照相留念，机场的情况回国后找建筑杂志再详细写下。因时间较紧，只顾上谈了几句，未能去看一下几幅有名的泼水节壁画。

上机后，我的座位是H15（图7-1-4），在机翼之前，发动机的旁边，坐着可以看得很清楚，躺下则另一个窗口又可看清窗外。

日航的航空小姐，一式蓝呢短袖制服，连裙（紧身裙）衫，上身军服式但用二色绸作领带，会说英语（图7-1-5）。当作饮料和饭食供应时，

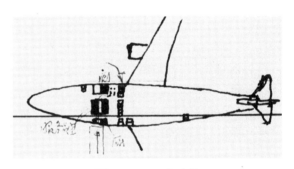

图7-1-4　飞机座位

图7-1-5　航空小姐

外罩各不相同的工作围兜。服务时推了食品车，从右面向后退着进行，所以始终是面对着旅客。

（原订747，"亨牌"已准备好介绍信给驾驶员可到驾驶室参观，惜哉）

我的座位靠窗，左座无人，甚为舒适。

自北京起飞，飞机在上升的过程中略有些颠簸，并且左右有些摇晃。其余时候便十分平稳。DC-10机，有一段时候，在国际上出过不少事故，关键在发动机与机翼的联系中的一个螺丝孔板应力集中，上机时甚有些担心，可是现在多半修改好了，可以放心使用。

飞机的航线，并非取道朝鲜上空而是经过上海，经九州的鹿儿岛，沿四国外海到大阪，停一小时飞东京。

从机窗内望大地，有时大地像一幅立轴，从上到下都是图画，那是因为飞机向右倾斜的缘故，有时大部分是碧天，地平线很低，只见一点地貌，那是飞机向左倾斜，这两种情况都是飞机在转弯。

飞临海面，初过海上，高度较低，那海面如一块波纹的浅蓝玻璃，当高度较高时，只是一块亮浅蓝的绒布而已，将近日本，已见岛屿，岛屿的特点是轮廓清楚，都有白边，那是因为岸边海浪的关系。有时飞入云际，则一片白雾，云层以上飞行时，则只见机下无边团絮，透露出下面的地或海。1974年由上海飞北京，时在晚间毫无所见，到北京时已深夜，但见北京如黑天鹅绒上缀有金银二色的锦绣，那是因为白炽灯和日光灯的关系，夜间飞越大阪和东京，则如天鹅绒上的彩绣，因为除金银二色之外，尚有不少广告的彩灯。

日本的屋顶色都用深浅蓝和绿，也有少数红色，和中国屋顶的红黑瓦不同。

在机上预先填了一张"出入国记录表"，是到东京后向海关报关时用。

为了填好此表，和空中小姐作英文交谈，她们的英语比较流利、清晰，谈话并不困难，快到东京需填"随机及非随机的行李表"，因我们无非随机托运行李，所以不填。

机上共送两次茶水，是橘子汁和菠萝水，日航有一特点，在茶水之外，可以供应现钞购买的酒类及果仁点心。

4时开饭，是日本式料理，其中猪排蔬菜等都是西菜味，日本料理那一盒寿司饭是用紫菜包裹，蛋糕和两块叫不出名字的糕冻完全日本风味，量亦不算少，多半面包吃不下了，4时一餐后无其他糖果点心供应（图7-1-6）。

晚9时到日本成田机场。

成田机场在东京之东的千叶（CHIBA）县，我们下机，顺着通道，乘自走人行道和下降梯下到主厅二楼通过海关，下到一楼取行李，行李以"几"字形输送带从隔室送来，自推小车，取下后，推出到很多出口处检查，海关警甚为客气，我与他说英语，他问行李是否都在此，带了多少香烟而已，所有的包箱都未打开。亦未搜身和电探。车推到出口的大厅口，已见几位日本朋友在招手，是塚本、岛汪一郎、西田、山口等4位先生。由老李和西田先说些客气话，西田先生替我们做了介绍，塚本是国内已熟悉了，岛先生是社长室室长，即我们的秘书，会说英语，专门照顾我们的生活，山口先生是技术人员，在机场大厅立着交谈，西田先生说了很多客气话，并和我们3人合影留念，因为西田及山口先生住较远，时

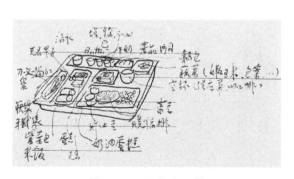

图7-1-6　飞机上正餐

已10时左右,需赶回家中,告别,我们3人、岛先生、塚本先生共坐一车,经高速公路到东京银座首都饭店。

车上我们又交谈,岛先生说,日本的工程技术人员都喜欢和中国工程技术人员交往,他们的工作时间是每周5天,本星期四是长大桥设计中心公司职工和家属举行联谊的运动会,届时人员都出席,邀请我们参加。车上亦谈到政治,在野党提出对太平正芳内阁不信任案,已于昨日获准云云。

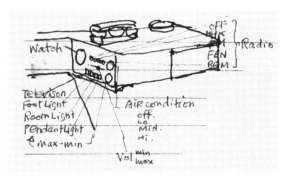

图7-1-7 床头开关柜

岛先生说东京污染较厉害,我说我看了若干环境保护的书,知道这几年很有改进,并有不少有关桥梁道路减少噪声的措施。岛先生便介绍正在行驶的高速公路西侧的防噪声墙。

车行在高速公路上是80千米/小时,付款800元,看了东京的夜景。

图7-1-8 洗手间水管图

到东京银座首都饭店,各住一房,我的房号是461。房间虽小(9.5平方米),布置十分紧凑,层高净空仅2.3米。

房内设备的一个特点是一切都是特别设计,因此设备齐全但不占空间。床边的桌子,一半是抽屉,靠床的一边睡在床上可以控制床脚凳,电视机,所有的灯光,空调和床头收音机(图7-1-7)。紧凑的地方是面盆和浴缸用同一龙头有冷热水,通过弯管可调好,摆动之后两边可合用(图7-1-8),冲马桶开关不用水箱,在1.4×1.67面积中放下了三大件(图7-1-9)。

图7-1-9 洗手间布置

写手桌右手的小壁柜上下四层,第一层放了一只开水器,不锈钢杯内装上凉水,放进后,将开关打开,红灯便亮,水开后红灯自闭,用完水如需再要烧,则将顶上白钮拉下,(也是开关)重复可烧水,第二层便是茶水杯茶叶,第三层是菜单,第四层是弃物筒。

衣柜内仅可挂两件衣服,下有洗衣袋,脏衣可放入交洗。

抽屉内有纸封信纸,以及一本《东京江户指南》的地方风俗介绍书,总之,诸般设备,有利于住客。

床上有和服睡衣一件,平生第一次穿,对镜而照几令人发笑(图7-1-10)。

晨9时左右,塚本先生来旅社,同出去吃早饭,即在住处对门马路一家小咖啡馆,名Ginza Brazil

图7-1-10 穿和服自画像

（银座巴西）领教了一下一般早餐的价格,如下：

早餐套餐（咖啡,吐司,炒蛋或煮蛋） 300日元

炸猪肉排   650日元

火腿肉和鸡蛋   450日元

综合套餐（煮蛋,腌牛肉,蔬菜） 350日元

热狗   600日元

炸鸡（配吐司） 650日元

肝脏肉酱抹吐司   350日元

咖啡   250日元

茶   250日元

可口可乐   300日元

七星香烟   180日元

葡萄汁   300日元

冰淇淋   300日元

可乐冰淇淋   450日元

早餐吃了葡萄汁（300日元）,三明治（600日元）,咖啡（250日元）＝1 150日元,合人民币7.6元。

塚本先生的父亲原是大连师范学院讲师,母亲是中国人,1964年14岁时塚本随父母回日本,读初中三年、高中三年,大学五年,故今年为30岁,尚未婚,我们从中国带来送他的礼物正合适。

早餐后走到长大桥设计中心。在长大桥中心,拜会了社长西田繁一先生,将赵局长及王总（时任大桥局总工程师王序森）的信给了社长,由塚本翻译,在座尚有岛先生,之后青柳先生亦进来了。所穿衣服便很简单,布夹克,他尚不知我们也是16日到。16日西田、岛先生等到机场时查了乘客名单,知道有我们而我们也准备了穿中装,因此方便认出。

中午,由岛及青柳二先生请我们在银座某中国饭店吃中餐,饭后在银座的主要大街转了一圈,并上那里的松屋（MATSUYA）银座（GINZA）百货公司参观了一回,该公司共七层,货物甚多,品质也好,实较国内各百货公司丰富得多。

东京路上行人服装鲜艳,道路整洁,秩序井然,交通管理自动化,行人也自觉遵守。

路边很多宣传人员,拿了一张传单,原来是宣传广岛长崎原子弹爆炸三十五年。

在中午午餐时,谈到戒烟问题,主要由于老李说要戒烟开始,青柳说日本香烟上也印有不要多吸烟有损健康。当年日本在复兴过程中靠烟酒税积累资金,现在美国爸爸提倡戒烟,日本也跟着印了这些。

自银座走回旅馆,先到以后将要住的住处一观,那里的情况待搬入后再描述。

晚间坐出租到日本Scotch House Spey Royal的末广吃鸡素烧。

墙上一张昭和12年的老店照片,店内房间完全是日本式,服务员穿和服,一个矮长桌,桌下为凹下,可以坐在两边座垫上,桌上两个凹池,内铺黑色卵石,有一个煤气灶。

到后先是清茶一杯,然后一杯橘子汁,一小碟花生,吃饭时先喝酒,酒菜为蟹肉和黄瓜。然后是一碗生鸡蛋,一位服务员年近四十,将铁平底锅放在煤气上,一大盘牛肉片、一大盘素菜（大白

菜、芹菜、茎状香菇、粉丝)、一壶调料、一块猪油,分批在火上现做,盛在生蛋的碗中。做法一似涮羊肉,但无汤,二似铁扒,但是现做。中途再加一个生鸡蛋。约做四次,米饭用小碗。饭后一杯他们自己牧场的牛奶和两片橙子,汁甚多而不甜。所谓"鸡素烧"我解释它作是鸡蛋、素菜、烧(牛肉),这不过是杜撰而已(图7-1-11),共花约18 000日元,每人4 500日元。所以找这一地方,乃是可以谈谈,介绍些东京生活情况。

图7-1-11　日本餐馆内景

塚本本人收入150 000日元,薪水100 000日元。支出保险、厚生、储蓄、税等,实收入90 000日元。月伙食,晨(牛奶、三明治)200日元,中午份饭350日元,晚饭600日元(外面吃),水果100日元,合计30×1 250 = 27 500日元。约40 000日元为零用20 000日元,房租(4.5席)20 000日元。共计支出80 000日元。自己做饭米10千克/2 000日元。

我们的10万日元一月,不要付房租,所以他认为绰绰有余,每人每月可余50 000日元,建议可买些电气东西,价格大致彩色电视12英寸50 000日元,录音机20 000日元,收音机10 000日元,手提打字机15 000日元,电子表6 000日元,电子挂表2 000—3 000日元,小型计算器1 500日元,地点到〈秋叶原〉地区去买,那里有几百家,可打折扣,建议虽好,惜他不了解我国规定的情况。

自己做饭更可省些,鸡蛋20日元/个,牛奶70日元/瓶,面包2片/60日元,奶油果酱50日元/餐,米10千克/2 000日元,衣着较贵,60%化纤衬衫1 500日元,皮鞋6 000—7 000日元,西服26 000日元。

日本每人在工资中交厚生费即老后退休领取生活费,每月按工资的百分比缴,退休后每月取10/1 000×加入的累计月×终身月工资平均额 = 每月平均生活费,算定之后如每年通货膨胀超过4%时,将按一定比例增加。

公司年底发双薪,去年他发了5.5月的。

加班费:工资/200×1.25 = 每小时加班费。

深夜加班费(工作超过10小时以上的加班费则乘1.5)。

公司共有董事五人,董事长即西田。

公司资本6 000万日元(12万股,每股500日元),社长有股600万日元,剩下大家买。

公司下面有兄弟公司,即可发给小包,主要是画图,描图之类,计划、方案和主要细节报告书等都由公司定。

公司可分期付款买东西。

借款买房子等,银行利息9%,国家利息5.5%,公家利息6.5%。工资上涨年约8%。

拉杂谈,拉杂记,反正我们的日常费用是足够有余,可以买些东西带回国归公。旅馆室内有彩色电视一台,夜看电视,广告过多,且重复,估计目的是重复可以加深影响。

旅馆内洗烫衣价格:

全棉衬衣   250日元

丝质羊毛衬衣   280日元

尼龙T恤衫   280日元

手帕   60日元

袜子/双   100日元

女式衬衫   260日元

西装2件   1 600日元

西裤   750日元

领带   170日元

5月18日，上午有小雨，十时左右停，下午晴

（原定今天是公司运动会，因雨停了，电话联系我们仍是后日上班。）

清晨6时即起，记完日记，候塚本先生来。

10时左右，塚本先生到旅舍，同在旅舍餐厅早餐。

上午去买一些新居适用的东西，坐地下铁到东京另一商业中心"池袋区"。坐的是黄线的地铁，从新富町（GinZA-ITchome）起点站出发，到第十站终点站池袋（IKEBU KURO），线路长约10千米，已在东京的西北角。那里的市容和其他区一样，看起来都热闹繁华。一路上塚本先生替我们在车上、路上都照了相，这次目的是去买东西，首先到了池袋的驿前大通リ（即车站大道）的"宫田家具"店去看看。

家具店共七层，家具有成套和单件的，做工精致，色样看来都不错，价格相对的来说较国内便宜。举例而言，一套件沙发及茶桌，坐墩，纤维布面，售价约16万日元，合塚本一个月多些工资；比较高级的，皮面，有大书柜的套头家具，式样较新的约三四十万日元，即不到塚本3个月工资，可以分期付款，也不过是三五个月付清，随时可买，我建议塚本可以为了结婚买一套，他说到时还有新式的，现在这样的家具到时还会跌价。国内这样的设备恐怕得合70、80年代低工资人的一年以上工资。

在家具店买了三张和式矮桌，和三个榻榻米上的靠背坐垫，解决宿舍内吃饭和学习问题（图7-1-12）。

东西定下后，放在店中让他们包扎，去别处观光。

忘了记，原来到池袋已是中午，第一件事是吃饭。不对，先是从车站出来时在池袋地下街参观了一下市场，那里的地下市场非常热闹，每一个摊店位是一个私人营业点，售货员吆喝（轻声）着招揽顾客，食品样品切成小块，可免费试尝。从吃的方面看，水果最贵，因为很多东西都是从外国进口，陈列得琳琅满目，没有什么带有疵点的水果放在架上卖。

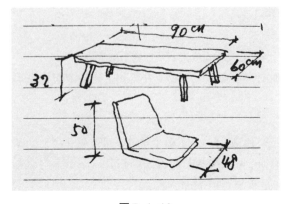

图7-1-12

蔬菜贵,萝卜按根卖。

牛肉最贵,其次是鱼虾,再次是鸡,最便宜的是猪肉100 g 165日元,这倒很有意思,肉都切好的片、块、条、径,鸡鱼杀好洗净,分类,回家只需制作,确是方便,了解了那里的情况,自己开伙,没有问题,尤其是有冰箱,那更方便。

从车站地下市场出来,中午在一家名为"吉野家的"牛丼弁当吃的,是塚本称之为日本无产阶级吃的饭店,其特点是牛肉盖浇饭,大号一碗500日元,普通一碗,约米饭三两多些,上盖浇炒牛肉片,价350日元,布置特别的地方是座位如图(图7-1-13),初看不甚理解,何以餐桌中间离开一些,原来中间那条空间是服务员的走道,不在客人间穿来穿去,既不方便,东西不经人背后来,也可免去弄脏顾客衣服,服务员始终面对着顾客,和客机上女服务员一样,这餐饭吃得又便宜又实惠。80年老店,可称面向大众,但日本菜贵,桌上放的菜碟子,似

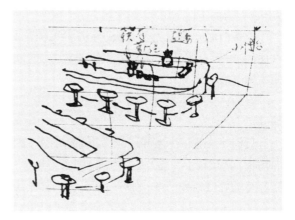

图7-1-13

是卤咸菜,不过半两左右,价50日元,合两个半鸡蛋。泡萝卜不要钱,这又奇怪了。(在日期间"吉野家的"破产了)

文章又得倒叙,晨在银座首都饭店餐厅吃饭时,取得旅店内说明附近的饭店等的情况表。

其中比较特殊的有几点。菜单(2)所谓"ふく季节料理"指的是吃河豚,该家铺子有方法处理,可以不中毒,但塚本告知前一时也出了事故,一个有名的作家毒死了,真是"拼死吃河豚",两国都有。(3)(10)(18),所谓天妇罗(天ぷら),是油炸面拖的鱼虾等。日本喜吃鳝鱼,烤着上作料。(8)(14)的宫川うなぎ(unaki)(鳗鲕)、在中国太便宜了,将来等日本朋友来中国请他们吃,我还教塚本杀鳝鱼的方法。最有意思的是(12)岛芳,是卖烤鸡肉串,每串50日元,喝啤酒。

晚间塚本带我们去银座看了一下小街上的一个门面,摊子放在门外,一如上海一些鸡鸭血汤,金山过去的粗线粉条摊等,完全大众化,吃的还有外国人,是日本薪水阶层人消磨时间的地方,大有一试的必要。

在池袋买好别的东西,又到家具店走出去,出来沿大街走时,忽听见啪啪大声,一辆摩托车疾飞而来,车上二人都头戴贝雷帽,后座者立着,一手撒散纸屑,我还以为是日本政治家在雇人做宣传。原来并非如此,这是日本的青年对社会现象不满(非积极性的)者往往是高中毕业考不取大学,找到了一个体力劳动工作,工资约十多万,想出了这样捣乱治安的方法,日本称之为"暴走族"。车速可开到120千米/小时,排气量120立升,取掉消音器,在汽车丛中横冲直撞,汽车只好放慢,行人侧目,这真是另外一种耍流氓手段。从前没有交通治安关于这方面的规定,结果成群结队,一次出来可达百辆,警察束手无策,群众有意见,后来群众向议会提意见重新制订治安法,对这样的人也要抓,今天所见据说是警察尚未出动。

家具店出来东穿西穿到了一家日用杂货商店,买开伙用的锅碗、油、盐、咖啡……在铺子里塚本向一位老太问事,老太看见我们是中国人,她说这些东西我们日本家庭中都有多,我可以去收集,塚本向她解释,老太走了又回来,请塚本留下地址和电话,看来日本人民对中国人十分友好(过

几天看下文），我们都说简单的日文谢谢她。

买完东西到家具店取了桌椅，雇 Taxi 送回住处，休息一下，晚间又坐车到银座附近小街上，在一家称为 Frying Pau 的饭店吃中西合璧菜每人千余日元。记起来了，那天第一次去银座和岛先生用英文交谈，我说银座英文是否可叫 Silver seat，他说 silver seat 在日本是另一含义，指车上专为（白发）老人留的座位。

吃饭时间和塚本先生交谈，他说了不少日本人民对中国文化感谢的话，和日本人民尊敬中国人民的心情，这是由于谈起了那位老太太而引起的，我们坦率地告诉他"四人帮"对中国的危害，使中国落后了。

饭后已9时多，在银座穿街游览，日本街上仍有中年人摆摊算命，并且有"麻雀"店，即打麻雀牌的。

我们又去看了一家弹子店，那就是竖放了的钢珠高尔夫，每次投入百元一枚，得弹25颗，放下面槽中，转动右手开关（可调速度）弹子沿边上飞上落下，如落进某一口即中彩得弹子15颗，如此循环有的可打到数千颗，当然大部分全部被吃掉（打不中口的落到里面槽中就不出来了）。看有不少人在那里聚精会神地玩，得了很多弹子，则可到柜上换很多种小百货，此中有老手懂得窍门每次都胜，有时去时，店里老板自动送他万元，请他别玩了。绝大部分是空手而返，店里有"专家"每隔多少天调整一下盘上的铜钉，使落不进口，大概是根据盈亏情况来控制赌台的或然率。

塚本要我们每人试了一次，结果全部被吃进。因为塚本曾得过不小的彩，故而他仍有兴趣。他进了一球得15个，再进去，吃光了。老马进了两球，结果又全部被吃光光，我一球未进。我看有窍门，是否可以先用大力打，飞高些，密集地把它的铜钉拨乱，然后一颗颗慢慢放，找它的用力路数，不能顺了它的路子走，（据说弹子打不动铜针，每调试开放几台）。

晚间回来，洗澡看看电视。

日间的事写的是18日，实际是19日（今天清晨）记的。

5月19日

今日搬家，即由银座首都饭店，搬到对门的宿舍中来，搬家极简单，因为路不远，东西不多，箱子可以有轮子滑着走，电梯上下，故一下便入新居。十时半岛先生来，我们反客为主，用北京带来的茶叶招待。岛先生谈了今天的计划，他早、晚陪我们吃两餐饭，下午由塚本先生陪我们坐地铁国铁去新宿，明天，10时起到下午谈一天计划，晚上西田先生与全体干部，正式宴请我们。

11时半许，同到附近去吃午餐。

午餐即在附近的"おのヒ寮"（おのヒ茶室），这是一家地道的日本馆。（图7-1-14）

岛先生请我们吃天ぷら即天妇罗。古时是油的意思，以鱼虾之类，面拖油炸，有一碗酱油作料，外加上一些萝卜糜和姜末自己调入，蘸着下饭，一小碗豆腐汤，盘里尚有一小碗酱菜，

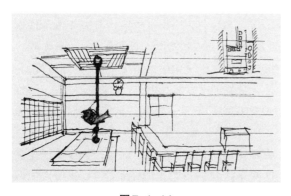

图7-1-14

天妇罗（对虾）炸得面脆肉嫩，酱菜是黄豆、海带，做法不同，别有风味。

图上悬挂在天花棚上的鱼和钩是吃火烤菜时吊烤盘之用。鱼是锁在一根吊杆上的。

中午略休息，与塚本先生外出，塚本先生有两位朋友，是大学毕业生，现专门在攻中文的女孩。一名成川育代，人较清秀；一名深泽（如堂妹国华，但较国华长得好些），二位均曾去过中国，作为千叶县妇女代表团去过北京、大同、太原等。深泽则去过上海、北京。她俩因想实际多接触些中国人以学中文，所以和我们一同出去。

从日比谷地下铁转国铁到新宿。

新宿是另一个繁华区，有很多的娱乐场所。深泽说，日本的年轻人喜欢那里，她也喜欢那里，成川说她还是第一次来。这一区游玩地集中，在歌舞伎町，身临其境，只见剧影院、打钢球的店铺和荧光屏显示、程序操纵的什么太空旅行高速车比赛等，又玩而又可得奖，塚本为我们表演了高速车赛。方法是投入100日元硬币荧光屏上的车辆高速从上向下不断行驶出现，并不断变方向，红车是代表游玩者的车，逆向由下向上，此时玩者操纵方向盘，红车要避免碰来车和路边，一碰立即着火，在荧光屏上显示红车失火后，即退入路边草地，重新操纵电钮，驱车入路，再来。在一定时间里，红车一次也不失事，得分最多，失事越多得分越少，有一定的基数，过数便得奖。自然塚本先生又是白送了百元。不过这个百元是为了我们这些中国朋友买了些知识。

深泽和成川一路练说中国话，深泽讲得好些，成川较差。

在新宿参观了一家大书店，买了一册为英美人编的日文读本。

从新宿又到秋叶原看电器，那里照相器材电气设备的确是多，但令人眼花缭乱，二割、三割、五割等（即打二、三、五折）招揽生意的手段也极多，看来彩色电视机价太高，在四万以上，大概只能买一只中三洋（那个年代录音机的代名词）了。

在秋叶原买了一只电烧饭器。不到一万元。归程中不小心忘在国铁电车上（所谓电车是每若干节车厢有电动机驱动），明日可去招领处领遗失的，地点是富乐町车站。

6时20分，返筑地二丁目住处。成川、深泽不愧为日本妇女，一进屋便帮着洗杯盘，煮水冲咖啡。6时半，岛先生来，准时出席，略座半刻，雇两辆Taxi往银座吃晚餐，是札幌（サッポロ）狮子饭店，德国菜。饮札幌生啤酒，吃火腿、德国香肠、中国春卷、奶油蔬菜、炸鸡块，席间宾主交谈，中、英、日三国语言，我与岛先生直接用英文交谈，岛先生明天不能来参加，因为美国一家公司的副经理来日本，到大阪，他要去会谈，公司将派两位工程师去美学习三个月，与我们来日相类似，所以不能出席明日晚宴。关于今后上课用何种语言，最后定了用日语，席间等于有了三位翻译，我们也有心让成川、深泽试翻中、日，因此谈话甚为活泼。

晚间归来，试用洗衣机。

试用洗澡用热水器，未成功。

5月20日

今日算是第一次正式上班。

晨9时，塚本先生来，同到Brazil吃早饭，走到公司，路上约10分钟。先到西田先生办公室，由西田、青柳接待。将国内带来礼物送他，并略予解释，他对诸礼十分满意，说"两宋名画集"将作为传家之宝。

决定下午正式开会，先领我们去我们办公的地方，"开发部"，替我们准备了三张桌子，每桌内备有文具。为了保护地板，日本人习惯脱鞋，但办公室不完全合适，都换上拖鞋。这也别有好处，即办公时不出脚汗。

除此之外，又发了短袖工作服一件，FC330新电子计算器一只，至于文件夹、计算纸等自不在话下。

公司共分"开发""计划""道路""技术"四个部，各部均有一定的专业，并且可以独自对外承揽事务，这里详细的情况慢慢地再打听，且谈工作条件，每个服务部除了工程技术人员外有专管事务的女职员一人。如开发部为高桥（TAKAHASHI）都子，因为已与社员谈上恋爱，预备结婚，于是再培养了一位北川（KITAGAWA）京子，她们照顾职工生活，如订午餐、发劳保用品等等。以后我们午餐是外面馆子送的包饭，今天吃的是煎蛋肉盖浇饭，由事务员送到我们桌上。办公室另有清扫员，所以工程技术人员专心工作。

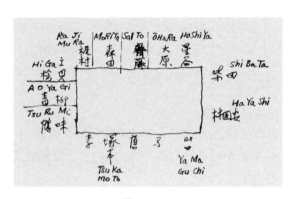

图7-1-15

下午开会，先由我为主介绍中国国内工作情况。共有包括青柳在内的11位骨干出席，他们的会议室在地下室，席次和名字如图（图7-1-15）。

这次会议的目的是解决学习的计划，因为在北京已经提过了想法，青柳说到日本再解决。下午便又了解了一些我们设计工作的步骤和方法。于是，他们知道基本上是相同的，青柳觉得可将原定的桥梁计划及桥式选定的时间压缩，李的表态是不要打乱原计划，但时间压缩，会上我的发言要点有几个：第一用韩愈的"师说"中"闻道有先后，术业有专攻"来说明我们虽年龄较大但仍是学生；第二说明初步设计虚拟条件的设定比较空泛，目的要学技术设计中的主要技术问题；第三说明关于电子计算机方面重点是在学应用；第四说明是来取"经"，三个月不可能完全消化，要取回消化，计划大致这样定了。

晚间西田先生在银座"银座大饭店"请客吃饭，共两桌，每桌11人，李马坐在西田一桌，塚本翻译、我坐另一桌。中菜，不详记。中台转盘送食，最高者鱼翅。席间，据李事后告知，西田在吃饭时详细地询问了他在中国所认得的每一个中国人，并表示愿意做一些对中国有益的事，认为若我们对计划有意见，尽可以提出，并建议多到工地跑跑，不要在办公室，这和王总的意见相左。

我们这一席中有两位董事，日置和伊集院，伊集院先生对基建的分工方法有兴趣，询问了一些，其他同事席间谈轻松的事，于是话题转入东京武汉气候，东京夏天最高温度35℃，但潮湿，当然比武汉要凉快些。又转入东京的娱乐，谈谈各人的家庭情况，桧贝先生对鉴真的历史有兴趣，下地先生想学中文，鹤味先生将出国，谈谈他们公司在国外发展的情况，星谷先生是美国留学的博士，对中国男女青年如何谈恋爱和结婚有兴趣。座中包括我在内，七人会说英语，因此大部分时间用英语交谈，当他们中有不能用英语交谈者，借助于林先生做翻译。

星谷博士和鹤味先生始终和我用英语交谈，我说几句客气话时有时由星谷先生翻译，伊集院先生大概对于日本的一些基层娱乐内幕十分有兴趣，因此山口、桧贝、下地等说塚本先生带我们玩新宿，不会带到坏的地方，若由伊集院先生引路则……

　　根据岛先生和塚本先生分别告知的情况和席间介绍，各位有去新加坡、中国香港、哥伦比亚、美国等地工作和学习的，长大桥与其他各国（地区）都有些联系。

　　西田先生有"壮心"（赵局长送他的字），预备联络世界上最有名的技术力量。现在和美国挂上钩，相互派学习人员的是 Green Consultant（格林国际顾问公司），至于学习内容据云是电算！

　　席间谈到日本青年，事后塚本先生告，日本青年为了上进，从初中开始便需勤奋读书，书要读得多。例如学文学的，每个星期至少要读三部著作。睡眠时间不能多，每天5小时则可以考上名牌大学，每天6小时则……总之抓紧时间学习，才能生存。由于强调个人，并且在"美国爸爸"的保护下，又于人生已有极端反战的思想，据说前一二星期，同时在美日做民意调查，美国有40%左右说一旦有侵略，将拿起武器抵抗，而日本则一是投降、二是逃跑，不管战争是正义和非正义的，都不肯拿起武器。恐怕在真的那一天到来，情况是会有变化的。席间谈到新宿，伊集院先生解释青年们喜欢那里，有一半是娱乐和工作都好，一半则是崇拜美国的生活方式……

　　西田来我席向我敬酒，干了一大杯日本白酒，报之以一杯啤酒。

　　关于服装问题，我们在"红都"所做及所打领带，他们认为在日本人中分不清，并举例以前铁道部来各批均穿人民装……似意现在出国的服装改善了。

　　晚，塚本先生宿我们处。

　　Taxi收费标准：

　　基本2千米380日元，以后每410米加70日元，停车（包括红灯）2.5分钟加70日元。

　　地铁每人约80—120日元。

5月22日

　　今天开始用"日光线表きペン0.4"笔记日记。因为日本现时都是满满一支笔，或水剂，或油剂，用完就丢了，买不到墨水。因此，带来的钢笔一无用处，尤其是原计划带来的铱金笔更无用处，完璧归赵。

　　这两天每日清晨起来较早。

　　21晨起来，天阴，到街上一家铺子吃早点，300日元定食，吃到一半时外面下起大雨来了，没法，塚本问铺子老板借伞，结果借了三项伞。为了便于连贯的叙述问题，先把伞的情况多说一些（图7-1-16）。

　　要是下雨，满街尼龙雨伞，色彩缤纷，伞在东京不算太贵，到了任何地方，不管是大店小店、公司、住家，伞就插上门内的甚至是门外的一个伞插上，水滴在下面盘中，出门时再自认拿取，据说是不会丢失的。我们住在银座首都饭店，门厅口便有两个伞插，只见放下拿走，从来未见发生过纠纷。

图7-1-16

21日晨吃完早饭，非得准时到公司，要听课。可是雨正大，因此塚本想到问老板借伞，老板一口同意。门口取了伞上公司，我们觉得那位老板十分大方。塚本说老板告诉他，这些伞都是顾客来吃饭时插上，去时不下雨忘了，可见这老板是大顾客之方，而且人们对伞不大在乎。我们借用之后，公司下班回去，自己便去买伞，以便将伞还给人家。便在公司不远，有一家只有一个门面（大部分小店都是一个门面）的"宫本伞店"，只一位老板娘，东挑西拣，三人各挑了一把折叠伞，一把价1400日元，一把价1800日元，我挑的是2000日元，出门才一步，老马打着借来的伞，买的伞跌在地上，捡起打开，发现变成了一把旧伞，若干地方脱线了，这下就大为丧气，又无可奈何。因四人三把是借来的伞，曾到一家小铺吃晚饭（这是一家日本人卖中国料理。一盘四块红烧肉，一碗米饭），把伞插在门里的伞插上，分析有两种可能，一是拿错了，一是故意换。这又是一个新发现，还有发生事故的可能。

回家时把伞还掉，用英文向老板说明，并谢谢。22日晨是20日买的面包、牛奶、鸡蛋，该买白脱却由马买了奶酪、果酱，因为晚餐未吃饱，又买了面条，弄完早饭到公司。巧之又巧，拿错伞的是公司的一位职工，昨晚就去向林先生打了招呼。林先生带了那位先生和伞来。老马拿的破伞是他的，可是他拿的那把虽是新伞，式样类似但并不是我们买的，于是变成中间有了三个转变关系。老马还是拿了那把新伞，从伞的放法中也知道，随便到这样一种程度，即出门不下雨，不带伞，遇到雨时随便哪里抽了一把伞拿回家，家中不花钱却有伞靠十把；自然也时常是带伞出去，不下雨后忘带回家。

因为伞，又引出一种小机具，那是一种像钢印那样的打在红色塑料带上出现名字的凸字，字盘转到中间，按打压出字来。我便打了H. C. TANG，切断塑料带，撕去背后的一张纸，便可贴在伞把上，有了名字，便不易拿错，可见，伞里也还有小文章。

这两天上了两课，目的是了解日本的设计步骤和规范使用情况，工作情况见技术笔记，林先生做翻译，在长大桥地下室会议室中讲。内容比较普通，了解了一些日本情况。

今天下班后，到一类名为"食堂"的地方吃饭，是中、日、西混合的饭馆，面向大众，地方倒不小，最便宜200日元一份海带丝面，最贵的菜也不过350日元。

晚餐：

Green Salad（蔬菜色拉），内容是：1. 黄瓜四片；2. 嫩玉米一只；3. 红番茄两片；4. 熟鸡蛋两片；5. 包菜径垫底；6. 不知名的花样的菜，塚本说名ペヤリ（荷兰芹）；7. 意大利面条一两；8. 虎皮鸡蛋半只……11. 油煎土豆条

米饭、豆腐、冰水

吃得还可简单些，则四、五、六百日元都可以，最简单一碗广东式面条350日元，一盘普通面200日元。

21日山口先生所介绍的长大桥情况中，很多东西对于今后中日技术合作甚有用处。

日本的机构，可分为官、半官半民和民三种。

在建设方面分为建设省、运输省，其组织系统略。

顾问工程师向国家单位工事事务所承揽（投标）工作，取费用1%—8%（工程大收得少）。在工事事务所的规定范围内，完成计划，再由工事事务所包给建设会社施工。施工过程中，由工事事务所借调顾问工程师公司内技术人员进行施工管理。各公司间竞争厉害，专利保密，虽能做大型试验，但各公司资金有限，因此有半官半民的公团，用国民税收进行试验，成果大部分公布，不能

专利。

　　长大桥本身成立多年,历年积累了些资料。从其地下室图书资料室来看,并不十分具规模。这两个月中,先看看那些资料再说,恐怕还有分别储藏的地方。

5月23日

　　22日晚间,由成川陪同赴中国大使馆进行汇报,中国使馆在港区,麻布,从住处到大使馆坐Taxi价1 360日元,坐地铁要便宜多了。

　　大使馆是一座近代的多层新建筑,占地相当大,大门之外还有一道栏杆,门外面有日本警视厅派的警察巡看,身带报话机,通过警察由成川与他对话大门是在里面大楼里操纵。

　　大使馆内建筑十分新颖和讲究,全部大理石地面和柱面,门厅休息处墙上木雕的两幅"百鸟朝凤",全部贴金,真够金碧辉煌(图7-1-17)。由贺法岚同志接见,他是科技处一秘,问了一些情况,关照一些注意的事,我们汇报了来后的情况。大使馆工作人员很忙,我们16日到后即与使馆联系,一直说没空接待,要我们别去,这还是21日塚本给联系上的。

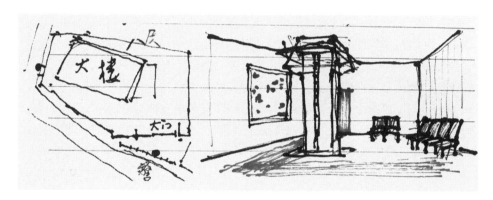

图7-1-17

　　从大使馆回来,成川在我们住处小坐,喝咖啡,教了几句日语,回家去了。

　　23日学习,由林先生讲公路规程,课毕,正在图书馆看资料时,西田先生带了一位美国朋友来。该美国人乃西田先生的客人,是美国格林国际顾问公司的副经理兼总工程师。西田先生特地带来看我们。我便和他用英语直接交谈,他告我,他的公司在菲律宾有个工程,已做了四五年,现已完工。西田先生的公司要向国外发展,因此他们之间要合作,并说也希望能和中国合作,又说他公司有他美国的同学,姓韩(音译),和我们客气了一番,我也和他客气一番,盛赞西田先生对我们的友好邀请,并告诉他西田先生曾经四次访华,西田说他有很多中国朋友,我也欢迎Shina先生访华。因为他们公司接纳长大桥二名公司人员去实习,我便和Shina先生说,西田先生很乐意帮助中国培养技术人才,是不是Shina先生的公司也能接纳我们去学习,Shina先生表示很高兴地接受我们,交换了名片,说让我回国之后去信联系,谈这个问题,这事得回国后向赵局长、外事局、大桥局领导汇报了再说。

　　Shina先生带了即取的彩色照相机,拍了4张,3张是五人合影,我留一张,西田、Shina各留一张,又一张西田和我们三人合影,他替我们照的,预备带回美国,复印了再给我们,塚本先生也替我们照了，待洗出后再看。

Shina说Your English is very nice.（你的英语非常好）我想现在已经过一般考验，和Shina先生，西田先生、星谷博士、林博士等都用英语交谈，现又和美国人Shina先生交谈，回国再深入一步，大概走到国外是不会发生太大困难了。

Shina先生会说几句中国话，他请西田先生要人把他的照相机送来，西田先生的女秘书拿了下来，Shina先生说"你真漂亮"，美国人在这些问题上是不在乎的。

24日Shina回美，7月份再来日，也许又会见一次面。

5月24日

今天星期六，公司休息。带了几本书回来看，塚本先生建议我们出去走走，于是从筑地站（地下铁）到上野公园去玩。

上野公园是看樱花的地方，可惜樱花已谢。但是到过日本的公园，看看日本人民的生活，尚是一桩很好的事。

上野公园处在东京台东区，闹市包围之中，占地约52万平方米，在"不忍池"的边上，全名为上野恩赐公园，这"恩赐"二字，大约又是某朝天皇的德政。公园面积不大，但是曲折有致，可惜不是日本园林的特色，而是绝大部分西式。今天是假日，日本的市民带了小孩推着小车或是背着背椅（小孩可坐在背椅上缚在大人背上）逛公园，尤其是逛动物园和水族馆。

动物园处于上野公园的西部，记载创自明治15年（1882）三月，共有动物930种，我们重点的只去探望了一下熊猫，并看了一下类人猿。熊猫馆太暗，熊猫甚懒，在日本待之以贵族式的生活，反而变得更娇生。顺着园中道路坐空中电车道到水族馆，空中电车道是两节车厢的刚性轨道架空道，这样可以不影响市内交通而联系着园区两个部分。

水族馆水族较丰富，包括有欧亚非三洲的水族，鱼类和二栖动物，当然规模比较大，仔细一想，种类未必能齐全，事实上也是该有一个馆能包括齐全，但只能一个馆有一个馆的特色，上野水族馆的特色尚不明显，有求全的愿望，没有求全的可能，缺乏纲目系统的说明以及没有标本馆，大有发展的前途。

从水族馆出来，沿不忍池中的堤路走到笑福亭、弁财天，这里是一座殿堂，中间供奉不知何等神像（下了帘看不见）。供桌之前付100日元左右后梁上悬下大麻索二根，上有大铃一只，手摇麻索，铃声响了，警醒神道，于是合十祷告，以求赐福。

从不忍池出来，上大街，走到一个称为"Pソセ横町"的地方，简称"Pソ横"，第二次世界大战之后，物资不足，这是一个卖美国物资的地方。路长600米，有店400家，年末每天可有一百万人来买东西，一年营业额可到一亿日元。现在东西较多，比之邑庙市场更为繁华，大概可以买到些廉价商品，可是饭馆价较高，650日元只吃了二两米饭，一小盆炒鸡蛋，不能饱肚。

出来后到东京城百货店地下商店买了些肝、肉这类的食品，回住处。

晚间，赴银座新干线下，饮啤酒，吃烤鸡肉肝串，每串80日元，啤酒一瓶300日元，故吃四串、酒一瓶，约600日元。

我们晚间是轻装，一不穿上衣，二不戴领带，穿的是国内带来常穿的的确良裤子，只是衬衫挺些，皮鞋而已。实际上日本也有很多人衣着随便，式样上较特别一些。

这里不卖饭食，仅是酒和烤肉。

塚本先生做东，又上第一天青柳先生请客的新东京大楼屋顶（第十层）屋顶花园小座，日文的音读是 Noso Tokyo beer garden（东京啤酒花园），一升生啤酒 600 日元，吃了一盘墨鱼、一盘鲸鱼肉、一盘油爆虾，约各 400 日元，鲸鱼肉较腥，虾味不及国内，屋顶花园和过去上海的相同，畅谈甚欢，因为塚本先生的父亲会俄文，居然我们又用俄文交谈几句，晚间原拟看一场典型的日本电影，因夜已深，作罢。

5月25日

星期四。原定往东京塔参观，请成川陪同，成川有事，来了三位青年，二女一男。

德永义孝（KoKuNaGa YoShiTaKa）23 岁，早稻田大学三年级生，中国文学系，现仍在读书，说中国话还可以。父亲在九州福冈，出租汽车司机。

须崎孝子（SuZaKi TaKaKo）（小胖子）大学毕业后，在中国语研修学校读中国语，和深泽、成川都是同学，24 岁，她父亲是三菱下面一家设计事务所的设计工程师，搞房屋建筑。

神谷纯子（KaMiYa JunKo），早稻田大学去年毕业，23 岁，现亦在中国语研修学校读书。

早上，深泽带他们来，一起在这里吃午饭，就是昨天买的那些菜。招待一批人大为不易，忙得团团转，菜也烧不好。

吃完饭，已 2 时，便动身去东京塔。坐地铁到神谷町，上去走不多远便是东京铁塔。

东京铁塔的介绍如参观说明，到了之后，从实际结构的情况看来并不精彩，一是没有脱离巴黎铁塔的窠臼，在造型上尚不及埃菲尔塔；二是铆结、缀条拼的杆件结构，构架混乱。电气设备比较先进，其他情况则看来一般，标价很贵，上塔 125 米高，价 600 日元，若参观蜡人馆加 750 日元，水族馆加 600 日元，到了 125 米展望台，看 1 分半钟固定座的大望远镜，又要 50 日元。

在展望台一看，果然东京各处历历在目，亦可以算是一番胜景。

参观铁塔后从地铁到惠比寿，出来坐出租到代代木，去参观日本广播事业中心（NHK 放送セニター），这里有一栋高楼，边上的一栋矮楼中，专门开辟了二层作为参观之用，参观的内容见说明介绍。这里，无非对新闻和广播起一番宣传作用。从廊道的窗口下，可以看到下面音乐厅、电视厅、布景制作处等工作情况，一似参观医院外科手术室。

在 NHK 外面，是日本体育馆的游泳馆，这在建筑和结构杂志中都已见到过，不再多述。这一圈里，有几条马路封住，不通行人，日本青年在这里进行很多活动，有些是很积极的，有意义的；亦有最近产生的不那么积极的活动。

积极的活动最多的是滑冰（鞋）和滑板（图7-1-18）。滑冰鞋是有滚珠轴承的塑料滚子，所以滑时无噪声，青年们在马路中心，排列了塑料锥体标志，每个约 0.5 米间距，穿上滑冰鞋以正、倒、侧等姿态穿梭滑行，速度甚快；不熟练者把标志碰倒，逐个扶起再来。男女青年，穿着极少的运动衣，有的还带上塑料护膝或护肘防跌。

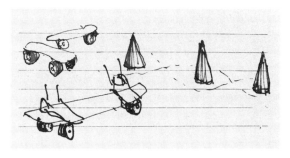

图7-1-18

另一种是滑板,亦是四轮,但人即站在板上,不作任何绑缚,亦能任意方向滑行和转向,电视中,尚可看到在马鞍形坡儿上,滑上,滚下和转向。这是从美国传来的玩具。

或有的人,对着跨线桥实体桥墩,在一个桥孔之间,面壁练打网球。

这些都是积极的运动,原想买双冰鞋回去,价5 000日元,作罢。

另外一种是比较消极的娱乐,称之为"竹笋族"。这个名字的由来是在代代木有一家铺子,名为"竹笋",专卖奇装异服,一些初高中男女青年,在假日(星期日等)成群结队带了录音机到树丛之中,换了衣服,一圈一圈围起来,随着音乐跳"怪"动作,有领跳的,口中吹叫鞭哨子,做动作,大家一起跳。因此称为"竹笋族"。塚本说,这是日本青年另一种发泄对社会不满的表现。当然这较之于"暴走族"要不影响社会秩序些。我问德永先生和须崎、神谷小姐,你们喜欢不喜欢这样,他们也都是初次见到,并认为他们不喜欢,他们的爱好是读书,又补充一句,是读中文书,我称赞他们是"有为"的青年,他们都年轻,须崎的父亲年55,只比我大一岁,在日本青年里自然也是分化的,有的积极,有的消极,观察一个社会,看全体、看动向、看成绩。

从代代木向新宿方向,经过明治神宫,是一区绿树犹葱的大地方,因时间不足,末去。

晚间又乘车到新宿,找地方晚餐。新宿街头和别处比较,自然不同,灯光五彩缤纷,更多、更亮、更变化,大小街都一样。进入一小街,街口有人塞我一张纸,上印日文,似乎是吃饭菜单之流,并开口说话邀请,我将纸还他,此时正和神谷同行,便问她这是什么,她说这是他要你到他开的铺子去吃饭。事后塚本先生告,原来这是新宿地区的一种黑幕,一种用女色诱人的铺子,有女郎陪吃,基数5 000日元,但在过程中,女方会提出再想吃或饮些什么,若不拒绝大概每次可高到二三万日元,自然价高而物少,岂非以色相作价而已。

图7-1-19

再有更甚者,如土耳其浴室……20日席之谈,不为无因。

资本主义社会和社会现象必然有其堕落的一面。

在新宿地铁分手,在逛新宿地下城时,须崎取出一块绸帕,内装有三把5厘米长的手工艺纸伞(图7-1-19),是她89岁的奶奶手做的,她奶奶现在仍能裁缝衣服,特做了三件手工艺品送给中国朋友,实不简单。(又深泽带来一盒"味の素",盒中装的普洱茶叶)

5月26日

星期一,上班。

现在已开始转入日本的生活习惯。首先,早晨是10时上班到12时,下午是1时上班到5时,因此必须晚睡(塚本睡觉总在12时到1时),晚起,8时到9时,初来几天,晚上睡得早,早上6时便起来了,睡眠因此不足(午睡也无)今天早晨起得晚,7时许,所以今后得12时睡,8时起,一天的精神自可维持。

今天由桧贝先生讲"桥梁计划和形式选定"到下午4时半,之后他们开会研究具体计划。

上午岛先生送来Shina先生赠我们每人钢卷尺一根,上有他们顾问工程公司的名称。

再记一下LSB公司的小情况。

创始于昭和43年(1969)2月21日。

这几位董事原来是本四公团里在平井敦指导下进行"本四联络铁道吊桥"调查委员会的,1969年成立了公司,最早资本200万日元,十年之间,由500万日元,2 000万日元,增到现在的6 000万日元。现在每年总收入约20亿日元。

每年花在职工身上的福利费大者如每年一次运动会,约花15万元,一次三至五天的社员大会,在东京以外,如清野温泉旅馆等地,包三天。

这次我们来,初步已花房租12万日元/月,水电4 000日元/月,卧具3×1万日元,洗衣机原有,洗澡热水器原有,冰箱5万日元,家具3万日元,餐具2.5万日元,银座首都饭店3人×3天×6 000 = 5.4万日元,飞机票8万日元。

5月27日

今日华主席来日本,到羽田机场,日程是:

27日,在迎宾馆欢迎,到皇居会见天皇,在迎宾馆作第一次日中会谈,交换对国际形势的看法、两国间的经济合作和日中两国间存在的问题。

东京都铃木知事到迎宾馆致敬。

28日,原首相田中午餐宴请,第二次中日首脑会谈参观富士通川崎工场,在首相官邸晚宴。

29日,原首相福田早餐宴请,到NHK作广播演讲,会见日本记者,在中国大使馆会见日中友好人士及遗族,华主席答谢宴会。

30日,访岚山周总理诗碑,到神户ポトアイテンド(Port Island,位于神户市中央区、港内区的中心岛)视察。

6月1日,日立造船厂参观,离日。

上午桧贝先生给大家一份学习计划,具体是讲课有13天,参观8天,概略设计24天,未填计划10天(可搜集资料),总结5天。

马又提出不做设计,只要资料,其牛劲始了解一些,由李做决定,统一行动便是。

看下午反映后公司决定。

下午看了两部电影,一是平户吊桥。一是末广斜拉桥250米跨径。根据这两部片子的情况来看,平户是经典式的老吊桥,没有什么突出之点。末广是单片,放射式,梭形箱梁,BPWS钢索在武汉已看过图纸,施工电影上有几个特点:

一、二节箱梁的工地拼接桥面板是用自动电焊(先点焊)腹板,底板用高强螺栓。

二、箱梁的吊点都临时焊在桥面板上,两箱梁相接处的板面高低不平,焊上铁板,用铁锒打平,点焊后再烧去,看来临时增加的电焊件还不少,产生的残余应力和烧后刻痕等理论上讲会影响疲劳强度,事实上就是这样做的。

三、PPWS用直线制造,在索鞍上必然产生弯曲力,且压扁,他们认为斜加索的弯曲应力和次应力比之悬索桥要好,因为悬索的变形大,并由于夹箍使吊索成折线,在此处产生次应力,索在索鞍处角度经常变化,产生弯曲疲劳。

四、末广施工时方案和设计方案不同，中间孔原定伸臂安装，用临时拉索，后也改为河中临时墩，取消了临时拉索。

电影放后，讨论了一下。谈了学习计划，最后青柳先生建议重点学一座吊桥，那就是本四联络线上的上津井吊桥，他说设计才完成且是最新技术，尚保密，图纸不带走，写报告时不写桥名，参观讲课不变。

这样计划算是定了，青柳先生甚为高兴，晚间请客吃"烧鸟"，完全日本式（图7-1-20），除了生

图7-1-20

啤、烤鸡、肫肝、肠串外，又吃了一种名为鱼膏者，乃鱼肉的冻膏，一如鱼圆的做法，另是章鱼片，喝了一些日本酒，烫了喝，酒精度约16°，其色白，其味如绍兴酒，不醉人。席间畅谈工作和青柳先生在中国的经历。因问到武汉和南京桥的跨度多少，告以当年曾设计过250米跨度，桧贝先生说安装有困难，我举Free mont为例。桧贝先生谈起长大桥的基础施工方法，说有自升式平台，关于这方面，幸亦略有研究，回答问题都能在点子上。昨日将我所写《基础》一文送他们。

5月28日

今日听课，由林先生介绍长大桥现有计算程序，主要内容是该公司程序都为自己开发，什么有用做什么，并不完整，比较完整的一套是吊桥设计程序，从静力到动力到大变形（安装时用）。

还有自动设计的某些标准梁、自绘图，等等。山口先生准备以后与我们详细谈，故暂不详记。

5月29日

从6月1日到6月6日计划有次参观旅行，从东京到关门，回到大阪神户德岛，再回东京，看关门桥，本四的鸣门桥，德岛末广桥以及大阪神户附近桥梁。今日梶村先生讲课，谈的是P. C. 铁路桥，介绍了一些钢桥隔音、防震的方法，认为从防跨音法规规、定则宜造砼桥，所举P. C. 箱梁，伸臂安装的吾妻川桥、拱桥126米的薄板拱，我说该桥原理是瑞士Mallait的Schwanbach桥，他曾去过欧洲，到过那桥边。梶村不到40岁，所见已较广，参加设计已较多，我们从书本上知道的知识，虽然面也不窄，但这二十多年来回想亦殊足令人惋惜。

后来介绍日本本四桥的P. C. 桁，为大田名部，岩鼻安家川，年代都在1972年以后，1957年，即25年前我做的科研题目，简支到40米，威氏桁架到64米而斜拉到90多米，腹杆形式也很特殊。这和锁口管柱桥墩一样，假想着我的建议在日本之前实现将会如何？则目前尚渺茫。

下班前岛先生来，问问我们生活如何，顺便谈了等我们旅行回来，将邀请我们到他海边的家中做客，长大桥的年青技术人员们希望和我们进行座谈，便等我们回来后再开个会。并让我们生活若有不便之处尽管向他说，我们觉得甚便。晚间按习惯去劳动福祉食堂晚餐。

5月30日

今日星期六,公司休息。昨晚又与塚本同到银座新干线桥下,吃"烧鸟"。是由我们请他,实际还是公司出的钱,这是新干线桥洞之下一家家庭店(图7-1-21),母女三人,女的当炉,她母亲烤肉串,父亲开酒,收拾家具,这一带人多已满,只找到这家,用啤酒箱做桌子,4人吃喝起来,我们这是第二次。第一次新鲜,第二次热闹,所谓热闹,因为4人已混熟,谈话没有什么顾忌,吃东西也较放手一些,因为已摸到当地的规律,80日元一串,连酒共花了4 000日元,其中最贵的两碟子带壳毛豆,150日元一碟,约二十粒(十荚每荚二粒)。又喝了两小瓶日本酒,吃了三十多串烤鸡肝、肠、肫、肉。看

图7-1-21

来这真是薪水阶层的消磨时光之地,有的除了吃三四串烤鸡之外,还吃一串烤茄子或烤青椒,一瓶或三两日本酒,或二三人天南地北,或一人独酌,独自沉思或自得其乐。邻座一位日本朋友,看我们4人说中国话,不久便问塚本先生,你们是中国人? 塚本告诉他,我们是中国人而他自己是日本人,我就问这位日本朋友,假如我们不说中国话,你能认出我们是中国人吗? 他便向塚本回答我的问题,一问一答,事后塚本告诉我们,他说我一看便认得出,你们是中国人,但不是香港来的,也不是台湾来的,一定是大陆来的,因为你们态度和举止,都表现出有道德品质,这点和那两地来的人不同。

自然我们也请教他尊姓大名,原来他是日航泰国线的一个业务处长,自然见过不少中国人,能细致区别各地中国人的特征,既然是航空公司的,我想他自然懂得英语,便试用英语与他谈话,这下不必塚本先生翻译,我们就直接谈起来了。他问起我语言上有否困难,我说没有,他告诉我说,他发生过一件可笑的事,一次去香港,在一家中国饭店里,老板虽是中国人,却不会说中国话,只会说法国话,他又不会说法国话,那人又不懂英语,几乎闹成僵局,最后,还是他想出办法,写了一个"饭"字,这下大家懂了,中日两国,汉字是通的……

吃完"烧鸟",肚子不饱,又去吉野家小餐,出来看了一下东京高楼,顶层上大圆的转厅(据说每分钟转一周),其实这样的设想我在1965年便设计过,当时所谓"红化"计划,在陈再道司令(时任武汉军区司令员)的命令下,我提出在龟山上做一个百米的钢塔,中国式,中间七层和上面一个玻璃大厅全部可以用低速绕塔旋转(图7-1-22),那些年头什么设想都不过是空话,不能实现的构思实在太多了,今后仍然还会有。

今天上午未出去,在宿舍中将冰箱内所剩鸡肉、虾仁、肉和特意冻的豆腐烧了菜,早中两餐合着吃,下午赴塚本家拜会其老母亲(不过54岁),1964年他们全家由中国回日本,其父是大连师范学院的讲师,其母在学院教材科工作。

他们家住的足立区在东京的东北角。由住地附近筑地站起,坐地铁日比谷线经八丁堀,茅场

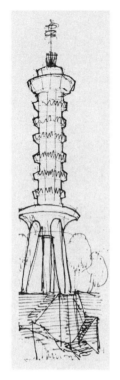

图 7-1-22

町……千叶原、上野到北千住，出地下，转入地上，到西新井。他家住的是公家盖的集体宿舍，一个单元 flat（图 7-1-23），面积并不大，平面布置如图，一间客室，是原来的小客室和厨房合并起来的，合起来面积不过 10 个多一点的平方米，满铺地毯，五座沙发，两个藤靠椅（在日本制作精巧，价钱也贵），20 英寸彩色电视机，书架……房租 3.5 万一月。老塚本先生开了一家塚本事务所，做中、俄文翻译工作，月入 30 万元，这是一个薪水阶层的家庭，夫妇两人，有 4 个小孩，现在当然好了，孩子都独立了，可是当年初回国时，孩子都小，大孩子还在读初中，这 30 万元维持六口之家，恐怕也不容易。在日本，可以分期付款，国家贷款，东西好买，因此这一般的生活水平也还算是不错的。国内一个家庭，即拿设计处而言，有一间半、二间、三间，然而房子里家具不齐，并且包括了不少破烂，如阳台上的煤球、木柴、破瓶子、橘子皮、竹床……总是弄不好的。这里家家用很干净的煤气、煤气灶上还有抽风设备，房子里便很干净。他母亲是东北人，不愿入日本籍，因此仍是一个华侨。对国内的问题，因为每年或隔年回家一次（有老母和两个弟弟）因此十分熟悉，我们也就得坦率地交换对"文化大革命"的看法，自 3 时谈到 6 时，其间招待我们吃了西点、水果（小葡萄）、改良种香瓜和枇杷，这些都是日本引进的品种予以改良而得，葡萄粒仅 5 至 10 毫米径，密集无籽，中等甜度，枇杷理应不是时候，但现已有，味并不太甜，香瓜则是江浙一带白雪团的改良品种，大小类似，可是肉厚几乎是二倍，甜度亦为中等。日本的水果培栽是不错的，可是极大程度上注意外形色彩，而相对甜蜜程度不及我国同品种的名产。

告辞出来，其母送到路口，异国遇同胞，临行时当再去辞行。

（图 7-1-24），此系地下铁中所见一日本妇女，画得不像。

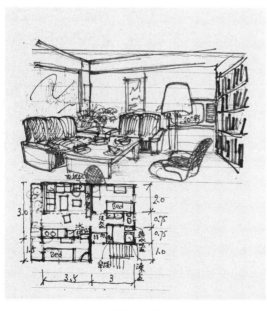

图 7-1-23

图 7-1-24

6月1日

今天星期日,上午无活动,把筑地大岛ピル八楼住处的布置和设备记录下来,房间的布置如图:(图7-1-25,图7-1-26)ToShiBa(东芝)洗衣机(图7-1-27),外形尺寸710×410×971,重量22 kg,外薄铁皮内薄塑料,电压100 V,洗衣容量2.0—0.8千克,耗电量50 Hz,230—220 W,60 Hz,205—190 W。

极有意思的是热水器(图7-1-28),尺寸不大,挂在墙上,通以煤气和冷水,点火后可以调节火量,并调节水的冷热度,立即可得不同程度的热水和开水,调节热开水的开关,同时是调节煤气火大小和进冷水大小,热水和开水,立即源源可得,此与洗澡盆边上的热水器是同样的原理,但出热水的道路多一些(图7-1-29)。

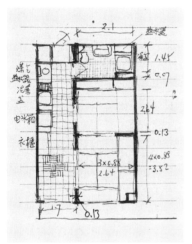

图7-1-25

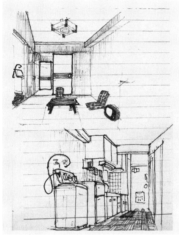

图7-1-26

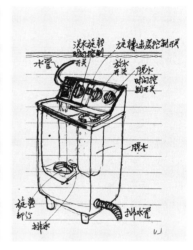

图7-1-27

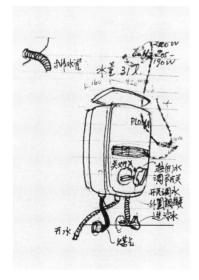

图7-1-28

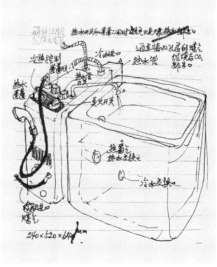

图7-1-29

写到此间，塚本来，因部翻译小黄（志魁）与部铁路医院代表团来日本，青柳先生今天请他约我们一起去，即换装赴新宿。

他们代表团住新宿某饭店，名已忘，在楼下会客室面见小黄。

同在的有铁路代表团某人及部外事局王副局长的姑娘，她通过日中友协关系，住在日本朋友家中（免费）学日文而预备在日本考大学，全部日本味，可惜见了自己同胞，还不如日本的友好人士。

午餐在新宿ルミネ（LUMINE，日本著名百货公司）大楼七层上的长谷川饭店，日本式的格座里吃天妇罗。

我们在日本的情况，向小黄谈了一下，请他回去代汇报，他下午1时左右有事，吃完饭，青柳先生带我们去新宿明治神宫一游，明治神宫读音为 Meiji Jin Gu，汉音也。

这是1912年明治天皇死后，葬于此并建的享殿，二次世界大战时焚于火，1958年重建，因此殿宇犹新。

绿树森森，游人肃静，在新宿周围高楼林立，汽车如织的环境下保持着一片寂静野趣的地方，真是妙极，明治对日本是一个转折点，其对外的政策有其局限，亦引起了清代不少有志之志，甚至包括光绪在内也掀起了一个维新运动，成与败，有一定的历史条件，这里也不作详论。

从建筑的角度说，我看整个造型，仍为唐代建筑，尤其是斗拱，除柱上斗拱外，明间只有一斗与直柱或复盆之外无，斗拱材料全部用楠木。神殿最后的大殿是进不去的，在大殿前一诸开间门口都用木格面的木柜拦住，信仰者投入百日元，合掌，垂首，默祷。再抬头，三击掌，完成仪式。我仔细观察，大殿诸柱和楣梁上，密布着短条，短条上乱七八糟的凹痕，一如斧所剁，并且只有朝天井的那一方面有，另一面便没有。可惜未带相机，但有机会再来一次，好好地拍几张相。

从本殿出来，转入御苑，特别去看一下花菖蒲，这里集中了150种菖蒲花，名称各不相同，但绝大部分是汉名，如王昭君、墨云……这是御苑的特点，也是明治的皇后昭宪的爱好。在封建时某些个人的爱好，一时耗费大量的人力物力，可是后世能蒙其利，如隋炀帝的通汴渠，唐代称之为一代之利。御苑菖蒲不足以引起耗费极大钱财的事，从花卉培养来说集中一类花种达一百五十种之多，未始不是美事。

御苑那边一池垂莲，远处菰蒲，树木洒合，不见湖岸，湖中锦鳞接喋，粗糙的钓鱼台，游人投饵，一如花港。

这里是真正大和民族的特色，计划在这两个半月里将来重游并摄影。

出明治神宫，为下午2时，因明日将旅行，早回宿舍休息，记此。

6月2日

上午到下午4时，由青柳、森田、梶村三先生介绍此次参观的日程安排和参观项目的具体内容中的技术问题。并看了一部电影，英国的 *Forth Rood Bridge*（途径福斯路大桥）。白天介绍结束后，回宿舍，整理一下，整装待发，先打东西准备好，拿下楼，在大楼门口候塚本，坐 Taxi 到车站，青柳先生已在候车室。

东京车站是一幢高层的玻璃大厦，处于周围大厦之中，所乘乃是在来线（普通铁路）到大分的客车。卧铺，客车卧铺共分A级和B级，A级是为包厢，B级又分三种，我们所坐乃B级中的最高级，四人一格,一如软席卧铺,但未隔成室(图7-1-30)。

在车上吃的是"弁当"。罐装阿波罗啤酒。

这条铁路是在来线,即普通线,轨距才一米多一些,可是车辆宽度亦有三米,特别是摇晃十分厉害,这和线路的养护也有关,晚间睡觉和国内船上新的二等舱一样,可以把布幕遮住全部睡位。所惜摇得太厉害,一夜未睡好,也可以说影响全程的精神,因为自此之后,便天天紧张地来去。

清晨6时便醒了起来,车已近广岛。一路车厢之外,风景并无突出之点,可是农村房子,喜欢用民族形式的屋顶,往往是二重檐,歇山

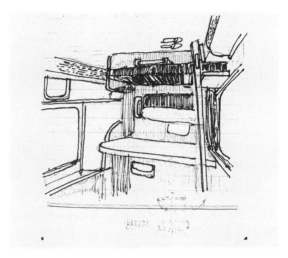

图7-1-30

顶,瓦是黄、蓝、绿和一般的黑陶瓦,近代的大窗户,总之是喜欢用彩色的(每座房屋是一色)。

广岛现仍是高楼林立,市街繁荣,第一颗原子弹爆炸到今天已经有了三十五年,地上痕迹虽已抹掉,可是在思想上总是抹不掉,我们初到东京第二天上街便遇到纪念活动。

6月3日

早晨火车到了新下关车站。出站坐Taxi到下关关门桥的"日本道路公团,福冈管理局,下关管理事务所",所长滨田直先生接见。

日本的机关单位看来都是类似形态,头头一人一间大办公室,半间会客,而招待服务全部都是女青年,或穿公司单位制服,或穿高跟鞋、烫发口红等等。这是第一站,自然不例外。在接谈期间,又进来了副所长贝岛正尚先生及一位技术人员。由青柳先生代我们介绍。

滨田先生介绍了一下关门桥的情况。

因为我们是技术人员,他认为虽是国宾,理应按安全规定不上桥塔,但是技术人员,所里安排上桥塔参观。

我们全部穿上劳动服上衣,带上安全帽手套,坐车到关门桥桥头,边孔锚锭墩处,从门口入内参观了锚锭装置,这是第一次正式看见吊桥的锚锭,锚锭墩上,有很大的空间构成内室(图7-1-31)。钢索在锚锭入口处密封防雨外,到了锚墩之内,分散到锚锭拉杆,此时除了钢丝原镀锌之外,

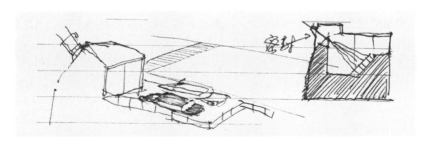

图7-1-31

不作任何保护处理。内部较暗，请青柳先生用闪光照的相。

关门桥上层公路，下层现空着，预备将来发展。所以桥台内已预做好车道位置，发展时备用。沿着公路而下，加劲横桁下缘的检查道向吊塔行进。关门的桥面，吸收了若户大桥桥面裂缝的经验，采用了格子梁，钢板底，中填轻砼的分块方法，据说取得成功。

经检查道走到吊塔的路面下横梁处，进入钢吊塔横梁折入两边塔柱，柱底宽7.2米，顶宽4.2米，平均约5.7米宽，断面上布置成半格走梯半格小电梯，小电梯只能容纳四人，举手投足都十分困难。我建议青柳先生，何不用英国雪纹桥式，塔柱中空间开朗，并且一柱电梯，一柱走梯，也觉舒适些。到塔顶横梁上俯视全桥和门关情况。

陪同参观的有日本道路公团福冈管理局下关管理事务所副所长贝岛正尚和课长前园睦郎。他们告知一些关门的桥梁和隧道情况。关门桥建成后曾遇大风，没有什么扭转震动，倒是在39米/秒的风速（已达12级台风）下，桥中心横向摆动50 cm。照相数帧。从原路回来，我们大家都已出来上车，老李不见，立即又下桥台找他。他在台内迷了路，已来回三次"救"了他上来。回事务所，所长滨田直先生客气一番，摄影留念。搭新干线火车，在火车上吃的饭。河豚（globe fish），下关名产。

图7-1-32

道路公团汽车送我们到下关车站，立即搭火车向回头走到福山，住在福山的东武饭店。单人房住价4 000—4 500日元。以上记错，由福山到尾道看了E线之后再回的福山。

东武是一家大公司，办了交通、旅馆等事业。东京涉谷，高轮，也有其大楼，其所印高轮东武旅馆的广告本，浮世绘东海道的当年情况和日本式花园的中庭照片，甚佳，剪贴于此。（图7-1-32）

到旅馆为时已不早，因一天未睡好，人已很疲劳。青柳先生带我们去福山的三之丸町"小鱼阿き珍"吃饭，日本式，生啤酒下肚，精神慢慢恢复，畅叙甚欢，可惜所吃什么东西都已记不起来，以后诸餐，青柳先生常换地方口味，且亦作了记录，可以无忘矣。

3日下午从福山出发至尾道，到本州四国边络桥公团第三建设局访其局长冲中浩一郎先生，派了第三建设局向岛工事事务所第三工事长长已正明先生陪同坐车去看因岛大桥。

因岛大桥的下部结构都已完成。吊塔亦已立起，锚墩做好，现在正停工，工地一片安静气氛，看不见工人，场地整理都很清洁，在这里只学到了吊塔未架索前，在风力作用下振幅比较厉害，约1米，两岸采取了消能措施，因风力两岸不同，其措施也不同，风力较大侧用了液压阻尼器。

关门桥的锚锭钢杆前有横梁，因岛桥的锚锭钢杆前无横梁，我问青柳先生，认为这样要产生偏心，青柳说已考虑进去。

由于制造安装产生的偏心，可是后来到大鸣门桥，又改回来了，仍有横梁以抵抗可能产生的偏心弯矩。

因岛，生口岛，大山岛，伯方岛，大岛一线是本四的E线。

大三岛桥已完工，是一座297米的双铰钢拱又带系杆的建筑结构，构成二次超静定，惜没有时间,未能去成。

由尾道赶回福山,住东武饭店,到"小鱼阿き珍"吃饭。

6月4日

清晨,由福山坐火车到冈山。

访本四连砼桥公团第二建设局,局长不在家,由计划课课长古田富夫及越智胜先生介绍,并由儿岛工事事务所所长驹田敬一工事长石田博文先生陪同驱车赴儿岛工事事务所。

这一条线是本四的D线,其B、C二线亦在其附近,虽然C线距离最短,但水面到海底岩层深百米,施工困难,所以否定了。

这一线上桥梁最多,内容亦丰富。

下津井濑户大桥,940米主跨吊桥,这是回长大桥将学习的桥梁。

柜石岛桥和岩里岛桥,原设计为伸臂梁,现将改为400米主孔的斜拉桥。北备濑户和南备濑是二联吊桥,一如旧金山奥克兰桥,但跨度较大有990米,长1 100米,且是公铁两用,诸桥都有模型,拍照记下。从冈山到儿岛事务所,绕山而行,风景优美,原来这里是国立濑户内海公园,鹫羽山是公园的发祥地,在鹫羽山公园看了下津井桥址和远处诸岛,四国隐隐在后,拍了多张彩色照。

一路上看到一座房子(图7-1-33),头朝下脚朝上,好像是整个房子搬家时不小心翻的个儿,事实上却是某个建筑师玩的花样。在儿岛某西餐馆(图7-1-34)吃饭,由二建设局请客。

图7-1-33

图7-1-34

从儿岛岸边上船,由坂出工事事务所长杉田秀夫陪同,穿梭般地穿过诸岛,直趋坂出。

在海中绕磐石号自升式平台一周,原来备濑户桥基础施工是平整海底下放开口沉井法,用磐石号来钻孔,这样的基础施工方法我是早就知道了,亲临其境,不过是印象更深一些便是了。

在坂出岸边码头上,看了片石压浆法的液压提管器和测深设备,"世纪"水泥砂浆压浆船,砼锚,潜水船二备濑桥之间的大锚墩的模型。因参观地方特多,问得也多,已到6时,杉田先生始终陪着解释,又去看了他们的情报管理室,实际上乃是海边为了保证航运安全的调度室,日本电子工业发达,故压浆船全部由中央电子计算机控制,情报室亦电子化,全工事和市由共数十只电话,全部不必拨号,按钮通话。

从坂出出来,本四公团派汽车送到高松,坂出在四国之北,高松在四国之东,晚宿高松

Takametzu Plaza Hotel（高松广场饭店），九楼，住二人室（一人独住），晚在十楼餐厅吃饭，青柳请客喝宫内厅御用达品葡萄酒，J. J. Mortier（法国）Graves Sec（淡白葡萄酒），味若青梅，下酒菜是Salmon Steak（鲑鱼排，即马哈鱼），这是高松濑户内海的产品，此酒此鱼乃此间名菜。（高松市较小，高房少，但很有些名胜，据说栗林公园风景甚好。）

6月5日

清晨，由高松坐公共汽车赴鸣门。到了鸣门市下车，换乘Taxi过小鸣门桥到大毛岛的本四连络桥公团第一建设局会见鸣门工事事务所所长远藤武夫。

由鸣门工事事务所工务技术课长富冈紘、第一工事长山口浩二及长大桥工事事务所一位技术人员陪同，去参观了大鸣门桥。

该桥正在施工锚锭的桥台，塔墩已完工。墩为八根φ4米柱及一根φ7米柱的"多柱式桥打墩"，我在国内亦早有报道。

因为我已将所写《国内外桥梁基础》一文送西田及青柳，青柳在路上说该文他已读，至少能看懂一半，说我的知识广博，惜印刷不好，以后如有文章，可由他在日本发表。

看了桥墩，所得印象是日本的砼工作做得光洁准确，原来全部用钢模，并且施工机械化程度高，工地人少，可是质量好，所谓"人海战术"是不如人的用法。

在大鸣门桥头，绕诸山的鸣门公园汽车上下一大圈，照了几座峡谷桥照片。又回到鸣门桥后山顶公园，巧遇石田先生。从鸣门桥回来，一建设局汽车送我们到鸣门市内。

八仙阁餐馆午餐，中国料理，吃了一碗广东面和饺子，一升啤酒。

饭后坐公共汽车由鸣门去德岛。沿途走海边，风景亦美，海与山的关系最美的还数鸣门附近，此间亦属濑户内海公园，山峦重叠港湾出没，盘山而行较之鹫羽山更美，在鹫羽山时，我向青柳先生吟白居易"海外有仙山"之句，看来鸣门更好。

在高松候公共汽车时，见路间绿化岛上很多穿蓝衣裙高跟鞋的年轻姑娘在扫树下草间落叶，我用青柳先生的广角镜照了一张，以为她们是清道的清洁员，塚本说她们是路那边银行职员，在做义务劳动。这也就够有意思了。

到德岛末广桥下，原以为先参观末广桥，因时间不早，买3时的水翼船，立即动身去神户（图7-1-35）。

船行约2小时50分钟，在船中正是个休息的好机会。水翼船开行速度较快，但船左右侧倾如飞机之在气流之中，船中正好休息，五人分坐五角，打起瞌睡，塚本先生一一拍照，照到我时，我已醒了，仍以睡的姿态，睁着眼照了一张。本四联络线的参观，到此结束。

5日下午抵神户。

神户港湾吊机林立，但看到的外洋船舶却并不算太多，一上码头，便见一钢管做的塔，

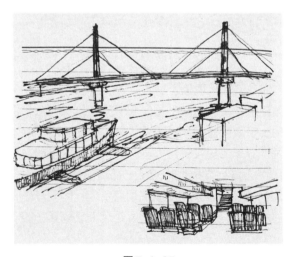

图7-1-35

是神户港的标志。青柳指给我看，我说这是
Hyperbola Parabola Connection.（双曲线抛物
线建设）他说是的，每杆都是直的。我告诉他
这一设计原则，在桥梁上也有应用，他们（包括
梶村，他后来也来神户）都不知道，我举三个例
子，一是 Nervi 的桥柱，二是 Ruck a chuk 桥吊索
以及有位英国人提出的预应力梁。（图7-1-36）

上得神户港，便住塔旁旅馆。时已下午6
时，上街，穿过高桥，去找地方吃晚饭。

在称为"松屋"的一家日本饭店吃饭，这
是大众化的地方，墙上及吊顶上挂满了菜单。
价都不太高，男服务员身穿日本式对襟衣，领
口上是"福寿长"字号，我原以为店名福寿长，
实则不然，是酒名，看来这件号衣，又是酒商
发的。

这里在海边，海产较多，青柳先生点了不少
生菜，如生赤贝、生岛贝、生鲷鱼片和一砂锅熟
的 Asari，贝类，其肉状像蛏，但是壳是长圆的，
味甚美。

图7-1-36

席间，我告他们中国也生吃海味或水产，如蛤（Hama Guri）、虾（EBI）、蟹（Kani）（醋或酱油泡），
这些日文音注，都是青柳所记。

晚间无事，出饭馆后逛一下神户的市场，大城市到处都热闹，难以细致区分。回旅社，洗澡看
电视，睡觉。

6月6日

晨起，在旅馆早餐，赴神户贸易大楼拜会一下本四建设公团第一建设局局长大岛久，以尽感谢
之意。在他的办公室，隔着大玻璃窗可以看见神户桥。和局长见过一面，出来即在同一大楼去访
青柳先生的朋友，他在神户市港务局工作。逢他出去，未遇。在贸易大楼楼下门口照相留念。

从一建局出来到神户市港湾局，会见了其技术部工事课设计系长凑照夫等一行，在他们的办
公室介绍了一番。

当我们刚到神户港湾局时，梶村先生等在门口。事后知道，在神户、大阪之所以能由地方部门
招待参观很多桥梁，原因在于梶村先生是神户大学毕业的，到处都是他同学，靠这关系造成很多
方便。

神户港湾局专门派了汽艇，艇名"大和田"，事后陪同的神户港设计者丰田先生告知耿飚同志
和邓副主席都坐了此船游览过，所以当我一上船，看见桌上插着三面小旗，日本国旗、中国国旗和
神户港旗，感觉到很奇怪，何以对我们如此隆重，原来这是他们船上现成的，中国客人一来，自然便
用上了。在船上，一路由丰田先生在船上会议室黑板上画图，用话筒介绍，时而上甲板面看桥。绕

着神户大桥、摩耶川第一、第二桥和六甲大桥看了一圈，他们的一位年轻技术人员能讲英语，自较方便。

神户桥之所以有三个拱肋，原来在神户新桥的另一侧，又新建了一座通新交通系统的桥梁，是伸臂梁，悬孔部分是单片拱肋和箱梁，也适合也不完全适合。我和青柳说："It is very difficult to match the new one to the old one（旧的很难和新的连上）."建筑上处理得非常恰当是十分困难的，桥于今年才建成，因此我还不知道。回来到码头，上岸吃午饭，即在塔中吃了一碗面。饭后由梶村先生陪同坐出租汽车从岸上参观一下神户桥和摩耶桥。神户桥较为壮观，摩耶老桥是单片的斜拉桥，闭锁钢丝索。每边单线，看来路面太窄。新桥虽为钢箱梁，支点处梁高七米，栏杆亦做成砼实体的，显得十分笨重。总的说来其引桥桥墩既笨且粗，并不轻巧，为 hammer 式墩或框架。

下午3时到三菱重工神户造船所钢结构厂参观。青柳先生在那里等着。

由其铁构部工务系长石田英司，带了其首干营业课的木下雅夫国贞贡专管制造的次长河井清和专管设计的中野雄太先生陪同，在会议室给了些资料，作了介绍，到现场去看了正在制造中的大阪大和川桥 355 米跨径的斜拉吊索桥（最大板厚 53 mm）。

青柳先生特向他们介绍我会说英语，单独由河井清和先生陪同讲解，他才从匈牙利和南斯拉夫回来，到那里是为了承接两国一个水利工程的钢结构任务，李、马由别人陪同，塚本翻译。三菱所制钢梁平整干净，电焊处也清清楚楚、光光溜溜，桥工地从横向全部用高强螺栓，纵向搭接，横向拼接，搭接者一边钻孔后焊合，另一边试拼时套钻，拼接者主梁钻孔后焊合，拼接后再送工地安装。

河井先生（不过46岁）英文讲得不错，又带我们看了焊一百多毫米板厚的自动电焊（走32道）及其制造潜艇、火箭、原子能反应堆各部门，所有钢板都是焰割，可割到150毫米，三个主要因素控制氧割，那就是氧要纯（到99.999%）、喷嘴要好和操作的控制（计算机），我们能割到 80 mm 厚已算不错的了。

河井说，他们的生产量现在月产七千吨，是因为造船不景气，减了产，我们山海关厂年产到过三万，当然及不上人家。

三菱公司是垄断资本家所开，规模也大，手面也阔，一般单位招待为清茶，他们是可乐和汽水，临走送每人（我们三人）一根领带，红色锦缎，碎黄花，隐花是 Kobe（神户）三菱标志，公司随处都不忘做广告。

从三菱出来赴旅馆取行李（三菱派的车）又到六甲桥一观。

六甲桥下层已通汽车，上层未通。到公路面一看，钢结构亦是工地高强螺栓拼接，量了一下，梳形板面到最低，桥面约六十毫米，路面的铺面较厚。

三菱车送我们到神户车站，坐电车到大阪。

出大阪车站，沿御堂筋坐 Taxi 到旅馆。所谓御堂，在车上看到了原来是个庙宇，有南御堂、北御堂二所，筋者大道之谓也。

这一条"筋"布局和国内的大道差不多，中间有四（六）车道，再是绿化带，种了很多树木，再是各二车道的慢车道和人行道，青柳说，这是日本最宽的一条路。

住长堀桥的 A-K 旅馆，连日晚间，总是饮啤酒、日本白酒，尝异味，当晚在一家日本铺子晚餐，惜已忘了何处何物。

6月7日

清晨,会合后访阪神高速道路公团,会见了工务课次长河井章好,设计课课长江见晋。在他们的办公室内介绍了一下大阪港情况。大阪市内的道路桥梁有不少,据说大阪八百八桥,八百八町。后来大阪的桥保存了七百九十,现在恐怕又在发展。

道路在海边沿着海推进,和神户差不多,即要跨港湾、联岛屿,这湾岸道路和本四联络线相接。湾岸线中有港大桥和大和川桥(即我们到三菱去参观的那座),还有计划中的长645米的安治川桥(港大桥钢支座下连钢架,此钢架即打在支承垫石之中)。

为我们放了港大桥电影30分钟。

大阪港造桥的特点是地基很软,故桥和联络线栈桥上下部都用钢。

从阪神出发,由他们派车,每人都换上安全帽、手套,去到桥工地。

先到港大,桥头的公园布置别具一格,高低不一,花木一区。在桥下公园里有碑记和一个最大钢箱形的截面。日本钢桥的箱形截面宽都较我们为宽,桥看起来较雄壮。

从港大桥转向大和川桥,桥和河流成30°角,所以不宽的一条河,桥长达653米,中孔为355米的钢斜拉桥。

目前已完工1号墩、3号墩、4号墩,2号墩正在抽水后打墩台。

两岸都在开始钢梁安装,因为桥墩完工情况不一样,一岸是双伸臂安装,一岸是架单伸臂。

工地上处处用钢,钢栈桥、钢脚手、钢模板、钢扶梯,斜拉桥的细节看到不少,拍了些照片,在端孔端支点(图7-1-37)在安装过程中有:① 临时支座,② 负反力拉杆,③ 永久的中心支座,在这支座上空了一块东西未垫,我问垫什么东西,一说是黄铜板,又说是专利,看来也不过是Teflon之流的滑动支承板而已。到二号墩施工中的墩位一观,实地看到了"钢管矢板井筒",感慨系之,青柳已读我的文章,知道我在

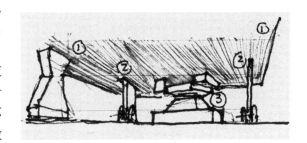

图7-1-37

二十多年前便提过这一方案,此时称"you are excellent(您非常棒)"。

我用英语问现场日本工程技术人员两个技术问题,一是二锁口管中间是否填东西,如何填?他们说填水泥砂加膨润土,用一面射水清孔,再压浆的方法,压浆管径约25 m/m。

日本的正在施工的工地上,比较干净和整洁,人不多,无东西乱丢乱放的现象,甚记得当年在701(湖北枝城长江大桥)工地我这知识分子,带了十多个农村青年临时工,专门替我们的工人老大哥们捡乱丢的材料和配件,当年曾和那时的处党委员、老工人提过看法,可是至今依旧,这真难哉!

工地回阪神高速道路公团办公室,还了安全帽告别。已是中午,天开始有些小雨。在一家和式馆中吃饭,进门门口,一位身穿和服的半老徐娘,风韵尚在,招呼服务人员招待顾客,估计那是老板娘,中午简单地吃了碗面,出门下大雨,幸折叠伞都带在身边,转地下铁回旅馆。

下午原拟参观一下大阪的名胜,雨下较大,休息在房中看看电视。

梶村先生先期赴京都,预约出租汽车游览故迹,剩下我们一行五人。

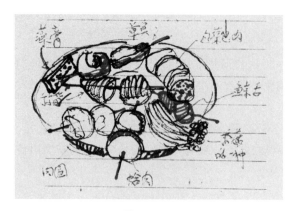

图7-1-38

晚间因雨，青柳建议转入地下，在梅田的地下街游览。在一家据说是日本有名的店铺叫"章鱼梅"的小饭馆吃饭。特别在于，他家的东西都是串的或煮的，一个大食品锅，长方形，满满地煮在一锅，犹如城隍庙里吃双挡油豆腐嵌肉一样。但锅内种类繁多，共每人吃了两盘，合并起来，画在一起（图7-1-38）。除了肉做的以外，味都不错。另要一碗鱼松盖蒸茄子。

日本啤酒分三种牌子，一是"旭"，一为"麒麟"，一为"札幌"，当日所喝乃"旭"牌。

在大阪地下街游玩时，青柳又买了一包糖炒板栗，广告是中国湖南良乡名产，我和老板娘说我是中国人，这不是"湖南"乃是"河北"，可能根本未听懂。

出地下街下雨，回来后便在旅舍门厅的休息室饮咖啡，吃剩下的板栗。因为下午青柳来我房谈起日本的杜鹃花，该花从我们到日本起迄今，仍在盛开，家屋庭院、公园、行道绿化带阳台上、车站，处处都有，英文名 Qraria，日文名 Sa Tzu Ru。从杜鹃花谈到杜鹃鸟。

谈到唐诗，青柳甚爱汉字，要我写一首有关杜鹃的唐诗，白天未记起，喝咖啡时写了唐李商隐《锦瑟》诗，中有一句"望帝乡心托杜鹃"，青柳说将来要准备纸笔让我写下。

照些相，时间不早，各自休息。

晚间看电视。

6月8日

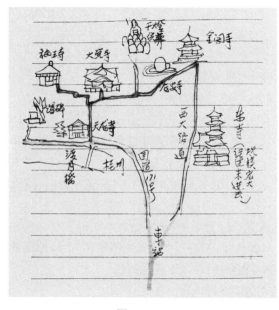

图7-1-39

晨由大阪坐电车到京都，路上约一小时，到京都的车站，天仍微雨，但有些转阴的味道。不到半刻，梶村先生坐一辆 Taxi 并带了一辆 Taxi 来。因我和青柳、梶村先生可以直接谈英语，故坐一辆，梶村先生坐前座，李、马、塚本一辆，8日全部是游览节目，没有学习任务。京都是日本故都之一，名胜古迹密布，高楼大厦较少。城市较安静，寺院之多，实可惊人。我们只有5个小时的时间，便按梶村先生和出租汽车司机选定的路线进行参观，重点是日本的园林，而不是日本的古迹，但是园林和古建是脱离不开的，也看到了不少古建。主要的路线是（图7-1-39）。

从车站沿国道171号跨过桂川，又沿着桂川向岚山进发。青柳说岚山名

ARASHIYAMA。首先到达的是一座古桥，名为渡月桥（图7-1-40）。这可能是我们宋时代的木桥，木梁木柱桥现在已经换上砼柱，在桥下，碧水长流，浅滩层起，游人在河里穿着皮裤钓鱼，两岸青山绿树，风景甚为优美。桂川中盛产鲇鱼，日本又叫香鱼。这里风景美，周总理学生时代曾二度来游，都在雨中，留下诗一首，现在刻存在岚山的龟山公园中。在渡月桥头照得一相，即前往诗碑。

图7-1-40

诗碑在山之半中，绿荫洒合。日本的所谓碑，从来都喜欢采用自然的山石，略加琢磨，刻字而成。此碑亦不例外，总理诗是廖承志所书，日中建交后立石，全诗已照相下来，待录。在诗碑左方，这次华主席来，手植樱花一树。我们在二者之前都摄影留念，这是极为难得的。

人生终有一死，总理一生，海内外景仰，生前死后，万古同悲。人心似水，载覆之间，决非强权可以左右，作为同时代人，在数十年时间里亲自见闻其行事。"伊吕萧曹未足论"，在海外得见日本朋友纪念他，这帧照片，可以作为终身纪念甚至传家之宝了。

第三个游览的地方是天龙寺。

天龙寺的详细说明见说明书。（图7-1-41）

出租汽车司机，除了开车之外，兼作讲解。侃侃而谈，有些未经翻译，听不太懂。天龙寺后的花园是日本式庭院，日本式的庭院在室内欣赏别有情趣。当把纸门微开，自然成一条幅。把纸门全开，画面又成横幅，取舍之间自然成趣。日本的和式居处和庙宇都是脱鞋穿拖鞋游览，因此庭院虽在屋外，却不能下去，仍需转回门口，穿鞋再从别道而入。

综观我们日本此行，有很遗憾之处乃是樱花已谢，又不能住到白露丹枫。所幸杜鹃犹盛，紫色绣球始开，花事尚在，仅不及樱花的茂盛。

在天龙寺花园，青柳买了两包鱼食分给大家引鱼，花港观鱼，国内外都是相似的。

天龙寺出来到祇王寺，若从中国的称呼，似应称为祇王庵，因为在此出家的，原是当年祇王两个舞女，宠儿，翠袖蛾眉，由妒生悟，归入空门。佛说"色即是空，空即是色"，在日本倒是仍有很多人信佛，但是世间之事，绝没有从小就悟，亦不会一失败就悟（应解作灰心），所以这色空在日本社会上仍是空不了。我们参观这里，只欣赏它的幽深，竹林深处那是"凤尾森森龙吟细细"，满林树下不见日光，苍苔青润，遗世独居倒是选到了一个很好的地方。（图7-1-42）

草庵一舍，内供五个僧尼像，日本善男信女们盘膝默祷，自有一番虔诚之意。

大觉寺是一千一百余年前日本嵯峨天皇的离宫，气势

图7-1-41

图7-1-42

完全不同。从古建筑的观点来看，接近于我国的唐代，恐怕大部是唐风，令人深深地追思到大明宫、昭阳殿之属，宫殿是古代建筑物的结晶，作为皇宫，不过是帝王掠夺劳动人民的劳动成果。若归之于民，则劳动人民的艺术创造自然是人类的宝贵遗产。这也是日本将之归为特别保护建筑物的原因。

进门布局就不一样，一洗祇王寺幽深的情调，开畅、明快，照一二张相接起来才能表达（无广角镜）。

进得大门（玄关），顺着路线图一路在屋外的廊下（恐怕不是这一名称，待询后填）流连，拍了不少照片。这儿如外国人来游我国的故宫，但是我觉得作为宸殿这里不及故宫的气派；作为御苑，这里胜似故宫东西路的四合院；作为园林，壮美虽然不及颐和园，但是别具情调。宫墙上面有五条横白线，是御用的标志，可是这也不过是一些象征性而已。

时代的变化，艺术还给人民，也不会重演森严禁闭，叱咤风云的时代。

中日两国文化交往，日本受中国文化影响之深，"礼失而求诸野"，有些唐代遗风，在日本还能深深地感觉到。

大觉寺边上是大泽池（洞庭，大泽也），按照文字说明是模仿中国洞庭湖而造，洞庭的气派在浩浩荡荡、横无际涯，一池之水是学不到的，所以湖上风景并不太可取。说这是日本最古的庭园，那倒是有纪念的价值。

不知什么原因，此行选择了日本典型的墓场，念佛寺。

这个寺主要供的是地藏。从佛教经义，地藏是专门管理幽界，即地底下的总头目，十殿阎王，是他的行政官员的小幽灵，小小一间像土地庙一样的地方（高较土地庙高）。一尊约高六十厘米的坐像香烛供奉，烧香者在地藏座前一个小水池中，把一匙冷水浇在地藏的手上或从头浇下，这岂不是"醍醐灌顶"？浇了凉水，菩萨醒来，便会听祷告。惊醒菩萨看来已有三种方式，一是摇铃，二是拍掌，第三却是浇凉水。在大阪我曾和青柳与塚本说，时代进步了，惊醒菩萨的方式也可以电气化，塚本说，菩萨不懂现代技术，我说那若你求他赐你一辆汽车，他也弄不懂。

反正迷信是属于精神上的安慰。

这里可以说并非坏事，这是一位和尚怜悯自古以来散在附近的乱坟，无人祭奠，于是把这些孤坟集中在一起，残碑断碣，每年来一个千灯供养。拿世俗之心度之，他是想出些办法来媚俗，拿慈悲之心来度，和尚未始不是吊古悲今，立下一个海愿，或者说，这些无主孤坟大部分都是劳动人民、下层人物，那么从阶级观点来看，和尚是站在底层的一边，不过不是积极的方面，而是消极的方面。到这里也还可以看到一些日本的死后归宿，日本的墓，因现是火葬，都是一家世代一个墓穴，上面立碑为"××家"有块活的小石板可以揭开入放。

青柳先生甚为虔诚，以三炷香，祭了这千灯供养之地。

龙安寺有两样事物是其特点，龙安寺的布局如图（图7-1-43），其中在寺方丈的前面一个庭院之中,用了十五块石头堆成海外仙山。用细白石铺地,作为海的象征。游者坐在"方丈"前的木阶上,每多少时候,放一次录音带作解释。内容是说其历史,布局和形象像什么。记得我们的惠山公园,也是说有一块石头像维纳斯,或狮子林的假山,说这像那,那像这,总之作些形式类比,然而不是形象思维。石块共十五,数之为十四,因为一块在观众的那边。

图7-1-43

日本是一岛国,对岛的布局甚有兴趣。方丈遗世独立,念念不忘全岛,别出心裁在庭院之中,布置这海岛的沙盘,可观而不可游,好像一只大盆景,这又是日本园林的另一面。

在方丈的后院,有一块石头刻成钱形,方孔之内积水,钱初看似为"五佳矢止"。实际每字都和孔方兄联起来,便是"吾唯知足",所以进门有横幅,大书"知足"两字。

为人需知足,知足而常乐,这是格言。拿我们或我的观点,知足是有一定范围,工作的成绩不能知足,生活的要求要有知足,可是很多事是不知足也得知足,这也就是知足,对于资本主义社会恐怕这"知足"二字也是极难处理。我向青柳说这钱的意义是If you have so large a coin, you might be satisfied. 你假如有了这么大一个钱,那你就知足了。他说I can't put it in my pocket. 这么大的钱连口袋里都放不下,打趣一番,绕寺一周,沿镜容池边走出山门。池中水分石上,两只カソ(罐头)呆看,青柳用广角镜拍下。

在京都的最后一处,我们游了金阁寺,寺的说明详见说明书。木结构上洒金或可说是贴金箔,富贵气逼人,不过庭园格局很好。(图7-1-44)

大概是在这里,小溪之上,树叶上结着两个大泡沫堆,说是一类青蛙的巢,产卵后掉下溪中,变为蝌蚪,这又是一种特别方式。

庭园是宜于晨昏相处,四季相随,幽深人静,静玩默记,如今走马看花,一日看尽。再来不易。老去林泉之乐,对于我们这一代人是难能得到的了。

此行告一段落。下午3时左右坐新干线回东京,在东京站地下街吃了一餐。

6月9日

上午上班,即由柴田先生讲地震规程。

图7-1-44

6月10日

由柴田先生及友泽武昭先生（戴眼镜，留长发的青年人。假如在国内，一定会误会。然而此人无论技术上造诣还是对中国人的感情都深）讲地震应答的理论。友泽先生年仅36，下午讲完后说很愿意和我们共进一餐。晚间出去，在公司附近一家铺子，有柴田、友泽、林、梶村四位日本朋友与我们三人，各饮啤酒一至二升，弄些下酒菜，用英、日文畅谈。大家交换了一些家庭生活情况，知梶村出国最多，欧洲十余国、北美、南美、东南亚都去过，年仅四十五六；柴田也去过美国；友泽年较轻，但看来理论、工作尚不错，交谈甚欢。因他们回家路远（2小时路程），铺子里出来，已是8时多。一时迷失方向，向一家面包铺的老板娘和一家杂货铺的老板问了路。

6月11日

上班。到底公司在此间较有名，一下公司里几位都知道昨天我们迷路了。

今日开始，由森田先生讲下津井桥，下班前得到通知，开发部即我们所在办公室的山口先生领导的一个社员高桥（TaKaHaShi）都子和计划部一位社员加藤先生谈上恋爱，13日结婚，开发部将欢送，也请我们参加，表示欢迎。他人每人500日元，我们自然免费。

会上大家非常热闹，都是些年轻人，喝酒、吃冷菜。

开发部一位社员某先生，二十多岁，设计了一座"天津桥"是某寺长老要求，仿的赵州桥式（无小孔）。我便和他解释天津桥的历史和命名的由来。天津桥在宋以前，隋唐之际，都是浮桥，到宋才造石拱，国内都有人误会，难怪国外且日本在桥头刻的是唐诗，当年还没有拱桥呢。

座中加藤说，他父亲曾在东北待过很久，很想再去东北玩玩，现在尚没有钱，日本人向往中国、愿去中国旅行并和中国人接近者不为少数。

到9时，拍手高呼方才散会。

会刚开始时，西田来，说起赵局长邀他8月5日—8月15日全家去中国度假。

6月12日

上课继续讲下津井桥。

下午塚本来报告一个消息，5月18日在池袋遇见的那位老太，从邮局寄来了三纸箱东西，内容有各种生活用品，计为糖、油、酱油、醋、盐、茶、毛巾、香皂（20块）、烧饭锅、茶杯（三套，以下同），有托茶坏、日本酒……这表示她对我们的关心，我查看了她的寄物标签，收件不是塚本，发件人写的是"本人"，是不愿留名，这件事便很难处，要想法找到这位老太，当面道谢。我和塚本说，这是中日友谊史上的一段佳话，将全部东西请塚本拍了彩色照，这件事尚未结束，尚得办到底。

本日又发津贴，无功受禄，但亦得受之。

塚本回来后已搬回家，但今晚仍睡我们处。

6月13日

上课继续讲下津井桥。

晚间赴大使馆汇报。六时半左右到馆遇见贺秘，在会客室谈了，李汇报三个情况，一是林邀我们去做客，二是老太送东西的事，三是西田访华，大使馆都做了积极的指示，同意去做客并托买些礼物去，老太的东西应设法找到人感谢，将来在住处回请长大桥同事，他也来参加，那是好事。

晚上在六本木一家"李家宛"高级中国料理吃饭，是扬州人"李家宛"所开，夫妇带小孩。李今年六十多，一条腿因车祸有些跛，在店堂招呼的是他们两老人，掌厨已传给小孩，李本人是厨师出身，解放时由昆明出走，受聘于日本，月入四十万左右。后来发展，现自己开店，去年全家6人（两个姑娘在香港）回国一次，估计所费不少，在日本早晨十时半开店，晚上十时关门。约十一二个小时的营业，虽是老板，也是跑堂，工作还是辛苦。因是华侨，拉他同坐（按日本规矩这是做不到的，他得站着）谈谈，谈吐之间对国家能兴旺起来的期望溢于言表，对"文化大革命"的看法，自然也极惋惜，有这么一条，难以处理，即他认为国内吃大锅饭缺乏竞争，应将政策放宽。

菜味不错，在国内厨师中亦可称上乘。生意亦可以，已9时许尚陆续有日本人来吃。

在阪出，曾要求给一张水泥砂浆船图，晚间回家，塚本已放在桌上。本四公团诸位办事实在有信用。

因在大使馆谈到林邀请我们的事，补记一下10日晚上和日本朋友们在一起谈话时的一段插曲。

林先生祖籍福建，后去台湾屏东，在台湾读完中学，后来日本读大学，得博士学位，由平井敦先生介绍在此工作，与在日华侨女子（已入日本籍）结婚，亦入日本籍。但仍保留其原籍，心向往"大陆"可是顾虑重重。席间友泽柴田等都说想去中国，我说希望你们到中国来，现在中国没有什么太先进的桥梁，但是几年之后，一定会有先进的桥梁可以请大家看看。林先生接着说，包括不包括我？这是顾虑之一，以为我们因他保留那边国籍不会邀请他，我说自然包括你。他说，那也怕有人报到那边受不了，我说那你就Cut off岂不更好。大家都笑。林写了几篇论文，送给我，我说替你在国内发表，他又有顾虑，怕那边知道，可见顾虑甚多。有机会还得好好争取大使馆的意见，也是如此。

6月14日

今日星期六，休息。

早上在宿舍写日记，整理资料。

中午12时塚本来，同赴日本桥三越本店。他母亲的一个朋友，名叫岩泽敦子，30岁，在社会党总评妇女部工作，曾随日中友好之船到北京、上海去过，在学中文，并在业余学画。塚本先生说她是才女。她的老师大山忠作在三越本店七楼三越美术馆开画展，请我们去参观。1时到三越，过半小时后岩泽来，经塚本介绍，带我们上七楼。

三越本店是东京最大的一家百货商店。全体女服务员都经过特别训练，特别讲礼貌，就如我们在家里看电视中介绍的一样，物质丰富，光彩夺目。一楼中间一个大厅，连通三层楼高，供的竟是飞金木雕满云天女的像，在那二楼还是星期六音乐会某某人演奏木琴，资本雄厚，花样翻新，全商店有冷气,临街大玻璃窗顺着淌水以绝热。电梯内有开电梯的小姐,每楼介绍什么部什么部,一共五部电梯,外面又有两位服务员,专门招呼哪个电梯到了之后的进出。当电梯已满,玻璃门已关,即将开动时,服务员在外深深向电梯鞠躬,送客上去。这已到了烦琐做作的地步。反而觉得日本姑娘为资本家几个月薪,如此卖力,殊为可怜。

因为尚未午餐,在七楼三越餐厅吃饭,人一千五百日元,价虽高,东西尚可口和能饱肚。饭毕,岩泽小姐来找,赠每人画册一册,引到展览厅参观。原来这次画展是东京附近千叶的成田山一区庙宇(新胜寺)中的光轮阁内四壁纸门上的壁画,称为"袄绘",不知道画了几年,现在画成了,即要在寺中装配,先在东京市里开个展览,这便和一般的个人书画展不同。因此在书画展室中,还布置了佛堂。还有和尚,还请了二个保镖,防人弄坏。

画本身整体来说,是日本民族画的风格。大山忠作本人又有他自己的风格,色彩之中尤其是红色之中似乎加有荧光材料。

月下樱花一幅花上洒上了月光的银色,远看极有精神。

二时半,大山先生来,岩泽介绍给我们,她事先准备好句子,写在纸上(中文),下面注上发音,然后读,虽然如此,尚能读得顺利,脱离了稿子,讲话还困难。合影留念。

画册一本,甚精致,不便剪贴于此。

三越附近为日本桥,在铁狮前摄影一帧。

展览会出来赴中国商务处,东西不多,中三洋(录音机)一万日元、精工自动带日历表5 000日元,上发条表3 000日元,其他都是小东西,无电视机。

回勤劳福祉会馆吃晚饭,途中看见了日本民间庙会,这是一区的小庙会,若干日本人穿民族服装,抬着佛龛前有指挥,群呼嗷啊之声,慢顿步前进。

回勤劳福祉会馆前和塚本到日比谷公园走走。日比谷公园离银座不远皇宫边上,原来这一公园的特点是对对成双,在公园里各处坐着谈恋爱,旁若无人,并且到忘我的阶段,勾肩搭背,挽手抱腰这是普通的,横膝而坐亦有所见。我们四人可算特殊,公园中有一个喷水池,池边矮墙可以坐人,坐满了双双对对。我们找个空处坐了下去,说说笑笑,塚本说到他的best love(最爱),正谈之中,隔座一个男青年,忘我之极,跌到池中去了,立即爬起,满身淋水,引起四周注目,掩口,伏肩而笑。男的又坐了一会儿,和女友双双而去。

公园另一特色是多银杏,在国内我看到的银杏是一株二株,这里沿公园路边排列成行,其中有一株已四百多年,下面有木牌,上说,当初是种在别处,因为修路要砍去,某某博士说可以移,并以脑袋担保移得活,果然移来也活下来了。银杏长寿,树种也好,木质细腻,白果也好吃,种起来长得慢,可是长得久,可惜国内,百废俱兴,眼前恐怕还兴不到银杏头上。

6月15日,星期天

上午在家,学习。

下午原约塚本一起去池袋,找那位老太。因他想买房,掮客通知他去看房,迟至5时许来。同去池袋,キ二カ西店,便是那家杂货店,找了店主,访问不着,请店主在门口贴一张大字报找人,我想那位老太不愿留名,自然也不会告诉我们。到门口问一位老头知道不知道这样一位老太,那老头说,我住在此已四十多年,没有听说过这样一位好人,一定是她和中国有什么关系。

晚间在一家朝鲜饭店吃烤牛肉,人均1 500日元。

6月16日,星期一

由大月哲先生讲吊桥理论。

大月年约三十多一点,长相讲话姿态像程庆国,但耳失聪,不能听人说话,但学了一套办法,看人嘴型,别人用嘴型强调地说一个字,他重复讲出,你再说一字,他再重复,如此成句,他也便理解了。所以在与人谈话时,只是他一个人在说话,别人反而成了哑巴。

大月现在长大桥,是一个骨干,编写程序,并研究理论。从他讲话的情况来看,是有一定的水平。

下午并取来Susp Mov的源程序。若长大桥同意取回程序,则这部经可以算取回的了。

晚间赴银座吃烧鸡,人九百日元,买笔记本一人八百日元。

6月17日,星期二

上午由森田讲本四桥梁规程。

下午由公司开全体业务会议,休息。由我们 “自由自在”(青柳口语中国话)地看书,看了斜拉桥,荒濑江美子来招呼我们(写英语),喝日本冰麦茶。又问了姓名地址,她是计划部工作人员。

6月18日,星期三

今天由大月哲讲吊桥计算理论。

中午休息和老马二人出去散步,李由于吃饭较慢,所以我们二人出去。绕公司附近走了一圈,经过 “高桥” 边,正在闲谈,附近正好有一警视厅的分所,一位警视员也在桥边,谈了起来。我们告诉他我们是中国人,他问我们看护照,正好没带在身边。他们又不会讲英语,说不通。非常有意思,一位警视员大学里学过华语。立即回家,拿了一本大学华语读本。结果查了半天还是不懂。不过有一点他弄清楚了,我们不是朝鲜人,也不是从中国香港、台湾来的。他们一面去汇报上级,一面招待我们坐下喝茶。隔不多久,他们上级来了二人,一人会说英语,这才解决问题,告诉他们我们的来龙去脉,他们陪我们回公司,因老马的护照在提包里。又用他们的汽车,由林陪同,到住处大岛ピル去看一下我的护照。

在车上警视员和我客气一番,说日中友好,一般情况下其他国家人则要去警视厅写悔过书,我们不必,天气太热不好带,但还是带着好,以免以后发生什么事弄不清白,他说邓副主席到日本访问,他们二人是旅馆的警卫员。这次找了你们麻烦,很大抱歉。您在中国一定是优秀的人物,因为又懂技术,又会讲英语,在日本一般优秀的人都会英语或西班牙语。以后您遇到什么事,需要警视厅帮助可以直拨电话110,那里会有讲中国话的人来听电话。

因为警视厅的人跟着到了公司,所以这就引起大家注意,森田和岛问: What happened(出什么事了)? 我用英文告诉他们,我说this is a new experiment(这是一个新经验)。警视厅的人说日本警察找了您的麻烦,我说这是应该的。日本警察办事认真,值得学习。

这真是一个新经验,并且知道以后还是应该带护照在身边为妙。

上午接老贾给我们三人信,内中有一条即彭局长(大桥局第一任局长彭敏,时任国家计委主任)和刘麟祥在日本,希望我们找他们去汇报一下。老李打电话给商务处,打通了明天给回音。(无回音,不意后来老李却写信回家,汉阳传说彭敏接见过我们。)

今天大月在讲课中讲到大变形问题和计算的收敛性问题时说,他们在实际经验中得到一些方法和书上的不同,但这尚须保密。在讲到计算技术时,我们称他是一个骨干技术力量,但他却认为设计者是牢靠的,搞电算等程序排出便失去其保证,我说电算的发展前途尚是无限,可是总觉得设计比专搞电算为好,看来在资本主义国家竞争厉害,工作前途常有岌岌可危的感觉,或者加上他身体上的缺陷,别看他言常带笑,心中别有一番想法。

休息时他对《三国演义》很有兴趣,笔谈吕布、貂蝉,魏、蜀、吴。

附出国携带衣服:

中山夹服一套(新)、毛呢夹西服--套(新)、派立斯西服一套(旧)、毛哔叽西服一套(旧)、毛涤裤一条(新)、涤卡上衣一件(旧)、长袖衬衫三件(府绸--,的确良二)(新)、短袖衬衫二件(的确良、新)、短袖衬衫一件(的确良、旧)、卡布隆袜五双(四新一旧)、羊毛背心一件(半新)、羊毛开襟衫一件(新)、汗衫四件(新)、衬裤四条、棉毛裤一条(旧)、皮鞋一双(新)、凉鞋一双(新)、拖鞋一双(新)、风雨衣一件(部里借用)、领带八条(一新七旧)、毛巾二条、手帕四块(布)、手帕三条(小手巾)、软皮箱一只、放大镜、眼镜、照相机(上海120)。

1980年日本进修日记（二）

1980年6月19日

今日继续由大月哲讲吊桥理论。今日静力部分讲毕，如有时间仍想请其讲动力部分。基本上讲的三种方法，第一种是计算机未出现时的经典方法；第二种是计算机出现后的代数方法，即以第一种方法为基础，用差分或方程组代替微分方程解；第三种是变形法。实际上越是近代的方法我反而懂，而经典的吊桥理论中某些较老的东西反而知之不多，若是取不到什么程序的话，看来还是下决心用变形法采取措施解决高阶的计算。

饭后塚本来，原拟同去看电影《影武者》，惜已过点，开映了20分钟，在银座转了一圈，到东映看了两部片子，一为《不良少年》，一为《拳精》。电影院不大，时为晚七时半，座中稀稀落落，没有多少人，所以不对号也不检票，进去挑个座位坐下，大概不过百分之一二十的人。按照这样的卖座，一定亏本。在这里一家影院一贯有十个姊妹院（即院线），互相调剂，因此毕竟还是开得下去，幕间音乐是日本民族的轻音乐，不像现在广播和电视中模仿美国的节奏极强的音乐。（图7-2-1）

第一部片子名为《不良少年》，是讲一个少年，想和他的女友出游却手中无钱，持枪进新宿一家铺子，将吃客和服务员做人质想抢钱，被警察包围，最终出来被枪杀。这是日本社会的一个方面，日本报上经常报道青年抢银行的事，虽然脚踏车放在外面无人偷，可是抢小银行的事情倒是经常有报道。这样的片子，电视里也很多，青少年的问题，在资本主义社会自然更为突出。

第二部片子名为《拳精》，是香港片，因是香港片，日文字幕，我们以为容易听懂，不意讲的是广东话，只能听懂一部分，再加上日文字幕看懂一半，因此也算全懂，故事情节是讲少林寺里的经房，长年戒备森严，有和尚看守，一晚有黑衣人进入内部，拳法精通，打败了那些看守的和尚，盗走了一本秘传的《七杀拳》经。方丈因此自咎，坐关赎罪。这一"七杀拳"只有一种叫"五兽拳"的可破，可是这一拳经外已不见，"七杀拳"外传简直可以独霸天下。后来这部书被一拳师名叫陆明的得到了，果然在外击败不少人。

此时少林寺经房中忽又闹鬼，有五个红发

图7-2-1

白衣鬼弄得群和尚和香火僧都束手无策，其中一年轻伙夫名一龙降服了其中之一，其他也服，可是又逃走了。追踪之下，原来在经柜后面的墙夹缝里，找到了失传了的那本《五兽拳》于是一龙便由五鬼教练五兽拳。

此时武当山拳师（总拳师）带了姑娘上山，说"七杀拳"已下山，何以少林失密，方丈坐关未毕，由代方丈接待。一龙招待其女游山，两人一言不合交手起来，一龙吃了败仗，晚间五鬼教以所失败的原因，第二天一会合一龙打胜了姑娘，可是总拳师在晚间被人们以血掌拳打死。方丈坐关完毕，答应追查此事，派人下山，一龙愿往，在与十八众少林僧比武之后，方丈同意他下山。

山下陆明打尽天下拳师之后，到武当总拳师家要印，在那里和他家姑娘及一龙交手，陆明都取胜了，总拳师家中只能答应他七日后到少林寺取印。到少林寺，在方丈的监视下，一龙再与陆明交手，几次用五兽拳将取胜七杀，都被方丈干扰，几乎转败。终于在不管方丈之下用五兽打胜了七杀，陆明毙命。谁知，陆明却是方丈之子。拳经亦是方丈自盗送他，总拳师亦为方丈所杀，方丈见事败和一龙战，幸五鬼暗助一龙，方丈被击死。

故事取自民国初年的武侠小说，大部分实景。少林寺气派甚大，不知是否国内真寺，拳斗场面极多，手脚灵活，配音呼呼有声，男男女女（五鬼为女扮）不下三四十人都会打拳，眼花缭乱极为逼真。所以详记者，以了解国外的若干动态，塚本说美国电影除黄色之外，大都出动最近代的技术如火箭、飞机、兵舰、汽车、坦克；日本电影则是手枪、汽车、女人，香港电影无力竞争，以武打居多，亦因为正是有这样一批艺人的缘故。

电影都是宽银幕。

6月20日

上午由森田先生继续讲吊桥的载荷。

下午继续上课，4时左右，深谷先生来电话，要来长大桥看我们学习的情况，并请我们去吃晚饭。

天雨，深谷先生由西田、青柳两位先生陪同，到办公室来看我们，深谷先生年逾七旬，近十多年为日中友好付出很大力量。这次我们能来日本，便是由深谷先生支持。在办公室和我们合影。

讲课完结，由公司雇车，深谷先生带我们到千代田区的"学士会馆"，这是50年前的建筑和组织，是由东京大学，京都大学两个学校的校友成立的学士会，后来发展成为日本的"高级知识分子"（我国说法）的俱乐部。里面有休息、娱乐、旅舍和食堂。

在食堂进餐，日式西菜，一份日式冷盆，一汤，西菜，冰淇淋，咖啡Sapporo bean（札幌咖啡豆）。

在进餐时，互相说了些客气的话，深谷先生询问了每人的家庭情况，每人小孩的名字、年龄，看来是出于老年人的关切。他说日本靠中国始有文字，吸收了中国的文化，现在日本发展有好的一面，有坏的一面，他最清楚。他认为道德在中国，21世纪是中国精神的世纪。他希望有一天专门和我们讨论一下这问题。

他喜欢拍电影，预备找一个日子来我们住处，然后再接我们到他家去玩。他家住在"我孙子市"，已经接近了东京的郊区，他喜欢大自然，这是老年人的心情。

他非常了解我们的情况，问我们在日本想参观些什么，他说你们来一次不容易，再来恐怕更困难。以前公司里的人也说"你们是有福之人"。我说我们来到了有缘之国，这是鉴真说的话。

深谷先生在去会馆的途中的汽车上问哪位会玩中国乐器,我便告诉他我的经历。原来赵锡纯局长送了他一具二胡,深谷先生要学,我说您这样年高还愿学乐器,他说他年老心轻。

饭后在会馆的休息室里展开我们送他的"宋徽宗赵佶瑞鹤图",他看了很高兴,说要作为传家之宝。

为时已晚,告辞,同出来各自回家。

6月21日

星期六,因为预备在住处招待社里自社长到部长诸位,因此需要采购些东西,准备星期日烧好,星期一晚上他们来。

晨起较晚,11时左右赴池袋,在池袋地下商场里买了鸡、鱼、肉、虾、蔬菜、豆腐,其价格是:

鸡一只,900日元/kg,计1 350日元;

鸡肝800日元/kg,计400日元;

鸡肫700日元/kg,计350日元;

牛肉4 000日元/kg,计4 000日元;

猪肉1 300日元/kg,计650日元;

虾仁2 000日元/kg,计1 000日元;

鲑鱼280日元/片,计2 800日元;

海老(油爆虾)350日元/包,计700日元;

饺子馅1 300日元/kg,计1 950日元;

饺子皮125日元/kg(包二十),计1 200日元;

豆腐70日元/块,10块700日元,80日元/块,4块320日元;

青椒100日元/个,10个1 000日元;

小葱5根150日元;

包菜1个200日元;

韭菜100日元/札/20根,计400日元;

海米10日元/克,50克500日元;

番茄、黄瓜400日元;

啤酒20瓶,枇杷12个/1 000日元,共2 000日元。

目的是做些酒菜,包些饺子,再大的本事便没有了。

下午回来,拿了不少东西,放在冰箱里之后,又出去,在银座一家中国料理吃了一碗广东面,同到大使馆,请贺秘,我说这是请主人不是请客人,他星期一先到公司,会见西田先生,然后一同到宿舍。

6月22日

星期天,上午未做什么。可是外出走了一圈。

我们住的地方名叫筑地,便在筑地桥头,筑地大岛(ピルハ楼)出门往右转,顺"新大桥道リ"

经过一个石建筑寺庙，再转弯沿"晴海通リ"便可走到银座。已经多少次经过那庙，还叫不出来。查"东京たアあるき地图（东京徒步地图）"原来此名"筑地本愿寺"，日本元和三年（1617）创建在浅草。1657年，因失火，由浅草移来此地，昭和六年（1931）用冈山县万成岩建造此印度式的佛庙。以后有机会当进去一观。若顺着新大桥路不转变，一直往前，可到当年的鱼市场，现在则是水产批发处，再过一小桥便到"浜离宫恩赐庭园"。公园四面是水，详细情况见游览说明书。

这是一座败落了的庭园，树木尚能保存得非常好，松树千姿百态，其他大树亦不少，中间池沼曲折，所缺少的是好的建筑好好布置，多造些亭台楼阁、曲桥、廊道，这是个有基础的公园。东京的居民，到这里来游玩的不多，恐怕就是因为太单调。自然东京的市民亦分好多部分，年轻人喜欢新宿、银座，昨晚从大使馆出来，塚本又告诉我们六本木是日本年轻人（高中、大学生）周末最喜玩的地方，穿大街到小街，果然青年男女，竟著新奇。在待候电梯（都要排队）上那一层楼，那些电梯，好多都是电梯间在房角，从上到下玻璃通道，电梯也是二面玻璃。到楼上的 club 里跳舞，据说现在的舞是激烈的扭动，我们还见到穿女式半裸耀光衣报的男扮女郎，这真是资本主义制度必然的阴暗面。青年人自然就不会上离闹市较远，又没有吸引人的公园里了。但是这个公园已有三百多年历史，三百年的树木就够不简单了。若放在我手中，一定可以归置一番，至少造些桥梁，装点一番。园中花不多，几株古松，左是紫色绣球，右是红色杜鹃。石榴也开了，可见夏日已经到了。未带相机不能录影。笔不妙，也不能生花。世间美景，能赏不易。

下午3人分头准备，烧菜，包饺子，一直忙到十时多，明天还有两只炒菜，鲑、虾仁炒蛋，等明天照相这便可留下记录了。请一次客太不容易，还有两次招待客人（招待或答谢主人），采取什么方式，以后再说。

6月23日

星期一，整天由森田讲吊桥的静载。

下午4时，讲课结束。我与老马先回宿舍做准备，实际上再弄也不及菜馆。回去先在冷盘上用黄瓜西红柿架了一座下津井桥、一座斜拉桥，豆腐等都整备好，豆腐凉拌的在日本称冷奴。

6时左右，主（大使馆贺先生）客都到，岛先生带了20瓶日本酒，酒名"乃之光""日本盛"。山口先生已从美国回来，带了一匣美国巧克力。席间相谈甚欢，我与马先弄菜，炒了一大盆虾仁炒鸡蛋。炸了鲑鱼，煎了饺子。不时到席中与他们干杯，青柳、岛、山口、桧贝和西田社长，我们还敬了贺先生一杯，最后又唱歌又拍手，结束。根据日本习惯，已将饺子每人装了10个回去。

席间照了相，将来可在相片上作详细的回忆。就是酒阑人散那副"尊相"却没有照下，只能详记一番。我对日本酒认识不足，先是敬啤酒，干杯，再是日本酒，轮番一来，已有醉意，待等客人一走，这酒意慢慢上来，好像武松在景阳冈吃了"三杯不过岗"一样，武松撑得住，我撑不住了，老李也不行。唯独马因为喝啤酒，没倒。我便躺在榻榻米上，双眼迷蒙，手足无力，老马给了每人一纸袋，睡着吐在纸袋里，自然席上和手上也有一些。老马用毛巾抹掉。这样连吐两次。所幸老马清醒，又出去买了些水果，喂着吃了些，似乎好些。糊里糊涂好像记得长裤倒是自己脱的，脱法也别致，因为内墙裱的糊墙纸上有粗颗粒像砂纸，平素脱下丝袜，随手一甩，会挂在任意的位置，我将带子松后，裤脚在墙上一拉，老马替我取去。糊里糊涂"我醉欲眠"，老马铺的垫子，睡上。可是酒后的睡觉并不稳贴，清晨起来头脑尚不清醒。（事后，知岛先生、山口先生、桧贝先生也都醉了，上午上班来迟)。

"玉乃光"和"日本盛"(图7-2-2)都是用米和米曲酿成的清酒,15.5—16.5度。初尝如浓米酒和白酒的混合物,故不感觉得凶,再过一时,酒上心来,玉山倾倒。后劲是厉害的。

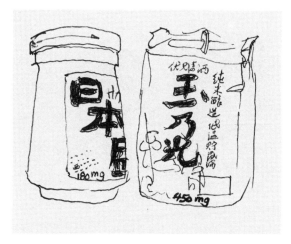

图7-2-2

客人们喝了一瓶茅台,六纸盒玉乃光、十四瓶啤酒。

啤酒为了急冰,放在冰箱上格。早上一想不对,打开一看,6瓶冻裂了两瓶。满箱是结冰啤酒,因为已病酒,所以都丢了,否则倒是别有风味的东西。

这日记已是24日记的,所记清晨乃24日晨。

6月24日,星期二

上午森田讲吊桥变形等。

下午因感觉不适回来,买了两只橘子,一瓶果汁,下午睡觉,晚上发现杂货铺小姑娘多找了我一千日元,(给她一万日元,找了一万另387日元)。

晚饭前拿去退还,写了中文给她看,她不懂,大概找头等日文没有,写了英文,她们才懂。难怪,看起来不过是十六七岁。小铺子天天三人去,他们上上下下都熟悉了。

6月25日,星期三

因森田出差,由林讲其著作《吊桥的舒适性》。

晚间赴中国大使馆商务处,地点在惠比寿三丁目3-35-22,李、马按地图到惠比寿下车(地铁),引路走了半天却到了二丁目35,问人告诉我们(讲的还是对的),但路远,结果坐了Taxi去。仍这些东西,中三洋、西铁城、东方、精工表,表价高者钱不够,三洋两种一种较好,未办。仍回来,已快10时。原来还是坐日比谷到广尾、从一站台前进方向出口,经过怡和百货店笔直向前,走到高速公路道下,遇见隧道则往右首转弯便到。路直而易记,较之到惠比寿好走。

6月26日,星期四

由林先生讲耐风规程。

出来的时候,有一个任务是了解微型电子计算机的情况。公司有一台微型计算机,请一位了解的同志介绍了一下,总归起来大概是这样:

微型计算机称为Personal Computer(个人计算机),都是放在一张小桌子上便可以容纳的东西,内存储64 K,供应用的32 K,外存储亦可有16 K,是个人研究的一个手段(图7-2-3)。在美国已经发展到应用于正式的业务,发行有十余种杂志,在日本则仅用于个人的研究和

图7-2-3

游戏。

一套机子价并不高,美国的APPLE Ⅱ合日元35万,日本产PC8001存储量16 K者价16.8万日元。扩张存储2.5万日元,荧光屏显示机3.5万日元,外部记忆装置(录音机)1.3万日元,外部磁盘32万日元,输出宽行打字机12万至35万日元,合计价在36万至109万日元之间,合人民币2 400到7 300元之间,价钱并不算贵。

使用的是BASIC语言。

机器的软件较贵,目前的用途,学校中学生用的解题、研究,民间用于游戏,游戏的程序约3 000至10 000日元一个,实用软件在500日元以上(合人民币70元至300多元)看起来价钱都不高,可惜大桥局没有外汇。

公司买来之后,用了两年时间,两个人排了六个小程序,可以计算桥墩台。问题在于东西容易坏,易出故障。拿回去无人修理,好像那台老式复印机一样,岂不又成了包袱,希望国内电了界奋起直追,能有保证质量的国产机子就好了。

日本出现了微型计算机协会,正式登记者三万人,实际上人数很多。

目前日本的赌博和游戏亦用微型电子计算机,举例而言,前面已经讲过的越野车防撞游戏。再述一种打猎游戏,荧光屏上出现的是曲折的树林平面,树林之中不时出没各种不同野兽的形象,如狮象、虎、豹、蛇、兔之流,这是不由玩耍者能操纵的,游戏者可以操纵一个猎人,一辆汽车。当动物出现时,可以操纵猎人行走、转向、打枪,动物是在移动的,当打到了时动物形象自然爆炸,变成一个数字。即得分的数字。如打到狮子出现100分等,猎人可以走到分数前,拿了分数装入汽车,如在途中又遇见动物,打空枪而不中,分数自动减值,如此继续,直到汽车装的分数达到一定值,便可换奖,一般说来总是达不到换奖值居多。(图7-2-4)

微型计算机在这里作智力游戏,岂不和以前的转数前进棋差不多,时代不同,工具不同而已。

图7-2-4

6月27日,星期五,又将是一个周末

今天下班后,公司几位女职工通过翻译要到我的宿舍里来拜访,5时我们先回去,烧些开水,买些和果子(即日本点心),准备欢迎她们。她们之中,两人是公司的服务员,每天为我们准备茶水、送饭,我们说欢迎她们来,来时我们替她们送茶水。

6时左右,由翻译同来,共计3位,一位由于男朋友来了电话,没来成。

3人之中,田部井裕子(TABEI HIROKO),32岁,年纪最大,大学毕业生,学经济的,现是公司计划部的社员,已经结婚有了小孩,但仍争取在外面工作。她爱人是美国一家计算机公司日本经销处的职员。毕竟年岁较大，又结过婚，社会和生活经验丰富，谈吐自然。田部是她丈夫姓。

另一位叫田崎园子（TAZAKI SONOKO），23岁，高中毕业，三年前毕的业，学的是英文，可是她不会讲，能听能写，和我笔谈（用英文），她有父母、兄弟姊妹，和一家人住在千叶（chiba），田崎在公司里是打扮最朴素的一位，不用脂粉口红，衣着也简单，极像一个典型的中国女学生。

另一位是荒濑江美子（ARASE EMIKO），去年大学毕业，24岁，现在是公司的临时社员，能讲英语，家有父母亲和两个小弟弟，一个人住在NERIMA-WARD，大学里学的是Fine art（精细工艺），她的毕业论文是 "TAKEJI FUJISHIMA" a Japanese artist in meijc.这些都是用英文交谈而得知。荒濑觉得我们的住处没有空气调节器会热的（现尚未是东京最热的时候）。她们带来了另一些日本和果子，因此满桌东西，倒也丰富。请她们吃桃子，荒濑不吃，怕胖。我告诉她，吃桃子是不会胖的，但她仍怕胖而不吃。

田部对日本妇女的工作情况发表了看法，因为日本社会上不大愿意用女大学生，因为大学生毕业时已二十三四岁，两三年就结婚，结了婚多半回家不工作。田部说因为心挂两头，不如回家弄好家务，带好孩子，当然，在日本有条件，男的一人的工资，大学毕业可得十四五万，维持三口之家是可以了，并且按年岁逐年长工资，大约每年可加一万以内，30岁左右可得三十万不到些，小孩也长大，仍可够用，工作有成绩，工资长得更快些。我告诉她，今天在座没有中国妇女，因此不好代表中国妇女说话，不过我们看（听）到的一些中国妇女的情况，能够同工同酬，可是仍负担家务劳动，倒很羡慕日本妇女的可以专心家务。荒濑要看我的家信，我把梅（妻子江国栋）信上的三句日语给日本妇女看，她们很羡慕唐太太还会日文。看信看邮票，我问哪位有 hobby of stamp collecting（集邮的爱好），田部说她喜欢，我送她们每人两张鉴真探亲纪念邮票。荒濑用汉字写了唐招大寺四字，将"提"写作了"大"，我替她改了过来，她写了 ashame（羞愧）。

时已8时，马说时间不早了，不要回去晚了，大有逐客之味。塚本后来说"这句话该我说就好了"，为了转过这一不太礼貌的话，塚本解释时开玩笑地说，回去晚了，田部先生会不高兴的。

结束时照相留念。

6月28日，星期六

晨起较晚，塚本来，同赴浅草一游。

浅草在日本东京的东北角，台东区内，坐地铁从东银座，坐都营浅草线可以直达。

在去浅草之前，根据日本法律，外国人在日本，在60天里需到所在区政府登记，发一本随身带的证件，交3张一英寸照片。

同登记时尚看到有中国台湾来人及韩国人在办手续。

办完手续由区政府走到东银座，从地铁到了浅草。

根据导游书中说，浅草（Asakusa）保存了日本江户时代初期床店式的"仲见世"市场。外国人到日本必得一游。

到了浅草，入风雷门，或简称"雷门"，沿300米的石板路，西旁有九十多家铺子，卖的是日本风格的洋化了的小物品，这里又像过去的东安市场，又像庙会。石路上面，搭的绿色塑料席子的凉棚，虽说仍维持了江户时代的床店式，实际上已是西化了。可是商店的店招，排满了带彩色长穗的

图7-2-5

灯笼或鱼或其他，那些彩色长穗也都是塑料做的。

仲见世的最后是浅草寺，寺很高大，大屋顶之大，超过我国，斗拱是唐式，在庙门西边，大柱边上，金刚像前面，站得有些白胖和尚，笠帽带到眉下，一手摇小铃，一手托黑钵，口中念经化这十方之缘，看他收入，倒也不少，钵子虽小，胸口袋子可大，给钱的善男信女也还不少，一天下来万把元没有问题，一个月收入二三十万，超过大学毕业生工资。（图7-2-5）

庙宇庞大，鸽子甚多，点缀和平景象，殿前十香炉中香烟缭绕，善男信女要香烟熏头，可以聪明，抚膝抚腰，可以治风湿性关节炎。塚本说让烟熏：脑袋可以灵光。我说好，我们熏他一个月，长大桥设计中心要派人到我这里来学习了。

浅草寺（或浅草神社）的来龙去脉。公元628年（推古天皇三十六年），有弟兄两个，名叫松前浜成和松前竹成，在宫古川的河口户浦，即现在东京隅田川驹形桥附近打鱼，网起了一个一寸八分合五厘米大小的黄金观音像，放在村长土师真中知家里供奉（自然是渔民不敢自收，村长拿去了）。公元645年，和尚腾海人便在浅草造了这座观音堂，1945年观音堂空袭烧了，战后二三年重建砼建筑，1973年又建了一个砼的五重塔，这便是现状。虽然都是砼的，但建筑形式仍是斗拱，塔出檐深远，我很喜欢，塔庙前摄影留念。（图7-2-6、7-2-7）

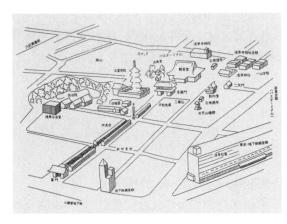

图7-2-6

图7-2-7

庙极高大，顶、壁画甚多。神龛金碧辉煌，灯、烛明亮，这龛也等于一座小房子，帷幔遮住，看不见观音像。

五厘米一个佛像，重不到一斤的一块金子，用2米的佛龛装起来，再盖一个高30米的庙罩着，一群僧徒，靠之为生。佛龛前面一个带栅木柜，奇大无比，半埋在地下，善男信女抛百元硬币进去，落下栅格就不见了。日本工业科学发达，同时宗教亦仍大有园地。善哉！善哉！救苦救难观世音菩萨！（日本称仁王）

在这形形色色的社会中,浅草寺前面路边,蹲着一个衣服破旧的中年人,手持红色笔在塑料板上写字,身边一只白色瘦狗,戴上衬衫假领,结上绸结,头戴小礼帽,鼻架眼镜,据说摸摸这狗就有好运道,居然也有中年日本家庭妇女,给十元一个铜币,去摸摸狗子。毕竟围观者多,给钱者少,并且只有铜子,比起托钵和尚又低好大一筹。(浅草附近,看到过好几个衣衫褴褛的中老年人,大概这里布施的人多,因此比较集中些。)

中午在浅草吃的午饭,价不低,西菜,东西不多。

晚上到林国安先生家拜访。他请客在家便饭。

约定下午4时到他家,由筑地(东银座)坐日比谷(都营)地铁到茅场町,再由茅场町转东西线到大手町,又转都营三四线到西巢鸭,已是东京的郊区。到西巢鸭通电话后林先生来车站接我们。林先生以二千万日元贷款的价格,买了这座一楼一底的小日本式楼房。可称为蜗居,故能促膝而谈。林先生现月入约四十万日元,夫妇二人,两个小女孩,生活条件尚好,房子虽然不大,电气设备齐全,他夫人刘章子,是华侨后裔,可惜不会说中国话,人品极似南方妇女,菜蔬烹制手艺极好,不慌不忙之间,诸色齐备,冷盆、春卷、烧卖、炸虾、章鱼炒青豆、蛤等,饮罐头啤酒,尝英国威士忌。行前曾请示大使馆(因其为日本籍及中国籍)同意去并要表示友好,食后林先生放幻灯片,介绍台湾的地理风俗建设,他说用英文录音介绍,李、马称听不懂,用中文录音放。

台湾是祖国的一个宝岛,34年前曾去一游。据林先生介绍,现在台湾东岸已有铁路相通,横穿台中,东西亦有交通联系。阿里山已有登山铁路,哪天能再去台湾,实为美事。

看其带来杂志《工程》,凌鸿昌尚在,他29岁便是交大校长,今年七十余,其子凌崇裕是我的朋友,交大低三班。凌鸿铭(凌鸿昌之弟)乃我大学的英文老师。托林致意问好,以后争取他们回来。

6月29日

上午在家写日记,看技术书;中午简单地炒了两个小荤菜,青椒肉片、豆芽肉丝,自做饭吃。下午3时,神谷和成川来。塚本于三时半到。神谷和成川她们二位是专程为了实际练习说中国话而来的,都有志于沟通中日的文化。以后想选择翻译作为职业。拿来一个剧本,名叫《约会》,是中国人写的,内容是两对青年男女,在恋爱婚姻问题上的不同观点。其中一名为艾丽,是个女理发师,虚荣心强,不安心工作。关于讽刺男女理发师的相声电视在国内看过不少,大概这样的人物易于讽刺,不会提抗议或……剧本居然流到海外。另一角色名彩云,有正确的恋爱观,根据剧本看来与成川性格较合(谈吐),建议她演这一角色。

晚间5人同在银座晚餐,餐后我们4人去看电影《影武者》,成川回家。

《影武者》是日本在国际影节得奖电影,讲的是1573年日本国内幕府之间的战争。(图7-2-8)一方用的是长矛,骑马、孙子兵法;另一方用的是新发明的火枪,分两批

图7-2-8

在屏障之后狙击，第一次信玄伤足死亡，但隐瞒了三年，再次战争山火风林四马队和步兵全部战死，故事穿插了其他情节，场面是大，服装也好，惜不懂日语，某些精彩的对话不能理解。古装部队的人马行动，看起来似壮大，实际只一百八十匹马，轮番在倒，并且采取远近景合摄、之字形前进、几路汇合、快跑跟踪、用大海背景衬托等手法，使场面似乎是千军万马。有个缺点，那就是火枪演火枪，不见马队，马队演马队，不见火枪。最后马队步兵战败后的人仰马翻场面还可以，不是一片寂静，而是人马都在死亡中挣扎，原来马的挣扎（睡在地上想翻滚爬起）是把马打了麻药针拍它正醉不醉之间，看起来倒也逼真。

电影长达三小时半。自六时到九时半。

下午不到5时，东京地震，所住房屋摇晃，那时正好神谷、成川在，大家坐在榻榻米上讲话，突然房子起摇，因在8楼，觉得左右先摇，然后又转前后。唐山地震抢修时的余震都没有它厉害，高层楼房摇晃估计可达若干厘米或竟可到几十厘米。日本朋友们都不恐慌，我也不觉得可怕，知道房子是抗震的，都安坐不动，老李说他很怕，但故作镇静。这样地震来东京后是第一回，但有感地震那是已经很多次了。

30日见报，震中在伊豆半岛东伊东的海中，震级M6.7。东京震度为4，故为中震。国铁交通一时断绝，19万人受了影响，震中附近伊东市负伤7人。

同日报载为什么本四联络线诸桥都停工，原因是原来的航运界要求补偿的事情没有解决，这笔钱出在哪里？出给谁？出多少？看来资本主义国家自有这样一些麻烦事。

剪报贴在工作笔记上。

7月1日

由浜地文生介绍伸缩支座。

7月2日

水野讲摇轴。

昨日欲买嫩玉米未成，今日马买了五支。晚间煮牛奶、糖玉米棒，这样吃法，乃40年前大姑妈所教，先将玉米用刀划破，刮出白浆，然后加牛奶、糖、水煮，可以说是金山风味，在日本东京而尝金山风味，他们是不能理解的。马是东北人，从小吃苞米长大，可能兴趣不大，不过这样的烧法，恐怕也是第一次尝到。

塚本先生分照片，还是局部的，得四十余张。

青柳先生十天同行中照了不少，约五寸多一张，今天去印，这些照片，实足留念。看了彩色照片，那黑白的就索然无味了。

荒濑送我日本邮票一张，还将送我自画油画。

见报太平首相的追悼会将举行，日报推测华总理会再来，报上说卡特亦来，或可能趁此机会在日本作双边会谈。

连日来塚本与其大姐——关系比较密切，基本情况是凰求凤。女的且已授绖。塚本觉得其大姐不错，有能力，待他热情，不惜一切。经济条件和工作条件（国家公务员）都好，缺点是女大三，用中国土语(金山)"女大三,屋角塌"事实上当然不会塌。第二是遇人不淑,早年离了婚,开过家庭会议,他妈不同意,他的弟弟也不同意,他自己觉得有情得报,投之以琼瑶,报之以水蜜桃。在其周围女朋友中排了一队,则次序是种成、深、最后是其大姐。实际上其关系中仍是其大姐为第一位。塚本昨宵酒醒何处,今日翻译时觉得不舒服,用了清凉油的效果还是不错的。在这一问题上,从我们国家的道德观点上,和日本的道德观点上有差别,难以推论,可是他很诚心都告诉了我们,并要求出出主意,雅意难却。中心思想劝他假以时日,举了两个例子,一是解放初铁道部一个职工出差去哈尔滨,在公园里遇见一个姑娘,大学毕业分配不理想在哭,他出于同情要她嫁他可调北京,一说即妥,结了婚来到北京,不到半年,意志不合离异。另一个是梁思成的爱人林徽因,做小姐时雪夜考验梁思成和另一男友徐志摩(诗人),要保姆深夜打电话告诉二人小姐病重,梁连夜赶去,徐则天明后才去,以此定了取舍。主题是假以时日,予以考验,不知塚本理解否。

7月3日

今日水野继续讲吊桥吊索。

水野极年轻,自然做过了一些桥,便有了一些经验,为人亦忠厚。经询问他几个该计算之处计算了没有,他很老实,说没有算,但亦能立即草算一下,说明问题,他供给了若干资料,对做吊桥有一定用处。

中午,翻译转来田部的一张小纸,原来是一张意智调查游戏,填了这张表,再写上年龄、血型,用电子计算机可以算出……照填不误,填时荒濑和田崎来说明一下表中情况,并将填好的表取去,看她们明天会拿出什么"算命"的东西来。

接梅来信,知道家中情况。并知寄国际桥梁结构学会的论文已录取。

晚间想去理发,已休息(早9时到晚7时)

7月4日

今天上午水野讲,下午森田讲。

森田毕竟是抓总的,讲的是如何决定那些尺寸,没有太深理论,但是是一些宝贵经验。

今天又得照片28张。

快下班前(中午)田崎来收茶具,给了我一张英文便条,因为她不会讲,只会写,也练习写英文,内容很有意思。

一是说"中国送日本的第二只熊猫康康也死了,日本的妇女儿童特别喜欢他,两者相继去世,我们受了震动。我认为中国人也一样,中国会不会对日本讨厌和失望。我想上野动物园的饲养者照顾太多了。他们不需要空调,最好生活得自然些。我看到报纸上有趣的画面(昨天),它说替熊猫送葬的人,将比替大平首相送葬的还要多"……

下面是开玩笑的话,小姑娘开老头子玩笑。

今日周末,过了两个休息日,将去日本北方旅行4天。

晚间在银座"金陵"店里饮啤酒一升,"烧鸟"十支,这是第四次这样吃法。情节相仿,不详记。

公司最近进行了一项方案比选工作,大概情况如下。

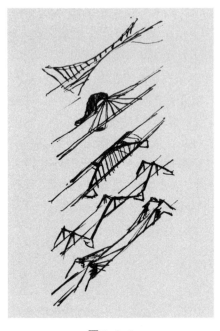

图7-2-9

公司先出布告说有这样一项任务——岩洞湖桥。桥在湖口附了一张立面照片，一张平面图。桥长（全长300米）。希望大家提方案，中选的可得一个奖金封袋，约万日元。欢迎踊跃提供之类。社长室启。并规定了评选人名单。

大概隔了十多天，方案公布了。共计五十三个方案，得奖者十个方案，采用者两个方案。

方案的情况大概是分拱、箱梁、桁、斜拉诸类。一般的方案仍是经典式的，或者是国外已见过的丫形斜拉，A形拱之类。

有些方案，想入非非，极不经济，如双孔中间一个弯柱的斜拉桥方案，或单孔、两边两只大手的斜拉桥方案（图7-2-9）。

中奖方案共十个，支付奖金十万。中选方案两个，其中第一名（图7-2-10），是一座斜拉桥，平面图丫形，配合了两岸公路不同的方向，独塔。

这个方案并非创造，乃西德莱翁哈特氏曾多予吹扬，认为所有的线条都要加缓和曲线。不过这里应用，是比较合适。缺点是短孔的斜拉在梁的一侧，梁偏心受力，宜加以改进，如红线所示。但即使原方案也做得出来。第二个中选方案是箱形梁，在平立面上布置比较特别（图7-2-11）。车道的布置也特别。中间拱向上，两侧弯向下。原设计结构上都是箱梁，实际的作用力类似系杆拱，下面的桥尚可以是板式预应力。若是拱上也通车道，则车道布置不适宜，若拱上不通车道，作为分车带，则下缘为起伏的路面，甚至连桥上路面中间也可以绿化（图7-2-12）。结构是可以做得出来，便是细节比较复杂些，但也是可以解决的，下一步看他们如何进行。

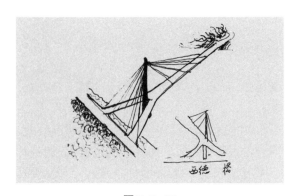

图7-2-10

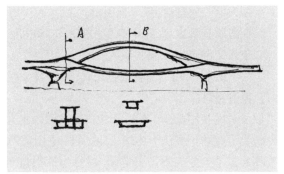

图7-2-11

原来公司计划安排我们参加一项设计。马、李多次反对，见前面日记。

在国内，方案比较时"抵角四方"派始终占上风，稍为形式别致，便遭排斥，或称其为"洋""飞"，或托故不能算，不能做，顽固如某人，701（枝江长江大桥）最后还是米字形。他们的主导思想,创作不由我来做,风险不由我来担,要有"蓝本"(顾懋老读如"辣本",无锡音)。所以"取经"者不肯取活经,一定要取"蓝本"死经。看以后这样下去,中国的桥梁何时赶超世界? 当然话不能这样说,中国之大,从事桥梁事业人之多,不是独家,这独家不进取,自有别人进取。今天不进取,明天也许会进取。静观,争取而已。

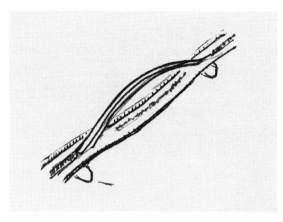

图 7-2-12

第二个方面可以看出,他们取方案并不求全,所奖励的是能创新的方案,不管其创新是否不经济(如中间一墩钓鱼方案)或不完整(如中选二方案)。我们的专家们审查"求全"是一条。上次国际桥梁结构协会征稿,我的一文认为可以但要再补新的,结论是不送。由于学术自由,茅老推荐送了出去。据说已录用。实际上专家们不了解,国外的最大要求是"出窠臼",有新见地,世界上没有过的新的事物,虽然不完整,只要确有某些可取之处,自然比已完整的成熟的老方案更有生命的活力。

保守和进取,是永远在斗争的。

在盛园和青柳谈岩洞湖桥。他主张斜腿墩式,因水中墩可浅一些,此曲梁方案,青柳说上面是公路,下面是人行道。

7月5日

塚本昨夜来,住我们处,一起办理了上次参观后拟发的感谢信,早晨在外面复印了寄出。

中午到银座,在那里的一家中国料理吃了一客份饭,550日元,算是不贵的。

下午何处去? 塚本建议看电影,美国片,英文对话,日文字幕《星际战争》。故事情节是荒唐虚构的,除了国王派总司令和敌人及儿子打,场面比较热烈,主角正如《大西洋底来的人》一样,两个男角、一个女角另加一只人猿、一个机器人。敌后则是那个头载钢盔的总司令和空

图 7-2-13

中堡垒或舰队的一大队士兵(都是航空兵),陆上战争时用的是兽形坦克,什么弹都打不倒,反攻的是三角形甲虫式飞机,可以超低空飞行,侧立飞行急转弯,最后坦克是被甲虫式小飞机绕了它四腿绑绳子,甩倒在地(图7-2-13)。

空中战争则超音速、光速飞行、空中舰队和飞船(图7-2-14)。空中城市飞机都是特技飞行,甚至在空中城市中击剑时都是像手电一样的武器放出红、黄、蓝光,用光来击斗,铮铮有声。这里面包括了不少特技摄影,穿插了好多科学、天文知识。如小惑星是满是陨石在太空飞行。飞行时很危险,有很多地方则是插入了不少精神学说和完全不可能的太空存在(图7-2-15、7-2-16)。

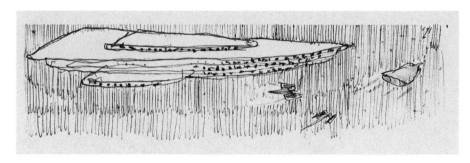

图7-2-14

图7-2-15

图7-2-16

图7-2-17

影片的音乐,适合太空飞行故常有尖锐的嘶声,自然也插有少数比较有节奏的音乐。少不了有接吻场面。

若和《大西洋海底来的人》相比,科学内容更多些,场面更大些。有些情节的无聊程度,两者是差不多的。不过进口这样的片子可能于现实帮助不大,而要外汇又甚多。

再描写一下这个电影院(图7-2-17)。

这是东京银座铁道钱边上最闹市地方的一个老电影院,门口广告极大,还有西装笔挺、拿着话筒招揽的职员。东空电影院,影院历史已久,面积很大,有三层楼,我们买票时人很多,排队,一阶两阶已满,上三阶上楼的楼梯已不好看,修修补补,正好说明其老。座位前后太挤,脚放不好,且不舒服,不如"东映",但音像都清楚,在三楼居高临下,看太空景色倒也不错。

7月6日,星期天

准备动身旅行,但还有一天时间。

上午10时,塚本先生及其女友岩泽敦子(即其称为大姐者)约我们去参观交通博物馆,馆址在千叶原。馆址不大,真正要称为"博物馆"则大为不够。尤其是包括了航空、火车、船舶(缺少汽车）。一部交通史，够你布置一座新宿大楼，现在只有三阶，面积也不大，模型图等都不够丰富。恐怕连日本造船界在中国办的船舶展览都不如。但还总有些可看的。

在那里，我请塚本先生照了四张相（没有人物）。一是唐船，中国古代唐代来日本的船模型，是否如此样，回去再设法对照；三张是新干线火车的台车模型和机车外形，这便于我们回去汇报时用。

从交通馆出来，我们请他们两位在"天津饭店"吃饭，请塚本大姐点，她点了一个八宝菜定食，750日元，大概是杂烩。她是客气。老李改点了"特别定食"，1 100日元，是炒虾仁、米饭、二只烧卖、一碟蔬菜、一小碟咸菜、一小碗汤。席间我们敬酒（啤酒）祝贺他们早日成双（结婚）。

敦子送我们每人各一画册（交通博物馆），一本其旅华后回来写的文章。一张自画的花卉。

到上野Ｐソ横丁，每人各买一件短袖衬衫（他两夫妇送），因为这次旅行仍要会见一些日本朋友，要求打领带，李、马未带短袖衬衫，只能买了人各一件。我和马买的是格子的，李买的是条子衫。

回来买西瓜一只，上贴的招牌如图。价700日元，现已便宜了。前时需1 500日元。想理发都关了门，也就作罢。

瓜打开后很好，上次买的也好。想来上市场都有一定的保证，否则"天龙"商标的"睦冈西瓜"牌子将会倒掉，"园艺出荷组合"将会破产。试问我们的国营或集体农场能像这样做做看否？

晚餐自做稀饭，买了两札（2×150）毛豆，煮盐水毛豆。煮了两大碗，黄瓜一山（即一盘）约十根小的，价150日元，炒了一盘鸡蛋，很是实惠。

7月7日

七七是"七夕"，在我们国家是在阴历，在日本却定在阳历。不过阴历也好，阳历也好，这纪念意义、风俗习惯、旧时的一些活动，现在也看不见了。

今日动身去旅行，晨起整装，先坐地铁到上野，再从上野转国铁到仙台盛冈。这次旅行的线路图如下：（图7-2-18）

车出上野，一路经过不少小站，一直到大宫，连绵都是房子接连房子，等于尚在市区，人

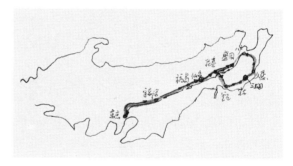

图7-2-18

烟之密，由此可见。自宇都宫以后，慢慢地进入山区，由郡山、福岛到仙台，一路行走在山间，一片自然景色，使人感觉得清新可爱。

日本的北方，虽然纬度已在我们的郑州以北，但是因为雨量充沛，夹在海洋之间，所以树木茂密，这"密"字是指树木间距极小，一片绿海。较之我在四川所见不同，川康交界处的二郎山南坡，受1958年"大炼钢铁"伐木烧炉影响，换来几团白铁或钢碴，却将大好木材白白烧掉，大好的树林植被白白砍掉，几十年恢复不起来。二郎山南坡受影响较小，可是树木的密字看来亦不及。日本绿化面积占国土的30%，而我们却不及10%。

天下雨，车外雨景尚可，雨洗丛林、稻田，纤尘不染。深谷克海先生说，他喜欢大自然，所以住在接近大自然的"我孙子"，事实上俗务系身，仍脱离不了繁华的大都市。即使躬耕南阳，仍免不了

要考虑"三分"之策。

车到仙台。仙台是鲁迅先生曾经住过的地方,想必现在的局面和过去大不相同,在我看来,仙台不过是东京一个边区,因为那些市街铺面、人物都和东京无差别。

下雨,冒小雨走到日本国铁仙台新干线工事局,先见了其工事第三课课长本冈和雄先生,在会议室略介绍了一下。他们的管区从白河到水泽,管内桥梁施工的有第二、三阿武隈川,白石川,名取川,鸣濑川,江合川,迫川等,都是P.C.桥,东北新干线所以原则上决定用P.C.,主要是防噪声,不是为了省钢。事实上所谓新干线,不如说新干桥,因为车速快,要求全部立体交叉,而日本岛人烟稠密,于是线路便成了桥。

本冈先生带我们去拜会局长先生,寒暄几句,便驱车到工地看。实际上这一段的桥梁工事已经基本结束,东海新干线都用钢筋混凝土桥,到名取川桥桥边。该桥为三孔、四孔,三孔的三联连续箱形P.C.梁,全长525米,桥已完成。车到桥下,微雨,泥地,日本朋友让我们戴安全帽,换胶鞋,安全帽戴了,胶鞋都不想换,因微雨,一位日本技术人员替打伞,曾试探他会否英语,惜不会。桥本身没有什么看头。上桥看线路。

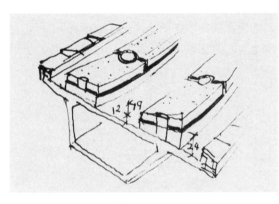

图7-2-19

新干线因为车速要求高,线路全部用轨枕板。桥是在曲线上。经询问他们,轨枕板的调节标高问题。梁打完后四个月,经常测量其顶面标高,看其变形,由于收缩徐变的变化,点出曲线;看其趋势,趋势已趋于停止,乃打上面的超高垫层,根据线路标高要求调整其高度。然后又等若干时日,再放轨枕板,经过仔细测量,垫好,抄平,放线,完全准确,然后在板下面灌水泥沥青(图7-2-19)。结硬后便在板上预留孔中放入钩头螺栓,装轨垫铁板、扣具等。详细的情况不录。又下到墩顶看了一下其防震的装置。时间不早,汽车送到火车站,由仙台坐火车到盛冈。

在仙台时,盛冈支社的计划部工事计划课长津野耕(SaWa No KOHJI)(像闵之奇的味道)和工事第二课课长高桥升(Taka Hashi No Boru)(很有老戏骨于是之的味道,毕业了12年,现年34)两位技术人员先到仙台来接我们,然后坐车同返盛冈。这二位日本朋友,坐在我的对面座,慢慢地我和高桥说起话来,他英语比较流利,因此谈了些寒暄话,也交流了一些技术情况。

晚宿ACE旅馆。

从车站到旅馆,走过一座"开运桥",桥是刚性桁梁柔性拱下承式,铆合结构,是1953年造。足见那时的水平也不过如此,而在这27年里,赶上了先进国家。指望我们不要再像1957年起那样政治上的路线了,那么,再过20年,也能狠狠地追上。

夜餐在一家叫"庄助ちり(庄助尘世)"的馆子中吃的饭,日本式榻榻米,特点是吃了些海味,烤墨鱼、蛤大酱汤等,其中比较有特色的是烤海螺一串两只,其状如蜗牛,但其肉如筋状,味鲜,从壳中拉出的一段中,有些像"蟹黄"味或像蚌中那一块肉,可能便是海螺的"黄"。因为外形像蜗牛,老李不敢吃,失之交臂,替他可惜。那里有马刺身即生马肉,因为有马先生在,不点。菜中尚有牛软骨,似乎是喉管。

席间有一场关于道德观点的辩论，梶村先生认为到一个地方要看其正反两面，然后再批判接受，因此邀请我们到夜总会一观。高桥先生喜欢读中国小说，除《水浒》《红楼梦》之外，还读过《金瓶梅》，认为日本从知事便渐入港，故不觉惊奇之流。总之，道德观点不相同，交了两位新朋友，频频干杯，但我只饮啤酒，对日本清酒不生兴趣。

7月8日

晨起，在旅舍用早餐，700日元，自取。

带了行李去拜访了日本铁道建设公团盛冈支社社长田代博。同时在座的有计划部长田中孝一、工事部长野野垣正夫，这不过是礼节性的，他介绍一下情况后，因要赶车，便由社派汽车送往火车站。高桥、津野二位，因准备资料，且另要一辆车在东海岸用，所以坐汽车随后走。

车到花卷，下车转车到釜石，这一路以后的旅行（包括盛冈）是在岩手县境内，车站都写有"あうてそ诗情やたろな岩手路"，岩手的旅行都是在山间，这一路火车，像我们旅行在西南山间，但树林更多更茂密，青翠宜人。车穿过蓬莱山、早池峰山、鹰巢山、原台山到东海岩边的釜石。在车站等了盛冈支社高桥，津野，先去丸藤午餐。

特别是那份饭，方木匣装了一只铝碗，上有一个木盖，碗中的饭上面是菜，有四喜、鱼类之分，饭是糯米的（吃起来像），用酱油，一如我们做八宝鸭时肚中填的饭。吃法形式不同，其味类似。（图7-2-20）

饭后步行，看了其附近一座第二大渡川桥，四孔简支钢桁架，无竖杆，无断面联结系，但是砼床板，道砟桥面。箱形杆中节点外拼接。原则不是东海线用砼吗？这里用钢，因为桥正在釜石钢厂边上，材料方便。

伴同参观的有盛冈支社釜石铁道建设所一级土木施工管理技士、测量士、所长庄子英夫，是位老工程师，一如当年的何武。

下午原计划还看一处线路，因在仙如桥上已详细观察，故直放住处，田老的三王阁。

图7-2-20

这一路沿着太平洋边缘日本东岸，公路随山曲折，风景很好。这是我第二次走到太平洋边，第一次是1947年到台湾东岸。海岸形势，东岸近洋处山都陡峭，大陆台地校短，海（应是洋）浪和台风，使东岸自然风景自然更为雄状美丽些，加以日本保护树木工作做得好，松、柏等各种树木都姿态自然。观之不尽，也难得形容得好。

因为毕竟还接近陆地，所以日本称这一带为"陆中海岸国立公园"。中途停在一个观光处看：海岸洋景，照了一相，我说远处是Hawaii（夏威夷），老马说"哼哼"。青柳一听笑了起来。他说这个观光所的日文意义，便是"观望"的意义，自然目力再穿，Hawaii是看不到的。

下午5时，到了田老的三王阁。

三王阁是造在突出于海边的一个山嘴上。这是岩手县田老町公家办的旅社（一如疗养院）所以称为国民宿舍，比较正派，没有民办的club（俱乐部）那样乱。即在湾中，有三块大石，男岩、女岩、鼓岩称为三王岩,阁名三王阁。

　　阁门口草坪上亦放了三块象征性的三王石,因是白亚纪水成岩、夹砾岩,风化形状不如太湖石灰岩的玲珑多姿,但亦具古趣。

　　居室为三人一室或二人一室。和室,八席有阳台,我们住房正是其广告中所摄,剪下贴在前面一张纸上,并在阳台上画下外面的风景如图(图7-2-21)。

图7-2-21

图7-2-22

　　遗憾的是没有立即出去走走,走到三王岩、海岸边,而仅在屋顶上照两张相。住定后,换上和服,同赴食堂吃饭。

　　八个人一色,我就说我们三个形式上都成了日本人了。恐怕唯我最像,因为带子索在肚子底下,鼓了肚子更为相似,他们二位穿了衣服嫌大,叠得过多,便不像了。

　　席间尝了十一种生海味。

　　这十一种海味是生鲷鱼片、生鲑味片、生章鱼、生墨鱼三种贝类。这一套菜的布局便如照片(图7-2-22)。总的味觉是新鲜,贝类较鲜,鲑鱼较鲷鱼味好,凡是生的海味,全部是带黏软的感觉。贝类一种是软件;一种白色而脆,像国内炒得好的天津爆双脆中的肚片;黄色的则如蚶肉。最为特别的是鲑鱼子。色鲜红,一颗有五毫米来直径,透明。咬破如胶囊,里面亦像油质,其味与腥气极像鱼肝油精,所以除胶囊极薄不像外,可称是鱼肝油精丸。海老生吃,因为弯曲如老人(虾)故名,极鲜美。

　　三王阁远处日本本州东北部海岸、新干线未通,坐在来线要转车,并要花一二天,所以来此不易,恐怕只有高桥、津野来过。青柳、塚本均未来过。晚间青柳约明晨起来到四周走走。

　　晚间饭后,在三王阁三楼的娱乐室内坐坐聊天,青柳问行前将买什么,不够可贴,一定要大家说说,李又不能据实,只能宛转其辞,青柳后来就说希望能说老实话,这不太好处理。我不介入,由李去说,马克思在不说真话与说假话之间有明确的区别和爱憎,现在是属于哪一类,也说不清了。

　　三王阁洗脸用具毛巾牙刷自备,李、马未带,三人各买了一套,9时,在浴室洗澡,惜无温泉,故无特色。

7月9日

　　清晨5时起来,青柳亦起。(我们住三楼313室,青柳、梶村、塚本住312室,高桥、津野住214室)。我起来时李醒了,但赖着不起,又睡了;马鼾声如雷,不忍叫醒。

出三王阁门，清晨，天已明亮，空气清新，无风，无雨，但有些雾。虽然起早，精神为之一爽。

顺着公路往右走，既无行人，亦无车辆，空旷无人。如入仙境。两边缘树带着朝露，还有一二处路边绷着一二根带露的蛛丝，像一座独索吊桥。可是沿着公路，走不到海边，大概一走可以走到真琦。于是回头，在一株极古老而枝条纷披有力的松树边，停了下来，青柳摄了一影。

走回到三王阁不远，从一条支路岔下山走，直到洋边，后查导游册，地名波打。只可惜雾气较浓，所视不远。有一位游客在此钓鱼。上山，经游泳池转到波打的峰头，大概上山的踏步，数在三百，我已觉十分气喘。在波打山腰，往下看洋，松林之中只见礁石磷磷，恶浪起落，居高临下，风景极佳，画得一草图，原稿留下贴上，再重画一张如下页（图7-2-23）。

图7-2-23

风景甚美，还有其四时变化，想必更动人心。黄山有松有石，可是不在海边，没有波涛，这里有松林、有奇石，有波涛，当雄风起时大海扬波，松涛震撼，气势十分澎湃。今天天雾无风，没有涛声，青柳说在日本称为"松风"。"松风"二字实际也出在中国。

失之交臂的是，波打回来，即到三王阁休息室，时为7时不到，离8时集合动身尚有一小时，若再到阁前走左手的路，可下山到三王岩下。因为都没来过，且未先看导游册，三王岩便未去成。

想起1947年时，赴台湾旅行，夜9时到日月潭，住阳明山庄，本来是没法出去观赏，可是深夜有明月，不用秉烛，半夜起身。绕湖而游，穿林带月，除了我们这一批之外，遇到些同兴的游人，有几家卖蝴蝶的店铺亦开着。这样名胜之地，来之不易，人生短促，来去忽忽，这次夜间无月，清晨而起，领略一番，望泽而不兴叹。

游毕回住处，二位高睡才起，起后又同到波打山头忽忽一走，雾更浓，更不能看见什么。

早餐毕，汽车来。8时许再次出发，诸日本友人都买了些土产带回家。

8时下山，先转附近山脚下，在山岩之上用白漆记有明治29年（公元1896年）津波波高出海平面十五米，当年共三百三十户，死一千八百五十九人，仅存者三十六人。昭和年间又一次波高十米，现在造了砼防波堤。

8时动身，沿日本东海岸继续向前。一路山海风光，观之不尽。先看小本川桥。访日本铁路建设公团盛冈支社，小本铁道建设所兼久慈铁路建设所所长柳田健一先生同赴桥头。

小本川是P. C.斜拉桥，拉杆亦用P. C.。

全桥衬在青山边上，洁白可爱，远看其色如玉，比之钢桥素净（日本钢桥喜漆红色）。桥造型很好，质量也高，我向高桥说，这是一座设计和施工都高质量的桥梁，他说谢谢，并说此桥得了土木工程师协会的技术奖，较之田中奖高。

但我亦指出此桥引桥和正桥不大相称（也是P. C.梁），因为梁高低宽窄，有竖加劲肋，都和正桥不统一。梶村说这是"遗念"即我们国家称为遗憾之意。

离小本过安家，公路转进山间，地图上为"田ノ畑"，路牌见到有田野畑村，一路"曲径通幽"，当然这是在汽车上所见，并不是荒山小道，禅房花木。缺点是山涧无水，不若川西北，山深源长，公路沿溪而走，水声活活，色白如沸。这里河道短促，暴雨来时，溪壑皆满，可是一泻而空，只剩下河底砂石。

两岸山壁开方的边坡都着意保护，基本上有三种方式，喷砼、加钢丝网和预制砼块砌护。或者还有前二种的组合。至于砌护的预制砼块，亦有很多不同形式，因此既安全（防坍方，落石）又美观，且峰深日久，全块上青苔转黑，色近自然，更不显眼。

经过一段煤渣细石（clay leond maedum）路面，到一个峡谷之中，两边山崖相距百米，高在百米以上，开有隧道，中间一桥是P. C.桁架，二孔36米。这座桥光洁可爱，为槙木泽桥。

桥梁自钢桁架铆合结构，缀板，缀条，到高强螺栓的箱形梁，结构上比较简单，建筑艺术上也减少了很多混乱。可是尚做不到全焊，因此留下了补缀的地方，即拼接板和螺丝头。

P. C.桁没有这些零星小物，设计得好，混沌如玉，杆件都削小角，看起来很为悦目。

但此桁有两根端腹杆（支点过来第二根），产生顺杆件纵向裂纹，已压水泥浆补好。不细看看不出，有些杆件表面产生温度表面裂纹，如冰片状，须细看能见（未放表面钢筋）。

当然这是新桥，看来如玉，年代久后，亦像边坡砌护的预制全块一样，将色转灰黑，有斑驳苔痕，那时将成何景象？

桥是整道床板，梁则在桁架之外，有人行道伸臂，可是断开，不参与底板受力，道床板作单向板设计，道砟桥面宽同桁架里侧，超过了实际需要，主要是为了走线路铺轨车的关系。

桥下支座设计时考虑可在各个方向移动二至三分米。以防地震变位，桥墩移动，虽说似乎周到，惜地震时桥墩陪随下沉，这全的连续梁，将与钢梁不同，大量开裂，修补不易，恐怕也是一大缺点。

从桥下转出，桥下一孔间有公路，开车不远，便到海边，因正在修工事，不通。折由原路回到沿海公路，续向北开。

在岛越的番屋（shima no koshi ban ya）午餐，餐馆处在路边崖壁，拾阶而上。临洋而坐，前面二道小小防波堤，停满了一些小渔船，还有一个渔码头，看来是渔港。餐室内放了一只"番屋丸"的小木渔船，排有网具，桨槁，一船清水，养了很多海胆，大者约五六十毫米，价500日元，小者400日元。餐后继续前进。

因为一路山脉是垂直于海岸走的，公路沿岸曲折，在湾子里是路，过山嘴时是隧道。公路隧道用黄色钠汽灯，灯光较和顺，两端灯密，中间灯稀，使司机适应于光线的变化。

公路弯道处都有反光镜，可以了解对向来车。

公路连道上下行都用白线全线画出，各行各道，所以不用喇叭，自然弯急之处仍易发生车祸，一是超速，二是超车，三是越线，皆是猛浪所致，公路部门在事故多发之处用牌子揭示，提醒注意。

看了一座砼（R. C.）拱桥，拱成折线形，拱上梁为刚性连续，拱板太厚，桥本身并不匀称，地处湾口，风景优美。摄影，但仍提笔画此草图，写日记时加彩色（图7-2-24）。

梶村告，制造用，满布脚手架。

再往前进，看了一座大田名部桥，是日本第一座铁路砼桁，单孔，三段预制拼接，故中间有二根

竖杆，较粗，原来是二根预制，而中又填了现场
砼，已建造十年，无甚问题。

安家川桥，建于四年以前，九孔。是大田名
部桥的继续。在安家川桥前，公路路旁，与梶
村，高桥交流了一下情况，原来日本造铁路 P. C.
桁梁在 1970 年始，即是梶村看了苏联的报告之
后，可是苏联的报告则是在 1965 年修的桥。砼
桁的提出，虽应归功于 K. C. 西木和鲁登科，可
是设计的原则和科研项目，1957 年在中国中苏
科学研究基点都做了。我做的设计计算和模
型，西林专家均摄影带回国，至于我的锭形板
式设计，尚未用上。若回国能争取一用，自然是
较国外更别致。得失原非个人的事，动作在别
人之前，收效在别人之后。龟兔赛跑，这兔子不
是中途打盹，而是中途打内战，哀哉。

桥梁参观，此行到此结束。而这次旅行的
主要路程亦将结束。

大田名部和安家川节点重叠，理应照虚线
部分打，但为了施工方便，形成重叠节点，梶村

图 7-2-24

说，"总工程师要这样"，我非"总工程师"，言下之意，无可奈何！

汽车到九慈车站，高桥、泽野告别。他们让给我们三人所坐的黑色高级轿车，（他们坐小面包
车），亦将载之归回盛冈。鞠躬告别，对于一些日本礼貌，我们亦已经多次应用了。

临行高桥送我们小本川桥放大彩色照一张。

久慈上火车到八户，一路青柳、梶村与我同坐一起，李、马、塚本在隔座。青柳要梶村买了
10 "本"（瓶）sapporo（札幌啤酒）和三四袋子日本酒菜，参观任务完成，客人已走，青柳便较活跃，一
路上三人用英语闲谈，有时写些汉字，一路说说笑笑，意兴横飞，青梶喝了三瓶酒，我因为在来线，横
摇太厉害，只喝了一瓶，以横摇代替了两瓶。

6 时到八户。车站门口有两匹大的儿童玩具式木马作为标志。小城镇街道较窄，（二车道），房
屋为二层，没有或较少高楼，8 时上火车，有 2 小时休息，在八户一家和式餐馆晚餐。

我们喝啤酒各一升，他们啤酒之外又喝日本清酒，我因为醉倒过一次，对之始终有戒备心。

席间谈得比较正经。主要是谈对 P. C. 桁的看法。各抒己见，不会得到十分统一的看法。

李问青柳要计算书。青柳回答说，图纸是设计的精华。我希望中国朋友们学习设计的原则，
不要照搬，计算书可以给，但是不必照抄，梶村说我设计 P. C. 桁只是看见一张照片（那就是苏联的
50 米左右的 P. C. 梁了）。

青柳的意见始终和我相合，照抄照搬根本不是办法，举一而反三，本来是我的原则，学活方法，
不学死方法，也是我始终的学习精神。因此我对他直接说："I completely agree with your opinion,
we ought to learn the active method, not the dead calculations."（我完全同意您的意见，我们将学习更
灵活的方式而不是死计算。）青柳大为高兴，和我热烈握手。

除了工作之外，也做不少闲谈。饭馆墙壁上，贴了不少格言，店主是为不俗，不像东京酒家，以广告和裸体为主题。

格言中有："傻瓜有三种，一是聪明的傻人；二是傻瓜的聪明；三是傻瓜的傻瓜。"很有哲理。

"女人谈恋爱，是两只手抓，男人则一手抓工作，一手抓恋爱。"这是适合日本的国情。

"饮酒要适度，不要过量。"这一条原是至理之言，我说老板贴了这一条，生意倒要少做不少。

当炉是一位文君，甚有风韵，塚本为之倾倒。青柳说你可以留着不走，我说回到东京，他大姊将问我们要人，这就难了。

上车站，上火车，B级，三层，青柳等照顾我们，我、李睡下铺，塚本、梶村睡上铺，在摇晃之中，一宵无话。清晨5时到上野，转日比谷地下铁回筑地，第二次本州陆上旅行结束。

7月10日

清晨到东京，马、李倒头而睡，我洗澡、洗衣，吃了一碗快速面、两只鸡蛋，然后睡觉。

上午塚本来，带来不少相片（百余张）。清理一下相片，已下午一时，出去理发，就在筑地大岛大楼隔壁的小铺中，三只座位，只有一位理发师，不懂英文，写字，都弄清楚了。

全套，理发，洗头，刮脸，按摩，擦油，吹风，共2 500日元（每人）。洗脸盆便在椅前，翻立可以盖上，洗脸用具都藏在内，价不贵，第一次理发在一个"美容室"里，两位老徐娘，其中之一油滑之极，三人中两位未洗头，却花了8 500日元。

下午整理日记。

晚，6时到了大使馆，见贺法岚同志，汇报了这次旅行及第二次请客问题，到林先生家的过程，归国购物问题，留居到八月十四、飞机票改期问题，取得其具体指示。

出来在六本木李家宛吃饭，谈起在他家招待的可能，他说是每人4 000—5 000日元，有鱼翅，至少3 500日元，不包括酒。

李老板弟兄四人，老大已亡故，李家宛是老三，老二亦在东京开饭馆，据说规模相似，生意较大。老二七十多，李家宛六十七。还有个老四六十二岁，扬州郊区公社里的农民，老二、老三把他接来玩玩，老四那天晚上也来到馆子里（住家不在一起）。老四人是老实庄稼人，穿了他老哥们替他买的黑底白条衬衫，一条黑西裤，一双布鞋，一口"拉块拉块"扬州话，新中国成立前在句容当过短时期和尚，至今独身，吃素，住在老大的儿子（侄子）家中，年劳动工分年底约得200元。老二这次回家，带他来东京小住，否则十年工分不够跑这一趟。

老三李家宛，解放初期在香港，后来把老婆送到柳州儿女处，只身来东京，时为1953年。据说当年六本木一带和东京大部地区仍是木板房，生活较苦，一切也都配给，中国手艺人在此工资较高，于是日本姑娘亦愿嫁他，所以他又娶了一个。本来在资本主义国家，金钱控制一切，包括男女之间。和日本老婆又生了一个男孩，即在店里跑堂，不懂中文。初帮人，后来不帮人，自开店，眼看着日本被美国扶植起来，房子改观、市容改变，地铁由一条变十条。拼命干，开地铁只打下一个洞，在地下挖，上面照样通车（北京安定门外地铁大破膛，敞了四五年）。之后老三亦把大老婆儿女接来，分开住，这次又把老四接到"这块来完完（玩玩）"。老三为了赚钱，后堂只请了两个人，一个中国人、一个日本人，因为日本人工资便宜（十多万），中国技师要四五十万。前堂只有老板一人，一条腿被汽车撞伤过，走路一拐一拐，然而招呼来客是他，结账收钱是他，接电话是他。清早起来，

10时打烊,12时收拾结束回家。晨起采购,忙够一天,赚钱是辛苦,可是辛苦了赚得到钱。这样前堂连一个"花瓶"也不放,会计也不用,自然生意小。不像三越七楼的食堂,数十名女侍者,一色制服,会计两人,还有两三个专门招呼座位的女侍者和几名跑堂男侍者。若论上上下下,东京及京外,男女职员不下万人,可能他的生意也是这样点点滴滴做出来的,松下不也是由家庭工厂生产电木开关起家? 不是每一个小资本家可以发大财,只有有前进心、有眼光手段的资本家才行,竞争的社会是冒一定风险的。

7月11日,星期五,又是周末

上午由深谷俊则讲如何处理下津井的建筑艺术。根据他说,他们国内情况,结构先定了,再要求美术处理。定结构是由专家们开会,作美术处理者不参加,定好了改起来不容易。这和国内情况相同。

下津井吊桥吊塔的形式是千叶大学工业美术家杉山所设计,色彩是重田所定。我问最后方案是谁来拍板,他说他不知道,看来也是当权者决定,因为从建筑美术观点来说,谁都可以说上两句。

下午由林国安先生介绍立体结构的程序编制,源程序一,子程序二十二。我们问,公司哪几句程序是为必需,他说了。但塚本告,可能程序是保密的,这也合情合理。

荒濑和田部,田崎在办公室,带来了很多日本油画家作品的彩色照和古典名家的彩色照。

画家藤岛武二,原作油彩涂得一块一块,脸上似乎很脏,她们说这幅画叫黑扇。因为手中拿了一把黑扇。油画自应远看,近看则不成格局的,为了回答田崎的关于熊猫的问题,我说我同意她熊猫应该养得自然些。我说:"I am sorry to hear about it, To Huanhuan just have been decide for only a few month, now she became a window..."(我听到这个消息表示非常的遗憾,对于欢欢,她在几个月前刚决定的,现在她变成了一个窗口……)我告诉她们国内熊猫情况,川藏边境的自然保护区,熊猫能上大树,遇警,会滚下山坡,游过河流,逃进竹林,哪能这样娇生惯养。自然保护区周围有居民,有时小熊猫会走到人家里来玩,居民又把它送上去。近年竹子有死亡,据说保护已定为国际性的了。她们听了都甚感兴趣。田崎还去替熊猫送了葬。欢欢能不能再结一次婚,或暂时回娘家住住,那要看我们国家的处理了。不过新郎只有在中国,这是肯定的。

塚本告我岩洞湖第一方案便是深谷俊则所画,我就告诉深谷这方案可以改进,第一改变塔形,以改进边孔的偏心(图7-2-25),第二对岸加一孔倒三角形梁,以缩小大孔跨度,他觉得非常好。中

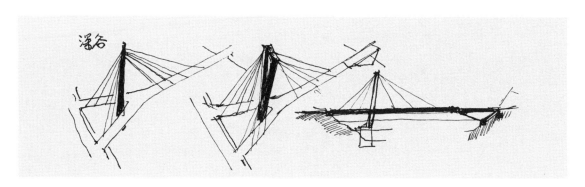

图7-2-25

午他要陪我出去走走,天雨作罢。

他还告诉我说要用一种新方法做浮墩,我告诉他这是二十多年前的老建议,毕竟他是搞建筑的,对于桥梁的历史知识比较浅。

7月12日,星期六

上午去皇居周围一走(图7-2-26)。从日比谷车站出来,我们顺着马场先濠向前走,到了马场先门(现已无门)走过一座19世纪的石栏杆桥,进入皇居外宛。从路口木揭示上看来这是德川家康开辟的江户的宫门,外宛可能以前便是马场,没有什么建筑,所以现在开放并且纵向修了一条通道。外宛树木稀少,并不是很好的游览地方。这是外宛,所以有外濠,里面又有内濠,内濠之内侧又有内城墙,所有的日本城墙都是以大块条石银角,大块块石斜砌,内侧是堤,堤顶种树,和我们故宫的所谓城墙不同,也许仰攻是比较容易的。既是内宛,不知那里是否可以进去看看,遇见第一个门叫桔梗门,看见有汽车(一般的)进出,以为是可以进去的,走近一看,有警视厅警察守门,汽车上人,下来领牌子,登记,原来是宫内的日用事务,向外面定来东西的送货车。

向前走,快到第二个门,看见一对外国人夫妇向那门走去,门是叫坂下门,又以为是可以进去游览的,便跟在后边,门口亦有警视厅警察告诉那外国男人这里不能进,并拿出地图表示哪里可以去,我们便继续向前到皇居广场,那边是第三门,是皇居正门。正门前是广场,有一座桥梁是19世纪形式的双孔石拱桥。自然也是警视厅看守,人们可以隔濠照相,并且有专门代客照相点,这便是皇宫唯一可以看看的地方,默默画下(图7-2-27)。从皇宫整个的布局情况看,没有中轴线,城墙不高,城濠倒较阔,城墙上树林茂盛,所以倒像是个公园。当然当年城门口城墙上若是刀光剑影,高头骏马,旗帜招展,自然还是能吓倒老百姓的。

正门里面,便是现在的天皇裕仁(八十多了)及其皇族居住的地方,宫中有主,不是可以随便进去的。

绕过樱田门(第四门)再转到皇宫外马路,沿着皇居,三人缓步而行,这时天已中午,太阳倒大,可是并不太热,一路人行道树也有很好的遮阴。有不少男女老少不时从身边跑过,原来是绕皇居锻炼身体。经过半藏门、北门,在千岛广渊边上停下来,在那段濠里,可以租小船划。这像我们劳动人民文化宫和东华门之间的城濠内可以划船差不多,不过正如上面所说,城上有树,再加上濠边树林茂密,高低参差,樱花种得很多,这环境倒像在颐和园的石山一

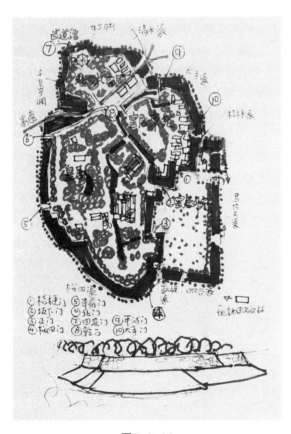

①桔梗门　②清水门
③坂下门　⑦田安门　⑨半藏门
④北门　⑧乾门　⑩大手门
⑤樱田门

图7-2-26

样。我们停下来，不是为了划船，而是为了解渴，在租船室旁，向租船小姐换了硬币，到自动售货柜中各买了两瓶饮料，共80日元。我喝了两瓶可口可乐，歇歇脚，解了渴再走。

进田安门是皇居的后院，现在开辟为北丸公园，里面有武道馆，是八角形的（很大）砼结构日本式建筑，那里正在开电气产品展览。由于门口站了六七个女服务员，李不进去，说怕有什么事。沿着大道经过了图书馆、公文馆、近代美术馆等，又转出。沿着皇居外濠往回走（图7-2-28）。

沿路很有几个铜像，或骑马的将军（估计为明治时代），或立像握刀。在大手濠边，一个铜像头戴幞头，身穿圆领，长须，持笏，很像中国唐宋时的官员，看碑似乎是明治天皇的父亲的朝臣，老皇死后，代为执政，忠心耿耿，一直到明治长大，那就是日本的"周公"。

御濠之上，有一座平川桥（图7-2-29），石柱木梁，木桥面，石柱在水面以上，所见为叠石轴柱，是否是由长安传来的灞桥的做法，惜无时间也没有能够去考证一下。前进，仍进入皇居外宛，经过一处喷泉众多的小花园，有日本皇太子结婚纪念碑，再由原进外宛的路口出来，沿老路走回。共走3小时，约10千米。

皇宫的游览到此结束。

皇居东宛，每年年底到年初开放几十天，此时还在禁中，皇居御宛，也可能比之于国内的离宫别院，并非朝兄登极处理事务的地方，所以不讲格局，以园林为主，（当然内部情况不知道了），大觉寺便很有气派。

Himeji Castle（姬路城日本著名的古城堡，位于兵库县）则更为雄壮。（图7-2-30）

中午在银座庆乐吃广东中国料理（日本人开的铺子）。

晚上在宿舍自做菜吃。主要吃素，刀豆、盐茄子、煮毛豆、黄瓜鸡蛋汤、青椒炒肉丝。

老马在庆乐问女服务员哪里是邮局，说的是日文，人家听不懂，最后拿信出来才懂，未

图7-2-27

图7-2-28

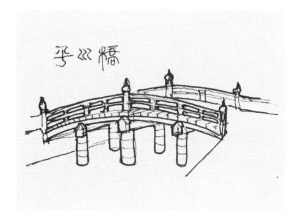

图7-2-29

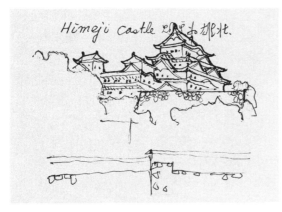

图7-2-30

发。回来到筑地鱼市场又问，又不懂，拿出信来，那老太说："呀，邮便局。"说的是日文，听起来是中国话。

日本在工事施工时常印、画挂出一张告示，皇居外濠亦有，地下铁中也看见过或者说到处可见。文是："工事中は何かとこ迷惑在おかけ致します安全には特に气在71+2作业してすりますかいしはいしの间二辛抱下さい。"（施工中什么地方有麻烦，为安全起见，请在71+2的施工中要特别有耐心。）

7月13日

今天星期日，上午10时许去文京区东京大学附近一游。这一区在上野边上，初到时去过了上野公园、水族馆、动物园、不忍池、升财天（天满宫）。现在玩另外一些地方。

从筑地坐地铁到日比谷，转千代田线到汤岛，往汤岛天神。所谓神，都是后人"转变"而来。这位神，是日本南北朝期间的菅原道真。神庙不大，种有梅花数十株，去时梅花花期早过，神庙中的有二方石碑，全部汉字，汉文。其中之一为（图7-2-31）篆碑，详记始末有文，有赞，隶书，篆额，在东京我是首次看见。另一块碑文较短，文为："凡神因一世无穷之玄妙者，不可管而窥，知虽学汉土三代周孔之圣经，革命之国风，深可加思虑也。凡国学所要，虽欲论涉古今，究天人，其自非和魂汉才，不能阚其闳奥矣。"下题野之口隆正并书。文并不太通顺。毕竟"和魂汉才"意即学习我国的"才"而仍维持日本民族的精神。中日文化交流影响之深，自非一般，这一点日本朋友都乐道之，日本的学校里都教育到，毫不讳言。不像有些"兄弟"国家分明受汉文化的影响而想尽量消除其痕迹，可其愚也。

图7-2-31

庙中一个复道，或旱桥，木结构，很有意思，大致画如（图7-2-32），顶是木板，上包铜皮瓦，这是日本大尾顶的一种做法，对于外露木结构，往往包以装饰和防雨铜皮，久成浅绿色，木结构从不油漆，木质都好，做工尚精。

从汤岛天满宫出来，绕东京大学一周，因东京大学无熟人，非学生又不得入内，外面看墙内樟树高大，和墙外银杏行道树，两者都是长寿木材，对于我国的行道树，实有改进品种的必要。不要一色不耐久的槐树与外来引进、不

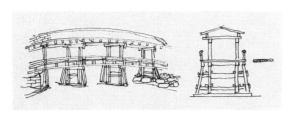

图7-2-32

结实、木材无大用的法国梧桐。

中午在一家日本铺子午餐,吃了一些蚌、螺、鱼之类,啤酒,米饭,量不多而价高。下午回宿舍,晚上在劳动稿址社晚餐,到银座散步后回。

在赴汤岛期间,于日比谷车站,正在摸索换车方向,一位华侨主动来打招呼,搭腔之下给了一张名片,名为唐万财,做生意的,开了一家上海祥兴服装店,中华料理上海亭,实为镇江人,铺子地点亦在六本木。邂逅之遇,谈了几句就分手了。

7月14日

今日由森田讲加劲桁和吊索。

飞机票决定改8月14日,是根据护照允许在日本停留90天而定。为此,到现在为止,已二个月,从现在开始,还有一个月时间。

明天去参观横河桥梁厂,24日到东京以西高崎、前桥和沼田作一天的参观。

7月15日

晨起,塚本来,八时半动身,坐日比谷地铁到茅场町,再换东西线地铁到西船桥,再换乘国铁到千叶。目的地是千叶县千叶市新港的横河桥梁制作所。

青柳和日置,以及公司另外4位社员,相约十时半在千叶车站碰头。我们10时已到了站,在站外一家小咖啡馆夫妻店喝了一杯橘子汁(300日元,价贵),到点,在站的那头出口会到青柳一行,坐出租汽车到横河工厂。

日置董事原来是横河厂里的人,后来出来了,但和厂中上自厂长、下至车间都比较熟,因此联系到那里参观。

首先会见了原来自横河桥梁制作所,东京支店的千叶工场场长出口次郎,其人如小卞(武汉的朋友);制作第一课开发系系长上户康男,是搞数控的;工务课副课长补佐滨野公男,主攻电焊,设计部桥梁第一课课长荒川利男管设计。

到了先介绍一下工厂情况,便到厂内参观。下午是由东京支店派来一位前田外史,主持讨论。

总计这个厂,面积并不大,秩序井然,工人五百,月产四千吨,年产四万八千吨。现在任务不足,和神户的三菱厂一样。一个放样车间,土办法放样。最有意思的是放线仍用鲁班老师祖传下来的墨斗放样台溜漆缘色,古斗中不用墨而用白广告颜料,弹出白线。足尺放样,板子用薄塑料板(厚约一至半毫米),易剪易拿。

亦有比较先进的数控放样台。放样笔是火焰头,可以在钢板上烧出线条和点点,用电子计算机数控控制。

材料都堆在厂房内,运输用电磁吊钩,每块钢板上都是尺寸写在板面一端,故钢板堆放每块隔开一点,以便识别。

钢板数控切割到二百毫米,故一切都是焰割,不得已才机加工。我们焰割质量不高,一是氧气不纯,二是喷嘴不好。横河厂给了一个嘴样带回。

钻孔都是钻小后扩,亦有钻准的用母样板(很小)。

电焊则自动埋弧焊,半自动焊,手焊。

开发了两种工地电焊,一是 YK 法,焊水平接缝(厚板)如高层建筑的柱,一是垂直焊接,关键在于焊缝前有一块随焊机向上移动的挡板,防止焊钢水下流,此板一面用冷却水冷却,一面放 CO_2 以保护焊缝,这是新开发的,看来倒很有用。

看他们焊杆件,预先点焊亦较长较密,但焊缝都有引板,飞溅焊瘤,在所难免。

一根杆件或一段结构,焊好后的清理工作很多,焊缝面磨,一切不光洁处都打光,引板烧去,打光,油漆好后,自然看起来舒服。

因为题目早给出,厂里有准备,取回参考资料二十号(当然有的很薄)或可以解决一些问题。这里不详记。四时告别。原路回来,青柳、日置于船桥下车,我们仍到福祉晚餐。

高桥从盛冈来信,复信如下:

Dear Mr. 高桥.

We are so glad and with many thanks in receiving your letter and additional technical papers on the P. C. Ccable-stayed bridge. They will be much useful in our future bridge designing work.

On the trip for three days along the north-east coast of Japan, we enjoyed so much both on technical learning and sightseeing. But, especially, we have had the great pleasure to make acquantance with two new Japanese colleagues — you and Mr. Tsuno. Our new established friendship will be endured forever.

We will return three weeks after. We hope you and Mr. Tsuno would have the chance to visit china and we could entertain you in our country.

再见

Sincerely yours
Sign

到社长室用电动打字机自己打出,电动打字机极灵活,字又清晰,他们有女秘书可以代打,但是自己用一次,有感性认识。

"工欲善其事,必先利其器",器哉,就是缺君也!

7月16日

今日由森田讲吊杆夹箍和索鞍。

下午四时半结束,由西田、青柳及塚本陪同,3 人同去访泷山养先生。泷山先生是社团法人,海外铁道技术协力协会理事长,日本铁道学会的领导,国铁顾问,一力支持中日友好,对于中国的贷款由他促成。中日技术交流是由他促进铁路部门之间的联系,今后尚由他促进安排中日铁路之间的技术合作。

西田先生带我们拜会他,泷山先生估计已有 70 开外,但精神尚佳,戴一副可以翻起的眼镜,一如茅老(茅以升)。会见时,泷山先生说了很多中日永久友好的话,并称赞了西田先生为中日友好做出的贡献,李亦说了泷山先生及西田先生对中日友好的致力,并表示谢意。说到我们的工作情况、生活待遇,泷山说主要是中日友好的心意,不在物质。

这次拜会,前后不过一刻钟,敬意已到,告辞。

7月17日

森田讲伸缩装置。

他们的伸缩装置(铁路)变形量 ± 72 cm,基本上采取纵剖半轨的形式,由于缩时有144+60 = 204 cm的距离,轨距比1 435大了一个轨头,车辆摇摆有脱轨的危险,故中间用特制铸钢作挡翼缘之用。又因为翼缘外侧形状,原来没有考虑有长距离外侧导向,所以与铸钢摩擦,激出火花。同时其垂直角变,水平角变都分离出去,独立解决,这样的设想是不错的,但解决得不是太理想。

今日计划部送来一些荔枝,招待我们。日本不产荔枝,由中国进口,视为珍果。报上介绍情况,荒濑想拿核试种,这不过是玩玩而已。日本以工业品换这些消费品,由于剪刀差的关系,他们是便宜的,近日香蕉便宜,这也和进口价格有关。

今日我们三人在银座新东京大楼9层中国料理请几位讲课老师。他们是森田、梶村、柴田、林、大月、浜地、水野、齐藤(有事未来)、友津(有事未来)、深谷(有事未来)。

结果来了10人,连我们和塚本共14人。这座餐厅是我们第一天到东京时青柳请我们吃饭的地方,办法是采取包干制,约十多种荤素菜放在冰柜的盘子里,可以拿盆子自取,不限数量,吃饱为止。人均价2 000日元。还有炒饭、肉、豆沙包子、烧卖,水果(荔枝,西瓜)也包括在内。席间也有荔枝,可见近日大大地到了一批。酒共准备了威士忌、啤酒、老酒(中国绍兴酒)、日本酒4种。若是包干尽喝,也是2 000,另外买则按量算价。

这样的宴会,级别不高(菜中不过是鸡、鱼、虾、蛋、肉),但是场地有些,场面自由些。

我们向讲课的日本同行们表示敬意,宾主畅谈甚欢。我们3人,分片招待(长条桌)。我的4位客人,两位会讲英语,故不用翻译,塚本替李翻、又要替马翻。结束时森田建议叫"万岁",塚本建议日本规矩,宾主起立,二次击掌,每次连续三下,停顿后再来一下。据说是象征着和平,表示手中没有武器。

隔座日立的一个单位请客,男女约十四五人,差不多同时结束,也以三击掌收尾。

今日饮酒不多,啤酒中升一升,绍兴酒3杯。

今日报载 "(サニケイ)新聞" 有在日外国人看日本人的文章,剪下以见一斑。

7月18日

星期五,森田讲吊塔。

中午饭后,来了一位长大桥设计中心的技术顾问松尾友也先生,他1937年日本大学毕业之后,到中国福建福州设计上水道水池,他4月到,7月战争起,被召回国,被征入伍,派到东北,在牡丹江一带工作。现在在公司作顾问。他来问问我们好,问了我们武汉长江大桥基础的一些问题。

下午,荒濑送来油画一张,画得虚无缥缈,题名曰梦,这也许是日本姑娘的风格,如岩泽敦子一样。

又和田崎二人提了不少有关中国的问题,将一一作答,以使日本人了解中国人。

今天整天5楼调整座位，忙了一阵，晚上又安排喝酒，吃些酒菜。邀请我们出席。社长、青柳、岛等都来了，5楼技术处约有50多人，年轻的居多，分成几摊，热闹得很，席间谈话，天南地北，梶村最为活泼，或亦可说顽皮，总喜欢挑逗老头儿，人却是非常有意思。

柴田取来纸笔，要我写字，我写了鉴真和尚语"有缘之国"，青柳还要我写，于是题诗一首：

> 鉴真东去晁衡西，
> 蓬岛神州一带衣，
> 我至如归情深切，
> 日中友好万年期。

图7-3-33

他们立即复印好多，我取两张回，贴于此。（图7-2-33）

这一席面，彼此表达了友好情境。8时许回来。

对了，下午社长室深谷俊明来找我们，要我们去长大桥分社玩一下，并约了哪天他讲课时，我们一起去。

（今日森田讲课后，我们闲谈，说到吊塔，该是八角截面的既经济又好，但本四公团不用，他说，他们的理由是，没有做过的新东西，暂时不做，我说若这句话在别的国家所见，不足为奇，在日本这样喜欢接受新东西的国家，听了感觉惊奇，事实上可见每个国家都有保守派。谈到英国Humber桥的Freeman Fox公司，我告诉他Broron和我们的交往，森田说他们想去，英国不接待，我说他们找我们是想做些生意，他们不想你们去是怕你们盗他技术，森田极同意，也吐露了他们的大阪分公司正在设计E缘大三岛桥，用Gilbart的吊桥形式。）

离开日本的日子将近，恐怕交往更密，以后这样的邀请和宴请还有很多，例如，技术部一位青年，要邀我们去横滨等等。

对了，昨天下午，还有一位叫山边悠喜子的日本中年妇女，说解放战争时曾在解放区工作过，现在"日本交通技术"工作，想到中国去工作，现在在学中国话，说得很好。约了下一个星期天来我们宿舍谈谈。

服装：

日本人男士们在夏天一般服装都很简单，上身一件翻领衫或短袖衬衫，一般的人造纤维薄裤，无带皮鞋。衬衫不戴领带，有时戴一根象征性的缎带和一件扣带子的小装饰。裤子不用裤带，常挂在肚子下面，紧身，一般是小裤腿，不是大裤衩。大裤腿以女人穿的较多。今天酒会上因马先生穿的的确良裤有裤缝，桧贝先生就比画着说这条缝，他自己的裤子没裤缝，当然也有很多人一身笔挺，看他如何忍得住，也许办公地方有冷气要穿，出来时间短，熬一下，不过大部分日本人都不如此。

妇女们夏天的服装也是连衣裙,或绸衫长裙(没见超短裙),或牛仔裤,一般都是丝袜,高跟鞋或平跟鞋,所区别者衣服形式,色彩,人人不同,还有妇女天天换衣。服装式样之多可见。百货公司妇女部陈列的东西也没有一色的衣服排在一起(下面田崎等的问题回答中可见)。

发型也不过是长发烫曲大波,或较短发大波。极少数为小波或细卷,也有的是职业上的要求。

田崎和荒濑写了21个题目,下面录下其问题和回答,可见日本妇女所想了解的问题的一般情况。

1) When you were a child, what profession (work, job) did you want to take?

When I was a child, correctly, a youth, I would like to be an Engineer. Since, now I am.

2) What do you do on holiday in China?

On holiday in China, I generally stay at home, to read and write something (technical). Sometimes to visit or entertain some friends, or take a walk with my wife and children, etc.

3) Do you travel a lot in China? and where have you traveled in china. Have you ever been to "万里长城"?

Yes, I traveled a lot in China. In the map, I show you the terminals of my trips. I have been at 万里长城 thirty years ago.

4) Which place do you recommend to see for people who want to make a trip in China?

Different people may have different hobbies. If you have the chance to visit China, please tell me what do you want to see, then, I can recommend you to the suitable places.

5) How long does it take to return your home from 北京空港? Do you go home by train?

When I return to Peking, I will take a rest for few days and then I will go home by train. It will take me about 15 hours on the trip.

6) What is your children's name, and how old are they? Who named that? Do they have any meaning?

答略

7) What play is popular among children in China?

答略(下同)

8) Do students have to work hard everyday?

9) When children marry, do they live with their parents?

10) Are there many apartments in china?

11) What foods Chinese people eat always?

12) Have you ever eaten Japanese dish in China? and do you like it? Have you ever eaten "sasimi" (raw fish)?

13) Can you drink (spirit 酒)? if yes,what kind?

14) What country have you been? Only Japan?(after you have gone to china)

15) If we write a letter to you, could you answer to us? If you don't mind, please tell us your address.

If you would write letter to me after I have gone back, I would be so glad to hear from you, and surely I would write to you too. Because you are two of my Japanese friends. All letters from my friends are welcome! My address is...

16) What fruit do you like best?

17) Commonly, at what age do people marry?

If you don't mind, may I ask you when, about you?

18) In china, what do you eat for breakfast? Do you drink milk?

19) In china, how do you get newspapers? Are they delivered each house?

20) Can you swim? How far (how many meters) can you swim? What form (style) do you swim by?

田崎有一本书是《外国人问日本人一百题》英日对照版,有答案,可能即是其中摘取几条。

5个问题是:

1. 日本很多大学毕业的妇女,工作不合于事业,你的看法如何?

2. 你们每天回家做什么?

3. 假日做些什么活动?

4. 你喜欢不喜欢中国,有没有机会去中国访问?

5. 什么是你的今后理想和计划?

7月19日

无。

7月20日

星期六,19日上午开了一个生活会总结了上阶段工作,讨论了下一步怎么办。

11时左右,塚本来,取来飞机票,同去银座吃午饭,饭后他赴其大姐处,我们散步后回来,买了些荤素菜,回家晚上自做。

星期日约了塚本去其家向他的母亲告辞。上午到カメ横町(RY YOKO)去买些礼物,因为25日将参加青柳的家宴,26日在隅田川船上观看焰火,置了领带二条,中午食方便面。1时,塚本来,同到他家。

他母亲准备了4种水果,美国樱桃、菠萝、李子、桃子。个儿都硕大,樱桃和菠萝甚佳,李子酸些,桃子淡些,日本水果改良品种,确有成果。

从2时到6时,坐了近四个小时。

他母亲想在北京盖房居住,毕竟华侨,仍有叶落归根之意。武汉也有例子,有华侨在武圣路中山大道的一幢楼房中买了二套,价四万元。看来在北京如何办理,到了了解才知道,此事她也托了老李,由组长考虑办理。

晚间由丛太(塚本妈)处出来,坐车到北千住,塚本打了个电话给他大姐,10分钟后,她满头是汗赶了来,换了一件桃红上衣,乳白色折裙,在北千住东武饭店请我们吃饭。是中国料理,拼盘、炸鱼块、青椒笋炒鸡丁、全家福和虾仁炒面,三瓶啤酒,5人花了12 000日元左右。

他们两人之间已成定局,我们从中作些参谋工作。水上焰火的观赏,也是岩泽所安排。

在塚本家座谈中,他妈说,日本的姑娘们(20世纪)40年代前是贤妻良母型,二次大战后,力求解放,爱好打扮,有的还抽烟。在家说话一个味,出门见人,听电话,声音即变,细声细气,彬彬有礼,口角含笑,总是装着一个嘴角向上的姿态……很好,田崎的问题中最后问你对日本有什么问题,可请提出,原已写了几条,现加上一条:

Would you please tell me a typical Japanese woman's life, from her childhood to her old age?

7月21日

星期一,由梶村、矢野讲。

上午矢野讲大鸣门桥基础,给了一些施工照片。下午梶村讲,回答了我们从家里带来的若干关于 P. C. 和 R. C. 方面的问题。

晚间在家弄菜做饭吃,今天买了两种鱼,一种是扁平的鱼,可能是鲽鱼,第二种长条,很粗圆,500日元100 kg,两者共计3 200日元。价不便宜,合人民币21元,若除10则为二元一角,则和国内的收支比差不多。还买了一札毛豆、三个茄子、两把白菜。后来又去补了一些肉、黄瓜,烧了一些菜招待塚本。油多(米糠油,500日元/1 kg与米同价)价便宜,比之国内要便宜十倍(即不打折扣,每斤1.6元,除10为0.16元)。用油先将鱼炸成枯黄,再放专门熬了的香菇,味精、酱油,无葱姜(有卖,但未买),鲽鱼味较美。

金山吃法,拌落苏。炝毛豆。李炒了一个白菜,马炒了黄瓜肉丝,饮日本玉乃光酒,答谢他昨晚的宴席。

7月22日

昨日荒濑通过塚本交来她的答案。(图7-2-34)

今日田崎自己交来她的答案。(图7-2-35)

她们的答案各不相同,根据两人的家庭情况,遭遇不同,思想情况也不相同。一个是已独立生活,性格柔和,通世故。一个是初到大城市,和父母兄姐居住在一起,据说性格较坚强,从她回答的

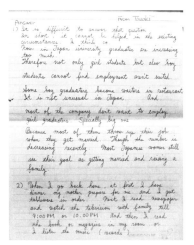
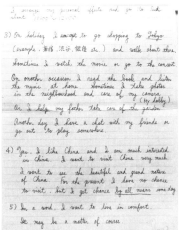
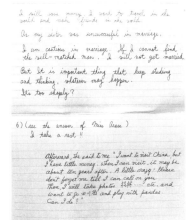

图 7-2-34

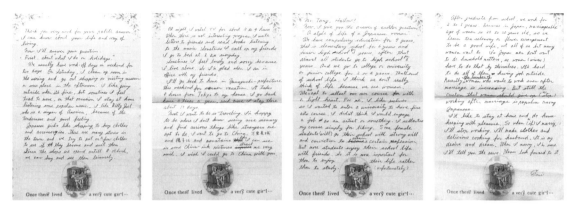

图7-2-35

问题来看，由于其姐姐婚姻不合，对于其本身的事务采取了谨慎的态度，也许说她坚强者的含义即在此。

日本的妇女，大部分仍以结婚成家、不做工作作为最后的归宿。她们都喜欢中国，愿意到中国去旅行。

今日森田讲吊桥的最后一部分，静载核算。

下午漫谈，李、马提了些问题，之后我说我要提些问题。他说，你的问题一定很厉害。大概这些天来，在讲课中已了解到我们的各个方面，自然我提的问题他还是答上了。

下午林国安先生来，拿来一张宣纸信笺的一封行草毛笔信，他有很多字不认得，信是中国台北"建设局局长"黄南渊写来的，一封尺牍式的应酬信，用了一两个最普通的典故：如"鳞鸿"等，他字又认不得，意思又不懂。回信就不知怎样写，建议他写白话，他说写好了，毛笔字仍请我代笔。看来在台的那些老人仍是喜欢"骈四俪六"，不合时宜了。

7月23日

星期三，今日由田畑讲吊桥安装。田畑，平头，九州鹿儿岛人，据日本人说有很多乡音。所讲不多，结束仍早。

今日取得去东北干线旅行的照片数十张。

柴田先生送我们每人一本六国语言的旅行会话手册。那是日语、英语、中国话、朝鲜话、泰国语，其实只是五国语言，还有一种是中国广东话，很有意思。

7月24日

今日赴外地参观，目的地是横穿过日本，从东京出发到涩川，沼田，参观几座桥梁和几处桥梁工地。清晨5时便醒来，6时许出发到上野，会合后坐火车到涩川，同行者梶村、雄佑、齐藤彰宏及翻译塚本。

到涩川车站，雇了两辆出租汽车，看吾妻川桥和涩川桥。

这里虽是山谷之间，情况和东海岸略有不同，谷地较宽，坡地较多，至于绿满山间，那倒是一个样的。这里过去是活火山,大山口喷出的岩浆和火山灰,使有些地方山势平衍,土地肥沃。车到吾妻川桥头,桥下满是桑林和菜地,水边树林茂盛,无路可以走到在桥墩边。这一座桥,是日本最大跨度的铁路T形钢构,每边跨度115米(图7-2-36)。从结构上讲,可以说是不错的,从建筑上讲,那就并不好看,第一是桥墩处梁高太高,和墩身作平面连接,显得梁更高。从彼岸看来,圆形沉井外露,和长方形墩不调和。一个臂顶住山边隧道口,一个伸臂搁在高墩之上,同十多孔简支高墩,又和双伸臂不调和。伸臂是箱形,其他孔为简支T形梁。从边面看又不调和,因之不能称为杰作。从桥下转到山边隧道口伸臂梁下面的沿山公路下,略作观望,再上车去看涧川桥(图7-2-37)。这里地名是群马县,月夜野町,地名颇有诗意,松林极多(日本各地都是如此),月夜游之岂非"松月夜窗虚"。

图7-2-36

图7-2-37

桥是钢筋混凝土刚性梁柔性拱,是参照Maralt的schwanbach桥,前面日记中已记到,可是处理的方法不如。首无拱肋,是折板,不是圆弧,拱上柱为双扁柱,这还可以,可是拱脚柱却是二根直插到梁上的厚墩,接下又是一个厚墩(带顶帽到梁底),极不调和,这也极为可惜。建筑处理,无一定原则。结构是伸臂安装倒是很好,用粗钢筋作临时斜拉杆,砼质量尚好。今后我们若做砼桥,倒是值得注意。

从月夜野町坐车到沼田。沼田是个小镇,小山城,房子只一层,最多二层,街道也狭,但商店形式和东京小街无大区别,在一家日本馆吃面。一盘三小碗凉面,作料不同,但是质量不高,量也少。有一小碗除一只鸽蛋之外(生的)还有些黏糊糊的海藻,不好吃。饭后在咖啡馆小坐,现日本学校正放暑假,学生出来旅行爬山者甚多,馆中唧唧喳喳,以女学生为多,坐到1时,去拜访日本道路公团东京第十一建设局沼田工事事务所。

所长浅野赖夫因事不在,由技术课长中村孝雄(小胖子)接待。还有一位构造工事长平野实,两人对中国甚有感情,介绍得很详细。

他们这里是关越自动车道新潟线,涩川市到水上町一段。这段路穿过两座死火山之间的峡谷,在坡面修建,因此横穿过若干深谷,有些高桥墩。桥名为薄根川桥、沿尾川桥、四釜川桥、永井川桥(最高墩72米)和片品川桥(连续桁架在曲线上)。我们来得太早,只是刚在做基础。既来之,则安之,他们派了两辆小车,沿路看看。

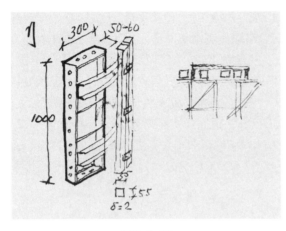

图7-2-38

先到沼尾川桥，所见的特点是正在做沉箱底节。钢刃脚便直接放在夯实的填土上，刃脚下面不过放了些薄木板。钢刃脚不过一米多一点高，上面便接钢筋混凝土。他们的模板是钢制标准件，尺寸如图（图7-2-38），一块块用小螺栓（约12 mm）联结，围成外墙，模板与对面模板之间拉上钢筋，外管架主要是定型之用。房屋建筑或桥墩有时亦用木模板。沉箱气室顶大平面，下用满堂彩管子脚手架，上搁标准的方形薄壁管，55×55 mm，壁厚2 mm，长约一米五至三米左右，随手搁在脚手上，中间放上55×10(20) mm的木条，上钉五合板，五合板厚

12 mm，三层薄二层厚（三合板也是如此薄的二层，厚的一层），上面便铺钢筋，看来用木材比我们节约。

参观了他们的工人宿舍，工人日入二万日元，每月二十五天左右，即四五十万日元一月收入，比一般技术人员工资高。住的是临时工房，骨架为拼装式，室内还是木地板，榻榻米，三人一室，约六席，洗澡间食堂齐全。我们的缺点是泥地，其他倒并不太差。

出来到薄根川桥，桥双孔不对称T构，62+101米，P. C. 结构。自可不必，一孔拱120米便可过去。

第二座看了片品种桥的桥址，该桥为三联三孔连续钢桁梁，桥墩平均高约六十米，最深沉箱约25米，桥全长1 034米，造价150亿日元，约1 450万日元/米，合人民币约十万元/米，全桥合人民币一亿元。看来也差不多。偏贵一点。

桥址之桥一无所见，在山边公路上，居高临下，翠谷清流（图7-2-39），风景很好。"指点江山处，远山眉黛横，我高临木末，谷底阡陌陈……"这是当时随手写下的几句。

主人沿途替我们介绍风景。这一带的主流是利根川，是日本国内第一大河流，近年上游修了些水库，水利工程造好了，农业收获好，玉米地里青绿一片，稻田里也整齐旺盛，很好看，无参差不齐的现象。利根川河中有水，虽然很浅，很多钓鱼的穿了皮裤在河中间，站在水中钓，这和在岚山所见一样。驱车回沼田，临上车前，还去沼田市公园玩了一下。公园不大，在山坡边的小峰上，原来是一家诸侯的山城堡，被德川幕府所扫平，现在尚留有当年一株樱花，干枝苍老，虬结横披，但是树叶嫩绿，采了一片贴在此。

驱车到车站，上车已6时多。肚中已饿，先喝啤酒，吃酒菜。后来齐藤先生又买了弁当一件，是高崎名产，里面饭菜一般，只是有二颗白果。到日本所见银杏不少，真正吃到白果此为第一次。所谓名号，也只是便当匣子比较别致，是达摩的像，不知他像不像，也许是全然不

图7-2-39

像的像，嘴是开了口的，可以积分币，眉上二个小孔可以穿绳挂在墙上，这样既吃了饭，又留了纪念（图7-2-40）。价600日元，而一般便当，350日元便可。羊毛出在羊身上，资本家会做生意，达摩祖师身上也可赚钱。虽然如此，比之和尚，到底还给了物质的饭菜和盒子，钱不是白送掉的。菜中多蔬菜，所谓"禅家简素"，但有肉一大片，这是俗家必需，人焉瘦哉，善哉善哉，阿弥陀佛！

到上野8时许，到宿舍约9时。

图7-2-40

7月25日

今天一清早起来安排的节目是参观"筑波研究学园都市"，日本的科学城，是一个新开辟的科学城。

从筑地坐地铁到上野，转国铁经我孙子到牛久下车。其实这样走，反而转了三道车，不如到日暮里，则可少转。回来便是如此。

筑波新城10年前开始计划开发，目的是将日本各个研究单位放在一起，城为日本的研究中心。今年3月，初具规模，已搬进来了43个研究所，是属于文部省、建设省……的，新城的规划已都做好，建设则略具规模。这里背靠800米高的筑波山，东有"霞ヶ浦"湖，市街和立体交通桥都已造好，树木是原有的茂盛树林，和新种的一些草皮（日本除了二次大战被轰炸以外，本土上数百年无内战，所以树多），车行如入公园之中。

我们到牛久，青柳、山口二位已在，并租有面包车一辆，在上野会合森田，到牛久又来了林国安，一行8人，首先驰向洞峰公园。

筑波城的布置，除了研究所研究中心外，还有商业中心，住宅居，公园，学校（有筑波大学，中小学校），等等。公园有二，其中之一便是洞峰公园，这个公园里有两座中心建筑，一是太阳能供能的体育馆，一是规划陈列馆。

体育馆于7月15日才建成开放，所以完全是新的。利用南坡半年屋面的吸热装置，在地下设有储热室，供应馆内用热能，如游泳池水温可达27℃，事实上夏天还不需要。

馆内装饰不和不西，绝大部分用上好木板护壁、铺地或顶，一股木料和油漆气味，参观了游泳池、室内球场、室外球场等，规模不算太大。

规划陈列馆内，墙上大幅木制立体灯光地图，投入硬币，有英日文介绍，介绍其缘起，规模，内容，设备等等。在这里摄影留念。陈列馆旁，有小池叫作洞泽沼，小小一区，据说沼内鱼还不少，有若干小孩和大人在湖边垂钓。林国安说，他上星期和几个朋友租了一条船，到什么地方去钓了鱼，钱花了不少，鱼一条也没钓到，想必是不得其法。

步行数分钟，到第二个公园，松见公园。这样的公园一无日本园林的趣味，中有一高塔，下面是池沼。在西洋水榭边上，青柳买了些鱼食分给大家喂鱼，那是白面面包头，五色鱼成群，靠游客去喂，我说林先生在这里钓鱼一定大有收获。当然这里不准钓，也许有一天准钓，等到林先生知道赶来，也早被人钓个干净。池子内有网使鱼不靠近池边，可是网外仍有不少鱼，我说，这是漏网之鱼，林先生可钓，森田先生说这里有捞网，可以捞，如此说说笑笑。在池边喂鱼时，因沿边有水泥坡，水浅,大鱼泼辣,将尾一甩,青柳先生满裤脚水湿。

上塔一观,塔高60米,筑波全貌在望。

塔楼的用处,在"欲穷千里目",看来不为无用,不过此塔造型,实并不令人满意。

松见公园出来,又驱车去参观了一座跨线的桥梁,斜拉吊桥,P.C.结构(图7-2-41),桥面都铺瓷砖(人行桥),斜拉索锚头处是花坛,斜拉索用铝合金管,内灌水泥浆,栏杆亦是铝合金。一切以建筑装饰为主,其他的主体交叉桥是斜腿PC钢构,设计得比较轻巧。新城市注意建筑艺术,是为一喜。(图7-2-42)

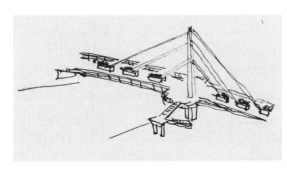

图7-2-41

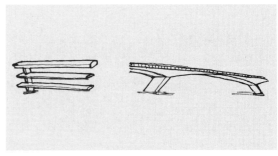

图7-2-42

到市场一观,两层,有商店、邮局、银行等服务中心。物品种类尚可,供应这周围搬来的研究单位的家属。这里离东京市中心两个多小时路,若想买些好东西不如上东京,一般生活,这里是够了。空气好,安静。在市场买了白兰地一大瓶,水果罐头礼品一大盒,共六千日元。

中午在长大桥设计中心筑波分公司前面一家中国料理吃饭,炒肉片客饭(550日元),有人吃炒面。饭后到他们分公司小坐。

分公司是十多年前因为要修筑波新城买的地,约三四千平方米,连同上面一幢建筑物和树木,原来开的是游客夫妇旅舍,地太偏僻,生意稀少,把房子重隔,做了分公司。在此做设计,倒是环境安静,思路通顺(除非胡思乱想)。平房一幢,总在200平方米左右,门口几株松树,数方大石,后院一片栗林,已累累结实,院内4辆小车,回家也方便,门口饭店吃饭方便(中国料理),将来公司可能在这里大兴土木,都搬来住,办公好解决,这宿舍便困难一些。

分公司若干年轻人,以橘子汁招待。

小憩。参观土木研究所,拜会其构造桥梁部部长,工博成田信之。成田信之四十多岁,和西田同学,胖子,半秃,人比较风趣。他工作忙,由一位技术人员陪同,坐了客车在他们所内几个和结构有关的研究室转了一圈,看了基础研究室的沙坑、构造物研究室的万能试验机(3 000 t)、震动试验室的震动台、风洞试验室的风洞道路试验的现场。几个试验室里工作似乎并不太饱满,安静得很,只有少数试件在试台上,设备的特点是电子计算机化,这一点,目前我们还难做到,望着太平洋并不兴叹,望着这些机器设备,倒是兴叹起来,进口吗? 没有外汇。等国产吗? 我工作的年限不会太多了,还有10年,这10年之内恐怕是得不到的。没有精良的武器,自然也能领导战争,至于说现代化,与世界争短长、见高低,这就比较困难了。

注意了风洞,但其设备仍较复杂,归去做一个简单的也还有些困难,恐怕还得专程学习,才能有成效。

参观出来回办公楼,成田先生介绍风洞的极简单的概况,林先生翻译,塚本先生不悦。送我们书两册,《充满断面桥桁を有する斜张桥四耐风设计に关する基础の研究》(《关于具有充满断面桥桁的斜拉桥四种抗风设计的基础研究》)及《非定常空气力系数》。事后西田见了,说还有一本《耐风设计》呢?

成田先生希望与我们以后取得通讯联系。

在风洞试验室见到了:

0.15×2×3米的扁形烟风洞,

1×2×3米的小风洞,

4×10×2.5米的较大风洞,

前台只定态,不能定量。

第二种可有三个目的,解决三个动力系数,定风力和震动。

第三种只有两个目的,到第三个风洞中一游,无风,闷热,汗流。出了风洞试验室,风习习吹来,真是:

> 风洞无风枉说风,
>
> 有风不得进当中,
>
> 何时亦把风洞建,
>
> 人桥舒舒不怕风。

从土木研究所告辞已是5时,根据原定计划4时结束,超过了1小时。晚点,要抢点,车行甚速,直奔青柳先生家。青柳先生设宴招待我们。(后来大大超过预定时间,不讲点了,归程坐Taxi走了一大段再坐地铁。)

他家住的是一幢二楼的小洋房,带花园,是东京近郊的别墅区,其家楼下玄关左右为洋室和和室,和室是一个套间,一边有阳台,面临儿童游戏场。前有花园,洋室和和室,都是落地窗子,外有矮台(缘侧)。车到时,友泽、佐藤等三人迎出,洋室中梶村和桧贝战围棋方酣,在洋室小坐片时,入席。西田有约会,8时左右方到。

青柳先生以三个矮几,拼成一席,位次如图(7-2-43)。

一开始两位夫人忙着弄茶,摆席面。青柳先生问你们知道今天是谁弄的席面,我自然猜是他夫人,他说不是,是他弟弟,即时请出他妹妹,给大家介绍,原来他弟弟是飞机上用的食品公司的厨师,曾为天皇做过菜,我们说那我们得享受天皇一样的口味。

菜食确是丰富,两个大盆径各五分米,内盛生熟各菜,若干中盆和小盆,三桌都放满,青柳先生照了菜肴的相片留念。酒是啤酒、清酒和威士忌。饮酒后不久,又取出大盘一只,内有

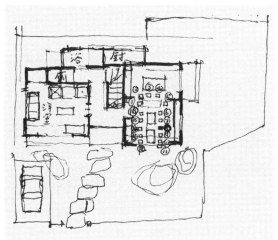

图 7-2-43

木案二块,上放10×20×15厘米烤牛肉两大块(松阪牛肉),柳叶(或牛耳)尖刀一把,双叉大叉一栖,半盆菜,红者为烤胡萝卜段半盆,黄者为烤土豆,菜一把。另一木盘内装调味,于是全席进入热闹的场面。主人切了一片,请我切肉分发。于是我手执牛刀、大叉,横截面切肉,青柳先生照相,镜头一定大为可观。分毕,继续海阔天空,西田先生到,已经微有醉意,入席后便更热闹。首先问我们的工作、学习情况,怪我们日语没学好。要留级三个月。我说我预备回国后花一年时间学日语口语,学好了再来。西田也说,我要求公司同事学中国话,以后用中国话讲课。自然这都是不容易的。他要我们多了解日本。

青柳先生有两个儿子,大者名宪和,小者名武夫,大的11岁,小的7岁,青柳教他们说一二句中国话,如"谢谢""你好"之流,说得很流利。西田先生挠青柳的脚心,说他能干,我替青柳武夫用中文注出日文字码的读法。

干杯之声不绝,梶村以少量威士忌干杯,我们已有经验,抓住他不放,与西田先生以啤酒对威士忌干了数次。西田醉意又入二分。山口先生出去办事,西田先生告诉大家,原来山口夫人喜欢他,他也喜欢她,后来山口插进来了……诸如此类,虽云避了山口,看来这样类似的玩笑在他们之间,不避也是可说的。

西田先生定要我唱,唱了两句京剧,西田自己用日本式腔调唱了《我爱北京天安门》和《大海航行靠舵手》。大家拍掌而和,友次唱了"一月里花开,我有得酒喝,非常高兴……十二月里……有得酒喝非常高兴",大概可以叫作日本哼哼调。

天色已是不早,青柳先生准备了笔墨纸砚,要我题字,于是我和一部分人到洋室。案几已放好,山口夫人磨墨,青柳先生开玩笑怕我酒后手颤,替我按摩。舒纸破笔,先写了日中友好(山口先生写中日友好)以备签名留念,接着写出:

> 上野樱花已落,岚山枫叶犹青。
> 轻装时节到东京,还见杜鹃如锦。
> 握手依依青柳,侧身念念东瀛,
> 从今岁岁遇良辰,难忘此情此景。

下书缘起,李马唐三人来日本学习,临别书此留念云云。接下再写一首:

> 云拥峰头正岳,波连鳌足三山,
> 微观直觉是宏观,方丈石庭静对。
> 钱口正佳矢止,壮心乍刃音不。
> 金桥普济接蓬莱,银汉飞航有待。

与青柳先生同游京都龙安寺观石庭枯山水,归东京后得句,呈青柳先生指正。

唐寰澄,日期

(图7-2-44、图7-2-45)

在书写之中,青柳能逐句读下,第一首易懂,无困难,大家都说把青柳的姓也做进去了,自然

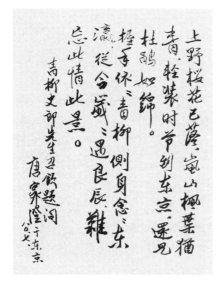 

图 7-2-44　　　　　　　　　　图 7-2-45

"杨柳依依""青青地上柳""折柳而言别",可能他们也都知道的。第二首难懂些,一一予以解释,因为情境青柳熟悉,翻译未懂者,青柳能解释,如钱口正佳矢止,云拥峰头正岳等。

西田先生还在喝酒,闻声过来,拿起诗来说:"唔(我,大舌声)知道,这是写青柳在中国做的坏事,上面不是写着青柳名字,在中国去和杜鹃胡搭握手……"书写过程中,拍了若干照片。我亦微有醉意,怕醉眼糊涂,眼镜摘在手中。临别宴会进入高潮。

时间已不早,8时从牛久出发的班车已过(时已10时多),山口先生安排了两辆汽车,开到藤代车站,在门口大家又握手鞠躬,嗡嗡道别,乱了一阵,至车站上车已11时许(12时末班车),我们先到,西田、桧贝、森田亦到,同车而返。到宿舍12时许,一宿无话。

(青柳先生和室壁柜中一柜是书,六法、数学全套、世界美术史全套;一柜是酒,上挂长城壁毯。地上是地毯,套室内则一柜餐具。和室龛中挂一幅绢画,山水楼阁的复制品,中国画,柜顶日本和服小女孩模型,日本人喜欢小摆设,连厕所里亦必有三四件。)

7月26日

10时,塚本来,由筑地到银座,坐国铁到横滨(YOKOHAMA)作半日游。所游不过横滨的一小角。

横滨是江户幕府时代外洋船来打破了锁国之梦之后开的商埠,所以已有几百年的历史,是日本第二大都市。

我们从石川町下车,沿着元町走,元町是个商店街,路口拦着二个路障,上书"步行者天国",所以街上无车,两边店铺林立,士女如云,我们也不想买什么东西,仅在元町之入口照了一张相,取得到过横滨的姿格。

顺元町,过河,到横滨塔边,横滨塔高106米,结构乱糟糟,型钢,铆合,有电梯可上参观,到了100米的展望台,看了三楼的海洋博物馆,四楼五楼是鸟之乐园,因为又要花300日元一张门票,故未进去。

横滨塔下来，沿海边走到了山下公园。这里好像黄浦江的外滩公园，只是面向大海，又像青岛的栈桥，比青岛栈桥更靠海，有大船停着。船上晚上可以纳凉，一上去便是300日元，吃在外，船停靠码头，还要做一笔生意。

时间已是下午2时，得快吃饭，赶下午三时半左右往回走。到中华街去吃饭，中华街始于清代。现在据说有2 500人，店铺百余家（图7-2-46）。当年严加限制，只能经营中国料理、洋服、理发，虽然现在看来仍不过如此。

中华街上店铺都是全部中国招牌，有名的如华胜楼、重庆饭店、同发别馆、慕珍楼等，铺面装潢仍以龙凤为主，红红绿绿，俗不可耐，这些资本家以发洋财为主要，求他们在中国艺术上有表达能力，也可谓求之过高。几代以来，吃过苦头，也赚得些甜头。毕竟都是中国人，上街走走，塚本找了一家据地图上介绍是烧卖炒面有名的留仙阁。进去一谈，都是地道的日本人。炒面倒不错，面白，细炒的两面黄，浇头亦可以，我吃的虾仁。

图7-2-46

下午5时要到隅田川看焰火。原来岸泽替我们联系了船，要与丸井百货商店的店员们联欢。他们还预备送我们礼，我们便在中华街买了两瓶中国酒，打道回东京。

坐国铁到浜松町下，为时四时半，车站到竹芝栈桥（会合处），走路7分钟，在一家钓鱼店看了10分钟鱼钩。塚本要去咖啡茶座一坐，每人花450日元，喝了一杯橘子水，出来走了二分钟，只见岩泽和他母亲在码头，他母亲迎上来说，岩泽等得要哭出来了。原来丸井百货店的店员已等不及走了。失信于人，是一大损失。还有一条船是新闻记者协会的船，改搭这一条船上溯。

天开始下小雨。

隅田川7月里放焰火是日本很早的风俗。那一张宣传画上，画的两座木桥之间在放焰火，战争年代焰火停止，战后又慢慢恢复了。报上报道，似是恢复不久，"今年复活三年目を迎えるが（今年是日本经济复苏的第三年）"，能上隅田川上，坐船看焰火，倒是一个非常难得的机会。岩泽活动能力大，为我们花了不少钱，报载"料金は，饮食代别ご一人六〇〇〇—八〇〇〇丹が多いいすうです"（除食物费用外，一人的费用超过6 000—8 000日元）。也可能指的是钓船和屋船，我们所坐乃一只渔船，未知是否即是钓船。

原来我们上船的地方滨松町竹芝栈桥，应我们住处顺新大桥大道，到浜离宫公园外侧，闸门之内隅田川的入东京湾处。离住处筑地不算太远。

天虽下小雨，大家都坐在船舱里，殊闷气。我出舱迎雨以赏隅田川江景。隅田川十二桥顺次如图（图7-2-47），从1926年到1997年，桥梁技术不断在改进，过去的都是铆结梁，新大桥是焊接箱梁斜拉桥。船穿桥而过，两岸高层栉比，河面较宽，别有风味。雨丝拂面，眼镜为湿，不时要抹试一下，这是不足之处。

在新大桥和两国桥之间为第一会场，厩桥和驹形桥之间为第二会场。川中已有警视厅巡逻船用手提话筒在指挥，船走向第二会场，雨下得大了些，在愁怎能看焰火，甚至恐怕焰火因雨延期。

船开到藏前桥下，已有很多船停在那里，正好躲雨。船老大抛根缆绳，穿过桥下横桁的节间，桥不高，系定在船头将军柱上，这正像《清明上河图》中的抛绳形象。我唤大家出舱，纷纷拿一个垫子，船头坐定。天色尚未大暗，雨却越来越大，停在桥下的自然很好，停在藏前桥和厩桥之间的都不是挂蓬，便是打伞。担心的是下雨延期。但雨还是慢慢地小了，虽然仍下着。

上船时分了便当，还有啤酒，先吃喝起来。一并排在桥孔间有五只船，左邻右舍，虽然都不认识，但一时热闹起来互相递菜递酒，呼叫之声不绝。

到了7时，远处一声炮响，焰火开始，先是右角，远处起来一球两球，可能是上游茗川板桥的焰火。既远且小，已是吸引了一部分人。

接着第二施放区，厩桥和驹形桥之间，焰火也开始。这焰火便精彩些，报上说有中国焰火和美国焰火。大致和天安门相同的飞彩焰火，可能是中国的。有两种焰火国内少放，一是数十颗白色照明弹一样，腾空而上，照得须眉毕露，这是中国不见的；一种是满天金丝，不是亮点的移动，而好像是均匀的金针，这大概也是美国焰火。

岩泽较活跃，一会儿与邻船递酒菜，一会儿招呼小孩，一会儿用中国话问我们愉快吗？

日本人看焰火，热情之高与中国不同。每上一炮，齐声拍手叫好，边吃边看，边笑边叫，声音之大，不分男女，与平素细声细气大不相同。叫起号子拍手，"啊""喔""咳""育——"，还有大吹口哨。一面在放焰火，一面还是有雨，前面有两条船，船上男女杂乱，男多女少，男的打赤膊，头上圈一圈布，因为下雨躲在舱里看不见，到舱外又无雨具，船横着挤到桥下，硬是把左首的一条船挤跑了，那条船上有人便擦拳掠臂似乎要打，两个妇女拖住，看他们船往下漂去。新来的船靠定，大家便又相安无事。

船上的赤膊朋友叫声不绝，听起来倒像唱《拉网小调》（肯定不是），和我们左舷船上一个胖子挑战，我在船上说是看焰火，不若说看看焰火的人。因为天安门的焰火看得多了，曾经几次通宵，看完焰火，探照灯光四周罩到天安门广场上，像把自己包在一个亮灯笼里，音乐之声不绝，围着跳舞，此情此景，自有不同。这里焰火虽好，不如在水上看焰火别致。更不如在东京这向往已久的邻国首都水上看焰火有意义，再进一层，则不如看日本人民看焰火的过程和情绪为有意义。（图7-2-48）

所以别人在看焰火，我在看看焰火的人，画下右手船第十五丰丸，葛饰商工信用组合。船上男女看焰火的聚精会神的神态，写下速写数笔，画成下页一幅（图7-2-49）。

昔日的"两国火花"轰动百万，今日不知道有多少人在看着，人在船中，岸上的情况不知道，系订不到船的人多，岸上肯定热闹。雨渐小，仅余点滴，右船往前开去，右舷顿时暗下来，因为他们船

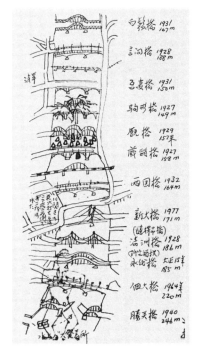

图7-2-47

图7-2-48

上灯光明亮照人。

不多久,只听见炮声而火花只几点,船上水手来打招呼,连声说"おわり(完了)""おはよございます(早上好)",放了缆绳,掉过船头,大家往回开。尽兴归来。

到竹芝码头上岸,坐 Taxi 回宿舍。

两国桥是隅田川最早架设的桥梁,建于万治三年,长94间的木梁柱桥后失火烧毁,明治37年建铁桥,震后又遭灾,现在的铁桥是昭和七年所建。因为当时是第一座木桥,所以两岸

图7-2-49

成为闹市。每到夏天,这里举行水上纳凉大会,因河上的佛教性的流灯会,后来就发展成为水上焰火。是为两国焰火。

(归来后问塚本,他们所呼喊的是什么,他和山口二人嘀咕一会,说这就不好说,原来语属下流,不登大雅,学广播员的说话,而油腔滑调,用东京音头唱些风流水调。)

7月27日,星期天

上午不出门,在家写日记。中午正煮面之间客人到。那是两位日本朋友。塚本陪来,把面放下,同坐聊天。

男的名山边贤藏,57岁。女的是他爱人,即前次来公司看我们的山边悠喜子。四十多岁。

山边先生1941年时21岁,被征兵到东北,1945年东北解放,他便在八路军四野后勤部工作,和他夫人在一起,山边夫人到东北时16岁,比山边先生早。两人随军,由锦州、山海关、北京、天津、济南、武汉、衡阳、长沙、贵阳、桂林,走了大半个中国。

1949年10月在贵州,1952年时在中南军区后勤部,1953年回国。他们在中国生了一个女孩,生在广州,故取名山边珠江,今年也已经27岁了。交谈时他们拿出中国地图,按图索骥,增强回忆。1953年回国之后做什么工作未详谈。

他们两位都能说流利的中国话，几十年不说，自然有些生疏，谈谈便能脱口而出。山边先生有山东乡音，因为一起工作的有很多是山东人。

他们俩想再回中国去工作，我们问他有老上司、老朋友在那里没有，山边先生写了李世光、王淑梅、李瑞祥、王炳君，在第三陆军医院工作。

最后他俩送我们每人一件小木偶礼物，留下地址，约我们去他们家玩。这倒是很有意义，又交了两位在八路军中工作过的日本朋友。

下午吃面甚晚，且面已涨成糊。

晚上上银座金陵吃"烧鸟"，新鲜的东西中有烤白果。

7月28日

整天由埼玉大学教授田岛二郎（工博）讲钢材和电焊。所给资料甚为丰富。在地下室讲课，另有水野等十位日本朋友同听，放幻灯说明本四做整个桁架节点的疲劳试验及其破裂情况。循环加载和应力波的传递关系等等，甚为可取。

中午铁道部外事局王德泉局长的姑娘王莉莉到公司作暑假工作，19岁，见了面谈谈。北京姑娘尚爽朗，将她介绍给田崎，我和田崎说希望她照顾王小姐，把她当作自己的妹妹，一个姑娘，独身在异国是需要人关照的。

晚上赴大使馆汇报工作，出来在李家宛吃饭。菜是干炒牛肉丝、白果鸡丁、麻婆豆腐。银杏之多，白果自应多，现在开始上市了。

7月29日

上午由深谷俊则讲桥梁色彩。

他所采取的方法是先彩色，即把周围环境的色彩分析成单个因素，分别从天空、海洋、岸、岛采集其色彩，再归纳在一张纸上，从环境色中，取调和色作为桥梁的颜色。

理论虽有，但不多，凭个人感觉取色，结果取的是米黄，而本四公团技术人员则喜欢赤或白。

这其间不完整之处是，虽说用分析、综合的方法，可是在分析过程中缺乏四时的变化，缺乏色彩所占的百分比，缺乏现实中的位置，使现实主义的桥和环境变成抽象主义的块面。

在综合的过程中，仍是从个人的爱好出发，缺乏色彩在人的心理上反映的分析（如某种黄色，会使人想起当年日本陆军的制服。）

桥的色彩为什么一定要用调和色，不能用对比色？

桥的色彩应多变化，一般情况下，这里的自然环境无多变化，若是桥的色彩不变化，好色彩将来也会变不好色彩。多样性的统一规律，应该也是有用的。

不管如何，工作倒是认真在做，这一点也就该我们学习。一座桥的方案，做了多少模型，画了多少画，拍了多少彩色照片。这本钱，该是舍得花。

中午告诉西田先生，接贾云楼来信，8月11日、12日有一天时间，将在武汉由池局长，王总及夫人们接待，主要怕天热，不过会采取措施。他将会得到盛情接待。塚本牙痛不在，小王翻译很流利，不错。

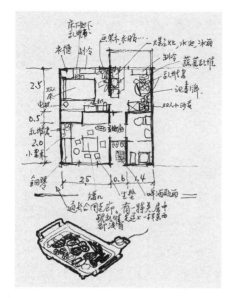

图 7-2-50

他要我们学日本歌，写了一支歌词叫作《知床旅情》（げとこりよじよう），是北海道民歌，调子有些像《卖花姑娘》，本预备即带回抄在日记上，不意忘在塚本家（岩泽处），明天请他取来。

下午山口讲电子计算机，并到计算机房一观，由冈讲此计算机用途、微型机的性能和发展等，明天将介绍主机和表现操作，至于程序本身，那就……

下午四时半从公司出发，五时半到上野，塚本来接。再坐车到北千住，走 10 分钟路，到他大姐家，今后也即将是他俩之家，他家一套，住在 9 楼（图 7-2-50）。

到时，岩泽在家，大家不客气。坐在他们后房就动手吃喝起来。他们今天宣布要结婚，这是一大喜事。今天两人招待我们采用的是电手锅，生菜，自煎食，这倒是个好办法。荤菜是猪、牛肉、虾、小鱼、白鱼，素菜是青椒、茄子、人葱、香菇等，最后是炒面。武汉无这样的电锅，且耗电大，可以采用煤气灶平锅的吃法，和火锅另成一功，即虽素烧或朝鲜做法，冬天围炉而食，也别有风味。

岩泽在外活动能力强，爱好文艺，会画画，喜看书，但家中不拘小节，书、衣服、蔬菜乱堆乱塞，煤气灶上小柜中塞满瓶、盒、罐、包、袋，毫无秩序，溢出柜外。壁上有奖状两张，文学优秀奖、芭蕾舞优秀奖（校长松山树子），窗台上有完成和未完成的画作品，这是女活动家、艺术家之家。

我们祝贺他们，老马送一块手帕，上写喜字，我写了两句，改《老残游记》中对联为：

> 天下有情人终成眷属
> 前生注定事美满姻缘

7月30日

星期天，整天由山口和冈雅夫两位讲电子计算机的情况，进他们计算机室参观了一下。主要的重点是现在还是用中型计算机而不是用微型计算机的时候，解决结构问题，仍以中型为主，自动给图机用于画定型设计，显像机和主机联系，可以研究图像。在美国则可修改图像。

建议我们买多大容量的机子及其配件，并可通过遥控分地使用。通过末端分散使用。

源程序则因开发花时花劳动力，未能赠送，以后可以低价格让给，这是可以谅解，也是非常坦率的。

明日计划参观东京高速道路公团，荒以岸湾桥和东京隧道。

小王中午来闲谈，她名莉莉，现住在西田家。

晚间原拟上商务处，天雨，不去了。

7月31日

星期四，作整日的参观。

今天参观的对象是首都(东京)高速道路公团(地点在千代田区霞关1-4-1号)几个重点的建成部分和工点。

上午九时半在公司集合,由日置和塚本两位陪同,首先到他们所里看了两部科教片,一是荒川湾岸桥施工,一是首都高速道路的发展概况。

二十多年前,东京的交通情况是街道狭窄,车辆拥挤,于是成立了首都高速道路工程局。1962年,第一条高速道路通车,仅长4.5千米,每日过车1 300辆。18年后的今天,已有高速道路网138.7千米,日过车71万辆。共计有19条路线。

算算日子,正是我们三年困苦已过应该好起来的时候,一场"文化大革命",人家建成了135千米高架高速道。

陪我们看电影和参观者是原尧夫,工务部工务企画课工程师,去过美国,会讲英语,甚便于直接交谈。

看完电影,从其本所出来,驱车往其第二工程局。日置、原光夫与我一乘,两位都会英语,便于交谈,主人安排如此。李、马、塚本与另一技术人员一辆。到了其基层单位,拜见3位先生。

第二建设部长西山启伸,49岁,1956年早稻田大学毕业,曾于1975年访华,作为土木学会桥梁代表团中P. C.结构的负责人。9月里到北京,正好赶上国庆,周总理具名的请帖,请他们在人民大会堂宴会,西山先生甚引以为荣。现将请帖珍藏在家中。

设计课长山寺德明,42岁,1961年东京都立大学毕业,曾去美国留学,是为钢结构专家,自然会讲英语。

技师马上信一,32岁,福岛县立平工业高等学校毕业,1978年随工会代表团访华,学过两年中国话,现在还能说几句,年纪最轻,可是留有山羊胡子。

拜会后小坐,即出外同进午餐,在一家名为そみや的酒家西式客座中预定的一间包房,宾主共10人。饭菜简单,只一道菜,米饭,饮啤酒,席间便与和山寺及马上对话,不用翻译。

饭毕,坐了二乘车,一路看了荒川湾岸桥,这早在国内看过他们的报告,已完成工程,除基础有可取之处外,上部结构造型丑陋。接着看了一下9号深川线的立体交叉道,交叉处也很乱。原光夫说,这桥的柱子有方有圆,其位置随地面躲开道路设置,所以也不好看,就是有一段直线段在住宅区边上,采用了Y形桥墩,且桥面以下加上挡板(多花造价的10%),红色的便是挡板(图7-2-51)。

Y的岔口处因有五道焊缝,故用一铸钢块,取得各方面材料性能的均匀性。柱有一道平焊缝是工地焊缝,其他则是高强螺栓拼接。从9号线到东京港隧道(图7-2-52),这一隧道的施工方法是沉埋法,我们在国内也看过其施工科教片,大致的情况都已了解,车到岸边的换气塔,其顶层是资料室,看了模型和图片,从布置的特点来看,换气塔下即隧道的出入口,布置经济、标志明确、不怕暴露;而我们从国防出发,力求隐蔽,往往布置分离,较不经济,但到底能否躲过卫星摄影的耳目,实为难言。顶层下来坐电梯直到隧道中的中间的检查道中,一看隧道内情况,光线很好,空气流通,就是噪声大。

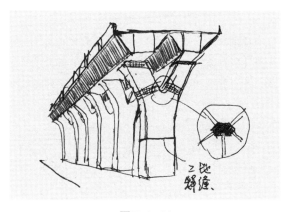

图7-2-51

图7-2-52

回上来坐车过隧道参观大田区昭和岛京浜运河高架桥的基础施工。

基础是气压，沉箱施工已到第十三步，沉箱入土九米，上面看看不过如此，倒是落实了钢模板的构造。

基本单元0.3×1.5 m，面板，中间加劲肋厚2 mm，边肋厚3.2 mm，分十格。边肋上下左右都有孔，可互相联结，联结除少数外，不用螺栓而用弯钢筋，这样很多块先联成一大片。每单元模板面上有孔，便于拉对拉钢筋，这地拉钢筋又是spacer（定位）之用，这些spacer按结构厚度定配（可以调整几个厘米）。至于外面的拉杆是定型的，可以重复使用，拉在钢模板后面的钢管上，那钢管也即脚手架用的钢管。

配件都轻巧，接头都简单，在这些标准件外，尚可以配置些特殊件，一如我们万能杆件的新号一样，特点是比万能杆件轻而易装拆。记之，以看回国能否采用或改进采用。

参观完后，汽车送回到筑地本愿寺街口，日置和塚本别去，我们走回宿舍，一路买些吃的蔬菜、水果，晚餐自做。

8月1日

进入8月了。今天又是毕生最有纪念性的日子（结婚纪念日），书此一笔回家给梅（妻子）。

上午无课。

下午由山口讲基础，实则是解释一些问题，送了我们不少书籍和规范，这对我们很有用处。1980年出的桥涵规程可以说是比较完整了。

讲完后，建议我们同游隅田川，这是第二次游隅田川了。

坐Taxi到水上公共汽车码头，虽已是下午，但是天气晴朗，昨夜有雨，清早起来得句是：

> 雨后千楼如洗，秋前万木犹新。
> 冰肌凉意爽精神，海国暑炎炎。

根据广告上有すみだ（隅田）Ⅱ世号，二层的楼船，可是实际上开的还是单层船，都在舱内，虽然两边是大窗子，可是驾驶室在前面，挡住了视线，只能从侧面看，不能看正面，反而不如那天晚上站在船前看舱外看得清楚（图7-2-53），好在这是二游，桥都已熟悉，证实了那天船停的桥是藏前桥，桥栏上挂着"厩桥工事中"，几乎把藏前桥误为厩桥。那次到藏前桥为止，今天则穿过藏前桥、厩桥，原来厩桥在修人行道，在藏前桥上已行告警，到厩桥下又见桥上"大事""工事中""防止落下物"的标识。

船中视线既不佳，柴油机舱口开在舱内，噪声之大废气之多，使广播喇叭介绍风景和放音乐都成了白搭，可见日本的办事也非尽美。

再过驹形桥、吾妻桥，到浅草上岸。

浅草亦是重游,不过那是白天,这是晚上,先到一家蒲烧饭(创业106年),这回是山口请客,蒲烧饭那就是鳗鱼二长段,剖腹平铺,在肉处烤熟(微带焦),涂上作料,盖在饭上。风味不同,味却不突出。江户老店名气自大。饭后,又到新仲见世走走,晚上风光,灯火齐明,货物琳琅。山口要请我们上国际剧场观光,据说可容纳5 000人,幸好关了门,未曾去得。山口又建议去看日本相声,我说,你们二位看时,听得好笑,我们三人看了你们笑,又不知笑什么,问

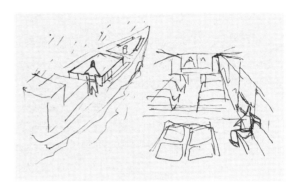

图7-2-53

你们,你们又急于自己听和看,不说,那时我们就要急得哭了。山口说我们若听中国相声,也一定一样。

在跳蚤市场(仿法国的廉价市场)走一圈,坐Taxi回家。

晚间和山边先生约好明日去他家访问。

8月2日

星期六。晨8时便出发,到东京站坐19路中央线快车到国立。因为是第一次去山边先生家,不熟悉,车无点,只知道停在1、2站台,进站后上得站台,车铃已响,我刚走进车门,问一位日本人是否这一车往国立,车门即关,把他们二人关在门外,只好我先走,地图在我手中,囊中有万元、护照,一人行也没关系。实际上车是东京始发,只有一个方向行驶,所以上去总是对的。车往前行,经新宿、中野、三鹰、武藏镜、东小金井、武藏小金井。再往前走,却仍是东小金井、武藏镜,难道这是六鹢退飞? 赶紧下车,原来这次车是区间车,到武藏小金井是终点。往回走,于是走过天桥,再换乘往高尾的车。这次注意了,来的一列还是标的武藏小金井,再乘,向前开,武藏小金井下来,再换乘到高尾的车,总算到了国立车站。一阵拉锯战,反而比李马晚到,马和山边先生正好又回到站台上来,接我们,彼此一说,哈哈一笑。

出站,山边先生一定要我们坐Taxi去,走了约四五分钟,便到他家。

国立市这一区都是花园别墅,一家一栋,前后左右都不碰,花木扶疏,街道是一车道,没有汽车穿流行驶,极为幽静,这是极好的居住环境,他们家的房屋布置是这样(图7-2-54)。

二层楼房、会客室、书房、(男女)卧室及厨厕浴一应俱全,室外花木扶疏,一株梅花、二株樱花、一架紫藤、杜鹃、女贞等等,在我们看来是够好的了。老年终于是满架图书,一园花树。山边先生喜喝酒,且喜欢喝中国酒,一箱通化葡萄酒24瓶,一箱啤酒20瓶,一大玻璃瓶估计约二万CC的日本酒,酒柜里还有一瓶法国白兰地,一瓶中国茅台,一瓶中国五加皮,进得他

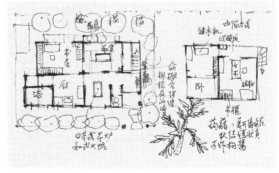

图7-2-54

家,好像是进了酒家。

　　他们两夫妇今日便装,见了我们非常高兴。山边先生一口山东话说得不差,拿出其在八路军工作时的照片来看,他们这一批三十多人,都是四野,随军到南方,在中南军区第三陆军医院工作的,那时年纪很轻,穿八路军制服,难以区分出是日本人。

　　回日本之后,组织了一个三陆会,经常聚会。我们来了,山边先生打电话去请他几个朋友,有一位因有事没来。来了一位城山市定先生(现在日立某一碳素厂工作)。

　　这位先生也很有意思,中国话相当流利,长相举止,极像胡世悌老总。1940年到东北牡丹江当石工(那时应为17岁),也是1953年回国,回来后当搬运工,前五六年在北海道搬运木材伤脚,至今腿拐。离中国前几年结的婚,女方亦是日本人,在三陆是护士长,现在日本自己开了一个诊所之类。子女都已长大,最小者21岁,和他夫妇住一起,也有了像山边那样的房子一栋。长相既像,性格亦类似,讲话慢条斯理,但人很热心,带了照相机来,照了相,山边先生亦照了相。并和他们三位都合了影。

　　山边一家,定要留我们吃午饭,因为是和中国关系密切,在中国的时间长,招待客人的东西也带中国味。

　　南瓜子、油炸蚕豆瓣、芝麻薄脆饼,这是喝茶用的;啤酒、通化葡萄酒,皮蛋、豆腐、竹笋下酒;还有一份较外面丰富的天妇罗,米饭。

　　席间他们回忆起那十多年在中国的生活,因为都到过武汉,说起武汉的地方来,他们也熟悉,我们就告诉他们现在国内的变化。

　　因为对中国有感情,所以总想去中国,并且旅游不过瘾,总想在中国工作这么二三年。可是和过去的同事没有联系,一同照相在一起的有:

　　程云海,男;暮芜兰,女;何衡(衔),女;都是会计。还有刘永久,原为三陆上士,现为桂林老干部休养所所长,在桂林红星路129号。杨宝书,现为南宁凌铁村陆军医院院长。钟文勤,原为教导员,现为长春白求恩医科大学副校长。

　　山边先生唯有一女,现年27岁,已工作,离家独住,夫妇二人可能也有些感觉寂寞。

　　山边夫人忙着吃的,不过一到她家时,便带我们参观了一下家庭布置,到了他们楼上,她是学桥梁的,但亦喜欢画画,水彩画和油画水平不算低,也许可说比荒濑好,岩泽以水墨画为主,又是不一样。

　　从10时到他家,二时半辞出,计四个半小时,这是家访的第四家,却是八路军中的日本人之家,这也真是够有意义的了。

　　辞出,城山先生替大家在门口合摄一影,山边先生送到车站,上月台,挥手告别。

　　从国立到新宿,转车到惠比寿,天下大雨,坐 Taxi 到商务处,不想管理人出差去了,又坐 Taxi 到地铁站,回家。

8月3日

　　今天是在日本最后的两个周末中的一个,然而天下雨,并且想不出该去哪里。早上起来比较晚(已九时半),吃过早饭,休息一会,最后商量还是出去。老马建议去三越老店,目的是去买尼龙蚊帐。坐 Taxi 到三越,进去了问了服务小姐,说在五楼卖床上用品,但没有卖的。仍上五楼看了一看，他们说已没有生产了。这就算了。又到三越新馆，问有否擦背毛巾，一位小姐带我到另外一个部分，是有，价高，1 300日元，我想买的是一般的毛巾。离开三越，天仍下雨，问路，到东京站地下街走走。中午，又走到银座，吃了一碗（一盒）炒面（6 000日元），下午建议看电影，老李不想看，我和马二人买了两张票，李先回家了。

　　时为一时五分，离开场2：20还早，天正大雨，可是电影院前面的一条马路上，交通阻断，开作比赛（或表演）场地，人都围着看，我们也打着伞去看，原来是日比谷七夕祭本部（日比谷振兴会）举办的少年儿童摩托车表演赛。一共有8个小孩，年在10岁以内，8辆儿童摩托，作环形快驶表现，拍拍之声不绝。

　　8个儿童，头戴大钢帽，身穿紧身衣，戴小手套，膝头外侧有护膝。衣服花花绿绿，还有名字。钢帽很大，穿戴上极像大头娃娃，看了就觉得好玩，先排好队，两人一排，由人指挥，边上放音乐，有两个人拿话筒报话，齐说开赛时，音乐节奏激烈，车声拍拍。车是拉线发动，车子非常轻，直开也快，转弯要些技巧。有一两个娃娃，转弯时车侧倒，立即自己扶起再开。虽然天雨，居然都仍一样活泼，这样开展青少年的活动，对于锻炼意志毅力，胆量都有好处。（图7-2-55）

　　电影院里，我们买的是自由席，对号入座价1 800日元，原来自由席是"挺看"，和餐馆里"挺吃""挺喝"一样。中国料理，挺喝300日元，挺吃4 000日元，这里挺看1 400日元，买了票子，可以立即入场，只要你找到座位，可以一直看下去，不清场。所以我们可以早入场，而等到2时才进去，不过一时看到了少年摩托车，2时进场，立在边上，看了后面一小段，灯一亮，大部分人走了，边上的立即补上去，我们二人各自找到位置。中间竭场十分钟，开始的一刻钟里是广告和新片预告。

图7-2-55

　　新片之中，可惜有两部都在我们走后演出，一是《地震列岛》，想象日本在遭遇更大地震时一片破坏的现象，房子开裂，人、家具从楼上掉下，倒塌，地下铁墙壁破坏，冒水，撞车，煤气爆炸，大火等等。一部片名为 Battle Creek Brawl（杀手壕），是讲的一个从台湾去美国的中国人，会打少林拳，把美国的拳师都打败了，取得全美无敌，据说后来死在一个女人身边。这故事的情节是听来的，不一定对，过两天再查看报纸，男主角就是香港片《拳精》中的那位，有一技之长，到美国去拍电影了。

　　正片本身情节简单，是一位牧师（似是英国味）和一个日本义女，住在非洲和野生动物为邻，家里驯服有一只猩猩、两只特别的猴子、一只叫不出名字的小兽（会偷蛋）……有一天一架飞机失事，驾驶员流落在地面，几天，饿极，找到了他们两人的家，从不肯收留到收留下来，一男一女产生了爱情，牧师先不同意，后来也同意了。驾驶员在原籍的女友（或爱人）驾飞机，坐汽车来找，通过当地的土人头人，找到了他们，那时刚好牧师中风而死，二人替牧师造坟埋葬。女的要驾驶员回去，他恋着日本姑娘不肯走，当他们背离原来的女友走回森林家时，女友背后开了一枪，驾驶员受伤。所幸土人头人和日本姑娘侍候,采药,伤势回复,故事结束。

主要的一些镜头是:

狮子的生活,公,母,猎食,睡觉。大批大象的生活,野牛(弯角)成群,在陆上追逐,水中挣扎,被狮、豹猎食,死后被群枭啄食。长角羚,鹿群和狼,野兽的追逐。河马的一家。斑马。犀牛成群,并且有一头驯服了的犀牛,女主角还在泥浆池中替它身上涂泥浆。大批大批的鸟,有各色形式,拍飞动的镜头,鸟清楚,背景模糊,有如黄永玉的彩色画。

各种大动物生小动物的情景。

草原森林大大的场面。

……

这些镜头,穿插在故事之中。有些地方,十分勉强,如若我们拍,则一定拍成科教片。

片子一共两个小时。

出来天仍雨,时已四时半,买些东西回家做饭。

西红柿炒鸡蛋,青椒土豆香菇。西瓜便宜十多斤一只,因有些皮上的斑点只卖400日元,大概和以前买过的1 200日元的一样大。

晚上听中央人民广播电台相声《贾大空》、京剧选段。注意,这是东京。

8月4日

今天由星谷博士讲信赖性,林国安博士翻译。用概率论定结构物安全系数。可惜正式形成规程,据说要待1985年至2000年,远水不救近火,不是我们实际工程技术人员所能做的。

8月5日

上午无事,同赴新界买照相机。根据外事规定,结余款项可以为公家买些东西回来,因为买了三架照相机,每架27 000日元,已打了折扣,各配闪光灯一,替设计处的一架配了接镜圈以便翻拍,这是争取而得。

下午由杉山讲桥梁艺术问题,仅接触一些方法问题,对于什么是美的法则也未曾讲。有两点倒有些意思,一是本四桥在议会中辩论,有人主张造隧道,因为桥破坏自然风景。二是采用所谓S. D.评价法,所谓S. D.法,一如民意测验,提出若干问题,要人填可否,最后予以统计。在美观和经济问题上,认为为美观可能要多花钱,甚至几倍的钱。这一点,我们就通不过,并且亦不是美观一定要多花很多钱。

他们研究桥梁美术的手段,1. 画画(粉画,快);2. 电子计算机画透视;3. 相片上画桥(CAD);4. colorminio(意大利)研究桥梁远近的色彩;5. 塑料纸板模型。

下午,公司送每人录音机一台。

晚间在外面吃饭,既贵且量少、质量劣,是到东京后吃得最差的一次。一盆十口吃完的炒面,价700日元。

筑地本愿寺前广场,今天有盆踊大会或纳凉盆踊大会。(图7-2-56、7-2-57)

纳凉盆踊大会。最高层击鼓(同时放歌曲录音),鼓声节拍为捅、捅捅、答答(击鼓边),一人击

图 7-2-56

图 7-2-57

鼓两人休息。

第二层是会跳的示范者,约 10 人,绕坛而舞,人人背插纸扇,纳凉之意。

下面的广场为第三层,男女老幼都可以入内,绕场随节拍及示范者而跳。绝大部分和服、老幼居多,年轻人占少数。

8月6日

上午无什么事。青柳带了水野来,谈大桥局购置电子计算机的问题,基本原则是愿意帮助我局建立起一个完整的计算机中心。但计算机的问题是硬软二件,认为桥梁软件的开发,公司已有二十年历史,可以对我们有所帮助。可以建议日本公司采取由使用单位代为推销的配套政策。若大桥局安装一次有效,能大量推广,则厂商有利可图。青柳将与水野多次访华,了解这方面的事。由李答言,中有无偿援助软件的提法,实际山口已明确表示,青柳不答。我说,软件开发不容易,无偿援助不现实,用我们话说是剥削劳动力。两国和两个公司之间的来往,亦应以平等互利、取长补短、互通有无的方式进行。我们单位也许也能做一些有益于公司的事。青柳频频点头。

最后为了了解我国电子计算机情况,提了很多问题,由李简答。

下午由水谷美登志讲高墩,并无突出的研究成果。

晚间赴商务处,购些小物。

8月7日

上午无事,下午由左近讲土壤液化,实际是讲土壤液化中的一个试验,土壤液化之后,不能传震动波,从测试中反映出来,一个特别的结论是饱和砂土上加静压,反而较不加静压易于液化。其他无创见。

中午小王来座谈，知其在西田先生家住，并和西田先生有一席谈话，小王说她没做什么事要拿钱，西田说，你不是很忙吗？并且你这样忙，一月不会超过10万，他们三人公司将翻译、讲课等一起算在里面要十万元一天，所以你一个月十万算不了什么。小王问，你要花近一千万元为了什么？他说"友好"。小王说她为之大笑，而西田先生亦大笑。真是：

菩提真谛听佛说，尽在拈花一笑中。

下午结束甚早，赴秋叶原走走，小王、塚本同去。

听小王的谈话，是新中国早熟的姑娘，对日本的事物有自己的判断和观察能力，且能掌握自己，本想关照她几句，但看来她父亲放她一人独身来日本，也是很放心的。

公司在美国 Green 公司实习的力石从美国来信，内容报道其在美生活学习情况。每日生活费200美元。该公司以维修保养为多，最大跨桥梁只30米。力石在美，不过是要他验算应力，他去的目的是学美国公司的管理制度，力石在国内（日本）做下部结构设计，到美国搞上部，因此第一步要摸规程。在美有 Chou 先生（中国人），带他去市场，买日本食品。一般会话行，美国人之间的会话太快，也听不懂，这和邵厚坤相同。

8月8日

本来计划由大月讲最大载重，桧贝讲质量管理，但上午大月讲不完下午接着讲。原因是讲的有些内容，其中有两个处理的手法都不完整，我替他出了些主意。

一是铁路（在来线）活载，为了求最大值，采用的是跑点法，再由电子计算机选择后打印。跑点载重是三种，单机、双机和双机牵引。在最后一种中，如遇相邻相反符号的感应线其长度都较长者，其后面的力时会受反符号面积的影响得不到最大值，我建议他再跑一次均布载荷，到符号反弯点为止。再与双机牵引，反号叠加，可得最大值。

另一是吊桥的特点，吊索H值是非线性的，活载不能随便叠加而需要予以纠正，他的办法是美国人求的办法，用二次计算再插值求准确值。这一毛病在于只点二点，一点先假是 $\Delta H_1 = 0$（即活载多生的吊索水平力），另一点则是最大活载产生的水平力 $\Delta H_2 = 5\,500\ t$，求出某一点的力 A_1 和 A_2，反过来以这一载重再求得此时的 H'_1 和 H'_2。从坐标原点画45°分角线，交于 H'_1 和 H'_2 引长线，得 Ha 即实际产生的H值，投影上去，到 A_1A_2 的引长线，提所求的准确力 A_0。问题在于他只用了二点，仍带有线性的假定，实际上恐怕是曲线（红线），故建议他在0与5 500之间，多点几点（500 t 为一段），可以点出曲线，再求曲线公式和45°分角线相交，则所得A值会有差别，至于差别多少算出再说。

可见计算尚有一定的缺陷。林先生说这可以写一大篇论文，不要忘记我这个"中国研修生"。

晚上，塚本、岩泽及塚本的母亲、兄弟在浅草三定请客，一是为我们饯行，二是岩泽需会塚母及弟，有我们在场，更有助力，实为良图。自然替他们两位说些话。塚母本心并不太愿意，认为时间太快，不过亦表示由他们自己做决定。成人之美，亦是一大好事。

三定是浅草名店，饮啤酒，吃天妇罗、日本烧鸡，7人共花二万多日元。我们是三至浅草，五会岩泽，打入了日本家庭的事务之中。

塚本兄弟在一家旅游公司工作,常来中国,又交上一个新朋友,他的名字是塚本毅深。

8月9日,星期六

晚起,上午到银座去买些东西。

中午在庆乐吃了一碗鱼生粥(500日元),二根油条(200日元)。回来理发,休息一会,再上商务处。路上遇见无锡一个电子厂的一批同志,找商务处不着,同行。商务处出来,坐 Taxi 到大使馆作临行汇报。汇报完后,到李家宛晚餐。

8月10日

星期天,今天塚本整日陪着我们。上午10时来,因昨日和几个朋友打网球,晚上又未睡好,精神委顿。但还是陪了一天,这是临走的关系,因为大家已熟,我用《黄帝内经》的经文劝他。

上午从银座到浅草,那就是四至浅草了。在浅草吃了一碗面,由浅草到神田,看了看日本的书店。再从神田到银座,由银座回来。

今天是这次到日本最后的一个星期天,行期在即,也没有什么可以看的,实际上也范叔之寒……致使光阴虚度。做了很多虚功。

明天星期一,整理图书;星期二还有一课,晚间饯行;星期三休息一天;星期四就上飞机了。

昨夜得句,明天将书唱赠西田繁一先生,他已与岳父、夫人、姑娘一行四人到中国去了,我们走后,他就回来了。青柳将来也会去中国,能不能在中国见到面,看部里外事局安排不安排,这都难说。

8月12日

早上到公司,到社长室找青柳,索纸笔,题诗一首,留赠西田,复印如附页。

回到办公室和小王解释一下,由她等西田回来时讲解给他听。

西田此行由北京飞重庆,顺流而下,到武汉,坐飞机到洛阳,再坐火车到无锡、苏州,转上海回国。气势雄伟的三峡,三万六千顷的太湖,可以开拓心胸。

诗第一字原想用"试"字,后觉"为"好,写到后来和"为"说重了,若改"与"说也不好,暂时重着。

"姑苏人物善亲和",较妥,原有比较想法,是"姑苏士女款亲和",虽然吴侬软语,在国内是闻名的,在此地用不适合。

小王将我赠青柳二词抄去,我替她解释一番。

下午是将公司赠书推回宿舍,清理登记。

晚上理清账目,我与马采购、做饭菜。毛豆子炒鸡丁、菠菜肉圆(炸丸子)、油炸鱼,豆腐汤,三菜一汤,全是我的作品。

晚饭后,在阳台上乘凉,看着外面"京山ヒル""纪文""夕月"等的霓虹灯招牌和马路上成队的红色汽车尾灯,在东京没有几个夜晚了,这样坐着也可惜,便建议和老马二人出去走走,李在洗澡，我们原打算附近走一圈就回。时已九时半，出门过马路，经过银座新馆，到24小时商店换了一张千元日钞，服务员都已熟了，每个月总得化三四万日元在他们铺中。顺老路前进，在转角水果铺（水作）前自动售货机买了两罐可口可乐，因为口渴，所以喝得很有味。过本愿寺转弯往银座，灯光明亮，人虽不多，但亦不算太少，看着这二次世界大战之后，剩下没有几座房子，一眼可以看到海边的东京，35年里，尤其是近15年里，建设得这样繁华，夜间灯光仍艳，活动变化，新建筑仍在严密的安全保护措施下施工，甚为我们白白浪费了这年二十年功夫而可惜。

到银座中心右转，顺松尾百货店方向走。这是中央大道一条非常热闹而美丽的街道。原想顺走熟的老路回来，老马说这次多走一些，于是走远了一些，又转上两弯，身边未带地图（其实离住处很近），四周建筑看不出特征，迷了路。于是问两位日本人。一位身穿西服，个子矮小；一位穿运动衫，长裤，个子略高。可惜他们不懂英文，但听懂了"银座首都饭店"，他们问："台湾人？"我们说是"北京"，二位立即十分亲热。可是他们也不熟悉这里的路，先问汽车司机，再问路上的少年，方向是弄懂了，可是已陪我们走了些路，出其不意，穿西服的那位招呼叫了一辆Taxi，并且付了一千日元，一定要请我们上车，口中连称"日中友好"（发音如"尼秋要友好"），没法，只能称谢上了车，告别，走不一二分钟便到住处。真是临走的时候还让我们尝尝日本朋友们对中国是抱着深厚的感情的，素昧平生，却是招呼雇车，难能哉者。

8月12日

今天星期二，上午由塚本、小王陪同，又往京桥和银座转了一圈。下午与青柳、梶村、森田、桧贝、大月、林、塚本开了一个座谈会。内容之一是大月化了些功夫，把8日提的问题算了一算，其非线性误差为1‰—4‰，问题不大。但又发现了一个新问题，即若是两处可放最大集中载重时，相应的H值并不相同，则最后的M值也可以是两个，大月主张用平均值，我认为用最不利值，总之，问题可以研讨。第二个问题就是谈谈三月来感想。大部都是一些客套话，不详记。一个基本原则，即是如何开展今后的联系和合作。

下午6时，为我们开了饯别会，会场地点在地下会议室，公司主要负责人除了去度暑假的之外，都在，其他则为各部部长及平素上课诸君，一些年轻人和六七位女秘书、工作人员。冷餐会，墙上贴了中日国旗，三人画像，在日研修主要日程表和交换签名，油画布。由社长室水野作司仪，青柳代表社长发言，大意除友好之外，说若友好停留在朋友交往上那就较小意义，言下之意是要有更进一步的合作。李代表我们三人致辞。

外交辞令一过，大家便自由交谈和干杯。

桧贝先生说，我们的交往将是永久的，我说我们在深水基础施工方面也有一定的经验，今后可以交流。

柴田先生最热情，一再表示惜别。他是专门研究地震的，我说，如我在地震上有问题，将请教他，并告诉他，我在参与编写《唐山地震》。

森田先生签名签了个26 000^{T}森田，因为我学他的"儿递绿千吨"的发音。

梶村先生最活，又是小杯对大杯。

深谷俊则对我们没有时间上他家去表示惋惜。

和林先生合照了一张相。

和全体女社员合照一相。

田崎和荒濑说回国后将会接到她们的信。

……

饯别会比欢迎会面广，形式不同，但3个月的生活，已和他们的基层和骨干打成了一片。我和青柳说来时谈计划的那天，你们全体西装笔挺，会议正式而严肃，今天大家都随便些，说话、衣着等等都已融洽起来了，友谊和合作是永久的，将来在北京或日本再见。

摄了不少影，留作纪念。

在长大桥三月的生活，在这仪式上结束。

8月13日

星期三，天气转热。

今天是在长大桥设计中心办公室耽搁的最后一天。

早上九时半到公司，主要是长大桥社长办公室水野、高仓充江子等三位为了他们社办的小报《笑留惠珠微》来做采访。问的几个问题是：

> 到日本来习惯不习惯？
>
> 吃的东西口味觉得怎样？
>
> 能吃生东西吗？
>
> 对日本妇女的地位低有什么看法？
>
> 人说要娶日本姑娘，吃中国菜，住西洋房子，你的想法如何？
>
> 对公司的印象怎样？
>
> 对日本青年的娱乐生活的印象如何？
>
> ……

这些问题里要我回答的问题如对日本妇女地位低有什么看法，我说，这个问题倒要请教高仓小姐（戴眼镜，二十四五岁，大学毕业，未婚）。她说："日本社会以男人为主，妇女多半做家庭工作，在妇女来说，也增加了她们的依赖性，现在日本妇女有些正在为争取更多的工作机会而努力。"我说妇女地位的平等于否，并不在于只看她们在社会上的分工，而是看她们在政治上、经济上有没有和男人的平等权利，好在家中做家务劳动，也是分工之一，只要男人不把妇女当奴隶，平等相待，这也不是坏事，日本妇女是否出来争取更多的权利要看日本妇女自己了。

关于日本青年娱乐的情况，了解不深，不过一般总是有两种倾向，一是正当的娱乐，一是不正当的娱乐。如"竹笋族""暴走族"之类，在日本也有不同看法。毕竟也还是少数，多数日本青年比较活泼，上进性强，正当的娱乐也很多，和中国青年比是要活跃些……

他们告诉我，所谓"笑留惠珠微"是 L. B. S 的日本假名发音，和汉字这五个字相同，问这五个字这样写中文意思如何，我说很好，很有意义。于是笑着请我替本小报惠留珠玉，他们说我们今天第一次听见这样的解释，为此我说，请拿纸笔来，我留些"珠玉"。

高仓取来纸笔，写下十六韵长诗一首，中间特镶入"笑留惠珠微"五字，也可谓天衣无缝，并不脱韵。复印三份,贴一份于此。原稿送青柳,小王也复印了一份去。

笑留惠珠微

扶桑仲夏日 / 东游至于斯
主人慷慨士 / 情谊见高姿
所会皆英俊 / 先问足可师
传经意凡凡 / 切磋亦孜孜
环由十三日 / 纵横本洲驰
梦桥联四国 / 玉练架田慈
吾爱三王阁 / 临洋极目时
危崖石齿齿 / 碧海浪斯斯
不觉阴阳远 / 终难羁绊迟
他乡求珠玉 / 故里为桑梓
昨夜开离宴 / 宾主互致辞
相将浮大白 / 笑留惠珠微
归去云层路 / 常怀岛国思
从头理旧业 / 海外有新知
青鸟波音使 / 渤澥等丸池
儿孙同训诫 / 友好无尽期

留赠:长大桥设计中心全体日本朋友和西田繁一先生。

唐寰澄于东京
一九八〇年八月十三日

中午,山边悠喜子来,送来放大了的相片5张。印得很好,情意可谓重矣。诸事毕,办公室用具还山口。

林先生送每人刮胡子电刀一具。

到公司各办公室告别。

回宿舍,将箱子绑好,我弄饭菜,油炸土豆片、麻婆豆腐、毛豆子炒肉丝,马炒菠菜。塚本来,借来磅秤,计行李超重约一百五十千克,估计约十五万元,说是未超过公司预算。

下午李、马赴商务处,我与塚本去银座。塚本先回家,我一人到中央通按另一从未去过的方向散步,这是这次来日最后一次晚间逛银座。饮可口可乐二罐,自动售货机90日元。

洗澡、洗衣,明日归矣。

8月14日

早晨起来,早点后,约九点一刻,同去银座买些东西,买了彩绘笔两盒。天热,已达30度左右。中午的午餐如何处理,想在外面吃于东京的最后一餐,可是时间还略早,铺子"只今准备中",于是抱了一个西瓜,带了几听冷饮,买了3只面包回宿舍。宿舍该洗该清的都已做好,人困,先不吃饭。小睡一觉,塚本已来过,并带了莉莉送我们的礼物。

小睡起来,吃了些东西,正准备吃西瓜时,山口先生来。说已开了一辆汽车,等在下面。于是请他吃西瓜,宽衣服。他送我们每人一条花领带。吃时记起车中尚有人,于是下去叫他们上来,原来是友泽和塚本,友泽大个子,今天特邀来帮忙并开车。西瓜未吃完,立即准备动身,大箱小包,电梯运到下面,装车,因为塚本母亲要到飞机场送行,约的是2时到,略等片刻,她坐地铁来,于是出发。

我们3人和塚本母亲坐Taxi,他们三人坐面包车。车行刻把钟,到日航市内茅场町站,青柳、岛、桧贝(带一小孩)来送行。行李由Boy推入站内,过磅登记,共226千克,超重费用约16万日元,李、马与塚本在登记,李说:"只有十万日元怎么办?"塚本说:"那怎行?"于是马动用了中国带去公款,青柳与岛听见超重如此,大摇其头。

办完行李托运、机票签座,上楼买去机场的汽车票,办理出境签证。所有行李只电探一下,未打开。进汽车前尚有一个关口,摸一下身子便放行。

友泽驾车先回,在日航门口握别。

岛先生说另有约会,在托运行李完毕后握别。

桧贝先生则在日航汽车来时握别。

车行一般,走在高速公路,经过新大桥边,跨隅田川,又顺着走一段,正是我们看火花大会的地方,亦是山口带我们游隅田川经过的地方。

又经荒川,青柳指给我看桥,那是日置陪我们参观过的地方。他又指点说那里还将要修高速公路桥,我说日本的桥修不完,一是越修越高,二是越修越往沿海走。

车上有冷气,中国人除我们之外竟没有,外国人可不少。

车行70分钟,到成田机场候车室,因为主要手续都已办,在咖啡座饮啤酒,吃椒盐杏仁,谈谈。我和青柳山口说我们相处3月,都熟悉了,现在分别,但这仅是开始,有些预感,我们还会再见面。

塚本母亲也说了很多惜别的话。

时间将到,三人把手提东西准备好,青柳指点去向,说由那里下去可以先买些东西进飞机。在楼上入口处告别,下去一层到了购货处,他们四人在上面高栏杆上大玻璃后送别,我余400日元,买小圆珠笔一支。塚本在上面照相,我们挥手告别。

在15号门入口处,手提东西要经过一个输送带,上罩一个检查关口,我的手提包啪啪作响,日本海关请我打开,原来内中一个中国茶叶铁罐、一个日本茶叶铁罐(都说英文),还有一罐是替邱长庚带的打火机气,他说Dangerous,这是危险品,要取下,我同意取下,并签了字,这下老邱就没有"气"了。态度都是相当客气的。

进入飞机,波音747和DC-10内部布置类似,也并无太多特别之外,广播用中、英、日三种语言。日航只用日英二种,座位则三,五,三,而DV-10似是二,六,二。

到点起飞,在跑道上滑行一段,机头一提,我就离开了日本国土。但还在日本领空之上,不一二分钟,已见海岸。土地像伪装的美军陆军衣,黄绿色土地有深绿色斑块,海是蓝的,岸边白波有三四条平行的断续线,那是几重浪头。

继续上飞,爬上云层,于是看不见什么。隔座是日本人,去往西欧,路过中国,住一夜。略谈数句,各自休息。晚餐甚佳,酱肉米饭、烤麸、酱牛肉干、菠萝点心、小面包等。吃完饭干脆睡觉,半时醒来，舷窗外基本漆黑，但天上还有一轮上弦月，远处地平线尚有太阳白色余光。上弦月色黑云头，机翼银光一线浮，机翼只看见前侧的一条白色反光而已。

8时53分（中国时间）到了北京国际机场。

下得飞机，亨宝来接。结果鸣鸣（长子唐浩）也来了，在玻璃门外，好不容易通过了关口，取得了行李，海关这一关难过。前面一人，带了一只小三洋，收税30元……到我们，认为录音机自付1/4，日本送3/4，要请示。详细盘问出去多久，应有多少外汇，该买多少东西，又问日本人送了什么礼品……最后把录音机扣下，照相机也扣下，要到外贸部去办手续。

部里李曙明来接，外事局黄德泉副局长来接，即莉莉的爸爸。亨宝别去，他9月里将去加拿大开会，我告诉他如有时间，当去看他。一行坐铁道部来面包车到会议楼，已晚上11时，鸣鸣回和平里已无车，黄局长要司机招呼他住北京饭店，我们便住会议楼335室。

3个月的日本之游到此结束，日记也到此结束。空下来时，将在下面的空白面写几行总的感想和补记一些东西。

真是：

归去云程路，常怀岛国思，
本开追往事，合卷慨河之。

（图7-2-58）驻地所绘。

图7-2-58

以下为2005年再阅本日记所作。

二十五年一梦，披卷恍若当时，絮言彩画记如斯，此亦片言小史。
想是风光不异，可怜人物渐非，黑头此日鬓如丝，念念东瀛几不持。

二〇〇五、〇七、二十四。七十九矣

图 7—2—59

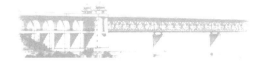

赴美国参加国际会议出差日记

1986年7、8、9、10月间活动情况

约在7月中,因裘堂来办画展,拍录像,左眼发现黑丝,服西药,两天后症状消失,未加注意。

7月23日离汉。24日抵石家庄,转车赴赵县,由赵县文化局李广寄局长陪同,上午看大石桥(即赵州桥),下午看小石桥,照相。25日,离赵,到石家庄,转车至丰台,看卢沟桥,到北京。26日取去兰州票,下午赴颐和园照相,27日离京。28日抵兰州,在兰州主要的工作是参加鉴定刘家峡反吊桥可行性研究及为两位硕士研究生作论文答辩。8月4日赴刘家峡工地参观。6日离兰州。7日抵洛阳,会见国华(唐国华,堂妹)夫妇。9日到郑州。10日由郑州到武昌。原定19日坐船到南京,再由之转车到兰州讲学。17日再度发现左眼黑丝,18日赴一医院检查,医嘱住院,不能出差。于是电报告兰院改期。在家打吊针,服药。至9月14日征得医生同意,赴沈阳开会。14日离汉,15日清晨4时到北京,左眼第三次出现黑丝,进退两难,继续前进。15日下午抵沈阳,16、17、18日在沈阳开会,游千山,19日离沈到北京,得知局内变卦消息,22日回汉,尚幸虽出现黑丝而未恶化,继续休息。11月1日正式上班。

10月29日晨9时许,得知达县舟河桥垮。

11月1日(或2日)栗来武汉,邀请我与周履去,因我走不开未去成。周去。

一九八六年·丙寅

8月11日

这本日记,从今天开始,所记为专门一桩事,即明年元月可能赴美国的问题。当然这桩事要从头说起。

今年元月21日,接美国国家研究协会(National Research Council)的运输研究部(Transportation Research Board)的 A. M. Shirole 先生来信(原文复印及课文见附页),信中邀请我参加他们计划的一个科研题目,"世界桥梁美学",并出版彩色的研究报告。将有世界上主要国家"最有名望的工程师和建筑师参加写作"。并说:"我将非常高兴地请你在这本著作中代表中华人民共和国。我们了解到,你曾写过大量有关桥梁美学这一题目的著作,是在这个题目上对中国的思想和意见的有分量的代表。"

当我回信同意参加后，4月18日，其组织的TRB（一般结构协会），桥梁美学分会主席马丁．P.伯克（Martin P. Burke）来了一封信，同时给铁道部外事局一封信，邀请我于明年元月11—16日到美国首都华盛顿参加他们第66次年会，并作专题报告。请铁道部"促成和支持唐先生参加此会"。（图7-3-1）

  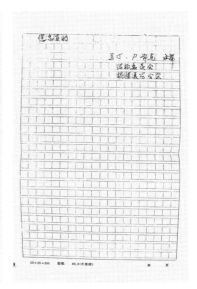

图7-3-1-1　　　　　图7-3-1-2　　　　　图7-3-1-3

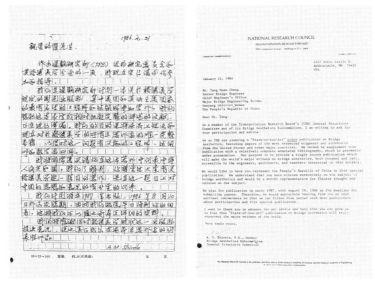

图7-3-1-4　　　　　图7-3-1-5

于是，我就打报告给局里（图7-3-2）。局里批准了，备文〔1986年5月16日，桥技（86）字第310号〕报部，一方面我就准备资料。（图7-3-3）

　　其间，与部里有关方面联系。今天下午2时，和外事局老赵（树志）通了话，并和科技局罗（文

图 7-3-2

图 7-3-3-1

图 7-3-3-2

图 7-3-3-3

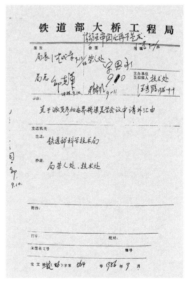

图 7-3-3-4

常）工通了话，得知，基建局（大桥局为他们管）已将文签送科技局（对外交流由他们管），科技局亦已拟好文，现在外事局会签。即请老赵代询。手续毕竟是麻烦的，习以为常，不足为奇。

11月27日

三个半月之后，出国报告由部科技局对外技术交流处上报部总工程师（涂），涂总打电话询问王总（大桥局总工程师王序森），征求意见，最后批准了。

批准是很不容易的。因丁部长制定的规则，年满60者不公派出国。且此为计划外项目，得因事情比较特殊,系国际特邀,得以获准。

部里于8月17日以科技交(1986)101号文,同意出国,并嘱办手续。

9月3日文至沈局长处,5日送政治部,6日局书记阅。

9月6日转局总处,于是提出了人民币也要部里出的意见。

8日人事处认为原文未提不付人民币,不好办,认为人事处只管出国审查,钱的事由上面决定,由技术处办时已13日。因有局总的异议,沈批局长办公会议讨论决定。然而,9日,技术处已拟稿。

10日邵签字。10日人事处会签。

11日沈认为要给杨总会计会签,同日杨签字。

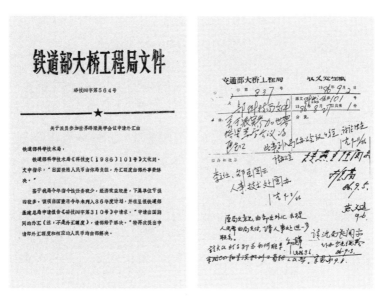

图7-3-4-1   图7-3-4-2

13日沈签字,同日即打印转发。

桥技(86)字第564号文报部,要部负担全部费用,外汇及人民币。(图7-3-4)

9月19日,我从沈阳开会回北京转车,在部中得知此事,甚为惊奇。此乃少有现象。回汉后,经询杨总,认为局里可出钱,不过部若能出岂非更好。沈则曰,因为邀请系向外事局提出,况且又是代表中国,故由部出为好,如部不出则再商议。

10月病休。左眼在恢复之中,静养服药期间每周到局一次。

10月27日,在桥研所开会,见李总(曙明),被告知部里不出费用,只出外汇额度。29日遇邵,邵说:"部里不出我们出。"即打一报告给局总、局长,请考虑局出费用。并因邱主任(局办公室主任)去京之便带信给正在北京学习的李局长,请由局出钱。

30日邵将报告转政治部,说费用仍以部出。便出差去津。

11月1日至4日,在汉接待英国道门朗公司Taylor先生,兰院胡春定教授同时会见,胡与李局长通话,说已同意局出。

5日沈答应于20日决定。

8日邵回,仍持局不出的意见。

9日赴沪,11—16日开土木工程师学会第三届年会。邵亦来,遇见项教授时,问何日赴美,邵在,我答以部已批准,邵不出费用。中午,项向之做工作,说明乃李国豪(同济大学校长,工程院院士)所推荐,并出书面意见。

21日回汉。

22日星期六,沈局长告已同意,并嘱人事处办。

24日人事处须奉局办书面通知后再办。

25日人事处正式办手续,同日,刘(麟详)夫妇正好在汉,向之探询出国手续详情,并订28日票。

定28日人事处送文到京,中间又有波折,宋认为不必专送,经胡、沈二局长再次电告,现决定即送。

今已27日,票尚未取到。

前途关口尚多,计为:

文到基建局;基建局政审后正式交外事、科技、大桥局;办护照,订飞机票;签证;做预算,由外事局批;回局取人民币;赴财务局取外汇支票(一张机票,一张现金);到中国银行取外汇;交飞机票钱;制装;准备资料。

11月30日

28日,我未得当天票,自赴武昌车站,得29日246次列车,30日晨4:08分抵北京,到会议楼,住北楼213室。

车上同行有交通部二院副院长张朝生,年51,曾于1981—1982年在美国实习。承告诸事归纳如下:

衣。人字呢大衣于国外已淘汰,故坚定了买羽绒大衣的信心。毛线裤除在中国上下民航时有用,在美国无用。

食。大使馆介绍的旅馆中国人开,有三餐伙食,一般旅馆无,中菜馆价甚高,六七美元一只菜,但自购食品甚为便宜,否则宿费不够用。

行。出租一列黄色,极易叫到。

本日整天在招待所,上午睡觉,下午整理美国来信。

12月1日

清晨7时起来,在食堂早餐。

上午赴铁道部,预备先找李总(曙明),以便了解人事资料抵京与否。到部乘电梯到六楼,遇见李总下去,即便同下。他去医务室拿感冒药,于是边走边谈,把情况告诉了他,医务室回基建局,即被介绍给局外事处吴佛明同志(处长),因有熟人介绍,他即问基建局干部部,据告,人事资料已向大桥局催要,大桥局说已经寄出。当时觉得,普通邮寄则将误事,而挂号邮寄,当要十天左右,实在耽搁不起。却也无可奈何。

吴给了一张出国人员办手续要点,共计十一条:

1. 二英寸出国照片6张。

2. 向外事局领护照申请书、签证申请书、预算表和出国人员置装证明。

3. 向中国民航订机票。

4. 填写护照申请书,附照片两张,送外事局。办护照约需7—10天。

5. 购买出国礼品,5人以上代表团每人30元;5人以下每人40元。

6. 印名片。

7. 护照下来后,填签证申请,附照片两张送外事局。

8. 出国预算表填完后送外事局审批,后交财务局。

9. 领到已签证的护照后,带外事支票和财务局外汇额计划去中国民航买机票,同时将机场费也一起付掉。

10. 上财务局领取去中国银行购买外汇的表格。上外事局财务开购买外汇的支票,去中国银行购买外汇,持收据上外事局财务报销,外汇额度使用表转送财务局。

11. 安排出国去机场用车。一般要求起飞前一个半小时到机场,去机场路途约一个小时。

手续比较清楚了,然而关键成了局人事资料到达的时间了。

基建局出来赴外事局找老赵(树志),赵介绍某国际组织翻译处处长赵稼德,经大家一起研究了科技局科技交(1986)101号文,认为时间尚来得及,即使被耽误到12月14日,则外事

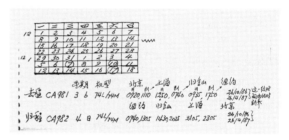

图7-3-5

局以最快的速度也可以办得成,当然是根据等级才可能超速办,现在则是看人事关系了,但首先则应是订机票。

查民航飞机时刻表。(图7-3-5)

开会日期为11日到16日,则动身可以是7日或10日。如10日动身,再要转机,则到华盛顿已为傍晚。故宜以7日走为佳。想订7日,经了解,如要会议之前提前三天走,则需外事局长唐闻生批准,此又难矣。为了不再节外生枝,就定10日走,外事局两位嘱即日先去订飞机票。赵处长同时建议,即去信美国,代订旅馆以及要美方通知驻中国的美国使馆、北京领事馆,说明邀请我开会,便可加快签证时间,时已上午10时。

11时许抵达民航国际部,较顺利地订得:

1. TANG HUAN CHENG HEMOC

2. CA981 Y10JAN PEKJFK HK1　0902　1800

3. PA781 Y11JAN JFKDCA HK1　0815　0930

4. PA780 Y17JAN DCAJFK HK1　0715　0830

5. CA982 Y18JAN JEKPEK HK1　0904　2225+1

6. TIEDAOBUWATSHIJU

7. TL/1200/08 JAN/PEK001

8. JQ/NN

9. PEK001

（注，这一订票，意义自明，JFK 表示纽约肯尼迪机场；DCA 表示华盛顿机场。到了纽约，当天都走不了，去时停留时间都在晚上，下午6时到第二天8时，归程则为上午8时到第二天早晨9：40分。据说D为华盛顿的杜勒斯机场。）订票毕已12时，回招待所睡一觉，起来写信。信曰：

Dear Mr. Burke:

I am now at Beijing working through the real formalation for me to attend the meeting.

I have just booked the airline tickets today. I shall take the CA981 Flight on Jan. 10. 1987 to leave Beijing and transfer to Flight PA981 to Washington D.C. to Jan. 11 and on Jan. 17, I shall leave by PA780 from Washington D. C. to N.Y. and then transfer to Flight CA982 on Jan. 18 to Beijing.

Now, would you please kindly help me to do something?

1. Please tell the consulate of the U.S.A. Embassy at Beijing that you invited me to attend the annual meeting as soon as possible. This will cause the VISA quicker. Their telephone No. is 523831 Beijing.

2. I am sorry. I cannot do anything before the completion of approval and other formalities, such as reserve a room in the Hotel.

Now, would you please reserve a common single room at the Sheraton Washington Hotel or other nearly Hotels for me from Jan. 11 to Jan. 17.

3. Please tell the results to Mr. Yang Yulong（杨玉龙）of the Bureau of Foreign affair of ministry of Railway by Telex. 22483 MIRFA CN.

With lest wishes

sincerely yours

Huan Cheng Tang

此信作为私人信，即时发出。

当联系回电时，赵请外事局收发杨玉龙同志转时，获悉人事资料已转政治部，一二日之内即可到外事局，则事情便可加速办理，不至于太紧张了。

从现在起还有很多事情要办，明日要探询清楚外汇额度是由科技局出还是外事局出等等。食堂时间已过，在会城门餐馆饮北京啤酒一瓶，食烟熏鸡一盒，买炸糕二。

12月2日

晨赴科技局，落实外汇额度由部外事费解决一事是由科技局解决还是外事局解决，罗工（文峰）说，由外事局解决，且已会签。赴外事局，见朱琦，认为局长都知道，由外事局解决。

财务张瑞丽，嘱填预算表。

（按4日增加了城市交通费200美元，共816美元）

	人民币	美　元
护照照相	1.5	
文具用品	2.0	
纪念品	30.0	
服装补助		
旅费	8 000.00	
国外住宿费		$35 \times 8 = 280$
国外伙食费		$22 \times 8 = 176$
国外公杂费		$10 \times 8 = 80$
个人国外另用费		80（有50元自费）
途中伙食费		
	8 533.5	616

嘱速汇人民币一万元至铁道部外事局8901559,北京工商行西长安街分理处。

费用名称：大桥局唐寰澄高工赴美国参加世界桥梁美学会议,12月15日可办外汇手续。

赴基建总局找吴(佛明),文已到,尚得有几天办理,请他帮助催办。

中午10∶15与武汉通了电话,陈总(守容)接电话,请登电话记录本。要局汇一万元到部。

与庄正局长通了话,感谢其大力帮助,他想要《世界桥梁》的书,记住,即日去人铁(出版社)买几本《桥》回。

12月3日

今日因等基建局送外事局的政审资料,未去外事局。

晨找钱惠民,已离休,不在。

赴建厂(局)会张新觉,所谈物价上涨,工资不会涨得快,退休后出路问题,结论是中央已放了一条路,可以在外找活,得额外收入交税,故恐怕仍以办或参加公司为上。

10时,访彭敏主任。

其家为中式四合院,二进。他住后进。内有重门,庭院宽敞,房屋高大。北屋廊下左右隔有花房,室内窗明几净,红漆木地板地,花格子隔扇,宁静明亮。彭正和其秘书下象棋。

此次成行,曾由彭向李忠生建言,那是因为我托邱(局办主任)带信给彭(敏)和李(大桥局副局长),趁李访彭时递交,两人对面谈,始得李写信回局同意之举,看来没有这层关系,阻力是会继续存在下去的。

谈到海南修桥(琼州海峡)一事,他说,海南岛开发的价值不如理想之大,矿产短缺,风水不利。所谓风水,乃是有台风,不利于橡胶种植,所谓水乃缺少淡水,对发展生产不利,看来琼州海峡建桥,尚属梦想。

其他谈了些局内光景和二桥情况。

其夫人温,回(家),寒暄一番,十一时半告别。

下午搬至405室,因为二三楼将开全路局长会议。

同室有西安号志工厂工程师,曾去美国,说华盛顿旅馆没有\$35元一夜的,倒是大问题,明日赴外事局商量此事。

12月4日

晨赴外事局与会计张瑞丽商量在美住宿费用问题。

因为住宿费用是国家规定,不能增加,但我这情况特殊,第一地点在华盛顿,高住宿费区,第二是一人赴美时间又短,难以调剂。所以我说带一些机动的费用,经往返与老朱(琦)、毛处长商谈,增加了城际交通费200美元,这样,万一稍有超过,也就能应付了。根据老李意见:

1. 不在Sheraton Hotel订房,因太贵,百余美元一夜,前次何广乾和毛等赴美,只何在Sheraton住了一夜,第二天即搬出。

2. 请会议组织单位订便宜房间;

3. 到时要大使馆介绍,这样如有超额,便可由使馆证明,容易报销。

由于两方面的凑合,这一问题算是这样解决。

原拟发一电报给伯克,文已拟,内容即为纠正上一信中关于住的问题,请他代订\$35.0左右的住处,事有三种可能:

1. 他订了高的,多余款或全部由他出。

2. 他订了合适的。

3. 无合适的未订。

如为第三项,那就靠大使馆了。

出门发报前朱给了纽约、华盛顿、旧金山的大使馆、领事馆、旅馆的联系地址和电话。

时差

华盛顿	旧金山	北京
10：00	7：00	23：00
20：00	17：00	次日9：00

下午遇范立础,他包了出租车90元/天,去电报局即搭其便车。

《赴美国旅行须知》:

"要带旅行支票和现金"(短期出国不要带信用证,因无时间跑银行,一切行动要零钱)。

"华盛顿有两个机场,DULLES(杜勒斯)机场,离市区50多千米;National(国内)机场靠近市区,离我使馆10千米"。

"国际学术会议开会地点某些旅馆内的旅行社办事机构代办订座手续不取手续费(因可向公司取回扣)"。

"环球航空公司(TWA)659-1000(华盛顿市内电话) 联合航空公司(UA)893-3400"。

"旅馆往外打市内电话,先拨9或其他规定号码"。

"华盛顿市内电话问讯台411"。

"小费：搬运员，每件行李50¢，门卫照顾上车50¢。旅店打扫员，每三天约2元，放在床前柜上。

旅馆餐厅15%小费，自助餐厅不给。

饭店存衣处50¢，出租汽车15%。

不给机上服务员，旅馆柜台服务员、每楼值勤服务员"。

"公共汽车，华盛顿称METRO BUS"。

"观光，使馆大门外三角洲旁搭L8到终点Federal Triangle，13街和宾夕法尼亚街路口，看白宫，再在14街和宾夕法尼亚街路口搭52路看宇航馆。

使馆东南2.5千米L8 → 白宫东南1.2千米 → 自然历史博东0.5千米 → 国家艺术馆南0.5千米 → 宇航馆。

使馆前有L8，L4，L2，经过处可电话637-2437或第五街600去问"。

"地下铁，星期日不开。使馆沿Connecticut大街行1千米，到Dupont站，东到火车站，南到白宫或宇航博，西折南到国内机场"。

"向国内寄印刷品，不超过11磅小包邮件订有特别寄费，上书书籍，印刷品""驻美使馆 The Embassy of The People's Republic of China 2300　CONNECTICUT AVENUE, N. W. Washington D.C.　20008　U.S.A"

12月5日

星期五，上午整理英文发言稿，先写中文后剪贴英文。

下午赴城内，到文物出版社，书要明年一季度（出），又推迟三个月，见到了样张，未见沈（百昌），请转言，希望出国时能带一两本样书。

晚在溶（弟唐寰溶）处晚餐。溶由于其岳父住房出售后分得五千元左右，买800元五件沙发，1 500元一套组合柜，准备搬家，及其儿媳明年回国小住。

访王世瑄未遇。

下午曾去改印平光照片，并给办护照的小罗看，照片可用，时间来得及。

12月6日

星期六，上午继续整理英文讲稿毕，但发现只谈理论，十分枯燥，若仅此稿会上要失败，所以无论如何要加幻灯片，这件事只能回去再整理。

取照片。

12月7日 星期天 晴

可是哪里也不想去，也许下午去寰溶处。据说治（弟唐寰治）上旬来，看到了没有。自今年元月受邀请，5月打报告，到今天已有一年，现在手续在办，亦顺亦不顺。烦琐，波折多。常有不可靠需自己盯紧的感觉,往往心烦,杜诗称"老来唯爱静,常事不关心,自顾无长策……"

现在老来仍爱动,长策倒真是没有。

上午吃过早饭,上下身分段洗抹,已有一个多星期不洗澡了。上身在住室抹,下身在厕所抹,此乃今日之国内居住条件也。

上午将再准备一篇英文介绍幻灯的稿子。

下午继续写稿,哪里也没有去。

是所希冀的一件事情,在进行之中必有波折,引起烦恼。即使成功了,还是需要克服很多困难,也仍旧会有烦恼。看起来关键的问题是对世界上一切阻力和困难的根本看法问题,将之视为必然的事,以克服之为乐,则不怕困难,迎头而上,不产生烦恼,视困难为畏途,烦恼即由之而生,勉之。

12月8日 星期一 晴

早上8时赴铁道部,阻力来了!

基建总局吴佛明今日出国赴日,会见办公室副主任赵伟。

经向之介绍情况后,他即去干部部询问,干部部说,所送资料不全,要大桥局补送。这下问题就来了,时间将被拖走。于是想到可能有什么办法:一是基建总局有路子,说一句话,1980年出过国,可以免审;二是外事局在文未到时先予办理。

第一个办法是"没有路子",且不管有否路子还是"公事公办"。

第二个办法亦不行,经赵(树志)与经办人罗商量,也是以文为准。

在外事局与赵一谈后,再去基建局。赵(主任)说,他又去找了干部部,干部部已即打电话给大桥局,要他们10日前送来,看来只有等候。等到这个星期过完,如再不能开始办护照手续则……

写完此,即与武汉通了电话,周璞接,后由李局长(沄沧听电话把事情首尾向之一述并请催人事处办)。

制定周一至周四安排计划。

12月9日 星期二 晴

守株待兔,在招待所写写讲稿。

上面(计划)写的访这家访那家,都又不想访了。因为访时说些什么? 尚不能摆脱压抑的感觉。无能为力的感觉,最后也只能是听其自然。在这个地球上,每天有多少"虫子"飞来飞去,绕着地球,当然绝大部分是钉在原地或小范围里爬行着,要飞出去多么困难。何况是到球的那一边,这些从土里钻出来的虫子,最终还是要钻进土里去,飞不飞有什么关系。因为你是动物,才有这动的企图,深山老林之中,长了几千年的一棵古树,根深叶茂荫蔽一方,未当不为虫子们所羡慕。

准备送喻老百岁的词铭为:

> 何分满汉,腐则摧之
> 岂因朝野,德则从之
> 政其有失,讽而规之

拨乱反正,颂而歌之

耄耋之年,随心所之

楚天极目,喻公育之

喻育之乃辛亥革命老人,岳父朋友。

12月10日 星期三 晴

晨8时30分赴铁道部基建总局,赵(伟)嘱可直接找干部部王部长,将情况介绍之后,他说也将人事资料退回大桥局要他们改,按规格填写。需要等待。于是他即打电话到武汉,找林科长。

电话中林说,已填好。8日寄出。王就埋怨大桥局拖了三个多月不办,现在时间已紧,还是寄出,何不派人送来?林说,是领导叫寄出的。王问是局领导还是处领导,电话中答的什么不知道。最后王说,这件事大桥局办得不漂亮。寄出就寄出了罢。

王放下电话后我说,最后这句话则有可能使事情告吹,因为收到得靠10天。外事局没有时间了,王主任最后说,好,3天之内,替你办妥。意即再打电话,要干部部一位在汉的同志带回。答应13日去听办好的回音。我表示十分感谢他,又问1980年已出过国,是否不再需要政审,他说这是规定,每出去一次审一次。出来赴外事局和朱、赵把情况谈了,两位都肯帮忙。13日星期六,14日星期日,估计基建局文到外事局则在15、16日。

看来关卡还特别多。

1. 基建局文到大桥局又要时间,于是财务拖着不付款。

2. 签证时间来不及。

3. 拿外汇拿机票等一切需要时间。

看来前途并不乐观。

做最后的努力,做不去的准备。

原以为人事资料到了部里,关口就容易了,不意又遇见岔子。如此看来,"偶然性"的事情太多,而今年则是遇到"偶然性"的事情最多的一年。

下午午睡后先到王世瑄处,结果其办公处和溶住处非常近,在和平街北口,化工学院斜对面。编辑部是活动房屋,北京人多,机关人多,可能几个部都是如此。把他托买的书给了他,谈谈其老夫少妻(45)新婚后的生活安排,因其家太远,不打算去了,出来赴溶处,治未来,晚餐后,带几本小说回招待所。

报告晚饭后有二男一女来找我,女年四十余,不知是谁。因未留姓名和条子。(以为是为徐显启夫妇及其同事)

(非也,11日晚饭时遇见王绳祖,知为他、柴处长与三处一位工程师)

12月11日 星期四

整日寝处,读高阳著《百花洲》一书。记明宸濠造反事,穿插以唐伯虎教宁王妃画一事,事情是实,其他情节都为穿凿,文笔好,哲理深,写王守仁遇险危不乱之句是:

安然静坐了一会,拿出真心诚意的功夫,虽然把安危置之度外,只觉灵台清明,得失成败的迹象趋向,历历在目,了然于胸,不忧不惑,尽力而为。一切的打算便无不是至善的了。

晚,同室新来一株洲电机厂的工程师,方从西德回。其伙食费采用包干法,即上交22美元中的11美元,每日仅花1美元,积10美元,30日共计300美元加了80美元数,购380美元东西回。

12月12日 星期五 阴

哪儿也不去,大有员住东皋,珙居西舍之味。

读高阳《慈禧初传》,深为感慨,大至宇宙,中至世界,小至宫廷,微如一局,何不有机权利位之争,岂不哀哉!

李白题黄鹤楼诗云"眼前有景道不得,崔颢题诗在上头"。读高阳文,实有同感,这几十年来,世事、国事、公事、私事所见极多,好像是有眉有目,但是动不起笔,唯高阳的妙笔传神于百年之后,难哉。

12月13日 星期六 多云

晨赴铁道部基建局干部部,王部长说文已准备好,并给我抄文号,文号为"铁出程439号""关于同意唐寰澄同志出国的通知"。根据这一情况,看来10日赴总局时,已打算好了即办文,不一定是由局再补送人事资料了。

即将文号抄下,赴外事局。赵不在,即找小罗。

小罗嘱填护照申请表,表很简单,即某单位某人哪年生、性别(赴美国开什么会等,是在表背后要我加写的)。交照片两张,单这一项还不够,还要一个中华人民共和国铁道部出国任务批件,该批件亦是在政审完成有这么一个"铁出程439号"文号之后,再由科技局对外技术交流处办。

由小罗打电话给罗工,我即赴罗处,罗找出文来,同赴部办公室,填了外事局给的那张表。

表内容是经审查,同意派唐寰澄同志等壹名赴美国参加世界桥梁美学会议,预计在美耽搁十天。

关键是一个编号,现编为"(86)铁出字59号"。

一个部"圆巴巴"(公章)。

到此,出国前科技局就没有什么事了。

再到外事局,将出国任务批件、护照申请书、照片两张交小罗后,护照申请事告一段落,今日星期六,他若积极,则可赴外交部办,若不则星期一再去办了。接下来,嘱填签证申请书,一式二份,照片两张。

还要填一张访问表,内容是:

1. 主要邀请单位名称地址和电话。

(Name address & Telephone Number of principal U.S. Sponsoring Firm or Organization.)

2. 访问美国日程表,代表团团长姓名(name of delegation leader)。

3. 抵达美国日期。

4. 离京日期（Date of departure from china）。

5. 美国入境口岸（Port of Entry to the U.S.）。

6. 美国离境口岸（Port of departure from the U.S.）。

7. 访问城市（U.S. local city to be visited）。

8. 抵达及离开日期（Dates of arrival and departure from each U.S. local city）。

9. 各城市访问单位的名称、地址、电话。

10. 各城市联系人的姓名、地址、电话。

11. 各城市访问目的。

Very important:

Full explanation of purpose of visit to each firm or organization. Explanation should specify general nature of business to be discussed, type of training scheduled, goods to be sold or purchased, etc. as applicable. Failure to fully explain purpose may cause visas to be delayed.

上午填好护照申请书，下午填好签证申请书，交给小罗，与老朱商量，都认为可以先回武汉了。

估计签证在6、7日（元月）可取到。8日一天办领取外汇手续。

民航保留72小时，即保留到6、7日（元月），如届时拿到签证和外汇则要去电话申请保留。

取机票。办以上这些事，外事局可派车。

回国时一大件不要放弃，他意要丁帮忙。

小罗电话为:（90）/42125（张会计,杨玉龙同）

老朱电话为:（90）/41035

留照片两张于老朱处。

访赵不遇，好像今天未上班，刚才打一电话给其家，刘接。

回招待所，遇见王绳祖，明日有票，可以一同回去。

部里则因12月25日到28日美国使馆放假，元旦1、2、3日放假，我要在4日赶到北京，则5、6、7、8、9日五天可以办事。

12月15日 武汉 阴 有雨

14日在北京，上午去西单看了看羽绒衣。

135元者除了面子较好外，其他并不满意，领子无保护罩，风帽为夹的。

120元者为过去美军的夹克式，不大方，袖子太小。

东西不满意，服务员的态度也不满意。

下午5时，从招待所出发，北京办事处现由局里拨了一小面包车，由小车库司机轮流来京开车，每人3个月。

一宵无话，上午10时许抵武昌，车送回家。

12月19日

回家已四天了。

在家里毕竟舒适和方便些。

办公室里做了几件事：

1. 发言稿让小杨给打字，初拟自己打字，但眼睛还是不大行。

2. 王总建议，由老陈写信给邓文中，在纽约期间，由他招待，原信复制件见附，并附了照片一张，以便认人。（图7-3-6）

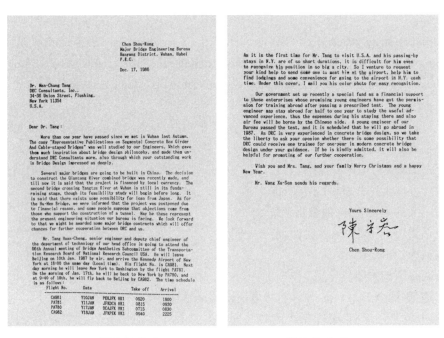

图7-3-6-1   图7-3-6-2

3. 向局里报告了预算的账单，备领500元制装费。

4. 经老陈介绍，昨天与梅（妻子）、雷雷（次子唐泓）去了中南商场，买了87码的江西yaya（鸭鸭）牌羽绒衣，很好，103元。人山人海，足见已卖出牌子，相形之下，武汉产的没有销路，梅也买了一件。

5. 伯克来了第11封信，说幻灯片已替我做了，并已寄给Ring先生。这解决了一桩大事。武汉幻灯片也已做了一部分，这下可以不带去了。他建议我会上以放和讲解幻灯为主，出席会议的有全美交通部门的负责人，主要顾问工程师，学院和大学的教师和教授，看来人是很多的。

下午又去办公室。

1. 取得了置装费500元。

2. 发出给邓文中的信，附照片一张，并得邓照片两张。

3. 与北京通了电话，杨（玉龙）说，美国已来信，华盛顿的旅馆已定，签证事已通知美国驻北京领事馆。

4. 去铁路医院看病,取得3瓶杞菊地黄丸。梅又取回4瓶。

5. 王总说杨德回国度蜜月,下午本想一见,但(他)去黄鹤楼玩了。

6. 和北京张会计说,钱一万元已汇知,他说办早了财务局不给外汇,元旦后行,故定元月2日去北京。

12月21日 星期天 晴

小杨打字初稿已完成。今日修改,明日正式打印。

给Burke写信。

整理幻灯片的发言。

因为不想托运行李,箱子带小些,给电话询问民航,结果是随身携带到机舱的行李尺寸是 $20 \times 30 \times 50$ cm,随机行李(托运)为 $40 \times 60 \times 100$ cm,重小于15千克,现我的箱子是 $17 \times 38 \times 55$,比随身的稍大一些,看看能不能通融。

礼物尚未买,过两天在这里到友谊商店看看。如不合适,再去北京看看。商量雷雷于回来时接的问题。

18日美国纽约起飞,到中国应是19日还是20日? 到北京去询问。回武汉日期预计想在元月24日,星期六、星期天到家。

12月23日

昨天由鸣鸣(长子唐浩)画完莲花湖虹桥的总图和东南园门的布置,原来此桥是1958年由我设计的木桥,中途修复过一次,今又将坏,园林局余(开来)局长仍请我设计钢筋混凝土桥。中间曾有设计处年轻人建议 R. C. 拱,我曾向余说让他们做,但余不同意,故继续为之完成。

今日电北京老朱及老赵,告知美国方面已来信,他们已见政协委员杨玉龙信。在此又得伯克第12封信,信中说:

已写信给美国华盛顿州政府的签证服务处,告知邀请的事,并写信给了杨玉龙,附二信,已订旅馆为:

Clarendon Hotel Court

3824 Wilson Boulevard

Arlington, Virginia 22201

(January 11–January 16)

Room cost $42.00 per day plus Tax

由住处到Sheraton Hotel只要走二blocks到地铁车站,再坐地铁到Wooly Park即到。约花时间20分钟。

他将再写信给我,描述地铁和年会情况。可供我在华盛顿时作备忘录之用。根据Burke先生早就寄来的华盛顿地铁路线图,了解到在华盛顿的居住和开会的位置。

关于华盛顿地铁(Metrorail),公共汽车(Metro bus)。

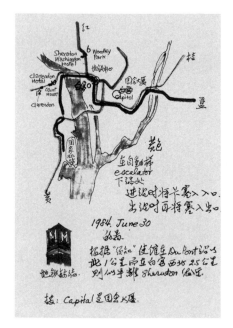

图7-3-7

开放时间：上午8时到半夜(星期六)，上午10时到下午6时(星期日)，其他时间上午6时到半夜。

上下班拥挤时间，星期一到星期五，上午6时到9时半，下午3时到6时半，票价约贵40%。共四线，黄线、橘黄线、红线、蓝线四线(图7-3-7)。从地铁中心开始，以东为单数站，以西为双数站。

住处 Clarendon 为橘黄线第12，实际从地铁中心第六站转红线第6即再坐三站，共九站，高峰拥挤时间 $1.1，一般时间 $0.8元。

地铁实行票卡制，Fare card(磁卡车票)。

自动售票机：1. 塞入 $1.0 或 $5.0 票子；
2. 按所需票价；
3. 按白钮取卡和零钱。

进站时将卡塞入入口，自动记录站名和时间。出站时再将塞入出口，如仍有余款，自动退给你，如钱正好，就收去。如钱不够，退出告诉你去加价，红色加价机。

12月26日

前日发工资，病二月扣三个月流动工资。赴友谊商店，巧遇休息。赴国画院，未遇常院长。

昨日上午去买礼物，赴国画院，常院长仍不在，由吴(院长)陪同选购尺页六幅，沈老帮了选，似还满意。但归后发现箱子中装不下。

下午与梅去杨子街，一路走回。计买了广州珠江牌石英电子表一只，75元；表链，约5元；尼龙软旅行袋一只，15元；沙发靠垫一对，23元，黑缎绣龙凤。回家将礼物一看，不甚满意。(零碎，颜色灰暗。礼物不集中显得轻飘)。

今日上午去办公大楼，收到汪长勇、袁光宇、高桥升(日本)贺年片。

得 George W. Ring 信，信中盛赞图文好，感谢我所给的照片。从小桥到通车的桥，并说明桥梁建筑和中国的当地建筑及地貌相协调。对于中国桥梁建筑的历史及其材料作了很好地叙述，使文章增加了很多趣味。对于细节问题的很多思想很明显地贯彻于文中。既能使世界桥梁美学界满意，则此事不虚矣。

接"亨牌(陈亨宝)"信，仍在机场，好极。他的地址现为：

机场南路东里15楼1单元7号

电话：558341转3506，飞机性能办公室

办公室回，又去国画院，将册页换成一牡丹蛱蝶之轴，价110元，付50元。买骨扇4把，原价 $4 \times 15 = 60$，付 $4 \times 9 = 36$，共86元，半价优待。这下就比较满意了，立轴如为送给日本人，则我将题词在上，现送给美国人，写了也不懂，且弄不好把立轴弄污了反而成为蛇足了，就这样。

与梅上街买菜，晚餐吃鱼片、肉片、猪肝片、白菜、虾米、生菠菜火锅。

12月27日

今接伯克的第14封信。信中说,我将会利用地铁以逛华盛顿全城,故将详细为我介绍。

他将于12日早晨7:00来我旅馆,同乘地铁到Sheraton(喜来登酒店)。8时在Sheraton共进早餐。9时到General Structures Committee去参加会议。11时去进行会议登记,然后共进午餐。并要我抵达华盛顿后即于星期日黄昏打个电话或写张字条到Sheraton旅馆。又附了地图。

与前附图不同者为多了一根green line(绿线)。从Franconian到Greenbelt,前图是1984年的,现图为1986年的。

还有个不同之处是星期日休息,这和赴美国旅行须知相同。好在到的那天是星期天,可能旅途劳累要休息,好在下星期六就离开了,问题不大。

今日发信给皮特斯,告诉他我在美国开会,希望能在华盛顿见面,发信给伯克,寄去原计划讲稿一份,如认为可以,他可以复印100份分发。

12月31日

30日休息,雷雷(唐泓)去订得2日38次软卧一张。

31日休息,购得野鸭四只,2.4元/斤,共七斤。付半价,一半付粮票50斤。现在是1986年12月31日11时30分,再过30分钟便是1987年,看彩电送1986年,迎1987年文艺晚会,苏州"送藕舞"可称冠首。

1987年(一九八七年丁卯)1月1日

雷雷结婚。在小香槟餐厅宴客,邱、粟(按:两亲家,均为大桥局高工)之外,兆芳、老林、茜等共四桌,约500元。买木料、制家具、做衣服、烟糖酒等,共花4 000元左右,尚无四大件。一部《中国古桥技术史》稿费,只够其2/5,三年积2 000元此事总算办妥。儿女婚事已了,再及二十年后将办孙女的喜事了。

1月3日

2日上午赴太(岳母)处和椒眉(老朋友卞之妻)处。

晚五时三刻晚饭,8时的火车离汉。梅、小澜、鸣鸣送到车站。

今日下午1时半到北京,自武胜关以北已是冰天雪地。北京天晴,可是站台下车处位于露天,结了冰,沿口极滑,一脚滑入台下,旁边人扶起。因怕路上再滑倒,叫出租到招待所,计10元。

到招待所,住南楼317房,三人一室,无电话无彩电。刚才去了外事局,遇小罗,说护照签证已签,星期一上午去取。嘱我星期一下午去外事局取,上午可办财务手续。见老朱,询问一些华盛顿的情况,派车问题,说一般由归口局派。找基建总局吴佛明,同意派车。见老赵,说各事都办妥,顺利。现在就是财务取钱和取机票的事了。在招待所和亨宝通了一个电话,他要我明天(星期天)去玩,考虑太远了,不一定想去了。

羽绒服左手上部破一小洞,是在车站滑下弄破的。物有新就有旧,有整就有破,就是小洞破得太早些。也就要提高警惕,冰天雪地穿了皮鞋容易滑倒。

1月4日

上午赴溶处,下午回招待所,与粟家通一电话,告诉雷雷不在,由沈转。与汪秀才通话,告诉为19日回北京。考虑接的事。

1月5日 星期一 北京 阴

上午赴铁道部拿到了护照(下午)。张会计开了两张支票,一买机票,一买外汇。到财务局(7楼),人不在,说是开会。等一下,约等20分钟,人来了。问哪天走,我说10日,他说还早,过几天再来。我说你一定会理解当事人的心情,越早办好越好,且晚了机票只保留到起飞前72小时,要处理的,总算答应先办买机票手续,其实财务局的事极简单,给三张一联的油印的非贸易外汇购买机票证明单,上有编号(我为出字第1号)。摘要(参加什么会)人数,航程,外汇人民币总额,备注,不要两分钟就填好。买外汇要7日去。

下午取得护照,交37元的签证费,护照棕皮,号码383387,上面填写的中文字如小孩所写,外交部签字者为纪清萱,日期1986年12月15日,我13日写好申请,14日回武汉,15日已填好护照,可见小罗已于14日送去。

签证日期1986年12月30日,则在圣诞节他们放假之后,签证号码004868,其中有三条Entry authorized to Mar. 29, 1987,似意即在3月29日前都可入境。For stay of ten days. 当然,对我来说,3月29日这一下限是无多大意义的,那时会早就开了。

取得护照去买机票,下午赴民航。以订单,支票,购票证明单三样。机票价共7 654元,不知如何算法的,其机票上详细单价是北京至纽约1 052元,纽约至华盛顿116.7元,共2 437.4元。人民币1 218.7元……反正弄不清如何得出7 654元。

还有个插曲是支票后面要写电话号码,于是去公用电话拨114问号台,问得铁道部外事局为8640011,才把机票回执取回。

从民航出来,赴文物出版社,会见了沈百昌,还是印不出来,看来还得拖,说书成本越来越高(现每本将价22元),稿费越来越低,大概是指总计划费用不变,压作者!

招待所房间门锁坏了,室内又无锁,好在同室为齐齐哈尔工厂离休副厂长董孝铭同志,长住户,他东西多,设法装锁,未成行前轮流看家。票已拿到,考虑如何走,将和“亨牌”电商。

1月6日 小雪

上午和“亨牌”通了电话,机场附近是有招待所,但到机场走仍要半小时,无车可送,故仍从住处出发,电话打完后赴部和吴(佛明)商量,他打电话给车库,车库说大桥局有车(可是司机已回汉),如这一两天回来,则大桥局派车,如不回来,则车库可派,但车库派车限于局级,处级原则不派。吴说可按部干部家用车收费用,原则上同意,9日再去落实。和"亨牌"通话中知8日美国来人,谈判可能在市里,如此他则无法送,但拜托了生产调度室主任夏日华代为招呼,电张新觉请代订票。

上午部里出来到东单,中国铁道出版社会见老王和老翁。购书10册,后回来,下午未出去。晚访李沄沧,请代与游打招呼。

1月7日 晴

上午赴财务局,取得向中国银行取外汇的联单,9时赴西交民巷中国银行,10时,取得现钞美金816元。薄薄一叠,然已极为不易,出来赴王府井买变色眼镜,一副37.9元,350度,在室内觉光度合适,出门一戴发现浅了一些,已无可奈何。目的是为了在国外防眼镜坏了无法解决,记得上次去日本也是配了一副不合适,至今未用呢。

现在诸手续已办妥,只等9日落实汽车,10日晨动身。

1月9日 阴

昨晚找游少峰,知司机已回,答应一送。说在武汉时未曾答应,因为北京的车子是为局级而设,还是答应送了。那就给了面子了。回来时接则不接了,但招待所可以留个铺,大门可以关照等一下。回来只能叫出租,所以只能带钱在身边。在食堂和李沄沧说了此事,大家分析,因时间太晚,怕司机不愿,李再说说,如不接则出租报销,这是经济法则和政府制度的异常结合。

晨,通知吴佛明不向部车库要车了。

1月11日 晴 有北风

现在已在美国首都华盛顿,在Clarendon Hotel Court(Clarendon酒店)。上午,现在时间是华盛顿时间下午5时53分,约等于北京时间9时到10时,开始在美国的日记。

中国时间1月10日清晨6时半,从会议楼出发,由局里自己的车子送。因为起得太早,故买奶油克拉格饼干一盒、香烟一包,给司机与带路的小郝。北京下雨,路上很滑,甚为难走。在去机场的路上,还看见三处车辆出事,大概是路滑又是开快车,就撞车了。到机场时间甚有富余,先想去找生产调度室,因找不到办公室,就算了。

根据机场规定,有带出国照相机而又要带回者走红区(包括带有美金)。在红区,填了一张表,便进去办理托运行李和验看护照,正在托运时,有人来问我,原来便是夏,他因久等我不来便来找我,这下就方便多了。行李托运后,给了登机卡,过了海关检查,他一直陪我到候机室。同时又去找了机长林虹(女),拜托她在机上照顾,我的座位是22G,具体的位置如图(图7-3-8),同时又给了一张名片,嘱到纽约有困难时找民航的负责人。又把电传员小张叫来,要他打电传时说一句,小张认为带张条去就行了,这样就登上了机,就座,这是普通舱,这次不靠窗,但走动方便。

飞机为波音747短型,飞机号码是B2448。飞机原定为9时20分起飞,但因天下过雪,跑道太

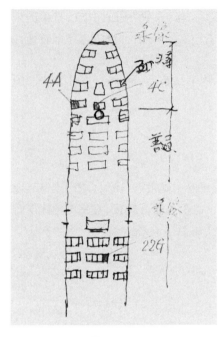

图7-3-8

滑,推迟了一小时,10时20分飞。

这是我第二次坐波音747,飞机一起飞,说明美国之行正式开始了。为时八个多月的具体准备后这次总算走成了。

上飞机后,即放录像。介绍机上须知,那就是服务和安全须知。记得上次是空中小姐表演,现在则拍成录像,更为方便。介绍座位上的设备时,发现有可听广播的设备,但没有耳机。

飞机先飞上海,转日本(不停)直飞旧金山,再飞纽约。飞机几乎是满座,有的上海下机,左手三个座位是三个工作过的结了婚的女生,出国读书,估计又是靠关系,都是私费。

北京到上海为1 140千米,飞行约一个半小时,原定11∶10到,12∶00开,结果是12∶50到上海,全机人员都要下去,通过海关,再查一下护照。

上次陪伊藤由上海飞武汉,在国内候机室候机,与国际候机室为玻璃墙和门隔开。我不知道,曾在候机时走到门边想过去,被挡驾,现在那里再候登机,照相留念。上海搭机中在候机室遇见一青年医生,已工作18年的男主治大夫,出国去读研究生,出国是深造,是考取的奖学金,单程机票4 000多元,连置装等一切费用动用了父母的积蓄。当我在民航取机票时,民航的售票员在计价时说要8 000元呢,是公费罢……十分慨叹,中国人的经济水平,这动用父母四五千元存款,真是不简单的事。

约一时许,再从上海起飞,飞出陆地,只有海洋。不在窗口,不见什么,过日本,广播时说(上海上机后发现有耳机了,估计是怕上海下机者顺手牵羊也),飞机左倾可以看见富士山,于是人挤到左边,这倒不像船那样起很大的侧倾,没有什么影响,我虽到过日本,未去富士山,亦看了一看,是较大的一个土堆,山头白雪皑皑,但高处看下去,再加上天将黑,只是一片灰黄而已。

飞机在往东飞。飞机的方向和地球自转相同,所以天黑得特别早,北京时间3时许,已是进入黑夜飞行。舱外一片漆黑,录像放美国片。

此时林虹来,要我转到头等舱去,座位即为4C处,头等舱的头等之一是座位为普通舱宽的一倍半,主要是有搁脚,可几乎躺平,座位与座位间占三个舷舱。这就不能比,特别是长途,可以充分休息。二是发的东西好,吃得好,东西已发过,故仍为普通舱享受。乃名片卡一本,皮夹一只,软鞋一双,"佐罗"式黑布眼罩一只(白天睡觉用)。头等则为小的尼龙旅行袋等。

头等还有酒和饮料,即放在我前面的桌上,随时取用。饮料有酒八九种,中国葡萄酒,外国白兰地、威士忌、香槟、伏特加,英国白酒,饮料则是可乐、橘子水、汽水、啤酒、苏打水……罐装,冰块。这样普通座而享受了头等舱待遇。只有这趟旅程,归程则不行了。可是因为虽然天黑,时间还早,所以还是看看录像,第二部则为长春故事片《飞来的仙鹤》,因已看过,就戴了"佐罗"罩睡觉,可是怎么也睡不着,或说睡不稳,11时(北京时间)叫起来吃早饭!

补说一下,北京到上海之间,吃了一顿便餐(纸盒装);上海起飞到日本之间,一顿正餐,那又是早餐。因为快到旧金山，到旧金山为旧金山时间8时半（北京时间约12时），所以北京时间11时正旧金山时间吃早饭也。

睡不成矣！果然，天将亮了。

上次到东京是下午飞，晚上到，这次经历从早到晚的不同时间，飞机上看日出，完全不同，其实壮丽之处，是将出未出，地弧线（注意不是地平线）中间一条夹层，红橙黄绿青蓝紫，如此长大宽的一条彩虹，到远处（左右）渐变尖，实为壮观。因不在舱窗边，所以未照相。

看陆地则海岸将近，但仍是云在脚下，陆地见得少，且冬天高处为雪。低处灰黄、色彩并不丰富。不过这是美国了，是相对于地球的另外一边。

到旧金山机场，因机场总在郊外，未见什么高楼大厦，降落机场。

到机场后，一切东西都带下去，并去取行李。要进美国海关先取行李，行李由地下出口在转动的不锈钢运输带上回转，各人自取。我的箱子不大，但也怕与人相同，在手把上缚了两根尼龙带须，做了记号。验关共有靠十个口，三个是美国公民，其他为非美国公民。因此机一到，一下有几百人行李又多，排得很长。我正排队，一个美国女警察过来，要我的护照看。大概因为东西少，在美时间短，是开会，便到美国公民U. S. Citizen的队伍中去（人少多了），同样还有少量的人也是。

其实验关很简单，机上发了两张卡，填上之后，他一对盖上章，即便放行。行李也不打开检查，便过去了。护照上再夹上一张离境证，号码为32893419200。把护照上延迟日期25 Mar. 1987改为25 Jan. 1987。确然，延到3月有什么用？旧金山候机室与同胞相互交换照了相，有个美国小伙子空手过来，说替你们照合照，因不明底细，没照。

这次因已坐头等舱，位置空，行李不托运了，提上飞机，头等中因旧金山下去人多，只剩下5个人了。我被安排改坐在4A，靠窗，得见旧金册城市，照了San-Francisco Oakland Bay（旧金山-奥克兰海湾大桥）桥照片。

再升空飞远，又是一片白与灰的图案。

午餐，餐后躺下睡觉，戴的是"佐罗"眼罩。起飞时旧金山时间约11时，（办完海关手续，与机场服务员对表，为10时过4分）。不意人同此心，心同此意，3时醒来，满舱漆黑，窗内塑料门都放下了，连Stewardess（空中小姐）也在睡觉。

醒后又打开窗看了一会，天又黑了。我与3D座一位美国朋友交谈，原来美国实行各州分时制，且飞机继续东飞，3时许太阳又下山矣。

旧金山到纽约飞机5小时多些，可到纽约后，在汽车上又对表，已是9时33分了。到纽约肯尼迪机场，与途中同识者说声再会下机。本以为邓文中公司会在等着，可是有拿牌找人的，不见有人找去，有两种可能，一是RDC公司与大桥局交情不够，二是邓出差去了，无人拆信，原本以为行李都手提，一出机场便走，现无人接，但总领事馆有大张小张二位在机场接中国民航班机乘务员，来了两辆坐人车，两辆行李车，一车子便到总领事馆。

在机场见民航在那里招呼的人，说不认得夏（日华）和写条子的人，于是这两个棋子没有用上，反正有车接，有处住、吃，问题解决，邓文中其奈我何！

一路从肯尼迪机场进城，车行甚快，纽约气温4℃，下大雨。晚上无所详见，一个深刻印象是在车中见两条色带，左手来车是白色亮带，我们前面，则是红色亮带，车辆之多，无可而言。经过郊区，过河（过隧道），在之前见Queensbury（昆斯伯里桥）桥，车行50多分钟，到总领事馆，进大楼光照自动门后，继转四圈到四楼。

在四楼登记住宿，好在第二日有车送机场搭回国机，我并可搭之赴华盛顿。四楼登记后，即到四楼餐厅吃饭。食堂的钱，已包括在住宿费用之中，计住宿813室，$35.0，搭车费$10.0。

食堂借碗筷制，分一只苹果、一只鸡蛋，其他稀饭、馒头、小菜都不定量。饭后到702号房结账，并登记明天用车。

回房，洗澡，房间单人一室，有彩电，电话（不能外打）。设备陈旧（式样）但是实用，大概是买的美国人老房子。总领事馆每机（民航）都接，否则这座楼岂非白搁，这件事也方便了出国人员。

到纽约时间12时，尚未睡，因穿太多，拿行李（纽约气温8℃），一身是汗，在暖气上烘内衣，洗澡，照了相。

睡下去后，3时又醒来了，做气功。睡不着，起来整理。在热水缸中又泡一会，一切准备好，6：20分到四楼食堂吃饭。面包、黄油、果酱、面条、鸡蛋，下到一楼坐车出发，开车时间纽约时间6时50分。

车经曼哈顿区，街道整齐清洁，房屋高大但干净、清爽。这些都是皮毛之见，这次走的是七转八弯，过Queensbury桥，桥虽老，但亦清洁。一路看到不少老桥，有花岗石镶面的砼桥和挡土墙。天已晴，房屋与街道雨洗过，车行甚速，到机场。以上的经历，虽在异国，但仍在中国人之中，从纽约到华盛顿，便是与美国人打交道了。单枪匹马，完全独立。

现在是华盛顿时间9时40分，一方面写太多，人已困，眼要保护，二是明日Burke来，要洗澡，睡觉。明日再记。

1月12日

先接下去写11日事。

11日晨7时50分左右抵肯尼迪机场，check in，将机票联单上PA，一页单独撕下，行李托运，给了座位号码为3A，由8号门候机，一套手续是划一的。

8号门候机室内便都是外国人，看得出的有印度人，一对年轻夫妇，除我之外，只有一个黄种人（似乎中国人）不男不女，未搭腔。到点时，汽车载运到机旁。原来是架四个螺旋桨小飞机，估计约座位不多，恐怕也是四五十年代的老飞机了。

正好坐在螺旋桨前窗口，右手无人。

准时起飞。一路无甚风景好看。8时15分起飞，9时30分到。根据降落情况，是飞过河后即上跑道，则是停在华盛顿的国内机场，取得行李出来，坐Taxi，是为黄牌车，驾驶为黑人，沿着POTOMAC河到Clarendon Hotel Court，$7.5。

这一区非常安静，二层的房子多，旅馆也是二层楼房，一点都不大，但清洁、清静。在front desk（前台）询问预订的房间，柜上只有二个人，一男一女，年纪都轻。后来问得男的为KHALID先生，女的为Gracey，我称她为小姐，她说是太太（Mrs）。她刚结婚10天，给我看右手中指一只小钻戒，我说喔原来你是新嫁娘（Bride）。祝贺她。

保留的房号为152室，在二楼，美国则为一楼，单人一套，慢慢地再详细形容，晚间拍了照。

在柜上，先把租金都付了，计275元。包括税在内，非42元而是46元一天，有一顿早餐。

住定下来，先洗澡，然后了解一下周围情况，有否商场，百货店之流。

出门往右不远有一家杂货店，专卖吃的。店名7th store 7，于是买了些面包等带回。口干之极，买一瓶seltzer salt free sparkling waters（赛尔托兹的天然汽泡矿泉水），一纸盒Fram Field 100% pure Orange Juice（橙汁），中午就这样吃了一餐。睡觉到3点。

起来后和Sheraton通话，TRB（美国运输研究委员会）有一座gentleman告诉我Burke先生也是今天到，可以晚三四个小时打电话去，于是再出门，往左手拐，走不到两个Blocks有一家大商场，名为Common Market PC penny。

上下串了一圈，拍了两张照。了解情况，什么也没有买。

市场很大，四层，头上部分有一家是较大的百货商店，名为Drug DABFWH TABF。建筑的两个长翼则为一个个小店组成的商场，所谓小，乃是相对不是最大的超级市场，与银座和大阪的市场比，日本是具体而微，这里比日本的市场大而更完整，自动扶梯上下，方便之极。

归来发现前台边上供应热咖啡和热水，可以取用，自来水也能喝。

晚间写日记，准备Burke 12日早晨来。

时差的变化，使睡眠被颠倒了。且在转变的这两天，睡眠被割成小块，难以整夜深睡。

现清晨7时42分，Burke原约7时来，失约。

（按：之后才知道，我对的房中的电视机上角的电子表时间相差48分钟，即那时是7时尚不到）

8时，我下去吃早饭，柜上有人来往。未予十分注意，等下有位先生，头戴船形呢小帽，穿风雨大衣从柜上来问我是否"汤"先生，原来Burke先生准时到来，我即请他上楼到房里，他是先找柜上，打电话找不到人而问我的。Burke（以后写布克）先生先大家寒暄几句，他送我一个礼物，我回送他，使他感觉到他送的东西出手小了。

如约，我们去Sheraton Hotel。

出门走过两个方块到的是Virginia Square（弗吉尼亚广场），而不是Clarendon，使用卡片的方法正如前已知的说明上所说。

地铁的几个特点如下：

一）上下全部为自动扶梯，称为escalator。

二）站台从一侧进，要过路线到另一侧站台，则有仍是自动扶梯的跨线桥。

三）地铁用预制砼盾构法，完全暴露结构，没有像苏联和中国那样的柱头和仿地上房屋结构那样的装饰。地铁无柱，空间开敞高旷。

四）每列车子都标上起（或终）点站的名称，而不写橘黄、红、蓝等线，但每个出入口和转弯抹角，上下之处，则各立柱，标志去向和站名，十分清楚，不用问询，便易找到。

五）车厢整齐清洁，内有地毯，座位舒适，毫无宣传中纽约地铁的脏乱现象。

六）人物行动安详，有礼，甚有气派，报音为男音，低、清楚，和平等等，总之十分令人满意。

由Virginia Square转Metro Center上一层，转红线再经三站即到Woodley Park站，出站左手便为Sheraton Hotel。

布克先生带我上楼，其住处2070室，布局也不十分特殊，和一般大旅馆一样双人一间，每人60美元，合120元，当然是找不到35美元的一间房了，介绍其同室年轻人Ohio Department of Transportation（俄亥俄运输部门）的Walter J. Jesting先生，放下衣服和手提包，便参观此旅社。Hotel甚大，基本上分为两个建筑，一是初期的老建筑，二是近年修建的新建筑。新建筑中多近代材料（如铝合金装饰）和设备，电梯有六部，中间两部为贴墙的，即外侧为玻璃，上下时直看外面，新楼设备新颖，有时代感。

转到楼上，从窗口外望为华盛顿有名的教堂，有塔吊正在修理。

下来转入老楼，有如到了英国 18 世纪的房子一楼，或有电影《飘》中郝思嘉那时南北战争时代的气息，家具是当年的。转入老楼一间会议室开 General Structure 的 R. C 结构会议，布克先生一一介绍，都为各州公路部分负责人及工程技术人员，有如普希金，有如莫洛托夫，有的文秀，有的粗大，有的说去过北京，有的说想去中国，总之，对我飞越 16 000 千米来此参加会议，表示欢迎。

会议宣读了 5 篇论文，看来没有什么太突出之处。

一是加宽老的钢结合梁桥，用 P. C. 梁把出桥面相连研究其共同作用。

一是以格式桥钢纵横上加结合的 R. C. 桥面板。

一是纤维砼或玻璃钢桥。这篇论文题目虽新颖，可是不过泛论，未举实例。

主持会场的主席问我中国有否纤维砼桥，我说没有，未说中国有一座玻璃钢的试验桥，低模量、大变形和老化等问题都未能说是解决了，不多说，以免问太多。

他们开会的方式随便，当然本国的熟人也就风趣随便，随时引起笑声。

会议结束，布克带我去签到处，花 60 美元作了登记（他是会员需付钱，我乃特邀代表，不付），取得会议详细安排手册一本。

在登记处遇见姚博彰，Parlo 公司的，才从香港回来，他曾到过我局，于是又寒暄几句，要我问王总好，毕竟生疏，无一定的感情。

再各处走走后，在 Courtyard Cafe 午餐。

布克先生点一道 Roast Beef（烤牛肉）菜，饮料为咖啡、牛奶，甚为简单，不像中国人好客又能吃。上菜后发现 Beef 下面有面包，边上则是油炸土豆条，3 只小红番茄，一些垫底青菜，实际上等于中国的盖浇饭，乃是"盖浇"面包而已。

布克先生右手是一位女士，熟人，为 Robin B. Sofri 夫人，地质工程师，甚为健谈，谈之不休。

中间我请 Sofri 夫人为我们照一张相。

Sofri 夫人送我日本太阳能小计算机一只，甚有用处，当晚便用以结算账目。饭毕，分别，我们又在内外照了相，布克说，那位夫人好像生蛋的母鸡，讲个不休。

照相完毕，下午其他的小会我不参加了，我要在开会之前休息好，养精蓄锐，以便 13 日发言时不出差错。约好 13 日下午 1 时 15 分在 Colorado Room（科罗拉多房间）见面，原来计划布克请我 13 日早晨 7 时 30 分共进早餐，再参加一个小会，共进午餐，下午开会，如此则太紧张，因此我建议改为 13 日在会议室相见。

回旅舍已是下午 3 时（实际为 2 时 10 分左右），倒头大睡，直到 6 时。醒来之后，上街和买些东西，晚上将明天要带到会议室的资料准备好，上床休息。

1 月 13 日 晴

12 日因为布克说清早来，故一夜未睡好，昨晚睡得很好，但醒来仍较早。早上旅馆供应早餐，这是一具较大的电热器，上放玻璃（当然耐热）大盂，内装水，可电热，所特别者，C 处的盂可先放空，上面立上锥形滤纸，放入咖啡粉，再将 B 处已热水的盂，自 A 处打开盖后，倒入，则水从 C 盂的顶部流入 C 盂冲成咖啡，诸盂可分别电热。（图 7-3-9）

早餐点心为浇糖浆的多福饼，纸杯都放在边上，并有一盒很多包小的咖啡用牛奶、糖，甚至还有茶叶,自己冲取。

饭后,到市场走走,买些东西。继续做些准备,及早中餐,再小小睡了一觉。12时半(电视机时间)动身,再从地铁到Sheraton到Colorado Room,室内尚无人,便在厅内闲步,得认邓明波(Benjamin Tang)先生,广东人,为美国运输部的Federal Highway Administration结构工程师,随便聊聊,之后又见一位广东人,Kaik Tam,加拿大籍,随加拿大代表团一行二十余人来此开会。

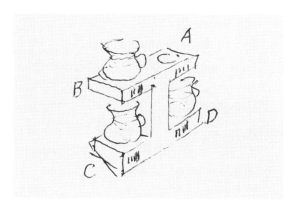

图7-3-9

与这两位广东人几乎大多时间也只能讲英语,因为他们的普通话说不好,说说就表达不出意思来了,于是不如大家说英语。

刚才坐地铁来时,在Virginia Square车站向一位似乎是中国的女青年问车行方向是否正确,告诉我是正确的,说她也是中国人,因为是台山人,所以说也不懂普通话,我用英语和她说,台山方言在中国也几乎是外国语,所以如果懂广东话而出国,则更为方便。

1时20分左右,布克来,我以为他不准时,原来电视机上的电子表不对,于是纠正了错误。

2时左右,听众入室。

全室座位共14只一行,七七分开,共八行,计112人,全部满座,在入座前,布克已介绍了先到的几位。

会议开始,布克先生为主席,他先介绍有中华人民共和国唐寰澄先生出席会议,起立,全场鼓掌。然后再介绍我的简历,再一次鼓掌。于是由我宣读论文,放幻灯。由于事先有准备,再加上这几天来和美国人直接对话,自己也觉得意想不到的快和流利,事先我和布克先生说,我的英文说得不好,他说你没有问题,开会前又和Gohemeeller先生交谈,他说你的英语清楚而流利,布克先生曾说,不要看有些人(包括外国人)在华盛顿住了二十多年,照样都说不好。

在介绍的过程中,我有意识地介绍一些有趣的事,如赵州桥栏板的龙,玉带桥的爬桥不易,雄山桥的桂林谚语等,都引起了全场笑声,时间大大地超过了30分钟,大家聚精会神地听完,讲完后又是全场鼓掌。唯一的缺点是最后我说Thank you,而其他人则说Thank you very much,换句话说谢得不够。

下面又有两位先生宣读论文。

休息时,很多人来我身边祝贺和交换名片。其中有Wrun M. Shirole先生、波士顿的Kenneth Krackemeyer先生、马里兰的Fredrick Gotfemoeller先生、奥林浦的Arvid Grant先生、费城的Raul C Harbeson先生、加拿大的Sfewait C. Watson先生、英国Freeman Fox公司的Jolyon G Gill先生等等。

其中Watson先生自我介绍,曾为天津永和桥作计算分析和帮助解决技术问题,可是回过头去和布克先生说,他们一条条地提出问题,结果什么报酬都没给,Watson先生问我要我所放的部分照片,一面说"我给钱",我当然客气说"不要",他手尚未伸进上衣口袋,立即就拿了出来。

Freeman公司的高级工程师Gill先生,年纪估计四十左右,一嘴大胡子,十分亲热,立即去取了他们公司的资料来,并要我有机会去访问英国。我和他说,我知道他的公司,Freeman曾设计过澳大利亚的悉尼桥,他并和我作了合影。华盛顿政府的公路局Brad Taylor先生:

400 seventh sf. s. w

Federal Highway Administration

Washington D.C. 20590   202−366−4612

他说对我介绍的桥十分有兴趣，好多桥见都未见过，表示欢迎我到华盛顿，同时准备安排汽车载我看华盛顿的桥梁，约好我14日下午1时30分打电话给我，决定时间，看来收获尚佳。

布克先生将于14日离华盛顿，约定以后通信再详谈，时间不早，即于会场说Good Bye.

在讲演时和听众都照了相，讲演录了音，并可预订购买磁带。

布克先生说这是达到了高峰！

回住处，疲劳得很，但仍写了部分日记，洗澡后睡觉。

1月14日 晴

今天上午准备去看白宫。

布克先生给了我华盛顿旅游地图、袖珍地图、地铁详细资料，日记到此本想休息，接George Ring电话，说因为会议别的组很忙，没有能见到我，约星期五即16日下午1时到我住处来接我到他家住，星期六早晨送我上飞机场，这样，就得很好地安排了。

明日，15日上午看桥，争取下午看空间展览馆。

后日，16日上午再看一处；16日下午搬家。

睡了一觉，又醒来了。现在是华盛顿时间12时08分，暂时又睡不着，起来吃了一颗速效和一盖子地黄丸，继续写白宫。

从地图上看到，到白宫可乘橘红线到Farragut West出站，出得站来是华盛顿的闹市了，房子都适中，只七层左右。当然建筑极协调，风格虽不一，并不觉得格格不入。先经过的是第17街的executive offices（执行委员会），执行委员会是意大利式廊柱建筑，南部顶头有一座镀金雕塑，我当初以为是白宫了，经问一位美国女士，知道白宫在其东侧。

走到白宫正面，白宫完全在黑漆的铁栏环绕的树林之中，现在是冬天，这倒有好处，有枝无叶，看得比较清楚，拍照仍嫌太远，但不能不拍。

先是隔了栏杆拍一张，后来一想，何不在栏杆缝中拍，于是又拍一张，沿围栏走到Treasury（财政部）前面的一组雕像，又照一张，白宫四周的绿化区正有黑人在清扫落叶，其法是用背负的吹风机，把落叶吹成堆，立即用小车拉走，聚在椭圆广场一些地方烧掉。

这样照的相，没有本人在内，总不满意，回头走到白宫前，发现马路对面位置，近看知道为华盛顿公路里程中心碑，附近有两个外国年轻人在照相，一男一女，想照合照，只好把相机放在碑上，自拍，左右都摆不好，正在为难，于是我就上去，提出合作，这下大家解决问题，照了一横一竖，但是卷第一张时可能没有卷到头，但大家已走散了，我在执行委员会和白宫正面之间徘徊了一下，觉得如没照好则太可惜，于是又走到那里，等不多久，来了一位美国中年朋友，请他帮了再照两张，这下就放心了（图7-3-10）。

时间约9时，回去尚早，华盛顿纪念碑是方形尖柱，高虽高，但艺术角度不高，不想去近看，于是向林肯纪念堂走去，走到OASH/Q处，又遇了他们两位年轻人，于是就详细谈了。

原来他们是阿根廷青年，女名加路尼那，男名维哥加（没记清楚，姑且就这样写）。男，24岁，女，22岁，都是大学生。男学法律，女学医。结伴四人到美国来玩，今天是两个人，倒是他们告诉我10时白宫对外开放，绕一圈可以回去再看，这真是好事。他们没有地图，以我的地图为指导，沿Constitution Garden湖走去，湖结极薄的冰，湖上几十只野鸭成群，安详得很。

图7-3-10

再得补充一下，从白宫过来，椭圆形广场四周的草地上大树很多，草皮仍很青翠，有不少松鼠，活泼可爱，见人不避，我逗着照了几张相，可惜没有带一包花生来，否则可以吸引一大群。之后到Reflection Pond（倒映池）边上小店去看也没有，况且时间也来不及。

加路尼亚等四人在美国要旅游一个月，如何进行旅游的呢，四个人租了一辆车，每星期共付美金400元，人各一百，自己开车。这样既方便也许也经济。例如从纽约到华盛顿飞机要$166元，四人$664元，租车只要几个小时就到了，算他一天，包括汽油费停车费等每人$100/7 = $14元，为飞机票的1/10，全国各城市跑是划得来的。

下回建议大代表团去自己带司机。

他们两位不懂建筑，不知道Reflection Pond的作用，我告诉他们，是建造来欣赏建筑物与其水中的倒影，起源于罗马时代的宫殿，照中国的观点来看，缺点在于过分规则化，倒影只能在中线之上，使范围缩得太小。在林肯纪念堂照了相，并取得说明书，盖上邮戳（图7-3-11）。

从林肯纪念堂走回白宫时发现有一处地形像月牙似的凹下，一侧有挡上墙似的墙面，有若干男女老少在那里面壁，好像在天坛听回音壁，原来据说是埋着越南战争的亡灵，在此哀悼而已。

加和维称是朋友，我说两位在美国一个月之后，回去结婚？男的说我不是她的男朋友，她回去和她朋友结婚，看来是误会了。

行走到白宫东侧，铁门已开。

白宫的警卫不论男女，都是挑年轻神气的，洗刷干净，打扮精神。制服一色黑尼龙，闪闪有光，如不穿上衣，则是雪白衬衫，看来是和白宫成鲜明的对比，一路招呼，甚为礼貌。

参观者人不多（每周三、五开放，10时起至……）

我参观时只有我一个人，虽然在林肯纪念堂拍照时还见到几批共七八个中国人呢，至于白宫内部情况，将参照所买白宫历史一书详细地写一篇。

不过有一点书中似乎没有写，宫中多历届总统和第一夫人肖像，无不力求精确的雍容华贵，唯独肯尼迪一幅，颜色灰暗，低头斜立，岂不哀哉。

11时坐地铁返。

图7-3-11

1时40分得Taylor电话，因车子尚未完全着落，约晚上5到6时再来电，睡觉起来，逛逛市场，买了一唐老鸭一米老鼠，铺子年轻人先给我一只大的，价6美元多，这可受不了，于是和他说要便宜的，于是拿了一只极小的，只有一节手指长，价亦要1.8美元，我就和他闲聊，讲讲中国家庭，从1.8美元降到1.2美元，买了两只，回来放在桌上把玩，做得还可以，明天再去买几只。

Taylor于5—6时来了电话，约定15日早晨8：45来车去看桥。

1月15日 雨，转阴

清晨5时许又醒，洗一热水澡再睡。

7时50分，Taylor来电话，说在下雨，我说天阴，没有雨。他怕我拍不好照，我说一来在华盛顿的机会难得，二来我的照相机好，可以拍，他说好。8：45到9：00准来。

昨天逛市场时，沿线拍拍照照，将Clarendon照下，还照了旧车销售站，站上工作人员和我聊起来，我说你们的旧车价从500到3 000美元左右，他说是的，不过有的还要高些。我说多少，他说有高到9 000多美元，我指着那牌上的数字问是否，他说那是电话号码，我说那倒巧极了，也是这个数字。

晚饭前先在市场内的餐厅逛了一下，了解情况。看见有一摊子是中国人开的，父女二人，有米饭，又以面包为食，想吃饭。接Taylor电话后，便去吃饭。时已快7时，到那里问是不是中国人，不意不是中国人，原来是高丽人。反正有米饭就行，一两半米饭内拌洋葱、胡萝卜、肉丁，价1.58美元，买了两份也未吃完，在美国吃"饭"难也。

Taylor来还有些时间，再说说旅馆的保安工作。

这一旅馆看来是为驾车的旅客服务，所以大部分是平房，车可停在房门口，只旅馆柜台和我住处是楼房，一到晚上6时许，大门不开开小门。实际这一条都是大玻璃，内外都看得见，晚上灯光不熄，外面来人看得清清楚楚。是旅客，服务员就在柜内按电钮，放旅客进来；否则是可疑分子，便进不来了。旅馆内还是值班警察（保安），所以倒是十分牢靠。在美国这个社会有不安全处，但也就加强了安全措施。

5时许醒来，窗外在下雨，清早看，停了！

风伯清尘，雨师丽道！

上午9时不到，车子来了。除了Taylor先生外，驾车者为John J. AHLSKOG先生，工程师，以及King W. Gee先生，朱健蔚，亦是广东台山人，寒暄一下，当即上道。我便和他们说，虽是阴天但亦是好天气。

一路汽车，转弯抹角到了华盛顿纪念桥头。车在路边找了一个地方靠下，走到桥头照相。

这座桥头的几个雕像是铸黄铜镀金的，富丽堂皇，据说是由罗马运来的，原想各个塑像都找最好的角度照，可惜简直无法穿过马路，时间也有限，于是就上车。车再沿Independence Avenue（独立大道）向东转北，去到华盛顿市公路运输总局拜访其总工程师Gary A. Burch先生，朱先生介绍Burch先生曾写一本桥梁的历史，我原以为是世界桥梁的历史书。到了市府，会见之后，由AHlskog先生介绍我此次的行程，且吹捧一番，并说我讲得一口好英语，要请Burch先生介绍一下华盛顿的桥梁。

Burch拿出其著作，作了比较详细的介绍，其重点：

一）华盛顿没有大桥，因河流不大。

二）华盛顿的老桥历史悠久，现仍在使用，若干已不能使用如某些钢桥，则已改为一般的R. C. 梁。

三）华盛顿较多的是石料镶面的R. C. 拱。

四）目前还没有近代化的桥如斜拉，悬索等。

这第四点是我提出是否可以看看和介绍一些有趣的近代化桥梁而言。

因时间有限，告别。于是用汽车兜了很大一圈，看了些老桥，此记从略。总的印象是都是老式桥，拱为多。

除了少许几座桥因附近可停车，停下来拍几张照片外，其他桥梁都只能穿行而过，走车看桥（图7-3-12）。

有些比较设计得好的人行立交桥只能一闪而过。

Taylor, Ahlskog和Gee先生送我回Clarendon旅馆，晚上仍赴商场朝鲜饭店吃油炒米饭、炸鸡、汤、冰啤酒一杯。

离开华盛顿在即，随便买了些小东西。

晚间接电话，我以为是Burke或Peters打来的，不意是George Ring先生，自到美国，Ring从未露过面，电话中先问好，然后解释说他很忙，因为TRB会议中有好几个分会议是由他办的，他在希尔顿到处跑，我讲时他也没空来。然而他说，他听别人反应，我讲得很好，很成功。因此，他明天下午到我旅馆来接我到家，住一晚，第二天清晨送我上飞机场，我谢谢他好意，接受他的邀请。

图7-3-12

接电话后，打算明天的安排，因没有时间购物了，故又上街到商店买了些东西。

一宵无话。

1月16日 上午晴，下午阴多云

清早起来，到下面吃了早饭，一般是两只糖衣面包圈，一杯咖啡加牛奶，同食旅客天天在变，估计这旅馆能停汽车，故大都是过路旅客。

上午没事，仍坐地铁到Farragut West站，出站走到白宫，穿椭圆形广场，再找寻角度照些松鼠的照，这次有经验了，带了些面包，引得松鼠近前，一只、二只、三只，可是都十分机灵。

按：原日记稿到此止，以下为唐浩根据其他资料补记：

图7-3-13

George Ring（英国爱尔兰血统的美国人）于该日下午1时，驱车来到我住处拜访，车载到西弗吉尼亚（Virginia）州参观市容（住宅区）。在其别墅中由其夫妇招待晚宴，并住一宿，商讨下一步工作和邀请再次访美。

归程。

17日由华盛顿返纽约，住中国总领事馆，18日搭民航客机回国，19日深夜抵北京，此行任务圆满结束。

广东虎门咨询公司工作期间工作日记(一)

1994年11月10日

飞抵广州,晨8:20起飞,9:40到,邓工来接。

中午宾馆午餐,裴总给活动日程表。

下午谢总来谈,交给琼州跨越工程组织计划,我将带来琼州海峡资料、三大海峡跨越工程建议书、1987年上书党中央21世纪海峡跨海工程(英文)。

晚,去广东迎宾馆赴晚宴。

会见西田、森田、岛汪、山崎、山科、杜晓鸥;

A. G. Stacey; A. E. Amitage;

牛厅长,黄院长(广东设计院黄良然),黄小洛。

送西田《桥梁美的哲学》。

住2407,根据安排,13—16日在海南。

11月11日

整理资料。

与箫蔚彬、李士恩通电话。与刘正光通电话。

11月12日

上午参加三国五方会谈,在广东建立钢丝、钢索制造厂问题,只签意向书。估计造价$800万,广东(两家)50%,重庆20%,英国30%,日本长大不出资。

中午宴请。

11月13日

赴海南,牛厅长带队。公司谢、杨、岑、我。广东黄小洛、黄良然,日本朋友7人。岛汪晚间饮酒过度,醉不能成行,仍住花园酒家。

晨8时半起飞,共550千米,飞高7 000米,花时50分钟。住金海岸大酒店。午饭自助餐。

下午，海口港安排小轮，看琼州海峡海南岛沿岸。自白沙角到澄迈角。自海上望白沙角，海口市已高楼林立，至澄迈角仍为一片荒凉。从都市欣赏桥而言，自以白沙角为合适。

上船往东，顶风有浪，往西则顺风，船有海图、测深仪，看来海床平面不难求得准确。

西田等甚活跃，谢老向他们解释，秦总拍录像。

晚间海南省交通厅宴请，欧阳厅长主持。

谢总于晚间修改与长大合约成。

海南不够积极，据称是没有钱，其内情不知。

11 月 14 日

早餐后，决定先由虎门和长大签合约。

在金海岸大饭店会议室。出席者海南交通厅的欧阳厅长及有关人士，广东省交通厅牛厅长及随行人员。公司四人，谢、秦、杨与我。人员介绍时，谢老特介绍公司准备情况和介绍特聘我参加，并声明我曾为海南省规划和战略研究院特约研究员。

长大西田介绍国际长大海峡工程情况，但英法海峡未谈。

牛厅长发言，意下称海南不积极，连千余万元都出不起，则厅长谈自行告退云云。必是老友（与海南厅长），否则不会此豪爽而言。

还是先签合约（长大与虎门），将在广东交通厅与虎门签约后生效。签约者长大西田、虎门杨总，秦总拍录像，谢总及我站后，主持为牛及欧阳厅长，尚有有关人员。

下午一行赴三亚。

车上，通过杜小姐与西田谈，西田亦研究老子。又多一方面交谈内容。我示之以所揣《六祖坛经》及《佛教认识论》两书，牛厅长同座，为人殊有魄力。

到"鹿回头"，阵雨。

住金陵度假村。

晚间三亚交通局罗局长请客，乃退伍军人，连续大杯碰干马爹利酒、拍肩、高呼，次日大醉。

11 月 15 日

上午去"天涯海角"，人食椰子一只。

沙滩步行来回。

在郭沫若诗碑前合影。

巡行一周，车上和路上，和西田谈伊藤65岁后工作事。长大已购楼二处，一在东京桥，一在上野，如伊藤为他们顾问极为合适，为之向西田鼓吹，实在他们是好朋友，何用异国人作伐。

午餐于东方大酒店。

三亚已与我前数次来不一样，高楼拔起，虽然成为大都市尚需时日。

罗局长醉，未能来。

当日下午回海口。晚餐后送西田、杜等一行3人飞香港（尾村等三人签字后已去广州、厦门，未到三亚）。

晚住琼宛宾馆,其旁即昔日战略研究所。

11月16日

晨由海口飞回广州。
即日研究琼州海峡跨海线路方案。

11月17日

谢总来谈。
一、留我在公司,在广州上班。
二、同意我将《中国古代桥梁技术史》工作带广州,在此完成。
三、项目确立前为过渡时期。
四、项目确立后,同意夫人亦来公司。
五、根据组织草案,公司为总承包。设"前期工作办事处",地点在公司,我为公司代表之一(谢总为主)。
六、年底前回去拿东西,过春节后回。
这样,自明年始将在广州办公。
因这项工程已盼望了十多年之久,并曾上书江泽民,今有希望进行研究,何乐不为。
由邓工告公司待遇:
工资1 600(已除税),项目奖不定;补助350,出差390,伙食500,季度奖600,共3 400。一般中级干部年不小于4万,高工5万,专家6万。出差软卧,飞机,一年休假一月,工资照发。
10月曾陪正光夫妇上庐山,游白鹿书院。其院规之一为"正其谊不谋其利,明其道不计其功",此出于《汉书》,乃我考入交通大学时国文试题。今之谊为知人之感,今之道为伟大的工程。

11月18日

裴总来谈。
董事会决定我为公司琼州海峡跨越工程具体项目的负责人,其他有关专家配合,工资自本月起。
谢总交来拟甲方(海南、广东两省交通厅)与乙方(公司)关于海峡工程合约。

11月19日

拟合约。

11月20日

拟合约。

11月21日

交合约草稿（上午）。
下午李志恩来，去广东工学院，搭车往南海，参加第五届钢纤维水泥和钢纤维仓会议。
南海乃广东富市之一（另一为顺德），主办此会。
住南海交通宾馆，同室乃哈尔滨工业大学樊承谋教授（同龄）。

11月22日

大会开幕式。
李士思任主席。
会上李做报告时特别介绍我，称我为国内 F. C.（纤维混凝土）的第一个命名者。
以下是私信：

寰澄学长：您好！

前寄9月29日学术交通会议通知想已收到，现又收到台湾蔡楚生学长寄来讲稿介绍台湾第二高速公路高层大桥工程。这样，共有12位在会上发言，每位发言时间只有30分钟左右。今又接到钱祖辉学长来信，预定在校内桃李苑宾馆要了双人间标准房两套，房费由他负责。徐子宝、钱耀文一套，他和您住一套。想他也告诉您桃李苑宾馆在1993年原聚会的餐厅位置，百年校庆时改选新建的，住宿条件比乙招要好许多。我准备提前于9月20日到校，协助校方做好接待工作。这次报名参加团聚邀校的学长已达60位，并有8位家属同来，总人数将达70人，比1993年人数要多一些，相信这次团聚会圆满成功。

祝夏安

弟朝始上，10月8日

11月23日

大会报告。
大会报告时，李一定要我发言，我的发言提纲为：
一、F. C. 的历史，举中国汉长城和民间纸筋石灰。
二、F. C. 内容：a. Fiber Concrete（纤维混凝土）各种F.，各种C；
　　　　　　　　b. Force Cement（水泥黏结力）；
　　　　　　　　c. 珊瑚砼；
　　　　　　　　d. 未来砼 Future concretes（未来混凝土）。
三、F. C. 的发展：钢纤维的改善；
　　　　　　　　　化学纤维的推广；

　　　　　　目前仅限短纤维,长纤维的研究;

　　　　　　各种不同结构的扩展领域。

事后反映,有鼓动性,扩展研究内容。

现场参观钢纤维路面,看到两座桥,a. 佛陈大桥140米钢管拱;b. 三山西大桥200米,中承钢管拱。

钢管拱桁(图7-4-1)。广东交通设计院设计。

图7-4-1

11月24日

讨论,看资料,照相,晚宴会。

11月25日

上午与李、赵国藩[49届同学,大连工学院(现大连理工大学)教授]、王璋水(空军工程设计研究局),陈蔚茹教授同往西樵山一游;下午送王璋水去北海,我回公司。

取得海图,谢总去汕头,留言作海峡桥方案研究。

11月26日 星期六,大礼拜(按:每两周一休为大礼拜)

买菜,写日记。

研究海图。

11月27日 星期日

研究海图点等高线。

11月28日 星期一

研究海图,点等高线。

谢总来,说三件事:

一）与甲乙签合同事,已将合约草稿修改了打印,将争取12月5日前与甲方签约,因6日他们的领导将出国。

二）研究定线方案。5日成文成图,在公司内部介绍后,书面寄日本,请他们提意见,以便可订钻探合同。

三）根据长大意见,便可签订钻探合同。

谢总拿来广州地质勘查基础工程公司《工程地质勘查报告》,并有其工程公司情况介绍,作为合约参考。

11月29日

继续研究线路方案。

11月30日

继续研究线路方案。

午睡不着,忽忆旧诗,悼念生父母,曾有忆母诗,今补忆父诗,得数句:

> 应惜弃儒医,
> 班轮亦可为。
> 家饶归奉养,
> 冠至苦无依。

12月1日

继续研究线路方案,将1：6万、1：15万海图点等高线上色。

海底地形一目了然,可采用的线路走向已十分清楚,将结合其他因素做出选择。

李国豪认为此处关键在桥墩如何修筑,这是已有数的事,但将于工可与初计阶段评论之。杨董事来看图,余总亦来。

12月2日

研究线路。

12月3日 雨

因4日将参加某桥的会议,故抓紧时间,将《琼州海峡跨海工程技术介绍》资料准备好,全部参考图纸共17页,暂不写文字,文字按可行性研究草稿讲,待决定何者给西田后再说。

晚上刘正光来电话,他已接我信,告诉他我的行止,信和资料寄广州,圣诞节前他的子女都将归来,故不来广州,明年有机会来广州再相会。

12月4日 星期日 晴

公司开广肇线高速公路新兴江大桥初步设计技术性审查会,整日,三餐招待。

上午报告《审查意见书》。

我因从未接触过,但根据情况提三点意见:

一)要确定方案设计原则,即只要求满足功能,最经济还是需要讲求美观;

二)针对四川方案用全铰,认为正规做法,全铰要求很高,但一般情况截面减少,弯矩分配自然减少,不做铰也可以。全铰允许角度很小,用于多孔柔性墩斜腿刚构,其角度值是否超过允许值;

三)多片刚构与多根柱,其防撞需在整体考虑之外,还需单独考虑迎撞一根。

下午讨论。

任何单位、任何人群都有相对面。

将明日报告材料制投影胶片。

12月5日 晴

上午我向公司领导和专家作琼州海峡跨越工程技术问题报告:

放投影胶片15张,展出彩色等高线地形图两张。详细介绍地形、地质、水文、气象资料,以及选线可能、方案(桥、隧道)可能。

谢总开此会的目的:

一、大工程、经济效益、知名度都大,让大家知道。

二、作此报告,征求意见,最后形成公司文件,寄长大。

三、晚间甲方签字(会议期间,甲方委托公司作预可的正式文件到)。

上午报告完毕。反映意见都认为报告完整,做了不少工作,无意见。

谢总告,香港记者将与8日前来采访。

12月6日 阴

上午取得甲方与公司签订合同复印本。

甲方只有广东省交通厅,乙方为虎门公司。海南省仍未参加,好在广东省先紧锣密鼓做起来。

预可取费2 050万元。

预可交付日期1995年12月。

公司通知将发聘书给我,聘为公司琼州海峡跨海工程项目负责人。

整理寄长大图和说明,理发。

虎门大桥工地经理来谈架桥机事,给他合理建议几条。

12月7日 雨转阴

整理写说明,《琼州海峡技术资料》图册及说明,一册成,共27页。订一本。

交裘总,裘总认为能否寄得出是问题。

谢总今日出外开会,未回。裘让小谢带回家。

12月8日

上午开始起草钻探合约,研究钻孔位置。

下午继续。

香港《星岛日报》记者来公司访问,谢总接见。

谢总嘱给他看选线情况,介绍一些技术问题。我特别告诉记者,出新闻时莫写我名字,登了报请他寄一份来。

12月9日 阴 晴 大礼拜

8日晚去买了砂锅煲,广东称电子瓦垆,价92元。又买了不锈钢提梁罐,价28元,加以前买不锈钢碗和盆20元,单身用炊具慢慢添齐。

又买了菜,排骨9元,萝卜0.6元,猪爪8元,鸡腿6元,合计23.6元。回来煲汤,不意"高宝"牌瓦垆开关先是可调,后变不能关而可转360°,因此,晚上煲好了之后,便不理它。9日清晨起来将垆洗净装匣,10时去东百换,换得嘉得利牌瓦垆,价133元,有自动调档,回来一试尚可。

连日吃鱼和盒饭,本次加油,甚可。

此间洗澡极方便,右臂酸痛,掌于浴缸泡热水,每次必想起丁饶(大学同学及设计院同事,好朋友。),曾送挽联为:

簪缨家世、想尊翁南阳肇始,舅氏北大名科,弟兄驰誉东西,君作中华津梁柱。

冠剑相知、艺觉园铜钟响点,执斋铁砚磨穿,江河金石建桥,患难相扶玉不如。

晚,谢总来电话:12日上午杜小姐来,关于琼州海峡资料事嘱:

一)图上图名用大字;

二)每一项加一小标题;

三)钻孔标好。

关于第三点告以还在研究,尚不能完全定案,只能初步给他们意见。

12月10日 雨 阴

晨整理钻孔文件。

发12月伙食费500元。

12月11日

整理交长大资料。

12月12日　雨　阴

上午继续整理资料,并完成物探钻探合同草稿。

下午杜小姐自北京来。据说曾在北京进行活动,找国家计委、海南省阮崇武省长(其表兄)做工作。

将琼州海峡技术资料一册共21页交之,另琼州海峡物探钻探位置图,1∶6万等高线上色图二小张,说明一页。

晚间公司招待晚宴,谢、杨、裴、唐陪同杜小姐,另小潘、小谢与司机。

杜明日回香港到东京,将资料交长大。20日尾村等将到厦门,24日西田亦去。

25日尾村等将来广州公司交换意见。

邓工意见建议我回去机票订于1月15至20日间。

《工程勘察合同草稿》交谢总。

12月13日　阴

早上早茶,送杜小姐回东京。

今日发季度奖1 100元(全数2 000,因上班50天故为1 100)。

试煨"牛腩、胡萝卜、洋葱、土豆、番茄"汤。

与阿璋讨论船撞,隧道通气,公路两用的得失,晚遇黄邦楣。

12月14日　阴

早上早茶,请黄邦楣。

发各种费用2 195元。

晚间黄答谢宴会。

文物部门张柏、徐苹芳已来穗,谢、杨参加省会。

文物提出要造隧道,说是"隧道专家唐寰澄提出",实无此事,电话告杨,无此事。

12月15日　阴

丹麦公路局专家来(丹麦人),中午陪同午餐。

12月16日 阴

老范自香港来,18日去汕头,长谈。

晚间陈守容请客吃汤团,于重庆小洞天共六人。陈、邱、范、郑、我、老嫂子(宗兄唐家依赴省开会了)。

12月17日 阴

老范放诺曼底桥等幻灯片约200张。

晚间,范请客,仍在小洞天,原班七人,包括宗兄。

得国梅信,内附溶、治、刘和卜仁杰诸信,上午写复信。

12月18日 阴

无事。

12月19日 阴 晴

星期一晨,谢、范、唐宗兄、陈、王赴汕头开桥梁会,晚阿璋自其姊家回。代购枸杞等,如单吃、煮粥吃。

12月20日 晴 阴

琼州海峡彩色等高线图成。

李安亭来公司,当晚即走。

天气渐冷,膀酸痛,日洗热水浴,泡肩,阿璋让上海带药来,并借我薄羽绒衣。

12月21日 阴 晴

整备会议资料。

手酸痛,始穿羽绒。

煨"藕、慈姑、牛腩"汤。

12月22日 晴

北工大高教授来。

发762元。

晚,谢、唐、陈自汕头回。

12月23日 晴

晨起肩臂痛,贴膏药(自上海带至汕头,昨晚带回)。高教授请客早茶。午睡时,借去1 000元买玉器。

上午杨总主持开文物隧道会。

星期天日本长大来三人,谢安排我、郑、陈、张、徐5人接待,我负责。又说之后还是我负责。裴当天在,小潘、小谢在。

午睡起来后,买橡皮膏、牙膏。

晚间公司宴请项海帆教授,作陪。

12月24日 晴

晨公司请项早茶。

下午李(国豪)校长来,座谈。谢总介绍公司经营情况,由我介绍琼州海峡情况。李提两点意见,主要是:

一、工程设计施工不要交给外国人;

二、即使和外国人合作要争取主动,自己有好方案。言下之意和林李公司以前在上海已宣称想做琼州,未知其真实打算是何方向。项则称十分激动和欣羡,并愿退休后来公司。

晚间在华厦大酒店29楼吃圣诞西餐。

晚,长大森田、并木宏之自厦门来。

林国安自东京转香港来,也至华厦。

回金城时和林等同行,在林住室金城楼1005室叙旧。

12月25日 晴(雨)

公司早餐。

上午与长大开会。

杨总、岑总主持。由我介绍情况及中方研究路线方案,约两个小时。接着日方介绍,认为超不出我们提的六个比较线,并由我们的六个比较线得出他们的判断,提出作探测的意见。

午餐,公司招待,陪日本朋友。

下午接着开。

晚间公司招待完外,陪日本朋友。

晚间刘正光来电,但我人已睡,郑接。

12月26日 阴

公司早餐,陪日本朋友。

上午和潘文通话,知缅甸要修桥,112米公铁两用连续梁。

12月27日 晴 阴

早晨杨健(同济)、窦文俊请吃早茶。

今日修改测钻合同草案。

下午李安亭来。

晚间小洞天便宴,李安亭请客。

晚上电汉阳,梅在汉阳通话,告知归期。

接来信,内附很多人信。

12月28日 阴

复刘正光、谢天祥信。

12月29日 阴

无事。

谢总来,将日本人意见告知,嘱联系测探合约事,取回我带穗资料,电广州勘探公司,唐总年前不空,过了年谈。

电中科院南海海洋研究所袁厅长,约明日上午谈。读《佛教认识论》。

12月30日 阴

上午与阿璋、徐工同去中国科学院南海海洋研究所,所见诸人如名片:

一)对工程有兴趣,且有极大兴趣。

二)海底地形全部由海军取材。

三)海峡东部水深浪大,风急,是台风潮流进口。西部平稳,风小,浪高东部与西部之比为5:3,海床稳定平缓,动力条件弱。

四)釜穴西部的160 m深点已找不着,海峡中部有9个点深到120 m。

五)气象、水文、地质资料都有,并做过海浪研究。

六)王文公教授亦写有"琼州海峡潮流通道地貌体系发育的动力响应"一文,已取得。尚未发表。

七)可以做海底地形,浅层物探,不能做钻探。

八)约定元月4日上午再去详谈可协作项目和条件。

九)根据海军图选线再做条状地形。

出来后驱车海军南海舰队,见刘维良副大队长及另一位(杨建堂):

一)海深测底做了30年。

二)所有海图,军用、民用都源自他们。

三）现开展有偿服务,项目中有水深测量、扫海测量、浅底层测量,不能做钻探。

四）收费标准按国家规定(海洋测绘出版社出)尚可便宜些,但说扫海测量为2—3万元/平方千米,现在不必做扫海,主要测水深。

五）海深图。琼州海峡有1∶5万和1∶2.5万海图,但无全峡统一的图。如需画统一,等深线图可定,但须收费和一定时间。

12月31日 阴

上午开公司全体会议。杨作总结,谈业务之蒸蒸日上。认为接受琼州海峡任务是一个飞跃,质变,有人想做,他认为你们做得了吗? 有人认为给了日本人,实是以我为主,又谈其他任务,感谢公司同仁的努力。在任务、福利等方面,今年和去年前年增加了若干云云……

谢总说话,同样提琼州,解释误会(即给他国人做),实际上方案是我们的(现指桥址选择)。

发年终奖。每人存折一个,我得2 025元,专家级年终各1.2万元,我来一个半月,给两个月的。

下午休息。

谢总向交通厅汇报,取去琼州路线方案图(内有二篇海峡情况介绍)。

下午买到了药,"坎离砂"和止痛膏。

1995年1月1日 晴

晨起,8∶50分与家中通话,先无人接。

与刘健新通话,知其书已排版,原想介绍他台湾出,现不必了。

与潘通话,维持北京原议,须二三月份正式成立,要我介绍人选。

与罗通话,告知他近况,他又将给我些照片。

再接鸣(长子)处,国梅(妻)接电话,互告近况,鸣、绿(儿媳)、珊珊(孙女)均未起。

中科院钱已到;让雷雷(次子)去取名片。

上午写信3封,一致金秋鹏,一致潘,一致罗。

下午午睡后买烤面包机,312元,赠24元奖券,面包一包,晚间试用。

晚间电鸣处,都在,诸儿孙分别贺年。

1月2日 阴

无事。

读《唯识论》。

晚9时,刘正光来电,他曾建议宝华出资钻探,谢未应,实有难处,与谁合作,决定于牛。

1月3日 阴

上午上班。

谢总电话未找出,不便联系。

徐工联系为虎门桥,钻探的公司如左(省略)。

公司属地质部,因承包测绘广州市地下管网情况故名。现地质部与新加坡合作办理地质勘查工作,起名派力公司,在北京、上海、广州为分公司。

下午去拜访:

一)公司原地质部。

二)中外合资称派力,总公司在北京,上海、广州有分公司。

三)公司曾担任虎门桥钻探,水深35米。

四)500 t钻探船,海军借锚三层套管。

五)物探用放电。

六)朱总介绍在西岸线处做了些钻孔,计为屿角,澄迈角,最近线路处。

七)后海口等处亦曾钻过,为取水之用,水文地质调查。

八)调查结果认为:

8.1. 雷州半岛上3 050米为玄武岩,下面竟是3 000米左右粘土,夹砂层,再下才为基岩。

8.2. 海南岛则为1 500米左右粘土夹砂。

8.3. 300米深左右可得淡水。

8.4. 海峡中未钻,认为是土,或岩化土(泥岩……)。

九)对朱总介绍地质情况有怀疑,如何解释峡中弧屿和陡坎?

十)参观其计算机画图,认为能用计算机画海床等深线图。

十一)可以赠送软件。

十二)请其报单价。

谈完回公司,即赴沙河酒家,四航局请客,该局承担南澳大桥任务,席间饮蛇胆酒,每位专家得红包各300元。

1月4日 晴

上午赴中科院海洋研究所,王、张教授出席:

一)出示琼州海峡西部约相当于我们线路方案ⅤⅥ的测深及断面图。

二)因过年,尚未作深入准备。

三)给他们我们拟定的《琼州海峡自然环境资料调查》及任务。

四)将立即研究具体所承担项目和报价。

五)针对激流情况想根据测点作全海峡海流的模拟计算。

六)风浪则以海峡中东中西若干点作报道。

七)取得他们十年来在琼州海峡完成的主要工程任务及测流站位置图。

水下地形测量收费估计:

11页表11:收费标准,困难类别Ⅳ　比例1/10 000,988元/km²。

14页:水域测量,加100%。

18页:技术工作费,加10%。

面积Ⅲ线,$25.5 \times 1.5 \times 988 \times 1.1 = 83\ 140$元。

船舶租用费。

河床断面:$25.5 \times 2\ 040 \times 1.1 = 57\ 222$元。

接着赴海军:

一)出席有刘维良队长、杨堂堂处长、刘金凯高工。

二)公开出售的海图是由海军简化提供。

三)要求他们提供1:5万海峡详细海深等深线图,比例1:5 000。

四)他们认为海峡地形变化,中部深槽变化不大,变化在浅滩,故原测深仍有效,不必再补(指预可阶段)。

五)要提供详细海图有两个条件:

5.1. 不能外传。

5.2. 长期合作,阶段合作条件是交一部分测量工作。

六)根据这一情况,暂决定六线中只测Ⅲ线海深带宽。

他们称为"路由海深测量",线长25.5 km,宽1.5 km,等深线5 m(87 km),间距(27.6 km)宽。1 / 50 000全峡等深线图范围自东经109°40′至110°30′。

七)费用待他们估后报知,按国家标准可便宜些(按:初步计算约"路由海深"26万,"1/5万海图"4万;单价29.9元/km^2,共$87 \times 27.6 = 2\ 401.2 \times 29.92 = 7.18$万元)。

八)补开交通厅介绍信。

海军招待午餐。

1月5日 晴

上午,广州地质勘查基础公司张界如总经理,唐忠驭总工来:

一)带来其诸桥钻探业绩。

二)海上物探电极、地震两法齐用,可探深七八十米,测出后绘制分层断面及判断其土质岩层。

三)有海上平台二,一为天津产,一为新加坡产,前者浅海钻30米左右水深,后者较深。

四)其公司重点在石油钻探。

五)琼州钻孔要求:

5.1. 如遇钻层则钻至新鲜岩面下15米。

5.2. 如不遇岩层,钻深150米。

六)要求尽快报价。

物探六线共139千米,钻孔四孔最深水33米。

七)希望寻些报价。

八)问其和海洋钻探二队的关系,称为兄弟关系。

下午,二队来电称广勘公司海上钻探都转手包给他们,现不愿做二包,要直接来承揽,经请示董事长,约6日上午来。

下午海军海测杨队长来:

1)认为组合1/5万等深线图需拼合图28张。

2）计算面积 2 700 km²，要价 8 万。

3）经商谈，面积计算可缩小，实际海域面积约 1 400 km²。

4）范围，东经 109°40′至 110°30′；北纬 19°58′至 20°19′。

5）费用要他在前所说的 4 万元再打折扣。

6）延长一些交图时间（原讲 10 月，现要求春节前）。

7）需有税务章票，预付 1 万现金，其余付支票。

8）留下协议书草稿一份。

9）请董事会审定后可签约。

1∶6 万海图送广东地质矿产局画等深线图（计算机画）。

1 月 6 日 晴

地质矿产部第二海洋地质调查大队经营开发部经理郑志昌、地质工程师薛万俊来：

一）带来：a. 公司简介二页；b. 简介一本；c. 功勋单位一本；d. 承揽主要工程简介四页；e. 其他技术资料。

二）曾经报上看到消息后，赴海南交通单位询问，不得要领，最后找到公司，故中间走了弯路。

三）郑介绍其公司情况和一些业绩。

四）关于物探，分浅、中、深三种。所谓单道地震指在船舶行进过程中以射高压汽枪或水枪，作为震源回收其不同震波，自动绘出各层图像，或以三极电火花轰鸣器作震源：

浅层，深 30 米，有彩色；

中层，深 80—100 米，仅为黑白；

深层，深 5 000 米。

五）物探不宜只做单线，需以横向较稀的辅助线以定其相交点，可互相核校。

六）建议全峡做个稀疏网格物探，跨海 500 米一根，顺峡 1 000 至 1 500 米一根，可绘出全峡浅或浅中层海底构造图。

七）钻探，告以要求岩质在新鲜岩面下 15 米，共四孔。非岩质钻深 150 米。

八）他认为孔数少，一次大移动船舶费用较高，不如多钻几孔。钻深 150 米与钻深 100 米价格差异较大，告以若如此预可钻深 100 米。第三孔正在隆起的钙质砂岩上，怕抛锚不易。

九）请他以公司要求及他们建议分别估价。

十）薛工系地质专家，介绍琼州海峡地质。

十一）介绍水文气象专家黄方。

1 月 7 日 阴 大礼拜

接国梅信，复诸信，计杨斌、杨士金、（张）锦秋（表妹）、治（弟）、清（弟）、刘正光（附刘高原、杨永灏）。

买千张、肉、野菜、带鱼。

1月8日 晴 大礼拜

上午写国外信,美国Cothesen、Burke、伊藤学。刘正光寄来程庆国照片。

1月9日 晴

晨起谢总通知参加金马大桥开标会,整日公餐。

共四家,大桥局(2.6亿)、开平、二航(同济)、重庆(大建,1.5亿),看来大桥难中标。

上午海军来签约,画1:5万等深线图。

下午,中科海研所来,报价,研究内容,研究费约30万,可还与海军签约绘图。

1月10日 阴

今日金马继续评标,趋势已明,重庆与大建联合体中标,双孔斜拉。

徐立、杨进、范应心来室小坐,谈失标原因。据云,公司给的标底为三亿,今做2.65亿,何以重庆能1.15亿便做成,材料费都不够。

不中标补偿费为4万,嫌少。

范仍较达观,声称三免,即免试(不要答辩)、免费(招待吃饭)、免操心,他赞成大锅饭。

人说大桥局信誉已降低,汕头原为一亿(得标价),今已二亿多,故不敢先以低价投标,后再加价。

据说重庆在三水得信誉,甲方缺款,重庆垫款继续工作。失标之后,杨只埋怨甲方,缺少反省。

今日电二队,广州地质基础公司,未通话,人不在。

电地震局,约明日来谈,地震局办公室刘晚间来电,声言省里有文,要专门做些事,有偿。

今日电海洋局,明日来谈水文气象等事。

项教授来,带来"直布罗陀海峡预经济可行性报告摘要"一本,送"IABSE交通船只与桥梁结构的相互影响(综述与指南)"一册。

整日公餐。

1月10日 阴

上午国家海洋局南海监测中心李仲钦,张年春,三人等来。

一)南海监测中心属国家海洋局,其重点工作是南海的水文、气象等的调查工作,亦为国家建设服务。

二)带来四份资料:《湛江港龙腾航道预可行性综合研究》,据称,此报告前先委托中科院南海海洋研究所,后又委托他们做。《水东港单点系泊输油终端工程水文气象可行性研究》,东经111°23′,北纬21°19.5′。《沙角电厂(CT)厂址海区全潮水文测验》,东经113°39′—113°45′,北纬22°28′—22°46′。《粤西沙环厂址海区全潮水文测验》,东经112°。

三)资料中水文气象资料甚为齐全,但移琼州,除风浪流之外宜自所差无几。

四)表示愿对琼州做详细论述。

五）因主要技术人员出海,报价需晚些时日。

下午,广东抗震办公室孙、刘来:

一）原电约中告他们想买资料,称省委有文件,须委托地震局。

二）取来文件,不是那么回事。

三）热衷于收费。

四）告以地震问题好解决,如收费少则委之,如收费多,可自行解决。

1月12日 阴

公司开南澳桥会,我们不参加。

上午开始写报告,汇报连日来对外联系签约的事,将拟签约单位、内容向当局汇报。

下午继续。

昨日公司发咨询费,今日发我800元。

下午谢总在开会时出来,先将报告内容向之一谈,他说明日晚开董事会,向董事会汇报。

1月10、11、12三日全日公司会餐。

1月13日 阴

上午谢总来,说下午汇报。

复印机坏。上午写完《报告》交小谢复印。

下午汇报,共分四个部分:

一）调查内容;

二）现场工作要求;

三）联系单位;

四）拟签约单位。

董事除淡总未参加外,谢、杨、岑、裘都在,再加郑经理,最后决定和我所建议相同,看来相当尊重专家意见。

晚间即通知二大队。

1月14日 阴

上午二大队郑来,告知中选,并补充一页要求,他们甚为高兴。上午海军来,送来"路由"合约,也很高兴。

送年礼一袋。

中午郑请客午餐。

下午发工资。

晚间打电话,办公室门锁不让开,后电裘总来嘱开。宗兄已捷足先登。我电江澜、鸣,都不在。电老潘,承告情况有变化,欲命其当副手（副总）,不当董事长。

1月15日 阴

整日在家,整理回家东西。外购些食品,发现东百有便宜太空棉服150元,即买一件,宗嫂甚满意,宗兄午睡起,一穿,不满意其颜色(灰黑),要红的。

地震局刘科长来送来地震报告内容提纲,基本同意。报价9.45万,仍嘱为2万,嘱送合约来。

晚间国梅来电,昨日因小虎20岁生日,故在汉口过。告以按原计划回。

1月16日

交海军路由测量给岑总,他转谢总。

交科研所合约草案、地震局合约草案给裘总,转董事会。

二大队郑来谈合约,其内容偏离甚多,仍将继续商量。郑给三人各一红包,我予拒受,装回其公文包中。

海军送年礼,收下、二大队送红包拒收事都告裘总,他认为合适,宜这样。

与阿璋论"托钵"。

1月18日至2月14日

回武汉过春节。

2月14日 小雨

武汉天气原报阴,却为晴。

晨起,国梅炸春卷。整理好行装,7时45分,雷送我上机场,托运行李,准时起飞,为9时45分。10时55分安抵广州取托运的行李,所幸最后还是带了小车,所以自取行李处到出租站及宾馆内上楼进房,都不吃力,否则将狼狈不堪。

首遇服务员小潘。

房内宗兄孙女及亲戚二人居住,腾出。

中午"小洞天"午餐,宗兄嫂一家及小潘,后小潘代公司付款。

下午清理行装,老陈及回,阿璋未归。

晚间公司在"莱茵河"宴请。

晚看电视,无《三国》,有元宵晚会。

遇裘总,晚宗兄住阿璋床。

2月15日 小雨

开始第一次弄早餐,因雨,不出去了,以枸杞、米、大虾子煮稀饭。做香功。

上午,徐工来,谈春节前后他在广州所做工作。
董事长带头,诸董事来拜年,发开门红红包500元。
中午阿璋归,食堂买盒饭。
下午仍做准备工作,阿璋带来张乃华建议。
桥研所王邦楣、邱克来。
晚间公司请黄吃饭,发信回家。
郑明珠来,在他房中一谈,并托鸣鸣关于照明事。

2月16日 小雨

王邦楣、邱克来,公司请客。
发工资1 500元。

2月17日 小雨

王、邱归,返请。
发津贴1 040元。

2月18日 小雨

大礼拜,晨起早茶送王。
整理桥史,索桥章。

2月19日 小雨

整理桥史索桥章。
发伙食费500元,金马桥劳务费800元。

2月20日

公司嘱写“建议”,给时一周,十分紧张。

2月26日 小雨 星期天

连日阴雨。
工作便是写建议,写桥史,故无多记事。
昨日国梅来信,老刘(长江大酒店书记)得胃癌转肝,只能活3至6个月,何命运之促,少芳(老刘妻)去年去世,老刘今年?

3月2日 连日小雨

公司要求2月28日写完《琼州海峡跨海工程项目前期工作建议》。

28日完成,共33页,有图9张,文字10 400字。

1日下午董事会讨论通过,做些修改。

今日下午3时交卷。

明日下午去省交通厅向牛厅长汇报。

鸣鸣来电话,想做虎门照明,已和郑明珠说了。

3月13日 连日阴雨 只晴了一天

工作生活单调,但又紧张,故多日不记。

1995年3月3日省交通厅牛副厅长在交通厅会议室召开琼州海峡跨海工程前期工作汇报会议。公司董事长谢瑞振,总经理杨学年,总工程师岑国基,专委会副主任洪立维,专家唐寰澄、郑汉璋,咨询总经理郑一心等应邀参加会议,并由董事长谢瑞振作了研究报告的汇报发言。

实由我做报告的汇报,牛厅长认为甚精彩,不必改,由虎门公司作为研究报告上报交通厅。

以下是简报:

李约瑟博士最后的日子

新华社记者 姜岩、李国威、赵迎新

李约瑟博士带着对中国的无限眷恋走了,中国人民失去了一位真诚的老朋友,世界失去了一位杰出的科学家。

听到李约瑟博士逝世的噩耗,记者立即驱车从伦敦赶到剑桥大学李约瑟博士的家中,在那里见到了他的老朋友、负责料理后事的麦克弗森博士。麦克弗森博士说,李约瑟博士把生命的最后一刻献给了中国。

3月23日,李约瑟博士逝世的前一天下午,他像平时一样坚持让人推着轮椅到办公室听人朗读有关中国的资料。虽然当天晚上他感到有些不适,但24日白天他仍坚持工作,想利用生命的最后时光尽力处理一些事情。

伦敦时间24日晚8时55分,李约瑟博士安静地躺在床上,永远闭上了眼睛。他身边的工作人员说,李约瑟博士去世时十分安详、平静,没有痛苦。

在李约瑟博士遗体周围摆满了中国书画和用具,陪伴他的还有他已故的妻子、华裔科学家鲁桂珍的遗像。

李约瑟博士的贴身护士邓肯·曼森先生对记者说,李约瑟博士在最后的日子里除休息日外每天都要去办公室,要么坐在办公桌前工作,要么观看关于科学和自然的电视纪录片。每到周末,他家中总是高朋满座,他用英国茶点来款待数不清的来客。他是一个乐观的人,从来不缺少朋友和同志。在天气好的时候,他总是让人推他到院子里享受灿烂的阳光,欣赏盛开的鲜花和美丽的大自然。

李约瑟博士生前十分关注改革开放的中国，尤其是中国经济和科技的飞速发展。李约瑟研究所代所长克里斯·卡伦对记者说："李约瑟先生通过他多年来对中国以及中国人民的的了解，确信中国能够再度崛起。一个拥有如此伟大文化的国家，一个拥有如此伟大人民的国家，必将对世界文明再次做出伟大贡献。"

李约瑟博士1900年12月9日生于英国伦敦。原名约瑟夫·尼达姆，因尊崇中国古代哲学家老子（李耳），因此以"李"为姓，起中国名字"李约瑟"。李约瑟博士是世界著名科技史学家，生物化学家，还担任英中了解协会会长。他是英国唯一一位既是英国皇家学会会员，又是英国科学院院士的科学家，还是中国科学院首批外籍院士之一。他为中西文化交流做出了巨大贡献。

1937年，李约瑟博士从3位中国学者那里了解到中国曾对世界科技发展做出过重大贡献，从那时起他对中国科技史产生了浓厚的兴趣，开始学习中文。1939年，他完成第一篇中国科学技术史论文。1942年到中国任英国驻华使馆科技参赞后，毅然转向中国科学技术史的研究。1948年返回剑桥大学着手撰写《中国科学技术史》。1954年，该书第一卷问世。该书计划出版7卷34册，目前已基本出齐。

中国人民没有忘记李约瑟博士。江泽民主席曾为他题词："明窗数编在，长与物华新"，高度概括了他一生的贡献。得知李约瑟去世的消息后，有关中国领导人和李约瑟博士生前友好表达了对他逝世的沉痛哀悼。

当记者向料理李约瑟博士后事的麦克弗森博士表达哀悼时，他紧紧握住记者们的手说："你们是第一批来吊唁的人。第一批来吊唁的是中国人，我相信李约瑟先生在天之灵会感到十分欣慰。"

（新华社伦敦1995年3月25日电）

简报完

1995年4月10日—13日

三路人马机场会齐。

自2月20日为琼州海峡写出了一份前期工作研究报告之后，3月在交通厅通过，4月2日，牛厅长带到杭州开交通部前期工作会议，回广州和今年退休的交通部副部长郑光迪（女）（原妇联）、西田繁一、杜晓鸥和虎门谢、岑、杨、唐三路会师同去海南做工作。对了该是四路会，还有李国豪校长由上海直飞海口。

郑部长和阮省长很熟，郑原是周总理义女，和李鹏便是"兄妹"。

杜小姐父亲是国家计委头头之一，杜和阮是表亲。

李校长与阮曾在上海共事过。

广东省曾两次去海南，想和海南省交通运输厅协作做琼州海峡跨海工程，但海南不热衷此事。去年9月份去一次，未见到省长，和海南达不成协议。

去年11月，又去海南，我也去了。且带去专家建议一份，交省长、杜、西田也去了，还是见不到省长。

这一次搬动了两个熟人,带了一份报告,总算联系上,能见。

晨五时半起来,弄早点。6时,裘总来电,汽车6：15从金城宾馆接我,6：30到岑总那里,同上机场。到机场,谢、杨后来,约7时15分,郑部长和带的秘书、牛厅长来,再就是西田、杜来。办完手续,上贵宾候机室(给郑部长名片一,郑因已退休,没名片,也因名气大,不需名片)。

原来候机这一档,我坐机多少回,头等舱也坐过,是去美国,未入贵宾候机室。所不同者,除了有茶水、沙发之外,还有专门的空中小姐带领。众人都已上机完毕,我们才被带上机,坐前部一二排,最后进舱,坐毕,飞机即起飞。

空中五十多分钟,8时起飞。

9时不到抵海口,广州阴,海口晴热,于是脱毛衣。海南交通厅有车来接,到琼宛宾馆。

牛厅长已派了办公室文某及计划处黄处长先到,办好住处,共分四五处,最高档者乃"椰林居"。一个大院落共三套分离式平房,西式布置,中式庭院,热带花木扶疏、池沼点乐,并有亭廊美人靠。

西田一人一套,杜一人一套,杨总和我二人一套,其他都是无套间客房(包括后来的李校长和林老师)

中午午餐(李校长尚未到),海南交通厅侯副厅长出面,在琼宛餐厅三楼。告知下午四时半阮省长接见。

饭已毕,李校长夫妇到。(李校长到海南机场时无人接,十分生气。穿得又多,又热又气,打电话给海南交通运输厅,过了一小时才到车,人已走完。服务员问你们是贵宾怎么没人接,更加火上浇油,到"琼宛",我们在席上刚吃完,欧阳厅长、谢、杨、岑下楼去看望。)

下午4时驱车往省府。

进门,公安警把守,到第二会议室候见。

主要座次如下(送二本研究报告给阮,挂出海峡地图):

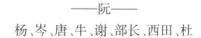

——阮——

杨、岑、唐、牛、谢、部长、西田、杜

由郑部长开场。

先由牛厅长汇报工作情况,介绍出席各位,至我说是原为海南战略特约研究员,引起注视(现已改为海南经济研究院)。

谢报告进展情况。

阮讲话,具体内容:

一)这一工程已有多家来说,特别提到英法海峡隧道公司(英法海峡公司要100亿美元)。

二)海南没钱,年只有收入20多亿元,做不起。

三)要做做铁路,光做公路不好,举海南出去沿路收费厉害。

四)针对牛厅长说经费广东出,他讲海南这边意思意思。

五)同意前期工作海南参加。

晚上盛宴:

　　盛宴两包厅，海南主人二位，郑副部长，广东牛厅长、西田、杜、谢总、李校长夫妇，我（牛安排）共10人。

　　其他一桌隔厅亦10人。

　　卡拉OK，郑与西田唱日文、英文、中文歌，气氛热烈。

　　问题解决，诸人高兴（此席位分配，由牛决定。牛数次在会上表示，我原为他们的对立面，今天已为他所用，他告文物部门，现唐总在我这里，郑部长捧牛会组织、能用人，百川归海）。

　　晚间谢问我跳不跳舞，打不打麻将，我说都不，回琼宛研究第二日报告，牛、杨等打麻将，郑、杜、西田跳舞。

　　11日上午早茶后，在琼宛宾馆鹿鸣宛会议室作介绍。出席有海南各厅局负责人和交通港务等有关人员，约七八十人。由郑部长开场，定明年预可成，3月在海口开大会。

　　牛厅长讲进展。

　　谢总讲前期工作重要性，工作情况，投资问题。我介绍海峡自然条件情况、水文、地质、地震等以及各种构造方案的国外实例，放投影片三四十张，说明预可等前期工作十分庞大。

　　大会反映报告内容充实（公司简报中只有谢做报告，而不说我，是不欲别人出面也）。

　　公司简报：

　　"十四、1995年4月10日公司董事长谢瑞振、总经理杨学年、总工程师岑国基、专家唐寰澄等随广东省交通厅副厅长牛和恩、原交通部副部长郑光迪去海口与海南省交通运输厅会谈两省编报琼州海峡跨海工程预可研究报告之事。

　　十五、1995年4月10日公司名誉顾问李国豪院士应广东省交通厅与公司邀请由上海直飞海口参加粤琼两省关于编报琼州海峡跨海工程预可研究会议。

　　十六、1995年4月10日日本株式会社长大社长西田繁一先生应广东省交通厅与公司的邀请由广州飞海口参加粤琼两省关于琼州海峡跨海工程技术方案的研究。

　　十七、1995年4月10日海南省省长阮崇武在海口接见广东省交通厅代表团及李国豪院士、郑光迪副部长与日本株式会社大社长西田繁一先生等。对粤琼两省交通部门合作进行琼州海峡跨海工程的前期工作表示支持。

　　十八、1995年4月11日海南省府举行报告会，邀请公司董事长谢瑞振在会上介绍琼州海峡跨海工程前期工作的计划安排。（由我作技术报告，放投影片数十张）。"

　　郑部长祝我们报告成功。

　　中午吃饭，海南以鱼头鱼尾置于小碟中，分鱼身肉。

　　郑后说，将鱼头敬给全席最德高望重的人——李校长。李校长领而食之。后来我在文昌问谢、杨等，广东有否此规矩，他们说没有。我问李校长是否爱吃鱼头，李说不爱吃。以没有的规矩吃不爱吃的鱼头，李校长敬郑部长而已。

　　下午，牛、郑离海口。

　　公司4人与李校长夫妇由海南交通厅办公室李主任陪同坐车赴三亚。住三亚兴隆温泉金日山庄，一室400多元。室中龙头水不温而发锈黄，杨总向服务员提意见，到后即可下室外温泉游泳池，谢、李二老下，我不想去。

　　晚间看一下山庄附近夜市。

　　12日晨早茶，茶后坐车回。原以为去其他游览点，不意仍由东路回，走老路绕道文昌。

过文昌不停，李老夫妇便急，发火，并勾起来海口时无车接，招待不周等等，批评李主任，大家打圆场，回到海口。

午餐。

下午约见海南交通厅侯厅长。

到省府内见他们，侯指定王平为负责人。1984年大连工学院学港工，并见杨帆等海口交通设计院诸人，谈定下一步组成两省办公室，签订合约。

晚间，侯厅长在"野猪林酒家"请客吃野味，索得该酒家的野味名单，打钩者为点了的。居然吃了一块眼镜蛇。

晚上看电视《程长庚》，其唱腔魅力得到了大家叫好，程可以拿掉髯口，要大家不叫，让他唱。皇帝微行听戏。唱到好时，台上起了一句，竟满堂都唱。市里居民小贩，人人《文昭关》，确是不易。

图7-4-2　与牛厅长现场工作谈

4月13日

晨10时，飞机准时起飞，12时许到公司，任务圆满完成。

4月18日

阿璋将于明日南归，作长诗赠之：

> 羊城托钵为何哉，
> 千里打工只为财。
> 天下事业随处有，
> 人间天伦几回圆。
> 江南三月春光媚，
> 粤海炎皋与湿寒。
> 都说在家千日好，
> 为谋零露再重来。

（注：乞儿隐语，残羹为零露）

4月24日

李曙明，叶可建来，做博罗桥监理。

4月27日

为珠江桥事,广州市建设工程公司来咨询。
1994年4月22日寄前期工作研究报告给彭敏家中。

4月27日,得诗

石头城到越王台,
孔雀南飞接羽来。
日发工资一百七(八,九),
月道电话五六回。
博罗小试牛刀易,
满载而归马足闲。
尽是皋田院内士,
涛歪所幸不人歪。

台城路近越王台,
孔雀南飞接羽来。
日啖荔枝三百颗,
月事所报五六回。
士元小试岂凭酒,
彭泽闲归再赏山。
即是独孤园中客,
随缘托钵任人间。

4月28日

晚广东博物馆保管部朱万章来访,带来古画照片三张。拜托他再放大一些,告诉我一些消息,
上海人民美术出版社《艺苑掇英》杂志49期印出日本收藏部分,秦汉壁画,唐宋古画:北宋画□□
熙宁辛□,四年1071。
以诗证史,以画证史
广东博物馆长邓炳权,拜托他帮我注意画中古桥

4月29日

上午赴肇庆,住广东省公路工程总公司疗养院(度假村)。
下午逛鼎湖山。

4月30日

上午赴七星岩,中午回度假村,下午回广州。

5月11日

项海帆由惠州坐船来,中午在我处午睡,晚餐公司请客。

小吃后6时许走,7∶50飞机,他说了两桩事:

1. 杭州湾口有四条可能线如图(图7-4-3)。

宁波不主张开东方大港,过舟山,只想发展北仑港。乍浦港为涨潮起点,近海宁。

我主张走金山、慈溪线。

2. 北京的一件事。

原定明天去二大队,因广州交通设计院来,电小郑,改17日。

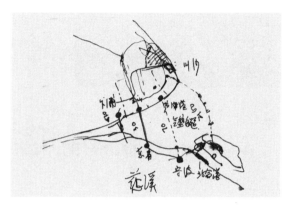

图7-4-3

5月16日

瑞典交通部副部长组织交通部门有关汽车、公路、测试,研究等公司七八人访广州,由广东省外事办办,开座谈会,全部百余人,交通厅系统出15人,给公司一人,公司指定我去,一天会议,上午报告,下午分组讨论,开幕式有广东省副秘书长、广州市副市长。

会间和他们代表直接交谈。

下午报告时协助翻译不时纠正其错误,中午已和佩尔松副部长一桌;晚上晚宴,佩指定请外事办安排我坐主要席上,席上除外国朋友外还有副市长、交通局长、公安局长、外事办主任等。八时半晚宴结束。

(以下是简报):

海印桥一钢索断落
幸未造成人员伤亡,市长办公会议要求确保通行安全

本报讯　昨日上午7时15分左右,海印桥上南塔西侧最顶端的一根斜拉钢索突然断落,并从50多米高的桥塔顶端落到桥面,幸无造成人员伤亡。陈开枝副市长在昨日中午12点于事故现场召开的市长办公会议上要求,各有关方面尽快找出原因,并采取有效的解决方法。

参加市长现场办公会议的有市建委、市政管理局、市交警支队等部门负责人。会议就几件紧急事情决定如下:交通警察要在绝对保证安全的情况下继续保证海印桥交通运行。当日下午马上拆除非机动车车道护栏,封闭最左边的机动车道,要回两个车道,自行车则上人行道

图7-4-4

上推行。市政局和交警要昼夜值班，疏导交通，注意保证安全。10吨以上车辆不许通过海印桥，只能转往广州大桥和人民桥，交警支队要加班加点，加强对广州大桥到沙河路段、人民桥路段的交通疏导。建委方面必须保证海印桥的原设计、施工单位的人员昨日当天赶到，共同分析事故原因，马上订出修复方案。市政局要成立3人小组到现场24小时值班观察情况。

市政管理有关负责人表示，海印桥上斜拉钢索的断落对整座大桥的安全不会造成影响。

（雅文、松风、丽萍）

（图7-4-4：斜拉钢索缆断落的现场。）

据告：P. E.管内水泥浆迄今未凝固，并在锚头段有空处，是锈断非风震。

简报完

5月20日

广州，岑总请客，去虎门，见邝、刘、张。
邝3月在美国做了搭桥手术。
张佑启，岳丈苏州人，现为上海自行车厂代表，驻武汉，已退休。他今年亦60，也将退休。
有限条法程序简单，美国用以算箱梁。

5月24日

端午节发300元看龙舟。

5月30日

国梅来。

6月3日

去白云山玩。
6月10日、11日去珠海。

6月28日

徐邦栋总取去：

一、前期工作报告。

二、二海物探报告。

三、二海钻探报告。

四、琼州海峡成因。

图7-4-5、图7-4-6　现场工作照（一）

图7-4-7、图7-4-8　现场工作照（二）

图7-4-9　海南回来撞船　　　　图7-4-10　1998年与李国豪（右二）

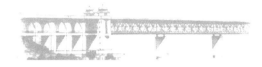

广东虎门咨询公司工作期间工作日记（二）

7月1日

地震局、海洋局、海科所、二海诸单位合约执行情况。

1. 地震局

6月28日送来《琼州海峡跨海工程，预可行性研究（地震部分）》报告共32份，全部阅后打报告给董事会，同意内容，要求补第七线评价，即通知地震局来取七线图，星期一送改正图和表来。

2. 海洋局

6月28日送来初稿。7月1日请徐邦栋老总在看，3日我自己看，预备5日交董事，看后通知。

3. 海科所

6月10日便已送文件来，15日已将意见给岑总，岑总后去泰国，交谢总。7月2日谢总看毕交来。7月3日海科所张经汉来取。

4. 二海

先后送来物探报告、钻探报告。

物探6月15日阅后意见送岑总，16日岑给谢总。6月28日谢交回。

钻探报告预备7月3日看。本星期再与二海接触，加钻孔。

1日下午谢、岑两总来汇报情况。

7月2日 阴

上午，张经汉来，取其报告草稿。

7月11日

小郑来与公司谈第二次物探、钻探事。裘总接待，商定工作量，物探90万，钻探110万，共计200万，看公司决定。

昨日商定，谢嘱发简报：郑（光边）、李（国豪）、牛（厅长），抄送长大。

将海军1：5万图给小郑缩为1：10万等深线。

8月下旬开会，准备工作：

1. 改画Ⅰ、Ⅱ、Ⅲ、Ⅳ、Ⅴ、Ⅵ、Ⅶ线（二海图）。

2. 研究,统稿,地质。

谢总、裴总、唐、徐决定只做六线物探和钻探。

7月25日

13—15日开了三天京珠广州线会,二唐未参加,今天向谢汇报。

7月6日交的海洋局报告今日交回,已电海洋局来取。

昨日决定,物探新五、新六、新六钻孔一,价130万。

7、8、9日长大来,事先要自然资料摘要。

这两天复印水文部分,寄大连。

8月6日

8月5日完成自然资料摘要。

8月6日完成第八章。

8月14日

杨高中来此数日,已于今年自建公司,名建达,3月开张。一月之中连中二标,公司中不过10人,子、女、婿等占半,认为年若得三四项,收入极丰。

看起来本自可当老板,何必在人檐下,然而在国内第一要有门路,第二要有精神,第三要长袖善舞,第四要同流合污,最后要有技术。

风动幡兮!

8月26日

发出一信,欲索李约瑟著作。

做海峡桥有感:

> 此行何异上珠峰,
> 崩刁狂飙害不穷。
> 鸟道如能缘分上,
> 驱缰鞭石论奇功。

8月26日晚

新任大桥局副局长牛传铜请客,唐、唐、陈、邱、魏、唐、牛。

9月2日

广东省新规定,在广州工作一年以上,可以在本市办旅游签证,但旅游公司不告诉公司,仍按老例收4 800元,而本地人收2 400元,加了一倍,先斩了一次,这张剪报,留之存照,看来回有什么困难。

公司工会旅"世界大观"。

1. 报上广告说半价只收48元/人,不说没有完全建成,不说不做全部表演,不说还在施工。

2. 道路堵塞。

3. 附近300米内是危险品仓库,若有火警难免池鱼之殃。

4. 天气太热。

5. 中午吃麦当劳巨无霸——霸而不巨,小盒牛奶一罐,肯德基鸡一块,人蒸馏水一瓶。估计人百元。

6. 10时进去,原计划下午3时出来,提前于12时许已上车,仍到3时人齐后开。

9月15日

项海帆来电。6日,日本人包车从香港到虎门、东莞参观,伊藤和项同来。当日即由公司派车去接来广州,住金城宾馆。

飞机票改订7日MU5380航班,上午11时50分起飞。

9月23日

9月22日下午3时半车来接,赴南海西樵建设局开会,主题"应用F. C. 修复西樵(官山)大桥评议"。吃饭在远东大酒店,咨询费300元,交了一些新朋友。

1996年9月3日

晚谢、岑、杨、裘去机场接杜小姐与安倍干雄先生,至花园酒家住下,在皇朝御苑晚餐,派车至公司接我陪宴,主客还有交通厅厅长助理李熹光,谈集资事也。

桌13人,费三四千,汤乃10 cm长径小龟,价180元。

9月4日

上午在公司开小会,下午由我陪杜、安游广州,安首次来华,去越秀山、南越王墓,晚间安请客,在金马潮州城,4人(加司机小陈),费1 300元,汤12 cm小鳖。

9月29日

29日上午接杜小姐从虎门来电话,伊藤车已来,想见我。下午3时返回国际大饭店38楼01室,晚上交通部宴请,牛厅长也出席。

即去电谢总,要车。下午派小陈送至国际,车回,会见伊藤,送他《茅以升文集》一册,《美的哲学》一册,"沧海、飞梁"文一册、公司画册二。畅谈契阔,伊藤赠腰带。

6时下楼,会见团员共13人,交通部王总,熊秘书长,驱车赴广东大厦,巴黎厅。宴两桌,与杜一起,与伊藤分桌。合影。

宴毕从交通厅车回,伊藤30日晨飞香港,即回东京。

1997年元月31日

回武汉过年。

2月17日

返回广州。

到广州,自1994年底(11月)起,迄今两年又三个月,若说前后,搭上四个年头。

2月17日返自武汉,19日邓小平逝世。

2月21日填成《归朝欢》词一首,张于壁上。

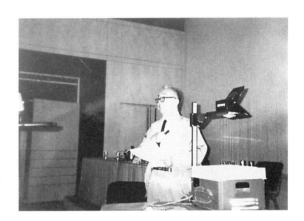

图7-5-1 1995年做报告

见者无不认为可以发表,于是于4月4日,书二纸寄于广东省委宣传部及国务院港澳办各一,挂号寄出。

事前,已书赠香港何镇东先生及刘正光各一,词中前四句香港峰头看海陆乃何镇东先生陪同上山参观时所见写实。

为:"沧海何曾断地脉,白袍端合破天荒。"后唐佐中举而东坡已北返且去世于常州。其弟苏辙,为唐佐终足成诗,曰:"生长茅间有异芳,风流稷下古诸姜。适从琼管鱼龙窟,秀出羊城翰墨场。沧海何曾断地脉,白袍端合破天荒。锦衣他日千人香,始信东坡眼力长。"一时传为佳话。

今天我能参与琼州海峡跨海工程,只是年已古稀。真是"工程跨世纪,事业叹来迟"(《七十述怀》句)。亦将两苏合璧的联、句,略易数字,以抒己意曰:

生小江南无异芳,沉浮书世老非姜。

亦寻琼岛鱼龙窟,托迹羊城咨询场。

沧海何曾断地脉,飞梁端合破天荒。

锦车他日风驰看,自在云头放眼长。

末两句自知这一世纪工程,限于年纪和精力,不可能始终其事,假如最快的打算,25年之后能建成通车,如人尚健在而主持者不忘有个开端出了力的老头儿,让坐飞机在云头看,大足快慰。若或已自归尽,逍遥自在,驾彩云观蛟龙以越沧海,去欣赏这造福人间壮观的图景罢。

参加跨海工程研讨会有关的发言记录摘要:

一、必要性说透! 现在有东西运吗?

海南往大陆要运什么东西,多少东西? 必要性论述要深。

化肥,300万吨——30万吨自用;

油,600万吨自用;

纸浆,60万吨,5万吨自用;

海产品,80万吨;

旅游,650万人,主要大陆。

铁路轮渡通了还要修公路桥干什么,应是公铁两用桥,铁道部要积极起来。

二、跨海通道是世界大趋势。报告已远远超过了预可报告,规模大、技术难度大、投资大。

报告需要补充,五年之内立项可能性不太大。前期工作不要停,不一定先要作正规立项。建议立项不走建委系统而走科委系统。

三、专题研究,结合广东和海南经济发展的目标来研究。要经济师和国防部同志参加研究。工可研究,可发挥老同志的作用。立项和工可分开。

四、投资的数字460亿,感觉偏低。物价、利息、汇率、人工变化都要考虑周到。水深差10米,造价相差10%—35%,总之水深越深,相差越大。

大型机械化设备才能解决施工问题,其研发、制造工作必须考虑。建设与开发相结合,做好投资动、静态管理。

五、发展中国家发展快,前期工作做充分。新Ⅴ线,先要划定线路,以免将来被占。再改线,经济损失巨大。

前期工作,国外工程前期费8%,现在我们只8‰。

六、每一章前加摘要。结论性的意见用黑体字。桥隧相比是否合理。国防上的重要性多考虑一些。

方案好坏是遗留的问题要少,要做的研究问题要多。

3月17日

赴广州人民医院看望谢总。

谢总谈四点:

一、询问论文情况

答:已于2月底前寄出(3月底截止)按规定共6页,并寄去200元版面费。

二、关于气象

测风塔先设计(外委或公司自己做),招标,以造声势。

测风塔可二用三用(指与联网测点,或测试其他资料),四用(与桥梁如桥头堡结合)。

答:向岑总汇报。

三、关于规程

动员咨询专家进行研究。

四、关于日本参加国际招标,要研究,上面要催问。

答:为时还早,望早日出院,便可安排。

3月26日

签气象局约。

任命余文嵩为公司副总经理。

3月31日

岑、郑、徐传达谢总意见,尽量用预可资料。

唐意应有进步,做高精度海深测量,立体地貌。

岑总决定价太高,即使压到一百万以下也不做。

4月1日

编交1997年计划。

岑总同意,已交咨询部。

4月2日

上午先请示岑总,关于海深及海底地貌,按新V东3千米,西6千米,新Ⅶ东西三千米做,两岸浅水补足。多道不与北部湾地震中心联,保持卫星联网工作。二海雷等来,高精度海深不做,即按上布置。

4月3日

下午海洋局来,价已由250万跌到今天193万,徐参加。

4月5日

岑嘱以公司名义发出,要严国敏收集铁路桥规程资料。

4月7日

邓发出一信给严国敏。

发出一传真给郑汉璋,打电话给宁梓荣。

拟意向书给四院。

4月18日

严国敏来电话,规程全文收集不到,只能按块块(即有关桥梁)应用条文收集。国内的认为大家都有的,可以不收,但请他收新的。

向岑总汇报,意见"尽他力量"。

4月22—27日

出差赴上海,会德国Leonhasdt公司Saul先生,中间赴金山一行。

5月2—3、4日上午回

到深圳,应深圳城市建筑设计院邀请,派专车接送,住四川宾馆,游览"世界之窗"。年70免费。

7月22—25日

到海南,住富豪一夜,南天二夜。

去小帽山看G.P.S.。

去村电厂上船。

8月26日

598次17车厢11中铺,国梅返汉,天河东站上车。

无一事。

9月18日

铁二院广州分院,杜昆良高工,院长顺桂棠高工来谈。

二院总工为叶祥昌,其下分桥隧等各处。

琼州琼海铁路通道总体项目组:

顾问:王克家,组长:王健

二院,北京水运规划设计院,丹麦铁路咨询公司共同做,预可、工可。

其中港口码头部分由四航局设计院负责,海南分院,院长孟庆国(二院副院长),办公室主任韦景圣(日常工作)。

所谈主要想任务,只带了两本总说明,不肯留下。

谈结论：

1. 愿做琼州隧道方案研究。

2. 即请院派专门技术人员总体了解如王克家带齐有关资料（轮渡和做过的隧道方案）来广州面谈。

3. 今后有关评审请虎门公司参加。

4. 一切情况了解后，给意向委托书。

上一日四航设计院来，陈有文副总、朱启江工带来钻孔图。

9月18日

朱利翔院长来电话，又嘱请其不再往东移。

9月19日

赴气象局参观其内业作业，照了相。

得一套1996年台风吹垮雷州湛江高压线塔照片。

9月24日

24日铁二院广州分院吴、杜及粤海总体王来。

谢、岑、唐接谈，要点：了解粤海通道情况，他们想要委托书，做琼州隧道。晚张经汉来电，浮标又出事。三月出三次，正发动请海军帮找，找到后建议浮标移近海岸。

去电四航院，重申北岸铁路轮渡码头不主张东扩，最好南下，约10月底才有方案。

23日已催下兆银，地震调查工作速动。

9月25日

以上事今日向岑总汇报，同意。

下午铁二院吴院长来取意向委托书。

王克家介绍情况：

在编制新隧道规程；

1989年想做轮渡；

1991年轮渡报告；

1992年二省一部报告轮渡计划批准立项；

1994年重做工可；

1997年粤海铁路通道有限公司，排牌；

工可审查，轮渡初设，水上钻探大桥局，码头四航设计院。今年12月湛江到徐闻线路开工。

1998年轮渡开工。

船舶等水工试验合作单位十个。

做过隧道在四五线之间，坡高6‰，现轮渡铁、汽、人三用，50辆汽车，一列货车，轮渡4小时一循环，内燃机车。

雷州，一级线路双140 km/hv，6‰坡；单120 km/hv。

海南，二级线路双100—120 km/hv，10‰坡；单80—100 km/hv。

隧道坡10—1 525‰。

80—100 km/hv。

9月27日、28日

公司请客珠海二日游（人268元，共31人），住斗门白嚎湖。近在身边，去年10月13日，第一次去吃，标名"信得过"，确是比较可靠，而"小洞天"（餐馆名）拿来看的虾和上桌者不同，已遇到几次。

亦近在身边，只去过二次。10月14日晚，广州市工程局为解放桥事故之事请客。

10月6日

二海送来彩色地图（琼二张）。

四航院陈副总等三人来请教铁路轮渡事。

10月7日

与广州周克森通话。

北京卞兆银，王恩福通电，占线。嘱其所负责钻孔测试的人来文稿或面谈（先电传要求）。

下午卞从北京来电，讲定下星期一13日来谈（12日到广州），约雷来。

10月10日

和二海郑、薛提钻孔位置问题。

10月13日

北京卞、张，广州郭、周及一处长同来，与二海共谈配合问题。

配合共计海上八孔，新Ⅴ六孔；其他二孔，陆上四孔，钻完后地震测试一天（实用半天）。

二海提供地震6种不同土样，做动三轴试验。

10月18日

广州城市建设部门的市政工程总公司一公司，总工徐淑芳来，为珠江解放桥系杆拱系杆断径事同来。

　　工程处主任,吴祖森;解放桥技术主管,杨松;工程科长,莫穗玲;质安科长,黄建成;设计者,市政工程设计院,工程师黄道沸,设计负责人。

　　经介绍情况,判定为平行钢径而用夹片法锚头及分散锚定而无一定措施而产生。

　　妹记(餐馆名)晚餐。

　　18日来车接赴桥址实地观察,隧道公司总经理李惠民等,甲方,市政工程设计院总工张海等。

　　三方面谈加固方法,约定22日再开会,讨论图纸。

10月30日

谢总要伶汀洋美学比较项目。

提供咨询部琼州钻孔土层厚及性质。

11月1日

刘正光来电,下午走桂林。

去电二海,需将地震协议纳入合同。

11月10日

交伶仃洋桥方案比选。

非通航道评价。

桥梁美学评价。

《桥梁美学》。

共五份,交余总。

1998年3月5日

总理诞辰100年,东方文化(杂志)请客。

3月30日

飞往北京开土木工程学会。

4月6日

飞回广州。

·邵伯·

图 7-5-2

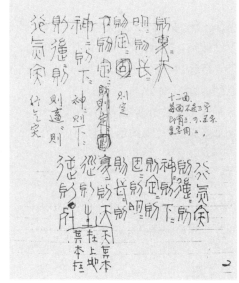

图 7-5-3

4月23日

中午12：25广州起飞赴海口。到海口,地震局来接,住海秀大道国宾大酒店。

4月24日

上午开会各组报告,张总讲话。

下午2时到3时半听报告,我发言。

3：50到海南省交通运输厅向詹厅长通报琼州海峡工作,晚间在南庄酒店,詹（益耀）宴请。

4月25日

上午赴琼山看陆沉村庄。在琼山午餐,海味。

下午看石山火山口,晚间国宾晚餐。

4月26日

上午看马象一带文教王五断裂,看新V线天尾角。

中午在竹园酒家午餐。

下午樊、薛来。

晚海洋局严金辉来,小张汽车来接,郭、陈同往。

4月27日

晨雷勇来,同看小帽山测点,海洋局天尾观潮观浪站,午间在新华达吃饭。

中午坐渡船过海安,住海安金涛酒店。27日奋斗五号自广州出发。

4月28日

晨8：30,徐闻气象局游局长来,先看三塘观潮观浪站,后看四塘南山村测风塔。上车时暴风雨,回金涛。

下午3时雨停,看二海徐闻GPS固定测点。返回看岸上孔与海上钻孔钻样。

4月29日

8：30涨潮,坐腾龙四号到奋斗五号看钻探,奋斗五号自28日下午雨后开始抛锚;傍晚4时开钻。

在奋斗五号看钻探、土样,听汇报,船上午餐,下午坐腾龙四号到海口,住南天大酒店,郭、陈即坐腾龙四号回海安,坐小张车回广州。

4月30日

晨9：20,离南天,搭4369班机10：20起飞,11：10分到广州。小朱车来接。

9月27—30日

在上海交通大学开校友会。做琼州海峡报告。

10月1日

到朱泾,住治(弟)处,赴万安桥祭母。

10月2日

到朱家角,看"明清一条街"布置。

10月3日

到金泽,游大观园。

10月4日

返广州。

12月7日

国梅、小澜来，8日她们去动物园看白天鹅，9日同去黄埔军校、植物园；午餐于东江；晚餐于"老地方"。

现到处有"老地方"，为的是如二人商量何处吃饭，回答"老地方"，意即从前吃过处，这样就取为店名。

12月24日

12月20日星期天上午，突接广西桂林原城建局现公用局总工罗社高来电，邀请我为解放桥方案事赴桂林开会。

21日到，22日会议。可带夫人同往。

先与老张谈妥，再向谢总汇报同意。告裘主任，即在金城宾馆买机票。

21日下午5时55分飞机，延迟至6时半起飞。到桂林只50分钟，城建局田克勤主任（山西人，复员军人）来接。

车到，酒家吃饭。已两桌坐等，上海同济设计院来8人。

饭后去城建局看模型、照片，一面初步讨论。

晚住丹桂木酒店501室。

22日全日开会，技术问题另记。

23日安排赴阳朔一游。张副总驾车送到码头。10时船开，一路约4小时，到兴坪下船，张副总来车接，到阳朔，看古榕，看"月亮"。

晚间吃川菜。

24日晨7时，车来，送到机场。8时50分飞机准时起飞，到公司约10时半。

12月26日

与广东省地震局一起赴北京开琼州海峡地震评估会。

13：20飞机，2个半小时到。北京地面温度6度。

1999年元旦

晨8时30分，在广州东百门口坐旅游车游西樵山诸景点。首游南海观音大像，高61.9米，走上据说是300阶的石级，绕之一圈称转运。

下来赴石竹园,园中有方竹,粗如无名指,看宝峰寺遗址。

中午在碧云宾馆午餐。

晚住永安大酒店。

元月2日

游黄大仙圣境,黄飞鸿武术馆。

3月1日

自武汉过春节回广州。

4月16—19日

16日由广州赴海南,同日抵徐闻。

17日访粤海道道北港指挥部,返海口。

18日上午到天尾新海,下午见罗秘书长。

19日晨,罗请早点,车送到机场,12时飞机回广州。

4月21—24日

在新会古兜度假村开公司第一次总监会议。

21日下午约4时,专家组从广州出发,近7时到度假村。

22日开会,上午学文件,下午总监汇报。

23日开会,上午总监继续汇报,监理局长讲话;下午专家发言。

24日早餐后出发,去新会小鸟天堂,崖门桥工地,监理处;到新会迎宾馆午餐;回广州时在新会沙湾吃姜奶,先去南方日报南美取稿样。

5月18—23日

到北京交通部公路学会开汇报会,或研讨会。王展意主持,住交通部。隔壁妇联,妇女活动中心。

赴京人员:谢总、岑总、杨总夫妇三对,裘总、余总,本人,雷勇,薛万俊,出席者尚有李国豪、曾威夫妇。

其他与会者详名单。

18日下午到,19日游长城。20日整天会议;21日上午会议,下午与雷会清华吴教授;22日上午游故宫,下午天坛,晚去溶弟处。23日上午到前门大栅栏,下午绕亚运村一周,坐机回广州。

5月21日

马克、嘉姬来，住东方宾馆见面。

5月22日

马克、嘉姬金城住处，约28，29，30日去上海。

5月28日

晨，南方航空公司CZ3523，8：30离广州，10时到上海，马克、嘉姬、童及戴、陈等来接，去周庄，后去角直。和谢通话，住和平饭店616室，价260美元一夜，可七八折，至少也200美元，即1 600元人民币。

沙逊大厦，晚在8楼吃饭，游外滩，看浦东。

和平饭店，价格奇贵。专敲老外，加卖景点。吃鱼论两，动辄百几（一碟）。青叶豆腐、腰果鸡丁，应付过去。

5月29日

9时去青浦，谢写信给我的张、副镇长曹接赴朱家角。

晚回上海，东方明珠公司请客在永安公司七层楼，杨士金出席。晚到外滩走走。

5月30日

上午与马克、嘉姬、童谈，后杨来。12时在梅龙镇午餐，3时55分飞机离申回广州。6时许抵白云机场，到住处约6时半，此行结束。

7月4—7日

在肇庆鼎湖避暑山庄开第二次总监会。

10月4—31日

另详记录。

11月18—22日

18日中午飞赴福州，转平潭。

19日开台湾海峡隧道论证会，上午我发言一个多小时。

20日继续发言、讨论，去铺前湾。

21日上午去游览。

22日上午回福州,中午上机,下午回广州。

2000年4月17—19日

在台山,台山温泉喜运来大酒店开2000年第一次总监会。

5月20日

深圳。

6月30日

17:00赴深圳。

7月1日

上午接老刘夫妇,下午会见招商局友联船厂总裁陈,其想通过刘在香港接业务,晚宴。

7月2日

上午去野生动物园,4时刘回港,我们回广州。

9月2日

广东省公路学会与香港公路学会联欢,于广州二沙新荔枝湾广州文化馆。

2001年6月16—18日

赴浙江绍兴考察古桥。

2009年7月12日参加港珠澳大桥设计方案评审会:

·中交院方案——推荐3#。

青州航道——推荐"中国结"和"欢迎"。

·林同炎方案——推荐"欢迎"。

·"地标建筑"与三地文化结合的方式。

可分别在"香港""澳门""珠海"三地大桥"入口处"修建代表当地文化的"桥头建筑"。

非近航孔:

墩、梁、材料——选择;单、双、砼/钢。

与孙权科总工程师谈话：

一、对被邀参加评审表示荣幸，并感谢。

二、根据所有资料

1. 中交公路规划设计院，人才济济。教授级高工20多人。

2. 考虑问题全面周到，细节地方尚须斟酌：

例如：方案创新，方法有四：

总结改进，推陈出新，旁收博览，效法自然。

要避免庸俗商业化。

3. 具体见表格内容，T. Y. Lin方案，中交公路规划设计院方案。所有设计方案要反映地方上（三地）文化内容。关于美学理论及哲学思想我就不讲了。

图7-5-4　广东虎门公司专家

图7-5-5　琼州海峡会议

图7-5-6　琼州海峡方案之一效果图（作者）

图7-5-8　琼州海峡方案之三效果图（作者）

图7-5-7　琼州海峡方案之二效果图（作者）

1999年,彩色缤纷

——记金泽木拱虹桥诞生过程

是些什么,下文分明。

1998年12月17日,美国来长途电话。(美)Julia, Michael.(中)郭、唐。中、美四部电话会议 Julia, Mike, Lina, Pang,中。

原来上周武汉大桥局来电话,说建设部人事教育司一位处长陈腹,受人之托(美)要找我。于是留下电话。与陈腹联系上之后,找我者乃是中国地质大学郭丽娜老师。她是受原在地质大学教英文的美国老师Julia之托。这位老师读了我的《中国古代桥梁》发生了兴趣,并找到了科教电影制片人Mike,约定今天电话会议。

早上9时到10时10分,共计谈了一个多小时。

主要问题是,他们想把中国古桥技术成就拍成科教片。制片人的问题是,能不能把中国古桥的历史人物、建桥技术等说得清楚。我说可以,照他们的意思,看起来是想象象样样的拍,那我说得做模型和动画插入。

目前他们仅有想法,要看有多少内容,我说电话中说不清楚。他们想到中国来看我(说明年1月或2月份),便可以商讨如何进行。

Julia还问起我的美国朋友,我以Martin. P. Burke先生介绍之,并介绍德国莱恩哈特,因为他们都有我的《中国古桥技术史》一书。

在电话中,美方的话因说得较快,有时不易听清,由郭老师翻译。我则有时直接用英文回答,他们都听得懂。

事情如办成,则中国古桥将名扬世界。

1999年1月14日

Michael;Julia来快函,办免税手续。

1月15日

得Julia快件。

1月18日

回Julie、Michael信。13:22得郭教授电话。

3月4日

得北京孙淑云电话。孙乃电视界人。同意建在青浦。电话小谢(天祥,青浦交通局总工),感兴趣。拟建在朱家角,放生桥西,15米河宽。

3月9日

电话小谢。

3月10日

接郭转来Michael信，可能取消或暂缓。5月5至10日到广州看我。

5月19日

Michael将于21日12时35分到广州，届时下午去看他们。

5月21日

下午，会见Michael、Moos于东方宾馆。历经变化，终于来了，在餐馆谈话，3至6时。我饮牛奶红茶一杯，佳姬一客三明治，马克一盒咖喱鸡饭。

下限定9月否则来不及。

晚上电话小谢，去铜陵，明日回，小左接。

5月22日

M.M.来我宾馆，示以火柴模型、其录像。

小谢来电，初步告知，约28—30日青浦见。

中午"小洞天"午餐。

5月23日

购票去上海。

5月24日

接童电话，改去屯溪。

5月26日

接童电话，改去上海。

5月28日

上午抵上海，M接，赴周庄、角直，住和平。

5月29日

上午赴青浦，晚宴于"七重天"。

晚沿外滩走走，月色皎圆。

5月30日

上午与M谈，毛、童、杨参加。

中午梅龙镇。

下午飞返广州，6时到。

6月1日

童来电，又赴朱家角。

……

注：最终该仿古木"虹桥"建于上海金泽。

唐寰澄文集（Ⅲ）

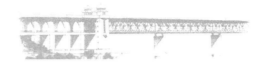

目　　录

卷八·信件采撷

卷九·诗词书法

卷十·考察游记

卷十一·随笔杂文

卷十二·楚山归隐

卷 八

信件采撷

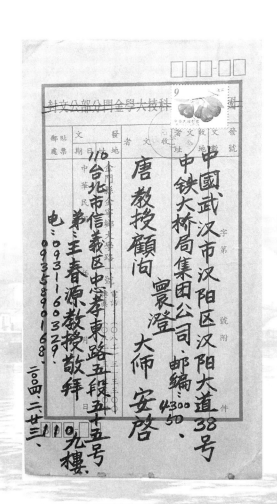

茅以升先生的几封亲笔信

1980年，我在茅以升先生领导下编写《中国古桥技术史》，除直接接触外，茅先生在北京，我在武汉，由于工作需要，多次书信来往，今找出1980年的五封来信。

在《中国古桥技术史》编写期间，我因铁道部指派，赴日本考察其本四联络桥工程，需出国进修三个月。年初曾去信茅先生，请示赴日期间耽误编写《桥史》的三件事。

元月17日，接到去广东从化温泉宾馆度假休养的茅先生亲笔来信，对三件事作了处理。很有意思的是，说："到日后希望写一日记，不但正事，亦不妨'偏及见闻'。"

5日赴日，遵照茅先生的意见，我写了日记，记下一切大小有趣的事，并保留了诸如参观券、门票、火柴盒甚至日比谷公园的银杏树叶标本等等，现在回首看看，始觉这三个月的行程仍历历在目。

在日本，除了住在东京银座，在日本长大公司上班外，并在本州、四国参观旅行，走遍本州从北到南的主要城市，写下不少长诗、短诗，还填了一些词（长短句），记下感受。拍了二十多卷胶片，印了很多照片。

三个月后结束回国。除了学习考察正事向部、局汇报外，照片和诗词抄印一部分给茅先生。

9月21日，得茅先生亲笔信，大加奖掖。信中写到他赴日本时未去京都龙安寺，错过机会，十分可惜。

龙安寺在京都，有日本的古建文物，亦即梁思成先生向美国建议不要轰炸的地方。日本建筑和民俗有很多唐代遗风，京都为最。龙安寺除建筑之外，还有园林布置十分特殊。在庭园之中围起矮坛，内作"枯山水"。所谓"枯山水"，乃是以自然别致的山石，堆成有意义的象征性的风景，如中国的五岳和中国传说中的海上三山——蓬莱、瀛洲、方丈。水则用细小白矾石平铺代替。一如中国的大盆景，但无花木，无真水，因此名"枯山水"。

"枯山水"以小见大，韵在意外，我填词记之：

西江月·京都龙安寺

云拥峰头五岳，波连鳌足三山，微观直觉是宏观，方丈石庭静对。

钱口五佳矢止，壮心乍刃音不，金桥普济接蓬莱，银汉飞行有待。

前半阕即记"枯山水"，后半阕乃记龙安寺庭院中有一枚直径约1米的石雕中国铜钱，中国戏称为"孔方兄"。方孔周围四个字原以记年号。

石钱方孔周围，自上顺时针为五、佳、矢、止，不成文字和意义，实际上和方孔"口"字组成"吾唯知足”，就十分富有哲理。但我想一个人在金钱上应知足，在志气上却不能自满，所以词中对以“壮心乍刃音褢”，后四字亦无意义，但和“心”字相合成“怎忍愔懷”。借龙安寺钱口的办法。茅先生读之谬奖，竟还“浮一大白”。

10月20日《桥史》编写组在杭州开会，8日，茅先生来信，重申元月7日信中要我对《桥史》作统稿工作的任务。我尚在岗，占用时间须经单位领导，即信中所称“王序森”同志“玉成”。王序森时为大桥局总工，原亦为中国桥梁公司同事，再早在钱塘江桥时王总乃茅先生手下的实习生。

10月8日的信，因茅先生生病住院，由秘书许宏儒代笔，茅先生签字。

于是我从日本之行收下心来，随之完成茅先生交下的一个又一个任务。

五封亲笔信原件照片附后。

草于茅先生逝世后2005年4月

茅以升信件一

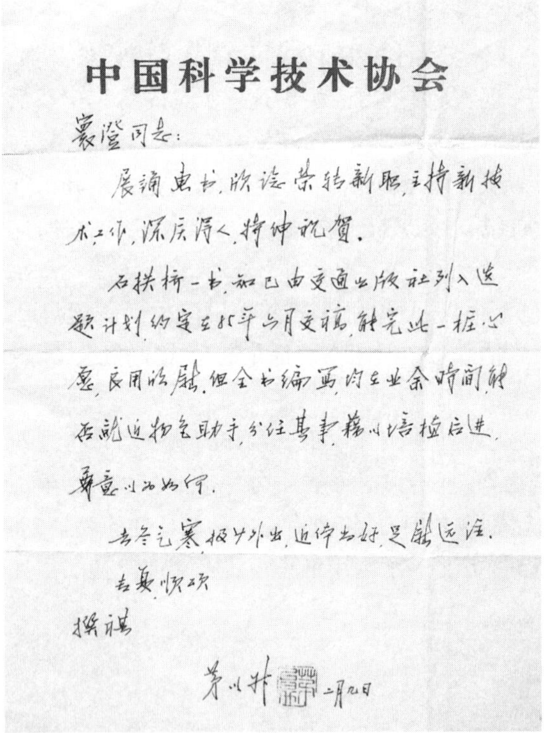
中国科学技术协会

寰澄同志：

展诵惠书，欣谂荣转新职，主持新技术工作，深庆得人，特伸祝贺。

石拱桥一书，知已由交通出版社列入选题计划，约定在85年六月交稿，能完此一桩心愿，良用欣慰。但全书编写，均在业余时间，能否就近物色助手，分任其事，借以培植后进，尊意以为如何。

去冬气寒，极少外出，近体尚好，足慰远注。

专复顺颂

撰祺

茅以升 二月九日

图8-1-1

寰澄同志：

展诵惠书，欣谂荣转新职，主持新技术工作，深庆得人，特伸祝贺。

石拱桥一书，知已由交通出版社列入选题计划，约定在85年六月交稿，能完此一桩心愿，良用欣慰。但全书编写，均在业余时间，能否就近物色助手，分任其事，借以培植后进，尊意以为如何。

去冬气寒，极少外出，近体尚好，足慰远注。

专复顺颂

撰祺

茅以升（章）

2月9日

茅以升信件二

寰澄同志：

我承组织照顾，安排来广东从化温泉休养，在此接到元旦日手书，欣安你将有赴日考察之行，至堪庆贺。承询三事：(1) 桥梁建筑艺术一章，拟于出国前完成，当然最好，但亦不必过于劳瘁，如有收尾工作，不暇顾及，亦可请陈教授偏劳。(2) 赴云南考察一事，无法参加，亦无可奈何，只有请瞿、韩二位先去，你回国后，如有必要，可补课。(3) 统稿事承你慨允其难，我如释重负，至为忻幸，时间上稍晚，我当调整计划来补救。

上次会议，开得很好，与你的积极性是分不开的，发言较多，正是好事，我想无人计较，请勿挂怀。

到日后希望写一日记，不但正事，亦不妨偏及见闻。

祝你一路顺风！并颂

新春愉快！

茅以升　1980年1月17日

地址：广东，从化，温泉宾馆，松园2号201室

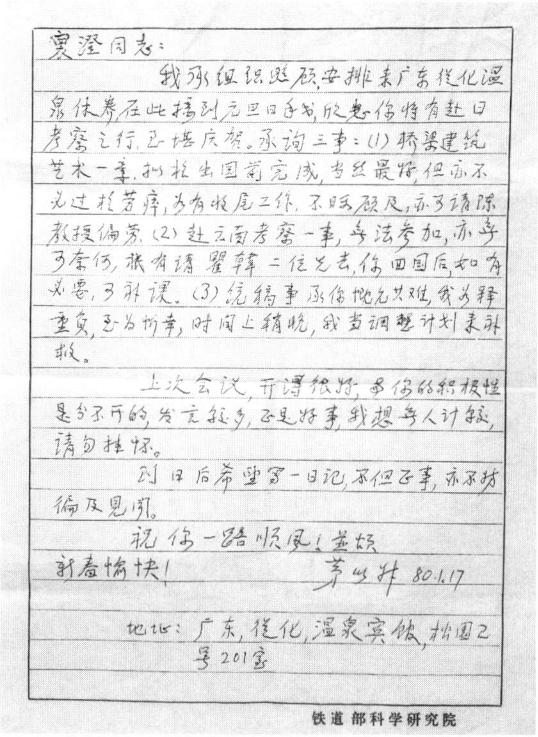

茅以升信件三

寰澄同志：

新春元日来书，足见厚谊，想阖第康祥为公颂！

承告工作贤劳，至以为谢，所述有关赵州桥的两段史书，是一重要发现，可先在"简报"中报告，已将来信交编委会。

关于照片一事，新华社已供应不少，为有西藏吊桥部分，当寄上一阅。

实地考察，为编委会重要工作，现仍在联系交通部拨款事，不久即可收到，以供旅费，容再函。

顺颂

新春康泰

茅以升　2月5日

上次会后，承枉顾，未获迎迓为歉。

茅以升信件四

寰澄同志：

接到八月十八惠书，适值"人大"开幕，会后琐事纷来，迟至今日怡抽时东复，非常抱歉。

东游三月，足展怀抱，从寄来佳作及摄影

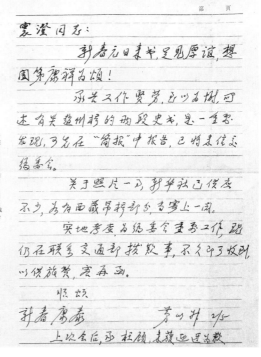

图8-1-2

图8-1-3

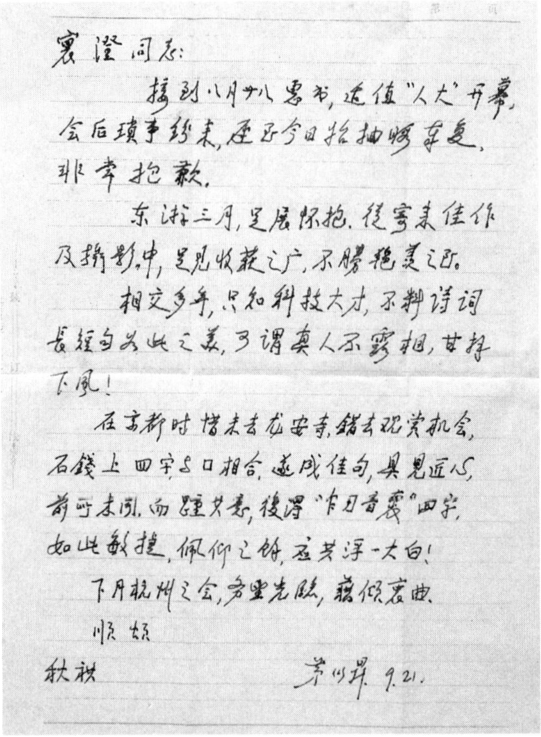

图8-1-4

图8-1-5

中，足见收获之广，不胜艳美之至。

相交多年，只知科技人才，不料诗词长短句如此之美，可谓真人不露相，甘拜下风！

在京都时，惜未去龙安寺，错去观赏机会，石钱上四字与口相合，遂成佳句，俱见匠心，前所未闻，而踵其意，后得"乍日音裹"四字，如此敏捷，佩仰之余，应共浮一大白！

下月杭州之会，务望先临，籍倾衷曲。

顺颂

秋祺

茅以升　9月21日

茅以升信件五

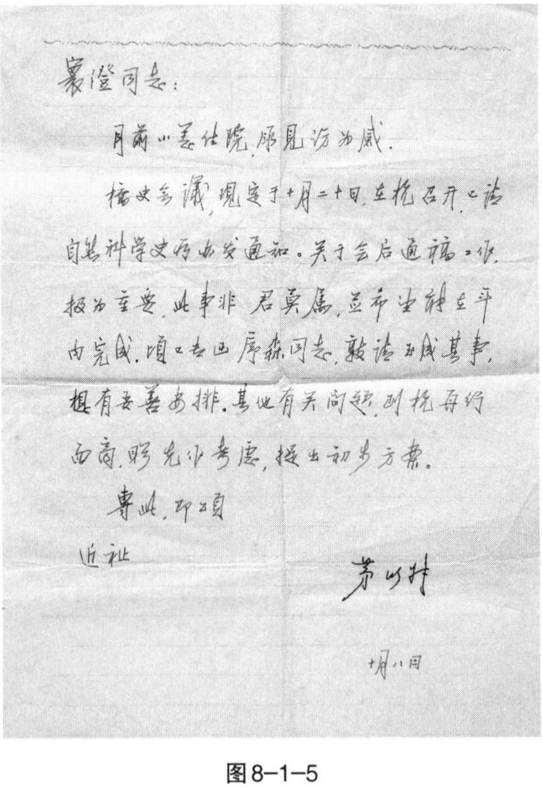

寰澄同志：

月前小恙住院，承见访为感。

桥史会议，现定于十月二十日，在杭召开，已请自然科学史所办发通知。关于会后通稿工作，极为重要，此事非君莫属，并希望能在年内完成，顷已专函序森同志，敦请玉成其事，想有妥善安排。其他有关问题，到杭再行面商。盼先作考虑，提出初步方案。

专此，即颂。

近祉

茅以升
10月8日

茅以升博物馆馆长来信

唐老：

　　您好。谢谢您的来信。1999年在茅玉麟提供建造钱塘江大桥人员的名单里，我首次看到了您的名字。特别是中央台播出的"蒲津桥唐代铁牛"以后我又给广州方面去过信，总想找到您，今天我们有了缘分。

　　1999年建馆以来我还找到了数位建桥人，余权，王开棣，鲍永昌，李伯宁，他们当年建桥时只有二十多点年纪，现已90开外，余权当时22岁，建桥人中最年轻的，03年我们已见过面，其余三位未曾谋面。还有米化高、李保、冯寅、王向熙、李文骥（拍2 500米长的电影资料）、罗英、王序森等一些建桥人。后代和遗孀也建立了通讯联系，对我今后收集史料具有很大的帮助，虽没领导意见不曾大力相助，假如我再有惰性，顺其自流，必将会愧对先人。了解和知道建桥史的人和建桥故事的人一定越来越少，这是对宝贵资源的毁损，是向未来认购了一笔沉重的国库券，更何况目前只有我一人在研究和集征，所以我必须得不断地努力和向前，无论阻力有多大。

　　知之愈深，爱之愈切。至少我是这样认为的。今来信想访二件事：第一，您老曾在89年写过"茅以升先生与中国古桥史"为纪念茅以升逝世所作。能否在这个基础上突出茅以升与钱塘江建桥的关系，略作改动，当然您也可以不改动。因为2007年是钱塘江大桥建桥70周年，我设想须出一本纪念集，所以非常想得到你们这些大师和专家的支持和关心。唐老这篇文章您可以修增，也可以原作但必须是您的亲笔所写，今后可作为馆藏资料保存。

　　第二是：请您帮忙打听梅旸春、瞿懋宁、李学海、胡世梯、赵燧章、黄克绌、余观瑞（女）等有关建造钱塘江大桥的建桥人修桥人，还有汪菊潜，赵守恒，还有健在的吗？或者是他（她）们的亲属后人，我非常想知道。虽然我已把建桥的电影翻录，已见过建桥时约留下的5 000余张底片（上海铁路局档案馆），但还不够，其中许多建桥时感人的事迹，修桥时的故事还不多，都得通过他们来得到进一步了解和积累，唐老您是否帮帮我这个忙，拜托！有机会我一定到武汉来拜望唐老。

　　唐老：您把了解到的以上这些人的情况通知我，地址通讯、邮编，我将设法和他们取得进一步的联系。

　　最后衷心祝福唐老身体健康，幸福快乐！

　　此致

　　　　敬礼！

钟光明

2005 年 4 月 15 日

注：关于纪念馆和大桥史2005年4月6日《人民铁道》略简介。其中第一根木桩行打桩礼的是在1934年11月11日，而非翌年。该稿发时未曾通知我核对。

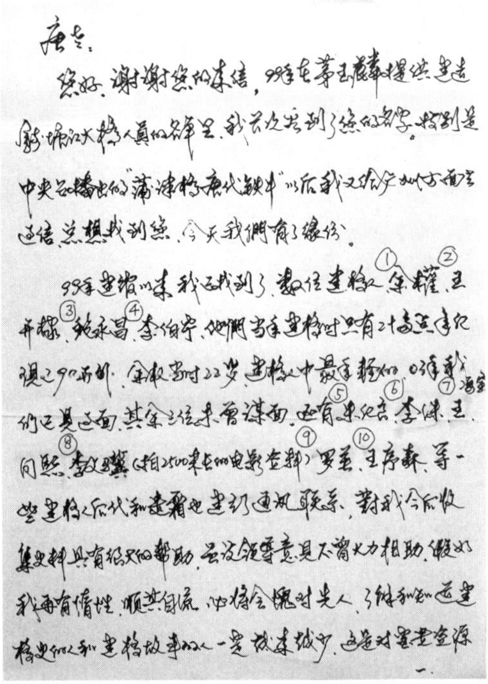

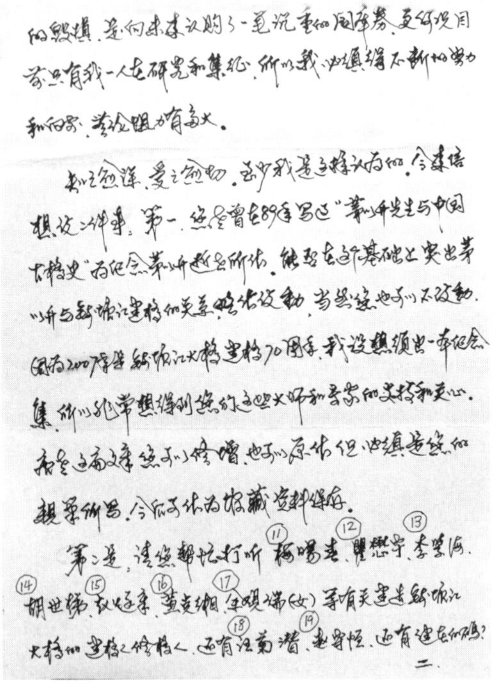

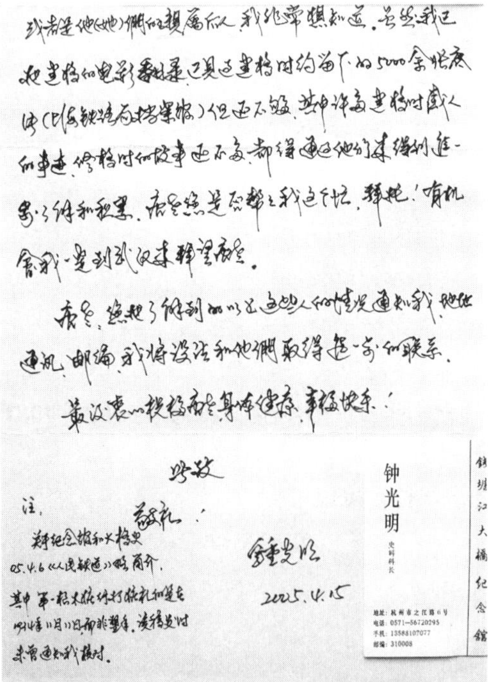

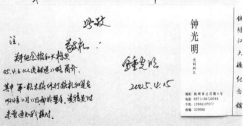

图 8-2-1   图 8-2-2

图 8-2-3

原中国故宫博物院古建专家罗哲文先生来信

寰澄同志：

又出差两个月才回，自内蒙古长城会后到了宁夏的银川、固原、临武以及陕西北部各县，沿长城走了一月。本想到甘肃渭源去一下未果。后又沿长城东行至达明长城终点丹东市的鸭绿江边，三十年来早有走遍长城之志，算是完成了。当然并未全走，只是中间一部分和东西两头到了，但也不易。因成了四句：

> 三十年来蓄意豪，
> 即从鸭绿过临洮。
> 累登九塞三关险，
> 踏遍长城万里遥。

闲言少说，回京之后即去出版社联系，责任编辑同志说，书稿本已定下来，质量算是不错的。共九万多字，他已把图片目录全部开出交了他的朋友新华社同志，请他把新华社的桥照片选来。估计还能有部分好片子，我专请他找一下西藏那几张，可能有原版当可生色不少。问题是故宫的画，现在中宣部对拍照文物下了通知很严。故宫要收费，很贵，动辄百元一幅，当然只能由出版社付款，我想尽量少一点好了。

接通知说是10月底可能在杭州开会，要带稿子，我可能去不了，就全权委托你了，我抓紧把书完成要紧。

我在陕北榆林发现一座全部砖造（从基墩到顶）的桥（三孔），明代的，拟加进去，不知以为如何。

即致

敬礼

哲文上
9月12日

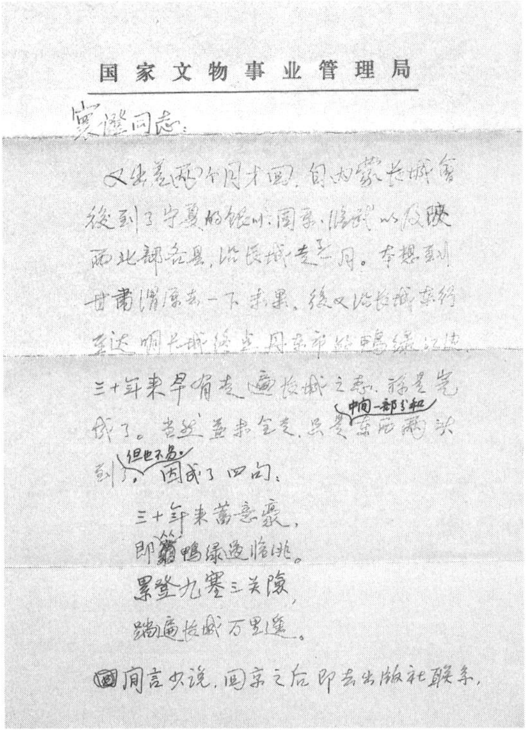

图 8-3-1

图 8-3-2

图 8-3-3

又：在内蒙古昭君墓偶成数首，录请指正：

汉匈休武绝云雕
一曲琵琶怨尽消
胡天处处传青冢
出塞明妃代代骄

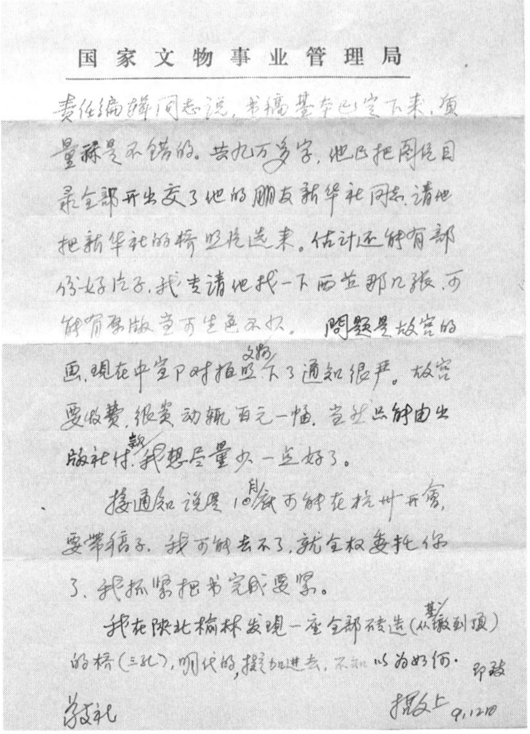

悠悠青冢黑河边
阅尽烽烟不计年
关山依旧人间换
汉地胡天共笑颜

悠悠青冢掩多娇
千古诗人泪染袍
无端同把画师谴
不识君王见略高

1979 年 7 月于呼和浩特昭君墓

附：罗哲文先生为《中国木拱桥》作序原文

序

小桥流水，长虹卧波，二十四桥明月夜……美丽的辞章，把古桥的风采不断传唱。桥梁以其独特的艺术造型、深厚的历史文化内涵和精湛的科技成果成为古人托物寄情，感怀吟咏的典型对象。然而令人遗憾的是许许多多精美的古桥，在自然和人为的损害中不断消失，十分可惜。为了弥补这一损失 ，以文字和图像的资料把它记录下来，有利当今传之后世，实是一件十分重要的事情。

兹有我的老友桥梁专家唐寰澄同志在对古桥的考察研究和著作方面做出了重大的贡献可钦可佩。

我是一个做古建筑保护与调查研究的工作者，对古桥这种建筑类型情有独钟，与寰澄同志堪称是志同道合者。自20世纪50年代早期在武汉长江大桥的设计施工中和他相遇后，我们就不断地为古桥收集历史文献和图片的实物资料而合作努力。在1958年文物出版社为他出版的一本《中国古代桥梁》一书，虽然本头不大，但是在国内外产生了很大的影响。在我们共同的努力下，他又对中国古桥做了深入的考察研究。1987年文物出版社又新版了他的《中国古代桥梁》，内容又大大地丰富了，堪称是中国古桥历史、艺术、科学价值诸多方面最为完整的力作。此后他又担任了2000年出版的《中国科学技术史・桥梁卷》的写作，并邀请了我为该卷的顾问。我们为古桥志同道合近60年，十分难得。

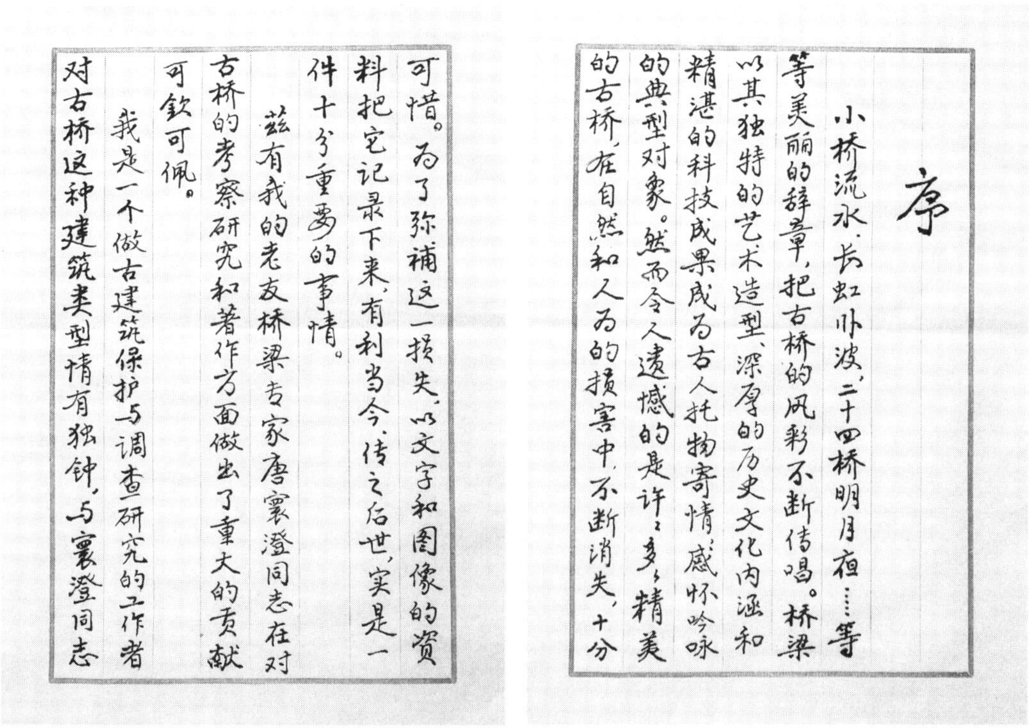
序

小桥流水，长虹卧波，二十四桥明月夜……等等美丽的辞章，把古桥的风彩不断传唱。桥梁以其独特的艺术造型、深厚的历史文化内涵和精湛的科技成果成为古人托物寄情，感怀吟咏的典型对象。然而令人遗憾的是许许多多精美的古桥，在自然和人为的损害中不断消失，十分可惜。为了弥补这一损失，以文字和图像的资料把它记录下来，有利当今，传之后世，实是一件十分重要的事情。

兹有我的老友桥梁专家唐寰澄同志在对古桥的考察研究和著作方面做出了重大的贡献可钦可佩。

我是一个做古建筑保护与调查研究的工作者对古桥这种建筑类型情有独钟，与寰澄同志

图8–3–4

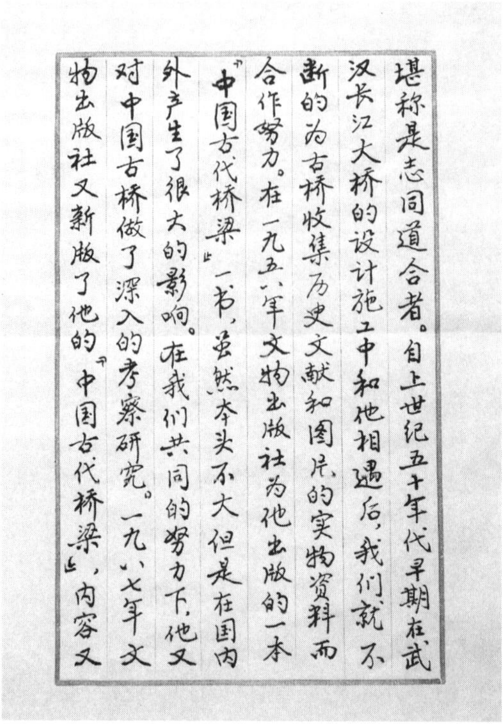

最近我们又在古桥之城江南水乡名城绍兴相会。他把这些年来的又一研究成果中国古代木拱桥的书稿赐我先睹为快。拜览之余不禁拍案称绝。也是我从事古建筑木构学习与研究近七十年来极为期盼的成果。于是特向全国首届一指的建筑出版社中国建筑工业出版社推荐。该社精心编辑排版，以图文并茂的创意形式编成，即将出版并嘱我为序，与寰澄同志如此深厚的感情焉能推谢。于是写了以上几句短语感言并借以为对此书出版之祝贺。

罗哲文（章）

2009 年金秋

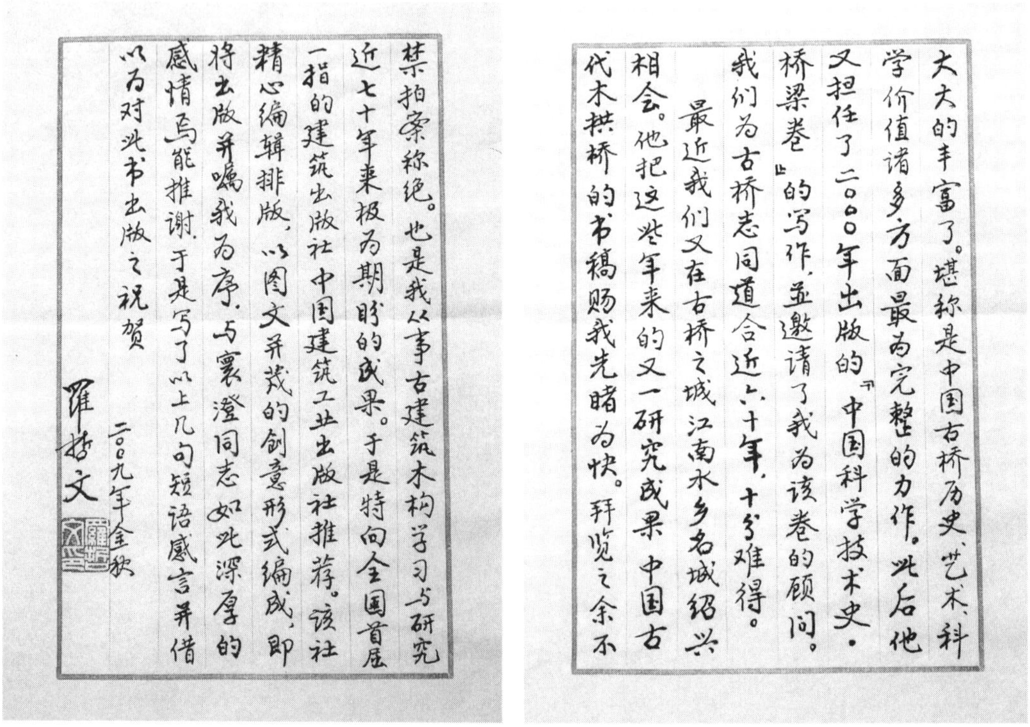

图 8-3-5

堪称是志同道合者。自上世纪五十年代早期在武汉长江大桥的设计施工中和他相遇后，我们就不断的为古桥收集历史文献和图片的实物资料而合作努力。在一九五六年文物出版社为他出版的一本"中国古代桥梁"一书，虽然本头不大但是在国内外产生了很大的影响。在我们共同的努力下，他又对中国古桥做了深入的考察研究。一九八七年他又物出版社又新版了他的"中国古代桥梁"，内容又

图 8-3-6

大大的丰富了。堪称是中国古桥历史、艺术、科学价值诸多方面最为完整的力作。此后他又担任了二〇〇〇年出版的"中国科学技术史·桥梁卷"的写作，孟邀请了我为该卷的顾问。我们为古桥志同道合近六十年，十分难得。最近我们又在古桥之城江南水乡名城绍兴相会。他把这些年来的又一研究成果中国古代木拱桥的书稿赐我先睹为快。拜览之余不禁拍案称绝。也是我从事古建筑木构学习与研究近七十年来极为期盼的成果。于是特向全国首届一指的建筑出版社中国建筑工业出版社推荐。该社精心编辑排版，以图文并茂的创意形式编成，即将出版并嘱我为序，与寰澄同志如此深厚的感情焉能推谢。于是写了以上几句短语感言并借以为对此书出版之祝贺

罗哲文　二〇〇九年金秋

茅以升终生秘书徐宏儒先生来信

寰澄同志：

　十三日发函计达

　得西藏张公钧同志函，寄来《琉璃桥考证》甚好。此文拟向《文物》推荐，先寄请参考，必要时复制寄还。

　另彭扬林等五桥简介及照片，极之珍贵，拉孜及鲁衣索桥型式，为他处所罕见。拉嘎桥悬索与伸臂斜撑混合结构，亦不见他处。请酌收入桥史。唐东杰布事迹，仍在整理中，哲匠录中应有此公一席。

　连日闷热，坐不住。草此，即颂
　暑祺

宏儒
7月31日

　据张函告：苏佳木石桥底片遗失，暂不能寄桥照。拉萨积木桥，现只剩下几根木桩，又告洛瑜地区在印占区内。

图 8-4-1

唐老：

　十六日函奉鉴

　刘君前告赴汉开会一周，十五日遄返，因以为九日首途，不图七日上道，我信竟空投，于是鼓勇气自去邮局，刘来即告事已办妥，邮件及函件日内当已递到矣。

　大作极佳，尤喜"便千古，复何如"之句，应有此高度达观也，弟曾信地球冷却说，呆尔，人类文化终成灰烬，只有信奉佛家说了。

　专作奉和如下：

过客惜三余。

几人解著书。

说是非智叟讥愚，

自古文章传兴久，

争艳说，

病相如。

日食武昌鱼，

楼深五柳居，

客通都总胜乡隅，

真念儿孙勤祝福，

多少事，

古今殊。

　　唐多令词第三句为三四，手边有刘过之作，白香词谱未收，不知当否？乞正！

　　今年七月十八日入伏，八月十六日出伏，尊谓太紧，不宜得暑，可在"灯火渐可亲"之秋深后，大显神威也。

　　今午37℃，颇不能适应，即颂。

　　撰安

弟宏儒

6月20日

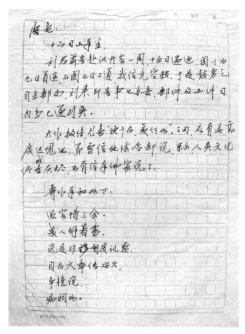

图 8-4-2-1

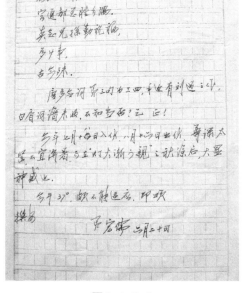

图 8-4-2-2

唐老：

会前会后两函诵鉴，目前各方面真是繁花似锦，栈道也开了国际性会议，经办单位很不简单，大作颇有指点江山气势，日专家慕名请益，日后可多一条交流渠道，是可喜事。

斜后为秦蜀通道，汉隶《石门颂碑》，可作参考，曹孟德五百石穴之说，其实东汉末年也有兵乱破坏之事，在今天也是历史陈迹，只是考古家的事了。

唐扬昇《雪山朝灵霁图》，查阅了以前的工作记录，古画拍照，因台端有过认为不足取，底版留存自然史所，洗印的照片，只有尊处一份，其余均不记是否收存，据记录，来源有：（1）自然史所有6—8册名画集（存资料室），记得为元明清代；（2）是选自《唐宋元明名画大观》（日本制版，大图书馆都有）；（3）由严军选自名书画集，据我摘记，其中无杨昇之作。

《中国石拱桥的研究》，已经吴德心寄我一本，今天石老又送我一本，仅读了前言，叙述了罗稿与唐著综合的情况，可使读者一目了然，能从理论上加以探讨，是古桥史未能写出的篇章，十分可贵，不知李国豪先生阅读之后，有何评价。记得茅老以古桥史相赠，李复函读后再提意见，不过是客气话，据黄梦平言，李颇不以钻故纸堆为然，不知果为是否？

最近正在服中药，医家主张以益胃治肺为主，中药缓和，不能急切求效，且耐心服药一段时间，再作道理。

我处有些照片，尊意拟全部取回整理，随时可以来取，其中有极少数鄙意以为有价值的照片，当另外作一袋，不便邮寄，最好托便人带去。

专此奉复，顺颂

冬安

弟宏儒上
11月12日

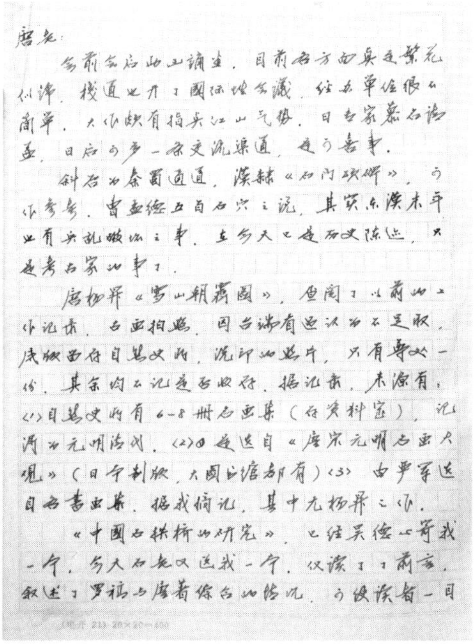

图 8-4-3-1

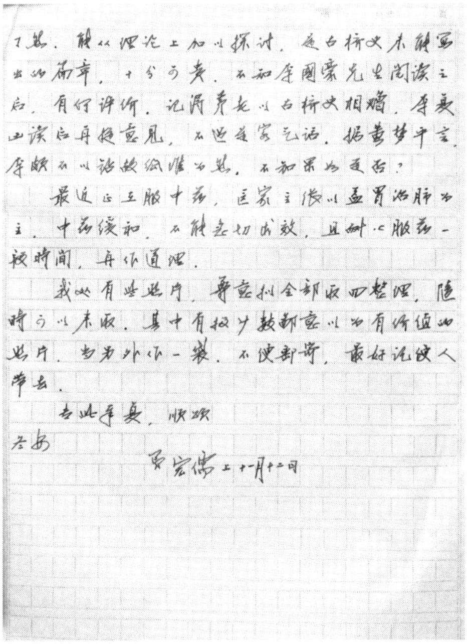

图 8-4-3-2

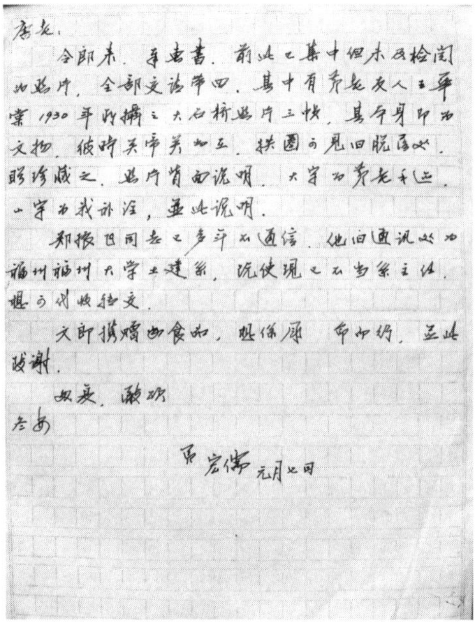

图 8-4-4

唐老：

令郎来，奉惠书，前此已集中但未及检阅的照片，全部交请带回，其中有茅老友人王华棠1930年所摄之大石桥照片三帧，其本身即为文物，彼时关帝关切在，拱圈可见旧脱落处，盼珍藏之，照片背面说明，大字为茅老手迹，小字为我补注，并此说明。

郑振飞同志已多年不通信，他旧通讯处为福州福州大学土建系，阮使现已不当系主任，想可代收转交。

文郎携赠食品，想系承 命而行，并此致谢。

匆复，敬颂

冬安

弟宏儒

1月7日

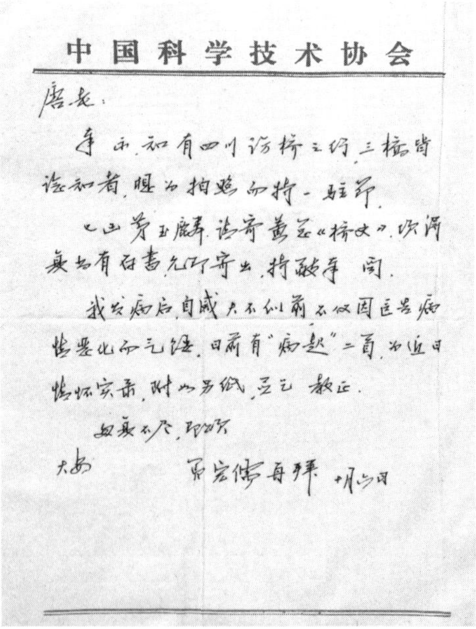

图 8-4-5

唐老：

奉示，知有四川访桥之行，三桥皆谂知者，想为拍照而特一驻节。

已函茅玉麟，请寄黄总《桥史》，项得复当有存书，允即寄出，持敬奉商。

我发病后，自感大不似前，不仅因医告病情恶化而气馁，日前有"病起"二首，为近日情怀实录，附如另纸，签乞，教正。

匆复不尽，即颂

大安

弟宏儒再拜

10月6日

出版社信函

唐寰澄同志：

六月五日来信收悉。

稿费和样书按上级有关规定从优支付，数字已经批准。文字稿酬1842.75元，图片稿酬1 795.50元，另加编辑费200元，三项合计为3 838.25元（尚未扣除税金）。因你来信谈及稿酬暂不邮去，今特去信询问，是否有机会来京面谈。关于办理免税事宜我们曾找有关财务的同志谈过，他们认为恐无希望，详情面谈。

寄去样书9本，（过去曾寄过1本）。按我社规定，定价在20—40元之间的，赠送作者样书只有5本。我们已代你争取，增加了一倍，共10本。摄影者样书，已由我社寄出，你不必管了。再多，也无能为力了。实在抱歉。

作者购书，按我社规定，可以享受一次七五扣优待，你需要购多少，希能来信告之，以便办理。

《中国古代高层建筑》稿，未知你是否已编完？或先寄一详细提纲来，包括文章字数以及图片数量等情况。目前由于销量问题，出书情况困难较多。《中国古代桥梁》新华书店征订只需700册，我社共印2 200册，恐要亏本不少。每出一本新书，不得不在经济上多加考虑。专此奉复。

此致

敬礼

文物出版社第二图书编辑部（章）
1987年6月15日

茅老、唐寰澄同志：

《中国古桥技术史》一书的稿酬和样书，根据有关规定，经与许宏儒同志协商，已经结算完毕，现将结果开列清单告知二位主编。

一、稿酬

（1）正文：茅以升等35人，计3 793元。

（2）附录：许宏儒等2人，计840元。

（3）参考书目：许宏儒，计45元。

（4）主编费（不计在稿酬内）：茅以升、唐寰澄，共计518元。

（5）图版费：杨高中等，共计1 869元（扣除100本7折样书费889元，下余979元）。

（6）校对费：唐寰澄，计176元。

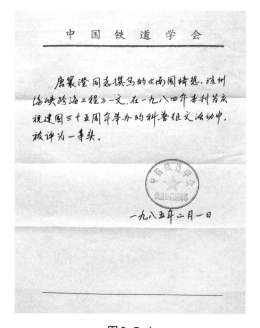

（7）封面题字：茅以升，计50元。

（8）插图费：唐寰澄等，计585元。

二、样书

（1）按出版社规定赠作者样书共50册。

（2）科技编辑室另赠主编、副主编样书共4册。

（3）作者用图版费（889元）购7折优惠价样书100册。

致

礼

北京出版社科技编辑室

1986年10月8日

中国铁道学会

唐寰澄同志撰写的《南国绮想：琼州海峡跨海工程》一文，在一九八四年本刊为庆祝建国三十五周年举办的科普征文活动中，被评为一等奖。

一九八五年二月一日

图8-5-1

唐寰澄同志撰写的《南国绮想：琼州海峡跨海工程》一文，在一九八四年本刊为庆祝建国三十五周年举办的科普征文活动中，被评为一等奖。

中国铁道学会铁道知识编辑部（章）

1985年2月1日

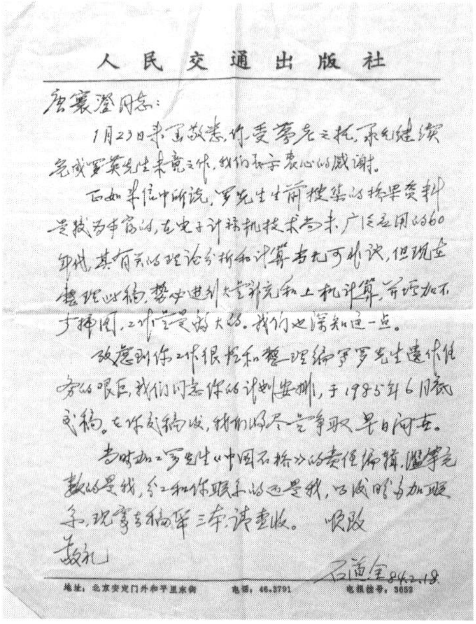

人民交通出版社

唐寰澄同志：

1月23日来函敬悉，你受茅老之托，承先继续完成罗英先生未竟之作，我们表示衷心的感谢。

正如来信中所说，罗先生生前搜集的桥梁资料是较为丰富的，在电子计算机技术尚未广泛应用的60年代，其有关的理论分析和计算当无可非议，但现在整理此稿，势必进行大量补充和上机计算，并增加不少插图，工作量是够大的。我们也深知这一点。

考虑到你工作很忙和整理编写罗先生遗作任务的艰巨，我们同意你的计划安排，于1985年6月底交稿。在你交稿后，我们将尽量争取早日问世。

当时加工罗先生《中国石桥》的责任编辑，滥竽充数的是我，分工和你联系的还是我，以后盼多加联系，现寄去稿纸三本，请查收。顺致

敬礼

石道全 84.2.18

地址：北京安定门外和平里东街　电话：46.3791　电报挂号：3652

图8-5-2

唐寰澄同志：

1月23日来函敬悉，你受茅老之托，承先继续完成罗英先生未竟之作，我们表示衷心的感谢。

正如来信中所说，罗先生生前搜集的桥梁资料是较为丰富的，在电子计算机技术尚未广泛应用的60年代，其有关的理论分析和计算当无可非议，但现在整理此稿，势必进行大量补充和上机计算，并增加不少插图，工作量是够大的。我们也深知这一点。

考虑到你工作很忙和整理编写罗先生遗作任务的艰巨，我们同意你的计划安排，于1985年6月底交稿。在你交稿后，我们将尽量争取早日问世。

当时加工罗先生《中国石桥》的责任编辑，滥竽充数的是我，分工和你联系的还是我，以后盼多加联系，现寄去稿纸三本，请查收。

顺致

敬礼

石道全

1984年2月18日

唐寰澄同志：

　　前经茅老推荐，罗英先生未竟之作《中国石拱桥》拟请你继续完成，并希望我社出版。经我们研究后，已列入我社选题计划，并电话和当面告知茅老。嗣后又接茅老来信并转来你根据罗先生遗作拟定的提纲，我们均表同意。

　　现在该稿编写情况如何，估计何时可以脱稿？我们希望将已完成的部分寄来一两章（包括插图）看看，你意如何，盼复示。

　　顺致
　　春节愉快

人民交通出版社公路汽车编辑室（章）

1984年1月17日

图 8-5-3

唐寰澄先生：

　　久未问候，万望海涵。

　　因编撰《中国科学技术史》得与先生相识，常引以为荣。您的大作《中国科学技术史·桥梁卷》，是完成最早，也是质量上乘的著作之一，为《中国科学技术史》的后续作品的问世，起了很好的带动与示范的作用，我和我的同事们都十分感佩先生的重要贡献。

　　《中国科学技术史·图录卷》是在当初设计《中国科学技术史》一书时，就设定下来的，由金秋鹏先生任主编。金先生生前为此做了大量的工作，收集了约 10 000 幅相关图片，为该卷确定了体例，作了拟用图片的预选工作，还写好了"前言"。可惜，金先生英年早逝，留下了不尽的遗憾。我和我的十几位同事，都是金先生的生前好友，决定尽绵薄之力，续成此卷，仍以金先生为主编，以慰金先生在天之灵。至今，大部分定稿的工作已经完成，可见，人间还有真情在。

　　金先生当年是将"图录卷"按学科分为 19 个门类，每一门类收图约 50 幅，即全卷共收图约 1 000 幅。"桥梁"是其中的一个门类，所预选的图片有 50 多幅，此中约有一半选自先生的大作"桥梁卷"。我猜想，金先生之所以做这样的选择，主要是因为所选"桥梁卷"中的图片确为中国古代桥梁的精品，也可能还包含多少弥补科学出版社在出版"桥梁卷"时，在图片处理上存在的重大缺欠。金先生生前有好几次表达过对科学出版社在这个问题上的强烈不满。

　　言及于此，我们诚恳希望能得唐先生的帮助。不知先生可否应允使用您所珍藏的相关桥梁图片的原件？如果得到先生的应允，我们拟请有关同事到武汉和先生商定相关事宜。

　　遥祝先生诸事如意，身体健康。

中国科学院自然科学研究所

陈美东　敬上

2005年3月3日

通信地址：北京市海淀区中关村科学院南路新科详园6-1602

邮编：100080

电话：010-82521116

（注：在整理我父亲信件时，不知道此事完成否，故致电以上电话，若未完，我将代其完成。得知已完成，同时得知陈美东先生亦已过世。）

唐先生：您好！

　　我叫赵翰生，在中科院自然科学史所工作。《中国科学技术史·图谱卷》中的"桥梁"部分，陈美东先生责成我负责编写。因以前对桥梁不是很熟悉，故这次编写每条150字的介绍，内容基本上源于您的著作，而金秋鹏先生收集的图片，缺少下列这些，麻烦你百忙中抽出时间找一找。谢谢您的提携和帮助。

　　　　致

礼！

赵翰生

2004年12月2日

1.	握桥	唐寰澄《中国科学技术史·桥梁卷》P115
2.	浙江武义熟溪桥	唐寰澄《中国科学技术史·桥梁卷》P124
3.	湖南醴陵渌江桥	唐寰澄《中国科学技术史·桥梁卷》P126
4.	甘肃文县阴平桥	茅以升《中国古桥技术史》图版2-黑白-33
5.	程阳桥	唐寰澄《中国科学技术史·桥梁卷》P132
6.	浙江鄞县百梁桥	唐寰澄《中国科学技术史·桥梁卷》P131
7.	浙江衢县神仙桥牌	唐寰澄《中国科学技术史·桥梁卷》P236
8.	浙江丽水桃花桥	唐寰澄《中国科学技术史·桥梁卷》P246
9.	利民桥	唐寰澄《中国科学技术史·桥梁卷》P237
10.	浙江绍兴拜王桥	唐寰澄《中国科学技术史·桥梁卷》P249
11.	河北满城方顺桥	唐寰澄《中国科学技术史·桥梁卷》P261
12.	河南临颍小商桥	唐寰澄《中国科学技术史·桥梁卷》P264
13.	永通桥	唐寰澄《中国科学技术史·桥梁卷》P285
14.	济美桥	唐寰澄《中国科学技术史·桥梁卷》P289
15.	龙桥	茅以升《中国古桥技术史》图版3-黑白-64
16.	苏州枫桥	唐寰澄《中国科学技术史·桥梁卷》P307
17.	江西庐山栖贤寺桥	唐寰澄《中国科学技术史·桥梁卷》P311
18.	泗水卞桥	唐寰澄《中国科学技术史·桥梁卷》P333
19.	浙江吴兴双林三桥	唐寰澄《中国科学技术史·桥梁卷》P342
20.	广西桂林花桥	唐寰澄《中国科学技术史·桥梁卷》P368

21. 湖南沂溪大福桥　　　　　　　　　　　唐寰澄《中国科学技术史·桥梁卷》P350
22. 上海青浦朱家角放生桥　　　　　　　　唐寰澄《中国科学技术史·桥梁卷》P356
23. 浙江兰溪通州桥　　　　　　　　　　　唐寰澄《中国科学技术史·桥梁卷》P358
24. 浙江余杭塘栖广济桥　　　　　　　　　唐寰澄《中国科学技术史·桥梁卷》P360
25. 云南禄丰星宿桥　　　　　　　　　　　茅以升《中国古桥技术史》图版3-黑白-85
26. 安徽休宁登封桥　　　　　　　　　　　唐寰澄《中国科学技术史·桥梁卷》P366
27. 北京颐和园十七孔桥　　　　　　　　　唐寰澄《中国科学技术史·桥梁卷》P384
28. 北京颐和园玉带桥　　　　　　　　　　茅以升《中国古桥技术史》图版3-彩色-66
29. 苏州吴门桥　　　　　　　　　　　　　唐寰澄《中国科学技术史·桥梁卷》P314
30. 四川酉阳苗族自治县清泉乡龙水沟木拱桥　唐寰澄《中国科学技术史·桥梁卷》
31. 太原晋祠鱼沼飞梁

四川绵阳市建设局邀请函

唐寰澄高级工程师：

　　誉有"中国西部科学城"之称的绵阳市，位于宝成铁路西南部是川西北重要工业城市，也是全国重要的国防科研生产基地，近年来，由于改革开放和城市建设发展的需要，有许多桥梁建设项目正在按城市规划要求逐步实施，据重庆市建筑勘察设计研究院杨斌工程师介绍，唐总在桥梁美学方面有很多研究，所以特致函邀请，并希望在方便的时候来绵，为我市的桥梁建设献计出策，为进一步提高绵阳的桥梁建设水平做出贡献。

绵阳市城市建设处（章）

1992 年 8 月 18 日

报　告

　　四川绵阳市城建处发来邀请，希望我去为他们的城市布桥"献计出策"。我想这是一个机会，一方面了解城市桥他们的发展设想，增加知识；另一方面则想法接一些规划，方案设计等任务，或甚至大的立交桥的设计施工。

　　九月份《造桥机方案》文件完成，可以抽出时间来，初步设想五月上旬去，下旬初回。

　　请予考虑批准

　　（各级领导的批示）

唐寰澄

1992 年 8 月 27 日

图 8-6-1

广东虎门技术咨询监理公司相关文件信函

襄澄宗弟：你好！

我于今年五月来虎门咨询公司聘来任专家委员会轮驻专家，主要担任虎门大桥副总监（总监是公司总经理杨学年）。七月份邱岳兄也应聘来公司任轮驻专家兼公司监理部经理，我俩向公司推荐你为公司咨询专家，已获同意发聘约给你，希望你允聘来同我们共事并签回聘约直接挂号寄还公司。

虎门咨询公司是广东省交通厅退休技术领导干部组织的实体，董事长（兼专家委员会主任）谢瑞振（原交通厅总工，中国桥梁学会副理事长），副董事长兼总工程师岑国基（原交通厅总工），总经理杨学年（原交通厅基建处长，现交通厅顾问），办公室主任裘宗霖（原交通厅办公室主任），董事（兼专家委员会副主任）洪立继（原交通厅副总）。专家委员会聘有轮驻（轮流驻公司）五人（张乃华、王伯惠、邱岳、高征铨和我），咨询专家20—30人，有钱冬生、强士中、杨进、李瀛沧、姚玲森等等。咨询专家每月酬金300元（其他福利按咨询开会由咨询单位给会议费或咨询费）。公司名誉顾问是李国豪，名誉董事长为交通厅牛和恩厅长。

公司主要业务是项目招标、技术咨询、工程监理，工作着重在广东境内高速公路及特大桥。目前已开展的重点项目有虎门大桥工程监理、湛江海湾、淇澳等大桥的项目招标，广肇高速公路的招标。公司在广东省公路及桥梁方面颇具威信，且得到交通厅的大力支持，是有前景的社会咨询实体。虎门大桥已开工，工期三年半，现尚有文物纠纷，还准备修建虎门大桥展览馆等等。谅多仰仗老弟的大力支持。（虎门大桥悬索桥上部已委托桥研所承担监理）公司还与同济、西南交大及大桥局设计院订有横向联系协议。

以上把情况介绍给你，如有需了解的地方请电话联系（Tel，020-7754888转2408专家委员会办公室），2401（晚上我住房），2403（邱住房）。或复我一信。

余不多详

此致

敬礼

唐嘉衣
9月8日

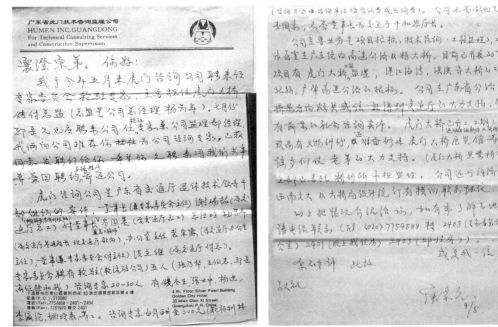

图 8-7-1   图 8-7-2

唐寰澄同志：

我公司邀聘您担任我公司专家委员会的咨询专家。现奉上聘约一式二份。如蒙应允，请将聘约签回一份。寄广州市东山庙前西街30号金城宾馆银珠楼四楼2404号房公司办公室收。谢谢！

此致

敬礼

广东虎门技术咨询公司（章）

1993年9月9日

关于虎门文物鉴定的信件

唐总工程师：

　　值此元旦佳节，谨向您致以节日的问候，并敬祝您身体健康，万事顺意！您为保护虎门靖远炮台的文物作了十分可取的论证，虽然您的论证未被某些人采纳，但我和许多有关的文物工作者都认为您的方案是可行的。我馆全体同志感谢您！东莞市的文物工作者感谢您！北京及其他有关的文物专家也感谢您！正直的桥梁专家亦会感谢您！总之，为国家为民族做出贡献的人，是会受到正直的人们的普遍尊敬的。如果虎门大桥的设计和施工毁掉靖远炮台后围墙等文物，这不仅不能给虎门大桥增光而且也在我国建筑桥史上写下可耻的一章。在靖远炮台的沿革史上也记下这一令人愤慨的事实，若关天培在九泉之下有知，也可能找那些无耻之徒算账。唐总：您是权威的桥梁专家之一，劳烦您在百忙中和您的同事们再论证一下，还有没有其他办法可以不用毁掉靖远炮台后围墙等文物？我以为，即便国务院批准虎门大桥公司筹备组拆掉古围墙，而您论证也是具有十分重要的意义的：其意义就在于中国的桥梁专家并不是都是低能的，中国的桥梁专家是有能力保护文物的。您需要什么资料我将全力提供，请您在方便的时候来我馆指教。

　　恭祝

　　大安

刘炳元敬上

1994年元旦

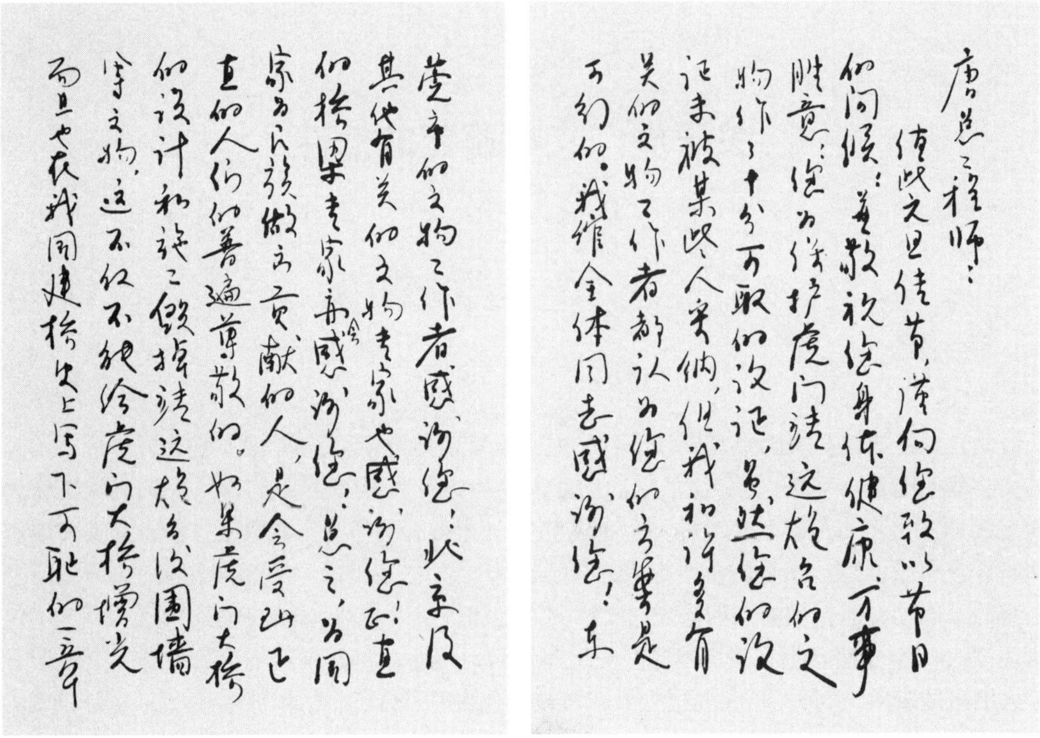

图 8-8-1

图 8-8-2

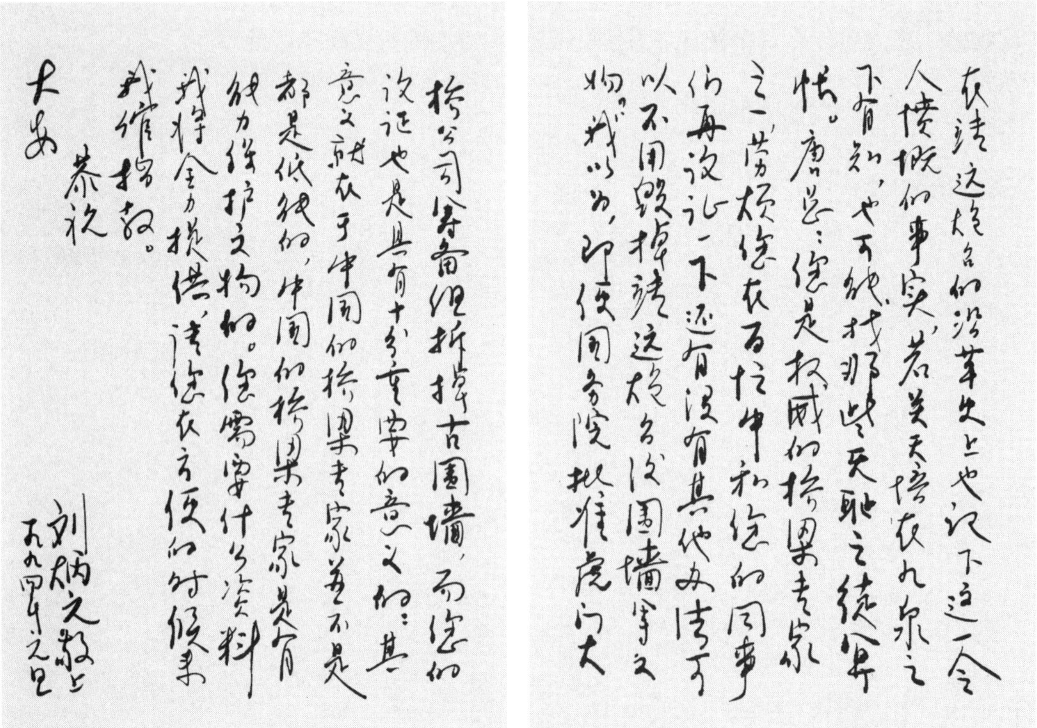

金山县文化馆来信

唐老：

　　您好。

　　大作已经发表。这篇佳作很受家乡读者的欢迎，先睹为快。

　　本小馆为我县青少年提供精神粮食，欢迎您继续为家乡写稿，十分感谢。

金山县文化馆

6 月 22 日

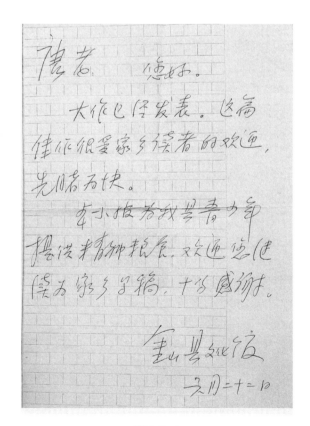

图 8-9-1

与同学来往信件

承树、宗尧、寰澄、廷夫诸兄：

　　春节前承树兄亲携龙门石窟佛像照片两大册，与我对谈赏析，二次长谈乐如何之。后连续接奉宗尧电脑打成清函和才子的禅言悟语和三张豆腐干剪报复印件，后来又得清新淡恬的廷夫来鸿，这些厚礼使我快乐迄今，谈信思人，诸兄音容笑貌历历在日，活灵活现，再看廷夫附来的五言墨宝，真使上为自叹不如了（伯虎只知秋香，哪懂桥梁）。

　　承树兄真挚诚恳，一心念学问，至今还怨如不到哈工大跟大毛子读水能利用，后又到哈军工跟大毛子搞给排水，再到部队搞震动，能在交大一以贯之，至今恐有更大成就，一个学人的反思。我想近几年来老兄还是心想事成，女儿北大得硕士后，又赴美得名牌大学得控制论博士，现在正择善而沾，高新科技风头出足。从洛阳迁居无锡干休所，毕竟江南故乡。所憾者洛阳古都没有尽揽，去白马寺也只转个圈子，唐僧取经译经，文化底蕴的淀积，失之交臂。希望现在无锡，在学问家事之暇，要走走看看，洛阳古都现是歌场大火，无锡新潮却添大佛吟空，古今胜址都被你占尽了。

　　从承树而想到宗尧，你的谨严执着（非妄想执着）从头到尾持之以恒，玩电脑而打印出如此清丽可诵的书信，希望你对蜀漠之都不要空手而归，杜甫草堂都江水堰以及玄德孔明的一些民俗传说都是趣事。我入川只到过重庆无缘访成都，亦憾事边读三国边游成都，其乐无穷。老哥玩电脑已多时，其发展之快瞬息万变，不知老兄已进网否，可以聊天，可以做生意，可以作方案，可以搞透视，搞游戏机，不知老兄何以处之。拉琴唱戏真开心，老兄真是会白相，不过目下戏曲式微，青年人已乐此少矣，民乐打向国外奏起了古典经曲，使高鼻头瞠目结舌，老兄等交大国乐团诸君可以告慰卫仲乐矣，你们票房最近还是唱些老曲子吗？

　　才子唐公，谈桥能桥，说画能画，说禅似禅，论悟顿悟，剪报三纸真是绝妙好解，特别是黄苗子建议把骨灰倒入抽水马桶一冲了之，真是妙法，可惜我在老太之旁已留空穴不想再合屎尿同流了。目前偶读晚报有一豆腐干谈及枫泾普济新桥，文中有"……请教了我国桥梁建筑大师唐寰澄教授级高工……"我心中窃喜，因是"我的朋友唐寰澄"可以引以为荣，再自思之这一意识就因为有臭皮囊的我相作怪，乃有人相、众生相、寿者相，真要做到达到五蕴皆空，四无，只如非我凡夫之所能也，只能多念佛勤读经，时时鞭策而已。才子寄我二次名卡，但我仍不敢把信寄往广州，因我弄不清这个虎门公司是你常驻还是偶到，现在大兴公司很多，不要把绝笔遗书给小蜜（秘）丢了。希将可靠通讯处告我。

　　廷夫的儒雅风格飘然纸上，含饴弄孙，漫看精彩，大事淡说，议论点到就是。我自知临色时近，还喜欢道听途说，如这位女部长好久以前就有帮夫君捞分之说，这位抽细长烟跳交际舞、拿礼品箱的女强人在拘留时不大安分，现已判了徒刑（据蒋锡佑说15年，我不大相信），交通部这些年来也出了不少风头,花了很多钱,农民束腰之资工人下岗之苦,都为政绩工程作了贡献,断桥沉船,长江口8.5米早已公之内外,但7.3米船却在堤间搁浅,丰功伟绩却含着多少血泪,你还能一月三本忆旧实录可借,我只能看看报屁股间的片言只语,你强多了!

你们都想听点病况,总的说来无多大变化(如高烧,剧痛),我亦不多深究,反正什么时复查,怎样走都权不在我,猜疑焦虑无非折磨自己,随访CT、磁振也都做过,答曰无啥大变化。近来一事引起过思想波动,即上海推行送医疗保险改革,就是要你腰包挖点钱出来,对青状健者来说,管你什么保都无所谓,矛头直指老弱病残。像我这样缠了这种不死不治的病,医不好,好不来,安乐死又不合法,一年要花四五十万,按医改计算自己也要几万,近十万。单位有人来做工作,我说意义目的我都懂了,所差者我一非离休干部,二无不明来源财产,老本有多少大家一算就知,我当把些老本花光,然后停医停药回家等死。

胡言乱语到此结束,是否还有续篇屁话以后再说。

承显

2001年2月26日

尘洗大法师:

两次读"专家信"本来有些懵头懵脑,但细读甚有好处,因为对承树、宗尧、廷夫诸兄的消息,从此信中亦了解一二。

这里只对与鄙"才子"诸禅话答话一二,望赐唱棒可也。我在这里,亦只是游戏人间。因十年之前,上书北阙,建议建沿海高速公路和铁路,并研究中国三大海峡跨海工程。蒙"凤凰"把信转给有关单位,交通部决定修建沿海高速公路,广东、海南欲研究跨琼州海峡,因此1994年便在广州,因为这个公司是广东省交通厅下的公司,接受了此项目。一住六七年,估计到2002年写出总结报告后,亦将"拂袖南山",回到汉阳大别山之南,蜗居之中,面壁参禅。

我在此公司,名为"常驻专家",实在是高级打工佬。因工作机缘,再加上退休工资不到一千,原单位医疗劳保官本位严重,况且正在改革,怕将来和法师一样,一年花四五十万,交百分之十也得四、五万,所以在此混些将来的医药费。不过大概只有此二年了。

在此期间,如直接来信广州,完全可以收到。公司老板都无"小蜜",打工佬更无,通信地址完全可靠,只怕法师随手一搁,"名片"早就不见了。按信纸上地址写即可。

谈到老病,来信所讲你的考虑,我意见与法师相同。虽然现在似乎没什么病(只糖尿),但人有旦夕祸福,不知道哪天哪里冒出一个什么肿瘤,到时吃些便宜中药,增加心理治疗,听天(客观规律)由命(无可奈何之谓命)而已。医药费之贵一在于检查(横切片,竖切片,切完了告诉你检查不出什么),二在于开外国药(外国人在发展中国家和第三世界作新药试验,既收高利,又让人家承受副作用之苦),高费用大概90%是白花的。

病既来之,则安之(虽然剧痛时安不下,只能多吃芬必得之流),既然已预备好夫妻同穴,听小辈安排就是。来信仍甚乐观,泰然处之可也! 即此祝

好

寰澄

2001年3月28日

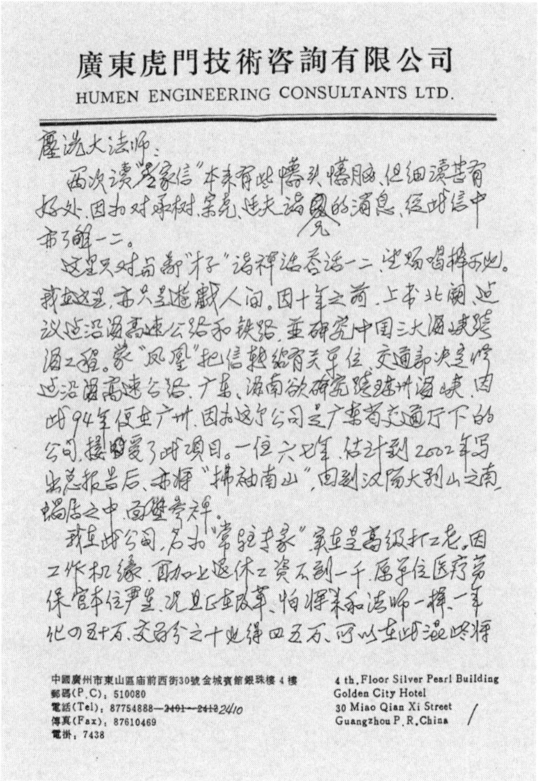

廣東虎門技術咨詢有限公司
HUMEN ENGINEERING CONSULTANTS LTD.

（手寫信件，左頁）

中國廣州市東山區廟前西街30號金城賓館銀珠樓4樓
郵碼(P.C.) 510080
電話(Tel): 87754888—2401~2412 2410
傳真(Fax): 87610469
電掛: 7438

4 th.Floor Silver Pearl Building
Golden City Hotel
30 Miao Qian Xi Street
Guangzhou P.R.China

图8-10-1

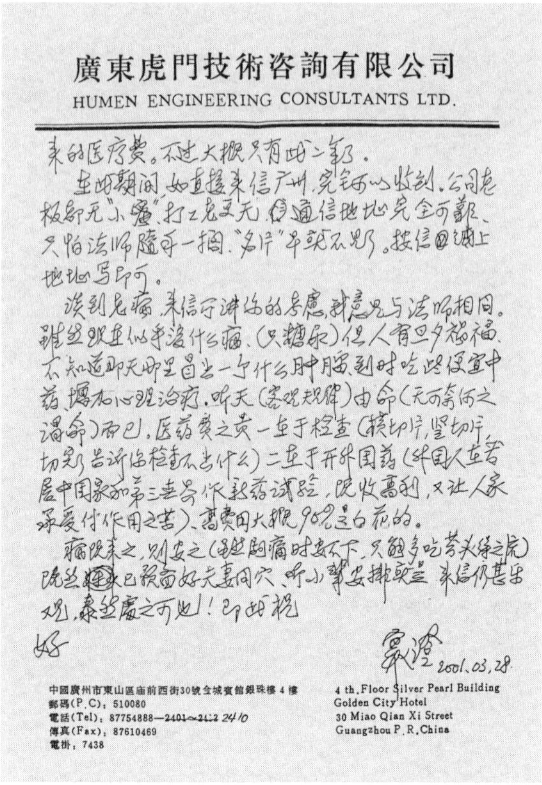

廣東虎門技術咨詢有限公司
HUMEN ENGINEERING CONSULTANTS LTD.

（手寫信件，右頁，落款）寰澄　2001.03.28.

中國廣州市東山區廟前西街30號金城賓館銀珠樓4樓
郵碼(P.C.) 510080
電話(Tel): 87754888—2401~2412 2410
傳真(Fax): 87610469
電掛: 7438

4 th.Floor Silver Pearl Building
Golden City Hotel
30 Miao Qian Xi Street
Guangzhou P.R.China

图8-10-2

与香港原路政署刘正光博士信件

老刘：

　　今天星期六，孙女在家，读到你下午发来的电子邮件，很高兴。我还不会摆弄电脑，你星期六发最好。每星期六孙女回。星期天返校。

　　首先关于院士事不必挂心。我告诉你我对国内院士的看法，弊病很多，老院士何祚庥呼吁院士注意私人品德。得之不见得便荣，失之亦不为辱。

　　其次祝贺你七月将任茂盛执行董事，可以脚踏实地做些工作，还可大有作为。

　　邮件上香港青马大桥100元钞已见，很好。东海桥头建筑方案放不出来，便中可复印付邮给我看看。上次要我的简历我电邮给了你，是否未收到？或收到后上海不采纳？去不去参加都无所谓。

<blockquote>
半世功名一鸡肋
平生道路九羊肠
</blockquote>

　　来联很好，这都是老年想开了。我这里再提供你几联参考。

<blockquote>
得便宜处百二三，知足常乐
不如意事十八九，能忍自安
</blockquote>

　　这是我集俗语而成的处世哲学和方法。

<blockquote>
扫除烦恼须无我
各有因缘莫羡人
</blockquote>

　　这是佛家思想中要求人"无相"，即无我相、人相、众生相，一切想得开就不会生得失之心。

<blockquote>
不入住色声香味情触法
如是观梦幻泡影风露电
</blockquote>

　　这是我集《金刚经》句并加了字的对联，上联加"情"下联加"风"字，也是佛家思想。

平生志气，动地惊天，

一世事业，跋前疐后。

这和你来联意思接近。跋前疐后是韩愈用《诗经》里"狼跋其胡，载疐其尾"来说他自己前进后退都会碰钉子。

加上你的一联，挂在办公室，你觉得哪一联好？完全凭你喜欢。下一次电子邮件告我，我一定写好，裱好，于5—6月份寄给你。

唐寰澄

2004年2月14日

老唐：

上海东海大桥是由上海东南面之庐埔（疑"卢浦"之误）通至大小洋山集装箱码头，长达29千米之跨海大桥。

他们正在进行桥头堡之设计比赛，并请我提供对美学有研究之专家作设计比赛的裁判。

我把你的名字交给了他们，相信你也不会反对吧，当然我也不知道他们接纳不接纳，但我缺少你简单的履历，你是否最快地e-mail给我，以便我送给他们参考。

我也多谢你寄来的墨宝。

我现在新加坡，应新加坡工程师学会之邀请，讲一天的讲座，也顺便和太太在新加坡和马来西亚打几天高尔夫球，周末回香港，下星期到常熟市参加苏通大桥专家大会，再下星期到上海参加国际疏流技术大会和到北京答辩。12月头又到昆明参加詹天佑大奖之颁布奖会，你说我是否比以前更忙？

祝好

刘正光上

C.K.Lau\

CKLau@hkie.org.hk

老刘：

东海桥头方案已收到，并启阅。很好，谢谢。何以未接纳？如方便将其他方案和评语赐阅，以便加评。

尊你七月上任，通过我们的关系，可考虑与大桥局集团作更广泛密切的合作。如今年底可有初步结论的港珠澳大桥等。现在大家先进行酝酿和密切接触，好吗？

即祝好

唐寰澄

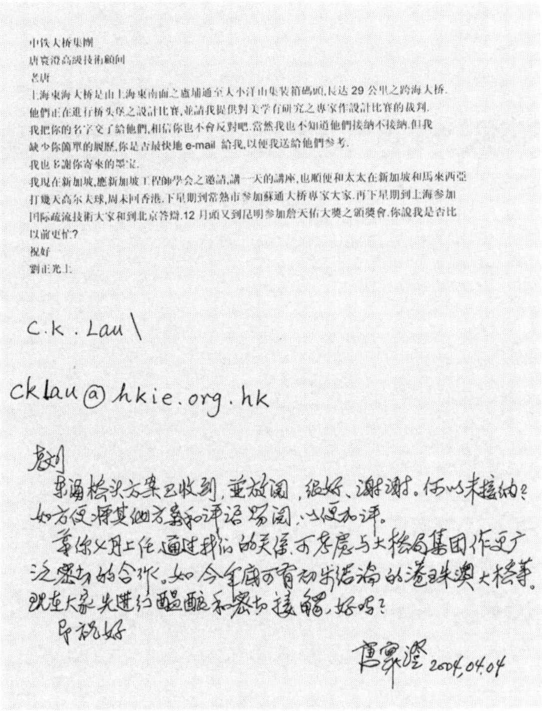

中铁大桥集团
唐寰澄高级技术顾问
名启
上海东海大桥是由上海东南面之芦潮通至大洋山集装箱码头，长达29公里之跨海大桥。
他们正在进行桥头堡之设计比赛，并请我提供对美学有研究之专家作设计比赛的裁判。
我把你的名字交了给他们，相信你也不会反对吧。当然我也不知道他们接纳不接纳，但我
缺少你简单的履历，你是否最快地e-mail给我，以便我送给他们参考。
我也多谢你寄来的墨宝。
我现在新加坡，应新加坡工程师学会之邀请，讲一天的讲座，也顺便和太太在新加坡和马来西亚
打几天高尔夫球，周末回香港，下星期到常熟市参加苏通大桥专家大会，再下星期到上海参加
国际疏流技术大家和到北京答辩，12月頭又到昆明参加詹天佑大奖之颁奖会，你說我是否比
以前更忙？
祝好
刘正光上

C.K.Lau \

cklau@hkie.org.hk

老刘
　　东海桥头方案已收到，亚放阁，很好、謝謝。何以未接納？
如方便，请其细方案和评语寄阁，以便加评。
　　等你又月上旬通过我们的美佳，可考虑与大桥局集团作更广
泛深方的合作。如今全国可有初步讨论的港珠澳大桥等。
就连大家先进的醖醯系察动接触，好吗？
　　　即祝好
　　　　　　　　　　　　　　　　　　唐寰澄 2006.04.04

图 8-11-1

因台湾海峡跨海工程而与台湾金门来往信件

2004 年 4 月 4 日

尊敬的寰澄先生勋鉴：

顷接华翰，甚为心感。先生为广东虎门技术咨询有限公司专家委员会重要成员，亦为琼州海峡跨海工程项目负责人，毕生从事特大桥梁等建设，具有丰富技术与经验，实在难得。先生于函文中关切"金厦大桥"兴建事宜并提出多项建议，承蒙鼓舞，无任感激。

为落实推动两岸永久和平，达到两岸实质交流，促进金厦生活圈形成互补优势，爰于四月二十三日及二十四日在厦门大学召开"金厦大桥方案及影响"学术研讨会议，在当地称之为"台湾海峡桥隧建设学术研讨会"，经由海峡两岸与会学者专家发表论文并进行讨论后，已形成初步共识与构想，惟受限于两岸情势及政治问题，致尚无法迅速进入实质面之先期基础资料调查等可行性研究评估及规划阶段，尚待政策配套松绑、筹资，并集结两岸学者专家、企业界人士等共同合作始得克竟全功。

先生曾于二十四日上午在会中发表高见（如来函所附讲稿），剖析精辟，切中会议要旨，殊值参考。本县与大陆渊源深厚，情同手足，共同追求两岸政治安定、经济繁荣、民生富庶安康、百姓安居乐业之生活品质。常言："二十一世纪是中国人的世纪"，"金厦大桥"之兴建，深具跨时代之政治意义。为此，大桥之前期工作须结合海峡两岸之人力资源、技术与经验，并收集相关详尽资料，做好充分准备工作，方能进行完善规划及建设事宜。

另所赐书籍，接获后当详以拜读。至盼先生续予赐教，敬择期莅金实地参访为盼。尚此，敬颂

时绥

晚

李炷烽（印）敬笔

2002 年 4 月 17 日

图 8-12-1

寰澄教授高工惠鉴：

弟甚感谢唐大师来函，并赐作"金缕曲"三曲，词佳意深，用心爱心，令弟钦敬感佩，为后学效法之典范也。

唐大师乃世界级之造桥专家，今后两岸之金厦大桥与跨海大桥之兴建，亟须敦请唐大师

的参与奉献,为两岸国人与世界人类,作出和平幸福之大桥。

　　弟甚殷盼不久的近期,两岸能甚和谐互动,合作团结,致力民生建设,谋福人民。甚期盼唐大师,有机来访金门与台湾,促膝宏论两岸建设之正道。专此拜恳。敬祝:研安

弟:王春源敬拜
2004 年 2 月 20 日

　　电: 0931160329
　　　　0935890168

烒烽县长阁下:

　　四月十七日来传真,直到二十九日才到我手,原因是公司传真机是由一位老板有关的小姐掌握,乃是其孙辈,工作敬业精神不够,娇气十足,所以前次曾请莫用传真,原因便在此,好在来信虽时间长一些,(也不用这次传真那样搁了十二天)但由宾馆服务员发送,比较牢靠。

　　平素十分注意港澳台消息,极希望两岸"政策配套放松"则工作可以大力进行。见报载台湾对从金门转大陆的旅客罚款人二万"出尔反尔,激起民愤"。阁下和吴成典"立委"怀疑乃当局的"陷阱"如此政策,工作难做!

　　不过我认为,无论如何,从老百姓的利益出发,跨海工程是两岸都有益的。厦金桥梁,从哪个角度讲都有利而无弊。都可得民心。当勇往直前,无所畏惧。事在人为,所谓"谋事在人,成事在天",最后一定会成功!

　　我虽年事已高,但精神和身体都好,继续在为之动脑筋。哪天阁下需要,哪天帮你出出主意。

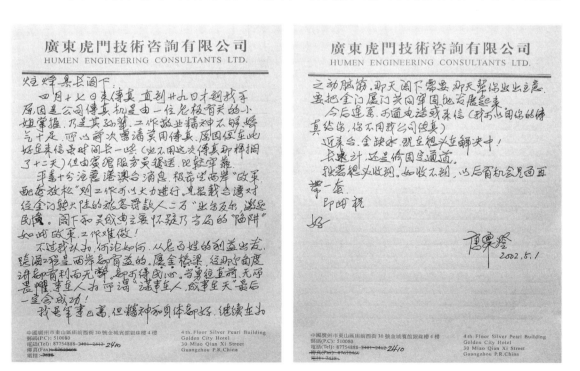

图 8-12-2　　　　　　　　　　　　图 8-12-3

要把金门厦门共同牢固地发展起来。

今后联系，可通电话或来信（我可以用你的传真给你，你不用我公司传真）

近来台、金缺水，现在想必在解决中！

长远计，还是修固定通道。

拙著想必收到。如收不到，以后有机会见面再带一套。

即此祝

好

唐寰澄

2002年5月1日

中国台湾

金门县李县长阁下：

谢谢你的电话邀请。

一、我与我老伴的身份证复印件如附页。

我老伴乃内科主任医师，退休内科主任，现为我的“专任保健大夫”了。

二、此次赴金门是否系专门之行，和据说年底再次在金门和高雄开会无关？

三、一般大陆赴台湾手续较麻烦，需要到户口所在地及原工作单位办理，花的时间也较长。因我们的户口在武汉，目前我在广州工作。

四、据福建国际文化经济交流中心告，厦门到金门只需福建省台办便可办理。大概贵县已操之甚熟。

因此，是否邀请信寄给我的同时，知会或派人到福建省台办，则很快手续都可办好。

五、然后我们确定日期，届时，我们按时飞赴厦门。此时希望贵县有人先期到厦门来接，然后同船到金门，归程类此。

六、需要我在金门介绍些什么，可先电话告知，以便作准备。

七、邀请信可用特快专递寄出，有事电话联系。因非公司业务，请不用我的传真。即此祝

好

唐寰澄　江国梅

2002年4月10日

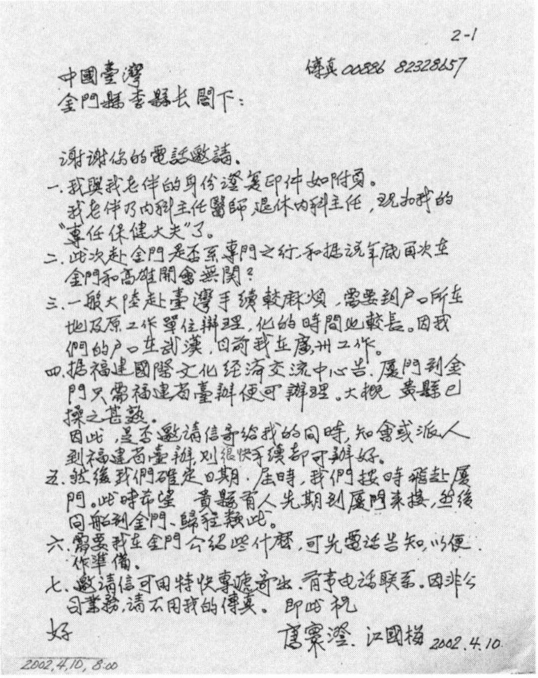

2-1

中國臺灣　　傳真 00886 82328657

金門縣李縣长閣下：

謝謝你的電話邀請。

一.我與我老伴的身份證复印件如附頁。

我老伴乃内科主任醫師，退休内科主任，现如我的“專任保健大夫”了。

二.此次赴金門是否系專門之行，和据说年底再次在金門和高雄開會無関？

三.一般大陸赴臺灣手续較麻煩，需要到户口所在地及原工作單位辦理，化的時間也較長。因我們的户口在武漢，目前我在廣州工作。

四.据福建國際文化经济交流中心告.厦門到金門只需福建省臺辦便可辦理。大概貴縣已操之甚熟。

因此，是否邀请信寄给我的同時，知會或派人到福建省臺辦，则很快手续都可辦好。

五.然後我們確定日期，屆時，我們按時飛赴厦門。此時希望貴縣有人先期到厦門来接，然後同船到金門、歸程類此。

六.需要我在金門介紹些什麽，可先電话告知，以便作準備。

七.邀请信可用特快專遞寄出，有事电话联系。因非公司業務，请不用我的傳真。即此祝

好

唐寰澄、江國梅 2002.4.10.

2002,4,10, 8:00

图8–12–4

金马地区两岸交流协会　李炷烽会长

金门县政府县长（恕不名,因未交换名片）

金门县政府工务局方寿星先生等

诸先生

　　此次参加台湾海峡及金厦联桥会议,得聆诸位谈金门的发展计划,甚为高兴,学得不少东西。24日上午,曾在会上发表了个人看法,因受时间限制,未能尽意。所带书籍有限,亦未能赠阅为憾。

　　金门的发展,根据天时、地理、人和的现近条件不可限量,希望高瞻远瞩地规划,而又脚踏实地,按部就班地建设。详细意见,见所附一文中。

　　会后,见报国台办,李维一谈到贵县长建议金门作为一国两制的试点,极是,估计会很快实现。如此,则厦金通道的前期和建设工作迫在眉睫。如有需要之处,定当效力。

　　毕生从事特大桥建设,今又研究三大海峡,年已76岁,只图生前能实现一部分理想足矣。即此祝

　　　　好

　　　　　　　　　　　　　　唐寰澄

　　　　　　　　　　　　2002 年 3 月 29 日

另函寄出书一包。

唐先生大鉴:

　　先生大作《桥梁美的哲学》已经出版,依照合约要,将寄送十本给作者。兹先寄上一本给先生,其余九本亦将随后寄达,望先生赐教。

　　尚此　　顺祝

　　时祺

　　　　　　　　　　明文书局编辑　余建中

　　　　　　　　　　　　1994 年 5 月 12 日

另附上先生大作之报纸广告,给先生存查。

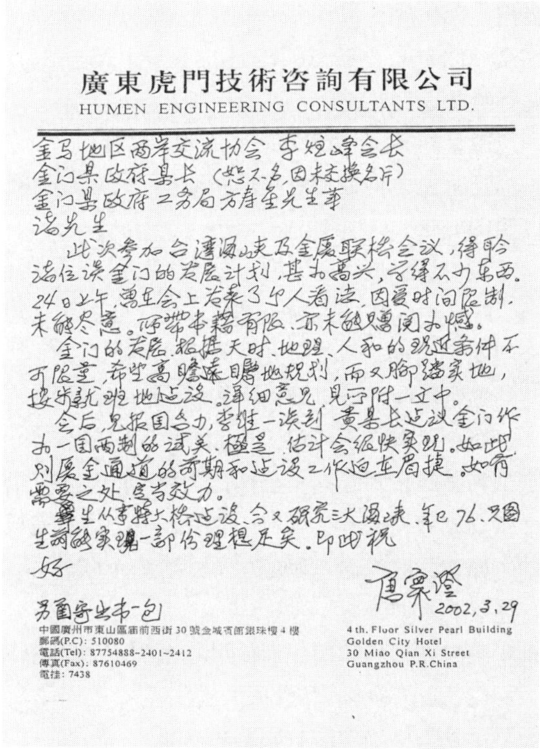

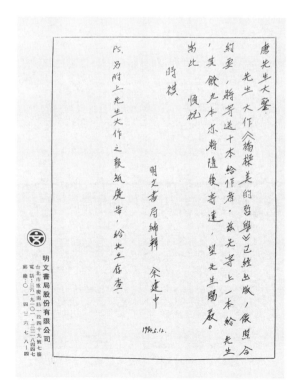

图 8-12-5

图 8-12-6

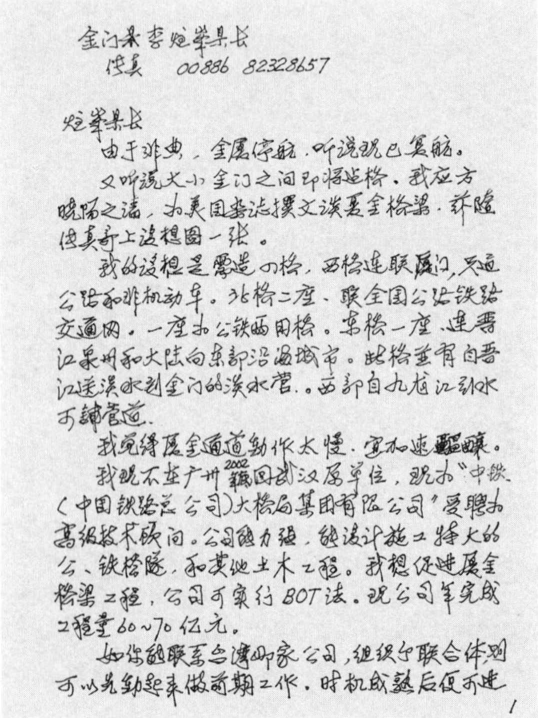

金门县李炷烽县长

传真：00886　　82328657

炷烽县长：

由于非典，金厦停航，听说现已复航。

又听说大小金门之间即将建桥，我应方晓阳之请，为美国杂志撰文谈厦金桥梁，兹随传真寄上设想图一张。

我的设想是需造四桥，西桥连联厦门，只通公路和非机动车。北桥二座，联全国公路铁路交通网。一座为公铁两用桥。东桥一座，连晋江泉州和大陆东部沿海城市。此桥并有自晋江送淡水到金门的淡水管。西部自九龙江引水可铺管道。

我觉得厦金通道动作太慢，宜加速酝酿。

我现不在广州，2002年底回武汉原单位，现为"中铁（中国铁路总公司）大桥局集团有限公司"受聘为高级技术顾问。公司能力强，能设计施工特大的公、铁桥隧，和其他土木工程。我想促进厦金桥梁工程，公司可实行BOT法。现公司年完成工程量60—70亿元。

如你能联系台湾哪家公司，组织个联合体，则可以先动起来做前期工作。时机成熟后便可进行建设。

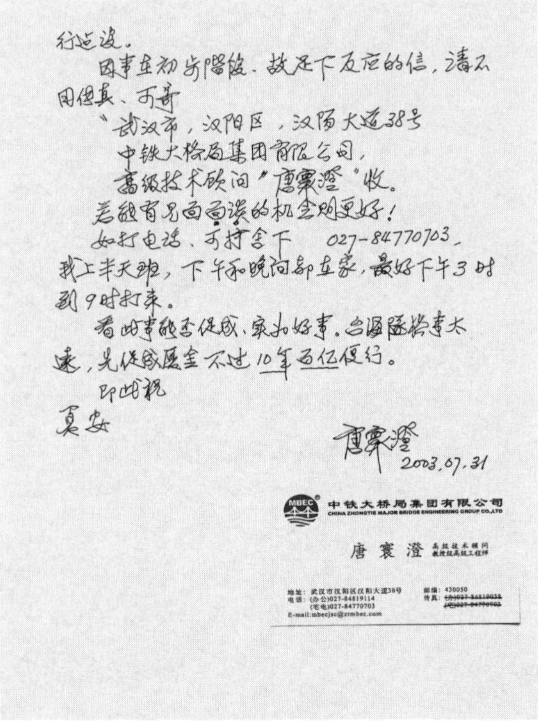

因事在初步阶段，故足下反应的信，请不用传真，可寄

"武汉市，汉阳区，汉阳大道38号

中铁大桥局集团有限公司，

高级技术顾问　唐寰澄"收。

图8-12-7

图8-12-8

若能有见面面谈的机会则更好!

如打电话,可打舍下:027–84770703

我上半天班,下午和晚间都在家,最好下午3时到9时打来。

看此事能否促成,实为好事。台海隧桥事太远,先促成厦金不过10年百亿便行。

即此祝

夏安

唐寰澄

2003年7月31日

给读者的回信

树涵老弟：

来信及大作都收到。

谢谢你关于我糖尿病的关怀，寄来一些养身体参考资料。

大作（第五稿）拜读，足见下了功夫。初稿完成于2000年，此稿为2005年。

承不弃嘱修改，不揣疏漏，提出一些看法。

一、写作原则

尊重历史事实，客观公正地作报道，后提出自己的判断，不亢，不卑。这一点足下做到了大部分。

二、摘要

既是第五稿，全面报道了各种论点，则不但列入有些不完全正确的看法，亦应列入足下"同意"的正确看法，故略改一下，如复印原件。

三、其他引用别人原文，自请核查，故不改动。

四、个别字句有所修改如：

4.1　第1页注①"别"名宜改"正"名

4.2　第2页17行，赵卞非丐刊"丐"字确否

4.3　第3页，关于石桥铭的"盈纪方就"，"还有待进一步研究"。宜明确何者为可靠，否则前题尽失。"盈"乃满也。

五、"各种错误说法广泛流行"宜改"各种说法"并应列入主595—606者

六、参考文献中宜列入

6.1　唐寰澄《中国古代桥梁》（中英文），中国文物出版社1987年

6.2　罗英、唐寰澄《中国石拱桥研究》，中国交通出版社1993年

6.3　唐寰澄《中国科学技术史——桥梁卷》，中国科学出版社2000年

其中6.3足下已有应用。

七、关于595—605一说是在茅老主编并茅老指定我作副主编时，向茅老所提出。因写作匆忙，故误12为10。待1987年出6.1时仍沿用。

待等1983—1988年接茅老交续罗英先生遗著时已予以纠正为595—606年，该书于1993年出版。

1991—1995年写作2000年出版的桥梁卷中，足下所论各点都已十分明确，书中说明俞同奎老先生（国家文物局古代文物修整所所长）早就有正确见地。前辈风范令人钦仰。

八、足下信中提及1964年梁思成先生曾向足下提及本人。时正值政治上困难时期,实属不易,请足下将原信复印寄我,以作纪念。

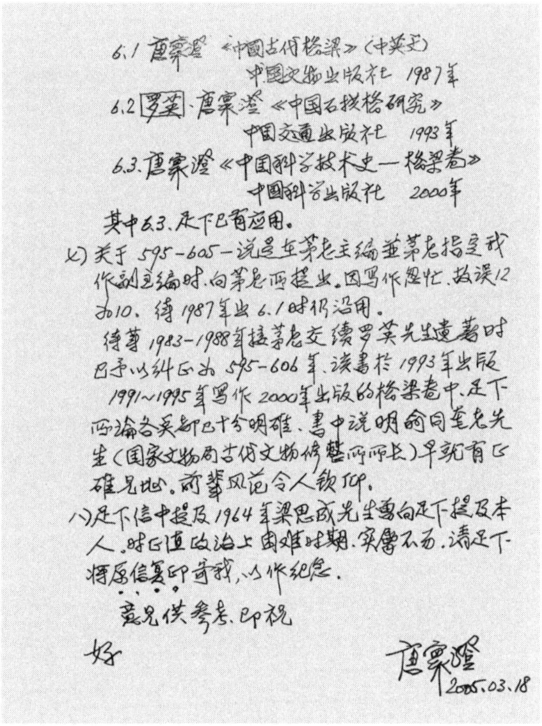

意见供参考,即祝

好

唐寰澄

2005年3月18日

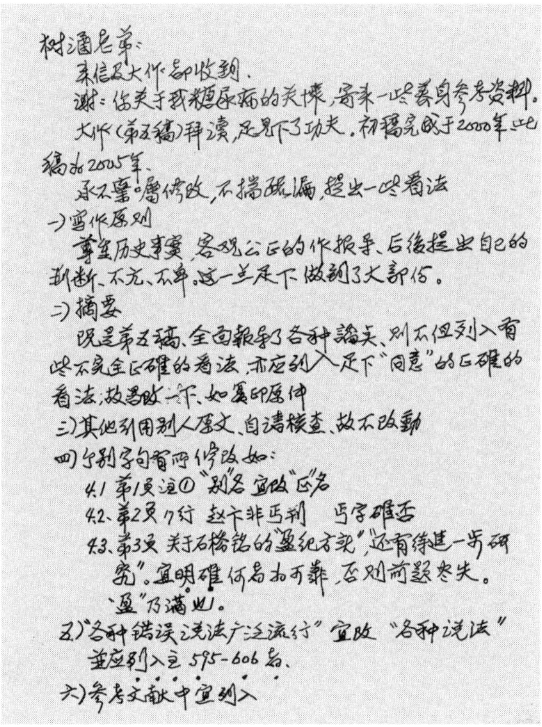

图8-13-1

图8-13-2

卷 九

诗 词 书 法

海　内*

海内纷纷未息戈,光阴如逝易蹉跎。
善交须学晏平仲,避世休随张子和。
此日且求新学问,他年重整旧山河。
鲜终有始宜同戒,不使旁人信口呵。

* 1942年高中时,高二同学编了一期墙报,我贺诗一首。

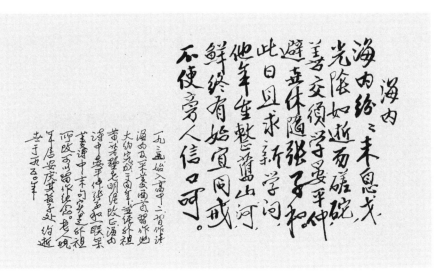

图9-1

采　菱*

潜处嚣尘已有年,今朝复得见林泉。
黍离麦秀徒增慨,菱熟花香尚觉妍。
缓荡遍舟翻乱叶,敢烦素手剥时鲜。
竹林小憩暮霞晚,兴尽归来懒放船。

* 1942年始入高中,二习作诗《海内》及
《采菱》两首,也大约完成于同年,并经外祖父
黄芳墅老明经改正。《海内》诗中"晏平仲""张
子和"一联,《采菱》诗中末句,实是外祖父所
改,可以留作纪念。老人晚年居安庆其长子处,
约逝世于1950年。

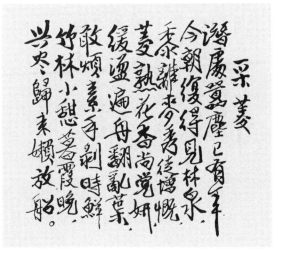

图9-2

江　南　好*

瓜果好,青冽味真多。漫论平湖名浪得,雪酿三白拓湖无,喜剖笑且歌。

农村好,漫步野人家。几堵篱笆编玉黍,数间瓦屋系金瓜,鸡鸭闹喧哗。

郊游好,夏日正炎炎。岸柳陌头矇飞絮,老槐荫里噪烦蝉,溪水正涓涓。

夕阳好,背手浴风前。烈妇亭头轮月谈,秀州塘口彩云妍,缕缕上炊烟。

良夜好,皓月映当空。一曲琵琶人寂寞,花枝飒飒影幢幢。相对不言中。

　* 1944年夏天,高中毕业考大学,破釜沉舟只考上海交通大学一个。考毕返故乡金山朱泾,纵情游乐,赋诗。

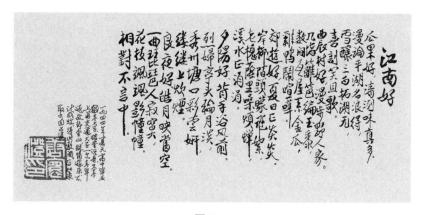

图9-3

图9-4

冲　天*

自古才高士固穷,
何须感慨注英雄。
事能知足心常惬,
人到无求物自空。
浊世但留三尺剑,
寄怀试耀五花骢。
一朝奋翔飞千里,
孰谓天高不可冲。

　* 大一时,交大一年级语文老师发牢骚,叹穷。我私底下作这首诗。说起来是老生常谈,但都是客观规律,亦可见少年意气。其实好多事情,我自己后来也经历到了。顾懋勋老师在1957年批判我说:"你才很高,可是'德'(指我不该给党提意见)没有了。"于是"穷"了二十年。诗的前两句说着了,后面几句亦自说做到了,然而又何如!

赠吉赫诺夫*

赫赫吉公,桥梁之雄。

千里礼聘,举国推崇。

踰关涉水,南北交通。

徒杠与梁,厥赖成功。

隋有李春,宋有蔡襄。

两涯四穴,千寻洛阳。

巨匠辈出,乃国之光。

何此百季,困踬难翔。

民固不幸,革命始昌。

四海腾欢,瑞惟解放。

复得吾公,符众所望。

通济利涉,孰惮细湛。

粤吾小子,受诲无间。

亲炙左右,继往开来。

公今归国,永念拳拳。

中苏友好,万万万年。

* 苏联专家吉赫诺夫先生归国前赠送。

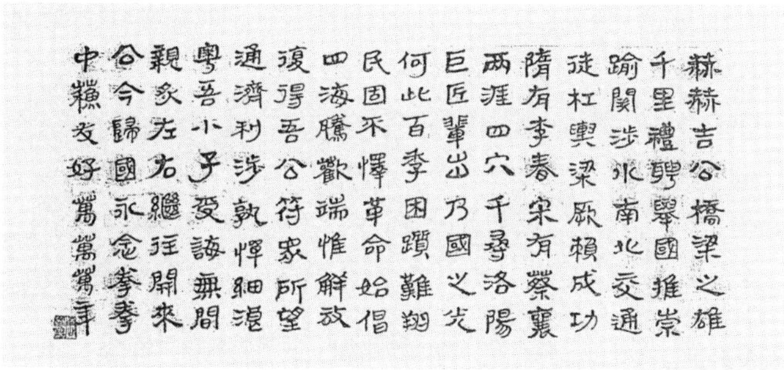

图9-5

少　年*

少年浑不识风波,版筑于今正炼磨。

秦岭云横思退之,巴山雨落困相如。

曾经颠扑知沧海,更有技能缚大河。

题柱中流且记取,他年回首意如何。

* 这首诗是1958年在白沙沱大桥工地工班劳动改造时所作。1957年,以莫须有的罪名被扣

图9-6　和苏联专家在大桥局大楼
顶看桥模

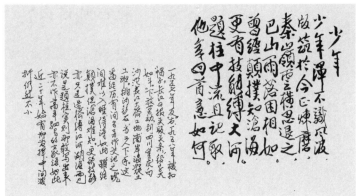

图9-7

上帽子，再加上一些以攻为守的"保身分子"推波助澜，故下放到工班劳动。当年武汉市党报《长江日报》头版头条，字大如"斗"，发我这一"右派"消息。因为参加的是混凝土工班，故极似传说之处"版筑"，又似韩信退之，上书获罪，朝呈夕贬、司马相如病困巴山蜀水之间，真的知"沧海"了吗？没有，一生造桥不息，不放弃专业工作倒是真的，还在劳动间隙自学了德文。柱没有题，也不敢题，此诗成，藏之脑海二十年，不着笔墨。在"四清"运动中，"检讨"实在无错可写，拿出来自己批判了一通。今此明书，实在是不堪回首！

临　江　仙*

星星一点涌东方，起南昌，据井冈，万里长征遍地撒新芒。四十年成千秋业，凝碧血，永留芳。

百花艳发正开张，夺煤钢，战灾荒，彩柱虹梁银汉作飞梁，划破长空光四射，钟山外，大江旁。

* 1958年在南京长江大桥工地，江边的模型间，时值负责大桥的模型制作。

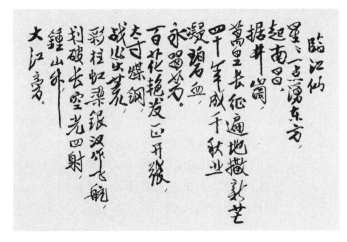

图9-8

中 年*

中年万感起洪波,尘海苍茫费琢磨。
未死雄心酬难得,已萌退志慨深如。
风云叱咤孙吴国,波涛奔腾祖逖河。
吟罢低回无处写,临流东望思随河。

* 1962年摘去所谓右派"帽子",时在南京长江大桥工地,然而政治压力未尝一日轻松。1964年请调回武汉,不几年,又起风云。对知识分子的评语是,越大的知识分子,评语越低,打击面是越来越大。1967年,第二次被下放工班劳动,为施工地质钻探工,在湖北枝城长江大桥工地,断一左指。一日在江边趸船之上,临流而叹。人世洪波难以逆料,国家实行军管,军管代表为所欲为,知识分子报国之心,一若祖逖之击揖中流。然而酬之难得,退之过早。文字狱可畏,只能咄咄书空,长江东流,思随波去,为之奈何。

图9-9   图9-10

长 行 歌*

葡萄深碧桂花黄,家住汉口夹大江,
会自歌头成一曲,年年竞渡弄潮郎。
喜攀北斗京华住,更接东风辇跸路,
大液池清起縠波,琼华岛暖喧烟树。
庄生鱼乐忘人间,陆子天随却舍船,
潜探骊宫初获蚌,目随鸿雁燕呢喃。
频年踪迹烟波里,江上青峰桥头水,
此身幸得上天源,祥日煦煦风细细。
浮沉尘海浴狂澜,击水三千岁月还,
仰看碧空深静远,银河几处似人寰。

* 1968年,出差北京。与溶携鸣鸣、雷雷、谦游北京北海公园。亦随俗无视禁令,于北海游泳,归汉后作。

图9-11

图9-12

图9-13

正 气 歌*

天地一大气，人生一小气，
一气百余年，将过一半矣。
尚有半气余，如何放出去，
不欲响元边，气声闻万里。
不欲气冲天，人人都掩鼻，
无臭又无闻，默默绵长细。
等待气数尽，一朝断了气，
大气花丛中，小气口眼闭，
管他气不气，总得活到底。

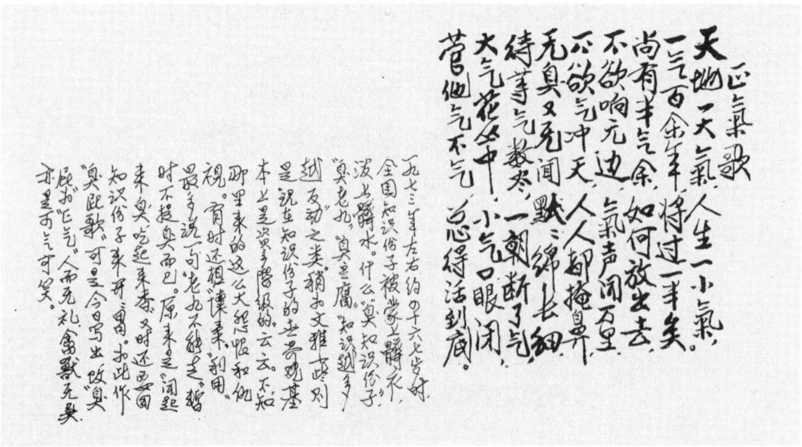

图9-14

* 1973年左右，即四十六七岁时，全国知识分子被蒙上脏衣，泼上脏水。什么"臭知识分子""臭老九""臭豆腐""知识越多越反动"之类。稍微文雅一些则是"现在知识分子的世界观基本上是资产阶级的"云云，不知哪里来的这么大的怨恨和仇视。有时最多说一句"老九不能走"，暂时不提"臭"而已。原来是"闻起来臭，吃起来香"，又时不时用知识分子来开开胃。为此作"臭屁歌"，可是今日写出，改"臭屁"为"正气"，人而无礼，禽兽无异，亦是可气可笑。

西 江 月*

岂是花桥水阁，不同洛邑三层，长藤躺椅一壶清，弦索吴音倾聆。

雅处谈天说地，俗来阐阖方城，悠悠岁月乐太平，朗月朝晖虹影。

* 1980年5月—8月，奉公赴日本考察长大桥设计和施工技术三个月。

图9-15

西江月·访日（两首）

其 一*

上野樱花已落，岚山枫叶犹青，轻装时节到东京，还见杜鹃似锦。

握手依依青柳，侧身念念东瀛，从今岁岁遇良辰，难忘此情此景。

* 1980年5月—8月，奉公赴日本考察长大桥设计和施工技术三个月。7月青柳史郎先生宴请，席间题。

其 二*

云拥峰头无岳，波连鳌足三山，微观直觉是宏观，方丈石庭静对。

钱口五佳矢止，壮心乍刃音怀，金桥普济接蓬莱，银汉飞航有待。

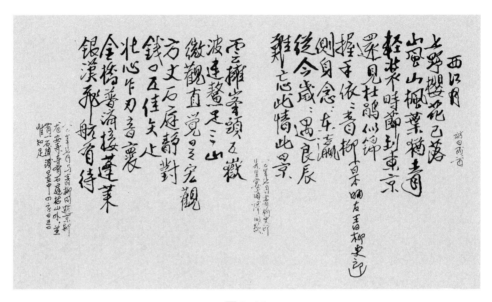

图 9—16

* 1980年5月—8月，奉公赴日本考察长大桥设计和施工技术三个月。7月与青柳史郎先生同游京都龙安寺，寺有石庭，庭中有一石钱，钱口四字曰：吾唯知足。对和四字加心为：怎忍惛怀。

扶 桑 行*

扶桑仲夏日，东游至于斯。

主人慷慨士，情谊见高姿。

所会皆英俊，先闻足可师。

传经意兀兀，切磋亦孜孜。

环旅十三日，纵横本洲驰。

梦桥联四国，玉蛛驾田慈。

吾爱三王阁，临洋极目时。

危崖石齿齿，碧海湛渐渐。

不觉阴阳促，终难羁绊迟。

他乡求珠玉，故里为桑梓。

昨夜开离宴，宾主互致辞。

相将浮大白，笑留惠珠微。

归去云程路，长怀岛国思。

从头理旧业，海外有新知。

青鸟波音使，渤澥等丸池。

儿孙同训诫，友好无尽期。

* 1980年8月13日，在日本考察，临走的最后一天，社办的小报《笑留惠珠微》来做采访。他们

告诉我,所谓"笑留惠珠微"是L.B.S的日本假名发言,和汉字这五个字相同,问这五个字这样写中文意思如何,我说很好,很有意义,是笑着请替本小报惠留珠玉,他们说我们今天第一次听见这样的解释,为此我说,请拿纸笔来我留些"珠玉"。

高仓取来纸笔,写下十六韵长诗一首,中间特镶入"笑留惠珠微"五字,也可谓天衣无缝,并不脱韵。

留赠:长大桥设计中心全体日本朋友和西田繁一先生。

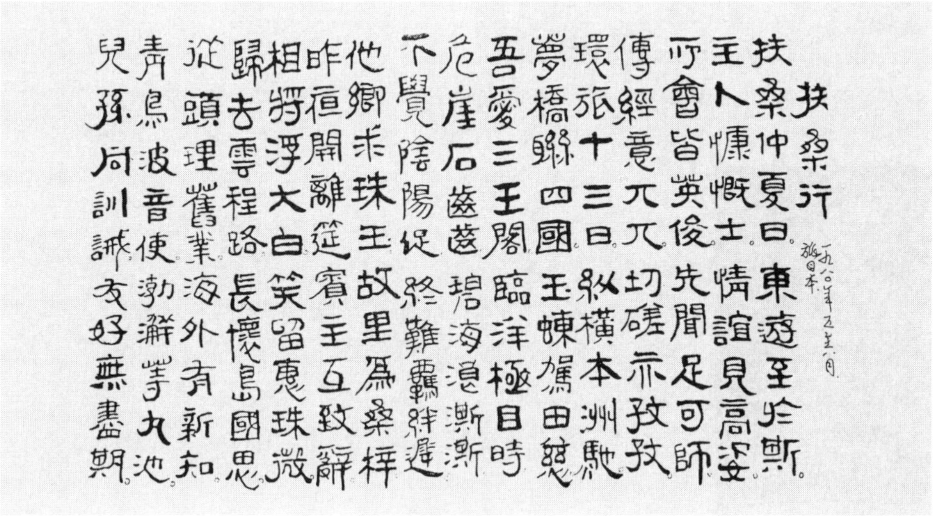

图9-17

神 州*

试问君游可乐乎,神州风景自相殊。

胸中万壑开三峡,眼底千顷得太湖。

石窟龙门神鬼佛,姑苏人士善亲和。

如临荆楚汉皋地,为说当年魏蜀吴。

* 1980年在日本考察三个月,是铁道部所派,日方接待单位是长大中心,其社长西田繁一先生,当我们返华前夕,他在中国访问。上三峡、下无锡、游苏州、访洛阳,为此我留小诗于其办公桌上。20世纪80年代,他又数次来武汉大桥局,得会见。惜未能真的"为说当年魏蜀吴"。20世纪90年代,又与其广州相见,为琼州海峡大桥事矣。

图9-18　日本锦带桥

图9-19

图9-20　鉴真塑像

小 诗 一 首*

鉴真东渡晁衡西,蓬岛神州一带衣。
我至如归情深切,日中友好万年期。

　*日本考察期间,酒席上小作。1980年7月18日。

偶　　得*

指点江山处,远山眉黛横。
我高临木末,谷底阡陌陈……

　*1980年7月24日,在日本考察桥址所桥所见,桥在山边公路上,居高临下,翠谷清流,风景很好。

风　　洞*

风洞无风枉说风,有风不得进当中。
何时亦把风洞建,人桥舒舒不怕风。

　*1980年7月25日,在日本考察参观建设省土木研究所风动实验室所作。

对　联*

天下有情人终成眷属
前生注定事美满姻缘

* 1980 年 7 月 29 日,在日本考察,翻译塚本女朋友岩泽家席间所赠。

清晨偶得*

雨后千楼如洗,
秋前万木犹新。
冰肌凉意爽精神,
海国暑炎炎。

* 1980 年 8 月 1 日,在日本考察,但是天气晴朗,昨夜有雨,清早起来得句。

归　来*

归去云程路,常怀岛国思。
本开追往事,合卷慨河之。

* 1980 年 8 月 14 日,从日本考察回国后在北京首都机场所思。
汉·刘向《说苑·善说》:"魏文侯与大夫饮酒,使公乘不仁为觞政,曰:'饮不釂者,浮以大白。'。"浮:违反酒令被罚饮酒;白:罚酒用的酒杯。原指罚饮一大杯酒。后指满饮一大杯酒。

恍　若*

二十五年一梦,披卷恍若当时,絮言彩画记如斯,此亦片言小史。

想是风光不异,可怜人物渐非,黑头此日鬓如丝,念念东瀛几不持。

* 2005 年 7 月 20 日,再阅访日日记,恍如昨日,实已七十九矣。

无　题*

钱塘自是漾情处,夕照峰头,西子湖畔住。清波门外柳深邃,黄昏漫步观鸳侣。

海棠无力依琼树,黄歇浦边,胜似武林女。豫园九曲人如许,临风思逐华年去。

* 1980 年 10 月 18 日在杭州开《中国古代桥梁技术史》编委会时所作。

图 9-21　杭州西湖九曲桥

高阳台·重建黄鹤楼

立鼎三城①，通衢九省②，赤乌黄鹤高楼③。千载登临，饱经天下欢愁。沧桑变幻寻常事④，便长江终古悠悠。但需问，壮志其酬⑤？晚节无羞⑥？

山青气淑风光好，有大桥虎步⑦，巨坝龙游⑧。历历晴川⑨，辉煌电彩飞流⑩。一箭退居重展翼，五层突兀紫云浮。只今后，玉骨钢筋⑪，永世坚留。

① 汉口、汉阳、武昌三城鼎足而立。
② 武汉历称九省通衢，九省为：湖北、湖南、河南、四川、江西、安徽、陕西、江苏、广西。
③ 黄鹤楼始建于三国时期东吴，"赤乌"乃东吴年号（238—251）。

图 9-22

④ "沧海变桑田,桑田变沧海。"夏方庆《谢仙人驾还旧山》诗。

⑤ 人登黄鹤楼,有吐豪言壮语者,要问问是否实现了?

⑥ 既是实现了,能保晚节吗? 是普遍规律,亦微言也。

⑦ 武汉长江大桥,万里长江第一桥也。

⑧ 长江上游葛洲坝已成,长江最大支流汉江上游丹江口坝已成。

⑨ 唐代崔颢诗:"晴川历历汉阳树,芳草萋萋鹦鹉洲。"

⑩ 汉阳龟山电视塔已成。

⑪ 黄鹤楼现为钢筋混凝土结构,不像原来的木结构易毁于火。亦喻人要有志气,刚性,可以不朽。

图9-23　黄鹤楼旧址(现武汉长江大桥武昌桥头)

图9-24　新建黄鹤楼

送喻老百岁贺词*

何分满汉,腐则摧之。

岂因朝野,德则从之。

政其有失,讽而规之。

拨乱反正,颂而歌之。

耄耋之年,随心所之。

楚天极目,喻公育之。

* 喻育之乃辛亥革命老人,岳父朋友。新建黄鹤楼题"楚天极目"匾额。

齐 天 乐*

壁天汪洋遥相隔,岩手①曾指檀雾②。万里鹏程,松年花甲,洲际凭虚横渡。蓬瀛才过,见月照低云,虹缘地曲,两促晨昏,旧金山晓纽约暮。

华庭争聆艺论,掌声欢动处,家珍细数。里根宫中,林肯堂上,留得言容衷素。专车载我,看诸市长安,郊园宴卧。逐日归来,正春移玉兔。

* 该诗是参加美国学术会议时所作。

① 日本风景名。

② 指美国檀香山。

图 9—25

满　庭　芳*

　　巍巍学府, 莘莘学子, 更仆十秩将盈。铁砚萤窗, 珍重向前程。世事多少别后, 浴风波各历浮沉。遍人间, 公输门下, 业绩自纷呈。

　　喧迎, 握手处, 旧貌细追, 笑语重温, 只恐巧相逢陌路难名。此日廉颇皆白发, 庆后生胜吾繁星。深夜看, 硕士高楼, 灯火正通明。

　　* 1988年10月4至7日, 上海交通大学土木系1948届师生阔别40年后, 重聚于母校归赋。聚会上作"中国桥梁的发展"报告。

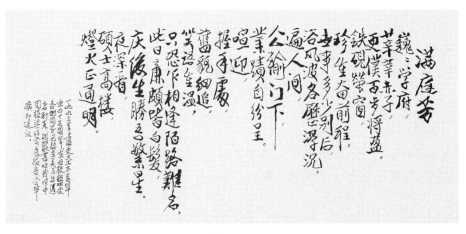

图 9—26

考蒲津浮桥归赠樊旺林 *

奔驰远道上蒲州,古垒西畔看铁牛,
一百岁间埋赭土,三千年起偃黄流。
曾随太宗低辇渡,却逐张生压别愁,
应赐紫衣追怀丙,重来宜复旧时舟。

　　* 1989年9月20日,乘应陕西省文物局邀请,鉴定咸阳新发掘出的秦汉上林苑沙河木桥焦柱之便,先期赴西安,直奔永济。访得桥址。只见挖坑中流沙不绝,抽泥机不时排泥出,而四铁人铁牛半露土面,都如真像一般大小,雄姿俊发,轮廓分明,不禁深为激动。东至蒲东,初游普救寺,一睹所谓"囊之西厢",眼前已浮现着当时的情景,默诵口角噙香、沁人心脾的词句。随又访识旺林先生,畅论蒲津大事。

图9-27　蒲津浮桥考古现场

七律 · 湘子桥 *

十八梭船廿一洲,古桥广济世无俦。
廿五楼台廿五样,铁牛配对垂春秋。

双层桥面通人马,疏排墩柱泄洪流。
味珍物宝夸新市,深雕浅刻数潮州。

　　* 1990年为广东潮州设计古广济桥修复方案作。

图9-28　维修后的湘子桥

蒲　津　曲

尧之野矣舜之都[1]，龙门禹导鱼跃波[2]，
吕梁中条[3]逼岸走，秦岭横截南无途。
泾渭西来汇东折，一带齐梁入海过，
此地由来称作蒲[4]，河东蒲坂是因坡，
开府河中起唐后，河曲地若河中凫[5]。
北扼幽燕分秦晋[6]，斩关绝水兵争多。
后子奔晋千车乘[7]，夏阳造舟东逃遁，
昭襄桥航始废渡[8]，史传尊之书作初。
渭南竹圃千杆瘦，陇坻松林百亩粗，
绞索造船横距木，通济利涉驾鼋鼍[9]。
奔澌层凌[10]相冲逼，梗断航破无岁无，
县徒劳苦津令罪，搓手捶胸思虑枯。
开元天子[11]北巡返，刺史贤良[12]为民呼，
冢宰受命支国帑，周官六齐开洪炉。
熔铁为牛锻为链，铁人策之汉与胡[13]，
两岸合八柱卅六，横施画鹢船排梳。

双流对出屈且抱⑭，后立中亭⑮耸而孤，

日出天台横瀑布，夜临人语满蓬壶。

曾排仙仗迎銮驾，也送棣台樵牧蓑，

西去张生愁梦梦⑯，东来慈觉⑰走佗佗。

仓皇人事泰受否，河谷迁移滩变沱，

潦水断桥噬朝邑，西牛链挂落如砣。

高僧怀丙出应募⑱，双舟排土钓沉珠，

紫衣诏赐僧伽着，桥系通衢恩赏殊。

一炬火龙焚垂绝，三军落雁复临河。

洪流洪庆难言庆，河道东偏西转徂⑲，

万石鑑牛齐没水，舟桥百丈怎重敷。

初阳绚烂荡银烛，独照东牛与牧夫，

日精月粹饱霜露，金灿晶莹泽角肤。

淤淤涨涨埋腰脚，暮暮朝朝没顶颅，

野旷唯余滩接水，人家几处绿耕芜。

父老渐稀忘消息，子孙繁盛忆模糊，

却逃倭寇铸戎械，幸免红兵扑旧模。

盛世得容开赭土⑳，功成相许出河图。

上林新发群焦柱，蒲坂长驱看铁牯，

尚有流沙埋半截，已教情激满心窝，

归来顺赴西厢处，数去还评梨院讹。

永济瑞光惊北阙，阳春祥日动深锄，

乘暇再至讶全豹，顿释初疑解系桴。

景柱文章精如此㉑，中书赞颂信非诬，

一文三武人牵策㉒，前撑后蹲牛于菟㉓。

尾柱七星前柱倒，南差八数北相符，

埠头想自桥身废，砌道因需路脚铺，

高筑石堤成曲岸㉔，横陈断碣有蝼蚨。

摩挲文物临风立，思入开元盛世模，

秦俑长怀杜牧赋，扶风追忆退之疏，

蒲津牛铁张说赞㉕，驿路马嵬白傅歌，

应使君王勤宵旰，岂关红粉引干戈！

浮梁未有如斯古，技艺双臻唯夸吾，

为报九州齐爱护，子孙永宝福增和。

①《史记·五帝本纪》记载，黄帝的一脉玄孙轩辕放勋立，便是唐尧。都于翼州，即今山西中条山北端的翼城。尧传贤于舜，舜建都于中条山南端的蒲，即今山西永济县（今永济市）所在。

②舜传位于黄帝另一脉玄孙禹，禹都安邑，即今山西运城县（今运城市）境。禹"导河积石至

于龙门"，其地在永济上游。

③ 山西境内中条山。

④ 山西永济，春秋名蒲。秦始皇东巡，看到蒲是位于吕梁山和中条山之间的一带坡地（坂），故称蒲坂。

⑤ 唐朝因蒲州地处黄河南流转东的河曲之处，自河上望之，蒲州如在河中，所以改称河中府。

⑥ 自周至唐，共计10朝1062年建都长安，所以蒲州黄河有"带齐梁、分秦晋、扼幽燕"的形势。

⑦ 春秋鲁昭公元年，即秦景公三十六年（公元前541），秦景公兄弟公子鍼，恃母宠，在国中一如二君，惧兄不容，《春秋左传》记："癸卯，鍼适晋，其车千乘……后子享晋侯，造舟于河。"公子鍼造舟处，在蒲坂夏阳津，今陕西韩城县（今韩城市）南。

⑧《史记》记秦昭襄王四年（公元前303），秦"取（魏）蒲坂……五年，复与魏蒲坂……十五年……白起（秦国大将军）攻魏取垣（蒲坂后称垣），复予之"。秦昭襄王十七年，"以垣为蒲坂皮氏（今山西河津）……十八年（司马）错（秦国大将军）攻垣，河雍。决桥取之"。

⑨ 古代以鼋鼍浮出可以架桥而神话之。

⑩ 黄河九曲，上游在南，河面封冰已化，下游在北河面没化，即形成上游冰凌层层相叠，压向下游。

⑪ 唐玄宗十一年（723）三月初，过蒲津浮桥。有诗为证：《晓渡蒲津》曰："钟鼓严更曙，山河野望通，鸣銮下蒲坂，飞斾入秦中。地险关逾壮，天平镇尚雄，春来津树合，月落戍楼空。马色分朝景，鸡声逐晓风，所希常道泰，非复候缥同。"

⑫ 唐玄宗十一年（723）三月初，过蒲津浮桥时，当年蒲州刺史陆象先，为改变蒲津浮桥岁岁折损（原为竹索），津吏、徒役劳苦不堪的状况，借此机会请准皇上，以铁代竹。

⑬ 牵铁牛人的造型为汉人和胡人造型。

⑭ 黄河浮桥多为曲浮桥，或"指远岸以弧引"（一河一桥），或"自中滩而对出"（利用河中洲屿，一河左右两桥）。

⑮ 大概在唐文宗开成（836—840），武宗会昌（841—846）年间，蒲州任中丞在河心洲中滩上造了一座亭子。唐人薛能《题河中亭子》诗道："河擘双流岛在中，岛中亭子正南空。"

⑯ 蒲州之东有普救寺，建于686年。《西厢记》的故事就发生在这里。

⑰ 唐文宗开成五年（840），日本僧人圆仁（后称慈觉）入唐求法，带了两个弟子，一个行者，自扬州转山东登州起岸，步行朝五台山，转而南下，八月十三日路过蒲津浮桥。

⑱《宋史·方技传》记宋治平三年（1066）："河中府浮梁用铁牛八维之，一牛且数万斤。后河水暴涨，牵牛没于河，募能出之者。（真定）僧怀丙，以二大舟，实土，夹牛维之。用大木作横衡壮，钓牛，徐去其土，舟浮牛出，诏赐怀丙紫衣。"

⑲ 宋、元以还，黄河中下游变迁甚巨。明隆庆四年（1570），黄河主流已西移西派，东派西边一组铁人铁牛都沦入河底。明万历八年（1580），黄河又摆回东岸，然后又西移十多里。清康熙三十四年（1695），黄河又东移蒲州城五里。乾隆、嘉庆年间，黄河主槽西移，越移越远，离蒲州古城20多里。东派一流，淤成滩地，唯余细流一线。而河中亭变成河边亭，后连踪迹也没有了。黄河泛滥，水涨退一次，河道淤高若干，民国初年东派西边铁人铁牛尚能见，之后就永远沦入河床之下。

⑳ 1988年3月，时任永济县博物馆馆长樊旺林，通过调查历史资料、走访黄河沿岸170余位老

人，现场确定方位。8月，开始探测，9月，确认位置。1989年3月始挖，7月31日，东岸西北角第一尊铁人显露，8月7日，其余3组铁人铁牛均出土。1991年3月，国家文物局组织大面积正式开挖。《蒲津曲》作者1989年9月20日赴现场考察，离开时赠樊旺林小诗一首："奔驰远道上蒲州，古垒西畔看铁牛，一百岁间埋赭土，三千年起偃黄流。曾随太宗低辇渡，却逐张生压别愁，应赐紫衣追怀丙，重来宜复旧时舟。"

㉑清乾隆二十年(1755)，周景柱编《蒲州府志》，作《开元铁牛铭》一文。

㉒牵牛之人，一文三武。

㉓蒲津铁牛是以三岁雄性阉过的公牛做范本铸，前蹲后踞，臀部横有铁轴。

㉔唐开元时，黄河两岸都筑有石堤。

㉕唐开元十二年(724)，中书令张说作《蒲津桥赞》。

图9-29

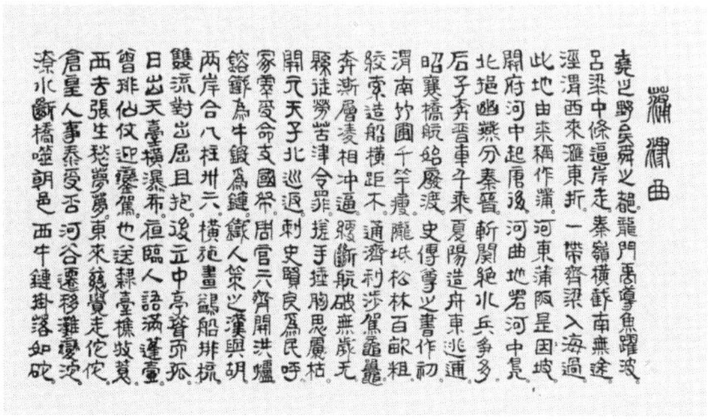

图9-30 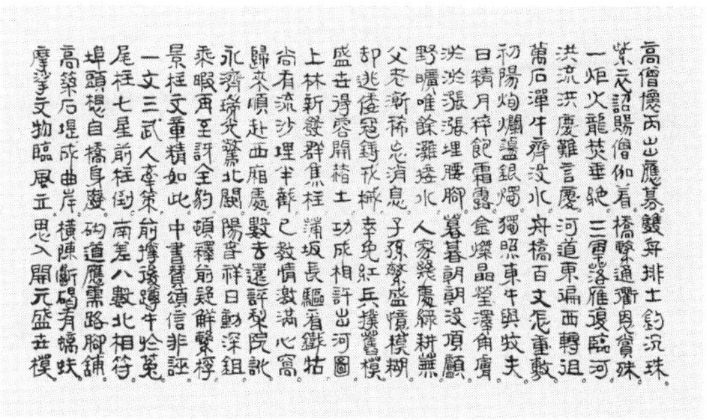　　　　　　　　　　图9-31

图9-32、图9-33　出土的铁人、铁牛

七律·蒲津浮桥

秦俑长怀杜牧赋，扶风追忆退之疏。
蒲津牛铁张说赞，驿路马嵬白傅歌。
若使君王勤宵旰，不教红粉引干戈。
浮梁未有如斯古，技艺双臻唯夸吾。
为报九州齐爱护，子孙永宝福增和。

图9-34

图9-35

七律·观《唐明皇》电视剧*

秾艳方能入后宫，端懿始得作梓潼，
倾城倾国倾何处？只在轻狂舞乐中。
马嵬行处留虚土，剑阁归时葬恋魂。
疑案千秋谁解得，会需金粟堆边寻。

* 1991年观电视剧《唐明皇》后有感。历代帝王将相,才子佳人中,最脍炙人口的是唐玄宗李隆基和杨玉环的故事。他俩既是帝王妃子,又是才子佳人,集二者为一体,再加上白居易的《长恨歌》、洪升的《长生殿》和梅兰芳的《贵妃醉酒》等文艺作品的渲染,使这可歌可泣的故事,妇孺皆知,历世不衰。

悼丹麦朋友杰生*

忽传海外君殒世,涕泪遥思沾满裳。
不意洪都成永诀,难酬后约隔尘苍。
十年切磋凭鸿雁,一别今生失鲍羊。
异国他乡行不得,悲吟远寄表心香。

图9-36　与杰生海边畅谈

* 和杰生先生认识于20世纪80年代,在其主持的一次技术交流会上,当时全国百余专家奉召赴北京参加,因我们都在关心海峡上建造桥梁一事,彼此有共同语言,再因为我会上提问频频,会后破例被邀请参加大使举办的答谢宴会,从此成为朋友。与杰生之间,虽无管鲍分金之谊,羊佐刎颈之交,然而大类高山流水,在本行业技术上称得上是知音。该诗曾自译成英文,远寄丹麦彼得逊先生,嘱他在杰生墓前一读。寄希望再发生一次"李白悼晁衡"事件(晁衡没死)。

如梦令(三首)

其　一*

古调丝路花雨,新翻错搭传车。歌舞两英舒,美煞兰皋儿女。记取,记取,曲在情深韵趣。

图9-37

* 兰州歌舞团以《丝路花雨》一剧而闻名世界。在兰州时正逢新编《搭错车》歌舞剧上演，一曲《酒干倘卖无》，载歌载舞亦令人神往。与白兰瓜一样醉人。

其　二*

绵延栈阁相联，琉璃低屏笼护。菩萨与飞天，千岁数百洞窟。参悟，参悟，佛也由坐到卧。

* 去敦煌看壁画佛像，古代文物修整所已将洞窟外用永久性的栈阁相联。洞窟中，有日本朋友赠送矮玻璃屏风，以保护壁画，避免游人手摸。这两件大事，对保护古代文化起积极作用。壁画琳琅满目，但主题则为佛祖一生。各处石窟寺庙千篇一律。生老病死是人生必经之路，莫高窟坐像，象征其佛教鼎盛之日，接着便是涅槃卧佛，佛死了。参悟些什么？人佛都有生老病死、结论不同，佛引人入虚无的道路，而积极的人生观则因有生有死，生时总要为人类造福，留些有用的东西给后人。四大皆空、四大亦不空，如此而已。

图9-38　敦煌莫高窟

其　三*

穆王八骏曾来，阿母双鸾常住。坐看碧池边，峰白松青寒雾。欢聚，欢聚，自古汉与维吾。

* 历史记载公元前10世纪，周穆王姬满曾驾八骏西上瑶池会西王母，瑶池在今乌鲁木齐市西。驱车而上，有上瑶池、下瑶池（俗称洗脚池）。瑶池一汪湖水，四遭群山，远处最高者白雪皑皑、千古不化。池边青松成林、烟笼雾罩。一杯清茶，凝目遥望，久为神往，亦有人认为穆王故事是不经之谈。仔细想来，穆王西行完全有此可能，而西王母者，或乃当年维吾尔族漂亮女王或王太后。如此，则中华各民族之间的交往已很久很久的了。此行买了一顶维吾尔族小帽，送与孙女唐韵（今已三十，而立之年，生活在荷兰了）。

图9-39 乌鲁木齐瑶池

考察泰顺兴文桥*

雁荡盘三日，末期访扯桥。
桥头道畔屋，昼卧有年高。
问讯瞿然起，讶言我似毛。
穿衣相伴看，指点说前朝。
灯火千秋盛，河清太平饶。
桥中留寿影，背后是神曹。
健步六七百，谁知八四交。
送吾上车去，挥手祝途遥。
叶老更需谢，相将引路劳。
此生难再到，留句忆萍飘。

图9-40

* 1992年5月24日赴泰顺考察木拱桥兴文桥，因长期变动偏载下变形，该桥一头高一头低，故俗称扯桥。桥始建于明嘉靖三十九年（1560）。现该桥头还有老人看守，年84岁。

图9-41　泰顺兴文桥

电 视 机*

家中买了个新电视机，
2188攀奈桑尼。
钞票花了三千五，
画面美丽又清晰。
算算月工资九加一，
人家一个月买好几。
比上不足比下还可以，
十年之间换了三起，
日立、飞利浦变索尼。
老爷爷、老奶奶都没赶得及，
小孙女、小孙子会玩电游戏。
生活进步天天向上，
明年空调再装冷气。

* 1992年8月23日作于武汉。

傅　说*

傅说筑岩曾入相，
班超投笔始封侯。
男儿若问终身事，
一路功名到白头。

1993年7月作

* 编者注：傅说为殷商高宗武丁时期的宰相，辅佐武丁59年，享年八十有九，诞辰为农历四月初八，是历史上最早的政论家。傅说山西平陆县人，在该县圣人涧立有傅相祠、傅说塑像（高14米）。他在奴隶制社会就提出了君王在治理国家中要做到"惟口起羞，惟甲胄起戎，惟衣裳在笥，惟干戈省厥躬"等从政箴言。君王要不轻易发号施令，不随便动用军队，不轻易赏赐不称职的人，不随便授职于不能胜任的将军。

汉　宫　春

飒爽金秋，看汉王台畔，聚会今贤。畅说益梁飞阁，石壁题笺。东瀛佳客，羡中华，道古书元。全仗着，主雅宾喜，提携白发英年。

褒斜道上周旋，唯观音碥下，孔雀台前，五百里石穴，残胜堪怜。朝天峡口，缘巉岩秦栈占先。执牛耳，子午傥骆，珍惜赖群肩。

图9-42

七律·蜀道*

一生难得百年缘？放眼含情仔细看！
寒暑阴晴天亦老，果枯夷险地难安。
兴亡治乱人间事，离合悲欢百姓宽。
犹是断崖明月峡，通秦四道壮山峦。

　　* 1993年秋，第四届蜀道石门研究会在汉中召开，全国的栈道、摩崖研究者与会，隆重热烈。观褒斜故道、寒溪，中央电视台来人拍了录像。当自此始汉中，努力为之，自可执牛耳也。

图9-43　恢复的褒斜栈道

图9-44　恢复的明月峡栈道

唐　多　令

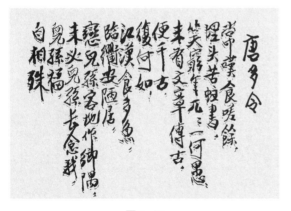

图9-45

常叹食嗟余，埋头苦著书。笑穷年矻矻一何愚，未有文章传千古，便千古，又如何？

江汉食多鱼，临衢安陋居。恋儿孙客地作乡偶。未必儿孙常念我，儿孙福，自相殊。

　　* 自北京返武汉火车上，常思偶得之。知识分子在这几十年里，受尽波折，体脑倒挂，但庄子云"既为知者殆而已矣"。我已出版了四本书，尚有一本《中国古代桥梁技术史》在写作中。书多何用，不及一掷之余。荆楚虽好，但民风不淳，垂老若归乡，却怕乡风也已不淳啊。两孙可爱。孙女珊珊尚知依恋，孙子革革调皮自颐，他日长成，自有其一番天地。儿孙自有儿孙福，如是而已。

《中国石拱桥研究》出版和许宏儒先生*

人生过隙耳,少壮已衰翁。
还喜无声雨,平遭起浪风。
帝乡非索愿,渠阁路长通。
汉史敢将读,书成祭酉公。

图9-46

附：许宏儒老先生赠诗

君子重若然,书成告乃翁。
十年疑纸贵,百岁见遗风。
霜刃几曾试,长虹一线通。
前贤俱往矣,珍此黑头翁。

* 受恩师茅以升老先生之托,拙续罗英先生遗著《中国石拱桥研究》,书即将出版,茅老先生终身秘书许宏儒先生赠诗并和之。

北窗·和许宏儒老先生

整日埋头写北窗①，翻书始识未窥堂②。
只因有约秃毫笔，自顾无能弃砚床。
俸禄全抛求兼味③，盆栽小种得微香④。
老庄佛典权难用⑤，塞外江南四处忙⑥。

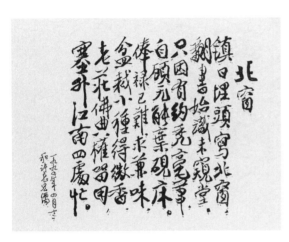

图9-47

① 在写《中国古代桥梁技术史》。

② 有心把廿五史通读一遍，摘出有关资料，可是没做到。

③ 物价上涨，吃的支出占了收入的90%，不过是较之前多了点口味。

④ 阳台和窗台种了些君子兰、月季花等，在相继开放。

⑤ 读了"老庄"，现又放下。去韶关南华寺得《六祖坛经》，归来又买了《金刚经》，俗事缠身，未能用上。

⑥ 1996年去了敦煌，5月将去江南，东奔西走，不得已也，均为古桥调查。

附：许宏儒老先生书怀

小屋邻街仅隔窗，路人细语宛同堂。
低檐苔院才方丈，短几摊书恰满床。
无事但知抱膝坐，自炊不厌菜羹香。
欲忘身外有天地，一声啼鸟报春忙。

图9-48

还 照 桥*

阿大①携孙过石桥，酒酣醉步乐陶陶②。
儿孙还向桥神拜③，轻柩重幡隔岸摇④。

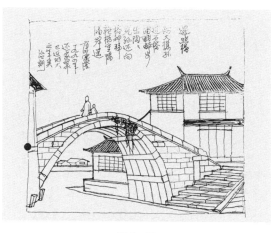

图9-49

* 1994年返乡，在母亲去世处遥拜。
① 阿大即祖父。
② 祖父带我去酒店老板家吃其儿子周岁喜酒，酒后微醉回家。
③ 家乡规矩，死人棺材过桥时儿孙要给桥神磕头，保佑过桥时桥不垮。
④ 祖父、小叔叔唐震、"小婶婶"（小叔叔病逝后娶的，也是已经去世了的姑娘）和母亲都是走的这座桥。

银 杏①

船子②覆舟处，童年日日经。
英雄暮齿看，得失一身轻。
夏屋新里间，庙堂付劫尘。
枫杨与银杏，千岁祝青青。

① 家乡朱泾有西园，园中有一颗古银杏树。
② 寺庙里的和尚叫船子。

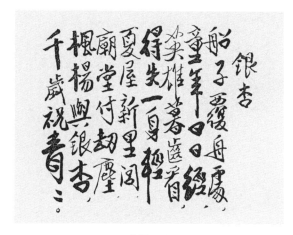

图9-50

罗星桥·赠阿甲

忆昔同窗日，拳拳赤子心。
滚钹近银杏，烫手灵莲蓉。
中餐一相会，调弦弄竹声。
廿年契阔别，见面问儿孙。
随老古稀至，重轻病缠身。
陶情时作画，得句亦微吟。
我去江湖远，君留故土情。
有缘复得见，松鹤两精神。

无名（二首）*

其　一

石头城到越王台，孔雀南飞接羽来。
日发工资一百七（八，九），月道电话五六回。
博罗小试牛刀易，满载而归马足闲。
尽是皋田院内士，涛歪所幸不人歪。

其　二

台城路近越王台，孔雀南飞接羽来。
日啖荔枝三百颗，月事所报五六回。
士元小试岂凭酒，彭泽闲归再赏山。
即是独孤园中客，随缘托钵任人间。

　　* 1994年4月27日。在广州虎门公司工作期间，与郑副部长、牛厅长、李国豪等人赴海南省就琼州海峡跨海工程前期研究工作，达成协议后所得诗二首。

万　安　桥*

秀野塘头立，冠年曾有词。
白头吊老母，含泪问当时。
谢世宜蒙日，停骖恋阿儿。
劫魔天下事，欲语还无辞。

图9-51　上海金山万安桥

* 作于 1994 年 5 月,上海国际斜拉桥会议后返乡。

西江月·戚家桥 *

岂是花桥水阁,不同洛邑三层。长藤躺椅一壶清,弦索莺声倾聆。

雅处谈天说地,俗来阛阓方城;悠游岁月乐太平,皓魄朝晖虹影。

* 著《中国科学技术史·桥梁》,填《西江月》一首。作于 1994 年 5 月,上海国际斜拉桥会议后返乡。

柳 梢 青 *

洞庭浪拍,岳阳蒲车,越来消息。荫喉难成,虹梁计结,汉皋迎客。

来日大川利涉。指点处,从容皆得。一方佳誉,一束金布,一园春色。

* 1994 年 8 月 30 日至 9 月 3 日,应岳阳化工厂邀请,赴岳阳解决立交桥问题,顺利交工。

做海峡桥有感 *

此行何异上珠峰,崩刁狂飙害不穷。
鸟道如能缘分上,驱缰鞭石论奇功。

* 1994 年 8 月 26 日,在发出一信,喻索李约瑟著作后所作。

忆 父 诗 *

应惜弃儒医,班轮亦可为。
家饶归奉养,冠至苦无依。

* 1994 年 11 月 30 日。在广州虎门公司工作,午睡不着,忽忆旧诗,悼念生父母,曾有忆诗,今补忆父诗,得数句。

图 9-52 见贤思齐
(按:祖父名思齐)

贺　诗*

上下抵足眠,隔洋同携手。
原是手足情,环球四处走。
文明五千年,科学有泰斗。
冯君借活力,共饮庆功酒。

* 1995年6月,庆祝中国旅美工程学会在美成立,将为世界和人类做出伟大的贡献。

七 十 述 怀*

七秩人称寿,古稀今不稀。
行逢母难日,坐独对晨曦。
家传杏林茂①,煌唐是御医。
一枝移黄歇②,百代为昌黎。
所见唯乃祖③,谨勤绍裘箕④。
童稚亲承若,乡曲看推依。
忆昔南山祝⑤,彩辉北斗微。
谁知遭大变⑥,始识祸相倚。
八年成抗战,三易大王旗。
蓄志凌云翮⑦,离巢高处飞。
居然临峦顶⑧,得意气舒眉。
早岁知名姓,应将奉寿颐。
椿萱都非命⑨,世事莫问著。
与尔幸相识,亲迎结并蒂⑩。
如今四十载,儿女雁行齐。
中道辛且苦,恍若食川齐。
畅游亦足乐,何必诉悲悽。
苏杭清秋桂,天涯鱼鹿肥⑪。
五台礼佛座⑫,丝路坐驼骑⑬。
不负塞灯苦,文章域外知。
上书凤阙北⑭,托钵庙前西⑮。
香岛夸跨海⑯,九州宣所思。
蓬莱与鞭石⑰,琼岛效沉犀⑱。
金马台澎陆,双维永足繁⑲。
工程越世纪,事业叹来迟。
老远伦常乐,穷狰养病赀。
宣忙浑忘却,夜静数归期。

来去脱羁绊,俭丰随俸资。

阳台花木种,几案益书披。

珊珊[20]甚聪慧,革革[21]小调皮。

驮肩肯认字,倚膝背长诗。

闲时课孙辈,乐在此中矣。

今夜独斟酒,明年共此时。

满堂欢笑聚,菊盛赏团脐。

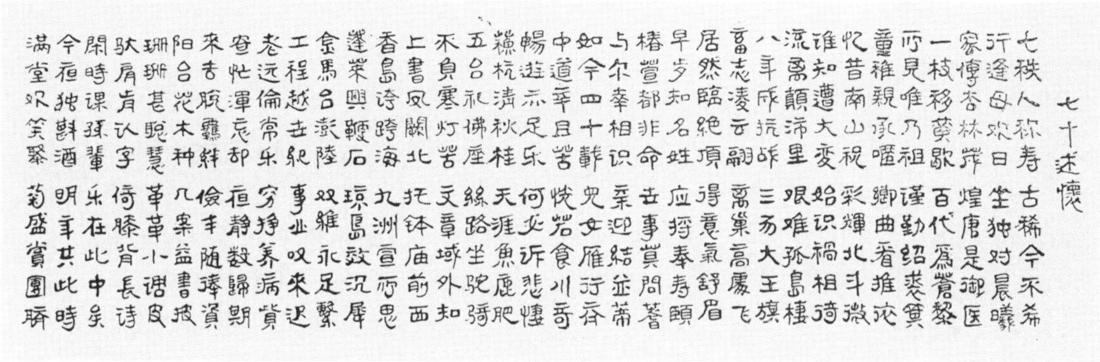

图9-53

* 作于1995年11月21日,农历九月二十九(作者生日),广州庙前街金城宾馆银珠楼2411宿舍。

① 世代中医,祖籍山西,在长安行医。

② 黄浦江称黄歇江。

③ 祖父名思齐,号东皋。

④ 克绍祖业。

⑤ 祖父七十大寿,大放焰火,四乡数十里来观。

⑥ 倭寇杭州湾登陆,祖父躲维持会长一职而逃,遇奸被害。

⑦ 寇年有诗"一朝奋翔飞千里,孰谓天高不可冲"。

⑧ 1955年获万里长江第一桥"武汉长江大桥"建筑方案首奖。少年得志亦人生之大忌。

⑨ 父五十,母六十四,均受阶级斗争之害,不及寿终,思之痛心。

⑩ 识妻江国梅,武汉成亲。

⑪ 带孙女游海南岛,走东、中路。

图9-54　夫妻俩在武汉长江大桥下合影

⑫受邀携妻去太原,游晋祠寻根,上五台。

⑬双赴敦煌开会,归途专车走丝绸之路,游嘉峪关。

⑭1985年上书建议修建沿海高速公、铁路,跨三大海峡。

⑮1994年受聘于广州虎门技术咨询公司,为专家,地址广州庙前街。

⑯1995年赴香港开21世纪桥梁会,作三大海峡跨海工程报告。

⑰秦始皇鞭石造桥。

⑱琼州海峡。秦李冰在灌县沉石犀建连续竹索桥。

⑲两道跨海。

⑳珊珊为孙女。

㉑革革为孙子。

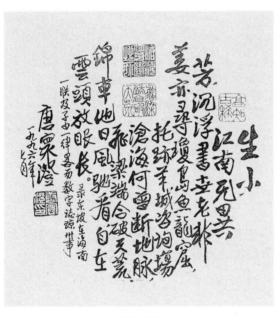

图9—55

琼　州　事*

生小江南无异芳,沉浮书世老非姜。
亦寻琼岛鱼龙窟,托迹羊城咨询场。
沧海何曾断地脉,飞梁端合破天荒。
锦车他日风驰看,自在云头放眼长①。

* 1996年7月,录东坡在海南一联及子由一律,略易数字志琼州事。

在唐朝,荆州一带四五十年间没有一位举人考中进士,即讽刺荆州为"天荒"。这一状况一直持续到唐宣宗大中四年(850),这一年,荆州解送的应试考生中,有个叫刘蜕(字复愚,后官至左拾遗)的终于考中了进士,破了"天荒解",于是人们将此事称为"破天荒"。苏东坡贬居海南,离开时也曾赠唐佐两句诗,曰:"沧海何曾断地脉,白袍端合破天荒。"唐佐后果然中举人,乃海南历史上第一人。

① 末两句意为自知琼州海峡这一世纪工程,限于年龄和精力,不可能始终其事。假如以最快上马计算,25年之后才能建成通车,如人尚健在,而主持者不忘有个为开端出了力的老头,让坐飞机在云端看,大足快慰。若或已自归去,逍遥自在,驾彩云观蛟龙以越沧海,去欣赏这造福人间壮观的图景罢。

西江月·青浦放生桥

隋苑凌空鳌背,曲江遇窦凤舸。两般只见李家图①,此地还能信步。

一似簪花仕女,五间映月临波,九峰三泖淀山湖,常为乡梓福渡。

① 唐朝大小李将军。

图9-56

图9-57　上海朱家角放生桥

归朝欢·香港回归

香岛峰头望海陆，碧海遥空楼耸促，零星远屿接天边，穿梭车舰通洲腹。原是渔村落，几时化作金融谷。百年矣，沦入异邦，万姓蒙耻辱。

不欲千军动斗逐，但取两制存一国，笑看杯酒屈英伦，人民之子功殊独。星灯磋灭烛，山河已托锦囊福。繁华地，兴隆事业，举有雄才续。

图9-58

天　仙　子*

肃穆鸾仪骑步徐，百万衰民夹道伫，素馨掷向炮车糯。同惆怅，共唏嘘，风烛英伦玫瑰姝。

自是名姬都薄命，休怨传媒逐艳愚，酒酣触柱染尘朱。迎天国，去阃间，不若人尊兰德劬。

* 1997年，英国查理斯王子原王妃戴安娜，于巴黎车祸，触柱而死，英王室为之国葬。同年，印度原南斯拉夫籍修女特里萨（或译德兰）亦去世，印度为之国葬。两葬礼均用炮车、骑卫，均为举世之哀事。

图9-59

许老鉴之*

南粤倾盆雨，长途电传讯。
猛听召殒世，窗外一声雷。
今日读来纸，凄凉绕黑边。
岂知春趋访，笑谈成绝徽。
相逢半世纪，沪渎识荆辉。
长时地南北，暌隔心向追。
同遭天作孽，等庆志不摧。
鄂渚勤版筑，蜀疆理笔锥。
一朝京华返，又聚写华笺。
钱塘名家世，辈出幕府贤。
英雄居牛后，文字出群前。
知者殆而已，堪慰儿孙贤。
静坐翻旧牍，动流老泪垂。
我生犹羁绊，音容心自瞻。
唱和难再得，焚作祖君杯。

* 得知许宏儒先生去世，1998年6月12日，作于羊城。

图9-60

南 柯 子*

春日客中梦,梦回自惊呼。何期平地上天都,难教庐上比得,贵时苏。

木叶巴西泪卒,海棠竹节粗。二月初十未时初,书笺且自记取,好如无。

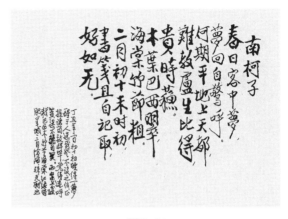

图9-61

* 1997年农历二月初十,初睡得一梦,醒于人选我登不设之位,正握话筒致辞毕。觉得速呼黄粱不焚,自笑。而案上盆栽巴西木、竹节海棠红绿皆肥。羊城三月,阴雨殊,无聊也。

金缕曲(一)·台湾海峡跨海工程北线*

才别虹桥去,又匆匆,飞越闽越,沧海岛浒。指点天蓬石外路,一苇片帆可鼓。今假言,龙宫能隧,不必波涛舟行苦。十年矣,向北阙上书,制蛟龙,役猛虎。

而今伫立隔层雾,忘不见,新竹旧游,明潭蝶舞。世纪工程英雄梦,振臂渐增数。方经过,断脉起震,地裂楼崩添怆楚。何畏惧,凭科技兴邦,作愚公,傅斤斧。

* 1999年11月,福建平潭会议作。

图9-62

图9-63

浣　溪　沙*

湛江湾内潮初静，落日沉沉海雾间。海军小艇似天随。
两岸仓储吊机耸，一湾灯火树沿弯，为审长虹一度来。

* 为琼州海峡研究报告赴湛江。

浣　溪　沙*

王勃宁知白首先，夕阳无限近黄昏，眼前霞彩自缤纷。

随遇而安总是寄，浮生欲遣惯于勤。再经几度白花春。

* 1999年春节，时年七十又三。

怀　乡　诗*

秀野桥边休感伤，分明湖派绕回塘。
岸花前后闻幽鸟，湖月高低怨绿杨。
能促岁阴惟白发，巧乘风马是春光。
何须化鹤归华来，却数飘零念故乡。

* 1999年借用唐朝李坤的《怀乡诗》，略易数字以抒情怀。

千　禧　年*

自谱新辞韵更娇，
小红低唱我吹箫，
曲终遇尽松陵路，
回首烟波十二桥。

* 2000年作于广州。

圣　无　忧*

本是寻来事，七（八）年邀我南游。人生聚散岂无由，纸上谈琼州。

岁月催人走,谢家老树难留。可怜博司(BOSS)故多忧,胸中热血流。

*2001年12月21日,星期五。虎门公司荣誉董事长,原广东省交通厅总工谢瑞振,上午在公司开会,中午下班在电梯口闲聊几句。中午在家午睡起来,估计突然心血管爆裂,倒地身亡,发现时已无法抢救,胸腹鼓胀,内出血。

忆1994年10月,我来广州开E.C.会议,此时虎门公司刚接琼州海峡工作。谢总心中无底,经我将历年收集和研究资料、向江泽民上书内容示之,大为高兴。当时又约日本长大公司参加,又知我和日本长大有很好关系,当即留下我并聘为专家、项目负责人。

12月28日晚,范立础、杨建代表李国豪来吊唁。晨,谢最器重专家张乃华返沪,未参加告别。

12月29日,在殡仪馆遗体告别。公司于其生前几天,因效益下降,解散专家委员会,现9人,暂留3人(唐、张、陈)到明年下半年。六人尚未走,谢去世(专家委员会主任)。

人有变动,事业将会有人继续做下去。

人生脆弱,宇宙无穷!!!

凄　凉　犯①

摩天耸碧,云霄里,姊妹一双珪璧。凌顶纵目②,众楼览小,桥横哈德③。自由女神,荆冠火炬荣今昔。谁料得,劫机连珠,次第相撞击。

烈焰裹浓烟,惊魂未定,巨响相继,钢融崩析。痛思处,傲气宜收,霸气需去,暴戾恐怖俱应绝。只索是,滥杀无辜,全民敌。

① 2001年9月11日,美国纽约世贸大楼遇劫。2001年10月1日,中秋于广州。

② 1986年曾登临之。

③ 纽约哈德逊河上多名桥。

图9-64

金缕曲(二)·台湾海峡跨海工程南线*

天马行空步,好时节,志在两岸,会聚岛鹭。夏、金、澎、高波涛怒,通途再探南路。曾几时,炮轰筝度,离岛阋墙凭谁诉。细思量,本是骨肉,金门贵,厦门富。

无须剑拔张弓弩,世间事,分久必合,迷久终悟,一统和平倾国附。待卖剑买牛,着手处,左右先联,后接中章完坚素。盼有朝,台陆现康衢,众成城,金汤固。

* 2002年3月,福建厦门会议作。

金缕曲（三）·台湾海峡跨海工程*

一步一飞顾,偏此行,古今桥渡,山海踵武。福、宁、安、寿接驰驱[1],贯木拱廊细数。九百年,汴水虹梁,闽舶讴歌传贡赋。几万曲山路画图中,忆梦龙[2],会郑斧。

海峡浅浅流两隅,有道是,国之大殇,乡之重负。旧雨新知倾衷表,勉同舟共济,联网处,或带或环,政经城规重署步。约明年,同行谒金门,倾旨酒,五三度。

* 2004年12月22日,应邀赴福建一行。16—19日,在闽东考察源自宋《清明上河图》上汴水虹桥的福建贯木拱廊桥。20—22日,在厦门参加"第四次台湾海峡跨海工程——桥梁建设及区域经济合作研究会"。重点为厦门、金门合作和建设夏金连接跨海桥梁的规划,两岸共有100余人出席。受大会安排作《台湾海峡跨海交通工程——夏金通道》一文报告。归后三赋"金缕曲"。
① 福州、宁德、福安、寿宁山去考察三日。
② 明冯梦龙曾为寿宁县令。考察又会造桥主墨郑金多老木匠。

喜悦哀愁各半*

有喜必有哀,事岂两全哉。
哀可以衬喜,乐极可生悲。
得之不足喜,失之不足愁。
得失两忘义,哀乐不可求。

* 2002年4月广州读报《喜悦哀愁》作。

读《古人治家诗话》*

夫子何为哉,栖栖一代中。
地犹周氏业,宅即楚王宫。
叹凤嗟身否,伤麟怨道穷。
此时两楹黄,其与梦中同。

* 2002年广州读报所作。

读《听的艺术》*

小小双眉是画莺,海天欲纵自由身。

可怜一夕灵飞去,兰畔心头筑尔坟。

晨起窗台喂蚂蚁,熏肠嚼烂便迁移。

丫鬟不识菩提意,扫穴犁庭无孑遗。

* 2002年9月13日广州读报《听的艺术》所作。

读《1+1＝？》*

三步看七岁,七岁定终身。

中途不能变,朱墨自分明。

思想决定行为,行为渐成习惯。

习惯铸造品格,品格决定命运。

* 读报《1+1＝？》所作。

金缕曲(四)·第五次台湾海峡跨海通道会议*

八十是耄年,却有缘,平潭再至,台海北弦。天蓬石外重仑立,依旧海雾障烟。只添得新知故雨,主、承、参、协竟占先。看风云动荡,独与统,绿和蓝。

不知何日锦车联,便今朝,三通不达,四通更玄。好梦心期着鞭早,华族负群肩。想此生姬昌难遇,天教余生任自然。真上马,期宏观调控,取双赢,获万全。

* 2005年11月于福州平潭。

小　序[1]

自1948年大学毕业后，立志参加武汉长江大桥建设，而来武汉三镇，迄今已半个世纪有余，与黄鹤楼结下了不解之缘。自登旧楼起至拆楼、建桥、参与武汉市迁楼决策会议、留资金建新楼。桥成，以武汉为基地，转战全国。1985年，新黄鹤楼成，填词《高阳台》以贺之。1991年在羊城发表文章《七上黄鹤楼》。之后，曾登岳阳楼、新建的滕王阁及最新重建的山西永济鹳雀楼。2002年倦游，楚山归隐，再次登黄鹤楼。人境迁移，适逢微作，故步岳武穆登黄鹤楼有感词，以应之。

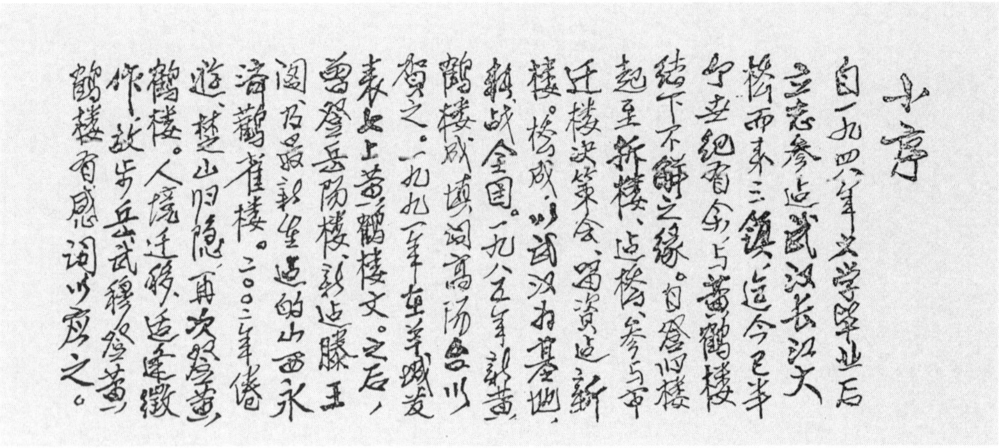
小序
自一九四八年大学毕业后立志参加武汉长江大桥而来三镇，迄今已半个世纪有余，与黄鹤楼结下不解之缘。自登旧楼起至拆楼、建桥，参与市迁楼决策会，留资建新楼。桥成，以武汉为基地，转战全国。一九八五年新黄鹤楼成，填词高阳台以贺之。一九九一年在羊城发表七上黄鹤楼文。之后，曾登岳阳楼、新建滕王阁及最新重建的山西永济鹳雀楼。二〇〇二年倦游，楚山归隐，再次登黄鹤楼。人境迁移，适逢微作，故步岳武穆登黄鹤楼有感词以应之。

图9–65

满江红·八上黄鹤楼

遍历名楼，数黄鹤，江山第一[2]。登鹳雀[3]，苍茫落日，波坡同色[4]。帝子洲长滕阁高[5]，洞庭湖阔岳阳仄[6]。怎比得，万里送波涛[7]，楚山碧[8]。

世间事，随时易[9]，人间情，殊难说[10]。取之上层云，忧乐思发[11]。西电东输明半壁[12]，南流北调匀膏泽[13]。细思量，不枉少年游[14]，今白头[15]。

① 拟为黄鹤楼写篇专著而作的序。
② 黄鹤楼处的江山最雄伟。
③ 山西永济，古称河中府，有鹳雀楼（唐朝建）。
④ 黄河之水和河边坡地都是黄色。
⑤ 王勃《滕王阁赋》有句“临帝子长洲，得仙人之旧馆”。今阁高而洲狭矣。
⑥ 岳阳楼比较逼仄，与洞庭湖之阔不相称。
⑦ 黄鹤楼迎送长江、汉水，奔流万里。
⑧ 龟蛇两山郁郁葱葱，横锁长江。

⑨ 沧桑变幻之意。《易》称变易之易。

⑩ 饱经天下欢愁,何可说也。

⑪《岳阳楼记》有"先天下之忧而忧,后天下之乐而乐"句。

⑫ 三峡水库成,所发电东输,照亮江山半壁。

⑬ 长江南水北调,分上、中、下三路,似天降雨露,匀膏南北。

⑭ 1948年便来武汉,时年23岁。

⑮ 作此词时2003年,77岁,已54年矣。

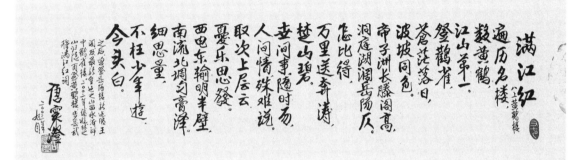

图9-66

楚山归隐·改孟浩然诗*

北阙休上书,南山归敝庐。

惊天动地想,循后趿前趋。

白发催人老,青阳逼岁除。

小楼成一统,松月夜窗虚。

* 2003年2月于汉阳作。

附:颂唐诗·步唐教授《楚山归隐》原韵*

老骥志千里,歇肩不倦庐。

黄门排闼入,北阙携书驱。

足远地缘尽,胸宽天堑除。

良师明镜月,照我实无灵。

* 作者闵志奇是多年好诗友,家住南京,常
有诗作互通,今已仙去。

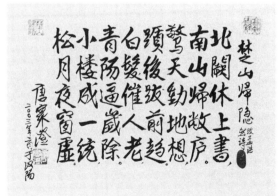

图9-67

致苏州寒山寺方丈性空大师*

客自姑苏来，赠我法两丛。
入眼寒山寺，如闻夜半钟。
相自于离在，世犹出入穷。
为图窥全貌，礼乞仰慈容。

* 2003年8月18日致苏州寒山寺方丈性空大师。

鉴　　湖

镜鉴不照山头顶，今见山头濯濯兮！
都是夜深梦初识，鸡皮鹤发眼迷离。

望海潮·琼州海峡跨海工程*

南国明珰，东方檀岛，琼崖古郡新葩。坡老投荒①，刚峰②出处，椰林渔火人家。碧浪接青霄，银涛洗白沙，海角天涯。

市列珠玑，地藏金铁，富无加。高山五指明霞，绘蓝图着锦，绿壤添花。港舶如鳞，厂机似介，引将贾旅迤逦。谈笑席间茶，数环球名峡，桥隧浮搓③。异日北连大陆，留予子孙夸。

* 1990年作于海南岛海口市。
① 苏东坡贬官投荒于儋县（今儋州市）。
② 海瑞字刚峰。
③ 桥梁、隧道、轮渡。

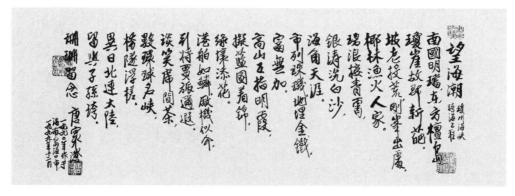

图9-68

南 乡 子*

容易近年关，一年一度聘书来。用则逆理天下事，何难，不用书齐别有山。

瓦钵与瓷瓯，闲随白云困后休。得失寻常贫亦乐，何愁，老去英雄不自由。

* 2005年8月25日，家中闲思。年事已高，仍服务于中铁大桥局专家组。

七　律*

锦瑟无端七九弦，一弦一柱思华年。
庄生晓梦迷蝴蝶，望帝乡心托杜鹃。
沧海月明珠有泪，蓝田日暖玉生烟。
老骥伏枥亢龙悔，直是此时始察然。

* 2005年2月，年79岁，作于家中。

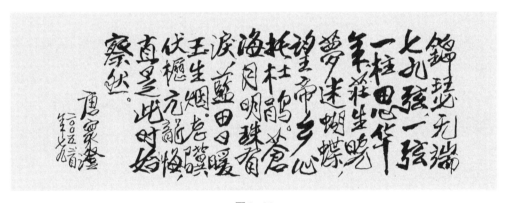

图9-69

七律·赠阿璋①

羊城托钵为何哉？千里打工只为财②！
世上事业随处有③，人间天伦几回圆。
江南三月春光媚，粤海炎卑暑湿间④。
都说在家千日好，为谋饭费再重来⑤。

① 阿璋名郑成璋，为一起在广州虎门咨询公司任专家的同事。
② 原写"千里做官只为财"，专家同事都说不如直接写打工。

③ 干事业何必一定广州？只是工作好，待遇高。

④ 南方称炎方，卑湿之地，就是地势卑下。

⑤ "饭费"二字，三种意见：原写"药费"，阿璋说他药费都可以报销的，改饭费；老邱说：不如改高消费。说明老邱的思想是买奢侈品和电器；宗兄公推他为"卑田院"（古代叫花子组织）院长，我们称其"院士"；他自己称叫花子头头，说饭费不好，要改"馊饭"，以切身份。

我们这一批专家，经常在宿舍寻开心的，当然这些话和诗，是不能拿给老板看的。

偶　书*

平生事业数何寄，十六三厶亦可悲，
博则难精精难博，迷需有悟悟能迷。
纷纷世态千端异，个个苍生万梦齐，
不必斤斤频屈指，大江东去风云西。

* 2005 年 3 月偶书。

望　远　行*

横空降瑞，雪花飞，相送韵孙南下。雏绒尽退，羽翮渐丰，惜别蔽阴橡瓦。好是伊人，约得隆准同去，此生蓝图初画。看鹭岛，事业阳春有价。

休夸，只是长征才漫，奋远行创新挥洒。万里殊方，千般经历，锦绣前程细写。须信天祐自强，地载厚德，垂老再归林榭。念亲情对月，想如今夜。

* 2006 年 2 月 12 日，丙戌元宵，孙女将只身厦门工作，步柳老乡原韵填词。

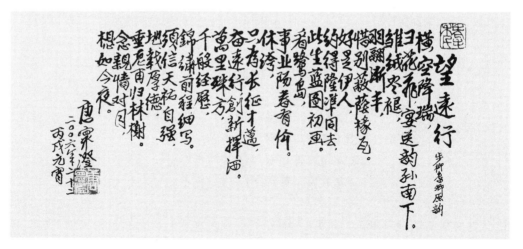

图 9-70

对 联 拾 遗

不如意事十八九　能忍自安*
得便宜处百二三　知足常乐

* 1999 年 5 月 1 日题。

不入住色声香味情触法*
如是观梦幻泡影风露电

* 2002 年 4 月,金刚经加字联。

图 9-71　　　图 9-72　　　图 9-73　　　图 9-74

沧海何曾断地脉
飞梁端合破天荒

桥横急水飞青马①
路接长空驾玉虬②

　　① 1991 年 5 月 29 日,香港星岛晚报刊出香港联迷社以"桥横急水飞青马"上联征对。香港朋友刘正光先生,时任香港路政署青马大桥和汲水门大桥主管,来信嘱我对之。
　　② 我考虑该联必得与香港新机场有关的对,乃用屈原《离骚》中"驷玉虬以乘鹥兮,溘埃风余上征"以"路接长空驾玉虬"对之。7 月揭晓获亚军,冠军的对联是"乡曲尼山延素玉"。

图9-75 香港青马大桥

图9-76 此联挂于香港路政署刘正光办公室

图9-77 对联挂于刘正光先生香港办公室

半世功名一鸡肋*
人生道路九羊肠

*赠香港路政署刘正光先生。

处世有序 诸葛一生唯谨慎*
建业其森 公输百代永留芳

*为亦师亦友的王序森大师所题挽联。

簪缨家世,想尊翁南洋肇始,舅氏北大名科,弟兄驰誉东西,君作中华津梁柱。①
冠剑相知,忆觉园铜钟响点,执斋铁砚磨穿,江河金石建桥,患难相扶玉不如。

① 1990年高中、大学同学丁饶先生,洗澡时因病溘然去世。丁饶先生原双姓"丁饶",名徽孙,后改姓为姓和名,江西临川人。世代书香,其父乃交通大学的前身南洋公学的创始人之一。舅是原子物理学家,新中国成立前就在国外讲学。后来其父在中国人民大学,舅在北京大学任教授。他在我最"倒霉"的年代,也一如既往地和我交往,友谊保持终生,患难相扶玉不如啊。

锦衣他日千人看*
始信东坡眼力长

*自己总结一生的事业。

九派奔流西东 心潮逐去浪*
一桥飞架南北 天堑变通途

*2003年癸未年,首届大桥局征联大赛投稿并获奖。

鸿雁南飞紫燕北 *
大江东去雨云西

* 作于 2005 年 6 月 7 日。

湘子桥记、铭佳句选*

龙卧虹跨　津梁聿新　周行如砥　复道行空　雕榜金桷　欲飞朱梦　曲栏斜槛

莫丽阑楯　翠甍霞簇　琐窗光凝　酒帘障路　鱼市灯红　同侔仙造　地纪永贞

赞勤有成　令勒琐珉

*此句选是应潮州市维修湘子桥方案文章所选。

图9-78　20世纪初湘子桥旧照

和散文诗一首

钻机将地球打穿，
主塔高耸入云端，
月球是大桥的另一边，
天桥架立云间。
神州从桥上飞驰如烟，
天仙当空舞彩练。
建桥人豪气冲天，
何愁大桥修不到台湾。

附：原　诗

智慧向现实撞击，
梦幻超越出时空，
人生的理想由幻入梦，
联想翩翩浮动。
终然是想念飘忽不定，
诱人前景在胸中。
设想者脚踏实地，
促使理想最后任成功。

*原诗很有气魄，是一首散文诗，对起来很困难的。采用了以诗意之对，以虚对实，以主观对客观；以文字之对，以"想"对"桥"，以"理想"对"大桥"；以谐音对之，以"任成功"对"到台湾"。2006年4月4日。

和杜甫诗未了*

公元768年春，杜甫自白帝城放船出瞿塘峡。久居夔府，将适江陵，漂泊有诗凡四十韵，过岳阳楼入衡州，小寒食舟中，作《清明》二首，之二曰："此身漂泊苦西东，右臂偏枯半耳聋。寂寂系舟双下泪，悠悠伏枕左书空……" 此时身在湖南，右半身偏枯，半耳已聋。不意1 200多年后，我也是右臂偏枯，耳倒本是半聋，现更听不清，和老杜同病而对。可叹也。

今日大寒，武汉大雪，而杜诗 "小寒食舟中……" 和 "佳辰强饭食犹寒，隐几萧条带鹖冠。春水船如天上空，老年花似雾中看……" 我今日不在舟中，无漂泊之感，但在楚地为客已成定局，无法回天。今年会回家乡一次（九十月间），再自行续句。

* 此段文字写于脑血栓两年后的2007年，农历大寒。2012年春节举家同回故乡金山一聚，本家一支共七十余人。

五言 · 嘱*

撒手行将去，孤魂返故园。
平生未了事，谅有后人传。
妻子休酸楚，儿孙莫伤悲。
虽知无佛境，愿结再生缘。

* 1993年秋，在沪得病，诸事萦怀，归后录之，聊以代嘱，迟速总来，无能或替。封留妻儿留念。

图9-79

渔 家 傲*
李清照

天接云涛连晓雾，星河欲转千帆舞；仿佛梦魂
　　归帝所，闻天语，殷勤问我归何处。

我报路长嗟日暮，学诗漫有惊人句；九万里风
　　鹏正举，风休住，篷舟吹取三山去。

* 手抄该词以寄托。以此词做本集结尾。

2014年元月26日整理于武汉·汉阳

图9-80

图9-81　沧海何曾断地脉

图9-82　楚山归隐

图9-83　飞梁端合破天荒

图9-84　古稀高知

图9-85　华日以后

图9-86　江国梅印

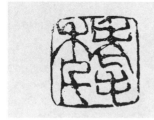

图9-87　老生子民

图9-88　寿

图9-89　唐寰澄

图9-90　唐寰澄印

图9-91　万里长江第一桥

图9-92　燕子齐飞两度春

图9-93　珠上亭长

卷 十

考察游记

蜀 道 行

　　中国古代道路中有一类比较特殊，因为它缘谷通路，是为谷道。谷道中有部分道路以特殊的形式来构筑，是为栈阁。

　　栈阁既是道路，亦属桥梁。是中国古代在深山峡谷的危崖峭壁边缘开凿、架设的蜿蜒曲折的人工通道。栈阁工程中木结构形式和一般桥梁做法不同，是木梁柱桥的一种特殊形式。

　　是中国古代桥梁的一类巧妙的结构。其中最著名的要数秦（陕西）蜀（四川）之间的栈道。

　　唐·李白《送友人入蜀》诗曰："见说蚕丛路，崎岖不易行，山从人面起，云傍马头生。芳树笼秦栈，春流绕蜀城。升沉应已定，不必问君平。"[1]

窦圌山云岩寺·铁链桥

　　窦圌山又名猿门山（多猿、山如门）、豆圌山（山石像豆子大石子结成的砾岩，山形如圌，即草屯）。

　　窦圌山，唐朝漳明县主簿窦子明隐于此山，换修铁索桥（传说而已）。起于梁大同前（535前），兴

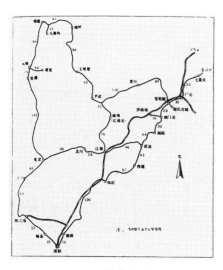

图10-1-1　蜀道公路示意图

图10-1-2　绵阳·东汉·平阳府君墓阙（一）

图10-1-3　绵阳·东汉·平阳府君墓阙（二）

1　彭定求等.全唐诗.北京：中华书局，1960年版，卷一百七十七，第1805页

图10-1-4　旧子云亭（一）

图10-1-5　旧子云亭（二）

图10-1-6　窦圌山云岩寺·铁链桥

图10-1-7　窦圌山

于唐宋,盛于清,复兴于近代（毁于2008年汶川大地震）。

萧梁时益州别驾李膺,涪（绵阳）县县令,著《益州记》:"猿门山在涪县之北二十五里,上多猿,其山二峰磔坚如门,故曰猿门。"南宋祝穆著《方舆胜览》,漳明县"猿门山自县北特起,去县二十里。山多猿儿,险固如门"。

《小方壶斋舆地丛钞》中,王侃《窦圌山记》:"土山高起,戴石如城堡,其上巍然而高者有若石阙。""遂登超然亭,谒子明别像,自真窗棂间窥窦真殿,两岸相距十丈,铁索有二,上细下巨,香火僧手扶足移,蟹行以度,同人皆为之危。"

图10-1-13拍于1992年10月21日:铁链两对共191环,连接三个山头,可二处,离地50余米。铁链桥始建于梁大同年间（535—545）。《蜀中名胜记》[1]引《高僧传》《蜀中广记·高僧记》载:梁大同年间,僧在东西两岸连筜桥。唐高宗年间（650—684）,窦子明（石）换为铁索（传说而已）。唐懿宗咸通年（860）,铁索桥朽断。随后修复。唐乾符年间（874—879）僖宗敕建云岩观（后称寺）。宋淳熙八年（1181）建飞天藏（今尚存）。清康熙四十年（1701）了然主持兴山寺。其徒孙瑞生10岁时能在铁链上表演送香,后（1716年后）为主持。清雍正五年换修铁链桥（即现存铁链桥）。铁链由多种金属冶炼而成,再用桐油浸泡、用木炭烘烤,具有经久耐用、不锈不蚀的功能。二百多年后的

1　（明）曹学佺著.刘知渐点校.蜀中名胜记.重庆:重庆出版社,1984年版,卷之九

图 10-1-8　作者在窦圌山云岩寺

图 10-1-9　俯瞰云岩寺

图 10-1-10　窦真殿前铁链桥

图 10-1-11　前蜀杜光庭《窦圌山记》
记咸道初毛意欢造绳桥

图 10-1-12　索桥沟中造索桥,黯然消失白云中

图 10-1-13　铁链上的表演

今天依然银光闪烁。

窦圖山飞人王勇，1954年生，江油武都镇窦圖村村主任，14岁开始练走铁链，近年练气功、轻功，一天来回五六十次，已安全表演数万次。为保证安全，现在上链上已加了一根钢丝绳。

《徐霞客游记·滇游日记十二》记澜沧江公郎隐庵飞阁："……此乃澜沧江畔公郎之境矣。又东北盘崖麓而上，二里而下。半里，忽涧北一崖中悬，南向特立，如独秀之状，有僧隐庵结飞阁三重倚之。大路过其下，时驼马已前去，余谓此奇境不可失，乃循回磴披石关而陟之，阁乃新构者，下层之后，有片峰中耸，与后崖夹立，中分一线，而中层即覆之，峰尖透出中层之上，上层又叠中层而起。其后皆就崖为壁，而缀之以铁锁，横系崖孔，其前飞甍叠牖屋脊飞翘，窗户重叠洞开，延吐烟云，实为胜地……"[1]

图10-1-14　东西峰间铁链桥

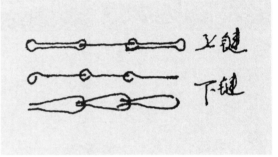

图10-1-15　铁链形状

东西峰相距30米，铁链用熟铁锻制，上下两根相距1米，上较细可盈手而握，下较粗扁，呈鞋底状，供脚踏。铁链上76环，下40环。东峰上为窦真殿。

北峰上为鲁班殿，顶盖生铁筒瓦。东北峰相距20米，上铁链49环，下铁链26环。东峰、北峰的窦真殿和鲁班殿，均因不能过去，过去寺庙则安排僧人专司渡桥，代善男信女去窦真殿烧香还愿，反而香火更甚。1986年后，由管理人在铁链上为游客作惊险表演。

清道光二十年（1804年）本禅主持编《圖山志》。

1958—1959年，"大办钢铁"，动员近千人上窦圖山，几乎砍去所有树木，用作烧炭炼铁。

1966年，"文化大革命"残留的几棵古树也被伐，一片荒芜。

1979年，重架铁链桥。

1988年，云岩寺列为全国重点文物保护单位（115号）。

（唐）隶华：孤云两角耸晴空，觉路金绳在眼中。
　　　　　　清磬一声飞渡急，万重烟影夕阳红。
（明）余坤：宝剑斩空峰自辟，仙桥系锁路难通。
（清）朱樟：老屋寒云护，迎仙亦隩区。
　　　　　　悬灯千手拜，带索一僧趋。[2]

1　（明）徐弘祖著．褚绍唐、吴应寿整理．徐霞客游记．上海：上海古籍出版社，1982年版，卷十上，第1067页
2　曾任江油县令，诗收入其诗集《观树堂诗集》。

图10-1-16　全景

路见铁索桥·古栈道

图10-1-17　路见现代修建的铁索桥

图10-1-18　古栈道遗址梁孔

江油关

　　蜀汉建兴二年（224），诸葛亮于此设江油关。蜀汉炎兴元年（263），据《三国志·邓艾传》，邓艾"至阴平（甘肃文县）道，行无人之地七百余里，凿山通道，造作桥阁。山高谷深，至为艰险，又粮运将匮，频于危殆。艾以毡自裹，推转而下。将士皆攀木缘岩，鱼贯而进，先登至江油，蜀守将马邈降"。[1]

1　（晋）陈寿撰.（宋）裴松之注.三国志.北京：团结出版社，1996年版，卷二十八，第483页

图10-1-19　作者在"蜀汉江油关"

蜀江油关（南坝·于牛心山），昔有唐远祖李龙迁墓及祠庙，历代尊护，有古柏十数万株。1958年，大办钢铁、修平江公路、办人民公社大食堂，都从牛心山用木取材，随意砍伐。1962年，牛心山庙拆毁，全山山林亦同时砍光，只幸存三株古柏。

煽铁桥

煽铁桥位于平武向岩乡煽铁村，村以善铸铁闻名，梓橦大庙铸铁佛像来自此村。

桥跨约20米，拱厚约0.5米，厚跨比约1∶40，属于薄拱。

图10-1-20　煽铁桥

图10-1-21　梓橦"五丁祠"

剑门关

《舆地广记》："小剑山有小石门，穿山通道六丈有余，即秦开石牛道也。"后唐董璋于此设永定关，关上有斗大三字"别有天"。关险路陡，单骑可过。修筑公路，凿而广之。

① 剑门关隘口　② 后关门　③ 石笋峰　④ 梁山寺　⑤ 翠屏峰　⑥ 翠云廊

图10-1-22　剑门关区域示意图

图10-1-23 石笋峰

图10-1-24 天然城郭

剑门在蜀道中心区大剑山中断处,两峰对峙,自成狭窄的隘口。七十二峰列阵守险。远眺,石角北向,宛若天然城郭,诸葛亮相蜀,立为石门,始称剑门(待考)。

翠柏摩云,环崖高耸,是剑门精气神所在。关口有"云环耸翠"大碑,蜀汉姜维墓。

图绘自剑溪桥(大剑溪)沿剑泉(凉水沟)、飞仙阁、石庙子上行,山路险陡,迂回曲折的古栈道。从扇子石向关门爬行,路宽丈余,有一百〇八级梯步直抵关门。关口是高耸云层的卷檐敌楼,两侧是参天欲坠的悬崖,左下是数十丈深涧,险峻之极。

按:此图剑阁桥未画作拱桥,想是心在蜀道或归而追忆所作。此画未画石笋峰,或是石笋峰画到右边去了?右边宜为七十二峰。

剑阁道,乃指大剑小剑山之间的栈道,石牛道、金牛道。前有张仪、司马错伐蜀,后有诸葛亮架栈阁入川,皆从此。

《华阳国志》记:"武侯相蜀,在大剑山凿石架空建三十里阁道,始为飞阁以通行旅。"这一阁道,乃自大剑山的剑门关口,直关小剑山的大石林。[1]

《山海经》记:"大剑山东北三十里有小剑山,后唐置小剑戍。"《水经注》:"小剑戍西去大剑山三十里。"

《元和志》记:"小剑城至大剑城四十里谓之栈道。自县(指益昌百田坝一带)西南逾小剑口入大剑口,即秦张仪、司马错伐蜀所由路也,亦谓之石牛道……"

图10-1-25 清代罗聘《剑阁图》

1 (晋)常璩撰.汪启明、赵静译注.华阳国志译注.成都:四川大学出版社,2007年版,卷二.汉中志,第68页唐代张文琮《蜀道难》[1]：

> 梁山（大剑山）镇地险，积石阻云端。
> 深谷下寥廓，层岩上郁盘。
> 飞梁架绝岭，栈道接危峦。
> 揽辔独长息，方知斯路难。

图10-1-26　剑门关后关门曲桥

图10-1-27　剑门关山道

图10-1-28　剑门关手绘示意图

1　彭定求等.全唐诗.上海：上海古籍出版社，1986年版，卷一函第八册，第130页杜甫《剑门》[1]：

唯天有设险,剑门天下壮。
连山抱西南①,石角皆北向②。
两崖崇墉倚,刻画城郭状。
一夫怒临关,百万未可傍③。
珠玉走中原,岷峨④气凄怆。
三皇五帝前,鸡犬各相放。
后王⑤尚柔远,职贡⑥道⑦已丧。
至今英雄人,高视见霸王。
并吞⑧与割据⑨,极力不相让。
吾将罪真宰,意欲铲叠嶂!
恐此复偶然,临风默惆怅。

① 有利于地方割据。② 显与中原朝廷为敌。③ 化用李白《蜀道难》中的"一夫当关,万夫莫开"。傍:靠近。④ 岷山和峨眉山,都在四川。⑤ 指夏商周三代的君王。⑥ 专指贡物。《周礼》:"制其职,各以其所能;制其贡,各以其所有。"⑦ 即上"鸡犬各相放"之道。⑧ 指王者,如秦始皇等。⑨ 指霸者,如公孙述、刘备等。

梁山寺位于大剑山绝顶。始建于唐,扩建于南宋,历代修葺。有两院一庭兼逍遥楼一处。庭中紫荆树与庙同龄,树前为荆井,现已枯,堆有假山。绵阳子云亭附近也有紫荆树一棵,粗只及此树左上枝,称有二百余年,此树之古可知! 寺里原有儒释道三尊六像十八怪罗汉。

历代夺关百次以上,古刹灭损。20世纪70年代,梁山寺毁像留庙,紫荆树独存。传此树乃梁武帝时志公和尚植。

图10-1-29 作者在梁山寺

对联:

门外飘香,满树荆花拂佛面。
堂中说法,一池清水映禅心。

有诗:

1 彭定求等.全唐诗.北京:中华书局,1960年版,卷二百十八,第2301页

图 10-1-30　姜维营垒

图 10-1-31　石胄

图 10-1-32　梁山寺指松和尚于清乾隆九年（1745）舍身跳崖

指松修道几十年，
飞身凌空石刃前，
岩下遗囊跏趺坐，
只因打破太极圈。

唐明皇幸蜀闻铃处

"唐明皇幸蜀闻铃处"石碑。

清光绪二十年（1894）立此碑。"文化大革命"被破坏，近年修复，重刻石龟和"唐"字。

翠云廊

清康熙三年（1664），剑州知府乔钵《翠云廊》：

　　自剑阁南至浪州，西至梓潼三百余里，明正德时，知州李璧以石砌路，两旁植柏树千万。今皆合抱，如苍龙蜿蜒，夏不见日。钵因题曰'翠云廊'，且赋诗云。

> 剑门路，
> 崎岖凹凸石头路。
> 两行古柏植何人，
> 三百长程千万树。
> 翠云廊，
> 苍烟护，
> 苔滑荫雨湿衣裳，
> 回柯垂叶凉风度。
> 无石不可眠，
> 处处堪留句。

图 10-1-33　留影于翠云廊

图 10-1-34　"国之珍宝"松柏常青

图10-1-35　古柏标本

龙蛇蜿蜒山缠互。
传是当年李白夫（按：指李璧）。
奇人怪事教人妒。
休称蜀道难，
错莫剑门路。

该树乃"剑阁柏木"，树高27米，主杆高17.7米，胸径1.16米，积材9.4立方米。叶片小而密（在树巅），果实椭圆形，大于柏果，小于松果，顶部枝叶半边是松针，半边是柏叶，故名"松柏常青"，全世界仅此一株。站在旁边照相，意在借光。

杜甫《古柏行》[1]：

孔明庙①前有老柏，柯②如青铜根如石。
霜皮溜雨③四十围④，黛色参天二千尺。
君臣已与时际会⑤，树木犹为人爱惜⑥。
云来气接巫峡⑦长，月出寒通⑧雪山白。
忆昨路绕锦亭⑨东，先主⑩武侯⑪同閟宫⑫。
崔嵬⑬枝干郊原古，窈窕⑭丹青⑮户牖⑯空。
落落⑰盘踞虽得地，冥冥⑱孤高⑲多烈风⑳。
扶持自是神明㉑力，正直原因㉒造化㉓功。
大厦如倾要梁栋，万牛回首㉔丘山重。
不露文章㉕世已惊，未辞㉖剪伐㉗谁能送㉘。
苦心㉙岂免容㉚蝼蚁㉛，香叶终经宿鸾凤㉜。
志士仁人㉝莫怨嗟㉞，古来材大难为用。

①蜀汉丞相诸葛亮庙，在夔州（今四川奉节）。②树枝。③指树皮发白光滑。④与"二千尺"均夸张之词。⑤遇合。⑥谓后人爱诸葛亮而推及古柏。⑦长江三峡之一，在四川巫山东。⑧寒冷清凉之气相通。⑨杜甫在成都所建草堂中亭名。⑩指刘备。⑪诸葛亮。⑫指成都先主庙和武侯祠在一起。⑬高大雄伟。⑭深远。⑮此处指庙内的彩绘壁画。⑯门窗。⑰孤立不苟合。⑱天空。⑲指古柏挺立秀拔。⑳大风。㉑此指自然。㉒原本是因为。㉓即造物主。㉔夸张古柏树材之重，万牛也无法搬动。㉕华美的文采，此指古柏的纹理美妙神奇。㉖不辞，不逃避。㉗削除，砍伐。㉘运送。㉙柏树之心味苦。㉚藏身。㉛蚂蚁。㉜喻贤人。㉝隐居的高士。㉞指叹气。

1　彭定求等.全唐诗.上海：上海古籍出版社，1986年版，卷四函第二册，第529页观量断面年轮约0.8—1毫米/年。灌县二王庙有段古殷柏残骸,记直径为3.6米,碳测为3 410年。

实际生长	年轮(毫米/年)
3000年	0.6
2800年	0.643
2600年	0.7
2400年	0.75
2200年	0.818
1800年	1.0

图10-1-36 灌县二王庙有古殷柏残骸

剑溪桥

过 剑 溪 桥

看山晓度剑溪桥,踏雾衔云马足遥,
见说金牛经历处,欲将兴废问渔樵。

正德丁丑冬(1517)剑州知州武缘李壁书

《大剑溪明代弘治年间(1488—1505)修建的石拱桥》(揭纪林著《古往今来话剑门》四川大学出版社1992年6月)。

图10-1-37 出土明碑"过剑溪桥"

图10-1-38 剑溪桥

广元皇泽寺

《广元县志》记:"千佛崖……峭壁千仞,逼临大江……先是悬岩架木,作栈而行。唐韦杭凿石

图10-1-39　皇泽寺石刻

为路，并凿于佛，遂成道衢。"但龛中有"天成二年三月十一日……"题记。天成年号有公元556年南朝梁闵帝萧渊明时的年号、唐朝时期安庆绪（758）的年号、五代后唐明宗（927）李嗣源时的年号。

清咸丰四年石刻全岩佛像数为一万七千有奇，1934年修川陕公路，石窟被炸去三分之二，现存大小石龛共四百余。

图10-1-40　千佛崖石柜阁

图10-1-41　千佛崖

图10-1-42　朝天峡先秦栈道遗址

朝天峡先秦栈道遗址

朝天峡四川省重点文物保护单位石碑。

朝天峡先秦栈道维修记

"……沿道险峻处凿石穿木架空为阁即为栈道，今朝天峡东岸绝壁上，尚有栈道遗孔四百余眼。口呈方形，边长四十三至四十五厘米，深九十三至九十五厘米。壁孔稍向内斜。孔底端有一小方眼，横梁楔木扣其内而不易滑脱。壁孔一般为三层，上为雨棚孔、中为行道孔、下为支撑孔。上下左右壁孔间的距离为两米。横梁外延（栈道板面2.5米），板面外围栏杆。峡中段老虎口下最险峻处，壁孔多至七八层，均为历代维修而凿。河底的支撑眼有方有圆，依地势而定。行道孔眼多凿在离长年水位八至十米处……"

明月峡

唐代欧阳詹《栈道铭》[1]：

　　秦之坤，蜀之艮。连高夹深九州之险也。阴溪穷谷，万仞直下，奔岩峭壁，千里无土。亘隔岈绝，巉巉冥冥，麋鹿无蹊，猿猱相望，自三代而往，踌足莫之能越。秦虽有心，蜀虽有情，五万年间，夐不相接。且秦之与蜀也，人一其性；物同所宜。嗜欲无余门，教化无别原。可贸迁，可亲昵，掔坼地脉，睽离物理，岂造化之意乎！天实凝清而成；地实凝浊而形。当其凝也，如熔金下铸，腾云上浮，空隙有所不周，回翔有所不合。澄结既定，窾缺生乎其中。西南有漏天，天之窾缺也；于斯有兹地，地之窾缺也。天地也者，将以上覆下帱，含蓄万灵，可通而必使通者也。苟有可通而未通，则圣贤代其工而通之。故有为舟以济川；有为梯以逾山。惟兹地有川不可以舟涉；有山不可以梯及。粤有智虑以全元造，立巨衡而举追氏，縋绠以下梓人。猿垂绝冥，鸟傍危岑。凿积石以全力，梁半空于未用。斜根玉垒，旁缀青泥，截断岸以虹矫，绕翠屏而龙蜿。坚劲胶固，云横砥平。总庸蜀之通途，统岐雍之康庄。都邑之能步，山川之无胫。若水决防，如鸿向阳，南之北之，踵武汤汤。跻峨峨以自怡；临苍苍而不惧。由是贽币以遥达，人神以会同。稽礼乐之短长，量威力之污隆。可王者王，可公者公，而相吹以风。或曰：受琢之石长存，可构之材无穷。易刊伐蠹，斯道也，未始有终。呜呼！为上怀来在乎德，为下昭德在乎义。德义之如今日，则或人之言有孚。其反之，则石虽存恐不为琢；材虽多恐不为构。想夫往昔，有时而有，有时而无。是用惕惕，天下嗤嗤，知圣贤创物之意之人寡，明德义固物之道之人稀。敢陈两端之要，铭诸斯道之左。庶主德义者，存今日之所履；踵武汤者，荷古人之攸作。乃铭曰：天覆地帱，本末备设，大象难全，或漏或缺，损多益寡，圣贤代工，彼虽有缺与无缺

图10-1-43　"栈道铭"石碑
（新刻）

图10-1-44　明月峡先秦栈道遗址

1　李遇春纂修，贾言校补.栈道铭.嘉靖略阳县志：卷之五，1963.《天一阁藏明代地方志选刊》本

同。惟北曰秦，惟南则蜀，地缺其开，坤维不续，斗起断岸，屹为两区。秦人路绝，蜀火烟孤，天实不通，贤斯有造。钻坚刬劲，无蹊以道，若川匪舟，若陆匪车。缘危转虚，步骤交如，构虽在功，存亦由德。项怫刘怒，从完以踣；堕落我营，自颠而植。地非革势，材不易林，踣植之致，惠恕之心。勿谓斯道不恒，勿谓斯道可久。礼不以礼，可有而无；恭不以恭，可无而有。创之之意如彼，因之之理若兹。彼知不易，兹而易知。勒铭道左，其因我思。

"颂萧何"石碑（新刻）。

颂萧何·修治剑南道碑

《禅林仙观》载朝天峡东壁刻碑一通之赞扬萧相修治剑南道刘守巴蜀填拆谕告使给军实兴立帝进的功绩五言体古诗，字形汉隶，原碑毁于隋末，唐高宗显庆庚申，重立诗曰：

> 剑南秦蜀道，猿猱愁攀缘，巴山莽绝壁，峥嵘上青天。
> 石仞下穷谷，百渊汇深潭，飞鸟傍危岭，麋鹿没能前。
> 惠王修栈道，张仪亡渝川，阁栈三千里，一别五万年。
> 秦都金光碧，巴蜀冠盖繁，两地物所宜，车轨可贸迁。
> 项羽持兵强，关中封三王，汉沔属高祖，绝栈谋张良。
> 巴蜀富饶地，江山兴汉邦，创业收中原，国富军实强。
> 栈废蜀道难，滞碍弗得前，上则巅峦峻，下则波涛连。
> 横柱堵于道，利石磨确盘，嗟尔远道人，哀叹蜀道残。
> 萧何受帝命，留守巴蜀郡，修治剑南道，千秋降大任。
> 南栈出汉沔，天梯七盘进，沿崖凿石窦，础稳石柱定。
> 惟斯漫天寨，峭壁绝巉巉，峰高天盈尺，谷窄难容帆。
> 峡谷长十里，飞瀑雷声喧，波涛击绝道，江水折回环。
> 凿石穿木梁，临渊立桥柱，阁楼三百间，飞檐凌云渡。
> 日间乘千辆，常年车迎布，使节纷轮蹄，行旅踏歌步。
> 贤者萧相谷，巉石劈道路，秦蜀紧相连，暗把陈仓度。
> 关中灭三王，霸王乌江渡，高帝真天子，萧相擎天柱。

1992年5月1日朝天区人民政府复制

栈道桥面过窄。

明朝杨慎《栈道碑记》记："……栈阁凌虚，下临食（含）呀，层岩峭绝，衲木垣铁，因而广之，限以钩栏，狭深径陉，从而拓之，方驾从容。"方驾乃并车而行，此乃并骑，仇英画中有并骑而语者。

衲木垣铁。衲木易解。若垣字不误，是否为铁镍打于木之三侧（上、左、右）？

懂了，原来是道很狭窄，没有栏杆，只一边山上凿小孔，装扶手铁链，刘禹锡加宽了路面，加上栏杆，铁链就不要了。

图10-1-45 复原的古栈道（一）　　　　　　图10-1-46 复原的古栈道（二）

图10-1-47 广元筹笔驿石拱桥（13孔尖孔）

青城山

陆游《将之荣州取道青城》：

> 倚天山作海涛倾，看遍人间两赤城。
> 自笑年年随宦牒，不如处处得闲行。
> 草痕沙际犹余绿，枫叶霜余已带颓。
> 归去还堪吒儿辈，锦囊三十六峥嵘。

《宿上清宫》：

九万天衢浩浩风，此身真是一枯蓬。

盘蔬采掇多灵药，阁道攀隮出半空。

……

《自上清延庆归过丈人观少留》：

再到蓬莱路欲平，却吹长笛过青城。

空山霜叶无行迹，半岭天风有啸声。

细栈跨云萦峭绝，危桥飞柱插澄清。

玉华（楼高）更控青鸾住，要倚栏干待月明。

图10-1-48　青城山后山栈道（一）

图10-1-49　青城山后山栈道（二）

图10-1-50　青城山后山栈道（三）

图10-1-51　作者在古栈道遗址石孔

图 10–1–52　石雕

1993 年 3 月 28 日作

青 金 行

1994年5月7日至23日，乘船至上海开国际斜拉桥会，会后赴青浦调查古桥，便中返朱泾小住，寰治(弟)处、璐雪(妹)来朱泾，姊妹兄弟五人相会，其日程如下：

5月7日中午12时，江汉8号轮船离汉，船上读南怀瑾《禅宗与道家》。

5月8日一日读书。5时许抵南京，过长江大桥，主机故障，抛锚一小时，续航。

5月9日近中午抵申，坐出租到宜山路千鹤宾馆，会见石珊、郑明珠、凤懋润、范立础等熟人。和谢天祥、治(弟)、雪(妹)通电话。晚天祥、小王(司机)来约定日程。

5月10日开会，会见刘正光、邝先生，长谈。请Leonhardt(莱翁哈特)公司代表向莱(翁哈特)老致意，老范践诺，周念先教授坐轮椅来开会，坐一处。摄录像，电视播放。晚间宴请，范珊珊来长谈，劝勉之。

5月11日开会，会中外老友，日本明石重雄等，参观展览会弗氏锚头，录像、电视播放。听Normande(诺曼德)介绍，十分精彩。

5月12日上午开会，下午与刘、邝逛钱币、邮票、粮票、古玩市场。

5月13日上午休息。下午3时，青浦来接，住青浦宾馆，包房。晚食鲈鱼莼菜，休官去也。餐后至谢家，收藏甚富，但限于青浦。

图10-2-1　青浦金泽普济桥

图10-2-2　青浦金泽天王阁桥

5月14日去朱家角、金泽看古桥。午餐。回青浦，下午去白鹤，回青浦。

5月15日上午经练塘(陈云老家)，枫泾午餐，在车上以"大哥大"和治(弟)通话，下午抵朱泾，住治处，大姊、雪(妹)已在，晚间在寰清处吃饭。

图 10-2-3 青浦金泽万安桥

图 10-2-4 青浦金泽紫石桥

图 10-2-5 青浦练塘朝真桥

图 10-2-6 金山、青浦交界处和尚泾桥

　　5月16日上午循万安桥（按：其母殉难处）、横街、下塘街一行，兄光彦舅妈、遇永春和一八十余老妪，知道唐家，下午闲叙。

　　5月17日原定晚回青浦，因谢车被撞，修理，原计划改变，多住一天，晚访阿甲（儿时伙伴）。

　　5月18日上午仍循万安桥，到还照桥，去兮

图 10-2-7 朱泾万安桥

图 10-2-8 姐弟老屋合影

图10-2-9　青浦曲水园小石拱桥

（姐）处，看新木桥、中心小学，摄银杏，晨送雪回周浦。下午3时，青浦来接，住青浦大酒店。

5月19日上午游曲水园、博物馆，中午得回汉船票。

5月20日上午退房，赴朱家角、周庄看古桥，朱家角小王家午餐，下午别天祥，驱车至码头，下午6：30江申1号轮船离申，吹风损腰。

5月21—22日在船上。

5月23日上午9时抵汉，坐三轮车直到家门口。

罗星桥·赠阿甲

图10-2-10　罗星桥

忆昔同窗日，拳拳赤子心。
滚钱近银杏，烫手作莲蓉。
中岁一相会，调弦弄竹声。
廿年契阔别，见面问儿孙。
随老古稀至，重轻病缠身。
陶情时作画，得句亦微吟。
我去江湖住，君留故土情。
有缘复得见，松鹤两精神。

戚家桥

岂是花桥水阁，不同洛邑之层。
长藤躺椅一壶清，弦索莺声倾聆。
雅处谈天说地，俗来阛阓方城；
优游水月乐太平，皓魄朝晖虹影。

绍熙癸丑四年（1193），杨潜著《绍熙云间志》曰：

船子和尚名德诚，初参澧州药山弘道俨禅师俨云，子以后上无片瓦，下午锥地。大阐吾宗。与道吾、云岩二人为道契。自离药山乘小舟往来松江朱泾，以纶钓舞棹，随缘而度，号船子和尚。夹山善会禅师，初参石楼，住京口鹤林寺。道吾过之，知其所得尚浅，令参船子。会至朱泾，见诚大契宗旨，辞行回顾酉四，诚唤会回立，起桡曰，汝将谓别有处耶，乃复舟入水而逝。咸道十年（869）僧藏晖即其处建寺庙。

船子和尚诗三首

千尺丝纶直下垂，一波谚动万波随。
夜静水寒鱼不食，满船空载月明归。

二十余年江上游，水清鱼儿不吞钩。
钓竿斫尽重栽竹，不计工程得便休。

三十余年坐钓台，钩头往往得黄能。
锦鳞不遇虚劳力，收取丝纶归去来。

船子题松泽西亭

一叶虚舟一副竿，了然无事坐烟滩。
忘得丧，任悲欢，却教人唤有多端。

一任孤舟正又斜，乾坤何路指生涯。
抛岁月，卧烟霞，在处江山便是家。

愚人未识主人公，终日孜孜恨不同。
到彼岸，出樊笼。元来只是旧时翁。

新木桥

船子覆舟处[①]，童年日日经。
英雄暮齿看，得失一生轻。
新屋光里间，庙堂化劫尘。
枫杨与银杏，千岁祝青青。

① 船子覆舟在朱泾新木桥桥北块，桥头有唐石幢。"文化大革命"被拆。寺本名建兴，治平元年（1064）改名法忍。俗称西林。后废改为朱泾及民强小学。

还照桥

明洪武年间（1368—1398）造。

图10-2-11　还照桥

阿大携孙过石桥[①]，酒酣醉步乐陶陶。

儿孙还拜桥神护，轻柩重幡隔岸遥。

[①] 澄十岁，祖思齐（东皋公）携之赴桥头赤思街茶馆东家吃喜酒，澄醉归。抗战逃难，大大（祖父之称）死于匪盗，以薄皮棺材盖屋放田头。胜利后，与小叔娶阴婶，三柩大出丧。子、孙、女、婿全回家，白幡孝帏与吊客吹打。僧徒长里许。过此桥拜神，以求通过。

万安桥

秀州塘前立，冠年曾有诗。

白头吊生母，含泪问当时。

谢世宜蒙目，停骖恋阿儿。

劫魔天下事，欲语还无辞。

井带长虹放生桥

放生桥为上海地区现存最大最长的石拱桥。1987年，定为上海市第四批文物保护单位。每当一批海外侨胞回到阔别几十年的家乡，都会情不自禁地赞道：“放生桥！放生桥还在！”

那么放生桥究竟因什么特点而颇具魅力呢？

放生桥位于朱家角镇，横跨于镇东首漕港河上。桥身全长70.8米，高7.4米，上宽4.3米，下宽5.8米，石台阶桥面，一边60级，另一边52级，中孔跨径较大，跨13米，两边孔依次为8.8米、6.2米递减。桥拱采用纵联分节并列法砌筑。中孔9节拱石，两边孔分别为7节、5节，每节由9块拱石并列而成，上下拱石间有独块横节石联系，桥台座石也为整块，显得十分稳固。全桥一律采用色泽一致的花岗石砌筑，颇为考究。桥墩极薄，仅0.6米，便于船只在桥洞下通行，且易泄洪，故桥墩迎水面方向未设分水尖，这是一大特点。由于设置薄墩，加上桥拱自然递减，全桥形成一个缓和顺适的纵坡，妥善地衔接地势较低的两岸，既方便行人上下，又使整桥外观秀丽。建造薄桥墩，坚固省料，布局合理，雄伟而又轻巧，大大增加了技术上的难度，因此它是桥梁技术史上的一大进步。

放生桥上石刻技艺也十分高超。龙门石上镂有盘龙八条，环绕明珠，形态逼真，桥顶四角蹲着石狮四只，仰头张嘴，栩栩如生；中间有竹节望柱，桥顶中央砌着一块雕花石板，石板式桥栏分段较长，每块栏板长3米不等，高52厘米，宽19厘米，四角方整，棱角分明，既稳固又轻巧，柱石上还刻有楹联，字迹清晰可辨。桥东建有碑亭，供行人憩息。古时24里长漕港仅此一座大桥，南堍为朱家角镇，隔岸为昆山井亭，“烟波渺弥，南北居民错趾骈肩”。元代时就已成交通要道，因是淀山湖出口处之一，“来往船只，呼艇争渡，又常夜泊于此”。临水筑以石驳，石驳凿以锁缆孔,为舟楫停泊所用,可见放生桥附属建筑也颇完备。

放生桥最早建于明隆庆五年(1571),由慈门寺僧性潮募款建造。民间还流传着五个乞丐"抛枣定基"的传说,这里所谓的抛枣,实际上就是测量桥墩位置。这个传说虽然有点神话色彩,却也能说明古时桥工在建造大桥前选择桥基时是十分谨慎的,且具有一定科学性。

清嘉庆十九年(1814),又募款重修。县志曾有过记载:"……岁久,渐就倾圮……是则觉师之不辞劳瘁,诸同志之利济,是邦者,皆可记也。"叙述了修桥原因,所用时间,经费以及倡捐的人不辞劳累为大众,只要行善,值得永记。

图10-2-12　朱家角放生桥

20世纪80年代,在政府的关心重视下,对放生桥进行了加固,桥墩作了防冲撞措施,使放生桥鹤发童颜。

古时,放生桥曾为朱家角镇"井带长虹"十景之一,目前全镇仍保持着浓厚的江南水乡的格局和风韵,被列为上海历史文化名镇。放生桥成为古镇上的一大特征,因它地处淀山湖要冲,吸引着越来越多的中外宾客,同时络绎不绝的美术、摄影爱好者也常来为它描容画貌,摄录倩影。

放生桥录入1990年《上海之最》。

诗情画意——西石桥

朱家角历史悠久,宋、元时已成小集市。因水运便捷,商贾云集,人烟繁盛有"三泾(朱泾、枫泾、泗泾)不如一角(朱家角)"之誉。

东湖街,西湖街在朱家角镇两市。西石桥就横跨市河两梢,连接两街。建于清雍正二年(1724),乾隆三十八年(1774)重修。西石桥也称福星桥,单孔石拱,均用青石,纵联分节并列砌法,9段8节横节石,每节9块拱石,外圈采用花岗石镶边,桥宽4.22米,桥高5.50米。

西石桥东为居民住宅区,并建有名人宅第,修竹吾庐、菊隐轩、崧少小房,濯锦写等。西石桥西侧,是农家村舍,水清地绿,林烟袅袅,一派田园风格。西石桥上的楹联也是一首不可多得的好诗。

> 潮涌越水飞龙卧,云接吴山挂月钩;
> 一水锁留佳气绕,千年环见彩虹垂。

桥面连续——迎祥桥

在我国数以万计、形式各异的古代桥梁中,具有砖木、砖石、木石结构的古桥屡见不鲜,而青浦金泽迎祥桥熔砖、木、石三种材料为一体,特殊组合成连续桥面简支梁结构,浑然一体而独具特色,十分罕见。

迎祥桥位于金泽镇南市梢，始建于元至元年间（1335—1340），明天顺六年（1462）由黄子秀施桥柱重建。清乾隆三十二年（1767），里人黄汉东醵资重建，清乾隆五十六年（1791）由胡国庆重修，1979年5月，市县拨款维修加固，定为青浦县（今青浦区）文物保护单位。元时，桥旁有万寿庵，香火极盛时，人呼之为"小天竺"。"月印川流，水天一色"。迎祥桥南为平畴沃野，翳林水泽。"迎祥夜月"为金泽古八景之一。

迎祥桥为7孔6柱（2.9+4.3+5.0+6.35+5.0+4.3+2.9），全长30.75米，中间5孔跨河，两边孔已填满土延伸至河岸上。桥宽2.41米，梁底标高6.07米。桥墩为石柱式墩，每墩由4块大青石并列而成，石柱壁顶面横置石盖梁，石盖梁上琢有半圆形凹槽，以稳固地搁置5根25厘米粗的楠木梁。上部桥面结构为砖木组成，即在楠木梁上横铺枋板，枋板上用糯米石灰拌浆砌筑青砖，形成整体砖桥面，在桥面两侧用水磨笭底砖覆贴，既可保护木梁，又增加桥体美观，还起到压重稳固作用。

迎祥桥以砖、木、石三种材料特殊组合成，为上海地区结构最独特的古桥，亦为国内少见，在我国桥梁发展史上占有重要地位。《人民画报》《桥梁史话》《中国古代桥梁》等曾刊登介绍，使这座具有研究价值的古桥更享声誉，同时也引起了不少读者和桥梁研究工作者的兴趣。日本金泽有个桥梁专家在沪工作期间，慕名专程赶到青浦金泽观看了这座古桥，是异国"同乡"的巧合还是先辈的高超技艺的魅力，竟使日本专家流连忘返，感慨不已。

过去对迎祥桥的认识仅着眼于其材料的组合。20世纪80年代初，上海桥梁专家对该桥又进行了一次细致的实地考察，并用现代力学理论对这座古桥的结构原理进行了验算、考证，发觉迎祥桥上部结构承载能力符合现代桥梁设计的计算方法，更有趣的是这座古桥还具有现代公路桥梁连续桥面简支特殊功能的雏形。

桥面连续，而主梁简支是近年来国内外流行的一种桥梁新颖结构，它的优点是改善行车条件，且内力小，节省材料等。迎祥桥上的楠木梁可看作是现代桥梁上的钢筋混凝土梁简支地搁在桥墩上，而桥面上密铺的青砖形成一个连续整体的桥面，似现代公路桥梁水泥混凝土连续桥面，所承受的外力均匀分布于桥面，其间"青砖"主要承受弯压，而此时外力传递至强韧的木梁上，由木梁承受弯拉。砖、木发挥各自特长，共同承受外力作用。通过组合作用和桥面连续功能的验证，又发现这种由两种材料组合的桥面较简单的叠合，其承载能力可提高4—5倍，这说明了我国古代桥工对材料性能和结构性能的认识水平已达到了一个高度。作为桥面连续简支梁形成，可以说早在六百多年前已在我国存在，虽然当时的这种桥所能承受荷载的能力远不能与现代的路桥梁相比，但其结构原理的应用却异曲同工，正如算盘和电子计算机的差别一样。

迎祥桥可称现代桥面连续简支梁桥的鼻祖。

图10-2-13　作者与谢天祥先生在迎祥桥前

特殊材料——余庆桥

自从《人民画报》刊登了上海金泽迎祥桥后，迎祥桥以它的独特桥型令世人瞩目。那么，有没有第二座这样的古桥呢？有。在一次古文物普查中，沉睡了六百多年的练塘余庆桥终于被发现。

余庆桥位于练塘乡四农村港，俗称"砖桥"，全桥三跨（4.8+7.0+4.15），长 15.95 米，宽 2.6 米，梁底标基 5.80 米。桥的两堍连接村舍小道，凌空横跨，高屋建瓴，显得雄壮挺拔。重力式桥台采用整齐条石砌筑，石柱式桥墩由两根方条石插入河底的座石榫口内作立柱，柱顶上安置石盖梁，其面琢有凹口，以承托木梁。边跨搁置 5 根 25 厘米直径的楠木梁，中跨搁置 9 跟直径稍大的楠木梁，木梁上密排小枋板，枋板上铺砌青砖，桥面两侧也覆贴水磨方砖。整个上部桥面形成了一个典型的连续桥面简支梁形式的结构体系。

余庆桥与闻名的迎祥桥可称得上是一对"姊妹桥"。除了具有上述相同的连续桥面简支梁的功能和力学原理外，连桥的材料如楠木梁、板枋、青砖、水磨砖等几乎一样，连砌筑青砖用的糯米拌石灰浆也相同。前面宽度、建筑高度相差甚微，两桥都具有元代桥梁的风格特点。

这对"姊妹桥"究其谁造？志书未载，但据考证认为，很可能出自一个"科班"之手。

金泽、练塘水乡泽国，历史悠久。南宋时期，金泽以规模浩大的颐浩寺为主体大兴寺庙，古桥建筑也随之兴建，昔时就有"桥桥有庙，庙庙有桥""桥挑庙，庙挑桥"之说，直到现在还被誉为上海的"角直"。宋景定年间（1260—1264），在练塘四农村也建有规模甚大的明圆寺和崇福寺，目前还保存着当时的古银杏两棵。可见当时这一带文化就很发达，经济繁荣。这两座桥均始建于元代，既是适应当时的需要，同时也足以说明那时的江南水乡在桥梁建造技术上已具有相当的水平，无论在桥梁结构型式和建材方面已向特殊方面发展。

金泽、练塘一箭之地，这类古桥仅此两座，从时间上看，余庆桥建造得稍晚，从建筑技艺上剖析，余庆桥又有所改进。

比较迎祥桥和余庆桥在结构细部方面有两个明显差异的地方：

1. 跨径组合长度不同，迎祥桥为 5 孔，中孔梁长 6.35 米，而余庆桥为 3 孔，中孔梁长 7 米。

2. 在桥墩构造上，迎祥桥石柱壁墩，宽；余庆桥为石柱礅，窄。

余庆桥中孔跨径增长后，若仍采用 5 根直径同样大小的木梁，承受能力自然减弱甚至不能满足。当时的桥匠便考虑增大木梁直径和增加木梁根数。有趣的是，通过计算，发现余庆桥中孔上部桥梁断面与迎祥桥中孔 5 根木梁所组合的断面达到的承载能力几乎相同。古代的桥工是依据什么原理又是如何去计算古桥结构承载能力的呢？这不禁使现代桥梁研究者产生惊奇感。另外，迎祥桥石柱壁墩是由 4 块大青石并列支撑而成，上下盖梁所受弯压弯拉力均匀平衡，而余庆桥石柱墩则是由两块条石相间支撑而成，由于石头脆性，石柱墩上石盖梁容易受重力而折断，现代的钢筋混凝土桥梁立柱或上下盖梁通常也采用加斜钢筋，骨架网片架立钢筋来满足受力要求。余庆桥能采用石柱墩，足以说明古代桥工在桥墩结构上作了大胆尝试。

上述这两个相异处，恰恰表明了余庆桥的建造技术、材料应用方面在迎祥桥的基础上通过摸索，积累经验，大胆尝试而确实有了一大提高，更臻完美。

余庆桥的发现，为研究上海古代桥梁，从而进一步研究中国桥梁发展史提供了实物依据，不愧为古桥梁中又一件难得的"珍品"。

坚拔爽朗——如意桥

图10-2-14 青浦金泽如意桥

如意桥位于金泽镇南市东胜港口，南堍原有南圣堂小庙，又名祖师庙，故桥又称祖师桥。是桥始建于元至元年间（1335—1340），明崇祯年间（1628—1644）重修，清乾隆三十三年（1768），本地人黄汉东和僧济贤再修。但到了光绪年间，桥又毁。现在所看到的是清光绪二十五年（1899）由里人胡昌基、王渊、朱衡募款重建的弧形单孔石拱桥，俗称新桥。现桥长20.8米，桥面宽3.2米。全桥由一色打凿的花岗岩砌筑，石柱、石栏线条明快，它的弧拱倒映碧水，虚实相接，恰成一圆。真是"横桥远画如游龙，明珠影落长河中"，众星拱月，相映生辉，整个桥体称得上是一件大型的完美艺术品，也是现存古桥中最完整的不可多得的石拱桥。桥面雕凿盘龙，右端有如意图案。它的侧壁楹柱上刻着寓意深刻的两副对联，至今仍十分清晰。

其一，相传是地方绅士所作："顾名思义祖师庙主善为师，前果后因如意桥发心遂意。"

其二，相传是明朝军师刘伯温所作："化险境为坦途千秋如意，赖博施以济众一路平安。"

上海青浦金泽总管桥

图10-2-15 青浦金泽总管桥

桥北有总管庙故名，在如意桥北，又名放生桥，始建年代无考。明崇祯年间（1628—1644）重修，清乾隆五十六年（1791）陈开诚重建。桥长25.2米，宽2.5米，圆弧形单孔石拱，牛过此桥必下粪，故又名下粪桥。

万安桥

在金泽镇北市，有座万安桥，至元至正二年，桥上建廊亭，古又名亭桥，该桥建于南宋景定年间（1260—1264），明嘉靖年间（1522—1566）及清乾隆年间（1736—1795）两次重修，并立碑勒石。桥为单跨圆弧石拱桥，长29米，拱跨9.8米，宽2.6米。

万安桥是古桥中的魁首，全用紫石建成。拱檐石上还刻有不断云彩，其手法同颐浩寺"不断云石"。元廊亭用大寺（颐浩）盖殿之余楠木而为之。东堍原有佛阁亭桥，人呼旱桥，1959年列为青浦县文物保护单位。

普济桥

普济桥在镇南市梢,俗名圣堂桥,紫石桥。与万安桥式样相仿,也建于宋代,宋咸淳三年(1267)、清雍正年间(1723—1735)两次重修。该桥长26.7米,拱跨10.5米,桥宽2.75米,为弧形单孔石拱桥。桥顶外侧有"咸淳三年"题证,今仍依稀可辨。因桥身用紫石建成,故又称紫石桥。每当雨过天晴,紫褐色的光泽晶莹夺目,简直像座宝石桥。普济桥与万安桥共称姊妹桥,像这种圆弧形宋代石拱桥,国内现存不多。关于普济桥的结构特点,《中国名胜词典》作有介绍。

图10-2-16 青浦金泽普济桥

光绪《青浦县志》嘉庆二十二年《松江府志》有记。

上海市文物保护单位。

金泽——古桥"博览馆"

金泽镇,古为白苧里,原名"金溪"。《江南通志》说"稿人获泽如金",又说"拾石如金","石""泽"土语同音,后称金泽。日盛于宋代。

金泽镇素以古桥特多而闻名。古时有桥42座,称得上江南水乡古桥王国。古人曾生动形象地描述:"金泽以为镇也,户口云屯,帆樯鳞集,弦诵者科登甲乙,懋迁者家裕奇赢,四面滨河,四环绵亘,不诚为青浦只要地胜区哉!镇故有寺,外有桥,畔有阁。稽诸记载,寺建于宋之南渡,名曰颐浩,而弥陀阁附焉。镇素以多桥著闻,四方津梁蜿蜒崇隆,跨通津而宏利济,尤为一地要冲。"据旧志载:"金泽四面巨浸,内多支流,桥梁尤多于他镇,古称四十二虹桥。"

朝真桥

朝真桥,又名圣堂桥,位于市河适中。此桥是镇上最高最大的单孔拱桥。拱圈为7节分节并列砌法,全桥基本材料是花岗石,但是桥洞外框则采用青石镶嵌,桥栏也是青石镂空栏板,颇是精巧。花岗岩踏级南26级,北15级处设平台,转入西12级,东11级,与街市平行。有碑可证:市心旧有隐真仙院,创自赵宋间,山门前有木桥,名朝真,岁久倾圮,后有道人胡善勤

图10-2-17 青浦练塘朝真桥栏杆

倡捐而以石重建,明嘉靖三十四年立碑。至清康熙三十三年,仅一百多年而圮。镇上居民纷纷发愿重建。次年即动工,似有神运,仅百日就工成。康熙四十二年(1703)复碑。桥两侧石柱楹联意思,也是为建桥者歌功颂德。

　　此桥上长有一棵石榴树,每当结果时,住在桥边的老婆婆总是手指石榴,乐滋滋地讲着一个个动听的传说,引来一群群天真的孩童。

白鹤塘湾桥

女中豪杰周秀英,
大红裤子小襟身。
手拿达到百廿斤,
塘湾桥上杀四门。

图10-2-18　金山老屋天井合影

香港之行一

交通部于1991年决定修建沿海高速公路,可见我的建议是在行动了,然而当年倡议者竟不知情,只是见诸报端。

1994年5月刘正光(原香港路政署处长、高工)来武汉时,我仍在大桥局工作。刘夫妇至舍下,他告诉我1995年香港将召开"21世纪国际桥梁会议",在征求文章。于是我便以1989年上书江泽民总书记,建议修建沿海高速公路和三大海峡跨海工程为题,撰文投香港。

1994年11月,广东虎门咨询公司因广东省交通厅决定研究琼州海峡桥,我原为该公司咨询专家,乃决定聘我参与琼州海峡工作。不久便受聘于广东虎门咨询公司,作前期可行性研究。

承公司出力并经刘正光的鼓吹,得以赴港与会。

因为已经受聘于虎门公司,赴港一事再找大桥局或铁道部,必多困难,决定用旅游护照。经联系,武汉每人6 800元,广州本地人2 800元,为我们可单办但要收4 800元(只办来回,到港可自由活动)。公司决定就在广州办,8月20日交了费。9月1日报纸登载,凡在广州工作一年以上可由广州办,差十天旅行社多赚我们每人2 000元,也可能他们早就知道的。

此次赴港算出差,住省交通厅在港的招待所。出去本不准备置什么行装,不料去日本时买的皮鞋(1980)脱了线,于是到大学鞋店买皮鞋,一双247元。行李十分简单,带了去美国时用的公文包,一短两长三件衬衣,两根领带和会议资料,一把伞,药品、助听器等等。作为公差,一切费用公司付,会议注册5 000港元,公司给每人一万港元,自带人民币4 600元(钱需完好无损,否则不收),现今港币兑人民币的比值是100∶107。

1995年9月30日

公司小潘、小陈开道奇送至东莞旅行社报到。同行的有陈守容(原大桥局副总工程师,同在虎门公司)和岑总夫妇、广州粤龙之旅旅行社小甘(爱萍)。我的"往来港澳通行证"证号:3492525,签证号:20522。东莞的旅行社在应元路一间小门面,一共只有四个人,属于农民旅行社。原来广州粤龙之旅旅行社只和东莞挂钩,东莞的旅行社才和中旅挂钩,替外地游客开临时居住证。说我是住东莞可园路28号(也不知道是个什么地方),1994年住了一年,1995年再延长一年,如此等等,就是为掩盖旅行社多收费真相。

拿了临时居住证、旅行社牌子,填了表,住进一家双龙酒店。住定下来,吃了一顿简单的饭,睡一会儿,驱车去太平镇(属东莞)。逛了太平镇一个商场,只是我不太喜欢逛百货商店,看商品而不买。进一家美国冷饮"康乃迪",又因血糖高只能喝无糖牛奶咖啡一杯。回双龙酒店,晚餐在"太湖海鲜酒家",住一宿。

1995年10月1日

国庆节

晨起华侨大厦早餐后,上车,编为A、B组坐旅游车。原定8:30出发,因部分农村团员需坐的士从远处来,故迟开一个小时。为了牢靠,公司车直接送我们到皇岗出境后再回公司。

当年皇岗建落马洲桥时,我和国梅(妻子)由钱胖子(按:大学同学、同事,最要好的朋友之一)夫妇陪同来过此处。桥系大桥局承建一半,香港包给韩国一家公司建一半。当年来此桥上,虽已完工也只能走一半,中间还隔离着,其实那边也是中国领土,却过不去。

过皇岗海关,主要是看看"通行证",即像护照一样的本子。卫生间收费0.5元。上车,开过落马洲桥再过香港海关,也仅是核对,旅行社名单上我的名字打成了"唐宇澄",好在以通行证为准。换香港来接的人和车,大陆旅行社的人不过去。

一路行来,道路平整清洁,新界地区人烟较少,比较安静,盘山绕屋,已多高楼。车行靠左,车道虽不宽,但都循行,较少越道行驶。至九龙已12时左右,先在尖沙咀四季海鲜酒家午餐,旅行社付费,全程我们是除了交通仅管此餐。在餐厅老陈给珠江公路工程有限公司的钟小姐打了电话(其实她女儿都很大了),这是出发前就联系好的,在香港住他们的招待所。饭后,车送我们到"京港酒店"。

一进酒店的门厅,首先见到的却是刘正光,他带了他女儿玛丽(Mary)在等我们,且中饭都没吃。在那里,老陈交代了一大堆岑总请刘办的事。即虎门大桥的主钢丝接合器、投影仪灯泡等等,他都一一接办,和岑总的交情也不错。事后他和我说起虎门公司中诸人,认为岑为人好,他介绍去虎门的中外朋友,岑都很好的接待。刘的女儿现在大会服务组帮忙,本由她带我们去大会注册,后小钟经理也来了,就由钟先带我们去住地,然后再去注册,并请我们吃晚饭,于是刘父女俩先走了。

我们带了行李乘地铁从九龙的旺角站到香港岛的金钟,换乘荃湾线到西部终点上环,然后走路(略有一段上坡)到荷里活路209号"古今阁"。这是一幢十五层的公寓,大概是公路公司买了几套,以做招待所用。所谓荷里活(Hollywood Rd)路国内译为好莱坞。

房子为两室一厅、一厨、一厕,空调、电视、电热水、煤气灶,是为一小小住家。给我们大门钥匙一、单元铁门一、木门一、内房门一,共四把钥匙。

这一区一路走来有很多大大小小的古董店,这就是一部分盗窃文物出现的窗口,陶俑、古瓷、佛头等,陈列的满橱窗都是。时间和工艺品可以换钱,以供有钱者赏古,古之与今其关系岂止在此!

坐地铁时钟经理每人赠一张20元地铁券,自住处到会议地方可以有四个来回。休息一下后去湾仔会议中心报到。报到时取了一包文件和地图,重点是一本论文集和最后会议日程表。在注册时遇见大桥局李沄沧副局长和林荫育副总工。因我有论文,故还有一本宣读注意事项等。刘正光姑娘玛丽亦在注册处帮忙。

根据注意事项,有报告的作者还得向大会递交一份个人简历。我做报告的主席是Ostenfeld,BCOWI公司工程师,与我有通讯联系,问会务组人说已经来了,但未见到,此事暂搁一搁。

注册完出外,会议中心有人行天桥与过马路的大厦相连。香港人行天桥的特色是每屋都有盖装饰和建筑物相称。此乃中华的联厦复道。从会议中心南去湾仔地铁站,一直有天桥相通。天桥除有盖外,上下有梯道和人行电梯,设缓坡残疾人通道,这种设计原则,使所有人不视上下天桥为畏途,这在国内还做不到。

钟经理公司晚在庄士敦道的翠湖海鲜酒家设宴。时已傍晚,华灯满街,热闹的商业区,人来人往、来来往往,繁华喧闹。这个世界永远有各个时代不同的热闹场面。电子世界当然更五彩缤纷,且是活动的广告,比广州更甚。钟带我们找到酒家,上楼,原来其姑娘已先在酒家占座了。铺内布局与广州无异。点菜,龙虾两只、羊肉火锅、酱鸡,还有什么海鲜等不少菜。席间交谈,知钟调来香港已多年,且家亦迁来,女儿在港读书云云。晚饭后坐的士回住处。我们对门住原交通科学研究院院长,现为虎门公司顾问蔡总。

1995年10月2日

晨起,钟在新光酒楼请吃早茶,同坐地铁去会场。

根据最后日程安排表,第一天上午在第一大会议室Theatre举行开幕式,由香港路政署邝汉生署长主持。邝先生出身于香港巨商家庭,在1994年上海国际斜拉桥会上曾经相遇。经刘正光介绍,并同去邮票、古玩市场买些东西。他喜欢老东西,不一定是古董,只是买了一只旧表,四幅褪了色有水渍的苏绣。回港后,因有心脏病,特约美国的著名教授做手术。教授须赴伊朗,说回来再做,他怕教授旅行太长影响做手术时的精神,又额外出钱先做后旅行。共搭桥六处,花去美金二十万元。此次相见招呼,问他现在精神如何,他说只当没有它。上午主持半天会议,精神状态极佳。

会前和会中休息见了很多中国出席者和外国朋友。日本人为伊藤先生和山崎先生,香港路政署诸位,国内如同济大学范、项、陆三教授,广东省交通厅牛厅长、郑总、王总等还有别的朋友。

这次会议竟搬出了彭定康,当然晚来了些,来时要大家起立,彭定康也讲了几句客套话。讲话后舞狮。两个小伙子,后面一个还戴眼镜,有高矮桌子,腾上跳下,甚有精神,锣鼓伴音。舞狮后彭定康退席,会议进行报告。

第一个报告是Prof. Jorg Schlaich。

第二个是日本人Prof. Masa-aki Hoshi-no。

中间喝咖啡,第一天有点心,惜我不能食甜食,只饮无糖牛奶咖啡一杯。中国人开会,人发矿泉水或水果,一渴即饮,现在中国开国际会议亦与外国相同。因耳聋日甚,开会都戴了助听器,戴上杂音都放大,甚不舒服,戴久后一取掉便话都听不见,无可奈何。

下半场由香港介绍青马、汀九、汲水门等一系列桥梁。

午餐于Room 401,如此由2—5日,共四天,一般性西菜,但吃很饱。

下午继续听发言,详细名单不录。

晚上为鸡尾酒会,实乃自助西餐。照节目单上地点乃Cocktail Reception New World Harbour View Hotel, 8/F Concord Room应作友好厅、和谐厅(在诸多存下的签套中,已混乱不记得是何签,大概即此,"怡东轩")。在酒会上会见多方,与邝先生交谈,又与何永康相叙,让他帮找COWI的Ostenfeld,结果找来了MT的Pederson,说Ostenfeld未来。

晚上和蔡总、老陈坐地铁回古今阁,在便利店买些面包、牛奶以备次日当早餐。

1995年10月3日

今天是此行赴港关键的一天，即我将作三大海峡跨海工程论文的宣读。

晨起坐地铁赴会。

今日宣读论文共五十人，分为四个会场。早上经山崎介绍，会见了Ostenfeld，寒暄了几句，将我的简历交给他。Pederson先生因太忙未来。

上午在主会场听了几场报告，下午便到406—407会场。会场分两类主题，先后两个主持人。先是"分析（Analysis）"，由DCC Dvis主持，中间咖啡后为"建设情况研究（Construction Case Studies）"，由K. H. Ostenfeld主持。

在下半场开会时，我先和Ostenfeld聊了几句，送两本《桥梁美的哲学》给他，一给Pederson，再送了一份复印的琼州海峡简介给他们。

这场报告共有四人，上半场时，坐不满40%，下半场时，爆满。

报告内容有：

陆宗林的"伸臂桁架拱"。

Einar Landet的"高架浮桥"。

R. McCabe的"美国大跨度桥梁"。

然后是我的"21世纪中国三大海峡工程"。

谈到这事情则须倒叙到二十年前。

1974年，我因开铁道部科技政策会议（南京），写了一本基础"资料"，从浅基础一直写到三百米深水基础，认为可造琼州海峡大桥。此文由铁道科学院出版。

在局内和工人中央委员王超柱讲了这一建议，王在北京开会时提了的。

"文化大革命"之后，曾致力于此，但没有进展。

1984年建国三十五周年时，《铁道知识》征文，专门写了琼州海峡跨海工程的论文，获一等奖。

之后我任大桥局海南顾问，并兼为海南战略与规划研究会特约研究员时，曾极力向海南鼓吹琼州海峡跨海工程，并与当时海口市李金云市长在宴席之间评谈此事，虽无结果但起了宣传作用。事后曾填词一阕，书成立轴后赠李市长。

1989年读报，见征求八五计划重点项目，乃上书江泽民，建议建设沿海高速公路和铁路，并建三大海峡跨海工程，先进行前期研究。得国家计委回信，称扬此议，只是财力不足暂不列入计划。我在写《桥梁美的哲学》一书中，曾将此事及词简单写入。

1993年春节，为虎门桥与文物争议事，国务院办公厅邀请我作为桥梁专家参与此事。到深圳开第三次会议，我又曾提书面意见，不意一无音响。然而山东、辽宁在动矣，开始研究渤海海峡。

在赴港之前，谢总（广东虎门咨询公司）问我报告的题目，我告以讲三大海峡。他说，现在台湾局势紧张，不如专讲琼州海峡。

因此，我在报告时，一说"台湾海峡跨海工程"，座中发出笑声。其内涵有二，一是了不起的工程、大胆的设想；二是提此不是时候。我的讲稿早就准备好针对这些想法，我说："海峡两岸的人民都认为只有一个中国，台湾是中国不可分割的领土，最近联合国又重申了这一点。海峡两岸的海洋工作者，在1993年和1995年8月，在厦门召开过'台湾海峡海洋学研究学会'，难道两岸的桥梁和隧道工作者不能联合起来，进行前期工作，为子孙后代做一件不朽的造福的事业？"

博得满堂鼓掌之声。

老刘（正光）在后排听，并替我拍了几张照片。

他一方面听，一方面在等我，因为晚上5：30至6：00，美国W. C Blown有一个不为大会而专门为香港工程师学会本会部的报告会，题为"四个世纪的大跨度桥梁的设计——从福斯路桥到墨西拿海峡桥"。Blown也在听我的报告。听完之后，坐路政署的汽车直奔香港工程师学会。在门口照了一张相，此门口乃大楼中这一层的廊道之上。

会场上人都已入座，因Blown也刚到，大家喝了杯咖啡便听Blown演讲。他果然是从福斯桥讲起，直讲道墨西拿，墨西拿桥是三箱型做成船形断面，诸内容都有文章发表过，只是讲一二十万吨船舶碰撞桥墩用Crush法。会毕后，刘与我介绍Blown，工程师学会晚上宴请Blown夫妇，亦为我安排了席位。

在宴席上与Blown谈了两个技术问题：一是船撞，我告诉刘，Blown之法乃COWI的Successive法再加上压扁时挤喷水，化动能为位能。二是土基海上桥墩，以海洋平台式基础，四周打钢桩与平台连接，外套入小管，两端密封、加压，使外管壁膨胀成与平台壳相咬合的联结，乃桩与大体积基础结合之一法也。

刘说将来弄到图纸后寄给我。宴毕合影。刘以私家车送我们回"古今阁"，时逢大雨。车是新车，日本凌志带天窗，笑谈可立身作检阅用。车到"古今阁"前206号停下，冒雨往回找至209号。

此次宴会是额外的一次难得的机会，非刘安排不能有此。不过，一会儿也就算了，除非琼州海峡工程上马，我又有大用，得在其中出力，则还有可能有机会与Blown的顾问公司有交道可打，否则人一走、茶就凉，萍水相逢有什么深交可说。独有刘正光已有十多年交情，是不会互相忘记的。

1995年10月4日

今天天晴，计划去参观。

早上就登记好了，上午参观汲水门桥，下午参观青马大桥，晚上会议宴会。清晨起来吃了些牛奶、面包，坐地铁到湾仔，乘船从会议中心直奔离岛侧。这是一条宽身游艇，在码头候船的时候，我和挪威Einar Landet工程师交换了高架浮桥的意见，我告诉他，中国在1300年前便有曲浮桥，宋代时就有通航浮桥、潮汐浮桥。他说，看起来我们的概念已不新。我还请教了他一些他们做的桥的细节，预备今后再和他通信。

船走维多利亚湾，香港、九龙两岸高楼风景历历在目。维多利亚湾经历了多少沧桑，今日有此高楼林立，疑是纽约的环境，海面风和日丽。

到达离岛码头，上去后每人戴安全帽照了一张相，于是缓步在工地上中外技术人员带领下上桥头，是上坡路，到了桥台脚下，爬工地桥梯上桥。我怕登高，与同行们打个招呼，不上去了，墩下只剩两人。另一位魁梧的胖子，英国人，一打招呼原来是受雇于日本公司的安全经理Bradbury先生，我告诉他我年已70岁，爬不动楼梯。他便带我下坡走到桥下前侧，坐工地电梯直上桥头。先同行的在桥面参观，该经理便成了我的个人向导。汲水门桥的拉索也为多根钢绞索，氯丁橡胶保护，每线由三夹片锚住，成索后外包PE管，我问他管内填充否，他说不填，诺曼底桥似说是填的。

　　有意思的是，他向技工要了三片夹片给我看，走回时说还给了技工，等下走出一段路又偷偷地从裤袋里拿出一只送给我，说是虚晃一枪。我们闲聊，他55岁，老婆乃教师，仍在英国教书，有时来住住。我说他身体壮但工地辛苦，他说他住在汀九附近新界，每天一回去，吃杯咖啡就倒下了休息。实在英国不大景气，此间可赚些大钱，中外一列，打工佬也。又坐电梯下去，带我去他办公处，天热、走热、口渴难当，也管不得糖尿病，各喝两罐可口可乐。

　　他们集体参观的也看完了，在码头集合，还了安全帽上船，船上也有可口可乐，又喝了半罐。回会议中心吃饭。节目排得紧凑，吃完饭又上汽车，走隧道过维多利亚湾去九龙，一直开到青马桥青衣桥头。

　　青衣桥头有个石砌填实的，汽车可盘旋上下的"观景台"，想得十分周到，台上面积很大，可容上千人，现放汀九桥模型一座。

　　关于汀九桥，现在只修了一个桥台和海中一墩，在填岛。此桥曾由保华联络大桥局亦进行投标，我参加过几次会议，和保华的几位都认识，何永康在观景台上招呼。

　　汀九为二塔斜拉桥，均甚机巧。中塔顶另拉两长索到左右塔桥面。这桥有些新意，但这两条拉索似不太佳。正好邓文中亦在看，我问他的意见如何，他说："可以做得更好些。"至于如何是"更好些"则滴水不漏。难怪者，市场经济，技术好卖钱，各个留一手，以免被人偷去。而自己则千方百计偷学人家的技术，这也是人之常情，或者说是市场经济的常情。在极左时代，以整人往上爬，在市场经济时代，以技术保守和竞争，明争暗斗往上爬，两者竟然不矛盾，拿做前者，摇身一变又会做后者，这就是某些人学到的辩证法。

　　不再多问，各看各的。

　　观景台下来坐小面包车去青衣码头，又上船到马湾码头看马湾岛上的桥台。桥台内因为灯亮不了，所以一片漆黑，我在日本看过，考不考也无所谓。在桥头，工地英国工程师介绍索的施工、放线法。钢丝可以有接头，但不允许在索鞍和摆轴之上，至于在其他的断面之中，每一断面内最多只有一个接头，两个接头的机会极少。后来刘正光送我接头的样品一，于是汲水门的索锚、青马的接丝，这次取回的实物样品都在我的案头之上。桥是伟大的，零件是渺小的，然而缺了这一渺小的零件，桥造不起来，一座伟大的桥梁都是渺小的东西拼起来的。

　　参观完不到4点，决定先回到住处洗澡、换衣服，略事休息。晚上6时是鸡尾酒会，8时是宴会，鸡尾酒会就不参加了。

　　宴会在香格里拉酒店，地铁由上环至会议中心前一站金钟站下车，出口Pacific Place。走一段路坐了几层楼的室内电梯，到香格里拉酒店凭宴会证入场。场内已是济济的人群，俱站在休息室里，外国人和中国人一半一半，三三两两，各自交谈，绝大部分穿西装，此时觉得自己也该穿的，然而既来之则安之。不久入席，自然找一桌熟人多的中国老朋友坐，同桌的有范立础、项海帆、蔡总，还有两对夫妇，老陈说女的像杜小姐。刘正光带其夫人甘及女儿玛丽来看我，这是我第一次来香港见她，老刘要陪同外国老朋友，请他夫人留下招呼我坐一桌，因为都是老朋友，熟啦，谈笑风生，一无拘束。

　　隔座那位带夫人者即向我打招呼，他姓郭（炎涂，工学博士，土木系教授），说听了我的报告十分兴奋。这样的话，在参观时已经有好几位不认识的外国朋友向我握手祝贺了。然而此人特别，名片一交换，乃知系来自台湾成功大学的教授，其夫人系建筑师，自开事务所。首先他认为，不管政界如何，该考虑做这件事的先期工作。我说你可以在台湾进行呼吁，组织力量，再两岸进行合作。他说他准备这样进行,并且会和我取得联系,邀请我去台湾。我告诉他,大陆知识分子不靠公家出国是困难的,他说他知道这一点,会替我考虑。他也同意我的观点,即为中国的后代造福,并建设世界第一的跨海工程。

总之得到了台湾同行的支持。

可惜我老矣!能不能有这么一个只争朝夕的机会,我不敢想。不过台湾海峡跨海工程的第一次见诸书面的记载,已白纸黑字地印在"香港21世纪桥梁会议"的论文集上了,足矣。郭教授能有多大的活动能力和可能取得多大的成绩,只能以机缘待之,佛说"无往"而已。

宴会菜单如下:

四喜大拼盘,豉汁松子明虾球,鸡丝大生翅,碧绿鲜鲍片,清蒸海青斑,蒜蓉砵酒焗仔鸡,福建炒青苗,上汤水饺面,百年行好运,美点映双辉。

心思已不在菜上,然而有一道菜却引起一场话题。

我和郭教授讲起1948年在台湾,那时他才3岁,也许其夫人还未出生。我们大学同学一行到他们的出生地台南,后到高雄,高雄港务局局长(郭插话,那时高雄港很小)招待我们,请他的女儿为我们端茶倒水,结果我们一位同学毕业了便要求分到高雄,当然婚事成不成功又另别论。总之和郭教授夫妇回忆我在台湾的一段经历。

这时菜上到第三道"清蒸海青斑",其鱼长约半米,老范要服务员将头另放一盘,头放在盘里高起约15厘米,他一个人吃。待吃得差不多了,我便讲了一个故事给他听……

席后老刘来,我们告别,他酬酢甚忙。乘地铁回,因有台风,大雨,伞吹成了喇叭形。

1995年10月5日

天阴有小雨。

今天是会议的最后一天。原来我们是去参观葵涌,决定不去了,晚些起床去会场,只是等吃饭而已。照了一些像。和伊藤先生交换了些礼物。项教授原要我于6日坐日本人包车与伊藤同到虎门参观,再到广州,他们7日再飞上海。因我是旅游护照,只能8日同旅行团一起回,所以替他们招呼公司那边接待和代买票。不料日本人车连老项都坐不下,改于5日先坐火车到广州,公司6日再派车去虎门接伊藤。

连日开会认识一些人,道别而已。

下午闭幕式,彭定康出席,也不够热闹,因为有好些人提前走了。闭幕式一结束,老刘带我们去他办公室,在海港中心十五字楼,离会议中心只十分钟不到,不需要上街,走复道可通的楼宇进了他的办公室。他升官了,任路政署三桥一路的处长,原处长是英国人,退休回家了,故他的办公室要搬仍未搬。在原办公室有一副对联,是我应他要求所书写。

原来在1989年时,香港有对联社征联,出上联"桥横急水飞青马",刘要我应征。我想此乃新机场道路,乃用屈原离骚句改对"路接长空驾玉虬",作为亚军录取。而所谓冠军乃其社长用孔子故事作对,和机场一无关联,于是老刘大为不平,乃请我写此,裱后挂在墙上,中悬青马大桥彩照。

于是自此以后,凡有中外朋友访他,都在此照、联下照相留念。而凡亦是我的朋友,都加印一张送我。这一次来港,当然各自站在相应题字的位置,由他夫人给照了一张,我请他放大以后寄我。

桥横急水飞青马,他的事业将成功了,还搭上了一座汀九大桥,三桥之后的事业是什么?不知道，但肯定有。因为他是香港官员中第一批赴北京进修的人，又在攻清华的博士学位，虽则他告我十分辛苦。

后话，他10月17、18日来广州，住金城宾馆，我们又聚，他有可能想接做琼州海峡工程。我呢，现在不过参与而已，能做多少算多少。就算2010年能开工，年已85岁，即使能活到，也是走不动了。

在他的新办公室小坐，办公室两边有大窗可欣赏维多利亚湾。香港人相信风水，他的座位对面有面镜子，风水先生说不好，预备用东西把它挡住。

这次到刘的办公室有一目的，即由他夫人和秘书陪同去买一些金饰，国梅想要手链。原计划带2 000元港币来买，走时听说人民币也可买，但需无缺无补者，乃换了4 600元新钞票，600元零用。坐路政署车一直开到闹市周大福金号，刘的秘书在此有熟人。金铺里热闹非凡，首饰众多，都摆在橱窗之内，胜过当年上海的裘天宝。我要了5 000元以下两条，超过国梅希望两倍，最终4 500元人民币。

说起金子，甚有感慨。黄金在国内既不收亦不卖（编者注：现在都炒黄金炒到国际市场上去了）。我家即使是我也不是没有保有过黄金，同众多的大富之家比，我们家是小户。

现在又开放了，但允许占用却不上市场，买金饰做什么？装饰而已。

晚上刘正光以家宴招待我们，家在半山上，居室布局四室二厅一厨一卫，现住有其岳母和一女，另一子一女在英国。家中有大电视、音响、传真（公家配），没有电脑。家中西南角还供有一角家堂，刘氏列祖列宗和他父母的相片。老刘夫妇轮流下厨，她母亲七老八十走路扶杖，在家享福。现家中无保姆，保姆室养了一条大狗未放出，阳台上几盆花木，可远望海湾，风景开畅。方活动麻将桌两只，最多时两桌打牌，每人带一个菜来会餐，如此的业余生活。

在做饭期间刘放了一张周璇唱的老歌，是重新翻制的光碟，一如回到30年代。等菜好，满满一桌，刘夫人说专门去买的海螃蟹，还有其他等等。大家都不喝酒，又不吃饮料，大吃其海鲜。刘的岳母亦从室内出来，不会讲普通话。怪不得初到之日我曾打电话到刘家，老太太来接，什么也说不通。刘女儿玛丽也回家，我问她无小车如何回？原来山上每半小时有一班小巴，并有开到山下一定位置的公共汽车，山上居民上下也很方便。

饭后小坐，刘送我《香港》书一册。告辞出门，到停车间上了车去山顶以观香港夜景。上山顶可坐缆车，刘带我们去自然坐私家车，山路双车道，行车不论直行还是转弯从不出线，故可避免迎面撞车之患。国内有过山区行，只要不见前车，往往走中间，见了再让，有时便不及。

到了山顶停车场，可从场内电梯到山顶，山顶有市场。本可从山顶望山下的高楼林立，灯火辉煌，奈何当夜和与刘夫妇在庐山一样，大雾迷漫，细雨蒙蒙，什么都看不见。于是改逛商场，不过是跟着走而已。在香港商场到处有，货物充盈，商业发达，能赚能花。回停车场上车、下山，到半路有一小观景台，居然雨不下、雾稍退，能从背后居高看香港，刘指点这是什么大楼，那是什么大楼，但见高楼几，不见街巷，灯光彩色缤纷。慢慢地山雨又来，雾气渐浓，照相时已不见香港的灯火。

香港，几百年前是个渔村，今日已成为火树银花。有没有这一日，又沦为劫难瓦砾之场？这样想法，又似太煞风景。大雨滂沱时下山，驶往古今阁。一入市区，虽雨而灯火如旧，刘告诉我们那个是何应湘的合和，这座是什么大佬的房子。想象我若住在香港，也不过是一个小市民，香港是阔佬商人的世界，而这些阔佬商人凭他们的实力钻到政界来了。秦始皇虽厉害，也还崇拜四川临邛炼铁的夫人。

大雨之中，老刘夫妇送我们回到了古今阁。明日刘将去东莞、虎门，带人参观，约回来后中午再见。

1995年10月6日

天小雨,时阴。

对门蔡总和珠江公路工程公司的人熟,他们接他玩,也请我们一起去玩。

一早,钟小姐来,一起又到新光酒楼吃早茶,见该公司副总经理王文韶,女人四十余岁,人精明而易处,说话坦率,似有一见如故之味。他们原本安排到海洋公园,有海豚表演等,因连日大风,挂起风球,故海洋公园不开放。

从导游地图看香港观光胜景列有48处,只有6、7日两天,哪能玩得,虽然旅游胜景之中楼、观、庙、城、园、馆、第、屋、亭、台占的比例不小,对于建筑较有兴趣者未始不可一看,奈何此行名为旅游,实则开会,虽然岑总来电话要我们会后多玩些,但无时间,天气亦不好,便听其自然,有什么安排就看什么。

海洋公园今日去不成,改为明日,但明日与刘有约会,王总提出向刘取消,跟他们一起去,因尚须和刘为公司办些事,所以不易更动。

早餐后,去王总公司一坐,王说公司电话方便,一定要我们打个长途电话回家,于是我打了个电话到呜呜家(大儿子唐浩),姗姗(孙女唐韵)在家,告诉她爷爷在香港和她通话,又和常绿(大儿媳)讲了几句,常绿说汉口我家隔壁方平家有电话,可以打去,因借用人家公家的电话,不好意思老打,故未打。

公路公司出来,便在上环海边走走,看看沿海风景。此段已不如湾仔,是货运码头,建筑标准相去甚远,但不远处高楼也还壮观,略摄数景。到香港可以分门别类的作摄影记录,可成洋洋大观,惜非其人也,非其时也,无此兴也,无此钱也!一路绕了几个圈子,往回走到荷里活路,回去休息,中午王总又请我们吃饭,乃在新光边上金雪园饭店,京沪菜馆。这个饭店原来也是新光的地盘,因为经营不顺,老板让出一部分开了这间金雪园饭店。

上海静安寺路新中国成立前曾有雪园,饭店、旅店、书场三者合营,是高一档次的消费处。我家曾住在附近,去过赴宴、听书。此处加一金字,更加赚钱。这一餐饭,别的不记,只记王总说:"吃什么?吃大闸蟹吧!"每只大闸蟹约新秤三两多一些,价300元,四个人王、钟、唐、陈每人一只,只计1 200元,还有别的菜。

大闸蟹的身价何其高也!

想此蟹生于崇明,入海口产仔,洄游二上入太湖,至江阴而止,入河港汊湾,繁殖生子,一到深秋蟹肥肉厚黄浓。新中国成立前上海金爪红毛,一斤两只者,一元光洋一只,三元光洋一个月的最低工资者,想吃也可以吃一只,当然多是舍不得。1948年到武汉,武汉人不懂吃蟹,在武汉的下江人喜欢,即是60年代,也不过两元多一斤,那时我工资140元,年年吃蟹。大概在1980年左右,东湖从崇明买蟹苗,自己放养成功,政府三年不派出口,武汉蟹大者仍二三元一斤,大吃其蟹,最多一年,我一个人那年吃蟹100只,也不过百余元钱,拿现在这里市价为30 000元。之后出口到香港,蟹价年年上涨,二三十元、五六十元、七八十元,据说今年每斤120元,刚上涨那几年,我工资仍只百余元,退休后拿补差到千元,每年仍只吃一回。

如今在香港,竟300元一只,虽月入数千元,而也不一定在香港自摸钱吃此,不如回武汉再吃。这只300元身价的蟹壳,留着,一共拿了两只壳回,一般会画个虎头挂在壁上赏玩,诚然,三百一只已是物价如虎了。其实在香港买活的自蒸也不过七八十一只,酒店老板心狠如虎,画个虎头,名副

图10-3-1　作者在虎塔前

其实。

席间和王总谈论办企业和投资等问题，他现在买卖钢材，在番禺办厂生产张拉钢丝网，我建议他在使用上推而广之，晚上他将产品资料给我回广州想想办法。

饭后天阴，由钟小姐陪同坐出租车去铜锣湾胡文虎公园一游。一到门口拍了一照，从此是名副其实的"万金油"干部。据园售英文介绍：胡文虎1882年生于缅甸的Rangoon，1954年72岁死于檀香山皇后饭店，心肌梗死猝亡。

胡文虎的有名和有钱，是发明了过去家喻户晓，人人用过的"万金油"和其他三种药品。发财之后，以1 600万港元于1935年建此花园，占地八亩，新加坡有同样一园，较之更大。生前曾捐出二千万美元办慈善事业。

胡文虎公园，兼其中心住宅、纪念塔等，坐落在一个山弯环中，估计必是坐北朝南，园内布满着一些着了色彩的、匠气十足的水泥雕塑，人工峭壁上塑有神佛故事、菩萨观音、十殿阎王、十八层地狱、四海龙王、杨妃出浴、唐僧取经、无常小鬼等布景式的假山，亦有洞、有桥、有水，桥下水中乌龟、鳄鱼，挤得满满地，居然还有老牛娶亲、老猪养子，一切千奇百怪，民间想象之物，看之令人发噱。胡文虎花园不是文人雅士的花园，是暴发户的花园，缺失的是文化水平。然而胡文虎花园是一个创造性的花园，是后世童话花园的先驱，比美国早得多的中国迪斯尼乐园，也是胡文虎先生随心所欲创造的。人生在世，得意之后普行善事，撒手花钱，只求惬意痛快，随己所好，何分雅俗。不追求什么高雅的艺术性，胡文虎之谓也。

可惜胡文虎死后，后继不如老一代，将山上、山侧及园的一角出售，建了几十层高楼，把胡家"风水"压了下去。

苏州拙政园曾名园一掷而易主，显然新主还不错，名园仍保存完好。

上海汪裕泰茶庄，亦为子孙不肖，一掷而只剩老店，当然现在连老店也无。

五世其昌，亦岂易者。

然而召子之泽，五世而斯，商人之泽，恐怕还回不到五世。胡文虎花园保存此一角，恐地方亦有力矣。

晚间王总又请客，在上环的福兴火锅海鲜酒家。有王总父子、钟经理母女、蔡总、老陈与我。首先他把拉张网的资料给了我（回来后和李志恩商量，尚未拟定计划。我之所以接拉张网，想做一些F.C结构，初步想法已和王谈了，但怕实现起来较为困难。一方面还是年岁大了，二是没有班底，三是组织需时间，试试再说）。席间天南地北。菜主要是两只大龙虾，肉切片生吃或下火锅，一盘象拔蚌、活基围虾、鸡、鲍鱼……这确实是一桌盛宴，所费不少。象拔蚌壳白，壳肉珍珠色，蚌肉像象鼻，故名。切片，洁净如玉，生吃脆鲜上口。龙虾片可生可熟，两者均佳。鲍鱼则烫熟了吃。和中午一样，留下象拔蚌壳半扇，鲍鱼壳半扇，一大一小，诸壳现也在案头。龙虾头大如小瓮，整只近半米，但头可煮粥，故不能留作模型。海军小杨曾说要送我龙虾模型一只的，未见送来。

席间,王总仍欲接我们明天去海洋公园,我怕失信于老刘,只能婉谢。约定8日,由钟小姐送我们去旅行社集合点。

1995年10月7日

快要离开香港啦,却是天晴。

上午休息,起晚些,整理行装。10时许坐地铁去老刘办公室。这次几乎找不到了,路如迷宫,好在最后记得是海港中心,比约定差5分钟时间找到了。

再入其新办公室,目前仍是乱糟糟阶段,找出3本杂志送我,在窗口照了一景,等一下其夫人来,一起到同楼一餐厅吃点心。这餐厅实则是现代化的小食堂,一直有早点式的点心卖,为的是便利在楼里的机关工作人员,中午来不及回家吃饭在此小吃,同时可以聚聚,边吃边聊,快到点便可以去上班。这样,看到了他们的生活和社交。

餐毕,出去坐老刘的私家车上铜锣湾,车停在路政署停车处,人步行。这是一区最热闹的商业区,原来老房子的痕迹仍在,有个百货大楼,老刘说原是有轨电车的停车场。这里的书店也集中,什么都有,一路走走,无非是人看人,或者说人不看人,芸芸众生,忙忙碌碌,集全世界的各种人,到这里谋生计,作旅游,谁也不管谁。

一路走来走上了那座圆形连拱式,钢筋混凝土桁架的人行立交桥,老刘曾送我照片,已写在书中了,原来这是铜锣湾立交,今日身临其境。老陈买了几张音碟,我则什么也没买,几乎是"人到无求"的地步。路上得递过来1996年月份牌一张,老刘的亦给了我,原来每年他寄来的就是铜锣湾路边人家做广告送的。

今天下午,他们的朋友约好了在附近一个朋友家打麻将。打麻将是其命,牌友相召比什么都重要,好在玩玩而已,尚不至于豪赌。

记得大学里,南京路有一个画展,还展出一位先生,认为中国麻将是文字游戏,讲的那些"头头是道"的道理一点都没有记住。大概参观者的私语,作者是个赌鬼。被混在参观者中的作者听见了,即请同时展出的书法家写了一幅字叫"作者不爱赌博",所谓"此地无银三百两"也。

大好光阴,不去学习,消磨在打麻将之中,何苦哀哉。

与老刘夫妇在铜锣湾道别,我们又走走看看,从铜锣湾地铁回古今阁。

1995年10月8日

今日返回。旅行社曾人发一条,写明集合地点红磡火车站,原以为乘火车回,实则仍是大巴回东莞。

早上10时钟小姐来,又赴新光吃早茶。这是此次在港最后一餐,其小女儿亦在,我们吃了先走,其小女儿留下结账。上的士到九龙车站,和钟小姐道别,我们对他们的招待不胜感激。

九龙车站只见有旅行分社,不见带队之人,坐坐休息,起来轮流绕圈子走走,有些免费的宣传品取了一些。其中有一份中英文的求职报,中间有几篇小文,讲老板如何用人,莫只用Yes干部。讲社员如何做事,老板和雇员之间的关系,看来就是如此。相机(胶片机)底片有多,便又各拍了几张。

香港1997年要回归祖国，小市民不走，大老板各找退路，大房地产商走不动，先做好投靠的工作，有流动资金的抽走，存在国外，作退路。

刘正光不走，关慈安要走，在美国买了房子，还问我，他有香港建筑师执照，可以免费送我，我要这做什么？

1997年收回，香港仍是个特区，有人说到这里去做官，贪污又会盛行，纪律检查委员会、廉政公署在干什么？

变又不是，不变又不是，环境的变化将引起不同人的不同顾虑。

一片中国领土，却响起一片Yes sir的声音，没有什么好处。然而管经济又不如人家，五十年不变并非不变，而是渐变，向人家学习，留一个窗口可以看外面。

香港，你总是要变好的，五十年也好，一百年也好，四年也好。

还有机会再来看看吗？

下午2时20分，坐大巴离开香港，4时离开皇岗，到了东莞停下，边上就是公司陈家伟开来的道奇车，换车去吃饭。回到公司已八时许，香港之行结束。

作于1995年

香港之行二

1996年11月中下旬,连接两次会议。

首先是中国土木工程学会桥梁及结构工程学会第十二届年会,在广州珠江宾馆开会,时间自11月18日至21日。

这次会议筹备已经好久,原来征求论文时,我也拟了一个题目,后来没有动笔。年中杨健来,在宴会上说起文章内容不够切会议主题(指征来的文)。我就说,我写个大的题目,便是《世界交通发展和跨海工程》,他觉得题目好,于是就写了文章寄去,里面插图都是二海帮忙画的。

文章寄上海。

其实舍近求远,谢总是副秘书长,他也参与审稿。到上海参加会议时又看了一遍,删去若干交通问题,改名为《世界跨海工程规划概况》,在作者名字下加上"广东虎门技术咨询公司"。

公司另一篇文章是谢、岑两位具名的《超级工程的前期工作》,兼论琼州海峡工程。此文亦译作英文,寄香港21世纪公路会议,作者加上我名字,由我与谢总同去出席。

香港由刘正光带队的26人到广州来开会,后赶回香港,两会相连。

刘正光早就来信告知,中央电视台(实乃北京电视台)要拍摄《方寸国土万千情》,中间有一部分是拍刘正光和青马大桥,对刘追踪拍摄。

11月11日,刘赴英国为女儿毕业典礼事,由中国驻英新闻组拍摄。

11月17日,上午接中央电视台杨晓东自香港打给我的电话说,刘正光一行26人13：20自香港动身,坐高4次车41车厢一等座,15：30到广州站,盼接。

中央电视台不能从香港回,委托珠江电视台黄智勇、范涛拍摄,(BB机83833898-12638)亦望派车去接。

不数分钟,又得刘正光电话,亦说此事。因为我不知道已通知会务组,他们有车派,即告刘我没法去联系车子。

又接广州黄智勇电话,亦是派车事。接此三个电话,即打电话谢总,他告知会务组电话。会务组的欧阳明、谢招琼、杨建和裘主任都在。

欧阳告车子已安排,香港人住花园酒家,电视台车子没法安排。

同时收到香港杨晓东来电传,原意给岑总,因岑已赴美,中央电视台即找我。

为去火车站接他们并拍会见镜头,黄智勇自驾车来接我,2时多到宾馆,到广州老站已是3：05,说是车到天河新站,立即上车赶往新站。

一路塞车,到天河大塞车,黄从非机动车道穿插,越前到新站,正好3：30。

提摄影机进站,站台竟要上三层楼,与车站保卫人员联系,拍电视才让上去,而车已于3：05早就到了站,还不知他们出站与否。

所幸他们之中一人持英国护照,手续麻烦,所以在三楼接到他们了。

即摄会见、相聚镜头。

至楼下,大会派来一中巴、一小巴,乃上车,先到珠江宾馆注册。

后送到花园酒家,约电视台晚上9：30来拍老刘。

我被留下,在花园酒家晚餐。

刘住十七楼四十九室。

保华何永康送来XO酒一瓶,餐毕,坐的士回。晚上拍摄我不参加了。

11月18日

开幕式和大会报告,一天在珠江宾馆。

大桥局来七人,林、邵、粟、朱、皮、设计院王、严等。刘健新亦来,谢天祥未来。照相(集体)。

11月19日

A组第一讲由我,小组会主席黄大健、蔡国宏,下半场主席为我与楼庄鸿。

会上放映投影片均非文中的图,乃各海峡方案的图,以为只放文中图而不参加会议者,将失之交臂。

规定15分钟,超时一倍。

谈到台湾海峡跨海工程,我特点名台湾来的工程技术人员可以合作。即有台湾中兴工程顾问公司李一圣与我相谈,索去台湾海峡图一纸,看今后来不来联系。

去年在香港亦有成功大学郭炎诠教授协作,但毫无进展。此次看有进展否。可谓谋事在人,成事在天。也许石沉大海,也许步步前进,难得说也。

晚间接电视台电话,坚邀明日去虎门录像,有题目要问。我不愿意明日虎门参观,我已去过多次,不想去了,并和公司说了,今得再去。

11月20日

晨坐公司车到珠江宾馆。去虎门参观车大小二十余辆,秩序较乱,上车无定规。

于是我坐第一辆大客车,不知香港者坐何车。电视台车随尾,联络车二前导。

到威远炮台桥塔上,说是分成三队,一先去中岛,一上桥,一去炮台。

香港来人在19车,第一上桥,我即改上19车(面包车)与老刘夫妇会合,上车前遇见电视台人,说是他们将跟着。

一路上得桥面,久不见人来,大为诧异,即请施工队人用手机叫桥下找电视台人,仍不见上,乃下。

在桥下找到了黄智勇等,原来他们跟错了队,上了船去人工岛。乃与老刘夫妇及电视台人再上桥面。分镜头四,一是刘夫妇,一是刘单独,三是我单独,四是我与刘边走边谈。

我单独近景,问两个问题:

一、对香港工程师的看法。

二、内地和香港技术人员的交往情况如何?

我答:香港的技术人员是爱国的。香港是窗口,和世界的技术接触多,近年又有大工程,因此经验丰富,对内地有帮助。

内地和香港技术人员在改革开放后多有来往,我与刘便有十多年的交情。刘对内地的大桥帮助很大,交往面广,1997年回归祖国,他们对内地的建设有很大帮助云云。

拍摄时,正好第一车诸人上桥,电视台拍了刘和李国豪夫妇。

大桥局诸人见我们拍电视。

又去东莞午餐。

下午去销烟池,再买炮一给珊珊(孙女)。上次买了大炮二,珊珊让大炮给小虎(外孙),今补赏之。

11月21日

广州会议最后一天,我不去参加,赴东莞旅行社打听赴港诸事。

去年去港,用旅行社签证,因为转了一手,被广州旅行社多赚了2 000元,办假暂住证又多花若干。今年暂住证由老邓通过路子自办,省一笔,直接找东莞中旅又省一笔。

所询各节,告知为:

1. 随身带通行证(本日领了),身份证、暂住证,坐船给了船票。

2. 如需提前回,到香港中旅办手续,任何一个分社都可以(实际只有一处)。

3. 交100元港币手续费(实际每人200元)。船票由中旅给(实际自己再买)。

4. 一定要办手续,中旅出证明。

5. 走前一天办(实际是二天)。

6. 坐船去一定要坐船回。

7. 11月23日,8:30在太平港粤码头集中,9:30开船。

每人限带港币8 000元,人民币6 000元。

消息已知,中午在东莞兰花酒店午餐,下午赴龙泉商场看,国梅购少量物品。

谢总怕我们带港币多(实际只5 500元),交9 000元给了老刘,我们每人实带1 000元,其实根本不查。

晚间,会议宴会,因21日老刘即回,将刘、甘、何三票给我,我自有一票,国梅一票,余二票给司机小陈夫妇(因老邓不去)。

下午回公司,因老晏(同春)在,裘嘱小陈让一票给晏。

晚间得谢总电话,因我去香港,由老刘作保,而老刘又在广州开会,中旅电话找不到他,无人作保,怕是去不成了,正是一波三折。

晚8时,我电话香港,老刘夫妇已到家,即请他电谢总问清楚如何的事。

11月22日

在住处准备，与裘主任联系，再与香港通电话，上午办妥保证手续。上午8时，小陈车接。

谢总晚上来电，说22日可请江医生同去，我们说不了，谢总夫人余大姐22日送到东莞。

坐了小陈车，到了谢总家接其夫妇同往住龙泉商业广场6楼酒店，汽车可直盘至顶，车停于六楼。

住酒店一室两人，500元，价不低。午餐仍于兰花，并且点同样的菜，螺丝虾、清蒸水鱼等。

下午谢总夫妇和小陈购物，我睡觉。晚餐于兰花。

先踏勘港粤码头。

11月23日

晨起上车，至茶室吃早点。

8：30到了码头。

两人各自揣拉提箱一只，我带有拉链提袋一，谢总带礼品袋一、皮包一。

按通行证号排队上船，过关十分简单。

船宽，座位为四、八、四一排，前面有购物及两台电视机。船行平稳较之坐公汽好（去年坐汽车）。船穿过虎门桥辅航道孔，270米梁，一路平稳无事。到港，穿过汲水门桥到维多利亚湾，九龙尖沙咀中港城，出关什么也未检查。

新粤有限公司鲁茂好工程师来接，人不过三十多一点。

从新港一路提了行李走去坐地铁过海峡到中环，换乘中环至上环地铁，上上下下出站。又拉了行李自上环地铁站走到住处。住处为皇后大道128号家乐花园31楼A，其开门密码R9880。即楼下大门晚间如上锁时，按此密码大门即开，坐电梯上楼，每层三套ABC。

去年住荷李活路，离此不远，今年买的新房格局和荷里活路的类似，二小卧室、一厅、一卫、一厨。卧室仅容一床、一柜。室小仅容膝，好在窗台向外突出，可以放些东西，似乎增大了空间面积。

安顿了下来，原以为下午注册，和老刘通电话，说明日可去注册。

谢总与各方亲戚朋友通话。

我亦电话何镇东先生，多次拨无人接，后来一想乃周末。

晚间，在新光吃点心，新粤总经理朱永灵及鲁陪同，请客主食牛肉汤粉一碗，谢总付款。

住处电话25473537。

晚上去看新粤的新办公室，确实规模较大，朱总经理鼓动虎门公司在此派员设点，开展业务，谢总心动。据云新粤将逐步取代珠江公路工程有限公司。

11月24日

晨起吃昨晚购买的牛奶面包，烧开水泡茶。

上午赴九龙尖沙咀香格里拉酒店会场报到。坐的士赴会场，因为来时地铁走太多路。的士连过隧道费86元，谢总付，无收据。

香格里拉酒店乃五星级,甚大,会议在地下两层。

于注册处见到老刘。

注册仅拿到会议程序一本,会议论文集一本。

会议宴会需人缴费350元港币,谢总说不交了。

遇见联耀陈总经理,说是合作琼过海峡隧道,看来此人甚活,未必能立即真诚合作,后来又遇之于赛马俱乐部。

上午遇见人很多,不一一记录。

下午宣读。

因中午需休息,坐的士回,我付钱。午餐于新光,仍为牛肉汤粉一碗。

休息后,坐的士至会场,会议已开始。因我们的论文为最后一个(小组),时已5时。

谢总宣读,我为之配合放投影片,听者不多,估计只十余人。

小组会议主席为香港大学周子京名誉教授,将毕提问为这一工程将为世界纪录,其余风载等问题作何研究(英文提问)。

我答(英文),我们现在仅完成预可行性研究,这些技术问题,当于工程可行性研究报告中进行。

会后有鸡尾酒会。

在广州时,老刘说28日晚请我与谢总吃饭,后改为由熊谷组汪先生请客,有邝先生、刘、谢与我。

因有酒会,邝需应酬,故先参加酒会。酒会自助式,酒、饮料、点心极多,不敢多吃。

与沈阳陈智仁及香港朋友边聊边饮(食)并摄影(在会议招牌下)留念。酒会毕,坐邝先生公家车赴汪先生宴。

邝汉生先生原为路政署署长,现已升任香港布政司署工务科工务司司长。其署长一职由原总工梁国新担任,其间有什么人事关系难得说。只是我尽吾心,得失应在望外。

据刘、谢云,汪先生乃熊谷组香港负责人,他经营有术,效益比日本本土者为佳。老刘说,有他请客我就不请了,我说毕竟他是大老板,你是公务员。

席间他们四人广东话交谈,我只一知半解,偶尔大家说几句普通话,应酬而已。

汪和谢总乃于广东江门桥时所认识,今年七十多岁,秃头(一点不错),人很灵活,手面阔。过去请客都在万元以上,此次估计会在二万港币,席上鱼翅为整只者、燕窝、大花蟹、大红石斑鱼……石斑鱼头尾诸人推让,结果让我吃了(大花蟹吃时,一人一把老虎钳,就不如国内吃蟹工具的精致)。

请服务小姐照了张合影。

宴毕,邝先生车送我们回皇后大道住处。

11月25日

星期一。

计划12时左右赴香格里拉,午餐(会议)。下午由刘正光陪同专门看青马大桥,晚间虽未缴宴会费,刘仍与我去赴宴,本意谢总也去,后因他与亲戚有约,不去。

星期六和星期日，未能和何镇东先生通话，今晨与之接通电话（回广州后见何先生来信）。何先生邀请会面，并拟请客，我告以26日将去中旅办手续提前回穗。那他请下午去逛逛市场，晚间在中环吃饭，并邀请谢总同往，谢总同意。也邀请刘正光通往，我说我可通知，但请他自己也打电话去。

刘正光手机：91931912。

何镇东手机：90325171。

从未谋面，电话中客气几句，我本说我去拜访他或他来一见便行了，他一定要请客。

上午即去电老刘家中，他已外出，告知何先生将请他，不久又接何先生电话，已约老刘。因27日他要去虎门，晚上回，故改在27日晚上7时35分在香港跑马场俱乐部嘉乐厅请客。

12时，我单独坐的士赴香格里拉，赛车，价95元。

26日上午是开幕式。会议开在前，开幕式在后，十分怪哉。

我们未参加开幕式。

去年21世纪桥梁会议开幕式由彭定康主持，且有舞狮。这次交通部退休的副部长王展意出席，提出如彭定康来，他即不来，故改请陈方安生。

到了香格里拉，在餐厅外休息室，尚无人来，独坐休息，等一下。第二位早到者，英国人Roger J. Ashead，中文名雅仕克，是出版社行政总裁。与之用英文交谈，其杂志为免费，我问他，如向他杂志投稿是收费还是付稿费，他称都不要。下一步有机会向他杂志投一篇海峡桥稿，看如何。

近1时，开幕式结束。王部长、陈安方生在中英人士（包括邝先生）陪同下一起下来，与会者也都来了，也见了老刘和陈智仁、郑明珠等。我们几人（陈、郑及其同行者）坐在一桌，因下午都去参观青马。

中间一桌为主席台上诸位。

王部长、熊秘书长、陈方安生、英国工程师学会香港主席（I. R. Edmund K. H. Feurg）、邝、刘等。

图10-4-1　作者在青马大桥工地考察

交一名片给熊，请他转王。

餐单非常简单。

午餐毕，坐老刘公务车到尖沙咀码头上专用船，开往青马桥。

在船上，老刘以惊人速度换装，并叫我把上衣留在船上，船为快艇，行驶甚速，激浪溅沫，电视台杨晓东等一行三人同行。

船至马屿侧吊塔附近码头靠岸。

在码头上已准备好安全带和安全帽等全副武装。

由码头坐中巴经栈桥到桥塔底，工地英国经理等陪同。

缘塔坐电梯到索鞍下，再爬垂直安全梯到塔顶横梁，俯瞰吊桥，正在铺装桥面之中。

在此处，以远塔和桥面、索为背景，电视台和老刘拍电视，同时以单独采访方式，替我拍电视，问的题目是你认为青马大桥是不是香港代表性工程？

我答：

青马大桥是香港的一个代表性工程。所谓代表性工程是有时代意义的,是时代的里程碑,一个时期有一个时期的代表性,随历史事件和历史人物而异,如香港的一些老建筑、码头等。

青马大桥是为新机场服务的,刚建设之初,内地和香港还没有共识,后来取得统一意见,香港新机场的建设1997年回归祖国之后仍然有用,青马的建设是新一代的技术,是新一代的里程碑。

我们现在正在研究琼州海峡等跨海工程,其规模较之青马还大,所以刘正光先生等这支桥梁队伍的经验和力量,对回归祖国后的建设事业亦是大为有用的,云云。

缘猫道走下去,仔细观察各部分细节,并由英国工程师解释。如缠丝联结细节、索鞍螺栓的绞紧步骤(80%衡载时调一次,完成后用定扭扳手最后调整)、照明等。

逐步下行由陡而缓,猫道底部是约50厘米见方铁丝网,每约2.5米一根横向木条,故行走极不易。我与老刘说,当学中国古索桥横板之上,再铺两条纵木板,便可从容行走。

索的油漆又是一门学问,从略。

我们行走在猫道主索之外侧,到桥跨中部,得从主索下爬行横出到内侧,老年骨节硬,俯爬困难,郑明珠在一侧帮忙。

下得猫道至路面,看路面铺装,底层有焊板两层,面层约38毫米沥青混凝土,表明粗糙,以行高速车。详情略。

在桥面解除"武装",坐中巴下桥到工地办公室小憩,再下码头上船。在香港皇后码头上岸,在船上观得诸银行林立码头边,是香港的金融中心。

老刘在办公室批一些公文,我自由地翻翻技术资料,在1994年的Strait Crossing中又翻得两篇有用的,用纸夹出,预备以后请他复印给我。

天色已大晚。

出办公室,甘夫人来,同下楼,因老刘的私家车停在九龙,乃坐公共汽车去香格里拉,车挤,人贴人,站在门口,因一站路就到(过隧道)。

从地铁站走到香格里拉酒店,一路热闹非凡,此香港之所以为香港也。

到酒店餐厅外休息厅,见诸朋友,又多交谈。

有摄影记者一人,穿来插去,替人拍照。

熊秘书长和王展副部长亦来,乃与王部长交谈,摄影记者摄得集体和部长与我二人合影。

王展副部长已退下来了,他也知我,我也知他,因为都对古桥有兴趣。

两人交谈之中,他告我他的毕生经历,由工人而军代表,而队长、专家(援外)组组长……最后升到此一职位,故有实际经验而无多理论,是老干部也,年62岁,还小我多矣。

他的古桥的书,由交通出版社出版了,将在交通报上四十多篇文章集合而成,存书不多,回去后再想法寄给我。

我告他以古桥进展和琼州事,并说明当年

图10-4-2　作者与刘正光在办公室合影

向江泽民总书记提议建造沿海高速公路和三大海峡事。

王说钱塘江口、长江口桥，因高速公路靠内，可以不建。琼州则只有一条通道，他是赞成的云云。

入席。我与老刘夫人、保华、杨达潮等一席。谈起国梅想吃朱古力，要香港有而广州无者，席上大家出主意，叫在金钟对面太古广场西武百货公司买比利时朱古力或龙岛朱古力。并说太好看的并不好吃，要手工做的，不好看但好吃。

晚宴十分丰富，菜单未录，菜都吃不完，但又不能打包，未知如何处理。

宴散，老刘送我回住处。

11月26日

晨仍食牛奶、热狗。

上午谢总的侄媳来，驾车送我们去办提前同的手续。原来我们来港办的是9日旅游签证，到港发卡12月1日返航，谢总想提前于28日回。已于26日约办提前离开手续。

谢侄媳乃葡萄牙人，混血但广东话说得十分流利，在港工作英语自好，驾车技术熟练。终于在轩尼诗道新港酒店地下室找到该公司。

公司之小，实在惊人，但却有此权力。在地下室楼梯口谈话，不入办公室，却规定先填表，再到轩尼诗道中旅分社去买归程船票。买到船票后再返回交费，每人200元，领收据、改归程。

谢总去招呼其侄媳的车子，我去买船票，又要填表，船票加手续费193元每人。写此记时，发现有所谓"现金代用券"50元没用，可惜了。

一切手续办妥，给纸一张，改原8618队为2701团，并给密封信一封，回来时交太平海关。信无非是改期的问题。

手续办妥，车送回住处。

中午，谢总建议即在住处对面福兴吃饭，各一只汤水饺，含一砵腊味饭，价95港币。

午睡，3时许起来，谢总已出去。何镇东来电话，明确27日晚宴时间、地点，但今日又约出外走走。

不一刻钟，何先生来，上楼。这是第一次会面，素不相识，其人温文尔雅，发斑白微稀。西服（深灰）革履，谈吐轻慢。各寒暄数语，并赠飞利浦三头电动剃须刀一具，约到香港坐缆车上山一游。

一路之上逐步了解到其为广东东莞人，年62岁，现在此间经营地产、机械和中成药，有太宇工程和太宇药品两公司，在北京有分公司。有三子一女，长子即孟澈，留英学医，毕业后工作五年，现继续攻博士，已读二年，尚有二年。攻博士为得瑞士Lund大学奖金，故每年需去Lund汇报。在图书馆见我书，而此书乃Lund在各处购置不着，直接写信给我，我即寄了一册，Lund以Leonhandt的《Brücken》一书为报，这样种上的因。二子及女，一留英，一留美，亦均毕业。四子孟晋，亦于英国毕业，现在香港身边，在新昌地产代理公司工作。我说你四个子女都在读书阶段，大概费用比较大，他说月得数万元。

何先生经营有方，房地产和中成药甚为得利，以往常来往于北京、上海，今年去得少了。

一路上坐的的士，上山到缆车站，说到缆车工程，最近因发现缆绳有断丝，才换新绳通车。

我亦告以我的经历。

关于缆车,我曾经设计过架空缆道,这种着地爬山缆道,中国桥梁广东曾建造过重庆望龙门缆车。

香港缆车,车厢比较讲究和整洁,一路有几个站,明显地感觉出线路坡度不同,车座能随坡而变。

到山顶,是一座新车站,多层作商场,亦新建不久,尚未启用。香港的建设这几年很多,是1997年回归前突击花钱造成的繁荣?还是一向如此?待1997之后再看。

一路沿山边小路下到山侧亭台,山下高楼林立,维多利亚湾船只纵横,九龙侧城市在望。

缆车在中环、上环之间,望海时左首是香港岛山顶的顶峰Peak,右首望海,诸银行大楼历历在望。

总之,一片自然的荒滩海峡能开出这样繁华的城市,花了近百年的努力,二战之后之五十年恐怕是主要的。

面山背海拍照,又至山南望大洋,因有小岛,极目不远。

然后步入山顶商场,商场多层。何先选购朱古力三盒。转出至山顶汽车站,坐的士到中环其公司,在中环环球商场332室,按中国计数法为四楼。先上洗手间,非顾客公用,乃有按门暗号,租户公用。

公司在商场之中铺面房子共分三处。一处为其手下办公室,一处为何先生夫妇办公室。先在其手下办公室看了一眼,会见其夫人。一路何介绍其所以以铺面为公司的原因是原来经营房产时所购,开公司亦十分合适,客户往来方便。

其夫妇办公室中,壁挂书外,几陈古董、玩物。说,经常有人误会为古玩铺,他得解释此乃私人藏品。

办公室有电话,要我打长途通讯,乃与广州国梅通了一个电话。在办公室中就谈谈他的业务情况。

他的药品公司在北京买了房子,业主不守约,将作仓库的用地拦去一角,故他迄今未去接受。谈谈他的家庭,看来天伦之乐,年轻时花精力和财力所培养的子女,开始有了成果,只是第三代尚缺。孟澈三十多而尚未成婚,似乎女儿已婚。

坐了一会儿,已过了商场打烊时间,这一商场乃在银行区,晚上不热闹,都打烊回去,寻欢作乐者转向下面湾仔和铜锣湾。

出门下楼,预备去坐中巴,他说他的司机才被解雇,因第一个月便借三万,第二个月要借六万,第三个月开口借二十万,他结交不起,解雇后尚欠他六万。我说如何处理,他说算啦。

在某一街道上,中巴起点,坐中巴人不挤。无售票员,司机亦承包,多劳多得,下车时乘客自己给司机钱,不需要票证,方便是方便,但无法报销。在香港的士也无票证,工资高和私人单位,车钱不算什么。

补记一下,在从山顶下来到环球商场时,何先生又购巧克力二大盒计238元,在商场购闹钟(旅行用)一只相赠。

车送到住处告别,约明日晚间6∶35分来接,与谢总同往。

11月27日

晨起买早点。

上午与谢总同往干诺大道28号珠江公路公司一行，告知28日离港，去付房租。一路走来，穿街插巷，已是熟门熟路，因为25日我一个人又走过一趟。初到时给了我们二人一套大间钥匙，但二人行动并不一致，第一晚等门等到11时，故再去拿了一套。此时，王文诏已从广州回，随我一起到园家乐买美国葡萄一大串，砀山梨六只，吃到临走。

今日去会见他们公司诸人，不收房租，只嘱走时钥匙放下便行。

路过皇后道中，见有快餐店，离住处不远。中午我建议不到馆子吃饭，我去买回盒饭各一盒，排骨与鱼，各一碗汤，每份价23元，两人合计46元。比之一盒腊味饭一只水饺要95元便宜一半，分量又多，谢总大称这是这几天吃饭的最佳方案。

报载在香港的最低生活水平是700元，如早上牛奶面包，中晚饭盒饭，则月将花1800元，比之广州三四百元要贵很多倍。所以赚得多，花得多。原意公司想派人驻港，可是如无业务，一月驻港费得好几万或好几十万（还需请客应酬，不能像做客那样只吃别人的），于是谢总又心动，暂不派人。

中午休息。

下午谢总外出，6时前回。

我在住处看杂志，打电话老刘秘书印文件。

看看时间易过，谢总回。

6时35分正，何先生准时到达，上楼。与谢初次见面，介绍一番。下楼，在大门口何先生四子孟晋驾奔驰车候着。上车。

一路绕半山小道，回绕曲折，如穿九曲明珠，车驰约二十多分钟，抵一豪华俱乐部，在半山之腰，乃英国香港的赛马俱乐部。内部豪华之极，有室内室外游泳池。大池均为国外运来嘉木的木结构屋顶，廊间陈列艺术品、赛马油画、版画、照片、奖杯等。曲折高下，穿插往复，犹如迷宫。楼不高，仅四层，但已觉得千房万户，英国官僚富绅尽享受之能事。何先生亦为会员，又购赛马会纪念品相赠，一手表，一领带夹，一钥匙圈，都有标徽。

到嘉乐所，时七时半许，坐定老刘尚未到，接手机电话，说20分钟许到达。时座上人不多，一厅数十桌，仅二三成。约8时，男女陆续来，皆绅士淑女，无喧闹之声，或携儿挚女，满堂欢畅。

老刘来，带来我调动了他的秘书印的两篇文章，由他的司机交给老刘带来。席间他们3人广东话交谈，何先生与老刘亦初识，都是"太平绅士"，同为地方人士，结交一下，将来会有用处。

菜虽不丰而精致，因谢已嘱不吃龙虾、大闸蟹之流。

席上合影，孟晋甚知礼，起立站于其父身后，知长幼之分。

记得我年轻时（在大学读书），祖父金山葬礼宴客数十桌，我与堂兄德璋陪客一席，伯父与父亲来敬酒，我起立回避，德璋亦随之。现在的青年像孟晋这样不算太多，回广州致信何先生致谢时谈到此事。

计8时宴起，9时许毕。出来在门厅何先生替我们照了些相，留作纪念。

老刘先乘车走（他们公务车的司机不随主客一起吃饭）。

孟晋驾车送我们回住处。

告别。

上楼开门，正遇上鲁经理在等，因接交通厅彭副厅长到B室。

我们开了大门，因历次出事，我把证件包包都带在身上，故不锁房门，此次未带一切，只带了一只照相机,因此顺手把门一锁,谁知开门打不开。正好小鲁在,他说钥匙被以前住的人扭弯了(此次是他给我的,插在门上从未动过),拔出,敲直了仍打不开,晚上进不去睡,明天走不了,岂非误事。

一法,钟小姐另有一把钥匙,打电话要她送来,但她人不在。

二法,明天9:30铺子开了门,请托锁匠开门。

三法,今晚暂住31B,钥匙也给了我。

近11时,钟小姐来电话,说钥匙在办公室,只能劳驾她走一趟了。

等好一会儿,她来,左开也不开,右开也不开。只能今晚睡31B了,明天再说。钟下电梯,不到两分钟又上来敲门,说是在包中找到了钥匙,一试便开。

天下事有如许波折,好事多磨,曲曲折折,说得好听些则是这样的插曲才显得人生的道路,实际上人生都是这样无关紧要却有关紧要的小事支配着人生的道路,使人啼笑皆非,产生出喜怒哀乐。

门打开,心落地。

原来明天谢总的侄子及侄媳来送,本让他们早些来,后打电话让他们11:35来,但又怕来晚了路上塞车。现在是没问题了,预备来了即去中港城(九龙),在那里吃午餐。东西都已整理好。

一宿无话。

11月28日

晨起,各吃热狗一。

每天早晨我买一份报纸5元港币,这次买了大公报,有三个候选人,董建华、杨铁梁、吴光正,答推荐委员的辩论。

香港的港人治港,这三个候选人中不知哪个得选。

9时许便下楼,我以为谢总已通知改了时间,原来是记错了。10:40车到,今次侄开车。行李放后座,人坐中座。

一路有塞车,到九龙中港城。

中港城大哉,是黄金玻璃幕墙,停车于地下室,坐电梯上,出门在大街上找了一家铺子,饮茶代午餐。

席间和谢侄谈向领事馆(他在美国驻港领事馆工作)了解国际方案招标有关事宜,他们3人说广东话,后来发现谢侄和侄媳说英语,我便用英语说,这样才沟通。

餐毕,送到港口出口处,检查出关,一切顺利。

上船,如来时。

别了香港,这是第二次。

经外海,入珠江口,在太平引桥下进太平港。入港亦不检查,只是行李通过探测机,查武器而已。

小陈来接,坐道奇车,先送谢总回家,送我回银珠楼。

晚上和国梅絮叨,谈香港事。

作于1996年

福　建　行

　　2003年10月接钦东明来电,将在福州开台湾海峡会议。随即接福州大学寄来"台湾海峡桥梁建设及区域经济合作研讨会"征文通知。10月28日,报公司(中铁大桥局)领导批准。11月10日接正式会议邀请函。会议定于19日到福州报到,20—21开两天会。主办单位乃福建省委托福州大学、福建省经济文化交流中心、厦门国家海洋三所以及"台湾"金门技术学院。主要费用和论文集都是金门办理。

　　决定参加并寄论文到福州大学后,电告福建寿宁文化馆龚迪发,告知有福建之行,他邀请我去闽东看贯木拱廊桥。

　　12月得钦东明电,石油工业部将在福州开会,宾馆爆满,会议改在厦门开。再电告龚,说不去闽东了。龚坚持邀请,并决定会前提前去,仍飞福州。派车接去寿宁,考察贯木拱后至宁德,住一晚,车送厦门开会,由厦门飞回。国梅同去,机票自费,其他一切招待。

　　12月16日晨8时,集团公司小车送机场。原定10时起飞,武汉机场有雾,误4小时,福州接机车一直等着。下午2时半起飞,到福州约4时。龚车在福州机场接。即驰宁德市。傍晚抵宁德。在宁德宾馆,宁德市政协秘书长(女)接风宴请,在座有林校生教授。原计划连夜去寿宁。夜间道路曲折,行车不安全,司机称头疼不走,亦妥当。于宁德宾馆住一宿。

　　12月17日晨,早餐后出发,经福安至湖塘坂,为104国道高速公路。岔出,经武曲、南阳到寿宁,均为县道,但路面情况仍均不错。住寿宁宾馆。套间。

　　上午还有些时间,先去看城关三座桥梁。

　　三桥外观都朴素,后二桥内部彩绘甚盛,所有贯木廊桥桥中都供有神佛,香火旺盛。为避免火

图10-5-1　去登云桥路上

图10-5-2　登云桥南桥台贯木拱脚

图10-5-3 登云桥下与龚迪发交谈

图10-5-4 寿宁鳌阳仙宫桥

图10-5-5 升平桥内部

烛成灾,供桌桥面等处都已由文化馆督促护以铁皮。桥神为观音(佛),临水夫人(道)或地方神。

升平桥下来后穿过横溪日升门城门,明代遗物。山区城部矮小。但门口仍有碑,为军民人等至此下马。疑为政署所在地,我戏称之不下马城门洞太矮,要碰头也。

中午迪发招待吃"山中菜",风味特殊,只照了相而未详记。

下午驱车26千米,遡长漱溪到闽浙边境下党乡看下党鸾峰桥。桥下山路接浙江泰顺。

桥为现存木拱桥跨最大者(37.6米)。

福建贯木拱的特点三节苗粗,为主材;五节苗细,为次材,加斜撑。从结构理论上看,五节苗起到帮组三节苗的稳定的作用。故桥跨越大,三节苗取材越不易。图10-5-3乃为龚等说

图10-5-6 寿宁横溪日升门城门前有碑,文武官员
至此下马

图10-5-7　鸾峰桥下

此道理。

　　此桥高出河床，岸坡其陡，众人扶携而下。河中巨石粼粼，最大者如小金字塔，可能为地震所崩落，冰河时期滚石难有如此棱角。

　　同行诸人桥下合影。

　　桥头与国梅合影。

　　去来天气晴朗，道路缘山曲折，岂止"数百盘"。风景绝佳，路况亦不错。汉中之行时盘山久转不如此山区公路。较之二十多年前去浙江云和考察梅崇桥时所见沿途风景，因山高谷深，更要壮观。

图10-5-8　桥前与陪同者全体合影

　　回来到寿宁城关外看杨梅洲飞云桥，桥不大，拱跨18.8米，13间36柱。

　　此桥一侧贴近木拱建有小孔石拱，照片乃在其上游另一侧所照。

　　另一侧造有石拱，溪门11丈，桥面横过1丈6。

　　晚间住寿宁宾馆，与寿宁市人大常委会主任副主任座谈，嘱题字，因图章不在手边，允回汉后写。

　　12月18日早餐后赴寿宁坑底乡东山楼村，专访贯木拱桥仅存匠师之一郑多金师傅。

图 10-5-9　飞云桥前

图 10-5-10　小东桥外与郑多金（右1）合影

浙闽贯木拱廊屋梁上多半留有建桥年份和匠师籍贯姓名，有正墨和副墨之分。郑多金乃按浙江桥上提名，辗转访得的现尚存者，年七十四，还小我四岁。

中央电视台毕洪曾访之，在拍虹桥片中请其造一示范结构，有全套照片在。座中小叙，手捧竹篾手炉，内装陶钵埋火炭。这是民间朴素者。一进大城镇富有之家都是铜制。

郑师傅家乡有炒小南瓜子，自晒地瓜（红苕）干，临走还给国梅装了一大包，回武汉分吃了好几天。

图 10-5-11　小东桥下

观其所绘草图多为俗称，如地坪苗、加剪苗、三节苗等，"节"亦作"战"。柱则都为将军柱。听其介绍施工关键，主要以三节苗为基本，五节苗小牛头压紧在三节苗上，这在结构上都是合理的。又是三、五节苗之间力的分配关系，非匠师能了解。

出其家，与郑师傅及其弟多雄到小东桥。龚商得其以后补上，取桥窗口木一块，回武汉后题字留作纪念。在桥头花菇棚内观看培植情况，摘一花菇回。

郑多金告泰顺最大跨桥是由他所承建上部结构贯木拱，桥跨 42 米。建成后即垮坍。他说桥台乃地方所建，他曾击之有空壳声。认为桥垮原因乃是桥台不结实所致。实际原因并不十分明确。

午餐在坑底乡委员会，乡人大常委会主任招待。合影留念。宴上夸猪肉新鲜、放心肉也。

下午回寿宁，即驱车宁德，住宁德县文化局招待所。晚间与宁德文化局座谈。得万年桥照片。

12月19日上午自宁德驱车去福州。原定直奔厦门，因寿宁市开会用车多，抽不出。在往福州途中知到福州后去西湖宾馆转豪华巴士奔厦门。便在车上用龚手机和钦东明联系，知下午1时半，经济文化交流中心有大客车直放厦门宾馆8号楼会议住处。于是改变计划。

车到福州约9时半到省文化厅与文物局何经平文物科长座谈。告知以贯木拱在世界上的地位，并知屏南万安桥一墩嵌有石碑，上刻有元祐五年（1090）字样，是北宋年号，拟申请为国宝，将邀罗哲文与我同往鉴定。午间龚在上海菜馆招待午餐。

下午1时到展东路写字楼下坐车赴厦门。车由陈超平部长（福建国际文化经济交流中心的经济科技部。钦为副部长，时已在厦门）。陈超平名取超过汉代陈平之意，其弟为超房，乃超过汉张良（子房）。同车还有地震局等与会者，几位曾于2002年厦门会议见过。龚于车启动前在车门口告别，回寿宁。

下午3时许抵厦门，住厦门宾馆。

12月20日上午"台湾海峡桥梁建设及区域经济合作研究会"开始。

会前在小会议室，会议组织单位领导和会议骨干会面，我亦在座。金门是主议主办单位，李寿峰未来，托出席者致意。

会议详情有记录在，不详录。

会议间会福州大学、厦门大学诸老友和新知金门及台湾诸位，彭老乃知己。清华诸位未来，方晓阳亦病未出席。

上午开幕式，诸主持者发言。

图10-5-12　研究会上发言

下午大会论文发言。台湾三篇，大陆三篇。大陆的三篇中，一篇地质，一篇地震（彭阜南），一篇桥梁乃我的《台湾海峡跨海交通工程——厦门通道》。会后全体合影留念，照上共76人，据名单共86人，内台湾40人。

晚餐台湾金门请客于南岛澳村会展中心店，在厦门岛东南角，离金门近，晴日可遥望。领金门纪念高粱酒53度。金门无工业，唯有此酿酒业。

12月21日上午，桥梁地质组综合介绍（海洋三所），区域经济组综合介绍（金门技术学院王春源、胖子，合影）。会上我、蔡、彭老发了言。蔡建议明年（2004）在金门开。

会议期间与福州大学土建学院陈宝春教授、院长彭大文教授合影，与厦门大学蔡爱智教授相谈较多。"台湾"中央大学土木系教授，桥梁工程研究中心主任王仲宇交谈中告知他读了我在台湾所出两书。金门技术学院教务长王春源作区域经济组综合报告时与我对话甚洽。总之，新知旧友，都为了台湾海峡工程。

休息后闭幕式。

午餐后，钦安排彭老二人与国梅及我四人去鼓浪屿一游，轮渡过海，坐环岛旅游车绕岛一周照相。

12月22日将离厦门，上午上街，买了小圣诞老人4（@2元）挂杯小人3（@2元）。本讲好经济交流中心车送，因周转不开，改由海洋三所小车送。午餐原安排与金门诸位同践行后去机场。时间不凑合，我们先走。在机场买薄脆饼一袋，福建拷扁橄榄一包，上机，一时半准时飞。

准时到汉，集团公司车，王艺随车来接。

2003年福建之行圆满完成。

归来后完成贯木拱廊桥题字。并为台湾海峡跨海工程新填金缕曲词一阕，前后三次会议共三

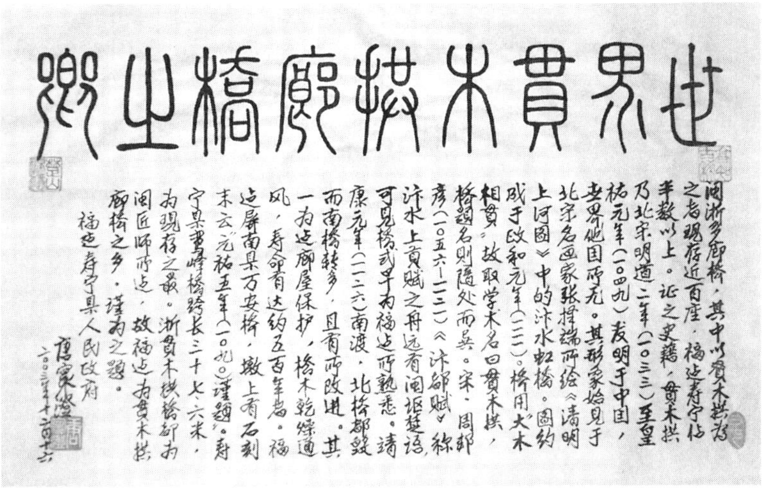

图10-5-13　"世界贯木拱廊桥之乡"题字

阙。寄钦东明、金门技术学院王春源、"台湾"中央大学王仲宇。

作于2003年

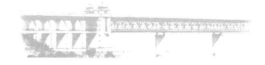

广州、屏南行

今年（2005），得广州虎门公司通知，在虎门公司工作期间，公司曾向中国人寿保险公司投保了一份寿险，因已到期，可退还。寄来了一份保险单资料，可于今年6月份起到广州办理手续，老陈亦有，我因8月份正好去福州，故于8月份先去广州，再去福州。

行前排好计划如下表。

因为自己出门，一切都要考虑安排周到。国梅同去，此行目的有三：

一是办取保险款手续。

二是曾在广州工作八年，离开已近三年，去怀旧。

三是8月1日是我们五十年金婚，预备在广州纪念。

因在广州要办事，必须非双休日到，所以坐火车，8月10日晚T67次汉口19：07开，一个晚上，11日早6：26分到广州。行前须整理携带的东西，特别是证件和银行手续需要考虑周到，因都需要自己动手，所以忙了好几天。

由公司派车送到车站，准时开车，11号车厢，1、3下铺，空调车厢。同室上铺为母女俩，女儿考上中学，到深圳旅游。

11日晨到广州车站，旧地重游，慢慢地回想起来，一切如旧。出站可坐地铁或打的，为了避免折腾，打的尚不贵，计费19元，一路行来，记得是当年公司小朱开车的路线。

计划和实施情况：

1. 核对保险存折上的身份证号码和姓名；

2. 在汉阳开一个带龙卡的活期存折（建设银行）（要身份证原件，复印件，及卡的手续费10元）；

3. 乘周日晚T67次特快硬卧257元（晚开），次日（周一）早上6：26到广州；

4. 事先请潘玲文代订金城宾馆房间（160元／日）；

5. 到金城宾馆办入住手续，广州火车站地铁3号线；

6. 到东山建设银行开户，（早9：00开始办手续，早去拿号，带卡，要身份证原件、复印件，广州地址，电话），将存折复印；

7. 去保险公司，1路汽车东山到北京路南站（南关）下车，前行数千米，转右八旗二马路40号。保险公司办手续：

（1）填单子；

（2）身份证原件、复印件；

（3）广州建行存折复印件，得到一张单子。

8. 钱已经入账，当即电子汇款到汉阳建行存折上（2小时以后）；

9. 到东山售票处买火车票;

10. 龙卡存折一个,全国可取。

住金城宾馆因虎门公司是老主顾,且由原会计小潘事先打电话,可6折优惠,住主楼(一号楼)10楼8号房,房号11008。

住定,到二楼早餐。这时记起来了,在这里吃过不少顿饭,有公司请,有自己吃。餐厅布局依旧,但菜价涨了。早餐一人一碗皮蛋肉片粥,碗大了,一盆油条,四只虾饺共28元,贵了一些。

图10-6-1　吃早茶

饭后到建行东山分行办广州存折手续。因保险公司只将款转入广州建行存折,同时办一龙卡(银联)可在全国各地取。我原在广州建行有存折和卡,但因卡找不着,折未注销,只好重办一折和卡,将旧折上的钱转入新折,一切比较顺利,并在该处试卡取钱亦顺利,办好约10时许。

出来即赴北京路八旗二马路40号中国人民保险公司,还是打车去的,下车后问询,有正导,有误导,走了很多弯路才找到公司,办手续也算顺利。

在附近麦当劳午餐,图其方便和快,但价格亦不低,共花38元。这主要是年轻人消费的地方,广州一般工薪阶层自有更经济的消费所在。

打的回宾馆休息。

午睡起来,望住室窗外高楼耸起,参差不齐,待低头看近处,忽觉眼熟,原来的住室在一号楼东南面。

东边即二号楼银珠楼。当年住在2410房历历在目。每天早晨下到三楼平台(下面是车库),在平台上做操锻炼,走圈数百步,然后在六角黄琉璃亭子中,有把藤椅,坐上做气功,现在又都在眼前,照了相。

催国梅起来,下到三楼走上平台,以六角亭为背景照相。上到银珠楼四楼,在四楼花园里以2410为背景,又照了合影。四楼现在是金城的办公室,五、六、七楼仍出租。

从银珠楼坐电梯下,出门上街。这段出门的路上,正在铺地砖,挡出一条小道,不太好走。

图10-6-2　六角亭前

出门便是从前走过八年的路,有些早就忘了,可是一到现场,又都回忆起来,绝大部分照旧没变,只是离开广州时正在拆建的一处,现已盖成高楼,装修尚未完成,所以还没有开业。绕了一个小圈子,在过去常光顾的铺子里买了5元一盒的三素两荤两盒盒饭,另一铺子买了面包牛奶,回宾馆休息。

8月12日早上食毕,去金城售票厅买14日去福州机票,他们推荐14日下午一点半的CZ3505,

图10-6-3　东山湖公园榕树下

说是南方航空公司波音787比厦航的波音737好，不误点。票价包括机场费、保险费共2×900＝1 800元。

上午到东山湖公园怀旧。湖水清漪，树木茂盛。榕树成行，游人甚众，以老年居多。当年中央电视台毕洪、石家庄台杨铃等来广州录像，都曾到东山湖来拍过。时天气炎热，树下，湖边凡是可坐的地方都有人坐，绕湖走了半圈，稍事休息，搭公汽去沙面，沙面以前亦曾来过。国梅买化妆品，有赠券，曾到沙面公园中进自助餐，沙面很清静，街头无机动车，塑像很有趣，选了两处照了相，坐3路公汽回。

中午吃扬州炒饭、盒饭。

下午逛东百，梅买"阔太"上衣一件，八折，港产。

雷来电话，13日有任务，防台风，不能来了。原来今年10号台风形成后向广东、福建吹来，风名"珊瑚"。这下又增加了一桩心事，14日飞福州能成行否？如不行则在何处再宿一二宿，金城或机场？晚上看天气预报，有暴雨，情况不妙。一宿未睡好。

8月13日晨起，天阴，上午按原计划到小洞天午餐，庆金婚，点了竹节虾、荷叶蒸水鱼、麻婆豆腐等5个菜，主食为葱油饼和饺子。计135元，故意留一些打包作晚餐。

下午休息，晚餐后逛附近街道，买14日早中餐。

金城宾馆入住时交400元押金，100元门钥匙押金。12日通知尚少120元，去柜台交，说开通国内长途电话押金200元，两天2×160＝320元，故差120元，告诉他们13日还有一天，交了200元，不想13日又通知尚差80元，不去交了。

13日晚特别注意天气预报，"珊瑚"号已在13日下午在汕头登陆，狂风暴雨，减弱为热带低气压。14日广州仍有暴雨，依旧不够明确，一宿又不能太安稳睡觉。14日晨起，天阴，大有转机。早餐后，下楼结账并向售票处问，一切正常，始放下心来。

结账时不但不再交80元，而是找还200多元，因长途电话只打了5元，诸押金扣去一部分房租共退215元。市场经济法则，金城防人之心太重。

搭乘出租去机场，不跳表，按130元，再加10元路上收费，共140元，为图方便，不去搭班车。

航班是南方航空公司CZ3505机，座位11D、11E。

一路平安抵达，准时上机，准时起飞。

行前去电话龚迪发，请他转告屏南郑道居政协副主席，让他们来机场接。

下午3时到达福州。

出机场不见老龚，以为又要打电话和做临时措施。不意刚出出口处国梅已发现郑主任拿了牌子，原来我走在前，又因天热穿了一件花绸衫，未见牌子，郑亦不敢认，和国梅接上头。车已在外等，上车直奔屏南。

这次到屏南的目的是受邀请参加屏南第二届白水洋文化旅游节，并参加白水洋旅游论坛。我们夫妇是作为贵宾，出席旅游节庆祝会，我并在论坛上作"浅谈屏南木拱廊桥的建筑艺术和历史文化价值"的报告。

具体大计划是：

8月14日到，

8月15—16日参观桥梁，

8月17日白水洋开会，

8月18日论坛，

8月19日至福州住一晚，

8月20日回武汉。

下机后上车，司机、郑和我们四人直奔南屏。因为福州已来过三次，去闽东二次，所以路上尚算熟悉。

从广州的和福州城里热闹的市区经东转入迂回曲折的山路，风景大不相同，情调自然不一，路虽曲折，但路面情况尚好。虽弯道摇晃，后座二人各有垫靠，都尚安稳，尚可打瞌睡。

路过林国文曾请我们吃鱼的水库养殖场。

下午5时，在路边一餐馆晚餐，鱼和豆腐都嫩，蔬菜新鲜。饭店有洗车服务，不知收费否。

晚饭后继续行车2小时，是属于夜间山路行车，道路无照明，但转弯处有荧光及光标志。司机小，13岁便在山道上行车，所以车开得甚稳，至于转弯摇晃那是路线平面布置的缺点。

晚8时到住处，住屏南电信宾馆608室。

会见已候着的老龚和屏南县委文教卫体办公室主任魏昌文。

晚餐。

15—16日看古桥。屏南的灌木拱廊桥共计13座，计为：

图10-6-4　古桥参观路线图

| 万安桥 | 广福桥 | 溪里桥 | 千乘桥 | 广利桥 | 迎风桥 | 龙井桥 |
| 龙津桥 | 樟口桥 | 百祥桥 | 清晏桥 | 金造桥 | 惠风桥 | |

8月15日上午去棠口乡看千乘桥。

在《中国古桥技术史》中已引用介绍了千乘桥。

中国始建于宋代的贯木拱廊桥，闽浙共约8座，其中屏南有六座，六座中年代比较明确的两座，即千乘桥和万安桥。

千乘桥始建于南宋理宗年间（1225—1264），此时已有贯木拱桥。

闽浙多孔的贯木拱桥不多，此是双孔，单孔桥跨27米，已较汴水虹桥约20米者为大。

桥的造型很好，桥头风景如画，一如《千乘桥记》所述。桥四柱九檩，栏杆扶手以下和拱侧面有挡雨板。栏杆以上，仅中墩至两侧斜撑端长度里檐下有挡雨板（即24开间中约8开间），木板桥面。

图10-6-5　千乘桥

图10-6-6　和龚迪发在广利桥合影

图10-6-7　古厦村花桥

桥廊双坡，仅有脊面，无高起建筑。

此桥朴实无华，但挡面板有破漏，桥面无防水保护，中墩与神像前一段桥面铺砌鹅卵石以防火。

桥碑于"文革"中曾抹上泥，上写"毛主席万岁"以防砸。

下午，去岭下乡看广福桥、广利桥。

广利桥始建于宋，单跨20.6米，和汴水虹桥相近。桥头巨木葱茏，有红豆杉、南洋铁杉、柳杉等古木，环境特佳，桥和环境协调，只能原地原样地保留。

广福桥始建于元，单跨26.0米。

两桥都是全封闭式，原木桥面上铺砌卵石，现都改为水泥。

卵石路面走时硌脚，但有的现代住宅区至今时有铺砌，认为可以刺激脚板经络。而古桥面铺水泥又觉得不伦不类。如何统一？可以用两侧细小卵石铺砌花式桥面，中间有石板条路，便得古色古香，为既防水又防火的桥面铺砌。

8月16日，由原中医院陈俊孙院长陪同参观古峰镇古厦村花桥。

桥在村头，是石拱廊桥，桥跨仅10米。桥建造匀称。桥廊中部歇山顶，两端歇山廊头，朱漆柱，卵石桥面。桥中供迎水夫人。因为"雕梁画栋""斗拱藻井"，花里胡哨，故名"花桥"。迎水夫人前跪拜求神的妇女不少。跪地掷"爻"求得籤数。籤文全部完整地墨书在旁边挡雨板内侧。籤文有凶有吉，吉多凶少。或先凶后吉，或先吉后凶，但总有解法。多行善事，必逢凶化吉。

桥上如说我当年在萍乡泉江小庙中求得的一籤是：

传说筑岩曾入相，班超投笔始封侯；
男儿若问终身事，一路功名到白头。

陈院长说，"好！好！一路功名到白头。"实际上我觉得应了的是"传说筑岩"。筑岩者版筑修

土墙。果然,我1958年下放学混凝土工,曾有句是:

少年浑不识风波,版筑于今正炼磨。

至于"班超投笔"我确实始终没投,所以"侯"也难封。

到古峰镇上去看老街老房子。这些房子都是版筑土墙,高的近10米,上窄下宽有收分。到一处陈院长高祖所建房,厅屋隔扇都是细镂雕花,中间有大寿字,联曰:"立修齐志,读圣贤书。"后来发现,好几家都同。这些装饰现都用夹板门遮挡保护,特为取下几扇和国梅合影留念。

这是乡绅做官人家门前都立旗杆,或二,或四,或六。

现在有些盗购文物者,想法倒卖到香港,世事如此,何代不是,而近年又甚突出。

8月16日上午看长桥镇万安桥,这是闽浙贯木拱廊桥中唯一有明确碑记和年代最早(1090)的一座最多孔桥。

木桥三次烧毁,1932年重建。桥墩未毁,故原碑在。

原桥始建1090年,是在汴水贯木拱虹桥发明建成之后约50年。

桥跨上最大跨15.3米,则不可能是简支木梁,即贯木拱已有。现为贯木拱,也没有记载说伸臂梁改贯木拱,故认为宋建时便是贯木拱。15.3米比18.5米稍小一些。

图10-6-8　和夫人(江国梅)"寿"字前留影

联句诗中数称"虹桥",当然不一定是指仿汴水虹桥。2003年12月去寿宁访贯木拱廊桥回,在宁德开座谈会,便询及此桥。曾得照片,今日得上此桥,喜何如之。

图10-6-9　万安桥

图10-6-10   万安桥前留影

1954年修复时，因担心香火引起火灾，不设神龛，这是可取的。此桥栏杆以上到檐口敞开，侧面挡雨板有破败不严实，桥面是木板，不防水，为了耐久，看来还有改进的地方。

如何使栏杆以上防雨而又可观赏风景？

● 花格轩窗式；

● 桥头一端有不协调的建筑，宜拆；

● 檐下再加挑檐式；

● 桥面防水式；

倾向于轩窗式。

郑主任问是否将柱上红漆。我觉得以素木更古朴。

桥上遇郑刚接来的上海交通大学年轻教授（副）刘杰（20世纪70年代生）和厦门大学教授戴志坚。

此行不虚！

8月17日上午看棠口乡金造桥，国梅未去。

到棠口一路路况极坏，土路而未修好，坑洼极多，人坐车中左右摇晃，上下跳动，头撞车顶，郑坐司机旁，后座三人，黄春财、陈院长与我。后郑与我换座，司机亦开慢些，始有所改善。

据告，金造桥前几年已有横移和桥的纵向变形，要拆去重建。地方上不愿拆移，只愿重建，这对保护文物已有一大进步。

到桥北，见两系统拱骨，剪力系统已架成，正架设桥面木之中。

拱骨架设采用双层脚手架法（因为谷深）。拱骨支点架设在三节苗斜拱杆和五节苗长斜拱杆之处，民间匠师都如此。剪刀苗共两层，即大牛头一层，下小牛头处一层。

金造桥拆建在两岸岩石露头之处，桥台亦建得粗壮结实，外整内碎。于是桥台前将军柱只有四根柱，且桥面梁苗未嵌入将军柱上横梁，而是直接抵在桥台面墙顶。

经询黄春财，大牛头和小牛头和拱杆相抵之处，在牛头放上前后都经现场实测修正，以使全部都和拱杆抵紧，因为拱杆直径不一，弯曲不直，这一修正乃是必要的。

图10-6-11   金造桥（一）

图10-6-12   金造桥（二）

拱骨有根径有稍径,斜苗都是根径在下,稍径在上,水平苗则根径、稍径交叉排列。

见黄春财匠师所绘"设计图"。黄司务今年(2005)70岁,头发基本全白。

造此桥材料易得,就地取材。加工建桥一伙人,包工计八万元(包拆老桥,包建)。桥跨30.6米,以30米计,得每米约2 700元。

根据经验,非人为事故,只要保养得好,寿命可达150—200年,较之近代桥梁120年寿命要高。所以闽浙山区,人行桥仍以建贯木拱廊桥为便宜耐久,还有生命力。施工时间只要几个月,没有远距离运输问题。

8月17日下午休息。

17日晚晚宴:18:00—19:30,在下榻宾馆。

晚宴后20:00—22:20,到县电影院观看文艺演出。县电影院离电信宾馆不到十分钟,步行前往。

贵宾席座位上都是名字。对名字入座。这是"屏南县建县270周年"文艺晚会。

屏南有畲族,故舞蹈中多畲族舞。

屏南又和新四军"沙家浜"拉上关系,故有京剧《沙家浜》片段。

请来个歌唱家屠洪刚,嗓音不错。

演出结束,回住处。

8月18日乃正式的第二届中国白水洋水上广场的演出。

我不参加(地质馆奠基,重点项目开工仪式,重点项目签约仪式,重点项目开工,竣工仪式等)。

白水洋旅游论坛。

白水洋景区是一个非常奇特的景区。

有奇特和仍是谜的地质构造。四周悬崖危岩中间却有一块面积约8万平方米的平坦巨石,其上终年有没踝流动似的白色海洋的泉水,向缺口流去,是福建八大旅游奇景之一。

20世纪80年代被发现有旅游价值。

1989年列为福建自然保护区。

图10-6-13 白水洋水上广场留影

1994年列为国家第三批重点风景名胜区。

2004年申报为国家地区公园。

2004年8月18—19日首届白水洋文化旅游节,出版有专集画册。

2005年7月批准为国家地质公园。

2005年8月17—18日开第二届白水洋文化旅游节,我们便是应邀出席第二届旅游节。

根据安排,我们坐6号车于上午7时到白水洋口的停车站。一路人山人海,或走小道、碰步,或涉水走水中向水广场走去(一似当年我们到杭州赤脚走九溪十八涧)。

沿路小摊甚多,卖粽子、点心、小装饰品和2元一双的袜子,给踩水的男男女女穿,以免"平坦"的石头硌脚。

水上广场上搭了一个平台,前低后高,中间前为领导席,共五排贵宾席,席左右排立礼仪小姐。

我和国梅在贵宾席第三排左边二座。胸挂贵宾证，身背照相机，等着看仪式开始。

领导讲话之后，节目共五个篇章。

其大部分节目是首届文化旅游节上演出的，演出舞台在水上。

一部分节目是17日晚上在电影院演出的，如唱歌。演出舞台在观赏台前面台上。

精彩的是水上演出部分。

舞台在浅水中，观众在台上、山坡上、树梢上、树丛中和水上的外围。

和浙江绍兴的水上舞台不同，绍兴的演出在台上，观众在水上的乌篷船上。

两处情趣不一，当然，水上舞台的演出有一定限制，脚踝的衣服下部都在水中，就连舞狮耍龙的腾挪跳跃动作也少得多了。

场面热烈有趣而少有。

演出结束，沿搭着的矮栈、碇步往回走，一路因路窄，拥挤。水上也是人流，只是稀些。路边、水边都是"坠翠遗珠"，即好多生活垃圾，如空罐头、塑料袋、粽叶和一双双踩脏脱下来的湿袜子。这些袜子也许能收起来，洗丁净，晒干，烫平，下次再卖。

回住处，午餐，休息。

下午在国税大厦九楼会议厅开专家论坛。

两个部分：

一即"木拱廊桥"，二即"地方戏曲"。

其目的是开发旅游，丰富项目，当然对文化遗产的保护起一定作用。

我的发言稿，郑主任取去，将来印出再附上。

现在有一种趋势，以旅游经济收入为第一目标，保护文化遗产变了次要目标。其实"桃李无言，下自成蹊"，还是想法把桃李种好为上。

为此，有些地方主义，还有竞争。争个"为主"和吸引到自己身边。

如何发扬贯木拱桥，我有想法。

刘杰口邀11月到杭州、泰安开会，因我须和保健医生同往，还得回去请示，再来正式邀请信。好在此行实例，下文如何，听其自然。

8月19日早餐后，放车去福州，郑主任送，刘、戴二教授同行。途中中餐。司机小张。

住福州政协招待所。

原计划郑明日送上飞机场，因屏南来电召他回去和常熟"沙家浜"新四军会面，安排司机招呼晚餐和20日早餐，送上飞机。

下午休息后，电话东明，无人接，电曾文田，曾正等我电话，他驱车来，驾车者为福州电视台灯光师小陈。

曾告，顺昌仍拟在九龙湖坝上建贯木拱廊桥，10月1日拟请我去，答以后回汉再说。用手机和林国文通了电话。亦是此话。

曾说是。

晚间曾请客吃晚饭，都为福州土产闽菜。司机小张同去。

饭后小张回去准备20日早餐，曾和陈带我们看福州夜市，特别是闽江口一带江滩。现环境布置极佳，江对面多高级住宅，万元以上每平方米。广州之行，（所得保险费）不过能买三平方米房子。一笑。

8月20日早6点,汽车送往机场,飞机是MF8371厦航客机,8时起飞。曾曾建议6:30汽车出发,结果6时出发到机场已近7:30,办好手续上飞机时间十分紧张。飞机因等机场运客客车晚了约20分钟起飞。

约10时到武汉。

下机后因值周末,不想要办公室人加班,故未要派车来接。坐民航班车到汉阳江汉桥头下,打的回家,小妹(小儿媳)已准备好午餐菜。

十天旅行结束。

作于2005年8月

卷 十 一

随笔杂文

华盛顿地铁印象

　　1987年元月，我应美国国家研究协会运输研究局之邀，赴华盛顿参加会议。事前，美国朋友寄来华盛顿地铁图，建议在华府期间以地铁作为主要交通工具。可是也有人以在纽约坐地铁的经验，劝我少坐或不坐地铁，理由是不安全。使我为难的是，住处与开会地点相距较远，坐出租车费用太大。权衡之下，只有到了那里见机行事。

　　到了华盛顿，会议主席来访。第一天赴会场，便是由他陪同一起乘地铁前往。开会中途，应邀去华盛顿市建设局总工程师加莱·A·浦克先生的办公室，他向我介绍华府的建设情况，包括地铁在内，作了较详细的说明。此后，我在华盛顿期间，除了朋友相邀外出坐他们的车，到机场坐出租车之外，全部靠地铁来往，舒适快速，安全无恙。下面介绍一点亲身经历，以供地铁设计得参考。

建设过程

　　地铁是近代快速运输系统的一种。华盛顿地铁作了50年的规划，计划发展到1990年，是一个有纪念性的工程项目。它是运输规划、结构工程和岩石力学的结合。由于工程的特殊性，美国土木工程师协会认为，地铁是土木工程杰出的成就。

　　1959年，美国国会经过研究，建议在华盛顿建造地铁。之后便设立了一个临时性独立的联邦机构，进行地铁的规划工作。1967年正式成立华盛顿地铁区域运输机关，负责哥伦比亚区、马里兰区及弗吉尼亚郊区的地铁建设。

　　1969年12月9日，尼克松总统签署了联邦参与158千米地铁建设的法案（后来总长延伸到162.25千米）。同日举行破土纪念仪式，经过六年零四个月的时间，地铁于1976年4月29日通车。所以华盛顿正式启用地铁的历史，迄今只有十一年。

　　地铁设计要求尽可能少改变城市地貌，地下铁道系统完全按自己的方便进行操作。华盛顿地铁计划设86个车站，其中的50个车站以及162.25千米中的78.18千米线路都在地下，而且大部分地下线都在最繁华的地区之下，包括华盛顿的商业区在内。地面上的线路有84.07千米，其中48.27千米是沿线有铁路或在公路中间地带内。有12.87千米的地面轨道为高架结构。

　　地铁有很多工程项目给人以深刻印象。例如华盛顿西北区有些地下车站，是开挖硬质片麻岩和石英岩所筑成。每开挖坑大约长195米，高宽各15米，需要花费三年时间和耗资三千万美元。有10个地下车站完全是地下无支撑开挖岩石。

　　地铁在波托马克河下穿过，并二处穿过其支流，用通常的爆破掘进方法穿过岩层修建了一条长隧道，联通华盛顿、罗斯林和弗吉尼亚。有一条用三节102米长的沉埋隧道接连起来的隧道，通过华盛顿运河。一条较长的沉埋隧道穿过安娜柯斯梯亚河。

观察我所到过的一些地铁车站，全部用预制钢筋混凝土的盾构，不做任何装饰性处理，不用大理石，简单朴素。线路采用电焊长钢轨，走行和顺，减少噪声。高架结构采用直接扣合钢轨，无碴无枕，结构经济。

地铁布局

华盛顿现有地铁分为红、黄、橘黄、蓝四条线路，共61个车站，约100千米线路。正在建设中的新线有车站20个，将定为绿线。线路以颜色分，为的是易于识别。纵横相交的地铁，在橘黄线、蓝线与红线相交处为地铁中心。由此开始向四方放射。

地铁车站有的设在街区的小广场上，有的则设在高楼的底层。只要有地铁，路口便有明显的标志。一根2米左右高的棕色方形柱子，顶部四周漆有白色英文字母M，并涂有地铁的颜色条纹。

地铁的交通系统要与地面的交通系统相衔接。公共汽车和地铁属于一家公司，故其布局自然相连。最重要的是小汽车。美国私人汽车多，不少地铁车站特别是起终点站，站口便是停车场，有的规模极大。很多住在郊区的居民，驾车到附近的地铁口改乘地铁进城，既方便，又快速。而市政当局也解决了市区小汽车拥挤造成的交通困难。

和北京地铁不同，华盛顿地铁绝大部分车站是上下行车辆在中间通过，站台设在两侧。车站内没有直接照明，所有的灯都采用隐蔽方式，光线柔和，乘客无眩目感觉。站台为红缸砖铺地，靠线路边有较宽的缘石，宽度等于安全线。缘石平面里每隔一米有一个圆形灯亮，光度不强，平素总是稳定地亮着，标志着这是站台边缘，当列车进站时，缘石面灯便闪烁，示意乘客退出安全线外，车停靠站台后，闪烁即止，乘客顺序上车。

自动售票

地铁入口，上下都设自动扶梯，并列4条，至少有2条在启用，对老弱妇孺，是一大方便。接着是一个售票和监察厅，厅内设自动售票机和管理人员岗室。室内四面玻璃，内设空调，只有一个管理员在内，隔着玻璃通过对话机帮助乘客，解答问题。

地铁实行无人售票制，除每站出入口有一个值班人员外，站上不见服务人员。从每一站去其他各站的票价，都张挂在厅内地铁图之下，票价分高峰时和一般时两种，高峰时约贵40%。乘客可以向自动售票机喂入一定数量的纸币，或所能接受的硬币。当货币喂入后，显示屏即显示币值总数。然后，根据所去车站来回的票价，按加减钮，使显示值调整到所需票值。再按取卡钮，售票机便吐出车票及其零钱。车票如信用卡一般大小，卡上没有站名、票价等标志，都记录在磁带上。乘客将票卡送入检票机，取出后身前挡块自动开启让乘客入内。出站时也用同样办法。

票卡存入的货币值可以多达数十元、一次输入，可乘好几趟车，直到款用完，等于买了一张多程票，较之定期月票灵活得多。对我们来说，不足之处是没有票据，不能报销；再就是有余款而不想再乘时，无法从机中将款取回，非要到公司去换，否则只好自认吃亏。

地铁车辆

车辆是钝六角形截面,形式新颖,玻璃宽大,车内照明明亮,铺有地毯,没有纽约地铁那样乱涂乱画现象。座位基本上按车辆前进方面排列。每列六节车厢,气动启闭车门。

车厢头上用灯光显示终点站名,也有时显示其为某色线路。因此,乘客坐车不会弄错。在详细的地铁图上,还标明两个站之间的行车时间,使人很容易估计整个行程所需的时间。

总之,华盛顿地铁给人以良好印象。可能因为华盛顿是美国首都的关系,社会事业组织得很好,不像纽约那样的商业城市,有资本主义所带来的一些颓废现象。由于逗留时间短,观察不全面,但就华盛顿地铁的管理而言,是令人满意的。

发表于《铁道知识》1987年第4期

唐氏解读《老子》一二

老子（前600—前470之后）（西周末年武丁朝庚辰二月十五日卯时诞生），姓李名耳，字聃，楚国苦县厉乡曲仁里（今河南鹿邑）人，汉族。是我国古代伟大的哲学家和思想家，道家学派创始人，世界文化名人。老子又名老聃，相传他一生下来就是白眉毛白胡子，所以被称为老子。老子生活在春秋时期，曾在周国都洛邑（今河南洛阳）任藏室史（相当于国家图书馆馆长）。他博学多才，孔子周游列国时曾到洛邑向老子问礼。老子晚年乘青牛西去，在函谷关（位于今河南灵宝）写成了五千言的《道德经》（又名《老子》），最后不知所终。

《道德经》含有丰富的辩证法思想，老子哲学与古希腊哲学一起构成了人类哲学的两座高峰，老子也因其深邃的哲学思想而被尊为"中国哲学之父"。老子的思想被庄子所传承，并与儒家和后来的佛家思想一起构成了中国传统思想文化的内核。道教出现后，老子被尊为"太上老君"。从《列仙传》开始，老子就被尊为神仙。从汉代起，历代帝王就开始到河南鹿邑去祭拜老子。《道德经》的国外版本有一千多种，是被翻译语言最多的中国书籍。

有物混成，先天地生，寂兮寥兮，独立不改，周行而不殆。

——有一样东西，混混沌沌不可捉摸，先天地而存在。无声无息，无形无象，独立而不改变，循环不绝而不疲倦。

吾不知其名，字之曰道，强名之曰大。

——我不知道它的名字，把它号称作"道"，勉强命名为"大"。

此两者同出而异名，同谓之玄。

——这两个名称是同一个意义而不同的称呼，也可以一同称之为"玄"。

玄之又玄，众妙之门。

——玄是即深奥又神妙，是天下万物巧妙深微的关键。

道可道，非常道，名可名，非常名。

——可以说得清楚的道（意思就是从观察天下万物所概括出来的道），不是那种无古无今，无始无终的道。可以命名的道的名，不是那种无古无今无始无终的道的名。

道隐无名。

——道本来是隐晦而没有名字的。

无名天地之始，有名万物之母。

——天地的开始本来是无名字的，有了名字的道是万物的本原。

天下有始。

——天地有了开始。

始制有名。

——就受制于有名的道。

以为天下母。

——以作为天下的本原。

即得其母,以知其子;即知其子,复守其母,没身不殆。

——既然通达得本原的道,以此认识天地万物。既然认识了天地万物,又复坚守其本原的道,则终身没有危险。

道之为物,维恍维惚。惚兮恍兮,其中有象。恍兮惚兮,其中有物。窈兮冥兮,其中有情。甚精甚真,其中有信。

——道这样的东西,恍恍惚惚,不可捉摸。在恍惚之中能想见到其形象。虽然是恍恍惚惚,但是却寓于物质之中。深远奥妙,却是有情有理。非常精粹,非常真实,都是可以信得过的。

其上不皦,其下不昧。绳绳不可名,复归于无物。是为无状之状,无物之物,是谓恍惚。

——仔细探索却不分明,而随便理解并不模糊,事物众多,不可名状,还是归之于“无”这样东西。这就是没有现状的现状,没有物质的物质,这就叫作恍惚。

道之出口,淡乎其无味。视之不足见,听之不足闻。用之不足既。视之不见曰夷,听之不闻曰希,搏之不得曰微,此三者不可致诘,故混而为一。

——讲起道来,淡而无味,看又看不见,听又听不到,用却用不完。看又看不见的称为“夷”,听又听不到的称为“希”,不得通达的称为“微”。这三样无法深问予以区别,所以混起来为“一”这件事(那就是恍惚的道)。

道冲而用之,或不盈,渊兮以万物之宗,湛兮以或存。

——道是空虚的,但却用不完,好像万物的根本渊泉,深厚纯正,如同物质存在。

昔之得一者,天得一以清,地得一以宁,神得一以灵,谷得一以赢,万物得一以生,侯王得一为天下贞。

——从前纯正统一的得道者,天纯正统一则清明,地纯正统一则安宁,神纯正统一则灵活,山谷纯正统一则充盈,万物纯正统一则生长,侯王纯正统一可以作为天下之正则。

是以圣人抱一为天下式。

——所以聪明德高之人,精思固守纯正统一者可以作为天下的典范。

其致之。

——(否则)其结果。

天无以清,将恐裂;地无以宁,将恐发;神无以灵,将恐歇;谷无以盈,将恐竭;万物无以生,将恐灭;侯王无以高贵,将恐蹶。

——天无以达到清明,恐怕将会开裂;地无以达到安宁,恐怕将会爆发;神无以达到精灵,恐怕将会休歇;山谷无以达到充盈,恐怕将会枯竭;万物无以生存,恐怕将会消灭;侯王无以达到高据尊贵,恐怕将会蹉跌。

故道大、天大、地大、人亦大。域中有四大而人居其一焉。

——所以道是伟大的,天是伟大的,地是伟大的,人亦是伟大的。宇宙领域中有四个伟大,而人居其中之一。

人法地,地法天,天法道,道法自然。

——人以地为法则，地以天为法则，天以道为法则，道是自然的产物。

谷神不死，是谓玄牝，玄牝之门，是为天地根，绵绵若存，用之不勤。

——人只要神能守舍，这就称作"玄牝"，是玄妙的关键。玄妙的关键是天地根本的道。绵绵不绝，若存若止的道，可以不必忧虑地应用它。

天地之间，其犹橐龠乎？虚而不居，动而愈出。

——天地之间的道，像不像吹火的竹筒一样，是空虚的？但是这空虚并不停顿，越是在运动（吹气）中，越是显出道的存在。

大日逝，逝日远，远日返。

——大道在向前流变过去，越流变离起点越远，达到最远处就返回。

反者道之动。

——返回就是道的运动。

大道氾兮，其可左右？

——大道普遍而广泛，是能够支配影响的吗？

迎之不见其首，随之不见其后。

——往前看，瞧不见其起点，跟着走，看不到其结尾。

执古之道，以御今之用能知古始，是谓道纪。

——按古来发现的道，来驾当今有用之事。能知道道从古代就开始，这就是天下的道理。

故常无欲以观其妙，常有欲以观其缴。

——所以，常从没有欲望的角度来观察道的妙处，常从有欲望的角度来观察道的妙用。

《老子》所称的"道"是从天地万物的现象和运动发展之中所概括出来的客观规律，所以他是唯物的。

只因为"道"是先天地万物而存在，那时的情况人们现在弄不清楚，弄得清楚的是现在这个世界（也没有完全弄清楚）。所以取名叫"道"是指现在世界的道，而非天地万物尚不存在和今后现在天地万物消灭之后的"道"，那叫作"常道"。

又因为"道"即是从现象中概括出来的客观规律，是属于思维的概念，因此似乎是恍惚的，然而是确切的。

"道"有时又可称为"大""玄""一"。

要想理解"道"，要通过物质的运动，"道"只存在于运动之中，运动愈激烈，愈显示出"道"的存在。

"大道"在宇宙中周而复始地循环不绝。

既然"道"是先"天、地、人"而存在，不以人、物意志为转移的客观规律，人还是可以认识它，和一定程度地掌握控制它，以为人类的"大我"或"小我"的利益而服务。

所以说"道"是十分玄妙的，但亦是有其妙用的。

道生一，一生二，二生三，三生万物。

——道产生纯正的统一物；统一物一分为二，成为两个相对面；两个相对面的变化产生第三种情况；所有各种变化就是天地万物所表现的现象。

万物负阴而抱阳，冲气以为和。

——万物都（一分为二，以阴和阳作为这两相对面的代表）前为阳而后为阴，靠道的活动能力冲气以取得和谐。

物或行或随,或嘘或吹,或强或羸,或挫或隳。

——事物或前行或后随,或缓嘘或急吹,或强盛或羸弱,或提起或跌落(这一些都是事物的相对面)。

故有无相生,难易相成,长短相形,高下相倾,音声相和,前后相随。

——所以,有和无互相产生,难和易互相促成,长和短互相比较,音和声互相和谐,前和后互相追随(这便是相对面之间的互相关系)。

天下万物生于有,有生于无。

——天下万物生于物质存在的有,而物质存在于虚无的空间。

三十辐共一毂,当其无,有车之用。埏埴以为器,当其无,有器之用。凿户牖以为室,当其无,有室之用。

——用三十根车辐,共同装在一根车轴上(可以用之转动,以及与车厢等构成车子),车子可以转动和车厢的“无”的空间,才有车子“有”的用处。用粘土制作陶器,有器皿所构生的无的空间,才有陶器有的用处。墙壁上开凿门窗造成房间,有房间门窗可以出入取光,构成无的空间,才有房子的用处。

故有之为利,无之为用。

——所以“有”的好处,就产生了“无”的用处(这就是相生的关系)。

图难于其易,为大于其细。天下难事,必作于易,天下大事,必作于细。多易必多难,是以圣人犹难之,故终无难矣。

——要完成难事,须从容易处着手;要完成大事,须从细小事着手。天下的难事,必定由容易事所构成;天下的大事,必定由细小事构成。看得太容易,就常会遇到难事。所以聪明德高的人,总觉得事情难办却最后没有什么难办的事。

民之从事,常于几成而败之。慎终如始,则无败事。

——老百姓做事常常在快成功的时候失败了。要在快结束时和刚开始时一样的谨慎小心,则就没有失败的事了(这就是相对面互相促成的关系)。

合抱之木,生于毫末,九层之台,起于垒土,千里之行,始于足下。

——很粗的树木是由小树苗长大的;九层高台,是从第一筐土起,一筐筐土垒起来的;想作千里的旅行,开始于跨出的第一步(也就是说,粗细、高低、远近也和难易一样,是互相促成的)。

大道废,有仁义;智慧出,有大伪;六亲不和,有孝慈;国家昏乱,有忠臣。

——当天地的道,废弃不行的时候,就讲究和显示出仁人、义士;当都依靠智慧来办事的时候,就有大奸大伪产生;当六亲不和的时候,就会显示出子孝、慈亲;当国家君昏民乱的时候,就显出忠义的臣子了(相对面在相比较之下才显得更突出)。

天之道,其犹张弓与? 高者抑之,下者举之;有余者损之,不足者补之。

——天的道不是像拉了弓一样吗? 高的位置把它放低些,低的位置把它举高些,有力量的地方把它消去些,力量不足的地方把它补充些(这便是说,相对面之间是在互相倾向于对方转化,这是相倾的关系)。

执大象,天下往,往而不害,安平泰。

——顺着天的道,则天下可以去得。走遍天下而无害,既安全,又和平,又舒泰(所以说其目的是个和谐的世界,那是因为相对面之间有互相和谐的规律)。

唯之与阿,相去几何? 善之与恶,相去若何?

——好像答应人家称"唉"和"喔"一样,没有什么差别,善和恶之间,其差别又能有多少?

故物损之而益,或益之而损。

——所以事物时或损害它,反而到会增益它,时或增益它,反而会损害它。

祸兮福之所倚,福兮祸之所伏。

——祸是福所依靠的地方,福是祸所埋伏的处所。

孰知其极。

——怎样知道得十分透彻呢?

其无正,正复为奇,善复为妖。

——没有什么正规不正规,正规的也会变为不正规;善良的亦会变成妖邪(这是相对面相随的关系)。

《老子》所说的道是在万物的阴阳消长变化中悟出来的。以阴阳为代表名称的万物的相对面,《韩非子·解老》中解释为"理",他说:"凡理者,方圆、短长、粗靡、坚脆之分也,故理定而后物可得道也。"所以世称"道理"。懂"道理"者懂"道"和"理"的关系,懂寓在"理"中的"道",即近世称懂"唯物辩证法"。

历来对统一事物的相对面之间的关系只称相反相成,冲突与和谐。《老子》析之为六,即"生、成、形、倾、和、随"。

相生的关系——事物的相对面是没有这一方,就没有那一方,缺一不可;有了这一方,就有了那一方,互相产生。

相成的关系——即相反相成,相对面之间互相可以起推动促成的作用。

相形的关系——统一物的两个相对面之间在互相比较之中才显示出来,没有一方的对照就显不出另一方。

相倾的关系——相对面的两方,互相都有倾向于对方转化的趋势。

相和的关系——统一物的两相对面在转化的过程中,一方面有冲突,又随着趋向于和谐。

相随的关系——相对面的双方在整个发展过程中有隐有显,有小有大,紧紧相随,互相渗透。

所以,《老子》的唯物辩证法的规律是比较透彻详尽的。要分析两者是不是相对面,就要拿这六条规律来对照。若不符合,便不是相对面。

相对面的现代译著都称"矛盾",这一名称和阴阳为代表相比,则"矛盾"的望文生义,会强调相对面之间的不可并存,不可调和的斗争性。历史事实上正是如此。造成不是相对面的相对面,或即不是矛盾的矛盾。

相对面的相互转化,到最后是物极必反。

天下皆知美之为美,斯恶矣;皆知善之为善,斯不善矣。

——天下的人都知道怎样的美是美的(便会转化为不喜欢这样的美)美就变成丑的了;天下的人都知道怎样的善是善的(便会转化为无所谓善与不善),这就称不上善了(这便是物极必反)。

大曰逝,逝曰远,远曰返。

——相对面之间是在转化,由一方转向另一方,达到其极时便转化为另一方,此时又再向原来的一面转化,这就是返。

天长地久。天地所以能长久者以其不自生,故能长生。

——天地的寿命是长久的。天地所以能长久的原因是因为他不自私其所生,所以能够长生。

天地相合,以降甘霖,民莫之令而自均。

——天和地相交合,下着甜美的及时之雨,老百姓没有要求也自然均匀(这一句概括的自然现象是总的情况,并非灾异之年)。

生之,畜之,生而不有,为而不恃,长而不宰。

——天地生万物而养育万物,生长了万物,并不占有万物,养育了万物而不恃其能,培植万物而不为其主宰。

万物恃之而生而不辞,功成不名有,衣养万物而不为主。

——万物靠天地生长而从不说什么。有这么大的功绩而不称有功。养育万物而不称为其救主。

万物归焉而不为主,可名于大,以其终不自大,故能成其大。

——万物都是属于天地的而不自称为主,这可以称之为"大"(伟大)。因为他总不自称为伟大,所以便能使人觉得其伟大。

是谓玄德。

——这就是天地之德(因为"道"和"大"可以同名之"玄"所玄德,就是"大德",就是"道德")。

孔德之容,惟道是从。

——最大的道德的内容,就是只有服从于道。

道生之,德畜之,物形之,势成之。是以万物莫不尊道而贵德。

——万物的生长是依据天地的道,万物的养育则靠天地之德。于是能现万物之形状,能成万物的趋势。所以万物没有不遵守道的规律,尊重德的规则。

故道生之,德育之;长之育之,亭之毒之,养之覆之。

——所以道使之生长,德使之养育;生长、养育、成熟、养覆。

清静为天下正。

——清静自然,为天下的正道。

配天古之极。

——合乎天地古往的道德。

德是一种德行,最大的德是服从于道的,所以称之为道德。

天地最大的德是自然,自生、自长、自亡、自灭,没有什么造物主,没有上帝,没有佛祖,只有充斥于天地间的道,和合乎道的德。

希言自然,飘风不终朝,骤雨不终日,孰为此者? 天地! 天地尚不能久,而况于人乎。

——自然界也有些现象,那就是,狂风吹不了一天,暴雨下不了终日。谁使之这样的呢? 是天地! 天地对这样的事尚且不能持久,何况乎人呢。

故从事于道者,道者同于道;德者同于德,失者同于失。同于道者,道亦乐得之,同于德者,德亦乐得之,同于失者,失亦乐得之。

——所以研究和执行道的人,他的道要相合于天地的道;他的德要相合于天地的德;即使是失败,那也是天地间失败的道理。合乎道,道亦乐与相得;合乎德,德亦乐与相得;走的失败的路子,则失败的道理也乐与相得。

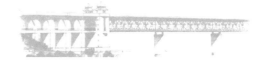

闲谈铁路史

中国的铁路技术是从国外引进的。同时，在建设过程中，牵涉到当年世界上的新兴资本主义以及很多工业较先进的国家，各有他们政治、经济、军事上的目的和外交手段。写中国铁路史自然以中国的资料为主，可是不能不征集国外的有关资料，以论证他们在中国的一举一动。所以，铁路史牵涉的面是够广的了。若是从1814年世界上第一辆实用的、由英国乔治·史蒂芬森设计的蒸汽机车算起，至今已近二百年。其间关于中外铁路的书籍、笔记、奏稿、新闻等档案资料，不可胜数。我从1876年（光绪二年）上海淞沪铁路开始，亦有115年盈箱满篓的资料好读。看起来事情有得做的了。单是收集、整理、编号、上机建立起一个全面完整的档案室，得费多少精神和财力？而这不过是先决的、必要的开端而已。我对铁路史从来没有涉猎过。不过，作为铁路工作者，有时也有兴趣地看过一些资料，不妨也闲谈几句。

从淞沪铁路说起

《中国铁路桥梁史》第一节记道："1876年（清光绪二年），英商怡和洋行以修筑马路的名义，骗取了清地方当局的同意，修筑了淞沪（吴淞至上海）轻便铁路，全长14.5千米。轨距762毫米（30英寸）。开始通车营业不久，火车压死了一名中国人，招致群情激奋，阻止火车运行，清政府以28.5万两白银买回路产后，于1877年即行拆毁……由于清政府对铁路持抵制态度，故直至1881年，因开发开平煤矿的需要，才建成了唐（山）胥（各庄）铁路……"

淞沪铁路是中国第一条营业铁路，从桥梁技术史的角度，这有叙述足矣，若从铁路建设史的角度，可以提出很多问题，需要引征原始资料，作令人信服的说明。

清政府在允许筑路时是如何受骗的？

既造成且已经开始营业，还不知道是铁路是马路？

是什么原因使地方官员采取听任的态度？

火车压死了人，"群情激奋"才进行交涉，所激愤的是什么？是受骗还是压死了人没有赔偿？假如是后者，那就只要千把两银子就够了；若是前者，错在英商，为什么要花巨金赎回？

既已赎回，已是政府财产，为什么又要拆毁？

朝野对此作何评论？其思想根源是什么？

如仅用"清政府昏庸"这一结论来解释是不够的，当详细说明当时的一切背景。

要解决这些疑问得翻阅不少资料。作者在这里不过是想说明写史落笔的困难，不时和不断地需要自出难题，自问自答，这样才能不使后之读史者脑子里打满了问号，却已时过境迁，难以再行查证了。

这些疑问，留请铁路史去参考解决。

年来入暮，以读文、史、哲为趣，常为之拍案感叹。以史为鉴，只恨开卷太晚，所见太狭。偶然亦注意一下铁路史料，谨录有关的几则。

清政府听了一些大臣们的劝告，在倍受外国人欺侮之后，认为彼明我暗，中国不了解外国的情况，再加上中国没有驻外使节，于是陆续派出一批使臣。其中驻英法正副使为郭嵩焘和刘锡鸿，一个开明，一个保守的两个人物（这样倒可以听听截然相反的不同意见，互为补充），记录了若干和铁路有关的事。

刘锡鸿的《英轺私记》中记到："余卧病中，有伦敦绅士上书，言英人之欺负中国有六事：一，鸦片流毒；二，中国圣教最善，外洋传教实为多事；三，商人不归地方官管束，而以领事自理，袒护不公；四，擅造吴淞火车路，反索赔偿其费；五，云南人命不就案办案，借以强索码头；六，接待使者礼有未至。

中国钦差，若许面毕其词，当集合同志为向议院争辩等语。正使以婉言辞之，办法良是。盖使于其国，不便妄听绅民唇舌以与彼君为难也。"

正使郭嵩焘的《使西纪程》中记光绪三年（1877）四月初五，得到两封信。其中一封是刊克里甫所写，"……刊克里甫陈论五条：一，禁止贩运鸦片烟；二，西洋待中国人应求公平；三，西洋人在中国者应各归地方约束，不宜专归领事；四，火轮车路应听中国人自办，不宜西人勉强，而引吴淞铁路为大戒，责以不可以如此横行；五，西洋传教者不宜过于保护，其有被戕，亦自取耳。中国圣人之道，道理完足，不应以他教乱之。其言全似中国人自张大，亦不测其何意也。"

在吴淞火车路的问题上，英国的正直绅士，不认为他们政府的作为是正确的。英国欲思在中国土地上建设铁路，碰到中国人的抵制，于是采用了"横行"的办法，连正直的英国人也看不惯。然而，办外交的中国官员，便因英国人而完全站在中国的立场上说话，反而弄不清其确切的目的，选择了稳重的处理方法。另一方面，郭公使曾两次写信给国内的大臣沈葆桢，希望他妥善解决此事。

光绪三年（1877）九月十四日的日记中郭又写道："赫德之弟赫达自爱尔兰至，枉过一谈，语及吴淞铁路，言若竟毁弃，外部德尔比必益怀轻视中国之心……以一切疑难，即顺理者少也（作者按：其意似指英国铁路是好心，毁弃不用是不讲道理）。所言极为有见。沈幼丹（沈葆桢）日怀赵孟朝不谋夕之心，又乐'委顺时论'而据之以为名。两次寓本陈论，不一回报，其志决矣，无可斡旋。"

两次"寓本陈论"的内容须予查证。看来清朝朝野在那些年里，对修铁路有事是反对者居绝大多数。沈葆桢只想保住其"朝不保夕"的高官，做官的诀窍之一便是"委顺时论"，对吴淞火车路的赎买是出于无奈，也许还表现出一种"天朝大国的风度"。拆毁则示以对侵犯主权的抵制。可见在吴淞火车路的事前事后，尚有大块文章可写。

中国需要铁路吗？

英国自17世纪发明蒸汽机后，逐步普遍应用于开挖矿产、改进工业、制造舟车以发展交通，引起了18世纪末叶的工业革命。发展了资本主义，不断扩展海外势力。西方世界凭借武力，一个个地敲开了东方各国的大门。马克思在《中国革命与欧洲革命》中说："英国的大炮，破坏了中国皇帝的权威，迫使天朝帝国与地上的世界相接触。"

　　经历了战争的失败，中国人渐渐地也知道了一些西方富强的表面现象和原因。首先到中国的是船和炮，所以要求"师夷智以造炮制船"（曾国藩）。再就是西洋机制货物。通过中国人在国外看到的机械制造和火车交通，认识了它们的好处。同文馆学生张德彝在他的《航海述奇》中，于同治五年（1866）三月二十七日详细记录了火车的构造和细节，并认为"此举洵乃一劳永逸，不但无害于商农，且裨益于家国，西国之富强日盛，良有以也"。

　　同治十三年（1874），总理各国事务衙门，以恭亲王奕䜣、文祥的奏章"练兵、简器、造船、筹饷、用人、持久"六条为基础，上谕命军机大臣密令全国督抚"详细筹议，将逐条切实办法限于一月内复奏。此外别一要计，亦即一并奏陈"。李鸿章奏称："曾国藩与臣叠奏请开煤铁各矿，试办招商轮船，皆为内地开拓生计起见。盖既不能禁洋货之不来，又不能禁华民之不用……曷若亦没机器自己制造，轮船铁路自为转运？"不能不用，则自己生产制造，应该没有窒碍，然而大谬不然，鸦片要抽，洋货要用，铁路不能修。好像事不相关。郭嵩焘给李鸿章的信说："窃谓中国人心有万不可解者。西洋为害之烈莫甚于鸦片烟……中国士大夫甘心陷溺，恬不为悔……钟表、玩具，家皆有之；呢绒洋布之属，遍及穷乡僻壤……一闻修铁路、电话，痛心疾首，群起阻拦。"

　　斗争在不断地进行着。而李鸿章于光绪四年，即拆掉了吴淞火车路的第二年（1878）三月，为李圭著的《环游地球新录》序中说："夫自通商以来，泰西诸国，日出其聪明才力，以相角逐。凡可以为富强计者，若铁路、电线、车轨、炮械之属，转相仿效，务极新奇；至于商务，尤可措意。舍是则无以自立其国，匪特习尚所在，盖亦时势所然也。"不时找机会阐述他的主张并采取措施以感动当局。

　　别的国家都"仿效而务新奇"，而中国却不听人劝说，不要别人造的样板路，不管时势然不然，仍然"痛心疾首"，其故何来？

　　懂得"逢迎诡合"，即会迎合当权者的意见，并且还会造作出一些诡辩的论据来"充实"上峰意见。刘锡鸿就说出很多反对的道理，不妨引用他《英轺私记》中的若干段精彩文字，和别人谈到他的记载。

　　刘锡鸿在出国途中记道："英公使威妥玛在都初相见时，辄言政在养民，当以开煤矿，创造铁路为中国目前急务。此次由天津南下，同舟洋人立论亦专主于此。余以中国立教，尚义不尚利，宜民而不扰民之说晓之。伊辈辩论往返，殊不惮烦，初不知其何乐于中国之富强，而进言恳切若是。"

　　中国人说不能造，外国人说造了中国可富强。中国富强，对外国人有什么好处？他又记道："及抵上海后，于初十日往格致书院。冯观察示以洋人所献铁路一图，由五印度取道关外以达京师，自北而南，竟成一线，始知其心非犹占埠通商之故智矣……铁路一成，全局安危变于俄顷，非细故也。"

　　外国人当年只想要开商埠，做生意，现要中国修铁路，从印度可以直通北京，岂非司马昭之心，路人皆知！因此，铁路万不能修。当然，这种猜度的理由，不能直说，冠冕堂皇的理由是"市道不足以治天下，技巧不足以臻上理"，就是说，中国人自有治国的大道理，这种市井商贾的小道理不足以治天下。用一些机巧的技术是不能和大道理相比的。

　　所以他认为可以直截了当地告诉外国人，铁路不能造，不但和中国有害，且对西方亦有害。"一旦创造铁路，复毁其田庐坟墓，则众怒益甚……"激发起老百姓反英，亦可以利用洋人建议的铁路直打到印度，岂不是逆风放火，自焚其身？

　　中国人不是笨蛋，"我中国历代圣君贤相，才智非逊于西洋，而卒无刳天剖地，妄矜巧力，与造化争能,以图富强者",即不赞成机巧奇智去胜过自然,因为,"盖见理深而虑误远",懂得自然界盈虚消长的道理,不去做违背自然的事。这就是反对在中国修铁路的"大道理"。

这一段洋洋大观的宏论,包括有治国之道、民心所向、哲学理论,暂存勿论。不过要批评别人的建议,先要弄清其内容。

史蒂文森的中国铁路图

洋人所献铁路一图,为何人所献,究竟何事,他们到了英国就知道了。

原来是英国铁路的创始人乔治·史蒂文森(George Stephenson 1781—1848)的一族人,麦克唐纳·史蒂文森所绘。麦克和乔治之子,有名的铁路工程师罗伯特(1803—1959)几乎同年。麦克唐纳曾于同治二年(1863)来过中国,是根据在英、印修建铁路,促进富强的经验,向中国提出修建铁路计划的建议。

光绪三年(1877)二月初二,郭嵩焘记:"史蒂文森来见,英国善建造火轮车者,年七十矣,印度车路为所经始。出所绘图见示,为中国拟车路,一纵二横,发端自云南。一由广西以达广东,越岭由湖南以至汉口;一由四川以会于汉口,是为东西(走向的)两道。又由以达镇江,南出杭州,北达京师,是为南北(走向的)一道。上海格致书院有此图,至是始知为史蒂文森所经营者也;力劝中国行之。"

刘锡鸿亦记此事:"火车路工,师第温驯(注意:此处称火车路工),年七十余矣,初二日来谒,自言英伦、印度两处铁路,皆其所造。英伦铁路五万一千里,工料费金钱六百三十兆,每年载客五百零七兆,货物二百兆吨……今以中国民人之多,物产之富,倘由广州造火车路以达潮州(疑当作韶州)、长沙、岳州、汉口,沿大江东折至江宁,遂北而镇江、扬州、淮安、临清、景州、天津、直抵京师,凡六千里,其费只金钱二十兆(中国银六千数百万两),获利必厚。俟行之有效,然后更开支路以赴各城镇,中国气象当焕然改观。因以平日所绘图呈览。正使问其年高若是,尚能自造否? 答以不能躬亲,惟当督率筹办,遂留图而去。"

这张图,细心搜罗,估计还能找到,是中国铁路建设历史中很好很重要的一份资料。既见其人,又闻其言,"包藏祸心"等的话,此后就不说了。

和洋人争办铁路

反对修铁路,当年尚不知铁路是何物呢! 刘刚抵埃及、苏尔士,乘火车上街一游,记道:"余之见火轮车始诸此。车制……程之慢者,一时亦百余里,故常数昼夜而万里可达,技之奇巧,逾于缩地矣。"

虽然奇巧超过了神仙缩地之术,他仍然认为对中国不合适,理由是:"然以行诸中国,则裸股肱,执策绥(按:马鞭、绳索)、操舟挽辇以度载人货者,莫不尽废其业……迫而为盗者日众……"

中国的游客、富商大贾不多,铁路成本高,乘坐者少,将来"势将乘坐寥寥,求抵一日之煤需,工费而不可必得,遑问本息"。

最重要的理由是中国人素来不愿扰民,不兴大役(不说造皇宫修园宛)。"搏节爱养,国有常经,必不肯惊扰亿万生灵,烦输千百兆银币……是故火车之不能行于中国,犹清静之治不能行于欧洲,道未可强同也"。中国和外洋,道不同不相为谋。

光绪三年五月十八,他用这些观点和英国博朗辩论铁路建设,倒是忠实地记录下了博朗的观点。他记道:

"嗣论及火车,余谓:'中国游客较少,造铁路制火车必至亏本,势不可行。'

"博曰:'不然,火车之利在载货,不在度人。中国货物最多,生理最大,若制火车,利息必倍,税课亦增,实是足国裕民之道。且藉此可省兵力,各省或有变乱,闻报发兵,数日便至,疾风扫叶,摧落匪难。第于京师养兵十万,选良将领之,天子亲为校阅,以备征讨,即可不设重镇于外,每岁所节饷粮,当在千余万白金以上。但天下事有利有弊。西洋以造轮船、火车为前进,他国必渐接踵为之,若有天意其间,非可以人为去取。即如轮船,华人始亦不愿仿造。乃今忽二三十艘矣。有轮船则必多用煤,铸铁炮即必多用铁。煤铁不能常假诸外洋,故开矿之事又起。他日有以运煤铁工价之多,道路之难为病者,自然商及制造火车。此是事之相因而至,终欲拒之,亦不可得。'

"余曰:'贼得火车以袭我,则奈何?'

"博曰:'此须司之以官。贼能夺火车,不能尽占铁路。铁路划断,则火车不可行。'

"余曰:'一铁路需银六七千万,因防寇而尽断之,则他时不易修复。若划去百数十步,巨寇何难填以度军,此即有利亦有弊之说矣。且创造伊始,中国奚能有此巨款!'

"博曰:'可借诸外国也。外国罔不借债,中国何惧而不为,借之既多,则债主护惜中国,不肯加兵扰乱之以自失本利,亦维系交谊之一道也。'

"余曰:'本利不偿,则兴兵勒取奈何?'

"博曰:'讨债以兵,外洋所无。土耳其负债最巨,各国咸宽假之,且代筹其国生财之方,即此可知其概。'

"余曰:'此皆非治国正规,恐未可恃。'"

这一席话,有来有往,辨析清楚,不过,刘锡鸿认为借外债是"灭裂之法,其何能久",也许除此之外,其他各点已慢慢地被人家说服了。

洋务派的胜利。

在这几年之内,洋务派以各种方式,说服了保守势力。这一段历史,还可以广为收集,予以充实,上面所记,不过是很小的一个侧面而已。

1883年(光绪九年)总理各国事务衙门奕譞、曾纪泽等奏《天津等处试办铁路以便调兵运械疏》称:"窃查铁路之议,历有年所,毁誉纷纭,莫衷有是。臣奕譞亦习闻陈言,倘持偏论(自我检讨)。自经前岁战事,复新历北洋海口,始悉局外空谈,与局中实济,判然两途。当与臣李鸿章、臣善庆巡阅之际,屡经讲求。臣奕譞管理各国事务衙门,见闻亲切,思补时艰。臣曾纪泽出使八年,亲见西洋各国,轮车铁路,于调兵运饷,利商便民诸大端,为益甚多,而于边疆之防务,小民之生计,实无危险窒碍之处……华洋规制,自古不同,铁路利益虽多,若如外洋之偏低皆设,纵横如织,不惟经费难筹,抑亦成何景象。至调兵运械,贵在便捷,自当择要而图,未可执一而论……"

铁路要造,运兵为主,不能多建,没有经费是实,"成何景象",仍是躲躲闪闪,不要"变夏为夷"。当然,以后的观点又有所进步,铁路网的建设,只在缺少资金,内债也不借(招商),外债也不借,只是政局不定,管理不理想,使中国的铁路建设处于波峰波谷,不时变化。

纵观清末有关铁路建设的争论,着眼点不外乎政治、经济、军事三个方面。专门从历史资料中整理、归纳、考证、分析有关的争议事实,是极有分量的工作,可以从中取得历史教训。

　　从要不要修铁路,引申到制度的改革,于是：洋务运动、维新保皇、革命驱满、五族共和,国民党专政、社会主义革命的胜利和今日初级阶段的社会主义建设。宏观上说,过多地谈政治上的变革已经越出铁路建设史的轨道。不过,各个时期铁路建设的得失,仍和制度密切相关。孙中山先生建国大纲中铁路网的理想宏图,注定那时不会实现。新中国成立以后的社会主义建设,铁路有了大发展,但仍有差距。三中全会以后产生了可以由地方投资建设地方铁路的变化。欧亚大陆桥的完成,和当年清政府疑棹东西二道、南北一线的计,不啻天壤之别了。

1991年草于武汉

七上黄鹤楼

武汉的黄鹤楼，为我国江南三大名楼之一。我在大学读书时，学的是土木，攻的是桥梁，还记得1948年，我听说武汉要修长江大桥，特地托亲戚援引，谋得茅以升先生组建的中国桥梁公司汉口分公司一个职务。赴任之前，已知武汉是鱼米之乡，还有个举世闻名的黄鹤楼。人还未到，脑子里就游骋着富有浪漫色彩的想象。

我到公司报到，分公司经理见面就说，公司不景气，桥上不去，经济困难，委屈大家，除伙食供给外，每月发六元银币，恐怕只能添些日用品。千里迢迢，受此待遇，心里倒有些后悔此行。

同船来的一个朋友，因要撤回上海去，相约过江去看看黄鹤楼。沿着江边城墙坡道，踏上城头，迎面一座元代石塔，再转高处，上四五步台阶，便到了"黄鹤楼"。这是个什么黄鹤楼呀？不中不西，不伦不类。加上有些乱糟糟的房屋，高踞破旧的城墙之上，真是令人败兴。那个略似黄鹤楼的"奥略楼"，却是地方上纪念为乡梓出过力的张之洞而设。大好古迹，一人独占。面江纵览，江山气概倒是天下少有。不过晴川历历，看不见汉阳之树，只见两座濯濯童山，无遮无盖，赤身裸体；芳草萋萋，沉却了鹦鹉之洲。唯余一派断岸荒滩，沙白汀青，若即若离。桥修在哪里？能修起来吗？国民党如此无能，神州烽烟遍地，真是"日暮乡关何处是，烟波江上使人愁"。那时年纪尚轻的我，面对斯境，也难免有崔颢登楼的感触。

不久公司把我派到江西萍乡缆道工地上，在那里迎来新中国成立。新中国成立后的情况，真是出乎意料地生机勃勃，原先濒于停工的缆道工程，不久就完成了。桥梁公司武汉分公司已被人民政府接收，参加抢修粤铁路被破坏的桥梁之后，旋即奉命组织武汉长江大桥的测量钻探工作，我为自己能回汉口参加这一新的工程建设而雀跃。

测量队部设在武昌文明路14号，离蛇山黄鹤楼很近，武昌岸的测量钻探工作，便是在蛇山和凤凰山二处进行。业务闲暇时，便再上黄鹤楼，走的是后山老解放路桥上山。那里是蛇山山脊，路侧是杂耍摊贩集中的小市场，1949年后社会起了很大变化，盗贼不生，秩序安定，物价稳定，这个小市场也十分繁荣热闹。从市场经抱膝亭、张公祠、奥略楼、禹碑亭，还有那个不伦不类的钟楼、孔明灯，便已是靠江的栏杆边上了。时间不过相隔一年，我没有回家乡，却又登上了黄鹤楼。没有乡愁，只有希望。眼前景物依旧，对岸龟山和凤凰山仍是光秃秃，一眼看透，江上风帆、机驳，却显得繁忙起来，看起来充满着生机和希望。山秃可以还青，江隔可以造桥。黄鹤楼呢，可以重建，让它再放光彩吧。当时看到和想到的是前途和事业，真可谓书生壮志不言愁了。

测量钻探初步完成，我离汉赴北京，在那里参加了武汉长江大桥的设计工作。忽忽三年，一晃而过。武汉长江大桥的设计已经有了初步成果。1953年，成立了以彭敏同志为首的武汉大桥工程局。我接到再回武汉的通知时，这一下意味着再不是纸上谈兵，乃是真刀真枪、烈烈轰轰，改造河山时。

回到武汉,局机关在汉口四官殿几栋商业局才建成的家属宿舍中办公。站在四官殿江边,可以清晰地看到隔大江的黄鹤楼和隔小河——汉水的龟山晴川阁。每当下班之后,大家总在那里看看江景,眺望江南。全国四面八方的桥梁专家和施工工人络绎不绝地汇集到这里进行技术设计,准备施工场地,建造施工和生活房屋等附属工程。1955年夏天,请来了国内有名的建筑师和教授,在汉口胜利街铁路招待所开会讨论武汉长江大桥的建筑方案。其间,我上蛇山,三登黄鹤楼,陪大家踏勘地形。这时,我倒成了湖北"土著",介绍起蛇山上存在的建筑情况来了。经黄鹤楼头望大江,只见顺着桥址,排列着"艨艟战舰"。那是为了加速技术设计的进行,摸清墩址江底的地质情况,由地质部苏联专家献的"连环计"。即每墩位处将两只大型铁驳并列焊联起来,在四角和中间共设五部钻机,同时进行钻探。其气势恐怕不亚于当年曹孟德水寨连营,洪秀全浮船锁水,壮观胜过古人。

在黄鹤矶头、孔明灯前,留下了一张纪念性的照片。照片中有茅以升博士、赵深、戴念慈、张开济、张溥、俞蜀瑜等名建筑师,清华大学莫宗江教授,武汉市城市规划委员会鲍鼎副主任及笔者。后来赵深建筑师的方案,便是将黄鹤楼恢复于桥边。楼顶之上,一只展翅的黄鹤,冲霄凌空,目追神飞。

图11-4-1 考察专家在孔明灯前留影(前右一为作者)

工程进展之快,现在回想起来,实在惊人。一条长数十千米的战场,摆开在武汉三镇。长江上面,龟蛇二山之间,高峰时八个桥墩同时全面施工。日间吊机把杆林立。江水虽未隔断,但航道已缩成一线。晚间江上灯火通明,映得江水尽赤。原来我的工作是设计大桥的水上工程,不料经周恩来总理批示选中了我所提出的桥头建筑和引桥方案,少年得意,人生一忌,也埋下了日后获"罪"的根。那时我被指定专门负责这些项目的设计。所有的设计都做了模型来观察研究,以便改进。重点之一就是武昌桥头蛇山的布局。江边马路要拓宽,黄鹤楼的城墙和孔明灯首当其冲,都要拆去。大桥引桥建在蛇山的下游侧,要把原来上黄鹤楼的阶梯斜道改在上游上山。原黄鹤楼故址虽说高耸于江边,可是比大桥的铁路面标高要低,得提高平台的标高。重砌台墙,台上将设一座纪念碑。总之,一切改观,从此也不会再恢复到原来的样子了。当工地通知我已在拆孔明灯时,我又到黄鹤楼去最后看一看维持了几百年不变的老样子。四登黄鹤楼,是与旧的黄鹤楼告别。

元朝威顺太子墓塔——即孔明灯已被肢解为一块块石料,妥为保存,以便转移重装。黄兴铜像,搬到了蛇山的南侧,和元末明初的一方豪杰陈友谅墓暂时作陪。其他建筑也将推倒。这回得进去看一个仔细。吕祖祠、显真楼从来就开放,无须去得。张公祠空空荡荡。只是奥略楼,民国成立之初,辛亥革命诸公还在楼上开过会议。楼上此时还存放着一座清代黄鹤楼的木模型,做得十分精致。那就是现在新楼所参考的最好的资料。默默无声、毫不起眼的抱膝亭,却是楠木结构。真是不可貌相。再好的建筑也即将消失。虽觉可惜,但回头一想,远不说荆楚时候,便从三国东吴、黄武年间始筑黄鹤楼起,这黄鹤山上已经改变过多少次衣冠人物和山川面貌。有灿烂辉煌的盛期,也有灰飞烟灭的灾难。这一次拆去,添上一座雄伟的大桥,可以说是面貌改变最大的一次,亦是改得十分彻底的一次。黄鹤楼是决定要重建的，等到再出现的那一天，再恢复天下第一楼的气概罢。

1957年大桥通车了，武汉市看到了也许从辛亥革命之后最热烈的一次庆祝场面。我却以莫名获罪，排斥在庆典之外（按：据口述，当日唐寰澄是"私自"随武汉市民在庆典之时走过武汉长江大桥的。）。"右派"左迁，1958年到了重庆长江大桥工地当工人。1959年调到南京，参加南京长江大桥的设计工作。一去六年，1965年，三线建设需要，回到了武汉。不久，"文化大革命"开始。生产停下，长矛拿起。武汉市和全国一样，难逃大劫，我们被放出去又收回来，没有什么生产任务，就只好韬光养晦，实际上却是"心烦意乱，不知所从"。事后知道，地球上其他地方都在发展经济建设，而我们却向经济崩溃的边缘走去。

几次偶然的机会又让我去了黄鹤楼头。自然，桥已建成。齐着铁路面，有竖立着建桥纪念碑的平台。靠江依栏，大桥从右手虎跃而过长江，可是桥头建筑长窗两侧，有两条红漆"金印"大标语。梁上也横漆着红标语。我右手抚拍栏杆，胸中默念：这是为什么？知识分子果真是如此反动不容于天地之间吗？这么多久享盛誉的功臣竟然都是"叛徒""特务""大军阀""十匪""工贼""走资派"吗？……面对着无言的江山和大桥，真令人有人间何世之悸！我也知道说河清有日，但究竟何日，却实在惘然而怆然！

幸而在我有生之年，终于盼到了新黄鹤楼在公路铁路分岔之处的蛇山之巅建成了。此后，我陪过若干外国的同行再次登上黄鹤楼旧址和新黄鹤楼。

上得旧址平台，风和日丽。对江真的是历历晴川，不但有汉阳树，而且有新的晴川阁，还有更现代气派的电视塔、晴川饭店。返身走上新黄鹤楼，但见游人如云，摩肩接踵，竞着繁华。黄鹤楼五层高耸，周围建筑群如众星拱月，记得1985年新楼建成的时候，曾向全国征文。我兴之所至，亦曾填词一首，得蒙选录。词曰：

> 立鼎三城，通衢九省，赤乌黄鹤高楼。千载登临，饱经天下欢愁。沧桑变幻寻常事，便长江终古悠悠。但须问，壮志其酬，晚节无羞？
> 山青气淑风光好，有大桥虎步，巨坝龙游。历历晴川，辉煌电彩飞流。一箭退居重翼展，五层突兀紫云浮。只今后，玉骨钢筋，永世长留。
>
> ——调寄《高阳台》

我把这词书送一幅给日本东京大学教授伊藤学夫妇，并陪他们登览新楼。这在我算第六次了，我作为一个桥梁建筑工作者，以有幸参加武汉长江大桥的建设而感到欣慰。我还有二三本估计不会被用来盖酱缸的有关桥梁学的著作。志虽不壮，亦算酬矣。去年初春，大桥工程局第一任局长、已退居二线的原国家计委副主任彭敏同志重返武汉，访旧寻踪。旧地重游，正可一话当年。不用说，这一切都是他所熟悉的。桥左侧平台的墙上"黄鹤楼故址"五个大字，赫然在目，是他的手迹。站在江边，看着江水和大桥，我们共话当年"连环计"的钻探船，"跳岛作战"的桥墩施工以及从两岸向中间逼近合龙的钢梁架设……

旧事重提，情怀无限。彭老和我们都沉醉在当年的缕缕回味之中。

黄鹤楼故址，即立"建桥纪念碑"的地方。这块碑是历史的见证，它叙述了建桥的历史和苏联专家们的功绩。"文化大革命"期间，在苏联，传说碑已被砸。1983年原大桥建设的专家组长康士坦丁·谢尔盖维奇·西林同志,随苏联科学院代表团来访,只见丰碑宛在,让他深感快慰。对于劳动与创造,对于中苏人民之间的友谊,人们是不会记忆的。

在这黄鹤楼故址,徘徊反顾,不觉红日西沉。我这第七次登临,又给自己带来多少今昔感怀!国家的建设,人类的未来,要靠一代一代人的奋斗和创造。这气势雄伟的大桥,这千古名留的黄鹤楼,就是人类的杰作。登临纵目,"倒影压中流,一万年到底鲸鲵吞不去;参霄撼全楚,三百丈隔江鹦鹉欲飞来"(清代朱泽澜)。退居林泉,秃笔难闲,还当有几度登临,再写他一天风月?

发表于《同舟共进》1991年第8期

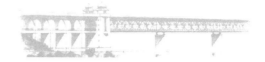

奇书《厚黑学》简评

1989年1月,求实出版社出版了清末民初四川李宗吾所著《厚黑学》一书,仅半年就四次印刷,累计印数达15万册。出版者对该书有个简要介绍:

> 《厚黑学》作者李宗吾,1879年(清光绪五年)生于成都,一度任国民政府官员、四川大学教授,后来成为自由撰稿者,抗战胜利前夕的1944年不幸去世。
>
> 李宗吾遍检诸子百家,读破二十四史,期望求得历史的真谛,终于发现:如果不是彻底的厚颜与黑心,就不可能成为大奸大雄。他把这一认识整理为理论,在1917年写成了轰动一时的奇书——《厚黑学》。
>
> 《厚黑学》辛辣地讽刺了旧时政治的黑暗以及官场上的弊病,这无疑引起了许多官僚的忌恨而进行攻击,也有朋友对作者加以劝阻,以致《厚黑学》在成都《公论日报》未能连载完全。几经周折,在1934年才正式出版,受到读者的好评。
>
> 中国辛亥革命之后数十年的动乱中,许多社会现象和"政治家"的表演也与本书中的剖析、刻画极其相似,因此有些知名的学者评论家曾经指出,《厚黑学》是一本不可多得的奇书。
>
> 《厚黑学》在海外流传较广,但现在国内已很少见到。为使此书不致湮灭,特按原文整理出版,以飨读者。

早在年轻的时候,我已耳闻"厚黑教主"的大名及其"学说"的片断,但从未看到过他的书。现在原书在手,又看了出版社的介绍,倒要仔细读它一下。几度翻阅,对其来龙去脉有所了解,而文章的嬉笑怒骂,淋漓尽致,确也令人有所感触。其价值恐怕要超出"讽刺旧中国官场弊病"与"读来饶有风趣"范围之外。

于民国元年(1912)发表的《厚黑学》,内容包括厚黑学、厚黑经、厚黑传习录、求官六字真言、做官六字真言、办事二妙法、结论诸篇。后来经过几度补充修改,至1940年才得五个部分17万字的完整本。书完成后4年,李宗吾去世。这本初版时为时人诟病,千夫所指的怪书,为什么后来又得到公众的好评呢? 我们从他对"厚黑"二字不同的定义可见其奥妙。

李宗吾从中国的二十四史中摭取史料,兼及他所处时代的官场人物,把他们的"成功"之道归结为"厚黑"二字,自谓是"厚黑史观"。李宗吾说:"不薄之谓厚、不白之谓黑。厚者天下之厚脸皮,黑者天下之黑心。"他举的典型的例子是曹操心黑,刘备皮厚,都算得天下英雄,都取得一定的成功。项羽则史称其"妇人之仁,匹夫之勇",不及刘邦既皮厚又心黑,因此败在刘邦手中。亦有介于其间者,如此种种,天下历史人物均可从成败之中,看出其"厚黑"程度,以之论为英雄或否。如此说来，一个人要想取得成功，必需脸皮厚，心肠黑。这样岂非丧尽廉耻？人心恶化，世风日下，于是"读者哗然"，他就"更不敢发表了"。

若干年之后，他又替厚黑下了新的注解。他引用友人雷民心的话说："世间之事分两种，一种是做得说不得，一种是说得做不得……"厚黑学是做得说不得的，做起来在"厚黑上面，要糊一层仁义道德"。以"厚黑为里，仁义为表"。这岂非在厚黑之外，还是个伪君子？鼓吹"厚黑"，便仍是个黑道教唆犯。他自认志不在此，于是创立另一条公例。

公例曰："用厚黑以图谋一己私利，越厚黑，人格越卑污（且越失败）；用厚黑以图谋众人之公利，越厚黑人格越高尚（且越成功）。"承认1912年发表的定义是指历史上的"大奸大诈"。现在他的新公例，按其书作跋者谢绶青的分析："厚黑学，如利刃，用以诛叛逆则善，用以屠良民则恶。善与恶，何关于刃。故用厚黑以为善，则为善人，用厚黑以为恶，则为恶人。"这就使厚黑学转了一个方向，补充新的内容。之后的"厚黑史观""厚黑哲理""厚黑学之应用""厚黑学发明史"等重点偏在后一方向。

他借用佛教中的下、中、上三乘的说法；下乘厚黑为"厚如城墙，黑如煤炭"，即毫不遮掩；中乘为"厚而硬，黑而亮"，已加壳加盖；上乘为"厚而无彩，黑而无色"，达到众生不知的地步。虽然，我们说"公中有私，私中有公，有明有暗"，但是只要"大公小私"，大家便都以之为善，况且"西洋镜"是不能戳穿的。

厚黑学的妙处是有它的哲学基础、理论根据。李宗吾大谈"厚黑哲理"。他对"厚黑"又下了一个定义，叫作"忍之己之谓厚，忍于人之谓黑"。

遇到不顺当的事（公或私），忍让一下，忍辱负重，脸皮一厚就过去了。等到机会来时（公或私），顾不得别人许多，下下狠心，踩着别人（友或敌）过去，其间难免有些残忍的做法。他又从宋儒朱熹的话，引出："忍于己，故闲时虚无卑弱；忍于人，故发出来教你支持不住。"

这种思想，导源于《老子》的辩证哲学。他是宗法《老子》的，文章中很多词句、例子、说法都明明白白是《老子》章句的白话化。譬如他说："饮食吃多了不消化，会生病，书读多了不消化，也会作怪，越读得多，其人越愚，古今所谓书呆子是也。"这不是《老子》"少则得，多则惑"的意思吗？又说："将来进化，必至一书不读，一字不识，并且无理可解。"这不是《老子》"绝圣弃智""见素抱朴"的意思吗？诸如此类，不胜枚举。

因为推崇《老子》，他分析春秋时期诸子百家的学术思想有其独到之处。他认为："《老子》在周秦诸子中，如昆仑山一般，一切出脉，或一支河流。"因此天下的真理"老子见之，名之曰道德；孔子见之，名之曰仁义；孙子见之，名之曰庙算；韩非见之，名之曰法术；达尔文见之，名之曰竞争；俾斯麦见之，名之曰铁血；马克思见之，名之曰唯物（辩证）；其信徒见之，名之曰生存。其他哲学家各有所见，各创一名"。他认为老子是见得最全的一个，其他则各有所偏。李宗吾自己则正言反说，名之曰"厚黑"。不是吗？《老子》说："上善若水，水善利万物而不争，处众人之所恶，故几于道。""忍让"本是美德，他却说"厚脸皮"。《老子》说："天下莫柔弱于水，而攻坚强者莫之能胜。"果断，刚毅，以柔克刚，也是一种美德，他却说"黑心子"。

《老子》的理论不是首创，是总结前代而言，所以学称"黄老"（黄帝、老子）。也不是无继，庄子，韩非子（法家）以及战国时期的纵横家、兵家、阴谋家，各取一是。

《老子》并不教人起坏心肠，不过是说明世界上万千事物的辩证变化规律。"仁者见仁，智者见智"，引出众多流派。

我们说：《老子》也并不是一味主张"无为"。他在第一章就开宗明义地说："常无欲以观其妙，常有欲以观其徼（巧）。"所以，历史上治国，如汉代吕后、文帝，三国诸葛亮，宋代王安石等都是用黄老之术。而汉武帝之后，独用儒家。实际上儒术中也是儒、法（王、霸）并用；而儒士修身，达则用"儒"，穷则用"老"。从《老子》的无为思想，后世创立了道教。而宋徽宗这个道教"教主"把天下都葬送了。

李宗吾把《老子》有欲的法则所推导出的《韩非子》的法术，用"厚黑"两字概括。乍听起来有些不习惯，加以注解，则不为无理，然而毕竟还是"说（或戳穿）不得的"。

李宗吾从"厚黑"史观，推出厚黑学的应用，创一臆说为"心理以力学规律而变化"。他应用到国内和外交事务中，主张："对国人用厚字，事事让步，任何气都受，任何旧账都不算。对列强用黑字，凡可以破坏帝国主义者，无所不用其极，一点不让步，一点气都不受，一切旧账非清算不可。""把四万万根磁力线排顺，根据力线直射帝国主义。这就是我说的厚黑救国。"在国际上则"组织世界弱小民族联盟，向帝国主义的国家进攻"。排顺弱小民族的力线，直射帝国主义。他既谈政治，又谈经济，毕竟书生之见，其大主张是合理的，做起来并不一定能顺利地行得通。

当时人说李宗吾危言耸听，语言偏激，然而他不信权威，主张独立思考，不做奴隶。他说："中国的圣人是专横极了。他莫有说过的话，后人就不敢说，如果说出来，众人听说他是异端，就要攻击他。""君主钳制人民的思想。"这里感觉奇怪的是君主和圣人专制却是由"众人"出来执行，说明这些众人已经成了君主和圣人的奴隶。

在学术方面，他的"读书三诀"是："以古为敌（逐处寻它缝隙），以古为友（相互切磋）；以古为徒（努力超过）。"可说是有积极主动作用，不会食古不化。

至于他早年提出的求官六字真言"空、贡、冲、捧、恐、送"，做官六字真言："空、恭、绷、凶、聋、弄"，办事二妙法"锯箭法、补锅法"以及"怕老婆哲学"等，一如《官场现形记》，为小说家言，具有讽刺意味，但时代不同，弊端内容往往有所变化，所以只是"读来饶有趣味"。

从这本奇书里能学到些什么？

中国辩证哲学是特别丰富的，应该说超过了外国，不妨专题分析、整理、深入的研究和普及一下（正言正说）。李宗吾所举很多"厚黑"实例，听起来非常耳熟。"文化大革命"期间，大捧法家，出版《韩非子》，"批林、批孔"，又"批周公"，这不是李宗吾所说的一根线的延续吗？凡此种种尚可大有启发。

他正言反说，指出中国历史上丑陋的一面。既若"厚黑"是真理，则外国历史人物也一样有很多丑陋的，岂独中国有之，岂可妄自菲薄。李宗吾正言反说，在泼辣之余，字里行间，仍多有所顾忌，毕竟他还是具有民族自尊心和正义感的。若并此而无，则亦入"厚黑"之流。反话不能说过头，否则会自己否定自己。

总之，这是一本值得一看的奇书。但也要用他的读书三诀来读它。最后，我也要用《老子》的话来做结尾。《老子》说为政要"以正治国，以奇用兵"。为人不能自私自利地又厚又黑，《老子》说"居善地，心善渊，与善仁，言善信，政善治，事善能，动善时"，如是而已。

发表于《同舟共进》1990年第2期

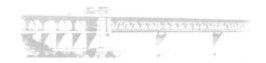

试问张生何处会莺莺

——新普救寺考证

唐代元稹（779—831）当他22岁的时候（贞元十七年）在蒲州（现山东省永济市）普救寺里，和"崔莺莺"有过一段风流韵事。他在《会真记》里写道："蒲之东十余里，有僧舍曰普救寺，张生寓焉。"1188年之后，1989年9月，我为了看新出土的唐蒲津桥铁牛，到了永济。进入永济县，赫然一座新落成的普救寺，金碧辉煌，耸立在中条山一脉的高阜之上，不免对这家喻户晓、弦歌不辍的名山宝刹，就近登临观光一番。不佞老矣，没有艳趣浓情，只是对口角噙香的元代王实甫《西厢记》所形容的生活"舞台"，作一次巡视，特别是看一看所谓"西厢"和"莺莺待月"之处。

新的彩绘精致，斗拱细密的红漆寺门，上悬赵朴初先生题写"普救寺"寺名匾额，蓝底金字，甚有气派。不过这是仿清构造，缺乏唐代风味。

进门后，上得高而陡的石台阶，一座古朴浑厚的两层崭新仿唐木结构"钟楼"，开始引人进入当年的情境。

从钟楼院侧院门向西进入一片较寺本身为低的台地，路过用石块击发蛙鸣声的蛙鸣石（志书上有），逐步上升，再从塔院后侧院墙门入寺。十三级方形叠涩出檐的唯一旧物元代建造的唐式砖塔，围以新建成的仿唐木结构塔院回廊，再一步即使人感受到了千余年前的唐代气息。

钟楼、塔院、中轴线后，是机关报佛殿，据事后请教梁思成先生高足仿唐古建筑专家张锦秋（按：作者表妹）院士时，她告诉我，这确是唐代寺庙的格局。在这根中轴线的东侧，是一组新的十王殿等庙堂。而紧邻主佛殿，西侧三间小屋为新西厢，东侧一个新的北京常见的小四合院，额为"梨花深院"，分别为张生所借居，和老夫人带着莺莺、欢郎、红娘一家子的住处。

站在那里，又出出进进地走了一遭，按事度情，对这样布局有些大惑不解。若是这样布局，张生和莺莺穿梭来往，必须要经过庄严的佛殿，简直是"冒渎神灵"。在"梨花深院"里，莺莺和红娘只能在前庭老夫人的鼻子底下烧香，而不是在后院。而张生跳"粉"墙（现为红墙），必然惊动一家子。那得如许从容。于是就产生了"考证"一番的念头。

考证如何进行？《永济县志》中，普救寺一条极为简单，看来不必舍近就远，还是从王实甫的《西厢记》入手。

张生初到蒲州，店〔小二云〕："俺这里有一座寺，名曰普救寺，是则天皇后香火院，盖造非俗，琉璃殿相近青霄，舍利塔直侵云汉。"

第一本，楔子〔外扮老夫人上开〕："这寺是先夫相国修造的则天娘娘香火院，况兼法本长老又是俺相公剃度的和尚，因此俺就这西厢下一座宅子安下……"

法本长老也说〔妆扮洁上〕："老僧法本，在这普救寺内做长老。这寺是则天皇后盖造的，后来崩损，又是崔相国重修的。见今崔老夫人领着家眷扶柩回博陵，因路阻暂寓本寺西厢之下。"

这三人所说自然合拍。据之，可知寺建于公元684至704年之间，7世纪中叶重修。崔相国和长老关系如此密切，重修时在寺的西侧又造了一座院子。早作退步抽身之计。因此，现寺西这一南低北高又低于寺基的台地正是西厢下院子所在，不会像现在那样，相国院子造在佛殿的东侧。

张生游寺时，法聪小和尚带路。〔聪云〕："小僧取了钥匙，开了佛殿、钟楼、塔院、罗汉堂、香积厨盘桓一会。"

张生唱〔村里迓鼓〕："随喜了上方佛殿，早来到下方僧院，行过厨房近西，法堂北，钟楼前面。游了洞房，登了宝塔，将回廊绕遍。数了罗汉，参了菩萨，拜了圣贤。"这是一条基本上自佛殿开始，绕了一个圈子，又回到了佛殿的游览路线。那时，〔莺莺引红娘拈花枝上，云〕："红娘，俺去佛殿上耍去来。"〔末（张生）做见科〕："呀！正撞着五百年前风流业冤。"

她们是从哪里进来的？她们走了，张生所见到是："呀！门掩着梨花深院，粉墙儿高似青天。"显然，新普救寺中的"梨花深院"的名字是从《西厢记》上来的。然而，诗词中常有这样的句子："小庭深院独徘徊，待燕归来始下帘。""庭院深深深如许"……深院是泛指多进院落中较后或最后一进的庭院。此处深院，墙头冒出几株梨树，是普救寺西厢下院子里最后一进后院，靠近西厢。所以，张生借厢时唱的〔幺篇〕："也不要香积厨，枯木堂，远看南轩，离着东墙，靠着西厢，近主廊，过耳房，都皆停当。你就必休题着长老方丈。"这里补充了枯木堂，南轩、主廊、耳房等建筑。张生只要十分靠近莺莺来处深院隔墙的房间。而法本答应〔洁云〕："塔院侧边，西厢一间房，甚是潇洒，正可先生安下。""潇洒"也者，必然有些可人的布局。

张生第二次会见红娘是在方丈和其外的回廊上。方丈估计在佛殿的后面，而佛殿四周是回廊。红娘在方丈见了长老，张生亦是在场。〔红云〕："妾与长老同去佛殿看了，却回夫人话。"三人同上佛殿，又回到方丈，张生精灵，先在回廊上等候，做了那一番千古传颂的自我表白，挨了一顿抢白。曲牌〔耍孩儿〕唱道："……业身躯虽是立在回廊，魂灵儿已在他行……"从此进入单相思的境地："少可有一万声长吁短叹，五千遍捣枕捶床！"

红娘归去告诉莺莺，〔旦笑云〕："红娘休对夫人说。天色晚也，安排香案，咱花园内烧香去来。"从张生口中我们知道："这个花园和俺寺中合着。比及小姐出来，我先在太湖石畔，墙角儿边等待，饱看一回。"

所谓"合着"，可作隔邻相处，或作寺和院子所合用。看来两者都是。可以理解为张生所住"潇洒"的西厢，东边是回廊，西边则有太湖石、花坛的小小庭院，以粉墙与花园相隔。而太湖石的布局是园、院相联，却无意中便于张生、莺莺"隔墙儿酬和到天明"。〔旦引红娘上〕："开了角门儿，将香桌出来者"是开的崔相国院子和花园的角门儿。〔旦云〕："红娘，移香桌儿近太湖石畔放者！"已移近了西厢。

〔小桃红〕："夜深香霭散空庭，帘幕东风静。拜罢也斜将曲栏凭……"园中有廊，廊有曲栏，坐而凭之。园中布局已表述了一部分。

酬诗已过，道场已了，两情相通。不意"冶容诲淫"，镇守离寺西不远的蒲津河桥的孙飞虎，领兵围寺。见因这普救寺和宅院都在高阜之上，寺门一闭，攻之殊难。据新普救寺钟楼说明说，法本和老夫人在钟楼上观看贼势。楼居高临下，四望清晰，倒也十分说得过去。法本说〔洁云〕："俺同到法堂上两廊下，问僧俗有高见者，俺一同商量个长便。"这法堂和两廊的僧房，新普救寺没有个交代，连同前说的香积厨也是如此。和尚住在哪里？怎样做斋？这算得是一大漏洞。

再重新回过来"考证"那院子。张生请得隔黄河的陕西蒲津关守将白马将军杜君实，捉了孙飞虎。〔夫人云〕："自今先生休在寺里下，只着仆人寺内养马，足下来家内书院安歇，我已收拾了，便搬来者。"张生〔末云〕："小子收拾行李，去花园里去也。"清清楚楚，花园之中，还有书院。这样造法，在中国私家园林中极为普遍，在幽静和清芬的环境中读书，足见崔相国盖此作退步抽身之处，确有深意。而院在园中，这花园便叫作"梨花深院"也是形容妥切。

"请宴"一折，红娘唱〔脱布衫〕"幽僻处可有人行，点苍苔白露泠泠"，已不是走到通寺的道路，而走上书院的冷落已久，久无人行的幽僻曲径。张生应邀，自书院经角门，到老夫人的"后堂"赴宴，新普救寺现在的"梨花深院"布局，没有前堂，何来后堂，是说不通的。

夫人赖婚，张生在书院中以琴挑逗莺莺，莺莺到园中烧香。唱〔绵搭絮〕："疏帘风细，幽室灯青，都只是一层儿红纸，几根儿疏棂，兀的不是隔着云山几万重。"书院门闭，但纸窗却对园中。红娘一次寄书便唱〔村里迓鼓〕"我将纸窗儿润破"，再是〔元和令〕："金钗敲门扇儿"，得书院门开。这一开一合，是不是都在梨花深院之中？不过从下文看来，这书院的门毕竟开在哪里？是在园中还是在寺中？也许两边都有。书院有门通园，老相国进出之用。书院有门通寺，便是老相国和方丈就近相会，谈禅说道。极有可能张生搬入书院，老夫人关防甚严，闭院中之门，开寺中之门。何以见得？

莺莺书简诗道："待月西厢下，迎风户半开，隔墙花影动，疑是玉人来。"张生解释〔末云〕："'待月西厢下'，着我月上来，'迎风户半开'，他开门待我，'隔墙花影动，疑是玉人来'，着我跳过墙来。"

前面已说过，西厢下者，花园低而西厢高，故称下。这里半开的户，宜是指崔相国院长通花园的角门儿，姑且称之为西角门儿。园子通寺的角门，称为东角门儿。

"赖简"一折，红娘莺莺进得园来，红娘唱〔驻马听〕："不近喧哗，嫩绿池塘藏睡鸭；自然幽雅，淡黄杨柳带栖鸦。金莲蹴损牡丹芽，玉簪抓住荼蘼架……"补足了园中景色。红娘先稳住莺莺。红说："姐姐，这湖山下立地，我开了寺里角门儿（东角门儿），听有人听俺说话，我且看一看。"张生已自书院通寺的门，绕到寺里东角门儿等着。红娘见后〔红云〕："你休从门里去，只道我使你来，你跳过墙去……"红娘把东角门儿一关，张生跳墙，最后却得了个乘兴而来，败兴而归。于是莺莺"酬简"，两相情愿，不必绕道寺中，自可将园中书院之门偷启，在花园中出出进进，"神针法灸""燕侣莺俦"，只是瞒着夫人而已。

夫人"拷红"，长亭送别。莺莺唱〔四煞〕："……老天不管人憔悴，泪添九曲黄河溢，恨压三峰华岳低（都是就近的景色），到晚来闷把西楼倚，见了些夕阳古道，衰柳长堤。"点出了莺莺住处。这和"闹简"一折，红娘唱〔石榴花〕"当日个晚妆楼上杏花残，犹是怯衣单"互相呼应。可知莺莺住的是楼房。

根据这些考证，再结合现在新普救寺的建筑，凑合下重新布置一个局面，尽量少动原新建筑，却又要和当年情景相合，于是增添一些房舍、布置如图，来龙去脉，井然有头有绪，实可以耐人寻访，引人入胜。

有人会道，《会真记》上说："夕隐而入，朝隐而出，安于舍所谓西厢者几月余矣。"则张、莺相恋，实在西厢而非在书院。又会有人说，花如此气力去考证这一普救寺中虚构的布局，起何作用？

不佞答曰：《会真记》是唐人小说，《西厢记》是元人名曲，都是文学作品，非为史实。《西厢记》思想缜密，新普救寺内相国院子既以《西厢记》而定名为"梨花深院"，则一切以此为准，最为合理。山西省文物和旅游部门，投进如许气力和资金作寺院的恢复，不日将与唐开元铁牛、产生名诗"白日依山尽，黄河入海流，欲穷千里目，更上一层楼"的唐鹳雀楼起，仿古复原建筑，对外开放。同样也许会有人对普救寺布局提出怀疑。少年爱读几句诗文，老来闲批古史，一时兴到，作此"考证"，以供晋省参考亦卜方家一笑云耳。

人生去住无常，作此文时，正在汉皋解佩之乡。这真是〔双调·新水令〕："望蒲东萧寺暮云遮"；〔络丝娘煞尾〕："阻隔得千山万水。"

发表于《同舟共进》1990年第4期

李隆基和杨玉环

历代帝王将相,才子佳人中最脍炙人口的是唐玄宗李隆基和杨玉环的故事。他俩既是帝王妃子,又是才子佳人,集二者为一体,再加上白居易的《长恨歌》、洪生的《长生殿》和梅兰芳的《贵妃醉酒》等文艺作品的渲染,使这可歌可泣的故事,妇孺皆知,历世不衰。

近年来内地和香港,有几部李、杨故事的影视,最近中央电视台才播放完四十集电视剧《唐明皇》。为之随着进入开元、天宝由盛而衰的当年景象。一曲已终,余音绕梁,好像有好多话要说。那就说吧。

这是一部非常好的宫闱历史故事音乐舞蹈片。说它好,好在哪里?屈指数去:一是主题明确;二是人物性格鲜明;三是情节完整,丝丝入扣;四是演技精湛,不论主、配、正、反角色都演得入神;五是舞乐俱佳,舞蹈音乐与情节配合,场面宏大,乐曲和谐;六是取景优美,色彩华丽;七是化妆入神,且服装、道具,无一不是可乱真的工艺品;八是布景如真,宫殿园宛,确有唐风;九是作风严肃,意义深长;十是结局高明;十一是……因已无指可屈,有这十条,已是满盈之数。

《唐明皇》所反映的人物和事件,绝大部分有根有据,和历史事实相符,只是采用了移花接木,烘云托月,隔雾蒙纱等文艺创作方法,对历史事实有所摘取、选择、移动,甚至有按推理变更的地方,以求达到使李杨二人,特别是使杨玉环的形象更为善良完美,李杨间的情爱相对地更为真挚的目的。艺术的真实,取自于事实的真实。但又不能毫无概括、提炼、纯化地全部反映客观事实。艺术作品,特别是历史剧,应该使人感觉到真实可信,而且又是"应该如此生活"。更重要的是要有一个明确的对社会有益的主题。看起来有趣,回味时有感,《唐明皇》做到了这一点。

煌煌大唐　光耀万丈

中国人在国外被称为唐人,就是因为有过唐朝盛世,特别是贞观、永徽、开元和天宝初期辉煌的成就。唐玄宗李隆基在创造开元之治时,是个有作为的皇帝。

李隆基是以宫闱政变的方式,取代了韦氏专权的腐败的朝代。"谈笑扫阴霾",使他父亲相王在事先不知道的情况下登了基,是为睿宗。他也以有功和皇兄让贤而得为太子。

睿宗,并不如电视剧中所描述的那样,是个毫无主见的人物,而是个清静淡泊的皇帝。《老子》的"无为而治"是指"治天下如烹小鲜",不去扰乱老百姓,不做劳民伤财,以天下奉一身的事。他重用宋璟和姚元之(即姚崇,到开元时避讳改名崇)为主相,史称他改革中宗时代"嬖倖用事、选举混淆、无复纲纪"的弊政,"进忠良、退不肖、赏罚尽公,请托不行,纲纪修举"。当时便已被誉为有乃祖唐太宗李世民有名的"贞观"和高宗"永徽"的治世。

睿宗还是个善于生活的人。与皇后不时出宫微行。在宫中举行三品以上官员拔河游戏（虽然有点作弄老臣，不够严肃之处）等都是他做的事。电视剧移花接木，搬到了李杨身上，倒也天衣无缝，符合情节。

不久，睿宗把打好了基础的天下，禅让给李隆基，是为玄宗，开始了"开元之治"。

开元年间，有外患，有天灾，国事万端，所以能够治理得库藏充足，斗米加钱、文治武功，都达到了万邦羡慕的局面，原因有很多，最关键的当然是皇帝勤于旰食宵衣、广纳群贤、决策正确的结果。具体的是——

崇尚节俭　勤于吏治

历史记载，开元元年（713），皇帝把宫中的"金银器玩……供军国之用；珠玉锦绣，焚于殿前。罢两京织锦坊……罢花鸟吏"等。所以司马光评论说："明皇之始欲为治，能自刻属节俭如此。晚节犹以奋败。"人主而一奢靡，那就不可收拾。

自奉节俭，必然对臣下要求也严格，他对官员们贪赃受贿，处理极严。如："武疆令裴景仙，坐赃五千匹。杖一百，流岭南恶处。""赵含章坐赃巨万，杖于朝堂，流瀼州，道死。"即使是宰相的亲属亦然。宰相宋璟的儿子贪赃，一样亦加惩处。宰相张嘉贞的下台，是因为其兄弟贪污；宰相张说曾被拘于御史台，其原因之一便是有受贿的事实；张九龄亦为所荐的人"坐赃罪"而受累。

可见一个社会的风气是廉洁、正直，则自然请托不行、万事秉公。反之，假如一个社会，贪污受贿或变相地取不义之财成为风气，就值得引起高度的警惕并加以纠正，决不能等闲视之。

李隆基还自撰著作，在宰相的帮助下，写下了传到今天的《唐六典》，这便是当年外邦也想取去的东西。历史上皇帝写完整的大部头书是少见的。

锦天绣地　满目俊才

历史总是在不断地告诫统治者要"选贤与能"，"亲贤臣而远小人"。诸葛亮向扶不起的阿斗说来说去就是这句话。开元七年，宋璟等上奏玄宗也说："亲君子，远小人，绝女谒（不要答应宫里妃子们等不合法的请求），除谗慝（即所谓修德也）。"

开元之治，还有过不少贤相。史称唐玄宗"上即位以来所用之相：姚崇尚通，宋璟尚法，张嘉贞尚吏，张说尚文，李元纮、杜佑尚俭，韩休、张九龄尚直"，各有所长。要是皇帝记住他们各自出的主张，哪有天下不治的道理？何况开元年间，边将都不是一介武夫。如"开元文物彬彬，说力居多"的张说，原是兵部尚书出将入相。虽因赃罪遭贬相后，仍命他主持集贤院，于是正像电视剧中所看到的，那时人才如天文专家僧一行，画家吴道子、韩幹、陈宏，诗人王维（还善于弹琵琶），等等，都出现在开元盛世。

和后期李林甫妒贤嫉能，诈称"野无遗贤"，杨国忠结党营私相对照，开元之治是理所当然。

好忠恶佞　旰食宵衣

早年，晋陵尉杨相如曾上疏给玄宗道："人主莫不好忠正而恶佞邪……然忠正者多忤意，佞邪者多顺指。积忤生憎，积顺生爱。此亲疏之所以分也。明主则不然，爱其忤以收忠贤，恶其顺以去佞恶。"

开元二十一年，以韩休为门下侍郎，同平章事。左右对玄宗说："韩休为相，陛下殊瘦于旧，何不逐之。"上叹曰，"吾貌虽瘦，天下必肥。萧嵩奏事常顺指，既退，吾寝不安，韩休常力争，既退，吾寝乃安，吾用韩休，为社稷耳，非为身也。"

并不能说，所有顺指的都是小人，皇帝决策正确，臣下自然乐从。然而小人却总不忤旨，你说什么，他便附和，而顺指又是以谄谀（指拍马屁、戴高帽子）的方式出现。

亦不能说，所有忤意的人都是正确，然而能够提出不同的看法，便是一种帮助纠正错误和拾遗补阙的积极态度。更不能简单地认为，提出不同意见者便是敌人。当你听不到不同意见的时候，说明已经是闭耳塞聪了。

《国语·郑语》和《晏子春秋》等都已从哲学的角度，提出过"和"和"同"的理论，只有不同的东西，甚至是相对面之间，才会产生和谐。相同的东西，好像水中的水，有什么意思呢？

唐玄宗在做好皇帝的时候，确实亲贤臣，然而小人却在身边，力求进取。张九龄早就看出李林甫的为人。开元二十四年，他上《千秋金镜录》一书。因知玄宗想立李林甫为相。张九龄说："宰相系国安危。陛下相林甫，臣恐异日为社庙之忧。"

然而玄宗在变化，史载他"在位岁久，渐肆奢欲，怠于政事，而九龄遇事无细大，皆力争，林甫巧伺上意"。因此，宋代咸淳元年（1265）许衡告诫蒙古主区别贤臣和小人时说："如宇文化及之佞，太宗灼见其情而不能斥，李林甫妒贤嫉能，明皇洞见其奸而不能退，邪之惑人，有如此者。"

唐玄宗在前半生自可称明皇。然而后来他变了，他变明为昏，昏的原因是乐声色而亲小人。

三千宠爱在一身

李杨间的情和爱是故事的主题。为了将李杨之间的感情处理得比较自然、真挚，因此电视剧便把历史上的一些不利于主题的事实和疑团，予以淡化和消除。

杨玉环是寿王妃，这一点不能抹杀，白居易和洪升都避而不谈，因为前者是当时人，不敢当着玄宗的曾孙，揭他祖宗老底；后者拘于礼法，又对李杨后来的悲剧寄予十分同情。《长生殿》第一出〔南吕引子·满江红〕中写道："先圣不曾删郑、卫，吾侪取义翻宫徵。借太真外传谱新调，精而已。"虽然洪升知道其中有郑、卫不正之风，看在情深的份上还是值得歌颂。

现在的剧本，杨玉环和寿王之间还是有感情的。杨玉环之所谓"自愿"度为女道士，完全是迫不得已，这是事实。在封建时代，皇帝要霸占一个有夫之妇，那多容易，即使是儿媳也没有问题，来一个缓冲的戏法，立即可以不受约束。

电视剧杨家兄弟姐妹进京，是皇帝提出的，和杨玉环无关。他们之所以被重用和仗势胡行，也是皇帝因爱而放纵，不是宋璟说的女谒，所以也不是杨玉环的直接责任。史传中隐约地谈到杨玉环和安禄山之间的难言的传说，现在把之移于虢国夫人。史传明确记载玄宗单独召宴虢国，亦变成为虢国主动。杨玉环仅因此事而不平，略去了玉环搜梅妃的一幕。因此，杨玉环便是一个值得同情的完全正面人物。何况史载"上晓音律"而"太真肌态丰艳、晓音律、性警颖、善承迎上意"，在晓音律这一点上更成了知音。虽然结合于礼法不合，那算什么？那是儒家的礼法。李隆基在剧中也不是批评了儒家的愚执吗？道家在这方面从来没有说过什么。尤其对皇帝，哪来这多的"清规戒律"！

　　林芳兵在剧中扮演的杨玉环，不但知音，且又善舞。可称"丰富盛鬋固无双，蹴踘弹棋复第一"。况且"贵妃明慧独承恩，宜笑宜愁慰至尊。皓齿不呈微素问，蛾眉欲蹙又温存"。（清朝吴伟业《永和宫词》），虽说诗写的不是杨玉环，然而较之白居易《长恨歌》的"回眸一笑百媚生"有妖姬之嫌，更显得端庄、传神，林芳兵演的杨贵妃，演出了这一个应该有的姿态。

　　电视剧中的杨贵妃，天真活泼、雍容华贵，各个时期都不完全相同。曼舞数曲，和专业的相比更不逊色。虽然不得已而入宫，加上了一段后来她对三郎的评价，使之在电视剧中产生了他们之间真正的爱慕之情。怎么会不使"三千宠爱在一身"呢？至于说，有没有"寿王妃吹宁王笛，对面三郎背老伶"的想法就不去管它了。

此曲只应天上有

　　电视剧给了我们极好的仿唐音乐和舞蹈展现，并且曲目众多，风格各异。虽然有人说"世人莫重霓裳曲，曾致干戈是此中"（唐朝李益），不过事隔数十年的白居易，一再提醒大家，他是喜欢此曲的，并且在杭州还亲自排练教人。何况事隔千余年后。好像今天我们见了秦始皇的兵马俑，并不如项羽和他的兵将们那样对之憎恨，要付之一炬而后快。听了"霓裳羽衣"等曲，也不觉得那是祸害之音。大家也许还有这样的切身经验。在被迫、压抑的情况下听样板戏，因此而产生厌恶的条件反射，不久在安定和谐的环境中逐渐消失了。

　　艺术本身是无罪的、不朽的。

　　虽然，我们也知道，这些舞蹈和音乐，个别的也许也有本于唐代后的遗稿。可以说，绝大部分是艺术家们吸收了民族民间的素材，予以再创造出来的。我年轻的时候，也曾参加演出国乐大师卫仲乐先生改编的《霓裳羽衣曲》，记得旋律节奏便不相同。何况早就有人考证过，公孙大娘舞剑器不是舞剑；唐玄宗有名的"羯鼓解秽"的鼓不是一般的鼓；肚皮舞不是胡人的舞蹈等。可是我还是觉得，这些音乐和舞蹈美极了，古意盎然而又是创新之作。真是"此曲只应天上有，人间哪得几回闻"。

　　虽然音乐舞蹈本身是艺术品，然而皇帝沉溺其中，便会产生有害的结果。历代皇帝中不乏艺术天才。唐太宗也喜欢音律，《秦王破阵乐》乐曲和舞蹈都是他的创作。因此，他的子孙们也喜欢音乐。玄宗和十王家庭合奏，乐趣融融。然而皇帝还有治理天下的责任、旰食宵衣，犹恐不及。《老子》说："去甚，去奢，去泰。"皇帝过分沉溺于声色和斗鸡走马之中，哪里还会管理好国家？宋徽宗的书画，在历史上堪称独成一家的绝笔，再加上宠李师师，结果是"北去銮舆、五国怨声未断"（苏轼）。元代顺帝，喜欢宫殿建筑，自做木模，匠人们照之建造，乐此不疲，人称"鲁班天子"，且又惑于"天魔舞女"，于是成为元代亡国的君王。假如他们都不是皇帝，或不生在皇帝之家，也许能是更为杰出的音乐家、书画家和建筑师。可是职责不同，他们的爱好，便具有"玩物丧志"的害处。

马嵬坡前草青青

　　"渔阳鼙鼓动地来，惊破《霓裳羽衣曲》。"天子幸蜀，到马嵬坡，六军不发，杀死了杨国忠，逼皇帝缢死了杨贵妃。太子回马，玄宗落得个国破人亡，凄凉独去的局面。李、杨在马嵬坡一场诀别的对话中,唐玄宗感慨悲叹,说反不如民间夫妇那样能够白头偕老。虽然三郎不提旧誓,玉环还是"今生无悔,来世更待"。真是李商隐诗写得好,玉环是"他生未卜此生休"!皇帝又在末路,"何如四纪为天子,不及卢家有莫愁"!

等长安收复,玄宗变成了太上皇,太上皇回銮,又到了马嵬,在马嵬驿桥上,呼天抢地似的叫道:"这是男人们的事,为什么怪到女人头上?"

于是提出了两个问题:皇帝会有真情吗?"安史之乱"的责任应该由谁来负?

玉环之死　评价不同

有人责怪陈玄礼说:"将军手把黄金钺,不管三军管六宫"(清朝袁牧);恨煞当年龙武将,不诛安史逼官家"(清朝辛师云),管得不上路,管得太宽。

有人怪朝中那些文武都不好,"汉将如云不直言,寇来反罪绮罗恩",直言的人在哪里?直言能听得进吗?于是有人假设:"只要姚崇还作相,君王妃子共长生。"(清朝袁牧)

有人怪唐玄宗说了话不算数,"到底君王负旧盟,江山情重美人轻"(清朝袁牧);"天子竟难绚妇女,将来未必是男儿"(清朝张礼)。因此,这个天子不是不爱江山爱美人。林则徐也怪玄宗无情是"梵王挥手竟无情"。杨玉环倒是真心报主,"妾为君王死亦甘"。近人李景芳说李隆基还不如楚霸王:"军前一样报君恩,虞美人和杨美人,五尺白绫三尺剑,项王同死李王生。"不管他们比得对不对。"夜半无人私语时"的事,有与无谁也不清楚。李隆基若竟殉情而死,不知诗人又将如何唱法。

有人直怪杨玉环,说:"不是三郎负玉环,玉环自引胡儿缢。"(明朝王思任)美女必定是会倾国的,非弄到一败涂地不会有好结果:"才信倾城是真语,直叫涂地始甘心。"(唐朝温庭筠)"从来绝色知难得,不破中原未是人。"(唐朝罗隐)直言女祸的是清代毕沅,他说:"女祸由来惯覆邦,忠言苦口未能降,纵令姚宋能当国,难免前车鉴曲江(张九龄、曲江人,后被罢相)。"

恐怕还是清代赵长龄评得最公正和近事实。诗道:"不信曲江信禄山,渔阳鼙鼓震秦关,祸端自是君王启,倾国何须怨玉环。"

电视剧是不同意"女祸"一说的。对杨玉环形象的处理便是从此出发。本来嘛"女人是祸水"这一全称判断本身就不合逻辑,不能成立。至于说某些美女会倾国倾城,也不是全怪美,是指君王荒诞无度。女虽美而没有政治水平,全靠以色事人,那本就十分危险,这样的女人,不能允许当政,不是封建社会也应是如此。因此,一个统治者选择配偶,不能不慎,否则产生"女祸"还得由昏君来负责任。万岁、皇后、宰相,三位都得体,政治一定会清明。不见长孙皇后在唐太宗一时气话要罢免魏徵相位时,向太宗祝贺得臣。所以贞观之治并没有天宝的结局,而长孙皇后未必不美。

电视剧主题歌唱道:"几曾见皇帝有真情……难道他不爱江山爱美人?"一个"几曾见",一个"难道他",已经点出了认为李隆基爱心不长,有负盟誓,为的是东山再起。于是把下诏以李亨(肃宗)为天下兵马元帅及分遣诸王事,改变史载,放在已知灵武即位后的,老谋深算作牵制的安排。略去了史载"灵武使者至蜀,上皇喜……命韦见素(等)奉传国宝玉诸灵武传位"的记载。回銮后又有召集老臣们,醉后即唱且舞,歌曹孟德"神龟虽寿……老骥伏枥"一章。略去了求方士访太真的一段白居易、陈鸿等认为唐玄宗真情思念的故事。唐玄宗以死于御座而告终。电视剧里的李隆基,还是江山第一。

风流人物，数你不数你，咦兮

电视剧又提出了一个问题，这个问题问得好。不过第一要弄清什么是"风流人物"，不要像某些歌词"何惧风流"一样弄不懂是什么意思。

"风流"或作"英俊、杰出"，或作"风韵、风情"，或作男女间关系。这位既宠美女，又因美女而误国的万岁爷，算不算"风流人物"呢？不能不承认他在很多方面是杰出的，是有风韵的，也是一时的风云人物。既然今天又为他拍了电视剧，请问是数他还是不数他呢？

唐代苏拯的诗写得好："宠既出常理，辱岂同常死，一等异于众，倾覆皆如此。"

"人间多少欢娱事，不到倾危事不传。"李杨的故事，因为其结局而更出名，马嵬坡是僻野之地，而因杨玉环而引得中外人士的趋访。

近年作者曾一到马嵬，并专访蜀道玄宗闻铃之处。亦得不像样的小诗两首，其中之一是对千古疑案，即玄宗回杀时，命高力士把玉环迁葬，史称不知埋到哪去了！？所以历来感慨，李隆基如此宠杨玉环，死后还不如艺人黄幡绰和高力士，还能埋在玄宗金粟堆泰陵的旁边，为什么没有人想到，她也许也被迁葬在泰陵更近之处呢？这条想法，提请陕西省文物工作者参考。

诗一曰：

> 浓艳方能入后宫，
> 端懿始得作梓童，
> 倾国倾城倾何处？
> 只在轻狂舞乐中。

诗二曰：

> 马嵬行处留虚土，
> 剑阁归时葬恋魂，
> 疑案千秋谁解得，
> 会需金粟堆边寻。

虽然，对《唐明皇》还有些话要说，但不想多占篇幅，即此阁笔。

1991 年写于武汉

三峡：昨日的依恋和明日的向往

上篇：三峡风情

几百万年以前，四川是一个高起的大海子，在这海子里，生活着恐龙等史前动物。云推雨降，岁岁年年，海子里的水往较低的东南方向溢出，把六百里宽的盆子边，慢慢地切成一道曲曲弯弯的口子。水经盆子里倾泻而出，在盆子外边的大块土地上，造成一个一望无际的大湖泊。汇合着盆子外南北的水流，浩浩荡荡地流入大海。

这就是起源于青藏高原唐古拉山主峰格拉丹冬雪山，流经四川盆地，穿越三峡，进入江汉平原，经长江三角洲入海的长江。

长江流长，中国第一，世界第三。自源头至湖北宜昌称为上游，长4 500千米；自宜昌到鄱阳湖入江的湖口为中游；自湖口至出海口为下游，中下游共长1 800千米；总长6 300余千米。上游高峻流急，中下游平旷婉曲。主流域汇集了180万平方千米的降水，其中上游为100万，中下游为80万。处于长江流长位置中部偏下，地理位置中部偏上的三峡乃长江的咽喉，山川的险阻，天下的奇观，人间的胜景。

三峡是瞿塘峡、巫峡和西陵峡的总称。按现在地图的界定，自四川奉节到巫山，约60千米长，为瞿塘峡，巫山到巴东，约55千米，为巫峡，巴东以下到宜昌，约85千米，是西陵峡。这总长约200千米的峡谷水道，山高峡隘滩多水急，但各个峡意趣稍有不同。

郦道元《水经注》称："江水又东，径广溪峡，斯乃三峡之道首也。其间三十里颓岩倚木，厥势始交……峡中有瞿塘黄龙二滩，夏水回复，沿溯所忌。"瞿塘乃三峡的西口。杜甫诗："众水会涪（陵）万（县），瞿塘争一门。"瞿塘门口有千余米高的赤甲山和白盐山。晋代郭璞《江赋》喻之为"绝岸万丈，壁立赪（红霞）驳（青白色马）。"所以夔门素称天下之雄。瞿塘门口，原有一道礁石，枯水时露出，长台龙脊；洪水时没入水中，仅见石阜如马，是称滟滪（或淫预）堆。民谣歌道："淫预大如马，瞿塘不可下；淫预大如牛，瞿塘不可留。"当年一进三峡，便潜伏着覆舟的危机。这块大禹也只计泄洪，未照顾航运安全而没有凿去的滟滪堆，20世纪50年代已被炸除。

白居易自江州司马，量移忠州（现忠县）刺史，夜过瞿塘，有诗记道："瞿塘天下险，夜上信难哉！拔绁（竹索）暗船来，欲识愁多少。高于滟滪堆！"迁客骚人，竟因此触起世途艰险的联想。

瞿塘之险，可以守关，唐代天佑年（公元904），王建曾以铁锁横栏瞿塘峡口，南宋景定五年（公元1264），白帝城上曾设拦江锁七条，是为锁峡。

出瞿塘入巫峡。巫峡以巫山而名，而巫山又以海拔860米神女峰为最著。山巅一石，鹄立如神女。远而望之，晴日则历历可见。阴云天气，直在虚无缥缈之中。《水经注》说这里"又帝女居焉。

宋玉所谓天帝之女，高唐之姬，旦为行云，暮为行雨，朝朝暮暮，阳台之下。旦暮视之，果如其言，故为立庙，号朝云焉。其间首尾百六十里，谓之巫峡，盖因山而名也"。楚王对于这块"娟妙"（杜诗："神女峰娟妙"）的石头想入非非，思入于邪，宋玉便信口胡编。白居易老去入川，峡中题石道："巫女庙花红如粉，昭君春柳翠于眉，诚知老去风情少，见此争无一句诗。"所谓无诗是没有艳诗，此亦诗也。"神女生涯原是梦"（李商隐），巫山留给后人是一些梦幻一样的神话。

《水经注》："……江水又东，经石门滩。滩北岸有山，山上合下开，洞达东西，缘江步路所由。"三国刘备兵败宜都，在这里烧铠断道以阻追兵。石滩在巴东县，江中有大旋涡。三峡上下，险滩数以百计，陆游称此为"天下之至险"。三峡航道过去就因为滩险而急，航行者随时都在生死的边缘。如青滩水位落差可见，便是我所亲历。船只要绞滩而上，然而俗称"青滩不是滩，石门才是鬼门关"。

杜甫在奉节住了多年，唐大历三年（公元768）春到江陵漂泊，放舟三峡，有诗凡四十韵。其中形容滩道之险有云："摆阖盘涡沸，欹斜激浪输，风雷缠地脉，冰雪耀天衢，鹿角（滩名）真走险，狼头（滩名）如跋胡。恶滩宁变色，高卧负微躯（卧乃坐不稳也）。"此老故作镇静地卧在波荡的船中，体会着过滩的滋味，留下别人写不出来的好诗。不过这种情景，由于船舶的能力加大，航道的炸滩改善，现在已经无法重新领略了。

巴东以下为西陵峡。

图11-8-1　屈原祠

《水经注》："江水又东，过秭归县之南……袁山松曰，屈原有贤姊，闻原放逐，亦来归，喻令自宽一。乡人冀其见从，因名曰秭归。"这里是屈原的故里，也是"一去紫台连朔漠，空留青冢伴黄昏"（杜甫）的汉明妃王昭君的出生地。现在祠宇一新，白石的明妃像，亭亭玉立于溪口岸侧。诗人和玉人都出生在这瑰奇的山水之乡。

《水经注》："江水又东，过夷陵县南……径狼尾滩而历人滩……又东径黄牛山……又东径西陵峡。"郦道元以黄牛山以后为西陵峡。西陵峡这一段的风景又不一般。

《宜都记》曰："自黄牛滩东入西陵界至峡口一百里许，山水纡曲而两岸高山重嶂，非日中夜半不见日月。绝壁或千余丈，其石彩色形容，多所像类。林木高茂，略尽冬春。猿鸣至清，山谷传响，泠泠不绝。""山回若鳌转，舟入似鲸吞"（白居易），船开进去像进了黑古龙通的鲸鱼肚子里。虽然风景绝佳，只是险滩亦不少。所谓"白狗次黄牛，滩如竹节稠，路穿天地险，人续古今愁"（白居易）。

西陵峡这一段江面亦较窄，约在80至90米。晋灭蜀之后将大举灭吴。晋武帝泰始八年（公元272），王浚在益州大起舟舰，为吴蜀交界的吴国建平（秭归）太守吾彦所知悉，便在秭归以下西陵峡江碛要害处以多道铁链锁江以断航。并作铁锥，长丈余，暗置江水，以逆拒舟舰。两方经过八年准备，公元280年，"王浚楼船下益州"，用木筏触挂去铁锥、油绳火烧断铁链。一举直捣金陵。"千年王气俄收"（苏轼），灭却了吴国。

三峡两端窄中间略宽，瞿塘、西陵便都曾有过铁锁横江的历史故事。

出了西陵，豁然开朗，平川决水，一望无垠。蒲狄初苞，春芜雨洗，又是一番绿杨风景。

郦道元总的形容三峡风景极为著名之句为："自三峡七百里中，两岸连山，略无阙处。重岩叠嶂，隐天蔽日。自非亭午夜分，不见曦月。至于夏水襄陵，沿溯阻绝。或王命急宣，有时朝发白帝，暮到江陵，其间千二百里，虽乘奔御风，不以疾也。春冬之时，则素湍绿潭，回清倒影，清荣峻茂，良多趣味。每至晴初霜旦，林寒涧肃，常有高猿长啸，属引凄异，空谷传响，哀转久绝。故渔者歌曰：'巴东三峡巫峡长，猿鸣三声泪沾裳'。"诸古人形容三峡情景，可谓绝笔。

要领略这么多不同时节的景色，需多次前往。作为一个中国人，不能不去看一看三峡。我曾舍陆、空而三次来回三峡。20世纪50年代初第一次进出，三峡险滩仍在，也看到了滟滪堆，江行峡中，尚需夜宿。20世纪60年代去三峡，航道已经清理，导航灯整然有序，已无第一次的险。第三次是葛洲坝已建之后，西陵峡水流更觉平缓。每次过峡，我总是立在船头，略不休息地一看到底。生在这个时代，较杜子美所坐"摆闖""欹斜"的木船，已有天壤之别。除此之外，三峡山水依旧，只是树木稀疏、猿鸣绝迹，引不起幽愁的情绪。然而壮绝雄奇，实乃千古不易。

毕竟三峡的风景好在哪里？一般介绍，多着眼于风箱、兵书、宝剑、牛肝、马肺、悟空、八戒等"多数像类"的石块，正好像游桂林等地溶洞时的导游介绍词一样，我是不太愿听如此浅显的形式类比的解说。身入三峡，如穿九曲明珠，静静地观赏那群山万壑，张敛捭阖，奔趋起伏，变幻无穷和那水落石出、穿空磨砺的山根石阵，"仰嘱俯映，弥习弥佳"，使人心胸开荡。

三峡要建水库了，坝在西陵峡中，葛洲坝上游40千米，三峡之水将要抬高，估计奉节将抬高40余米，巫山50余米，巴东70余米，坝址约抬高百米。三峡之中将无险途。固然三峡之险将衬托三峡之难，不过同时也因此转移对三峡美景的欣赏。即使将来波涛不惊，关山雄险，仄道缘崖，三峡之险仍有存在。坝址以下到葛洲坝间40千米一段的西陵胜景依然不变。以安全舒畅的心情以游三峡，峡库较前更多的汊港湖湾，青洲绿岛。再加封山育林之后，枫丹松翠，桐白橙黄，漱石飞泉，啼林猿鸟，三峡的魅力是永远无穷尽的。

图11-8-2　三峡放排

下篇：盛世宏图

长江是中国的命脉。自古以来长江水灌溉千万亩良田，贯通流域里东西南北的交通，孕育出绚烂的巴蜀、吴、楚文化。古代还利用一部分水力作水碓、水车、水磨之用。近百年来，始知道水的落差可以用来大规模发电，水的利益大矣哉！

然而有利必有弊。特别是三峡这一河段，美则美矣，却使航运艰阻。而自三峡倾泻而出的洪水，使荆楚大地不时遭到水害。

治理长江，重点之一是治理三峡。孙中山先生在1918年所著《建国方略》中曾写道："自宜昌而上入峡行……急流与滩石沿流皆是。改良此上流一段，当以水闸堰其水，使舟得溯流以行，而又可资其水力。其滩石应行爆开除去，于是水深十尺之航路，下起汉口，上达重庆，可得而致。"

从1944年到1946年，国民党政府资源委员会所聘请的美国专家顾问潘绥尔和萨凡奇，特别是萨凡奇，因在美国建设田纳西水电工程（TVA）而著名，建议在西陵峡下口建设200米高程的高坝，以发电和通航，并于1946年在美国由中美技术人员合作设计研究，当时称为YVA工程。

新中国成立之初，成立了长江水利委员会，研究长江流域的水利建设，完成荆江分洪工程。1954年长江大水，促使成立长江流域规划办公室。直到今天，对整个长江流域的水文、气象、地质、物产和人文资料等作了详尽的收集、研究，特别是对长江三峡的开发做了科学的分析和论证。

控制汉水的丹江水库建成，作为长江葛洲坝工程的试点。1990年建成了长江葛洲坝水库，作为三峡工程的试点。三峡高坝工程，经过几次反复研究、计算、试验、实验和论证。数经曲折，终于在今年经七届人大全体会议以三分之二的多数通过了授权国务院在适当时候，通过正规的基本建设程序，开始兴建三峡水库工程的议案。这是一个划时代的，显示中国人民力量的伟大工程。

拟定的三峡水库工程是世界上发电规模第一（不是全部指标都第一）的水电工程，其批准的规模见文后。

建设三峡水库，乃是为了改造自然，兴利除弊，规划研究当局讲求三大效益，即经济效益、社会效益和环境效益；注意七大关系，即防洪、除涝、灌溉、工业供水、发电、航运和水土保持。然而有得必有失，有利必有弊，天下没有十全十美的事物。只要利多弊少，得多失少并且能保持尽可能久的使用周期便是上乘。何况利害得失之间各方衡量轻重有所偏侧，客观规律的掌握需要时间。因此，事前运筹帷幄，多听不同意见，多作反复和不利的考虑及应付对策，自然便能稳操胜算。

兴建三峡水库的第一个好处是防洪。

长江一出三峡，汇为云梦大泽。汉代司马相如《子虚赋》形容道："臣闻楚有七泽，尝见其一，未睹其余也。臣之所见，盖特其小小者耳，名曰云梦。云梦者方九百里。"后来由于上游夹带的泥沙，一入平旷，逐渐淤积，加上人工围垦，至今这气势浩荡的云梦泽已经不见，只剩下"曲似九回肠"的江流和一连串中小型湖珀及千万亩活腴良田，"湖广熟而天下足"的江汉平原。为了保护这些良田，自东晋开始筑堤，以抵御公元278、295、298等连续多年的大水，现在堤防严密加高。然而洪水来时，高出地面达十多米。若人事疏防，决堤横溢，中游将成泽国。记载中1931年洪水，淹地5 090万亩，死14.55万人；1935年洪水，淹地2 246万亩，死14.2万人；我曾在武汉经历1954年的大水，武汉是保住了，但湖北淹地4 755万亩，死3.3万人。洪水之害，甚于毒蛇猛兽！

湖北老百姓经常遭受洪灾，日处危城之下。所以湖北民谣称："天门沔阳州，十年九不收。"和安徽凤阳常遭淮河水害一样，代代相传，凤阳人会打花鼓，在湖北则为三棒鼓，这是应付逃荒时谋生的一种手段。这片膏腴之地，不能不保，不能不防洪。

固然，防洪是综合措施，要进行水土保持，加固堤防、河道和湖泊治理，设置泄洪区，建设主、支流水库等办法。齐头并举。而三峡水库一项现在的设计可以蓄水220亿立方米，可以控制荆江洪水的95%；武汉以上的洪水的67%；可以从现在的抵御二十年一遇洪水提高到抵御百年一遇的洪水。

坝后蓄洪，抬高水位要淹没上游35.7万亩土地及迁移110万人口。这和荆江段受洪水威胁的2 300万亩良田和1 500万人口相比，是为小数，何况迁移不等于损失。现在采用试点比较成功的"开发性、边疆靠后移民"的方法。只要经济政策、政治思想和组织工作有力，老百姓是乐从的。

水库蓄洪，如遇原子战争，坝破水奔，不是倾盆而是倾库而下，中下游将都成鱼鳖之乡，岂非来了个特号大洪水? 现在采取了蓄泄并重,以泄为主,且临战时先降低库水位,可免去重大损失。你有原子弹我也有,我有水库你也有,因此,战争升级到炸大水库时,不能不考虑到对方的报复。

兴建三峡水库第二个好处是发电。

孔子曾经到过长江边上,喟然而汉曰:"逝者如斯夫,不舍昼夜!"他却不知道,这句话里包含着这样一个事实,即每年共9 760亿吨长江水白白流入大海。而通过三峡的流量,其能量相当于年损失5 000万吨煤或2 500万吨原油。用之发电可得1 768万千瓦,即年发电840亿度。这是现在的设计量,仅占长江水能总蕴藏量的10.4%。

虽然年流失万亿吨水,太阳随之又把它搬回来。"来"者如斯,亦不舍昼夜。因此,太阳能是地球上源源不断的诸能之源,而水能发电是最便宜的,三峡发电时每度电成本估计约9分,通过电网,可以传送北到北京,东到上海,南到广州,西到兰州。受益面积之大几乎覆盖大半个中国。

第三个好处是航运。

三峡行船之难已如前述。火轮船出现,川江也只能航行四五百吨的小火轮。整治川江航道后,可以行驶千吨左右客货轮。四川水路运输的集散港是重庆,重庆以下便已有滩险。三峡河段,"朝发白帝,暮宿江陵"或"千里江陵一日还",意味着洪水时流速可达10米/秒,为中下游的三倍以上,下水果然便利,上水却更困难。逆水行舟速度放慢,船舶马力增大,运输成本增高,运输量也受影响。三峡造成水库,一切便可改观。造成水库后,高峡出现的不是平湖,而是长600千米,平均宽1.1千米的深水河道。相当于长江中游的河道延伸到重庆。因此,使重庆港的吞吐量加大。设计中3 000吨级客轮和万吨船队有半年可以直达重庆。不过,还有半年不能到达重庆的时候如何处理?是不是在重庆以下,涪陵或丰都等处,再设一个集散之处? 设计方案中没有做说明。

在坝址,水头落差达113米。通过研究世界各国的过坝通航设施,采用了两道隔离的单向航行五级船闸,闸尺寸为280米长、34米宽、5米深(槛上水深),以通过万吨级船队。一架目前为世界提升高度最大的,用卷扬钢丝绳平衡重垂直升降式船机,承船箱加水总重为11 500吨,可以提升3 000吨级客货轮快速过坝。虽然这些都是技术复杂的设备,但是在世界各国水坝、运河、火车轮渡等工程中都有应用。

第四个好处是工农业用水。

有这么多水截留在大坝的后面,同时又发出许多电力,农业灌溉渠道或喷灌的大面铺开建设自将不成问题。工业布局也将起大的变化。

全世界淡水的用量日益感到匮乏,中国南方多水,北方缺水。因此在长江规划中,接受建议,作上、中、下游分途南水北调的研究。三峡水库的建造,解决中游北调。但因库水高程已由200米降低至175米,不能自流北调,意味着将消耗一部分电力以增高扬程。

大家对20世纪能开始兴建伟大的、世界上屈指可数的三峡水库工程引以为荣。正因为引以为荣,不希望求荣得辱,所以才觉得需要更慎重地考虑,更多地设想困难。很多意见看起来近似责难,即使是反对的意见,无非也是这个出发点。

谈论得最多的是泥沙问题。

《水经注》记瞿塘以下,大巫山以上,"江水历峡东,经新崩滩。此山汉和帝永元十二年(100)崩。晋太元二年(377)又崩。当崩之日,水逆流百余里,涌起数十丈(一丈约三米)"。北魏以后,当有更多的记录。

1981年西陵峡附近新滩滑坡,下倾土石26万立方米。

水库蓄水,造成相对的静水,于是坝上来水中所夹的泥沙,加上蓄水后浸泡两岸造成的泥石流,崩坍以及世界上大水库都存在过的由蓄水引起诱发性地震加剧了崩坍过程,使水库内大量潴留泥沙,以致可能使库容失效。建国初期,三门峡水库建设之初,以黄河河水一石夹泥五斗的情况下,未考虑排沙库容日蹙;埃及阿斯旺高坝的淤库严重现象,都使很多人为三峡水库担忧。负责三峡水库工程中的泥沙专家们,自然也十分注意到这一点。通过三门峡水库加排砂孔的改进,和其他水库束水冲沙等一系列的经验,再加三峡水库为河道型的有利库形,他们提出了"蓄清排浑"的总原则,即洪水时排沙,其他时蓄清(泥沙含量较少),让库容淤积到一定程度,100年后冲淤形成平衡状态。此时防洪库容保存85.5%,兴利库容保留91.5%,认为泥沙问题是可以解决的。

通过调查,库内可能因蓄水失稳的坡体约22个,土石量3.8亿立方米,占库容220亿的1.8%左右,所以,一次滑坡,其量更小,库中水深,不会像郦道元所说,逆流百里,涌高数十米的现象。淤积的塌方,在排浑中带走。

谈论得很热烈的问题是投资。

据估计总的静态投资是570亿元(1990年水平)。有人对此持有保留看法。现在的建设方法是"一次开发,一次建成,分期蓄水(也即分期发电),连续移民"的原则措施,投资可分摊在15年期间,最高年份投资30亿元。后期发电之后,部分资金便可从发电收入中支付。

邓小平同志早在1982年就指出:"看来不搞能源,不上骨干项目不行,不管怎么困难,也要下决心搞。钱、物资不够,宁可压缩地方上的项目。"一个骨干工程,带动了全国有关各行各业的企业,现在各地已经都纷纷欲动。资金来源除了国家拨款和地方财政外,发行特种债券、股票,从民间集资等都是渠道。

据悉人大代表、政协委员和专家们,所提的问题还有不少,有些已经解释,有些尚待深入研究。不过继续诚心地听群众的意见,加以分析验证,在整个建设过程中都是必要的。

永具魅力的三峡,你的昨日令人依恋,你的明日令人向往!

附：三峡水库工程规模

坝顶高程:185米

正常蓄水位:175米

正常总库容:393亿立方米

初期蓄水位:156米

防洪库容:221.5亿立方米

发电:26台68万千瓦共1 768万千瓦年平均发电量为840亿千瓦小时(度)

总工期:15年

静态总投资:570亿元(1990年水平)

作于1992年

悼 萍 儿[1]

为什么总是想着一个从未见过面的雏儿？为什么总有时候为之落泪？照理说早殇夭折，自有天命，然而为什么会早殇，却原来还有哪些曲折的缘故，造成了无辜的悲惨的后果？

是父母对不起你吗？不是。是父母连累了你吗？是的。假如你活到今天，怎么也会拉扯你上大学毕了业吧，可是你的眼睛尚未睁开，就永远沦入黑暗。你不认得你的父母，我也没能见到你一面。

涕泪交下，掷笔而悲。

萍儿！真是萍水，然而竟不相逢，悲就悲在竟不相逢！早知如此，又何必赋予以小小的生命，虽然生命不一定是欢娱，不一定顺利，但是总得让你看看这个世界。

然而不看也好，这个世界上有的是不惜他人生命的凶神，有投石下井、吹风助火的奸党，有欺良压善的小人。

你父亲因正直而误入奸计，你小兄只八九岁为家庭而遭同伴欺侮，你母亲为论理而伤了指骨，那时是怀着你，后来治病吃药，虽挑出了一些不宜于你的药，但恐仍有残留，又照了X光，让你在胎中便受了损伤。生你的时候，我又远谪在外，是你大哥送你母亲去的医院，据说你清秀，高鼻梁，甚像你哥哥。

只有十个小时，你在产儿床上便停止了呼吸！

我有歉意，我很伤心！

虽然并不是总想着你，但前天是我69岁生日，虚岁应该是70岁，你化为灰烬已过去二十多年。我远在你出生地千里之外的广州。武汉打来了长途电话，自你母亲到你兄嫂姐侄，都在电话中向我祝寿。当然没有你，然而我却在冥冥之中想起了你，那天我也淋了一滴和泪的酒在地上，可惜你是不能饮的。

忍不住写下这几笔，虽已夜深，情不自禁。

天下无辜之人，何止你一个，然而毕竟是亲生。

萍儿！我只信佛理，不信三生，你一灵早泯，我悲叹你，也悲叹这个社会。你的清楚的身影和清楚的名字，将永远陪我直到解脱。

1995年12月1日于广州金城宾馆

---

1 萍儿乃作者女儿，出生仅十个小时就夭折。

正书《贞观政要》简评

　　1996年12月，由北京团结出版社出版了一套《中华传世经典》，共十三种，其中第七种为唐代汴州人、史官吴兢（663—742）约于唐开元八年（720）后所编成的《贞观政要》一书。

　　元至顺四年（1333），临川人戈直，集自唐至元二十二家论说，并加上自己的判断（书中称"愚意"者），成为一本完整的《集论》本。这次出版，由湖南王泽应参考了四家注本，重新注释，并逐卷今译，出了一本横排，刊印校对精良的精装本。虽然第一次印刷仅为五千本，瞠乎奇书《厚黑学》数十万册之后。然而这是一本正书，是一本有用经世之书，应该予以宣传提倡的好书。

　　为什么要写这本书，以及缘何此书得流传至今一千二百七十余年，其间有不少治国的"君""臣"予以作序注释，今天为什么认为是中华传世经典，还有借鉴的价值？试看诸家"序"文是怎么说的。

　　原作者吴兢说唐太宗贞观年间的政治大有可观，可以"垂世立教"。何况文章辞藻亦美，"有国、有家者克遵前执，择善而从"。元代戈直说唐太宗"嘉言善行、良诘美政……屈己而纳谏，任贤而使能，恭俭而节用，宽厚而爱民""是书也，不无补于治云"。元代吴澄说唐太宗"身兼创业守成之事。纳谏求治，励精不倦"《贞观政要》记他："……深恶官吏贪浊，有枉法受财者必无赦免……置以重法……商旅野次，无复盗贼，囹圄常空，马牛布野，外户不闭（这几点现在都做不到）。又频年放丰稔，斗米三四钱，行旅自京师至岭表，自山东至沧海，皆不赍粮，取给于路。入山东村落，行客经过者，必厚加供待，或发时有赠遗。此皆古昔未有也。"（和三国张鲁驿亭供米肉，更和"文化大革命"的大串联吃饭不要钱，完全不一样。）

　　这本书，唐代就"奉为祖寻"，书中引隋以前及唐初一些事实言论为实例。元代集诸家之论后，又补进宋、元实例，并从理论上予以提高，更可使历代皇帝奉为圭臬。明宪宗作序称："其论治乱兴亡，利害得失，明白切要，可以鉴戒。"清乾隆说这本书"后之治者或列之屏风，或取以进讲"，还作诗歌颂。

　　本书今注译者王泽应说："唐太宗所讲的三镜：'以铜为镜，可以正衣冠；以古为镜，可以知兴替；以人为镜，可以明得失。'而今《贞观政要》……不仅可以帮助我们明晓历史的兴衰更替，而且能够使我们树立起一种历史的兴亡意识和警觉意识，从而更自觉地投身于当代反腐败的斗争和政治建设"中去，吸取其"所蕴含的深邃的政治哲理和伦理智慧"。

　　王泽应先生严肃、认真地注译此书，又"兴奋惶惑地等待着读者的品评裁决"。"不等闲视之"的作品期待着"不等闲视之"的近代读者。不知道我这篇短文是第几个评论。读之有感，亦想诚惶诚恐地说几句。

　　《贞观政要》一书共分十卷。卷一论君道、政体。卷二论任贤、求谏、纳谏。卷三论君臣鉴戒、择官、封建。卷四论太子诸王定分、尊敬师傅、教诫太子诸王、规谏太子。卷五论仁义、忠信、孝友、公平、诚信。卷六论俭约、谦让、仁恻、慎所好、慎言语、杜谗邪，论悔过、奢纵、贪鄙。卷七论史、礼、乐。卷八论农务、刑法、赦令、贡赋、辩兴亡。卷九论征伐、安边。卷十论行幸、攻猎、灾祥、慎终。

　　年衰力薄，不可能就全书做详细评介。不过对几个重要问题，略陈管见。

君、臣、民

　　封建时代所希望和能达到的政治是"元首明哉！股肱（臣子）良哉！庶子（百姓）熙哉"！其基本观点是"天下"是皇家的，臣子是"仆人"，老百姓被统治。

　　可是，"君"临天下，要想取得政治上的成就，必须为"民"。《贞观政要·论君道第一》唐太宗说："为君之道，必须先存百姓，若损百姓以奉其身，犹割股以啖腹，腹饱而身毙。"此《老子》所谓"圣人无常心，以百姓心为心"。儒家亦以"民为贵"为中心思想。马周说："治天下者以人为本。"孙洙注："民者国之本也……上之责吏（股肱）本于民，下之根上（元首）本于民，则民重矣。"《贞观政要·论俭约》中太宗说："自古帝王凡有兴造，必须贵顺物情（不四处为自己造行宫）。昔大禹凿九山，通九江，用人力极广而无怨读言者，物情所欲，而众所共有故也。"为老百姓办大小事，发展生产力，提高人民生活水平。撇开帝王视天下为己有，传子传孙的思想，诸大小事都替老百姓所想，那不也是今天所要求统治者所做的事？

　　唐太宗很钦佩《孔子家语》所说的话，即："君王舟也，庶人者水也，水所以载舟，亦所以覆舟。"一只船能有多大，不顺水性便把你翻了。任意地"玩水"，确实鼓水于一时，终究把社会引向崩溃的边缘，还差一点就会覆舟呢！

　　王泽应用美国政治学会会长柏恩斯《领袖论》中所说："领导是一种领导人与追随者基于共有的动机、价值和目的而达成一致的道德过程。"《政要》这本书虽讲的是君臣关系或君民关系。推而广之，治国果然有一定的方法，同样，治理一个地区，一个企业，一个家庭，岂不都有"领导"（或统治，统者统一行动，治者治理有序）和"追随者"（被统治者）的关系。由大及小，具体而微。不论大小，都要顺应众心（民心）。《贞观政要》的基本哲学思想和工作方法有更大的适应范围。

任贤、择官

　　《贞观政要》讲贞观之治的主要治理方法是："从谏如流，雅好儒术，孜孜求士，务在择官，改革旧弊，兴复制度，每因一类，触类为善。"其实，"触类为善"是根本思想。戈直归纳只三点："一曰谦虚纳谏，二曰知人善任，三曰恭俭爱民。"（曾巩称"仁心爱人"）出发点也是与人为善。善是根本。

　　在仁心爱民的基础上，知人善任，"任贤择官"，变为"统治""领导"的第一要务。

　　千秋万代，中国外国，都有好人坏人。在中国称好人为君子、正人；坏人为小人、邪人。历代名臣，无不劝君上"亲君子远小人"。然而君子往往直道谋身，信言不美。而小人却懂得迎合苟容，使每个从小就被众宠溺爱，喜听好话所训练出来的人容易接受。只有通过社会经验，才识得好坏，分得正邪。而高一等的君主不以个人的利害为标准，而以社会、人民的利害标准来衡量是非好坏。

知人善任

《贞观政要》记魏徵对唐太宗说："知人者智，自知者明"，而把正、邪之人都分为六种。六正是：圣（昭然独见）、良（虚心尽意）、忠（进贤不懈）、智（明察成败）、贞（奉文守法）、道（不谀敢谏）；六邪为：具（安官贪禄）、谀（偷合苟容）、奸（内险外谨），谗（饰非乱政）、贼（专权私党）和亡国（蔽主布恶）之臣。（《厚黑学》中"六字真言法"恐怕就是从这里学来）

时代清明，邪不胜正，或甚至邪也归正，时代混乱，魔高道低，正不胜邪，这期间便有盛衰兴亡的替代，我们从中外历史上，即或近代这一段历史时期中，"左倾"败德，黄钟废弃，瓦釜雷鸣，关键还是在"元首"的思想和行动，是亲身经历的事了。

纳谏

谏分进谏（提出批评）和纳谏（接受批评），"以知政教得失"。说来容易，做起来难。特别是向统治者提意见，皇帝老子掌握生杀予夺之权（企业公司老板掌握予夺之权，家长老师掌握爱憎之权），逆耳之言，听起来并不容易。《韩非子·说难》就是说明碰到不能纳谏的统治者，进谏就十分困难。

唐太宗在贞观之初百般求谏。戈直称："导人使之谏"是为"能容人之谏"。谏章入目，谏语入耳"不怒人之谏，又赏人使谏"。于是就出"求谏""容谏"和"赏谏"的三部曲。

作为统治者、领导，其所以能达到这一地位，除自身具有一定的才能外（也可能是歪才），尚有很多客观的有利于他的条件。事实上统治者、领导并非诸事了然，样样比他人能干，于是更要听意见。魏徵说："兼听则明，偏信则暗。"范祖禹说："圣人以天下为耳目，故聪明；庸君以习为耳目，故暗蔽。"纳谏的面是十分广的。不要专门听少数人的意见，多创造条件，听老百姓的意见，岂不是"为民"的最具体的表现？这在《诗》称为"询于刍荛"。听了意见，无则加勉，有则"从而正之，岂不美乎"。

进谏之人，直道谋身，为民请益，但亦要有一定的技巧。于是谏有"逊谏""讽谏"等"从容之谏"，看准机会，委婉曲折，多用比喻，听起来令人舒服。"忤谏""直谏"等为耿直之谏，往往是事机迫切只能危言激语，单刀直入，听起来有些刺耳。但灌顶喝棒，事实上却大有补益。

纳谏之人，应本诚意虚心；听谏之人，不能求人言无一失。谏，必然是不同的意见。求谏，就是要听不同的意见，所谓"和而不同"，"谔谔而昌，唯唯而亡"。

不纳谏的原因可能有几种。《贞观政要》举有"护短不纳"一也；"以听谏为名"其实不符，二也；"未信而谏，则以为谤己"（魏徵说："激切即似讪谤"），三也，等等。不纳谏而"容谏""赐谏"，则规劝之言仍会不断而来，那才是真正地找到了批评与自我批评这一武器。

唐太宗对曹操的评价是："朕常以魏武帝多诡诈，深鄙其为人，不欲以诈道训俗。"即使就是这样，想进谏之人还有"（陛下）今虽容之，恐后阴加遣谪"的秋后算账之虑。何况言而无信，初为"诱谏"，接下来"追悔其言，二三其德"，诬以"讪谤"，终身"阳"加"遣谪"而不败。唐太宗于此实是"稍逊风骚"。

唐太宗的纳谏也非始终其德。

原因是创业之初"夫在殷忧，必竭诚以待下"，待到守成后期"即得志，则纵情以傲物"。

魏徵当面说他："贞观之初，恐人不言，导之使谏。三年已后，见人谏，悦而从之。一二年来不悦人谏,虽勉强听受,而意终不平,谅有难色。"为什么?戈直说他实在并非发于"志气",可以无始终之异。而是"矫揉强勉而行之",根据天下"未安""渐安""已安"的情况不同,表达不同的对谏的态度。等到"群臣近来都不论事",老百姓道路已目,佞、谄之徒在朝,讴歌之声不绝,那就十分危险了。历史的规律何其相似!

上自国家,中至地方、单位、企业,下至每一个家庭,领导能不能听不同意见,在这基础上祥和团结,兴旺发达(反之则会败亡),就此问题,这本书讲得重要透彻,开卷有益。

人 法 德治

中国历来治理国家的方法是"怀德"和"威刑"两手。因为是封建统治,封建者口含天宪,以个人的"思想意志"为准则。可是为了"民"和社会,早在三代就有法。一旦成法,则上上下下都得遵守,包括皇帝老子在内,所以汉代张释之说:"法者,天子所与天下所共也。"唐朝戴胄向唐太宗说"法者国家所以布大信于天下",虽天子喜怒,不得轻重。"举直错枉"要靠法,于是不论古今讲究法治,"王法条条不徇情"。

然而话虽这么说,法并非是万能的。

首先统治者仍可以以自己的"思想"废法、改法。其次是法虽众多,不可能面面俱到,且又有时间因素,左右前后往往多所抵触,可以钻空子,舞文弄法。三是道、魔之争,法禁于此则魔更生别道,使法日繁而执行起来更为困难。最重要的还是统治。魏徵说唐太宗:"必镇之以道德,弘之以仁义……唯奉三尺(厚)之律,以绳四海之人,欲求垂拱无为,不可得也。"所以唐太宗说:"以仁义为治者,国祚延长,任法御人者,虽救弊于一时,败亡亦促。"即孔子的"导之以政,齐之以刑(法),民免而无耻。导之以礼,齐之以义,有耻且格"。道德品质(现或称素质)不高,可以知法犯法,有法不依,执法不严,而徇私枉法。

中国传统文化中优良的品德还有哪些是应该保留的呢?

《贞观政要》中治国之道有:

"八柱倾而复正,四维驰而更张",引用《管子·牧民》篇中"礼、义、廉、耻"为四维。

房玄龄对唐太宗论项羽不行仁信曰:"仁、义、礼、智、信,谓之五常,废一不可。"

魏徵上疏,劝太宗"总此十思,弘兹九德",从十个方面多多思考,防患于未然,大力宣扬"忠、信、敬、刚、柔、和、固、贞、顺"九种品德。

《贞观政要》以两大卷专论"仁义、忠义、孝友、公平、诚信、俭约、谦让、仁恻"等道德,有理论和用实例以说明其重要性。同时,又告诫"慎所好、慎言语、杜谗邪,(善)悔过,(莫)奢纵,(休)贪鄙"等不道德的方面。贞观之治,便是在扶善去恶,善善恶恶的德治的思想指导下所取得的政绩。

中国传统文化的道德观,有一些随着封建时代的消亡,自然是不适合于近代社会。然而加以新的诠释,其核心精神,依然是社会的精神支柱。那么《贞观政要》这本书是如何诠释的一个样本,有期望与写出普遍可以遵守的社会主义精神文明的《贞观政要》式的读物来。

周期率

历史有兴衰,国家有兴有亡,凡事有始有终,这是客观不易的规律,谁也逃脱不了,包括贞观之治和唐太宗本人在内。

只是周期是相对的。事物不断地在转化。如已处于于国于民有利的兴旺发达的时期，要使之不早衰败，则唯有始终如一地遵守盛衰规律，如《易》所说："知进退存，亡而不失其正。"即使如此，也只能得到比较长的周期率而不是朝生夕死，春生秋死，或六十年风水轮流转。

《贞观政要》这本书，并不认为唐太宗可以永远不败，其晚年已经显露出违背盛衰周期率的举动。以之为鉴，对生活在现今社会上的人都有好处。

政治是个战场，竞争性的经济市场也是个战场，于是人生就是一场在战场上的战斗角色。在战斗之中，奇正相生，以取得胜利。

奇，主要是兵家的诡道，包括《厚黑学》一类教唆用计谋、权术的"学问"。估计能取得一时、一定的成功，于是在书店里，充斥着大量这种投机取巧，为之谋利的作品，使不正当的手段，蒙上一层理论水平根据。一切假冒伪劣（包括人和物）或厚而无形，黑而无色之徒得以逞其奸诈。

正，是符合于人类社会正常发展的各种精神文明作为行动的指南，那么才会使社会主义可以从初级阶段进入中高级阶段。

奇正相生，以正为主，尽量少用奇兵奇计接物待人，以诚以信，终究会立于不败之地。

《贞观政要》一书并非句句是真言。

王泽应说："先哲留嘉谟，后人当勉就。"建设有中国特色的社会主义，需要我们正视民族自身的精神财产。"……读一读《贞观政要》将会使我们击掌三叹，获得许多政治文化的养料和人文致思的成果呢！"

我同意这个观点，为此简评。

作于1997年之后

漫 谈 对 联

中国文学中有一项世界上所独有的形式,即对联。《文心雕龙》称:"造化赋形,支体必双,神理为用,事不孤立。夫心生文辞,运裁百虑,高下相须,自然成对。"中国的诗、文、词曲,对偶的句子,骈俪之文,十分引人入胜,联想不绝。单独取联书楹,据说是西周开始。天下庙堂寺宇,亭台楼阁,家宅桥梁,无不有联。历史上妙联绝句,巧思逸趣,名传天下者不少。

作为一名工程技术人员,胡乱涂鸦,打油作句,只是对之略有兴趣,既不述亦不作,不过后来也忍不住写上这么两三幅实得纪念的对联。在此之前,先说几桩为之激动的事。

话说10岁那年,抗战逃难,从金山到雉雞汇,在一农家借住,被匪(后证明是日本人指使)所抢,祖父被杀。辗转到祖母的娘家嘉善,暂时是日本人未到的浙西镇上,总算是安定下来。一个大家庭,分在祖母的几个兄弟家中住。我单独一个人,住在二公公开的小杂货铺中,二公公和二婆婆两人,领了大公公的小儿子名曰保官,在铁匠铺边上,小桥头一个门面的杂货铺做生意。房子共两进,前街后水,两层楼。我便和保官叔做伴。白天无事,又不读书,日日上街闲逛。

嘉善有座城隍庙,香火还算旺,小时进庙,一不烧香,二不磕头,小学六年级的文化,深奥的对联看不懂,记不住。倒有一副对联,上联一直印在脑中,几十年不忘,因为只有两个字,是"是"和"非"。联曰:"是是非非,是非非是非非是",下联好像是"生生死死,生死死生死死生"。

上联的意思就是城隍老爷断人问是非。对的就是对的,错的就是错的,是非并不是颠倒是非。

下联的意思就是该生的生,该死的死,但可以使死者生,生者死,生死是铁定了的。

城隍的"是非",生死之权大矣哉。

自此之后,被德国留学回来的大伯接济,逃难到上海,可谓死里逃生,读书上学,一直没有接触对联。不过也听到上海曾经有过一副海派巧对。是:"五月黄梅天,三星白兰地"。三星白兰地是上海当年有名的酒名,对来可谓字字贴切,不过毫无实际意义,只是为对仗而对,所谓数字对数字,颜色对颜色,花木对花木,乾坤天地相对而已。

中学里看纪晓岚《阅微草堂笔记》有官场相戏之对,如:"火部水灾金司空大兴土木"对"南人北相中书君什么东西"亦是属于这一类型。

还有一些滑稽对联,在裨官小说之中或民间曲艺评弹的取笑的插曲里。

如苏州评弹《三笑》华相府的两个公子,不学无文,老师出对,他们也对上了,可惜雅俗相殊,对的算工整,倒没有生造,讲的都是实话,那就是:

"红花不香,香花不红,玫瑰花又香又红。"

"响屁不臭,臭屁不响,夹水屁又臭又响。"

回乡小憩,船过石桥之下,记得一副桥联,"潮连黄歇浦,蛛映白牛渚"。亦是对得工整,也是在黄浦江支流的一个叫白牛渚地名的石拱桥，被文人随手用上。这样的对，看来好应对。

大学毕业后出来做事，到武汉，转萍乡，正逢战争，江南暂时还在战火之外。萍乡的中国桥梁公司缆车工地主任讲起湖南一座孙夫人庙，即孙权之妹孙尚香，在刘备死于白帝城之后，预备回川，在洞庭湖投湖而死。后人祠之。庙门无联。一日，老和尚梦孙夫人嘱，明日有士人来，请他题写。果然，次日有个穷秀才过此。老和尚求他。他停住几日，沉思良久，写下：

思亲泪落吴江冷，望帝魂归蜀道难。

这副对联，刻画孙尚香的思想斗争，进退两难，于是成为极有内涵的对联。于是我才知道，对联并不是仅仅在表现技巧，必须要有深刻的思想和情感内容。这是对文学的普遍要求，亦并不是于对联独然。

之后年事渐高、世事涉足渐深、慢慢地感觉到富于哲理和治国处世的对联，更富有其深刻的内容和力量。

当年有为我诵读，并且事后自己亲眼看到的是成都武侯祠一联：

能攻心则反侧自消，自古知兵非好战
不审势即恩威俱失，后来治蜀要留神

这副对联说明攻心为上，攻城为次，不战而屈人之兵者，善之善者也。说明战争与和平。中国或全世界都应该以和平为主，攻心为上，依仗权势武力。可以屈人于一时一事，心总不服，难免将来要反过来。

御人之术，恩威并用，或时以加恩，时而施威，难听一些便是大棒与胡萝卜并用。然而那是对畜生，对人不是靠大棒与胡萝卜解决的。恩威用得不当、不确切、不是时候，就是不审势，把人看成畜生，要求别人"夹着尾巴"做"驯服的工具"，看起来是在"治国"，实际上恩威俱失，人心不服。说起来容易，做起来难，所以要叫你"留神"，不光是治蜀，治理哪个国家都一样。

再看看天下庙宇中多采用的一副普遍的对联，至少我看到东南西北很多庙中都有，那就是：

法外人法无定法，是知非法法也
天下事了于未了，何况不了了之

上联"法"的原意指佛法，一切佛经之法非是定法，禅宗言外别传，是非法之法，然这也是法。若用之于世俗，口含天宪，一切法包括宪法，都不在话下。我说的话，做的事都是天下之大法，于是懂了，这叫非法法也。

担心身后这个，身后那个，要防这样，要防那样，安排这个，安排那个，结果人有千算，"天"只有一算，弄巧成拙。想了却"君王天下事"，却仍是不了了之，由后人来了。早知如此，又何必白操心、瞎操心。可见对联的片语只言，简直精炼得可以道破一切。

我除了有时高兴在诗词中用几句对偶之句外，从来没有写过对联，在偶然的机会里，竟正式地对了一副对。

香港于1997年回归,回归之前港府提出"玫瑰园计划",预备新建大屿岛填海机场,以替代九龙启德机场。中英的立场不同,初期甚有争执,经过谈判,最后意见一致,中方在港方保证移交时仍有若干亿储备和工程在回归前完成的条件下,同意修建。工程主干线自九龙跨海到青衣岛,再跨青(衣)马(湾)海峡到马湾岛,跨马湾岛、大屿岛之间的汲水门水道到大屿岛新机场。线上重要的两座大桥是青马大桥和汲水门大桥。

1991年5月29日,香港《星岛晚报》上刊出香港联迷社以"桥横急水飞青马"征对。香港路政署该两桥主管刘正光兄来信嘱我对之。6月15日截卷,到我手已不足一星期。

刘正光对的下联是:

"冠弹香江渡英伦"
"路跃大海跨小河"
"人向繁荣朝安定"
"脚踏九一跨九七"
"我来请客兼会钞"

老刘乃是香港出生培养出来的工程技术人员,于对联一道自非所能。最后这一个下联乃是针对中方认为新机场工程1997年完不成,且用BOT法时,岂不是港方"我请客兼会钞"了。

我考虑必得与机场有关的对,乃用屈原《离骚》中:"驷玉虬以乘鹥兮,溘埃风余上征",以"路接长空驾玉虬"对。

1991年7月,香港联迷社通讯第七年第八期第八十八会征联揭晓,如下:

(联首) "桥横急水飞青马"
冠军　"乡曲尼山诞素王"(李泽普)
亚军　"路接长空驾玉虬"(唐寰澄·武汉)
季军　"节守胡天牧白羝"(蒲沛昌)
殿军　"河绕长城走白狼"(朱济川)
优异　"江隔边疆绕黑龙"(吴其湛)
　　　"炮响卢沟醒睡狮"(陈镜陛)
　　　"塔峙崇山镇白蛇"(李　媛)

等十五人选三联如上。

读之令人哭笑不得,因为除我之外竟无一人以机场对,找些陈年旧事(卢沟桥算稍新),只求字面上对对而已。刘正光说:"其他全部入选作品全部都不对题,和青马大桥无关,一天一地。"老刘央我书此联,裱好,挂在其办公室,中挂青马大桥透视图照片,来访者均在此下照相。

1995年10月5日,我首次访港,与老刘各站上下联留影,斯亦难得。

1996年大桥通车前,记者采访刘,亦刊此照。惜文字介绍云:"路接长空驾玉虬,桥横急水飞青马,一联乃唐总所手书。"自左至右读之,可见此道在年轻人中已生疏了。

香港、澳门的联迷社大概就是这样一些人物和水平。1994年澳门联社也征联,上联是:"名月照纱窗，个个孔明诸葛亮。"仍不过是文字游戏，语出双关。据说都对不好。亦出于游戏，试以同时的双姓三国人物，太史慈字子义以对，为"初阳映心地，人人子义太史慈"，心地者心扉也。子作百姓讲，太史为官，心地通明，治国仁慈而百姓忠义。当然，也老了些，不过上联是古人，下联自可用古人，何况见地胸襟或可说较高一筹。

还有一副较长的联，是悼念我的同班同学丁饶（已故）的。他和我是中学同学，高一班，大学又同学、同班。原姓丁，后合父母二姓，姓百家姓上没有的复姓"丁饶"，名徽孙，江西临川人。世代书香，其父乃上海交通大学的前身南洋公学的创始人之一。舅氏是原子物理学家，新中国成立前就在国外讲学。后来其父在人民大学，舅在北京大学当教授。丁饶之名乃新中国成立后舍去"徽孙"二字，改姓为姓和名。

上海交大毕业后，他与几个同学进西路局，被派在嘉兴工务段，而我进茅以升先生的中国桥梁公司。新中国成立后，武汉长江大桥上马，设计需人，他们想来，我通过梅旸春先生指名调北京。此时同行者四人，乃李家咸、华有恒（按：已故）、丁饶（按：已故）和周璞。原只前三人，周亦想来于是附入。

当年上海铁路局的人大部将调西北，华、丁已奉局令，而铁道部令至，上海路局自然遵部令，而华、丁雀跃。嘉兴工务段书记向华做工作让其去西北，华说"调西北我是不去的，若一定要去，我就另找工作。我今天说的话都是我爸爸和我说的"云云。真是不知世事。但部令一下，地方服从中央。嘉兴工务段诸方识为丁、华何以在北京都知道，甚有来头，走时敲锣打鼓，送锦旗，送上火车，此是旧话。

后来我与他们中李、周同调武汉大桥工程局。1957年反"右"，华在北京被划为右派（后亦调来武汉）、丁因家庭被认为思想反动。我在武汉被划为右派，而唯独丁有时夜深来访。为了避免他受累，端把椅子请他背窗边靠墙而坐，一杯浓茶，促膝而谈。待人静后送他走，我也不送下楼。如此多年。自1962年摘帽，仍然有"摘帽右派"之帽，虽然这五人仍如昔交往，可是交情已见。

1990年，丁饶夏日在浴室泡澡降温，不起，头半淹水中，及送医院，多痰呼吸不畅，割气管可惜不能挽救。同在一处的同学五人，他先去矣。回想往事，不胜悲痛。上两年曾同往上海母校开同班同学会，而一时便化灰飞，觉得该写些东西悼念他，于是作挽联为：

簪缨家世，想尊翁南洋肇始、舅氏北大名科，弟兄驰誉东西，君作中华津梁柱

冠剑相知，忆觉园铜钟响点、执齐铁砚磨穿，江河金石建桥，患难相扶玉不如

之后就不再写什么对联，因为没有这种酬酢的需要，不过有一副尚留着未送出的对联是：

处世有序、诸葛一生唯谨慎

建业其森、公输百代永留芳

是为一位亦师亦友的同事准备。人尚健在，不能让他知道，不过这一论断，对其终人为人事业，想来还很确切。昔人有自挽联道：

浮沉宦海如鸥鸟

生死书丛似蠹鱼

预挽非是不吉。

（按：此亦师亦友的同事即为大桥工程局原总工程师王序森先生，2003年元月14日病故。在其追悼会上即使用的该副挽联。）

自20世纪70年代起我总想到为琼州海峡建桥。1996年，写了一篇文章，题名《沧海何曾断地脉、飞梁端合破天荒》。

是用苏东坡在海南赠姜唐佑一联，改"白袍"为"飞梁"。并改苏子由诗，他最后两句是"锦车他日风驰看，自在白云放眼长"，乃改"锦衣他日千人看，始信东坡眼力长"句，此诗等于是自己总结这一生事业，"天一事了于未了"。这琼州海峡的工程心愿是了不了了，尽心而已，能做多少是多少，将来终有一日告成，"自在云头放眼长"罢。

（按：有关琼州海峡的笔记、资料于2014年3月已捐给中铁大桥设计院资料室，以备后人之用。）

作于1997年以后

祝《桥梁建设者》创刊

记得1942年我在读高中时,二班的同学编了一份墙报,我写了一首贺诗是:

> 海内纷纷未息戈,光阴如驰易蹉跎;
> 善交需学晏平仲,避世休随张子和;
> 此日且求新学问,他年重整旧山河;
> 鲜终有始宜同戒,不使旁人信口呵。

那时是在抗战期间,独居孤岛,只能埋头读书,以便将来为国家建设做一些事。这首诗,除了"海内"可改为"海外",恐怕都还有用。随手拈来,已经过去了四十六年。回首自问,在最困难的岁月里,努力自学,光阴也没有白费。现在则已是重整河山的桥梁建设者。

说到事业,世界上任何一桩对当世和子孙后代有益的事都值得我们去做。元代吴澄有四首"三十年前好用功"的诗,中间一首是:

> 三十年前好用功,男儿何者为英雄?
> 世间有事皆当做,天下无坚不可攻,
> 万里行方由足下,一毫非莫入胸中,
> 拳拳相勉无他意,三十年前好用功。

当然,毕生精力有限,必须有所选择。选择这一行或那一行有它的偶然性也有它的必然性。既然选择了桥梁,必然有每个人自己的理由,而桥梁这一行也确实值得我们热爱。

当我们选定了专业之后,那就要像所有古往今来有成就的学者一样,一头埋进去,达到着迷的程度。从来任何看上去轻松的工作,做起来并不轻松,要付出牺牲和艰苦的努力。从来任何看起来很顺利的事,都是经过不少波折或失败,最后才取得胜利。取得桥梁事业的胜利,要有"破万卷书,行万里路"的精神,只有着了迷,才能不怕艰苦和挫折,取得一个个的胜利。

桥梁建设看起来似乎是一个比较狭窄的专业,事实上却是一个需要广博知识才能应付的工作。桥梁建设中包含着有关政治、经济、技术和艺术的问题。每一个桥梁建设者并不要非去探讨这四大学科的全体,只要求在博中求专,专业的知识树立在宽博的基础上,是取得高精成就的保证。

桥梁是永远建设不完的,旧的需要取代,新的需要建设。社会物质和精神生活不断地增长,科学技术不断地提高、不断地出现新的要求、新的概念和新的手段。学校不过是打基础的地方,百分之九十以上的学问得之于毕业之后。在学校里要确立起求知好学的精神,掌握自学的方法,不断探索新的技术,创作出新的桥梁艺术形为。

参加社会建设,说是做事,首在做人。专心读书,往往会疏忽思想意识的进步。也会疏忽基本的处世原则,不懂得如何处理人和人的关系,好多阻力,就是从那些地方来的。技术问题,不易求解,有时人事问题更胜过技术上的困难。什么是正确的处世哲学,必是有志向的建设者所需要探索的问题。20世纪80年代的青年是幸运的,有很好的学习机会和工作环境。只要努力,便能在短时期里取得较大的成绩。很有可能在比较年轻的时候,就挑起比较重的担子,那就更要注意如何勇敢地排除阻力,又要谦虚谨慎;既要发挥群众的智慧,又要能做出自己正确的判断。做任何事情,慎于开始,既经决定,勇于前进,最后则不达目的不罢休,不见异思迁,做到善于结尾。

后生可畏,虎虎有生气。拉杂写来和同学们共勉。

虎年(1998)春节于武汉

注:1998年为上海交通大学《桥梁建设者》刊物邀稿。

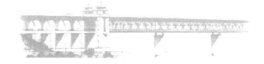

摧毁月亮的风险分析

《春江花月夜》诗道："春江潮水连海平,海上明月共潮生,滟滟随波千万里,无处春江无月明……江天一色无纤尘,皎皎空中孤月轮,江边何人初见月,江月何年初照人……斜月沉沉藏海雾,碣石潇湘无限路,不知乘月几人归,落月摇情满江树。"诗描写月亮东升、高悬到西落,满怀深情,一色白描,十分动人。

古今中外,歌咏月亮的文字和诗句,不知凡几。人和一切生物是在月的盈亏中生成、生长、生活和生存延续。

可是1991年美国知名大学教授,2002年俄罗斯响当当的科学家们,认为月亮是地球的"寄生虫","迟早不可避免地需要予以摧毁"。五名俄罗斯科学家已"郑重地"建议提交给俄罗斯政府,政府接受后承诺对这一建议进行认真的可行性研究。真是妙哉!

提出这个建议基于以下论点,即月亮对地球的影响是:

• 月亮和地球吸引产生海潮。摧毁了就没有海潮了。

• 月亮使地球绕太阳时地轴歪斜,地球上形成了一年有四季。摧毁后,地轴不歪,四季消失,整个地球气候适宜,沙漠变成绿洲,有些地方四季如春。最重要的是俄罗斯北方也不会冰天雪地,寒冷不毛。人类将生活在"天堂"里。

• 摧毁地球"有办法""不复杂""很简单"。只要"用俄罗斯的'联盟'型火箭,装上6千万吨级的核弹头,射向月球即可"。

5月24日,俄罗斯普京和美国布什,在莫斯科签署了"俄美消减进攻性战略武器新条约",消减下来的核弹头,两国加起来大约有4 000个,每个若以2万吨级计,可有8 000万吨级(大于6 000万了),完全足够。可以"废物利用、创造奇迹"。

俄罗斯的科学家也担心其他国家是否同意这么做。想必这"可行性研究"还得呈报联合国,成为联合国惊天动地、全力以赴的大事来抓。联合国秘书长、安全理事会、大会都无权做出执行的决定,将来还要全球投票公决。

根据联合国对于基础设施的工作步骤,"早期规划"要做初步研究,即可行性研究。可行性研究又分为预可行性研究和工程可行性研究。现在这个工程大的无与伦比,理应由联合国主持。俄罗斯愿先"认真"研究也是好事,将来向联合国提出的只能是"项目建议书",联合国要重新组织力量,动员全世界所有这个院那个院的全体院士,进行长期的理论和试验分析,得出结论。现在这4 000多个核弹头仍旧只能先妥善封存,严加保管。也许等不到用来摧毁月球,就在地球上抛来抛去用掉了。

既然要摧毁月球的消息已经由传媒公布出来,作为一个"球"民(是地球而不是足球),也允许发表个人看法,亦足见对这个建议的重视。

在"摧毁月球可行性研究"(Prefeasibility Study of Moon Destruction, PSMD)报告中应该包括"风险分析"(Risk Analysis, PA)。俄罗斯天体物理学家提出了摧毁月球后一系列的"好处",就像俄国革命时所描述的"乌托邦"一样,可望而不可即。或者是真的会得到这样的满意的结果! 社会要求创新,创新要求科学,要求实据,要求"大胆设想,小心求证",不能操之过急。"风险分析"就是要不能只往"好"的想,也要考虑每一阶段由之发生的风险的可能性及其后果。即从"坏"的方面着想。

风险分析也分阶段,每个阶段风险分析的深度不同。早期规划和预可行性研究时的风险分析可以只提问题,作定性分析,不作定量分析,这就好办得多,抽丝剥茧,且看如下问题。

一、月球能摧毁吗?

俄国科学家说"能",并且已算出了核弹头等级(6 000万吨),看上去是一次爆炸就行了,对月球实施一次性恐怖主义,月球便会像世贸大厦那样崩毁。是怎样吗?

或者说不是一次性而是阶段性,分若干次连续爆破,逐块剥离、定点定向,那准备干多少次、多少年? 这样的爆破会不会像铁镐砸坚冰,只在月球上爆出几个白印子?

二、月球残骸往哪里去?

不管是一次性大爆破或阶段性连续爆破,能把月球炸成带放射性的小块,那些碎块有多大? 往哪里去? 会不会因为地球的吸引力都吸向地球? 那是多可怕的一场大"流星雨"!

从地球地质研究,地球历史上曾被天外来星撞出一串串环形坑。小的流星进入大气层被烧毁,留下核心陨石,还在地球上到处可以找到。而地质、古生物学家认为,远古恐龙之所以会被毁灭,就是某次有一定大小(难定量)的小行星撞击地球造成天气、"生物激烈变化的结果"。于是要问:

三、当炸毁月球时,是否也同时可能造成全人类的毁灭?

也可以设想。炸毁时设计得非常好,能够把大的碎块残骸,一一推出太阳系轨道。这需要多少能量? 做得到吗?

把月球炸成"粉碎",地球会蒙上厚厚一层"月球灰",人类能不毁灭吗?

也许经过可行性研究,并且经过对太阳系别的行星的卫星先做爆破试验,得出结论说"没问题,是可以解决的",于是再问:

四、地球会不偏不倚的"端正"过来吗?

就算轻轻快快地拍死一只大苍蝇("寄生虫"),地球的自转轴就被拨正过来了,不斜了。"规规矩矩"地绕太阳转了。太阳永远直射在赤道上,没有南北回归线。俄罗斯的西伯利亚,同一纬度上的北美阿拉斯加,加拿大北部、丹麦格陵兰等都会变得暖和,不过问题是:

算出来的数据正确吗? "纠偏"的角度是不是靠得住? 会不会矫枉过正?

地球和月球一起绕着太阳走,而今广寒宫全部拆了,总重量减轻,离心力减少。结果可能是建议者认为的地球转速(公转)变快。不过亦有一种可能是地球和太阳之间的距离缩短,地球更被吸引。此时:

五、地球的温度增加,其对地球生物的影响如何?

六、地球"纠偏"速度对地球生物的影响如何?

分阶段摧毁月球,纠偏可能是渐进的,一次性摧毁月球,纠偏可能是短期和瞬间的。那突如其来的转变,不能想象竟会如何? 会不会产生比大地震大而不同的全球震荡? 那时地球上生物所受的灾难又将是怎样？

固然这些难题和顾虑都解决了，但还有：

七、没有海潮对地球上的生物特别是海洋生物有什么影响？

严格地说，地球上的潮汐是月亮和太阳与地球之间的吸引力所引起的。月亮被摧毁了，主要的引潮力没有了，次要的还在，地球上仍然有潮汐，只是小了些。海洋的海流状态产生了千万年来适应于其规律的海洋生物，一旦改变，会不会引起很多类物种的消灭？

八、地球改变了客观条件，其气候变化会怎样？

创意者描述的新地球位置，寒处变暖，甚至沙漠变绿洲，有些地方四季是春天。必定是风调雨顺、五谷丰登、六畜兴旺，是人间天堂和社会的"乌托邦"一样。这一结论还需要证实。希望如此，没有估计错，那有多好！

行了，风险问题还有很多很多，就是这么七八个，也够研究几辈子。

人类有进步，就要靠创新，改造世界、改造自己。提出一种新的设想，是个大好事。敢想、敢说、敢闯、敢做，却不能想入非非、胡说八道、蛮干蛮闯、说做就做。要按科学的、实践验证的、逐步推进的方法进行。

我对传媒上登载的照片上的11位俄罗斯中青年科学家和民间团体成员十分敬佩。他们之中有天体物理学家等科学家，并且已经做过一定程度的探讨。这里初步提出的几个风险问题，就正于他们。供他们参考。

我这里也不否定他们的想法，只是：

• 这是个人类走向天堂或地狱的大问题，要全球几十亿公民共同来做决定。

• 这个问题是全面性的，要有所有的各行各业的科学家精英进行分工探讨。

• 这是个超过基因工程的耗资巨大的研究工作，全世界现在的财富水平，恐怕也难应付。

• 这是个旷日费时的工作。一般地球上的基础工程的前期工作，少则一二十年，多则一两个世纪。美国教授说："我现在无法预测人类何时会摧毁月球，但这件事似乎是不可避免的。"而这一设

图 11-13-1　2002 年 5 月 11 日《广州日报》

想要得出可行的结论和能付诸实施,也许一二十个世纪之后都得不到结论,下不了决心。并且是"似乎"也没有说"一定"。因为可行性研究的结果可以是"可行的"也可以是"不可行的"。

虽然我也为这一建议"瞠目结舌",留下深刻印象,说了这篇满纸"外行的废话",瞎操了些"杞人忧天"的心。然而我毫不执着。还是脚踏实地(地球),做一些眼前的事好。《春江花月夜》诗也道:"人生代代无穷已,江月年年望相似,不知江月待何人,但见长江送流水。"

江月所待也许是那个下命令、按电钮、动手摧毁她的人。可是中国和外国的月亮至少在相当长的历史时期里,或永远仍旧一样圆。

2002 年 5 月 31 日于广州

编辑先生:

　　读了贵报 5 月 11 日国际版面大标题"俄专家欲射核弹:摧毁月球"文章很有兴趣,大有感想,虽是外行,但是"球"民,所以写了此篇,投刊贵报。

　　假如觉得无用,不必退回,投之字纸篓。假如觉得是篇既是科幻又是游戏文章,可以一用,可请贵报美术家张滨先生配插图以增加趣味。

　　当然最好有回音。太忙,不给回音也可以。

　　即祝

撰安

唐寰澄
2002 年 5 月 31 日

楚山归隐（未完成稿）

1948年，我二十三岁，自长江的吴头来至长江楚尾，一住多少年月，立业成家于此。后来便以武汉为基地，为了建桥，奔走在全国的大江大河之上，但始终回到三镇的家中。65岁退休返聘，还是住在楚山脚下。

1994年到广州开会，不意被聘留下，孔雀东南飞，在广州当"打工佬"8年之久。2002年12月，正是孟浩然诗"白发催人老，青阳逼岁除"时，二次退休，回到武汉（按：后又受聘于中铁大桥局做专家，至2006年脑血栓后彻底退休）。是时候了，可以过悠游林下的休闲生活了。

2003年立春，刻"楚山归隐"章。今后的生活中，将随笔写下一些回忆、思想，聊以自娱。

从晨练说起。

青壮年的时候，曾经下过工班，当过工人，无须晨练，大概五十开始，间断地进行晨练。在广州的八年里，晨练已经养成了习惯。

在广州是住宾馆里，一人一套房。公司在楼上，有一个小小的庭院，因为晨练有几个人，显得狭隘，于是走下一层，在较宽阔的一个房顶苗圃场地边以及六角亭子里进行锻炼。锻炼需要一定的环境，花木扶疏、空气新鲜，找一个人影稀疏的地方，安静地，自得其乐地比画一番。

毕竟那是个城市，住处离公园较远，苗圃是设在高楼之中矮楼的屋顶上，四遭楼高，天只是几个错落的方块，不过还能看得到一些云彩、晨星和朝暾。晨起无人，亭子内可独坐做气功，因此自号"珠（江）上亭长"。

这下回到武汉家中，第一个早晨开始，便到住处附近的莲花湖公园晨练。这里的一切都是熟悉的，因为在龟山和凤凰山之间、长江边上，气势阔大，环境比石屎林的广州要好得多。面对着万里长江第一桥的桥头建筑，由此左右伸展的江上正桥和大别山头引桥。岸边树木因为是冬天，只有美丽如冠的枝干和一些沿江的房屋，这是静的实的景致。

桥梁建筑倒影在湖中，形成虚的、动的、透亮的倩影。当无风的日子里，湖平如镜，纤毫毕现，成为完全对称。微风起处，则随风有变化多端的漪纹，把倒影摇曳、引申成不对称的对称图画。

天上的云彩变幻，雁阵群飞，像彩缎上流动的黑点阵图，会使我停下来，远送目断。

当阴天雾日，诸般景征隐约在迷茫之中，会让我联想起人世前途莫测的年代。在建桥之初，从汉阳坐划子过武昌,正是雾天,摇了好久,靠岸仍在汉阳!而诸葛亮都会利用雾日"草船借箭"。

若是晴朗天气,锻炼到一定时候,一轮红日逐渐升起,由地坪升到树梢。因为远近的关系,待红日升到树梢以上一竿高度时,湖水中出现了倒影,于是上下两日如"吕"字,煞是令人喜爱。上下两个红日也和桥头建筑一样,一实一虚、一静一动、一整一摇曳作态(有风起波时),使锻炼增加了活力!

归来又有月余,看太阳到了北回归线,然后逐天往北移动,南窗的阳光将从室内移到室外,天将一天天暖和转热。而晨练时所见的太阳,也一天天由红转得比较耀眼。

当晨练完后,绕湖步行返回的过程中,从各个角度欣赏着亭、榭、舫、树和初阳在湖中的景致,这是闲适人生的一种享受。

莲花湖公园里散落各处晨练的男男女女,老年人很多,锻炼的方式也各不相同。或缓走,或慢跑,或聚合打太极拳,或舞绸帕,或跳交际舞,或一人独自,或三五成群。

锻炼的目的无非是为了身体健康,以健康取得长寿。不过"人生无百岁,百岁复如何"?不管你活过多少岁,终究要"走"的。赵朴初说今后是"清风明月,无处追寻"。然而既已生而为人,谁不想多活几年,老病相逼,锻炼好便可却病延年。

锻炼要有针对性,或全身,或局部。有人说慢跑好,可是提倡慢跑的美国人竟跌倒在慢跑途中而不起。老年有心脏病者不适宜。其实老年时不外乎关节不灵、肌肉萎缩,颈、脊椎病变压迫,心、肺、肝、肾等内脏衰竭老化。养生的方法有很多方面,要加上心态开朗和注意饮食、起居有节等等。我自编了一套锻炼方法,次第活动指、肘、肩、颈、腰、膝各关节。根据活到102岁的陈立夫传授秦太太的"内八段锦",活动按摩头上经络穴道、眼、鼻、耳和耳垂。专门活动颈关节和腰关节。

坐定(或站定)做气功,以腹吸,胸呼,活动横膈膜以运动内脏。爬山或爬楼梯以锻炼耐力。锻炼在于坚持,不能放松。

当我于1999年和美国NOVA电视台科教片合作,指导拍中国虹桥片时,他们看见我晨练,觉得很有意义,要将之拍成短片。我说这套方法是我"杜撰"的,练后效果还不清楚。况且此乃"个人隐私",先不拍为好。当然这是半开玩笑的。

归隐回家第一桩事是晨练。现在闻鸡起舞。只为健康,不是志在千里了。

……

　　　　　　　　　　　　　　　按:推算此文草于2003年,因病未能继续写下去

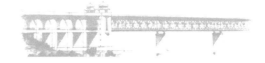

为《桥梁》喝彩

　　世界上的桥梁,种类多,覆盖广,和人民生活有密切的关系,是日常"衣食住行"中的重要元素。桥梁建设属于专业性的技术,其中,建造工程规模巨大的长格或跨域能力要求特大的桥梁尤为复杂,是一项系统工程。所谓系统工程是指涵盖的学科众多,学术深奥,必须依靠较多专业人才,有组织有程序地开展工作才能实施的工程。

　　国之政治越强盛,经济越发达,学术上必然也呈现出欣欣向荣的局面。为数众多的学术报告讨论会、繁荣的技术书刊杂志出版事业就是最生动地体现。杂者,各式各样的专业,桥梁自然也是其中之一。志者,乃其记录。

　　中国桥梁事业的历史源远流长。近代,帝国主义列强长期把持着中国桥梁的修筑权,是钱塘江大桥使国民扬眉吐气,那是中国人自己设计建造的大桥;新中国成立后,万里长江第一桥——武汉长江大桥建成,"天堑变通途"不再是遥不可及的梦想;改革开放后,桥梁建设似雨后春笋:长江、黄河等诸大水系上不断增长的公路、铁路、水道等的桥梁随处可见,大城市中立交桥、跨域桥、高架桥、地铁桥等也触目可及。过去南方水网地区有民谚称:"一出门来两顶桥",现在各种桥梁已经遍及全国。目前我国正研究和建设路湾海峡的桥。在不同气候、不同地质条件以及地理位置偏僻的地区,桥梁建设正悄然进入鼎盛时期。

　　《桥梁》杂志内涵宽而广:从涓涓细流上的古今小桥到跨越汪洋巨峡的超级基础工程桥梁。"贪多务得,细大不捐"。

　　桥梁系统中有多类学科,如自然资料科学、人文资料科学、专业技术科学、美学和其他桥梁文化、环境科学等。世界的桥梁,有的老化,需要很好地保养、维护和修整;有的达到寿命期,需要改建;还有一些新的和过去不敢涉猎的领域尚待建设的新桥梁。可以说,《桥梁》的报道资源是无穷尽的。

　　扩大广大人民群众、专业科技人员和决策层的眼界并普及桥梁教育,是这本刊物的创办目的之一。对于科普,普遍存在这样一种误解,即认为科普只是介绍科学的一般和浅显的知识。殊不知,科普旨在用易于看懂的文字和图片解释说明深奥的科学现象及理论,使专业和非专业人士都会对其产生兴趣。当然,科普文章亦不是儿童读物。没有深刻的实践体会,不善于融会贯通和语言表达的人是写不好科普文章的,就像《大众哲学》之于哲学大师,是后者让前者折射出了智慧的思想火花。

　　桥梁建设是一项"技艺"。技艺,顾名思义,它既包括技术又包括艺术。有人认为桥梁建设是艺术而不是科学,这样的结论有失偏颇。因为即便是艺术,亦有实用艺术和观赏艺术之分,广义上说都不能脱离科学。《桥梁》期刊将报道桥梁界最新学术动态及其实践成果,也将发表与桥梁相关文化类报道,后者也是一直被茅以升先生所重视而为其他桥梁专业性期刊所忽视或不予刊载的。

我们需要真正的"百花齐放"和"百家争鸣"的学术氛围。这本含苞欲放的刊物,本身既是百花之一,又是一个独立的百花小苑,所谓"风景这边独好"。

望诸君协力共创一流刊物,我们拭目以待。谨序。

2004年为《桥梁》杂志创刊撰文

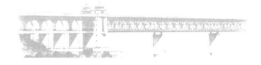

中铁大桥勘测设计院有限公司简介意见书

图版程序意见（供参考）

一、公司重要业绩和中央三代领导人

1. 毛泽东像　武汉长江大桥
2. 邓小平像　南京长江大桥
3. 江泽民像　汕头海湾大桥（或九江长江大桥）
4. 胡锦涛像　武汉天兴洲长江大桥

辉煌的历史，丰硕的成果

二、公司主要资质证书

（有没有国际咨询工程师联合会会员　FIDIC　证书？）

（中国工程咨询协会会员　　　　　　　NAEC 证书？）

三、公司主要建桥和获奖项目

（将原页扩大，纳入：非获奖重要项目；非桥梁工程项目；援外和涉外项目）

四、组织框图和业务框图（这只能由设计院根据现实情况绘制）

组织健全，项目完整

五、公司人才（公司主要领导像、公司全体合影、公司牌子专家像）

聚一时人才，创时代丰碑

六、企业精神等口号

执行企业精神，延续桥梁文化

七、计算机室、实验室等设备和工作照

八、国外桥梁代表作（越南红河桥、缅甸桥、孟加拉桥等）

开拓创新，走向世界

九、各类桥梁照片和说明

一、辉煌的历史，丰硕的成果

中铁大桥勘测设计院有限公司（China Zhongtie Major Bridge Reconnaissance & Design Institute Co. Ltd）。前身为始建于1950年的铁道部设计总局武汉大桥设计组，后改为大桥设计事务所。并入武汉大桥工程局为设计处，后改院。当时汇集国内第一流桥梁建设技术人才，受命承担万里长江第一桥——武汉长江大桥的勘测设计工作，实现了毛主席"风樯动，龟蛇静，起宏图。一桥飞架南北，天堑变通途"的理想。桥成，改武汉大桥工程局为大桥局，把桥梁建设工作推向全国。勘测设计最后建成了重庆、南京、九江等长江大桥、济南黄河大桥和其他众多的知名大桥。2002年国家体制改革，转为企业化单位，即改今称，和中铁大桥局集团公司是一个联合体。作为集团公司的一员，同时又有勘测设计业务的自主权，成独立体制，有利于发挥国民经济，打入市场。

现中铁大桥勘测设计院有限公司规模更为扩大，下设必要和坚强的分支机构，承担宽广的地区和业务内容。

总计半个世纪以来共勘测设计了公路、铁路、市政等大型、特大型桥梁五百余座，其中长江大桥33座，黄河大桥25座，跨海大桥12座及港口、码头等工程，成果丰硕。工程项目遍布于全国27个省市、自治区及世界十余个国家与地区。

二、组织健全，项目完整

中铁大桥勘测设计院为了适合市场经济需要，与世界公司组织相接轨，现在的组织形式如框图一，公司的业务范围如框图二。

公司既能承担系统的完整的勘测设计工作，亦能承担工程各环节中的咨询任务。公司具有充足的人才和先进的设备更需靠健全的组织运用自如，发挥力量。

（按：框图只能由设计院自画，也许在画制过程中会对组织有所调整）

三、聚一流人才，创朝代丰碑

不论何种经济，人是主动因素，人才是关键。并且，创造丰功伟业要靠众多人才的集体力量。当然，不排除若干突出人才的杰出贡献。

大桥勘测设计院在国家于改革开放后设立奖励制度。继南京长江大桥获全国桥梁界当年唯一的国家科技进步奖之后，又先后获得国家科技进步奖10项，詹天佑大奖3项；全国优秀勘测设计奖13项；国家优质工程奖6项；鲁班奖12项。获奖级别之高、数量之多，实足欣慰。创立了一座座时代的丰碑。

这些成绩的取得，有老一辈桥梁专家茅以升、梅旸春、汪菊潜、王序森、曹桢、胡世悌（以上已故）；刘曾达、殷万寿（按：亦已故）等的功劳。亦有由他们培养、扶植起来的当时中青年专家和现在正在成长的中青年专家踏肩接力，人才辈出。全国桥梁建设企业中还有不少由大桥局集团公司，大桥勘测设计公司输出或代培的骨干人才。

现大桥勘测设计公司仍有中国工程院院士2名，设计大师1名，国家级专家3人，教授级高工20人，高级工程师116人。大多数年轻技术干部都是很有希望的人才。建设一支人才结构合理、专业齐备、技术一流、素质过硬、勇于创机关报的技术队伍，这是中铁大桥勘测设计院有限公司始终不渝的追求。

四、执行企业精神，延续桥梁文化

市场经济企业发展须靠一定的精神、方针和目标的指导，企业的成功与否取决于业务水平和道德准则。

我们的企业精神：服务市场、设计未来、创造卓越

宏观调控下市场经济以需求为核心，以竞争为动力。我们将服从桥梁建设市场的需要，以高标准的设计创造要求来参与竞争。

企业形象：优质高效，热情周到

市场生产的游戏法则是安全质量第一，提高工作效率对需求的业主热情服务，满足需要，甚至超过其所企盼。

企业方针：团结、进取、诚信、敬业

企业内部必须团结，又富有事业上和技术上进取的精神，对业主和其他协作单位，以诚信为道德标准，正直、忠诚、不谋取代他人的职业行为。总含便是敬业。

质量方针：安全可靠，寿逾百年

一座工程建筑的耐久性或寿命国际国内有明确规定，视重要性自数十年至百余年。本公司设计强调使用安全，质量可靠的条件下，耐久性超过规定。

概括地说桥梁既是一门科学，又是一门艺术。人类富于伟大的理想，凝结和创造出各行各业灿烂的文化，我们将为之增砖添瓦，踵事增华。

五、开拓创新，走向世界

符合市场经济体制，按照国家发展趋势，公司重视市场和技术信息。努力提高设计技术，使科研设计和施工三个环节结合起来，纠正社会上所产生的三者脱节的现象。

科研方面，公司重视新材料、新结构、新技术的提前研究，以便在业主委托任务时即时能予实现。

设计方面，公司重视设计手段，有专门机构引进和开发计算机软件和网络，公司先后自主开发了：

预应力梁分析程序　　PRBP　　预应力梁CAD系统PCBCAD

钢梁分析程序　　NSAP　　桩基础CAD系统PFDS

斜拉桥计算程序　　BCSA　　斜拉结构设计程序SCDS

桥梁空间分析软件　　3D Bridge等

公司备有完整的绘图软件包和水文软件包，缩短设计时间，创造创新条件。

施工方面，公司设计人员既懂设计，又熟悉制造施工，使设计的主体结构和细节都能既经济又便捷地予以实现。

国家的政策是开拓创新，与时俱进。公司正循序向前。

公司已经在世界十余个国家与地区中接受了不同的任务，今后将更积极主动，独立或联合有关单位，以双赢的原则帮助落后国家打入发展中国家和发达国家的国际桥梁建设市场。

2005年元月

唐寰澄学习札记（手稿选摘）

编者按：唐寰澄先生在其一生中，非常注重再学习，除相关专业知识以外，对建筑、文化、历史、考古、宗教、现代科技、时事政治等均有涉及，从其保留下来的笔记中可窥见一斑。如对建筑理论著作的学习读书21本，记录笔记近万字。对古代墓葬的考察，研读论文85篇，记录笔记1万5千字，手绘图稿59幅（墓葬手绘图11-17-1—图11-17-7）。

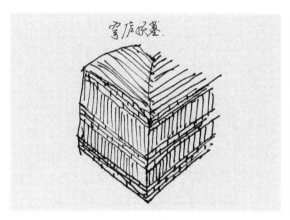

图11-17-1　墓葬手绘图1

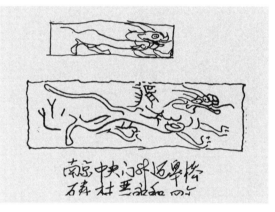

图11-17-2　墓葬手绘图2

图11-17-3　墓葬手绘图3

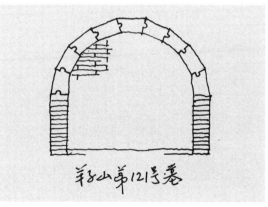

图11-17-4　墓葬手绘图4

图 11-17-5 墓葬手绘图 5

图 11-17-6 墓葬手绘图 6

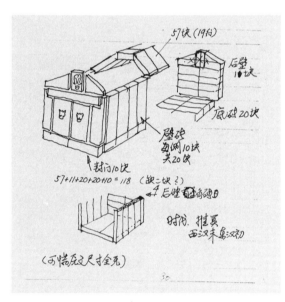

图 11-17-7 墓葬手绘图 7

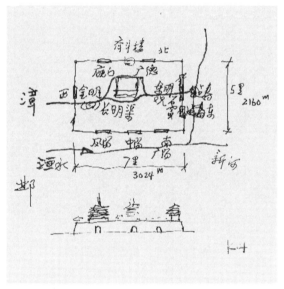

图 11-17-8 资治通鉴手绘图 1

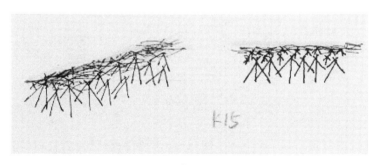

图 11-17-9 资治通鉴手绘图 2

通读中国历史书籍几百部共几千册，仅读《资治通鉴》就留下了读书笔记 3 万余字，手绘图 17 幅（资治通鉴手绘图 11-17-8—图 11-17-9）。

针对世界上的先进桥型也积极探索，如下面几页笔记，亦可见其学习之认真，记录之翔实。

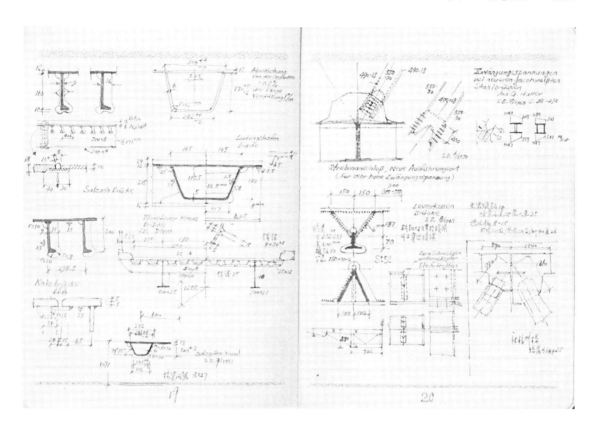

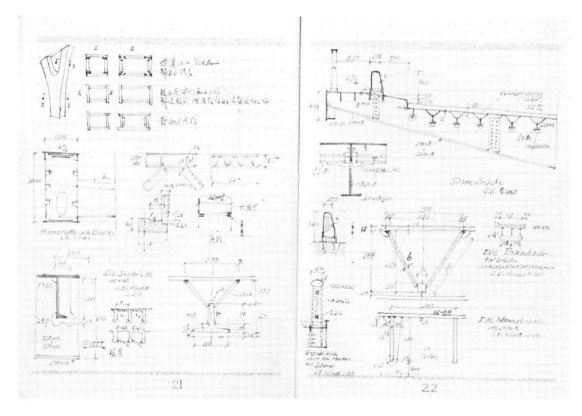

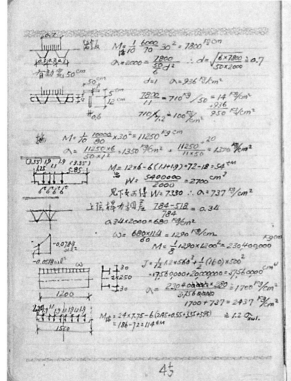

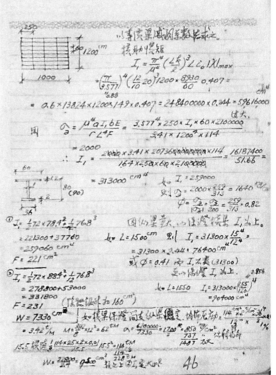

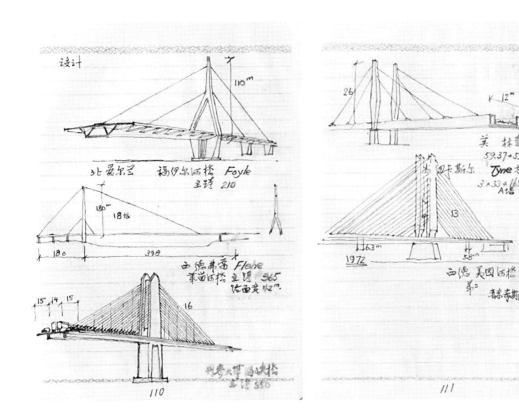

他在虎门咨询公司工作期间(8年),闲暇时间读报,每读杂文均要发表一番自己的感悟,灵感来了还要即兴赋诗共创作了诗、词51首,留下读报札记三万三千余字。

以上种种,由于篇幅及其他原因,在此不能一一呈现给读者,仅以此说明。

唐浩

2018年1月18日

随　笔

　　《乐记》上说："凡音乐,生人心者也。情动于中,故形于声,声成文,谓之音。"音乐是一种动了感情的、由此而发出的、富有韵律变化的乐音。声音和感情相通,表现在发出的乐音的不同音色和音调之中。所以《乐记》上又说："是故其哀心感者,其声噍以杀;其乐心感者,其声啴以缓;其喜心感者,其声发以散;其怒心感者,其声粗以厉;其敬心感者,其声直以廉;其爱心感者,其声和以柔。"中国的音乐,特别讲求和谐,乐曲一般十分平和隽永,因此,很大程度上可以陶冶人们的性情。

　　当我年轻的时候,便对中国音乐发生了浓厚的兴趣。永巷之中,由低而高,由高而低的一阵阵三弦的声音,茶馆里面叮咚作响、三弦和琵琶富于节奏的声音,伴随着婉转歌喉,歌唱着人间悲欢离合的故事,穿插着可"求诸野"的民间哲理,至今回味无穷。要是有婚丧喜庆,堂会上热闹的锣鼓,即使是和尚和道士,也极讲究梵呗、法曲,香烟缭绕,别有一番趣味。江南是音乐之乡,"子弟三班十番鼓",于是在中学里,自己也玩起乐器来了。

　　当年学习的劲头实属自己佩服自己。每年暑假回乡,不是弄弦,便是调竹,向民间艺人请教。夹着黄豆练捻音,顺着衣襟练抡音。老一辈有业余昆曲组织,挟着家中《集成曲谱》《缀白裘》等书,按工尺听他们唱曲。笛声悠扬。那笛子不用时还在其中塞入一根缠布、充水的竹棍,吹时取出,以便声音更洪亮而带水声。弹琵琶时,头抵着柄,让脑腔受到共鸣的声音,特别是相上的低音,令人振荡而沉醉。

　　进了大学,好多志同道合的人结合起来,当时社会上充斥着黄色歌曲,比那"啴而缓"更进一步的靡靡之音。很多同学都是卫仲乐先生的学生。我们与中国管弦乐队挂上了钩,接触和演奏有别于民间小调的大套、小曲,是数千年来宫廷和士大夫们高尚的和富有诗意的乐曲,给人以心灵上的享受。记得成立"交通大学国乐社"时,我写了一篇文绉绉的征友书,文为:

　　　　夫吾中华艺事,均数千年来古人智慧的结晶。绵延后世,代有增益。声音之道,亦如是焉。昔者出塞之琵琶,幽怨千端,玄宗之霓裳,豪华绝世。轻拢慢捻,九转声回。脆管繁弦,行云响遏。良宵一曲,果可以赏心悦意,嗒然而醉矣。同人等于窗课余暇,时或习之,虽不能侪居雅乐之伦,也有异纤新淫荡之作。高山流水,不乏钟期。引玉抛砖,爰求同好。凡志斯者,曷来归我。

　　文也招来几位同好。有位女同学,家学渊源,善弹古琴,来我们处一看,一色男子汉,便没加入。

　　我们十几个人,也办过一些演出和参加中国管弦乐团的活动。交大这样一个求学问十分认真的地方,居然也有丝竹一席之地。我们音乐欣赏的水平提高了,而学业也并没有荒废。三四年级学潮极多,政治上的动荡,集体活动减少,已没有心思去歌舞升平。所以,玩国乐,一二年级是我们的黄金时代。

出了学校做事,乐器随身带着,在铁道部还组织了一个小班子,出过一阵小风头。那时对乐曲的要求变了,要有政治内容。于是《王大妈要和平》等成了找我们迎接苏联客人或节日表演的"重头"曲子。

年纪越来越大,思想越来越成熟,那些简单的旋律,已经觉得好玩而缺少内涵,于是沉醉在大音希声、博大精深的古琴等旋律之中。可惜文化大革命下放劳动,被机器夹断了一节手指,于是音不入调,"摒除丝竹入中年",只能欣赏而不能自己吹弹。何况又有这么一二十年时间里,弄丝调竹是走"修正主义"道路,还要不要革命?于是乐器、乐谱都丢了,剩下一只琵琶也弦断品脱,空壳板只能有时击节而叹。

当中国人自己认识到中华文明是瑰宝而不是"四旧"时,我们都已进入老年,耳聋眼花,手足不灵,不过还没有到失聪的地步。空闲时候,放一盘录音带,一聆那超脱于高声嘶叫的新潮音乐之外,徜徉于超凡绝尘的乐曲之中。

中国音乐,是各民族音乐和乐器的综合和结晶。目前的缺点是创作少而格调俗,其内涵落后于形式。深刻而动人的新曲,虽有而不多。

卫仲乐先生是我们的导师,替我们保存了不少传世之作,希望后之来者,发扬光大,取得更大成绩。

现在我们说要振兴京剧,我们需要振兴的岂止此而已,应是所有中华民族的艺术。而振兴之道,不仅止于宣传鼓动,在从小提高人民的文学艺术水平和修养的教育。现在有识之士越来越多,有厚望焉。

卷 十 二

楚山归隐

唐寰澄生平纪年

1926 年丙寅

农历九月二十九日。生于金山县（今金山区）朱泾镇。（说是与观音生日同）
金山有名中医查效良，名西医陆济民、程酉初。

1932 年壬申

7 月就读金山朱泾小学。

1933 年癸酉

唐寰溶出生。读小学于南京。

1936 年丙子

由南京回朱泾。

1937 年丁丑

抗战。朱泾 → 雉鸡汇 → 新埭 → 上海：住慈惠里 24 号，就读民智小学。

1938 年戊寅

7 月至 1944 年 7 月，分别就读上海惠灵中学读初中、扬州中学、育英中学高中。
初中相好的女同学张如英，饶用宣。
关系较好的姨表妹黄智，很好的姑表妹黄景美。
扬州中学（在上海）高中女同学臧瑞珠。

图12-1-1　全家福，右二为唐寰澄

1944年甲申

7月考进"国立上海交通大学"。在交大曾参加群众组织"联社"，仅是举办了几次游艺活动。

大姑父沈道非，辛亥革命党人，辛亥革命前任浦东中学教员，和邵力子、黄炎培同事，曾任民国南京市土地局长，国民政府秘书30年，抗战胜利后第二年，死于北京煤气中毒。

1945年乙酉

上海闹学潮，搬家徐家汇。

中学、大学的同学王世瑄是中共党员。

1948年戊子

大四和同学组织了"交大国乐社"，提倡"雅乐"，至今该社团还存在于交通大学。

7月国立上海交通大学毕业。就业于：

1. 1948年8月—1948年9月，江苏海塘工程局，助理工程师。地址：常熟。

2. 1948年9月,进中国桥梁公司武汉分公司,实习生、工务员。(其姑父张竞成,上海市工务局营建处长介绍,在重庆和武汉两家分公司中选,考虑到抗战已经胜利,国民政府已经早迁回南京,故选武汉分公司。)

桥梁公司女技术员黄美琳(黄小丫),没正式谈(恋爱)。

3. 几兄弟姐妹工作和学习情况:

大姐唐璐兮(已故),教书。

大妹唐璐雪,无锡受训,周浦中学教书。

大弟唐寰清(已故),发电厂当工人。

二弟唐寰溶(已故),先学中医,后参军赴朝鲜医疗队,3个月后因出生问题复员。新中国成立后考入哈尔滨外语专科学校,去北京外国语学院读研究生1年,毕业分配到北京工业大学,又因是军工学院被下放,再到新成立的北京化工学院,教英语。退休时是副教授,系主任。

小弟唐寰治,学生。后在廊下农机厂工作。

小妹唐璐茜,学生。新中国成立后到武汉江岸车辆厂工作,退休于武汉体育学院。

图12-1-2　大学毕业后二年

1949年乙丑

1. 1948年10月即开始为江西萍乡煤矿设计缆道工程,住工地。

梅旸春女儿梅汝瑶、梅汝莉。在北京和汝瑶谈过恋爱,跳过贴面舞,后因他人而分手,其闺蜜黄晓梅替唐不平。再见黄已经有对象了,唐说"不挖他人墙角"。

2. 1949年3月—1950年3月铁道部衡阳铁路局桥梁设计科,工务员,仍借调在江西萍乡煤矿设计缆道工程,直至完成。

在江西萍乡煤矿工作时出差上海,其父托其变卖家中金饰品,以缴粮税。其再托同学黑市上变卖,结果被抓、没收。其只有借钱给其父交税,为此其用自己工资还债好几年。

1950年庚寅

6月调回武汉铁道部设计总局武汉长江大桥测量钻探队。办公于武昌文明路14号。初识李文骥先生。

参加设计武汉火车轮渡码头。

1951年辛卯

7月10日,其父唐杰,因当过6个月"民国"政府区长,被金山县法院判处有期徒刑3年。

在北京铁道部设计局,参加三桥机车厂厂房设计。

1952 年壬辰

回北京。由梅旸春副局长带队，短期参加宝成铁路成绵段桥涵设计。
设计改装武汉火车轮渡渡轮。
设计成都机车厂厂房。
设计太原薄板厂厂房。
设计中南海怀仁堂大礼堂钢屋架。
参加湘江桥钢梁设计。
参加武汉长江大桥初步设计。
武汉，"三反""五反"运动。

1953 年癸巳

4月铁道部武汉大桥工程局成立、任技术员。工作至退休。

1. 负责一个设计组，先作全桥施工组织设计，后设计各施工区、住宅区（职工住宅和专家住宅）、办公大楼等。在选址上，是其坚持了自己的意见，放在六号地，靠山临湖。
2. 进总体设计组，后负责 3# 墩钢围堰设计。
3. 在北京故宫参观，发现《清明上河图》中的"汴水虹桥"。

武汉同济医学院学生庄家棣跟周璞谈恋爱，唐陪他去见准岳母，结果唐被看中。

1954 年甲午

图 12-1-3　新婚，在北京中苏友好宫

元月任工程师。

参加总体设计。苏联专家来武汉后，总体设计组解散，调施工设计组，仍作线路布置等总体工作，也突击设计如水上混凝土工厂、汉水铁路桥加高、江汉桥钢梁架设等工作。

武汉发洪水。武汉大桥设计组上庐山工作、退水后下山。开始征求"武汉长江大桥桥头建筑方案"。

武汉大学俄语教师吉赫洛娃，曾被介绍给过赫鲁晓夫，介绍给唐，一起在汉口德明饭店跳过舞，一曲"小夜曲"，吉告知是男士求爱时奏的，唐不懂，没往深交。

1955 年乙未

其第25号"武汉长江大桥桥头建筑方案"获三等奖，发奖金 3 000 元，到手 1 800 元。PP会（自建跳舞小团体，每周一次）上认识妻，用该钱苏州买二手家具、结婚，余钱买国债。结婚去北京旅游。其"武汉长江大桥桥头建筑方案"被周恩来总理钦点实施，事迹上《人民画报》和《中国青年报》。

负责汉水公路桥安装设计。

1956年丙申

7月至1958年4月，任主任工程师。

武汉长江大桥美术方案设计。

武汉长江大桥桥台结构及建筑设计。

1957年丁酉

"反右运动"开始。曾带病参加了由时任省委书记王任重主持的，有无党派知名人士参加的会议，给共产党提意见，会上做了发言。发言稿转回大桥局。发言主题是"外行不能领导内行"。

提交：预应力钢筋混凝土桁架建议方案。

1958年戊戌

戴"右派"帽。职务降至技术员至1961年12月。

上北京办武汉长江大桥展览会。

下放重庆白沙沱大桥工地劳动。9个月后调南京长江大桥设计组工作，住邮局。

提交建议：1. 250米钢刚性梁柔性拱（南京大桥未用，九江大桥采用）。

2. 锁口管柱作桥墩基础（国内未用，1970年日本使用锁口钢管柱基础成功）。

1959乙亥

至1964甲辰，南京长江大桥设计组工作。参加桥头建筑设计组，作结构设计；塔吊改善性能设计；战备火车轮渡、职工宿舍设计等。1962年摘"右派"帽，同时带上了"摘帽右派"之帽。

1962年壬寅

元月任工程师，调回大桥局设计院。

1964年甲辰

由南京回武汉。焦枝铁路上马，做枝城长江大桥钢梁比较方案（无竖焊、三角桁架、正交异形板桥面。枝江桥未用，西江大桥使用）、设计双壁浮运钢沉井（枝江桥未用，西江大桥应用）、15吨架梁及浮吊设计工作。

1965年乙巳

在大桥局第三工程处工作。负责济黄施工支线（12千米）桥涵设计和施工。

1969年乙酉

济南黄河铁路大桥工作。

1970年庚戌

从济南工地出差回武汉,调回大桥局设计院,参加援越南红河大桥部分设计工作（国内援外）。

1974年甲寅

调回大桥局设计院。参加设计当年的三大件：施工平台、大钻机、大浮吊。主要是施工平台的设计工作。

1975年乙卯

发表论文《国内外桥梁基础述评》铁道研究院科技情报所出版。

1976年丙辰

参加抢修唐山地震损坏的6座桥梁。《桥梁建设》上发表《唐山——丰南地震六座桥梁抢修》和《桥梁抗震设计中的几个问题》论文。

完成论文《桥梁施工用水上平台》。

1978年戊午

10月任主任工程师。

3月至9月为大桥局设计院技术人员讲授"有限单元法"21讲,自编讲义200页。

发表英文论文：《两座有趣的中国木桥》(国际桥梁结构学会(IABSE)展板)。

1979年己未

元月任大桥局设计院情报室主任。

1980 年庚申

同李玉书、马运启三人去日本考察三个月。时间5至8月,有日记。带回电器有电冰箱和电子琴。
结识被考察公司女职员焜奈、田齐二姐妹,她们均未婚,据说要跟唐回中国。
考察总结:日本长大悬索桥(1980年底完成)。

1981 年辛酉

发表英文论文:《地震中桥梁诸问题》美国土木工程学会(ASCE),与王序森、李家咸合作。
在王序森总工领导下,作"320米大跨度公铁两用或铁路钢桁架桥的研究",该工作持续到
1983年初。

1983 年癸亥

设计桂林雉山桥,获奖并选用。
协助王序森总工备课《桥梁概论》,在局职工大学开讲。

1986 年丙寅

去美国参加会议,作有关中国虹桥的报告并获奖。花甲之年。

1989 年己巳

上书江泽民主席,建议修建沿海铁路和跨海大桥(琼州海峡)。

1994 年甲戌

到广州开会。虎门咨询公司聘用。主要工作就是出琼州海峡跨海大桥的可行性研究报告,国
家投资1 800万。去海南出差,再遇日本桥梁专家西田。

1994 年甲戌至 2002 年壬午

虎门咨询公司工作。2002年12月解聘回武汉。

2003 年癸未

3月大桥局聘用为专家组成员。

图12-1-4　2013年在武汉长江大桥
汉阳桥头

美国朱丽叶,投资在金泽建虹桥者。

2005年乙酉

3月30日—4月2日,第二次赴北京昌平,参加北京南环路东沙河公园跨越线会议。

2006年丙戌

脑血栓。后几年,出门去开了几次会议,其他工作基本停止。

按：唐浩根据文字和口述记录

唐寰澄自传(未完成稿)

清代沈复曾有《浮生六记》,即把平生经历,不是用流水账式的回忆录,或《资治通鉴》式的编年体写成,而是分六种类不似的事,即:闺房记乐、闲情记趣、坎坷记愁、浪游记快、中山记历、养生记道。

所以称六记。(按:唐寰澄晚年曾计划按此文体记录自己的一生,后因病未能实现。)

我,包括我的前人以及我的子孙,翛然而来,翛然而去。就这样生在姓唐的人家,受而喜之,就此代代相传,都姓了唐了。寻根究底,看一看来龙去脉,就得查一查姓唐的出生在哪里。

《老子》说:"无名天地之始,有名万物之母。"唐这一姓,起于什么时候?

追根寻源

唐,曾经被用来作为地名、国号。最早的国号是帝尧时代。根据《史记·五帝本纪》,尧是皇帝公孙轩辕氏的玄孙。皇帝的曾孙是帝喾,娶陈锋氏家姑娘,生的儿子名放勋。帝喾死后,传位于放勋的同父异母哥哥叫挚的,因为挚不好,便改由放勋即位,是为帝尧。

尧一开始住在陶的地方,说便是现在的山东省定陶县。后来住在唐,说是现在的山西省翼城县西的古唐城。地图上翼城县在中条山北端,汾水支流的浍河之上,明清的时候属于山西平阳府。《书》经上五子之歌称:"惟彼陶唐,有此翼方。"尧就称为陶唐氏,简称唐尧。

唐尧十分长寿,在皇帝位子上坐了七十年时,想找个传人。可是儿子丹朱不肖,不成人才,他发现舜的为人不错,就把两个姑娘嫁给了舜,那就是后来葬在湖南君山的娥皇、女英。后来从内外观察舜的做事为人,再过二十年,尧老了,正式禅位于舜,传位后又二十八年,尧死了。假定说尧是十二岁接的皇位,那么共活了一百三十岁。

《史记》称尧十分贤明,他是:"其仁如天,其知如神。就之如日,望之如云。富而不骄,贵而不舒。黄收纯衣,彤车乘白马。能明驯德,以亲九属。九族既睦,便章百姓,百姓昭明,合和万国。"

再有的记载称唐尧于公元前2357年即位为皇,都于翼。舜于公元前2255年受尧禅,仍都于翼。这跟《史记》时间上稍有些出入。

公元前1149年之后,公元前1106年,周武王的儿子周成王在位时,他的小弟弟叫叔虞,那年周成王已做了九年皇帝,平定了唐地的动乱。一天,拿桐叶刻剪成圭璧的形状,对叔虞说,我把唐封给你。史佚就请择日册立。成王说我这是说说玩的。《史记》记:"史佚曰:'天子无戏言。言则史书之,礼成之,乐歌之。'于是遂封叔虞于唐。唐在河汾之东,方百里,故曰唐叔虞,姓姬氏,字子于。"唐叔虞封地在山西太原市西南悬瓮山麓,即今晋祠所在。旧名晋阳,即今太原。

说来也奇怪，姓姬的周朝和姓公孙的黄帝亦有一些瓜葛关系。原来黄帝曾孙公孙詧的元妃叫姜原，姜原出外游玩，看见一只巨人脚印，十分高兴，踩了一脚，有孕生子。起先想丢掉他，后来又收养大，取名弃，后号后稷，后稷为周的祖先。事见《史记·周本纪》中。所以尧和弃是同父异母的兄弟。唐尧是黄帝的第五代，而唐叔虞是黄帝的第二十一代。

唐叔虞的儿子姬燮，迁于曲沃，南有晋水，开晋国之始。

唐高祖李渊，他的祖先在唐尧时为大理官，叫作皋陶，取官为姓，姓理，理李相通，故姓李。公元617年，隋大业十三年，李渊为山西太原留守。当年天下大乱，隋炀帝龙舟下扬州，群雄趁机起事，李渊于公元618年建立新朝代，国号曰唐。为什么称唐？因为李渊起兵，曾在唐叔虞庙做过祈祷，靠唐叔虞之"灵"，得有天下。不忘出生地之本，便称唐朝。

以朝为姓，以地名为姓，姓唐的岂不是唐尧的后代、黄帝的子孙，老家出于山西翼县（古唐城），扩大到太原（古晋阳）？

明朝名人大画家，风流才子唐寅伯虎自题画称"晋昌唐寅"，晋昌是否即晋阳，尚需考证。

有一年我和铁道部一局离休老工程师，宗兄唐嘉衣说起家世，他是广东人，我是上海人，都说出身于山西，不是五百年前共一家，而是四千三百年前共一家了。

我们家没有家谱传下来，没有。我的祖父曾化名唐晋昌。当他于1935年做七十岁生日时，所发的传记称是唐朝御医唐熙之的十九代世孙，也不知道根据是什么。当年又说，松江还有名医唐若愚，也是本家。奶奶记得，我家老代是从安徽迁到金山的。姓唐的一属，或因做官，或因经商，或因兵祸等等各种原因，遍及全国。老的《百家姓》编于宋代，唐姓列于第64位。1988年，新的根据人口普查的百家姓，唐姓提前，居于第26位。

李 王 张 刘 陈 杨 赵 黄 周 吴 徐 孙 胡 朱 高 林 何 郭 马 罗 梁 宋 郑 谢 韩
唐 冯 于 董 肖 程 曹 袁 邓 许 付 沈 曾 彭 吕 苏 卢 蒋 蔡 贾 丁 魏 薛 叶 阎 余
潘 杜 戴 夏 钟 汪 田 任 姜 万 方 俞 姚 谭 廖 邹 熊 金 陆 郝 孔 白 崔 康 毛 邱
秦 江 史 顾 侯 邵 孟 龙 石 段 雷 钱 汤 尹 黎 易 常 武 乔 贺 赖 龚 文

这一百个姓，占全国人口的87%，而前17个姓占全国人口的50%强。

屈原《楚辞》说："帝高阳之苗裔兮，朕皇考曰伯庸。"我可以说："帝高辛之苗裔兮，朕皇考曰唐桀。"

不要认为拉一个做皇帝的祖宗就可以抬高身价，一个人有一个人自己的前途和事业，绝不是龙子龙孙，龙生龙，凤生凤。唐尧的儿子丹朱就是不肖。况且年代久远，子孙繁多，各行各业都有，各显神通，还靠自己。

曾祖父行医

陈子昂诗道："前不见古人，后不见来者，念天地之悠悠，独怆然而涕下。"其实，人生一世，前见两代古人，后见两代来者，即自我祖到我孙，一共五代。见是见到了，但要五世同堂，便是"天下第一家"，能够四世同堂也就不错的了。现在是提倡晚婚，一般只是三世同堂而已。

不过，在社会上我们还是能看到一百岁以上的老人和刚刚出生的婴儿，能见到一百年历史的见证人。再加上读书读史，几千年的故事如在指掌之间，前不见古人后不见来者又有什么可悲？其实陈子昂之悲，悲自己而已。人人而悲，而人人都如此，所以《庄子》说："知其不可奈何而安之若命，德之至也。"

现在从我所看到的我们家的古人说起。说来平凡，我们这一家没有高官显爵，没有叱咤风云的大人物，是一个淹没在大海洋中的普通人家。不过时代的变迁，反映出这一个历史时期的甜、酸、苦、辣、悲、欢、离、合，老来无事，娓娓道来，让儿孙看看。

我出生的地方，是长江三角洲上，江南水网地区，西临东海玉盘洋，北为松江，西北是上海。历来曾属于松江府，民国时独立成县，今又属于上海市。

长江三角洲是长江冲积出来的一大片平原。什么时候淤积到金山？有人说，唐朝时候海船可到扬州，扬州是海港，圆仁东来，鉴真西去，都曾自扬州经过。扬州是海港，并不等于海港以下没有陆地。战国春申君黄歇封在现今上海，时在公元前263年。春申君开黄浦江。《金山文史资料》记载，1972年，在金山下属的亭林镇，发掘出新石器时代遗址，得出土木块，时代为3855 ± 95年。1975年发掘出新石器时代的石斧、石锛、石刀、石镰等等。另外还有为商周时代、唐、五代、宋、元时代的房基文物，可见早有人在此居住。不过，我家不是土著，前面已经说过是从安徽迁居而来，我见到过我的祖父母。从我祖母的口中，知道我曾祖父的一些事，于祖母为亲见，于我为亲闻。

既为世代行医，人口一多，总不能聚在一地，自己人抢自己人生意，于是分支各派逐渐分散。我们这一支，不知如何选上了江南鱼米之乡，到了金山。长江三角洲是富庶的，医生这一职业，人人需要，但中医行医，没有什么设备，望、闻、问、切，便可开方治病，所以到处都可以落脚。中医又分时医和儒医之别。时医是背得若干汤头歌诀，懂得若干常见病的治法，理解得病家心理、迎送之法，一时也能名躁行时，所以叫作时医。儒医则熟读医书，深刻理解中医理论，内经、金匮、伤寒、温病之论，阴阳、虚实、表里、寒热的辩症关系。以理论为指导，懂药性、识病因，于是疑难杂症能够做到"药到病除""起死回生"。我是没有学这自唐熙之起传了十九世的家传中医，不懂真谛，不过从家藏医书来看，为儒医无疑。曾祖父以前几代，在金山站住了脚，并且发了家。

可是到曾祖父时（尚未生祖父），却遇到了太平天国起义，战祸波及松江、金山。祖母说，曾祖父带一家逃难，坐船下乡，曾遇岸上"长毛"红缨枪戟指示威。虽然"长毛"人多，只因是"陆军"，没有船，下不了河，因此逃过一劫。太平军蓄长发，老百姓称之为"长毛"。不过想一想，蓄长辫子实际上亦是"长毛"。祖母口述，已记不清年代了。据太平天国史料，这大概在1860年或1861年的事。

《李秀成自述》记："自六解京围之后息兵三日。天王严诏下领，令我领本部人马去取常州。"势如破竹，下常州、破无锡、取苏州。后来上海的"洋兵参战，在青浦和太平军开仗。李秀成破之，攻上海未得"。"不得已移军由松江浦邑而回。由关王庙到嘉善、平湖，此两处有清军把守。一战而破西城，顺至嘉兴，解嘉兴之困。"从他的自述，那次兵是路过金山，并没有作占领停留。1864年，太平天国止，江南暂时就没有战争。

估计曾祖父逃难，短期即回家中，不过兵燹之余，家道又下落。

大概在太平天国止后两年，1866年祖父出生。从祖父开始，名字我都能记得了。曾祖父为祖父起名东皋，后他自号思齐。

战国楚平王六年（公元前523），楚平王杀他的太子的师傅伍奢。因为谗臣无忌在楚平王前说太子镇守在外，想夺权。太子逃，伍奢及其大儿子伍尚被杀，小儿子伍胥（伍员，字子胥）逃走了。

伍子胥过昭关时住在医书东皋公家。东皋公设计让他出关,逃到苏州借吴王之兵,报了平王杀父之仇。

医生取医生之名为名,故曰东皋。替儿子起了个医生的名字,当然是传医于子,十八世传给了十九世。

《论语》有:"见贤思齐",就是向贤人学习看齐的意思,所以号思齐。

不知道哪年学成,总不过是老子带了儿子读医书,再跟着行医,替老子写写方子,然后就独立看病。

年纪大了,第一次娶蒋氏夫人,生了一女,名叫槐荫。这个名字的含义不太清楚。蒋氏夫人死,再娶浙江新埭?氏之女,便是我的祖母。祖母叫什么名字都不知道了,因为老一辈的都已作古,无法查询。不过有没有名字都没关系了。

祖母告诉我们,她进门后,那一年曾祖父老病垂危之际,对着儿子、儿媳伸出三只手指,瞑目而去。

民间传说的故事。一个地主临死前,也是伸出三只手指,其妻先问是不是这三桩事放心不下,不答;那三桩事放心不下,也不答,最后看见油灯里点着三根灯草芯,她挑去两根,地主松手瞑目。原来是吝啬成性,死也放心不下费灯费油。

曾祖父的伸出三只手指,却说是医生事业不要忘了,要传下去,可见三指乃食指、中指、无名指,切脉所用。医生济世救人,养家糊口,十八世传十九世,十九世传二十世,代代无穷,用心良苦,从这一点上看,东皋公和其子英、杰、正,并不是唐家的孝子贤孙,家传中医到十九世而断,这留到后面再说。好在唐家我们这一脉中医断了,别的支脉不一定断。即使别的支脉亦断了,中医仍不会断,现在不是发展得更兴旺、更科学,引起了世界的重视了吗?

英国李约瑟博士写《中国科技史》,1989年来信告诉我,正在写中国医学这一卷。我回信告他,我家世代中医,可惜到我父辈已不传,否则我还可以帮他一些忙呢。

没有听说过我祖父有兄弟,只有一个姐姐祖姑母,嫁出去了但没有亲生儿女,下文还将提到她。

祖父当家

轮到祖父当家,根据家中老屋布局,大概就是在金山县朱泾镇西林街一座两进、三开间、矮小的两层楼房和后园不大的一个园子。临家一进的东间便是诊所,中间为堂屋,西间为食厨,后面一进是居住(图12-2-1)。

要得行时,医生必须要勤快。除守着门诊之外,还要随时应付出诊,近处走路,远处乘船。农村里和小镇上的殷实之户或地主到大镇上请名医,专门摇了船或雇了小轿来接郎中。祖母说,祖父行医靠着老几代做出的牌子,生熟病人倒是不少,不过就这些房子、不动产和简单的硬头家伙,食着简单。夏天只有一仲竹

图12-2-1　祖屋第一进二楼

布长衫,出门看病穿了一天,晚上洗了晾起,祖母还要拿蒲扇帮着扇干,以便明早再穿。于此可见一斑。

如此省吃俭用,积攒一些钱下来,如何出路?或是经商。小城镇开商店要选日用必需品,人人都用得着,天天都用得着,那就不怕利薄,总有可赚,如米行、酱园、布店、杂货店或称南货店。再则是人人用得着却不一定天天用得着,如药店、棺材铺等。照道理说,祖父开一家叫什么堂的药店岂不更好?一方面缺乏人手,没有经验;另一方面根据老一代的经验,存金银怕抢和偷,开铺子怕赔本、买房子怕火灾,于是买地最合适,水、火、兵、盗诸灾一概不怕,太平时照旧本利俱在,于是就当上了地主。

当年买田有种规矩,即地主只有田面,农民却有田底。即所买田者为几圩、几图、几乡,农民某姓租地几亩、几分、几厘,步交谷米几石、几斗、几升。这样某农户就是某家佃户,每步交租,佃户却有永佃权,不能随便剥夺。《辞源》称:"永佃权,法律名称。缴纳地租,而于他人土地上或耕作,或畜牧,利用土地之物权曰永佃权。"这一解释没有把"永"字说清楚。地主不能随便"夺佃",如夺佃农民是可以告的。当然,如地主勾结官府,农民仍是吃亏的。一般在南方夺佃的情况不多,佃户不种田靠什么吃穿?地主不靠佃户种,地上又有什么利息?

祖父一面行医,一面当上地主,积累越多,租米越多,于是"地主"的成分越多,"自由职业"的成分越少,到老年积租米三千石。白居易诗"吏禄八百石,步晏有余粮"。他这三千石自然等于一个小诸侯了。后来年岁也大,医生也不当了,偶然高兴,人家抬空轿来接,便下乡看看病。这是我亲眼看见的,这也是后话。

还有一个镇上的传说。说我祖父如何变富的?一说是在后花园里掘得一祖坟,其中棺葬者乃宋代赵匡胤"借头登基",为其人铸"金头"下葬。此"头"乃唐家所得。一说更是玄乎。说祖父夜间走小街巷中,有物衔衣角,就是这个"金头",抱之回家,便成巨富。这都是荒唐之说,外人不知家情,街谈巷说,茶余酒后助兴而已。医生发家,何至可发一个"金头"?"文化大革命"期间,上海名中医外科石筱三家,自报黄金以吨计,用卡车装运。东皋公共生三子、三女,两夭四存。长子唐英、中唐杰、幼唐正,长女唐荫、次淑仪、幼淑范。正、范均于十余岁便夭折了。

清光绪二十一年(1898),东皋公得长子,取名为英,号雄柏;1900年生次子,取名杰,号轶稠,他便是我父亲。伯父的名字易解、好记。父亲的名字也好记,就是轶稠二字殊为生僻。轶的意思是超过,稠的意思是众多,总起来说是指超越众人,是个杰出的人才。

我怀疑父亲的字不是祖父所取,因为祖父医道虽精,文学并不太好。大姑母槐荫,后来嫁给松江一家读书人家,大姑父沈砺,字道非,前妻亡故,遗下铭、伦两子,取姑母为续弦。姑父年龄较祖父相差有限,清代末年曾与邵力子追随孙中山先生闹革命,为老同盟会员,我的名字是他所取,所以我怀疑父亲的字也是他的作品。

现在得谈一谈那个时候的背景。上面曾经说过,曾祖父时曾遇太平天国时的战争。实际在那之前有1839—1942年的第一次鸦片战争,1856—1860年的第二次鸦片战争,外国列强侵略和企图瓜分堂堂大清帝国。不过历次战火,除太平军曾一度经过金山之外,中国天下之大,战火不及之处,仍为俨然太平日子而已,不过在社会风气、政治思想上起着变化。

中国朝野,看到外国人船坚炮利、科学发达,于是有"洋务运动"。就是中国的帝制不能变,可以向外国人买武器、买机器,举办工业、交通运输事业、开电话电报局等。洋务运动的创始人如曾国藩、李鸿章、张之洞等确实做了一些事。

1874年，日本占领台湾，而伯父出生时正是甲午战争。父亲出生时，1900年八国联军打入北京。想象得出那时候的朱泾小镇上，菜馆、茶楼里亦一定有议论，有牢骚，亦有不敢开口、静听的人物。国事不振，于是志士仁人要闹革命。

根据孙中山先生的原著《革命原起》中叙述，他是在1885年中法战争失败之后"始决倾覆清廷，创建民国之志"，创立"兴中会"，开始了艰难的革命运动。

自从西方世界打开中国的大门，中国开始有出国留学的人。虽然，中国华工、商人出国时间还要早，但第一个到外国读到大学毕业的是广东南屏人容闳，他于1847年随美国牧师赴美，1850年入耶鲁大学，毕业后回国，说服曾国藩、李鸿章派留学生留学美国，1872年派出第一批幼童到美国读书。虽然后来陆续又派了三批，最后清廷害怕，又多撤回，不过私人出国的事已成风气。1900年后，私人和各省派出的留学生不少。

孙中山先生说："1905年春间，予重至欧洲，则其地之留学生已多数赞成革命。同年成立同盟会，在比利时首都得三十余人，柏林得二十余人，巴黎得十余人，在东京得数百人。称为革命同盟会，以三民主义、五权宪法为国本，'传布中华民国之思想焉'。"

再说朱泾镇上，唐家门中，那年祖父47岁，伯父年18，父亲年12。大儿子已经18岁了，是学中医呢还是改为新学？我不知道他们父子之间是怎样考虑或甚至有斗争的。反正最后的结果，一个都没学中医。父亲年纪还小，伯父则在上海读书，进的是"洋"学堂了，根据当年学制，已是高中生。

老一代现在都已过去，也不想从伯父一系的堂姐、堂兄中去打听或考证伯父是哪一年出国的，从他们的年龄来推算，伯父出国时间比较晚。

抗战期间我曾有一次回金山，从劫后的余物之中，发现伯父唐英自写和自费印刷的一本小册子，名字大概叫作《留学日本须知》，罗列介绍了日本的大概情况和留学费用等，可见原先准备去日本留学的。能自费印书，可见祖父已经小有钱财了，家中房屋已经翻造，第二进房子已造成南方乡绅人家那样的雕花裙子板和门窗。东边的原"捕厅"已经买了，西边的一个门面二进房子也买下来了，于是本宅有七个门面，前后三进。

祖母说我伯父在上海读书，很会吹家中如何如何，有东西花厅等等，十分阔绰。老一辈勤奋起家，中一辈坐享其成，读书还只是人生开始呢。

伯父不学医要出洋留学，乃是时代的影响和家庭的条件使然。1914年到1918年第一次世界大战结束前后，伯父出的国，由去日本改去德国。

祖父起初只答应伯父出国，出国之前为之完婚，取同乡吴姓之女。祖母说，伯父跪求祖父，一定要带妻子同去德国，儿女情长、新婚离别，老人家望子成龙，也就舍得下这个大本钱，于是夫妻双双到德国去了。欧战后马克不值钱，买了英镑汇去，这就使他们生活不但有保障而且优越。在德国专门租了一套民房，并请了德国保姆，一去八年。伯父在德国生育一女德一，一子德璋。暑假遍游西欧各国，试和那时的志士"勤工俭学"相比，简直有天壤之别。

伯父有一本上了锁的日记，当抗战之后我已上大学，他对我也不保密，曾读过他写回家的信稿和祖父寄去的信，祖父告诉他家中又造了房子（特别声明不是钱多了！只花了三千银圆）。父亲之后，祖父又生二女，各为淑仪和淑范。伯父甚为想家，也想他的小妹妹淑范。我亦曾看到他若干在德国的生活照，如坐在抽水马桶上自拍的照片（当年手中还握着长线的自拍开关），可见大少爷雅兴之高，条件之优。还有一张照片，他在检阅德军！？原来是采用摄影技术，把兴登堡的脑袋换上了自己的头像,少年意气,玩世不恭。

伯父在德国先读预备学校,再在柏林大学读建筑,可为什么读的建筑我也说不清楚。他不时寄书籍回国,有一次把书挖空,内放一把民用小手枪,寄给我祖父"玩"。也可算钱没处花得出奇了。不记得是哪一年,他已经回国在同济大学任教,有一次特地回家,到朱泾住处堆杂物的后房,找出一大批由德国带回来的变戏法的道具,带去上海,在学校什么庆祝会上表演。在家试玩时我才知道机关在哪里(我九、十岁)。留学回家,魔术也会了,如此生计更不用担忧了,当然,魔术不过是消遣而已。

过去的人家子女多,为了照顾子女的发展,放飞的很多,但总得留一两个在身边,去者得意,留者亦因能尽孝道而高兴。

祖父母共育子女六人,顺次排列为:槐荫(女)、英(雄伯)、杰(父)、淑仪(女)、淑范(女)、正(叔)。女大当嫁,大姑、二姑都嫁在外地,女婿都有成就,大姑父已如前述。二姑父张竞成,唐山交通大学毕业,茅以升学生,后来任江苏省公路局局长,工作在镇江。

祖父五六十岁时只留小叔正在身边。他特别喜欢这个儿子,人瘦小聪明,是"情人节"所生。

这些年里,国内外都在添丁。早期祖父庶出,另生一丁,名曰唐正。估计约生于1924年。父亲结婚,娶金山大族黄家二小姐,1924年生我姐姐,取名华一,生不几年便夭折,因此我是没见过的。所以取名华一,是相应于我伯父女德一而言。1925年又生我姐姐璐兮……

伯父回国在南京、上海任职。父亲同济大学机械科毕业,学无线电,到镇江和南京无线电台工作,把我们都带在身边。祖父身边就留着叔叔,金山大家就只祖父母和小叔。虽有别离,都各自享两代天伦之乐,而祖父则有时只身到镇江、南京旅游,探望子女,亦有他自己的乐趣。

老头子有钱,也舍得花在子女身上。如二姑母在镇江,祖父出钱、大伯设计,在镇江盖了一幢别墅小洋房,取名忆范(淑范)别墅,二姑一家住着。

抗战期间,祖父又拿出钱来,替大伯在上海租界顶了一处哈同房子避居,那是后话。

一个大家庭,大巢之外有若干小巢,每年小巢都回到大巢过年过节。老巢里老一代,走得动的,每年中也抽出时间飞到各个小巢去看看。所以虽然分居各地,还能定时相聚,看到小巢的独立者,能有成就,老一代亦是喜欢。都在国内,不需要办出国手续,会面自然容易。

当年祖父便是如此,有时留祖母在家陪正叔读书,他一人外出探望。那年(约1932)他去了一趟镇江,等回到金山,小叔得病,也许太突然,也许医疗条件太差,竟然已不治亡故。祖父回家后其心情是可以理解的。当年我在镇江还是南京,随父母在小巢里,没有看到那时祖父的态度。后来回去发现几个现象:

一是从此祖父和祖母不交一言,大概是怪她没有照顾好小叔。二是正叔灵柩不停在后屋,而是停在正厅边上的西书房,占了半间。柩前设祭桌、灵位和相片。前半间则是大家吃饭的饭桌,榆树八仙桌和椅子。在灵帷之后,灵柩边上,放了一张藤躺椅。灵柩不葬,如此竟有多年(按:经了解其棺木是用瓷器磨成粉和中国生漆涂刷多遍,密封性很好的。曾祖父1937年被汉奸杀害后,亦是入棺直至抗战胜利的1945年才入土的)。

一直到抗战起的几年(1932—1937)由于小叔去世,家中无子女,祖父就把父母亲一家从南京叫回金山,守在身边。自然我也回大巢,在朱泾进小学,读二年级,于是得见祖父对正叔的感情。

供桌上四时花果、食品不说,每天早上起来,祖父必用牙刷牙膏、热洗脸巾为小叔照片盥洗,并且口中念念有词。然后一家吃早饭后,他总在帷内的躺椅上躺十多分钟,然后出门,做他一天的休闲工作。他那时还兼金山救济院院长、消防会会长，都是平时事情不多的义务工作。如此坚持五六年，我的印象中没有停过，直到抗战战火烧到家门口，阖家出逃。这样的思念之情，即是在近年众多的电视片中所描述的竟也没有这样。老人家绝不是作秀，也许可以说是绝无仅有，不过是非常自然。

其间还有些心愿由父亲来完成。为了减少祖父思念之情，爸妈想把他的感情转移到孙辈身上，于是有了下一幕镜头。

祖父一人独睡，征得他的同意，晚上由我陪他。那时我只八九岁，说不懂事还懂一点，说懂事，实在还不懂事。大概没有多久，我却病了。一天清晨醒得很早，我嘀咕着说："天怎么还不亮呀？"祖父也醒了，抚摸我，并替我说了他一个梦，当年记得很清楚，不是哄我才编出来的，可惜现在一点都记不得了。于是又搬回父母身边。祖孙的特别感情没有能培养起来！

我在朱泾上金山朱泾中心小学，校长叫张枢北。朱泾有小学，有中学。小学关系不大，中学水平不够就影响到考不考得上大学，所以家里也已算计中学到上海去住读。因为伯父、父亲都是在上海受的高等教育，我的方向亦是如此。至于能不能像伯父那样出国，从爸爸妈妈的心目中，他们这一房亦要有一个，把希望寄托在我身上。

为了有意识地培养，小学五年级我就在朱泾住读，这是踏进社会的一小步。果然，在小学宿舍里就发现贫富不均的现象。我每次星期六晚回家，星期日晚回宿舍，家中奶奶、母亲总要塞一大包点心零食带回学校，习以为常。可是有一天下课回宿舍，发现有一个家境不太好的同学在我挂了蚊帐的床头摸索，看见我后说我床头有个虫子！其实我心中有数，亦不在乎。贫富不均便有这类事发生，虽然只是微乎其微的小事。

还有一桩大人告诉我的事，说是在朱泾有一家寡妇生有独子，娇生惯养，一不遂心，儿子就向母亲要赖皮，天下雪脱衣服站在雪中说，冻死你儿子。母亲立即依他提的要求。后来到上海读中学，一天金山的母亲倒马桶，马桶的箍断了，她迷信，怕她儿子在上海出事了，立即坐火轮去上海探望，自然没有事。可见独生子女，难免娇生惯养，牵肠挂肚，这种亲情亦不作怪。

在朱泾小学读书时家中亦有此举动。如父亲开国光电料行、办私人无线电台（按：后政府侦查到，由昔日同事提前报信而关闭），祖父七十大寿大行庆祝等，另作专记，亦十分有趣。

抗战了。

1931年日本占领东北三省，九一八事变。

1937年日本兵从金山卫登陆，"八一三"上海战事。

……

我在小学读书时碰上抗战，当战争还在北方时，南方小镇没有引起什么骚动，镇民的生活一切照常，特别是孩子们，根本不理解战争，自然亦无忧国忧民的思想，倒像是在桃花源里一样。

南方吃紧，特别是南京政府感受到威胁时，在南京居住的大姑母，带了子女离开南京，表兄后来寄在上海读书，

图12-2-2　唐寰澄父母亲

母女二人回到朱泾,认为战争不会波及,这对镇上和大家庭中的人心起到了稳定作用。

外婆家大姨母在南京蒙藏委员会当会计,大姨父因病在朱泾,大姨一家三个小孩(黄)智、仁、(朱)勇亦回朱泾,住在外婆家。这下热闹了,一群表亲,年龄虽比我略大,但都还是小孩,表姐黄智也只19岁,有时聚在一起,好不开心。

……

2014年6月13日根据未完成手稿整理

现代桥梁设计方案图

图12-3-1　洛阳黄河桥桥头建筑模型

图12-3-2　越南红河大桥桥头建筑设计效果图(一)

图12-3-3　越南红河大桥桥头建筑设计效果图(二)

图12-3-4　九江长江大桥设计方案鸟瞰图(一)

图12-3-5　九江长江大桥设计方案鸟瞰图(二)

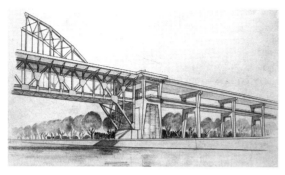

图12-3-6　九江长江大桥桥头设计方案透视图

图12-3-7　九江长江大桥最终设计方案透视图

图12-3-8　桂林雉山桥方案模型（一）

图12-3-9　桂林雉山桥其他方案模型

图12-3-10　桂林雉山桥方案透视图

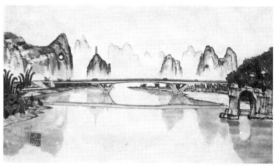

图12-3-11　桂林雉山桥最终方案透视图

图12-3-12　京杭大运河桥设计方案透视图

图12-3-13　南京长江大桥设计方案透视图

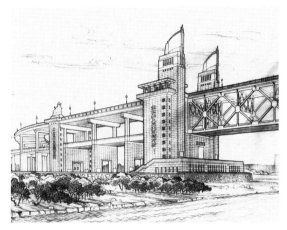

图12-3-14 南京长江大桥最终设计方案透视图

图12-3-15 厦门高速大桥设计方案鸟瞰图

图12-3-16 某跨湖桥梁设计方案鸟瞰图

图12-3-17 汕头海湾大桥设计方案透视图

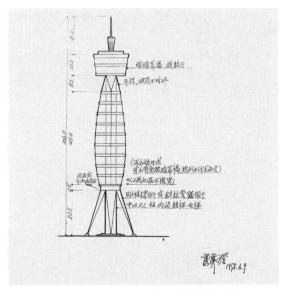

图12-3-18 汉阳龟山电视塔设计方案

手绘古代桥梁插图作品（部分）

图12-4-1　"中潬对出"双孔曲浮桥

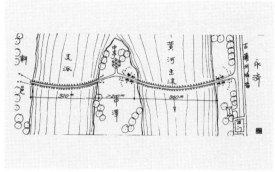

图12-4-2　河阳浮桥三城示意图

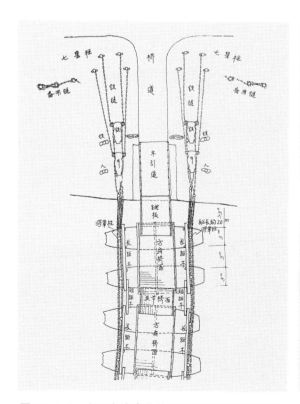

图12-4-3　山西永济唐代蒲津浮桥平面复原示意图

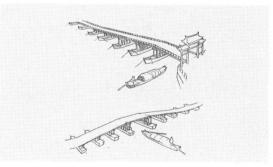

图12-4-4　宋·潬州浮桥脚船想象图

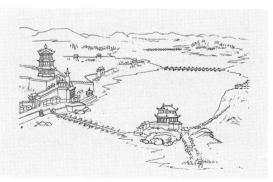

图12-4-5　太平军攻武汉长江三浮桥位置图

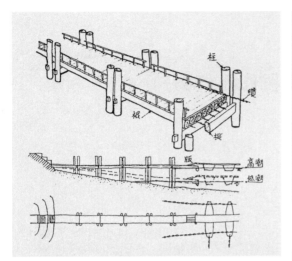

图12-4-6　浙江临海宋朝中津浮桥部分复原想象图

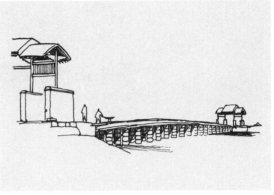

图12-4-7　西安古沣桥复原想象图

图12-4-9　古弯板石梁桥

图12-4-8　古树独木桥

图12-4-10　四川安县姊妹桥

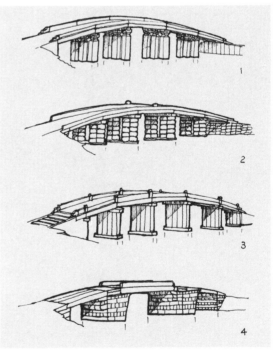

图12-4-11　石梁桥桥墩的四种形式

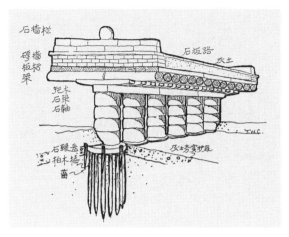

图12-4-12　清朝霸陵桥构造图

图12-4-13　福建漳州虎渡桥

图12-4-14　贵州苗岭山区上郎德木桥

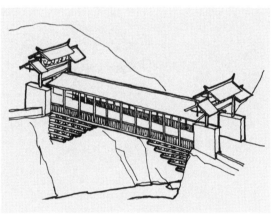

图12-4-15　甘肃享堂桥

图12-4-16　《秋林飞瀑》图木撑桥摹本

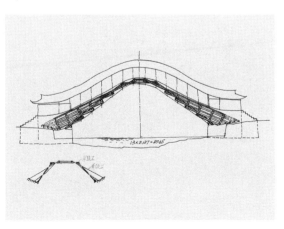

图12-4-17　甘肃渭源霸陵桥构造示意图

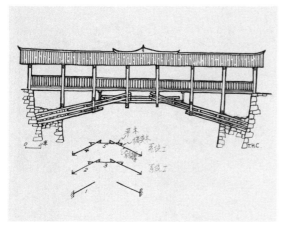

图12-4-18　湖北利川群策凉桥构造图

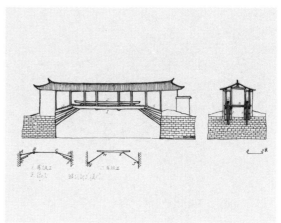

图12-4-19　云南凤庆大花桥构造图

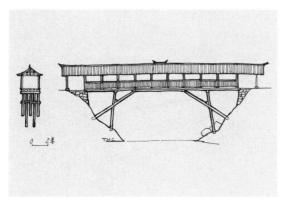

图12-4-20　浙江泰顺唐代三条桥复原想象图

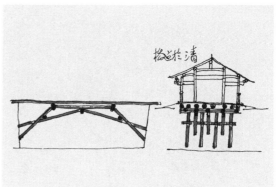

图12-4-21　木拱桥结构图

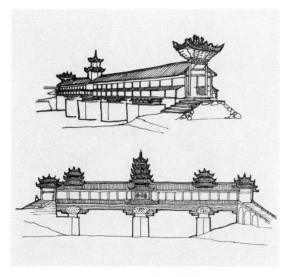

图12-4-22　湖南通道普修桥

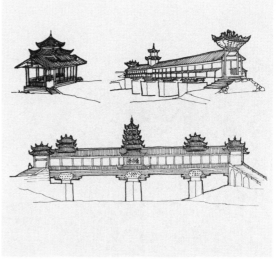

图12-4-23　湖南溆浦万寿桥

图12-4-24 典型江南薄拱石拱桥

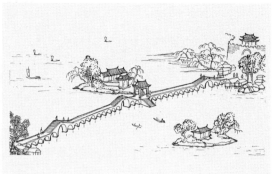

图12-4-25 《江右名胜图》江苏苏州吴江垂虹桥

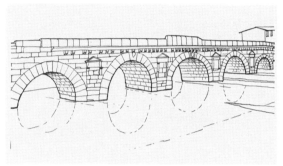

图12-4-26 古罗马奥古斯妥斯桥

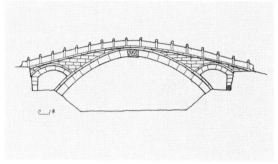

图12-4-27 河北行唐升仙桥构复原图

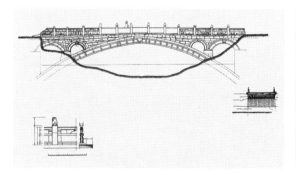

图12-4-28 河北赵县永通桥结构图

图12-4-29 河南安阳永和桥透视图

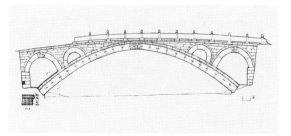

图12-4-30 河北永年弘济桥构造图

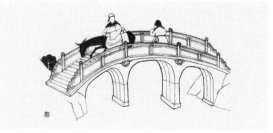

图12-4-31 六朝梁张僧繇《雪山红树图》
局部摹本

图12-4-32　山东泗水卞桥构造图

图12-4-33　宋朝郭熙《丰年瑞雪图》石桥摹绘

图12-4-34　浙江嵊县玉成桥扩成三孔想象图

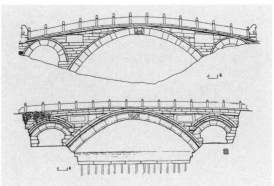

图12-4-35　赵州桥结构图

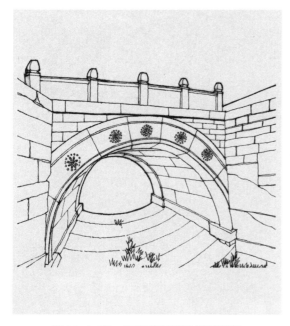

图12-4-36　辽宁凌源渗津桥透视图

图12-4-37　浙江绍兴蓬山村洞桥

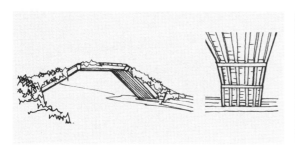

图12-4-38　浙江义乌古月桥

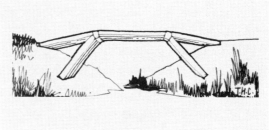

图12-4-39　空腹三折边石拱桥

图12-4-40　褒斜道一段栈道复原想象
（依崖梁柱式碥桥）

图12-4-41　摹明朝仇英《剑阁图》桥栈

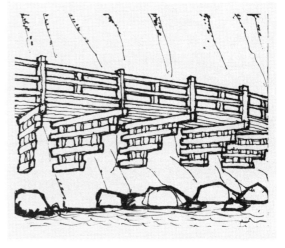

图12-4-42　依崖四层木伸臂栈

图12-4-43　四川灌县安澜桥桥头转立柱

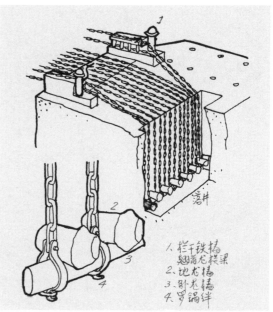

图12-4-44　四川泸定桥铁链锚定设备

图12-4-45　四川威州双竹索桥

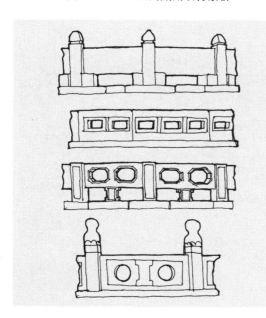

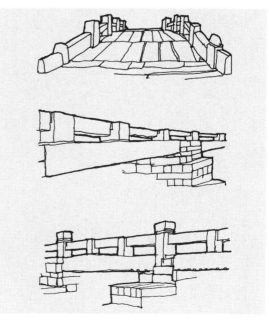

图12-4-46　福建石桥石栏　上：福建泉州大桥。中：福建福清龙江桥。下：福建泉州五里桥

图12-4-47　各种石栏虚实处理　上：河北赵县济美桥石栏。中：上海青浦练塘朝真桥石栏。中下：江苏苏州角直宝圣寺石栏。下：浙江杭州苏堤石桥石栏

火柴棍搭建的各类木拱桥模型

图 12-5-1

图 12-5-2

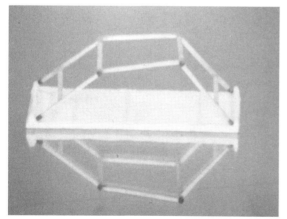

图 12-5-3

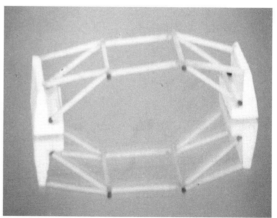

图 12-5-4

图 12-5-5

图 12-5-6

图 12-5-7

图 12-5-8

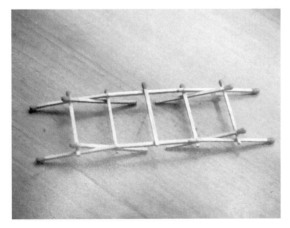

图 12-5-9

图 12-5-10

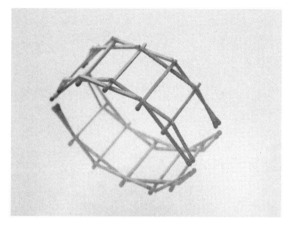

图 12-5-11

图 12-5-12

图 12-5-13

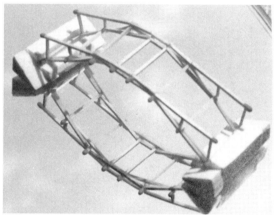

图 12-5-14

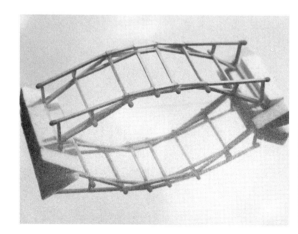

图 12-5-15

图 12-5-16

图 12-5-17

图 12-5-18

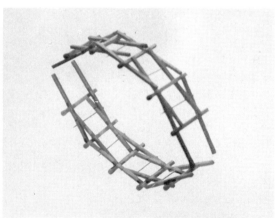

图 12-5-20

图 12-5-19

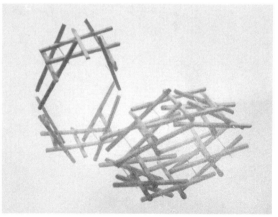

图 12-5-21

图 12-5-22

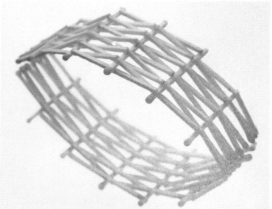

图 12-5-23

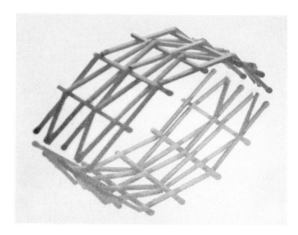

图 12-5-24

上海交通大学48届同学录

上海交通大学48届同学录

◁土木工程系▷

1980. 广州

上海交通大学48届同学录
（土木系）
1980. 广州

水 利 组

宋瀚	河南林县	休县合润镇众箕村
汪麟祥	江苏吴县	长宁路484弄7号
胡甲年	浙江杭州	杭州宿州河下83号
徐季梅	浙江鄞县	四川北路恒安坊19号

徐叙牛	江苏松江	天平路志庆坊9号
陈牌文	江苏江阴	江阴东公街3号
曹健人	陕西三原	三原东亚堡
邵廷敏	江苏常熟	成都路493弄20号
张秋	江苏江宁	南京南门外碌口镇王金美
叶松年	江苏吴县	南京四川弄长寿里1号
叶传芳	江苏青浦	青浦北门内聚星街40号
彭里充	江苏吴县	苏州丁香巷56号
苏庆芳	浙江绍兴	浙江百官华城中兴米号

道 路 组

朱浩柏	湖南长沙	长沙河西马头坝邮转
柳克祷	湖南长沙	辽阳路377弄府转
咸季起	浙江嘉兴	嘉兴碑桥街1号
曾余印	浙江平阳	平阳北港山门马路
黄德瑃	河北大兴	北京东城逞安伯胡同8号
赵永靖	江苏昆山	愚园路1136弄34号
卢广才	江苏雎阳	淮阴渔桥

市 政 组

王敏之	浙江杭州	吕班路三德坊5号
王锐生	湖南衡阳	大夏大学
宋文甲	上 海	迪化中路301弄15号
吕纶谟	安徽繁昌	繁昌西街
李寅奖	南 京	南京大石桥单牌楼4号
李肇翌	湖北安陆	安陆西门内
周守慜	浙江海宁	牯岭路120弄5号
高高洁	贵州贵阳	贵阳文笔街5号

唐鸿德	江苏无锡	江西路374弄26号
孙恭先	浙江鄞县	宁波偃月街10号
柴锡贤	浙江慈豁	青岛路45弄28号
郑昌虎	南 京	南京长乐路332号
郑靭簪	福建闽侯	南京最高法院
罗退	浙江杭州	杭州益头巷24号
罗裕	湖南长沙	多伦路6号

结 构 组 —6—

卜仁杰	江苏丹阳	海宁路942弄40号
方行	安徽桐城	桐城北门内方老屋
巴博	浙江吴兴	北京路360弄9号
王学艺	广东中山	威海卫路688号
李咸熙	江苏金山	金山下塘街16号
朱懋麟	江苏江都	扬州地官第8号
李家斌	安徽合肥	广定路88弄102号
李峨量	湖南宁乡	宁乡南门正街57号转

—7—

李龙翥	湖南长沙	长沙太平乡北山
吴永桢	四川綦江	綦江三角镇小石坝
花芝盛	江苏如皋	马道路49号
屈义钦	四川步县	四川荣昌靖江场
周石安	江苏武进	无锡漕桥
周启太	湖北鄂城	南京门东蔡家苑7号
周璞	江苏吴县	南京萨家湾交通一村114号
邵延宽	浙江湖州	湖州眠佛寺街37号
郁琪	江苏太仓	太仓后石皮弄10号

—8—

徐祖森	浙江长兴	长兴南大街
凌宗尧	浙江吴兴	海宁路449号南部三楼9号
唐景澄	江苏金山	金山朱泾镇
陈宗戴	广东番禺	上海凯旋路272号
陈俊新	江苏南通	南通小海镇
殷芝庵	浙江宁波	西营路290弄71号
曹履坤	江苏无锡	无锡藏巷29号
许晓威	北京	浙江黄岩药山
张国军	安徽安庆	安庆菜市街36号

—9—

张慎余	江苏南通	南通通明电灯公司转
华裔恒	江苏无锡	江宁路1192弄23号
钮泽湘	浙江吴兴	浙江湖州所前街堂子弄5号
傅家齐	福建福州	福州西洪路104号
叶张章	浙江德清	嘉善路甘邨231号
叶啸虎	安徽桐城	桐城横江巷20号
杨琪	江苏宝山	金神父路龙园坊62号
郑筠	江苏溧水	巨福路永康新邨73号
郑铨	江苏溧水	南京程关老巷10号

—10—

郑汉璋	广东中山	福生路德康里15号
蔡维元	浙江吴兴	山海关路宝兴村15号
刘元韦	浙江镇海	镇海城中龚家弄18号
戴行孝	浙江鄞县	汉口保成路义成东里2号
英焕然	江苏常熟	常熟东塘市北廊下

铁 道 组

| 丁铣徽孙 | 江苏临川 | 中正北一路101弄4号 |
| 王志婉 | 浙江嘉善 | 嘉善中和里3号 |

—11—

王荫槐	河南汝南	河南开封花井街36号
王堵	山东莱阳	莱阳冰浴店邮局
王毅	安徽寿县	安徽合肥山乡下撚集
王必效	浙江吴兴	南京下关三义河桐恒厂陈荣光
方宗坚	浙江平湖	浙江乍浦南司弄
朱书	广东茂名	茂名白土信箱转
朱荣名	四川巴县	巴县蔡家乡邮转
汪旭麟	安徽全椒	上海新闻路1489弄10号
李宝林	四川长寿	长寿万顺乡

—12—

李广明	四川巴县	重庆中正路440号
李毓玮	河南巩县	巩县边邨镇
李培林	江苏无锡	无锡东河镇巷天官弄
李千笑	浙江杭州	杭州东街毛竹路34号
余桂林	江苏泰兴	澳门路103弄内A58号
吴汉南	江苏武进	武进西门外嘉泽镇
金镐	浙江杭州	杭州延定巷56号
金新赓	江苏嘉定	江苏吴县古吴路78号
周成懋	广西郁林	郁林北街巨盛栈

—13—

周绍绣	湖北枝江	枝江董市万源义
周和德	浙江奉化	陕西南路500弄7号
胡连文	安徽嘉山	津浦线明光南大街66号
徐凤基	江苏江阴	南京四牌楼守达村1号
徐玉宝	江苏江都	江都李官人巷20号
徐寅	江苏镇江	顺昌路612弄39号
仇修道	江苏句容	句容中街123号
来福音	安徽合肥	合肥中山东路125号
耿毓义	山东淄阳	淄阳西桥南1号

—14—

程济凡　安徽安庆　安庆东源潭铺
姚善源　浙江平湖　黄陂南路710弄64号
汤明儒　安徽繁昌　芜湖横山桥园和号
贾骏桦　江苏宝应　宝应北门外乔家巷8号汪转
陈子循　江苏如皋　中正南一路107号三楼
陈以日　广东大埔　大埔三河梓里信箱交川堂上
陈升旸　湖南湘潭　湘潭吟江渡江桥船形湾
陈荪襄　浙江杭州　杭州下羊市街70号
萬如亮　浙江奉化　奉化錦镇

—15—

杨鹤生　云南大理　杭州里仁坊巷25号
黄文斌　江苏宝山　惠民路74弄42号
黄式宗　江苏金山　金山西横街久大肉号转
黄萌洲　湖北孝感　孝感三汊埠大黄家湾
华人俊　江苏无锡　无锡熙春街65号
冯叔瑜　四川邻水　邻水九龙镇
孙瑞虎　江苏崇明　崇明城内孙家街10号
张新党　江苏吴江　金陵中路板平里8号
赵之华　四川云阳　云阳院庄乡

—16—

欧儒刚　四川广安　广安代市镇
熊迪简　江苏高邮　高邮北门外多宝桥北首
蒋自然　浙江奉化　宝安路227号
刘钟翰　江苏无锡　杨树浦隆昌路542号
钱祖辉　浙江吴兴　浙江南浔面简楼下40号
钱跃文　浙江海宁　四川北路电讯局钱志嘉转
尹克刚　江苏无锡　无锡陆区桥

——完——

唐寰澄部分证件、荣誉证书一览

1950年

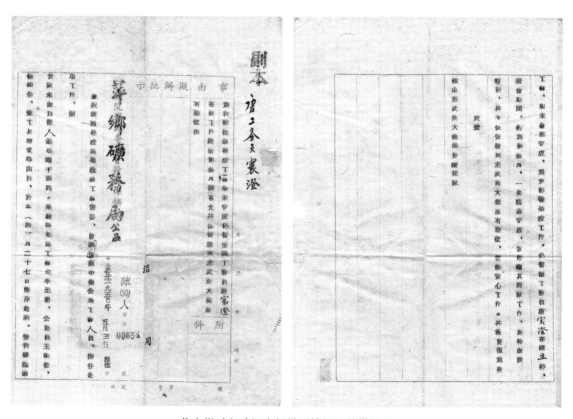

萍乡煤矿向武汉大桥勘测钻探队的借调函

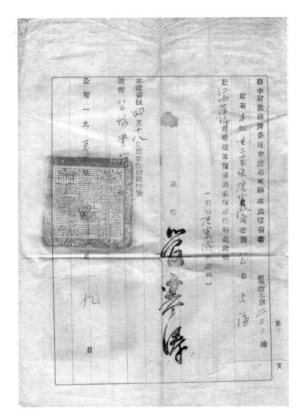

通行证

1953年

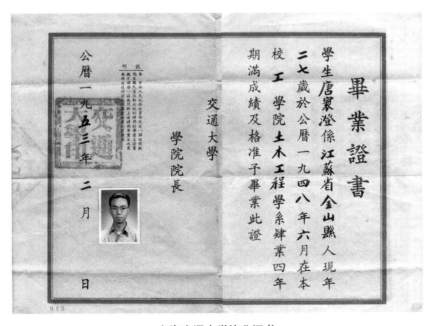

上海交通大学毕业证书

1955 年

结婚证书

1979 年

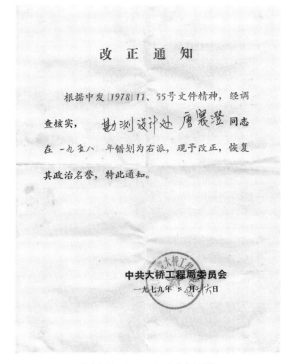

（右派）改正通知（大桥局）

1981年

工程师证

1984年

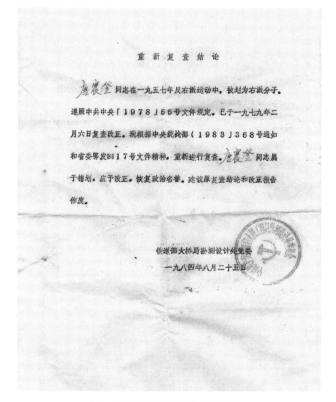

（右派）重新复查结论（勘设处）

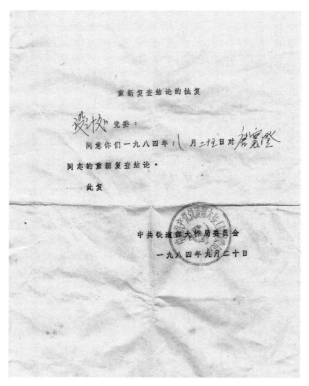

（右派）重新复查结论的批复（大桥局）

"武汉土木建筑学会第四届学术委员"聘书

1986 年

"中国土木工程学会·市政工程专业委员会·城市桥梁学
术委员会委员" 聘书

1987 年

政协武汉市汉阳区委员会政协文史委员会委员聘书

1988年

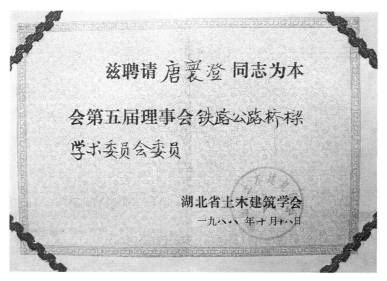

"铁路公路桥梁学术委员会理事会委员"聘书

《土木建筑大辞典》编委聘书

1989年

高级工程师待遇证

重庆交通学院兼职教授聘书

在全国铁路范围内，此证可作为持证人求职或受聘相应专业技术职务的依据。

在进行国内外学术交流与科技合作时，此证可作为持证人具有相应专业技术、学术水平的证明。

姓　　名　唐寰澄

性　　别　男

出生年月　1920.9

技术资格　高级工程师（叙授级）

工作单位　大桥局总工办

（中华人民共和国铁道部颁）教授级高级工程师专业证书

1990 年

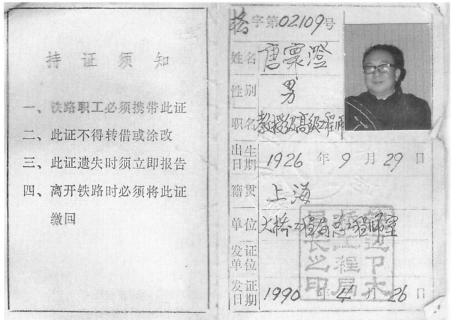

铁路职工工作证

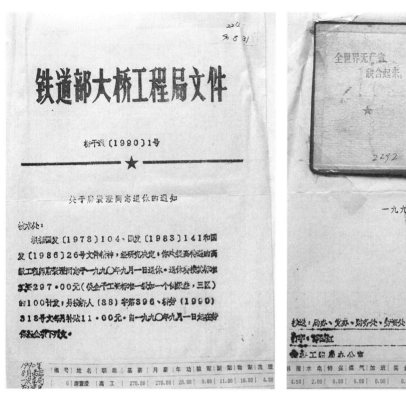

铁道部大桥工程局退休文件

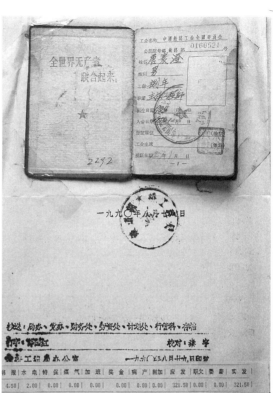

铁道部大桥工程局颁退休证

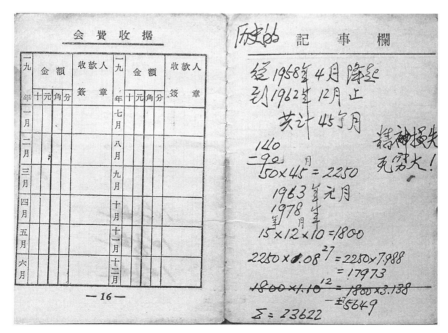

工会会员证上对"右派"期间的工资计算

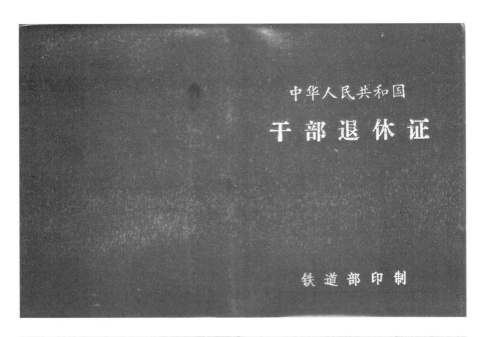

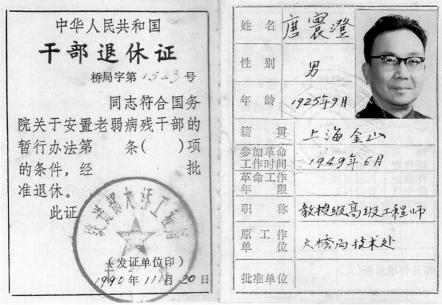

（铁道部）干部退休证

"海南省特约研究员"聘书

1991 年

（上海交通大学）中国管弦乐团·团员证

1993年

上海交通大学毕业证

1995 年

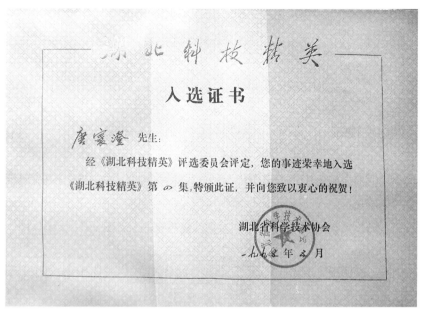

《湖北科技精英》入选证书

1997 年

"第八届全国优秀科技图书奖（二等奖）"奖状

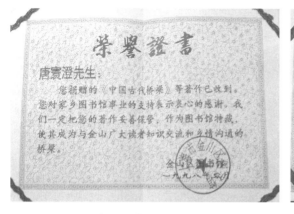

捐赠图书荣誉证书　　　　　　　　　　广东省交通厅颁荣誉证书

2000 年

"第三届中国廊桥国际学术（屏南）研讨会"合影

论文获奖证书

2001 年

"第四届全国优秀科普作品奖·三等奖"获奖证书

2002 年

《中国大桥》画册编委聘书

2003 年

中铁大桥局专家组成员及夫人合影

"武汉首届黄鹤楼诗词大赛"优秀奖证书   "湖北省第七届'云鹤杯'征联大赛"二等奖证书

2004年

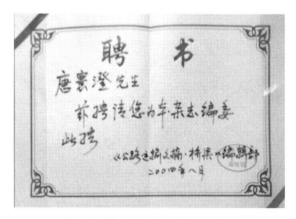

《公路运输文摘·桥梁》杂志聘书

2006年

"首届中国桥梁文化周"顾问聘书   《桥梁》杂志优秀作者荣誉证书

2008年

"茅以升科技教育基金会第十七届颁奖大会"合影

"茅以升科学技术奖——桥梁大奖"证书

"茅以升科学技术奖——桥梁大奖"证章

2009 年

（中共中央宣传部、中华人民共和国新闻出版署合颁）《中国大百科全书（第二版）》荣誉证书

"《桥梁》杂志第二届编委会顾问"聘书　　　　"茅以升科技教育基金会·古桥研究委员会"聘书

玉溪市规划设计院聘书

中国古桥研讨会暨海峡两岸古桥学术交流会合影

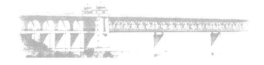

后 记

　　唐寰澄先生是我国著名桥梁设计专家，同时也是桥梁美学专家和桥梁史学家，曾担任武汉长江大桥美术设计，并独立设计其桥头堡，还参与过南京、重庆、九江等地长江大桥设计。他在桥梁设计上造诣深厚，不仅著作丰硕，还留下了大量的手稿和笔记。

　　唐寰澄先生是上海金山人，2014年，金山区档案局（馆）在"名人档案征集"工作过程中，联系上了唐寰澄先生。唐寰澄先生认为金山区档案局（馆）是自己毕生心血最好的归宿，在家人的支持下，毫无保留地将其所有文献和手稿原件捐赠给金山区档案局（馆）。手稿详细记载了中国古今各类桥梁的设计、施工等信息，还有自己学习工作过程中的思考与心得。双方共同感到，应该对唐寰澄先生这些尚未正式出版的文稿进行整理并组织出版，这个想法也得到了学林出版社的大力支持。

　　《唐寰澄文集》的整理工作异常艰辛，好在唐浩先生此前已经做了大量的文稿清理、归类、翻拍、录入、编排工作，此后更是全身心投入，将文稿整理列入业余时间工作的首位。金山区档案局（馆）、学林出版社也安排专人整理核校，付出了艰辛的劳动。根据文稿的内容，《唐寰澄文集》分为传记篇、古桥篇、科技篇、武汉长江大桥篇、美学篇、人物篇、书信篇、游记篇、杂文篇、诗词篇、日记篇、手稿篇、金石书法篇、附录篇共14篇，形成文字约170余万字，绘图、照片、手绘稿1300余张。

　　《唐寰澄文集》的出版，既是上海市金山区重要的名人文献，也为我国桥梁事业发展积累了珍贵的文献资料。这里，要衷心感谢中国工程院院士张锦秋女士对编著工作的指导并赐序；感谢原中铁大桥局副总工程师赵煜澄先生的把关并赐序；还有皮汉萍女士、吕微小姐、黄颖女士、李优格小姐、刘岚女士以及所有关心和支持过本书整理出版工作的人士，在此一并表示衷心的感谢！

　　《唐寰澄文集》为金山名人档案资源整理的首部作品，我们期待，金山档案编研能继续努力，在社会各界的支持下，收获更多的编研成果。

本书编委会

2018年4月18日